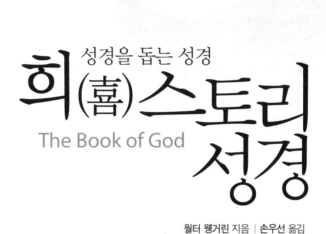

성경을 돕는 성경

희(喜)스토리 성경

The Book of God

월터 웽거린 지음 | 손우선 옮김

성경을 돕는 성경
희(喜)스토리 성경 | The Book of God

초판 1쇄 인쇄일 2020년 11월 16일
초판 1쇄 발행일 2020년 11월 25일

지은이 **월터 웽거린**
옮긴이 **손우선**
펴낸이 **백도연**
펴낸곳 **도서출판 세움과비움**
신고번호 제2012-000230호
주 소 서울 마포구 양화로 73 체리스빌딩 6층
Tel 070-8862-5683
Fax 6442-0423
seumbium@naver.com
가격 35,000원
ISBN 978-89-98090-34-0 03200

* 값은 뒤표지에 있습니다.
* 잘못된 책은 바꿔드립니다.
도서출판 세움과비움은 옮긴이 손우선님과 연락하기 위해 노력을 기울였으나 연락할 방법을 찾지 못해 부득이하게 미계약 상태로 출간하게 되었습니다 그러나 앞으로도 연락을 하기 위해 노력할 것이며 협의를 통해 계약을 맺을 수 있도록 최선을 다하겠습니다

성경을 돕는 성경

희(喜)스토리성경

The Book of God

[구약]

악과 슬픔
회복과 약속

제5부 / 예언자들

성경은 은혜를 받기 전까지는 솔직히 재미있게 읽기가 쉽지 않은 책입니다. 내용은 좋은데 표현과 기술이 좀 딱딱하고 재미없기 때문입니다. 하지만 이 책《희(喜)스토리 성경》은 이러한 성경의 메시지를 재미있는 이야기로 풀어서 기록하여 특별한 은혜를 받기 전이라도 성경에 쉽게 다가갈 수 있게 합니다. 너무 좋은 책이 출판된 것을 기뻐하며 강력 추천합니다. -김동호 목사(높은뜻연합선교회 대표, 열매나눔재단 대표이사)

성경을 읽는 것은 누구에게나 매우 유익합니다. 그러나 비기독교인들은 물론이고, 기독교인들 중에도 성경을 읽는데 어려움을 호소하는 이들이 많습니다. 이들이 믿음이 없어서라기보다 한국 교회가 사용하는 번역본이 현대어를 반영하지 못하고 있기 때문입니다. 이점은 어린아이, 학생, 청년들에게 더욱 심각합니다. 그러나 당장 교회가 현대어 성경 번역본을 사용하기에 여러 가지 어려움이 있습니다. 《희(喜)스토리 성경》은 그런 점에서 너무나 반갑습니다. 이 책이 새로운 성서는 아닙니다. 그렇다고 그저 성서를 소재로 한 소설도 아닙니다. 길고 지루하게만 느껴지는 성경을 좀 더 생생하고 친근하게 받아들이게 만들어주는 놀라운 책입니다.
- 유기성 목사(선한목자교회 담임)

어쩌면 이렇게도 재미있을까요? 어쩌면 이렇게도 성경이 살아 움직이며 눈앞에 펼쳐질까요? 처음으로 성경을 만나는 사람에게 최고의 입문서, 성경에 익숙한 사람들에겐 숨겨져 있던 무엇인가를 보게 해주는 새로운 렌즈!
- 곽수광 목사(푸른나무교회 담임, 코스타 코리아 상임대표)

책을 읽으면서 내내 눈물을 흘렸습니다. 성경 속 등장인물들의 내면이 너무도 생생하게 다가왔습니다. 그들의 고민과 갈등, 두려움의 모습을 보면서 성경의 사건은 과거의 것이 아니라 지금도 계속되는 현재진행형임을, 그리고 바로 오늘을 살고 있는 우리의 이야기임을 깨닫습니다.
성경 통독만으로는 잘 알 수 없었던 성경 속 사건의 등장인물들이 겪은 깊은 신앙의 고백에 위로와 도전을 받았습니다. - 송정미(찬양사역자)

이 책을 읽다보면 내가 잘 알고 있다고 생각한 성경 속 사건과 인물들이 완전히 새로운 모습으로 읽혀집니다. 이 책을 통해 버림받은 사역자의 심정, 서로 다른 입장과 환경에서도 유지될 수 있는 우정, 부당한 대우를 받고도 용서할 수 있는 이유 등에 대해 다시 생각해 봅니다. 목회자와 사역자에게도 큰 도움을 주는 책입니다. 지금 사명과 책임이라는 중압감에 눌려 위축된 분들이라면 이 책이 소개하는 제자들의 모습에서 유쾌함과 자유함을 선물받을 수 있으실 겁니다.

- 김재욱 목사(문화행동바람 대표, 문화사역자, 연출가)

이 책은 우리에게 익숙한 성경 속 이야기들을 오늘날의 언어를 통해 더 풍성하게 만듦으로써 성경에 등장하는 다양한 사건과 인물들을 문학적으로 재탄생시켰습니다. 성경을 좀 더 쉽게 읽고 싶어 하는 크리스천에게는 물론 비신자들에게도 놀라운 감동을 선사하리라 믿습니다. 읽는 내내 제 가슴을 뭉클하게 만든 이 책을 많은 사람들이 성경 옆에 놓아두고 읽었으면 좋겠습니다. - 백철호 목사(서진교회)

어릴 때부터 익숙한 이야기이든 여기에서 처음 접했든, 이 책의 뚜렷한 힘을 느낄 수 있을 것이다. 거대한 프레스코화처럼 내러티브를 쭉 훑는 이 책은 성경을 단편적으로 읽어서는 좀처럼 알 수 없는 방식으로 신의 섭리에 대한 큰 그림을 볼 수 있게 한다. - Christianity Today

웽거린의 목적은 반복이나 계보학에서 자유로운 깔끔하고 연속적인 이야기를 만들어내고, 자신이 직접 여행하고 연구한 바에 기초해 거기에 문화적이고 역사적인 배경을 더하는 것이다. 때때로 그는 성서의 사건들을 비중 없는 인물의 시각에서 바라봄으로써 서술 시점을 바꾸기도 한다. 이 모든 면에서 그는 성공적이다.

- Financial Times

개신교 목사이자 작가인 월터 웽거린은 그의 경력 중 가장 야심찬 이번 작품에서, 성경을 아브라함에서 그리스도의 탄생까지 이어지는 단일한 내러티브로 해석한다. 많은 학자들이 성경을 세세히 해체함으로써 역사적, 고고학적, 문학적 증거 등을 통해 성경에 끝없이 도전하고 분석하기 위한 모든 길이 열려 있는 시대에, 웽거린은 성서를 영원한 신과 평범한 남녀 사이의 관계의 이야기로 다시 보려고 시도한다. 웽거린에 따르면 이 책의 이슈는 '예수가 정말 부활했느냐 아니냐'가 아니다. 부활을 보고, 감탄하는 것이다. - AP통신

아무나 성경의 압축된 언어, 시적이고 따분한 언어를 소설로 바꿀 수는 없다. 하지만 웽거린이라면 이런 시도를 하기에 적임자다. 독자는 웽거린이 소설화한 성경이 단순히 관심을 끌기 위한 도구가 아니라 믿음에 대한 해설의 일종임을 재빨리 이해하게 된다. 마음을 사로잡는 책. - Booklist

이 책은 성경의 가장 드라마틱한 인물들이 출연하는 소설이다. 성경의 이야기들을 소설 형태로 재진술하는 작업은 웽거린에게 선택의 폭을 넓혀주었다. 그는 이 책에서 성경의 줄거리를 빠르게 재진술하는 대신 그 주제를 이토록 독창적으로 다룸으로써 기대 밖의 즐거움을 준다. 전체적으로 웽거린은 성경을 존중하면서도 놀라운 상상력을 발휘하는데, 이는 성경을 다룰 때 무척 힘든 일이다. 웽거린의 이 책은 무수히 많은 용도로 활용될 수 있다. 이 책의 뛰어난 서정성은 성경모임, 기도

모임, 그룹스터디 등에 소중한 자료가 될 것이다.　　　　　　　- Publisher's Weekly

작가가 성서를 연구했음은 책 전체에 명확히 드러난다. 정확한 역사적·지리적 배경이 내러티브와 얽혀 있고, 성서의 의미를 밝혀주는 셀 수 없이 많은 미세한 손길들이 여기저기 보인다. 성서를 접할 기회는 없었으나 좋은 책을 좋아하는 이들에게 이 책은 훌륭한 안내서이다. 그리고 신의 말씀을 소중히 여기도록 이미 배운 이들에게는, 신선한 자극과 함께 신의 방법에 대한 심화된 깨달음을 안고서 성경으로 다시 돌아가도록 이끄는 책이다.　　　　　　　- The Baptist Times

(성령의)《바람과 함께 사라지다》나 (예언자의)《오만과 편견》처럼 읽힌다. 셰익스피어가 맥베스나 리처드 3세에 대해서 한 일을 웽거린은 성경의 왕들에 대해서 해냈다. 상상력 넘치고, 흥분되며, 신선하다. 창의성으로 가득 차 있으며, 무엇보다 장인의 작품이다.　　　　　　　- Glasgow Herald

대단히 잘 읽히고 잘 짜인 이 텍스트는 나처럼 원작을 한 번 읽어볼까 늘 생각만 하던 이들이 선택해 읽을 만한 대안이다.　　　　　　　- Belfast Telegraph

저명한 이야기꾼 웽거린은 성경 내러티브의 일부분을 선별해 현대 독자들에게 다시 들려준다. 뛰어난 이야기꾼답게 웽거린은 모든 인간 행동의 동기가 되었던 심원하고 강력한 감정들을 일깨운다.　　　　　　　- Library Journal

웽거린은《이솝우화》에서《반지의 제왕》에 이르는 전통 안에서 강렬하고 지적인 이야기를 써냈다.　　　　　　　- The Washington Evening Post

책장을 넘겨 이 책을 읽기 시작하라. 먼저 어린 시절부터 여기저기에서 들어왔던 낯익은 이야기들이 서서히 펼쳐질 것이다. 그리고 이야기가 전개되어 감에 따라 우리는 성경 곳곳에 흩어져 있던 이야기들 전체를 주관하는 신의 위대한 숨결을 느끼게 될 것이다.　　　　　　　- 신학자 존 윌슨, 〈Christian Today〉

הַבטָחָה

[구약]

악과 슬픔 ; 회복과 약속

1부

조상들

Sinope
Phrygians
Halys R.
Trapezus
Cyzicus
LYDIAN KINGDOM
CARIA
Mushki
Nairi
Milid
Nisibis
Pamphylians
Tarsus
Carchemish
Arpad
Haran
Nineveh
Euphrates R.
Rhodes
Khalman (Aleppo)
Assur
Soli
Salamis
Hamath
CYPRUS
Arvad
A S S Y R I
MESOPOTAMIA
Paphos
Citium
Tadmor
PHOENICIA
Gebal (Byblus)
S E A
Sidon
Damascus
E M P I R
Zor (Tyre)
ISRAEL
GILEAD
Megiddo
PALESTINE
Samaria
Joppa
Jerusalem
Gaza
Philistines
JUDAH
MOAB
Sais
Tanis
EDOM
Selah
Heliopolis (On)
Memphis
Ezion Geber
Elath
Nile R.
A
E G Y P T
R E D
Thebes
First Cataract
Syene
S E A

약속의 시작

아브라함 Abraham

　한 노인이 장막 앞자락을 젖히고 안으로 들어섰다. 어둠 속에서 그
는 매우 피곤한 모습으로 화덕 앞에 천천히 무릎을 꿇었다. 그는 화덕
의 불씨를 입으로 불어 불꽃을 등잔 심지에 옮겨 붙였다. 불꽃은 부드
럽게 나풀대며 타올랐다. 노인의 얼굴은 수척했고 상처가 나 있었으며
돌아오는 길에 묻은 먼지로 얼룩져 있었다. 잠자리에 들기 위해 밀짚
자리를 펴다가 그는 문득 손을 멈추고 생각에 잠겼다.

　전체적으로 길쭉한 네모꼴을 하고 있는 장막은 염소 가죽을 꿰매서
만들었는데 여기저기에 새로 마련한 가죽이 덧대어져 있었다. 세 개
의 장대에서 늘어뜨려진 갈대 휘장 한 장이 장막 가운데를 가로지르
며 공간을 반으로 나누었다. 한쪽 공간은 노인이, 다른 쪽은 그의 아내
가 사용했다.

　이 장막에 사는 사람은 이들 단 둘뿐이었다. 자식도 없고 손자도 없
었다. 이들은 지금까지 한 번도 자식이나 손자를 가져본 적이 없었다.

　지나가는 바람이 장막의 한쪽 옆자락을 세게 쳐서 안으로 밀어붙였
다. 그러나 노인은 움직이지 않았다. 여전히 그는 손가락 크기만한 등
잔 불꽃을 응시하고 있었다. 노인은 여든 살이 지나 보였다. 하지만 지
금 그가 피곤을 느끼는 것은 나이 때문이 아니었다.

　작고 꼿꼿한 체구는 가죽처럼 가볍고 강인했다. 시력 또한 좋았다.
눈은 침착한 회색빛으로 빛났고 무언가 해답을 기다리고 있는 듯했다.

그것은 늙어 지친 눈이 아닌 참을성 있는 눈이었다.

　그럼에도 노인은 그날 걸어온 길과 전날 치른 전투로 몹시 피곤해 있었다. 온 가나안 땅, 즉 동쪽 유프라테스 강에서 이집트 나일 강에 이르는 지역 전체에서 그의 친척이라고는 안락한 삶을 선택한 조카 하나뿐이었다. 비록 노인은 장막에서 살았지만 그의 조카 롯은 요단 강 들판의 도시, 물이 흐르고 비옥하며 쾌적하고 녹음이 우거져 누구나 탐내는 곳에서 살았다. 그런데 최근에 북쪽 지방의 왕 네 명이 공격해 와서 들판의 다섯 도시를 쳤고, 그 중 하나가 바로 롯이 살고 있던 소돔이었다. 이 싸움에서 북쪽 왕들은 롯을 포로로 잡아 데려가 버렸다.

　노인은 조카 롯이 포로가 되었다는 소식을 듣자마자 자신의 병사 318명을 무장시켜 나귀에 태우고는 번개같이 적들을 추격했다. 밤에 그는 군대를 둘로 나누었다. 그리고 북쪽 왕들을 양쪽에서 동시 기습하여 그들이 머무는 곳까지 밀고 들어갔다.

　그는 모든 약탈물과 포로를 되찾아왔다. 그리하여 소돔, 고모라, 아드마, 스보임, 소알 다섯 도시는 북쪽 왕들로부터 해방되었다. 롯은 자유의 몸이 된 후 또다시 소돔으로 돌아갔다. 그곳 사람들이 아주 사악하다는 평판에도 아랑곳없이 말이다. 이상이 어제의 일이었다.

　오늘 소돔의 왕은 노인에게 그가 빼앗아 온 약탈물들을 선사하려고 했다. 그러나 노인은 거절했다. 제사장 멜기세덱이 빵과 포도주를 가지고 나와 노인을 칭송했다.

　　그대에게 축복이 있기를!
　　원수들을 그대의 손에 넘겨주신 가장 높으신 하나님께 찬미를!

　그리고 오늘 노인은 지친 몸을 이끌고 마므레의 상수리나무 옆 그의 장막으로 돌아왔다. 저녁에 아내가 보리빵을 구워주었으나 그는 거의

18

먹지 않았다. 아내도 먹지 않았다.

"그래, 당신 조카는 무사한가요?"

"그렇소."

"그리고 아이들은요? 장막 말고 벽 있는 집에 사는 그 사나이의 아이들은 잘들 있나요?"

그녀는 매우 냉정한 얼굴로 남편을 쳐다보았다.

"무사하오."

"그렇다면 그들은 집에 있겠군요? 롯은 아이들에게 둘러싸여 흡족한 기분이겠네요? 노년의 낙을 즐기면서 말이에요. 선택을 잘못해서 곤란에 빠져 있을 때마다 달려와서 구해주는 삼촌이 있으니까."

노인은 아무 말도 하지 않았고, 그녀의 빈정거림은 계속되었다.

"좋은 삼촌을 가졌으니……. 참 관대한 삼촌이지 뭐예요. 그런데 그 삼촌의 부인은 이제껏 한 번도, 보리빵 한 입이라도 자기 아이 입에 넣어줘 본 적이 없다죠?"

노인은 일어서서 먹다 만 음식을 남겨둔 채 자리를 떠났다. 그는 어둠 속을 지나 자기 처소로 터벅터벅 걸어와서 휘장을 젖혔다. 등잔에 불을 붙이고 그 앞에 펴다 만 밀짚 자리를 놓아둔 채 홀로 타오르는 불꽃을 응시하기 시작했다. 그는 아주 피곤했다. 그런데도 발꿈치에 몸을 싣고 무릎을 꿇은 채 앉아 있었다. 같은 자세로 눈도 깜빡이지 않고, 잠도 자지 않고 온밤을 꼬박 새우고 있었다.

밖은 침묵이 드리운 지 오래였다. 온 장막이 잠들어 있었다. 그의 아내도 갈대 휘장 저편에서 마침내 홀로 잠이 들었다.

밤이 깊었을 때 야훼가 말씀하셨다.

'두려워하지 말아라, 아브람아.'

하나님은 노인의 이름을 직접 부르셨다.

'나는 너의 방패다. 네가 받을 보상이 크다.'

아브람은 움직이지 않았다. 오렌지빛 등잔 불꽃에서 눈을 떼지 않은 채로 그의 얼굴은 굳어 있었다.

'아브람아, 이곳에서부터 동서남북 사방으로 너의 눈이 닿는 모든 땅을 너와 너의 자손들에게 영원히 주리라.'

여전히 꼼짝하지 않은 채 바깥 바람소리에 묻혀 자기 귀에도 들리지 않을 만큼 작은 목소리로 아브람은 말했다.

"언제나 그렇게 말씀하셨습니다. 그러나 하나님, 우리에게 아이가 없는데 당신께서 무엇을 주실 수 있겠습니까?"

바람이 장막 자락을 휘감아 얇은 아마천을 들어올리듯 가볍게 들어올렸다. 등잔 불꽃은 몇 번인가 힘없이 나부끼다가 꺼졌다.

'나오너라. 아브람아, 밖으로 나오너라.'

노인은 말씀을 따라 밖으로 기어나왔다.

'눈을 들어 하늘을 바라보아라, 별을 쳐다보아라, 아브람아. 세어보아라. 그것들을 셀 수 있겠느냐?'

"아니오, 너무 많아 셀 수가 없습니다."

'그렇게 많은 수가 이 땅 위에서 너의 자손이 될 것이다.'

아브람은 등잔 불꽃을 쳐다보던 그 눈빛으로 하늘을 바라보았다. 이젠 바람도 없이 아주 고요했다. 땅 위에서는 아무것도 움직이지 않았고, 노인이 들을 수 있는 소리라고는 아내의 처소에서 새어나오는 한숨소리뿐이었다.

"저희 집안 노예에게서 태어난 아기가 제 상속자가 되어야만 합니까?"

'네 몸에서 태어난 아이가 너의 상속자가 될 것이다.'

"어떻게 제가 알 수 있습니까? 당신께서 자식을 주시지 않았는데 제가 어떻게 알 수 있습니까?"

그러자 하나님의 말씀이 다시 아브람에게 왔다.

'아브람아, 너는 왕이 자신의 종과 계약으로 약속을 맺을 때 어떻게 하는지 본 적이 있느냐? 내일, 아브람아, 내일 짐승들을 준비해라. 나는 너에게 이 땅을 주기 위해 너를 이곳으로 데려온 하나님이다. 내일 나는 너와 계약을 맺을 것이다. 그러면 너는 분명히 나의 약속을 알게 될 것이다.'

이튿날 아침 노인은 일찍 일어났다. 아내나 종들에게 아무런 설명도 하지 않고 가축 중에서 삼 년 된 암소, 암염소, 숫양 그리고 산비둘기와 집비둘기를 골랐다. 그는 이 짐승들을 이끌고 높은 곳, 아무도 없는 장소로 가 그것들을 매달았다.

아브람은 옷자락을 허리까지 올려 묶고 소매는 팔꿈치까지 걷어올려 흘러내리지 않게 했다. 그리고 구리로 만든 긴 칼을 꺼내어 재빨리 그것들의 목 한쪽을 베었다. 짐승들은 아무런 저항 없이 쓰러져 죽었다.

그런 뒤 노인은 칼을 어린 암소의 가슴뼈 윗부분에 꽂고 힘껏 아래로 잡아당겼다. 그는 뼈를 가르고 살을 베어 죽은 짐승을 두 쪽으로 나누었다. 염소와 숫양도 같은 방법으로 처리했다. 새들은 둘로 나누지 않았다. 그는 각 짐승들의 반쪽이 서로 마주보도록 땅 위에 차려놓았다. 마치 갈라놓은 희생 제물 사이에 통로를 만들듯이.

오후 늦게 날고기의 피 냄새를 맡고 먹이를 노리는 새들이 이 고요한 장소까지 몰려왔다. 새들은 하늘에서 경계하는 날갯짓을 하며 점점 낮게 맴돌았다. 그러다가 마침내 배고픔을 견디지 못하고 땅에 내려앉으려 했다. 아브람은 희생 제물을 지키려고 소리치며 거대한 맹금들을 쫓아내느라 완전히 지쳐버렸다.

그런데 해가 저물어가면서 피곤함보다 더한 것이 그에게 찾아왔다. 깊은 잠이 그를 사로잡았다. 기묘한 어둠과 공포가 그에게 엄습해 왔다. 그는 맥없이 땅으로 쓰러졌다. 해가 완전히 사라지고 온 세상이 깊은 밤 속으로 가라앉았을 때 갑자기 연기 나는 화로와 밝게 타오르는 횃불이 나타났다. 갈라놓은 희생 제물들 사이로 불길이 한 차례 지나갔을 때 야훼 하나님이 아브람과 언약을 세워 말씀하였다.

'너의 자손에게 이 땅을 준다. 이집트 강에서 큰 강 유프라테스에 이르기까지. 겐 사람과 그니스 사람과 갓몬 사람과 헷 사람과 브리스 사람과 르바 사람과 아모리 사람과 가나안 사람과 기르가스 사람과 여부스 사람의 땅을 다 포함해서.'

아브람은 다음날 장막으로 돌아와서 정성스럽게 목욕을 하고 옷을 땅에 묻었다. 그러나 그는 어디에 갔다 왔는지, 무슨 일을 했는지, 왜 온통 말라붙은 피로 범벅이 되었는지 누구에게도 말하지 않았다.

사래는 하나님의 약속의 말씀을 남편보다 더욱 근심스럽게 여겼다. 아브람은 이미 여든다섯 살에 접어들었고 그녀 자신도 일흔다섯 살이나 되었던 것이다.

어찌 된 일입니까, 하나님. 당신께서 저와 제 남편에게 처음 희망을 심어주신 그날이나 오늘이나 저희에겐 여전히 아이가 없습니다!

그 희망은 정확히 10년 전에 심어졌다. 사래는 시간이 흘러가는 것을 긴장하며 의식하고 있었다. 하나님의 약속이 있은 뒤부터 그녀는 수태가 되지 않은 채 지나가는 한 달 한 달이 무척 고통스러웠다. 야훼께서 '내가 너를 위대한 민족으로 만들어주겠다.'라고 아브람에게 말씀하셨다. 그러나 아이가 하나라도 태어나야 거기서부터 민족이 생길 것이다. 그 아이는 어디에 있는가? 종종 이 늙은 여인은 움푹 들어간 배에 손을 얹고 생각했다. 내 아이는 어디에 있는가?

사래는 야훼 하나님의 말씀이 그들 부부의 조용한 삶에 찾아왔을 때 너무 기쁜 나머지 도저히 참을 수가 없어서 웃고 춤추었다. 그 얘기는 도시의 소문거리가 되었다.

"늙은 사래가 아직도 아이를 가질 수 있을 거라고 생각한대!"

아브람으로선 당혹스러운 일이었을 것이다. 그가 이미 그곳을 떠날 계획을 세우고 있지 않았더라면.

그들은 그 당시 메마른 땅 북쪽 발리크 강변 하란에 살고 있었다. 장막도 집도 없었다. 가족과 친구들이 그들 주변에 있었고, 아이는 없었지만 나이 칠십이었던 그들은 만족하게 살고 있었다. 사래는 벌써 오래 전에 아이 얘기를 그만두었다. 사래는 그게 자기 운명이라고 진지하게 믿었다.

그러던 어느 날 아브람이 와서 그녀를 깨웠다. 그의 얼굴은 창백했고 흐릿한 눈을 부릅뜨고는 망령같이 기괴한 소리로 속삭였다.

"사래, 사래. 떠날 준비를 하시오."

"떠난다고요? 어디로요? 아버님이 또 편찮으세요?"

아브람의 아버지 데라는 그 당시 쇠약해져 있었고, 종종 아들을 불러들이곤 했다. 아브람은 그런 게 아니라고 했다. 그의 모습은 검게 타버려서 손만 대면 부스러질 초의 심지 같았다.

"사래, 하나님께서 떠나라고 명하셨소. 내게 갈 곳을 가르쳐 주시겠다고."

그의 목소리는 마치 동굴 속에서 불어나오는 바람 같았다.

"하나님께서 놀라운 약속을 하셨소. 하나님께서, 나로부터 큰 민족이 생겨나게 하겠고, 나에게 복을 주시어 내 이름을 크게 떨치게 하고 복의 근원이 되게 하겠다고 하셨소. '너를 축복하는 사람에게는 내가 복을 베풀고, 너를 저주하는 사람에게는 내가 저주를 내릴 것이다. 땅에 사는 모든 민족이 너로 말미암아 복을 받을 것이다.' 사래, 어서 준비하시오. 우리는 떠나야만 하오……"

이윽고 그들은 밤길을 떠났고 사래의 가슴은 두근거리기 시작했다. 그녀는 고개를 숙이고 양손으로 얼굴을 가린 채 울음을 터뜨렸다. 위대한 민족이 한 아이로부터 시작된다! 아브람의 아내 사래는 아기를 가질 것이다. 그녀는 자궁 깊은 곳에서 퍼지는 감미로운 느낌을 감당할수가 없었다. 내가 아기를 가질 수 있다니! 사람들이 그녀가 이상한 행동을 한다고, 되지도 않을 걸 바란다고 쑥덕인들 어떠랴. 이제 그 무엇도 사래를 괴롭힐 수 없었다.

그녀는 실로 아무런 불평 없이 하란을 떠났다. 그녀와 아브람, 조카롯 그리고 종들과 가축 떼까지 함께 갔다. 그들 중 누구도 자기들이 어디로 가는지 알지 못했지만 상관없었다. 그녀 남편의 하나님이 그들을이끌고 계셨다. 그리고 그녀는 기대감에 충만하여 다시 젊어진 듯 얼굴이 발그레하게 홍조를 띠었다.

지금은 장막에 거하는 방랑자 신세지만 그런들 어떠랴. 아브람과 롯이 가축과 식솔을 나누어 가졌을 때 롯이 요단 강 유역의 도시를 택한반면에 남편은 계속 장막에 거하는 방랑자 신세가 되었지만 아무것도문제가 되지 않았다. 그녀는 하나님의 언약을 받았던 것이다. 불임의 그녀가 아이를 가질 수 있다는 언약을.

이제 그 언약은 이미 10년 전의 일이 되었다. 그녀 얼굴에 만발하던홍조는 사라진 지 이미 오래였다. 뿐만 아니라 그녀 몸속에 내재되어있던 여성으로서의 기능조차 가죽처럼 말라버렸으니, 이제는 기적 자체가 시들어버린 것만 같았다.

그러나 하나님은 그녀의 마음속에 갈망을 불러일으켜놓았고, 그 갈망은 시들어없어져 버리지 않았다. 매일 밤 그 갈망은 그녀의 가슴을 쥐어뜯었다. 어디 있는가? 내 자궁 속의 아이는 어디에 있는가? 아니, 사래는 결코 다시는 자신의 운명에 만족할 수 없었다. 웃음, 춤, 믿음그리고 언약이 그녀의 인생에 가져다준 모든 변화가 있은 후로는.

그리하여 마침내 그녀는 문제를 직접 해결하려고 했다. 사래는 아기를 못 낳는 여자가 스스로 문제를 해결하는 하란의 오랜 관습을 기억해 냈다. 아브람은 아마도 지난 일은 거의 다 그 땅에 남겨두고 떠나왔을 것이다. 그러나 하나님이 하신 약속만은 거기 남겨두어서는 안 된다. 사래 또한 아이를 가질 이 마지막 기회를 과거에 남겨둘 수는 없었다.

"아브람, 나에게 한 가지 생각이 있어요."

그들은 밖에 나와 앉아 저녁을 먹고 있었다. 아브람이 비밀스런 의식을 마치고 피투성이가 되어 돌아온 후 며칠이 지나서였다. 그는 그 피에 관해 아무런 설명도 하지 않았고 그녀 또한 묻지 않았다. 저녁 식사를 거의 끝낼 무렵이었다. 사래는 아브람을 위해 멜론을 작게 잘랐고, 그는 그것을 천천히 먹고 있었다.

"무슨 생각?"

그녀는 눈길을 돌려 이제 자기 몫의 멜론을 자르고 있었다.

"나는 마음 상하지 않겠어요. 만약 당신이 기꺼이 내 생각을 실행에 옮긴다 해도요. 다른 여자라면 마음 상해할지 모르지만 나는 그렇지 않아요. 오히려 고맙게 생각할 거예요."

아브람은 끈적끈적한 손가락을 핥았다.

"무슨 생각을 했는데?"

"당신도 물론 내 여종을 아시겠죠?"

그녀는 조심스럽게 과일 껍질을 벗기며 말했다.

"알지."

"하갈, 이집트에서 데려온 건장한 애 말이에요. 괜찮은 여종이에요."

"이미 알고 있소. 그런데 대체 무슨 생각을 했다는 거요?"

"이제 멜론은 다 먹은 거예요? 그걸로 됐어요?"

아브람은 별 생각 없이 앉아서 아내를 응시하고 있었다. 마침내 그녀는 먹던 과일을 치우고 손을 닦은 뒤 무릎 위에 깍지 낀 손을 얹고는 눈을 들어 남편을 바라보았다.

"어떤 여자들은 아이를 낳을 수 없을 때 자기 여종을 남편한테 데려가요. 임신을 못 하는 여자는 여종을 남편과 동침시켜서 자기 자식으로 삼을 아이를 갖게 하는 거지요. 여종이 여주인의 무릎 위에서 아기를 낳게 되면 그 아기는 여주인의 아기가 되는 거예요. 아브람, 당신이 내 여종 하갈과 그렇게 하겠다면 나는 반대하지 않겠어요."

오랫동안 노인은 늙은 아내를 응시했다. 그녀는 눈을 내리깔았다.

"그게 제 생각이었어요."

아브람은 말했다.

"그녀를 나에게로 데려오시오."

그러고는 일어나 장막의 자기 처소로 돌아갔다.

이집트 여인 하갈은 예쁘지는 않았다. 그러나 사래는 항상 그녀가 아주 잘생겼다고 말했다. 사래가 첫눈에 하갈을 택한 것은 그 여자의 손발이 크고 강인한 데다 장막 기둥 같은 뼈대를 가졌기 때문이었다. 최근에 사래는 하갈의 엉덩이 또한 상당히 크다는 사실을 깨달았다. 크고 검은 눈, 뚜렷한 이마…… . 물론 배운 바는 없었으나 아이가 생길 자리는 넉넉해 보였다.

하갈이 아브람의 장막에서 잔 날 아침, 사래는 처음으로 하갈의 머리칼이 길고 윤기가 흐르며 아주 새까맣다는 것을 깨달았다. 아마도 사람들은 그런 것을 두고 아름답다고 할 것이다. 그날 아침 사래는 하갈에게 머리를 짧게 자르라고 명령했다.

"네가 게으른 건 그 머리채 탓이로구나!"

그리고 사래는 몸종 하갈이 임신했다는 것을 알아차렸다. 그 이집트 여인의 얼굴은 검은빛으로 강렬하게 반짝여서 새하얀 흰자위나 잇바디와 대조를 이루었다. 그리고 그녀가 점점 더 많이 웃음을 지으며 그치아를 드러내기 시작했을 때, 사래는 하갈 역시 자기 뱃속에 아이가 들어섰다는 사실을 알고 있다고 확신했다.

하갈이 아이를 가졌고 그녀 자신이 그것을 알고 있음을 증명하는 또 다른 표시가 곧 나타났다. 그녀는 거드름을 피우면서 걸었다. 분명히, 그녀는 엉덩이를 오른쪽 왼쪽으로 흔들면서 걸었다. 그리고 안주인을 아주 건방진 시선으로 쳐다보았고 사래의 명령들을 묵살했다. 그리고 끝까지 머리카락을 자르지 않았다. 사래는 말했다.

"하갈, 오늘 아침에 가서 물을 길어오너라."

그러나 하갈은 한숨을 내쉬면서 피곤하다고 종알대고는 발길을 돌려 아브람의 처소 쪽으로 가서 주저앉아 무화과나무 열매를 먹었다. 이윽고 하갈의 몸은 점점 비대해졌다.

어느 날 사래와 산파는 어떻게 하녀가 안주인 무릎에서 아기를 낳는 가를 하갈에게 가르쳐주고 있었다. 늙은 사래는 둘둘 만 잠자리에 기대어 다리를 앞으로 쭉 뻗고 앉았다. 하갈은 사래의 넓적다리 위에 앉아서 늙은 사래의 가슴에 기대고 다리를 가능한 한 높이 들었다. 산파는 사래의 발목 위에 몸을 굽혀 가랑이 사이로 하갈의 얼굴을 쳐다보았다.

"알겠느냐, 하갈? 아이는 내 무릎 위로 나올 것이다. 나는 너를 끌어 안고 네 배 위에서 이렇게 누를 것이다."

"아파요!"

하갈이 소리를 지르며 사래의 손을 쳤다. 그리곤 일어서서 장막 밖으로 거만스레 걸어나갔다. 사래는 놀라서 앉아 있었다. 산파는 얼굴을 숙이고 아무 말도 하지 않았다.

다음날 사래는 하갈이 무화과나무 열매가 담긴 그릇을 앞에 놓고 아브람의 장막 그늘에 앉아 있는 것을 보았다. 사래가 그녀 앞에 섰다.

"네가 나를 치다니!"

"그랬어요, 죄송해요. 저는 당신의 남편이신 주인님께 죄송하다고 말씀드렸어요. 죄송해요. 그리고 저는 그분께 말씀드렸죠. 당신이 일부러 저를 아프게 하신 것은 아니라고요. 단지 저는 부드럽고 당신은 뼈대만 있기 때문이지요. 주인님은 그 차이를 아실 거예요. 저는 말했지요. 제 몸은 여자가 되고 있는 중이기 때문에 부드럽고 아마 당신은 그렇지 않기 때문에 뻣뻣한 걸 거라고요."

사래는 입을 열어 대답하려 했으나 신음소리밖에는 낼 수 없었다. 모욕받은 고통에서 나오는 소리였다. 그리고 사래는 소리쳤다.

"어서 가서…… 물이나…… 길어 와."

하갈이 대꾸했다.

"죄송해요. 당신의 남편이 쉬라고 명령하셨거든요. 나는 아브람에게 순종하고 있는 중이에요."

그 다음번에 사래가 그녀의 무릎에서 아기 낳는 연습을 시키려고 했을 때 하갈은 말했다.

"그런 연습 따윈 필요 없어요."

사래는 곧바로 옷을 주위들고 먼 바다에서 거세게 이는 폭풍우 같은 기세로 아브람을 찾으러 나갔다. 이곳은 한눈에 몇 킬로미터 멀리까지 볼 수 있는 고지의 초원이었다. 사래는 한 민둥 언덕으로 올라가 손을 들어 빛을 가리고 가축 떼와 남편의 옷 색깔을 찾아보았다. 그는 오늘 아마 목자들 사이에 있을 것이다. 도시에 가서 특별한 사치품인 아기 요람과 바꿔올 양 한 마리를 고르고 있을 것이다.

아브람은 거기에 있었다. 그의 가축 떼가 있는 곳에 채 닿기도 전부터 사래는 소리쳤다.

"이 늙은 영감아! 내가 받은 모욕이 당신 머리 위에 떨어지기를!"

그녀의 살갗은 늙고 풍상에 시달려 검버섯이 피어 있었다. 머리카락은 파뿌리처럼 푸석푸석했다. 그러나 온몸에 분노가 차오르고 눈에서 빛을 내뿜는 사래는 마치 무사라도 된 것 같았다. 그녀는 외쳤다.

"당신이 끌어안았던 저 여자가요, 이집트인의 자궁에 애를 밴 저 여자, 당신의 하녀고 내 종인 여자가 이제 나를 깔보는군요."

사래는 계속 소리를 질러댔다.

"나는 참지 않을 거예요, 아브람. 나는 참지 않을 테니까 하나님께서 당신과 나 사이에서 판단을 내리셔야 할 거예요!"

아브람은 그녀가 다가오는 것을 보며 서 있었다. 그녀가 숨을 쉬기 위해 멈추었을 때 그가 말했다.

"그녀는 당신의 종이오, 사래. 당신 마음대로 하시오. 나는 상관하지 않으리다."

그리고 나서 그는 자기 일로 돌아갔다. 이제 하갈에 관한 일은 사래의 재량에 맡겨졌다. 그녀는 힘과 자유를 얻었다고 생각해 무자비해졌다. 그날부터 하갈이 물을 길어오지 않으면 사래는 남자 종 두 명을 시켜서 하갈의 겨드랑이를 잡아 우물가로 들어다 놓게 하고, 어떻게 하든 물을 가득 채우게 만든 다음 억지로 다시 데려오게 했다. 하갈은 곧 제 발로 물을 길으러 가게 되었다.

이제 하갈은 무화과 열매를 먹을 수 없었고 낮잠을 잘 수도 없었다. 사래가 이 이집트 여자의 머리를 속이 보이도록 짧게 깎아버려서 그녀의 연약한 피부는 땡볕에 화상을 입었다. 그리고 마침내 사래가 뻣뻣한 아마 두건과 잘라낸 칠흑 같은 머릿단을 다시 하갈에게 갖다 던지며 긴 가발을 만들게 시키고, 그 가발을 남편 아브람과 함께하는 특별한 날에 쓸 것이라고 선언하자 이집트 여인 하갈은 어디론가 사라졌다.

그녀는 임신한 몸으로 아브람의 장막으로부터 아주 멀리, 고향인 이집트 국경 가까이까지 달아났다. 그러나 몇 달 후 지치고 수척해졌으나 배가 더 불룩해진 채로 돌아왔다. 그녀는 아브람에게 수르(이집트 북동부 국경선에 있는 광야로 '술'이라고도 함)로 가는 도중에 샘물가에서 하나님의 천사가 나타났다고 말했다. 그 천사는 그녀에게 아들을 주겠다고 약속했다.

'그 아이를 이스마엘이라고 이름지어라. 네가 고통 가운데서 부르짖는 소리를 야훼께서 들으셨기 때문이다. 너의 아들은 들나귀와 같은 생활을 할 것이다. 그로부터 많은 자손이 나와 셀 수 없을 만큼 불어나게 하겠다.'

천사의 약속이었다.

하갈은 아브람에게 아들을 낳아주었다. 그리고 아브람은 그 아기를 이스마엘이라고 이름지었다. 그러나 그 아이는 사래의 무릎 위에서 나오지 않았다. 사래는 멀리서 지켜볼 수밖에 없었다. 하지만 멀리서도 남편이 팔에 아기를 안았을 때의 그 애정어린 표정을 볼 수 있었다. 노인의 눈은 젖어 있었다.

어느 날 야훼께서 아브람에게 나타나서 말씀하셨다.

'나는 전능한 하나님이다. 내 앞으로 걸어 나오너라. 나에게 순종하여라.'

아브람은 즉시 얼굴을 땅에 대고 엎드렸다. 하나님이 그에게 말씀하셨다.

'보라, 내 언약이 너와 함께한다. 내가 너를 여러 민족의 아버지로 만들었으니, 이제부터 너의 이름은 아브람이 아니라 아브라함이다. 그리고 내가 세우는 언약은, 너의 뒤에 오는 너의 자손과도 대대로 세우는 영원한 언약이다. 나는 너와 네 자손에게 이 가나안 땅을 영원히 주겠다. 너 아브라함과 너희 가운데 있는 모든 남자는 할례를 받아야 한다. 이것은 나와 너희가 맺은 약속의 증표이다. 그리고 네 아내 사래는 사라라고 불릴 것이다. 내가 그녀를 축복하여 너에게 아들을 낳아주게 하고, 여러 민족의 어머니가 되게 하며, 그 자손 중에서 왕들이 나오게 하겠다.'

아브라함이 말했다.

"사라가 아들을 낳을 수 있을까요? 전 그저 이스마엘이나 당신의 보살핌 속에서 살기를 바랄 뿐입니다, 하나님!"

하나님이 말씀하셨다.

'아니다! 너의 아내 사라가 너에게 아들을 낳아줄 것이다. 내가 네 아들과 언약을 세울 것이니, 그 언약은 영원한 언약이 될 것이다.'

하나님께서는 이 말씀을 마치시고 그를 떠나 올라가셨다. 그러자 아브라함은 그의 아들 이스마엘과 집안의 모든 남자들과 종들을 데리고 할례를 받았다. 하나님이 그에게 말씀하신 바로 그날에.

신비로운 손님들

롯 Lot

아브라함이 종종 야영을 하곤 하던 마므레는 비교적 높은 지역이어서 저녁에는 선선해지지만 여름 한낮의 태양열은 견디기 힘들었다. 아브라함은 습관적으로 장막의 세 귀퉁이를 걷어올려 처소 사방에 그늘이 지게 함과 동시에 건조한 바람이 통하게 했다. 오후에는 이곳에서 둘둘 감아 말아둔 밀짚 자리에 기대어 쉬곤 했다.

이제 그의 나이는 아흔아홉이었다. 그는 하루 중 가장 뜨거운 시간을 졸면서 보냈다. 때때로 그는 늙어 희미해진 눈을 크게 뜨고 더운 열기 속에 마치 떠 있는 듯한 상수리나무를 쳐다보곤 했다. 때로는 눈을 감고 꿈을 꾸기도 했고, 바람을 맞아 시원해진 물이 담긴 가죽 부대를 손으로 만지곤 했다.

그러던 어느 날 오후 졸음에 겨워 한쪽 눈을 떠보니 나무가 아닌 사람들이 장막 옆에 서서 자기를 내려다보고 있었다. 모르는 사람들이었다! 노인은 자리에서 벌떡 일어나 땅에 엎드려 절하고 말했다.

"잠깐 머물러 쉬었다 가십시오."

모르는 사람들이라면 손님으로 맞이하는 것이 도리였다.

"잡수실 것을 조금 가져다 드리죠. 그 사이에 물을 받아 발을 씻으십시오."

남자들이 말했다.

"감사합니다. 사양하지 않겠습니다."

아브라함은 사라의 처소로 돌아가 보리빵을 구우라고 일렀다. 그리고 자신은 가축 떼가 있는 곳으로 달려가 좋은 송아지 한 마리를 잡았다. 그는 야영지의 식솔 전체를 낮잠에서 깨우면서 부산스레 움직였다.

마침내 그는 손님들에게 돌아와 염소 가죽을 상수리나무 아래 깔고 구운 빵과 고기, 엉긴 젖과 우유를 차려놓았다. 풍성한 식사였다. 그는 한옆에 서서 그들이 식사를 하는 동안 시중을 들었다. 그들은 식사를 끝마치고 나서 물었다.

"당신의 아내는 어디에 있습니까? 사라는 어디 있습니까?"

어떻게 처음 보는 사람들이 그녀의 이름을 안단 말인가? 그것도 그녀의 새 이름을!

"장막 안에 있습니다."

그가 대답했다. 그들 중 한 사람이 손가락을 물에 담가 씻은 다음 상수리나무에 기대며 말했다.

"봄에 내가 이곳으로 다시 올 때 당신의 아내 사라는 아이에게 젖을 주고 있을 겁니다."

순간 아브라함은 목덜미의 머리카락이 쭈뼛 서는 것을 느꼈다. 갑작스런 이 말들은 단순히 저녁 식사 때 나누는 대화가 아니었다. 너무 개인적인 얘기였고 위험하게 느껴졌다. 아브라함이 무어라 막 대답하려 했을 때 그 사람이 장막을 향해 소리쳤다.

"사라! 사라! 왜 웃습니까?"

어둠 속에서 작은 목소리가 대답했다.

"웃지 않았습니다."

그 사람은 말했다.

"아니, 당신은 웃었소. 내가 당신이 아이를 낳을 것이라고 말했을 때 당신은 마음속으로 웃으며 중얼거렸지요. '어찌 늙은 나에게 그런 즐거운 일이 있으랴?' 하고. 여인이여, 하나님이 할 수 없는 일이 있겠습니까?"

아브라함은 놀라 입이 딱 벌어졌다. 그의 심장이 거칠게 뛰기 시작했다. 아브라함은 도대체 무슨 일이 벌어지고 있는지 알 수 없었다. 하나님이라니! 이 사람이 분명 '하나님이 할 수 없는 일이 있겠는가.'라고 말하지 않았는가! 다시 한 번 조금 더 큰 소리로, 여전히 장막의 갈대 휘장 뒤에 숨어서 사라가 말했다.

"저는 웃지 않았습니다."

세 남자는 일어나 떠날 준비를 차렸다.

"당신은 웃었소. 당신도 알지 않소?"

그 중 더욱 거룩하게 생긴 사람이 말했다.

"당신은 웃었소."

그런 다음 그들은 떠났다. 그들은 소돔으로 가는 먼 길을 향해 출발했다. 스스로도 형언키 어려운 이유로 해서 아브라함은 그들을 따라 나섰다. 길 떠나는 손님을 배웅하는 것은 후한 주인으로서 마땅한 일이었다. 그러나 아브라함은 그들 중 한 사람이 보통 사람이 아닌 좀더 높은 존재임을 알아차린 것이다. 오싹 끼쳐오는 직감으로 성스러운 존재가 여기 계신 건가 싶어 떨리는 마음이었다. 그래서 아브라함은 그저 아무 말 없이 그들을 뒤따랐다. 집으로 되돌아갈 수도 없었다.

해가 저물어 어둑해졌다. 그들 중 두 사람은 계속하여 길을 따라 내려갔다. 고귀해 보이는 한 사람이 걸음을 멈추자 아브라함도 따라 멈춰 섰다. 그러자 그 사람이 비범하고 힘 있는 어조로 말했다. 아브라함에게 말하고 있는 이분은 정말 하나님이셨다.

'소돔과 고모라에서 들려오는 울부짖음 소리가 크다. 그들의 죄가 매우 엄청나구나. 그 죄상이 어떤 것인지 판단해 보고 싶다. 이런 연유로 내가 이 길을 지나가고 있는 것이다.'

아브라함은 골짜기 아래 남쪽 저 멀리에 있는 도시들을 내려다보았다. 그곳 사람들은 한밤중에도 많은 불빛들을 밝히고 있었다. 수많은 작은 불꽃들, 그것들은 세상 속에서 곪아 불거진 두드러기들처럼 보였다. 롯이 거기 살고 있었다.

아브라함은 눈을 감고 턱에 힘을 주었다. 그는 조심스럽게 다음 행동을 취해야 한다고 생각했으나 그럴 수가 없었다. 그는 아무것도 생각해 낼 수 없었다. 그래서 그는 감히 말했다.

"의인을 악인과 함께 쓸어버리시겠습니까?"

그 성스러운 분은 대답하지 않았다. 아브라함이 손등으로 입을 훔치고는 다시 말했다.

"도시에 의로운 사람이 쉰 명 있다면 용서하시겠습니까? 틀림없이 세상의 그 어떤 판단자도 다른 사람의 사악함 때문에 의인을 죽게 하지는 않을 것입니다."

'만약 내가 소돔에서 의인 쉰 명을 찾을 수 있다면, 그들을 보아서 소돔을 용서하겠다. 그렇게 하겠다.'

늙은 아브라함은 고개를 숙이고 눈을 감은 채 깊은 숨을 들이마신 후 말했다.

"제가 티끌이나 한줌의 재밖에 안 되는 존재인 줄 압니다만 말을 시작했으니 끝마쳐야겠습니다."

그는 고개를 들었다.

"의인이 쉰 명에서 다섯 명 모자란다고 하면 어떻게 하시겠습니까? 다섯이 모자란다고 도시 전체를 멸하시겠습니까?"

'마흔다섯을 위해 모두를 용서하겠다.'

"오 야훼여, 단지 마흔 명만 있다면요?"

'그 마흔 명을 위해 도시를 멸하지 않겠다.'

"서른 명이라면요?"

'내가 서른 명을 찾아낼 수 있다면, 그 벌을 거두겠다.'

"단지 스무 명만 있다면 어쩌시렵니까?"

'그러면 그 스무 명을 위해 소돔을 용서하겠다.'

아브라함은 자신이 숨도 제대로 못 쉬고 떨며 땀을 흘리고 있다는 것을 알았다. 그러나 아직 끝낼 수 없었다.

"오 하나님, 노하지 마십시오……. 이번 한 번만 더 말하게 해주십시오. 야훼여, 저 도시에서 열 명밖에 찾을 수 없다면요? 그때는 어쩌시겠습니까?"

'그 열 사람을 위해서 도시를 멸하지 않겠다.'

말씀을 마치시고 하나님은 갈 길을 가셨다. 그러나 아브라함은 그 무서운 대화가 있던 곳에서 발을 뗄 수 없었다. 그는 소돔을 내려다보고 있었다. 아니, 조카 롯을 지켜보고 있었다.

같은 날 저녁 늦게 두 나그네가 소돔에 도착했다. 삼촌 아브라함과 마찬가지로 손님맞이에 후한 롯은 그 두 사람을 집안으로 맞이하고 음식을 대접한 후 잠자리를 내주었다. 그러나 곧 그 도시의 남자들이 롯의 집을 둘러싸고 소리쳤다.

"이 집에 온 나그네들을 데리고 나와! 우리가 그들을 겁탈해야겠다!"

롯이 몸소 바깥으로 나가 등 뒤로 문을 닫으며 말했다.

"여보게들, 제발 사악하게 굴지 좀 말게나. 이들은 내 손님들일세. 게다가 나에게는 아직 처녀인 두 딸들이 있다네……."

그러나 소돔인들은 더 크게 소리를 질러댔다.

"저리 비켜라, 이 헤브루인아!"

그들은 달려들어 그를 밀치고 문을 부수려 했다. 그러자 야훼의 천사인 두 손님이 재빨리 롯을 안으로 끌어들인 후 문을 닫았다. 그리고 놀랍게도 밖에 있는 사람 모두의 눈을 멀게 하였다. 그 천사들은 말했다.

"이 도시의 죄가 너무도 중하여 도시를 멸하려고 하나님께서 우리를 보내셨소. 당신이 아끼는 사람이 있으면 지금 가서 그들에게 경고하시오."

사실 롯의 딸들은 그 도시에서 존경받는 사람과 약혼중이었다. 그는 사윗감들에게 달려가 하나님의 결정을 알렸다. 그러나 그들은 그 말을 농담으로 여기며 도망가자는 롯의 제안을 비웃었다. 롯은 그들에게 닥칠 화를 생각하고 마음 아파했다.

동틀 무렵 천사들은 롯과 그의 아내 그리고 딸들을 집에서 끌어내야 했다. 천사들은 그들을 재촉하여 성문 밖으로 이끌어내며 말했다.

"힘껏 달리시오! 돌아보지 말고, 골짜기에 머물지도 말고, 저 언덕으로 달리시오. 그러지 않으면 죽고 말 것이오! 자, 뛰시오!"

아침에 아브라함은 언덕 위에 올라서서 아래를 지켜보았다. 불과 역청과 연기 나는 유황이 소돔과 고모라 전체에 쏟아져내리고 있었다. 아브라함은 하늘의 불길이 들판을 삼켜 숯덩이로 만들어버리고 그곳에 존재했던 모든 살아 있는 것들과 식물의 푸르름을 완전히 소멸시키는 것을 보았다.

마침내 마치 옹기 가마에서 연기가 오르듯 폐허에서 연기가 피어올랐을 때, 노인은 주저앉아 얼굴을 가리고 울기 시작했다.

"열 명도 안 되다니! 오, 롯아. 하나님께서는 네가 선택한 도시에서 의인 열 명조차도 발견하실 수 없었구나. 너는 지금 어디 있느냐? 네 아내는? 네 딸들은 어디 있느냐?"

롯과 그의 딸들은 동굴 속에 안전하게 있었다. 그러나 그의 아내는 불을 피해 달아날 때 마지막으로 한 번만 그 도시를 보려고 돌아섰고, 순간 그녀는 소금 기둥으로 변해 버렸다.

두 아들

이삭과 이스마엘 Isaac & Ishmael

소돔의 멸망 직후 아브라함은 장막을 거두어 남쪽 네겝으로 떠났다. 그랄 근처에서 가축들을 먹일 만한 새 목초지를 찾아서 잠시 그곳에 머물렀다. 가을에 그와 남자들은 온종일 놀라 울부짖는 양들의 소리를 들으면서 양털을 깎았고, 여자들은 그 양털들의 먼지와 기름때를 씻어냈다. 그들은 양털을 빗으로 다듬어 꾸러미로 묶었다.

겨울에 아브라함의 가족들은 그것을 그랄 시(市)로 실어가 구리와 청동으로 만들어진 물건들, 연장, 집기류, 무기, 도자기 등과 교환했다. 그리고 임신한 아내가 있는 이들은 아내에게 줄 예쁜 물건들도 샀다.

봄이 되니 양들이 새끼를 낳았다. 그리고 그 무렵 하나님께서 사라에게 한 약속을 지키셨다. 어느 날 아침 선선할 무렵에 사라는 아브라함에게 아들을 낳아주었다.

산파는 아기를 데리고 밖으로 나왔다. 강인해 보이고 또렷또렷한 아기였다. 아브라함은 아무 말도 하지 않았다. 노인은 포대기를 받아들고 꽃잎같이 신선한 피부를 지닌 아기를 황홀하게 지켜보았다. 그러나 한마디도 말을 할 수 없었다.

여드레가 지난 후 아브라함은 날카로운 부싯돌 칼로 아들에게 할례를 행했다. 그리고 나서 성대한 잔치를 베풀고 가족 전체가 모여 먹고 마시며 그와 함께 경축했다. 그날이 다 가기 전 사라는 너무도 기쁜 나머지 행복한 마음을 그냥 속에 담아둘 수가 없었다. 그 늙은 여인은 웃었다. 그녀가 얼굴을 가리고 소리 죽여 웃자 그곳에 모인 사람들은 그녀가 울고 있는 줄 알고 조용해졌다. 그러나 그때 그녀는 자리에서 일어나 손뼉을 치며 노래를 불렀다.

"하나님이 나에게 웃음을 주셨구나! 오, 나에게 웃음을! 내 이야기를 듣는 모든 사람들아, 웃어라! 자매들아, 자매들아, 너희의 믿음은 어디에 있느냐? 이 사라가 오늘 아이에게 젖을 물릴 줄 예전에 누가 알았겠느냐? 그런데 내가 지금 늙은 아브라함에게 상속자를 낳아주지 않았느냐?"

아브라함이 한 옆에 서서 아내를 지켜보고 있다가 그녀에게 다가갔다. 그는 사라의 손을 잡고 그녀가 조용히 그의 시선에 답할 때까지 그대로 있었다. 그들은 푸른 하늘 아래 작지만 강인한 한 쌍의 부부였다. 그리고 아브라함은 힘줄과 뼈만 남은 사라의 손을 내려다보았다. 그리고 그 손등에 핀 검버섯을 하나하나 어루만지면서 중얼거렸다.

"할멈, 루비보다 더 귀한 우리 할멈. 우리 이 아이의 이름을 웃음이라고 지읍시다. 웃음이라는 뜻으로 우리 그를 '이삭'이라고 부릅시다."

사라의 나이 아흔이었고, 아브라함은 백 살이었다.

몇 년 전 이스마엘이 태어났을 때 아브라함은 하갈에게 장막을 따로 내주어 그곳에서 아이를 가르치고 기르게 했다. 하갈의 장막은 결코 만족할 만한 장소는 아니었다. 그녀의 장막은 항상 아브라함과 사라의 장막에서 저만치 거리를 두고 세워졌다. 그리고 세월이 흐르는 동안 하갈 자신도 집안의 여주인한테서 거리를 두고 싶어하게 되었다.

아브라함은 그녀의 선택을 따라주었고 또한 그 심정을 이해했다. 그러나 그는 이스마엘이 동물적인 독립심과 비밀스런 열정을 지닌 아이로 자라는 것을 남몰래 지켜보았다. 그는 자신의 생각을 아무에게도 말하지 않았지만 소년의 정신이 자유로움과 열망을 품은 채 커가는 것을 보며 기뻐했다. 또 한편으로는 소년의 그 정신이 하갈을 서서히 지치게 하는 것을 보며 괴로워했다. 큰 손과 발을 가진 하갈의 몸은 뼈만 남게 되었고 가슴은 시들었다. 그녀의 마음은 불안했다.

이삭이 젖을 떼고 사라의 가슴이 다시 납작하게, 영원히 마르게 된 후 어느 날 그녀가 가축 무리 가운데에 있던 아브라함에게 다가왔다. 사라가 그에게 가까이 가며 소리쳤다.

"쫓아버려요. 저 노예와 그 자식을 쫓아버리세요!"

아브라함은 아내에게로 얼굴을 돌렸다. 그녀는 대답을 기다리지 않고 계속 말하면서 다가왔다.

"저 이집트인의 자식이 어린 이삭과 노는 것을 보았어요. 그런데 조금도 존경심을 갖지 않더라고요! 앞날이 보여요, 아브라함. 나는 그런 미래를 원치 않아요. 저 여종의 아들이 내 아들 이삭과 유산을 나누어 갖다니!"

아브라함이 말했다.

"그 아이도 내 아들이오."

사라는 아브라함을 노려보며 꼼짝도 않고 서 있었다. 바람이 그녀의 빛바랜 머리카락을 잡아당겼다. 그녀가 입을 열었을 때 목소리는 쉬어 있었다. 그녀는 특유의 부드러움으로 조심성 있게 물었다.

"두 아들 중에 누가 하나님께서 약속하신 애죠? 누구를 낳게 해주셨냐고요?"

그리하여 아브라함은 다음날 일찍 일어나 물이 담긴 가죽 부대 하나와 빵을 가져다가 하갈의 장막 앞에 내려놓았다. 그는 그녀에게 한 마디 말만 하고 어깨에 얼마 안 되는 식량을 메어주고는 아이와 함께 떠나보냈다. 하갈과 이스마엘은 광야에서 정처 없이 헤매고 다녔다.

한편 이삭은 아버지의 노후에 축복이 되었다. 그는 순수한 존경심과 순종하는 성품을 지닌 잘생긴 젊은이로 자랐고, 아브라함은 그 아들에게 온 정성과 마음을 쏟았다. 때로 아버지는 이삭을 언덕 높이 데려가 그의 장막과 종들, 가축 떼와 식솔들을 보여주었고, 소년이 볼 수 있는 한 멀리까지 동서남북의 땅을 보여주었다. 아브라함은 말하곤 했다.

"내가 죽을 때에는 너에게 이 장막들을 주겠지만, 하나님께서는 너에게 이 땅들을 주실 것이다."

노인은 아들을 너무 사랑하여 마치 자기 생명처럼 여겼다. 그러나 그때 하나님이 말씀하셨다.

'아브라함아.'

아브라함이 대답했다.

"예, 여기 있습니다."

'네 아들 이삭을 모리아 산으로 데려가 번제물로 나에게 바쳐라.'

그날 저녁 아브라함은 언덕 위 혼자만의 장소로 밀짚 자리를 가져가서 폈다. 밤새도록 그는 하늘의 별들만 올려다보고 있었다. 다음날 아침 일찍 그는 장막으로 돌아가 나무를 베었다. 그리고 나귀의 등에 안장을 얹었다. 그는 종 두 명에게 따라 나서라고 명령한 뒤 사라의 처소로 가서 아들을 흔들어 깨웠다. 그는 속삭였다.

"나오너라. 네 어머니는 깨우지 말고 나오너라."

그래서 그들은 함께 그 야영지를 떠났다. 그들은 사흘 동안 북쪽을 향해 갔다. 사흘째 되는 날 그는 눈을 들어 멀리 번제 드릴 자리를 발견했다. 그는 종들에게 말했다.

"여기서 기다려라. 아들과 내가 하나님께 예배를 드리고 돌아오마."

아브라함은 나무를 집어 아들의 등에 지웠다. 자기는 왼손에 불을 들었고 오른손엔 칼을 들었다. 그리고 나서 그들은 함께 모리아 산으로 향했다.

"아버지?"

"왜 그러느냐, 아들아."

"제사에 쓸 불도 있고 칼도 있는데, 양은 어디에 있어요?"

"아, 양 말이냐……. 하나님이 준비하실 게다."

두 사람은 모리아 산 한쪽 비탈을 오르며 계속 앞으로 나아갔다. 그 장소에 도착하자 아브라함은 무릎을 꿇고 제단을 쌓았다. 흔들림 없는 침착한 자세로 노인은 제단에 장작을 놓았다. 그리고 아들 이삭을 묶어서 들어올려 제단에 쌓은 장작 위에 놓았다. 그리고 아브라함은 옷을 허리에 단단히 묶어 흘러내리지 않게 하고는 왼손으로 아들의 가슴뼈를 더듬어 찾았다. 마침내 오른손으로 긴 구리칼을 집어들고 아들을 단숨에 죽이려고 칼을 높이 쳐들었다.

'아브라함아! 아브라함아!'

그것은 하나님의 음성이었다.

'아브라함아!'

"네, 여기 있습니다."

노인이 크게 소리쳤다. 하나님이 말씀하셨다.

'되었다. 아이에게 손을 대지 말아라. 네가 너의 외아들까지도 아끼지 않으니, 네가 하나님을 두려워하는 줄을 내가 알았다.'

아브라함이 눈을 들어 보니 숫양 한 마리가 뿔이 수풀에 걸려 꼼짝 못하고 있는 것이 보였다. 그는 그 숫양을 잡아 아들 대신에 번제물로 바쳤다. 그리고 그곳을 '여호와 이레(여호와께서 준비하신다)'라고 명명했다.

하나님이 말씀하셨다.

'내가 반드시 너에게 큰 축복을 주어 네 자손이 크게 불어나서 하늘의 별처럼 많아지게 할 것이다. 그리고 네가 나에게 순종하였으니 세상 모든 민족이 네 자손의 덕을 입어 복을 받게 될 것이다.'

　이런 일이 있은 후 사라는 127살까지 살았다. 아브라함은 다시 마므레 상수리나무 근처에서 살게 되었는데, 그의 늙은 아내가 그곳에서 죽음을 맞았다. 아브라함은 아내의 죽음을 알리기 전에 그 밤과 아침을 꼬박 울면서 그녀의 침대 옆에 앉아 있었다. 그는 사라의 손이 차가워질 때까지 잡고 있다가 그녀의 작은 몸뚱이 옆에 놓았다.

　낮이 되자 그는 일어서서 죽은 아내를 묻을 장소를 찾아나섰다. 마므레 동쪽 막벨라에는 에브론이라는 사람 소유의 밭이 있었는데 거기에 동굴이 하나 있었다. 홍정 끝에 마침내 에브론은 자기 밭을 은 4.5킬로그램에 아브라함에게 팔기로 동의했다. 많은 증인이 보는 가운데 무게를 달아 돈이 지불되었고 매매가 성립되었다. 그리하여 그 밭과 동굴은 아브라함 소유가 되었다. 그는 사라의 시신을 그곳으로 데려가 동굴 속에 넣고 묻었다.

기도로 얻은 배필

리브가 Rebekah

(창세기) 24:1~25:11

아브라함의 동생 나홀이 살다가 죽은 도시 바깥에는 신선한 물이 솟아나는 우물이 하나 있었다. 우물물은 끊임없이 풍부하게 솟아나와 마을에 사는 사람들에게뿐 아니라 동서로 많은 물건을 실어 나르는 대상들과 나그네들에게도 큰 도움이 되었다.

여자들이 이 특별한 우물에서 물을 긷기 위해서는 고르지 못한 돌계단을 내려가 무릎을 꿇고 솟아나는 물속에 물동이를 담가 가득 채운 다음 어깨에 메고 다시 계단을 올라가야만 했다. 물론 짐을 실은 낙타는 우물이 있는 동굴 속으로 내려갈 수 없었으므로 물을 한 동이씩 날라다가 땅 위에 만들어진 돌구유 속에 부어야만 낙타에게 물을 먹일 수 있었다.

리브가는 그 우물과 그곳으로 가는 길을 잘 알고 있었다. 매일 저녁 그녀는 친구들과 어울려서 식구들이 마실 물을 길으러 갔다. 명랑한 젊은 처녀들이 어깨에 물동이를 메고 새들처럼 웃고 재잘댔다. 리브가는 다른 처녀들보다 조용히 걸었다. 그녀는 키가 컸다. 그녀는 더 성큼성큼 걸었는데도 그 자태가 친구들보다 더욱 우아했다. 총명해 보이는 이마, 확신에 찬 태도. 여러 명의 처녀들 가운데서도 그녀는 혼자 서 있는 것처럼 돋보였다.

어느 날 저녁의 일이었다. 그녀가 가득 채운 물동이를 지고 우물에서 돌아오고 있는데 한 노인이 앞으로 나왔다. 그 노인은 마치 그녀 주위에는 아무도 없다는 듯이 그녀에게만 말을 걸었다.

"아가씨, 그 물동이의 물을 좀 마시게 해주오."

그는 먼지투성이의 지친 나그네였고 리브가의 할아버지 나이 정도 되어 보였다. 리브가는 열 마리의 낙타가 우물가에 옹기종기 꿇어앉아 머리를 높이 쳐들고 있는 것을 보았다. 그녀의 친구들은 그 광경을 잠깐 쳐다보고는 곧 떠나버렸다. 날은 어두워지고 있었지만 그녀는 혼자라고 해서 큰일 날 일은 없으리라 생각했다.

"그러세요."

리브가는 물동이를 들어 내렸다.

"어서 드세요."

그는 처녀의 얼굴에서 시선을 떼지 않은 채 물을 한 모금 마셨다. 그녀는 얼굴이 붉어졌다.

"제가 할아버지의 낙타들이 마실 물도 길어다 드리지요."

그리고 그녀는 물을 긷기 시작했다. 돌계단을 위아래로 오르내리면서 물을 날라다 구유에 부었다. 노인은 계속 그녀를 응시하고 있었다. 그녀가 낙타 한 마리를 탁 때리자 낙타는 발에 힘을 주고 벌떡 일어나 물을 마시러 다가왔다. 다른 낙타들도 따라했다. 그리고 리브가는 열 마리가 충분히 물을 마실 때까지 구유에 물을 채웠다.

그녀가 일을 마쳤을 땐 이미 사방이 캄캄했다. 노인이 다시 그녀에게 다가왔을 때 그의 손에는 아름답게 빛나는 물건들이 들려 있었다. 황금으로 된 반지 하나와 팔찌 한 쌍이었다.

"아가씨는 누구의 딸인가?"

리브가가 대답했다.

"저희 할아버지의 함자는 나홀이고, 아버지는 브두엘이라고 하십니다."

"나홀 어르신, 그 어른을 알지."

노인이 중얼거렸다. 그는 금세 눈물이라도 터뜨릴 것 같은 심정으로 그 이름을 되뇌었다. 그는 리브가의 손을 잡고 부드럽게 그녀의 손가락에 반지를 끼워주었다.

"혹 처녀의 집에 나와 내 일행이 잠시 묵을 방이 있겠는가?"

"예, 저희 집엔 겨와 여물이 충분히 있습니다. 그리고 방도 있어요."

그러자 노인은 무릎을 꿇고 팔을 들어 부드럽게 찬미했다.

"나의 주인 아브라함의 하나님께 경배할진저! 야훼께서 저를 주인의 친척집으로 인도하셨습니다."

무릎을 꿇은 채로 노인은 리브가의 팔에 팔찌를 채워주며 말했다.

"어서 가시오. 가서 하룻밤 묵을 장소를 간청해 주시오."

그 즈음 리브가의 아버지는 늙고 허약해져서 주로 그녀의 오빠 라반이 가족의 일을 결정했다. 라반은 서쪽에서 온 나그네 이야기에 즉각적으로 관심을 보이지는 않았다. 그는 계속 저녁밥을 먹으며 이야기를 들었다. 그러나 그녀가 겉옷을 벗었을 때 황금팔찌가 드러나자 곧장 집을 나섰다.

그가 나간 사이에 리브가와 어머니는 음식을 더 준비했다. 이윽고 밖에서 라반의 목소리가 들렸다. 그는 손수 노인의 낙타 고삐를 풀고 하인에게 노인이 발 씻을 물을 가져오라고 명령했다.

"들어오십시오. 노인께선 야훼의 축복을 받으신 분입니다. 들어와 저녁을 드십시오."

라반이 말하고 있었다. 그러나 그들이 집에 들어와 앞에 음식이 차려졌을 때 노인은 음식을 먹지 않았다.

"제가 온 목적을 말씀드리기 전까지는 먹을 수 없습니다."

"말씀하십시오!"

노인이 이야기를 시작했다.

"저는 아브라함의 종입니다. 야훼께서 제 주인을 크게 축복하시어 양 떼와 소 떼, 은과 금, 남종과 여종, 낙타와 당나귀를 주셨습니다. 아브라함은 슬하에 아드님 한 분만을 두셨습니다. 도련님의 이름은 이삭입니다. 주인님은 가나안 땅에서 제게 맹세를 시키셨습니다. 이 땅, 주인의 친족이 있는 이곳으로 와서 이삭 도련님을 위한 배필을 찾아보라고요. 바로 오늘, 저는 이 도시 밖에 있는 우물에 도착해서 제 일이 잘 이루어지게 해주십사고 기도를 올렸습니다. '오 야훼여, 제가 한 젊은 처녀에게 물 한 모금을 달라고 요청할 때 그녀가 '드십시오. 그리고 낙타에게 줄 물도 길어오겠습니다.'라고 말을 하면, 그 아가씨가 야훼께서 도련님의 배필로 정하신 분인 줄 알겠습니다.' 그런데 제가 기도를 마치기도 전에 당신의 여동생이 왔습니다. 리브가 아가씨가요. 이 아름다운 여인이 제가 야훼께 기도한 대로 모두 행했습니다."

노인이 라반과 브두엘에게 말했다.

"그러니 이제 여러분이 제 주인께 대해서 너그럽고 진실되게 일을 처리하려 하신다면, 그렇다고 말씀하십시오. 그리고 만일 아니라면, 아니라고 또한 말씀하십시오. 저도 어떻게 일을 처리해야 할지 알아야만 하니까요."

라반이 대답했다.

"분명 이 일은 야훼께서 하시는 일입니다. 내 여동생을 데리고 가십시오. 야훼께서 말씀하신 대로 그녀를 당신 주인 아들의 아내로 삼으십시오."

남자들이 기름등잔 주변에 앉아 서로 이야기를 나누고 있는 동안 리브가는 방의 구석진 곳에 서서 모든 것을 조용히 듣고 있었다. 아브라함의 하인이 마침내 눈을 들어 그녀를 알아차리고는 불렀다.

"브두엘의 딸 리브가여, 이것들을 받으시오."

그는 리브가에게 금은보석과 잘 짜인 옷가지를 건네주었다. 그는 또한 그녀의 오빠와 어머니에게도 값진 물건을 내놓았다. 마침내 그는 차려진 저녁을 들었다. 아침에 일어나자 그는 집주인들에게 말했다.

"이제 우리 주인님께로 돌아가게 해주십시오. 그분은 늙어서 앞으로 오래 사시지 못할 것입니다."

라반은 반대했다.

"아니오, 안 됩니다! 저 아이가 작별 인사할 시간을 주십시오. 그 동안 손님으로 묵으시고요. 적어도 열흘 만이라도 말입니다."

"부탁합니다. 갈 길이 멉니다. 곧 우기가 올 것입니다. 부탁합니다." 마침내 라반이 말했다.

"리브가가 결정하도록 하는 게 좋겠습니다."

리브가는 망설이지 않았다.

"가겠습니다."

이렇게 하여 판단이 빠르고 확신에 찬 이 여인 리브가는 단 하룻밤, 한나절 사이에 자신의 인생을 영원히 바꿔버렸다.

그 후 한 달 동안 리브가와 그 늙은 하인은 메소포타미아(헤브루어로 는 밧단 아람)에 있는 그녀의 집을 떠나 65년 전에 아브라함이 지났던 길을 따라 먼 남쪽을 향해 여행했다. 그들은 숙곳에서 요단 강을 건넜 고 사해를 지나 네겝을 향해 머나먼 남쪽으로 나아갔다.

30일째 되는 날 저녁 낙타들은 지쳐서 무기력하게 움직이고 있었다. 리브가가 문득 눈을 들어 보니 한 남자가 홀로 들판을 가로질러 서성이 고 있었다. 그는 머리를 푹 숙이고 깊은 생각에 잠겨 있었다.

"저 사람이 누굴까?"

그녀가 혼잣말을 했다. 그녀는 낙타에서 내려 아브라함의 늙은 종에 게로 갔다.

"저기 멀리 있는 사람 보이세요? 저 사람이 누구예요?"

"주인님의 아드님이지요. 이삭입니다."

그러자 리브가는 베일로 얼굴을 가리고 남편이 될 그가 자기를 보러오기를 기다렸다. 이리하여 네겝에서 이삭은 리브가를 자기 장막으로 데리고 들어가 아내로 맞았고 그녀를 온전히 사랑했다. 그는 살아 있는 동안 아내 이외의 어느 누구도 사랑하지 않았다. 그는 말했다.

"그녀는 키가 훤칠했지요. 나는 그녀가 들판에 서 있는 것을 보자마자 사랑에 빠졌습니다."

그의 나이 마흔 살이었다.

175세의 나이에 아브라함은 끝내 숨을 거두었다. 그는 천수를 다하고 세상을 떠났다. 그의 두 아들은 아브라함이 생전에 아내를 장사지내기 위해 샀던 막벨라 굴에 그를 묻었다. 그리하여 아브라함과 아내사라는 마침내 영원히 함께하게 되었다.

그러나 두 형제 이삭과 이스마엘은 각자의 길을 떠나 다시는 서로 만나지 못했다. 이스마엘의 자식들은 바란 광야에서 살았다. 그들은 거칠고 호전적인 부족이 되었는데, 젊은이들은 활을 잘 쏘아 다른 어느부족에게도 지지 않았다.

그러나 아브라함이 죽은 뒤에 하나님은 이삭을 축복하셨다. 그 뒤로 20년 동안 이삭은 네겝 황야에서 떠돌며 지냈다. 다른 민족의 땅에서 자신의 소 떼와 양 떼를 먹이며 그것들과 함께 지냈고, 아브라함이 옛날에 살았던 그 장막에 거했다. 리브가도 사라가 그랬던 것처럼 아이가 없었다.

"이삭, 왜 왕이 우리를 보자고 하죠?"

"왕들이 하는 일을 누가 알겠나?"

"아니오. 당신은 뭔가 알고 있어요. 무엇인가 나한테 숨기고 말하지 않는 게 있어요."

"사실은 말이오. 어제 우리가 보리밭에 누워 있을 때 아비멜렉이 우리를 보았소."

"그래서요? 왜 왕이 다른 사람들이 사랑을 나누는 것에 상관을 해요?"

그것은 질문이라기보다는 혼자 생각이었다. 리브가는 이삭이 장막을 걷어치우고 이 고장을 떠나야만 하지 않을까 생각하기 시작했다. 그래야만 한다면, 추수 전에라도 당장……

그녀는 잘생긴 당나귀를 타고 가고 있었다. 가벼운 바람이 그녀의 베일을 건드렸다. 그녀의 남편은 왕을 만나러 가는 이 특별한 길에 그녀더러 꼭 베일을 쓰라고 고집했다. 이삭도 깨끗이 몸을 씻고 그랄이라는 팔레스타인 도시의 흰 벽을 향해 나귀를 이끌고 갔다. 그들이 이 고장에 산 지 벌써 몇 해가 지났고, 왕이나 그의 백성들과도 비교적 평화스럽게 지내고 있었다. 처음에는 이삭이 도시로 들어가는 문가에서 그 도시 사람들과 잡담을 하면서 지낸 적도 있었다.

그런데 최근 들어 이삭의 가축들이 그랄 사람들의 짐승들보다 더 번창했다. 그러던 중 그의 종들이 오래된 우물에서 새로 물이 나오는 것을 발견했는데, 그때 그랄 사람들이 와서 그 우물은 자기들 것이라고 주장했다. 이삭은 별 수 없이 그 우물을 그들에게 주고는 종들에게 다른 우물을 파도록 했다. 그런데 그 우물에서도 맑은 물이 솟아오르자 그랄 사람들이 성난 모습으로 싸울 태세를 갖추고 와서 다시 그 우물마저 내놓으라고 했다.

이삭은 싸움을 원하지 않았다. 그는 훌륭한 사냥꾼이었으나 무사는 아니었다. 결국 그는 그 우물마저 내어주었다. 그래서 리브가는 그들이 다 털고 일어나 다른 곳으로 떠날 때가 왔다고 생각하고 있었다. 갑자기 그녀가 생각에서 깨어나 날카롭게 말했다.

"이삭, 당신이 꼭 대답해 줄 것이 있어요."

"뭔데?"

"왜 아비멜렉이 우리가 함께 눕는 일에 관심을 가져요? 남의 아내가 아이를 원하는 일에 왕이 무슨 상관이래요?"

"아내……. 그래, 아내. 누이가 아니고."

이삭이 낮게 웅얼거렸다.

"뭐라고요? 당신 뭐라고 말했어요?"

"누이가 아니라고 말했소."

"이삭, 돌아서서 나를 쳐다보세요! 누이가 아니라니, 무슨 뜻이에요?"

이삭은 돌아섰으나 아내를 쳐다보지는 않았다.

"우리가 처음 여기 왔을 때 당신의 아름다운 자태를 보고 그럴 사람들이 당신에 관해 물었소. 나는 그자들이 당신을 뺏기 위해 남편인 나를 죽일 수도 있다는 생각이 들어서 겁이 났소. 그러나 누이라면 그 오라비를 해치지 않겠지, 난 그렇게 생각했소. 그래서 그들에게 당신이 내 누이라고 말했소."

리브가는 나귀 등 위에 쇠막대기처럼 꼿꼿이 앉아서 한참 동안 이삭의 얼굴을 노려보았다. 그녀는 베일을 벗어젖히고 옷을 몸에 단단히 감은 다음 남편의 손에서 고삐를 낚아채서 나귀를 돌려세웠다. 그녀는 혼자 장막으로 달려가버렸다.

'이삭 혼자서 왕을 만나러 가라지. 자기가 한 어리석은 짓을 직접 설명해야 해.'

이삭은 그녀에게 명예를 되찾아주어야 한다. 자기 잘못을 인정하고 그녀를 다시 아내로 만들어야 한다. 그러나 어쨌든 그녀는 확신했다.

이 고장을 떠나야 할 때가 되었다고.

　이삭이 예순 살 가깝게 나이를 먹었을 때 부부는 그들이 처음 만났던 그 들판 가까이의 브엘라해로이로 돌아와 장막을 치고 살았다. 리브가가 남편보다 젊긴 했지만 자식 없이 산 지 20년이나 되었으므로 그녀는 아이를 몹시 갖고 싶어했다. 어느 날 밤 리브가는 그 소망 때문에 화가 나서 큰 소리로 울부짖었다.

　다음날 아침 이삭은 그녀의 처소로 왔다. 그는 리브가의 손을 잡고 바위가 험한 높은 언덕으로 데리고 갔다. 그곳에서 그는 아내 대신 두 손을 높이 들고 기도를 올렸다. 그런 다음 그들은 다시 장막으로 내려왔다. 그들은 그날 하루 종일을 함께 지냈고 곧 리브가는 더 이상 아이 때문에 울지 않아도 되었다.

　그녀가 아기를 가진 것이다. 그녀는 웃고 있었다. 그녀의 얼굴은 다시 빛났으며 뱃속에는 아기가 있었다. 검게 반짝이는 리브가! 그녀가 웃을 때 그녀의 눈은 검은 하늘의 비밀스런 달과 같았다. 그녀의 몸가짐은 서두름이 없고 우아해서 한 번 본 남자들의 마음을 영원히 사로잡았다.

누가 맏아들인가

에서와 야곱 Esau& Jacob

[창세기 25 :19~27 :45]

해산일을 3개월 남겨놓고 리브가는 자궁에서 짓누르는 고통을 느꼈다. 그녀는 갑자기 악, 소리를 지르려다가 그 소리를 감추기 위해 두 손으로 입을 막곤 했다. 리브가는 생각했다. 이런 고통이 계속된다면 어떻게 살겠나? 이번에는 리브가가 이삭이 전에 기도했던 성스러운 언덕으로 홀로 올라갔다. 그녀는 손을 들어올리고 말했다.

"무슨 일입니까, 야훼여? 도대체 무슨 일이 제 뱃속에서 일어나고 있는 것입니까?"

야훼께서 말씀하셨다.

'두 민족이 태 안에서 싸우고 있다.
너의 몸 안에서 두 민족이 나뉠 것이다. 리브가야.

한 민족이 다른 민족보다 강할 것이다.
형이 동생을 섬길 것이다.'

달이 차서 리브가는 해산을 했다. 그녀는 쌍둥이 형제를 낳았다. 먼저 나온 아이는 주름이 지고 살결이 붉은 데다 온몸이 털투성이여서 외투를 걸친 것 같았다. 그리고 둘째 아이가 바로 뒤이어 나왔는데, 그 아이는 형의 발꿈치를 잡고 나왔다.

그래서 부모는 첫아이를 털이 많다는 뜻의 '에서'라고 이름지었다. 그리고 둘째에겐 '야곱'이라는 이름을 붙였는데, 뱃속에서부터 형의 발꿈치를 붙잡고 있었기 때문이었다.

에서는 자라서 사냥꾼이 되었다. 아버지를 닮은 그는 한 번에 몇 달씩이나 홀로 집을 떠나 사냥을 가곤 했다. 그는 사냥감을 보는 정확한 눈과 본능적인 지식이 있었다. 그는 가젤, 오릭스, 아이벡스 그리고 온갖 야생 염소와 산양 등 집에서 길러 뚱뚱하게 살찌운 가축보다는 사냥해온 야생 짐승들을 좋아했고 그것들에 대해서라면 모르는 게 없었다. 넓은 가슴과 붉은 털을 가진 에서는 자기 팔 힘으로 살아갔다. 그는 장막 안에 앉아 있을 때에도 별로 말이 없었다.

한편 야곱은 줄곧 집안에 있었고 가축 떼와 장막 주변의 들에 머물렀다. 그는 약삭빠른 대화를 즐겼다. 어머니를 닮아서 야곱의 얼굴은 부드럽고 총기가 넘쳐흘렀다. 그리고 말하는 것을 좋아했고 힘보다는 재치를 믿었다.

아버지 이삭은 에서가 사냥한 것으로 직접 요리해 주는 음식을 좋아했다. 어머니 리브가는 야곱을 사랑했다.

어느 겨울 동틀 무렵 에서는 아무것도 잡지 못한 채 오랜 사냥에서 돌아왔다. 그는 여러 날 동안 아무것도 먹지 못하고 밤새도록 걸어서 막 돌아오는 참이었다. 그는 굶주려 있었다.

그가 아버지의 장막으로 들어서는데 뭔가 뭉근히 끓고 있는 음식 냄새가 풍겨왔다. 그 냄새는 굶주린 뱃속을 더욱 자극했다. 에서는 먹고 싶어서 견딜 수가 없었다. 그 냄새를 따라가다 보니 동생의 장막에 이르렀다. 거기에 야곱이 있었다. 그는 보글보글 끓는 팥죽을 젓고 있었다. 에서는 말도 제대로 하지 못했다.

그는 신음하듯이 말하며 팥죽 단지를 가리켰다.

"제발, 야곱아. 나 거의 죽을 지경이야."

야곱은 잠시 아무 말도 하지 않았다. 그리고 나서 그는 얼굴을 들어 미소를 지어 보였다.

"형님, 우리 거래를 했으면 해요."

에서는 그의 큰 손으로 입가를 쓸었다.

"무슨 거래?"

야곱은 이를 드러내며 웃고는 다음 말을 재빨리 이어나갔다. 에서는 처음에는 당혹했고 다음에는 화가 났지만 어찌나 배가 고팠던지 결국엔 아무래도 좋다는 생각이 들었다.

"죽은 사람이 어떻게 아버지의 재산을 물려받을 수 있겠어요? 비록 그 사람이 두 형제 중에서 어쩌다가 손위로 태어났대도 그렇죠. 물론 불가능할 거예요. 죽은 사람은 아무것도 물려받을 수 없지요. 형님, 만일 형님이 죽는다면 지금 아무것도 얻지 못하고 나중에도 마찬가지로 아무것도 가질 수 없을 겁니다. 그렇지만 만일 제가 형님한테 먹을 것을 드리면 전 형님을 살려드리는 거라고요. 그럼 형님은 저한테 생명 대신에, 만일 생명이 없다면 아무런 의미도 없을 그것을 주셔야죠. 형님의 장자권 말입니다. 그러니 여기서 흥정을 해요. 에서 형, 내가 형님 생명을 드릴 테니 형님은 나한테 장자권을 넘기세요. 그럼 우리는 공정한 거래를 하는 겁니다."

야곱은 언제나 이런 식으로, 보통 사람은 이해할 수 없을 정도로 빨리 이야기를 했다. 에서의 생각은 오직 음식에만 쏠려 있었다.

"그래."

그는 말하면서 팥죽 그릇에 손을 내밀었다. 그러나 야곱은 그릇을 뒤로 감추며 별안간 심각한 눈으로 말했다.

"에서 형, 나에게 맹세해요."

에서가 소리쳤다.

"맹세한다!"

그리고 있는 힘을 다해 팥죽 그릇을 낚아챈 후 동생의 시끄러운 소리가 들리지 않는 곳에서 조용히 먹으려고 밖으로 들고 나갔다.

젊은이들은 대개 미래에 필요한 것보다 당장 눈앞의 욕망에 끌린다. 그러므로 혈기 왕성한 젊은 나이, 즉 자기 힘에 자신이 있고 아버지도 정정할 때에는 장자권 따위가 아무 의미 없게 생각될 수도 있다. 그러나 사실 그건 굉장히 소중하고 결코 잃어서는 안 될 권리였다. 맏아들은 다른 형제보다 상속을 두 배로 받게 되어 있었다.

리브가는 그것을 알았다. 뿐만 아니라 리브가는 특별한 축복이 아브라함으로부터 그 아들, 즉 자기 남편에게 내려오고 있다는 것을 잘 알고 있었다. 왜냐하면 야훼께서 한밤중에 이삭에게도 나타나셔서 말씀하셨기 때문이었다.

'두려워 말아라, 이삭아. 내가 너와 함께 있다. 내 종 아브라함을 위해 너를 축복하고 너의 자손을 번성하게 할 것이다.'

바로 그 다음날 이삭은 그 자리에 제단을 쌓고 아버지의 하나님께 경배를 드렸다. 리브가는 남편의 신비스런 거동을 지켜보았고, 바로 그때 자기가 믿음이 강하고 번성할 집안으로 시집왔다는 것을 알게 되었던 것이다.

이삭이 늙어 눈이 안 보이게 되었을 때 에서를 자기 처소로 불렀다.

"내가 언제 죽을지 모르나 아마 머지않을 것이다. 그러니 이제 에서야, 활을 가지고 가서 사냥감을 잡아와 내가 좋아하는 별미를 만들어다오. 그러면 내가 그 음식을 먹고 너를 축복해 주마."

에서가 장막을 나와 들판으로 떠나자마자 리브가가 야곱을 자기 처소로 불러 속삭였다.

"아무 말 말고 듣기만 하렴. 방금 너의 아버지가 아주 중요한 별미를 만들 짐승을 잡아오라고 네 형 에서를 보내셨단다. 아버지는 하나님 앞에서 네 형을 축복하려고 하시는 거야."

리브가는 야곱의 얼굴에 두 손을 대고 그의 눈을 똑바로 쳐다보았다.

"아버지가 네 형에게 주려고 하시는 축복보다 더 큰 축복은 없다. 그 축복은 너의 할아버지가 하나님께 받은 축복인데, 그 축복을 받은 사람은 자손의 번영과 땅을 약속받는 거란다! 그러니 가서 새끼 염소 두 마리를 잡아 가져오너라. 내가 한 마리를 아버지가 좋아하시는 식으로 맛있게 요리해 줄 테니 네가 아버지께 갖다드리렴. 그러면 아버지께서 너를 먼저 축복해 주실 것이다."

야곱이 작은 소리로 물었다.

"그렇지만 에서 형은 털이 많고 저는 없는데요. 아버지가 알아차리실 거예요."

"염소보다 털 많은 짐승이 어디 있다더냐? 그래서 내가 한 마리는 그 가죽을 쓰려고 두 마리를 잡으라 한 것이다. 너의 목과 팔을 두툼한 털로 덮자꾸나."

"그렇지만 아버지가 알아차리시면 어떻게 하죠? 축복 대신에 저주를 받으면 어떡하냐고요?"

"목소리를 낮추렴."

어머니가 말했다. 그리고 그녀는 야곱을 잠시 껴안았다.

"저주가 있다면 내가 받으마. 너는 내 말에 복종해라!"

그래서 야곱은 달려나가 직접 작은 염소 두 마리를 잡았다. 리브가가 한 마리를 요리하는 동안 야곱은 길고 뾰족한 칼로 다른 한 마리의 가죽을 벗겨 기름을 긁어냈다. 리브가는 이 갓 잡아 만든 털가죽을 야곱의 손등과 목, 어깨에 묶어준 뒤 에서가 사냥할 때 입던 옷 한 벌을 가져다가 그 위에 걸치게 했다. 리브가는 고기 요리를 야곱의 손에 들려주며 속삭였다.

"어서 가거라."

그래서 그는 음식을 들고 아버지의 처소로 들어갔다.

"아버지!"

야곱이 불렀다. 이삭은 밀짚 자리에 기대앉아서 대답했다.

"여기 있다. 누구냐?"

"에서입니다. 아버지의 맏아들이지요. 시키신 대로 했습니다. 일어나 잡수시고 저를 축복해 주십시오."

이삭이 눈먼 얼굴을 옆으로 돌렸다.

"벌써? 어떻게 그렇게 사냥감을 빨리 찾았느냐?"

"하나님께서 빨리 잡을 수 있도록 도와주셨습니다."

"이리 오너라, 아들아. 너를 만지게 해다오."

그러자 야곱이 그의 곁으로 다가갔고 이삭은 염소털을 쓰다듬었다.

"에서의 살결이군."

그가 중얼거렸다.

"그런데 목소리는 야곱 같구나. 네가 정말로 에서냐?"

"네, 그렇습니다."

"입을 맞추게 해다오."

야곱은 아버지가 사냥옷 자락에 덮인 목에 입을 맞추는 동안 허리를 굽히고 꼼짝 않고 서 있었다. 마침내 이삭이 말했다.

"그래, 에서의 냄새가 나는구나. 너의 사냥감 고기를 먹자꾸나, 아들아. 그런 다음 내 너를 축복해 주마."

이삭은 음식을 먹은 후 손을 아들의 머리 위에 얹고 말에 곡조를 붙여 읊었다.

밭의 냄새가 나는구나,

야훼께서 축복하신 밭의 냄새가 난다!

하나님께서 땅을 기름지게 하시고 곡식과 포도,

빵과 포도주를 네게 넉넉하게 하실 것이다.

여러 민족이 너를 섬기고,

네 어머니의 자손들이 너에게 무릎을 꿇을 것이다!

너를 저주하는 사람마다 저주를 받고,

너를 축복하는 사람마다, 아들아, 축복받을 것이다.

영원토록!

　이렇게 축복은 끝났다. 늙은 이삭은 지쳐서 드러누웠고 야곱은 장막을 떠났다. 그런데 그때 막에서가 훌륭한 사냥감을 들고 돌아왔다. 그는 옷을 차려입고 고기를 요리해 가지고 그것을 이삭의 처소로 들고 갔다.

　"아버지, 일어나셔서 그토록 좋아하시는 고기를 드시지요. 그리고 말씀하신 대로 저를 축복해 주십시오."

　"뭐라고?"

　이삭이 머리를 들고 눈을 깜빡이면서 말했다.

　"고기를 먹으라니? 그게 무슨 말이냐. 너를 축복하라고? 누구냐? 도대체 너는 누구냐?"

　"저는 당신의 아들입니다. 아버지의 맏아들……."

　"에서라고?"

　이삭이 안 보이는 눈을 크게 떴다.

　"예, 에서입니다. 저는 아버지 말씀대로 했습니다."

　"그러면 너보다 앞서 왔던 건 누구란 말이냐? 내가 누구의 음식을 먹었단 말이냐……."

"뭐라고요?"

에서가 낮게 외쳤다.

"그리고 내가 누구를 축복했단 말이냐?"

"아버지! 무슨 말씀을 하시는 겁니까?"

"그래, 그가 축복받겠구나."

"저 대신 다른 사람을 축복하셨다는 말씀입니까? 오, 아버지!"

에서는 거칠게 소리쳤다.

"아버지, 아버지, 아버지. 저도 축복해 주세요. 오, 아버지!"

그는 울부짖었다. 이삭이 비통한 소리로 말했다.

"네 동생이 네 축복을 가로챘구나, 에서야."

"야곱이군요!"

에서가 소리쳤다.

"네가 받은 이름대로구나, 야곱! 네가 두 번이나 내 자리를 뺏어갔어."

"그리고 내가……. 내가 그만 야곱으로 하여금 너를 다스리도록 만들었구나."

이삭이 중얼거렸다. 에서는 무릎을 꿇고 앉아서 큰 소리로 울었다.

"아버지, 나에게 주실 것은 아무것도 남기지 않으셨습니까? 한 가지 축복도 남기지 않으셨단 말입니까?"

노인은 잠잠해졌다. 마침내 그가 맏아들의 머리 위에 손을 올리고 조용히 말했다.

> 네가 살 곳은
> 땅이 기름지지 않고,
> 곡식과 포도와 포도주도 없을 것이며,

너는 칼을 의지하며 살 것이고,

한동안 너의 아우를 섬길 것이다.

그러나 네가, 너의 아우가 씌운 멍에를 벗는 날에는

그 멍에가 영원히 벗겨지리라, 내 아들아!

이리하여 첫 번째 축복보다는 못하나, 두 번째 축복이 이루어졌다. 에서는 이삭의 장막을 나오면서 아우에 대한 복수를 다짐하며 중얼거렸다.

"아버지가 돌아가실 때까지 기다리겠다. 아버지가 돌아가시면 그때는 야곱을 죽여버릴 테다."

다음날 아직 아침이 밝아오기도 전에 리브가가 몰래 야곱의 장막으로 들어가서 그를 깨웠다.

"일어나거라."

그녀가 아들의 뺨과 턱을 쓰다듬으며 속삭였다.

"야곱아, 일어나거라. 네 형이 너를 죽이겠다고 맹세했다. 하란에 있는 외가로 도망가거라. 너의 외삼촌 라반을 찾아가는 거야. 에서의 노여움이 진정되면 내가 널 다시 집으로 부르마. 내가 단 하루 사이에 두 아들을 잃어버려야 하겠느냐?"

리브가는 높고 험한 산등성이로 올라가 사랑하는 아들의 그림자가 사라지는 것을 지켜보았다. 야곱은 동녘이 밝아오려 할 때 몰래 숨어 달아났다. 리브가는 야곱에게 집으로 다시 돌아와도 좋다는 전갈을 끝내 보내지 못했다. 그녀가 살아생전 야곱이 돌아와 무사히 지낼 수 있다고 확신할 수가 없었다. 그래서 그녀는 그 아들을 다시 못 보고 죽었고 죽어서 남편의 부모, 아브라함과 사라의 곁에 묻혔다.

도망자

라헬 Rachel

【창세기 28:1~29:30】

야곱은 북동쪽 산마루를 따라 달렸다. 그는 마므레 상수리나무 숲 방향으로 솟아 있는 언덕 마루를 향해 계속 갔는데, 그곳은 그의 할아버지가 자주 머물던 곳이었다. 그 길은 돌이 울퉁불퉁해서 샌들은 찢어졌고 발도 갈라졌다. 그러나 깎아지른 듯한 낭떠러지거나 통과하기 어려운 골짜기는 아니었다.

그는 등 뒤에서 위협하며 쫓아오는 형의 숨소리를 느끼는 듯했다. 야곱은 죽음으로부터 도망치고 있는 것이었다.

정오에 그는 아까시나무 아래에서 쉬었다. 그러나 너무 겁이 나서 진득이 쉴 수 없었으므로 금방 일어나서 오후 내내 계속 달렸다. 저녁 무렵 태양은 왼쪽으로 기울고 있었고 오른쪽으로는 사해로 떨어지는 위험한 낭떠러지가 어둠 속에서 희미하게 보였다.

밤이 되어서도 야곱은 계속 달렸다. 입 안에서는 피 맛이 났고 숨소리는 거칠어졌다. 그때 어느 황량한 곳을 달리던 중 느닷없이 다리 힘이 쭉 빠졌다. 그는 얼굴을 땅에 처박고 가만히 누워 있었다. 뺨 아래에서 흙과 바위 냄새가 났다. 하늘에는 수많은 무리의 별들이 어둠을 작은 빛들로 가득 채우고 있어서, 자신이 더욱 작고 외롭게 느껴졌다.

목이 아파왔다. 근육이 마치 쇠줄로 감아 당기는 것처럼 몹시 당겼다. 땅은 차가웠다. 그러나 그는 움직이지 않았다. 그는 머리를 매끄러운 바위에 얹었다. 그리고 그 바위를 베개 삼아 잠에 빠졌다.

잠자는 동안 그는 꿈을 꾸었다. 꿈속에서 하늘은 별들을 잃고 캄캄하게 텅 비어 있었다. 그러나 가까이에 오르락내리락하는 밝은 것이 있었다. 쳐다보니 넓은 사다리가 아래쪽이 땅에 닿아 있고 그 꼭대기는 높직이 하늘의 문까지 세워져 있었다. 하나님의 천사들이 그 사다리로 오르내렸다. 그들은 야훼를 위해 수많은 일들을 행하며 오가고 있었다.

그는 다시 쳐다보았다. 그리고 그곳에, 가장 높은 곳, 아득하게 이어진 사다리와 천사들과 땅 위로 까마득히 높은 곳에 서 계시는 야훼 하나님을 보았다. 그리고 야훼께서 야곱에게 말씀하셨다.

'나는 주, 아브라함의 하나님, 이삭의 하나님이다. 네가 누워 있는 땅을 너와 네 자손들에게 주겠다. 너의 자손들은 땅의 티끌처럼 많아질 것이다. 그리고 이 땅의 모든 백성이 네 덕에 복을 받게 될 것이다. 보라, 내가 너와 함께 있다. 네가 어디로 가든지 너를 지켜주겠다. 내가 너에게 약속한 것을 다 이루기까지 내가 너를 떠나지 않겠다.'

갑자기 야곱은 두려워 떨며 잠에서 깨어났다. 다시 밤하늘이 눈에 들어왔다. 그 작은 별들은 다시 제자리를 찾아 멀리서 차갑게 빛나고 있었다. 그러나 전과 같지는 않았다. 강한 성스러운 느낌이 주변에 머물러 있었다. 야곱은 속삭이듯 말했다.

"틀림없이 하나님께서 이곳에 계신 거야. 내가 그걸 몰랐구나!"

그는 일어나 무릎을 꿇었다.

"바로 이곳이 다름 아닌 하나님의 집인 것이다! 그리고 바로 여기가……."

그는 하늘을 응시했다.

"하늘로 들어가는 문이다."

태양빛이 동쪽 하늘을 물들이기 시작했을 때 야곱은 베고 잤던 돌베개를 붙잡아 땅에서 일으켜세웠다. 그것을 돌기둥처럼 똑바로 세우고 그 위에 기름을 부어 성스러운 곳으로 표시했다. 그가 소리쳤다.

"오 야훼여, 당신이 저를 지켜주시고 저를 무사히 제 아버지의 집으로 돌아가게 해주시면 당신이 저의 하나님이 되실 것입니다. 그리고 여기 서 있는 돌기둥은 당신의 집이 될 것입니다."

그래서 그는 그곳을 벧엘, 즉 하나님의 집이라 이름 붙였다. 그리고 그 이후로는 그다지 외롭지 않게 여행을 계속했다.

아브라함이 100년 전에 같은 길을 갔을 때에는 양 떼와 소 떼 그리고 상당한 식구들을 거느리고 있었다. 그때는 야곱보다 적어도 세 배는 오래 여행했다. 아브라함의 종조차도, 과거 그가 이삭의 부인을 찾기 위해 열 마리의 낙타를 끌고 하란으로 갔을 때 지금 이삭의 아들보다 더 많은 시간을 소비했다.

야곱은 무엇보다도 발걸음이 가벼웠으며 젊고 건강하고 매우 빨랐다. 20일 만에 그는 넓고 평평하여 아주 멀리서도 훤히 바라볼 수 있는 평야 지대로 들어섰다. 거기에 양이 있었다. 야곱은 세 무리의 양 떼가 낮 시간에 풀을 뜯지 않고 엎드려 있는 것을 보았다. 야곱은 자신의 양 떼라면 풀을 뜯길 텐데 하고 생각했다. 목자들을 보니 그들 또한 손을 머리 뒤에 베고 누워 있었다. 그들 옆에 큰 돌 하나가 우물의 입구를 덮고 있었다. 그렇다면 양 떼들은 풀을 못 뜯고 있을 뿐 아니라 물도 못 마시고 있다는 이야기다. 우물이 바로 지척에 있는데도.

"형제들!"

야곱이 목자들에게 다가가며 불렀다. 그들은 시선을 야곱에게 돌렸지만 누구도 그에게 인사하러 일어서지 않았다. 야곱이 물었다.

"여기가 어디입니까? 당신들은 어디 사람입니까?"

한 야윈 남자가 말했다.

"하란이오."

"하란이라고요? 정말입니까?"

야곱이 기뻐 웃었다. 그는 자신의 행운을 믿을 수가 없었다.

"어딥니까? 어느 쪽이 하란으로 가는 길입니까?"

같은 남자가 북쪽을 가리켰다. 야곱은 네 번째 양 떼가 햇빛 속에 천천히 다가오는 것을 보았다.

"혹시 라반을 아십니까? 혹시 누구 브두엘의 아들 라반을 아시는 분 있습니까?"

또 다른 한 사람이 고개를 끄덕였다.

"알죠."

"그렇다면 내가 제대로 왔구나! 목적지에 정확히 왔어."

야곱이 소리쳤다. 목자들은 야곱에게 곱지 않은 시선을 던졌다.

"라반은 어찌 지내십니까? 그는 평안하십니까?"

마른 체구의 목자가 대답했다.

"그렇소, 물론이오. 왜 평안치 않겠소? 자기 가축을 돌볼 아들과 딸들을 충분히 두었는데. 저기 그의 딸 중 하나가 오는군. 라헬이오."

"라헬."

옷자락을 휘날리며 다가오는 여인을 바라보면서 야곱이 나지막하게 중얼거렸다. 그리고는 조금 힘을 얻어서 물었다.

"왜 사람들이 전부들 누워 있습니까? 이제 정오인데요. 양 떼들에게 물을 먹이고 풀을 뜯기러 나가야 하지 않습니까?"

그제야 그 마른 목자가 이 이방인을 자세히 보려는 것처럼 눈을 가늘게 뜨고 야곱을 쳐다보았다. 그러더니 배를 땅에 깔고 엎드렸다.

"규칙이라오. 아무도 양 떼에게 물을 먹일 수 없소. 모든 양 떼들이 다 모일 때까지는. 게다가 그 돌을 움직이려면 세 사람 이상이 필요하오."

라헬. 그녀가 양 떼를 이끌고 가까이 오자 야곱은 그녀를 뚫어지게 바라보지 않을 수 없었다. 라헬, 그녀의 눈은 컸으며 수줍은 듯했고 어린 암양의 눈처럼 착하고 촉촉했다. 또한 아름다운 검은 머리카락이 풍성하게 늘어뜨려져 있었다. 몸은 작고 골격은 섬세해 보였으나 그 몸놀림은 민첩하고 강인해 보였다.

그녀는 말 한 마디 없이 단지 야곱 쪽을 바라보기만 했는데도 그 즉시 젊은 야곱은 그녀를 도우려고 뛰어나갔다. 그는 혼자서 우물을 덮은 돌 밑으로 손을 집어넣어 들어올리더니 옆으로 굴렸다. 그리고 달려가 그녀가 들고 있던 물병을 받아들고 날쌔게 우물의 계단을 오르내리며 그녀의 양 떼가 마시도록 구유통에 물을 쏟아부었다.

조금 전까지 맥없이 늘어져 있던 목자들이 자신들의 양 떼들을 데리고 물병을 들고 욕을 하며 달려나왔다. 도대체 이 자가 누구기에 규칙을 깬단 말인가?

야곱은 이제 남자 목자들에게는 관심이 없었다. 그의 눈에는 옆에 조용히 서서 양 떼가 마음껏 마실 때까지 기다리는 목동 누이밖에 보이지 않았다. 양 떼가 물을 다 마시자 그녀는 미소지으며 산비둘기의 노랫소리 같은 음성으로 말했다.

"고맙습니다."

그녀의 목소리에 그의 외로움은 금세 사라졌다. 야곱은 눈물을 글썽이며 그녀에게로 걸어갔다. 그는 나지막하게 말을 건넸다.

"라반의 딸, 라헬이여. 나는 야곱이오. 당신 아버지의 누이동생, 리브가의 아들이오."

"야곱이라고요? 우리 아버지의 친척, 야곱이요?"

그가 고개를 끄덕이고 웃으면서 그녀에게 입을 맞췄다. 그러자 라헬은 하란을 향해 북쪽으로 달려갔다. 곧 라반이 몸소 평원을 가로질러 달려왔다. 작은 키에 통통하고 머리가 벗겨진 그는 달려오느라 숨을 헐떡이면서 조카에게 인사하고 반가워했다. 그는 야곱에게 팔을 두르고 입을 맞추었으며 집으로 가는 동안 내내 그의 팔꿈치를 놓지 않았다.

"넌 나와 한 피붙이다! 적어도 한 달은 나와 함께 머물거라."

라반이 큰 소리로 선언했다.

그달 내내 야곱은 라반 삼촌을 위해 열심히 일했다.

'나는 게으른 목자가 되지는 않을 거야.'

그는 생각했다.

'나는 없어서는 안 될 사람이 되겠다.'

그리하여 그는 하란 주변 모든 땅의 지형, 가장 좋은 목초지, 들짐승이나 나쁜 날씨로부터 양들을 보호할 수 있는 동굴들, 들판에 흩어져있는 샘과 우물들, 그 모든 것에 대해 샅샅이 알아냈다. 목자가 양 떼들을 어디로 데려가든지 하루 안에 도달할 수 있는 가까운 곳에 물이 있어야 한다는 것도 명심했다.

라반의 가족들은 둥근 돌집에서 살았는데, 그 집에는 중심 기둥으로부터 우산살처럼 빙 둘러 뻗친 나무 대들보 위에 납작한 돌 지붕이 있었다. 지붕은 회반죽을 발라 새지 않았다. 야곱은 이때까지 항상 장막에서만 살아왔다.

라반은 나지막한 돌담을 많이 쌓아서 아주 정교한 양 우리를 지어놓고 있었다. 그래서 그는 양 떼들을 같은 날 밤에 한꺼번에 데려올 수 있었고 무리마다 따로 재울 수 있었다. 저녁마다 야곱은 수백 마리의 양과 염소들이 집으로 돌아오는 것을 지켜보았다. 그는 아주 조금이라도 절룩거리는 놈들이 있으면 재빠른 눈으로 알아보고 갈고리로 아픈 놈을 척척 골라내었다. 그는 또한 상처를 어떻게 묶고 병을 어떻게 치료하는지도 알았다.

한 달째 되는 마지막 날에 라반이 턱을 문지르고 고개를 흔들면서 야곱에게로 왔다. 젊은이의 등을 치면서 그가 말했다.

"내 누이의 아들아. 이젠 너 없이 살 수 있을 것 같지 않구나. 물론 내 아들들도 있지. 너도 잘 알듯이 큰딸 레아와 작은딸 라헬도 있고. 모두 훌륭한 아이들이지. 좋은 일꾼들이기도 하고. 그러나 자네! 자네 말이야……."

그는 웃기 시작했다. 야곱 또한 웃었다. 그들은 함께 웃었다.

"더 머물러주겠나? 나를 위해 일해 주겠나? 내가 보수를 주지. 조카야, 원하는 보수를 말해 보려무나. 우리 거래를 해보자꾸나."

야곱은 자기가 원하는 보수를 정확히 알고 있었다.

"라헬이오."

라반의 웃음이 멎었다.

"뭐라고? 누구?"

"삼촌, 삼촌의 둘째 딸 라헬과 결혼하는 대가로 7년 동안 일하겠습니다."

라헬의 이름을 입 밖에 냈을 때 환하게 웃기는 했지만 야곱의 눈에는 꾸밈없는 진지함과 두려움이 엿보였다.

"그러니까 제 말은 그녀를 저의 아내로 달라는 겁니다."

라반이 대답했다.

"그 아이를 다른 사람에게 주는 것보다 너와 짝지어주는 것이 낫겠지. 약속하마."

7년 동안 야곱은 매일 아침 노래를 부르며 일하러 나갔다. 라반의 집 사람들은 모두 야곱이 언제 가죽 신발을 신고 가죽 망토를 걸치는지 알았다. 그는 그것들에 대하여 노래했다. 그가 두르는 허리띠에 대해서도 노래를 불렀다. 그는 자신의 보따리 속에 든 음식 하나하나마다 이름을 지었다. 빵, 치즈, 대추야자열매, 건포도. 그에게 자기 물주머니에 담긴 물은 포도주였다. 그리고 엉긴 염소젖은 왕과 왕비가 먹는 맛

있는 고기였다.

그리고 양 떼를 이끌고 성큼성큼 걸어나갈 때 그에게는 세 가지 무기가 있었다. 무릿매, 징 박힌 단단한 지팡이 그리고 어떤 들짐승이라도 그가 오는 소리를 들으면 도망갈 정도로 우렁차고 확신에 찬 목소리.

"이 새끼 양들의 검고 긴 속눈썹 좀 보아라! 마치 라헬의 눈과 같구나!"

양 떼들 가운데 드러누워 그는 나지막이 중얼거리곤 했다.

"내가 수많은 라헬에게 둘러싸여 있구나!"

그리고 시간은 간조 때의 강물처럼 술술 흘러갔다. 이삭의 아들 야곱은 매우 행복했다.

7년이 지났을 때 야곱은 몸을 씻고 머리에 향유를 바르고 새 옷과 신발을 신고 삼촌 라반에게 갔다.

"삼촌, 때가 왔습니다. 7년 동안의 봉사는 끝났습니다. 이제 삼촌의 딸과 결혼하고 싶습니다."

"그래, 분명히 네가 내 딸과 결혼할 때가 왔구나!"

그래서 신부의 아버지는 모든 동네 사람을 초대했다. 결혼식 날 여자들은 라반의 아들과 딸들과 함께 신부를 치장하기 위하여 내실에 모였다. 오후에는 남자들이 라반의 집 마당에 모여서 푸짐한 음식을 먹고 즐겼다. 야곱은 높은 자리에 위엄을 차리고 앉아서 말없이 웃고 있었다.

마침내 한밤중에 라반이 머리끝부터 발끝까지 가장 값진 옷으로 치장한 딸을 신랑 야곱에게로 데리고 왔다. 그리고 그는 웃고 있는 하객들 한가운데를 지나 신랑 신부를 새로 지은 집의 우아한 돌 문지방 앞까지 인도했다. 그는 신랑에게 말했다.

"이 아이가 네 평생의 배필이다. 함께 즐겁게 지내라, 야곱아."

그리고 신부에게 이런 말들로 타일렀다.

"내 딸아, 입을 조심해라. 언제나 겸손하게 말없이 너의 남편에게 복종하거라."

그런 뒤 그는 큰 소리로 말했다.

"오늘 밤은 불을 꺼라! 즐겁게만 지내거라, 애들아!"

그리고 그는 문을 꼭 닫았다. 곧 남녀 손님들이 떠나갔다. 잔치는 모두 끝나고 종들은 뒤처리를 했다.

아침에 야곱의 새 집에서 어찌나 큰 고함소리가 났던지 하란의 사람들이 다 놀라 깨었다. 야곱이 크게 화가 나서 라반의 집 마당을 가로질러 갔다. 그는 문을 두드리지도 않았다. 곧바로 안으로 들어가서 잠자리에 누워 있는 사람에게 소리쳤다.

"나에게 무슨 짓을 하신 겁니까?"

야곱이 주먹으로 자신의 이마를 쳤다.

"나는 라헬을 얻으려고 일했습니다! 내가 사랑한 것은 라헬입니다. 밤새도록 나는 라헬과 있다고 생각했습니다, 라헬! 그런데 오늘 아침 내가 본 것이 누굽니까? 레아였어요! 못생긴 눈의 레아! 레아 말입니다. 왜 나를 속였습니까, 삼촌?"

라반은 성난 얼굴로 일어나 앉았다.

"네가 나에게 어떻게 그런 말을 할 수 있느냐? 다른 사람이 들으면 네가 조카가 아니라 원수인 줄 알겠다."

"원수라고요? 사기꾼! 당신은 장인이 아니라 사기꾼이에요!"

야곱이 목청을 돋웠다.

"제발, 야곱아. 이렇게 싸우지 말자. 거친 말이 내 마음을 상하게 하는구나. 이것은 단순한 오해야."

라반이 꿀처럼 달콤하게 말했다. 그는 일어서서 손을 뻗어 야곱의 어깨를 다독거렸다.

"너도 알리라 생각하지만, 우리에겐 이런 관습이 있다. 이 고장에서는 첫아이를 먼저 결혼시키고 둘째 아이를 그 다음에 결혼시킨단다. 그게 자연스런 순서지. 그런데……."

라반이 사위를 끌어안으려고 두 팔을 벌리고 말했다.

"만일 네가 7년 더 나를 위해 일해 준다면 둘째와도 결혼시켜주지. 이번 주 안에 곧 말이다! 이번 주 안에 사랑스러운 라헬을 새로 지은 네 돌집으로 데려갈 수 있는 거다."

키 작은 야곱의 삼촌은 뒤로 물러서서 웃음을 지었다.

"어쩌겠나? 거래를 하겠나?"

야곱의 얼굴은 천둥처럼 험상궂었다. 그러나 그는 작은 소리로 웅얼거렸다.

"네."

"뭐라고? 뭐라고 했나, 조카?"

"네, 그 거래를 받아들이죠."

첫 번째 아내가 말한다

레아 Leah

남편이 나를 보고 내가 여동생 라헬이 아니란 것을 알았을 때 그는 화를 냈지요. 나는 그가 화낸 것을 비난하지 않았습니다. 분노할 거라고 예상하고 있었으니까요. 단지 그가 나를 때리지 않기만을 바랐고 그는 때리지는 않았습니다. 남편은 나를 거의 쳐다보지 않았습니다. 내 말은 '나'를 보지 않았다는 것입니다. 그는 나, 레아를 보지 않고 그저 라헬이 아니라는 것만 보았습니다.

내 결혼식은 첫 번째였기에 더 정성을 들인 결혼식이었습니다. 더 요란했고, 더 많은 음식과, 더 많은 하객이 있었습니다.

그가 내 여동생을 같은 방, 일 주일 전 그가 나를 이끌어갔던 그 방으로 데리고 갔을 때였습니다. 남편이 나에게 나의 새 집을 떠나 어머니 집으로 잠시 돌아가 있으라고 했을 때였습니다. 남편이 그녀가 누구인 줄 분명히 알고 그래서 그 이름을 부를 수도 있는 그녀, 라헬에게로 갔을 때였습니다. 바로 그때 나는 나 자신이 슬퍼하고 있다는 사실에 놀랐습니다. 나는 남편을 사랑하지 않으리라고 말했지요.

그러나 그럴 수가 없었습니다. 그 후로 나는 요리를 맛있게 했고 그는 내 음식을 칭찬해 주었습니다. 그러나 그는 라헬 가까이에만 머물렀습니다. 양털을 깎았을 때 그는 우리 몫의 양털을 공평하게 저울질했습니다. 각 다발의 무게는 똑같았습니다. 그러나 씻고 보니 라헬의 양털은 하얗지 않은 털은 하나도 없는 훌륭한 것이었습니다. 나는 슬품을 숨기려고 노력했습니다. 내가 그를 사랑하게 되리라는 것은 예상치 못했던 일이었으니까요. 또 내가 그를 사랑하게 된 것이 그의 잘못은 아니었습니다. 그래서 그는 내 마음을 보지 못했습니다. 그러나 하나님은 보셨습니다.

하나님께서 곧 나의 태를 열어주셔서 나는 임신을 하게 되었고, 아홉 달이 지나 아이를 낳았습니다. 나는 남편을 위해 첫아들을 낳아준 것입니다. 나는 그 아이를 르우벤(보시오, 아들입니다)이라고 이름지었습니다. 왜냐하면 하나님께서 나의 고통을 살펴셨기 때문입니다. 나는 생각했습니다. 틀림없이 이젠 남편도 나를 알아주겠지.

그 후 얼마 지나지 않아 나는 다시 임신을 했고 또 아들을 낳았습니다. 나는 생각했지요. 하나님께서 내가 남편의 사랑을 받지 못하여 하소연하는 소리를 들으시고 나에게 이 아들을 또 주셨구나. 그래서 나는 그 아이를 시므온(들으심)이라 이름지었습니다. 또다시 나는 아이를 배었고 아들을 낳아 그를 레위(결합함)라고 하였습니다. 내가 그에게 아들 셋을 낳아주었으니 틀림없이 이제 남편과 나는 결합될 것이라고 생각했습니다.

그러나 한 가지가 풍부한 나에게 다른 것은 모자랐습니다. 야곱이 아들들을 사랑한 것은 사실입니다. 그리고 첫날밤 이후로 더 이상 나를 화난 얼굴로 쳐다보지는 않았습니다. 그러나 남편은 나에게 한 마디 말도 걸지 않았고, 어떤 생각이나 느낌을 가지고 나를 쳐다봐주지 않았습니다. 그가 쳐다보는 사람은 나 레아가 아니라 그저 라헬 아닌 다른 사람이었습니다. 내가 아이들을 낳던 그 기간 동안 동생은 아기를 갖지 못했습니다. 그녀는 행복하지 못했습니다. 그래서 야곱 또한 행복하지 못했습니다. 나는 한밤중에 그들이 속삭이는 소리를 들었습니다. 동생이 말했습니다.

"야곱, 레아처럼 나한테도 아기를 주지 않으면 나는 죽어버리겠어요!"

남편이 말했습니다.

"라헬, 당신은 내가 하나님의 자리에라도 있다고 생각하오? 내가 당신의 태를 닫은 것은 아니잖소."

그 이후 내가 임신하여 아들 하나를 더 낳았을 때, 나는 더 이상 내 아이들을 빌미로 하여 남편의 사랑을 구하지 않았습니다. 나는 크게 소리쳤지요.

"이번엔 야훼께 찬양을 드려야겠다!"

그래서 나는 아이를 유다(찬송)라고 이름지었습니다. 이 넷째 아이가 동생을 괴롭혔습니다. 그녀는 나에게 말을 걸지도 않았습니다. 그리고 네 명의 아이들을 무시했습니다. 그녀가 남편에게 무언가 말을 하고 있을 때 내가 가까이 가면 그녀는 말을 중단하고 나를 노려보곤 했습니다. 나는 야곱의 어깨가 처지고 눈빛에 피곤한 기색이 어리는 것을 보았습니다. 라헬의 여종 빌하가 아이를 가졌다는 걸 알았을 때 나는 상황을 이해했습니다. 빌하는 내 동생의 무릎 위에서 출산을 했고 그 아이는 라헬의 아이가 되었습니다. 라헬은 그 아이가 아들이라는 것을 알았을 때 소리쳤습니다.

"하나님께서 나를 불쌍하게 여기시고 내 목소리를 들으셔서 나에게 아들을 주셨구나!"

그녀는 야훼의 판단을 기리기 위해 그를 단(억울함을 풀어주심)이라고 이름붙였습니다. 일 년이 지나 라헬의 여종이 아들 하나를 더 낳았습니다. 그때 나는 그 방에 없었지만 아이가 태어났을 때 라헬의 목소리가 울려퍼지는 것을 온 가족이 들었습니다.

"내가 언니와 크게 겨루어서 마침내 이겼다!"

그녀가 '겨루다'라는 뜻으로 사용한 말은 '납달'이었습니다. 그래서 그 아이를 납달리라고 불렀습니다.

그렇다면 나도 남편에게 내 몸종을 준다고 해서 비난받을 일이 없지 않은가 생각했지요. 몸종 실바에게서 나는 두 아들을 더 얻었습니다. 첫 아이를 갓(행운)이라고 이름지었는데, 그는 나의 행운이었기 때문입니다. 그리고 둘째는 아셀(기쁨)이라고 이름붙였습니다. 이제 여섯 아이의 엄마가 되었으니 어찌 행복하지 않을 수 있겠습니까?

내 동생은 여전히 행복하지 않았습니다. 보리타작을 하던 어느 날 아침 내 맏아들이 자귀나무 뿌리를 발견했습니다. 그 뿌리는 마치 작은 사람 같은 모양이었습니다. 그것은 여자가 아들을 임신하도록 도와주는 식물입니다. 라헬이 눈치를 챈 것이 틀림없었습니다. 그녀는 그날 오후 내가 일하는 탈곡장으로 와서는 도리깨를 집어들고 내 옆에서 보리를 타작했습니다. 그리고는 말을 걸어와서 나를 놀라게 했습니다.

"르우벤이 가져온 자귀나무 좀 줘요."

그것은 10년이 지나는 동안 그녀가 나에게 처음으로 한 말이었습니다. 하나님 용서하십시오. 나는 그애가 했던 것만큼이나 고약하게 굴었지요.

"왜 내가 주어야 하니? 내 남편의 사랑을 훔쳐간 여자가 이제는 내 아들이 가져온 자귀나무까지 달라는 거냐?"

"야곱이 언니한테 찾아가지 않아요?"

"몇 년 동안 그이는 나를 찾지 않았어, 라헬. 실바에게는 갔는지 몰라도 나에게는 한 번도 오지 않았어."

"단 하룻밤도?"

"네가 말해 보렴, 그가 너와 함께하지 않은 날이 언제였는지. 그날이 그가 나와 함께 보낸 밤이 되겠지."

"한 번도 없었어요?"

"한 번도."

라헬은 조용해졌습니다. 양손으로 도리깨를 휘둘러 땅을 힘껏 쳐서 보릿단을 낟알과 겨로 나누면서……. 그러는 동안 나는 아무 말도 하지 않았습니다. 나는 치마로 얼굴을 가렸습니다. 내 동생에게 우는 모습을 보이고 싶지 않았으니까요.

그때 그녀가 탈곡하는 것을 멈추었습니다. 그리고 나는 목 뒤로 그녀의 손길을 느꼈습니다.

"레아 언니, 우리 이렇게 해요. 언니가 야곱과 함께 며칠 밤을 지내도록 해줄게요. 오늘 밤과 앞으로 여러 날 밤을요. 그리고 우리 이제부터는 서로 적처럼 굴지 말고 자매가 되어요. 그러니 언니, 이제 언니 아들이 가져온 그 자귀나무를 좀 줄 수 있겠어요?"

이 순간이 바로 내가 이 이야기 중에서 가장 말하고 싶었던 대목입니다. 나는 동생을 껴안았습니다. 우리는 눈물을 터뜨리며 서로를 부둥켜안았습니다. 나는 내가 얼마나 그녀를 사랑하는지 깨달았습니다. 아니, 나는 한순간도 아름다운 라헬을 사랑하지 않은 적이 없었습니다.

그 자귀나무는 그녀에게 도움을 주지 못했습니다. 그러나 그녀는 나를 도왔습니다. 나는 그 후 아들 둘과 딸 하나를 더 낳았고, 그 아이들을 낳을 때 그녀가 나의 산파가 되어주었습니다. 우리는 세 아이 중 첫째를 잇사갈이라고 이름지었고, 둘째를 스불론, 어린 딸을 디나라고 이름지었습니다. 그것이 나의 마지막 출산이었습니다. 나는 더 이상 아기를 낳지 못했습니다.

그러나 내 동생은 아이를 낳았습니다. 마침내 하나님께서 라헬을 위하여 우리의 끊임없는 기도를 들어주시고 그녀의 태를 열어주셔서, 임신을 하고 아들을 낳았을 때 온 가족이 기뻐했습니다. 그날에야 야곱은 웃음이라는 게 무엇인지 다시 기억해 냈습니다. 정말, 그의 얼굴에 빛이 넘쳤습니다. 남편은 행복했습니다. 나도 행복했습니다. 그리고 라헬은 행복한 마음을 아름다운 목소리로 노래했습니다.

"하나님께서 나의 치욕을 거두어 가셨다!"

그녀는 첫 아들을 요셉이라고 이름지었습니다.

귀향

이스라엘 Israel

[창세기 30:25～33:20]

라반은 행복할 때면 너무 웃어서 벗겨진 이마 위에 땀방울이 맺히곤 했다. 최근에 그 키 작은 사람은 줄곧 땀을 흘렸고, 새로 태어난 갓난아기들을 항상 무릎에 놓고 어르고 있었다.

그의 여동생인 리브가의 아들 야곱은 그에게 더할 나위 없는 보물이었다. 19년 전 그 젊은이가 이곳에 온 뒤 라반의 가축 떼는 계속하여 갑절로 늘어났다. 더욱이 그의 조카는 집안에서 종의 지위에 있었으므로, 그곳의 법률상 라반이 야곱의 아내들인 자기 딸들과 그 아이들에 대한 권한을 가지고 있었다. 사실 라반이 스스로 그렇게 풍요로운 노년을 설계했다고는 말할 수 없었다. 그러나 또한 자기가 이런 노년을 누릴 자격이 있다는 것을 부정하지도 않았다. 결국 이것도 그의 교활함에서 비롯된 것이었다. 그렇게 머리를 쓰지 못했다면 지금 이렇게 편히 앉아서 손자들을 어르고 있지 못했을 것이다.

어느 날 아침 라반은 밖으로 나가려다 야곱이 어깨를 축 늘어뜨리고 수척한 모습으로 서서 무언가 곰곰이 생각하고 있는 것을 보았다.

"사위, 무슨 일인가?"

라반은 선의로 가득 찬 큰 목소리로 말했다.

"하란을 떠나야만 하겠어요."

"뭐라고?"

야곱은 라반을 똑바로 쳐다보았다.

"장인어른, 제가 떠날 수 있도록 해주십시오."

"떠난다고? 그래, 어딘가로 가겠다는 말이군. 어디로?"

"고향으로 가겠습니다."

"물론 잠깐 방문한다는 말이겠지?"

"아닙니다. 아니에요."

야곱의 수염은 고된 일로 반백이 되어 있었다. 어깨는 넓었으나 힘겨운 노동으로 허리를 굽히지 않는 날이 하루도 없었다. 최근 몇 년 동안 그는 말이 없어졌다. 말 많던 젊은이들이 별안간에 그 신나는 일을 포기할 때는 이유가 있지 않겠는가? 그러나 라반은 입에 발린 소리를 계속했고 번지르르하게 말 잘하는 자신을 자랑스러워하고 있었다.

"계속 말해보게, 어서!"

야곱이 한숨을 깊이 내쉬며 말했다.

"장인어른께서도 제가 봉사한 여러 해 동안 당신의 가축이 얼마나 늘었는지 아실 것입니다. 그리고 제가 지금까지 얼마나 정직했는지도요. 제발 장인어른, 따님들을 이제 저에게 맡겨주십시오. 제 아들들을 데리고 제 아버지의 땅으로 가게 해주십시오. 저는 다시 길을 떠나고 싶습니다. 이렇게 한곳에 머물러 있는 것은……."

야곱이 고개를 저었다.

"한곳에서 이렇게 오래 일하는 것…… 저는…… 장인어른, 저는 제 가족을 위해서는 아무것도 모아두지 못했습니다!"

"자네 말이 맞네!"

라반이 소리쳤다. 그는 야곱의 팔을 붙잡았다.

"정말 맞아! 자네가 다른 일을 하기 전에 먼저 가족을 위해 준비해둬야 하지 않겠나! 떠날 생각을 하기 전에 우리 자네와 자네 아이들을 위해 좀더 나은 보수를 생각해 보세나. 자네가 원하는 것을 말해보게. 자네 생각대로 주겠네."

야곱은 잠시 삼촌을 지켜보았다. 그리고 돌아서서 양 우리를 쳐다보더니 다시 삼촌에게로 향했다.

"아무것도 원하지 않습니다. 저는 삼촌한테 무엇을 받기를 바라지 않습니다……."

"야곱! 조카여! 서두르지 말게. 오늘 나는 모든 것을 받아줄 용의가 있네. 내가 자네에게 무엇을 주면 좋겠는지 말만 하게나."

야곱이 조용히 말했다.

"아무것도 주실 필요 없습니다. 단지 저를 위해 얼마 안 되는 새끼들…… 점이 있거나 얼룩진 것, 반점이 있거나 줄무늬 있는 양과 그렇게 태어난 새끼들을 제가 가질 수 있도록 해주십시오. 하얀 양은 장인 어른 것입니다. 염소들도요. 완전히 까맣거나 갈색인 것은 모두 당신 것입니다."

작은 땀방울이 라반의 이마에 맺혔다. 그러나 그는 웃음이 새어나오려는 것을 간신히 자제했다. 그는 난색을 표하며 중얼거렸다.

"얼룩진 가축은 자네가 갖고, 나머지는 내가 갖는다고. 음……."

그러나 양들은 흰색이 거의 전부고 염소 새끼는 거의 갈색 아니면 검정색이다. 결정을 내리느라 잠시 차분해진 라반은 말했다.

"동의하겠네. 얼룩진 놈들을 어미에게서 떼어다가 자네가 가지게나."

그리고 나서 그는 손뼉을 치며 소리쳤다.

"자, 이제 자네가 더 머물러야지. 안 그런가? 자네의 가축을 늘려야지? 나를 위해서도 일해주고?"

"알겠습니다."

"좋아. 정말 좋은 날씨야. 자, 가서 일을 하세."

야곱이 눈앞에서 사라지자마자 라반은 자기 아들들을 불러서 조금이라도 색깔이 섞인 양들과 하얀색이 눈곱만큼이라도 있는 염소들을 전부 따로 몰아다가 사흘은 걸어야 갈 수 있는 곳으로 떠나 있으라고 명령했다. 그날 밤 들에서 돌아온 야곱은 얼룩진 가축이라고는 한 마리도 볼 수가 없었다. 이마에 얼룩 있는 염소 한 마리, 갈색 털이 섞인 암양 한 마리 남아 있지 않았다.

일 년 후 봄에 라반과 그의 아들들 그리고 목자들이 양털을 깎느라 분주해 있을 때 야곱의 종이 여자들 사이에서 양털을 씻고 있는 레아와 라헬을 찾아왔다. 그 종은 몰래 그들에게 말했다.

"얼굴들을 가리세요. 그리고 저를 따라오세요. 야곱이 어디에 있는지 알려드리겠어요."

이상한 일이었다. 두 아내는 남편이 나머지 가족들과 함께 있다고 생각하고 있었다. 그들은 서쪽으로 험한 길을 따라 갔다. 하루 종일 걷다가 어느 순간 갑자기 계곡이 아래로 펼쳐지더니 거대한 가축 무리와 그 것들을 지키는 낯선 사람들이 보였다. 그리고 장막들도! 남자와 여자들 그리고 아이들이 그 장막들 가운데 살고 있었다!

수염이 길고 허리에 가볍게 옷을 걸친 야곱이 계곡의 경사를 성큼성큼 올라와 그들을 맞았다. 야곱은 그들의 눈을 뚫어지게 응시하며 먼저 라헬의 어깨에 손을 얹고 다음으로 레아에게 손을 얹었다. 그들은 너무나 당혹스러웠고 그 눈빛이 무엇을 의미하는지 의아했다. 그는 종을 물러가게 하고 두 아내를 근처의 커다란 바위가 있는 곳으로 이끌었다. 그 자신은 앉지 않았다. 레아가 말했다.

"야곱, 저는 전에 이 가축 무리를 본 적이 없어요. 그렇지요?"

"그래요. 당신은 본 적이 없소."

"당신의 가축 떼인가요?"

"그렇소."

"우리 아버지가 그 사실을 알고 있나요?"

남편은 레아가 지금까지 한 번도 본 적 없는 분노로 눈을 부릅떴다.

"모르오. 장인은 이 사실을 모르오."

야곱이 나직이 말했다. 레아가 라헬 쪽으로 돌아서며 말했다.

"단 한 마리도 단색의 짐승이 없네……. 보이니? 저것들 모두 얼룩이 있거나 반점이 있잖아. 그러나 모두 튼튼해 보여. 야곱, 저놈들 모두 덩치가 크고 강해 보이네요."

"당신들에게 할 말이 있소. 먼저 듣고 난 후 어떻게 생각하는지 말해주오."

야곱은 조용히 이야기를 시작했다. 아내들이 당장 보일 반응을 염려하고 있었으므로 그의 목소리는 매우 간절했다. 그래서 여자들은 어떤 강한 힘, 일종의 두려움 같은 것을 느꼈다.

"최근에 나는 처남들이 내가 이곳에 머물러 있는 데 대해 불평하는 것을 들었소. 그들은 내가 자기 아버지의 재산을 가로챘다고 말했소. 내 생각엔 처남들이 유산 때문에 걱정을 하고 있는 것 같소. 그리고 난 당신들 아버지가 나에 대해 전혀 신경을 쓰지 않는다는 사실을 확실히 알게 되었소. 우리가 있는 이 서쪽 땅에서 멀리 떨어진 하란의 동쪽 지역에 내 가축들보다는 약하게 생겼지만 이것들처럼 얼룩진 가축 무리들이 있소. 그것들은 당신들 아버지 소유요. 나에게 얼룩진 가축들을 준다고 약속한 날에 그는 그것들을 전부, 양도 염소도 전부 동쪽으로 몰아다 놓았소."

그는 계속해서 이야기했다.

"당신들도 알다시피 나는 장인을 위해 이십 년 동안 있는 힘을 다해 일했소. 그러나 그는 나를 속였소. 그는 나한테 주기로 한 보수를 열 번이나 번복했소. 내가 이렇게 어려운 상황 속에서 어떻게 해야 하겠소?"

"떠나야 한다고 생각해요."

"조용히! 라헬, 잠깐만 조용히 해요. 내 말을 마저 끝내리다."

야곱은 무릎을 꿇고 목자의 주머니를 그 돌 밑에서 꺼냈다. 그리고 그것을 열어 두 여자에게 빵조각을 조금씩 주었다. 라헬은 조금 뜯어 먹었다. 레아는 그냥 들고만 있었다. 사실 그녀는 입 안이 말랐지만 마실 것을 달라고 하지는 않았다. 야곱은 말했다.

"그러나 하나님께서 나와 함께하셨소. 나는 어떤 꿈을 꾸었고 그대로 행했소. 나는 포플러와 아몬드나무의 생가지를 꺾어 껍질을 벗겨서는 흰 무늬를 냈소. 튼튼한 놈들이 교미할 때는 그 앞에 반점과 얼룩무늬와 줄무늬가 난 생가지를 놓았소. 그러나 약한 놈들이 교미할 때에는 그 가지들을 숨겼지. 그래서 얼룩진 새끼들과 점박이 새끼 양들은 튼튼했소⋯⋯. 그리고 그놈들은 내 것이 되었지. 당신들이 지금 보고 있는 것들 말이오. 같은 꿈속에서 하나님의 천사가 나를 불렀소. '야곱아!' 나는 '여기 있습니다.' 하고 대답했소. 그분이 말했소. '나는, 네가 돌기둥에 기름을 붓고 내게 절을 한 곳, 벧엘의 하나님이다. 이제 일어나서 이 땅을 떠나 네가 태어난 곳으로 가거라.' 이것이 하나님께서 하신 말씀이오, 라헬⋯⋯."

야곱이 다시 호소하는 눈빛으로 그녀를 응시하면서 말했다.

"야훼 하나님께서 '가라.' 하고 말씀하셨소. 어떻게 생각하오?"

라헬이 말했다.

"레아가 언니니 먼저 말하게 하세요."

레아가 말했다.

"목이 말라요."

야곱은 즉시 가죽 물주머니를 꺼냈다. 입에 대고 마셔보니 고맙게도 그것은 포도주였다. 그녀는 포도주를 마신 다음 주머니를 라헬에게 건넸다. 레아가 입을 열었다.

"솔직히 말씀드리겠어요. 우리는 우리 아버지 집에서 딴 나라 사람처럼 취급당했어요. 우리가 당신하고 결혼한 후로 어떤 재산도 우리나 우리 아이들에게 올 것이라는 다짐이 없었지요. 그러니 이제 하나님께서 당신에게 말씀하신 대로 하세요."

이때 처음으로 야곱은 아내가 둘 다 있는 앞에서 그들에게 입을 맞추었다. 그렇다. 그들은 한편으론 힘을, 다른 한편으로는 두려움을 느꼈다. 이제는 그들도 젊은 나이가 아니었기 때문이다.

"아이들을 준비시키시오. 내일 당신의 아버지와 형제들이 하란의 동쪽으로, 여기서 사흘 거리 되는 곳으로 데려간 양들의 털을 깎으러 갈 것이오. 그들이 거기 있는 동안 우리는 서쪽으로 몰래 빠져나갑시다."

그리하여 야곱은 일어나 그의 가족들을 낙타에 태우고는 가축 떼를 몰고 서쪽으로 향했다. 그가 메소포타미아에서 얻은 모든 소유물을 가지고서. 그의 할아버지가 옛날에 했던 것처럼, 그는 바람을 넣은 염소 가죽에 올라앉아 유프라테스 강을 건너 그의 얼굴을 남쪽, 가나안의 땅, 아버지 이삭을 향해 돌렸다.

라반이 하란으로 돌아와 그 막대한 손실을 알고 친족들을 불러 모아 야곱을 쫓아갔다. 그러나 하나님께서 꿈속에 나타나시더니 이렇게 말씀하셨다.

'야곱에게 나쁜 말을 하지 않도록 조심하라!'

게다가 그가 조카에게 가까이 갔을 때 야곱은 분노로 타올라 그에게 달려왔다. 야곱이 무서운 기세로 따지고 들자 그 노인은 떨기 시작했다. 그는 말했다.

"이들은 나의 딸들일세. 그들의 아이들은 나의 손자들이 아닌가. 그리고 그 가축들은 나의 가축일세. 이제 내가 딸들과 외손주들한테 무슨 짓을 할 수 있단 말인가? 그들은 이미 자네 손에 있지 않은가. 자, 와서 자네와 나 사이에 언약을 세우세."

그리하여 야곱은 돌을 집어 그것을 돌기둥으로 세웠다. 그들은 그것을 미스바 기둥이라고 불렀다. 왜냐하면 그것이 그들 사이를 감시하는 기둥이었기 때문이다. 그리고 각각 다음과 같이 말했다.

"우리가 서로 보이지 않는 곳에 있다 하더라도 우리 둘 사이를 하나님께서 지켜보실 것이다. 그리고 내가 해를 입히려고 당신 있는 곳으로 넘어가지 않을 터이니 당신도 이 돌을 넘지 말 것이다."

야곱과 식솔들의 긴 행렬은 천천히 남쪽으로 나아갔다. 그해 봄에는 목축이 잘 되었다. 그러나 골짜기에 억수 같은 비가 쏟아져서 작은 개울마다 큰 강을 이루었다.

다마스쿠스 시를 돌아 남쪽으로, 바산 고원을 넘어 남쪽으로 가서 백토(白土)가 많은 석회암 땅을 지나 길르앗으로 들어섰다. 그 아름다운 고장을 지나 남쪽으로 가는 길에 야곱은 명상에 잠기고 혼자 생각에 빠졌다. 이 풍경들은 그가 반평생 동안 보고 싶어했던 것이었다. 이 언덕의 서쪽 경사지에는 풍부한 올리브 과수원과 포도나무 밭과 싱싱하고 푸른 곡식밭이 있었다. 언덕들은 울창한 숲으로 덮여 있었다. 야곱은 요단 강 동쪽 가나안 땅이 얼마나 좋은 곳이었는가를 기억하고는 가슴이 벅찼다.

그러나 다음으로 그들이 도착한 곳은 요단 강 쪽으로 요동치며 흘러가는 얍복 강변이었다. 야곱은 또 다른 기분에 사로잡혀 잠잠해졌다. 야곱은 비록 그가 돌아오고 있지만 형제끼리 서로 부딪치거나 상대방의 생활을 침해할 필요는 없을 것이라는 전갈을 그의 형 에서에게 보냈다. 그러나 전갈을 가지고 갔던 사자들이 황급히 되돌아왔다. 그들은 소리쳤다.

"그가 옵니다! 에서가 가까이에 있어요. 그는 여리고에서 요단 강을 건너고 있어요. 사백 명의 장정을 거느리고 주인님을 만나러 북쪽으로 오고 있습니다!"

형이 그를 죽이러 오고 있었다. 야곱은 두려웠다. 그는 얍복 강 계곡을 지나 북쪽 강둑을 따라 나 있는 좁고 긴 땅으로 식솔들을 이끌고 내려갔다. 거기서 야곱은 그의 가축 떼를 여러 무리로 나누어 거대하고 끝없는 행렬을 짓게 했다. 염소 220마리와 양 220마리, 낙타 30마리, 소 50마리와 당나귀 30마리씩을 한 무리로 묶었다. 야곱은 몇 명의 종들에게 가축 떼를 맡기면서, 에서를 발견하면 '이 가축 무리는 당신 동생, 야곱의 소유입니다. 이것들은 그가 에서 주인님께 선물로 드리는 것입니다.'라고 말하도록 시켰다. 그리고 그 떼를 먼저 보냈다. 그리고 첫 번째 무리 뒤에 같은 규모의 가축 떼와 같은 전언이 갔다.

"선물입니다. 당신의 동생은 뒤에서 오고 있습니다."

이런 식으로 야곱은 세 번째, 네 번째 무리를 만들었다. 우선 결코 적지 않은 선물로 형의 마음을 누그러뜨릴 계략으로서, 그렇게 안 될 경우 혹시라도 힘으로 그를 두렵게 할 수 있지 않을까 하는 의도로 가축 무리들을 보낸 것이었다.

가축 떼와 몰이꾼들이 모두 앞서가고 나서 두 아내와 그 여종들 그리고 열한 명의 아이들이 가장 충직한 종들의 호위를 받으며 갔다. 그는 그들이 무사히 얍복 강을 건너는지 살폈다. 그런 다음 야곱은 홀로 그 강의 북쪽 강둑에 섰다. 앞에는 노호하는 강물이 있었고 뒤에는 누비아 사암(砂岩) 절벽이 밑에서부터 위까지 검은 숲으로 뒤엉킨 채 깎아지른 듯이 버티고 있었다. 오른쪽엔 바윗덩이들이 불쑥불쑥 솟아 있는 고원뿐이었고 왼쪽엔 아무것도 없었다.

밤이 찾아오고 있었다. 골짜기가 어둑어둑해지기 시작하고 머리 위 하늘에 별들이 작은 빛으로 어둠을 가득 채우자 야곱은 자신이 초라하고 외롭게 느껴졌다. 남의 눈을 피해 얍복 강을 건너려는 것이 그의 의도였다. 혹시 밤보다는 낮에 강한 팔 힘으로 헤엄쳐서 건널 수 있을 것이라고 믿었는지도 모르겠다. 그런데 예상보다 빨리 골짜기에 밤이 찾아왔을 수도 있다. 무슨 이유였든 간에 그는 물속으로 뛰어들지 않았다. 강물소리에 그리고 금세 닥친 암흑에 둘러싸여 그는 꼼짝도 못한 채 서 있었고, 끔찍스러운 거대한 짐승이 삼켜버리기라도 한 것처럼 작은 별조차 보이지 않았다.

바람이 부는가 싶더니 야곱은 곧 한기를 느꼈다. 누군가 날아와 강둑에 앉았다. 야곱은 그를 볼 수는 없었지만 느낄 수가 있었다. 그러자 그 누군가는 야곱을 덮치더니 울퉁불퉁한 땅에 때려눕히고 그와 씨름을 하기 시작했다. 그들은 강가에서 싸웠다. 그들은 빙빙 돌며 상대방을 들어올려 험준한 바위벽에 밀어붙였다. 숨죽인 침묵 속에서 그들은 높은 하늘에 새벽 여명이 비쳐오기 시작할 때까지 밤새도록 씨름했다. 상대편이 야곱의 엉덩이뼈에 손을 대어 어긋나게 만들었다. 야곱은 상대의 거대한 허리에 팔을 둘러 꽉 붙잡았다. 그 거대한 적은 말했다.

'나를 그만 놓아라, 날이 밝아오고 있다.'

야곱이 소리쳤다.

"당신이 나에게 축복을 해줄 때까진 놓아주지 않겠습니다."

'네 이름이 무엇이냐?'

"야곱입니다."

그러자 상대가 말했다.

'네가 하나님과도 겨루어 이겼고 사람과도 겨루어 이겼으니, 이제 네 이름은 더 이상 야곱이 아니라 이스라엘이다.'

"당신은 누구십니까? 당신의 이름을 말씀해 주십시오."

그러나 그는 '왜 내 이름을 묻느냐?'라고 말하고는 야곱을 축복해 주고 사라졌다. 그는 더 이상 거기에 없었다.

바로 아침이 밝아왔다. 야곱은 간밤의 그 끔찍한 피로에서 깨어나려고 했다. 그때 갑자기 그는 자기가 밤새도록, 아니 일생 동안 누구와 싸위왔는지 깨닫고는 소스라쳤다. 그는 떨기 시작했다.

"내가 하나님을 직접 뵈었구나."

야곱이 나지막이 중얼거렸다.

"그러고도 아직 내 목숨이 이렇게 붙어 있다니."

그는 그곳을 브니엘, 즉 '하나님의 얼굴'이라고 불렀다. 야곱이 다친 엉덩이뼈 때문에 절룩거리며 브니엘을 떠났을 때, 그의 머리 위로 태양이 비추었다.

하나님께서 그의 이름을 이스라엘로 바꾸신 후 밝아온 그 아침에, 야곱이 고개를 들어 보니 에서가 장정 400명을 이끌고 다가오고 있었다. 야곱은 멈추지 않았고 방향을 바꾸지도 않았다. 그는 계속 형을 향해 걸어갔다. 그는 절뚝거렸다. 뿐만 아니라 그는 진실로 겸손하게 땅에 엎드려 계속 절을 했다.

에서가 멀리서 야곱을 알아보고는 당나귀에서 뛰어내려 그를 맞이하려고 힘껏 달려왔다. 그리고는 목을 끌어안고 그에게 입을 맞추었다. 야곱은 형의 친절함에 감격하여 울었다. 두 남자 모두 턱수염이 길었다. 이들의 수염은 희끗희끗하게 세어가고 있었다. 그래도 에서의 수염은 덥수룩하고 붉었으나 야곱의 수염은 숱이 적고 거무스름했다.

에서는 외삼촌 라반처럼 작고 단단한 체구를 가졌다. 야곱에게는 리브가에게서 물려받은 우아함이 있었다. 야곱은 에서의 어깨에 손을 얹고 미소지었다.

"형이 이렇게 호의를 가지고 나를 받아주니 형의 얼굴을 보는 것이 마치 하나님의 얼굴을 보는 것 같아요."

에서는 야곱의 팔뚝 근육과 멍자국을 어루만졌다.

"이제는 강해졌구나. 그런데 동생아, 어디서 끔찍하게 싸우고 온 것 같구나."

야곱은 소리내어 웃었다. 그는 에서에게 어제 자신이 보낸 선물을 받아줄 것을 간청했다. 그리하여 두 형제의 만남은 결국 잘 이루어졌다. 그들은 그날을 함께 보냈고 그런 다음 평화스럽게 영영 헤어졌다.

에서는 가나안의 남동쪽, 세일로 돌아갔고 그의 후손들은 그 이후로 몇백 년 동안 거기서 거주하게 되었다. 야곱은 숙곳에서 요단 강을 건너 세겜으로 떠났다. 거기서 그는 하나님께서 지어준 이름을 사용하였다. 그는 작은 땅을 사서 하나님을 위해 제단을 쌓았다. 그는 그 제단을 '하나님! 이스라엘의 하나님!'이라는 뜻으로 '엘 엘로헤 이스라엘'이라고 불렀다.

건방진 꿈을 꾸는 소년

요셉 Joseph

라헬이 낳은 첫 번째 아들 요셉은 영리하면서도 참으로 다양한 기질을 가진 소년이었다.

"묘하다."

그의 아버지 야곱은 관자놀이를 탁탁 치면서 말하곤 했다.

"레위야, 왜 너는 숫자 세는 것을 빨리 배우지 못하니?"

젖을 떼기도 전에 요셉은 형들 중 한 사람을 향해 눈썹을 추켜세운다든지 눈을 갑자기 굴린다든지 해서 그를 화나게 만드는 방법을 터득했다.

"그만둬! 그만두지 못해, 이 갓난쟁이야."

놀림감이 된 형은 소리치곤 했다. 물론 그는 그런 장난을 아버지가 있을 때에만 했다. 그리고 그럴 때는 위풍 있는 야곱도 "유다! 유다야!" 하고 기분 상해하는 형의 이름을 큰 소리로 부르고는, 그 어린것의 재치에 완전히 넋을 잃고 눈물이 코로 흐를 때까지 웃곤 했다.

"오, 유다야. 이 어린것이 너를 마치 당나귀처럼 몰아가는구나. 안 그러냐? 기억해 둬라. 얘는 언젠가 큰 인물이 될 거다."

그 어떤 증거는 없었지만 형들은 아버지에게 르우벤의 잘못을 일러바친 사람이 요셉이라고 믿었다. 증거가 무슨 필요가 있는가? 항상 요셉이 그랬는데. 그는 늘 고자질을 하러 몰래 빠져나갔다.

어느 날이었다. 늘 그렇듯이 요셉이 아침녘에 형들이 가축 떼를 이끌고 나간 들판에서 사라지더니 예상대로 오후에 나타났다.

"오, 안 돼!"

르우벤이 신음소리를 냈다. 형제들이 눈을 들어 보니 아버지가 분노로 하얗게 질려서 마치 하나님의 회오리바람처럼 들판을 가로질러 큰 걸음으로 다가오고 있었다. 그는 가축 떼를 마치 거품처럼 헤치고 왔다. 그리고 르우벤을 잡아 내리누르고는 막대기를 집어들고 그를 때리기 시작했다. 성난 아버지는 아들의 엉덩이를 막대기가 부러질 때까지 철썩철썩 내리쳤다. 르우벤은 언덕 쪽으로 도망을 쳤다.

아버지는 말 한 마디도 없이 떠났고 나머지 아들들은 서로 멍하게 입만 벌리고 있었다. 르우벤이 무슨 짓을 한 걸까? 시므온만이 사실을 알고 있었다. 시므온과 르우벤은 그들 어머니의 장막에서 방을 같이 쓰고 있었다. 사흘 전 밤에 르우벤이 경탄하며 뽐내듯이 그리고 한편으론 몹시 두려워하면서 시므온에게 그의 첫 성경험에 대해 설명해 주었다.

"르우벤 형이 성관계를 가졌다고?"

형제들이 물었다.

"그래."

시므온이 말했다.

"그래서 아버지가 형을 그렇게 심하게 때리셨나?"

"글쎄, 그렇기도 하고 아니기도 하고. 더 심각한 일이야."

"무슨 일이 그보다 더 심각할 수 있어?"

시므온은 목소리를 낮추어서 말했다.

"르우벤 형은 빌하와 관계를 가졌어. 아버지의 첩이자 라헬 어머니의 종 말야. 그리고 단과 납달리, 너희들을 낳은 어머니 빌하하고."

모든 형제들이 이 마지막 이야기를 듣자마자 몸을 떨었다. 그 작은 왕, 요셉이! 그래, 그 이야기를 아버지에게 일러바친 게 그놈이란 말이지? 그렇다. 그 녀석 때문에 가족 모두가 고통을 겪고 있는 것이다. 그의 고자질이 단과 납달리에게 어떤 영향을 끼치게 될지 그는 아마도 생각지 못했을 것이다! 그렇다면 요셉을 어떻게 처리해야 하는가? 형들이 그 녀석을 어떻게 혼내줄 수 있을까?

르우벤은 매를 맞았고 요셉은 화려하게 장식한 긴 겉옷을 얻었다. 너무나 화려하고 길어서 일하는 동안에는 입을 수 없는 옷이었다. 어차피 그때까지 이 꼬마는 일이라고 할 만한 것을 한 적이 없었다. 요셉의 그 옷이 르우벤의 일을 일러바친 데 대한 상이라는 증거는 없었다. 그러나 모두들 그렇게 생각했다. 아버지가 왕족이나 입는 그런 종류의 소매가 달린 긴 겉옷을 제일 총애하는 아들에게 주었잖은가!

그런 일이 있고 난 직후에 요셉은 꿈을 꾸기 시작했다. 그는 그 꿈을 혼자 간직하지 않았다. 요셉은 그 화려한 겉옷을 걸치고는 자기 말을 강조하느라 손을 쳐들어가며 꿈 얘기로 온 가족을 기쁘게 해주었다.

"형들과 내가 들에서 곡식단을 묶고 있는 꿈을 꾸었어요. 오, 보라!"

이 대목에서 그는 팔을 치켜들고 소매를 흔들었다.

"오, 저런. 내가 묶은 곡식단이 우뚝 일어서고, 형들의 곡식단이 그 앞에서 절을 했어요."

절을 했다고? 곡식단이 사람처럼 절을 한다는 말을 누가 들어본 적이 있겠는가? 게다가 저 꼬마 왕이 자라면서 언제 곡식을 베어본 적이나 있었는가?

"나는 또 해와 달과 열한 개의 별 꿈을 꾸었지요. 그것들도 모두 제 앞에서 절을 하고 있었어요."

야곱이 목소리를 가다듬었다.

"이 꿈은 조금 다른 것 같구나?"

그가 눈살을 찌푸리며 말했다.

"태양과 달이라면, 그것이 네 어머니와 나를 의미하는 것이냐?"

어쩌면 형제들은 야곱이 요셉의 그런 무례함을 좀더 심하게 야단치기를 바랐을지 모르겠다. 그러나 그는 그렇게 하지 않았다. 아버지가 요셉을 꾸짖지 않는 것을 보고 형제들은 그들끼리 점점 더 열심히 의논했다. 이 꿈꾸는 녀석을 어떻게 처치할까?

요셉이 열일곱 살이 되었을 때 그의 어머니 라헬은 그녀 생애에 두 번째로 아기를 가졌다. 마땅히 기쁜 기대에 찬 한 해였어야 했다. 그러나 라헬의 골격은 더없이 가냘프고, 한때 야곱의 사랑을 불러일으켰던 그 작은 골격은 이제 너무도 연약하고 불안했다. 그녀의 사랑스러운 눈은 전보다 더 커지고 검어졌다.

임신 때문에 라헬은 병자처럼 되었다. 그녀의 배는 좁아서 태아가 편하게 자리잡을 만한 공간이 없었다. 달이 차면서 그녀의 몸은 더 여위어갔다. 태아가 골반에 너무 심한 고통을 주어 그녀는 자리에 누워 있어야만 했다. 라헬은 출산 전 석 달을 누워서 지냈다. 이러한 라헬을 보는 요셉의 마음은 아팠다. 요셉이 장막으로 들어올 때마다 그녀는 미소를 지으며 손을 뻗어 그의 뺨을 어루만졌다.

"착한 아이가 되거라."

그녀는 말했다. 또 자주 이렇게도 말했다.

"네 형들과 사이좋게 지내고 있느냐? 아버지 말씀을 잘 듣고 있느냐?"

그는 이렇게 대답하곤 했다.

"네, 그래요."

그러나 그때 뱃속의 아이가 움직이면 그녀는 아파서 숨을 헐떡였고, 어머니가 아파하는 모습을 보며 요셉의 마음도 아팠다. 자기가 있기 때문에 어머니가 고통을 참으려고 애쓰는 것을 보고 죄책감이 들어 괴로웠다. 자기가 그 자리에 있으면 어머니의 아픔이 더하는 것이었다.

"착한 아이가 되어라."

그는 '예'라고 대답한 뒤 어머니를 어둠 속에 홀로 남겨두고 방을 나
갔다.

그 후 어느 날 밤 야곱의 식솔들이 에브랏으로 길을 떠나 있을 때 요
셉은 길게 울부짖는 소리에 눈을 떴다. 비탄의 소리는 아니었다. 짐승
이 내는 듯한 고통의 소리였다. 요셉이 밖으로 뛰어나가자 마침 레아
이모가 어머니의 장막으로 들어가는 것이 보였다.

그는 어둠을 헤치고 어머니의 장막 뒤쪽으로 갔다. 앉아서 무릎을 세
우고 팔로 다리를 감쌌다. 요셉은 입술을 깨물었다. 머리를 숙이고 어
머니가 지르는 소리를 듣지 않으려고 고개를 내저었다. 낮게 울부짖는
소리, 그것은 들짐승이 먹이를 갈기갈기 찢을 때 으르렁거리는 소리 같
았다. 요셉은 소리내지 않고 울기 시작했다. 눈물이 흘러내려서 옷 앞
자락을 적셨다. 해뜰녘에 그는 레아의 또렷한 음성을 들었다.

"두려워하지 말아라, 라헬. 또 사내아이다."

잠깐 동안 요셉은 어지러웠다. 곧 모든 것이 끝날 것이다. 그러나 그
때 그는 어머니가 속삭이는 소리를 들었다. 숨 가쁘게 내쉬는 소리.

"벤오니."

이것이 그녀가 새로 태어난 아이에게 지어준 이름이었다. 그리고 그
녀는 더 이상 숨을 쉬지 않았다. 요셉은 자기 의지의 힘으로 어머니를
다시 숨쉬도록 하려고 애썼다. 그때 누군가가 그의 목을 만졌다. 그는
놀라 일어섰다. 레아였다.

"잠깐 잠자리로 돌아가 있거라. 네 아버지와 할 이야기가 있다."

야곱은 라헬을 에브랏으로 가는 길에 묻었다. 그는 그녀의 무덤 앞
에 비석을 세웠다. 라헬 무덤의 비석은 오늘날까지도 베들레헴 마을
근처에 서 있다.

아내를 묻은 지 여드레째 되던 날 야곱은 태어난 아들에게 할례를 베

풀었다. 그날 밤 그는 어둠 속에서 라헬의 장막으로 들어가 그녀의 침상 옆에 웅크리고 앉았다. 그는 깊은 한숨을 쉬었다. 그때 별안간 그녀의 냄새가 났다. 그는 라헬이 여기서 그를 기다리고 있으리라는 생각은 하지도 못했다. 그러나 공기 속에 우유처럼 달콤하고 부드러운 그녀의 냄새가 났다. 마치 라헬의 영혼이 그 방 안을 지나가는 것 같았다. 그리고 그것이 말했다.

"어머니는 그 아이의 이름을 벤오니라고 했어요."

아, 라헬이 아니었다. 그녀의 목소리와 같은 음조와 억양이었으나 그것은 요셉의 목소리였다. 요셉이 야곱보다 앞서 이곳에 와서 구석진 곳 자기 침상에 누워 있었던 것이다. 아마도 그는 라헬이 죽은 뒤 여드레 동안 줄곧 여기서 자고 있었는지도 몰랐다. 야곱은 아들을 향해 돌아서서 물었다.

"지금 뭐라고, 무엇이라고 했느냐?"

감정에 복받쳐 요셉이 말했다.

"어머니는 그 아이 이름을 벤오니라고 지었어요. 나는 어머니가 말하는 소리를 들었어요. 그런데 오늘 아버지는 다른 이름으로 할례를 베푸셨어요, 베냐민이라고."

"그래, 그래, 그랬지."

"왜 어머니의 소원을 바꾸신 거예요?"

"요셉아, 너는 사람들이 얼마 동안이나 슬픔 속에서 살아야만 한다고 생각하느냐?"

"모르겠어요."

"언제까지나? 너는 우리가 영원히 슬퍼하는 것을 어머니가 바란다고 생각하느냐?"

"아니요."

"그리고 너의 동생은 얼마 동안 슬퍼해야만 하겠니? 그 애는 어머니도, 자기가 어떻게 태어났는지도 기억하지 못할 것이다. 너는 그 애가 평생토록 우울하게 살아가기를 어머니가 바란다고 생각하느냐?"

"아니요."

"물론 아니겠지. 그런데 벤오니는 '내 슬픔의 아들'이라는 뜻이다. 그리고 베냐민은 '내 오른손의 아들'이라는 뜻이다. 요셉아, 네 어머니는 잠깐 동안 슬펐지만 이제는 더 이상 슬프지 않단다. 어머니는 탄생에 이름을 붙였다. 고통에 이름을 붙인 것이다. 그녀는 그 순간 아들이 태어나는 순간에 이름을 붙였으니 너와 나는 그 이름을 기억할 것이다. 벤오니라는 이름과 그것이 뜻하는 바를 함께 기억하는 것은 너와 나 사이의 약속이 되는 거다. 어머니는 탄생에다 이름을 지었다. 우리는 그 아이에게 걸맞은 이름을 지어주자꾸나. 네 동생이 어머니의 변함없이 밝던 성격을 지니면 안 될 이유가 없지 않으냐? 그 아이가 어머니가 갖고 있던 확신을 자기 삶과 세상 속에 이어가지 말라는 법은 없지 않겠느냐? 그녀의 오른손. 나의 오른손. 그리고 우리의……."

그는 잠깐 말을 멈추었다.

"오, 요셉. 나의 사랑하는 아들아. 모든 게 잘 될 거다. 하나님께서 우리와 함께 계시다. 자, 자."

요셉이 아버지의 손을 당겨서 그 손바닥을 자기 얼굴에 대었으므로 노인은 아들의 턱에 젖어 있는 눈물을 느낄 수가 있었다. 요셉은 울고 있었다. 그리고 그들은 서로 껴안은 채 라헬의 냄새를 맡았다. 야곱은 밤이 늦도록 그의 아들에게 지나간 일들, 라헬에 대한 그의 사랑, 하나님과 씨름했던 일, 그의 야훼 하나님에 대한 믿음, 하나님께서 좋아하시는 행위 그리고 지금까지 그들을 안전하게 지켜주었던 하나님의 계약 등을 이야기해 주었다.

야곱과 그의 가족이 헤브론 골짜기에 머물고 있었던 어느 날 아침 야곱은 요셉을 불러 말했다.

"내 아들아, 너의 동생까지도 오늘은 웃고 있구나. 이제 너의 슬픔도 잊어버릴 때가 되었다. 바쁘게 움직이거라. 다른 사람들과 이야기를 하고 그들의 말에 귀를 기울이거라. 관심사를 서로 나누어라. 자, 이리 와보렴."

그가 환하게 말했다.

"네 형들이 며칠 전부터 세겜에서 양 떼를 치고 있다. 요셉아, 거기에 가서 형들이 잘하고 있는지, 양들도 잘 있는지 보고 알려다오."

계절은 비가 온 후 여름 태양이 뜨거워지기 전이었으므로 쾌적한 날씨였다. 늙은 야곱은 경험에 비추어 이맘때 북쪽으로 한가롭게 길을 떠나는 것이 얼마나 즐거운 일인가를 알았다. 그는 진정으로 아들의 마음에 활력을 불어넣어주고 싶었다. 그리고 요셉이 그 멋진 겉옷을 입고 작별 인사를 하러 왔을 때, 자기가 잘하고 있다고 느꼈다. 아들이 멋지게 차려입은 것을 보니 야곱의 가슴은 기쁨으로 가득 찼다.

그래, 그 겉옷은 지나치게 호사스러운 것이었다. 그러나 그 아이를 행복하게 만들 수 있다면 그만한 가치가 있었다.

"살펴가거라."

야곱은 작별의 입맞춤을 하면서 아들과 눈높이가 같아졌다는 것을 깨달았다. 그 아이는 이제 아버지만큼 키가 자란 것이었다.

"염려 마세요."

그가 말했다. 그리고 소리쳤다.

"그런데 저의 대단한 동생, 베냐민은 어디 있어요?"

레아가 베냐민을 데리고 나왔다. 야곱은 요셉이 아기에게 입맞춤을 퍼붓고 그 아기가 좋아서 웃음을 터뜨리는 것을 흡족한 마음으로 바라보고 있었다. 서 있던 모든 사람이 웃었다. 야곱과 요셉과 베냐민과 레

아. 그래, 그래. 슬픔이 끝이 나고 있었다.

"잘 가거라, 요셉아. 하나님이 함께하실 거다. 내 아들아, 잘 가거라."

"아버지께도 하나님이 함께하시길. 안녕히 계십시오."

7일이 지난 후 야곱의 열 아들이 세겜에서 돌아왔을 때 요셉은 그 가운데 없었다. 아니, 그들은 그를 보지 못했다고 했다. 그들은 한 달 전 헤브론을 떠난 후 어디에서도 요셉을 본 적이 없다고 맹세했다. 그런데 그들은 긴 겉옷 하나를 발견했다고 했다. 기다란 소매가 달린 겉옷은 요셉의 것처럼 보였다. 그것은 말라붙은 피로 뻣뻣했고 세 군데가 심하게 찢겨져 있었다.

"아버지, 이것이 요셉의 겉옷일까요?"

노인은 찢어진 옷을 보자 울부짖기 시작했다.

"내 아들! 내 아들!"

그는 목놓아 울었다. 그는 손바닥으로 옷을 쓰다듬고 그걸 집어들고는 그 속에 얼굴을 묻었다.

"사자들이 내 아들을 잡아먹었구나. 분명히 요셉은 갈기갈기 찢어졌겠구나!"

그는 소리쳤다. 야곱은 자기 옷을 찢고 허리에 굵은 삼베를 두른 채 여러 날 동안 비통해했다. 르우벤, 시므온, 레위 그리고 디나……. 그의 모든 자녀들이 차례차례 그의 장막에 와서 아버지를 위로하려고 했다. 그러나 야곱은 끝끝내 몹시 슬퍼했다.

"아니다. 아니다……. 나는 무덤에 들어갈 때까지 요셉, 내 사랑하는 요셉의 죽음을 애통해할 것이다."

몹시 별난 노예

보디발의 아내 Potiphar's Wife

그러나 노인이 아들의 죽음을 애통해하고 있던 그 무렵, 요셉은 낙타들 가운데서 걸어가고 있었다. 그는 한 대상(隊商)과 함께 걷고 있었다. 그 대상은 가자를 지나 지중해를 따라 남서쪽으로 가서, 시내 산 북쪽을 가로질러 서쪽방향으로 고센과 이집트로 통하는 고대의 무역 경로를 따라가고 있었다. 요셉은 목과 발이 묶인 채 걸어가고 있었다. 그는 다른 언어를 쓰는 여러 나라에서 온 스무 명의 남자들과 한 줄로 묶여 걸어갔다. 그의 발에서는 피가 흐르고 있었다.

그를 끌고 가는 사람들은 악하지 않았다. 그러나 그들은 자비롭지도 않았다. 그들은 상인이었다. 다른 물건들(향품, 향유, 몰약)과 함께 이 준수한 젊은이를 이익을 남겨 팔려는 속셈이었다. 그들은 그를 은화 20개를 주고 샀는데, 건장한 성인 남자의 값으로는 합당한 것이었다. 젊은이가 이집트에 도착할 때까지 건강을 잃지만 않는다면 이집트 돈으로 받는 그들의 이익은 더 커질 것이었다. 그러므로 그들은 그에게 빵 주는 것을 아까워하지 않았다. 그들의 노예들은 모두 가는 동안에 더 건강해졌다. 그것은 그들의 자랑거리였다.

발아래 펼쳐진 골짜기에서 형들과 그 주위에 흩어져 있는 양 떼를 보았을 때 요셉은 실로 행복을 느꼈다. 풀이 우거진 산등성이를 넘어와서 이들을 보았을 때 그 광경은 그에게 놀라운 기쁨이었다. 그는 자신의 마음이 경쾌해진 데 스스로 놀랐다. 그렇다. 그는 너무 오랫동안 외로웠고 너무 오래 어머니를 잃은 슬픔에 빠져 있었다.

"형님들!"

그는 웃는 얼굴로 손을 흔들며 소리쳤다.

"형님들, 내가 왔어요!"

요셉은 빠른 걸음으로 언덕을 내려가면서 형들이 함께 모여 자기 쪽을 쳐다보고 있는 것을 보았다. 그러나 그들은 웃고 있지 않았다. 납달리가 말했다.

"저 꿈꾸는 녀석!"

멀어서 확신할 수는 없었지만 납달리가 그렇게 내뱉은 것 같았다. 그는 입을 삐죽거리는 듯했다. 그리고 단이 잔인하고 혹독한 말씨로 소리쳤다.

"저 녀석 꿈이 어떻게 되나 보자."

요셉은 걸음을 늦추었다. 모여 있던 형들이 둘, 셋 그리고 다섯으로 흩어져 요셉에게로 온힘을 다해 뛰어오고 있었다. 이제 형들 모두가, 열 명의 형들이 한꺼번에 소리를 질러댔다. 요셉은 목이 메었다. 마치 꿈을 꾸고 있는 것 같았다. 순간 그는 꼼짝도 할 수 없었다. 영문도 모른 채 사태를 파악하려고 애쓸 뿐이었다.

그때 형들이 그를 덮쳤다. 형들은 그를 빙빙 돌리고 그의 겉옷을 찢어 벗겼다. 누군가가 그의 옆머리를 세게 갈겼다. 요셉은 경악했고 충격과 고통을 느끼고 있었다. 그 일격은 진짜였다. 누군가가 그의 등허리를 치자 요셉은 맥없이 주저앉았다. 그러자 형들이 요셉의 발을 잡고 땅과 바위 위로 끌고 가다가 앞에 나타난 구덩이 속으로 떨어뜨렸다. 요셉은 쿵 하는 소리를 내며 바닥에 떨어졌다.

그의 입술에서 기괴한 신음 소리가 새어나왔다. 순간 숨이 멎었다. 숨을 쉴 수가 없었다. 올려다보니 작은 구멍이 있었고 형들의 머리가 햇빛을 가리고 있었다. 그리고 그는 의식을 잃었다. 그는 물이 없는 빈 구덩이 속에 있었다. 머릿속이 캄캄해지면서 그는 이런 생각을 했다. 나는 구덩이 속에 있다. 그러나 나는 죽지 않았다. 나는 구덩이 속에 있다. 오 하나님, 저와 함께해 주십시오.

요셉은 죽지 않았다. 그는 노예 상인에게 팔린 것이었다.

두 달 후 그는 알아듣지 못할 말로 떠들고 있는 이방인들에게 둘러싸여 희게 회칠한 돌단 위에 서 있었다. 그 둘레에 있는 사람들은 턱수염을 단정하게 기르고 기름을 발라 잘 다듬고 있었다. 어떤 사람은 귀에서 턱까지 구레나룻이 나 있었지만, 요셉의 눈에 익숙한 모양으로 볼 수염을 기르고 있는 사람은 하나도 없었다. 남자들은 털을 뽑아버린 것 같았고 누구나 목욕을 한 것 같았다. 땀 냄새 같은 것도 나지 않았다. 이 나라 사람들은 흰 아마 옷을 입고 있었는데 그 옷감은 사람의 살처럼 부드럽고 매끈했다. 그가 알고 있는 거친 양털과는 전혀 다른 옷감을 보고 그는 경탄했다.

분명히 그는 시장 한가운데 있었다. 그리고 그 단 위에 서 있는 사람들은 팔려고 내놓은 상품들이었다. 단 왼쪽에서 일어나고 있는 일을 보고 요셉은 또 한 번 감탄했다. 이집트인들은 의자에 앉아 있었다. 한 사람이 표면에 매끈한 나무판을 앞에 놓고 의자에 앉아 있었다. 탁자, 그 탁자 위에는 아마보다도 더 질겨 보이는 옷감이 펼쳐져 있었다. 그 사람은 그 옷감 위에 놀라운 속도로 표시를 하고 있었다. 노예 하나가 팔릴 때마다 그 사람은 무슨 도구를 검은 물에 담갔다가 그 옷감 위에 신기한 모양들을 빠르게 계속하여 그려넣었다.

요셉은 더 자세히 들여다보았다. 그 도구는 골풀 줄기를 비스듬히 깎아 만든 것이었고 그 끝은 올올이 풀려 있었다. 먹물을 찍어 쓰는 붓이었다! 요셉은 이전에 글자 쓰는 일에 대해서 들은 적이 있었다. 아버지가 마른 진흙과 오래된 돌에 새겨진 알 수 없는 표시에 대해 설명해 준 적이 있었다. 그런데 눈앞에 보이는 것은 놀라울 정도로 빠르고 단순한 작업이었고, 요셉은 이 새로운 것을 보게 되어 기뻤다.

자신에 대한 경매가 시작되기 전에 요셉은 골풀 줄기로 글씨를 쓰고 있던 그 사람에 대해 또 다른 놀라운 사실을 발견했다. 그 사람도 노예였던 것이다. 그래서 경매인이 그에게 무슨 특출한 재주를 갖고 있느냐고 물었을 때 요셉은 그 글쓰는 사람을 가리키며 대답했다.

"저거요. 나는 저것을 할 수 있어요."

그는 마음속으로 생각했다. 지금은 그것을 할 수 없지만 배우면 될 거야. 그리고 만일 누군가가 어떻게 그 필기자가 노예인 줄 알았느냐, 또는 비상한 솜씨가 필요한 그 기술을 안다고 감히 말할 용기를 어디서 얻었느냐고 물었다면 요셉은 주저 없이 대답했을 것이다.

"하나님이 나와 함께하시니까."

요셉을 산 사람은 우연히도 이집트 땅에서 중요한 자리에 있는 사람이었다. 그의 이름은 보디발이었다. 이는 '라가 내린 사람'이라는 뜻으로 '라'는 이집트인들의 태양신이었다.

보디발은 파라오(바로)의 개인 경호를 지휘하는 대장 지위에 있었다. 그의 아내가 젊고 정력적이라는 왕궁 사람들의 뒷소문이 있었는데도 그는 어떤 이유에서인지 '환관'이라는 호칭이 더해졌다. 보디발이 가진 권력은 컸지만 신체는 건강하지 못했다. 그러나 작은 눈이 뿜어내는 날카롭고 확고한 빛은 투창처럼 정확하고 위협적이었다. 그는 향유를 바르고 향수를 뿌리고 보석으로 장식한 채 시내를 활보했고, 가는 곳마다 사람들은 그에게 경의를 표했다.

그의 저택은 강가에 높이 솟아 있었는데, 흰 대리석 벽으로 둘러싸인 궁궐처럼 웅장한 건물 안에는 정원이 있었다. 그 집에는 분수와 욕실이 있었고, 수많은 방과 밖에서 비쳐드는 빛을 정교하게 장식해 주는 격자 창살이 달린 창문이 있었으며, 바닥은 박진감 넘치는 모자이크로 되어 있었다. 그러나 이 아름다운 건물의 땅 밑에는 잔인한 관공 시설이 감추어져 있었다. 파라오의 경호대장은 또한 간수장이기도 했으며 파라오의 감옥은 대장의 집 지하실에 있었다.

보디발의 뜻에 따라 모든 노예와 종들은 주인과 똑같이 아름다운 아마 옷을 입었다. 그는 집안 전체가 자기 지위에 어울리게 훌륭하고, 자기의 관대함이 드러나 보이기를 원했다. 그래서 요셉도 규칙적으로 몸을 씻었고 두 가지 옷을 입었다. 하나는 늘 입는, 엉덩이에 둘러매는 길고 부드러운 윗도리로 된 속옷. 두 번째 것은 외출할 때 입는 우아하고 몸에 꼭 맞는 겉옷이었다.

사실 요셉이 겉옷을 입을 일은 거의 없었다. 보디발은 그를 집안 자기 가까이에 두었는데, 그것은 그가 진심으로 이 헤브루인을 좋아했기 때문이었다. 이 노예는 미소를 지었다. 비굴하거나 아첨하는 태도가 없으며 건강 좋고 유쾌한 성격을 가진 그는 주인의 눈을 똑바로 쳐다보고 미소를 지었다.

다른 어떤 노예가 지위 높은 보디발에게 친구처럼 평화로운 자세를 취할 수 있단 말인가? 아무도 없었다. 게다가 그는 잘생겼고 남자다운 웃음을 지니고 있었다. 요셉은 이집트 말뿐만 아니라 쓰는 것도 배웠다. 그는 이 두 가지 기술을 한 번에 배울 수 있었다.

하나님께서 그와 함께하셨다. 외국 땅에서 이방인의 신세로 지내고 있으면서도 요셉이 일상 생활을 즐기게 되었다는 것이 그 증거였다.

이른 아침에 그는 주인의 일을 관리하는 방으로 들어갔다. 거기서 동쪽 창문을 내다보며 그는 아버지가 늘 하시던 대로 따라했다. 하나님께 감사를 올리는 일이 그것이었다. 그리고 나서 어깨에 걸친 망토를 벗고 이집트인의 책상 앞 의자에 앉아서는 먹물을 섞고 글씨 쓰는 골풀 줄기를 깎았다. 그러면 보디발이 그날의 일을 토론하고 보고받고, 그에게 충고하고 또 그의 충고를 구하기 위해 도착했다. 논의를 끝낸 후 보디발은 파라오의 궁전으로 갔고, 노예는 집에 남아 일을 했다. 그렇게 그의 나날이 지나갔다. 우기와 건기가 지나갔다.

오래지 않아 보디발의 부인 또한 여러 가지 작은 일들을 가지고 요셉의 방으로 오기 시작했다. 그는 항상 일어서서 그녀를 맞이했다. 그녀는 늘 그를 같은 높이에서 쳐다보고 웃음을 보냈다. 보디발은 작았지만 그의 부인은 요셉과 키가 똑같았다. 그녀는 그에게 손끝을 내밀어 인사를 받고는 말했다.

"자, 그렇게까지 격식을 차릴 필요는 없다."

그러나 요셉은 항상 예의를 차렸다. 그것은 그의 본성에서 나오는 자연스러운 태도는 아니었다. 그것은 의식적인 선택이었다. 종종 그는 집 안에서 쓸 물건을 구입하러 나갔다. 보디발은 말했다.

"여기 내 인장이 있네. 자네가 필요하다고 생각하는 게 있으면 그걸 사들이게나. 나는 자네의 판단을 믿네."

그러나 요셉은 주인의 이름으로 행동을 하는 것이니 예법을 지켜 겸손하게 행동하는 것이 옳다고 생각했다. 그래서 그 겸손한 예법에 따라 요셉은 주인마님이 앉을 때까지 항상 서서 기다렸고, 그녀가 앉고 나서야 다시 글을 쓰기 위해 자리에 앉았다.

그러나 그녀는 상대하기 곤란한 여인이었다. 분명 그녀의 눈은 내적인 총명함으로 빛나고 있었다. 그녀는 위엄을 가지고 행동할 수 있었다. 그러나 때때로 그녀는 정말 어린아이처럼 요셉이 앉는 순간 벌떡 일어나 그가 당황하여 다시 일어나지 않을 수 없게 만들었다. 그는 자기가 진실하게 예의를 지키는지 그녀가 시험해 보는 거라고 생각했다. 물론 그는 여주인의 변덕을 참아낼 수 있었다. 그러나 그것은 그의 일을 방해했다.

어느 날 그 여인이 요셉의 책상에서 약간 떨어져 앉아서는 그가 거의 못 알아들을 정도로 나지막이 중얼거리기 시작했다. 그는 그녀가 혼자 노래를 흥얼거리고 있다고 생각했다. 그런데 갑자기 그 가사가 귓속에 들어왔다.

'헤브루인아, 나와 동침해 다오.'

요셉의 귓불이 붉어졌다. 그는 고개를 들지 않았다. 아마도 그가 그 말을 상상해 냈는지도 몰랐다. 왜냐하면 그가 그 말을 알아듣자마자 그녀는 아주 조용해졌기 때문이었다. 그리고 잠시 후 그녀는 일어서서 그 방을 나갔다. 요셉은 떨며 긴 한숨을 내쉬었다.

사흘 뒤 그들은 다시 방 안에 둘이서만 있게 되었다. 보디발의 아내가 말했다.

"요셉?"

그가 쳐다보았다. 그녀의 눈이 공작석 안료가 칠해진 녹색 눈꺼풀 밑에서 그를 뚫어지게 응시하고 있었다.

"요셉, 당신과 자고 싶어."

그는 놀라 멍하니 쳐다보았다. 그녀의 목은 아주 길었고 아무런 장식도 없이 드러나 있었다. 그녀가 부드럽게 말했다.

"내 말 들었어? 무슨 뜻인지 알아?"

그는 한 마디 말도 없이 일어서서 망토를 걸치고 방을 나갔다. 그는 정원을 지나 집 밖으로 걸어나갔다.

다음날 그녀가 정확히 같은 시간에 그 방에 들어갔을 때, 요셉은 여느 때처럼 일어나 그녀에게 인사를 했다. 그러나 그는 시선을 아래로 내리깔고 그녀의 손은 잡지 않았다. 그녀 또한 그에게 손을 내밀지 않았고 앉지도 않았다. 문 옆에 시종이 서 있었다. 그녀는 시종을 물러가게 했다. 그래서 그들만 남아 서 있었다. 요셉의 시선은 아래로 향했고 그녀는 그의 앞이마를 태울 듯이 쳐다보고 있었다.

"요셉, 내가 무엇을 원하는지 알고 있느냐?"

"예."

"그런데 어제 왜 그냥 걸어나갔지?"

그제야 그는 그녀를 쳐다보았다. 그는 자기가 어린아이처럼 숨을 헐떡이지 않았으면 하고 원했다. 그러나 어쨌든 말을 해야만 했다.

"주인님께서."

그는 말을 꺼내려다가 잠시 멈추고 숨을 깊이 들이마셨다.

"주인님께선 저에게 모든 재산을 맡기셨습니다. 모든 것을 말입니다. 마님만 제외하고요. 왜냐하면 마님은 주인님의 아내이기 때문이죠. 그런데 어떻게 이런 사악한 일, 하나님께 죄가 되는 일을 할 수 있겠습니까?"

보디발의 아내는 아무 말도 하지 않았다. 그녀는 입술을 꼭 깨물었다. 그녀의 침묵은 두려운 것일 수도 있었다. 그녀는 당장 나갈 수도 있었다. 그런데 갑자기 그녀가 자리에 앉았다. 요셉도 뒤따라 앉았다. 그는 글을 쓰려고 했다. 그가 눈길을 들 때마다 그녀는 냉정한 침묵 속에서 그를 노려보고 있었다. 그리고 나서 그녀는 나갔다.

열흘 동안 요셉은 방에서 홀로 일했다. 그러나 열하루가 되던 날 오후에, 그녀가 문가에 나타났다. 머리칼을 풀어헤치고 화장기 없는 눈은 강렬한 광채를 발했다. 분노로 제정신이 아닌 것 같았다. 그녀는 경멸어린 어조로 말했다.

"노예들은 신이니 죄니 하는 걸 알 수 없어. 다시는 나보다 잘난 척하지 마!"

그녀는 방 안으로 성큼성큼 걸어들어왔다. 요셉은 일어서려 했다. 그녀는 그에게 달려들어 속옷의 어깨춤을 움켜잡았다.

"나랑 함께 눕자. 이 헤브루인아, 나랑 함께 눕잔 말이야!"

그녀가 소리쳤다. 요셉은 일어서면서 그녀를 뒤로 밀쳤다. 그녀는 두루마리 목록을 넣어둔 서랍장에 부딪혔다. 그러나 그러면서도 꽉 잡은 그의 옷자락을 놓지 않았다. 요셉의 옷솔기가 뜯겨 나갔다. 요셉은 한 순간 벗은 몸으로 서 있었다. 그는 수치심에 싸여 방을 뛰쳐나와 정원으로 달려나갔다.

"내게서 떨어져! 내게서 떨어지지 못해!"

그녀는 집 안에서 비명을 질렀다.

"도와줘! 도와줘! 저 노예가 나를 강간하려고 한다! 도와줘!"

요셉은 휙 돌아보았다. 보디발의 아내가, 비록 입을 벌려 크게 비명 소리를 질러대고 있긴 했으나 침착하게 문을 지나는 것이 보였다. 그녀의 손에는 그의 옷이 들려 있었고 눈은 얼음같이 차갑고 비정했다.

곧 문 뒤에서 그녀를 지키는 크고 건장한 이집트 종 네 명이 분노해서 달려나왔다. 요셉은 달아나려 하지 않았다. 벌거벗은 채 어디로 갈 것인가? 또한 대항하여 싸우지도 않았다. 그는 얻어맞아 땅에 쓰러졌다. 군사가 칼등으로 그의 뒤통수를 내리쳤다. 그리고 다행스럽게도 그는 정신을 잃었다.

죽은 자와 살아남은 자

파라오의 두 시종관 Two officers of Pharaoh

요셉은 보디발의 집 지하실, 즉 파라오 경호대장의 감옥에서 깨어났다. 벽은 두꺼웠다. 방은 좁고 어두웠으며 아무것도 없었다. 미로처럼 얽힌 많은 감방 안에 여러 계급의 사람들이 갇혀 있었다. 여기에 있는 것은 땅 밑에 처박힌 불행한 사람들의 집단이었다. 그들 중 형량이 확정된 사람은 아무도 없었고, 따라서 언제 풀려날지도 몰랐다. 이들의 운명은 오직 머리 위에 사는 힘 있는 자들의 변덕에 달려 있었다.

그러나 지하 세계에도 밝은 세계에서처럼 서열이 있었다. 높은 지위에 있다가 내려온 죄수들은 아무런 지위도 없었던 죄수들의 시중을 받았다. 파라오가 오래 기억할 수도 없을 사소한 잘못 때문에 그 궁전의 시종관 두 명이 이 방에 던져넣어졌을 때, 요셉은 그들의 시중을 들게 되었다. 한 사람은 파라오에게 술잔을 올리는 시종관이었고, 또 다른 사람은 빵을 구워 올리는 시종관이었다. 그들은 요셉이 헤브루인이었기 때문에 자기들의 시중을 드는 게 당연하다고 여겼고 그를 무시했다.

시간은 흘렀고 두 시종관들에게 그들이 석방될 것이라는 희망을 주는 소식은 내려오지 않았다. 그들은 둘다 절망에 빠졌다. 그리고 때로 끔찍한 불안에 사로잡혔다. 노예란 하잘것없는 존재였으므로 그들은 자기네 감정을 이 헤브루인에게 털어놓았다.

"여기서 살아남기 위해 무엇을 할 수 있단 말인가? 말해 다오. 너는 어떻게 이 비참함을 견디느냐?"

그들은 간청했다. 그 노예는 단지 이 말만 했다.

"하나님께서 저와 함께 계십니다."

어느 날 아침 요셉이 상전들을 목욕시키기 위해 물과 수건을 들고 그들의 감방으로 다가갔을 때, 안에서 이상하게 짓눌린 듯한 신음소리가 들려왔다. 그가 들어서자 두 이집트인들은 구석에 처박혀서 뼛속까지 스며드는 추위에 떨듯 오들오들 떨며 양손으로 팔꿈치를 잡은 채 웅크리고 앉아 있었다. 그들은 퀭한 눈으로 바닥을 내려다보고 있었다. 요셉이 물었다.

"무슨 일입니까?"

술 시종관이 벌떡 일어나 손으로 관자놀이를 눌렀다.

"헤브루인, 헤브루인이여. 자네가 우리에 대해 뭘 알겠는가?"

그는 소리쳤다. 그리고는 벽 쪽으로 돌아섰다.

"우린 간밤에 꿈을 꾸었네. 우리 둘 다 말일세. 그런데 이 감옥 안에는 해몽을 해줄 사람이 없구먼. 자넨 이 고통을 모를 걸세. 자네 탓은 아니지. 자네는 우리처럼 살아본 적이 없으니까. 어서 나를 씻기고 물러가게."

이 심약한 사람은 앉아서 머리를 젖히고 눈을 감았다. 요셉은 수건을 적셔서 술 시종관의 귀를 닦기 시작했다. 그는 부드럽게 말을 건넸다.

"저도 꿈을 꾼 적이 있습니다. 그리고 제 꿈들도 의미가 있었지요. 그때 저는 그 꿈이 아주 좋은 의미라고 생각했습니다. 누군가에게 제 꿈을 풀이해 달라고 부탁할 필요는 없었습니다."

"무슨 뜻인가?"

술 시종관이 한쪽 눈을 떴다.

"잠에서 깬 순간에 저는 그 의미를 알았거든요."

술 시종관은 이번에는 두 눈을 다 떴다.

"어떻게? 자네가 주술사라도 된단 말인가?"

"모든 해몽은 하나님이 하시는 것 아닙니까? 하나님이 안 계시는 곳이 어디 있습니까? 하나님은 모든 곳에 계십니다."

술 시종관보다 훨씬 작고 직업상 눈에 덜 띄는 빵 시종관이 요셉 곁으로 기어와서 그의 어깨를 쳤다.

"여기에? 하나님이…… 여기에도 계신가?"

그가 속삭였다.

"어디에나 계시죠."

빵 시종관은 매우 망설이면서 속삭였다.

"자네 생각에는…… 하나님이 우리의 꿈을 기꺼이 해몽해 주실 것 같은가?"

별안간 술 시종관이 요셉의 두 손목을 꽉 잡았다.

"들어보게나! 이 말 좀 들어보게나."

그는 숨도 쉬지 않고 줄줄 늘어놓기 시작했다.

"꿈에 가지가 셋 달린 포도나무를 보았는데, 거기서 싹이 나고 있었네. 그리고 금세 꽃이 활짝 피더니 포도송이가 익었다네. 그리고 나는 손에 파라오의 잔을 들고 그 속에다 포도즙을 짜넣고 있었지. 나는 그 잔을 왕께 가져갔어. 그래, 자네의 하나님은 이 꿈을 어떻게 풀이하실 것 같은가?"

요셉은 술 시종관의 손을 자신의 손목에서 떼어내고, 수건을 적셔서 빵 시종관 쪽으로 돌아섰다. 요셉이 빵 시종관의 얼굴을 닦기 시작하면서 말했다.

"세 개의 나뭇가지는 삼일을 뜻합니다. 사흘 안에 파라오가 당신의 머리를 이곳에서 들어 그가 있는 곳으로 끌어올릴 것입니다. 왕은 당신에게 술 시종관의 직책을 되돌려주실 것입니다."

요셉은 돌아서서 술 시종관을 쳐다보았다.

"이것은 틀림없는 해몽입니다. 단, 이 말이 이루어질 때 저를 기억해주십시오. 파라오 앞에 다시 나가시면 그분께 제 사정을 말씀드려주십시오. 부디 자비를 간청해 주십시오."

이제 목소리가 작은 빵 시종관도 가만히 앉아 있을 수가 없었다. 그는 요셉의 손 아래서 몸을 움직거렸다. 그래서 요셉은 그의 눈썹에다 수건을 대고 물었다.

"당신은 어떤 꿈을 꾸셨습니까?"

빵 시종관은 눈을 감았다.

"나는 내 머리 위에 바구니 세 개가 얹혀 있는 꿈을 꾸었어. 맨 위 바구니에는 파라오에게 드릴 빵이 있었는데, 새들이 그것들을 먹고 있었네. 그게 전부야."

그 사람은 입을 다물었다. 요셉 또한 한동안 아무 말도 안 했다. 요셉은 빵 시종관의 팔을 닦아 내려갔다. 그리고 손에 이르렀을 때 그는 망설였다.

"그 세 바구니는 삼일을 뜻합니다. 사흘 안에 파라오가 당신의 머리를……."

요셉은 그의 손을 감싸쥐었다.

"당신의 머리를 당신의 어깨로부터 떼어올릴 것입니다. 그가 당신을 나무에 매달 것입니다. 새들이 당신의 살을 뜯어먹을 것입니다."

사흘 후는 파라오의 생일이었다. 그는 모든 시종들을 위해 잔치를 베풀기로 했는데, 그때 감옥에 집어넣은 술 시종관과 빵 시종관을 기억해 냈다. 왕은 술 시종관을 궁으로 데려다가 직책을 돌려주었다. 빵 시종관은 매달려 처형되었다.

그런데 술 시종관은 자기가 어떻게 해서 다가올 운명을 알게 되었던가를 잊고 말았다. 그래서 요셉은 그대로 감옥에 머물러 있었다. 캄캄한 감옥 속에서 요셉은 썩은 골풀 줄기를 깔고 잠을 잤다. 날이 바뀌고 달이 바뀌고 해가 바뀌어 갔다.

파라오는 긴 의자에서 잤다. 그것은 낮 동안에는 앉는 의자가 되었고 밤에는 침상이 되었다. 신변을 지키는 몇 명의 시종을 두고 파라오는 금과 은으로 장식된 삼나무 침상에서 잠들었다. 두툼한 아마로 덮인 침상은 높은 단 위에 놓여 있었는데 그 단 또한 반암, 대리석, 진주조개, 귀한 돌들로 현란하게 세공되어 있었다.

이 이집트 왕은 불을 밝히고 잤다. 기름등잔이 파라오가 자고 있는 동안에도 타고 있었다. 그의 침실 옆에는 왕의 몸을 적시거나 씻기도 하고 또 시원하게 식히기 위해 부드러운 소리를 내며 졸졸 흐르는 물이 준비되어 있었다. 정교하게 짜인 짙은 빛깔의 휘장은 작은 바람이라도 궁전으로 들지 못하게 막아주었고, 바닥에는 깔개들이 깔려 있어 오가는 발소리를 죽였다.

혹시 왕이 악몽을 꾸고 잠에서 깨면 즉시 연주할 수 있는 음악이 준비되어 있었다. 고운 손가락을 가진 어린 소녀들이 하프와 류트를 연주하기 위해 대기하고 있었다. 또한 제사장이 멀지 않은 곳에 있었다. 파라오는 신들의 혈족이라고 여겨졌다. 그는 시종을 받으며 잠을 잤다. 많은 시종들이 모시고 선 가운데서 잠을 자는 것이다. 그러나 이 신성한 존재는 그토록 아름다운 침상 위에서 어느 누구보다도 깊은 외로움에 묻혀 잠자곤 했다. 이 모든 것은 그가 원해서가 아니라 타고난 신분에서 비롯된 것이었다. 그것은 바뀔 수 있는 것이 아니었다.

어느 날 밤 파라오는 소리를 지르며 벌떡 일어나 마치 장님이나 된 것처럼 둘레를 두리번거렸다. 그의 잠옷이 풀어져 내렸다. 즉시 두 시종이 물수건을 가지고 달려왔다. 어린 소녀들이 악기에 손을 대자 아름다운 선율이 부끄러운 듯 조심스럽게 퍼졌다. 한 여종이 방안을 돌아다니면서 모든 등을 밝혔다. 또 다른 종이 왕의 몸에 덮을 새 아마 이불을 가져왔다. 곧 왕은 다시 자리에 누워 얕은 잠에 빠졌다.

그러나 그는 웅얼거리며 식은땀을 흘렸고 팔을 마구 내둘러서 그에게 부채질을 해주기 위해 가까이 기어왔던 종들을 후려쳤다. 왕은 다시 벌떡 일어나 숨을 헐떡이며 허공을 응시했다. 그가 소리쳤다.

"사제는 어디에 있느냐? 불러오너라!"

사제는 이미 포도주와 은잔을 가지고 옆에 와 있었다. 파라오는 그의 팔을 붙잡았다. 그 바람에 포도주가 사제의 옷 아래로 쏟아졌다.

"꿈을 꾸었다. 무서운 꿈이었다. 두 가지 꿈을 꾸었는데 매우 비슷하고 매우 뜻이 있고 매우……."

제사장의 팔을 잡은 채 파라오는 두려움에 떨며 자세하게 꿈 이야기를 했다.

"그것들이 무슨 뜻이냐?"

그 가련한 사제는 이야기를 들으며 하얗게 질렸다. 그렇다, 그 꿈들에는 분명히 깊은 뜻이 있었다. 그러나 그것이 무엇을 의미하는지는 알 수가 없었으므로 그는 난감했다.

"그러면 주술사들을 데려와라! 박사들이 있어야겠다! 그들에게 내 꿈을 연구하고 풀이하도록 시켜라!"

왕이 명령했다. 그리고 파라오는 천체를 연구하는 위엄 있는 학자들을 잇달아 불러 그의 꿈을 되풀이해 이야기했다. 이들은 이런저런 꿈풀이를 했고 왕은 크게 노했다.

"너희들은 내가 바보인 줄 아느냐?"

현자들은 머리를 숙이고 잘못을 시인했다. 파라오의 발끝에 다가가는 것조차 두려웠던 사람들은 숨만 몰아쉴 뿐 잠잠히 서 있었다.

"이게 전부란 말이냐? 내가 이 나라에서 현명하다는 자들을 다 만나보았단 말이냐? 그러고도 내 꿈을 풀이해줄 자는 한 사람도 없단 말이냐?"

술 시종장이 기억을 되살린 것은 바로 그때였다.

"파라오여, 감옥 안에서 저의 꿈을 풀이해 준 한 헤브루인 노예가 있습니다. 그가 말하기를 제 꿈은 당신께서 제게 다시 시중 들 영광을 주시리라는 뜻이라고 했습니다. 그리고 그의 말은 적중했습니다."

"그 헤브루인의 이름이 무엇이냐?"

"모르겠습니다. 왕이시여, 저는 그의 이름은 전혀 모릅니다."

파라오의 면전에 한 헤브루인을 데려온 자는 파라오의 경호대장인 보디발이었다. 서른 살 먹은 그 헤브루인은 오랜 감옥 생활로 안색이 창백했지만 단정히 수염을 깎은 그의 몸가짐은 확신에 차 있었고 표정도 침착했다. 왕이 노예를 찬찬히 보고 고개를 끄덕이며 미소를 지었다.

"헤브루인아, 너는 해몽을 할 줄 아느냐?"

노예가 당당하게 말했다.

"아닙니다. 꿈을 해몽하는 것은 제가 아닙니다. 하나님께서 하십니다. 하나님께서는 파라오의 꿈에 관해서 해답을 내려주실 수 있습니다."

왕은 그를 발끝에서 얼굴까지 천천히 뜯어보았다.

"헤브루인이여, 너의 이름이 무엇이냐?"

"요셉입니다. 이스라엘이라 불리는 야곱의 아들입니다."

"그렇다면, 요셉아. 내 꿈들은 이러하다."

그는 이야기를 시작했다.

"나는 나일 강변에 서 있었다. 그때 윤기가 흐르는 살진 암소 일곱 마리가 강물에서 나와 갈대밭에서 풀을 뜯기 시작했다. 곧 다른 일곱 마리의 암소가 나왔다. 그것들은 병이 들고 매우 야윈 것들이었는데, 이소들이 살진 암소들을 삼켜버렸다. 그랬는데도 야윈 모습은 그대로였다. 나는 그 꿈을 꾸고 깨어났다가 잠이 들어서 다시 꿈을 꾸었다. 통통하게 잘 여문 이삭 일곱 개가 하나의 줄기에서 자라고 있었다. 그때 야위고 동풍에 병든 또 다른 일곱 이삭이 돋아났다. 그리고 첫 번째 꿈에서와 똑같이 쭉정이들이 잘 여문 이삭들을 삼켜버렸다. 야곱의 아들 요셉아, 이게 무슨 뜻이란 말이냐?"

헤브루인의 표정은 엄숙해졌다. 그는 겸손하면서도 매우 확신에 찬 목소리로 부드럽게 말했다.

"하나님께서는 파라오에게, 이 넓은 땅에서 왕이 무엇을 해야 하는지 말씀하고 계십니다. 일곱 마리의 살진 암소와 일곱 개의 잘 여문 이삭들은 칠 년을 뜻합니다. 왕의 꿈들은 한가지입니다. 이집트에 칠 년동안 풍년이 들 것입니다. 그러나 그 여윈 소와 병든 이삭은 풍년이 지난 뒤에 올 칠 년간의 흉년을 의미합니다. 흉년이 너무 심해서 풍년의 시대는 완전히 잊혀질 것입니다. 왕께서 두 번 꿈을 꾸신 것은 이 일이 하나님의 확고한 뜻임을 보여주신 것입니다. 반드시 그대로 이루어질 것입니다."

순간 파라오의 주변은 조용해졌다. 아무도 입을 열지 않았다. 제사장도, 시종장도, 현인도, 환관도, 노예도. 왕과 헤브루인은 서로의 얼굴을 쳐다보았다. 침묵을 깬 것은 요셉이었다.

"왕께서 원하신다면 저에게 방법이 있습니다."

"말해 보아라."

"왕이시여, 신중하고 공평하고 슬기로운 자로 하여금 칠 년간의 풍년 중에 곡물을 거두어 관리하도록 임명하십시오. 그리고 곳간을 지어서 그곳에다 다음에 올 칠 년간의 흉년을 대비하여 비축하도록 하십시오."

단지 두 가지였다. 그 헤브루인은 이 두 가지 말로 너무도 명쾌한 해답을 제시했다. 파라오는 벌떡 일어서서 옥좌에서 내려와 눈과 눈을 마주보며 이 헤브루인 앞에 섰다.

"요셉아, 어찌 생각하느냐? 나의 곡물을 책임질 자는 또한 하나님의 뜻을 펼칠 수 있는 사람이어야 하지 않겠는가? 그는 명쾌하고도 존경받을 만해야겠지?"

"그렇습니다."

"그렇다. 그래, 하나님께서 그대와 함께 계셔서 꿈을 해몽해 주시고 신속하고 완전한 해답을 내리시니, 나는 그대를 택하겠노라."

파라오는 전령을 시켜 온 나라에 선포할 공고문을 내렸다.

"필로파테야, 보아라. 내가 이 사람에게 나의 옥새 반지를 끼워주는 것을."

그 전령은 고개를 끄덕였다.

"그래, 너는 보았다. 야곱의 아들 요셉은 왕의 이름으로 명령을 내릴 권한과 그것을 확증하는 반지를 갖는다. 그는 더 이상 노예가 아니다. 죄수도 아니다. 그는 나 다음의 지위를 가질 것이며, 모든 사람은 그의 권한 아래에 있다. 명심해라. 그는 나의 총리다."

그는 또 말했다.

"필로파테야, 잘 보아라. 내가 이 사람에게 내 것과 같은 왕의 예복을 입히고, 목에다 금목걸이를 걸어주는 것을. 자, 이제 그가 이 나라 안을 달릴 때에는 내 것과 같은 위엄을 갖춘 전차를 탈 것이다. 그리고 필로파테야, 그때에 사자들로 하여금 그의 전차 앞에서 '물러나거라! 물러나거라! 총리가 행차하시니 무릎을 꿇어라!'라고 외치게 하라."

그리고 그대로 되었다. 파라오는 총리에게 새로운 이름을 지어주었다. 사브낫바네아. 이 이름으로 그의 명성은 전 이집트에 그리고 더 나아가 왕국 북쪽과 동쪽까지 퍼져나갔다. 사브낫바네아란 '하나님이 말씀하시는 대로 사는 사람'이라는 뜻이다.

그렇게 하나님은 요셉과 함께하셨다. 그는 헬리오폴리스(헤브루어로는 '온')의 제사장인 보디베라의 딸 아스낫과 결혼하여, 이제는 사람과 더불어 산다는 위로도 받게 되었다. 게다가 하나님께서 주신 지혜로 그는 자기가 왕에게 제안했던 일들을 완수했다. 요셉은 거대한 곳간 짓는 일을 감독했다. 그리고 나서 풍년이 계속되는 동안 헤아릴 수 없을 만큼 많은 곡식을 거두어들였다.

또한 그 기간 동안에 그의 아내는 두 아들을 낳아주었다. 요셉은 첫째를 므낫세라고 불렀다. 그것은 '잊게 하다'라는 뜻이었다. 그가 '하나님께서 나의 시련을 잊게 해주셨다.'라고 말했기 때문에 지어진 이름이었다. 둘째 아이는 '열매를 맺다'라는 뜻으로 에브라임이라고 불렀다. 왜냐하면 저녁마다 요셉은 저택의 높은 창문으로 올라가 자기가 받아들인 땅의 강물 흐르는 계곡과 들판과 곡식밭, 즉 자신의 삶을 내려다보며 생각에 잠기곤 했기 때문이다.

그는 혼잣말을 했다.

"어찌 이 모든 땅이 하나님의 손길에 의해 풍성하게 열매 맺지 않을 수 있겠는가?"

그러나 곧 야훼 하나님께서 파라오를 통해 말씀하신 그대로 땅이 마르고 굳고 갈라졌다. 풍성함이 끝났다. 그 위대한 나일 강물조차 줄어들어 토양에 물을 댈 수가 없었다.

흉년이 시작되었다. 몇 달의 가뭄이 몇 년의 가뭄이 되었고, 사람들은 비를 갈망하며 추수에 대해 절망했다. 이 사이에서 흙먼지가 씹힐 정도였다. 정말로 끔찍한 기근이었다.

총리로서 요셉은 곳간을 천천히 절제 있게 열었다. 저장해 둔 곡물을 7년 동안 조금씩 나누어주어야 한다는 것을 알고 있기 때문이었다. 이 집트인들은 배불리 먹지는 못했다. 그러나 먹기는 먹었다. 그리고 그들은 죽지 않았다.

볼모가 되다

유다 Judah

늙은 야곱은 헤브론 근처의 언덕에 서서 그 지역을 남북으로 오가는 산마루길로 통하는 돌 많은 계곡을 가늘게 뜬 눈으로 쳐다보고 있었다.

"저게 보이느냐?"

그는 손을 들어 산마루를 따라 줄지어 힘겹게 이동하는 사람들을 가리켰다. 그들은 북쪽을 향해 천천히 춤추며 움직이는 그림자들처럼 보였다. 저물어가는 태양빛 속에서 야곱의 눈에는 눈물이 고였다.

"너는 저들이 보이느냐? 저들은 지쳐 있지만 가진 자루들은 가득 차 있다. 저들은 우리보다 가난하지만 석 달 동안은 먹을 수 있을 것이다."

야곱은 지팡이에 매달리다시피 기댔다. 그는 옆에 힘 있게 버티고 서 있는 건장한 넷째 아들 유다에게 말하고 있었다. 이 아들은 어머니 레아처럼 조용했다. 한때 야곱은 말을 하지 않는 이 아이를 믿지 못했다. 그러나 이제는 유다의 침묵이 거짓됨에서 오는 것이 아니라 신념에서 오는 것임을 믿게 되었다.

"이제 우리도 같은 일을 할 때가 왔다고 생각한다, 얘야. 아직 젖을 내는 염소가 몇 마리나 있느냐? 양젖도 치즈도 남아 있지 않다. 새끼 양이 태어나도 암양이 죽으니 갓 태어난 새끼 양조차 어미를 따라 죽는다. 유다야?"

"네, 아버지."

"마지막으로 언제 대상의 무리가 이 길을 지나갔느냐?"

"삼 년이 넘었지요."

"이제 누가 이 죽음의 땅을 지나가겠느냐?"

"도둑과 강도들, 굶주린 사람들이지요."

"그래. 그리고 도시 사람들을 위해 곡식을 사러 이집트로 가는 사절들이다. 그들이 바로 그 소문이 사실이라는 증거다. 이집트에는 먹을 것이 있다. 이제 우리도 그리로 가볼 때가 되었다."

노인은 고개를 돌려 아들을 똑바로 쳐다보았다.

"만약을 위해 네 형제들을 데려가라. 그리고 네 처와 아이들은 여기 두고 가거라. 이집트에 가서 거래를 잘 해보거라. 곡식을 사서 자루를 가득 채워 집으로 돌아오너라."

아버지의 이런 당부에도 유다는 계속하여 해가 지는 것을 쳐다보았다. 그의 얼굴은 구릿빛을 띠었다. 그는 넓은 이마와 큰 코를 가졌다. 야곱은 아들의 코가 잘생겼다고 생각했다. 그러나 그는 아들의 표정이 좀더 생동감 있기를 바랐다. 유다의 얼굴에는 주로 자제와 정직함이 드러났다.

"아버지."

"말해라."

"형제들 모두 말입니까?"

"아니다!"

야곱이 소리쳤다. 그의 배가 경련을 일으켰다. 그는 중심을 잃지 않으려고 지팡이를 꽉 잡았다. 그리고 나서 좀더 마음을 가라앉힌 뒤 말을 이었다.

"아니, 베냐민은 안 된다. 베냐민을 제외한 형제들을 모두 데려가라. 베냐민은 나와 함께 있을 것이다."

그리하여 유다와 그의 형제들은 당나귀를 끌고, 식량과 무기와 재물을 가지고 산마루 쪽으로 건너가서는 그곳에서 남쪽을 향해 천천히 사라졌다. 그러는 동안 야곱은 아들들이 떠나는 모습을 막내아들과 함께 지켜보았다. 노인은 베냐민의 어깨에 팔을 둘렀다. 그 아들은 열네 살이었다. 그는 곱실거리는 아름다운 머릿결을 가졌다. 그는 아직 어린 아이였다.

우기가 비도 오지 않은 채 지나갔다. 아주 약간의 비가 굶주린 종족들을 조롱하듯이 내렸을 뿐이었다. 야곱은 매일 아침 밖으로 나가 아들들이 돌아오는지 지켜보았다. 날마다 날씨는 맑고 뜨거웠다. 그의 늙은 눈으로도 아스라한 땅 끝 멀리까지 볼 수 있었다.

그러던 어느 날 오후 그는 먼 곳에 나타난 아들들의 희미한 형체를 알아보았다. 그래서 그들이 도착하면 줄 음식을 준비하기 위해 서둘러 장막으로 돌아갔다.

그들은 무거운 분위기 속에 식사를 했다. 그들은 그간의 일을 말하기에 앞서 먹기만 했다. 야곱은 안절부절못하며 남쪽을 바라보았다. 열 명의 아들이 이집트로 갔다. 그런데 아홉 명만 돌아왔다. 시므온은 돌아오지 않았다. 유다는 침울하게 아버지의 시선을 피했다. 야곱은 그 침묵을 견딜 수 없었다. 마침내 그는 식사 도중에 소리쳤다.

"시므온은 어디 있느냐? 시므온에게 무슨 일이 생겼느냐? 왜 내 둘째 아들이 돌아오지 않았느냐?"

형제들은 먹는 것을 멈추고 무겁게 침묵하며 앉아 있었다. 유다가 말했다.

"파라오 다음으로 권력이 큰 자이며 곡식 창고를 관장하는 이집트의 총리 사브낫바네아가 시므온은 감옥에 남아 있어야 한다고 요구했습니다."

야곱은 두 손으로 지팡이를 꽉 잡았다. 그러지 않았다면 분명히 쓰러졌을 것이었다. 그 혼자만이 서 있었다. 그의 아들들은 잿빛 머리를 늘어뜨린 채 슬픔에 그늘진 얼굴로 고개를 푹 숙이고 앉아 있었다.

"왜냐? 유다야, 왜? 왜 그 총리가 시므온을 잡아놓았단 말이냐? 무슨 죄라도 지었단 말이냐?"

"그 총리는 우리 모두가 죄를 범했다고 말했습니다. 우리 모두가요. 그는 우리가 염탐꾼임에 틀림없다고 말했습니다."

"뭐라고? 염탐꾼이라고? 너희들이 무슨 짓을 했는데?"

"우리도 모릅니다."

건장한 유다가 이제 얼굴을 들고 힘없이 아버지를 쳐다보았다.

"놀랍게도 총리는 우리 전부를 만나고 싶어했습니다. 아버지, 이집트에는 식량을 사러 온 사람들이 많습니다. 그리고 그들과 거래를 맡은 관리자들도 많습니다. 그런데 그 총리가 직접 우리를 보려고 왔습니다. 그는 우리가 어디에서 왔는지 물었습니다. 우리는 가나안에서 왔다고 했습니다. 그는 또 아버지가 누구냐고 물었습니다. 우리는 이스라엘이라 불리는 야곱이라고 말했습니다. 그러자 그가 말했습니다. '그래, 너희들은 염탐꾼이다.' 그는 우리에게 이집트를 염탐했다는 죄를 씌웠습니다. 우리는 아니라고, 우리는 서로 형제간으로서 그저 목자들일 뿐이라고 말했습니다. 우리는 그에게 가나안에는 아버지와 동생 하나가 있다고 말했습니다."

유다는 말을 계속했다.

"총리가 묻더군요. '너희 동생의 이름이 무어냐?' 베냐민이라고 대답했습니다. 그러자 총리가 매우 화를 냈습니다. 우리는 그가 왜 화를 냈는지 모릅니다. 아버지, 저희는 그 이집트인을 이해할 수 없었습니다. '베냐민이라고?' 그가 말했습니다. 우리는 '네, 베냐민이오.'라고 말했지요. 그러자 그가 말했습니다. '베냐민을 이리로 데려오너라. 그러면 너희가 염탐꾼이 아니라는 것을 믿겠다.'"

이 말을 듣고 야곱은 땅에 주저앉았다. 르우벤이 그를 부축하려고 달려갔다. 르우벤과 레위가 함께 노인을 눕히고 베냐민은 물을 가지러 뛰어갔다. 유다는 꼼짝 않고 지켜보고 있었다. 야곱의 얼굴은 타오르는 노여움으로 터질 것 같았다.

"그래서?"

야곱이 아들들의 무릎에 누운 채 속삭였다. 유다가 작은 소리로 말했다.

"우리는 그에게 베냐민을 데리고 올 수 없다고 말했습니다. 그러면 아버지께서 돌아가실 거라고 말했습니다. 아버지께서는 이미 한 아들을 잃으신 터라 남아 있는 그 아들마저 잃을 수는 없다고 말했지요. 그 총리는 우리 이야기를 들으면서 더욱 화가 난 것처럼 보였습니다. 그의 얼굴은 하얗게 변했습니다. 그의 목소리는 작아졌습니다. 그는 이집트말로 이야기했습니다. 그러자 통역자가 말했습니다. '그렇다면 너희 중 한 사람이 가나안으로 가서 베냐민을 이리로 데려올 때까지 너희 모두 감옥에 머물러 있어야만 한다.' 그래서 우리는 사흘 동안 감옥에 갇혀 있었습니다. 그러자 총리가 와서 말했습니다. '내 마음이 바뀌었다.' 그가 시므온을 가리켰습니다. '저자만 머물러 있어라. 나머지는 가서 베냐민과 함께 오너라. 너희의 식량은 이미 자루에 담아 당나귀 등에 실어놓았다. 가라.' 그래서 이렇게 저희만 왔습니다."

그들은 여행이 성과가 있었다는 것을 보이기 위해 곡물 자루를 가지고 와서 열어 보였다. 그러나 커다란 비탄의 울부짖음이 밤하늘에 울려퍼졌다. 왜냐하면 아들들이 가져온 자루마다 식량 값으로 지불하라고 보낸 돈이 담겨 있는 것을 보았기 때문이다.

늙은 야곱은 울부짖었다.

"너희들이 아비에게 무슨 짓을 한 거냐? 너희는 이집트 총리로부터 도둑질을 해왔구나! 안 돼, 안 돼, 안 돼! 나의 오른팔 같은 아들을 그런 위험한 곳에 데려갈 수 없다. 시므온에게는 안된 일이지만……, 이

122

늙은 몸이 더 이상 비통한 마음으로 무덤까지 갈 수는 없다."

　다음해 사료를 삼을 만한 푸른 것은 하나도 자라나지 않았다. 유다는 아버지의 가축들이 병들어 죽어가는 것을 지켜보았다. 사람들은 가축의 시체를 끌어다 버릴 기력도 없었다. 유다는 종종 이집트 감옥 속에서 풀이 죽어 앉아 있을 형을 생각했다.

　시므온. 그는 굶지는 않고 있겠지만 가족과 함께 있지는 못했다. 그를 생각할 때마다 죄책감이 유다의 마음을 무겁게 짓눌렀다. 그러나 아버지의 고통을 생각하면 입을 열 수 없었다. 야곱은 통 말을 하려들지 않았다. 그러나 가져온 곡식이 다 떨어지고 아들과 손자들이 야위다 못해 굶주린 배가 부풀어오르자, 야곱이 유다의 장막으로 들어와 말했다.

　"유다야, 다시 가거라. 이집트에서 다시 식량을 좀 구하도록 해보아라."

　"아버지, 앉아서 제 말씀 좀 들어보세요."

　야곱이 한숨을 쉬며 앉을 때까지 그는 조용히 있었다. 아마도 노인은 무슨 말이 나올지 알았을 것이다.

　"아버지, 이집트의 총리는 저희에게 엄하게 경고했습니다. '너희 동생과 함께 오기 전에는 내 앞에 나타날 생각 말아라.' 하고요. 그러니 이제라도 아버지께서 마음을 돌려 베냐민을 보내신다면 가겠습니다. 그러나 그러시지 않는다면 저희는 이집트에 갈 수 없습니다."

　"네가 어째서 그 사람한테 또 다른 동생이 있다는 말을 해서 나에게 이런 고통을 줄 수 있단 말이냐?"

　"그는 우리에게 이것저것 자세히 물었습니다. 우리는 그저 그의 질문에 대답했을 뿐입니다."

　유다는 잠시 침묵 속에 기다렸다. 그리고 말했다.

　"아버지께서도 아시다시피 지금 무슨 조치를 취하지 않으면 우린 모두 죽습니다. 한 사람도 빠짐없이, 아버지와 아버지의 모든 자식들과 저희의 어린애들까지요. 그러나 베냐민을 저와 함께 보내신다면 제가 그의 보증인이 되겠습니다. 제가 그를 다시 데려오지 않는다면 그 비난이 영원히 제게 떨어지도록 하십시오."

아주 오랫동안 야곱은 말없이 앉아 있었다. 그리고 드디어 입을 떼었다.

"향유 조금, 야생 꿀 조금."

그는 지팡이를 꽉 잡고 일어섰다. 그리고 장막 문까지 비틀비틀 가서는 돌아보았다.

"향품, 물약, 피스타치오 열매 그리고 아몬드를 총리에게 가지고 가거라. 지난번의 식량 값까지 따져서 두 배의 돈을 가지고 가거라. 그리고……."

노인은 돌아섰다. 그는 문 옆에 서서 누를 길 없는 슬픔으로 황혼 속에 멀어져가는 그림자들을 하염없이 쳐다보았다. 그리고 나직하게 말했다.

"네 동생 베냐민을 데려가거라."

화해

베냐민 Benjamin

　어느 맑게 갠 날 집사가 총리에게 소식을 가지고 왔다.

　"작년에 가나안에서 왔던 그 사람들이 지금 다시 왔습니다, 주인님. 그들이 오면 보고하라고 말씀하셨지요."

　"그랬지."

　요셉이 말했다. 그는 파라오의 궁전 안에 있는 집무실에 있었다.

　"몇 명이나 되느냐?"

　"열 명인 것 같습니다, 주인님."

　요셉은 가슴이 두근거리는 것을 느꼈다.

　"시장에서 그들을 마중해라. 도착하면, 곧바로 내 집으로 데리고 오너라. 짐승을 잡아라. 잔치를 준비해라. 내가 그들과 함께 저녁 식사를 하겠다."

　놀라운 자제심으로 요셉은 평상시의 업무를 하면서 그날을 보냈다. 그렇지만 창살문 가까이로 가서 야곱의 아들들을 내다보는 것까지 억제할 수는 없었다. 그의 집사가 앞으로 나가 그들을 맞이하는 것이 보였다. 그는 그들이 인사를 주고받는 것을 지켜보았다.

　이윽고 그들이 총리의 초대에 당황한 듯 고개를 숙였다. 집사는 거듭해서 그들을 높은 언덕에 있는 총리의 집으로 인도하려고 했다. 그는 두 번이나 돌아서서 어서 따라오라고 간청해야만 했다. 그러자 별안간 그 사람들이 가져온 초라한 자루를 열고 많은 돈을 꺼내서 땅 위에 늘어놓더니 몸짓을 하면서 뭐라고 큰 소리로 설명을 했다. 그 선량한 집사는 돈을 다시 자루 속에 집어넣고 잡아끌어서 그들이 따라오게 하는 데 성공했다.

다음으로 요셉은 시므온을 석방하라고 명령했다. 시므온 또한 총리의 숙소로 이끌려 갔다. 그리고 그날 늦게 요셉도 자기 집으로 걸어갔다. 자기 집 마당에 다가갈 때 그는 헤브루 말로 떠드는 소리를 들었다.

"시므온! 시므온! 너로구나. 괜찮으냐?"

"그들이 형을 어떻게 대우해 주던가요?"

그리고 시므온의 목소리가 들렸다.

"아버지는 잘 계십니까? 오, 안 돼! 르우벤 형, 베냐민을 데려오다니요……."

요셉은 목이 메어와 말을 할 수 없을 것 같았다. 베냐민이 왔구나! 그는 마당으로 성큼성큼 들어와 딱딱한 어조로 말했다.

"당신들의 아버지는 어떠시오? 살아 계시오?"

형제들은 즉시 그 앞에 엎드렸다. 그의 통역사가 헤브루 말로 그 질문을 반복했으나 형제들은 꼼짝하지 않았다. 요셉이 크게 소리쳤다.

"일어나라!"

통역사는 그 말을 반복할 필요가 없었다. 그들은 천천히 일어나 공포에 떨며 요셉을 쳐다보았다. 그들은 말없이 향유, 꿀, 향품 그리고 아몬드 등이 들어 있는 항아리와 단지들을 그 앞에 내놓았다. 요셉이 말했다.

"그대들이 내게 말한 야곱, 이스라엘은 건강하신가?"

형제들은 헤브루 말로 중얼거렸다.

"당신의 종, 저희 아버지는 살아 계십니다. 네, 평안하십니다."

요셉은 간신히 숨을 내쉬고 있었다. 갑자기 열네 살의 베냐민, 어머니 라헬의 모습 그대로 아름다운 머리를 늘어뜨린 동생의 모습이 눈에 들어왔다. 순간 요셉은 전혀 숨을 쉴 수가 없었다. 그의 얼굴은 북받치는 감정으로 달아올랐고 코는 벌름거렸다. 그는 입술을 깨물고 험상궂게 얼굴을 찌푸렸다. 요셉의 성난 듯한 기색에 놀란 형제들이 뒷걸음질 쳤다. 요셉이 속삭이듯 물었다.

"이 아이가 너희의 막냇동생인가?"

유다가 총리를 똑바로 쳐다보았다.

"네. 베냐민입니다."

요셉이 되풀이했다.

"베냐민."

동생의 이름을 입에 올리는 순간 그의 마음은 무너졌다. 그는 얼굴을 가린 채 집 마당을 뛰쳐나가 안쪽 방으로 들어가서 눈물을 터뜨리며 울었다. 베냐민······.

뒤이은 식사 시간에 요셉은 눈에 띄지 않게 형제들이 어떻게 먹는지를 지켜보았다. 열한 명의 형제들. 틀림없이 몹시 굶주렸겠지만 공포가 더 심했으리라. 그들은 음식을 조금씩 씹었다. 그는 먹을 것을 듬뿍듬뿍 베풀었다. 베냐민에게는 형들보다 다섯 배나 주었다. 형제들은 여전히 조금씩 깨죽거릴 뿐이었다. 그는 집사장에게 속삭였다.

"가서 헤브루인의 자루에 식량을 채우고 그들이 가져온 돈도 도로 넣어라. 남김없이."

그는 베냐민을 가리켰다.

"그리고 저 소년의 자루에는 나의 은잔을 숨겨라. 자, 가거라."

통역사를 통해 말하면서, 요셉은 그 유목민들에게 그날 밤 자기 집에서 지내라고 명했고 그런 다음 자리를 떴다. 그날 밤 그는 한잠도 자지 않았다.

다음날 아침 해가 뜨자마자 그는 유목민들이 떠날 준비로 법석대는 소리를 들었다. 그는 집에서 가장 높은 창문으로 올라가 그들이 두려움과 기쁨이 엇갈리는 얼굴로 서둘러 떠나는 것을 지켜보았다. 열한 명의 형제들. 요셉은 눈을 떼지 않은 채 뒤에 서 있는 집사에게 말했다.

"따라가서 길을 가로막아라. 그리고 왜 총리가 베푼 선을 악으로 갚는지 물어라. 내 은잔을 내놓으라고 해라. 그들의 자루를 열게 하라. 잔을 가진 자를 도둑이라 부르며 그를 이리로 데려오너라."

요셉은 그의 하인이 번쩍이는 전차를 타고 달려가 형제들에게 다가가서 멈추라고 명령한 뒤 자루를 열라고 시키는 것을 지켜보았다. 곡식 자루 속에서 돈이 후드득 떨어지자 형들의 얼굴이 공포에 질리는 것도 지켜보았다. 그리고 그때 베냐민의 자루에서 은잔이 굴러나오자 열 명의 형들이 스스로 옷을 잡아 찢는 모습을 지켜보았다.

그들은 애처롭게 울부짖었다. 그 소리는 이곳, 언덕 위 그의 집 높직한 창살문까지도 들려왔다. 그들이 천천히 발걸음을 돌려 집으로 다시 돌아오는 것을 그는 지켜보았다.

그들이 요셉의 면전으로 이끌려 나왔을 때 그는 높은 단상에 위치한 고관의 자리에 앉아 있었다.

"이번엔 너희가 나에게 무슨 짓을 했느냐?"

요셉이 이집트 말로 물었다. 유다가 괴로워하며 말했다.

"저희가 주인 나리께 무슨 말을 할 수 있겠습니까? 하나님께서 당신 종들의 죄를 들추어내셨습니다. 그러니 저희는 당신의 노예가 되겠습니다. 저희 모두 말입니다."

"아니다. 모두가 그럴 필요는 없다. 내 은잔을 가져간 자만 노예가 될 것이다. 그자면 충분하다. 나머지는 너희 고향의 아버지에게 돌아가거라."

유다의 얼굴은 비통함으로 일그러졌다. 요셉은 입을 굳게 다물었다. 유다가 기어나와 바닥에 엎드렸다.

"오, 주인님. 감히 이렇게 말씀드린다고 당신의 종들에게 노하지 마십시오."

요셉의 얼굴이 굳어졌다. 그는 눈물을 보이지 않으려 애쓰고 있었다. 유다는 두려움으로 움츠러들었다. 그렇지만 있는 힘을 다해 말을 했다.

"처음 저희가 여기 왔을 때 나리께선 아버지에 대해서 물으셨습니다. 저희는 사실대로 말씀드렸습니다. 아버지는 늙으셨고 이미 한 아들을 잃었습니다. 또다시 아들을 잃게 된다면 아마 돌아가실 것입니다. 특히 아끼는 막내아들 베냐민을 잃는다면 말입니다. 그런데 나리께서 데려오라고 명령하신 동생은 바로 그 아이입니다."

요셉은 얼굴을 들고 두 눈을 꼭 감았다.

"아버지께서는 베냐민을 데려가지 말라고 간청하셨습니다. 그 애에게 어떤 나쁜 일이 일어난다면 아버지의 흰머리를 땅에 묻겠다고 하셨습니다. 왜냐하면 베냐민의 어머니가 두 아들을 낳았는데 하나는 이미 죽었기 때문입니다. 그러나 당신께서 그를 요구하셨기에 주인님, 그래서 제가 베냐민을 데려와야만 한다고 우겼지요. 어떠한 일이라도 생기면 그 비난을 제가 감당하겠다고 약속했습니다. 저는 맹세를 했습니다. 그러니 제발, 동생 대신 제가 남게 해주십시오. 동생 대신 저를 받아주십시오. 제가 아버지의 사랑하는 아들을 버려두고 어떻게 아버지께 돌아갈 수 있겠습니까? 무어라 말씀드릴 수 있겠습니까? 저는 할 수 없습니다. 저는 돌아갈 수 없습니다."

요셉은 더 이상 자신을 자제할 수 없었다. 이집트 말로 그는 작게 말했다.

"나가라! 헤브루인만 남고 나머지는 방에서 나가거라."

그들만이 남겨졌을 때 요셉은 자기 형제들을 쳐다보고 울음을 터뜨렸다. 그는 유다 앞에 무릎을 꿇고 그를 부둥켜안았다. 그리고 헤브루 말로 조용히 물었다.

"형, 저를 모르겠습니까?"

그는 일어서서 베냐민에게 다가가 입을 맞추었다.

"내가 요셉이다!"

그는 흐느꼈다.

"르우벤 형, 나를 보세요. 시므온 형? 나는 형의 동생이에요. 레위 형, 보세요. 나는 죽은 게 아니에요. 나는 죽지 않았어요. 나는 이렇게 살아 있어요. 저예요, 형들. 단! 아셀! 갓! 납달리! 저예요, 요셉이라고요!"

그는 차례차례 형들의 목을 꽉 부둥켜안았고, 한참 동안 그들을 꼭 껴안고 있었다. 마침내 그들은 모두 목놓아 울었다.

"형들이 아버지한테서 저를 떼어놓은 순간부터 저는 하나님의 인도하심 속에 있었습니다. 오, 아버지! 부디 아버지께 가주세요! 가서 제가 누구인지 말씀하세요. 아버지께 전하세요. 이집트에서 아버지를 영광스럽게 모실 준비가 다 되어 있다고요. 잇사갈, 스블론! 아버지에게 달려가 그분을 이리로 모시고 오세요. 그분의 여생을 평화로이 나와 함께, 우리 모두 함께, 모든 가족들이 아버지의 여생 내내 장막 둘레에서 함께 살 수 있도록 말입니다."

그리하여 야곱은 자식들과 손자들 그리고 모든 재산을 가지고 남쪽으로 와서 다시 서쪽 고센 땅으로 이동했다. 요셉이 화려한 전차를 타고 그곳으로 부친을 마중 나왔다. 요셉은 전차에서 뛰어내렸다. 흰 수염이 성성해진 늙은 야곱은 절룩거리며 그에게로 다가갔다. 부자는 서로 목을 감싸안았다.

"이제 죽어도 여한이 없다. 내가 네 얼굴을 보다니, 이렇게 살아 있다니!"

그는 그 뒤로 12년이나 더 살았다. 그리고 죽기 전에 그는 요셉의 두 아들 에브라임과 므낫세를 축복했고, 뿐만 아니라 자신의 다른 아들들에게도 축복을 내렸다. 그리고 나서 그는 침상에 똑바로 누워 숨을 거두었다.

여러 해가 지난 뒤 하나님께서 약속을 지키셔서 아브라함, 이삭, 야곱의 가족을 번성하고 강하게 만드셨을 때, 수백 년 후 하나님께서 이스라엘의 자식들을 이집트에서 이끌어내어 그들에게 주시겠다고 언약하신 땅으로 다시 데리고 오셨을 때, 자손들은 그들의 조상이 추수 때마다 읊조리던 믿음의 강령을 기억하고 신실하신 하나님께 감사 기도를 드렸다.

그들은 말했다.

> 한 방황하는 헤브루인, 그는 나의 조상이었다.
> 그는 이집트로 가서 그곳에 머물러 살았다.
> 작은 무리였으나
> 거기에서 한 민족을 이루었으니
> 위대하고 강력하고 그 수가 많았다.
> 그리고 이집트인들은 우리들을 가혹하게 다루었고⋯⋯.

2부

약속

Sinope
Trapezus
Phrygians
Halys R.
Mushki
LYDIAN KINGDOM
CARIA
Pamphylians
Rhodes
Milid
Nairi
Tarsus
Carchemish
Nisibis
Haran
Arpad
Nineveh
Khalman (Aleppo)
Euphrates R.
Assur
Soli
Salamis
Hamath
ASSYRI
CYPRUS
Arvad
MESOPOT
Paphos
Citium
Tadmor
PHOENICIA
Gebal (Byblus)
SEA
Sidon
Damascus
EMPI
Zor (Tyre)
ISRAEL
GILEAD
Bab
Megiddo
PALESTINE
Samaria
Joppa
Jerusalem
Gaza
JUDAH
Philistines
MOAB
Sais
Tanis
EDOM
Selah
Heliopolis (On)
Memphis
Ezion Geber
Elath
Nile R.
A
EGYPT
RED
Thebes
First Cataract
Syene

모세라 불리는 한 남자

파라오 Pharaoh

이집트 왕은 고향 땅에서 아주 멀리 와 있었다. 나일 강 북동쪽 가나안의 북쪽 그리고 두로와 시돈보다 더 멀리 오론테스 강을 건너고 있었다. 그는 자기가 '사악한 헷의 타락자'라고 부르는 헷 왕의 군대를 치기 위하여 진군하고 있었는데, 이집트 군대의 규모가 워낙 커서 강을 건너는 데만 며칠이 걸렸다.

군대는 네 개의 군단으로 조직되어 있었고 군단마다 이집트인이 숭배하는 신의 이름이 붙어 있었다. 아몬, 라, 프타 그리고 수텍. 파라오의 군대가 신의 이름으로 불리는 것은 당연했다. 파라오 자신이 신의 아들이 아니던가? 그는 날마다 태양의 힘을 받아 자신의 힘을 새롭게 다지고 신들의 이름으로 말을 타며 싸우고 통치하지 않던가?

왕이 몸소 지휘하는 아몬 군단이 막 강을 건넜을 때 유목민 두 사람이 왕을 만나뵙기를 청한다는 전갈이 왔다. 두 번째 군단, 라는 강을 건너고 있는 중이었고 프타 군단은 멀리 진영에서 강을 건널 차례가 오기를 기다리고 있었다. 네 번째 수텍 군단은 며칠 더 있어야 앞선 군대를 따라잡을 위치에 있었다. 파라오가 물었다.

"유목민이라고?"

"'샤수'들입니다."

전령이 '방랑자'라는 뜻의 이집트 말을 썼다. 이들은 정착해서 문명을 이룬 족속의 변두리에서 장막을 치고 광야를 방황하며 사는, 땅을 소유하지 못한 사람들이었다. 우아한 사회생활을 영위하는 이집트인에 비하면 이들은 한없이 비천한 신분이었다.

"그자들이 무엇을 원하느냐?"

"이집트를 섬기고 헷 제국의 권력에서 벗어나기를 원합니다."

왕은 잠깐 생각하고 다시 말을 이었다.

"그들에게 진실을 말하면 웃음으로 반길 것이고 거짓을 말하면 채찍을 맞을 것이라고 말하라. 그리고 나에게 데리고 오너라."

서 있든지 앉아 있든지 파라오는 더없이 영광스러운 존재였다. 팔찌 밑으로 드러난 그의 팔은 강인한 힘을 보여주고 있었다. 그의 시선은 똑바르고 흔들림이 없었다. 다른 사람들과 달리 그는 허리에 주름 잡힌 옷을 걸치고, 그의 이름이 새겨진 금속 장식이 달린 넓은 허리띠를 두르고 있었다. 등 뒤에는 수소의 꼬리를 달아 늘어뜨리고 앞가슴에는 장식 덮개를 무릎까지 내렸다. 이 유목민들을 접견하기 위해 그는 앞쪽에 신성한 코브라 형상이 붙어 있고 뒤쪽으로는 두 개의 장식띠가 늘어진 푸른 투구를 썼다.

그는 금으로 치장된 의자에 앉았다. 왕의 사자가 그의 옆에 다가와 누웠다. 그 짐승은 발이 묶인 채 푸른 눈알로 먼 곳을 쳐다보고 있었다. 두 유목민이 끌려나왔다. 염소 냄새를 풍기고 날카로운 눈매를 지닌 그 남자들은 잿빛 수염을 기르고 양털 옷을 입고 있었다. 머리는 길게 기르고 있었다. 왕은 그들의 신분을 알아차렸다. 이집트에도 그런 자들이 많았다. 그들은 왕 앞에 엎드려 절했다. 왕이 입을 떼었다.

"무슨 말을 하고 싶은 거냐?"

그들이 일어나 아첨하는 소리로 말했다. 자신들의 가족이 헷 왕의 수중에 잡혀 있고 왕은 자기를 잡으러 오는 이집트 군대들이 두려워 알레포에 숨어 있다고 했다.

"샤수."

파라오가 창날같이 날카로운 눈으로 그들을 뚫어지게 바라보며 말했다.

"너희들은 방랑자들이지."

"그렇게들 말합니다."

파라오는 무릎에 비스듬히 놓여 있는 짧은 채찍에 손을 대며 말했다.

"내가 왜 너희 말을 믿어야 하느냐?"

그들은 왕 앞에 고개를 숙이고 애처로운 소리를 냈다.

"저희의 자식들을 위해서입니다!"

저토록 비굴하게 자애를 구하는 것은 이런 부류 인간들의 특징이다. 그리하여 왕은 그들을 믿었다. 왕은 아몬 군단에게 안전한 이곳에 진을 치고 나머지 세 개 군단이 강을 건너 합세할 때까지 기다리도록 명령했다. 강을 건너느라 정신없는 두 번째 군단 라조차 행군을 끝내려면 하루 온종일이 필요했다. 그래서 병사들은 들판에서 사방을 둘러 방패벽을 세웠다.

왕의 장막은 중앙에 세워졌다. 식량을 실은 소달구지들을 안쪽으로 몰고 지휘관들을 위한 임시 막사를 세웠다. 이 막사들에는 화로, 등 없는 의자, 깔개, 수반 등 편리한 물건들도 있었다. 그리고 병사들은 각자 짐 꾸러미와 무기를 둘레에 놓아 자기 자리를 만들었다.

다음날 당나귀들이 기다리며 발굽을 차 먼지를 일으키고 전차를 끄는 병사들이 아직 곤한 잠에 빠져 있을 무렵 한 병사가 남쪽으로부터 있는 힘을 다해 달려왔다. 그의 말은 단번에 방패의 벽을 거뜬히 뛰어넘어 요란한 소리를 내며 파라오의 장막 쪽으로 달려왔다.

"라."

그는 말등에서 뛰어내려 앞으로 고꾸라지며 말했다.

"라 군단의 병사들이 다 죽었습니다!"

파라오는 전령 앞으로 황급히 달려나갔다. 놀라움으로 발밑의 땅이 흔들리는 것만 같았다.

"똑똑히 말해봐라."

전령은 울며 말했다.

"그 저주받을 헷의 타락자가 밤중에 몰래 저희 군단을 에워쌌습니다. 그리고 해가 뜨자 저희를 공격했습니다. 지금 저를 뒤따라오고 있습니다. 왕이시여, 당신을 덮치려하고 있습니다. 도망치십시오!"

그 사수들이 거짓말을 한 것이었다! 그들은 정탐꾼이었다. 그러나 파라오는 도망가지 않았다. 비록 눈앞에 헷의 군대가 폭풍처럼 달려오고 있는 모습이 보이고 병사들은 공포에 질려 질서 없이 혼비백산하고 있었지만, 파라오는 신속히 무기와 갑옷을 집어들어 가슴받이를 하고, 투구를 쓰고, 화살통을 어깨에 걸고 전차로 뛰어올랐다. 그는 누런 흙먼지를 구름같이 일으키며 그를 옹위하는 최고의 병사들을 뒤에 이끌고 곧장 헷 군을 향해 달려갔다.

있는 힘을 다해 질주하며, 파라오는 전차 고삐를 허리띠에 묶고 헷의 타락자를 향해 빗발치듯 화살을 쏟아부었다. 전차 한쪽에는 투창을 가득 쌓아놓고 있었다. 이 창들은 맹금처럼 헷 군 가운데로 날아가 한 번에 두세 사람씩을 죽였다.

파라오는 힘이 충천해 있었다. 두려움을 모르고 질주하는 파라오의 전차 주변에는 시체들이 널브러졌고, 근위대가 그가 지날 수 있도록 길을 터주자 적군의 시체들이 사방팔방에 몇 배로 늘어났다.

헷 군은 그런 엄청난 용기 앞에서 퇴각하고 말았다. 그들은 악어 떼처럼 배를 깔고 강 쪽으로 물러갔다. 이집트 왕은 그의 아버지인 태양신 아몬 라처럼 빛을 발하며 다섯 번 더 그들을 향해 돌격했다. 그는 들판 쪽으로 불을 질렀다

파라오가 고향에 도착하기도 전에 승전 소식이 먼저 전해졌다.

'승리! 이 사자처럼 용맹스러운 영광의 전사. 그가 땅을 통합하고 헷 군을 쳐부쉈다.'

그리하여 파라오가 높은 계급의 포로들과 헤아릴 수 없이 많은 재물을 끌고 이집트 국경을 넘었을 때, 사제들은 수많은 꽃다발로 그를 맞이했으며 즉시 승리를 축하하고 신께 감사하는 의식이 거행되었다.

크고 넓은 광장에 수많은 이집트 사람들이 모였고, 그 앞에서 포로들 중 가장 지위 높은 자들이 항복의 표시를 하도록 명령받았다. 그들은 손바닥을 펴서 파라오에게 내밀었다. 파라오는 냉정하게 그들의 항복 사인을 지켜본 후 고개를 끄덕이고 왕의 권력을 상징하는 작은 홀(笏)을 들어올려 처형을 명령했다.

이제 사람들은 헷 족의 온갖 보물을 신전으로 운반해 와 신에게 바치기 위해 앞에 펼쳐놓았다. 귀중한 보석으로 장식한 잔들, 양쪽으로 손잡이가 달린 항아리들, 뿔 모양의 술잔, 금은으로 된 술잔 등.

그리고 파라오가 자신만이 드나드는 신전의 입구에 모습을 드러냈다. 그 웅장한 모습은 사람들을 놀라게 했다. 그는 머리 위에 두 개의 왕관을 썼는데, 하나는 북쪽 왕국을 나타내고 다른 하나는 남쪽 왕국을 상징하는 것이었다. 그의 턱은 길고 특이한 모양으로 엮은, 의식 때 쓰는 턱수염으로 장식되어 있었다. 목에 두른 무거운 황금 목걸이에는 사슬과 은으로 된 작은 꽃장식이 줄줄이 늘어져 있었다. 그가 옥좌를 향해 큰 걸음을 내디딜 때마다 세 쌍의 팔찌가 팔뚝과 손목에서 그리고 발목에서 번쩍거렸다. 등에 걸친 가운은 가볍고도 투명했다.

파라오는 신전으로 들어갔고, 많은 포로들이 손이 묶이고 목에 줄이 감긴 모습으로 그 뒤에 끌려갔다. 겁에 질려 말이 없는 이들 또한 패배를 시인하는 표시를 했다. 그러나 파라오는 그들을 처형하도록 명령을 내리지 않았다. 그는 신상들을 마주하고 소리 높여 찬가를 읊었다.

"제가, 수백만 년의 세월에서 큰 발을 옮기시는 하늘과 땅과 바다의 주인이신 신들께 예를 올립니다. 아몬 라시여! 제가 당신께 금과 은, 청금석과 터키석을 드립니다. 당신께서 두 팔을 벌려 널리 알리신 당신의 아들입니다. 당신께서 저를 모든 나라의 통치자로 세우셨습니다. 저를 위하여 땅에서 완성을 이루셨습니다. 저는 제 의무를 평화롭게 수행하겠나이다."

이리하여 파라오는 모든 승리가 신이 내리신 선물이며, 이 보물들은 원래 신으로부터 받았던 것을 돌려드리는 것뿐이라고 공표했다.

그 의식이 끝나고 파라오가 제사장들과 더불어 모든 행렬에 앞서서 위풍당당하게 신전 문을 나섰을 때, 갑자기 두 남자가 나타나 강렬한 눈빛으로 그를 쏘아봤다. 그들의 얼굴은 태양빛에 말라 주름이 잡혀 있었다. 한 사람은 이집트식의 허리에 두르는 옷을 입었고 다른 한 사람은 양모 옷을 입고 있었다. 그들의 긴 턱수염과 헝클어진 머리에서 염소 냄새가 났다.

'샤수들이군.'

파라오는 잠깐 주저했다. 그 순간 재빨리 둘 중 키가 작은 사람이 말했다.

"이스라엘의 하나님께서 이렇게 말씀하십니다."

그의 목소리는 시골 출신 노예의 시끄러운 콧소리였다. 그자는 한낱 헤브루 노예였다!

"'나의 백성을 보내라. 그들이 광야에서 나를 기념하는 명절을 지켜야 한다.'"

처음 만났을 때 그들에게는 무엇인가 파라오의 관심을 끄는 것이 있었다. 그 남루한 모습에는 오히려 이상한 품위 같은 것이 있었다. 그리하여 다음날 그 두 사람이 왕을 만나뵙기를 청원했을 때 그는 허락했다.

"너희들이 말하는 그 작은 '하나님'이란 누구냐?"

왕이 물었다. 잿빛 수염을 한 샤수가 놀랍도록 술술 말했다.

"헤브루인의 하나님이 직접 내게 나타나셨습니다. 그리고 그의 권능으로 나는 당신에게 간청합니다. 우리를 광야로 보내서 사흘간 우리 조상들이 갔던 길을 따라가 하나님께 제사를 드릴 수 있게 해주십시오. 허락하지 않으시면 하나님께서 무서운 질병이나 칼로 우리를 치실 것입니다."

이 방랑자의 눈에는 날카로운 불꽃이 번뜩였다. 그의 말을 들을수록 점점 더 관심이 커졌다. 파라오는 몸을 앞으로 내밀었다. 그것은 그의 억양 때문이었다. 한 천한 유목민의 입에서 파라오가 지금까지 들어본 것 가운데 가장 정확한 문법과 어휘를 구사하는 이집트 말이 흘러나오고 있었다. 그래서 왕은 그 유목민에게 두 번째로 물었다.

"너의 이름이 무엇이냐?"

그러나 다른 노예가 대신 대답했다.

"그의 이름은 모세입니다. 저는 아론입니다. 우리는 형제입니다."

"나는 너에게 말하고 있는 게 아니다."

"그렇지만 그는 제가 대신 말해주기를 원합니다."

왕은 그 유목민에게 재차 물었다.

"너의 친족은 누구냐? 너는 어디서 왔느냐?"

다시 노예가 대신 말했다.

"그는 이스라엘 사람입니다. 그의 친족은 고센 땅에 살고 있습니다. 그들은 왕의 건물을 짓는 데 쓰일 벽돌을 만들고 있습니다……."

"입 닥치거라, 이 노예야!"

모세라는 이름의 남자는 입을 우물거리면서 불가사의한 눈빛으로 파라오를 똑바로 쳐다보았다. 그러나 아무 말도 하지 않았다. 이것은 실로 놀랄 만큼 무례한 짓이었다. 다른 많은 노예들의 흥미를 끌 만한 위험하고 대담한 행동이었다. 파라오는 즉시 이야기를 끝냈다. 그가 단언했다.

"너희 노예들은 게으르다. 너희 민족은 게으르다. 이제는 너희의 작은 신에게 제사 지내러 멀리 간다는 핑계로 너희의 게으름을 정당화하려 하는구나. 절대로 안 된다. 가서 일이나 해라."

같은 날 왕은 고관을 불러 노동 감독자들에게 내릴 명령을 전했다.

"모두 세 가지다. 첫째, 더 이상 저 민족에게 벽돌을 만드는 데 필요한 짚을 주지 말아라. 그들더러 직접 곡식의 그루터기를 모으라고 시켜라. 둘째, 벽돌 생산량은 이전과 같게 하도록 헤브루인 작업반장에게 일러라. 셋째, 만약 그 생산량을 채우지 못하면 그 감독관들을 두들겨주어라."

파라오는 또 말했다.

"이 백성들은 전에도 문제를 일으킨 적이 있다. 팔십 년 전 나의 선조들은 온갖 방법으로 그들로 하여금 제 분수를 알게 하려고 애썼다. 나는 일을 시켜 그렇게 만들겠다. 그들이 일에 지쳐 내 명령을 제외하고는 다른 어느 지도자의 말에도 귀 기울일 수 없게 하겠다."

이집트의 도시들은 모두 너비 15미터, 높이 18미터쯤 되는 벽돌 벽으로 둘러싸여 있었다. 오직 문기둥만 돌로 되어 있었다. 마찬가지로 도시의 건물들도 거의 돌보다는 벽돌로 건축되었다. 그리고 그 당시 왕은 나일 강 삼각주에 아름다운 도시들, 서쪽의 사막 민족들과 북쪽의 해양 민족들로부터 보호받을 수 있는 웅대한 도시들을 짓기 시작했다. 천문학적인 수의 벽돌이 필요했다. 그리고 그것들을 만들어 굽는 일을 하는 헤브루 노예들 또한 파라오의 계획에 절대적으로 필요했다.

'나는 그들을 지치게 할 것이다.'

노예들은 커다란 통에다 나일 강의 진흙과 모래와 짚을 일정한 비율로 배합하여 섞었다. 그들은 진흙을 발로 밟고 곡괭이로 저었다. 그리고 나서 그것을 벽돌 틀에 쏟아붓고 위를 반반하게 다듬은 뒤 틀을 재빨리 빼내고 하나씩 태양빛 아래 꼭 여드레 동안 건조시켰다. 벽돌 하나하나를 그렇게 만들었다.

'나는 그들을 지치게 만들 것이다.'

다진 짚더미가 공급되지 않았으므로 전체 작업은 늦어졌다. 노예들은 들판을 뛰어다니며 마른 땅에서 곡식 그루터기를 뽑았다. 작업반장까지도 합세해서 일을 시작했지만, 그 많은 작업량을 계속 채울 수가 없었다. 그리하여 그들의 동족인 작업반장들은 모든 사람들이 보는 앞에서 채찍을 맞았다. 헤브루인의 뼈에 부딪히는 둔탁한 이집트인의 채찍소리는 일정한 간격으로 울리는 끔찍한 음악 같았다. 모든 사람들이 점점 더 힘들게 일에 매진했고, 노예의 가정에는 밤에 웃음소리가 사라졌다.

마침내 작업반장들이 자기들에게 지금보다 더 나쁜 일이야 일어날 수 있겠는가 하는 심정으로 왕에게 나아갔다. 파라오는 깃털 장식을 한 왕관을 쓰고 금으로 된 왕좌에 앉아 있었는데, 그 모습이 너무도 황공하여 헤브루인들은 바닥에 입을 맞추고 눈길을 피했다. 그들은 아뢰었다.

"아마도 왕께서는 감독관들이 짚 공급을 중단시킨 사실을 모르실 것입니다. 그런데도 그들은 저희 종들에게 같은 양의 벽돌을 생산하라고 요구하고 못 해내면 저희들을 매질합니다. 사실 그것은 그들의 잘못……."

"그들의 잘못이라고?"

파라오가 유연하고 힘 있는 팔을 들었다. 파라오, 혼자 힘으로 헷의 군대를 쳐부순 그 파라오가 속삭이듯 말했다.

"그들의 잘못이라고?"

작업반장들은 떨기 시작했다. 왕이 소리쳤다.

"너희 잘못이다, 이 노예들아. 내가 그 잘못을 지적해 주겠다. 너희는 게으르다! 너희는 게으른 종족이다! 게으르고 비겁할 뿐만 아니라 나에게 처음 보는 목자를 보내어 광야로 가서 한 번도 들어본 적이 없는 보잘것없는 신에게 제사를 드리도록 해달라는 요청까지 했다. 나, 태양신의 아들은 그 모든 사실을 다 알고 있다! 내 눈앞에서 당장 사라져라. 가서 벽돌이나 만들어라."

불쌍한 작업반장들은 말없이 비틀비틀 뒷걸음질치며 물러 나왔다. 그들은 궁전을 나오다가 이 모든 문제를 일으킨 장본인들인 아론과 모세를 보았다. 그때에는 더 이상 떨고 있지 않았다. 그들은 두 사람을 향하여 몹시 성을 내며 고함을 질렀다.

"도대체 당신들이 누구이기에 우리를 대표해서 말을 했소? 당신들 때문에 우리는 왕께 미움을 샀소. 이제 그의 종들이 우리를 죽이려고 칼까지 들었소. 우리 앞에서 사라져주시오. 우리를 그냥 내버려두시오."

모세라 불리는 그 남자는 그들의 말을 귀담아 들었다. 그는 두려워하지 않았다. 그리고 아무런 대답도 하지 않았다. 이런 침묵은 그들을 더 화나게 할 뿐이었다. 그들 중 한 사람이 문제를 일으킨 이 방해자의 목을 분지르려고 하자 세 남자가 그를 말렸다. 그들은 모세를 냉혹한 이집트 땅에 세워둔 채 떠났다. 그들이 떠나는 뒷모습을 모세가 슬픈 눈으로 지켜보고 있었던 것을 그들은 알지 못했다.

경고

모세 Moses

　다음날 아침 이집트 왕은 깨어나서 침상에 앉아 최근의 서신들을 읽었다. 그리고 시종들의 정성스런 시중을 받으며 목욕을 하고 옷을 입고 왕의 상징을 달았다. 또한 궁전 안에서도 성스러운 위엄을 갖춘 최고의 제사장 아문을 곁에 두고 있었다. 그 앞에서 왕은 신에게 제사를 드렸고 그에게서 여러 기도와 권고의 말을 들었다.

　여기까지는 관례적인 일상 의식이었다. 그러나 그런 다음 왕은 이례적으로 제사장들과 주술사를 대동하고 강둑으로 내려가겠다고 결정했다. 나일 강의 신 하피, 살이 쪄서 가슴이 아래로 처지고 배가 허리띠 위로 불룩하게 나온 사람 모양의 신에게 예를 올리기로 결심한 것이다. 이것은 갑작스러운 일이었다. 파라오가 미리 그러기로 계획한 것이 아니었으므로 누구든 그런 일이 생길 것을 알 리가 없었다.

　그런데 강변에 다다랐을 때 파라오는 사나운 눈초리의 모세가 오른손에 자기 키만한 지팡이를 들고 꼿꼿이 서서 기다리고 있는 것을 보았다. 그러나 어느 누구에게도 거칠 것 없는 파라오가 한낱 유목민 앞에 멈출 리가 없었다. 그 유목민이 차가운 표정을 띤 왕의 위엄 앞에 무릎을 굽혀 절을 하리라 생각하며, 왕은 수행원들에게 둘러싸여 위풍당당하게 물가로 걸어나갔다.

　하지만 그 남자는 파라오를 노려보며 버티고 서 있었다. 그리고 갑자기 정확한 이집트 말로 우렁차게 말해서 그곳에 있던 모든 사람들을 움찔하게 만들었다. 파라오만 빼고.

"야훼, 헤브루인의 하나님께서 나를 당신께 보내시고 말씀하셨소. '내 백성을 보내어 광야에서 내게 예배할 수 있게 하라 하였다. 그런데 보라, 네가 순종하지 않았구나.'"

그제야 파라오는 멈추어 섰다.

"내가 무엇을 하지 않았다고?"

그러나 모세는 대답하지 않았다. 그는 자기 할말만 했다.

"이 일로 하여 당신은 내 하나님이 주이심을 알게 될 것이오. 내가 나일 강의 물을 이 지팡이로 쳐서 피로 물들게 할 것이오. 그리하여 물고기는 죽고 악취가 나며 사람들은 그것을 마시고 구역질을 할 것이오."

즉시 그는 물 쪽으로 가서 지팡이를 높이 쳐들었다. 그리고 획 소리가 나도록 휘둘러 나일 강의 수면을 쳤다.

호기심이 가득 차서 모세의 행동을 지켜보던 사람들은 강물을 보고 크게 놀랐다. 그가 지팡이로 물을 치자 강물은 마치 살아 있는 것처럼 피를 흘리기 시작했다. 선명한 피가 띠를 이루며 아래쪽으로 흘러갔다. 그것이 점점 널리 퍼졌다. 또한 그 핏물이 역류하여 상류로 거슬러 올라갔다.

파라오는 분노했다. 그는 우레같이 소리쳤다.

"속임수다!"

그는 급히 주술사 한 명에게 다가가 홀을 던지며 명령했다.

"똑같이 해봐라! 지금 당장 강물을 핏물로 만들어라!"

주술사는 명령에 따랐다. 그가 강둑으로 기어내려가 깨끗한 물을 파라오의 홀로 휘저었더니 그 물 역시 피로 끓어올랐다. 그제야 왕은 입을 다물고 모세를 한 번 노려본 후 시종들을 이끌고 궁전으로 돌아갔다. 그는 강의 상처가 치유되고 해충이 줄어들면 다시 하피 신께 제사를 드리러 올 생각이었다.

그날 밤 이스라엘의 가정에는 또 다른 침묵이 흘렀다. 고달픔이 아닌 경이로움에서 오는 침묵이었다. 그들은 강이 피로 물드는 것을 보았다. 그들이 조용히 말했다.

"아론, 이 남자가 누구요?"

"그는 내 동생 모세요."

"우리와 같은 민족인가요?"

"그렇소."

"그런데 그는 이집트 사람처럼 말을 하잖소."

"그러나 그는 나와 우리 누님 미리암처럼 레위 족속이오."

"그는 이방인 미디안 여인을 아내로 두었잖소."

"내 동생은 사십 년 동안 이곳을 떠나 있었소. 그가 사는 곳에는 이스라엘 여자가 없었소. 그는 이집트에서 자랐소. 나이 마흔에 이곳을 떠났던 거요."

"왜 떠났소?"

"생명을 부지하려고 도망간 것이오. 그가 이집트인을 죽였기 때문이오."

"아론! 당신의 동생은 성급한 사람이군!"

"사실 그랬소. 그는 우연히 이집트인이 우리 동족 한 사람을 때리는 것을 보았소. 그는 주위에 아무도 없는 것을 알고 그 이집트인에게 달려들어 목을 부러뜨리고 모래에 묻었소. 다음날 그는 우리 민족 두 사람이 싸우며 큰 사람이 작은 사람을 때리는 것을 보았소. 모세는 참을 수 없었소. 그래서 그는 큰 사람을 붙잡아 땅에 내던지며 말했소. '어떻게 당신은 같은 형제를 칠 수가 있소?' 그러자 그 남자는 비웃으며 소리쳤소. '그래서 어떻다는 거요? 어제 이집트인을 죽인 것처럼 나도 죽일 생각이오?' 그때 그는 자기가 저지른 범죄가 더 이상 비밀이 아니라는 것을 알았소. 그는 형인 내게도 미리암 누님과 어머니께도 작별 인사 한 마디 못 하고 도망갔소. 그것이 사십 년 전 일이오."

"그때부터 그가 미디안인들과 살게 된 거요?"

"그렇소. 그래서 미디안 여자와 결혼하게 되었소."

"그런데 사십 년이 흘렀는데도 그가 여전히 우리와 같은 민족이라고 할 수 있소?"

"왜 자꾸 그렇게 말하시오? 그렇소, 그는 우리와 한민족 사람이오. 그는 할례를 받았소. 그의 아들도 할례를 받았소. 그건 특히 미디안인 아내 덕분이었소. 모세가 너무 오래 할례를 지체한 탓에 어느 날 밤중에 야훼께서 그를 찾아와 죽이려고 하셨소. 그때 그의 아내가 아들의 음경 포피를 잘라서 모세의 발에 대고 말했소. '틀림없이 당신은 내가 피를 흘려서 얻은 남편이오!' 그래서 야훼께서 그를 죽이지 않으셨소. 그는 분명 우리 민족이오!"

"그런데 왜 사십 년이 지난 지금 갑자기 이곳으로 돌아오려고 결심한 건가요?"

아론이 다음 이야기를 너무 조용히 하는 바람에 사람들은 앞으로 몸을 숙이고 잠시 숨을 죽여야 했다.

"그가 말하기를 하나님께서 우리의 고통에 찬 소리를 들으셨다고 했소. 하나님께서 아브라함과 이삭, 야곱, 우리의 선조들과 하신 언약을 기억하고 계신다고. 하나님께서 우리를 속박에서 건져내어 당신의 팔을 벌려, 당신의 위대한 심판으로 우리를 해방시켜주시기로 이미 작정하셨다고 했소. 하나님께서 그를 이 일을 이루게 할 종으로 삼아 이곳에 보내셨다고 말이오."

나일 강이 피로 물든 지 이레가 지난 날, 왕이 막 금장식을 한 옥좌에 올라 백성들의 청원을 들으려 하고 있을 때 모세가 문가에 나타났다. 그는 이번에는 미리 알현을 청하지도 않았다. 그는 과감히 안으로 들어와 양쪽에 서 있던 경비병들을 당황하게 만들었다. 그리고 이집트 말로 사납게 말하기 시작했다.

"하나님이 말씀하셨소. '나의 백성을 보내어 나를 예배할 수 있게 해라. 만약 거역한다면 나는 개구리가 너의 온 땅에 퍼지게 할 것이다. 강에는 개구리가 득실거리고 또한 그것들이 강위로 올라와 온 땅에 개구리가 기어다닐 것이다. 아론이 지팡이로 물 위를 치면 물이 온통 개구리 떼로 일렁일 것이다!'"

파라오는 고개를 저으며 아무 말도 하지 않았다. 그가 작은 명을 내릴 때 하는 표시로 왼손을 들자 경비병이 모세를 끌어내리려고 앞으로 나왔다. 그러나 사나운 눈초리의 모세는 그들이 자기 몸에 손을 대기 전에 돌아섰다. 그는 소맷자락을 펄럭이며 궁전을 떠났다.

그는 길을 따라 내려와 왕의 부둣가에 올랐다. 거기서 아론이 기다리고 있었다. 아론은 지팡이 끝을 강 속에 넣어 끌면서 모세와 함께 부둣가 끝까지 걸었다. 지팡이가 일으키는 작은 파문이 개구리 떼로 변해 금빛 눈을 가진 개구리들이 한 마리씩 팔짝거리며 줄지어 나왔다. 그리고 그 개구리들은 강둑 위로 뛰어올라 온 땅을 뒤덮고, 집으로 들어가 반죽 그릇, 화덕, 침실, 침대 속으로 뛰어들었다.

파라오는 주술사에게 똑같이 해보라고 영을 내렸다. 그들도 그 일을 해내긴 했지만 개굴대는 푸른 개구리의 수만 두 배로 늘어났다. 파라오는 자기 손으로 개구리를 궁전에 가득하게 만든 꼴이 되었다.

파라오의 머리 위 지붕에서 개구리들이 비처럼 쏟아져내렸다. 그의 내실에 축축한 개구리들이 깔렸다. 왕이 걸을 때마다 개구리들이 짓밟혔다. 그리고 그가 화장실에 들어가 구멍 뚫린 석회암 변기에 앉았을 때, 개구리 한 마리가 아래쪽 모래 바닥에서 구멍으로 튀어 올라왔다. 그 한 마리는 다른 개구리 수천 마리보다도 더 큰 몫을 했다.

왕은 모세를 불러들이라고 명령했다. 모세가 오자 왕은 말했다.

"개구리들을 없애라."

"왕의 주술사들에게 시켜보시지요?"

"그자들은 할 수 없다. 네가 해야 한다. 너의 야훼께 개구리들을 없애달라고 탄원하면, 내가 너희 민족을 보내어 제사를 드릴 수 있게 하겠다."

"그렇다면 전하, 언제 개구리들을 제거하기를 원하는지 정확한 시간을 선택해 주십시오. 우리 야훼 하나님 같으신 분이 없다는 것을 알게 해드리겠습니다."

"내일, 해가 뜰 때."

다음날 해가 떴을 때 정확히, 개구리들은 있던 곳에서 대량으로 죽었다. 집이건 뜰이건 밭이건 죽은 개구리가 가득했다. 사람들이 그것들을 긁어모아서 산에 갖다버리니 온 땅에 악취가 가득했다. 그러나 한숨을 돌리게 되자 파라오는 다급할 때 한 약속을 지키지 않았다.

이제 이스라엘의 집집마다 사람들이 한밤중에 몰래 수군거리기 시작했다.

"무슨 일일까? 도대체 무슨 일이 벌어지고 있는 건가?"

"무언가 거대하고 성스러운 일이 일어나고 있다."

그들은 말했다.

"모세가 그 일을 안다. 그는 개구리들을 만들어내신 분이 우리 조상의 하나님이라고 했다. 하나님께서 우리의 고통스런 신음소리를 들으시고 우리를 당신의 민족으로 삼길 원하신다고. 당신의 민족으로!"

"모세 그자가 결국 우리와 같은 민족 사람이란 말인가?"

"그렇다면 왜 우리가 그를 전혀 모르지?"

"그는 분명 이곳에 있었다오."

아론의 누나 미리암이 말했다.

"우리와 함께 있었던 것은 아니지만, 그도 이집트에 있었어요. 우리의 고통이 시작된 그때를 모두 기억하겠지요?"

"기억하고말고요."

"우리 민족의 수가 많아지자 우리를 처음 노예로 만든 그 왕을 기억하지요?"

"물론이지, 어떻게 우리가 잊을 수 있겠소?"

"그는 감독관을 두어 우리를 지치게 만들었지요. 그들은 회반죽과 벽돌 만드는 일을 시켜 우리의 생활을 끔찍하게 만들었죠. 그러나 억압하면 할수록 우리의 수는 점점 불어났지요."

미리암 근처에 있던 사람들은 자신들의 강인함과 이집트인들의 좌절감을 생각하며 입가에 웃음을 띠었다.

"그래서 왕이 묘안을 생각해 냈지요. 그는 헤브루 여인을 돕는 산파들에게 시켜 우리의 사내아이들을 죽이라고 했지요. 그러나 산파들은 하나님을 두려워했지요. 그들은 남자 아이든 여자 아이든 죽이지 않고 모두 살렸지요. 그리고 그들은 왕께 말했지요. '오 왕이시여, 헤브루 여인들은 아주 강해서 우리가 도착하기도 전에 아이를 낳아버립니다.'"

"호호호!"

사람들은 여자들에게 속은 이집트인의 어리석음을 쓴웃음으로 크게 비웃었다. 미리암은 잠시 말을 멈추었다. 그리고 더 조용하고 더 심각한 목소리로 말을 이었다.

"그래서 왕은 잔꾀를 포기하고 곧바로 죽이기 시작했죠. 그는 우리의 집으로 병사들을 보내어 남자 아이를 모조리 찾아내서 나일 강물에 빠뜨리라는 명령을 내렸어요.

바로 그때 우리 어머니가 아름다운 남자 아이를 낳았습니다. 삼개월 동안 그녀는 아이를 집에 숨겼어요. 병사들은 그애를 찾아내지 못했지요. 아기가 점점 자라 목소리가 커지기 시작하자 어머니께서는 바구니를 꺼내어 역청과 송진을 바르고 아이를 안에 눕혀 그것을 강가의 갈대밭 사이로 밀어넣었지요. 어머니는 저에게 멀리서 지켜보라고 하셨어요.

저는 왕의 딸이 시종들을 데리고 목욕하러 강으로 내려오는 것을 보았지요. 그리고 그들이 내 동생이 떠 있는 구석에 멈추는 것을 보았어요. 공주가 옷을 벗고 물로 헤엄쳐 들어가는 것도 보았어요. 그녀는 갈대 속으로 사라졌지요. 그리고 나서 그녀가 갑자기 소리쳤어요.

'내가 무엇을 발견했는지 보아라!'

그녀는 바구니를 물가로 밀어내며 갈대숲을 나왔지요. 모든 시종들은 달려가 보았어요. 공주는 우리 어머니의 담요를 젖혔지요. 그리고 거기에 내 동생이 작은 주먹을 흔들면서 누워 있었지요. 동생은 앙앙 울고 있었어요. 나는 더 이상 참을 수 없었습니다. 나는 강둑을 따라 그녀를 향해 달리기 시작했지요. 그녀는 '헤브루 사람의 아이로구나.'라고 말하면서 아주 다정스럽게 그 아이를 안고 있었어요. 아주 다정스럽게 말이에요!

나는 말했어요. '제가 가서 아이를 위해 헤브루 유모를 데려올까요?' 그녀는 나를 올려다보더니 그러라고 말하더군요. 그래서 나는 달려가 어머니를 데려왔지요. 우리가 함께 돌아왔을 때 공주는 그의 이름을 지어놓았더군요. 모세라고. 그녀는 그를 모세라고 불렀어요. '내가 그를 물에서 건져내었다.'라고 말하면서요.

이집트 왕의 딸은 내 아기 동생을 양자로 삼았지요. 그는 이집트 궁전에서 살았어요. 그래서 당신들이 그를 기억하지 못하는 것입니다. 하지만 그는 헤브루인의 젖을 빨았지요. 그는 우리 어머니의 젖을 먹었습니다. 그녀의 기도소리를 듣고 우리의 생활양식을 배웠지요. 그러니 그는 처음부터 우리와 한민족 사람이에요. 믿으세요! 마음과 정성과 힘을 다해. 모세는 항상 우리와 한민족일 거예요."

다음날 모세와 아론은 사람의 왕래가 없는 곳에 둘이서만 서 있었다. 모세가 한 마디 하자 아론은 지팡이를 마치 탈곡하는 도리깨처럼 휘둘러 땅의 먼지를 쳤다. 그러자 그 먼지들이 곤충으로 변했다. 이집트 하늘은 날리는 먼지로 가득해졌다. 그 먼지는 곤충이었고, 그것들이 사람과 짐승 위에 앉았다.

궁전에서 구름 떼처럼 새로운 재앙이 몰려오는 것을 본 왕은 주술사에게 똑같이 해보라고 명령하였다. 그러나 그들은 할 수 없었다. 그들은 곤충들을 만들어낼 수도 없었고 없애지도 못했다. 그들은 파라오에게 말했다.

'이것은 하나님의 권능입니다.'

파라오는 입술을 깨물며 아무짝에도 쓸모없는 주술사들을 내보냈다. 파라오는 늙은이가 아니었다. 그는 젊고 강했다. 그는 영광스러운 힘과 매끈하고 아름다운 두 팔로 그 저주받을 타락자 헷 왕을 물리쳤다. 그러나 그 건강한 몸도 지금은 아무 소용이 없었다.

곤충들을 퍼뜨린 후에 모세가 다시 강둑에 나타나 파리가 몰려올 것이라고 경고했다. 그러자 파리들이 떼지어 몰려와 예외 없이 웅웅거리는 지독한 소리를 내며 이집트인의 얼굴과 눈 속으로 기어들어갔다. 같은 시간 헤브루인들의 집에는 파리가 한 마리도 보이지 않았다. 알 수 없는 어떤 존재가 이스라엘의 편에 있었다.

가장 고통스러운 재앙

유월절 Passover

파라오는 지금까지 그의 조상을 모시고 웅장한 신전을 지어 신들께 바친 경건한 사람이었다. 그는 라, 아툼, 돗, 오네페 그리고 에닛 신께 경배했다. 그는 통치 기간 중에 매년 오펫을 기리며 축제를 베풀었다.

그러나 지금 이집트의 신성한 신들은 다 어디에 있는가? 그리고 사나운 눈초리의 모세가 '하나님'이라고 부르는, 우리를 방해하는 이 사막의 신은 누구인가? 어떻게 이 미지의 신이 이집트인과 무력한 노예의 무리를 그토록 분명하게 구별할 수 있단 말인가?

파리 떼가 사라지자 역시 모세의 하나님의 힘으로 이집트인의 집짐승을 죽이는 전염병이 돌았다. 이집트인의 가축 무리가 모두 죽었다. 그러나 헤브루인의 가축들은 건강하게 살아남았다. 이집트인의 당나귀, 염소, 낙타들이 병들어 죽었다. 그러나 헤브루인의 짐승들은 한 마리도 다치지 않았다.

밤중에 이집트 왕은 성스러운 신께 탄원하면서 방을 왔다 갔다 했다. 그 자신이 신의 아들이었다. 신을 부르는 것은 그의 권리이며 그 부름에 응답하는 것이 신들의 의무였다. 그러나 하나의 신을 제외하고 나머지 신들은 묵묵부답이었다. 이 암담한 순간에 갑자기 태양신 라가 이렇게 말하는 것 같았다.

"내일 아침 나는 떠오를 것이다."

그는 그 약속에 위로를 받았다. 그리고 아침이 되어 태양은 떠올랐다. 그러나 태양은 곧 더욱 소름 끼치는 새로운 전염병을 비추고 있었다. 여러 명의 주술사들이 부르지도 않았는데 왕 앞에 나타났다.

"전하."

그들은 입은 열었으나 말을 제대로 할 수가 없었다. 그들의 얼굴은 붉은 부스럼으로 뒤덮여 있었고, 눈꺼풀이 부풀어올라 눈을 덮었으며, 목과 어깨는 누런 고름으로 축축이 젖어 있었다.

"전하."

그들이 다시 말했다.

"모세라는 자가 벽돌 가마에서 재를 한줌 쥐고 높이 뿌리니 바람이 불어 재를 널리 퍼뜨렸습니다. 그리고 그것이 우리 몸에 닿자…… 이렇게 되었습니다. 모든 사람들이 아파서 소리치고 있습니다."

"헤브루인들은 어떠냐? 그들 또한 병이 옮았느냐?"

"아닙니다, 전하. 헤브루인들은 괜찮습니다."

세상이 지금처럼 무너져내리지 않았을 때 파라오는 외국 사절들을 맞이하는 것을 대단히 즐겼다. 찬란하게 치장을 하고, 장대한 야외 건물들을 짓고, 굉장한 선물을 함으로써 그들의 넋을 잃게 만들었다.

그러나 자신이 직접 부른 이 특별한 사절을 위해 그는 호사로움을 보일 생각조차 하지 않았다. 옷을 갈아입지도 않았다. 그는 황금 옥좌에 구부정하게 앉아 손마디를 입 안에 넣은 채 오로지 그만 기다렸다.

정오에 모세가 양모 옷을 입고, 긴 지팡이를 들고, 피어오르는 흰 구름 같은 머리와 불붙는 듯한 눈을 하고 모습을 나타냈다. 샤수. 파라오는 이 보잘것없는 사절을 보고 한숨을 쉬었다. 어떻게 이런 사람이 바람과 모래와 성난 별들과 협상을 할 수 있단 말인가?

마침내 왕은 중얼거렸다.

"가라, 모세야. 가서 너의 신께 제사를 지내라. 그러나 이집트 땅에서 제사를 지내라."

그 샤수는 말했다.

"안 됩니다."

그리고 그는 입을 다물었다. 침묵이 흘렀다.

"안 된다고? 갑자기 제사를 드리고 싶지 않아졌느냐?"

"오, 아닙니다. 우리는 우리 하나님께 제사를 드릴 것입니다. 광야로 사흘길을 가서 말입니다. 그분이 그렇게 명령하셨기 때문입니다."

"광야로 나간다고?"

모세는 아무 말 없이 파라오를 뚫어지게 쳐다보았다. 그러자 파라오는 다시 한숨을 쉬며 말했다.

"광야라. 그래 광야로 가고 싶단 말이지. 허락하겠다. 삼일 동안 광야로 가거라. 그러나 누가 갈 것인지 정해라."

"선택은 불가능합니다. 우리 모두가 갈 것입니다."

파라오가 말했다.

"아니, 안 된다."

"우리 모두가 모든 가축을 이끌고 갑니다. 우리의 젊은이, 노인, 아들, 딸 모두가 갈 것입니다."

파라오가 목소리를 높였다.

"안 된다고 말했다! 남자들만 데려가라."

"양과 소도 끌고 가야 합니다. 왜냐하면 하나님께 제사를 드린 후 맛있는 음식을 먹어야 하기 때문입니다."

"내 말이 들리지 않느냐, 목동아?"

파라오가 노했다.

"네가 너의 자식들을 데려가도록 나의 허락을 받으려면 하나님의 도움을 구해야 할 것이다. 목동아! 너는 속으로 악한 음모를 꾸미고 있구나."

이제 모세가 목소리를 높여 절대적인 힘이 있는 목소리로 말했다. 하나님의 영이 그와 함께 있었기 때문이다.

"야훼, 헤브루인의 하나님이 말씀하신다. '얼마나 오랫동안 너는 내 앞에 겸손하기를 거절할 것이냐? 지금까지 나는 내 팔을 벌려 너와 네 백성을 재앙으로 쳐서 네가 이 땅에서 쓰러지도록 할 수 있었다. 그러나 나는 다음과 같은 목적으로 너를 살려두었다. 너에게 나의 힘을 보여주고, 그리하여 나의 이름이 이 땅에 널리 선포되게 하기 위해서. 그러나 아직도 너는 내 백성 앞에서 네 자신을 높이려 하는구나. 그렇다면 이제 나는 내일 중에 지금까지 한 번도 이집트에 내린 적이 없는 매우 큰 우박을 내릴 것이다. 만약 네가 이 말을 믿는다면, 너의 가축을 안전한 곳으로 대피시켜라. 그러지 않으면 가축과 사람들이 모두 죽게 될 것이다.'"

모세는 자리를 떠났다. 왕은 잠시 말을 잃었다. 그리고 나서 그는 간결하게 비밀스런 명령을 내렸다. 곧 제사장이 그 앞에 연꽃과 태양신 라를 상징하는 금으로 된 공 모양의 물건을 들고 나타났다. 파라오는 말했다.

"네가 네페르호텝의 장례식에서 불렀던 노래를 불러라. 나는 그 노래가 좋았다. 다시 나를 위해 불러라."

그 제사장은 주저하지 않았다. 환관 특유의 목소리로 그는 노래를 불렀다.

"라가 아침에 떠오르는 한 그리고 아툼이 서쪽에서 지는 한, 남자는 자식을 보고, 여자는 임신을 하고, 사람의 콧속에 숨이 붙어 있을 것이고⋯⋯."

저녁 무렵 왕의 자문관들은 저마다 자기 종들에게 내일 다가올 폭풍으로부터 가축 떼를 피신시키라고 명령했지만 왕은 명령하지 않았다.

다음날 태양이 떠서 아침을 밝혔다. 그러나 정오가 되자 빛이 약해지기 시작했다. 검은 구름이 이집트 하늘 위로 몰려왔고 바람이 불었다. 번개가 번쩍였고 천둥이 뒤따랐다. 구름으로부터 우박이 쏟아졌다. 이집트에서 한 번도 본 적이 없는 큰 우박이었다. 우박이 들에 있는 모든 것, 사람이나 짐승들을 쳤다. 나뭇가지가 부러졌고, 가축 떼와 종들이 죽었다. 단지 피신처에 들어가 숨은 것만이 살아남았다.

그리고 나서 밤이 찾아왔고, 아침이 되자 태양은 전보다 더 강하게 내리쬐었다. 태양빛에 우박은 물이 되었다. 라가 떠서 다시 세상을 지배하게 되었다. 그래서 왕은 훌륭한 저녁 식사를 들었다. 밤에 그는 아주 경건하게 그의 신에게 감사를 올리고 잠을 잤다.

다음날 역시 태양은 솟아올랐다. 그러나 바람 또한 불었다. 불길한 바람이었다. 동풍이 계속 같은 강도로 땅을 가로질러 불어왔다. 전 지역의 이집트인들은 다가올 새로운 재난 앞에 숨을 죽이고 있었다.

이윽고 그들은 흐느껴 울기 시작했다. 북 왕국으로부터 남 왕국까지, 마치 온 땅에 담요를 덮듯이 바람이 거대한 구름을 이끌고 오는 것을 보았기 때문이다.

파라오는 그것이 먼지 폭풍이라고 생각했다. 그러나 그 구름은 전 도시를 덮었고 그 소리까지 들을 수 있었다. 건조한, 무엇인가 씹는 소리, 수백만의 날개가 맞부딪치는 소리. 그는 그 구름이 수백만의 배고픈 입을 가지고 있는 것을 보았다.

메뚜기였다! 그것은 끝이 없는 메뚜기 떼의 행렬이었다. 그 소리가 너무 커서 사람들은 이웃이 부르는 소리도 들을 수 없었고, 자신의 과수원도 바라볼 수 없었다. 메뚜기들은 살아 있는 푸른 것은 닥치는 대로 모조리 먹어치웠다.

파라오의 자문관들이 왕의 방으로 뛰어들어 왔다.

"얼마나 오랫동안 왕께서는 모세가 우리의 올가미로 있게 하실 것입니까? 이집트가 망한 것을 모르십니까? 그를 부르십시오! 그가 원하는 바를 주십시오. 그를 보내어 우리를 살려주십시오!"

그들이 소리쳤다. 파라오는 입을 굳게 다물고 고개를 끄덕였다. 즉시 한 자문관이 달려나가 모세와 아론과 함께 돌아왔다. 파라오가 말했다.

"이번에 내가 죄를 지었다. 너의 야훼 하나님이 옳으셨고 나와 내 백성이 잘못했다. 네 하나님께 간구하여 나에게서 이 죽음을 물러가게 해다오!"

한 마디 말도 없이 그 헤브루인들은 돌아서서 떠났다. 갑자기 바깥 바람이 요동을 치더니 강한 서풍이 온 땅을 휩쓸어 여기저기 붙어 있던 메뚜기들을 떼어내 홍해로 몰고 갔다. 마침내 모든 바람이 잦아들었다. 밤이 되자 부드러운 미풍만이 살랑거릴 뿐이었다.

그러나 파라오는 잠들 수 없었다. 그의 백성, 그의 종, 그의 자문관에게 모욕을 당했다는 생각에 속이 들끓고 있었다. 그리하여 그날 밤 그가 드린 기도는 온통 복수에 관한 것이었다. 그가 소리쳤다.

"내 목숨을 걸고, 나를 사랑하는 나의 아버지, 라의 이름을 걸고, 이 땅을 비추는 태양신의 최고 권위에 대고 나는 맹세한다. 나의 주인이신 태양신께서 내일 아침 떠올라 모든 자들이 공포에 떨게 하시리라!"

그리고 아침이 왔다. 그러나 태양은 떠오르지 않았다. 낮이었으나 이집트에서 어느 누구도 태양을 볼 수 없었다. 어둠이 짙게 깔려 온 땅을 덮었다. 아무도 이웃과 가족을 볼 수가 없었다.

이집트인들은 집에서 꼼짝하지 않았다. 오직 이스라엘 민족이 사는 곳에만 빛이 있었다. 그리하여 태양 없이 하루, 또 하루가 지나갔다. 사흘이 지나갔다. 그러나 하늘의 빛이 없는데 누가 날짜를 셀 수 있겠는가? 파라오는 먹지도 자지도 않고, 밤이 오래 계속되자 점점 더 광분하면서도 어쩔 수 없는 무기력함으로 왔다 갔다 했다.

마침내 그는 모세를 불렀다.

"가라! 야훼께 예배를 드려라. 그래, 너희 아이들도 데려가라. 너의 모든 백성을 데려가라. 단지 가축 떼만 남겨두고 가라."

그가 소리쳤다. 모세는 이 커다란 항복 앞에 승리나 감사의 뜻을 보이지 않았다. 그의 표정은 아주 오래 전에 파라오와 처음 나일 강둑에서 만났을 때와 똑같았다. 그리고 지독히도 무례하게 전에 했던 것과 똑같은 말을 되풀이했다.

"우리 모두가 갈 것입니다. 우리의 가축도 함께, 우리 모두가 갈 것입니다."

이집트 왕은 소리를 지르며 의자에서 뛰어올랐다.

"썩 물러가라! 내 앞에서 썩 물러가라!"

그는 칼을 꺼내었다. 그의 온몸은 칼을 휘두르고 싶은 마음을 자제하느라 부들부들 떨렸다.

"다시는 내 앞에 얼씬도 하지 마라. 다시 내 앞에 나타나는 날에는 죽을 줄 알아라!"

그가 소리치자 모세가 말했다.

"그렇게 될 것입니다. 우리는 다시는 서로 보지 못할 것입니다."

오직 이스라엘 사람들이 거주하는 곳에만 빛이 있었다. 그리고 그곳에서 모세가 산에서 피어오르는 구름 같은 머리를 하고 군중들 앞에 서서 말했다.

"내 말을 듣고 내가 말하는 것을 믿으시오. 나는 하나님의 성스러움을 보았소."

이스라엘 사람들 가운데 어느 누구도 단 한 마디도 하지 않았다. 그가 이곳에 온 후로 너무나 많은 일이 일어났기 때문이었다. 모세가 말했다.

"그분이 떨기나무 불꽃 가운데서 나를 부르셨소. 나는 산의 한쪽 떨기나무에 불이 붙는 것을 보았소. 그러나 그것은 타서 없어지지 않았소. 나는 너무 신기해서 그것을 보러 갔고, 그 모습을 보시고 하나님께서 '모세야! 모세야!' 하고 부르셨소. 나는 대답했소. '여기 있습니다.' 하나님이 말씀하셨소. '네가 서 있는 곳은 신성한 땅이니 신발을 벗어라. 나는 네 조상 아브라함, 이삭, 야곱의 하나님이다.' 나는 살아계신 하나님을 뵙기가 두려워 얼굴을 가렸소. 그런데 하나님이 말씀하셨소. '나는 내 백성이 고통받는 소리를 들었다. 나는 그들을 굴레에서 구하여 젖과 꿀이 흐르는 곳, 내가 오래 전에 네 조상들에게 약속한 땅으로 데려가기 위해 왔다.' 그리고 나에게 당신의 말씀을 파라오와 여러분께 전하라고 명하셨소. 그분은 내가 당신들을 이집트에서 이끌어내야 한다고 하셨소. 나는 물었소. '제가 무엇이라고, 감히 그런 일을 하겠습니까?' 하나님이 말씀하셨소. '내가 너와 함께 있을 것이다. 그리고 너는 내 이름을 알게 될 것이고, 그 이름을 사용하라.'

그때 불꽃 가운데서 하나님의 목소리가 선포하셨소. '나는 스스로 있는 자다! 이스라엘 백성에게 '야훼, 너희 조상의 하나님이 나를 너희에게 보냈다.'고 말하라.' 나는 두려움에 떨며 무릎을 꿇고 말했소. '야훼여, 저는 말재주가 없습니다.' 하나님이 말씀하셨소. '누가 사람의 입을 만들었느냐? 나 야훼가 아니더냐? 내가 네 입이 되어주겠다.'"

갑자기 모세가 목소리를 높여 전체 백성들 앞에서 큰 소리로 외쳤다.

"그러므로 이집트 왕과 대면하여 많은 징조로 그를 어둠 속에서 굴복시키신 분은 내가 아니라 바로 야훼, 우리 조상의 하나님이시오. 그리고 지금 이 밤에 그분이 내리실 마지막 징조인 가장 끔찍한 재앙을 대비해 여러분을 준비시키라고 명하시는 분도, 내가 아니라 바로 야훼 하나님입니다."

모세는 소리쳤다.

"오, 이스라엘 민족 여러분! 준비하시오. 내가 지금 여러분에게 주는 명령을 따르시오. 순종함으로써 야훼에 대한 믿음을 증명해 보이시오. 내일 밤 자정에 야훼께서 당신의 강한 팔을 뻗으사 그분의 놀라운 도움으로 여러분을 속박으로부터 자유로 이끌어내실 것입니다!"

그리하여 이스라엘 사람들은 모세가 지시한 바대로 정확히 야훼의 명령을 이행하면서 말할 수 없는 흥분 속에 다음날을 보내게 되었다. 모든 가정이 얼룩 없고 흠 없는 일 년 된 어린 숫양을 잡아 죽였다. 그리고는 그 피를 주발에 담고 우슬초 묶음에 적셔 문설주와 상인방에 발라 스며들게 했다. 양의 고기는 불에 구웠다.

저녁에는 집안에서 누룩 없는 빵, 쓴 나물과 함께 양고기를 먹었다. 야훼께서 명하신 대로 아침까지 남겨두지 않고 모두 먹어버렸다. 그리고 먹을 때에는 허리에 띠를 두르고, 발에 신발을 신고, 손에 지팡이를 들고 떠날 준비를 하며 매우 서둘러 먹었다.

자정에 파괴자가 나타났다. 야훼의 천사가 이집트 전 지역을 누비고 다녔다. 문설주에 양의 피가 스며든 집은 그냥 지나쳤다. 그러나 문이 열려 있는 집에는 천사가 들어갔고, 그가 떠날 때 그 집의 장자는 죽어 있었다.

야훼께서 이집트 땅에 있는 모든 처음 난 것을 치셨다. 황금옥좌에 앉아 있는 파라오의 맏아들에서부터 그의 감옥 안에 있는 죄수들의 첫아기에 이르기까지 모두를 죽였다. 그리하여 온 나라에 통곡소리가 높았는데, 초상을 당하지 않은 집이 한 집도 없었다. 파라오가 울며 모세와 아론에게 갔다.

"일어나라! 내 백성에게서 떠나라! 가라, 너와 너희의 아이들을 데리고 모든 가축 떼와 함께 가서 너희 야훼께 예배를 드려라. 가라, 가 버려라. 그리고 나 또한 복을 받게 해달라고 빌어라."

이렇게 해서 이스라엘 민족들은 그날 밤 이집트를 떠났다. 그들은 걸어서 라암셋에서 숙곳으로 떠났는데, 딸린 여자와 아이들 외에 남자들만 60만 명 가량 되었다.

그들이 이집트에서 산 기간은 430년이었다. 그리고 이제 그곳에서의 긴 노예 생활이 끝났기 때문에 야훼 하나님께서 모세에게 말씀하셨다.

'내가 너희를 구한 날 밤에 너희가 지킨 대로 이 절기를 영원히 지켜라. 양, 누룩 없는 빵, 쓴 나물로. 이 이후로 너희는 이 달을 한 해의 첫 달로 삼고 절기는 열흘째 되는 날부터 시작해라. 그리고 자손 대대로 그 절기를 기념하라. 이것이 나의 유월절 의식이다.'

모세는 사람들에게 그대로 전했다. 그리고 사람들은 그 말을 들은 후 모두 머리를 숙이고 야훼께 경배를 드렸다.

야훼의 인도를 따라가다 🕊️

만나 Manna

아이들, 형들의 뒤를 뒤뚱거리며 쫓아다니던 그 어린아이들의 기억 속에 가장 생생한 것은 그들이 도망치던 날 밤의 그 이상한 침묵이었다. 아무도 말을 하지 않았다. 아버지와 어머니는 긴장된 얼굴로 자주 뒤를 돌아보며 빠르게 걸었다. 그들은 끊임없이 이어지는 사람들의 대열 속에서 걸었다. 그리고 수많은 샌들이 모래를 짓이길 때 그리고 가죽이 늘어질 때 나는 소리, 큰 소의 가쁜 숨소리, 지친 염소의 울음소리는 들었지만 아이들을 안심시키는 사람의 소리는 전혀 없었다.

그렇게 아이들은 눈을 동그랗게 뜨고 놀란 채 앞을 향해 걸어갔다. 새벽 빛줄기가 동쪽 하늘에서 비추기 시작했지만 그들은 결사적으로 서둘러 갔다. 그들은 멈추지 않았다.

그러나 태양빛과 아침의 따뜻한 공기가 상황을 바꾸어놓은 듯했다. 아이들은 여기저기서 나는 작은 소리들을 들을 수 있었다. 처음엔 작은 속삭임, 다음은 낄낄거림으로. 젊은 여자들이 낄낄거렸다.

갑자기 한 남자가 큰 웃음소리를 냈다가 얼른 입을 다물었다. 그러자 또 다른 남자가 웃기 시작했고, 멈출 수가 없었다. 그는 입을 가렸으나 그 웃음은 코로 새어나왔다. 그의 어깨가 들썩였다. 그를 보던 사람들이 이를 드러내며 껄껄 웃었다. 그리고 나서 그들은 내놓고 큰 웃음을 터뜨렸다.

모두들 왁자지껄하게 웃었다. 뺨에 눈물이 떨어질 정도로. 배를 움켜쥐고 입을 벌려 공중으로 숨을 내뿜으면서 마치 아픈 듯이 소리를 질러대며 웃었다. 마치 들판의 새 떼처럼 그들의 웃음소리가 하늘 높이 퍼져 가정과 가정, 부족과 부족, 전체 이스라엘 민중 사이로 퍼져나갔다. 그리고 마침내 사람들을 더 이상 도망치지 않게 만든 것은 바로 이 웃음소리였다.

온 사막에 기쁨의 소리가 원을 그리듯 퍼져나갔다. 그리고 모든 어린 아이들은 영문도 모른 채 따라 웃었다. 그들은 이 알 수 없는 행복으로 빚어진 어머니들의 아름다운 입맞춤 세례를 받았고, 아버지들은 장난 어린 몸짓으로 한쪽 눈을 깜빡이거나 아이들의 허리를 콕콕 찌르기도 하면서 힘차게 아이들을 껴안았다.

이렇게 아이들은 오랜 밤의 침묵 뒤에 크게 하나 된 웃음, 달콤하고 자유로운 웃음의 날이 뒤따른 것을 기억했다. 그리고 그 후로 아이들은 그런 날이 다시 오기를 희망했다. 그들이 나이가 들면서 그렇게 순수하고 천진난만했던 그날이 한 번 더 오기를 갈망했다. 그러나 그런 날은 다시 오지 않았다.

이스라엘 민족은 남동쪽을 지나 숙곳으로 갔다. 그들은 광야 끝으로 이동하여 에담이라고 하는, 적은 수의 군대만이 거주하는 접경 요새 근처에 장막을 쳤다. 이곳의 불쌍한 군인들은 벽돌 장벽에 서서 놀란 눈으로 수 킬로미터 주변의 땅을 덮은 한 민족을 노려보고 있었다. 귀찮은 골칫거리 민족!

이집트 군인들도 그날 밤 잠들지 못했다. 그들은 이스라엘 민족을 지켜보았다. 그러다가 그들은 두 번째로 놀라운 일을 보았다. 갑자기 밝은 불길이 이스라엘 민족 가운데 저절로 타올라 하늘을 향해 솟더니 마치 기둥처럼 한 발을 딛고 서 있는 듯했다. 그 불기둥은 꺼지지 않았다. 꺼지기는커녕 늙은 여인의 걸음처럼 천천히 이동하기 시작했다.

아침이 되기 전 그 불기둥은 사라졌다. 그 민족도 사라졌다. 그들은 어둠 속에서 그 기둥을 따라간 것이다. 그제서야 군인들은 사로잡혔던 경이로움에서 깨어나 말에 올라타고 그들이 본 것을 누군가에게 알리려고 달려갔다. 어둠 속에서 이스라엘 민족을 인도하던 그 불기둥. 그것은 바로 야훼, 그들을 이끌고 그들에게 빛을 주시는 야훼였다. 하나님은 낮에는 구름 기둥으로 그들을 이끄셨다. 그것은 결코 사라지지 않았다.

그리고 모세는 야훼의 뜻을 사람들이 이해할 수 있는 말로 전하는 하나님의 예언자였다. 40년 동안 모세는 평범한 양치기, 유목민으로 살았다. 그는 광야를 매우 잘 알았다. 그리고 야훼는 그를 알았다. 성스럽고 은밀하게 그들은 서로 이야기를 나누었다.

그리고 모세가 이집트의 동쪽 국경을 따라 구불구불 돌아간 것은 그가 길을 혼동하였기 때문이 아니었다. 그것은 하나님의 명령이었다. 하나님의 뜻에 따라 이스라엘 민족은 마침내 동쪽의 바다와 서쪽으로 약간 떨어져 있는 믹돌이라는 또 다른 국경 요새 사이에 멈추고 장막을 쳤다.

이스라엘 민족이 바다 근처에 장막을 치고 있던 중에 한 젊은 여인이 믹돌이라는 먼 요새 근처에서 이는 먼지바람을 우연히 보게 되었다.

'군인들이군.'

그녀가 생각했다. 그녀는 눈을 가늘게 뜨고 그녀가 본 사실로 위로를 삼았다.

'멀리 가고 있구나. 다행스러운 일이야.'

최근 몇 달간의 격변이 있기 직전에 그녀는 유다 족속의 갈미라는 선량한 사람과 결혼했다. 그러나 그 후 강물이 피로 변하고 천지에 싸움이 일어나는 바람에 미처 결혼 생활을 즐길 수 없었다. 이제야 그들은 자유를 얻었고 갈미의 아내는 종종 홀로 밖에 나가 장작을 모아왔다. 그리고 그녀는 장막으로부터 점점 멀리, 경계할 필요가 없어 행복한 마음으로 돌아다니곤 했다. 임신한 탓에 몸은 비대했지만 곧 그들의 첫아기가 나올 터였다.

그러던 어느 날 오후 그녀가 마른 뿌리를 뽑으려고 막 무릎을 꿇었을 때 어떤 빛줄기가 그녀의 눈에 들어왔다. 그녀는 선 채로 서쪽 방향을 뚫어지게 바라보았다. 또 다른 빛줄기가 보였다. 그녀는 생각했다.

'이집트인들이 말을 타고 가고 있는가 봐.'

그러나 얼마 안 있어 북쪽에서 남쪽에 이르는 전체 지평선에서 성난 황토 먼지가 일었다. 그리고 또 다른 빛줄기가! 금속물질이 햇빛을 반사시키고 있었다. 이제는 땅이 흔들리는 것처럼 느껴졌다. 바람을 타고 가죽 냄새와 땅 냄새가 몰려왔다. 그리고 그 금속 물질! 그것은 무기였다! 태양빛이 투구와 창머리 그리고 번쩍거리는 전차 둘레에 반사되고 있었다!

그녀는 들고 있던 장작개비를 떨어뜨리고 돌아서서 비대한 몸집으로 최대한 빨리 장막으로 달려갔다.

"이집트인들이에요!"

그녀가 소리쳤다.

"이집트인들! 군인들이 우리를 잡으러 오고 있어요!"

그렇게 그들의 자유는 사라졌다. 거짓말처럼! 환상처럼! 다른 사람들에게 도달했을 때 그녀는 몹시 흥분하며 울고 있었다. 그녀의 공포는 이스라엘 민중의 가슴에 화살과 같이 꽂혔고, 그들도 목소리를 높여 울부짖었다. 그들도 이집트 군대를 알아보았다. 뿌연 먼지가 서쪽을 가로질러 이불처럼 펼쳐지는 것을 보았다. 그러나 동쪽은 물로 막혀 있었다.

그들은 이제 창과 바다 사이에서 옴짝달싹 못하게 되었다. 비록 이집트인들이 아직 멀리 있었지만 그들의 피부는 벌써 채찍과 화살을 맞은 것처럼 쑤셔왔다. 그들은 모세를 발견하고 악을 써댔다.

"왜 우리를 데리고 왔소? 우리를 죽이기 위해서요? 이집트에는 우리를 묻을 무덤이 충분하지 않아서 이리로 데려왔소?"

모세는 비난하는 사람들에게 등을 돌리고 외딴 바위 위로 올라가 소리쳤다.

"조용히 하시오! 이스라엘인이여. 조용히 진정들 하시오! 아무것도 하지 말고 단지 야훼께서 오늘 여러분들을 어떻게 지켜주실지 지켜보시오."

"아무것도 하지 말라고? 아무것도?"

사람들이 고함을 치자 모세가 소리쳤다.

"조용히만 있으시오. 야훼께서 우리를 대신해서 싸우실 것이오."

"야훼라고! 야훼가 어디 계시오? 그가 모든 재앙과 기적을 일으키셨지만, 여기 이 자리로 이집트인들이 다시 오고 있지 않소?"

"보시오!"

모세가 소리쳤다. 그는 구름 기둥을 가리켰다. 그것이 움직이고 있었다. 구름 기둥이 사람들 위로 올라가 이제는 푸른 하늘을 따라 서쪽으로 이동하고 있었다. 그리고 점점 넓게 퍼지더니 동시에 위아래로 하늘과 땅 사이에 두터운 회색 장벽이 되었다. 이스라엘의 자손들은 그 광경에 놀라 말문이 막혔다.

하나님의 구름이 이집트와 이스라엘 사이를 갈라놓으셨다. 동시에 모세는 지팡이를 들고 해변가로 갔다. 거기서 그는 이스라엘 민족을 향해 돌아서서 소리쳤다.

"장막을 거두고 떠날 준비를 하시오!"

그리고 나서 그는 지팡이를 바다 쪽으로 내밀었다. 그러자 강한 동풍이 불었다. 바람이 밤새도록 불었다. 바람이 바다 위에서 강하게 불더니 마침내 물이 밀려나 좌우로 갈라졌다. 이스라엘 민족은 그들 야훼 하나님의 놀라운 자연의 힘인 구름, 바람 그리고 갈라진 바닷물에 둘러싸여 아무 말도 못 했다.

그들은 장막을 거두고 바다가 있었던 동쪽 방향으로 더듬거리며 걸었다. 놀라운 경이로움 속에서 마른 땅 위를 계속 건너 반대편으로 갔다. 그러는 동안 동풍은 그들이 앞을 향하도록 등을 밀어주었다. 모세가 가장 마지막으로 갔다.

아침에 불과 구름 기둥이 땅에서 치솟아오르자 이집트인들은 이스라엘 민족이 어디로 갔는지 볼 수 있었다. 그들은 전차에 올라탔다. 그들은 말에게 채찍을 휘두르며 도망친 노예들을 쫓아 줄줄이 바다 바닥으로 뛰어들어가 물벽 사이를 질주했다.

바다로부터 멀리 올라온 모세는 그의 지팡이를 다시 뻗었다. 그러자 바람이 멈추고 바닷물이 다시 차올라 흘렀다. 물이 이집트인들을 덮치자 그들은 물거품 속에서 소용돌이쳤고 파도의 환호 속에 밑으로 가라앉았다. 나무만이 표면 위로 떠올랐다. 여기저기서 말들이 물을 차며 날카로운 울음소리를 냈다. 군인들은 무거운 갑옷에 눌려 물 아래로 가라앉았다. 그리하여 기마병들과 파라오의 군사들은 모두 사멸되었다.

야훼께서 그날 이스라엘을 이집트의 손아귀에서 구하셨다. 모세와 아론 형제보다 나이가 많은 미리암이 소고(작은 북)를 꺼내 노래를 부르기 시작했다. 잠시 동안 그녀는 혼자 노래를 불렀다. 야훼 하나님에 대한 늙은 여인의 믿음과 찬양을 달콤하게 표현한 노래였다. 그러자 또 다른 늙은 여인, 갈미의 장모가 앞으로 나와 소고에 맞추어 부드럽게, 매우 사랑스러운 동작으로 춤을 추기 시작했다. 그녀가 말했다.

"내 딸이 아들을 낳았네. 바다 한가운데서 아들을 낳았고, 그들이 죽지 않았다네."

늙은 여인들, 젊은 여인들 할 것 없이 출산 소식을 듣자 모두들 울었다. 그들은 스스로를 자제할 수가 없었다. 그들은 손뼉을 쳤다. 그들은 갈미의 장모와 함께 춤을 추었다. 곧 이스라엘의 모든 여인들이 소고를 들고 미리암의 동작에 따라 춤을 추었고, 미리암은 그들에게 이런 노래를 들려주었다.

> 오, 야훼를 찬양하여라.
> 야훼께서 말과 기병을 바다에 던져넣으시고,
> 영광스러운 승리를 하셨다!

> 야훼는 나의 힘이시요,
> 나의 하나님 곧 내 아버지의 하나님이시라!
> 구원이신 야훼는 이제 나에게 그의 이름을 주셨으니,
> 그의 이름은 야훼이시라!
> 나는 그의 이름을 밤낮으로 높이리라!
> 영원히 나의 하나님을 찬양하리라, 나의 노래로.
> 나의 힘을 다해서.

이스라엘의 자손들은 3일 동안 바다에서 수르 광야를 지나 모세를 따라갔다. 그들은 물을 발견할 수 없었다. 갈미는 아이를 돌보고 있는 아내를 지켜보았다. 그녀가 점점 창백해지고 두려워하고 있는 것을 보았다. 그가 속삭였다.

"엘리세베, 당신 어디 아프오?"

"아기 때문이에요. 젖이 말라가고 있어요."

"내가 무엇을 해주면 좋겠소?"

"마실 물이 필요해요."

"내일 웅덩이가 있는 곳에 도착할 것이라고 모세가 말했소. 참으시오, 엘리세베. 내일까지 기다려요."

그러나 이스라엘 민족이 사막에서 보기 드문 오아시스에 도착했을 때, 그 물은 거무스름한 데다 맛도 아주 썼다. 갈미는 절망적이었다. 그는 물을 구하기 위해 이웃에게 달려가 보았으나 그들 또한 무엇을 마셔야 할지 고민하며 괴로워하고 있을 뿐이었다.

그때 쓴 물 때문에 고심하던 모세가 사막에서 꺾은 이상하고 바싹 마른 나뭇가지를 끌고 사람들 앞으로 나왔다. 그는 목소리를 높여 말하며 나뭇가지를 들어 물속에 넣었다.

"당신들이 야훼 하나님의 말씀을 잘 듣고 그의 눈에 옳은 일을 한다면, 그러면 야훼께서는 치료하는 하나님이 되실 것이오. 물을 마셔보시오!"

길미가 제일 먼저 무릎을 꿇고 물을 마셨다. 그가 소리쳤다.

"엘리세베, 이리 오시오! 물이 달아요."

다음으로 이스라엘은 열두 개의 샘과 종려나무 70그루가 있는 큰 오아시스 근처에 장막을 쳤다. 그들은 이곳의 풍성함에 기뻐하며 모세에게 이곳에 머물자고 간청했다. 그러나 모세는 냉정하게 민족을 신 광야로 이끌었다.

그들이 이집트를 떠나 사막에 들어선 지 한 달 반이 지났다. 그들은 문명과 떨어져 어떻게 생존해야 하는지 알 수 없었다. 그들은 이 마른 땅에서 식량을 전혀 찾지 못했다. 사냥하는 법, 짐승의 가죽을 입고 사는 법, 낡은 장막을 꿰매는 법, 가는 곳마다 모든 소유물과 식량을 지고 하루 종일 걷는 것 등 이 모든 것들을 그들은 배운 적이 없었다.

아브라함과 이삭과 야곱은 유목민이었다. 이스라엘 열두 부족의 아버지들도 유목민이었다. 그러나 이 수많은 그들의 자손들은 좀더 나은 생활, 집, 정원 그리고 준비된 음식에 익숙해 있었다. 그들이 말했다.

"모세! 우리를 어디로 데려갈 거요?"

사나운 눈초리의 모세는 대답하지 않았다. 그는 긴 지팡이를 흔들며 천둥 구름 같은 머리를 하고 물집이 생기게 하는 사막을 지나 앞을 향해 계속 걸었다. 그들이 소리쳤다.

"모세! 이집트에서 죽을 것을 그랬소. 적어도 그곳에서는 고기 가마 곁에 앉아 배부를 때까지 빵을 먹지 않았소? 그런데 당신은 여기서 우리를 굶어 죽게 하는구려!"

그리고 벽돌 만드는 법은 알았지만 배고픈 아이에게 먹일 암죽 약간조차 만들 수 없었던 갈미는 아이의 이름을 아카라고 지었다. 그는 절망 속에서 그 이름을 지었다. 그 이름은 '애물단지'라는 뜻이었다. 그러나 그의 아내는 아이에게 그런 무정한 이름을 갖게 하고 싶지 않아서 아간이라고 고쳐 불렀다.

마침내 모세가 멈추어 서서 사람들에게 말했다.

"당신들이 비난하는 내가 누구요? 당신들은 내게 불평하는 것이 아니라 하나님께 불평하는 것이오!"

하나님. 근심스러운 갈미조차도 눈길을 땅으로 던질 수밖에 없었다. 모세가 말했다.

"그러나 야훼께서는 당신들의 원망하는 소리를 들으셨소. 그리고 당신들을 이집트에서 이끌어내신 분이 야훼시라는 것을 알게 하기 위해서 저녁에는 당신들에게 먹을 고기를 주실 것이고, 아침에는 빵으로 당신들의 배를 채워주실 것이오."

그가 말하고 있는 동안 사람들은 이미 광야를 가로질러 나타나는 야훼의 영광을 보았다. 거대한 검은 구름이 그들을 향해 돌진했다. 그것들이 장막을 친 곳으로 가까이 접근했을 때 그들은 그 구름이 지쳐서 낮게 날아오는 거대한 메추라기 무리라는 것을 알았다. 갈미는 막대를 꺼내어 공중에 날고 있는 메추라기를 여러 마리 쳐서 떨어뜨렸다. 그리고 고기를 한 아름이나 가지고 엘리세베에게 달려갔다.

아침에 또 다른 놀라운 일이 일어났다. 아주 부드러운, 하늘에서 내린 눈송이 같은 것이 보였다. 황야의 땅 표면에 하얀 싸라기 같은 물질, 고수 씨같이 희고 꿀을 섞어 만든 달콤한 과자 같은 맛이 나는 물질이 가득했다. 이스라엘의 아이들은 밖으로 나가 하얀 광야를 보며 속삭였다.

"뭐야? 뭐야?"

그리고 그 말은 그들의 발음으로 한 단어, '만? 만?'이었다.

"이게 무엇이냐?"

사람들이 물었다. 그들 말로 '만나?'라고 물은 것이다. 그러자 모세가 말했다.

"이것은 야훼께서 여러분에게 내리시는 빵이오. 야훼께서는 우리가 필요로 하는 한 광야 생활을 마칠 때까지 이것을 보내실 것이오. 모두 이것을 거두시오. 식구 한 명에 딱 한 오멜(약 2.3리터에 해당하며, 원어 '오메르'는 한 단의 곡식을 의미한다)씩. 그리고 남기지 말고 그날로 다 먹으시오. 야훼를 믿으시오. 야훼께서 아침에는 더 많은 것을 보내실 것이오."

그리하여 갑작스레 커다란 수확을 하게 되었다. 사람들은 그들의 새로운 음식을 '만나'라고 불렀고, 대부분은 모세의 지시에 순종했다.

그러나 갈미는 곤경에 처해 있었다. 그는 아이를 걱정해서 6오멜을 가져왔다. 그날 그들은 3오멜을 먹었다. 그날 밤 그는 다음날 먹을 것이 마련되어 있다는 생각에 뿌듯해했다. 그러나 새벽녘에 저장고에서는 악취가 났고 벌레들이 기어다녔다. 그래서 갈미는 다시 나가 이스라엘의 자손들과 함께 만나를 거두어야 했다.

용서와 자유의 노래

시내 산 Sinai

사람들은 서서히 신 광야를 건넜다. 모세는 선두에 서서 꼭대기가 하늘까지 닿아 있는 구름 기둥을 따라 걸어갔다.

어느 날 아침 이스라엘의 자손들은 구름이 사라지고 모세가 홀로 그들을 이끌고 있는 것을 보았다. 누군가 하나님께서 그들을 버리신 것이 아닌지 물었을 때 모세는 한쪽을 가리켰다.

"우리가 어디로 가는지 보이지 않느냐?"

그들 앞에 아주 멀리, 너무 멀어서 거의 볼 수 없을 만큼 멀리 떨어진 바위 언덕에서 피어오르는 연기 같은 것이 보였다.

"저것이 무엇이오?"

"하나님의 산 위에 있는 우리의 구름이오."

모세가 말했다. 매일매일 그들이 앞을 향해 갈 때마다 그 바위 언덕이 지평선에서부터 점점 커지고 있는 것 같았다. 그것은 아주 험한 바위산이 되었다. 삭막한 잿빛 바위의 솟아오름. 오랜 옛날에 새겨진 조상의 주름진 얼굴. 바로 '하나님의 산'이었다.

일주일이 지나자 바위가 남쪽 하늘 전체를 가득 메웠다. 그들의 마음 또한 놀라운 전율로 가득 찼다.

이스라엘 자손들 사이에서 말소리가 뚝 그쳤다. 그들의 몸이 움츠러들었다. 기복이 없는 평원에 높이 솟아 있는 거대한 것, 정상이 구름 속에 가린 소름 끼치도록 거칠고 가파른 산에서 그들은 눈을 뗄 수가 없었다.

그것은 푸른 산이 아니었다. 그것은 냉혹한 바윗더미였다. 그러나 구름은 살아 있었다. 그 구름 안에서는 어지럽게 번개가 쳤고 천둥소리가 우르릉거렸다. 이집트를 탈출한 지 3개월이 지나 그들은 시내 광야에 들어섰다. 그 광야에는 하나님의 산, 시내라는 이름의 산이 우뚝 솟아 있었다.

"저기!"

모세가 소리쳤다.

"저기에 내가 타지 않는 덤불을 보았던 오르막 언덕이 있소. 바로 거기서 처음으로 하나님을 만났소. 오, 이스라엘 민족이여. 바로 저곳으로 당신들의 야훼 하나님이 짙은 구름 속에서, 천둥과 불과 연기 속에서 당신들에게 오실 것이오.

야훼께서 말씀하시오. '너희는 내가 이집트에서 한 일을 보았고, 어미 독수리가 날개로 새끼를 업어 나르듯이 내가 너희를 인도하여 나에게로 데려온 것도 보았다. 이제 너희가 내 말에 순종하고 내가 세워준 언약을 지킨다면, 너희는 모든 민족 가운데 나의 보물이 될 것이다. 온 세상이 다 나의 것이지만 너희가 나를 섬기는 제사장의 나라가 될 것이고, 거룩한 민족이 될 것이다.'

그러니 야훼를 맞이할 준비를 하시오. 삼일이 지나면 야훼께서 산에서 내려와 당신들 앞에 나타나실 것이오. 옷을 빨아 입으시오. 남녀가 성관계를 갖기 위해 가까이하지 마시오. 산기슭 주위에 경계선을 쳐서 살아 있는 어떤 것도 뒤로 물러서도록 해야 하오. 누구라도 산이 성스러울 때 손을 대면 그는 죽게 될 것이기 때문이오."

사나운 번개와 천둥소리로 셋째 날 아침이 시작되었다. 땅이 흔들리기 시작했다. 연기가 마치 가마 속에서 나오는 것처럼 산에서 솟아올랐다. 산양 뿔 나팔소리 같은 것이 울려퍼졌고, 소리가 점점 커지자 사람들은 두려워 뒷걸음질치며 달렸다. 그들이 소리쳤다.

"모세! 당신이 우리에게 말하면 우리가 듣겠소. 야훼 하나님께서 우리에게 말씀하시지 않도록 해주시오. 그러지 않으면 우리는 죽을 것이오."

모세가 외쳤다.

"두려워 마시오. 하나님께서 당신들을 시험하시려고 오셨소. 그분에 대한 경외심을 가져서 죄를 짓지 않게 하시려고 오신 것이오."

그러나 사람들은 멀리멀리 도망쳤다. 그래서 모세 자신이 경계선을 넘어 가파르고 돌 많은 오르막길을 걸어 하나님이 계시는 어둠 속으로 들어갔다. 그는 그 산을 혼자서 올랐다. 그가 검게 피어오르는 구름 속에 서 있었을 때 야훼 하나님께서 그에게 말씀하셨고, 모세는 그가 들은 영광스러운 말씀을 기억했다. 그것은 다음과 같은 열 가지 말씀이었다.

나는 너희를 이집트 땅, 종살이하던 집에서 이끌어낸 너희의 야훼 하나님이다. 너희는 나 외에 다른 신을 섬기지 말아라.
너희는 자신들을 위해 절하거나 섬길, 이 땅의 어떤 것을 본뜬 우상을 만들지 말아라. 너희의 하나님은 나를 미워하는 사람에게는 그 죗값으로 본인뿐 아니라 삼사 대 자손에게까지 벌을 내리는 질투하는 하나님이다. 그러나 나를 사랑하고 내 계명을 지키는 사람에게는 수천 대 자손에 이르기까지 자비를 베푸는 하나님이다.
너희는 네 야훼 하나님의 이름을 함부로 부르지 말아라.
안식일을 기억하라. 그날을 성스러이 지켜라. 엿새 동안 모든 일을 힘써 해라. 그러나 이렛날은 야훼의 안식일이다. 그날에는 어느 누구도 일을 해서는 안 된다. 내가 엿새 동안은 하늘과 땅과 그 가운데에 있는 모든 것을 만들었고, 이렛날에는 쉬어 그날을 거룩하게 만들었기 때문이다.

너희 아버지, 어머니를 공경하라. 그래야 내가 준 땅에서 너희가 오래도록 살 것이다.

살인하지 말아라.

간통하지 말아라.

도둑질하지 말아라.

네 이웃에게 불리한 거짓 증언을 하지 말아라.

네 이웃의 집을 탐내지 말아라. 또 네 이웃의 아내, 그의 종, 그의 가축 떼, 네 이웃의 소유 그 어떤 것도 탐내지 말아라.

야훼께서 이 열 가지 말씀을 마치시자 모세는 산을 내려와 이스라엘 군중 앞에 서서 야훼께서 하신 말씀을 전했다. 사람들이 말했다.

"야훼께서 하신 모든 말씀을 지키고 순종하겠습니다."

그래서 모세는 성스러운 산기슭에 제단을 쌓았다. 그는 또한 이스라엘 족속의 조상, 야곱의 열두 아들을 따라 열두 개의 기둥을 세웠다. 그리고 나서 그는 번제물과 화목제물을 드렸다. 수소의 피를 그릇에 담았다. 그것이 아직 따뜻할 때 반은 제단에 뿌렸고, 나머지 반은 그들의 약속을 신성하게 하기 위해 백성들에게 뿌렸다. 그가 소리쳤다.

"보시오. 야훼께서 당신들과 세우신 약속의 피요!"

그 피의 번제물은 하나님과 모든 이스라엘 자손들이 약속으로 함께 묶였다는 증표였다. 그분은 그들의 하나님이었다. 그들은 그분의 백성이었다. 그리고 그들이 약속을 지키고 야훼 하나님의 말씀, 즉 그분의 명령, 율법, 계명을 준수하는 한 그 약속은 지속될 것이다. 사람들이 '야훼께서 하신 모든 말씀을 우리가 지킬 것입니다.'라고 말했기 때문이었다.

다시 하나님께서 모세에게 명하셨다.

'산 위로 올라오너라. 그러면 내가 백성을 가르치려고 몸소 기록한 돌판을 주겠다.'

그래서 모세는 산 위 하나님의 영광이 머물러 있는, 피어오르는 구름 속으로 다시 올라갔다. 엿새 동안 야훼께서 침묵하셨고, 모세는 기다렸다. 그리고 나서 이렛날 야훼께서 구름 가운데서 모세에게 말씀하시기 시작했다. 매우 오랜 기간 동안 말씀하셨다. 40일의 밤과 낮 동안 하나님께서 모세에게 당신의 율법과 계명을 주셨다.

모세는 죽음에 이르는 죄에서부터 그보다 약한 징벌에 이르기까지 구별하여 사회법, 민법, 형법의 윤곽을 잡았다. 만약 어떤 문제가 생기면 목숨은 목숨으로, 눈은 눈으로, 이는 이로, 손은 손으로, 발은 발로, 화상은 화상으로, 상처는 상처로, 멍은 멍으로…… 갚아야 한다.

소유권은 자세하고 안전하게 보장되었다. 도덕과 종교에 대한 법령은 모든 다른 언약의 법과 같은 무게로 다루어졌다. 정의에 대한 규정도 있었다. 정의의 정신은 이스라엘에서 권위 있는 자들에게 요구되는 것이었다. 사람들이 앞으로 달력에 기록하여 지켜야 할 중요한 절기들이 언급되었다.

야훼 하나님께서 언약의 핵심에 대해 간단히 언급하셨다.

'만약 너희들이 내가 말한 모든 것을 순종하여 지키면, 내가 너의 원수를 나의 원수로 여기고, 너희의 대적을 나의 대적으로 여기겠다. 내가 복을 내려 빵과 물을 주겠다. 너희 가운데 질병을 없애겠다. 내가 너희 땅의 경계가 홍해에서 블레셋 바다까지, 광야에서 유프라테스 강에 이르게 될 때까지 그 땅에서 너희의 적들을 몰아낼 것이다. 그리고 너희들이 가는 곳마다 내가 함께할 수 있도록 내가 머물 성소를 지어라. 그리고 그것을 내가 말한 성막처럼 지어라.'

그리하여 모세는 성막을 위한 모든 설비와 비품과 함께 그것의 정확한 규격과 재료들을 알게 되었다. 그리고 성막 안에 야훼께서 주신 증거판이 들어 있는 언약의 궤를 들여놓고, 그 위를 속죄판으로 덮을 것이었다. 그리고 그 궤는 장막의 가장 안쪽에 놓이게 될 것이다. 하나님께서는 그 어두운 곳에서 사람들을 만나실 것이고 야훼의 존재하심으로 이곳이 이스라엘에서 가장 성스러운 곳이 될 것이다.

그 장막은 두 개의 공간을 갖게 될 것이다. 바깥쪽은 두꺼운 휘장으로 지성소로부터 격리되어야 하고, 그곳에 세 가지가 놓여야 한다. 거룩한 빵을 놓을 상, 등잔대 그리고 분향단. 성막 밖, 뜰 안쪽에는 번제물을 드릴 놋쇠 제단들을 세워야 했다.

더욱이 야훼께서는 당신께 헌신할 제사장들의 모든 의무와 예복에 대해서도 상세하게 말씀하셨다. 그리고 모세의 형 아론을 당신의 첫 제사장으로 임명하셨다.

야훼께서는 이 모든 이야기를 끝마치신 뒤 모세에게 손수 돌판에 쓰신 증거판 두 개를 주셨다.

아론에게 야훼의 영광은 시내 산 높은 골짜기에서 붉게 타오르던 불꽃과 운무 같은 것이었다. 아론은 두려웠다. 그는 동생이 산으로 향하며 이스라엘 민족에게서 멀어져가는 것을 지켜보았다. 그는 바위 사이로 아주 작게 보이는 모세가 숨을 몰아쉬며 위로 굽이돌아 올라가는 것을 보았다. 한 작은 사람이 거친 절벽에 솟아오른 갈색 바위 사이에 가려 사라졌다가 다시 나타나고, 또다시 사라졌다가 다시 나타나며 힘겹게 기어오르고 있었다. 마침내 모세가 완전히 사라졌다.

동생이 없는 첫 주 동안 아론은 이스라엘 자손들의 장막 사이를 걸으면서, 그들이 그렇게나 빨리 자신들의 욕구를 만족시키는 일상생활로 되돌아가는 것을 보고 놀라워했다. 모세가 그들을 대신하여 야훼를 만나뵙는 동안 사람들은 메추라기를 삶거나 진흙 위에서 딱딱한 빵을 굽고 잡담을 하거나 한낮의 그늘에서 낮잠을 자며 보냈다. 남편과 아내는 사사로운 일로 언쟁을 벌였고, 나이든 노인들은 장막 자락 아래 웅크리고 앉아 이집트에서의 생활을 그리워했다. 아이들은 장막 사이 좁은 곳을 심심하다고 불평하며 돌아다녔다.

아론은 아주 어린 아이들이 물을 달라고 하는 소리를 들었고, 그때 처음으로 자기 동생의 이름이 언급되는 소리를 들었다. 엄마가 말했다.

"우리는 물을 아껴야 한다. 모세가 돌아올 때까지 기다려라."

"하지만 지금 목말라요."

"참아라."

"언제 그가 돌아와요, 엄마?"

"곧, 라피, 곧 돌아온단다."

그렇게 일주일이 지났다. 아론은 천지 만물의 변동에 그토록 생각 없이 대처하는 사람들을 보고 고개를 내저었다. 그 다음 주 동안은 모세의 이름이 더 자주 들렸다.

"그는 어디 있는 거야?"

사람들이 말했다. 이제 그들의 근심이 점점 커지고 있었다. 그들은 산과 그 꺼지지 않는 불꽃에 눈길을 던졌다.

"그에게 무슨 일이 생긴 것 아닐까?"

"이제 물도 거의 떨어졌는데."

"여기서 어디로 가야 하느냔 말이야?"

셋째 주 동안에는 사람들이 화를 내기 시작했다. 그들은 산을 향해 소리치기 시작했다.

"모세! 그 위에서 도대체 뭐하고 있소? 이곳이 당신이 책임져야 할 곳이오! 당신이 우리를 이곳으로 데려오지 않았소! 지금 내려와 우리를 도우시오!"

계속되는 천둥의 우르릉 소리는 사람들을 더 격분시킬 뿐이었다.

"우리에 대한 걱정은 하나도 안 한단 말이오?"

아론은 그들이 모세에게 항의하고 있는 것인지 야훼께 항의하고 있는 것인지 알 수가 없었다.

"우리를 잊었소?"

넷째 주에 사람들은 버림받았다는 생각으로 진짜 공포에 휩싸이게 되었다. 사람들이 말했다.

"그는 죽은 거야. 우리만 이곳에 남게 된 거라고."

이제 이스라엘의 진영에서는 울음소리가 났다. 어린아이들은 눈을 동그랗게 뜨고 부모들이 괴로워하며 큰 소리로 우는 것을 지켜보았다.

"우리의 하나님은 어디에 계신가? 우리를 이끌던 그 기둥들은 어디에 있단 말인가? 그분의 오른팔은 지금 어디에 있는가?"

몇몇 노인들은 얼굴을 가리고 땅 위를 구르며 차라리 빨리 죽기를 원했다. 아무도 음식을 만들지 않았다. 이제 아무도 먹질 않았다. 자지도 않고 씻지도 않고 몸단장도 하지 않았다. 천지 만물이 대격변을 겪었다. 하늘과 땅은 충돌했고, 이스라엘만이 이 인적 없는 산의 천둥소리 아래 홀로 남겨진 것이다. 이제 그들은 어떻게 해야 할지 몰랐다.

아론은 그들 사이에서 금세라도 터질 것 같은, 폭풍과도 같은 분노를 느꼈다. 그는 거의 숨을 쉴 수가 없었다. 모든 법은 사라졌다. 격한 감정이 산마루, 그들이 앉아 있는 바로 이곳에서 이 민족을 파괴시킬 것 같았다. 그리하여 이스라엘의 자손들이 다섯째 주가 지날 무렵 그에게 와서 그들이 볼 수 있는 신, 좀더 겸손하고 좀더 부드럽고 눈에 보여 그들을 위로할 수 있는 신들을 만들어달라고 했을 때 아론은 동의했다.

아론은 다음과 같이 이스라엘의 마음을 위로했다. 그는 사람들에게 모든 금 장신구를 가져오도록 했다. 그들은 즉시 순종해서 그 앞에 금붙이를 쌓아놓았다. 그는 모은 금을 녹여 거푸집에 부어 번쩍이는 금송아지를 만들었다. 그리고 그는 그 상을 모든 사람들이 볼 수 있도록 들어올렸다.

"여기 있다! 여기에 이집트에서 우리를 이끌어내신 신이 있다."

그들은 정말로 안심하며 말했다. 그들이 깊이 감사하고, 전체 민중의 마음이 그렇게 당장 치유를 받게 되자 아론 자신도 감동을 느꼈다. 그런 마음으로 그는 그 번쩍이는 소 앞에 제단을 세우고 선포했다.

"내일을 하나님의 절기로 삼자!"

그리하여 그들의 만족스러운 마음은 기쁨으로 바뀌었다. 아침에 그들은 일찍 일어나 소 앞에 있는 제단에 번제를 드렸다. 그리고 모여 앉아 절기 음식을 양껏 먹었다. 포도주를 마시고 일어나 뛰어 놀았다.

외롭게 남겨진 지 여섯째 주가 되는 그날에 이스라엘의 자손들은 더 이상 외롭지 않았다. 그들은 다시 웃고 있었다. 그들은 기쁜 환호 속에 노래를 불렀다. 그리고 춤을 추었다. 손뼉을 치며, 원을 그려 돌며, 소리를 치며, 앞이마에서 땀을 쏟으며, 흥에 겨워 마음껏 춤을 추었다. 그들은 그 산을 잊어버렸다.

그때 갑자기 천둥이 하늘을 둘로 찢어놓았다. 하늘이 폭발하는 소리를 냈고 모세가 그곳, 그들 위의 험한 바위산에 서 있었다. 그는 납작한 흰 돌판을 하나 들고 서 있었다. 또 하나가 산자락 아래에 눈부시도록 하얗게 조각나 있었다. 바로 저것이 그들의 기쁨을 망친 천둥이었을 것이다. 이제 그는 손에 또 하나의 온전한 돌판을 집어들고 그것을 산마루 아래로 던져서 두 번째 강한 지진으로 땅을 흔들어놓았다.

아론은 아주 멀리 떨어져 서 있었지만 동생에게서 뿜어나오는 분노의 열기를 느낄 수가 있었다. 모세가 그들 가운데로 성큼 걸어 들어왔다. 사람들은 말없이 뒤로 물러서며 그에게 길을 내주었다. 그는 거대한 망치를 집어들어 금송아지를 내리치고, 그것을 태워 갈아서 가루로 만든 다음 물과 섞어 이스라엘인들의 목구멍에 강제로 부었다. 모세가 소리치며 아론에게 말했다.

"이 백성이 형님에게 어떻게 하였기에 그들이 이렇게 큰 죄를 마음에 품도록 그냥 놓아두셨습니까?"

"바로 저들이었다!"

아론이 말했다. 그는 하나님의 예언자의 분노 앞에서 몸을 떨었다.

"저 악한 족속들! 저들이 나에게 신을 만들어달라고 요청했다."

그러나 모세는 이미 그에게서 몸을 돌린 뒤였고, 불쌍한 아론은 엎드려 양손으로 얼굴을 가렸다. 아론은 그날 내내 모세의 시선으로부터, 산 위에 계시는 야훼 하나님의 시선으로부터 수치심에 몸을 숨기며 그렇게 있었다. 그는 다음에 무슨 일이 일어났는지 보지 못했다. 그러나 들을 수는 있었다. 아론은 모세가 소리치는 것을 들었다.

"누가 야훼의 편이냐? 내게로 나오너라!"

그는 많은 사람들의 발 아래 땅이 떨고 있는 것을 느꼈다. 모세가 말했다.

"레위의 자손들아, 야훼께서 말씀하신다. '모두들 칼을 들고 온 진영을 이리저리 다니며 나에게서 등을 돌린 자들을 죽여라.'"

그때 아론은 무릎을 가슴 쪽으로 끌어당기며 얼굴을 파묻었다. 그는 크나큰 죄를 저지른 것이었다. 그는 시내 광야에서 벌어지는 살육의 소리를 들었다. 사람들이 칼에 맞아 피를 흘리며 죽어가고 있었다.

그날 밤은 기괴한 침묵 속에 지나갔다. 아론은 움직이지 않았다. 그는 잠도 자지 않았다. 아침에 모세가 다시 말했다. 좀더 부드러워진 소리였지만 온 이스라엘 진영에서 다 들을 수 있었다

"다시 산 위로 돌아갈 것이오. 대죄를 범했지만 아마도 내가 대신 야훼께 그 죄의 사함을 받을 수 있을 것이오."

잠시 후 아론은 그의 목에 닿는 손의 감촉을 느낄 수 있었다. 그의 귀 아주 가까이에 대고 모세가 속삭였다.

"일어나세요, 형님. 얼굴을 씻으세요. 내가 돌아올 때면 좋은 소식을 형님께 전할 수 있을 거예요."

다시 한 번 모세는 어둠에 싸인 산 위에서 하나님 앞에 서서 기도했다.

"슬프게도 이 백성이 대죄를 지었습니다. 보잘것없는 금으로 신상을 조각하여 자신들이 그것을 통제할 수 있다고 믿었습니다. 통탄스럽게도 그들이 죄를 범했습니다. 그러나 이제 제가 이렇게 간구합니다. 야훼여, 그들의 죄를 용서하여 주십시오. 죄를 사하여 주십시오."

'안 된다.'

산 위에서부터 야훼의 말씀이 계셨다.

'죄를 범한 그들을 지워버릴 것이다. 나는 이 민족을 보아왔다. 그들은 고집이 세다. 나의 분노가 그들을 없애도록 두어라!'

모세가 천천히 어두운 얼굴을 들었다.

"오 야훼여, 그들을 용서하지 않으시려거든, 당신의 기록장에서 제 이름 또한 지워주시길 간구합니다."

'네가 아니다. 모세야! 아니다. 내가 강한 민족으로 만들려 했던 너의 백성들이 지워질 것이다.'

모세는 두 손을 꽉 쥐었다.

"당신께서 이곳에서 당신의 민족을 없애시면 이집트인들이 무어라 하겠습니까? '너희들을 돕는다던 강력한 손은 결국 악한 게 아니었느냐.'라고 말할 것입니다. 데려다가 죽여버리려고 이 민족을 구해냈다고 할 것입니다! 분노를 거두어주십시오! 당신께서 저희의 조상들에게 그 자손들을 위대한 민족으로 만들고 그들에게 영원한 유산으로 가나안을 주시겠다고 한 약속을 기억하십시오."

우주 만물에 침묵이 깃들었다. 그러더니 산에서 들려오는 소리가 다소 부드러워졌다.

'그들은 갈 수 있을 것이다. 그 고집 센 민족에게 내가 약속한 땅에 갈 수 있을 거라고 말해라. 그러나 그들 홀로 갈 것이다. 내가 그들과 함께 간다면, 나의 분노가 그들을 없앨 것이다.'

모세가 말했다.

"그렇다면 당신께선 제가 혼자 이 백성을 약속의 땅으로 이끌기를 원하십니까? 어떻게 제가 그런 일을 혼자 할 수 있겠습니까? 저는 당신께서 함께하실 때 '야훼께서 우리를 사랑하고 계시는구나.' 하고 생각했습니다."

'모세야, 네가 나의 총애를 받았고, 내가 너를 알고 내가 너의 이름을 부르지 않느냐.'

"당신께서 저를 떠나시면 그것이 무슨 총애라 할 수 있겠습니까? 만약 이스라엘이 홀로 길을 떠나야 한다면 제가 어떻게 당신의 총애를 알 수 있겠습니까? 우리가 이 땅의 다른 민족과 구별되는 것은 바로 야훼께서 우리와 함께 계시기 때문이 아닙니까?"

'모세야, 모세야!'

모든 천둥이 멎었다. 어둠이 조금 밝아졌다. 그리고 야훼께서 말씀하셨다.

'모세야, 네가 말한 대로 하겠다. 네가 나의 총애를 받았기 때문이다.'

이제 모세는 입을 다물고 모아쥔 손을 풀고 얼굴을 옆으로 돌렸다. 그의 머리는 구름 같았다. 그의 표정은 그가 어려운 생각에 잠겨 있었음을 말해 주었다. 마침내 그는 속삭였다.

"오 하나님, 저에게 당신의 영광을 보여주시길 간청합니다."

곧 바람이 멈추었다. 음산한 바람이 고요해졌다. 산이 폭풍의 일렁임 속에서 잠잠해졌다. 그리고 별안간 야훼께서 당신의 예언자를 송두리째 집어들더니 그를 바위의 갈라진 틈새에 내려놓으셨다. 또한 거룩한 야훼의 모습을 직접 봄으로써 그를 죽게 하지 않으려고 야훼의 손으로 모세를 가리셨다. 그러자 야훼의 영광이 산의 갈라진 틈새로 소리치며 지나가기 시작했다.

'내가 하나님이다! 내가 하나님이다!'

야훼께서 다 지나가신 후에야 그에게서 손을 떼셨고, 모세는 야훼의 등을 보았다. 그리고 야훼의 영광이 지나가며 거룩하게 선포했다.

'하나님은 자비롭고, 은혜로우며, 노하기를 더디 하는 사랑이 풍부하시다. 악을 용서하고, 허물을 지워주는 신이다. 그러나 결코 죄를 그냥 넘기지는 않는다.'

모세는 그러한 장엄함을 보자 머리를 숙이고 야훼께 경배했다. 이번에 모세가 두 개의 언약의 돌판을 들고 산을 내려왔을 때, 그의 얼굴은 굉장한 광채로 빛났다. 그의 얼굴에서 발하는 빛이 너무 강한 나머지 아론과 모든 백성들은 무서워 뒤로 물러섰다. 그들이 소리쳤다.

"얼굴을 가리십시오! 그러지 않으면 우리가 당신께 가까이 갈 수가 없습니다!"

그래서 모세는 수건으로 얼굴을 가렸다. 그리고 그해 동안, 그들이 해방을 맞은 첫해 동안, 이스라엘은 야훼의 말씀에 계속하여 순종했다. 모세가 야훼께서 주신 계획을 상세히 이야기하니 그들은 그 말씀에 따라 성막을 지었다.

그리하여 성막이 완성되었을 때 야훼의 성스러운 구름이 내려와 그 위를 덮자 야훼의 영광의 광채가 성막을 가득 채웠고, 그때는 모세조차도 그 안으로 들어갈 수가 없었다.

이스라엘 자손들이 이집트 땅을 출발한 이래로 2년째 되던 해 첫째

달에 그들은 가족들을 모아 야훼 하나님께서 그들에게 명하신 대로 유월절 절기를 지켰다. 흠 없는 어린 양과 쓴 나물로 그리고 7일 동안 누룩을 넣지 않은 빵을 먹음으로써.

미리암은 두 곡의 노래를 불렀는데, 하나는 회상의 슬픈 노래, 다른 하나는 자유를 얻은 기쁨의 노래였다.

모두들 잘 지냈다. 야훼께서 그의 맏이인 이스라엘에게 말씀하셨다.

'자, 그러면 이제 함께 떠나자.'

사라져버린 웃음소리

두정탐꾼 Two of the spies

그들이 해방된지 2년째 해 둘째 달 20일에 구름이 성막에서 걷히고, 이스라엘 자손들은 천천히 시내 광야를 떠났다. 이 거대한 행렬은 바란 광야를 향해 구름을 따라갔다. 유다 지파의 깃발이 맨 앞에서 출발했고, 유다 자손의 군대가 함께 갔다. 다음으로 잇사갈 지파가 갔고, 다음은 스불론 지파가 뒤따랐다. 성막이 거두어졌을 때는 레위 지파의 누군가가 성막의 버팀목과 덮개만을 운반해 갔다. 그리고 천천히 그 뒤를 르우벤 지파, 시므온 지파 그리고 갓 지파가 따랐다.

행렬의 가운데서 제사장들이 긴 가로대 위에 언약의 궤를 싣고 운반했다. 그리고 그것이 다음 야영지에 도착할 즈음이면 그것을 받아들일 성막이 이미 준비되어 있었다.

언약의 궤보다 앞서 여섯 지파가 출발했으므로 나머지 여섯 지파가 그 뒤를 따랐다. 에브라임, 므낫세, 베냐민, 단, 아셀 그리고 납달리 지파들. 이스라엘 군대가 광야를 지나는 내내 이런 순서로 행진했다. 그 후로 궤가 떠날 때마다 모세가 소리쳤다.

"일어나십시오. 오 야훼여, 당신의 원수들을 흩어버리십시오!"

그리고 궤가 쉬게 될 때는 이렇게 말했다.

"야훼여, 수천만 이스라엘 사람에게로 돌아오십시오."

어린 아간이 한 살이 되었을 때 어머니는 그에게 새 신발을 주었고 아버지는 마침내 살던 장막을 거두었다. 그리고 일가족은 산에서 떠나 함께 걸어갔다. 그들은 거의 첫 번째로 출발했다. 세라 집안은 유다 지파였기 때문이다.

아간은 자기 혈족의 이름을 알았다. 그것들은 그의 정체성을 말해 주는 것이었다. 아간은 갈미의 아들이고, 갈미는 삽디의 아들이고, 삽디는 세라의 아들이고, 그는 유다의 족속이었다.

아간은 혼자가 아니었다. 그는 많은 사람의 합체였다. 이스라엘 자손들은 모두 하나였고 어린 아간은 그 일부였다. 그의 어머니가 이 모든 것들을 그에게 가르쳤다.

잠시 동안 아이는 그녀 곁에서 걸었다. 곧 그녀는 그를 들어 옷자락에 싸서 등에 업었다. 그는 잠이 오기 시작했다. 그녀가 걸을 때마다 그는 어머니의 가슴에서 나는 숨소리를 들을 수 있었다. 그는 그 소리를 무척 좋아했다.

아간의 아버지가 말했다.

"엘리세베, 당신은 발이 참 크오."

어머니 목소리가 그녀의 등을 타고 아들의 귀에 울려왔다.

"그래서 걷기가 쉬운 거예요."

"신발을 신는 것이 어떻소?"

"내 발부리는 단단해요. 그리고 발바닥은 바위를 견딜 수 있지요. 아주 단단해졌어요."

아간의 아버지가 말했다.

"다행이군, 좋아요. 그런데 내 생각을 안 해봤소?"

"당신 생각이라니요?"

"어떻게 생각하오? '내 아내의 발이 크고 단단하다.' 나에게는 당혹스러운 일이 아니겠소?"

아간의 어머니는 그때 아무 말도 하지 않았다. 아들은 어머니가 터벅터벅 걸을 때마다 내는 숨소리만 들을 뿐이었다. 그를 편안하게 해주는 소리. 그는 잠이 들었다.

매일 아침 만나가 땅 위를 덮었다. 이스라엘 사람들은 결코 먹을 것이 부족하지 않았다. 그들은 만나를 맷돌에 갈거나 절구통에 넣어 찧었다. 삶아 먹을 수도 있었고 과자를 만들 수도 있었다. 만드는 방법은 달라도 만나는 기름에 튀긴 과자같이 꽤 맛있었다. 그러나 항상 똑같은 맛이었다.

그러던 어느 날 저녁 엘리세베가 갈미 앞에 만나를 놓았을 때, 그가 벌떡 일어나며 팔을 휘둘렀다. 그가 소리쳤다.

"나는 나손과 수알하고 이야기한 적이 있소. 그들이 뭐라고 말하는지 듣고 싶지 않소?"

엘리세베는 답하지 않았고 남편 또한 대답을 기다리지 않았다.

"기력이 쇠해져가고 있다고 합디다. 힘에 부친다고 말이오!"

아간은 앉아서 만나를 씹으며 눈을 크게 뜨고 아버지를 지켜보았다.

"그들뿐만이 아니오. 엘리압과 그의 아버지 헬론도 같은 말을 하고 있소. 그리고 엘리술과도 이야기했소. 셀루미엘과도. 우리는 고기가 필요하오! 고기! 맛있는 고기 말이오! 우리는 이집트의 생선, 오이, 참외, 부추 그리고 양파와 마늘 생각이 간절하오. 오, 마늘! 조금만이라도 있었으면! 그런데 여기서는 만나말고는 아무것도 찾아볼 수가 없소!"

어린 아간 또한 자기 몫의 얼마 안 되는 만나 조각을 내려다보고 있더니 밀어서 치워버렸다. 그때 아간은 귀 끝이 벌에 쏘인 것처럼 따끔하게 달아오르는 것을 느꼈다. 그러나 벌이 아니었다. 어머니가 손톱 끝으로 꼬집은 것이었다. 하는 수 없이 그는 만나를 도로 가져다가 먹었다.

모세는 열두 지파와 모든 군대를 북동쪽으로, 시내 광야에서부터 넓은 바란 광야를 지나 신 광야로 이끌고 있었다. 가는 길에 모세는 우연히 이스라엘 진영에서 나는 울음소리를 들었다. 사람들이 밤에 자신들의 비참한 운명을 한탄하며 울고 있었다. 모세는 당혹스러웠다. 그는 야훼를 향하여 하소연했다.

"제가 이 백성을 잉태했습니까? 오, 야훼여. 당신께서 저에게 유모처럼 저들에게 젖을 먹이라 명하시니, 제가 그들을 낳기라도 했습니까? 제가 어디로 가서 이 어린애 같은 자들을 위해 고기를 구하겠습니까! 이 탐욕을 부리는 육십만 명의 입을 어떻게 채울 수 있겠습니까!"

그러자 이스라엘에 대한 야훼의 분노가 뜨겁게 일었다.

'그들에게 말해라. 내일 고기를 먹게 될 것이라고. 그 다음날도 그리고 그 다음날도! 그들이 한 달 내내 고기를 먹게 될 거라고 말해라! 그들의 코에서 냄새가 날 때까지 고기를 먹게 하겠다. 보기만 해도 지긋지긋해질 정도로 먹게 하겠다. 그들이 하나님을 거절하기 때문이다!'

그리하여 야훼로부터 격렬한 바람이 불어왔다. 바람이 바다를 건너 수많은 살진 메추라기 떼를 몰아왔다. 그 무리가 이스라엘 진영을 빙 둘러싸 사방으로 하룻길 떨어진 지역까지 광야 위로 60센티미터쯤 쌓이게 하셨다.

사람들은 그것들을 모으기 시작했다. 누구나 계속해서 당나귀 열 마리가 질 수 있는 양만큼이나 모았다. 그러나 고기가 그들의 이 사이에서 씹히자마자 야훼의 진노가 일어, 재앙으로 그들을 치시고 그곳에서 많은 사람들을 죽게 하셨다. 사람들은 그곳을 '탐욕의 무덤', 헤브루어로 '기브롯 핫다아와'라고 불렀다

네겝의 남쪽 끝, 가데스(게데스) 근처에서 야훼의 구름이 내려와 북쪽을 향한 이스라엘의 여정이 끝이 났다.

"가나안이 저 사막 건너에 있소."

모세가 그들에게 말했다.

"야훼 하나님께서 우리 자손들에게 영원히 주시겠다고 조상에게 약속하신 그 땅이 바로 사막 저편에 있소."

그리하여 이스라엘 자손들은 하나님의 지시에 따라 그곳에 진을 쳤다. 성막은 장막으로 이루어진 두 겹의 큰 원 중심에 세워졌다. 아론과 그의 사람들은 성막 입구가 나 있는 동쪽에, 성막과 가장 가까운 곳에 머물렀다. 그리고 성막에 가까운 안쪽 원의 나머지 장막들에는 레위 지파가 거주하게 하여 야훼의 제사장과 종들이 야훼께 예배드릴 수 있게 했다. 그리고 바깥 큰 원에 나머지 지파들이 머물게 했다.

그리하여 야훼께서 이스라엘 민족 가운데 계시게 되었다. 야훼는 그들 가운데 자리하셔서 모세를 부르셨고, 모세는 야훼의 말씀을 모든 사람들에게 전했다.

'너희는 이집트에서 내가 너희를 위해 나타낸 기적들을 보았다. 같은 방법으로 나는 이 땅에 너희와 같이 들어갈 것이니, 너희는 그 땅을 너희 것으로 삼아라. 자 그러면, 내 백성들아, 이 두 가지 일을 행하라. 먼저 가나안 땅을 탐지할 사람들을 보내라. 그리고 그들이 돌아오면, 직접 가서 나의 힘을 입어 너희의 땅으로 만들어라. 그곳은 내가 너희에게 약속한 땅이기 때문이다!'

모세는 열두 지파에서 한 명씩 열두 명을 택하였고, 모든 사람들이 나와 그들이 떠나는 것을 지켜보았다. 그 얼마 안 되는 친족들은 너무 멀어서 보이지 않게 될 때까지 걸어서 북쪽으로 갔다. 배웅을 마치고 사람들은 진영으로 돌아왔다. 땅을 가질 수 있다니! 그들은 기대감에 안절부절못했다.

갈미는 서늘한 저녁 공기를 마시며 장막 바깥에 누워 있었다. 그는 큰 소리로 이야기하고 있었다. 안에서 남은 물로 아들을 씻기고 있던 엘리세베는 누군가 찾아왔다고 생각했다. 밤이 깊어 잘 시간이 되기 전에 자신도 그들과의 대화를 즐기려고 그녀는 아이 목욕을 서둘렀다. 갈미가 말했다.

"그래, 그래, 그래. 들판 두 개는 될 거야. 적어도 둘이 되겠지. 하나는 곡식을 심고 하나는 풀을 먹이게 말이야. 나는 가축들을 돌봐야지. 아주 많은 가축 떼를 가질 수 있을 거야. 분명 많은 양들을 갖게 될 거라고 장담할 수 있어. 난 더 이상 벽돌은 안 만들 거야. 나는 부자가 되겠지. 곡식은 여자한테 돌보게 해야지. 마누라는 쟁기질도 할 수 있고 곡식을 심을 수도 있어. 걷기도 잘하지. 그녀는 큰 발을 가졌거든. 그래, 그래. 나는 내 땅을 가질 거야. 세 개의 들판. 왜 셋은 못 갖겠어? 물론 셋 정도는 가질 수 있을 거야. 그리고 종들에게 추수 때 필요한 큰 곡식 창고를 짓도록 시켜야지."

엘리세베가 막 어린 아들 아간을 자리에 눕히려 하는데 아이가 눈을 크게 뜨고 천천히 놀란 듯 말했다.

"곡식 창고…… 엄마, 곡, 식, 창, 고."

"쉿, 조용히 해야지. 곡식 창고는 잊어버리고 그만 자거라, 아간."

그녀가 말했다. 그리고 나서 그녀는 웃으면서 밖으로 나갔다. 엘리세베는 말이 많지 않았다. 그녀는 원래 말이 많지 않은 천성이었다. 오히려 듣는 것을 좋아했다. 그래서 그녀는 남편이 깍지 낀 손을 베고 홀로 땅에 누워 있는 것을 보고 실망했다.

"손님은 어디 있어요?"

그녀가 부드럽게 말했다.

"무슨 소리야, 누가 어디 있냐니?"

남편의 어조에서 그녀는 엉뚱한 질문을 했다는 것을 알았다. 그러나 그가 되물어왔으니 다시 말을 해줘야 했다.

"저……."

그녀는 가능한 한 부드럽게 말했다.

"우릴 찾아온 사람 말이에요."

"글쎄, 나는 여기서 아무도 보지 못했는데. 당신이 나보다 눈이 좋지 않소, 여보."

엘리세베는 고개를 숙인 채 아무 말도 하지 않았다. 그때 장막 안에서 작은 목소리가 새어나왔다.

"엄마? 엄마? 곡식 창고가 뭐예요? 저도 가질 수 있어요?"

커다란 외침이 들려왔다.

"그들이 오고 있어요!"

모든 이스라엘 사람들이 장막에서 달려나왔다. 그들은 기대감과 기쁨에 차서 정찰병들을 찾기 위해 눈을 가늘게 뜨고 숨도 제대로 쉬지 못하며 진영의 북쪽을 향해 달려갔다.

거기에 그들이 있었다! 정말로, 그들이 거기에 있었다. 그들 또한 달려오고 있었다. 그들은 무리지어 오고 있지 않았다. 네겝을 지나 그들은 각자 흩어졌다. 젊은이들은 최고 속도로 달려왔고, 나이든 사람들은 거의 쇠진하여 죽을 것 같은 모습이었다. 그들의 옷은 찢어져 있었다! 흐트러진 차림새에 겁에 질려 있었다.

사밧의 어머니는 비명을 지르기 시작했다. 그 정찰대원들 중에 사밧이 가장 나이가 어렸다. 나머지 사람들의 아내들도 놀라 입을 가렸다. 가장 먼저 도착한 사밧은 헐떡이며 쓰러졌다. 그는 말을 할 수가 없었다. 단지 고개만 흔들 뿐이었다. 다른 이들은 피문은 발로 돌아왔다.

누군가 물을 가져왔다. 사람들이 그들을 에워쌌다. 그러자 그들은 말하기 시작했다.

"할 수 없어요. 정말, 우리는 절대 해낼 수 없어요!"

어찌나 질린 얼굴들인지 보는 사람들도 그들의 공포를 생생하게 느낄 수 있었다. 이 낯선 땅의 끝까지 와서……. 이스라엘 사람들은 전율을 느끼며 가나안이라는 그 공포의 실체에 대해 듣고자 기다렸다.

"거기 도시들은 굉장히 컸고 견고한 요새처럼 되어 있었어요. 그리고 그 사람들!"

정찰대원들은 생각하느라 눈을 굴렸다.

"우리는 거기서 아낙 자손들을 보았어요! 그 땅은 그곳에 사는 사람들을 삼키는 땅이에요. 그 사람들의 키는 장대같이 컸어요. 거인들이죠! 네, 그리고 우리는 네피림 사람들도 보았어요. 우리가 그들 옆에 서면 메뚜기만 해 보일 걸요!"

모세가 군중들 사이로 걸어나오고 있었고, 마침 그들의 마지막 말을 들었다. 네피림. 메뚜기.

"뭐라고?"

그가 놀라며 물었다.

"좋은 소식은 없느냐?"

바로 그때 마지막으로 두 명의 정찰대원이 도착했다. 갈렙과 여호수아였다. 그들은 피를 흘리지 않았다. 행색도 흐트러지지 않았다. 그들은 뛰어오지도 않았다. 그냥 걸어서 왔다. 그리고 그들 두 사람은 장대에 매달아서 가져와야 할 만큼 큰 포도 한 송이를 가지고 왔다. 그래서 가장 늦게 도착한 것이다. 그들이 웃으며 말했다.

"있습니다. 아주 좋은 소식이 있습니다. 그곳은 젖과 꿀이 흐르는 땅입니다. 그곳에서 난 이 과일이 안 보이십니까? 그리고 이처럼 큰 무화과나무 열매, 석류 열매도 있지요! 야훼께서 저희를 위해 그렇게 넘치도록 훌륭한 땅을 준비하신 것입니다."

갈렙이 오른팔을 들고 외쳤다.

"지금 당장 갑시다. 가서 그곳을 점령합시다!"

그러나 나머지 정찰대원들이 그를 향해 소리쳤다.

"지금 제정신이오? 우리가 본 것을 보지 못했소? 우리의 아내와 아이들은 그 거인들의 밥이 될 것이오!"

그 말에 전체 민중이 한탄하며 울부짖기 시작했다. 갈렙과 여호수아는 놀라 당황했다. 그들은 모든 사람들이 그들의 성과를 함께 기뻐할 줄 알았다. 그들은 말했다.

"야훼께서 우리를 기쁘게 보십니다. 그 땅의 사람들을 두려워하지 마십시오. 하나님께서 그들을 우리의 밥으로 만드실 것입니다. 야훼께서 우리와 함께하십니다. 그들의 방어력은 사라졌습니다."

그러나 모든 이스라엘 자손들은 큰 소리로 울었다.

"오, 왜 우리를 광야에서 그냥 죽게 내버려두지 않으셨소! 왜 야훼께서 우리를 이 땅으로 끌어내시어 칼에 맞아 죽게 하시오? 우리 손으로 대장을 뽑읍시다! 그리고 대장에게 우리를 다시 이집트로 이끌어가달라고 합시다."

그러자 여분네의 아들 갈렙과 눈의 아들 여호수아가 슬퍼져서 자신들의 옷을 찢으며 외쳤다.

"이스라엘이여! 우리의 하나님께 반역하지 마시오!"

모세는 아무 말도 하지 않았다. 그는 야훼께서 이 백성을 어떻게 생각하실지 충분히 알고 있었다. 그는 장막 가운데 있는 성막으로 들어갔다. 야훼께서는 그를 보고 말씀하셨다.

'언제까지 이 민족이 나를 멸시할 것이라더냐? 내가 이 사람들 가운데 보여준 온갖 기적들이 있는데, 언제까지 나를 믿지 않겠다더냐? 나

는 그들에게서 상속권을 빼앗겠다.'

모세가 얼굴을 땅에 대고 엎드렸다. 그는 야훼께서만 들을 수 있을 만큼 아주 작은 목소리로 말했다.

"그러나 야훼여, 저는 야훼께서 하신 말씀을 들었습니다. 야훼께서는 노하기를 더디 하시고 사랑으로 가득 찬 분이라고 말씀하셨지요. 야훼께서는 죄를 용서하신다고 말씀하셨어요. 그러니 제발 야훼의 한결같은 크신 사랑으로 이 사람들의 죄를 용서해 주시길 간청합니다. 오 야훼여, 간절히 바랍니다!"

성막 안 어두운 곳, 지성소의 신의 어좌 위에서 야훼께서 말씀하셨다.

'그렇다면 내가 네 말대로 용서하겠다. 그러나 이집트에서 나의 영광을 본 사람은 어느 누구도 그 땅에 들어가지 못할 것이다. 나를 진심으로 따른 나의 종 갈렙과 여호수아 그리고 이 사람들의 자손들만이 그 땅에 들어가 살게 될 것이다. 이 사람들이 '그 거인들의 밥이 될 것'이라고 생각하는 그들의 아이들이 말이다. 모세야, 이 민족에게 앞으로 40년 더 광야에서 방황하게 될 것이라고 전해라. 나, 야훼가 말한다.'

그리하여 모세가 일어나서 밖으로 나가 백성들에게 이 슬픈 소식을 전했다. 그날 이스라엘 진영에는 웃음소리가 들리지 않았다. 그 이후로도 여러 해 동안 웃음소리는 드물었다.

그러나 아이들은 그 웃음소리를 다시 듣기를 갈망했다. 그들은 몇 년 전 바로 그날 온 이스라엘 백성들이 함께 큰 소리로 웃었던 그날을 기억했다. 어린아이들은 다시 한 번 그때처럼 웃을 수 있기를 간절히 원했다.

죽음들

놋으로 만든 뱀 Bronze snake

[민수기 20:1~21:35, 33:1~49]

이스라엘 민족이 아직 가데스 근처에 진을 치고 있던 동안에 모세와 아론의 누나인 미리암이 죽었다. 아기 모세를 자애롭고 재치 있게 돌보았던 그녀, 이스라엘의 해방을 노래했던 그녀. 그리고 여자들에게 춤추는 것을 가르쳐주었던 그녀는 그곳에 묻혔다.

야훼의 말씀대로 이스라엘 백성은 샤수, 즉 정처 없이 갈 곳 모르고 이곳저곳을 떠돌아다니는 유목민이 되었다. 이 죽음을 향한 방랑의 시기가 끝날 때까지 그들은 끊임없이 기다리며 떠돌아다녔다.

이스라엘 백성이 물이 부족하다고 모세에게 불평했을 때 모세는 그들을 대신해 기도를 올렸다. 하나님께서 모세와 아론에게 바위에 명령만 하면 바위가 백성들을 위해 물을 쏟아낼 것이라고 말씀하셨지만, 그들은 명령하는 대신에 아론의 지팡이로 바위를 쳤다. 바위를 치니 그대로 되었다. 정말로 물이 쏟아져나왔고 백성들은 물을 마셨다. 그러나 모세와 아론에게 야훼께서 말씀하셨다.

'너희 두 사람은 나를 믿지 않았기 때문에, 이 백성들을 이끌고 내가 약속한 땅으로 들어가지 못할 것이다.'

어느 날 아간은 장막에서 나는 이상한 소리에 놀라 깨었다. 마치 누군가가 숨을 쉴 수 없도록 목이 졸려 숨이 막혀서 내는 소리 같았다. 아간은 열일곱 살이 되었고 이젠 자기 처소에서 따로 잤다. 그 소리는 아버지의 처소에서 들려오고 있었다. 그는 무슨 일인가 알아보려고 일어나려 했으나 그때 어머니의 목소리가 들렸다. 그녀 또한 그 이상한 소리를 듣고 갈미가 잠자는 곳으로 살며시 들어갔다.

"무슨 일이에요?"

그녀는 낮고 부드러운 소리로 속삭였다.

"아무것도 아니오! 나가주시오!"

아간의 아버지는 숨을 쉬느라 헐떡이고 있었다. 어머니가 속삭였다.

"그런데 왜 울고 있어요, 갈미?"

갈미가 흐느껴 울며 말했다.

"이제 나는 한 뙈기의 땅도 갖지 못하리라 생각하기 때문이오."

"자, 진정하세요."

그녀의 목소리는 익숙하고도 아주 부드러운 소리였다.

"땅에 대해서는 그만 잊어버리세요. 자, 이제 다시 주무세요, 갈미."

이스라엘 온 민중이 호르 산에 진을 쳤을 때 야훼께서 모세에게 말씀하셨다.

'아론을 산 위로 데리고 오너라. 그에게 제사장의 예복을 입게 하고 그의 아들 엘르아살과 함께 이끌고 오너라. 이제 그는 죽게 될 것이다.'

모세는 야훼께서 명하신 대로 하였다. 이른 아침 그는 형님과 조카와 함께 산에 올랐다. 그들은 함께 앉아서 그 민족이 거하는 장막을 내려다보았다. 잠시 후 모세가 아론의 예복을 벗겨 그것을 엘르아살에게 입혔다. 그리고 아론은 자리에 누워 그곳 산꼭대기에서 죽었다. 모세와 엘르아살만이 산에서 내려왔다. 그리고 온 이스라엘 백성이 아론이 죽은 것을 알고 그를 애도하며 30일 동안 슬피 울었다. 모세는 그 기간 내내 침묵했다. 그는 울지 않았다. 그는 한 마디도 하지 않았다.

이스라엘 백성들은 호르 산에서 나와 홍해를 거쳐 남동쪽으로 이동하여 에시온 게벨에서 진을 쳤다. 그리고 그들은 다시 엘랏에 머물렀다. 그들은 엘랏 북쪽 평원을 거쳐 부논으로 가서 진을 쳤다. 다시 그들은 부논을 떠나 오봇에 이르러 진을 쳤다. 오봇을 떠나 좀더 높은 지역으로 올라갔다. 그리고 이예아바림에서 진을 쳤다. 거기서 길을 떠나 세렛 골짜기에 이르러 진을 쳤다.

가는 길에 사람들은 초조해지고 참을성이 없어졌다. 그들은 하나님과 모세에게 거역하는 말들을 중얼거렸다. 그들 생활에는 엄격한 질서가 있었지만, 또한 갖가지 하나님의 명령들로 구속당하고는 있지만, 앞날의 계획이나 목적이 없었다! 우스꽝스러운 일이었다. 엄격한 규칙과 놀라운 정확성을 가지고서도 떠돌이 방랑 생활을 면치 못하다니.

전반적으로 냉소적인 분위기가 이스라엘 민족 사이에 퍼져나갔고, 마침내 몇몇 사람들은 비록 모든 사람들이 그렇게 말할 용기는 없지만 똑같은 감정을 느끼고 있다고 생각하게 되었다. 그리고 그 얼마 안 되는 소수가 나머지를 대신하여 대담해졌다. 자신들 나름대로 정당성이 있다는 허세를 부리며 그들은 군중이 모이는 곳에서 큰 소리로 불평했다.

갈미는 그 목소리 큰 사람 중 하나였다. 예순의 나이에 몸은 마르고 굽었으며, 뺨이 홀쭉하고 앞이마가 벗겨져 검버섯이 피어오른 갈미는 음식을 불평거리로 삼았다. 그는 자신의 장막 앞에 서서 소리쳤다.

"물도 없고, 음식도 없다!"

이제 서른 살이 된 그의 아들은 그런 아버지를 냉소적으로 무관심하게 쳐다보았다. 그는 당혹해하거나 수치스러워하지 않았다. 사실 이제 그는 이 실망스러운 늙은 아버지에 대해 아무런 느낌이 없었다.

한편 갈미의 아내는 남편의 경솔한 행동을 보고 겁에 질려 제발 안으로 들어와 조용히 해달라고 애원했다. 그녀가 말했다.

"갈미, 당신이 더 잘 알잖아요. 우리에게 물이 필요하면 물이 있었고, 지금껏 매일 아침 만나가 있었잖아요."

그러나 남편은 더 고래고래 소리를 질러댔다.

"내 인생이 어떻게 달라질 수 있었을까 생각해 보면! 나 자신이 어떻게 되었을까 생각해 보면! 조금의 땅이라도 있었다면 말이오! 약간의 무화과나무, 몇 마리 안 되는 양 떼만이라도. 엘리세베, 아니오. 이따위 건 음식이 아니오. ……모세!"

그는 팔을 내저으며 고함쳤다.

"모세, 내 말이 들리시오? 나는 지금 만 명의 목소리를 대변하고 있고, 지금 만나 항아리를 가리키면서 말하는 거요! 나는 삼십 년 동안 매일매일 만나를 먹었소. 그놈의 만나! 보기만 해도 메스꺼워지오. 나는 수만 번이라도 말할 수 있소. 우리는 이 보잘것없는 음식에 진저리가 나오!"

그날 밤 삽디의 아들 갈미는 죽었다. 그는 뱀에 물렸다. 그리고 그 물린 상처에서 맹렬한 독이 온몸으로 퍼져나갔지만 숨을 거둘 때쯤에는 소란을 피우지 않았다.

그는 아무 말도 하지 않았다. 아내가 그를 팔에 안고 앞이마에서 흐르는 땀을 닦아주며 정신 차리라고 흔들었다. 그는 한 번 눈을 뜨더니 그녀를 쳐다보았다. 그의 부푼 얼굴은 '내 이렇게 될 줄 알았소.'라고 말하는 듯했다. 그리고 그는 마지막 숨을 내쉬었다.

이스라엘의 다른 많은 장막에서도 그날 밤 고뇌에 찬 울음소리가 드높았다. 모든 장막에 뱀이 돌아다니고 있었다. 뱀들이 조용히 들어와 갑자기 사람들을 물어 놀라게 했다. 그리고 아침 햇살이 퍼지자 도처에 있던 뱀들이 보이기 시작했다. 느슨한 옷자락에서도 뱀이 떨어졌고, 장막의 접힌 자리에도 누워 있었으며, 마른 풀 위에서도 미끄러져 내렸다. 그러면서 이스라엘 자손들을 죽이고 있었다. 그리하여 그들은 다친 몸과 찢어지는 아픈 마음으로 모세에게 나아갔다. 모세는 장막 한가운데에 세워진 성막에 있었다. 그들은 말하였다.

"우리가 죄를 지었소. 우리는 야훼와 당신을 원망했소. 모세, 우리의 죄를 뉘우치오! 제발 야훼께 기도하여 우리에게서 이 뱀들이 물러가게 해주시오!"

모세는 성난 눈으로 그를 에워싼 사람들의 얼굴을 살펴보며 그들의 말을 듣고 있었다. 그리고 돌아서서 성막 안으로 들어가 그곳에서 한 시간 정도 머물렀다.

같은 날에 엘리세베 또한 뱀에 물렸다. 아간은 그녀가 고통에 못 이겨 내는 작은 신음소리를 들었다. 그는 어머니의 방으로 달려들어갔고 뱀의 마른 눈과 마주쳤다. 그는 즉시 뱀 대가리를 짓이기고 어머니를 추슬러 팔에 안고 밖으로 달려나갔다.

그는 유다 지파의 장막에서 나와 넓은 야영지를 지나 성막이 있는 원의 중심, 서쪽으로 달렸다. 그곳에 다다랐을 때 그는 몇 명의 레위 족속이 장대 꼭대기에 누런 뱀을 달고 있는 것을 보았다. 그것은 놋으로 만들어진 것이었다. 모세는 큰 소리로 사람들에게 말하고 있었다.

"야훼께서 나에게 이 뱀을 당신들 앞에 높이 들라고 하셨소. 그리고 자비를 베푸셔서 '뱀에 물린 자들이 이 뱀을 쳐다보면 살 것이다.'라고 말씀하셨소."

아간은 어머니를 그 장대 앞에 뉘었다. 이미 그녀는 온몸에 독이 퍼져 숨쉬기가 곤란할 정도였다. 그녀의 얼굴은 부풀어올라 벌겋게 되었다. 엘리세베는 천천히 눈을 떴다. 그리고 위를 쳐다보았다. 잠깐 동안 그녀는 그 놋뱀을 응시했다. 그리고 나서 그녀는 눈을 감았고, 나른해지면서 깊은 잠에 빠졌다. 깨어났을 때, 그녀는 회복되었다.

이스라엘 자손들은 세렛 골짜기를 떠나 아르논 강가에서 멀리 떨어진 곳에 진을 쳤다. 그곳을 떠나 그들은 브엘을 향해 계속 갔다. 브엘은 야훼께서 모세에게 '백성을 모아라. 내가 그들에게 물을 주마.'라고 말씀하신 샘물이 있던 곳이다. 그리고 이스라엘이 여기에서 이렇게 노래를 불렀다.

솟아나라, 오 샘물아! (모두들 샘물을 노래하자)
달콤하게 흘러라, 우리의 아들과 딸들의 입술을 축일 수 있도록!
민족의 지도자들이 홀과 지팡이로,
믿음과 사랑으로 터뜨린 샘물이로구나.
솟아나라. 오 샘물아, 우리 딸들을 위하여.
우리의 지도들이 영원하기를! 너의 물이 영원히 마르지 않기를!

그들은 그 광야를 떠나 맛다나로 갔고 맛다나에서 나할리엘, 나할리엘을 떠나서 바못에 이르렀고, 바못에서 비스가 산꼭대기 부근, 광야가 내려다보이는 모압 고원 지대의 한 골짜기에 도착했다.

그들이 이곳, 그데못 광야 끄트머리에 있는 동안 모세는 아모리의 왕 시혼에게 전령을 보내 그의 영토를 지나가도록 허락해 달라고 청했다. 아모리 족은 요단 강 동쪽, 그들의 북쪽 경계선 얍복에서 아르논까지 이르는 지역에 퍼져 있었고 요단 강은 남쪽 사해로 흘렀다.

모세는 말했다.

"우리는 왕의 큰길을 따라 지나가기만 하겠습니다. 우리는 밭으로 들어가지 않겠고 단 하나의 우물에서도 물을 마시지 않겠습니다."

그러나 시혼 왕은 그 요청을 거절하였다. 더욱이 왕은 이스라엘의 힘을 알아보기 위해 염탐꾼을 보냈다. 그리고 이제 이스라엘을 두려워하기 시작했다. 이스라엘 사람들의 수가 너무 많았고 너무나도 가까이에 와 있었다. 그래서 그는 재빨리 군인들을 말에 태우고 이 사막의 위협자들을 향해 달렸다.

마찬가지로 이스라엘도 군사들을 모아 시혼을 향해 서쪽으로 갔다. 양쪽 군대는 야하스에서 격돌했다. 그들은 낮 동안 먼지투성이가 되어 혈전을 벌였고, 밤이 되자 이스라엘 무리가 칼날로 시혼을 베어 죽였다. 그리하여 이스라엘 자손들은 아모리의 모든 땅을 소유하게 되었다. 그리고 모세는 그 백성 중 일부를 시혼 왕이 다스렸던 수도 헤스본의 통치자로 남겼다.

다음으로 이스라엘은 방향을 바꾸어 바산 길로 올라갔다. 바산의 옥왕은 그들이 온다는 말을 듣고 자기 왕국 내의 모든 병사들을 모았다. 그리고 그들을 무장시킨 뒤 이스라엘을 맞아 싸우려고 남쪽으로 행진했다.

그때 옥 왕은 헤르몬 산까지 이르는 얍복 강 북쪽의 모든 땅을 다스리고 있었다. 높은 장벽과 방벽, 관문으로 요새화된 60개의 성읍이 있었다. 모세의 군사들이 길르앗 라못 북쪽, 에드레이 근처에서 옥 왕의 군사들과 맞부딪쳐야 한다는 것이 명확해졌다.

전투가 있기 전날 밤 이스라엘 군사들이 조용히 앉아 적군이 길을 가로질러 음식을 먹으며 노래를 부르고, 조롱의 소리를 지르며 다가오는 것을 듣고 있었을 때 야훼께서 모세에게 말씀하셨다.

'그들을 두려워하지 말아라. 내가 옥 왕과 그 백성, 모든 성읍과 모든

땅들을 너희 손에 넘겼다. 전에 헤스본에 거주했던 아모리 왕 시혼에게 했듯이 그를 무찔러라.'

전투는 그대로 되었다. 다음날 정오에 이스라엘은 옥의 군대를 크게 무찔러 한 사람의 생존자도 남기지 않았다. 이 슬픈 소식을 그들의 도성으로 전할 전령 하나 남지 않았다. 마침내 이스라엘 자손들은 그 도시를 자신들의 소유로 만들었다. 이스라엘은 또한 길르앗과 바산 고원 전체, 요단 동편 지역을 지배하게 되었다.

그리하여 마침내 야훼 하나님께서 구해내신 한 민족으로서 이집트를 탈출한 지 40년 후 이스라엘 자손들은 뻗여시못과 아벨 싯딤 사이, 여리고에서 강을 건너 요단 강 동쪽 모압 평야에 진을 쳤다.

유언

모세 Moses

이스라엘 무리를 이집트에서 이끌어냈을 때 모세는 여든 살이었다. 마침내 이스라엘이 다시 가나안 국경 요단 강변에 설 수 있도록 허락되었을 때, 모세의 나이 120살이었다. 비록 그 기간 동안 모세의 힘이 쇠약해지지는 않았지만 이제 죽을 때가 되었다. 그는 자기 민족과 함께 가나안으로 들어가지 못할 것이다.

이스라엘이 이집트를 떠난 지 40년째 되는 해 열한 번째 달 첫째 날에 모세는 온 백성을 불러모았다. 그리고 그는 성막 주변의 거대한 원 안에 서서 목소리를 높여 그들에게 말했다.

"야훼 하나님께서 너희 부모들에게 증거와 기적을 보여주시며 이집트에서 이끌어내신 것처럼, 이제 너희들을 가나안 땅으로 이끄시겠다는 약속을 지키시기로 결심하셨다."

이 노인은 매서운 눈빛으로 군중들을 좌우로 살폈다. 그는 누군가를 찾고 있었다. 그의 머리는 헤르몬 산의 눈처럼 하얗게 되었고, 그의 뺨에는 헤르몬 산에서 흘러내려 요단 강으로 들어가는 폭포처럼 주름살이 패였다. 갑자기 그가 누군가를 가리켰다.

"눈의 아들, 여호수아!"

그가 소리쳤다. 작지만 아주 신중한 그 남자는 모세를 한 번 힐끗 올려다보고는 지적되어 당황한 듯 주변을 두리번거렸다.

206

모세가 소리쳤다.

"여호수아, 너는 신실했다. 너와 여분네의 아들 갈렙 두 사람만이 나머지 이스라엘인들이 불평할 때에 야훼께서 우리를 가나안으로 이끌어주실 것을 믿었다. 그리하여 야훼께서 너를, 요단 강을 건너 약속의 땅으로 이 민족을 이끌 지도자로 선택하셨다."

이 말을 마치고 모세가 모든 사람들을 둘러보았다. 숭고하고 젊으며 강하고 밝은 눈을 가진, 노예근성이 없는, 나이 50을 넘지 않은 젊은 민족을.

"너희는 결코 광야의 교훈을 잊지 말아라. 자식이나 손자를 갖게 될 때, 그 땅에서 너희가 늙게 될 때, 끝까지 너희 야훼 하나님을 찾는 것을 잊지 말아라. 너희가 마음을 다하여 찾으면, 너희는 하나님을 만날 수 있을 것이다.

이제 하나님께서 이 땅에 사람들을 창조하신 이후로 지난 역사에 대해서 살펴보아라. 하늘의 이쪽 끝에서 저쪽 끝까지 이와 같은 일이 일어난 적이 있었는지 온 천지에 물어보아라. 그 어느 민족이 너희가 들은 것처럼 불 가운데서 말씀하시는 하나님의 목소리를 듣고도 살아난 사람이 있다더냐? 또 그 어느 신이 너희 야훼 하나님이 이집트에서 너희를 위해 이루신 것처럼, 시련과 기적과 놀라움과 전쟁과 강한 손과 펼친 팔로 여러 민족 가운데 한 민족을 택한 일이 있더냐? 너희에게는 그런 일이 나타나지 않았느냐! 그런 일들을 통해 야훼께서 너희의 하나님임을 알게 하지 않았느냐! 그분과 같은 신은 없다. 야훼께서 너희 조상과 그 자손인 너희들을 사랑하셨기 때문에 직접 나타나셔서 너희를 이집트에서 이끌어내신 것이다.

그리고 그분은 당신의 성스러운 산에서 너희와 약속을 맺었다! 단지 너희 부모들과 맺으신 것이 아니라 너희와도 계약을 맺으셨기에, 너희 모두가 살아서 오늘날 이렇게 여기에 있지 않느냐. 야훼께서 말씀하셨다. '나는, 너희를 이집트 땅에서, 종살이하던 집에서 끌어낸 야훼 너희 하나님이다. 너희가 나 외에 다른 신을 갖지 않게 할 것이다.'

오 이스라엘아, 들어라. 너희 야훼 하나님은 유일한 하나님이시다! 너희는 너희 야훼 하나님을 마음과 뜻과 힘을 다하여 사랑해라. 그리고 내가 너희에게 가르친 하나님의 명령, 율법, 계명의 모든 말씀을 마음에 새겨라. 그리하여 그것들을 너희가 집에 앉거나 길을 걷거나 눕거나 일어날 때 부지런히 너희 아이들에게 가르쳐라."

모세가 조용해졌다. 아무도 움직이지 않았다. 그의 시선이 그들에게서 떠나 아무도 볼 수 없는 어느 곳을 향하여 움직이고 있었다. 그는 잠시 그들에게서 떠나 있는 것처럼 보였다. 그러나 누구도 불안해하지 않았고 누구도 움직이지 않았다.

이 노인은 그들이 기억하는 한 오랫동안 살아서 그들을 이끌었고, 화내기도 했으며 냉담하기도 했고 고집을 부리기도 했으나 항상 옳았다. 또한 항상 신실했으며 가끔 친절하기도 했다. 그가 저녁 무렵 사람들을 바라보고 있노라면 그의 눈 속에는 꿈꾸는 듯한 부드러움이 나타나고는 했다. 비할 데 없는 친절함이.

이제 모세가 다시 부드럽게 말을 이었다.

"너희는 너희 야훼 하나님의 거룩한 백성이다. 야훼께서 이 땅의 모든 민족 가운데 너희를 선택하셔서 당신의 보배로 삼으셨다."

그의 눈이 날카로워졌다.

"야훼께서 너희를 택하신 것은 너희의 수가 많거나, 강하거나, 또 올바른 민족이어서가 아니었다. 너희는 정말 고집이 센 민족이었다. 그런데도 너희를 선택하신 것은 야훼께서 너희를 사랑하시기 때문이다. 야훼께서는 너희 부모들에게 맹세하신 약속을 지키고 계시다.

내일, 너희 이스라엘은 너희보다 더 크고 강한 민족에게서 땅과 재산을 빼앗으려고 요단 강을 건널 것이다. 그러나 너희 야훼 하나님께서 삼킬 듯한 불꽃이 되어 너희보다 먼저 가실 것이다. 야훼께서 너희 편이 되어 싸우실 것이다. 그리고 너희를 위해 그 민족들을 누르실 것이다. 그러니 이제 야훼께서는 너희가 그분을 두려워하고, 그분의 길을 따르고, 그분을 사랑하고, 마음을 다하여 그분께 예배하는 것 말고 무엇을 요구하시겠느냐?

너희는 마음의 할례를 드려라. 더 이상 고집을 부리지 말아라. 너희 야훼 하나님은 정의를 실행하시고, 그 안에 머무는 자를 사랑하시고, 배고프고 헐벗은 사람들을 먹이시는, 신들 중의 신이요 왕 중의 왕이시다. 마찬가지로 너희와 함께하는 자들을 사랑해라."

모세는 잠시 말을 멈추고 사람들을 바라보았다.

"야훼께 나아가라……. 그분은 너희의 찬양이시다……. 그분은 너희의 하나님이시다."

모세는 거의 속삭이고 있었다. 대부분의 이스라엘 사람들은 더 이상 그의 목소리를 들을 수 없었다. 그러나 그들은 그가 무슨 말을 하고 있는지 알았다. 그는 전에도 종종 같은 말을 들려주곤 했다. 그들은 그의 말을 사랑했다. 이미 그들은 모세가 한 이야기들을 자녀들에게 들려주었다.

"너희 조상들이 이집트에 들어갔을 때는 일흔 명이었다. 그런데 이제는 야훼 하나님께서 너희의 수가 하늘의 별처럼 많게 하셨다. 하늘의 수많은 별처럼. 하늘의 별처럼."

그날 오후 모세는 이스라엘 진영 동쪽으로 조금 떨어진 느보산을 향해 혼자서 걸어갔다. 그의 걸음은 조심스러웠고 보폭은 짧았다. 그는 거의 지팡이에 매달리다시피하며 걸었다. 그러나 저녁 무렵에 그는 산을 다 올랐고 높은 산봉우리에 서서 서쪽으로 지는 주홍빛 태양을 바라보았다. 야훼께서 말씀하셨다.

'모세야, 보아라. 보아라, 이것이 내가 아브라함과 이삭과 야곱에게, 그들의 자손에게 주겠다고 맹세한 땅이다. 보아라, 모세야. 보이느냐?'

그 노인은 붉은 태양빛에 눈이 부셔 눈을 가늘게 뜨고 보았다. 정말로 그는 볼 수 있었다. 신비스럽게도, 그는 북쪽 단에서부터 남쪽 소알까지 전 영토를 볼 수 있었다. 정말이지, 그렇게 그는 볼 수 있었다.

모세는 백스무 살이 되어서, 비록 눈은 빛을 잃지 않았고 타고난 기력도 쇠진하지 않았지만, 느보 산에서 그렇게 죽었다.

야훼께서 당신 종의 시신을 들어 직접 그를 묻으셨다. 그래서 그 누구도 모세가 어디에 묻혔는지 지금까지도 알지 못한다. 야훼께서 얼굴과 얼굴을 마주 대고 직접 말씀하신 모세와 같은 예언자는 그 이후로 다시는 이스라엘에 나타나지 않았다.

3부

하나님의
전쟁

최강의 성벽이 무너진 날

여리고 성 Jericho

[여호수아 2:1~24, 6:1~27]

가나안 왕들은 언덕 위에 세워진 면적 1만 평 안팎의 작은 성읍들을 지배했다. 그 성읍들은 건물과 넓은 주변 농장과 성밖 들판으로 둘러싸여 있었다. 그 왕들이 다스리는 사람들은 잘 지어진 건물 2층에 살았다. 그들은 매일 밤 가축들을 건물 안으로, 바로 각자의 집 1층으로 들여놓았다.

가나안 왕들은 일 년에 두 번 그들의 신께 풍성한 수확을 기원했다. 그것은 정착민들에게는 꼭 필요한 의식이었다. 만약 얻고자 하는 좋은 것들을 밖으로 나가서 구할 수 없다면 잘 달래서 집안으로 끌어들여야만 하지 않겠는가. 왕들은 뇌운의 신 바알에게 비를 기원했고, 그의 부인 아스다롯에게는 비옥함과 풍작을 기원했다.

그러나 특히 대풍년이었던 어느 해 봄에, 정확히 말하면 북쪽에서 내린 비와 녹은 눈으로 요단 강물이 건널 수 없을 만큼 불어난 추수 기간에, 여리고의 왕은 여느 때와는 다른 기도를 올렸다. 그것도 아주 필사적으로.

"구름을 관장하는 당신. 오! 위대하신 폭풍의 신, 바알이시여!"

그는 요단 강 북쪽 강변에 집결한 새로운 한 민족을 지켜보고 있었다. 그들은 메뚜기처럼 주변 지역들을 먹어치워버릴 것 같았다. 그들은 사막에서 단련된 사람들이었다. 이미 그들은 아모리 왕들과 모압 왕들을 해치웠다.

여리고 왕은 그의 성읍이 강물로 보호받고 있다고 생각했다. 홍수로 불어난 요단 강에는 건널 만한 얕은 개울이 없었다. 그러나 오늘 아침 전초 부대가 그 민족이 강을 건넜다는 소식을 전해 왔다. 갑자기 그들이 서쪽 길갈에 나타나 제단을 세우고 있었다. 남자와 여자 아이들을 데리고, 모두 함께!

"오! 위대한 폭풍의 신 바알이여. 하늘을 따라 성큼성큼 걸어가 천둥 번개의 창을 휘두르소서. 그리고 우리를 위해 싸워주소서! 사막에 들끓는 저 거칠고 냉혹한 골칫거리 민족으로부터 우리를 구해 주소서!"

눈의 아들 여호수아는 어두운 시간을 틈타 여리고 성을 향해 길을 떠났다. 한 발 한 발, 그는 천천히 갔다. 발 디딜 곳을 찾기 위해서 빤히 발 앞을 응시해야 할 정도로 심한 근시인 그가 어두운 밤 시간을 택한 것은 계획이 있어서였다. 여호수아는 달빛 없는 밤을 선택했다. 왜냐하면 그는 몰래 성벽 바로 앞까지 가서 손만 한 번 대보고 돌아올 계획이었기 때문이다.

이스라엘이 가나안에 들어가 살려면 우선 여리고 성을 함락시켜야만 했다. 사실 여호수아는 정보를 얻으러 그곳으로 간 것은 아니었다. 그는 전에 두 명의 정찰병을 급파했던 뒤였고, 그들의 보고는 놀라울 정도로 정확했다. 라합이라는 한 창녀가 그들에게 방을 주고 숨겨주었기 때문이다. 빈틈없는 선택이 아닌가. 그들은 돌아와서 웃었다. 창녀라면 괜한 질문은 하지 않을 것이고 또 창녀보다 더 정확한 정보를 줄 만한 사람이 누가 있겠는가?

사실 여호수아는 정탐할 필요가 없었다. 그러나 그는 이스라엘 자손들이 하나님께서 조상들에게 약속하신 땅을 빼앗기에 앞서, 상대의 사기와 힘을 알아보기 위해 홀로 여리고 성으로 가고 있었다. 야훼 하나

214

님께서 아브라함으로 하여금 온 집안 남자들에게 할례를 베풀도록 명령하신 곳, 하나님께서 약속을 맺고 그 증거를 남기신 곳이 바로 이 땅이었다. 그리고 지금 이스라엘이 야훼 하나님께 막 받으려고 하는 것은 단지 말이나 증표가 아니었다. 지금 그들이 받으려고 하는 것은 바로 약속의 땅이었다!

그리하여 이스라엘이 요단 강을 건너자마자 여호수아는 광야에서 태어난 모든 남자들에게 언약의 말씀에 따라 할례를 받도록 명했다. 그들은 아브라함이 처음에 사용했던 것과 같은 부싯돌 칼을 사용했다.

다음에 그는 유월절 절기를 지키도록 명했고, 그들은 그 달 열나흘날에 절기를 지켰다. 유월절 다음날에는 가나안 땅에서 난 것으로 마련한 누룩 넣지 않은 빵과 볶은 곡식을 먹었다. 그리고 그날부터 만나는 더 이상 내리지 않았고, 이스라엘 백성은 그해부터 가나안 땅에서 나는 양식을 먹고 살았다.

그곳! 여호수아는 바로 가까이에서 여리고 성의 거대한 검은 그림자, 별을 가릴 정도로 높은 그 성벽을 보았다. 눈의 아들 여호수아는 생각했다.

'오 이스라엘이여, 어떻게 너희들이 저 성벽을 돌파할 수 있겠는가?'

그러나 이스라엘은 발을 적시지 않고 홍해를 건넜고, 최근에는 요단 강 바닥을 걸어서 건넜다. 야훼께서 강물의 북쪽을 막으셔서 남쪽으로 흐르는 모든 물줄기를 끊으셨기 때문이었다.

그렇다면 이스라엘이 이 군건한 강벽을 뚫지 못할 건 또 뭐겠는가? 그리하여 여호수아는 시력이 나쁜 눈을 긴장시켜 앞을 똑바로 쳐다보며, 팔을 들어 가나안의 힘과 상징인 그 벽을 만질 준비를 하면서 다시 한 발 한 발 천천히 벽을 향해 걷기 시작했다.

그때 갑자기 여호수아는 소름 끼치도록 분명하게, 자기 앞에 칼을 빼들고 서 있는 한 남자를 보았다. 여호수아는 팔을 떨어뜨리고 잠시 멍하게 서 있다가 작은 소리로 물었다.

"너는 우리 편이냐, 아니면 우리의 적이냐?"

칼을 든 사람이 말했다.

"아니다. 나는 야훼의 군사령관으로서 이곳에 왔다."

여호수아는 즉시 땅에 엎드려 절을 했다. 그리고 물었다.

"야훼께서 이 부하에게 무엇을 명하려고 하십니까?"

야훼의 군사령관이 말했다.

"신발을 벗어라. 네가 선 땅은 거룩한 곳이다."

여호수아는 그대로 했다. 그리고 그때 눈의 아들 여호수아는 모세의 뒤를 이은 이스라엘 군대의 지도자로서 어떻게 여리고 성의 돌벽을 뚫을지 알게 되었다.

여리고 왕은 성문을 굳게 닫았고 재목으로 빗장을 걸어 잠갔다. 시민, 농부, 군인들 모두가 안에 있었다. 양, 염소, 소, 곡괭이, 갈퀴, 무기들, 그 도시 소유의 모든 것이 그 안에 있었다.

여리고에 물을 대는, 가나안 땅의 모든 샘물 중 가장 훌륭한 맑은 샘물이 끊이지 않고 흘렀다. 더욱이 갓 추수한 최고 품질의 보리가 가득 비축되어 있었다. 새로 지은 곡식 창고에만 그득한 것이 아니라 여리고에서 처음 농사를 지었던 농부들이 지하에 파놓은 오래된 곡식 저장고에도 곡식이 넘쳐흘렀다.

여리고는 아무리 오래 포위를 당해도 끄떡없이 버틸 준비가 되어 있었다. 여리고는 견뎌낼 수 있을 것이었다.

한밤중에 여리고 왕은 공격에 대비한 준비 상황을 직접 시찰하기 위해 성벽 위로 올라갔다. 성벽 꼭대기를 따라 일정한 간격을 두고 기름 단지가 있었다. 돌벽에 홈통 같은 것이 뚫어져 있었다. 왕은 그 속에 손가락을 넣어보았다. 그 속에는 기름에 불을 당겨 불바다를 만들, 연기 나는 도구가 들어 있었다. 그리고 짧은 화살이며 날카로운 구리 촉을 단 긴 화살들이 좁은 돌구멍 사이에 빽빽이 들어차 있었다. 팔힘이 세고 정확한 눈을 가진 군인들이 쏠 창들이 한 구석에 세워져 있었다. 그리고 나이든 노인이나 성난 여인들이 사다리를 타고 가까이 다가오는 이스라엘인들의 머리 위로 떨어뜨리기 위한 돌도 여기저기 무더기로 쌓여 있었다.

왕은 직접 모든 것을 점검했다. 그렇다. 포위를 당하든 직접 공격에 나서든 여리고는 만반의 준비가 되어 있었다. 더욱이 그가 서 있는 성벽은 이중으로 되어 있었다. 한 벽이 다른 한 벽을 둘러싸고 있는 이 두 겹의 벽은 돌과 튼튼한 나무 격자로 연결되어 있었다. 이전 섭정은 그 두 벽 사이에 방들을 만들어도 좋다고 허가했다. 그리고 극빈자들, 부랑자들과 창녀들이 그 사이에서 살았다.

창고들도 그곳에 있었다. 돌들은 비록 망치로 두들겨 다듬고 진흙 반죽 위에 쌓은 것이었지만, 외벽을 높이 5미터까지 노란색 회반죽으로 두껍게 칠하라고 왕이 직접 명령했다. 그것은 왕 자신의 발상이었다. 그렇게 함으로써 벽을 타려면 사다리가 필요하게 되었다. 그렇다. 여리고는 준비가 되었다. 그러나 왕은 밤새도록 그 성벽을 왔다 갔다 하며 기도했다.

'일흔 명 신들의 어머니이시요, 바알 신의 어머니이시요, 엘 신의 부인이신 아세라여……'

그는 안절부절못했다. 그는 이미 소문으로 이 사막 족속의 힘과 맹위에 관해 들었고, 이집트에서 온 이 냉혹한 민족에 대해 잘 알고 있었다. 그들은 산신(山神)을 섬기고 있었다.

'오 아세라여, 가장 용맹스런 당신의 자녀에게 청하여 바다를 말려서 자기 백성을 건너게 하는 저들의 신으로부터 우리를 보호해 주소서!'

그날 밤 어느 순간에 왕은 성벽 밖에서 아주 부드럽게 중얼거리는 소리, 염려하는 여인의 소리 같은 것을 얼핏 들었다. 그러나 그 소리는 너무도 재빨리 사라졌고, 그는 더 깊은 외로움 속에 남겨졌다. 마치 아세라 여신이 그보다 더 나은 사람을 사랑하기 위해 몰래 떠나버린 것처럼.

새벽녘 하늘이 여명을 거두어들이기 시작할 때 왕은 성문 옆 탑과 구석에 서 있는 야간 순찰대의 형체를 볼 수 있었다. 성읍에서 사람들이 잠기운을 털고 일어나기 시작했다. 장작들이 딱딱 소리를 내면서 불꽃을 일으키고 있었다. 가족들은 작은 소리로 대화를 나누기 시작했다.

왕이 막 아래로 내려가 씻으려고 했을 때 멀리서 나는 어떤 소리가 그를 사로잡았다. 그 소리는 북동쪽에서 들려왔는데, 거의 들리지 않을 정도로 작은 규칙적인 리듬의 북소리 같은 것이었다. 그러나 경비병들은 아무런 반응도 보이지 않았다. 어쩌면 아무 소리도 안 나는지 몰랐다. 그러나 왕은 땅 속에서 그리고 그의 뼛속에서 거대하게 고동치는 소리를 느끼는 것 같았다. 저 소리!

"경비병!"

여리고 왕은 소리쳤다.

"대장들!"

그가 성 아래쪽을 향해 큰 소리로 고함을 질렀다.

"전사들을 깨워라! 궁수들은 어서 일어나라! 일어나서 준비해라!"

북동쪽 지평선에 움직임이 있었다. 먼 땅에서 부풀어오르는 구름처럼 먼지가 일었다. 이제 여리고는 정신없이 바쁘게 움직이기 시작했다. 성벽에서 전사들이 뛰어나와 각자의 위치로, 무기가 있는 곳으로 달려갔다. 동쪽 하늘에서 붉은 빛줄기가 비추었다. 성난 구름이 지평선에서 일고 있었고 그 구름은 태양빛을 받아 붉게 불붙고 있었다.

그것은 이스라엘 군대였다! 그 민족의 전 군대가 완벽한 대오 속에 행진하며 이쪽으로 오고 있었다. 아무도 서두르지 않았다. 모두들 넓은 대열로 아주 긴 행렬을 이루어 다가오고 있었다. 여리고는 지켜보았다. 여리고는 기다리며 침묵에 빠졌다. 여리고는 성벽 안에 웅크린 채 지켜보고 있었다.

　이제 왕은 어떤 전략을 써야 승리할 수 있을지 알고 있었다. 그는 재빨리 궁사들과 창병들을 쳐다보았다. 그들은 적을 죽일 수 있는 사정거리를 정확히 알고 있었다. 그들은 적군이 사정거리 안으로 들어오지 않으면 한 대의 화살도 쏘지 않을 것이다.

　그러나 이스라엘 군은 그 거리 안으로 결코 들어오지 않았다. 이스라엘 군대 행렬이 아직 안전한 범위 안에 있는 동안 뿔나팔 소리가 울리기 시작했고, 선봉 군인들이 방향을 돌렸다. 그들은 방향을 바꿔 성벽과 나란히 행진했다. 그들은 잰 듯한 일정한 걸음으로 똑바로 앞만 바라보며 계속 행진하고 있었다. 그들은 여리고 성을 쳐다보려고조차 하지 않았다. 이스라엘 군의 전 대열이 성을 돌고 있었다. 나팔소리가 울리며 하늘을 찌를 듯했으나 멈추지 않았다.

　여리고 성의 궁수들은 활을 쏘고 싶은 강한 욕망으로 몸을 떨었다. 그러나 대장들은 왕을 응시하며 기다릴 것을 명령했다. 왕은 성을 둘러싼 그들의 이상한 행렬을 따라 눈동자를 좌우로 굴리고 있었다.

　어디서부터 공격이 시작될 것인가? 모든 곳에서 동시에? 이스라엘 군의 얼굴에서는 아무것도 읽을 수가 없었다. 그들은 엄격하게 통제되어 있었고 쉽게 움직일 것 같지 않았다. 모든 병사들은 앞만 똑바로 응시하고 있었다.

　왕은 그 행렬의 중앙에서 놀라울 정도로 화려한 금빛, 푸른빛, 보랏빛, 주홍빛의 잘 짜여진 사제복을 입고 있는 일곱 명의 남자들을 보았다. 그들은 각자 속이 빈 숫양 뿔을 입에 대고 너무도 냉정하고 흐트러

짐 없는 조화를 이루며 나팔을 불었다. 그 소리에 여리고인들의 목살이 떨릴 정도였다. 거기에서, 저들의 질서정연함이 바로 저 소리에서 비롯되는 것이었다! 그리고 이 일곱 사람 바로 뒤에는 네 명이 두 개의 긴 가로대 위에 금박을 한 상자를 실어 두 사람은 앞에서, 두 사람은 뒤에서 메고 있었다.

그렇게 이스라엘 군의 대열은 그 성을 하루 종일 돌았다. 서로 한 대의 화살도 쏘지 않았다. 한 마디 말도 오고 가지 않았다. 아니, 서로의 눈조차 정면으로 바라보지 않았다. 성 주위를 한 번 천천히 돌고 나서 이스라엘 군대는 길갈 쪽으로 돌아섰다. 뿔나팔 소리도 그쳤다. 침묵 속에서 그 무리는 떠났다.

여리고 사람들은 땀으로 흠뻑 젖은 채 완전히 지쳐 있었다. 그러나 왕은 그들을 위로할 수 없었다. 그는 병사들을 성벽 아래로 내려보내어 음식을 먹은 뒤 잠을 자고 내일 공격에 대비할 것을 명령했다.

그러나 이때까지도 왕은 그 사막의 골칫거리 무리들이 어떤 전략을 택했는지 알 수가 없었다. 이것이 포위 공격이라면 별 의미가 없는 것이었다. 어쩌면 그것은 성읍의 힘과 정신을 결박해 놓으려는 하나의 의식일 수도 있었다. 그렇다면 내일 낮에 공격이 있을 것이다.

그래서 왕은 다음날 새벽, 성벽 위에 있었다. 모든 병사들이 그를 따랐다. 이스라엘 군은 전날처럼 길갈에서 나왔다. 그리고 전날과 정확히 똑같은 일곱 개의 뿔나팔을 불며, 그들의 신비한 금장식 궤를 보이면서 성읍 주위를 한 바퀴 돌아 행진한 후 해질 무렵 그들의 진영으로 돌아갔다. 셋째 날도 그랬다. 그리고 넷째 날도 똑같았다. 이스라엘은 성을 한 바퀴 돌더니 떠났다.

다섯째 날에 여리고 왕은 성벽 꼭대기에서 소리를 지르기 시작했다. 아침 내내 그는 조롱과 저주를 퍼부었다. 잠시 동안 그는 백성들의 사기를 높였다. 그는 아주 지독한 시의 구절을 덧붙였다. 이스라엘의 머리 위에 비열한 악담을 쏟아부었다. 그러나 이스라엘 군의 시선은 끝까지 앞으로 향했고, 그들의 뿔나팔 소리는 멈추지 않았다.

오후가 되자 왕은 저주를 퍼붓는 것도, 자신이 모시는 신에 대한 믿음도 모두 포기했다. 숨막힐 듯한 기운이 성읍을 감돌았다. 사람들은 떨고 있었다. 그들은 먹을 수도 잠을 잘 수도 없었다. 아이들은 이미 오래 전에 울음을 멈추었다.

여섯째 날에 왕은 날카로운 소리를 내며 성의 한쪽 문을 열어젖히고는 호위병 네 명의 호위를 받으며 행진하고 있는 이스라엘 군의 종대 앞으로 용감하게 접근했다. 협상을 시도해 보기 위해서였다.

거기서 왕은 키 작은 한 남자, 땅을 처다보며 생각에 잠긴 채 다리를 끌며 왔다 갔다 하는 한 남자를 보았다. 합리적인 사람 같았다. 왕은 그를 대화로 끌어들이려고 했다. 그러나 그 신중한 남자는 응하지 않았다. 그는 왕을 올려다보았다. 그는 자세히 보려는 듯 눈을 몹시 찌푸리더니 마침내 허깨비라도 본 듯이 먼 눈빛으로 처다보고 있었다.

뿔나팔 소리는 계속 울렸고 모든 이스라엘 군은 이 인물을 의식하지 않고 지나쳤다. 마치 그를 거지쯤으로 여겼을지도 모르는 일이었다. 그리하여 여리고 왕은 아무 성과 없이 그의 성읍, 그의 성벽 안으로 돌아왔다.

이레째 되는 날은 달랐다. 이날 이스라엘 군은 성 주위를 한 번이 아니라 새벽부터 오후 늦게까지 일곱 번을 돌았다. 일곱 번째 도는 도중에 갑자기 뿔나팔 소리가 바뀌었다. 그 소리는 날카로운 독수리 울음처럼 치솟아올랐다. 그리고 모든 목소리가, 이스라엘 군의 모든 목이 열렸다. 만 명의 전사들이 일제히 큰소리를 질러 성을 공격했다.

그들의 목소리는 우렁우렁 울렸다. 성벽이 덜덜 떨리고 있었다. 왕도 발밑에서 돌들이 무시무시하게 뒤흔들리고 있음을 느낄 수 있었다. 왕의 궁수들은 재빨리 화살을 메겼다. 창병들은 창을 잡았다. 여자들은 기름에 불을 당길 그릇을 가져다가 불을 붙이고 불바다를 만들었다.

그러나 이스라엘이 여리고인들의 사정 거리 안으로 막 들어오자 성벽이 뒤흔들렸다! 성벽은 굉음을 내며 마치 살아 있는 것처럼 1미터 공중으로 솟아올랐다가 떨어졌다. 돌과 돌 사이의 회반죽이 떨어져나가며 성벽은 산산이 부서져 내려앉아 그 아래 있던 사람들을 압사시켰다.

여리고 왕은 무너져내리는 성읍 속으로 굴러 떨어졌다. 불붙은 기름이 안쪽으로 쏟아져 들어왔다. 불길과 재목 그리고 돌덩이가 왕 위로 떨어졌다.

여리고 왕이 본 마지막 장면은 무너지지 않고 불에 타지도 않은 한 벽면, 2층에 창문 하나가 나 있는 옹색한 돌벽 그리고 그 창문에 늘어져 있는 진홍빛 줄이었다. 그의 생명이 다하는 마지막 순간에 온 세상이 왕에게 쓰디쓴 농담을 던지는 듯했다.

'왜 하필 그 창문이 마지막까지 살아남았다고 생각하느냐?'

그 창문은 한 버림받은 자의 것! 라합이라는 창녀의 창문이었다.

여호수아는 불길을 지켜보았다. 그는 청천벽력 같은 소리, 여리고 성벽을 무너뜨리고 그것들이 무너져내려 쌓이게 하는 야훼의 음성을 들었다. 지금 그는 너울거리는 붉은 화염의 휘장이 그의 잘 보이지 않는 눈앞에서 어른거리는 것을 보았다. 어두운 형체들이 이리저리 달아났고 이스라엘 군대는 그 성읍을 먼지가루로 만들었다.

야훼께서 성막의 보물로 지정하신 특정한 금속만을 제외하고 여리고 성의 나머지 전리품들을 갖는 것은 금지되었다. 그 모든 것을 완전히 파괴해 야훼께 바쳐야 했다. 헤렘(사람이나 물건을 완전히 파괴해 야훼께 바치는 것을 뜻함). 야훼 하나님께서 이 도시의 사람이나 재산 그 어떤 것도 인간의 목적을 위해 다시 사용해서는 안 된다고 명령하셨다.

여호수아는 한 도시의 완전한 멸망을 지켜보고 있었다. 모든 가축 떼, 남녀노소를 포함한 모든 시민들, 수 세대에 걸쳐 이룩한 모든 부 그리고 또 다른 군대를 풍요롭게 했을지도 모를 재물들. 이 모든 것이 완전하게 소멸되었다. 여리고가 다 타버린 재에서 피어오르는 한낱 연기가 되었을 때, 여호수아는 머리를 숙이고 조용하고 두려운 목소리로 말했다.

"이 성읍을 다시 일으켜세우려는 자는 저주를 받을 것이다."

그 옆에 있던 사람들은 그가 말한 것을 들었다. 그러나 그가 다음에 한 말은 더 끔찍해서 사람들의 기억 속에 영원히 각인되었다.

성벽의 기초를 쌓는 자는
맏아들을 잃을 것이요,
성문을 다는 자는
막내아들을 잃을 것이다.

그리하여 여호수아에 대한 명성과 두려움이 가나안 온 땅에 두루 퍼졌다. 야훼가 그와 함께하셨기 때문이었다.

단 한 사람의 범죄

아간 Achan

"우리는 가나안 땅 한가운데를 갈라서 반쪽씩 따로따로 정복할 것이다."

여호수아는 땅에 그린 도면 위에 손가락으로 선을 그리면서 앉아 있었다. 그는 정확한 그림을 그리려고 매우 애를 썼다.

"내가 이것을 연구해 봤는데…… 여기가 요단 강이고, 그 남쪽이 사해 그리고 그 북쪽 지대가 갈릴리(긴네롯) 바다다. 우리는 여기, 사해의 북서쪽 여리고에 있지."

여호수아는 땅에 그린 지도를 자세히 들여다보고 있었다. 이스라엘의 지휘관들은 그를 빙 둘러싸고 있었는데, 그들은 여호수아보다 키가 컸고 젊었으며 건장했다. 그들은 그 그림을 보려고 애쓰며 계속 자리를 옮겼으나 그 작은 사람이 너무도 열심히 지도 위에 꼼짝 않고 있어서 그들의 시야를 가렸다.

"여기가 아이 성이지."

그가 부드럽게 말했다.

"그리고 벧엘, 그 서쪽이야. 이 성읍들은 여기 브엘세바에서 이곳 세겜까지를 남쪽에서 북쪽으로 잇는 산등성이 위에 위치하고 있다. 이 길이 등뼈에 해당되지. 그 길을 막아버리면 가나안은 두 조각이 나는 것이다."

여호수아는 지휘관들을 힐끗 올려다보았다.

"그러면 우리는 가나안을 두 조각 내는 거야."

그가 조용히 말했다. 그의 목소리에는 승리에 대한 도취나 다급함이 없었다. 그것은 하나의 기정 사실이었다. 왜냐하면 야훼께서 그를 선택하셨을 때, '아무도 네 앞에 서게 하지 않겠다. 내가 너와 함께할 것이다. 나는 너를 떠나지도 버리지도 않을 것이다. 너는 내가 네 조상에게 주겠다고 맹세한 땅으로 이 민족을 이끌어갈 것이기 때문이다.'라고 말씀하셨기 때문이다.

여호수아는 다시 지도를 보며 먼저 남쪽을, 그리고 나서 북쪽의 성읍들을 표시하고 이름을 붙였다. 이것이 그가 떠나려는 원정의 순서였다. 사해의 서쪽, 약간 경사진 곳에 위치한 인구가 많지 않은 나라를 먼저 확보한 뒤에 북쪽의 더 풍요한 나라에까지 손을 뻗칠 것이었다. 그러나 시작은 아이 성부터다.

"오드니엘."

여호수아가 많은 얼굴들 가운데 그를 찾으며 말했다.

"그 성에 대해 뭐라고 말했지?"

키가 크고 웃는 얼굴의 한 젊은이가 말했다.

"그 성은 산등성이에 위치하고 있습니다. 하지만 그곳 사람들은 그 위치를 방어용으로 이용하지 못하고 있는 데다 인구도 적으므로 이천 명 이상 보낼 필요가 없습니다."

그는 대담하게 웃었다.

"제가 창을 휘둘러 적군을 뿔뿔이 흩어놓겠습니다. 그들은 저희를 아주 두려워하고 있습니다!"

여호수아가 고개를 끄덕였다. 아침이 되자 여호수아는 3천 명의 군사를 아이 성으로 보냈다. 강한 공격으로 단번에 그 성을 함락시키기 위해서였다. 그때 한 무리의 허름해 보이는 나그네들이 이스라엘 민족과 함께 살기를 간청하려고 여호수아를 찾아왔다. 그들은 야훼께서 이집트에서 보이신 기적들 때문에 아주 먼 나라에서 찾아왔다고 말했다. 그들은 말했다.

"우리를 당신들의 종으로 삼아주십시오. 이제 우리와 조약을 맺어 주십시오."

이 대화가 끝나기도 전에, 어떤 조약이 맺어지기도 전에, 여호수아는 이스라엘의 서쪽 장막에서 외치는 소리를 들었다. 그것은 비탄의 외침 같았다. 여호수아가 막 그쪽으로 가기 시작했을 때, 웃으며 확신에 차 있던 그 젊은이가 진영을 지나 달려오고 있었다. 그는 여호수아를 보자마자 그 앞에 쓰러져 숨을 헐떡이며 말했다.

"우리가 패배했습니다!"

그의 몸에선 땀내 섞인 공포의 악취가 났다.

"졌다고, 오드니엘? 졌다는 말이냐?"

"그들이 성문 밖으로 벌 떼처럼 나와서 우리가 말도 하기 전에 열 명의 아군을 죽였습니다."

오드니엘이 헐떡이며 말했다.

"우리는 도망쳤습니다. 우리는 산등성이 아래로 달렸으나 그들이 한 채석장까지 따라와서, 잘 모르겠지만 삼사십 명의 아군을 죽였습니다. 어쨌든 우리는 패배했습니다."

여호수아는 놀랐다.

"삼천 명 가운데 사십 명이 대수란 말이냐! 왜 맞서 싸우지 않았느냐?"

"용기가 사라졌기 때문입니다."

"왜냐?"

"모르겠습니다. 전 이스라엘 군에게서 사기가 떨어져나갔습니다!"

그러자 여호수아는 성막으로 가서 그의 옷을 찢고 언약의 궤 앞에 엎드려 나지막하게 말했다.

"아, 야훼 하나님. 이제 막 시작했습니다! 그런데 벌써 이스라엘은 적에게 꼬리를 내렸습니다! 왜 저희가 지금 패배해야 합니까? 왜 저희의 원정을 초반에 끝내야 합니까?"

야훼께서 여호수아에게 말씀하셨다.

'이스라엘이 죄를 지었다. 그들이 여리고의 보물, 내가 금지한 바로 그 물건들을 훔쳤다. 이스라엘은 적과 맞서 싸울 수 없다. 온 백성 스스로가 전멸시켜야 할 대상이 되었기 때문이다.'

"그렇다면 저희는 어떻게 해야 합니까? 어떻게 제가 그들을 찾아낼 수 있겠습니까?"

여호수아가 물었다.

'민족을 지파로 나누어라. 내가 한 지파를 지적할 때까지 내 앞으로 지파들을 지나가게 하라. 그리고 그 지파 가운데서 내가 한 가문을 택할 때까지 가문별로 지나가게 하라. 그리하면 그 가문 중에서 내가 한 가족을 뽑을 것이고, 그 가족 중에서 한 사람을 뽑을 것이다.'

다음날 아침 이 장엄한 재판을 위해 민족을 성결케 하는 의식을 마친 후 여호수아는 이스라엘 열두 지파의 대표들을 자신이 있는 성막 앞으로 모이도록 명령했다.

재판의 주사위가 던져지는 동안 지파별로 차례차례 지나갔고, 그 중에서 유다 지파가 뽑혔다. 그 다음에는 유다 지파가 가문별로 여호수아 옆을 지나갔다. 제비를 뽑았더니 세라의 가문이 걸렸다. 세라의 가문 중에서 삽디가 뽑혔다. 그리고 삽디의 아들 중에서 갈미가 뽑혔다.

그러나 갈미는 그 세대의 다른 사람들과 함께 광야에서 죽었다. 그리하여 마지막 제비뽑기는 유다 지파 가운데 세라의 증손이요 삽디의 손자, 갈미의 아들인 아간을 지목했다. 아간이 여리고의 보물들을 훔친 것이었다.

여호수아는 아간이 누군지 식별하려고 태양빛에 눈을 가늘게 떴다.

나이 40세. 그는 새로운 세대의 첫 소생이었다. 왜냐하면 그의 어머니가 이집트에서 자유를 찾아 바다를 건너자마자 그를 낳았기 때문이었다. 아간. 광야에서 요단 강을 지나 이 약속의 땅으로 두 번째 물을 건널 때 죽은, 신실한 영혼을 가진 엘리세베의 아들이었다.

"아간아."

여호수아가 너무도 조용히 말해서 그의 숨소리는 모래 위의 바람 소리 같았다.

"아간, 나의 아들아. 야훼 하나님께 영광을 돌리고, 네가 무슨 짓을 저질렀는지 내게 말하거라. 아무것도 숨기지 말아라."

"제 아버지는 두 개의 밭을 원했습니다만, 하나도 갖지 못했습니다. 저는 단지 하나의 밭을 원합니다. 그러나 그 하나도 불확실합니다. 이 땅은 적들로 가득 차 있습니다. 우리 중 많은 사람이 죽어가고 있습니다."

"아간, 네가 무슨 짓을 했느냐?"

아간은 한숨을 쉬며 고개를 떨구었다.

"제가 여리고의 전리품 중 아주 잘 짜여지고 진한 보랏빛으로 물들인 아름다운 바빌로니아제 외투 한 벌을 보고 탐이 나서 그것을 가졌습니다. 그리고 은 두 덩어리와 금 막대 하나를 가졌습니다. 그리고 그것들을 제 장막 아래 땅 속에다 묻었습니다. 저는 아버지가 결국 갖지 못했던 밭을 사려고 했습니다."

이번엔 여호수아가 한숨을 내쉬었다. 그는 일어나, 항상 그렇듯이 고개를 숙이고, 좋지 않은 눈으로 발 아래 땅을 쳐다보며 걸어 나갔다. 그는 나가면서 조용히 명령을 내렸고, 그 명령은 그대로 이루어졌다. 그날 모든 이스라엘 백성은 맑은 정신으로 생각에 잠겼다.

사람들은 아간의 장막 아래를 파헤쳐 야훼께 바쳤어야 했던 물건들을 꺼내왔다. 그것들을 가지고 아간과 함께 멀리 떨어진 골짜기로 가서 아간의 모든 소유물과 함께 태웠다. 그의 소, 당나귀, 양, 장막, 귀중품, 그의 아들, 딸, 아내 그리고 아간 자신도.

사람들은 그를 불사르고 돌로 쳤다. 그도 그의 재산도 그 땅에서 사라졌다. 그 이후로 그곳의 이름은 아골 골짜기, 즉 고통의 골짜기가 되었다.

승리의 길

여호수아 Joshua

그 이후 이스라엘은 아이 성을 쉽게 물리쳤다. 두 번의 승리에서 힘을 얻은 여호수아는 아이 성 남쪽의 성읍 네 군데와 조약을 맺었다. 기브온, 그비라, 브에롯 그리고 기랏여아림. 그리하여 가나안의 등뼈가 정말로 부러졌다.

그 후 그 작고 신중한 남자는 주저함 없이 한때 먼지 나는 땅 위에 자신이 그렸던 원정 순서를 따라 군대를 남쪽으로 이끌었다.
남쪽에 있는 다섯 성읍의 왕들이 연합하여 힘을 강화하고 단일 군대를 조직해 북쪽으로 이동하고 있었다. 예루살렘, 헤브론, 야르뭇, 라기스 그리고 에글론이 합세했다. 그러나 여호수아는 그들이 연합했다는 소식을 듣고 이스라엘 군을 길갈에서 벧호론의 오르막길까지 밤새도록 행군시켜 몰고 갔다. 그리하여 태양이 떴을 때 적들은 이스라엘의 대군이 거기 출현했다는 것만으로도 크게 놀랐다.
여호수아는 적들을 공격했고, 경로를 따라 추격하여 남쪽 산기슭 언덕까지 그들을 계속 공격해 나갔다. 아세가에서 막게다까지. 야훼께서 여호수아와 함께하셨다. 한번은 하늘에서 굉장한 우박이 퍼부었고, 또 한번은 시간을 멈추게 하여 여호수아가 하루 안에 끝내기 벅찬 전투를 끝낼 수 있을 때까지 태양과 달을 붙잡아주셨다.
남쪽으로 행진하면서 그는 남쪽 산기슭의 립나, 에글론, 라기스의 주요 요새를 공격했다. 그리고 나서 동쪽으로 방향을 돌려 곧장 올라가 남쪽 고지의 중심부로 진격해서 헤브론과 드빌을 무찔렀다.

여호수아는 남쪽에서 그랬던 것처럼 북쪽에서도 똑같이 적들을 무찔렀다. 왕들은 두려움에 질려 성읍을 지키고 이 공동의 적에게 대항하기 위하여 군대를 다시 연합했다. 그러나 조용한 목소리의 여호수아는 이스라엘 군을 이끌고 너무나도 정확하고 균형 있게, 너무도 시기적절하게 급습하여 연합군의 어쩔 수 없는 약점인 대열의 연결 고리를 깨뜨렸다.

여호수아는 적들을 분열시킨 다음 그들을 하나하나 정복했다. 요단 강 서쪽, 북으로 레바논 계곡에서부터 남으로 할락 산까지, 여호수아가 물리친 왕의 수는 서른한 명이었다.

눈의 아들 여호수아가 매우 늙었을 때, 그는 이스라엘의 모든 장로를 비롯해 지도자들과 지휘관들을 불러모았다. 말을 하려고 했으나 그는 머리를 쳐들 수가 없었다. 그의 가는 목에 비해 머리가 너무 큰 듯했다. 몸집은 작았고 그의 몸은 양치기의 구부러진 지팡이처럼 굽어 있었다. 그의 말을 듣는 사람들은 가까이 다가가서 고개를 옆으로 내밀어야 했다.

뿐만 아니라 그의 목소리는 힘없이 속삭이는 소리였다. 그의 목소리는 마치 고대 동굴에서 나오는 듯했다. 그를 제외하고는 아무도 이집트를 기억하지 못했다. 오직 그만이 이집트에서의 비통함을 보았다.

"보라."

그가 숨을 내쉬었다.

"모든 이스라엘 지파는 우리가 할 수 있는 가장 적절한 방법으로 정복한 땅을 나누어 가졌다. 모든 지파는 각자의 영토를 가졌고, 유산을 가졌으며, 밭과 집과 땅을 가졌다. 지금 그렇듯이 앞으로도 땅을 가질 것이다. 야훼께서 아브라함과 사라, 이삭과 리브가, 야곱과 라헬 그리고 레아에게 하신 약속을 지키셨다. 내 자손들아, 주위를 돌아보아라. 우리가 이렇게 집에 와 있다."

그날은 태양이 아주 눈부시게 빛났다. 비록 여호수아는 아직도 고개를 들지 못했지만. 그는 잠시 침묵했고, 그 사이 이스라엘의 지도자들은 여호수아가 정말로 말하려고 하는 것이 무엇인지를 깨달았다. 그들은 땅과 토양, 그들이 모여 있는 주변의 수려한 상수리나무와 대지를 둘러보아야 했다. 그러나 여호수아는 쳐다볼 수가 없었다. 태양빛에 눈이 부셔 볼 수가 없었다.

"너희들의 일이 아직 다 끝나지 않았다. 많은 이방 나라들이 남아 있다. 때가 되면 야훼께서 너희 앞에서 그들을 물리쳐주실 것이다. 그러나 그때까지 너희는 이방 족속들과 어울리지 말고, 그들 신의 이름을 부르거나 그 이름으로 맹세하지 말고, 그들 신에게 제사 지내거나 절하지도 말아라. 너희는 지금까지 그래왔던 것처럼 야훼 너희 하나님만을 섬겨야 한다. 이스라엘이여, 야훼 너희 하나님을 사랑하라!"

그가 말을 할수록 더 많은 사람들이 모여들었다. 작은 무리들이 점점 커졌다. 아기를 안은 어머니들이 왔고, 젊은 남녀들이 함께 왔으며, 농부들과 양치기, 천을 짜는 이들과 도기를 만드는 이들도 모였다.

여호수아는 에발 산과 그리심 산 사이에 위치한 야훼의 성스러운 곳, 세겜에 있었다. 아마도 그러한 이유로 그렇게 많은 사람들이 그토록 작은 소리로 말하는 한 사람의 이야기를 알아듣기 시작한 것인지도 모르겠다. 그들은 귀뿐만 아니라 영혼으로 그의 말을 듣고 있었다.

"나는 곧 죽을 것이다. 내가 죽기 전에 나는 너희들의 신실한 소리를 들어야겠다.

우리의 가장 오랜 조상, 아브라함의 아버지 데라는 유프라테스 강 건너편의 다른 신들을 섬겼다. 그러나 야훼께서 아브라함을 택하여 그를 이곳으로 이끌고 그에게 아들 이삭을 주셨다. 이삭에게 야곱을, 야곱에게 열두 아들과 한 명의 딸을 주셨다. 그리고 야곱과 그 아들들은 이집트로 내려갔지.

그 야훼 하나님! 너희 조상들을 이집트의 속박에서 구해내신 그 야훼께서 바로 너희를 이곳으로 이끌어주신 분이다. 야훼께서 약속을 지키셨다. 이스라엘, 너희의 수가 하늘의 별만큼이나 많아졌다! 너희들이 하나님께서 우리의 아버지에게 약속하신 그 자손들이며, 우리 어머니의 빈약한 태의 열매이다! 너희들은 그들로부터 나온 민족이고, 너희는 고향에 돌아온 것이다!

그러니 이제 야훼 하나님을 두려워해라. 진심으로 그분을 섬겨라. 그리고 야훼께서 너희에게 하신 약속을 지키신 것처럼 너희도 그분의 계명을 지켜라. 그분의 민족이 되어라. 그분이 너희를 선택하셨고, 그분이 너희의 하나님이시기 때문이다. 그분을 사랑해라."

갑자기 여호수아가 고개를 들었다. 그는 눈을 떴다. 그의 눈은 젖어 있었고 태양빛에 초점이 흐려 있었다. 하늘을 나는 독수리의 발톱처럼 그의 가는 목소리가 솟아올랐다.

"그러나 너희들이 기꺼이 그분을 섬기지 않을 것이면, 너희의 옛 조상이 강 저편에서 섬기던 신들이나 아니면 너희들이 살고 있는 가나안의 신들 중에서 지금 선택해라. 나와 내 집안은 야훼 하나님을 섬길 것이다!"

다시 침묵이 찾아왔다. 그것은 여호수아가 고별사를 처음 시작했을 때와 같은 기다림의 침묵이었다. 그때 여호수아는 그들이 주변을 둘러볼 것을 원했다. 그러나 지금은 그들의 약속의 말을 원하고 있었다. 들어올린 그의 얼굴은 그 백성들에게서 몇 마디 말을 찾고 있었다. 그때 거의 한 목소리로 이스라엘 자손들이 말했다.

"우리가 야훼를 저버리고 다른 신들을 섬기는 일은 결코 없을 것입니다! 우리가 보는 앞에서 기적을 보이신 분은 바로 야훼이십니다. 그분은 우리를 광야에서 지켜주셨습니다. 그러므로 우리는 그분을 섬길 것입니다. 네! 그분이 우리의 하나님이십니다!"

여호수아가 말했다.

"너희는 그분을 섬기면서 다른 신을 같이 섬길 수는 없다. 너희는 말로만 그분을 섬길 수 없고, 감정만으로 그분을 섬길 수 없다. 이스라엘아, 그분은 거룩한 하나님이시다. 그분은 질투하시는 하나님이시다. 만약 너희가 다른 이방신들을 섬기기 위해 그분을 저버리면, 그분은 너희에게서 등을 돌려, 오랫동안 너희를 보살펴주셨더라도 너희를 멸망시키시고 말 것이다."

"아닙니다!"

백성들이 소리쳤다. 우레와 같은 소리였다. 그것은 남녀노소 모두의 하나 된 소리였다. 아주 성스럽게 온 백성이 세겜에 모였고, 온 백성이 소리쳤다.

"아닙니다. 우리는 야훼만을 섬기겠습니다."

여호수아가 말했다.

"너희가 야훼 하나님만을 섬기겠다고 한 말의 증인은 바로 너희들 자신이다."

그들이 말했다.

"우리가 증인입니다."

"그러면 이제 너희는 너희의 마음을 이스라엘의 야훼 하나님께 바쳐라."

그들이 다시 말했다.

"우리 야훼 하나님만을 섬기며, 그분의 말씀을 따르겠습니다."

그날, 그렇게 여호수아는 백성들과 언약을 세웠다. 그는 큰 돌 하나를 세겜에 있는 성소 상수리나무 아래에 두라고 명한 뒤 말했다.

"보라, 이 돌이 너희와 네 자손들에게 이곳에서 일어난 모든 일들의 증거가 될 것이다."

그 일이 있은 후에 야훼의 종, 눈의 아들 여호수아는 죽었다. 그의 나이 110세였다. 그는 유산으로 받은 딤낫세라, 자신의 땅에 묻혔다. 그곳은 가아스 산 북쪽 에브라임 산지에 있었다.

그리고 이스라엘 백성들은 그들이 이집트에서 가져온 요셉의 유해를 세겜에 묻었다. 마침내 요셉은 아버지 야곱이 세겜의 옛 조상인 하몰의 자손들에게 은화 100개를 주고 사서 그 뒤 유산으로 남겨진 땅에 요셉의 자손들과 함께 묻혔다. 그리하여 요셉 또한 수세기가 지나서야 자신의 땅과 집을 갖게 되었고, 그곳에 묻히게 되었다.

민족을 구한 암살자

에훗 Ehud

이스라엘이 가나안을 차지하게 되었을 때 아직 정복하지 못한 일부 지역들과 민족들이 있었다. 남서쪽 해변들과 가사에서 에그론에 이르는 평야와 유다 산기슭에 이르는 먼 내륙 지방까지를 다스렸던 블레셋 다섯 성읍들. 이스라엘 도처에서 고립된 가나안 사람들과 성읍들. 북서쪽과 그 해변의 시돈 사람들, 바알헤르몬 산에서 하맛 입구에 이르는 레바논 산에 거주하는 히위 사람들, 헷 사람 일부, 아모리 사람, 브리스 사람 그리고 여부스 사람.

시간이 지남에 따라 모세와 여호수아에 대한 기억들이 희미해지기 시작했다. 광야에서, 그리고 이 땅으로 들어왔던 당시까지 하나님께서 그들을 위해 보이셨던 엄청난 기적들이 잊혀졌다. 이스라엘은 차츰 죄속으로 빠져들기 시작했다. 그들은 이방인의 딸들을 아내로 맞았다. 그들 또한 이방인에게 딸들을 주어 결혼시켰고, 이렇게 종족이 섞인 가정에서는 이방 신들을 섬기기 시작했다.

그들은 바알 신과 아세라를 섬겼다. 곡식을 심고, 그 씨앗에 이른 비나 또는 늦은 비가 내리기를 기원하고, 밭이 풍성해질 것을 빌 때, 그들은 황소 같은 모습을 하고 풍요를 관장하는 구름 속의 신 바알에게 나아갔다.

가나안 사람들은 다음과 같은 방법으로 바알 신의 비위를 맞추었다. 창녀들이 씨앗과 비의 그릇인 토양, 즉 바알 신의 아내를 상징한다 하여 그들과 동침했다. 그들은 폭풍의 신 바알이 그의 아내와 동침해 주기를 바라는 마음으로 자신들이 직접 바알 신을 위해 그렇게 했다. 같은 것으로서 같은 것을 구한다는 의식이었다.

이스라엘 자손들은 이 의식을 그대로 모방했고, 그로 인해 이스라엘 백성에 대한 야훼의 분노가 타올랐다. 하나님께서는 적들이 당신의 민족 가운데서 일어나도록 내버려두셨다.

그 당시 모압 왕 에글론이 주변 땅들을 정복하기 시작했다. 그는 암몬 자손과 동맹을 맺었고 아말렉에서 온 전사들로 인해 그의 군대가 막강해졌다. 그리하여 그는 이스라엘 영토를 침입했고 요단 강을 건너 멀리 서쪽에 있는 종려나무 성읍인 여리고를 점령했다.

에글론 왕은 18년 동안이나 이스라엘을 지배했고 매년 수확물에서 일정량을 조공으로 바치게 했다. 그리고 그 기간의 마지막 6년 동안 왕의 몸은 점점 비대해졌다. 이스라엘 사람들이 조공을 바치고 돌아올 때마다 비만한 왕을 두고 이런저런 말들이 많아졌다. 왕이 궁전 뜰 밖으로 한 발짝도 나올 수 없게 되었다고 말들을 했다. 이스라엘 사람들은 말했다.

"그가 우리의 피땀을 마신다. 우리가 이곳에서 굶주리고 있는 동안 그는 우리 뼈에서 살을 뜯어먹고 그토록 비대해진 것이다! 오 야훼 하나님, 우리를 에글론의 손아귀에서 구해주옵소서!"

그들의 눈물과 기도는 야훼 앞에 드리는 회개의 모습이었다. 그래서 야훼께서는 베냐민 지파에 속한 게라의 아들 에훗을 민족의 해방자로 세우셨다.

모압의 지배하에 들어간 지 18년째 되는 해에 이스라엘 민족은 에글론 왕에게 공물을 바칠 사람으로 에훗을 선출했다. 그리고 야훼의 영이 에훗에게 내려 그는 직접 팔뚝 길이쯤 되는 양쪽 날이 선 칼을 만들었다. 왼손잡이인 그는 질긴 천으로 꿰매어 만든 칼집을 오른쪽 허벅지 옷 속에 감추었다.

그리고 나서 에훗은 70명을 이끌고 동쪽으로 향했다. 그들 모두는 양털과 포도주, 무화과나무 열매, 신선한 포도와 보리 자루를 싣고 나귀를 탔다. 그들의 행렬은 길게 이어졌다. 물이 얕을 때 요단 강을 건너 호위병도 없이 계속 남서쪽으로 향했다. 주변의 모든 땅이 에글론 소유였기 때문에 아무도 그들을 공격하려 들지 않았다.

왕은 낮은 돌집의 넓고 푹신한 긴 의자에 앉아서 공물을 받았다. 그는 일어나지도 않았으며, 자기 앞에 있는 이스라엘인들을 거의 알은체하지 않았다. 종들을 시켜 나귀에서 짐을 내리게 한 뒤 아무런 의식도 없이 그 대표와 나귀와 나머지 사람들을 보내버렸다. 정말이지 왕은 매우 비대했다. 그 몸의 살덩이가 벌린 무릎 사이로 늘어져내려 마치 무릎 덮개 같았다.

이스라엘 사람들이 막 요단 강을 건너려 할 때, 에훗은 되돌아서서 혼자 모압을 향해 갔다. 그는 다시 에글론 왕의 집으로 찾아가서 말했다.

"저는 이스라엘의 충성심에 대해 왕께 비밀리에 드릴 말씀이 있어 되돌아왔습니다."

반역자는 항상 폭군의 환영을 받게 마련이다. 그리하여 왕의 경비병이 에훗의 옷 왼쪽을 뒤져 무기가 있는지 살펴본 후 계단을 올라 그를 왕의 집 꼭대기, 시원한 다락방으로 데려갔다. 에글론은 그 방의 구석에 있는 나무 판자 위에 앉아 있었는데, 그 밑으로 난 구멍 아래 침실 변기가 있었다. 분명히 왕은 많은 시간을 이곳에서 보내는 것 같았다. 주변에는 궁중 시종과 고문과 하인 그리고 요리사가 있었다.

"그래서?"

왕이 말했다.

"오, 왕이시여. 비밀스런 말씀이옵니다."

에글론이 주위의 시종들에게 조용히 하라고 소리치며 그 작은 방으로 에훗만을 불러들였다. 에훗은 방으로 들어가 문을 닫았다.

"이것은 생사를 가름하는 중요한 일입니다."

그는 사자(使者)들이 외교문서를 넣어다니는 오른쪽 허리춤으로 손을 뻗으며 말했다. 에글론 왕은 서신을 받으려고 오른손을 들었다. 에훗이 말했다.

"하나님께서 당신에게 보내는 전갈입니다."

그러고는 왼손으로 예리한 양날 칼을 꺼내어 왕의 뱃속으로 찔러넣었다. 칼자루까지 칼날을 따라 들어갔다. 기름기가 칼날과 칼자루에 엉겨붙어 에훗은 그 칼을 도로 빼낼 수 없었다. 오물이 에글론 왕의 배에서 흘러나와 지독한 냄새가 공기중에 가득 찼다. 에훗은 그 방을 빠져나와 문을 닫았다.

"왕은 지금 바쁘십니다."

그는 시종들에게 그렇게 말하고는 그곳을 떠났다. 에글론의 부하들은 냄새를 맡고 왕이 무엇을 하고 있는지 알아차렸다. 예의바르게 그들은 왕이 볼일을 마칠 때까지 기다렸다. 그들은 저녁 무렵까지 기다렸다. 그러나 마냥 기다리다 보니 문득 불안감을 느끼기 시작했고, 망신스러운 일이었지만 왕의 방문을 열었다. 그곳에 왕이 죽은 채 누워 있었다.

그들이 지체하는 동안 에훗은 온힘을 다해 요단 강까지 달려가 강을 건너 스이라로 갔다. 그리고 에브라임 언덕을 오르내리며 뿔나팔을 불고 에글론 왕의 죽음을 알렸다. 에훗은 지도자를 잃은 억압자의 군대를 공격하기 위해 이스라엘 군을 소집했다.

"나를 따르라!"

야훼의 영으로 충만한 그가 소리쳤다.

"하나님께서 너희의 원수 모압인들을 너희 손에 넘겨주셨다!"

그리하여 이스라엘 군은 에훗을 따라내려가 요단 강 나루를 장악하고 그곳을 차지하고 있던 모압인들이 도망가는 것을 막았다. 그리고 방향을 돌려 이스라엘을 통치했던 군대를 깡그리 섬멸했다.

이렇게 모압은 그날 이스라엘에게 굴복했고, 그 후로 그 땅은 80년 동안 전쟁 없이 평온했다.

전쟁을 이끈 여인

드보라 Deborah

시간이 흐르자 이스라엘 백성은 다시 야훼 보시기에 악한 일들을 저지르기 시작했고, 야훼의 분노도 다시 타올랐다.

하솔을 다스리는 가나안 왕 야빈이 강성해져 이스라엘의 북쪽을 정복했다. 야빈 왕은 하로셋 하고임에 사는 시스라에게 권력을 위임하여 군대를 지휘하게 했다. 철 전차 900대를 갖춘 그 군대는 청동 칼만을 지닌 이스라엘 보병들의 사기를 꺾었고, 두 사람은 20년 동안이나 이스라엘을 통치했다.

야빈과 시스라는 에스드렐론 평야를 지배했다. 그곳의 풍요로운 이스르엘 골짜기는 기손 강의 물줄기를 받아 바다 동쪽으로 멀리 다볼 산까지 이르렀는데, 이를 경계로 이스라엘 부족들이 둘로 나뉘었다.

야빈과 시스라를 두려워하는 대상(隊商)들이 이스라엘 대로를 피해 다니자 교역이 끊겨 이스라엘은 점점 가난해졌다. 길손들도 공격과 약탈을 피하려고 구부러진 뒷길을 택했다. 농부조차도 사라졌다. 낮 동안에는 그들이 약탈 대상이 되었기 때문이다. 이 풍요로운 땅에 곡식이 없었다. 땅은 황량하게 버려졌다.

이전에 그랬던 것처럼 이스라엘 민족은 후회했다. 그들은 야훼께 도움을 청하며 울부짖었다. 그리하여 야훼께서 그들을 위해 랍비돗의 아내 드보라를 구원자로 내세우셨다. 그녀의 말솜씨는 마치 불길이 녹아

입에서 흘러나오는 듯했다.

야훼의 영이 임했으므로 그녀는 언약의 법 안에서 차츰 현명해졌다. 그녀는 라마와 벧엘 성읍 근처의 한 종려나무 밑에 앉아서 백성들의 개인적인 분쟁들을 해결해 주었다. 그녀는 이스라엘의 어머니로서 그들을 재판해 주었다. 그녀의 이름이 부족들 사이에 널리 알려졌고 만인이 그 지혜에 탄복했다.

그녀는 또한 하나님의 영에 의해 예언을 하기 시작했다. 드보라는 이스라엘의 모든 곳, 남쪽 베냐민, 에브라임 근처, 북쪽 잇사갈, 스불론 그리고 납달리에 말씀을 전했다.

> 일어나라! 일어나라!
> 농부들조차 땅을 빼앗아야 한다!
> 야훼께서 시내 산에서 나오고 계시기 때문이다!
> 보라, 야훼께서 오시니
> 어떻게 하늘이 갈라지고 떠는지!
> 땅이 흔들린다! 산들이 야훼 앞에서 진동한다!
>
> 바락이여, 일어나라!
> 번개 같은 자여, 나와서 포로를 잡으라!
> 하나님의 백성들이 강한 적들을 지배할 것이니 나오너라!

그리하여 드보라는 납달리 땅 게데스에 사는 아비노암의 아들 바락을 불렀다. 그가 앞에 섰을 때 그녀는 겉옷에 달린 두건을 벗고 머리에 아무것도 쓰지 않은 채 그를 대면했다. 쇠처럼 회색빛이 도는, 한 번도 자르지 않은 긴 머리. 그것은 야훼 앞에 서원하여 그 서원이 끝날 때까지 머리를 자르지 않는 자의 상징이었다. 이 여인에게는 절대적인 확신이 있었다. 이스라엘의 어머니인 그녀가 바락에게 시선을 고정시켰다.

"야훼께서 다볼 산 숲으로 일만 명의 장정들을 모아 데려가라 명하셨습니다. 야훼께서 직접 시스라를 기손 강가로 끌어내실 테니 그곳에서 그 전차들을 공격해야 합니다. 야훼께서 가나안 군대를 당신의 손에 넘겨주실 것입니다. 가십시오."

말을 마친 드보라는 몸을 돌려 다시 종려나무 아래 앉았다. 도로 머리에 쓰려고 두건을 들고 위를 쳐다보았을 때, 그녀는 바락이 아직도 자신을 쳐다보며 여전히 같은 곳에 서 있는 것을 보았다.

"왜 그러고 있습니까?"

바락이 입술을 깨물고는 눈길을 낮추었다.

"시스라의 전차는 구백 대나 되오."

"그래요."

"그것들은 철로 만들어졌소. 그것들을 각각 한두 마리의 말들이 끌지요."

"그렇지요."

"우리는 걸어다니오. 우리 이스라엘에는 방패도 창도 거의 없소."

"알고 있어요."

"그러니……."

바락이 자신의 손가락 끝을 내려다보며 말했다.

"만약 드보라 당신이 나와 함께 간다면, 나도 가겠소. 그러나 당신이 함께 가지 않는다면 나는 가지 않을 것이오."

드보라는 두건을 등 뒤로 그냥 떨어뜨렸다. 그리고 긴 머리카락들을 한데 모아 굵은 가닥을 만들어 위로 틀어올렸다. 그러는 동안 그녀는 바락을 똑바로 쳐다보고 있었다.

"나는 이 길을 당신과 함께 가겠어요. 그러나 그 때문에 바락 당신은 물론 그 어느 남자도 승리의 영광을 얻지 못할 것입니다."

그리고 그녀가 다음과 같이 예언했다.

> 야엘을 찬양하라.
> 여자 가운데 야엘을 찬양하라.
> 장막에 사는 여인, 야엘을 찬양하라.
>
> 그녀의 왼손은 장막의 말뚝을 잡았네.
> 그녀의 오른손은 일하는 남자의 망치를 들었네.
> 그녀의 눈은 전차 군대를 명령하는 한 남자의
> 관자놀이 줄기 위에서 빛나는구나.
>
> 그는 무거운 철로 무장한
> 구백의 전차를 몰고 온다.

그리하여 바락과 드보라는 게데스 북쪽으로 가서 농부들과 아버지들, 양치기와 포도나무 재배자 그리고 소년들을 이스라엘 군대로 삼았다. 그들은 군인 모집을 비밀로 삼지 않았다. 그들은 숫양 뿔을 불어 전쟁을 알렸다. 그리고 다볼 산 남쪽으로 16킬로미터까지 떠들썩하게 행진해 나갔다.

이 모든 일을 첩자가 보고, 아비노암의 아들 바락이 만 명의 전사들을 다볼 산 남쪽 경사지 숲에 배치했다고 시스라에게 전했다. 숲이 어느 정도 그들을 숨겨줄 수 있겠지만 그들의 무장은 형편없었다. 쉽게 공격할 수 있을 터였다.

시스라는 시간을 낭비하지 않았다. 그는 전차를 동원하고 바다 근처 하로셋 하고임에 있는 군대를 소집해 거대한 행렬을 이루며 급히 기손 강을 따라 에스드렐론 평야를 지나 다볼 산으로 향했다. 드보라는 높

은 산 험한 바위에 앉아 바위산만큼이나 냉혹한 시선으로 시스라 군의
진격으로 이는 먼지바람을 지켜보았다.

"기다리세요."

그녀가 바락에게 낮게 말했다.

"기다리세요. 기다려요. 기다……."

갑자기 차갑고 급한 바람이 일어났다. 바람이 그녀의 옷깃을 때리며
산을 서쪽으로 무너져내리게 했다. 동시에 검은 구름이 강 위, 계곡, 먼
지 바람, 시스라의 군대, 산 전체를 뒤덮기 시작했다.

"저기!"

그녀가 하늘을 가리켰다.

"저기, 야훼 하나님이십니다."

그리고 갑자기 그녀가 목청이 터지도록 큰 소리로 외쳤다.

"일어서요, 지금 공격하세요! 야훼께서 당신 앞에 가십니다. 가세
요!"

그리하여 바락은 숨어 있던 곳에서 나와 1만 명의 병력을 이끌고 평
원까지 내려갔다. 그들은 곧장 달려오는 전차를 향해 돌진했다. 그리고
동시에 야훼 하나님께서 자연의 이변을 일으켜 그들을 치셨다.

하늘에서 별들이 땅으로 창을 던졌다.

그 다니는 길에서 전차와 싸웠다…….

검은 구름이 갈라지며 번개가 떨어졌고

화살 같은 비가 땅을 갈라놓았다…….

그리고 강물이 일었다!

그것은 황소같이 솟구쳐

그 뿔로 적군들을 들이받고
그들의 전차를 짓밟았고,
그들을 다시 므깃도로 몰아내었다!

앞이 보이지 않을 정도로 쏟아지는 비와 모든 전차들을 진탕 속으로 빠뜨리는 진흙을 뚫고, 바락과 그의 군사들은 가나안인들을 쫓아 서쪽으로 므깃도를 지나 바다 쪽 시스라의 도성 하로셋 하고임까지 추격했다.

그러나 시스라 자신은 죽음 당한 자들 속에 끼어 있지 않았다. 그는 전차에서 뛰어내린 뒤 야빈의 도성 하솔을 향하여 곧장 북쪽으로 달렸다. 그러나 어둠침침한 빛 속에서 그리고 사나운 바람 속에서 달리느라 그는 점점 쇠진해졌다. 그래서 야빈과 평화 협정을 맺은 겐 사람 헤벨의 야영지 장막을 발견했을 때, 그는 잠시 발길을 돌려 피난처를 구했다.

그는 야영지에 여자들만 있는 것을 발견하고는 안심했다. 더욱이 헤벨의 아내는 그의 이야기, 즉 이스라엘 군대가 그의 군대를 무찌르고 곧 그를 잡으러 올 것이라는 말을 듣고 그를 장막으로 들여주었다.

"두려워하지 마세요."

그녀의 태도는 매우 친절해서 그에게 위안이 되었다.

"바락이 나를 찾으러 오면 어찌겠소?"

시스라가 말했다. 그녀는 잠시 생각했다가 장막 안을 둘러본 후 대답했다.

"바닥에 누우세요. 제가 깔개로 덮어드리겠습니다. 그리고 그에게는 제가 혼자 있다고 말하겠어요."

시스라는 마음을 놓기 시작했다.

"물 좀 먹을 수 있겠소?"

그가 청했다. 그녀가 웃으며 고개를 흔들었다.

"아닙니다. 물보다 나은 것이 있지요. 우유를 드릴 테니 드시고 기운 내세요."

그래서 그녀는 우유가 담긴 가죽 부대를 건네주었고, 그는 배가 부를 때까지 마셨다. 그리고 나서 그가 자리에 눕자 그녀는 한 번도 쓰지 않은 새 깔개로 그를 덮어주었다. 깔개 냄새는 편안하고 친숙하게 느껴졌다. 그는 곧 잠이 들었다.

그리고 드보라는 이런 노래를 불렀다.

> 가장 축복받은 여인은
> 겐 사람의 아내 야엘이라!
> 장막에 거하는 여자 가운데
> 이 여인 야엘을 찬양하라!
>
> 적이 숨겨달라고 했을 때
> 그녀는 깔개를 주었고,
> 시스라가 물을 달라고 요청했을 때
> 그에게 우유를 주었다.
> 그녀가 달콤한 엉긴 우유를
> 귀한 그릇에 담아 가져다주고,
> 그를 안전하게 눕히자
> 그는 잠이 들었다.
>
> 야엘, 그녀는 그 옆에 무릎을 꿇고

그의 관자놀이에 장막 말뚝을 대고,
야엘, 그녀가 망치를 들었을 때
깔개엔 밝고 둥근 피꽃이 피었다네.

이제 한 여인이 창문으로 내다보고 있다.
시스라의 어머니가 창살 틈으로 내다보며 외친다.
"왜 그가 이렇게 더디 오는가? 아들의 전차는 어디에 있는가?"

"아마도 이스라엘의 약탈물들을 나누고 있겠지.
보랏빛으로 물들인 옷감, 수놓은 옷감,
아마도 내 아들의 목에 걸칠 옷감이거나……."

　그리하여 야빈과 시스라는 그날 정복당했다. 이스라엘 백성들의 목에 채워졌던 멍에는 벗겨졌다. 드보라는 에브라임의 언덕 위, 라마와 벧엘 사이에 있는 종려나무로 돌아왔다. 그녀는 두건을 덮어 쓰고 다시 사람들을 재판해 주기 시작했다. 그리고 그곳은 40년 동안 전쟁이 없는 가운데 평온하였다.

신의 300 용사

기드온 Gideon

[사사기 6:1~8:32]

이스라엘 민족이 다시 야훼께서 보시기에 악한 일들을 저질렀다. 므낫세 지파의 요아스라는 한 농부가 바알 제단을 만들었다.

그는 다볼 산 남서쪽으로 30킬로미터도 안 되는 곳에 살았다. 그는 제단뿐만 아니라 풍요로움을 상징하는 풍만한 여신 아세라 상이 조각된 큰 장승을 세웠다. 요아스는 아직 야훼 하나님의 이름을 부르기는 했다. 그러나 파종기에는 또다시 바알과 아세라에게 풍년이 들게 해달라고 간청하곤 했다. 그의 집안, 아비에셀 사람 전부가 그랬고 이스라엘의 많은 사람이 그러했다.

그러나 이방인의 의식을 행한 후 심어놓은 농작물들이 추수할 만큼 막 익어갈 때면 거친 사막 사람들이 사해 동쪽 지역에서 달려왔다. 미디안 사람들이었다! 그들은 이스라엘 사람들을 위협했다. 바람처럼 빨리 달리는 이 괴물 같은 사람들은 새벽녘에 나타나서 신선한 곡식들을 빼앗고, 아직 거두어들이지 않은 농작물을 짓밟고, 밭을 태우고, 그들이 탄 무시무시한 짐승 위에서 농부들을 마구 죽였다. 그리고 어스름 전에 다시 사라졌다.

낙타. 그들은 낙타를 타고 있었다! 그들은 낙타 아래로 몸을 굽혀 이스라엘 사람의 머리를 곤봉으로 내려쳤다. 그들은 하루에 100킬로미터 이상을 달릴 수 있었다. 그들은 막대한 양의 농산물을 300킬로미터 밖으로 가져갈 수 있었다. 한때는 그 먼 거리 때문에 이스라엘은 미디안인들에 대해 안심할 수가 있었다. 그러나 그들이 낙타 타는 법을 배운 것이다.

그들은 이듬해 추수기에 다시 돌아왔다. 이번에는 한 마리의 양이나 소도 남기지 않고 모든 가축을 도살해 버렸다. 다음엔 미디안인들이 장막을 가지고 나타났다. 메뚜기 떼처럼 요단 강을 빽빽이 채운 그들은 푸른 곡식들을 휩쓸고 많은 이스라엘 사람들을 산으로 몰아 동굴이나 요새에 숨게 만들었다.

그렇게 7년이 지나갔다. 이스라엘 자손들은 야훼께 도와달라고 울부짖었다. 어느 날 누군가가 어둠을 틈타 아비에셀 사람 요아스가 바알을 위해 세운 제단을 헐어버렸다.

아침에 사람들은 오래 된 돌들이 흩어져 있는 것을 보았다. 새로운 돌들로 새 제단이 만들어져 있는 것과 그 위에 요아스의 수소 한 마리가 이미 번제물로 바쳐진 것을 발견했다. 그리고 그 번제물을 태운 장작은 바로 아세라 상이 새겨졌던 장승이었다. 그녀의 얼굴은 재로 변해 있었다. 사람들은 서로 쳐다보며 말했다.

"누가 이런 짓을 했을까?"

한편 요아스의 여러 아들 중 하나인 기드온은 가슴까지 차는 직사각형의 돌 웅덩이에 들어가 밀 이삭을 타작하고 있었다. 그것은 아버지의 포도즙 틀이었다. 좋은 시절엔 그도 여기서 다른 사람들과 행복에 겨운 노래를 소리쳐 부르며 포도를 밟았고, 달콤한 포도즙이 홈을 따라 낮고 시원한 틀로 흐르는 것을 흐뭇하게 지켜보곤 했다.

좋은 시절엔 소와 어린 자식들의 도움을 받으며 높고 사방이 트인 땅에서 탈곡을 하기도 했다. 황소가 탈곡기를 끌고, 아이들은 탈곡기에 무게를 더하며 웃고, 그는 겨에서 단단하고 살진 낟알들을 분리해내는 기구들을 원을 그리며 이삭 더미 위로 끌고 다녔을 것이다.

그러나 지금은 때가 좋지 않았다. 어느 때 미디안인들이 들이닥칠지 모르는 일이었다. 기드온은 숨어 있었다. 그는 옛날 타작 방식으로 밀이삭들을 막대와 도리깨로 치면서, 웅덩이보다 낮게 몸을 웅크려 아무에게도 들키지 않기를 바라고 있었다. 갑자기 그는 한 목소리를 듣고 땅에 엎드렸다. 그 목소리는 강한 음악처럼 곡조가 있었다. 그 소리는 포도즙 짜는 기구 옆 상수리나무에서 들려왔다.

"야훼께서 너와 함께하신다. 용맹한 장사야."

용맹한 장사. 기드온은 그 말이 다른 사람을 이르는 말이길 바랐다. 그러나 그는 자신을 일컫는 말이라는 것을 알고 두려워졌다. 천천히 무릎을 펴며 일어서서 포도즙 틀 너머로 내다보았다. 그의 땀 찬 가슴에 겨가 들러붙었다. 그렇다. 그 말은 그를 가리키고 있었다.

거기 상수리나무 아래에 당당한 외모의 한 남자가 앉아 있었다. 그는 매우 만족한 듯 미소지으며 기드온을 똑바로 쳐다보고 있었다. 기드온은 돌 아래로 몸을 숨긴 채 눈만 내놓고 말했다.

"지금 무슨 말씀을 하시는 것입니까?"

"가거라."

그 경이로운 남자는 곡조 있는 목소리로 기드온에게 말을 하고 있었다. 그 남자 말고 다른 사람은 눈에 띄지 않았다.

"너는 있는 힘을 다해, 미디안의 손에서 이스라엘을 구해내라."

기드온은 그 남자와 그가 하는 정신 나간 소리를 생각해 보았다. 그러다가 갑자기 펄쩍 뛰며 소리쳤다.

"누군가가 그 짓을 한 사람이 나라고 그랬나요? 내가 한 짓이 아니예요! 나는 아버지를 수치스럽게 만드는 그런 인간이 아니라고요. 게다가 나는 아무것도 아닙니다. 나는 하찮은 인간이지요. 나를 보세요. 저, 기드온은 많은 지파 가운데서도 가장 약한 지파의, 가장 약한 집안의 그 중 가장 보잘것없는 사람입니다."

"너를 보낸 자가 바로 내가 아니더냐?"

그 인물이 웃으며 말했다. 그의 목소리는 산 속에 흐르는 물과 같은 힘이 있었다.

"내가 너와 함께 있을 것이다."

"저는 그 제단을 싫어했어요."

기드온이 호소하듯 말했다.

"아세라의 얼굴은 절 두렵게 했고요."

"내가 너와 함께 있겠다."

그 목소리는 계속 이어졌다.

"그리고 너로 하여금 마치 남자 한 명을 때려눕히듯 미디안을 쳐부수게 하겠다."

기드온은 긴장하여 침을 꿀꺽 삼키며 조용해졌다. 그 두 사람은 잠시 서로 쳐다보았다. 그리고 나서 기드온은 말했다.

"제가 당신에게 먹을 것을 좀 가져다 드리겠습니다. 제가 돌아올 때까지 떠나지 마십시오."

"네가 돌아올 때까지 그대로 머물러 있겠다."

그래서 기드온은 집 안으로 들어가 어린 염소를 잡고 누룩 없는 빵을 준비했다. 그는 고기를 바구니에 담고 국물은 그릇에 담아 상수리나무 아래에 앉아 있는 남자에게 가져왔다. 그 남자가 말했다.

"그 고기와 빵을 이 바위 위에 놓아라."

기드온은 시키는 대로 했다. 그 남자가 말했다.

"이제 그 국물을 그 위에 부어라."

그대로 했다. 그러자 그 남자는 지팡이 끝을 뻗어 음식에 갖다대었다. 즉시 불길이 바위 위에서 치솟아 고기와 빵을 모두 태워버렸고, 그 남자는 사라졌다.

"이런!"

기드온이 소리쳤다.

"세상에, 오 야훼 하나님! 제가 하나님의 천사를 대면했습니다."

그러자 야훼의 목소리, 수많은 폭포소리와도 같은 야훼의 목소리가 말씀하셨다.

'진정해라, 기드온아. 너는 죽지 않을 것이다. 그러나 가라. 미디안 사람과 아말렉 사람 그리고 동방의 사람들이 모두 쳐들어와 요단 강을 건너지 않았느냐? 그렇지. 그리고 지금도 그들은 이스르엘 평지에 진을 치고 있다.'

그날 밤 기드온은 집으로 돌아가지 않았다. 이 고독한 남자는 그날 자기가 밀을 탈곡하고 있었던 바로 그 돌바닥에 놓여 있는 새 양털 뭉치를 바라보며 아버지의 포도즙 틀 담 위에 앉아 있었다.

"만약 당신께서 제 손으로 이스라엘을 구하도록 하시려면 저에게 그 증표를 보여주십시오. 아침에 저 양털 뭉치만 이슬로 적셔주시고 그 주변의 바닥은 말라 있게 두십시오."

정말 그렇게 되었다. 태양이 뜰 때 기드온이 양털 뭉치를 쥐어 짜보니 그릇에 가득할 정도의 이슬이 쏟아졌다. 그러나 그는 아침 내내 그리고 오후까지 그 그릇을 바라보았다. 그때까지도 양털이 여전히 축축하자 그는 양털이 원래 돌보다 물을 잘 머금는 것일 거라고 생각했다. 그래서 그날 밤 그는 양털 뭉치를 같은 장소에 도로 갖다놓고 다시 기도했다.

"저에게 노하지 마십시오. 한 번만 더 시험해 보게 해주십시오. 이번 엔 야훼여, 양털 뭉치만 마르게 해주시고 주변의 모든 땅은 이슬로 적셔주십시오."

기드온은 두 번째 밤도 내내 앉아서 그 뭉치를 지켜보고 있었고, 아침이 되자 양털 뭉치는 말라 있었다. 그리고 주변의 모든 땅은 이슬로 젖어 있었다.

야훼의 영이 요아스의 아들 기드온에게 임했다. 마치 옷 속에 몸이 꽉 차 있듯이 야훼의 영이 기드온을 채웠다. 그리하여 기드온은 전쟁 나팔을 불고 아비에셀 집안은 싸울 준비를 하고 일어섰다.

　또한 기드온은 므낫세, 아셀, 납달리 전역에도 전령을 보냈다. 네 지파들로부터 남자들이 모여들어 장막과 무기를 가지고 그를 따랐다. 기드온은 이 군대를, 미디안이 계곡에 진을 치고 있는 언덕에서 약간 남쪽에 위치한 하롯이라는 샘물가로 이끌었다. 같은 날 야훼께서 기드온에게 말씀하셨다.

　'너와 함께 있는 군대의 수가 너무 많다. 이스라엘이 스스로 승리를 자랑하지 않게 하기 위해서, 두려운 자들은 모두 집으로 돌아가도 좋다고 말해라.'

　기드온이 야훼께서 말씀하신 대로 하니 2만 2천 명이 집으로 돌아갔고 1만 명이 남았다. 다시 야훼께서 말씀하셨다.

　'아직도 그 수가 너무 많다. 그들은 자신들의 힘으로 스스로를 구했다고 생각할 것이다. 그러니 너의 군대를 강가로 데려가 물을 마시라고 명령해라.'

　기드온이 말씀대로 했고, 병사들이 물을 마시고 있는 동안 야훼께서 말씀하셨다.

　'손을 물속에 담갔다가 개처럼 혀로 물을 핥아먹는 자들을 세어두어라. 그리고 무릎을 꿇고 물을 마시는 자들은 집으로 돌려보내라.'

　9,700명이나 무릎을 꿇고 물을 마셨다! 단지 300명만이 남았다! 기드온은 자기 집 포도즙 틀에 있었을 때처럼 무력하고 초라하고 두렵게 느껴졌다. 그러나 야훼께서 말씀하셨다.

　'이 삼백 명으로 내가 미디안인들을 너희 손에 넘겨주겠다. 나머지

에게는 항아리와 나팔을 남겨두고 어두워지기 전에 돌아가라고 명령해라.'

그날 밤 기드온은 그의 작은 군대를 이끌고 미디안 군이 진을 치고 있는 골짜기가 내려다보이는 산등성이로 갔다. 그들이 피워놓은 붉은 불들이 하늘을 가득 메운 별들처럼 어둠 속을 온통 채우고 있었다. 그 수많은 불꽃들이 벌집의 별들처럼, 밤하늘에 들끓는 벌레들처럼 끊임없이 소리를 내고 있었다. 야훼께서 말씀하셨다.

'일어나라, 용맹한 장사여! 적진으로 쳐들어가라.'

"지금은 밤입니다. 야훼여! 아무도 어둠 속에서는 싸우지 않습니다."

'내가 적군을 네 손에 넘겨주었다.'

"오, 야훼여! 오 야훼 하나님, 당신께서 저희 숫자를 줄여서 이 약탈자들 무리 앞에 보잘것없게 만드셨습니다. 그리고 저는 장사도 아닙니다. 저는 항상 두려웠습니다."

'그렇다면 보아라, 이 작은 자야.'

그러자 기드온은 환상 속에서 작은 보리빵 덩어리가 언덕을 굴러 미디안 진영으로 가는 것을 보았다. 그것은 장막을 향해 굴러가 장막과 세게 부딪쳤고, 장막은 뒤엎어져서 땅에 납작하게 무너졌다.

'너 기드온아, 네가 저 보리빵이다.'

야훼께서 말씀하셨다.

'내 말에 순종하여 당장 가거라.'

그러자 기드온은 어둠 속에서 병사 각자에게 숫양 뿔과 빈 항아리와 횃불을 나누어주었다. 그들이 그 앞에 가까이 모였을 때 기드온은 작은 소리로 명령을 내렸다.

"내가 무엇을 하든 똑같이 따라 해라. 내가 숫양 뿔을 불면, 너희가 서 있는 바로 그 자리에서 나팔을 불어라. 그리고 항아리를 깨고 횃불에 불을 붙이며 소리쳐라. '야훼의 칼이다, 기드온의 칼이다.'라고."

기드온은 300명의 군사를 세 개의 분대로 나누고 그들을 계곡의 북쪽, 서쪽, 남쪽으로 보내 그들로 하여금 언덕 위, 보이지 않는 가느다란 올가미가 되어 미디안 군을 둘러싸게 했다.

미디안 군의 장막에는 13만 5천 명의 전사들이 자신들의 수가 많은 것에 안심하며 잠들어 있었다. 1만 개나 되는 경계의 불이 군데군데 온 진영에서 타오르고 있었다. 낙타들은 큰 무리를 이루어 먹이를 주기 쉽게 모여 있었는데, 5천 개의 우리에 10만 마리나 있었다. 그리고 가장자리를 따라 수많은 보초병이, 무엇이 나타나리라고는 전혀 예상을 못한 채 어둠 속을 바라보고 있었다.

보초병이 막 중간 경비를 시작하려고 나설 때에 뿔나팔 하나가 마치 먹이를 노리는 야생 짐승이 화난 소리로 으르렁대는 듯한 소리를 냈다. 미디안의 보초병이 돌아섰다. 누가 뿔나팔을 불며 어둠 속을 헤매는가? 그러자 다른 뿔나팔들도 처음 소리에 소리를 합했다. 그 소리는 마치 불길같이 언덕 주변을 왼쪽 오른쪽으로 달리는 것 같았다. 거세고 격렬하게 약탈하는 것처럼. 누가 이 밤에 싸운단 말인가? 벌거벗은 미디안인들은 장막 밖으로 나오기 시작했다. 누가 이 캄캄한 어둠 속에서 모험을 무릅쓴단 말인가? 이게 도대체 무슨 미친 짓인가?

갑자기 그들 진영을 둘러싼 사방 언덕에서 큰 굉음과 깨지는 소리가 들려왔다. 무슨 일이야? 무슨 일? 미디안인들이 칼과 창을 잡으며 소리쳤다. 어떤 군대가 비탈길을 내려와 우리에게 돌진하는 것이냐? 이제 횃불이 드높게 나타나 불꽃 테두리를 만들며 미디안인들의 주변을 에워쌌고, 사람 목소리가 소리치고 있었다.

"야훼의 칼이다! 기드온의 칼이다!"

그러자 모든 미디안의 전사들이 그제서야 잠에서 깨어 소리쳤다.

"그들이 우리를 고립시켰다!"

후방 경비병들조차 쏟아져내려왔다.

"싸워라! 싸워라! 싸워라!"

그러나 미디안인들이 죽인 사람들은 그들의 형제들이었다. 한밤중에 아무것도 보이지 않는 어둠 속에서 적군의 침입에 겁에 질린 나머지 가까이 다가오는 사람들을 닥치는 대로 죽인 것이었다. 그들은 서로 죽였다. 기드온은 언덕 위에서 고함을 질렀고, 단지 1만 5천 명만이 남을 때까지 미디안인들이 자멸하는 것을 지켜보았다.

이들 1만 5천 명을 그가 추격했다. 그 후 며칠 동안 기드온은 멀리 미디안의 도성이 있는 갈골까지 그들을 뒤쫓아갔다. 그들은 이제 안전하다고 생각했다. 병사들은 참담한 모습으로 쓰러져 쉬기 시작했다. 그때 갑자기 기드온이 그들 위에 나타나 그들을 또다시 불쌍한 꼴로 공포에 떨게 만들고 칼날로 그들을 쳤다.

기드온은 미디안의 두 왕, 세바와 살문나를 이곳에서 사로잡았다. 그는 그들을 묶어 자기 집의 돌로 된 직사각형 포도즙 틀이 있는 곳으로 데려와 앞에 세웠다.

"만약 너희가 나의 친족들을 죽이지 않았다면, 나는 지금 너희를 죽이지 않을 것이다. 그러나 너희가 이스라엘을 죽이려고 택한 그날에 너희들은 너희 자신의 죽음을 택한 것이다. 여델아!"

기드온이 불렀다.

"여델아, 이리로 나오너라."

가냘프고 아름다운 소년이 진지하면서도 겁을 먹은 채 앞으로 나왔다. 기드온이 세마와 살문나에게 말했다.

"이 아이가 나의 맏아들이다."

그리고는 소년에게 말했다.

"이들은 너의 몫이다. 이들을 죽여라."

어린 여델은 미디안 왕들을 향해 천천히 걸어갔다. 그는 오른손에 칼자루를 잡고 칼을 잡아 뺐다. 가느다란 그의 팔은 걷잡을 수 없이 흔들렸다. 얼굴은 심각하게 굳어 있었으나 커다란 눈에는 눈물이 고였다. 그는 떨리는 손으로 칼을 머리 위로 들어올렸다. 그리고 거기서 멈추었다.

"이보시오!"

세바가 소리쳤다. 그 또한 분명히 괴로워하고 있었다.

"이보시오, 우리도 왕이오. 당신은 이미 우리를 포도즙 틀에 세움으로써 우리를 능멸했소. 그러나 우리를 수염도 나지 않은 어린아이 손으로 처형하려 하다니……."

가엾은 여델은 연민에 찬 눈빛으로 그 말이 옳다는 듯 아버지를 쳐다보았다. 세바가 말했다.

"당신이 직접 일어나 우리를 죽이시오. 사나이라면 그 힘도 사나이다워야 하지 않는가!"

그러자 소름 끼치는 소리를 지르며 기드온이 구덩이 속으로 뛰어들어가 칼을 두 번 휘둘러 세바와 살문나를 죽였고, 모든 게 거기서 끝이 났다. 기드온은 자신에게 힘이 있던 이때를 기억하기 위해서 미디안 왕의 낙타 목에 달려 있던 초승달 모양 장식을 기념물로 간직했다.

이스라엘 사람들은 기드온에게 말했다.

"우리를 다스려주시오. 당신과 당신의 아들 그리고 당신의 손자들까지도 말이오. 당신은 우리를 미디안의 손에서 구해주었소. 앞으로 우리 후에 다가올 세대에까지도 계속 평화를 지켜주시는 것이 어떻소?"

기드온이 그들에게 말했다.

"나는 당신들을 다스리지 않을 것이오. 그리고 나의 아들도 당신들을 다스리지 않을 것이오. 야훼만이 당신들을 다스리실 수 있소."

그렇게 미디안은 정복당했다. 그들의 왕들이나 군사들은 더 이상 이스라엘에 해를 끼치러 오지 않았다. 그리고 그 이후 기드온이 살아 있는 동안 그 땅에 평화가 있었다. 40년 동안, 한 세대 동안.

잘못된 서원으로 죽은 딸

입다 Yephthah

기드온 이후에 이스라엘을 구하기 위해 일어선 사람은 잇사갈 지파 사람 중 부아의 아들인 돌라였다. 그는 에브라임 산간 지방 사밀에서 살고 있었다. 23년 동안 이스라엘의 사사로 있다가 죽어서는 자신이 살았던 그 땅에 묻혔다.

돌라 이후에 길르앗 사람 야일이 일어나 22년 동안 이스라엘의 사사로 있었다. 그는 굉장한 부자로 기억되는데, 왜냐하면 아들 30명이 당나귀 30마리를 타고 다니며 길르앗 땅의 성읍 30개를 다스렸기 때문이다. 야일은 죽어 가몬이라는 곳에 묻혔다.

다시 이스라엘 자손들은 야훼 앞에서 악한 일을 행했다. 그들이 행하는 모습은 마치 구르는 바퀴 같았다. 계속 일정한 주기로, 야훼를 알고 순종했던 세대가 죽고 나면 그 다음 세대는 야훼를 잊고 어느 다른 신의 특별한 힘을 추구하곤 했다. 그리하여 어쩔 수 없이 바퀴는 굴러갔고 이스라엘은 새로운 적의 손아귀에서 고통을 겪었다. 적들은 이스라엘에 대항하여 힘을 모아 이스라엘을 괴롭혔고 정복했으며, 결국 그 땅에서 이스라엘의 위력이 얼마나 미약한지를 가르쳤다.

그로 인해 이스라엘 자손들은 야훼 하나님을 기억해냈고, 또다시 야훼께 구원을 울부짖었다. 세 번째 바퀴가 돌아간 것이다.

하나님의 자비는 얼마나 놀라운 것인가! 야훼는 항상 네 번째에도 바퀴를 돌리셔서 완전한 선회를 마치시고, 그의 백성에게 평화와 안식을 돌려주셨다. 이스라엘의 비참한 모습을 보시고 분개하셨기 때문이다. 반복하여 그들의 기도에 응답하시고 누군가에게 야훼의 영을 보내어 이스라엘 민족의 구원자로 세우셨다.

✴

그리하여 야일이 죽은 후, 그 땅이 한 세대 이상 안식을 취한 뒤에 이스라엘 백성은 다시 야훼께서 보시는 가운데 악한 일을 저질렀다.

그러자 그러한 약점을 꿰뚫은 암몬 사람들이 오래 전에 그들의 위대한 옥 왕이 이스라엘 사람 모세에게 패배하여 잃은 영토를 되찾을 기회를 노렸다. 그들은 거대한 군대를 일으켜 요단 강 동쪽, 길르앗으로 행진하여 그곳에 야영을 하며 이스라엘을 칠 준비를 하고 있었다. 이스라엘 길르앗의 장로들이 미스바에 모였으나 그들 가운데는 뛰어난 지도력을 발휘할 수 있는 사람이 없었다.

"누가 암몬과 대적하여 싸울 수 있겠소? 그 사람을 찾아서 우리를 이끌도록 합시다. 그리고 지금부터 그에게 길르앗의 모든 사람들을 다스릴 지도자의 권위를 줍시다!"

그 당시 입다라는 사람이 살았는데 굉장한 용사였다. 그는 길르앗의 남동쪽에서 거친 무리들과 함께 살았다. 그의 아버지는 아주 부유하고 명성이 있는 사람이었으나 어머니는 창녀였다. 그래서 그는 아버지의 합법적인 자녀들에게 쫓겨나서 자유로운 자로, 말 타는 사람으로, 급습자로, 모험을 즐기는 군인으로 명성을 쌓아갔다. 길르앗의 장로들이 그를 찾아와서 말했다.

"와서 우리의 지도자가 되어주시오. 우리를 위해 암몬 사람들과 싸워주시오."

사실 입다는 자기 생활을 사랑했다. 그는 길르앗 라못 동쪽에 위치한 돕이라는 곳에 집을 갖고 있었다. 사랑하는 무남독녀 외딸이 있었고,

그가 이 집을 지은 것도 그녀를 위해서였다. 그런데 장로들이 그에게 모든 길르앗 부족을 다스릴 평생의 지도자 자리를 준다고 제안하는 것이었다. 저녁에 그는 딸의 방으로 가서 그녀 옆에 앉았다.

"나를 미워하던 사람들이 부탁하러 기어오는구나. 나를 사생아라고 쫓아내던 저들이 이제 나에게 사사가 되어달라고 애걸을 한다. 내가 어찌 거절을 할 수 있겠니?"

아버지와 딸이 어슴푸레한 빛 아래 잠시 앉아 있었다. 그녀는 가녀린 손가락을 가진 사랑스런 소녀였다.

"아버지께서는 거절하실 수 없어요."

"그렇지만 내가 오랫동안 멀리 가 있을 텐데."

딸이 아버지의 이마에 입을 맞추며 말했다.

"가세요."

아침에 입다와 그의 무리는 벅찬 기쁨으로 떠들썩하게 미스바를 향해 달렸다. 입다는 야훼, 모든 이스라엘의 하나님께서 그에게 임하셔서 그를 비천한 자리에서 높은 자리로 들어올려 주셨음을 의심치 않았다.

정말로 야훼의 영이 입다에게 임하셨고 그는 길르앗, 므낫세, 이스라엘에서 군대를 모았다. 암몬을 대적하러 진군하기에 앞서 그는 야훼께 맹세를 드렸다.

"오 하나님, 당신께 귀한 것이 저게도 귀한 것입니다. 당신께서 승리를 주신다면, 돌아올 때 처음으로 저를 맞이하는 것을 당신께 드리겠습니다! 제가 번제물로 그것을 드리겠습니다."

이 모험가는 너무도 자신만만하게 웃었기에 이스라엘의 어느 병사도 그 이후로 마음이 소심해지지 않았다. 입다는 천둥 같은 외침으로 병사들을 이끌고 전쟁터로 나갔다. 그는 암몬 자손에게로 건너가 그들을 공격했고, 야훼께서는 그들을 그의 손에 넘겨주셨다. 그는 아로엘에서 민닛 부근까지 성읍 20개를 쳐부수고 멀리 아벨그라밈까지 암몬 사람들을 쳐서 크게 무찔렀다.

　그리하여 길르앗 사람 입다는 그의 집으로 돌아왔다. 그런데 어이없게도 그의 딸이 소고를 치고 춤을 추며 그를 맞이하러 나왔다. 그녀는 그에게 하나밖에 없는 자식이었다.

그 딸의 이야기
사사기 11 : 29~40

이레 전

조수가 밀려오듯 오늘 내 몸에 여자가 되는 길이 열렸네. 이 얼마 동안 나는 그것이 오리라는 것을 잊고 있었지. 그러나 내 몸은 여전하고 그것은 찾아왔네.

밀카, 그 동안 세월이 나를 위해 그 흐르는 법칙을 바꾸지 않았을까? 여드레가 지난 후 내 몸을 다시 깨끗하게 만들기 위해 두 마리 산비둘기를 바쳐야 할까? 그러나 나에게는 여드렛날이 찾아오지 않을 거야.

엿새 전

그들은 나라를 다스릴 법을 돌에 새겼습니다! 그들은 오벨리스크(방첨탑)를 세워 그 위에 위대한 유혈 전투의 역사를 기록했지요! 승리한 왕들은 그들의 승리가 기억되기를 원합니다. 언약은 구워져 영원한 진흙 돌이 되었습니다. 부자들의 거래조차도 돌판에 새겨져 보존됩니다. 오, 영원한 야훼 하나님. 이 사실 또한 돌에 새겨지게 해주십시오. 이 또한 다른 어떤 남자들이 죽음에 이르도록 싸운 전투 못지않게 기억되어야 할 일이기 때문입니다. 입다의 딸이 그 아버지가 한 말 때문에 울었다고, 그의 한 마디가 그녀로 하여금 태의 열매를 영원히 맺지 못하게 만들었다고. 입다의 딸이 산에서 울부짖습니다. 어느 아이도 그녀를 엄마라 부르지 못할 것이기 때문입니다. 이 말을 돌판에 새겨 그것을 간직해 주십시오. 모든 전투가 끝나고 입다의 딸이 처녀로 죽는다고.

닷새 전

그러나 어찌 딸이 그 아버지를 비난할 수 있으리오? 사실 사람이 맹세를 할 필요는 없습니다. 그 어떤 것도 맹세를 강요하지 않습니다. 그래도 그가 택한다면, 살아계신 하나님 앞에 맹세를 한다면, 그는 그것을 지켜야 합니다. 일단 맹세가 이루어진 후에는 더 이상 선택이 있을 수 없습니다. 오직 복종과 이행만이 있을 뿐입니다. 그렇지 않다면 약속이 무슨 소용이 있겠습니까? 그러나 세상은 항상 그 인간보다, 그의 지식보다, 아니 그가 알고 있는 그 능력보다 더 원대합니다. 그리고 그의 맹세는 그를 그 세상에 묶어놓습니다. 그 자신도 어쩔 수 없이 그 수레바퀴가 돌아가게 만듭니다. 이 세상의 광대함을 잊는 사람은 자신의 맹세가 낯선 얼굴로, 숙명의 결과로 되돌아올 때 고통스러워하게 마련입니다.

그러니 어찌 딸이 그 아버지를 비난할 수 있겠습니까? 아버지도 지금 그 딸만큼 슬퍼하고 있습니다. 아, 그는 무지했습니다. 그는 알지 못했습니다.

나흘 전

아버지는 날 사랑합니다! 날 사랑합니다! 아버지는 항상 날 사랑했습니다! 나에게 아름다운 집을 지어주었습니다. 집을 돌 기초 위에 세웠고, 나는 그 주변을 돌아다니며 내 집이 모든 이스라엘의 집과 똑같아 보이게 해달라고 청했지요. 집은 정말 그렇게 보였습니다!

그는 말했습니다.

"어디에 집을 지을까?"

내가 말했습니다.

"언덕 위에요!"

그래서 그는 구운 진흙 벽돌로 똑바로 줄을 맞추어 돌담을 만들었습니다. 바깥 면을 회반죽으로 칠하고 나서 다시 희게 칠했습니다. 내 집은 빛나고 있습니다! 황금빛 저녁 햇살을 받아들이고 있습니다. 문 안으로 들어서면 아름다운 작은 정원이 있습니다. 꽃을 심을 공간은 넉넉하지 않지만 태양빛이 위에서 내리쬐고 그곳에 화덕, 나의 '타분'이 있습니다. 거기서 우리 두 사람을 위한 음식을 준비합니다.

정원 오른쪽에는 튼튼한 기둥이 네 개 있고 탁 트인 방이 있습니다. 왼쪽에 내 방으로 가는 문이 있습니다. 그리고 그 뒤에 아버지의 방문이 있습니다. 나는 아버지 방에서 옷을 갈아입기로 했습니다. 사람들이 아버지가 다시 고향으로 돌아온다고 말한 그날, 나는 방으로 들어가 깨끗하고 하얀 아마옷으로 갈아입었습니다. 아버지 방. 아버지 냄새를 맡기를 원했기 때문입니다. 나는 아버지를 만날 기쁨으로 충만해 있었습니다. 관습대로, 옛적 이집트인이 바다에서 패배했을 때 미리암이 춤을 추었던 것처럼, 나도 밖으로 나가서 춤추겠다고 마음먹었습니다. 내 아버지가 암몬 사람을 물리치시지 않았습니까?

그래서 아버지가 말을 몰고 우리의 작은 집으로 향하는 긴 길을 따라 올라오고 있다는 소식을 들었을 때 나는 웃었습니다. 크게 웃고는 소고를 들고 춤추며 아버지를 맞이하려고 밖으로 뛰어나갔습니다.

사흘 전

내 아버지의 어머니는 첩이었고 추방된 여인이었지요. 그러나 할머니는 아이를 낳았고, 그 아이는 그녀를 사랑했고, 그녀가 죽을 때까지 그녀를 돌보았습니다. 나는 첩이 아닙니다. 나는 버림받지도 않았습니다. 그러나 나는 아이를 한 번도 가져보지 못한 채 죽을 것입니다.

이틀 전

자매들, 친구들. 이리로 와서 잠시 이 물가에 앉아보세요. 우리는 곧 집으로 갈 것입니다. 야훼께서 이곳으로 오는 길을 지켜봐주셨듯이 이제 돌아가는 길도 지켜봐주실 것입니다. 보호해주는 파수꾼이 없었어도 누구 하나 우리에게 해를 입히지 않았습니다. 일곱 명의 여자들이 산길을 걸어 두 달 동안 안전하게 지냈지요. 나의 아버지가 이 땅에 평화를 가져다준 덕이지요. 큰 길들은 이제 약탈자로부터 해방되었지요. 네. 평화입니다. 목이 말라요. 고마워, 밀카. 오, 울지 마! 우리는 다 울었어. 우리는 일곱 번의 안식일을 지내며 내내 울었잖아. 네가 울면 나도 처음부터 다시 울어야 해. 여기 내 잔의 물을 마셔. 우리가 지금 정말로 이렇게 슬퍼해야 하니? 아무도 죽지 않았는데. 너는 말하는구나. 네가 죽게 되었잖아, 하고.

그래, 하지만 나는 그 때문에 우는 것은 아니야. 자매들, 내가 우는 것은 전쟁이나 기근으로, 질병이나 남자의 죄 때문에 아이를 잃은 여자의 울음과 다르지 않습니다. 우리는 잃어버린 아이들 때문에 눈물을 흘립니다. 단 한 아이 때문에 눈물을 흘립니다. 나는 결코 존재하지 못할 그 아이 때문에 눈물을 흘립니다. 아! 자매들이여, 나는 우리 모두를 위해 애도합니다. 나는 아이를 낳는다는 그 사실 때문에 애도합니다! 놀라운 기쁨을 약속하는 산모의 진통과 말할 수 없는 슬픔을 약속하는 그 출산. 나는 이것을 애도합니다. 우리는 아이를 가질 수 있고, 아이를 잉태하며 아이를 낳아야 하지만, 우리의 품안에 영원히 평온하게 품고 있지 못할 수도 있음을 애도합니다. 나는 모든 출생이 죽음의 시작이기에 슬퍼합니다.

아니, 아니, 아니, 우리 아버지는 이 땅의 우리에게 평화를 가져다주지 못했어요. 평화는 무슨 평화.

자, 이리 와요. 내가 저주를 내뱉기 전에 걸어요.

마지막 날

밀카, 일어나. 한 시간만 지나면 새벽이 올 거야. 우리가 헤어지기 전에 두 가지만 부탁하고 싶어.

나를 꼭 기억해줘. 이것이 첫 번째 부탁이야. 아마도 세월이 흘러 네가 눈을 들어 이 산을 바라보며 우리가 이곳을 방황하며 함께 애도한 것을 기억하겠지? 밀카, 내 친구. 너를 사랑해. 나는 가서 아직 어둡고 혼자일 때 목욕을 해야지. 너는 여기에 있어. 나는 내 옷을 빨고 나 자신을 성스럽게 한 후에 아버지를 만날 준비를 해야 해. 그는 거기에 계시지. 그 작은 집에, 나를 기다리시며.

내가 할 수 없을 때 내 아버지를 돌봐주겠니? 네가 동의한다면, 나를 위해서만이 아니라 우리 아버지를 위해서 그를 모신다고 맹세해줘. 그가 나를 사랑하시기 때문이야, 밀카. 그 점에는 의심할 여지가 없지. 처음부터 지금까지 아버지는 나를 온전히 사랑하셨고, 내일은 더욱더 나를 사랑하실 거야. 그러니 태양이 떠올라 세상이 어떻게 바뀌었는지 내다보실 때 네가 그 자리에 있어주어야 해.

길르앗 사람 입다가 암몬 사람을 무찌른 후 사기가 충천하여 호탕한 웃음을 웃으며 집 가까이 갔을 때, 그는 작고 사랑스런 웃음이 자기의 웃음소리와 섞여 멀리서 들려오는 것을 들었다. 그 소리에 마음이 바빠졌다. 더욱 기쁘게도, 하얗고 긴 아마옷을 입은 자신의 딸이 소고를 손에 들고 춤추며 오는 것이 멀리 집 쪽에서 조금씩 보이기 시작했다. 그는 말 옆구리를 차며 거의 전속력으로 질주했다. 그때 야훼께서 말씀하셨다.

'저 아이다. 내가 너에게 승리를 주었으니, 너는 저 아이를 네 맹세의 번제로서 나에게 바쳐야 한다.'

"이럴 수가!"

입다는 소리쳤다. 웃음과 춤도 함께 사라졌다.

"오, 내 딸아. 네가 나를 나락으로 떨어뜨리는구나!"

그 아이는 공포에 질린 아버지의 목소리에 꼼짝 못 하고 서 있었다. 그는 말에서 내려 딸에게로 걸어갔다. 그녀에게 다가가서 그는 모든 슬픈 사연, 특히 자신을 맞이하는 첫 번째 것에 관한 서원에 대해 말해주었다. 그녀는 조용히 소고를 내려놓았다.

"아버지, 저에 대해 말씀하신 모든 것이 맹세대로 이루어지게 하세요. 대신 제가 두 달 동안 산에서 방황하며 제 친구들과 처녀의 몸으로 죽는 슬픔을 애통해할 수 있게 해주세요."

그가 말했다.

"가라."

그래서 그녀는 떠났고, 약속한 날이 돌아왔다.

길르앗 사람 입다는 6년 동안 사사로 지냈다. 그리고 그는 죽어서 길르앗의 한 성읍에 묻혔다.

입다 후에 베들레헴의 입산이 이스라엘의 사사가 되었다. 그에게는 아들 서른 명과 딸 서른 명이 있었다. 딸들은 다른 집안으로 출가시켰고, 며느리도 다른 집안에서 서른 명을 데려왔다. 그는 7년 동안 이스라엘의 사사를 지내다가 죽었다.

그 후에 스불론 사람 엘론이 사사가 되었다. 그는 10년 동안 사사로 지냈고, 죽어서 스불론 땅에 있는 아얄론에 묻혔다. 비라돈 사람 힐렐의 아들, 압돈이 엘론의 뒤를 이어 이스라엘의 사사가 되었다. 부유했던 그에게는 아들 마흔 명과 손자 서른 명이 있어 나귀 70마리를 타고 다녔다. 그는 8년 동안 사사로 있었다.

영웅의 최후

삼손 Samson

그 당시 남북 이스라엘에는 단 지파의 소라 땅에 사는 힘센 사람의 이야기가 전해지기 시작했다. 그는 일생 동안 머리를 자른 적이 없었는데, 그것은 야훼 앞에 서원한 까닭이었다. 그 보답으로 야훼께서는 그에게 사자나 황소보다 더 큰 힘을 주셨다.

'그 남자는 물결치는 머릿결을 가졌음에 틀림없어! 그가 머리를 내려뜨리면 마치 검은 가운이 바람에 흩날리는 듯할 거야.'

그의 이름은 삼손이었다. 태양을 따서 지은 이름이었다. 그리고 그는 힘이 장사였을 뿐 아니라 머리도 좋았다. 이 영웅은 혼자서 이스라엘의 적인 블레셋 사람들을 비탄에 빠뜨렸기 때문이다. 정말이지, 그의 모험 이야기를 듣는 것만으로도 흥분되는 일이었다. 그것은 이스라엘인들을 자랑스럽게 만들었고 웃음을 가져다주었다.

한번은 삼손이 딤나라는 블레셋 마을에 갔다. 거기서 그는 너무도 사랑스러운 여인을 발견하고는 마음에 병이 났다. 그는 소라에 있는 집으로 달려가 부모에게 말했다.

"그녀를 데려다가 저의 아내로 맞게 해주십시오."

그의 부모가 말했다.

"삼손아, 할례를 받지 않은 블레셋 사람을 아내로 맞아서는 안 된다.

우리 민족 중에서 찾아보아라."

그러나 삼손은 마음이 아팠고 그 여인을 잊을 수가 없었다. 그래서 그녀의 아버지를 찾아가 직접 청혼을 해보려고 혼자서 딤나로 갔다. 가는 길에 갑자기 젊은 사자 한 마리가 달려나와 덤비려고 으르렁거렸다. 그때 야훼의 영이 그를 강하게 움직여서, 그는 마치 염소 새끼를 찢듯이 맨손으로 그 사자를 갈기갈기 찢고 부러뜨렸다. 그리고 그것을 버려둔 채 길을 계속 갔다.

두 번째로 그 여자를 보게 되자 삼손은 지난번보다 더욱 깊이 그녀에게 사로잡히고 말았다. 그리하여 간절한 열정을 담아 그녀와 결혼시켜달라고, 그녀를 자신에게 달라고 웅변하여 여자의 아버지를 설득했다. 삼손은 자신의 부모가 이 결혼을 반대했던 것을 기억하고 있었기에 '사디가', 즉 아내는 친정집에 머물러 살고 남편이 때때로 찾는 결혼을 하자고 요구했다.

드디어 결혼 잔치를 하러 소라에서 딤나로 가던 중에 그는 이전에 죽인 사자의 시체 주변에 벌 떼가 붕붕거리고 있는 것을 보았다. 자세히 들여다보니 사자의 뱃속에 벌집이 있었고 그 벌집 안에 꿀이 고여 있었다. 그는 손으로 꿀을 긁어 모아 그것을 먹으면서 딤나로 계속 갔다.

결혼 잔치는 이레 동안 계속되었는데 그 마지막 날에 공식적인 결혼 행사가 이루어졌다. 그러는 동안 춤과 음식과 환락이 가득했다. 블레셋 사람 서른 명이 결혼을 축하하기 위해 왔다.

첫날에 삼손은 이들에게 수수께끼를 제안했다.

"내가 여러분에게 수수께끼 하나를 내겠소. 만약 당신들이 잔치를 치르는 이레 안에 그 수수께끼를 알아맞히면 당신들에게 아마옷 서른 벌과 잔치에 입을 겉옷 서른 벌을 주겠소. 그러나 알아맞히지 못하면 당신들이 나에게 각각 서른 벌씩을 주는 것이오."

포도주가 넘쳤고, 기쁨이 가득했다. 블레셋 사람들은 말했다.

"우리에게 수수께끼를 내보시오."

삼손이 웃으며 말했다.

> 잡아먹는 자에게서 먹는 것이 나오고,
> 강한 자에게서 단것이 나왔다.

서른 명의 하객들은 웃으며 다시 포도주를 마시기 시작했다. 그들은 수수께끼를 풀려고 서로 이야기해 보았다. 그러나 누구도 그 뜻을 추측할 수 없었다. 첫날, 둘째 날, 셋째 날이 지나갔다. 나흘째 되는 날 그들은 신부를 따로 불러내어 말했다.

"네가 삼손이 말한 수수께끼의 의미를 찾아내라. 그러지 않으면 네 아버지의 집을 불살라버리겠다."

닷새째 되는 날에 그 여인은 삼손에게 가서 울음을 터뜨렸다.

"당신은 나를 사랑하지 않는군요. 나를 사랑한다면 어떻게 나 모르게 비밀을 간직할 수 있어요?"

"무슨 비밀 말이오?"

"당신이 이곳 사람들에게 낸 수수께끼 말이에요."

"그것은 수수께끼지 비밀이 아니오."

그러자 그녀는 더 크게 울기만 했다. 엿새째 날에 그녀는 삼손에게 말을 걸지도 않았다. 이것이 그의 마음을 너무도 아프게 한 나머지 삼손은 그만 그녀에게 수수께끼의 의미를 알려주고 말았다.

이레째 되는 날, 정확히 해가 떨어질 때 삼손과 그 아내가 신방에 들어 결혼을 완성하려 할 때, 서른 명의 하객이 함께 소리쳤다.

"이스라엘 사람아! 우리가 네 수수께끼의 의미를 알고 있다."

"무엇이오?"

삼손이 물었다. 그러자 블레셋 사람이 답했다.

무엇이 꿀보다 더 달겠으며,
무엇이 사자보다 더 강하겠느냐?

삼손은 자기 곁에 베일로 얼굴을 가린 여인을 노려보았다. 그리고 낮고 냉정한 목소리로 블레셋 사람들에게 말했다.

"당신들이 내 암소로 밭을 갈지 않았다면, 이 수수께끼의 해답을 결코 찾지 못했을 것이오! 그러나 내 방식대로 당신들에게 한 약속을 지키겠소!"

삼손은 결혼 잔치 집에서 뛰쳐나갔다. 야훼의 영이 그에게 임하여 그는 아스글론으로 가서 서른 명을 죽이고 그들의 옷을 빼앗았다. 그날 밤에 그는 겉옷 서른 벌을 가지고 딤나로 돌아왔고, 화를 내며 고향인 소라로 돌아갔다.

블레셋 사람들 가운데 다섯 영주가 있었다. 그들은 각각 막강한 성곽 도시를 통치하고 있었다. 가사, 아스글론, 단 서쪽 지중해 해변에 위치한 아스돗, 유다의 언덕에 있는 가드, 그리고 10킬로미터 내륙에 있는 에그론.

수백 년 전 이스라엘 자손들이 여전히 광야에서 방황하고 있었을 때 블레셋 사람들은 약탈을 일삼으며 항해를 하고 이집트로 쳐들어갈 만큼 용맹한 민족이었다. 이집트 군대가 그들을 몰아냈으나 그 후 모세가 요단 강 동쪽의 시혼과 옥 왕에게 대항하여 행진을 하는 동안에도, 블레셋 사람들은 네겝의 북쪽 성읍을 장악하고 그곳에 사는 사람들을 소멸시키기 시작했다. 그리하여 이스라엘과 블레셋이 동시에 한쪽은 광야에서, 다른 한쪽은 바다에서 가나안으로 들어갔다.

가나안에서 이스라엘 자손들은 땅을 일구고 가축을 치면서, 지파 간에 느슨한 연합을 이루고 사는 것을 택했다. 한편 블레셋은 희게 회칠한 성읍에 모여서 군사 귀족 계급을 발전시키고 계급 권력체계를 세웠다. 그들은 모두 전쟁을 위한 사회를 형성하여 사내아이들을 어릴 때부터 싸울 수 있도록 훈련시켰다.

이스라엘 자손들은 농부인 조상들이 여러 세대에 걸쳐 경작한 방식대로, 청동을 씌운 나무 쟁기날을 가지고 느린 소를 끌며 경작을 했다. 그러나 블레셋 사람들은 새로운 것을 배우고 있었다. 그들은 철을 사용하는 법을 배웠다. 그리고 블레셋의 영주들은 철로 무기를 만들기 시작했다.

삼손이 결국 한 번도 동침하지 못한 블레셋 아내에 대한 그리움으로 다시 가슴아파하기 시작한 것은 막 밀 추수가 시작되었을 때였다. 그래서 그는 화해의 음식으로 새끼 염소를 잡아가지고 딤나에 있는 그녀 집으로 길을 떠났다.

막 그 집 안으로 들어가려 했을 때 삼손은 문에서 그녀의 아버지와 마주쳤다. 그녀의 아버지는 삼손을 막아섰다.

"내 딸은 이곳에 없네."

"그러면 기다리겠습니다."

노인은 고개를 숙였다.

"아니, 그 아이는 다시 돌아오지 않을 걸세."

"그러면 어디로 가야 그녀를 찾을 수 있겠습니까?"

"내가 어떻게 할 수 있었겠는가? 나는 정말로 자네가 그 아이를 미워한다고 생각했네."

"저는 아내를 미워하지 않습니다. 그녀는, 그녀는 지금 어디에 있습니까?"

"이보게, 잔치 끝에 결혼을 치르지 못하는 수치를 우리는 감당할 수 없었네."

삼손이 얼굴을 찌푸리기 시작했다. 그 바람에 목의 힘줄이 불거져 나왔다.

"그래서 무슨 일을 하신 것입니까?"

삼손이 물었다.

"제발, 이보게. 사실 그 아이의 동생이 언니보다 더 예쁘다네. 그러니 동생을 대신 아내로 삼게나."

"무슨 일을, 대체 무슨 일을 하신 겁니까?"

"들러리를 선 자네 친구와 내딸을 결혼시켰네."

삼손은 천천히 그의 머리카락을 일곱 가닥으로 말아서는 그것들을 묶어 머리 뒤로 넘겼다.

"이번만은 내가 블레셋 사람에게 어떤 해를 끼쳐도 나를 비난하지 못할 것이오."

그는 밖으로 나가서 홰를 가져오고 여우 300마리를 잡았다. 그는 여우를 두 마리씩 서로 꼬리를 붙들어 매고 그 사이에 홰를 끼웠다. 그리고 그날 밤 홰에 불을 붙이고 여우를 놓아주었다. 여우들은 블레셋의 아직 베지 않은 곡식 사이를 헤집고 다녔다. 들판을 태우고, 이미 묶어놓은 노적가리에 불을 붙이며, 올리브 농원까지 뛰어다니며 모조리 불태웠다. 타오르는 불꽃을 보며 블레셋 사람들이 소리쳤다.

"누가 이런 일을 저질렀느냐?"

그리고 그들이 말했다.

"딤나의 사위, 삼손이다! 그의 장인이 아내를 빼앗아 다른 사람에게 주었기 때문이다."

그래서 그들은 그녀와 그 아비를 잡아 불사르려 했다. 염소 한 마리를 잡아들고 돌아오고 있던 삼손이 그와 결혼했던 여인의 비명소리를 듣고는 분노하여 블레셋 사람들을 사정없이 해치웠다. 굉장한 살육이었다. 그리고 나서 그는 그들 땅에서 도망쳐 에담 바위 동굴로 달려갔다. 그곳은 유다 땅이었다. 수천 명의 블레셋 사람들이 그를 찾고 있는 동안 그는 그곳에 몸을 숨기고 있었다.

그 당시 이스라엘에는 왕이 없었고, 위기를 맞을 때마다 야훼께서 때때로 그들의 지도자로 임명하시는 사사들만이 있었다.

그와는 대조적으로 블레셋의 다섯 도성들은 각각 완전한 권위를 가진 절대 군주의 통치하에 있었다. 더욱이 이 다섯 군주들은 전쟁이 일어나면 단일 군대로 합병할 수도 있었다. 그리고 근래 들어서 그들의 편법은 점점 더 바람직해 보였다. 왜냐하면 보호해야 할 복잡한 무역로가 생겨났고, 매년 인구가 점점 많아지면서 굶주리게 되었기 때문이다.

이스라엘에는 풍요로운 계곡과 포도원, 과수원, 가축 떼 그리고 들판이 있었다. 그러나 그들에게는 상비군이 없었다. 그들의 전사들이란 고작 농부들이었다. 블레셋은 철제 무기를 가지고 있었고 그들의 시민이 곧 군대였다. 무역을 하는 것보다 빼앗는 것이 궁극적으로는 훨씬 효율적이라고 생각한 블레셋의 군주들은 무장을 갖추기 시작했다.

이제 이스라엘 사람들은 밤시간에만 비밀리에 집안에 모여 그들의 민족적인 영웅 이야기를 하면서 믿음과 용기를 키워가고 있었다.

한번은 블레셋 군인들 천 명이 전쟁 위협을 가하며 유다 땅에 들어왔다. 유다 사람들은 겁에 질렸다.

"너희가 무엇 때문에 우리를 치러 왔느냐?"

블레셋 군인들이 대답했다.

"단 사람 삼손을 묶어 데려가서 그가 우리에게 한 짓에 대해 앙갚음을 하려고 왔다."

그래서 유다 사람들은 서로에게 물어서 삼손이 에담에 숨어 있는 것을 알아냈다. 그들이 삼손에게 가서 말했다.

"무슨 일이오? 왜 우리를 이런 위험한 상황에 처하게 하는 거요? 우리가 블레셋과의 전쟁에서 이길 수 없다는 것을 잘 알고 있지 않소?"

삼손이 말했다.

"그들이 나에게 한 짓보다 더 심하게 한 것은 없소"

유다 사람이 말했다.

"그 일은 우리와는 상관없는 일이오. 우리는 당신을 묶어 그들의 손에 넘겨주러 왔소."

삼손이 말했다.

"친척들이여, 내게 한 가지 일만 해주시오."

"어떤 일이오?"

"무슨 일이 있어도 당신들이 직접 나를 죽이지 않겠다고 맹세하시오."

"우리는 당신을 죽이지 않을 것을 맹세하오."

그러자 그는 앞으로 나와 그들이 새 밧줄 두 사리로 자신을 묶도록 허락했고, 그들은 그를 바위 위로 데려가 블레셋 사람들에게 넘겨주었다.

블레셋 군대가 승리에 도취하여 소리를 지르면서 그들의 죄수 주변을 포위하고 막 가까이 가려 했을 때, 야훼의 영이 삼손에게 임하여 그 밧줄이 불에 탄 실오라기같이 끊어져 나갔다. 삼손은 땅바닥에서 당나귀 턱뼈를 발견하곤 그것을 집어들어 천 명이나 되는 블레셋 군인들을 쳐죽였다. 그리고 언덕 위로 올라가 소리쳤다.

나귀의 턱뼈 하나로 적들을 피로 물들게 하였다!

276

나귀의 턱뼈 하나로 천 명의 적들을 죽였다!

그래서 그곳은 라맛레히, 즉 턱뼈 언덕이라고 불렀다.

  몇몇 이스라엘 사람들을 제외하고 단 한 사람의 영웅 이야기는 더 이상 그들을 위로해 줄 수가 없었다. 이 민족은 낭비를 싫어했다. 그런 이야기는 위험한 기분 전환이라고 여겼다. 왜냐하면 그런 이야기는 블레셋이 이스라엘에 위험한 존재로 다가오고 있는 실제 상황을 눈가림하여 잘못된 희망을 불어넣기 때문이었다. 이스라엘 사람들은 현실적인 질문을 했다.
  "언제 그들의 군대가 쳐들어올 것이고, 누가 우리를 위해 싸워줄 것인가?"
  해답은 바로 '야훼 하나님'이었다. 야훼께서 항상 이스라엘 민족을 위해 지도자들을 세워주셨다.
  "그러니 그때까지 서로 의논해 가면서 열두 지파 그대로 남아 있읍시다. 지도자가 열두 지파 모두를 싸울 만한 하나의 군대로 묶을 수 있었던 적이 얼마나 있었습니까? 한 번도 없었습니다. 항상 싸우기를 거절하는 지파가 있었습니다."
  "하지만 그 얼마 안 되는 사람들이 항상 승리하지 않았습니까?"
  "이번에는 새로운 적이에요. 그들은 철제 무기를 가지고 싸웁니다. 그들은 이스라엘인을 죽이기 위해 태어난 대장의 지휘 아래 쳐들어오고 있습니다."
  "야훼께서 바로 우리의 대장이십니다."
  "맞아요, 야훼! 그 야훼께서 우리를 하나의 민족으로 만드신다고 말씀하지 않으셨습니까? 이스라엘 자손들이여, 주위를 돌아보세요. 우리는 한민족이 아닙니다! 그 어떤 것도, 그 누구도 우리를 하나로 묶지 못합니다. 우리는 왕이 필요해요."

"안 돼요! 기드온이 오래 전에 말했소. 야훼께서 왕처럼 우리를 다스려야 한다고요!"

"우리는 왕이 필요해요. 남자들을 싸울 수 있도록 훈련시키고, 계속적인 지도력을 발휘하여 다른 민족처럼 하나의 중심이 될 수 있는 그런 왕 말이오. 그러지 않으면 우리는 철제 칼끝에 죽게 될 것이오!"

한번은 삼손이 블레셋 여인 들릴라와 사랑에 빠졌다. 그는 그녀의 집에 들어가 그녀와 함께 잤다. 삼손이 규칙적으로 들릴라와 잠을 잔다는 사실을 알아낸 블레셋 영주들은 그녀를 찾아와서 말했다.

"네가 삼손의 힘이 어디에서 나오는지 알아내서 우리가 그를 묶어 꼼짝 못하게 할 수 있도록 해준다면, 우리가 너에게 각각 은화 천백 개씩을 주겠다."

어느 날 늦은 밤에 들릴라가 삼손에게 말했다.

"제발 당신의 그 엄청난 힘이 어디에서 나오는지 말해주세요."

삼손이 웃으며 말했다.

"나를 마르지 않은 새 칡 일곱 줄로 묶으면, 나는 여느 사람처럼 약해질 것이오."

그는 그녀의 긴 의자에 몸을 길게 뻗고 잠이 들었다. 들릴라는 즉시 블레셋 군인들에게 그가 말한 것을 일러바쳤다. 그들은 그녀에게 마르지 않은 칡줄 일곱 가닥을 가져다주었고, 그녀는 그것으로 삼손의 손목과 발목을 묶고 소리쳤다.

"삼손! 블레셋 군이 들이닥쳤어요."

그러나 그가 일어나면서 칡줄을 불에 탄 실오라기 끊듯이 끊고 군인들을 쳐서 정신을 잃게 만들었다. 그래서 그 힘의 비밀은 새어나가지 않았다. 다음날 밤 들릴라가 말했다.

"칡줄이 당신을 약하게 만들지 않지요, 삼손? 칡줄은 당신의 힘과 아무런 상관이 없지요?"

"그렇소."

"그러면 무엇으로 묶을 수 있나요?"

"밧줄이오, 들릴라. 한 번도 사용한 적이 없는 새 밧줄이 나를 보통 사람처럼 약하게 만들 수 있어요."

그래서 그가 잠들었을 때 그녀는 새 밧줄을 가져다 그의 팔과 다리, 목과 넓적다리를 묶었다. 그리고 군인들을 안방으로 들인 후 외쳤다.

"삼손! 블레셋 군인들이 들이닥쳤어요!"

그러자 그는 밧줄을 실오라기 끊듯이 끊어버리고 전날과 마찬가지로 그 군인들을 재빨리 해치웠다. 다음날 밤 들릴라는 흐느껴 울기 시작했다. 그녀는 애처롭게 울면서 말했다.

"지금껏 당신은 날 조롱하고 거짓말을 했어요. 말해봐요, 삼손. 어떻게 해야 당신을 꼼짝 못하게 묶을 수 있는지 말해줘요."

삼손이 그녀에게 말했다.

"내 머리 일곱 가닥을 베틀 날실에 섞어 짠 다음 그것을 쐐기로 단단히 고정시키면 다른 사람들처럼 약해지오."

그래서 들릴라는 삼손이 잠든 사이에 그의 머리 일곱 가닥을 뽑아다 베틀 날실에 섞어 짰다. 그리고 그것을 쐐기로 고정시킨 뒤 소리쳤다.

"삼손! 삼손, 블레셋 군인들이 왔어요!"

그러자 삼손이 잠에서 깨어나 쐐기와 베틀, 베틀 줄과 천을 뽑아내었다. 일이 그렇게 되자 들릴라는 삼손의 얼굴을 때리며 화를 내었다.

"어떻게 당신이 나를 사랑한다고 말할 수가 있어요? 당신 마음이 나와 함께 있지 않다면 말이에요. 당신은 나를 세 번이나 놀렸어요. 세 번이나 당신의 힘에 대해서 거짓말을 했어요. 도대체 언제 나에게 진실을 말해줄 건가요?"

그녀가 날마다 그에게 강요하고 졸라대니 그는 괴로워서 죽을 지경이었다. 그리하여 그는 비밀을 모두 털어놓았다.

"나는 어머니의 태를 떠난 이후로 한 번도 내 머리에 칼을 댄 적이 없소. 만약 내 머리를 깎으면 나는 다른 사람들처럼 약해질 것이오."

들릴라는 삼손이 모든 진실을 털어놓았음을 눈치채고 블레셋 영주들에게 즉시 오라는 전갈을 보냈다. 영주들은 약속대로 손에 돈을 들고 그녀에게 왔다. 밤에 그녀는 삼손을 자신의 무릎에서 잠들게 한 뒤 사람을 불러 일곱 가닥으로 땋은 머리카락을 자르게 했다. 그리고 삼손을 괴롭히기 시작했다. 그러나 그의 힘은 이미 빠져 나간 뒤였다. 그녀는 그의 귀에 대고 속삭였다.

"삼손, 블레셋 사람들, 그 블레셋 사람들이 들이닥쳤어요."

그는 전처럼 줄을 끊고 풀려나려 했으나 그럴 수가 없었다. 그리하여 블레셋 사람들은 그를 잡아 두 눈을 후벼파고 그들의 도성인 가사로 끌고 간 뒤 청동 사슬로 묶어 감옥에서 소처럼 맷돌을 돌리게 했다.

세월이 흘러 그의 머리카락이 다시 자라기 시작했다. 그러던 중 블레셋 영주들이 그들의 신 다곤에게 큰 제사를 지내기 위해 모이는 날이 왔다. 그들이 즐거워하며 말했다.

"삼손을 불러라! 우리들을 위해 재주를 부리게 해보자!"

그리하여 삼손은 감옥에서 불려나와 다곤의 웅장한 신전으로 들어갔다. 그들은 그를 신전 기둥 사이에 세웠다. 그가 그곳에 서니 땅 위에 있는 자들이나 발코니에 있는 자들, 지붕에 누워 있는 자들까지 모든 사람들이 그를 볼 수 있었는데 그 수가 3천 명쯤 되었다.

삼손은 보이지 않는 눈을 들어 3천 명의 목소리가 외쳐대는 것을 들었고, 그들의 맹렬한 숨소리를 느꼈다. 그는 두 손을 벌려 두 기둥을 찾아낸 후 그를 이끌어낸 소년에게 물었다.

"이 두 기둥이 전체 성전을 버티는 것이냐?"

"그래요."

그 말을 듣고 삼손은 기도를 올렸다.

"야훼 하나님, 저를 기억하시고 저에게 이번 한 번만 더 힘을 주십시오. 그러면 제 두 눈을 뽑은 저 블레셋 사람들에게 단번에 복수하겠습니다."

그리고서 삼손은 신전을 버티고 있는 두 기둥에 양손을 하나씩 갖다 대고 자신의 무게를 한껏 실었다. 그리고 소리쳤다.

"저를 블레셋 사람들과 함께 죽게 해주십시오."

삼손이 있는 힘을 다하여 기둥을 밀쳐내자 신전이 영주들과 그곳에 있는 모든 사람들 위로 무너져내렸다. 그리하여 그가 죽으면서 죽인 사람이 그가 살아서 죽인 자들보다 많았다.

이것이 이스라엘의 영웅 삼손의 이야기다.

적이 된 형제의 슬픔

어느 레위 사람의 첩 The Levite's Concubine

[사사기 19:1~21:25]

그 당시 이스라엘에는 왕이 없었다. 사람들은 각자 자기 마음에 옳게 보이는 대로 행동했고, 부족들 간에는 종종 분쟁이 있었다.

그때 어느 레위 사람의 첩이 남편에게 화가 나서 유다 땅 베들레헴에 있는 자기 아버지 집으로 도망갔다. 젊은 그녀는 넉 달 동안이나 돌아가지 않고 거기 머물러 있었다. 비록 가난한 어느 가족에게서 사온 첩에 불과했지만 그 레위 사람은 그녀에 대한 애정이 남다른 터였다. 그래서 그는 여자를 부드럽게 달래서 다시 집으로 데려올 계획으로 그녀를 뒤쫓아갔다.

이틀 동안 그는 종과 함께 당나귀 두 마리를 끌고 이방 땅을 지나 남쪽으로 길을 향해 갔다. 장인은 사위가 오는 것을 보고 기쁘게 달려나와 얼마동안 머물다 가라고 했다. 그래서 레위 사람은 먹고 마시며 그곳에 묵었다. 사흘째 되는 날 레위 사람은 마음을 돌려 집으로 돌아가게끔 첩을 잘 설득했다. 그래서 그들은 나흘째 되는 날 아침 일찍 떠나기로 결정했다. 그러나 그날 아침 장인이 사위에게 말했다.

"빵으로 조금 더 배를 채우고 든든해진 후 떠나도록 하게."

그래서 두 사람은 함께 먹고 마셨다. 그러다 보니 시간이 지나 곧 오후 한나절이 되었다. 레위 사람과 그 첩이 일어나 가려하자 장인이 말했다.

"날이 이미 저물었네. 하룻밤 더 묵게나. 마음 기쁘게 쉬고, 내일 일찍 떠날 채비를 하게."

그러나 남자는 이미 마음을 정한 뒤였다. 그는 나귀에 안장을 얹고 첩과 종을 데리고 베들레헴을 떠나 북쪽으로 향했다. 그들이 예루살렘을 지나고 있을 때 종이 말했다.

"발길을 멈추고 이 성읍에서 하룻밤 묵고 가시지요."

그러자 레위 사람이 말했다.

"이 성읍은 여부스 족의 땅이네. 우리는 이방인의 성읍에 머무를 수 없네."

그래서 그들은 계속 길을 가 이스라엘 지역 베냐민 지파의 땅에 들어오게 되었고, 날이 어둑어둑할 무렵 기브아 성읍에 도착했다. 그들은 그곳으로 들어가 광장에 앉았으나 아무도 그날 밤 묵을 곳을 권하는 자가 없었다.

저녁 늦게 마침 한 노인이 밭에서 일을 마치고 돌아오고 있었다. 그는 베냐민 지파에 섞여 사는 에브라임 사람이었다. 그가 레위 사람과 여자를 보고는 물었다.

"어디로 가십니까?"

"내 집이 있는 에브라임 산간 지방으로 갑니다. 그런데 아무도 우리를 집으로 맞아들이는 사람이 없군요. 우리에겐 우리 모두가 먹을 수 있는 빵과 포도주가 충분합니다."

"잘 오셨습니다. 내가 당신들을 잘 돌봐드리리다. 우리 집으로 가서 나와 함께 묵으세요."

노인은 그들을 자기 집으로 데려가서 나귀에게 여물을 주었고, 그들은 발을 씻은 다음 함께 음식을 먹고 마셨다. 그런데 어둠 속에서 사악한 기브아 젊은이들이 그 집을 에워싸고 문을 두드렸다.

"노인장!"

그들이 소리쳤다.

"당신 집에 찾아온 그 사람을 끌어내시오. 우리가 여자와 동침할 수 있도록 말이오!"

그 에브라임 노인은 밖으로 나가 그들에게 제발 그만두라고 간청했다.

"그는 나의 손님이오. 어떻게 그런 사악한 일을 요구하시오?"

그러나 그 무리들은 점점 목소리를 높이며 거칠어졌다. 그들은 노인을 때려 옆으로 밀쳐낸 뒤 문고리를 깨고 손을 안으로 뻗어 레위 사람의 옷을 잡았다. 칼이 번쩍였다. 한 손으로는 문을 부둥켜안고, 다른 한 손으로 자기 첩을 잡아 밖으로 밀어낸 그는 몸으로 기대어 문을 막았다.

브리알의 아들들인 기브아의 젊은이들은 밤새도록 그녀를 욕보이고 동이 틀 무렵에야 놓아주었다. 새벽 어스름할 때 그녀는 남편이 있는 집으로 와서 그 문앞에 쓰러졌다. 레위 사람이 아침에 일어나 문을 열고 밖으로 나왔을 때 그의 첩이 손을 문턱에 걸친 채 쓰러져 있었다. 그는 그녀에게 말했다.

"일어나시오, 같이 갑시다."

그러나 아무런 대답이 없었다. 그는 그녀 곁에 무릎을 꿇고 그녀의 몸에서 숨이 빠져나가는 소리를 들었다. 그녀는 한숨소리를 한 번 내고는 다시는 숨을 쉬지 않았다.

레위 사람은 일어나서 그녀를 들어올려 나귀 등에 실었다. 그는 또다른 나귀에 타고 쉬지도 멈추지도 않고 종일 그녀를 이끌고 집으로 갔다. 자신의 집으로 들어가서 그는 칼을 찾아 그녀의 시신을 열두 토막으로 잘랐다. 그리고 그 토막들을 각각 이스라엘 열두 지파에게로 보냈다. 그것을 본 모든 사람이 말했다.

"이스라엘이 이집트 땅에서 나온 이후로 이런 일은 한 번도 없었다! 잘 생각해 보시오! 어떻게 하면 좋겠소?"

그리하여 이스라엘 사람들이 벧엘에 모였고 장로들이 그 남자에게 물었다.

"어떻게 이런 사악한 일들이 생기게 되었는지 말해 보시오."

그 레위 사람이 말했다.

"기브아 남자들이 나를 해치려고 밤에 그 집을 공격했을 때, 나는 그들이 나를 죽이려고 했음을 알았소! 그들은 내 첩을 범하고 그녀를 죽였소. 그들은 추악한 행위를 저질렀소. 여러분 모두 이스라엘의 자손이 아닙니까? 어떻게 하면 좋겠습니까?"

그들이 말했다.

"우리 중 어느 누구도 베냐민의 기브아 사람들이 이스라엘에서 저지른 사악한 죄의 대가를 치르기 전에는 집으로 돌아가지 않을 것이다."

그래서 그들은 베냐민 지파에게 '기브아의 사악한 자들을 우리 손에 넘겨서 죽음에 처하게 하고, 이런 사악한 일이 이스라엘에서 사라지게 하시오.'라는 전갈을 보냈다. 그러나 베냐민 사람들은 다른 지파의 말을 들으려 하지 않았다. 오히려 그들은 모든 성읍에서 군대를 소집하여 기브아 사람과 합세해 이스라엘의 나머지 지파와 전투할 채비를 갖추었다. 베냐민 사람들은 양쪽 어느 손으로도 활시위를 당길 수 있고, 돌을 던져 머리카락도 맞힐 수 있는 명사수들이었다.

이스라엘 사람들이 야훼께 여쭈었다.

"저희 중 어느 지파가 먼저 베냐민에 대항하여 올라가야 합니까?"

야훼께서 말씀하셨다.

'유다 지파가 먼저 올라가거라.'

이스라엘 사람들이 아침에 일어나 기브아와 마주하여 진을 쳤다. 그들의 군대가 전장을 향하여 나아갔다. 유다 지파가 시작이었다. 유다 지파가 먼저 땅을 장악했으나 베냐민 사람들이 유다의 뒤에서 맹렬한 공격을 가했고, 도망가는 사람까지 죽였다. 게다가 베냐민 사람들은 나머지 이스라엘 사람들도 그 땅에서 몰아내었다.

이스라엘 사람들은 날이 저물도록 목놓아 울고 야훼께 여쭈었다.

"저희가 다시 가서 저희 형제 베냐민 사람들을 공격해야 합니까?"

야훼께서 말씀하셨다.

'올라가서 그들과 맞서라.'

그리하여 이스라엘 사람들은 용기를 얻어 다시 전투 태세를 갖추고 그들이 첫날 진을 쳤던 곳으로 갔다. 베냐민 사람들이 이날도 기브아 성읍에서 나와 다시 이스라엘 사람들을 쳤다. 그리하여 이스라엘 군대는 벧엘로 또다시 철수했고 전보다 더 크게 목놓아 울었다.

그들은 야훼 앞에 앉아 금식하고 번제와 화목제를 드렸다. 엘르아살의 아들 비느하스가 하나님의 언약궤를 가지고 나오자 그들은 다시 여쭈었다.

"저희가 다시 저희의 형제 베냐민 사람과 대항하러 전장에 나가야 합니까, 아니면 그만두어야 합니까?"

야훼께서 말씀하셨다.

'올라가거라. 내일 내가 그들을 너희 손에 넘겨주겠다.'

사흘째 되는 날 이스라엘은 기브아 성읍 뒤에 매복병을 배치하고 나머지 군사들은 전날과 같은 전투 태세를 갖추었다. 아침에 베냐민의 모든 군대가 성에서 나와 정면 돌진하여 이스라엘을 공격했다. 전처럼 이스라엘은 조금 싸우다 돌아서서 도망쳤고, 베냐민 사람은 이스라엘 사람 서른 명을 죽이면서 뒤를 쫓았다.

그러자 그때 매복중이던 병사들이 뛰어나와 기브아 성읍으로 돌진했다. 그들은 칼끝으로 성읍 전체를 쳤다. 이스라엘 주력 부대와 매복병 사이에는 이미 약속한 신호가 있었다.

'기브아에서 연기가 치솟으면 돌아서시오! 돌아서서 싸우시오.'

그대로 되었다. 연기 기둥이 기브아에서 솟았고, 이스라엘 군대는 그것을 보고 돌아서서 그들의 형제를 공격했다. 베냐민 사람들 역시 기브아 성읍에서 연기가 솟아오르는 것을 보았고, 너무도 당황하여 무질서하게 이스라엘에게서 퇴각하였다.

베냐민 사람들은 그날 패했다. 베냐민의 성읍들은 불타버렸고, 여자와 아이들도 성읍과 함께 전멸했다. 베냐민 지파는 거의 멸망하게 되었다. 600명의 남자들만 림몬 바위가 있는 곳으로 도망가서 넉 달을 바위 그늘에 숨어 지냈다.

그 일이 있은 후 이스라엘 사람들은 벧엘에 모여 날이 저물도록 하나님 앞에 앉아 통곡하였다.

"오 하나님! 왜 이런 일이! 오늘날 한 지파가 이스라엘에서 사라지는 이런 일이 왜 일어나야 합니까?"

이스라엘은 무장한 채 길르앗의 야베스 성읍으로 가서, 베냐민 형제들을 위해 한 번도 남자와 자 본 적이 없는 처녀 400명을 잡아왔다. 그들은 이 여인들을 데리고 가서 림몬에 있는 형제들에게 화친을 제안했다. 그리하여 길르앗 야베스의 처녀들은 베냐민 사람들의 아내와 어머니가 되었고, 그 지파는 사라지지 않았다.

그때에는 이스라엘에 왕이 없었다. 모든 사람들은 저마다 자기 마음대로 행동했다.

4부

왕들

우리에게도 왕을 주소서

사울 Saul

길르앗의 야베스 성문 옆에는 성읍의 다른 건물보다 몇 층 더 높은, 돌로 지어진 요새가 서 있었다. 이 요새의 북서쪽 한편에 서면 요단 강 계곡이 내려다보였고, 그 강의 동쪽으로 가장 비옥한 토양들이 눈에 들어왔다. 요새의 남서쪽 모퉁이에 서면 수려한 길르앗 언덕들과 그 언덕의 낮은 경사지에 올리브 과수원과 포도밭용으로 만든 계단식 밭이 보였고, 언덕의 가장 높은 곳은 카르멜(갈멜) 산이나 레바논 산만큼이나 빽빽한 숲으로 덮여 있었다.

그 요새의 바깥 문을 통해 몰래 빠져나온 세 남자가 이른 새벽의 촉촉한 이슬을 맞으며 서쪽, 요단 강 쪽으로 뻗어 있는 마른 강바닥을 따라 달리기 시작했다. 그들말고는 아무도 보이지 않았다. 야베스의 집들은 비어 있었다. 모든 시민들이 그 요새에 모여 있었다. 아이들은 여전히 자고 있었다.

세 사람은 요새에서 쏜 화살이 닿을 만한 거리를 막 지나 나무숲이 끊어지는 곳에 이르자 걸음을 늦추었다. 그들은 머리를 숙이고 날 없는 칼을 보이며 팔을 높이 들었다. 암몬 군인 몇 사람이 숲에서 나오더니 창끝을 세 사람의 목 뒤에 대고 그들을 에워쌌다.

"나하스 왕이 우리에게 떠나라고 했소."

세 사람 중 가장 큰 사람이 여전히 고개를 숙인 채 말했다.

"우리에게 이레간의 말미가 있소. 그때가 지나면 우리를 죽일 수 있소. 그러나 그때까지는 왕의 명령에 따라 우리가 안전하게 통과할 수 있도록 보장해 주어야 할 것이오."

군인 중 한 명이 그의 머리채를 잡더니 뒤로 홱 잡아당겼다. 얼굴이 아침 햇살 쪽으로 기울어지자 그 야베스 사람의 눈이 한쪽만 남아 있는 것이 분명하게 보였다. 그의 오른쪽 눈알이 없어졌다. 너풀거리는 눈꺼풀이 이 빠진 할아버지의 볼처럼 안쪽으로 푹 꺼졌다.

암몬 군인들은 깔보는 듯한 웃음을 터뜨렸다. 그들은 키 큰 남자와 같이 있던 두 사람의 머리채도 잡아당겼고 그들의 웃음은 더욱 커졌다. 그 두 사람 또한 오른쪽 눈알이 빠져 있었다. 너무 겁에 질린 나머지 눈꺼풀이 푸들거리며 벌어졌다. 눈구멍은 하얀 힘줄로 뒤틀려 있었다. 바보스럽게도 그 텅 빈 눈에서 눈물이 흘러 떨어졌다.

"전사들이여!"

암몬 사람들이 비웃으며 말했다.

"오른쪽 팔로 화살을 겨냥할 수 없고 칼을 찌를 수도 없는 전사들이여! 맘대로 지나가시오. 반쪽 군인들이 무슨 해를 끼칠 수 있겠소? 하하하하!"

그 야베스 사람들 세 명은 수치심에 머리를 숙이고 계속하여 강바닥을 내려갔다. 한쪽 눈이 없었으므로 그들은 종종 비틀거렸다. 그들은 요단 강을 건너기 위해 서로서로 꼭 붙었다. 이곳 물살은 빨랐으나 수심은 얕았다. 그들은 서쪽으로 부드러운 늪지의 버드나무와 사탕수수 줄기, 사람 키만한 갈대 등 빽빽한 초목들을 뚫고 지나갔다. 사자, 표범, 자칼과 같은 야생 짐승들이 덤불 사이로 어슬렁거리며 다니고 있었다. 그러나 외눈박이 사람들에게도 그들의 성읍을 포위하고 있는 암몬 사람들에 비하면 그 짐승들은 아무것도 아니었다.

나하스 왕은 이스라엘이 약하다는 소문을 들었다. 블레셋이 에벤에셀에서 이스라엘 군대를 공격하여 패주시켰고, 그들을 실로까지 추격하여 그곳에서 이스라엘이 200년 전에 사막에서부터 가지고 나온 고대의 성스러운 장막인 성막을 파괴했다는 사실을 알고 있었다. 그리고 블레셋이 이스라엘의 가장 성스러운 언약의 궤조차 빼앗아 그들 성읍으로 가져갔고, 최근에야 그것이 이스라엘로 되돌아왔다는 사실도 알고 있었다.

그래서 암몬의 나하스 왕은 군대를 소집하여 르우벤과 갓 지파를 공격했고, 마침내 길르앗의 야베스 성읍을 포위했다. 자신의 명성을 드높이고자 하는 의도였다. 야베스의 장로들이 화친의 대가로 공물을 바칠 것을 제안했을 때 나하스 왕은 기뻐하며 손뼉을 쳤다.

"너희 모두의 오른쪽 눈을 뽑는다는 조건이면 너희와 화친 조약을 맺겠다."

이것이 그의 말이었다. 장로들이 함께 회의를 하고 대답했다.

"우리에게 이레 동안의 말미를 주시면 우리가 이스라엘에게 도움을 구하겠습니다. 만약 아무도 오지 않으면 우리는 당신께 항복하겠습니다."

"그래, 그래, 이스라엘에게 간청해 보아라. 그 힘센 민족에게 너희를 구해 달라고 해보아라. 눈이 뽑힌 숫자가 많으면 많을수록 네 이웃들이 더욱 수치스러워하겠지!"

이스라엘이 어디서나 맥없이 패배하고 있는 것처럼 보였기 때문에 나하스 왕은 최후의 승리를 자신하고 있었다. 그래서 그는 세 사람을 선택하여 위협의 표시로 그들의 오른쪽 눈을 뽑고 통행을 보장하여 요단 강을 건너게 했다.

하루 중 늦은 시간이었다. 야베스 사람들이 요단 강 계곡의 서쪽으로 올라가고 있었다. 말라 부스러지는 진흙덩어리에 무릎과 팔꿈치를 다쳐가며 그들은 남쪽 산등성이 쪽으로 달려가고 있었다. 세겜은 한 시간

전에 통과했다. 그들 아래로 왼쪽, 오른쪽 언덕들이 저녁 그림자에 가려 보이지 않았다. 세 사람 모두 완전히 지쳤으나 멈추지 않았다. 그들은 기브아로 가고 있었다. 야베스의 장로들이 베냐민 땅 기브아에 살고 있는 기스의 아들, 사울을 찾으라고 그들을 보낸 것이었다. 누군가가 그들을 구해줄 수 있다면, 그는 다름 아닌 사울일 것이었다.

기브아 성읍은 몇 세대 전에 야베스의 처녀들을 데려다주었던 곳이고, 이스라엘이 베냐민의 아내와 아이들을 없앤 후에 베냐민 지파는 그 야베스의 처녀들을 맞아들여 다시 가족을 이룰 수 있었다. 그래서 기브아의 사울과 한쪽 눈을 잃은 야베스의 전령들은 친족 사이였다.

더욱이 사울은 암몬의 남쪽, 모압에서 싸운 적이 있었다. 그는 군대를 일으켜 자기 뜻대로 공격함으로써 어느 누구에게도 은혜를 입을 필요가 없음을 증명해 보였다. 그는 직접 기브아에 한 성읍을 세웠고, 블레셋이 철 다루는 기술을 독점하고 있는데도 용케 전속 대장장이를 구했다. 그리하여 다른 이스라엘 사람들이 청동 무기를 사용해야 했던 데 비해 사울은 더 날카롭고 강하며 무시무시한 철제 무기를 가지고 싸울 수 있었다.

길 떠난 지 이틀째 되는 날 야베스의 전령들이 기브아에 도착했다. 비록 피로하고 지저분한 상태였지만 그들은 즉시 성읍 문에 서서 나하스의 위협을 알렸다. 기브아 사람들이 친족들의 텅 빈 눈구멍을 보았을 때 그리고 나머지 야베스 사람들에게 얼마나 끔찍한 일들이 벌어지게 될지 들었을 때 그들은 크게 목놓아 울었다.

바로 그때 한 남자가 한 무리의 황소를 몰며 밭에서 돌아왔다. 그는 키가 컸고 가슴팍이 강해 보였다. 머리카락이 어깨까지 내려와 있었다. 눈은 검은빛이었고 귀가 밝았다. 그가 문 쪽으로 접근하면서 소리쳤다.

"무슨 일이오? 왜 울고들 있소?"

외눈박이 전령들이 앞으로 나섰다.

"나하스 왕이 길르앗의 야베스를 포위했습니다. 우리에게 이렇게 한 것처럼 성읍 모든 사람들에게도 똑같이 하겠다고 장담했습니다. 그래서 우리는 기스의 아들, 사울을 찾으러……."

그들의 요청이 끝나기도 전에 그 잘생긴 남자의 눈빛이 변하며 검은 불꽃이 이글거렸다. 그의 얼굴이 사나워졌다. 그는 철제 칼을 잡아들고 머리 위로 휘젓더니 그 자리에서 자기 소들을 도살하고 그 사체를 큰 고깃덩이와 뼈로 조각내었다.

야베스에서 온 전령들은 조용해졌다. 그가 바로 그들이 찾고 있던 그 사람이었다. 기스의 아들 사울은 피가 뚝뚝 떨어지는 열두 덩이의 고기를 그의 종들에게 건네주며 말했다.

"이것들을 이스라엘 모든 지파에게 가져가라. 사울을 따라 전투에 나서지 않는 자는 누구든지 그의 소가 이렇게 될 것이라고 선포하라! 또한 전사들에게 베섹에서 만나자고 전하라! 사흘 안에! 사흘째 되는 날 땅거미가 질 때 내가 칼과 투구와 비늘 갑옷으로 무장하고 기다리겠노라고 전하라. 가라!"

야베스에서 온 세 명의 전령들에게 사울이 말했다.

"어느 왕도 당신 형제들의 오른쪽 눈을 후벼파게 하지 않겠소. 돌아가서 당신네 장로들에게 전하시오. 닷새 후 태양이 뜨거울 시간에 그들이 구출될 것이라고."

그리하여 기브아로부터 명령과 외침의 소리가 떨어졌다.

기스의 아들 사울은 이스라엘의 불씨였다. 수천 명의 전사들이 길르앗 야베스로부터 요단 강 바로 서쪽에 위치한 베섹으로 모였다. 너무도 갑작스럽게 군대가 소집된 터라 나하스 왕에게 경고가 갈 틈이 없었다.

세 명의 외눈박이 전령이 사울의 언질을 받아 가지고 성으로 몰래 들어갔다. 그리하여 엿새째, 유예받은 마지막 날에 야베스의 장로들은 나하스 왕에게 항복 문서를 보냈다.

'내일 당신께 항복하겠습니다. 그러니 당신께서 하고 싶으신 대로 하십시오.'

그날 밤 사울은 어둠을 타고 빠르게 행진하며 그의 군대를 베섹의 동쪽, 길도 나 있지 않은 언덕을 넘어 요단 강 서쪽 골짜기, 무너져내리는 점토와 석고가 뒤섞인 위험한 길로 몰고 갔다. 그들은 조용히 물을 건너 포도밭과 올리브 과수원을 지났고, 이스라엘과 유다에서 온 수천 명의 전사들이 마치 고양이처럼 기어서 동쪽으로 올라갔다.

사열할 만한 곳을 골라 모든 전사가 사울 앞을 지나갔고 그곳에서 사울은 소리없이 전사들을 세 개의 분대로 나눈 뒤 각각 방향을 제시해주어 암몬 사람들을 모조리 포위할 수 있게 했다.

정확히 태양이 뜰 때 사울의 분노에 찬 외침이 맹렬히 울려퍼졌다. 사울은 모든 전사를 풀어 적진 한가운데로 들여보냈다. 그들은 창끝과 화살로 암몬 군대를 깨웠고, 그런 뒤 재빨리 때려눕혔다. 이스라엘은 날이 한창 뜨거울 때까지 암몬 사람들을 쳐죽였다. 살아남은 자들도 뿔뿔이 흩어져 동료와 함께 달아날 수 있었던 자는 하나도 없었다.

기스의 아들 사울이 길르앗 야베스를 극적으로 해방시킨 일로 인하여 이스라엘의 통치 형태가 영원히 바뀌게 되었다. 여러 지파의 느슨한 연합, 즉 유일신과 동일한 역사를 가지고 있으나 각각의 지파가 자신들이 물려받은 영역에 머물며 서로에게 독립적인 그런 체제로는 이스라엘을 더 이상 유지해 나갈 수가 없었다.

40년 이상 동안 이스라엘은 야훼께 이스라엘의 왕을 세워달라고 탄원했다. 그러나 하나님께서는 그의 사제 사무엘을 통하여 그들의 간청을 거절하셨다.

"하나님께서 당신들의 왕이시오."

그때 사무엘의 판단은 그 땅에서 매우 권위가 있었다. 그는 하나님을 대신하여 말했다. 그는 태어날 때부터 야훼께 바쳐진 몸이었다. 어려서부터 그는 실로의 성막에서 하나님을 섬겼고, 야훼께서 친히 그를 부르셔서 사제가 되었다.

그 당시에 야훼의 말씀은 잘 들을 수가 없었다. 야훼께서 자주 나타나지 않으셨기 때문이었다. 그러므로 야훼의 성스러운 부르심은 아주 드문 일이었다.

'사무엘아!'

야훼께서 캄캄한 밤중에 어린 소년을 부르셨다.

'사무엘아!'

소년이 대답했다.

"여기 있습니다."

그러자 하나님께서 말씀하셨다.

'보라, 내가 이스라엘에서 어떤 일을 하려고 한다. 듣는 사람의 귀가 멍멍 울릴 만한 일이다.'

사무엘이 젊은 청년이 되었을 때 블레셋 영주들이 이스라엘을 끔찍하게 유린하며 쳐들어왔다. 그들은 실로를 멸했다. 그들은 아름다운 야훼의 성소를 태워버렸다. 그리고 언약의 궤를 빼앗아 그들의 성읍으로 가져갔다. 마치 이스라엘의 손과 발이 잘려나간 것과 같았다. 절망한 백성들이 사무엘에게 와서 말했다.

"우리는 왕이 필요합니다."

사무엘이 나이가 들었을 때 블레셋이 그 땅을 거의 둘로 갈라 므낫세 산간 지방을 나누고, 에브라임 산간 지방에서 북쪽 지파와 남쪽 지파로 나누었다. 그들은 무역로를 장악하여 이스라엘이 서로 문물을 교환하지 못하도록 했다. 그들은 도구와 무기를 만들기 위해 철을 녹였다. 그러나 이스라엘에는 한 사람의 대장장이도 없었다! 이 적군들은 이스라엘이 전에 만났던 다른 적들과는 달리 철벽같은 요새 속에 있었다.

사무엘이 늙었을 때 열두 지파의 장로들이 정식으로 예를 갖추고 그에게 찾아와서 절대적인 만장일치로 요청했다.

"모든 다른 나라와 마찬가지로 저희도 저희를 다스릴 왕이 필요합니다. 왕을 세워주십시오."

그러나 여전히 그들의 생각은 사무엘의 마음을 상하게 했다.

"너희에게는 왕이 계시다. 너희에게는 이집트에서부터 왕이 계셨다! 너희 조상들을 광야에서 이곳으로 끌어내기 위해 모세를 보내신 분이 야훼가 아니면 누구란 말이냐? 그렇다. 여기에서 너희들의 구원자, 바락, 드보라, 기드온 그리고 입다를 세우신 분이 바로 야훼이셨다. 야훼께서 너희의 왕이시거늘 어찌하여 '왕이 우리를 다스리게 해주소서.'라고 말할 수 있느냐?"

그러나 이번만큼은 장로들도 사제의 거절에 대한 준비가 잘 되어 있었다.

"사무엘, 당신은 훌륭하고 정의로운 사사입니다. 이스라엘은 수백 년 동안 당신과 같은 사제를 본 적이 없습니다. 그러나 이제 당신은 나이가 들었습니다. 그리고 당신의 자식들은 당신을 본받지 않습니다."

"내 아들들? 왜 내 아들들을 거론하느냐?"

"그들은 브엘세바에서 사람들을 재판합니다."

"그러나 그들이 무슨 일을 하고 있는지는 모르실 것입니다, 사무엘! 그들은 이득을 얻기 위해 하나님께 등을 돌렸습니다. 당신의 아들들이 뇌물을 받고 있습니다. 그들이 정의를 그르치고 있습니다. 누가 당신의 뒤를 이어 우리를 올바르게 인도하겠습니까? 제발 저희를 다스릴 왕을 주십시오."

사무엘은 장로들에게서 눈을 떼지 않고 말했다.

"너희는 너희를 다스릴 왕의 권한들을 이해하고 있느냐? 왕은 너희의 아들들을 데려다가 말을 돌보게 하고 전차꾼으로 삼을 것이다. 지금 너희들의 자식들은 자유롭다. 그때 가서는 그들이 어떻게 될 것 같으냐? 왕은 누군가에게 자신의 땅을 경작하도록 시킬 것이고, 누군가에게는 자기 곡식을 추수하게 시킬 것이고, 또 누군가에게 무기를 만들도록 명할 것이다. 내 말을 잘 들어라! 그는 너희의 딸들을 데려다가 향유를 만들게 하고 요리를 하게 하고 빵도 굽게 할 것이다. 또한 너희 밭과 포도원과 과수원에서 난 가장 좋은 것을 빼앗아가서 자기 신하들에게 줄 것이다.

이런 생각도 해보았느냐? 오늘 너희는 너희 것을 소유하고 있다. 너희는 야훼 너희 하나님께 드리는 것을 제외하고 다른 누구에게도 너희 소유물을 줄 의무가 없다. 그러나 내일은 왕이 너희의 곡식과 포도의 십분의 일을, 즉 너희가 생산하는 모든 것의 십분의 일을 거두어갈 것이다. 그는 너희의 남종과 여종, 가장 좋은 가축을 데려가 왕의 일을 하도록 시킬 것이다. 너희는 그의 노예가 될 것이다. 그때에야 비로소 너희는 너희를 위해 선택한 그 왕 때문에 울부짖을 것이다. 그러면 그때도 역시 야훼께서 너희에게 응답하셔야 하느냐?"

그러나 장로들과 백성들은 귀기울이지 않았다. 다시 그들은 말했다.

"아닙니다! 우리는 다른 모든 나라처럼 왕을 원합니다. 우리를 다스리고 우리 앞에 나서서 전장에 나아가 싸울 수 있는 그런 왕 말입니다."

결국 사무엘은 물러나와 자신만의 장소로 가서 야훼의 귀에 백성들의 말을 반복하여 옮겼다. 그리하여 야훼께서 말씀하셨다.

'허락해라, 사무엘. 그들을 위해 왕을 세워라!'

기스의 아들 사울이 암몬의 나하스와 대항하여 극적인 승리를 이끌었던 것이 바로 그때였다. 그때 길르앗 야베스를 구하기 위해 야훼의 영이 그에게 넘쳐나도록 임하신 것이었다.

승리의 흥분 속에서 사람들은 외쳐대기 시작했다.

"바로 이 사람이다! 이 사람이 적임자다! 사울이 우리를 다스리게 하자!"

그리하여 야훼께서 사무엘에게 말씀하셨다.

'이 베냐민 사람에게 기름을 부어 내 백성 이스라엘을 다스릴 통치자로 세워라. 그리고 블레셋의 손에서 그들을 구하도록 하게 하라.'

사무엘은 순종하는 마음으로 새 왕국을 세우기 위하여 이스라엘 열두 지파를 길갈로 불렀다. 이스라엘 열두 지파의 대표들은 기쁜 마음으로 도착했다. 사무엘은 그들 앞에 서서 말했다.

"이제 여기 이자가 야훼께서 너희를 다스리도록 선택하신 자다. 기스의 아들, 사울은 앞으로 나오시오!"

폭풍 같은 함성이 그 이름을 반겼다. 잘생기고, 훤칠한 키에 비밀스러우면서도 열정적인 모습을 한 한 남자가 앞으로 걸어나오자 그 외침은 더욱 거세졌다. 사울은 이스라엘의 그 누구보다도 머리 하나만큼 더 컸다. 그러나 그는 사무엘 앞에서 거대한 체구를 숙이며 절했고, 그의 머리에 야훼의 사제가 성스러운 의식에 쓰이는 기름을 부었다.

이스라엘의 왕이 태어났다.

아버지의 이름을 빛낸 아들

요나단 Jonathan

즉시 사울은 이스라엘의 채석공을 기브아로 모았고 그곳에 마련해 둔 기초 위에 요새를 세우게 했다. 불려온 사람들은 비록 늙었지만 새로운 희망으로 가득 찼다. 그리고 그들의 수고를 칭찬하고, 소년처럼 밝게 웃으며 손뼉을 치고, 그들 속을 거니는 그 왕을 사랑했다.

머지않아 그들은 가운데에 네 개의 작은 탑과 둘레 벽을 가진, 거대하지만 투박한 석공술로 만든 2층 높이의 요새를 지어 올렸다. 겉꾸밈은 없었다. 장식이나 아름다움이 없었고 장비도 많이 갖추지 않았다. 단지 기능만을 생각한 튼튼한 요새였다. 사울은 마치 그들이 이집트 궁전이라도 지은 것처럼 먼지투성이의 노인들을 부둥켜안았다.

동시에 사울은 원기 왕성하고 용기 있는 젊은이들을 기브아로 불러들였다. 이렇게 하여 사울 왕은 이스라엘에서는 처음으로 상비군을 탄생시켰다.

그때 블레셋은 기브아의 서쪽과 북쪽 그리고 북동쪽에, 아주 가깝게는 5킬로미터 내의 성읍에 수비대를 주둔시키고 있었다. 그들은 해변 평야에서 서쪽으로 난 벧호론 길을 지배했고, 어느 때라도 남북 산마루 길을 가로질러 공격하여 이스라엘 남북 간의 소통을 끊을 수가 있었다.

그래서 사울은 자신의 새로운 군대를 작은 분대로 나누어 베냐민의 중심부와 동쪽인 기브아와 벧엘 산지 믹마스에 배치했다. 기브아에 배치된 군인들은 왕의 아들 요나단의 지배하에 두었다. 그는 아버지만큼 키가 크지는 않았으나 아버지 못지않게 민첩하고 대담했다.

사울은 이제 블레셋의 손길이 닿지 않는 지역에서 조용히 군대를 증강하고 요새 속에서 잠시 기다릴 계획을 세웠다. 그는 자신의 무기고에 철제 무기를 늘리고 싶었다. 그의 군대에는 전차가 없었고, 군인들에게는 무릿매, 구리 단검, 청동 칼 이상의 무기가 필요했다.

그들은 재빠른 공격에 들고 나설 작은 방패와 전선에서 의지할 큰 방패도 필요했다. 사울은 나무틀에 씌우는 가죽을 제대로 처리하여 완벽한 방패를 만들기 원했다. 그러나 요나단은 직접 모든 문제를 떠맡았고, 즉시 전쟁에 들어갔다.

어느 날 아주 이른 아침에 요나단은 작은 분대를 이끌고 5킬로미터 동북쪽으로 가서 게바에 있는 블레셋 수비대를 놀라게 했다. 그는 그들을 물리치고 그들을 기브온에 있는 수비대로 도주하도록 만들었다. 젊은 요나단이 자신의 승리를 즐기고 있는 동안에 블레셋 다섯 성읍으로는 이런 전갈이 날아갔다.

'이스라엘에 왕이 있다! 그가 게바를 장악했다. 그가 베냐민에 있는 우리 군을 약화시키고 벧호론 길의 동쪽 지선을 끊었다.'

이스라엘에 왕이?

블레셋 군대는 즉시 반응을 보였다. 그들은 그 새로운 왕의 군대가 주둔해 있던 북서쪽 아벡에 집합해서 벧호론 길을 피하여 좀더 북쪽 경로를 따라 베냐민의 언덕 쪽으로 진군했다.

블레셋 군대는 규모가 크고 경험이 많았다. 기병대는 분별없이 말에 올라탄 채 움직이는 일이 없었고, 창과 채찍 그리고 전투용 도끼가 장비된 전차를 두 사람이 몰았다. 몰이꾼들은 짐승 떼를 요령 있게 몰았고, 철제 무기와 포위 장비들로 가득한 마차를 수소들이 끌었다. 길게 늘어선 블레셋 군단은 수백 킬로미터에 걸쳐 희뿌연 붉은 먼지를 일으켰다.

사울은 강적이 접근한다는 소식을 듣자 상비군을 증강하기 위해 열두 지파에서 싸울 만한 사람들을 소집하는 뿔나팔을 불었다.

이스라엘에 왕이 있었다! 양 치는 목자들도 양들을 놔두고 부름에 응했다. 농부들도 곡괭이를 던지고 칼을 집어들었다. 목수들도 망치 대신 단검을 들었다. 이스라엘 왕국의 평민들이 자기 집에서 뛰쳐나와 사울을 만나러 길갈로 모여들었고, 수백 명에 불과했던 왕의 군대는 수천으로 불어났다.

블레셋 군대는 거침없이 벧엘을 통과하여 믹마스의 북쪽 지평선에 집결했다. 그러자 사울의 보잘것없는 수비대는 '블레셋이 바닷가의 모래알처럼 많은 군대를 이끌고 믹마스를 뒤덮었다.'고 외치며 진영을 벗어나 줄곧 도망쳐 길갈로 달아났다.

블레셋은 남쪽의 깊은 협곡으로 보호받을 수 있는 높고 탁 트인 들판을 발견하자 능숙하게 참호를 파기 시작했다. 동시에 돌격대를 주변에 급파하여 식량과 나무와 물을 장악했다. 가는 곳마다 농부의 집을 불태우고, 밭을 초토화시키고, 양들을 도살하여 사울의 병사들이 물자를 구할 수 없게 했다.

이스라엘의 여자와 아이들은 겁에 질렸다. 너무 늙어 싸울 수 없는 사람들은 블레셋 약탈자들의 손아귀에서 두려움에 떨었다. 집이 없었으므로 그들은 동굴이나 무덤, 웅덩이에 숨었다.

사울이 군대를 이끌고 믹마스로 왔을 때, 밭에 푸른 것이라고는 조금도 찾아볼 수 없었다. 땅은 검게 그을려 냄새가 났고, 집들은 버려졌다. 그에게 보호를 바라며 달려온 사람들은 저마다 자신들이 겪은 끔찍한 일에 대해서 쏟아놓았다. 이렇게 되니 탈영하여 도망가는 병사가 생겼다. 아버지들은 가족을 돌보기 위해 몰래 집으로 돌아갔다. 농부들은 칼을 버리고 요단 강을 건너 갓과 길르앗 지역으로 달아났다.

사울이 요나단의 군대와 합세하기 위해 게바에 도달했을 즈음에는 그 군대의 수가 양쪽 모두 합하여 단지 600명에 지나지 않았다.

이스라엘 또한 믹마스 남서쪽 높은 지대에 진을 쳤다. 그들도 동쪽에서 서쪽으로 이어진 협곡을 방패막이로 이용했다. 그곳은 몹시 깊어서 건널 수 없는 협곡으로, 바위벽이 가팔랐고 벼랑은 덤불로 뒤덮여 있었다. 그런데 남쪽이 북쪽보다 유리해서 이스라엘은 블레셋 진영 안을 내려다볼 수 있었다.

요나단은 그 광경에 매료되었다. 아침 저녁으로 그는 적군을 바라보며 낭떠러지 끝의 가시덤불 사이에 누워 작전 계획을 세웠다. 그는 주력 진영이 약간 뒤쪽에 위치해 있고 힘센 경비병들 몇 명이 계곡 마루 바로 위에 포진하고 있는 것을 보았다.

어느 이른 새벽에 요나단은 아버지를 꼭 닮은 검은 눈을 번뜩이며, 신념에 차서 하얀 이를 드러내고 씩 웃으면서 덤불에서 나왔다. 그는 잠들어 있는 이스라엘 군대를 지나 자신의 장막으로 살짝 들어갔다.

"이담."

그는 작은 소리로 불렀다. 한 젊은이가 안에서 움직이며 깨어났다.

"이담, 나에게 우리 두 사람만의 계획이 있다. 네가 기꺼이 따라오겠다면 말이야."

요나단은 자신의 무기를 챙겼다. 그 소년은 겉옷을 입으며 그를 도우러 달려나왔다.

"계획이라고요?"

"야훼께서 우리와 함께하실 것이다. 야훼께서 당연히 이스라엘을 구하지 않으시겠느냐?"

이담이 낮은 소리로 말했다.

"당신과 함께 하겠습니다."

요나단은 그 소년을 바라보며 웃었다.

"좋다, 나의 방패 시종아! 무기를 챙겨라! 빨리, 지금. 그리고 날 무장시켜다오."

이담이 비늘 갑옷을 들어올려 그의 어깨에 걸쳐주고 뒤에서 끈을 묶는 동안, 요나단은 이야기했다.

"너와 내가 계곡 가까이로 내려가는 거다. 그리고 아래에서 블레셋 경비병에게 모습을 드러내지. 그들이 '우리가 내려갈 때까지 기다려라.'라고 말하면, 우리는 바로 그 자리에 꼼짝 않고 선다. 그러나 '우리 쪽으로 올라와라.'라고 말하면, 그때는 정확히 우리가 하려는 일을 하는 거야!"

"하지만 아무도 그 절벽을 올라갈 수는 없습니다."

이담이 작은 소리로 말했다.

"그래, 나도 안다. 블레셋이 우리를 조롱하겠지. 그러나 바로 그 조롱하는 말이 야훼께서 그들을 우리의 손에 넘겨주신다는 징조가 될 것이다."

요나단은 밧줄 묶음을 움켜쥐고 이담과 함께 새벽을 틈타 계곡의 남쪽 언저리를 가려주는 덤불로 갔다. 그는 밧줄의 한쪽 끝을 튼튼한 상수리나무에 묶고, 무거운 장비가 든 자루를 다른 한쪽 끝에 매단 뒤 계곡 아래로 내렸다. 그것은 돌과 부딪치며 내려가서 아침 안개 속에 보이지 않게 되었다. 밧줄이 완전히 내려진 후 요나단은 밧줄을 양손으로 잡고 아무 말 없이 마른 강바닥 아래쪽으로 내려갔다. 그리고 나서 줄을 세 번 잡아당긴 뒤 곧 이담이 내려오는 무게를 느꼈다.

두 사람이 울퉁불퉁한 바위 사이에 함께하게 되자, 이담은 요나단이 나머지 전투 장비를 걸치는 것을 도와주었다. 안개가 걷히자 그들은 눈에 잘 띄는 곳으로 이동했고, 요나단은 미친 사람처럼 고함치기 시작했다.

"이 개들아! 이 개들아! 블레셋의 개들아, 조심해라! 이스라엘의 군대가 나가신다!"

높은 바위 끝에서 얼굴들이 나오더니 처음에는 눈살을 찌푸린 채, 다음은 입을 크게 벌리고 내려다보았다. 블레셋 군대는 웃음을 터뜨렸다.

"고작 너희 둘이란 말이냐?"

그들이 악을 썼다.

"너희가 이스라엘의 군인들이냐? 그렇다면 이 두 사람만의 대부대에게 우리가 있는 곳으로 날아올라와 보라고 하자. 그러면 우리가 너희에게 한두 가지 시범을 보여주겠다!"

경비병은 크게 웃으며 물러갔다. 요나단은 속삭였다.

"저들이 말하는 소리를 들었느냐?"

그는 자신의 갑옷 시중꾼을 꼭 부둥켜안고 기쁨에 차서 하얀 이를 반짝이며 뒤로 물러섰다.

"야훼께서 저들을 우리의 손에 넘기셨다. 이 바위벽의 이름은 보세스, 빛을 발하는 곳이다. 이담, 나는 이곳으로 올라갈 것이다. 그러니 너도 독수리처럼 내 뒤를 날아오너라!"

하루 중 가장 더운 때 사울 왕은 석류나무 그늘 아래에서 자고 있었다. 갑자기 그의 발 아래 땅이 흔들렸다. 그는 벌떡 일어나 눈을 깜빡이며 정신을 차리려고 애썼다. 그때 파수꾼들이 소리치는 것이 들렸다.

"저기 좀 보아라! 블레셋 진영을 보아라!"

마치 꿈을 꾸듯, 사울은 적의 군대가 이리저리 밀리는 것을 보았다. 겁을 먹고 있었다! 사울에게는 그들이 절망 속에서 허둥대는 것처럼 보였다.

"누가 나갔느냐?"

사울이 소리쳤다.

"우리 대장 중에서 누가 사라졌느냐?"

블레셋 진영에서 아우성이 점점 커지고 있는 동안에 이스라엘은 자신들의 장막으로 돌아가서 요나단이 자기 갑옷 시중꾼과 함께 모든 장비를 챙겨 떠난 것을 발견했다. 사울 왕은 큰 웃음을 웃으며 그 장대한 키를 일으켜 소리쳤다.

"전투가 이미 시작되었다! 이제 마무리를 하자!"

그는 군대의 절반을 블레셋 진영 가까이로 보내어 서쪽으로부터 공격하게 했고, 자신은 나머지 군사를 동쪽으로 이끌어 쉽게 골짜기를 지나 블레셋의 측면을 공격했다. 그는 질주하면서 농부들과 양치기들이 숨어 있던 장소에서 나오는 것을 보았다. 그들은 적군이 두려움에 떨고 있고 이스라엘의 힘이 강하다는 소리를 들었다. 사울의 시민군은 다시 불어나고 있었다. 그는 사나운 기세를 누그러뜨리고 호탕하게 웃으며 백성들 앞에 왕으로서 질주하고 있었다!

그가 블레셋 진영으로 가까이 왔을 때, 그는 믿기 어렵게도 저들이 혼비백산하고 있음을 알아차렸다. 저들이 자기들끼리 서로 싸우고 있는 것이 아닌가! 그렇다면 주저할 필요가 없다!

사울 왕은 타고 있던 말에 박차를 가하여 적의 진영 한가운데로 들어가 철제 칼을 마구 휘두르며 대학살을 감행했다. 그는 조롱과 저주의 소리를 퍼부으며 배를 찌르고, 턱뼈의 연결 부위를 자르며, 두개골을 가르고, 목에서 붉은 샘물이 터져나오게 하여 블레셋을 두려움에 떨게 만들면서 이스라엘을 위해 길을 터주었다.

피로 물든 강물이 믹마스의 전쟁터로 흘렀다. 말이 미끄러져 땅바닥에 나뒹굴자 사울은 뛰어내려 두 손에 단검과 칼을 쥐고 싸웠다. 그는 뒷걸음질치다가 누군가와 부딪쳤다. 몸을 돌려 그를 없애려 하는 순간 그는 그 사람이 자기 아들임을 발견했다. 왕은 크게 웃으며 소리쳤다.

"요나단, 요나단! 얼마나 좋은 날이냐!"

그들은 서로 등을 대고 돌며 무적의 네 다리로 버텨서서 싸웠다.

"요나단! 블레셋 군에게 어떻게 한 것이냐?"

그러자 요나단이 왕을 죽이려고 달려드는 자들을 찌르며 소리쳤다. "제가 보세스로 올라갔습니다! 그리고 경비군을 기습했습니다. 이 분 안에 이십 명을 죽였지요. 나머지 군사들은 이스라엘이 골짜기 위로 치솟아 날아왔다고 우는 소리를 하며 자기 진영으로 달려갔습니다. 그때 땅이 흔들렸습니다. 바로 야훼셨어요. 그들로서는 감당할 수가 없는 일이었지요."

서로 등을 맞댄 채 아버지와 아들은 모든 블레셋 군을 두려움에 떨게 만들었고, 결국 블레셋 군은 믹마스에서 도망쳤다. 그들이 서쪽으로 퇴각하여 더 멀리 달아날수록 사울의 시민군은 숨어 있던 장소에서 점점 더 많이 쏟아져나왔다. 이스라엘 군은 블레셋을 계속 추격하여 아얄론까지 갔다.

기스의 아들 사울의 가족은 이러했다. 그가 이스라엘의 왕으로 기름 부음을 받았을 때, 아들 세 명이 있었다. 요나단, 리스위(이스위), 말기수아. 그의 두 딸 이름은 메랍과 미갈이었다. 미갈이 가장 어렸는데, 아버지의 즉위식 때는 아주 어린 아기였다. 그녀는 자신이 왕의 딸이 아니었던 때를 기억하지 못했다.

이 다섯 아이들의 어머니인 사울의 아내는 아히노암이었는데, 그 이름은 '내 형제는 기쁨이다.'라는 뜻이다. 남편이 왕이 된 후에 아히노암은 아들을 하나 더 낳아 아비나답이라고 이름지었다.

후에 사울은 아야의 딸 리스바를 첩으로 삼았다. 그녀는 그에게 두 아들 알모니와 메립바알을 낳아주었다. 그녀는 끝없는 사랑을 지닌 여인이었고 아이들에게 최선을 다했다. 리스바는 돌이 뜨거운 열기를 간직하듯, 두 자식이 죽은 후에도 그 사랑이 식을 줄 모르는 여인이었다.

믹마스에서 승리를 거둔 뒤로도 사울은 일생 동안 블레셋과의 힘든 싸움을 계속했다. 그는 강하고 용맹스러운 사람을 볼 때마다 기브아의 자기 요새를 지키는 상비군으로 불러들였다. 그리하여 사울의 군대는 순조롭게 충직한 상비군, 즉 왕만을 바라보는 군사력을 갖추게 되었다. 사울은 사촌 아브넬을 군 사령관으로 임명했다.

버림받은 자의 고뇌

사무엘 Samuel

　백발이 된 야훼의 사제 사무엘이 라마에서 사울이 있는 기브아로 길을 떠났다. 그들은 성문에서 만났다. 사무엘은 입을 떼기 전에 쉬기 위해 앉았다. 노인이 조용히 있는 동안, 왕도 가만히 있었다. 왕은 사제를 위해 그의 검은 머리를 매끄럽게 빗질하고 기둥 같은 큰 체격으로 서서 기다리고 있었다. 마침내 사무엘이 눈을 들어 말했다.

　"당신을 이스라엘을 다스릴 왕으로 세우라고 저를 보내신 이가 야훼 하나님이시라는 것을 기억하시겠지요?"

　"네, 기억하고 있습니다."

　"그러면 당신을 왕으로 만드신 야훼의 말씀에 귀기울이십시오. '아말렉이 유다 지파를 괴롭히고 있다. 그들은 결코 태도를 바꾸지 않았고, 나 또한 이스라엘이 이집트에서 나올 때 아말렉이 이스라엘을 대적했던 것을 잊지 않았다. 이제 내가 그들을 벌주려고 한다. 기스의 아들 사울아, 가서 아말렉을 쳐라. 그가 가진 모든 것을 파괴시켜라. 한 사람도 사정 봐주지 말고, 어떠한 물건도 아끼지 말며, 남녀는 물론 아이와 젖먹이까지, 소와 양 그리고 낙타와 당나귀까지 다 없애라.'"

　이 말을 듣자 왕은 축 늘어지고 기운이 빠졌다.

　"헤렘(전멸시켜 야훼께 바침) 말씀이군요."

　"그렇습니다. 저주입니다. 아말렉을 파괴시켜 야훼께 바쳐야 합니다. 왕께서도, 또한 백성들도 이스라엘에 불행을 가져오지 않기 위해

310

서 아말렉의 어떠한 것에도 손을 대서는 안 됩니다."

"여호수아가 가나안에 들어가 여리고 성을 친 이후로 야훼께서 이스라엘에게 이런 일을 요구하신 적이 없었는데."

사무엘이 눈을 가늘게 뜨고 왕을 올려다보았다.

"왜 그런 말을 하시오, 사울 왕이여? 왕께서 이해하시지 못하는 부분이 있습니까?"

"아니오, 없습니다."

그러나 그의 얼굴 주름은 전보다 깊어졌다. 지금까지의 통치 기간 동안 사울에게는 평화가 없었다. 그는 블레셋과 감탄할 정도로 잘 싸웠지만 그들을 정복할 수는 없었다. 동시에 그 전부터 있던 적들이 계속되는 이 정신 없는 상황을 이용했으므로 사울 왕은 모압, 암몬, 에돔과 대항하여 끊임없이 전쟁의 뿔나팔을 불어야만 했다. 그 특유의 밀어붙이는 힘으로, 그는 반복하여 시민군을 모집해야만 했다.

"가십시오, 가서 아말렉을 치십시오."

사무엘이 말했다. 그리하여 또다시 사울은 검게 이글거리는 눈으로 전쟁을 알리는 숫양 뿔나팔을 불었고, 이번에는 유다 땅 들라임으로 이스라엘 군을 소집했다. 다시 한 번 사람들을 복종시키는 지도력을 가진 왕은 소집에 성공했다. 농부들은 전사가 되었다. 그들은 무기를 들고 광야로 나가 한때 그들의 조상을 공격했던 부족들을 칠 태세를 갖추었다. 들라임에서 왕이 명령을 내렸다.

"이번 전쟁에서는 모든 것을 파괴하여 야훼께 바쳐야 한다! 전쟁을 끝냈을 때 아말렉의 어떠한 것도 남아 있어서는 안 된다. 모두 파괴하여 야훼께 바쳐야 한다!"

그리고 그는 말에 올라 모든 군사들에 앞장서서 달렸다. 그의 개인 경호병이 그 뒤를 따랐고, 아브넬과 대장들이 뒤를 이어 마침내 전 이스라엘 군이 걸어서 떠났다. 사울과 아브넬 그리고 요나단은 청동 투구를 썼다. 나머지는 윗부분은 둥글고 귀와 뺨을 가리는 긴 덮개가 달린 가죽투구를 썼다.

아말렉 근처 계곡에서 이스라엘이 멈추었다. 사울 왕은 그 유목민들을 정찰하기 위해 한밤중에 요나단을 보냈다. 아들의 정보에 따라 그는 어둠을 틈타 적의 낙타와 나귀 다리를 절게 만들기 위해 아브넬과 병사 일곱 명을 급파했다. 그러는 동안 자신은 이스라엘 군을 이끌어 적 진영을 원을 그리며 에워쌌다. 하나의 올가미였다.

정확히 해가 떴을 때, 사울은 소리쳐 명령했다. 대장들은 그 소리를 들었다. 순식간에 그들의 목소리가 들불처럼 아말렉을 에워쌌다. 이스라엘은 실로, 사방에서 안으로 타들어가 아말렉 사람들을 몰살시키는 거대한 성화(聖火) 같았다. 많은 것이 파괴되었다. 대부분이 파괴되었고, 도망간 사람도 있었지만 그들 역시 이집트 근처의 수르 광야까지 추격당하여 결국 죽임을 당했다.

그러나 모든 사람이 죽임을 당한 것은 아니었다. 사울은 아말렉 왕 아각의 목숨을 살려주었다. 그리고 몇몇 이스라엘 군인들이 제일 좋은 양과 소, 살진 짐승과 어린 양들을 챙겼다.

그때 야훼의 말씀이 라마에 있는 사무엘에게 들려왔다. 야훼께서 말씀하셨다.

'사울을 왕으로 세운 것을 후회한다. 그가 나에게서 등을 돌려 나를 따르지 않았다. 그는 나의 명령을 수행하지 않았다.'

사무엘은 분노했다. 그는 아침에 일어나자마자 왕을 찾아나섰다. 사람들은 사울이 승리했다고 말했다. 왕이 북쪽으로 승리의 행진을 하여 갈멜에서 그의 업적을 기리는 승전비를 세우기 위해 머물렀다가 길갈로 가서 야훼께 제사를 지낼 것이라고 했다. 사람들은 또한 그가 증거물을 가져오고 인간 전리품, 즉 아말렉의 아각 왕을 산 채로 데려왔다고 사무엘에게 말했다.

그리하여 사무엘은 노인의 걸음으로 하루 걸려 길갈의 사울 왕에게로 갔다. 사울은 그가 오는 것을 보고 반가이 맞으러 갔다.

"야훼의 복을 받으시기를 바랍니다."

그가 미소를 지으며 걸어오면서 사무엘에게 소리쳤다.

"제가 명령대로 수행했습니다! 아말렉을 응징했습니다."

사무엘은 왕이 가까이 올 때까지 기다린 뒤 말했다.

"그런데 제 귀에 들리는 이 짐승들의 울음소리는 무엇입니까?"

사울이 여전히 웃는 얼굴로 멈추어 섰다. 사무엘은 더욱 큰 소리로 말했다.

"제가 듣고 있는 이 짐승의 울음소리는 무엇입니까?"

"사실은, 백성들이 약간의 양과 소를 당신의 야훼 하나님께 제사 드리려고 가져왔습니다만……."

"그만두십시오."

사무엘이 말했다.

"그 나머지는……."

사울이 말을 이었다.

"나머지는 저희가 완전히 멸했습니다."

"그만두십시오! 지난밤 야훼께서 저에게 하신 말씀을 듣고 싶으십니까?"

사무엘이 소리쳤다. 사울은 눈을 짧은 간격으로 깜빡이기 시작했고, 승리감은 갑자기 깡그리 사라졌다. 그는 숨을 깊이 내쉬며 말했다.

"말씀하시지요."

"당신은 모든 이스라엘 지파의 머리입니다. 야훼께서 당신을 왕으로 세우셨습니다. 그리고 바로 그 야훼께서 아말렉을 멸하고 그들을 완전히 없앨 때까지 싸우라고 당신을 보내셨습니다. 왜 야훼의 말씀에 순종하지 않으셨습니까?"

"아니, 순종했습니다. 야훼께서 하라고 명하신 대로 했습니다. 저는 단지 아각만을 데려왔을 뿐입니다. 그리고 백성들은 이곳 길갈에서 야훼께 드리려고 가축 중에서 가장 좋은 것만 가져온 것입니다."

"야훼께서 순종하는 것보다 제사를 더 기뻐하시리라 생각하십니까?"

사무엘이 늙은 눈을 번뜩이며 소리쳤다.

"보십시오, 순종이 제사보다 낫습니다. 말씀을 따르는 것이 숫양의 기름보다 낫습니다. 거역하는 것은 점을 보는 것만큼 나쁘고 고집을 부리는 것은 우상을 섬기는 것과 다름없습니다. 왕께서 야훼의 말씀을 저버리셨기 때문에 야훼께서 왕을 버려 더 이상 왕이 되지 못하게 하셨습니다."

그때 왕 얼굴의 모든 주름이 더욱 깊어졌다. 어깨를 축 늘어뜨리며 그가 말했다.

"제가 죄를 지었습니다. 제가 야훼의 명령을 어겼습니다. 하나님의 사제이신 사무엘, 청컨대 저의 죄를 용서하여 주십시오. 저와 함께 돌아가셔서 제가 야훼께 예배하도록 허락해 주십시오."

그러나 사무엘의 분노는 누그러지지 않았다.

"나는 왕과 함께 돌아가지 않을 것이오. 야훼께서 당신을 버리셨습니다."

노인이 가려고 돌아섰다.

"기다리십시오!"

사울이 소리쳤다. 그는 사무엘의 앞으로 가서 그의 길을 막았다.

"왜 저는 다른 사람들처럼 용서받을 수 없습니까?"

"당신이 변하고 있기 때문입니다, 사울. 당신은 참을성도 없어졌고 교만해졌기 때문입니다. 당신은 당신에게 속하지 않은 권위를 행사했습니다. 하나님의 사제인 나를 기다리지 않고 당신이 야훼께 번제를 드렸기 때문입니다!"

"그렇습니다! 네, 그 번제를 기억합니다. 그러나 저는 번제를 드려야만 했습니다. 사무엘, 이스라엘 군대는 야훼의 축복을 필요로 했고 당신은 지체하고 있었습니다. 저는 당신을 기다렸으나 당신은 오지 않으셨습니다!"

노인이 날카롭게 말했다.

"제 길을 막지 마십시오! 당신이 더 이상 야훼를 기다리지 않기 때문에 야훼께서도 당신을 기다리지 않을 것입니다. 야훼께선 당신이 이스라엘의 왕이 되는 것을 거절하셨습니다."

사무엘은 사울을 뒤로 물리쳤다. 그 키 큰 사람이 곤봉으로 맞은 것처럼 비틀거렸다. 사무엘이 그 자리를 떠나려고 했을 때 사울이 손을 뻗어 사무엘의 옷자락을 꽉 움켜잡는 바람에 그의 옷이 찢어졌다. 사울은 옷자락을 놓았다. 그는 무릎을 꿇고 두 손을 모아 애원했다. 그러나 사무엘은 두 손으로 찢어진 옷자락을 사울의 얼굴 앞에 들이밀었다.

"이것이 표시입니다."

그가 늙은 몸의 사지를 떨며 말했다.

"당신이 내 옷을 찢은 것과 같이, 야훼께서도 오늘 당신에게서 이스라엘 왕국이 떨어져나가게 하시고, 그 왕국을 당신보다 더 가치 있는 자에게 주셨습니다!"

"제가 죄를 지었습니다. 제가 정말 죄를 지었습니다."

사울이 울부짖었다. 그의 거대한 어깨가 우느라고 흔들렸다.

"오 예언자님, 제 백성의 장로들 앞에서 제 체면을 살려주십시오. 저와 함께 돌아가셔서 제가 당신의 야훼께 경배할 수 있게 해주십시오!"

사무엘의 등은 굽었고 수척했으며 지쳐 있는 데다 이제 그 안에서 분노도 사그라드는 것처럼 보였다. 그가 천천히 손을 뻗어 사울의 머리에 올려놓았다. 그는 그 아름다운 머릿결을 어루만졌다. 오랫동안, 왕이 그 앞에 머리를 숙이고 있는 동안, 사무엘은 그의 머리를 쓰다듬고 있었고 두 사람 모두 아무 말도 하지 않았다.

늙은 사제는 한 번 더 마음을 누그러뜨리고 왕과 함께 하룻길을 더 가서 야훼께 경배를 드렸다.

그러나 그 후로 사무엘은 라마로 돌아갔고 사울은 기브아의 자기 요새를 향해 갔다. 그것을 마지막으로, 사무엘이 죽을 때까지 그들은 서로 다시는 만나지 못했다.

블레셋은 이스라엘 왕과 그의 군대의 근성을 시험해 보는 것을 그만두지 않았다. 정기적으로, 매년 훈련받은 병사들이 이스라엘에 와서 진을 쳤다. 그들은 직사각형 방패를 나란히 땅에 박고 그 사이사이로 창을 내밀었다. 그리고 이 방어벽 뒤에서 불쌍한 이스라엘 마을 주민들에게 화살을 퍼부었고, 주민들은 울부짖으며 구하러 와달라고 왕에게 간청하곤 했다.

그러면 사울은 또다시 전의를 불태우며 나팔을 불어 군대를 소집하여 곤란에 처한 이스라엘 사람들을 위해 싸우곤 했다. 그러나 이제 이스라엘 백성들은 점점 시들해져서 왕의 호령에 열렬히 따르지 않게 되었다.

그리하여 때때로 사울은 오직 자기 상비군만을 데리고 필사적인 칼부림으로 블레셋을 물리쳤다. 때로는 그가 가장 아끼는, 기브아의 요새 주변 뜰에서 몸소 훈련시킨 젊은 병사들이 그의 옆에서 죽어갔다. 그럴 때면 새로운 광기가 왕에게 덮쳐와서 그 누구도 그를 저지할 수가 없었다. 그는 나무 방패를 곤봉으로 때려부쉈고, 때때로 묻은 피를 닦지도 않은 전투복 차림으로 완전 무장을 한 채 지쳐서 잠들곤 했다.

그의 이 새로운 분노는 또 다른 문제를 일으켰다. 사울은 악몽에 시달리기 시작했고, 악몽을 꾼 후에는 식은땀을 흘리며 불안에 가득 차서 깨어났다. 그는 크게 울부짖지 않으려고 필사적으로 애쓰면서 관자놀이를 누르곤 했다.

사울은 지금까지 결코 두려움을 모르는 사람이었다. 하지만 지금 그는 이 두려움을 어찌해야 할지 몰랐다. 이제 두려움이 그의 머릿속을 너무도 시끄럽게 했고, 그 소리가 입 밖으로 튀어나올지도 모른다고 생각했다. 그래서 그는 얼굴을 담요에 파묻고 자신의 상태를 비밀로 하려고 애썼다.

왕으로서 책임을 감당할 수 있을 듯한 기분이 들 때도 있었다. 그럴 때면 그는 다시 웃으며 젊은이들의 등을 토닥거려주고 그들과 함께 식사도 하곤 했다. 그런 때에는 이스라엘의 전쟁은 다른 나라 전쟁만큼 대단하지 않은 것처럼 생각되었다. 그러나 갑자기 공포가 되살아나서 그는 사흘 밤 동안 꿈을 꾸다가 깨고 다시 꿈을 꾸곤 했다.

어느 날 밤 그가 공포 속에서 깨어 침상에서 일어났을 때, 리스바가 그를 지켜보고 있는 것이 보였다. 아주 조용히 갑작스레 나타나서 앉아 있는 것이었다. 왕은 무릎을 잡아당겨 팔꿈치를 배에 가져다대고 코로 크게 숨을 쉬면서 자제하려고 무척이나 애를 썼다.

그의 첩 리스바는 마른 몸집에 슬픈 표정을 지닌 젊고 부드러운 여인이었다. 왕은 자신의 모습을 들킨 것이 당황스러웠다. 그러나 그녀가 말했다.

"이번이 처음이 아니시죠?"

그는 고개를 끄덕였다. 이 조용한 여인은 그가 생각했던 것보다 더 많이 알고 있었다. 리스바는 일어서서 그에게 다가왔고, 왕은 그녀가 맨발로 걸어오는 것을 보았다. 그녀는 왕의 침상 옆 바닥에 앉아서 발을 치마 속으로 끌어당겨 넣고, 찬 손으로 왕의 머리를 잡아 부드럽게 자기 무릎을 베게 했다. 그녀는 서툰 솜씨로 그에게 노래를 불러주기 시작했다. 자장가였다. 왕의 영혼이 진정되고 눈이 감겨 잠이 들 때까지 그녀는 노래를 불렀다.

이렇게 하여 왕은 음악이 정신을 되돌려준다는 것을 알았다. 이렇게 몇 달이 지나갔다. 언제 왕이 제정신이 아닌 상태가 되는지를 깨달은 리스바는 밤이면 그에게 와서 부드러운 노래로 그를 위로해 주었다.

그러나 전쟁이 일어나 그가 집에서 멀리 떠나 있어야 할 때, 그를 위해 노래를 불러줄 사람이 없을 거라는 생각이 사울에게 떠올랐다.

그리고 리스바는 임신을 했다. 곧 그녀는 밤마다 다른 일에 헌신하게 될 것이었다. 그렇다면 누가 와서 이스라엘의 왕을 위해 노래를 불러줄 것인가?

하프 타는 소년

다윗 David

[사무엘상 16:14~17:58]

유다 산간 지방과 블레셋의 평평한 해변 평야 사이에 누군가 담요를 던져놓은 듯 울퉁불퉁 주름진 땅이 있었다. 이것은 풍부한 다섯 계곡에 의해 나뉜 너비 16킬로미터, 길이 44킬로미터의 남북으로 긴 산기슭 언덕이었다. 그 언덕은 단지 표면만 흙으로 덮인 딱딱한 바위 땅이어서 곡식을 심기에는 쓸모가 없었다. 잡목 숲이 턱수염처럼 꺼칠하게 덮여 있을 뿐이었다. 무화과나무가 그곳에서 작고 달콤한 열매를 맺고 있었다. 그러나 계곡은 비옥했다. 석회암 지대는 언덕 비탈에만 형성되어 있어 계곡에서는 자유롭게 경작할 수 있었다.

이 지역은 세벨라라고 불렸는데, 유다의 높은 산간 지역에 살던 한 이스라엘 사람이 저 멀리 바다까지 보이는 그곳에서 이 지역까지 내려다보곤 했기 때문이다.

그때 세벨라 동쪽을 열심히 탐사하던 블레셋 사람들이 엘라 계곡의 동쪽 길에 있는 마을, 아세가를 갑자기 장악했다. 그리고 자신들의 성읍 가드에서 엘라 계곡의 서쪽 끝을 지배했다.

이렇게 그들은 유다에서의 발판을 강화하기 위하여 신속하게 움직였다. 그들은 큰 무리의 군대를 이끌고 아세가에서 1.6킬로미터쯤 지나 엘라 계곡 위로 행진하여 언덕의 남쪽 측면을 차지하고는 땅을 팠다. 그들은 그 언덕 꼭대기에 진을 치고 소고에서 서쪽으로 1.6킬로미터쯤 떨어진 계곡 훨씬 위쪽에 전선을 세웠다.

소고 사람들이 깨어보니 먼저 엘라 계곡 평지 건너편에 있는 방패 장벽이 보였고, 그 방패 벽 뒤로 블레셋 군인들이 보였으며, 더 많은 블레셋 군인들이 그보다 훨씬 뒤쪽의 높은 언덕 위에 진을 치고 있는 것이 보였다. 소고 사람들은 즉시 왕께 전령을 보내어 그들을 위해 싸워 달라고 간청했다.

사울 왕은 전쟁을 알리는 나팔을 불었다. 이스라엘의 북쪽 지파에서는 아주 소수의 사람들이 내려왔다. 그리고 베냐민 지파에서 약간의 사람들이 왔고, 대부분은 유다 지파 사람들이었다. 이 시민군들과 상비군들을 이끌고 사울은 남쪽 베들레헴을 지나 서쪽 엘라의 작은 개천을 따라 멀리 소고까지 행진했다. 왕은 블레셋이 진을 친 언덕에서 3킬로미터쯤 떨어진 북쪽 언덕에 진을 쳤다.

아침에 왕과 아브넬 그리고 모든 전사들이 블레셋의 방패벽을 공격했다. 그들은 블레셋이 있는 계곡 평지를 건너가 밀밭을 짓밟으며 할례를 받지 않은 군인들의 전선으로 바로 달려갔다. 그러나 전선 조금 못 미친 곳에서 화살이 그들에게 우박처럼 날아왔다. 궁사들이 언덕 좌우에 숨어 있었다. 매복병이었다. 아브넬은 퇴각하라고 소리쳤다. 이 전투에서 이스라엘은 27명의 전사를 잃었다. 그리고 그날 밤 사울은 그의 장막에서 또다시 끔찍한 공포에 떨며 잠에서 깨었다.

다음날도 나아지지 않았다.

그리하여 그렇게 나흘째 되던 날, 이스라엘은 블레셋 진영에서 나는 웃음소리를 들었다. 그것은 거대한 단 한 사람의 우렁찬 목소리였다. 그 언덕에서 건너편 언덕까지 목소리를 전할 수 있을 만큼 어마어마한 거인이 이스라엘의 시민군을 비웃으며 고함을 지르는 것이었다. 이 조롱의 외침은 다섯 주 동안 누그러지지 않고 계속되었는데, 그것은 지금까지 사울이 겪어온 것 중에서 가장 모욕적인 싸움이었다.

사울은 낮 동안에는 왕다움을 유지할 수 있었다. 그러나 밤에는 견디기가 힘들었다. 잠이 들어 한 시간쯤 지나면 그는 보이지 않는 공포와 고통으로 벌떡 일어났다. 어떤 생각이나 계획도 할 수 없었고, 기도할 수도 잠잘 수도 없었다. 그는 거의 숨도 쉴 수 없었다. 그는 있는 힘을 다해 소리치지 않으려고 몸부림쳤다. 그리고 새벽녘이 되면 왕다운 모습을 되찾으려고 애썼다.

사울은 그의 병사들에게 노래를 잘 부를 수 있는 사람을 아는 자가 있는지 묻기 시작했다. 누군가 자기 장막에서 함께 지내며 한밤중에 부드러운 노래를 불러줄 사람이 필요하다고 말했다. 어느 날 삼마라는 한 병사가 그에게 와서 말했다.

"제가 하프도 잘 타고 노래도 잘하는 소년을 하나 압니다."

"그가 누구냐?"

"제 막냇동생입니다. 그애는 여섯 줄짜리 목제 하프를 가지고 있지만 세 줄과 열두 줄로 된 하프도 탈 수 있습니다."

"그런데 너는 누구냐?"

"유다 땅, 베들레헴에 사는 이새의 셋째 아들 삼마이옵니다. 제 형제들과 저는 전쟁에서 왕을 따르고 있습니다. 노래는 동생 다윗이 하는데, 그는 아직 어린 소년이어서 집에서 아버지의 양을 치고 있습니다."

"삼마야, 그를 데려오너라. 가능한 한 빨리 그를 데려오너라."

그리하여 삼마는 베들레헴으로 올라가 동생을 데리고 엘라 계곡의 진영으로 돌아와 그를 왕께 데려갔다. 사울은 장막에서 나와 자신의 가슴에도 닿지 않는 작은 소년을 보았다. 그러나 그 소년의 행동에는 품위가 있었다. 섬세한 손가락과 붉은 곱슬머리와 긴 속눈썹을 가졌으며, 얼굴에는 금빛 주근깨가 나 있었다.

"네가 이새의 아들 다윗이냐?"

"네, 임금님."

"이부자리와 하프를 가져왔느냐?"

"네, 그렇습니다."

"네 아버지에게 이곳에 오는 허락을 받았느냐?"

"네."

"그렇다면 하루나 이틀 동안 이렇게 해봐라. 내 장막에서 잠을 자다가 밤중에 내가 깨어 있는 것을 보게 되면 아무런 질문도 하지 말아라. 나에게 말도 걸지 말아라. 내가 무엇을 하고 있는지 알려고도 하지 말아라. 단지 하프를 연주하며 내가 다시 잠이 들 때까지 노래를 부르기만 하면 된다."

"알겠습니다."

그래서 그 소년은 왕의 장막에 잠자리를 폈다.

매일 아침저녁으로 그 거인은 블레셋 진영에서 나와 계곡 저편에 서서 고함쳐 조롱했다.

"내 앞에 나설 자를 한 명 뽑아라! 이스라엘 군대가 나와 싸울 한 사람을 내보낼 수 있다면 마다하지 않겠다!"

이 단 한 명의 인물 때문에 사울의 군대는 엘라 계곡을 가로질러 전선으로 향하는 공격을 멈추었다. 그들이 블레셋 사람 단 한 명을 두려워한다면, 어떻게 천 명의 군인에게 덤빌 수 있겠는가?

그러나 이 거인은 끔찍했다. 그의 키는 눈짐작으로도 3미터가 넘었다. 그는 놋으로 만든 투구와 57킬로그램이나 나가는 비늘갑옷을 입고 있었다. 다리에는 놋으로 만든 각반을 차고, 어깨에는 놋으로 만든 창을 달고 있었으며, 그의 손에는 창자루가 베틀의 용두머리만큼 굵은 창이 들려 있었다. 그는 가드 출신으로 이름은 골리앗이었다. 아침저녁으로 매일같이 그는 남쪽 언덕에서 고함을 질렀다.

"나는 블레셋 군인이고 너희는 사울의 군사가 아니더냐? 나와 싸울 만한 한 사람을 보내라. 그가 나를 죽이면 우리가 너희의 종이 될 것이고, 만약 그가 죽으면 너희가 우리를 섬기는 거다!"

　이렇게 굴욕적인 싸움을 하던 중 다섯째 주가 지날 무렵, 사울이 한밤중에 고뇌에 찬 소리를 지르며 잠에서 깨었다. 마치 한 마리의 매가 그의 가슴을 찌르며 파고드는 것처럼 느껴졌다.
　"다윗!"
　그가 짓눌린 목소리로 외쳤다. 흘러내린 침이 그의 턱수염을 적셨다.
　"다윗, 이새의 아들 다윗아!"
　문득 그는 소년이 이미 노래를 부르고 있다는 것을 알아차렸다. 사울은 숨을 죽였다.
　'야훼께서 이곳에 계시다.'
　그런 가락이 들렸다.
　'야훼께서 이곳에 계시다.'
　아주 부드럽고 풍부한 성량의 목소리, 잘 닦여 윤기 흐르는 금빛처럼 순수한 곡조였다. 사울은 살을 파먹던 매의 부리가 멈추며 사라지는 것을 느꼈다. 그의 사납던 눈초리가 부드러워졌다. 그는 다시 자리에 누워 깊은 숨을 쉬었다. 눈꺼풀이 풀리더니 저절로 감겼다.
　이새의 아들 다윗은 손가락으로 여섯 줄의 하프를 퉁기며 노래를 부르고 있었다.

　　나는 외롭지 않아라. 야훼께서 이곳에 계시니.
　　내 어깨 위에 손을 얹고, 내 귀에 말씀을 하시네.

　　하나님은 목자시라.
　　나를 잔잔한 물가로, 푸른 초원으로 이끄시네.
　　나를 먹이시고, 내 영혼을 소생시키시고

나를 돌보시며, 내 앞에서 올바른 길로 인도하시도다.

나는 외롭지 않아라. 하나님이 이곳에 계시니.
내 가는 길에 힘을 주시고, 내 귀에 노래를 하시네.

내가 죽음의 골짜기를 건널지라도,
나는 두렵지 않네. 나는 울지 않네.
야훼의 막대기로 짐승을 치시고,
야훼의 지팡이에 의지하게 하시어,
나의 위로가 되시며 나를 소생케 하시네.

야훼께서 나의 존재이시며, 시작이요 마지막이라.
내 이마에 기름을 부어주시며 귀하게 여기시고
나의 모든 노력에 선을 베푸시니,
내가 영원히 사는 날까지 야훼의 집에 거하리라.

오, 하나님. 나는 이곳에서 외롭지 않다네.
야훼께서 나와 함께하시며 나의 목자가 되시네!

골리앗이 우레와 같은 소리로 조롱을 퍼부어댄 지 여섯째 주에 들어선 닷샛날, 삼마가 왕의 장막에 와서 뵙기를 청했다. 한낮이었다. 이스라엘 군대는 패배감 속에 비참하게 누워 있었다. 아무도 음식을 먹지 않았다.

왕이 밖으로 나와 장막 자락 그늘 아래 앉았다. 삼마 옆에는 그의 막냇동생 다윗이 서 있었다.

"무슨 일이냐?"

불편한 기색을 내비치며, 삼마가 말을 꺼냈다.

"다윗이 거인과 싸우기를 원합니다."

사울이 짧게 웃음을 터뜨렸다. 그러나 다윗은 왕의 눈을 똑바로 응시하며 조금도 풀이 꺾이지 않았다. 사울이 말했다.

"너는 한낱 어린 소년에 지나지 않는다. 다른 모든 차이는 제쳐놓고라도, 일단 너는 양치기이고 골리앗은 젊어서부터 군인이었다."

삼마는 동생의 어깨를 가볍게 치면서 말했다.

"거봐, 내가 그랬잖아. 가자."

그러나 다윗은 그를 제치고 왕에게 다가왔다.

"아무도 골리앗과 싸우지 않을 것입니다."

태양빛처럼 흔들림 없는 눈으로 다윗이 말했다.

"그리고 이 한 사람 때문에 모든 이스라엘 군의 사기는 땅에 떨어졌습니다."

"그래, 네 말이 맞다. 그렇게 다 큰 어른들도 그와 맞서 싸우려고 하지 않는데, 내가 어린 소년을 보내야 하겠느냐?"

그렇게 말하면서도 사울의 마음속에는 작은 검은 불씨가 일어나고 있었다.

'사태를 이해하고 있는 소년이군.'

사울은 자기 앞에 있는 소년의 영리함과 능력을 조금씩 평가하기 시작했다.

"맞습니다. 왕께서 말씀하신 바와 같이 당신의 종인 저는 양을 칩니다. 왕이시여, 그래서 바로 제가 가야 합니다."

"뭐라고?"

왕이 살짝 이를 드러내며 빙긋 웃었다.

"어째서?"

"사자나 곰이 양 떼의 무리에서 새끼 양을 물어가면, 제가 그들을 쫓아갑니다. 저는 그것들을 제 지팡이로 세게 내리치고 그들의 입에서 아기 양들을 되찾아옵니다. 그 짐승들이 나를 공격하려고 돌아서면, 나는 그것들의 턱수염을 붙잡고 때려죽입니다. 왕이시여, 저를 사자의 이빨과 곰의 발톱에서 구해 주시는 분은 바로 야훼이십니다! 야훼께서 틀림없이 저 할례받지 않은 블레셋 사람의 손에서도 구해주실 것입니다."

다윗이 말을 끝마쳐갈 즈음에 그의 눈빛은 황금빛으로 이글거렸고 사울은 웃음을 멈추지 않을 수 없었다.

'이 소년은 마치 독액에 담가놓은 단검 같군.'

이렇게 생각하고 나서 왕이 큰 소리로 말했다.

"지금까지 누구도 이 소년보다 진실된 말을 한 적이 없다. 승리를 주시는 분은 야훼이시다. 여기서 기다려라."

사울은 장막 안으로 들어가 자신의 갑옷을 가지고 나왔다.

"그래, 나도 또한 너를 야훼께 의탁한다. 받아라."

그는 비늘 갑옷을 들어올려 다윗의 어깨에 걸쳐주었다. 그리고 다윗의 머리에 투구를 씌워주었다. 그 어린 소년은 무거운 투구 아래 눌려 마치 거북처럼 눈만 내밀었다. 사울은 그 모습을 보고 웃고 싶었다. 그러나 동시에 다윗의 안전을 바라는 부드러운 마음이 생겼다. 갑옷은 소용이 없었다. 이 젊은이는 자기 발로 가뿐하게, 아무런 보호도 받지 않은 채 공격받기 쉬운 상태로 가야만 할 것이었다.

사울이 다윗의 작은 체구에서 갑옷을 들어올리면서 말했다.

"그래, 네가 칼도 휘두를 수가 없는데 어떻게 야생 짐승들을 죽일 수 있느냐?"

"이것입니다."

다윗은 오른손을 들었다. 긴 가죽 무릿매의 한쪽 끝이 그의 가운뎃손가락에 묶여 있었다. 그 무릿매의 가는 끈 두 줄 사이에 돌을 잴 수 있도록 움푹하게 엮어 만든 것이 달려 있었다. 그것은 오래 사용하여 낡아 있었다.

"그것으로?"

"네, 왕이시여."

이스라엘의 왕은 소년의 자연스러운 붉은 머릿결 위에 손을 얹었다. 그리고 진지하게 말했다.

"가라. 그리고 야훼께서 너와 함께 하시기를……."

그래서 다윗은 팔뚝 주위에 소매처럼 무릿매를 둘둘 말아들고, 작은 등에는 목자들의 주머니를 메고 출발했다. 왕은 그 젊은 모험가에게서 시선을 떼지 않았다. 다윗이 계곡의 북쪽 경사를 내려갈 때, 사울은 그를 지켜보기 위하여 망대로 올라갔다.

그때는 이른 저녁이었고, 골리앗이 오늘 두 번째로 나타나 이스라엘에게 도전을 할 참이었다. 이제 싸움을 피하기는 불가능해졌다. 사울은 그 거인이 계곡 남쪽에 있는 돌단 쪽으로 걸어오는 것을 보았다. 뒤따라오는 그의 시중꾼은 다 큰 어른인데도 주인의 갑옷 무게에 눌려 쩔쩔매고 있었다. 골리앗은 거대한 돌판, 고인돌 위로 올라가 머리를 뒤로 젖히며 우렁찬 소리를 질렀다.

"나는 이스라엘 군대에게 도전하니, 나와 싸울 사람을 하나 내보내라!"

사울은 급히 계곡 아래에 있는 다윗을 찾아보았다. 거기에 그가 있었다. 그는 그 블레셋인에게 눈길도 주지 않았다! 소년은 엘라 계곡의 개울물 옆에서 한쪽 무릎을 꿇고 물속에 손을 뻗고 있었다.

'그가 돌을 찾고 있구나!'

가드 사람 골리앗이 황소 같은 목소리로 언덕을 뒤흔들고 있는 동안, 다윗은 젖은 돌을 들어 무게를 재보고 그것들을 주머니 속에 떨어뜨리고 있었다. 네 개, 사울이 세었다. 다섯 개. 그리고 나서 소년은 다시 일어서서 개울을 뛰어넘어 골리앗을 향해 걸었다.

'그는 마치 춤추듯이 가볍게 걷고 있구나.'

갑자기 골리앗은 한 이스라엘인이 다가오는 것을 알아차렸다.

"드디어!"

그는 소리쳤다. 그는 갑옷 시중꾼에게 방패를 들려 앞에 세우고 투구를 집어들어 머리에 썼다. 그러나 그때, 그는 앞으로 고개를 내밀며 얼굴을 찌푸렸다.

"뭐냐?"

그가 소리쳤다. 그는 투구를 땅에 내던지며 시중꾼을 옆으로 밀치고는 육중한 몸으로 쿵쿵거리며 달려나오기 시작했다.

"무엇이냐! 나를 개로 여기느냐?"

사울은 더 잘 보려고 앞으로 달려갔다. 골리앗은 웃음을 멈추었다. 그는 조롱하지도 않았다. 소나기 구름처럼 이마를 잔뜩 찌푸리고 몹시 화를 냈다. 그가 소리쳤다.

"내가 개라도 된단 말이냐? 그래서 네가 막대기를 들고 나에게로 왔느냐?"

다윗은 머뭇거리지 않았다. 얼굴은 휘청거리는 적을 향해 똑바로 들고, 어깨는 뒤로 젖히고, 상앗빛 목은 꼿꼿이 세운 채 편안하게 걸음을 유지했다. 골리앗이 멈추어 섰다.

"그러면, 이리로 오너라!"

그가 격노하여 날뛰었다. 그는 칼을 꺼내고 베틀의 용두머리만큼이나 큰 창을 들었다.

"내게로 오너라, 내가 너의 살점을 새와 들짐승의 밥으로 주겠다!"

서두르지도 늦추지도 않으면서, 다윗은 자신의 속도대로 걸었다. 사울은 그가 돌멩이 하나를 등 뒤의 주머니에서 꺼내어 무릿매의 움푹 패인 곳에 넣어 싸고 있는 것을 보았다. 그리고 그 부드럽고 높은 목소리가 계곡에 울려퍼졌다.

"너는 철제 무기를 들고 나에게로 왔으나, 나는 네가 감히 도전한 야훼의 이름으로 왔다. 오늘 야훼께서 너를 나의 손에 넘겨주실 것이고 나는 너를 쳐서 쓰러뜨릴 것이며, 온 세상은 이스라엘에 하나님이 계시다는 것을 알게 될 것이다."

'아니, 저런 어린것이!'

골리앗은 어이가 없어 말도 하지 못했다. 입술을 꽉 다물었다. 사울은 모욕당한 전사가 분노로 말도 못하고 으르렁거리는 소리만 내는 것을 들었다. 그리고 새삼스러운 분노에 치받쳐 그 거인은 앞으로 달려나갔다. 그는 다윗을 향해 언덕 아래로 돌진하기 시작했다. 창으로 소년의 가슴을 겨누었다. 오른팔에 든 칼을 치켜들었다.

사울도 그 거인만큼이나 놀라 말을 잃은 채 꼼짝 못하고 자리에 서 있었다. 그러나 다윗은 변함없이 제 속도로 걸었다. 그는 무릿매를 머리 위로 돌리기 시작했고, 그 가죽이 바람 속에서 윙윙거리며 소리를 냈다. 휙 하고 그는 그것을 날렸다. 그 돌이 골리앗의 두개골에 줄을 그었다.

갑자기 블레셋의 거인은 걸음을 늦추더니 어찌할 바를 몰라했다. 그는 무슨 질문이라도 하려는 것처럼 몸을 옆으로 돌렸다가, 뒤로 건들거리더니 마치 커다란 삼나무가 쓰러지듯이 땅에 쓰러졌다.

이렇게 되었는데도 다윗은 멈추지 않았다. 다윗은 위를 보고 나자빠진 골리앗을 향해 걸어가서 그의 손에 들린 칼을 끄집어냈다. 그리고는 오른발은 거인의 어깨에, 왼발은 그의 귀 쪽에 대고 서서 철제 칼을 높이 들어올려 있는 힘을 다해 내리쳤다. 칼날이 살과 뼈를 지나 땅까지 관통했다.

골리앗의 머리가 굴러 떨어졌고, 사울은 웃기 시작했다. 사울 왕은 통치 초기에 웃었던 것처럼 입을 벌려 크게 웃었다. 다윗이 골리앗의 머리채를 움켜잡아들고 계곡을 가로질러 되돌아걸어오고 있었고, 거인의 앞이마 한가운데에 작고 동그란 구멍이 나 있었기 때문이었다.

이제 모든 이스라엘 사람들은 승리를 얻은 기쁨의 함성을 드높였다. 한편 블레셋은 황급히 일선에서 방패를 거두고 무질서하게 퇴각했다. 이스라엘과 유다의 군인들은 즉각 그들을 추격했다. 그들은 멀리 가드를 지나 에그론 성문까지 적군을 쫓아가서 가는 길 내내 도망자들을 칼로 찔러 죽였다. 그리고는 가드로 돌아와 텅 빈 적진에 들어가 무딘 청동 무기들을 적들의 번쩍이는 새 철제무기로 바꾸며 약탈을 했다.

그러나 사울은 떨어져 서서 또 다른 승리를 응시하고 있었다. 밤이 되자 그는 그의 후년의 불꽃이며, 그의 삶에서 다시 찾게 된 기쁨인 다윗을 불렀다.

"이새의 아들아, 이제부터 너는 내 갑옷 시중꾼이다. 뿐만 아니라 나와 함께 전쟁에 참가할 것이다. 내 옆에서 싸워라, 다윗. 그리고 네가 오늘처럼 내일도 용감할 수 있다면, 나는 너에게 천 명의 대군을 넘겨주겠다. 오, 다윗, 야훼께서 오늘 우리를 위해서 이겨주셨으니 얼마나 영광스러우냐!"

갑자기 왕은 무릎을 꿇고 그 호리호리한 양치기를 힘껏 껴안았다. 만약 사울에게 또 다른 아들이 있었다면 그렇게 공개적으로 애정을 표하는 것에 질투를 느꼈을지도 모른다. 이러한 것들은 결국 왕자에게나 줄 법한 약속이 아닌가.

그러나 요나단은 뒤로 물러나 어둠 속에서 미소를 짓고 있었다. 그 또한 기쁨으로 충만해 있었다. 사울이 다시 강해진 것이다! 사울이 확고한 신념을 가지게 되었고 기쁨으로 넘쳤으며 다시 온전해졌다. 아버지가 다시 정신을 되찾으신 것이다.

그래서 요나단은 그렇게 좋은 일을 이룬 그 혈색 좋은 젊은이를 기쁘게 바라보며 그를 사랑하게 되었다.

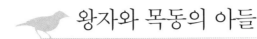

왕자와 목동의 아들

다윗과 요나단 David & Jonathan

[사무엘상 16:1~13, 18:1~5]

"다윗, 이리로 오게. 내 아버지께서 새로운 무기를 가지셨네. 보게!"

사울은 기브아의 요새 뒤에 돌로 마구간을 지었다. 왕과 대장들은 말을 타고 전투에 나가기 때문에 왕은 평화로운 시기에도 종을 뽑아서 말을 먹이게 하고 빗질을 시켰다. 비록 이스라엘은 말을 부유한 이방인의 놀잇감으로 생각했지만, 왕은 좀더 빨리 이동하기 위해 말을 이용했다. 그리고 말타기의 즐거움을 위해서도.

더욱이 왕은 요나단이 다윗에게 말 타는 법을 가르치도록 허락했다. 이새는 동의하지 않았다. 그러나 젊은이는 이제 왕의 궁전 사람이었다.

"여기 이쪽으로 돌아오게."

요나단은 다윗을 마구간 뒤쪽의 낮은 건물이 있는 곳으로 데려갔다. 그는 나무문의 빗장을 끌러 활짝 열어젖혔다. 요나단은 뺨에 와닿는 차가운 아침 공기를 느꼈고 그의 가슴은 흥분으로 들떠 있었다. 다윗에게 새로운 것을 보여주는 일은 항상 그를 기쁘게 했다.

시골 출신의 이 소년은 새로운 것을 감상하는 데 너무 순수해서 요나단 자신도 기분이 좋아졌다. 다윗과 함께 있으면 그는 스스로가 현명하고 성숙하게 느껴졌다. 그와는 경쟁을 할 필요가 없었다. 지금까지 요나단의 친구들은 모든 것을 경쟁에 붙였다. 요나단도 그랬다. 하다못해 달리기를 하더라도 다른 사람보다 빨리 달리는 것이 당연했다. 그런데 이 친구는 누구를 앞설 필요를 못 느끼는 것 같았다. 오히려 그는 모든 사람을 칭찬했다. 그리고 요나단 같은 특별한 친구가 시간을 내서 그에게 지식이나 통찰력의 선물을 주려고 할 때, 그의 눈은 감사와 기쁨으로 반짝거렸다.

"어떻게 생각하나?"

다윗이 안에 있는 그 보물을 볼 수 있도록 뒤로 물러서면서 요나단이 말했다. 그것은 전차였다.

요나단은 자제할 수가 없었다. 그는 웃음을 터뜨렸다. 다윗은 웃지 않았다. 대신 그는 친구에게 부드러운 미소를 보내고, 커다란 호기심으로 그 고안품에 다가가 불쑥 튀어나온 테두리와, 뒤로 차체 아래 바퀴축까지 연결된 채와, 고리버들로 짜여진 차체와 안쪽 창받이와 앞면과 옆면에 덧댄 딱딱한 가죽판을 만져보았다.

다윗은 말이 없었다. 그것이 요나단을 매료시켰다. 이 젊은이는 얼마나 절제력이 강한가. 자신이었다면 이리저리 살펴보면서 떠들썩했을 것이고 떠오르는 생각들을 전부 입 밖에 내었을 것이다. 요나단은 싸울 때 소리를 쳤다. 그가 아버지와 말을 할 때는 둘 다 소리를 질렀다. 사랑을 할 때도 그는 웃으며 여인과 함께 소리쳤다.

그러나 누군가가 많은 것을 느끼고, 특히 다윗처럼 깊이 느끼고, 그러면서도 바깥으로는 아주 절제되고 우아하고 친절한 모습을 보인다는 것. 그 모습이 요나단을 놀라게 했고, 다윗의 침묵에 대조되어 자신은 이 친구보다 한없이 어리고 미성숙하며 결국 배울 게 더 많은 시끄러운 제자처럼 느껴졌다. 다윗은 전차에서 뒤로 물러서며 말했다.

"이스라엘이 이 무기를 전쟁에 사용해서 안 될 이유는 없어요."

요나단이 말했다.

"사냥을 가세."

"이것을 타고?"

"물론이지!"

"어디로요? 우리는 지금 산 속에 있잖아요."

"아얄론 계곡의 평지로!"

"아얄론 성읍에 도착하는 데만도 얼마나 오래 걸리는지 아세요?"

"자! 어서! 탁 트인 지역에서 수사슴보다 빨리 달리자고! 수노루, 영양보다 빨리!"

"그럼 이걸 어떻게 모는지도 알고 있겠지요?"

"물론이지. 내가 가르쳐주겠네. 말 두 마리를 매는 걸세. 어서 가세!"

그 당시 사울은 소바 왕이 북쪽의 므낫세 지파와 납달리 지파를 괴롭히기 시작했다는 말을 들었다. 그는 다시 숫양 뿔을 불어 전쟁을 알리고 시민군을 모집하여 자신이 최선두에 서서 열정적인 기세로 군대를 이끌고 북으로 북으로 싸우러 나갔다.

다윗은 사울 옆에서 천 명 부대의 대장이 되어 능숙하게 나귀를 탔다. 다윗은 침묵하면서도 바쁘게 달렸다. 그의 붉은 머리는 바람에 세차게 휘날리고, 구릿빛 눈은 앞에 보이는 땅을 살펴보고 있었다. 이 대장은 머릿속에서 전투 전략을 세우고 상상 속에서 그 전략들을 시도해보는 능력을 가졌기 때문이었다.

사울은 경탄하지 않을 수 없었다. 말하자면 이런 것이었다. 자신도 이 새로운 전사와 마찬가지로 두루마리 속의 글들을 읽을 수 있었다. 그러나 사울은 소리를 내어 읽어야 하는 것을 이 젊은이는 말없이 읽는 것이었다. 그것은 사울이 들어본 적도 없는 일이었다.

다윗은 또한 계속해서 왕의 장막에서 잠을 잤다. 이스라엘의 그 누구도 언제 음울한 기분이 왕을 괴롭히는지 아는 자가 없었지만 다윗은 알고 있었다. 그럴 때마다 다윗은 깨어서 하프를 타며 노래를 불렀다. 마음을 진정시켜주는 높은 음조로 불렀다.

그리고 사울은 또한 그가 자기에게 노래를 불러줄 뿐만 아니라 그 자신을 위해서도 노래하고 있다는 것을 깨닫게 되었다. 즉, 그는 사울을 대신하여 하나님께 노래를 부르고 있었다.

우리는 당신께 부르짖습니다.
오 주님, 우리의 외침을 들어주소서.
당신은 양치기와 왕 모두에게 피난처가 되시며,
우리를 눈동자처럼 지켜주시고,
당신의 날개 아래 숨겨주십니다.

사울은 언제나 그 노랫소리를 듣기만 하면 편안해졌다. 그는 언제나 음악이 그치기 전에 잠이 들었다. 그러나 때때로 다음날 아침 불편하게 깨어나는 일이 있었다. 무엇인가 작은 것이 마음속 한 구석에서 그를 괴롭혔다. 그것이 무엇일까?

사울과 아브넬 그리고 요나단과 다윗은 소바 왕을 패배시켰다. 그는 아람 사람으로 아브라함과 이스라엘의 친척이었다. 사울은 그를 처형하라고 명령했고 그는 처형당했으나 그 승리는 만족스러운 것이 아니었다. 그 작은 왕국은 다시 일어날 것이다.

모압이 일어났다. 그리고 암몬, 에돔과 아말렉이 일어났다. 그리고 이 세 부족들은 친족 관계였다.

그날 밤 사울은 사무엘의 이름을 부르짖으며 잠에서 깨었다. 그의 목은 우느라고 잠겨 있었다. 머릿속은 마치 떨어지는 폭포소리처럼 울렸고, 그는 소리치며 울고 있었다.

"사무엘, 돌아오세요! 사무엘, 사무엘, 내가 죄를 지었습니다! 돌아오세요!"

다윗은 이미 노래를 부르고 있었다. 복잡한 노래처럼 들렸다. 사울은 그 노랫소리를 들으려고 머릿속의 소음들과 싸웠다.

오 야훼여, 분노 속에서 저를 꾸짖지 마십시오.
노여움 속에서 저를 벌하지 마십시오!
당신의 화살이 이미 저를 겨냥했습니다! 그 화살촉이
이미 제 가슴속에 박혀 저를 찌르며 괴롭히고 있습니다.

어리석음 때문에
저의 상처가 곪아 악취가 납니다.
오 야훼여, 저의 죄를 회개합니다!
저의 죄를! 야훼여, 고백합니다.

저를 저버리지 마십시오, 오 나의 하나님!
오 야훼여, 저를 구원하소서!
당신의 부드러운 말씀을,
오 야훼여, 저는 기다립니다, 당신을······.

다음날 아침에 사울은 노래를 전부 외울 수가 있었다. 그는 그 노래
를 읊조리면서 장막 밖으로 나갔다. 그 노래는 그의 심정을 대신 말하
고 있었다. 그 노래는 그의 마음속에 타오르고 있는 불길을 표현해 주
었고, 그래서 위안이 되었다.

그러나 말고삐로 손을 뻗으려다 말고, 그는 갑자기 날카로운 소리를
지르며 회오리바람처럼 뒤돌아서서 장막 쪽을 노려보았다. 어떤 생각
이 화살처럼 머릿속을 꿰뚫고 지나가자 그는 왜 다윗과 함께하는 밤이
그렇게 편안치만은 않은가를 깨달았다. 다윗을 상대로는 왕이 비밀을
가질 수가 없었다. 그러니 그자로부터 사생활을 지킬 수도 없고 왕의

권위도 그자에게는 세울 수가 없었다.

그리고 어떻게 그자가 왕인 나, 사울의 죄를 감히 입에 올려 이야기할 수 있단 말인가?

사냥을 한 후 요나단은 말의 다리를 얽어 푸른 들에서 풀을 뜯어먹게 내버려두었다. 그는 가죽 물통에 든 아주 달콤하고 훌륭한 포도주를 숨도 쉬지 않고 마신 후 다윗에게도 권한 다음 잔디밭에 몸을 내던져 드러누워 행복에 겨운 숨을 내쉬었다. 다윗이 와서 그 옆에 누웠다. 그들은 푸른 하늘을 올려다보았다.

그들은 사흘 동안 기브아를 떠나 있었다. 요나단은 왕위를 물려받을 왕자였고 사람들은 그를 알아보니 마을에서 빵을 구할 수도 있었다. 그렇지만 그들은 사냥을 해서 그 고기를 먹었다. 그러면서 그들은 자랑스러운 기분에 젖었고 독립심을 느꼈다. 요나단이 말했다.

"자네도 사무엘이라는 나이든 사제를 알고 있겠지?"

"네, 왜요?"

요나단은 어깨를 들어 머리 밑에 깍지 낀 손을 베었다.

"라마 사람들이 그러는데, 그분께서 자리에 누우셨다는군. 그분이 돌아가실 것 같다는 거야."

"매우 나이가 많으신 분이죠."

"거의 뼈만 남으셨지. 그분을 만나뵌 적이 있나?"

"한 번."

"글쎄, 이 슬픈 소식이 있기 전까지 내 아버지께서는 때마다 그를 초대하셨지만, 그분은 오지 않으셨지. 아버지께서 사무엘을 직접 뵈러 갈 수 있도록 허락해 달라고 하셨지. 그분은 답도 하지 않으셨어. 이제 노사제께서 늙어 돌아가시게 되자 아버지께선 간청을 그만두셨지."

요나단은 입술 안쪽을 깨물면서 잠시 조용히 누워 있었다.

"왜 사무엘 사제가 오지 않으려고 하셨는지 모르겠어. 그것이 아버지의 마음을 아프게 했지. 지금은 그 상처가 전보다 더 악화되었어."

요나단은 고개를 돌려 친구를 바라보았다. 다윗의 빰과 콧잔등에 주근깨가 흩어져 있었다.

"사무엘 사제를 한 번 만난 적이 있다고? 언제였는데?"

다윗은 일어나 앉았다.

"저는 이 사실을 어느 누구에게도 말한 적이 없습니다. 저희 가족들도 사실 전부를 알지는 못합니다. 그리고 저 또한 이해가 가지 않습니다. 생각하면 슬프지요."

다윗은 손을 내밀어 요나단의 오른팔을 잡고 간절히 부탁하는 몸짓을 했다.

"이 이야기는 우리끼리만 간직하는 것으로 해주셔야 합니다. 당신의 아버지께도 말씀드려서는 안 되고요."

다윗의 눈빛이 너무도 예리했고, 동시에 너무도 애타 보여서 요나단은 마치 의식을 치르듯이 대답했다.

"이것은 우리 둘 사이의 비밀로 한다."

"몇 년 전 당신의 아버지께서 아말렉을 치시고 난 직후에, 사무엘 사제께서 베들레헴에 오셨어요. 암소 한 마리를 잡아 성읍 장로들과 함께 야훼께 번제를 드리러 오셨다면서요. '몸을 신성하게 하고 나와 함께 제사에 임하시오.'라고 그분은 장로들에게 말씀하셨지요. 그러나 저의 아버지에게는 따로, '내가 직접 당신과 당신의 아들들을 성결하게 할 것이오.'라고 말씀하셨지요."

다윗은 다시 몸을 뒤로 눕히고 눈을 감았다. 요나단은 그를 자세히 지켜보았다. 그 친구의 목소리는 낮았고 절박함이 담겨 있었다.

"저는 그날 양을 치느라 들판에 있었어요. 사제께서 아버지를 성결케 하는 의식을 거행하셨지요. 그리고 저의 형들인 엘리압, 아비나답, 삼마…… 모두 일곱 명을 차례로 씻기셨어요. 아버지께서 그러시더군요. 마지막 형까지 씻기시고 나서 사제께서 아들들이 다 온 것이냐고 물으셨다고요. 그래서 저를 부르러 사람이 왔어요.

요나단, 제가 그 노사제 앞에 섰을 때 그분이 팔로 내 머리를 너무도 힘 있게 잡으시는 바람에 저는 그분이 내 머리를 찌부러뜨리는 줄 알았어요. 그분은 아주 작은 소리로 몇 마디 읊으셔서 저밖에 들을 수가 없었지요.

'야훼께서는 사람이 판단하는 것처럼 판단하지 않으신다. 사람들은 외모를 보지만 야훼께서는 그 중심을 보신다.'

그리고 나서 그분은 옷자락에서 야생 수소의 뿔로 만든 병을 꺼내셨지요. 그분은 그것을 내 머리 위에서 잡고 뚜껑을 땄고, 저는 기름이 내 머리를 적시는 것을 느꼈지요. 마치 큰 상처에서 흐르는 피처럼 그 기름이 관자놀이와 앞이마와 얼굴 위로 흘렀어요. 오, 요나단. 기름이 너무 많이 흘렀고 그 노사제가 너무도 화가 난 듯해서 나는 두려웠어요. 나는 타는 연기 냄새를 맡았고 우리 둘다 죽는구나 생각했지요.

갑자기 그가 모든 것을 끝마쳤어요. 그는 물건들을 치우고 자리를 떠났습니다. 거의 모든 마을 사람들이 자신들을 성결케 했지만, 사제는 그 암소를 번제로 드리지 않았어요. 사람들은 말했지요. '그분이 너무 나이가 들어서 잊어버리셨군.' 그리고 그들은 그분을 이해했어요."

다윗은 이야기를 마치고 일어서서 언덕을 응시했다.

"그분을 만난 것은 그것이 전부예요."

요나단은 다윗의 움직임을 눈으로 쫓았다.

"그래, 나는 결코 이 이야기를 어느 누구에게도 말하지 않을 걸세."

그도 따라서 역시 자리에서 일어났다.

"그러나 언젠가는 자네 스스로 그 이야기를 크게 말해야 할 때가 있음을 알게 될 거야. 그때는 모든 사람들이 그 의미를 알게 될 걸세."

그는 친구의 등과 붉은 곱슬머리 그리고 너무 희어서 상처 입기 쉬운 살결을 쳐다보았다. 갑자기 요나단은 몸을 돌려 전차 쪽으로 달려갔다. 그는 흙받이 상자에서 자신의 칼과 검은 옻칠을 한 화살을 꺼냈다. 그리고 다윗에게 돌아와 부드럽게 그의 이름을 불렀다. 그 두 사람은 서로 얼굴을 마주 보았다.

"자네는 지금 나에게 설명할 수 없는 귀중한 것, 이전에 그 어느 누구도 나에게 준 적이 없는 선물을 주었네. 이제 내가 자네에게 무엇인가를 주고 싶네."

요나단이 잠시 말을 멈추었다. 그는 이 친구보다 열 살이나 더 많고 키도 큰 데다 살결이 검었고 더 거칠었다. 그러나 그의 태도는 수줍은 듯했다.

"다윗, 이 선물들이 우리 두 사람 사이의 언약이 될 수 있을까?"

다윗은 고개를 끄덕였다.

"나는 우리가 함께 우리 둘 사이의 언약을 맺기를 바라네. 흔들리지 않는 영원한 우정의 언약. 내가 이새의 아들 자네를 나 자신의 영혼만큼이나 사랑하기 때문에……."

요나단은 말을 그쳤다. 갑자기 그는 앞으로 몇 걸음 나오더니 자기 칼과 활을 다윗에게 내밀었다. 그러나 오랫동안 다윗은 움직이지 않았다. 그는 자신의 머리를 아주 낮게 숙여 얼굴이 보이지 않게 했다. 그리고 아주 작은 소리를 내었다. 그제서야 요나단은 친구가 울고 있는 것을 알았다.

그는 즉시 무기들을 내려놓고 다윗에게 달려가 그를 부둥켜안았다. 그가 낮은 소리로 속삭였다.

"집에 가세, 집에 갈 시간이 되었군."

위험한 질투

미갈 Michal

[사무엘상 18:6~19:17]

블레셋 군인들이 세벨라의 구브린 계곡에 있는 마을들을 공격했다. 한 마을을 공격하고 연이어 다음 마을들을 공격하는 식으로 세 마을을 공격했다.

사울은 전쟁의 뿔나팔을 불었고 시민군이 소집되었다. 이스라엘 전사들은 다음 공격 대상이 되었을 그일라의 서쪽으로 언덕 등지에서 돌진하여 무턱대고 정면 반격에 나섰다. 이 지점의 계곡은 좁았다. 바위가 양측에서 솟아올라 유혈의 장이 될 좁은 통로를 만들고 있었다.

사울과 요나단과 아브넬 모두 말을 타고 적을 공격했다. 다윗은 노새를 탔다. 사울은 말이 다른 어떤 탈것보다도 크고 빠르다고 주장했다. 그리고 그 점이 군사적으로 이익이 되고, 특히 키 크고 다리가 긴 사람들에게 도움을 준다고 했다. 그러나 당시에는 기수들이 고삐만 가지고 말을 다루었다. 전투중에 말을 제어하려면 융통성 있는 성격과 강한 힘이 필요했다. 말은 빠르기는 하지만 성미가 까다롭고 흥분하기 쉬운 예민한 짐승이었다.

노새는 둔감하고 생김새도 작달막할지 모르나 꿋꿋하고 전적으로 믿을 수 있는 짐승이었다. 노새의 발걸음은 유다의 언덕 같은 곳에서도 휘청거리지 않았다. 그래서 노새의 등에 탄 다윗은 바위가 험해 발딛기가 어려운 계곡 쪽으로 부대를 이끌어가서 적의 측면을 기습 공격하여 적들을 놀라게 했다.

다윗의 군단은 아주 효과적인 일격을 가했고, 전쟁이 한창인 동안에 블레셋 군을 무찌르는 그의 움직임이 너무도 눈부시고 기민하여 바위 꼭대기 위에 떼지어 모여 있던 그일라 사람들은 환호성을 올렸다.

다윗은 최소의 동작으로 아주 적은 양의 피를 내며 적을 해치웠다. 그의 칼은 다른 사람들 것보다 짧고 날카로웠다. 그가 너무도 재빨리 칼을 가슴에 찔렀다 빼내는 바람에 희생자들은 죽기 전에 단지 얼이 빠진 것처럼 보였다.

그는 조용히 싸웠다. 웃지도 않았고 적을 저주하거나 조롱하지도 않았다. 그의 눈빛에는 분노가 아닌 민첩성만이 있을 뿐이었다. 그리고 가까이 다가가는 동안에도 소란을 피우지 않았기 때문에 적들은 자신들이 얼마나 죽음의 문턱에 가까이 있는지를 알아차리지 못했다.

그러나 산등성이 위에 있는 사람들은 보았다. 이스라엘 사람들은 탄복의 함성을 질렀다. 그리고 적들이 퇴각해 돌아설 때, 이스라엘 사람들은 자리에서 뛰어오르며 한목소리로 어떤 노래의 후렴구 같은 것을 부르기 시작했다. 사울은 그 소리의 곡조는 들을 수 있었으나 거리가 멀어 말뜻은 알아들을 수가 없었다.

다음날 이스라엘이 진영을 거두고 시민군을 해체한 후, 사울과 그의 대장들이 말에 올라타고 기브아로 돌아오고 있을 때였다. 그들이 성읍을 지나는 길에, 여자들이 소고를 치면서 기쁨의 노래를 부르고 춤을 추며 사울 왕을 맞이하러 나왔다. 그러나 모든 성읍에서 여자들이 부르는 노래 끝에는 반드시 똑같은 후렴이 따랐다. 사울이 전쟁터에서 들었던 것과 같은 노랫가락이었다. 이번에는 그 가사가 들렸고, 그의 표정은 어두워졌다.

사울은 천 명을 죽이고,
다윗은 만 명을 죽였다!

그날 밤 잠에서 깨어난 사울은 험악한 기분에 사로잡혀 탁자나 도자기 수반 같은 물건들을 집어던져 깨부쉈다. 그는 이 난폭한 행동이 어떻게 시작되었는지 기억할 수도 없었고 그칠 수도 없었다. 그의 마음은 미움으로 불타올랐다.

사울이 잠에서 깼을 때 항상 그랬듯이, 다윗은 침실 한 켠에서 악기를 가볍게 퉁기며 달콤한 노래를 부르고 앉아 있었다.

천 명의 적군이 당신의 오른편에서 쓰러지고
만 명의 적군이 당신의 왼편에서 쓰러지나,
밤에 몰래 찾아드는 몹쓸병은…….

그 노래는 너무도 지독한 모욕이었다! 사울은 물항아리를 집어들어 바닥으로 내리쳤다. 그는 창을 들어 다윗을 향해 던지며 비명에 가까운 소리를 질렀다.

"내가 너를 벽에 꽂아버리겠다!"

다윗은 피했다. 그 창은 돌 벽에 부딪혀 산산조각이 났다. 그리고 갑자기 사울은 자책감에 휩싸였다. 그는 입을 딱 벌린 채 자기 손을 쳐다보면서, 마치 숨을 쉴 수 없는 것처럼 헐떡이며 서 있었다. 그리고 그는 다윗에게로 달려와 소리쳤다.

"미안하구나! 미안하구나! 너를 다치게 하려고 한 것은 아니다."

다윗은 입을 열어 무슨 말인가 하려고 했으나, 사울이 손으로 그의 입을 가렸다.

"아니다, 아니야. 네 잘못이 아니다. 내 잘못이구나."

그는 비틀거리며 뒷걸음질하다가 돌아서서 그의 손을 높이 쳐들고 울부짖었다.

"야훼 하나님, 당신은 어디에 계십니까? 왜 저에게서 당신의 영혼을 앗아가셨습니까?"

사울 왕은 바닥에 쓰러졌다. 자기 자신에 대한 증오심뿐, 그에게 이제 다윗에 대한 미움은 없었다. 그는 무릎을 가슴 가까이 끌어당겨 커다란 두 팔로 감싸안으며 옆으로 흔들었다.

"왜, 왜?"

그는 노래를 불렀다. 아니, 노랫소리처럼 들렸다.

"왜 이 악령이 나에게 찾아온 것입니까? 오 하나님, 제가 어떻게 해야 하는지 말씀해 주시지 않으시겠습니까?"

그 무렵, 사울의 막내딸 미갈이 청할 일이 있어서 아버지께 왔다.

"뭘 원하느냐?"

그가 물었다. 미갈이 기억할 수 있는 한, 자신은 언제나 왕의 딸이었다. 그리고 아버지는 딸을 끔찍이도 사랑해 주었다.

"다윗이요, 이새의 아들 말이에요."

"뭐라고?"

사울이 그 딸을 응시했다.

"무엇을 청하려는 것이냐?"

"다윗을 제 남편으로 만들어주세요."

사울은 움찔했다. 잠시 그는 그의 혈육이 다윗과 합한다는 생각에 몸을 떨었다. 그러나 그는 곧 미소짓기 시작했다. 그는 미갈을 품에 안으며 말했다.

"그래, 알았다. 내가 너를 다윗에게 주겠다. 물론이지, 그래."

그녀의 얼굴은 기쁨으로 빛났고, 아버지에게 입을 맞춘 뒤 방에서 달려나갔다. 그러나 사울은 이런 생각을 하고 있었다.

'미갈을 올가미 삼아 다윗을 블레셋 사람들 손에 죽게 해야지.'

그날 그는 신하들을 보내어 다윗을 부추기도록 시켰다.

"보시오, 왕은 당신을 좋게 생각하고 계시오. 모든 신하들도 당신을 아끼고 사랑하지요. 그리고 왕의 막내딸 미갈도 당신에게 마음이 있소. 그러니 이새의 아들 다윗이여, 왕의 제안을 받아들여 왕의 사위가 되시오."

한 시간 안에 그들이 돌아와서 왕께 다윗의 답을 보고했다.

"자신은 가난하고 천한 사람이라고 말하며, 이 보잘것없는 자가 왕의 사위가 될 수 있는지 물었습니다."

사울이 말했다.

"왕은 값비싼 결혼 선물을 바라지 않으며, 단지 블레셋 군인 백 명이 죽었다는 증거만 있으면 충분하다고 말하라. 그가 블레셋 영토에 들어가 군인 백 명의 음경 포피를 가져올 수 있을 만큼 용감한지 어떤지 묻고 오너라."

종들이 다시 다윗에게로 갔다. 사울은 그의 방에서 이리저리 왔다 갔다 했다. 그는 딸의 운명보다는 다윗 앞에 놓인 운명의 진로에 대해 듣기를 기다리고 있었다. 저녁에 종들이 와서 말했다.

"다윗이 그 제안을 수락했습니다. 그는 몇 사람을 데리고 블레셋 성읍으로 떠났습니다."

"벌써?"

왕은 이마를 찌푸리며 말했다. 물론 이것은 기쁜 소식이었다. 그를 죽이려는 것이 그의 계획이었다. 빠를수록 좋았다. 그런데 왜 모든 일들이 자신보다 앞서 나가는 것처럼 느껴지는 것일까?

3일 후, 그는 요새 밖에서 외침소리가 나는 것을 들었다. 경이로운 업적을 이룬 영웅을 칭송하는 전사들의 목소리였다. 밖으로 달려나간 사울 왕은 다윗이 당나귀 한 마리와 수수한 마차와 꾸러미 열 개, 기브아 사람들 모두가 블레셋 군의 음경 포피라는 것을 알고 있는 바로 그 꾸러미를 끌고 오는 것을 보았다.

왜 기브아 사람뿐이었겠는가? 이스라엘 모든 사람들이 그 사실을 알았다. 그리고 모든 사람들은 다윗이 왕의 요구보다 두 배로 많은 적군의 음경 포피를 가지고 왔다는 것을 알았다. 성읍에서 성읍으로 소문이 퍼졌고 이스라엘 사람들의 가슴속에 자신감이 가득했다. 다윗이 블레셋 요새를 침공하여 200명을 죽이고, 그 200명의 음경 포피를 챙겨 조금도 다치지 않고 피해 나왔단다! 오, 용감한 다윗!

그 순간 너무도 기쁜 나머지 어떤 군사가 감히 왕에게 동료애를 느끼며 그의 등을 쳤다. 사울은 팔꿈치로 뒤를 세게 쳐서 그의 턱뼈를 부러뜨렸다.

물론 그는 약속을 지켰다. 사울 왕은 막내딸을 다윗에게 아내로 주었고, 그들에게 자신의 요새 위층을 내주었다. 그러나 왕궁 사람들이 넘치는 애정으로 다윗을 맞이하자 사울은 왕의 자리에 대한 두려움을 갖게 되었다.

그 즈음에 사무엘이 죽었고 이스라엘 장로들이 그를 애도하려고 모였다. 사제들이 남북에서 찾아왔다. 군사들이 자신들의 장군들과 함께 모여들었고, 남녀노소가 다 왔다. 그러나 왕은 오지 않았다.

죽은 사무엘의 모습은 쑥 들어간 두 눈과 마른 갈대 같은 뼈들로 한 줌밖에 되지 않았다. 그의 얼굴은 슬픈 표정으로 굳어 있었다. 사람들은 그가 살았던 라마에다 그를 장사지냈다.

군대가 행군할 때마다 가장 고통을 겪는 사람들은 농부들이었다. 군대는 그들의 과일을 따고, 곡식을 먹고, 치즈와 우유를 훔치고, 가축을 도살했다. 그리고 전투 자체가 농경지에서 벌어져 곡식들이 거둬들이기도 전에 파괴되었다. 가까운 아군은 이래라저래라 명령을 했고, 적군들은 훔쳤다. 그러나 다윗은 그 중 어디에도 속하지 않았다. 그는 평민인 농민들을 존중했다. 그는 음식을 그냥 뺏지 않고 정중하게 요청했다. 그리고 그의 전사들이 음식을 대접받으면, 그는 그 베푼 자에게 축복의 말을 했다.

"이스라엘 야훼 하나님의 축복이 있기를, 그리고 오늘 우리를 배고픔과 목마름으로부터 지켜준 당신의 친절에 축복이 있기를 빕니다."

곧 이스라엘의 모든 사람들이 다윗을 알아보았다. 그리고 여자들만이 그를 칭송하는 노래를 부른 것이 아니었다. 남자들도, 젊은이와 노인, 농부들과 양치기 그리고 상인들도 노래했다. 온 이스라엘의 평민들이 소리쳤다.

> 사울은 또 천 명의 적군을 죽이고,
> 다윗은 만 명의 적군을 죽였다!

근래에 다윗의 귀환 행군은 점점 더 느려졌다. 그가 사람들의 찬사를 받기 때문이 아니었다. 돌아오는 길에 그는 여러 집에 들르고자 했다. 자신을 북돋워주었던 사람들과 승리의 전리품을 나누기 위해서였다. 그래서 블레셋과의 작은 싸움을 치른 뒤 사울은 곧장 집으로 돌아갔으나 다윗은 지체하게 된 일이 생겼다.

사흘째 되는 날, 왕은 왜 다윗이 아직 안 돌아왔는지 물었고 이새의 아들이 이스라엘 모든 성읍을 방문하고 있다는 소리를 들었다.

"그는 사람들과 함께 먹고 그들을 축복합니다. 그들은 그와 함께 있으면 기뻐합니다."

"어떻게 그 사실을 아느냐?"

"다윗이 가는 마을마다 춤판이 벌어집니다."

그날 밤 사울 왕은 무릎에 창을 얹어놓고 방 안에 앉아 있었다. 그는 등잔에 불도 붙이지 않았다. 자신을 자제하느라 애쓰며 내는 거친 숨 소리만이 들렸다. 그의 모든 근육은 긴장해 있었다. 그는 문이 열리고 돌아오는 다윗의 그림자가 보이기만을 기다리고 있었다.

미갈은 갑자기 깊은 잠에서 깨어났다. 무엇인가가 그녀를 깜짝 놀라 게 했다. 그러나 어떤 소리를 들은 것 같지는 않았다. 그때 그녀는 무엇 인가 움직이는 것을 느꼈다. 누군가 그녀 위에 섰다. 그리고 그 사람은 무릎을 꿇었다. 남편 다윗이었다. 그가 속삭였다.

"당신 아버지가 날 죽이려고 하오."

"뭐라고요?"

"쉿, 미갈. 이번이 처음이 아니오. 그는 나에게 창을 던졌소."

"당신을 죽인다고요, 다윗? 꿈을 꾸거나 무슨 오해가 있는 것이 아 니예요?"

"그가 병사들에게 문을 지키라고 명령했소. 나는 왕의 방에서 뛰쳐 나와 도망쳤다오. 그러나 그는 알고 있소. 내가 아직 요새를 빠져나가 지 못했다는 것을."

미갈은 침상이 젖어 있는 것을 깨달았다. 그 축축한 것은 따뜻했고, 그녀가 미처 알아차리지 못했으나 이제 보니 담요가 그녀의 배에 달라 붙어 있었다.

"다윗! 당신 피를 흘리고 있군요!"

"내 왼쪽 팔 아래요."

"오, 다윗! 당신이 오늘 도망치지 못하면 내일은 죽을 거예요."

미갈은 일어나 아마포 침대 깔개를 길게 찢었다.

"이것들을 이어야겠어요."

그녀는 더 많이, 좀더 넓게 천을 찢었다.

"팔을 들어보세요."

그녀는 길게 수직으로 베인 상처를 씻고 그의 갈비뼈, 등 그리고 가슴을 아마천으로 묶었다. 그녀는 창문가로 가서 격자문을 열었다.

"후에 나를 부르러 사람을 보내야 해요."

그녀가 말했다. 다윗은 그녀에게 입을 맞추고 창문 밖으로 나가 사울의 요새 측면으로 아마줄을 타고 내려갔다.

'나를 부르러 사람을 보내요.'

그녀는 며칠 안으로 남편을 다시 보게 될 것으로 생각하고 그렇게 말했다. 미갈은 격자문을 끌어당겨 닫고 일을 시작했다. 그녀는 나무로 만든 드라빔 조각상을 침대에 눕힌 뒤 작은 꾸러미에 염소털을 넣어 그것을 드라빔의 머리 위에 놓고 천과 담요로 덮어씌웠다. 마지막으로 그녀는 방 구석으로 가서 등잔 심지를 다듬어 아주 희미한 불빛만 비치도록 만들었다.

거의 동시에 경비병들이 그녀의 방으로 달려들어 왔다. 미갈은 그들에게 화를 퍼부었다.

"그가 아픈 것이 보이지 않느냐?"

경비병들은 그녀의 사나운 기세에 눌려 뒤로 물러났다. 그리고 사울이 횃불을 들고 방 안으로 들어왔다.

"어디, 그가 아픈지 괜찮은지 내가 봐야겠다. 그리고 불쌍한 다윗이 움직이지 못할 정도로 피를 너무 많이 흘렸다면, 침상째 아래로 데려가겠다!"

그는 담요를 확 젖혔다. 머리 모양을 만들었던 주머니가 튕겨나가 털썩 떨어졌고, 드라빔은 그대로 침상에 누워 있었다. 사울은 두 손으로 머리를 가리고 울부짖었다.

"미갈! 네가 어찌 나를 속일 수 있단 말이냐? 어찌 네가 나의 적에게 도망갈 시간을 주었느냐?"

"그이가 시켰어요."

그녀는 거의 미친 사람 같은 아버지를 보고 겁에 질렸다.

"그이가 나한테 말했어요. '내가 당신을 죽여버려야 되겠소? 나를 보내주시오.' 아버지, 아버지, 제가 어떻게 할 수 있었겠어요?"

신 앞에 언약한 우정

다윗과 요나단 David & Jonathan

"오늘밤 왕의 행동은 계획적이었습니다!"

다윗은 숨을 헐떡이며 요나단의 뜰 구석에 웅크리고 앉았다.

"내가 방문을 열었을 때 거기에 그가 자세를 잡고 앉아 나를 보고 있었지요. 창을 던지려고 치켜든 그의 눈은 이글거리고 있었습니다. 나는 오른쪽으로 날듯이 피했지만 창날이 내 왼쪽 옆구리를 찔렀어요."

요나단은 다윗의 가슴을 만졌다. 붕대로 감겨 있었다.

"야훼께서 살아 계시고 당신의 영혼이 살아 있으니, 진실로 말하건 대 나와 죽음 사이는 한 발짝밖에 되지 않습니다."

"나는 자네 말을 믿네. 내가 어떻게 도와주길 바라나?"

"내일은 초하루입니다. 나는 당신의 아버지와 함께 연회에 참석하지 않을 것입니다. 대신 리베의 들판 돌더미에 숨어 있겠습니다. 당신의 아버지께서 나를 찾으시면 내가 가족과 함께 제사를 드리러 베들레헴 으로 갔다고 말씀해 주세요. 나는 사흘 동안 나타나지 않을 겁니다. 만약 당신의 아버지께서 그 사실을 받아들이시면 그때는 그 악령이 왔다가 사라진 것이고, 내가 돌아와도 안전할 것입니다. 그러나 그가 계속 화를 내시면 그분 자신이 악한 뜻을 갖고 계신 것입니다. 그런 경우라도 요나단, 나와의 신의를 지켜주세요. 그러나 내가 죄 지은 게 있다면 당신이 나를 직접 처단하세요. 사울 왕이 나를 베게 하지는 마세요."

"오, 다윗!"

요나단이 소리쳤다.

"내가 어찌 내 가장 소중한 친구의 머리털 하나라도 다치게 할 수 있겠나?"

"만약 당신의 아버지께서 삼일 내내 거칠게 답하시면, 누가 나에게 얘기를 전해주죠?"

"내가 하겠네."

"어떻게요? 나는 모습을 나타낼 수가 없고 당신은 감시를 받을 겁니다."

"그 돌더미가 있는 곳을 알지. 사흘째 되는 날 내가 활을 가지고 리베 들판으로 가겠네. 소년을 하나 데려가서 내가 쏜 화살을 줍도록 시키면서 큰소리를 치겠네. 만약 내가 '화살이 네 가까이에 있다.'라고 말하면 자네는 모든 일이 잘 된 줄로 알게. 그러나 '화살이 저쪽 멀리에 있다.'라고 말하면 계속 숨어 있게. 그리고 몰래 빠져나가게. 야훼께서 자네를 멀리 보내시려는 뜻이겠지."

이런 말들을 나눈 뒤 다윗은 밖으로 나가서 어둠 속으로 사라졌다. 요나단은 정원 중앙에 홀로 섰다. 그는 안으로 들어가 앉아야지 하고 생각했다. 그러나 그러지 않았다. 해가 뜰 때까지 그는 여전히 정원에 있었다.

초하룻날 저녁에 왕은 식사를 하려고 자리에 앉았다. 언제나처럼 그는 벽 쪽으로 앉았다. 요나단은 맞은편에 앉았고, 아브넬이 사울 옆에 앉았다. 다윗의 자리는 비어 있었다. 그들은 침묵 속에 식사를 나눴다. 왕은 다윗에 관하여 아무 말도 하지 않았다. 그러나 다윗의 자리는 다음날 밤에도 역시 비어 있었다. 사울이 말했다.

"어제 나는 다윗이 불결한 상태여서 절기 음식을 먹지 못하나보다 생각했다. 그런데 오늘은 그것이 문제가 되지 않는다. 왜 그가 오늘도 식사하러 나오지 않았느냐?"

요나단이 대답했다.

"다윗이 베들레헴으로 떠나게 해달라고 요청했습니다. 그의 형이 매년 이맘때 드리는 제사가 있어서 오라고 했다더군요."

"요나단, 네가 어떤 자식인지 아느냐?"

사울이 일어서서 아들과 마주하며 말했다.

"이 사생아 자식아! 고약한 반역의 음모쟁이, 사기꾼 계집의 소생아! 너는 이제 내 아들이 아니다! 내 말을 알아듣느냐? 이새의 아들이 살아 있는 한, 너는 결코 왕위를 계승하지 못할 것이다. 네 왕국은 결코 세워지지 않을 것이다! 요나단, 가서 그 선한 척하는 자를 찾아내라! 그리고 내게로 데려오너라. 내 손으로 그자를 죽여버릴 것이다!"

셋째날 아침 일찍, 요나단은 거친 바윗더미와 그 주변 덤불을 바라보며 푸른 들판에 서 있었다. 그는 아무런 움직임도 보이지 않았다. 그러나 그곳 어디엔가 그의 친구가 숨어 있을 것이다.

요나단 옆에는 한 소년이 있었다. 요나단이 그 소년에게 말했다.

"이 화살들이 보이느냐?"

소년은 고개를 끄덕였다.

"몇 대냐?"

"세 대입니다."

"내가 세 대의 화살 모두를 저 돌더미 옆에 표시한 곳으로 쏠 것이다. 너는 달려가서 그것들을 찾아라."

아이는 다시 고개를 끄덕이고 조용히 서서 기다리고 있었다.

"자아!"

요나단이 소리쳤고 아무것도 모르는 아이는 뛰었다.

"달려라! 어서 가거라! 그리고 세 개를 모두 찾아오너라! 하나, 둘, 셋!"

소년은 돌무더기 쪽으로 달려갔고 요나단은 첫 번째 화살을 메겼다. 그는 사나운 표정으로 화살대를 귓가까지 잡아당겼다가 쏘았다. 그 화살은 그 돌더미를 훨씬 지나쳤다. 그는 두 번째 화살을 훨씬 더 멀리 쏘았다. 그가 세 번째 화살을 잡아 메겼을 때, 그 화살이 활 위에서 흔들렸다. 그의 팔도 흔들렸다.

이제 그는 사나워보이지 않았다. 그는 슬퍼보였다. 요나단은 자신의 의형제를 그냥 도망가게 해야 한다는 것을 알았다. 그를 본다는 것은 현명한 일이 아니었다. 그러나 어떻게 그를 보지도 않고 보낼 수 있겠는가? 소년이 막 돌더미가 있는 곳으로 다가가고 있었다. 요나단은 소리쳤다.

"화살들이 훨씬 저편에 있다! 더 멀리 가라!"

그 아이는 뒤를 돌아보고 나서 계속 달렸다.

"더 가라!"

요나단은 소리치고 나서 세 번째 화살을 당겼고 그것을 짧게 쏘았다. 그것은 돌더미 옆에 맞았다. 마치 더 이상 소리 지를 목소리가 없는 것처럼, 그는 슬프게 말했다.

"내가 널 도와주지."

그리고 그는 그 돌더미로 걸어가 그것들을 둘러싼 덤불 속 좁은 곳을 들여다보았다. 다윗이 덤불 가운데 무릎을 꿇고 앉아 있었다.

"다윗?"

곧 다윗은 그 앞에 무릎을 꿇었다. 요나단은 그의 야위고 주근깨가 난 얼굴을 잠시 응시했다.

"알겠지?"

"네, 알고 있어요."

갑자기 요나단은 다윗을 끌어안았다. 그리고 그들은 서로 부둥켜안았다.

"이제 내가 좀 이해할 것 같네."

요나단이 다윗의 귀에 속삭였다.

"사무엘이 자네 머리에 기름을 부었을 때, 사무엘이 뭘 한 것인지 말이야. 그가 자네를 왕으로 세운 것이네. 그는 자네를 이스라엘의 다음 왕으로 준비하고 있었던 거야."

다윗이 뒤로 물러서며 눈살을 찌푸렸다.

"당신이 왕의 아들입니다. 당신이 아버지의 뒤를 이을 것입니다."

"아니, 아닐세. 나는 그러지 못할 거야."

요나단이 부드럽게 말했다.

"자네가 왕위를 이을 걸세. 아버지께서 나에게 그 사실을 볼 수 있게 도와주신 것이지. 그러한 통찰력은 자네에게 주신 아버지의 마지막 호의라고 생각하네. 나는 단지 자네가 자네의 왕국에 입성할 때, 나에게 야훼 하나님의 사랑을 베풀어 나를 죽이지 않길 바랄 뿐이네, 다윗."

"당신을 죽이다니요? 요나단, 당신을 죽인다고요? 어떻게 그런 생각을 할 수 있지요?"

"나는 지금 왕궁에서 살고 있으니까."

"오, 요나단. 차라리 내 눈구멍에서 눈을 태워버리는 것이 낫겠어요!"

"자, 조용히. 나는 자네를 믿네. 그리고 나는 자네를 축복하네, 다윗. 야훼께서 한때 나의 아버지와 함께하신 것처럼, 자네와도 함께하시길 비네."

그 두 사람은 서로에게서 떨어져 다시 마주 보았다. 요나단은 멀리서 소년이 아직 화살 한 대를 찾느라고 와삭거리며 들판을 돌아다니는 소리를 들었다. 천천히 그는 자신의 옷을 벗어 다윗에게 건네주었다. 호박색 광채가 반짝이는 친구의 눈빛. 다윗의 그토록 하얀 살결!

요나단이 말했다.

"이것을 증표로 가져가게. 그리고 평안히 가게. 우리가 맹세하지 않았나. '야훼께서 자네와 나 사이에 계시고 우리의 자손에게까지 영원히 함께하시기를.' 하고 말일세. 그렇지? 다윗, 평안히 가게."

그는 자리에서 일어나 덤불 너머로 소리쳤다.

"여기에 있다. 여기에 그 세 번째 화살이 있다, 애야!"

그 후로 몇 달 동안 다윗에 관한 소문이 기브아에 있는 사울에게 들려왔다.

"다윗이 아히멜렉 사제와 함께 놉에 머물렀습니다. 그리고 그는 다윗에게 거룩한 빵을 주었습니다. 그리고 다윗이 떠날 때, 블레셋 사람 골리앗의 칼을 들고 갔습니다."

다른 소식이 왔다.

"다윗이 블레셋의 성읍 가드에 나타났습니다. 그는 미친 사람처럼 성문 문짝들 위에 아무렇게나 글자를 끄적거리고, 침을 흘리며 알 수 없는 말을 지껄였습니다! 그러자 아기스 왕은 '내게 미치광이가 부족해서 이런 자를 데려다가 내 집에 머무르게 하느냐?' 하고 말하며 다윗을 끌어냈습니다."

또 다른 소식도 왔다.

"다윗이 아둘람 동굴로 갔습니다! 그가 다루기 힘든 모험가들을 모으고 있습니다. 막강한 전사들! 그리고 곤란에 처해 있거나 자신의 운명에 만족하지 못하는 사람들이 그를 따라 뭉치고 있습니다."

다양한 소문이 왕국에 무성했다. 다윗은 사람들의 상상력을 이끌어 냈고, 모든 사람들이 그에 관한 이야기 한두 가지쯤은 알고 있었다.

"다윗과 그의 무리들이 그일라에서 블레셋과 맞서 싸웠다."

"다윗이 언덕 위 요새와 십 광야에 숨어 있다."

"다윗과 그 무리가 마온 광야에 있다!"

사울은 더 이상 참을 수가 없었다. 그는 뭔가에 사로잡힌 사람처럼 소문을 따라 움직였다.

놉에서 다윗에게 음식과 무기를 준 사제에 관한 소문을 듣고서 사울은 그곳으로 군대를 이끌고 갔다. 그는 아히멜렉과 그의 가족, 그 성스러운 곳에서 제사를 지내는 85명의 사람들을 모두 죽였다. 그리고 놉의 남녀, 아이들과 젖먹이 그리고 소와 당나귀, 양까지도 모두 칼로 쳐서 죽여버렸다.

그일라에 관한 소문을 따라 왕은 발빠른 군대를 이끌고 그곳으로 있는 힘을 다해 달려갔다. 그러나 거기 도착했을 때 이미 다윗은 사라지고 없었다.

다윗이 마온에 있다는 소문을 들었을 때, 사울은 가장 힘센 말을 타고 눈에 검은 불을 켜고 밤새도록 달렸다. 광야에 있는 산에 도착해서 그는 그 주변을 에워싸기 시작했다. 그러나 북쪽에서 '블레셋이 우리를 공격하고 있습니다!'라는 전갈이 왔다. 그는 절망한 채 북쪽으로 달려갔다. 그러나 곧 또 다른 소문이 들려왔다.

"당신, 사울 왕이 마온 산의 서쪽 주변을 행군하고 있었을 때 다윗과 그 무리들은 산의 동쪽에 숨어 있었습니다."

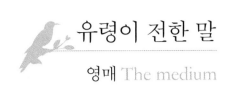

유령이 전한 말

영매 The medium

〔 사무엘상 28:1~25 〕

그러던 중 블레셋은 이스라엘을 단번에 영원히 짓밟아버리려고 군사력을 모으고 있었다.

다섯 성읍에서 각각 군대를 수백, 수천 명씩 북쪽으로 보냈다. 전차들이 평평하고 마른 땅 위를 삐거덕거리며 질주했다. 말과 노새 그리고 당나귀와 군사들이 땅을 뒤흔들어 놓았고, 분위기는 폭풍 전야처럼 무겁게 느껴졌다. 이 거대한 군대는 아벡에 모여서 사론 평지를 지나 동쪽 이스르엘로 행군했다.

이스라엘의 작은 부대는 이스르엘의 산 옆에 진을 쳤다. 사실, 이 작은 부대는 거대한 블레셋 군대에게 공격 구실과 초점의 대상이 되었다. 그 다섯 성읍의 군주들은 이스라엘이 자신들과 벧스안의 동맹국들이 소통하는 것을 위협했다고 주장했다.

그래서 블레셋은 이스르엘 북쪽, 수넴의 모레 산 남쪽 기슭에 진영을 세웠다. 그들은 산의 모습을 성읍처럼 변형시켰는데, 장막과 그에 딸린 별도의 천막을 짓고 길을 만들고 감시망을 세워 참호 진지 사이에 연락을 주고받을 수 있었다. 그들이 믹마스에 있는 이스라엘과 싸웠던 전투 이후로 이처럼 집중적으로 전쟁 준비가 잘된 적이 없었다.

블레셋의 이동 소식과 그들이 이스르엘 계곡을 침공했다는 소식을 들었을 때, 사울 왕은 말에 올라타고 전쟁의 뿔나팔을 불어 필사적으로 이스라엘의 사기를 북돋우고 군대를 더 모으려 애쓰며 북쪽으로 달렸다.

그러나 모병은 더디게 진행되었고 병사들은 꾸물거렸다. 이스라엘은 지쳐 있었다. 이 전쟁은 이길 수가 없었다. 이번 적들은 깊은 뿌리와 신비한 가지를 지닌 것 같았다. 하나를 베면 그 자리에서 둘이 솟아나왔다. 게다가 그 당시 이스라엘에는 왕의 존재에 대해 심각한 의문들이 일기 시작했다.

'왕이 너희의 아들들을 빼앗아갈 것이다.'

왕의 통솔력은 믹마스 이후로 그 불꽃을 잃었다. 왕 자신이 그 누구보다도 지쳐 있었다. 그의 얼굴은 힘겨워 보였고 마음은 갈라졌으며, 그의 가슴은 사람들이 거론할 수 없는 문제들로 다 타버린 듯했다. 때때로 그는 예전처럼 용맹스럽고 당당한 모습으로, 마치 산 속에서 나온 모세처럼 빛나는 모습으로 장막에서 나왔다. 그러나 마치 다 타버린 재처럼 죽은 눈을 하고 있는 때가 더 많았다.

왕은 이스라엘 군을 이끌고 이스르엘 평원으로 갔다. 그는 길보아 산 북쪽에 진을 쳤다. 블레셋 군대로부터 16킬로미터 이상 떨어진 곳이었다. 그리고 나서 밤에, 사울이 이번에는 어떤 싸움이 될 것인가 보기 위해서 직접 모래 언덕으로 달려가 보았다.

그는 산이 불타오르고 있는 것을 보았다. 무수한 블레셋의 불꽃을 보았다. 그는 천만 명의 대군이 불꽃을 바라보며 웃고 있는 것을 보았다. 연기가 솟아올라 달을 가리고 하늘의 별들을 삼켜버렸다. 사울의 무릎에 힘이 빠졌다. 그는 무릎을 꿇고 소리쳤다.

"오 야훼여, 어떻게 하면 좋습니까?"

그는 계속해서 기도를 올렸다.

"어떻게 해야 합니까?"

그러나 야훼께서 응답하지 않으셨다.

사울은 말에 올라타고 다시 자신의 진영으로 돌아왔다. 진영에서 우림(야훼께 판결을 받을 때 가슴에 차는 장신구)을 하고 그는 다시 야훼께 여쭈어보았다. 그러나 야훼께서는 그에게 응답하지 않으셨다. 왕은 예언자들을 불렀다. 예언자들을 통해서 야훼께 그 많은 블레셋 군에 대항하여 어떻게 싸워야 할지 말씀해 주시기를 간청했다. 그러나 야훼께서는 그에게 응답하지 않으셨다.

사울은 단식을 하기 시작했다. 그는 단식을 중지하지 않을 것이었다. 그리고 그 상태로, 꿈을 통해 그는 야훼께 애원했다. 그러나 야훼 하나님께서는 침묵하신 채 그에게 응답하지 않으셨다. 그러자 왕은 신하들에게 말했다.

"영매(靈媒)를 찾아와라. 죽은 자와 말을 할 수 있는 여자를 찾아라."

그 모습이 너무도 사나워서 누구도 그의 말을 거역할 수도, 그 땅에 무술(巫術)이 있다는 것을 모르는 척할 수도 없었다. 그들이 말했다.

"엔돌에 한 여자가 있는데……."

말이 채 끝나기도 전에 왕은 이미 그곳으로 달려가고 있었다.

사울은 염소지기들의 거친 가죽을 몸에 두르고, 마치 날씨가 추울 때처럼 머리에 두건을 푹 눌러쓴 채 모래 산 주변 블레셋 하층민들이 사는 북쪽으로 달렸다. 그는 캄캄한 어둠을 틈타 그들을 피해 갔다. 엔돌 밖, 작은 나무숲에 말을 숨겨둔 그는 자기 발로 걸어 마을로 들어갔다. 그는 돌로 만든 나지막한 오두막에 도착했다. 문을 두드렸다.

누군가 안에서 등잔불을 밝히고 있었다. 문 틈새가 벌어져 있었다.

"무엇을 원하시오?"

여자의 목소리였다.

"한 영혼을 점쳐주시오. 내가 말하는 영혼을 불러주시오."

"뭐라고? 나를 죽이려 하시오?"

나무라는 목소리였다.

"왕이 무당과 박수를 금한 것을 당신도 알고 있지 않소. 나를 함정에 빠뜨리려는 거요?"

"아!"

사울이 고뇌에 차 외쳤다.

"제발! 나는 왕을 알고 있소. 나는 왕과 아주 가까운 사이니 맹세코 당신이 날 위해 한 일 때문에 벌을 받는 일이 없게 하겠소."

"내가 어떻게? 나는 영매가 아니오."

"아니오, 당신은 영매요. 그렇지 않다면 어떻게 당장 함정이 아닌가 의심했겠소?"

"어서 가버리시오!"

"제발, 여자여. 나를 도와주시오! 이곳말고는 내가 찾아갈 곳이 없소."

천천히, 문이 안쪽으로 열렸다. 사울은 머리를 숙여서 두건을 깊숙이 끌어당겨 쓰고는 중얼거리며 들어갔다.

"축복이 있기를, 야훼께서 당신을 축복하시길……."

"거기에 앉으시오."

그녀가 오두막 구석의 작은 의자를 가리키며 말했다. 그녀는 가운데에 등잔을 놓고 맞은편 구석에 앉았다. 그녀는 부드럽고 모성애가 강한 여인이었다. 그녀는 무릎을 쭉 뻗고 앉았다. 고개를 숙이고 손가락으로 자신의 눈을 눌렀다.

"누구를 불러주어야 하오?"

사울이 침을 삼켰다. 그는 앞으로 몸을 숙이며 그녀의 얼굴을 골똘히 쳐다보았다.

"사제, 사무엘을 불러주시오."

그가 낮은 소리로 말했다. 그녀는 몸을 흔들지 않았다. 그녀는 외국

어로 중얼거리지도 않았고 이방인의 표시를 나타내지도 않았다. 부드러운 목소리로, 마치 어머니가 어려운 일을 시키기 위해 아이를 부르듯이 그녀가 말했다.

"사무엘, 사무엘!"

그 오두막에 깊은 숨소리의 정적만이 감돌았다. 다시 그녀가 부드럽게 말했다.

"사무엘!"

또다시 방은 조용해졌다. 사울은 숨을 헐떡거리고 있었다. 세 번째로 그 여인이 불렀다.

"사무엘! 사무엘!"

거의 동시에 또 다른 목소리가 그녀의 입에서 나왔다.

"사울, 사울이냐?"

갑자기 그녀는 고개를 들고 비명을 질렀다. 그것은 진정한 두려움이었다.

"당신은 왕이시군요! 왜 저를 속이셨습니까? 지금 무엇을 하고 계시는 것입니까?"

사울은 자신 안에서 솟구치는 감정을 거의 자제할 수가 없었다.

"계속! 계속하라!"

그가 두건을 뒤로 젖히며 소리쳤다.

"네가 계속한다면, 이 왕이 너의 안전을 약속한다. 무엇이 보이느냐?"

여자는 떨기 시작했다. 거대한 힘이 그녀의 오두막과 충돌하고 있었다. 그녀는 천천히 고개를 숙이고 손가락 마디로 그녀의 눈구멍을 눌렀다.

"보입니다."

그녀가 말했다. 그녀는 흐느껴 울고 있었다.

"신이 땅에서 위로 올라오는 것이 보입니다."

"두려워하지 말아라."

사울이 속삭였다.

"어떻게 생겼느냐?"

"노인 같습니다. 뼈만 남은 노인이 땅에서 일어서고 있습니다. 그는 찢어진 옷에 싸여 있습니다."

"사무엘이군."

그가 조용히 말했다.

"사무엘!"

그는 의자에서 미끄러지듯 내려와 엎드려 절했다. 이상한 목소리가 말했다.

"왜 나를 방해하느냐?"

사울이 말했다.

"오, 사무엘. 제가 길을 잃었습니다. 블레셋이 내일 공격해 올 것입니다. 그러나 하나님께서는 제게서 고개를 돌리셨습니다! 야훼께서 저에겐 응답하시지 않습니다! 사무엘, 어떻게 해야 할지 말씀해 주십시오."

그 목소리가 말했다.

"왜 내게 묻느냐? 야훼께서 이미 왕국을 다윗에게 넘긴 줄 알고 있지 않느냐?"

"아, 그렇게 하십시오. 상관없습니다."

사울이 낮게 말했다. 그는 무릎으로 몸을 세웠다. 그는 눈이 허옇게 뒤집힌 여인 앞에 두 손을 모았다.

"이미 지난 일에 대해서는 말하지 않겠습니다. 단지, 내일 일에 대해서만 말씀해 주십시오. 이스라엘을 구하기 위해서 어떻게 해야 합니까?"

"아무것도 없다."

"무엇이든 할 준비가 되어 있습니다. 어떠한 희생이라도 치를 것입니다. 단지 어떻게 해야 할지만 가르쳐주십시오."

"이미 다 끝났다."

"무엇이 다 끝났습니까?"

"내일 너와 너의 아들들은 내가 있는 곳에 있게 될 것이다. 다 끝난 일이다. 그리고 야훼께서 이스라엘 군대를 블레셋의 손에 넘겨주실 것이다. 그것도 이미 끝난 일이다. 모든 것이 끝났다."

사울은 완전히 길게 바닥에 쓰러져 등을 대고 드러누웠다. 이제 더 이상 남은 힘이 없었다. 여자가 그 모습을 보고 일어나서 왕에게로 달려가 그 옆에 꿇어앉았다.

"왕이시여! 왕이시여! 무슨 일입니까?"

왕의 큰 체구는 그 오두막의 반을 차지했다. 그의 머리카락이 반짝이는 회색 광채를 내며 주변에 풀어헤쳐졌다. 젊어서는 아주 잘생긴 젊은이였을 것이다.

"왕이시여?"

그는 답하지 않았다. 그는 천천히, 고르게 숨을 쉬고 있었다.

"왕이시여, 우리가 무슨 일을 했기에 말씀을 못 하시나요?"

왕은 눈을 뜨고 허공 한가운데를 바라보고 있었다. 마치 슬픈 질문이라도 하고 있는 듯이 그의 눈썹은 들려 있었다. 여자는 그의 어깨를 쓰다듬기 시작했다.

"진정하고, 안정을 찾으세요."

그녀가 부드럽게 말했다. 그녀는 머리를 숙이며 어머니처럼 말했다.

"음식을 드신 지 얼마나 되셨나요? 잡수실 것 좀 가져다드릴까요?"

적을 섬기다

요압 Joab

이새의 아들 다윗은 엔게디 동굴 언저리 어둠 속에 앉아 있었다. 그를 따르는 무리들은 동굴 안에서 자고 있었다. 그는 그날 밤 마지막 보초를 서고 난 참이었다. 그의 기분에 딱 어울리는, 고독하고 달빛조차 없는 시간이었다.

"나는 사자 소굴에 누워 있구나."

그가 중얼거렸다. 짧게 한숨을 쉬고나서 그는 잠깐 오른쪽으로 고개를 돌리고, 남쪽 하늘의 별을 쳐다보며 조용히 노래를 부르기 시작했다.

> 저에게 자비를 베풀어주십시오, 오 하나님,
> 저는 사자들 가운데 있습니다.
> 당신의 날개를 뻗어 사자의 게걸스러운 이빨로부터
> 저를 보호해 주십시오.
> 사자의 이빨은 쨍그렁 울리는 창과 화살이며,
> 그들의 혓바닥은 피 묻은 칼입니다.

다윗은 조용해졌다. 그는 깊은 생각에 빠져들고 있었다. 떠돌던 산들바람이 앞쪽에 펼쳐진 거대하고 단조로운 검은 바다, 사해로부터 불어왔다. 오른쪽 높은 곳에서 폭포가 수백 미터 아래로 쏟아져내려 달콤

364

한 오아시스로 흘렀다.

이곳은 야생 염소들의 바위였다. 그의 강인한 부하들이 잠자고 있는 곳은 오래된 양의 우리로, 입구를 가로질러 낮은 돌벽이 둘러싸고 있었다. 다윗은 이곳이 숨기에 좋은 장소라고 생각했다. 그러나 솔직히 말하면 그렇게 안전하지는 못했다.

거의 일 년 동안 이스라엘의 왕이 말과 전사들을 이끌고 그를 죽이겠다는 굳은 의지로 다윗을 쫓고 있었다. 여러 번 다윗은 아주 간신히 피할 수 있었다. 그일라에서, 마온 광야에 있는 산 옆에서 그랬다.

그러나 어제 그와 부하들이 이 동굴의 어둡고 깊숙한 곳에서 웅크리고 있는 동안, 사울의 군대가 이곳을 행군하면서 입구를 지나쳤다. 그리고 그들은 멈추었다. 다윗은 오아시스에서 몸을 식히며 소리치며 웃고 떠드는 군대의 소리를 들을 수 있었다.

그때 누군가 입구를 어둡게 하더니 동굴 안으로 들어왔다. 그리고 입구 바로 안쪽에서 그 남자가 겉옷과 허리에 두른 천을 다 벗었다. 그는 두 돌 사이에 웅크리고 앉아 신음소리를 냈다. 그 인물의 체구와 옷을 동굴 안쪽 깊숙이 내던지는 조심성 없는 몸짓만으로도 다윗은 그가 누구인지 알았다. 바로 사울 왕이었다.

아니, 엔게디는 확실히 안전하지 않았다. 다윗은 내일이면 이 장소를 포기할 것이었다. 사실 그는 전체적으로 새로운 전략을 찾아야만 했다. 자신을 따르는 사람들은 친구가 되어줄 수도 있지만, 얼마든지 밀고할 수도 있는 변절자요 범법자였다. 도망을 하든 숨든 간에 최후에는 지쳐서 죽거나 왕의 창끝에 찔려 죽는 것으로 끝날 것이다.

"그러나 나의 마음은."

다윗이 속삭였다.

"야훼께로 향한 내 마음은 변함이 없다."

위쪽을 쳐다보니 잿빛 동쪽 하늘에 여명이 밝아오는 것이 보였다. 바다 위 부드러운 수평선은 희미한 빛과 맞닿아 검은 선을 그려냈다. 갑자기 다윗이 숨을 들이쉬고 크게 노래를 부르기 시작했다.

저의 마음은 흔들리지 않습니다. 오, 나의 하나님!
제 마음은 당신 안에 흔들림 없이 서 있습니다!
이 아침에, 아침의 노래를 부릅니다.
새벽빛이 묻어 있는 곡조로.

그는 일어섰다. 그리고는 동굴 위로 올라가 석회석 바위턱에 똑바로 서서 노래를 불렀다.

깨어나라, 나의 하프여! 깨어나라, 나의 하프여!
내 영혼은 하늘을 의지하리라 !
우리는 불꽃의 노래로 밤을 밝혀
새벽이 떠오르게 하리라!
하늘 위에서 칭송받으소서.
오, 야훼 하나님!
당신의 영광이 이 땅에 자비로운
걸음으로 오게 해주옵소서!

그는 마지막 절을 마치 후렴구처럼 반복하여 일곱 번이나 불렀다. 그가 노래를 마쳤을 때, 동쪽이 정말로 불타올랐고 피어오르는 안개 속에 가려 바다는 보이지 않았다. 그의 젊은 추종자들은 얼굴을 문지르면서 아래 동굴로부터 나와 기지개를 켜며 돌아다녔다.

다윗이 아래를 바라보니 황소 같은 키에 머리카락을 짧게 깎은 한 젊은이가 보였다.

"요압!"

그가 소리쳤다. 요압이 돌아서서 위를 쳐다보았다. 수염은 말끔히 깎았으나 단단하고 풍상에 시달린 얼굴. 그는 사실 다윗만큼 나이가 많지 않았으나 돌처럼 나이를 알 수 없는 얼굴이었다.

"블레셋으로 가자."

다윗은 내려다보며 말했다.

"어떻게 생각하나? 가드의 아기스 왕을 섬길 수 있을 걸세."

요압은 잠시 다윗을 뚫어지게 쳐다보더니, 고개를 젓고 어깨를 으쓱하고는 아래 물가로 내려갔다. 다윗이 소리쳤다.

"어떤가, 조카? 나에게 화가 났는가?"

나머지 사람들은 이미 아침의 신선한 물로 얼굴을 적시고 물을 털어낸 뒤 절벽 쪽 폭포수 아래서 근육을 풀고 있었다. 다윗을 따르는 무리 중에 서른 명이 핵심이었다. 모두가 독립심이 강하고 영리하며 용기와 힘이 있는 호걸들이었다.

브나야가 새로 피운 불가에서 바위에 구워 먹을 보리빵을 빚으며 앉아 있었다. 거의 말이 없지만, 복종심은 날마다 변함없이 뜨는 아침 해만큼이나 확실한 그는 집의 대들보처럼 튼튼한 어깨를 가졌다. 다윗은 이 사내가 폭풍 속에서 구덩이에 몰린 사자 한 마리를 맨손으로 쳐죽인 적이 있다는 것을 알고 있었다. 그는 두려움을 모르는 자였다. 단지 지팡이 하나만으로도 무장한 군인을 기다렸다가 적의 손에 있는 무기를 빼앗아 그것으로 적을 죽일 수 있는 자였다.

"브나야, 음식을 다 먹고나면 몇 사람을 데려가 곡식과 치즈, 대추야자 열매와 건포도를 좀 구해오게. 가드로 길을 떠날 걸세."

다윗은 동굴 위 바위턱에서 내려와 한 야윈 젊은이에게로 다가갔다.

"나는 자네 형과 잠시 이야기를 하려 하네. 우리가 해질 무렵 길을 떠날 것이라고 모든 사람들에게 말을 전해주게."

아비새에게 한 말이었다. 그는 장어처럼 유연하고 뾰족한 턱을 가졌으며, 어찌나 말랐던지 그가 달릴 때는 목만 달려가는 것 같아 잡거나 자르거나 찌르거나 죽이는 것이 불가능하게 보였다.

"우리는 계곡을 지나 안전한 길을 택할 거라고 그들에게 말해주게. 어둡고 험해서 힘은 들겠지만 가장 안전한 길이네."

다윗은 사람들 사이를 지나가며 한 사람 한 사람에게 조용히 말을 했다. 아비아달이 빨래한 옷을 들고 물가에서 돌아오고 있었다. 다윗은 그를 멈춰 세웠다.

"오늘 아침과 저녁에 네가 야훼께 화목제를 드렸으면 한다."

아비아달이 고개를 끄덕이며 미소를 지었다. 그는 부드러운 천성을 가졌다. 슬플 때에도 그는 자기가 사랑하는 사람들에게 아주 환한 낯빛으로 웃어줄 수 있는 자였다. 이제 그의 유일한 가족이 된 다윗에게는 더욱 특별히 그러했다. 다윗이 말했다.

"닥칠 변화에 대해 준비를 하자. 야훼께 이 변화를 축복해 주십사 간구를 드리자. 이제 들 생활은 끝내기로 결심했다."

아비아달은 다윗에게 빵을 준 죄로 사울에게 죽임을 당한 놉의 제사장 아히멜렉의 아들이었다. 사울은 아비아달을 제외한 아히멜렉의 가족 모두를 죽였고, 아비아달은 아버지의 제사장옷을 들고 다윗에게로 도망쳤다. 그리하여 다윗은 제사장을 두게 되었고, 그 옆에서 야훼의 뜻을 구할 수가 있게 된 것이다.

그리고 다윗의 누이의 아들, 전사이며 전술가인 요압이 있었다. 그는 즉시 싸움터의 상황을 읽어 지형과 적의 동태, 날씨 그리고 어떤 행동으로 인해 파생될 냉정한 정치적인 결과들을 판단할 수 있는 사람이었다. 다윗은 물가에서 멀리 떨어진 편백나무 그늘에 요압이 서 있는 것을 보았다.

"그래, 어떻게 생각하나?"

다윗이 물었다. 요압은 그보다 키는 작았으나 더 건장하고 딱 벌어진 체격이었다. 그의 태도는 퉁명스러웠다. 그는 먼곳을 응시하고 있었으나 다윗은 그의 눈을 똑바로 쳐다보았다.

"가드의 아기스 왕 말입니까?"

"그렇네."

"왜 하필 그자입니까?"

"사울이 우리를 쫓는 것을 멈추도록 해야 하니까. 그러지 않으면 우리는 그의 손에 죽게 될 걸세. 그는 블레셋의 공격에 대항하여 싸운 적은 있지만 먼저 싸움을 건 적은 한 번도 없었네. 그가 먼저 블레셋의 국경을 침범하지는 않을 것이기 때문이지. 그리고 아기스는 우리 사이의 대립 관계를 알고 있으니 가드에 우리의 자리를 마련해 주리라고 믿네. 어떻게 생각하나?"

"적과 교섭하는 것은 배반 행위가 아닙니까?"

"배반이라고? 전에는 그러한 것이 자네와 아무런 상관이 없지 않았나? 게다가 지금 누가 우리의 적인가? 우리를 죽이려 하는 자가 적이지. 안 그런가?"

"사자굴에서는 아무도 사자의 적이 아닙니다. 모든 사람이 사자의 밥이지."

"우리가 실제로는 유다, 우리 자신을 섬기는 것이지만 아기스를 섬기는 척함으로써 사울과 블레셋 모두를 속일 수 있다고 생각하네. 네겝과 산간 지방을 우리보다 더 잘 아는 자가 어디에 있는가?"

"한 발짝이면 건널 수 있는 개울 앞에서 망설이고만 있다니."

"요압, 알아듣기 힘든 소리 좀 그만두고 쉽게 얘기해 보게."

"어리석지 않습니까?"

요압이 소리쳤다.

"바보 같으니!"

"그래, 지금 나한테 화를 내고 있는 건가?"

이제 요압은 다윗을 똑바로 쳐다보았다.

"만약 당신이 어제 왕을 죽였다면, 오늘 이런 속임수는 쓰지 않아도 됐을 거라는 말입니다."

다윗의 얼굴이 갑자기 달아올랐다.

"어떻게 내가 왕을 죽일 수 있단 말인가?"

"그는 동굴 속에서 희생양처럼 멍청하게 웅크리고 앉아 있었습니다. 그의 옷 가장자리를 자를 수 있을 정도로 가까이 기어갔다면 틀림없이 그의 목도 벨 수 있었을 게 아닙니까!"

"내 말뜻은 그게 아니네, 요압. 어떻게 내가 야훼께서 기름부어 세우신 왕을 죽일 수 있는가? 내가 어떻게 그런 죄를 짓고 살 수 있단 말인가?"

"살인자를 죽이는 것이 죄가 된단 말입니까? 이스라엘을 우울증에 걸린 위험한 폭군에게서 구해내는 것이 죄가 된다는 말입니까?"

"요압!"

다윗의 목소리가 채찍처럼 갈라졌다. 그의 조카는 움찔하며 얼굴을 찌푸리더니 사해를 내려다보았다. 다윗이 말했다.

"하나님께서 선택한 사람은 우리에게 나타내시려는 야훼의 뜻일세. 사울은 사울이지만, 왕의 자리는 야훼의 뜻이네. 그리고 나는 야훼의 뜻을 거스르는 죄를 짓지는 않을 걸세."

요압의 머리카락은 철사줄과 같은 회색이었다. 그의 눈은 차가운 회색빛이었고, 턱은 강했으며, 뺨에는 전투에서 입은 상처가 있었다. 가슴은 두툼했고 게걸음을 걷는 발과 무뚝뚝한 성격을 지녔다. 그리고 이제 그는 잿빛 돌처럼 입을 다물고 있었다.

사실 다윗은 방금 화를 내긴 했지만 곧 이 조카를 다시 좋아할 수 있었다. 조카가 강철처럼 차가운 표정 속에서 지키는 침묵이 재미있었고 마음이 가벼웠다. 그는 한 손을 요압의 어깨에 얹고 말했다.

"우리가 가드에 있는 동안 자네가 블레셋 군대의 조직과 규모, 다양한 편성 부대의 목적 등을 잘 관찰해 주길 바라네. 군 장교들의 지위와 권위들을 밝혀주게. 무기류를 기억하고 그것의 공급과 수송, 의무의 분담, 다양한 지형에서의 전략, 가장 효과적인 전차의 배치 등 모든 것들을 배우게. 그들이 가진 모든 군사상의 지식들을 빼내오는 것일세. 우리는 무슨 일이 일어나든 가드에서 시간을 낭비하지 않을 걸세. 그리고 나는 결심했네. 우리 군대가 존재하는 한, 요압 자네가 그 총사령관이 될 것일세."

다윗의 조상이 된 이방 여인

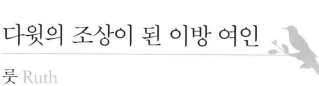

룻 Ruth

다윗의 책임하에 있는 사람들 6백 명이 모여 그의 주위에서 진을 쳤다. 전사들의 모든 가족이 그에게 의존하고 있었다. 그들 모두 보호받지 못하는 자들의 친족이었다. 이제 어떤 성읍에선들 그들이 안전할 수 있겠는가? 다윗의 누이들과 형제들도 마찬가지로 도망자가 되었고, 그들의 배우자, 아이들 그리고 부모들, 이새와 나하시도 마찬가지였다.

그러나 이새와 나하시는 나이가 너무 많았다. 그들의 뼈는 약해져 부서져버릴 듯했고 눈빛은 희미해졌다. 아무리 평평하고 조용한 시골길을 간다 해도, 그들은 안전하게 길을 떠날 수가 없었다.

정오가 되자 다윗은 아버지의 장막 그늘에 앉았다. 어머니는 시원한 마실 물을 가져다주었다. 연로한 그녀는 등이 너무 굽어서 걸을 때 얼굴이 똑바로 땅을 향했다. 다윗은 너무나도 천천히 자리에 앉는 어머니를 지켜보며 말했다.

"오늘밤 장막을 치우고 떠나는데, 쉬운 길을 택할 수가 없습니다. 우리는 한쪽 골짜기로 올라가서 다른 쪽으로 내려갈 것입니다. 산을 지나 가드로 갈 것입니다."

이새가 고개를 끄덕였다. 나하시는 빛나는 눈을 들어 날카롭게 아들을 쳐다보았다.

"우린 갈 수 없다는 말이구나."

"네, 맞아요. 죄송해요. 같이 가시다가는 돌아가시게 될 거예요."

나하시가 말했다.

"이제 이스라엘에는 우리가 가서 살아날 만한 곳이 없구나."

다윗은 슬펐다.

"제가 두 분의 노년을 괴롭혀드리기만 했군요."

"사울 왕이 우리 노년을 힘들게 했지."

나하시가 말했다. 그녀의 어조는 강했고 눈빛은 흔들림이 없었다. 단지 몸만 노쇠했을 뿐이었다.

"그렇다면 두 분이 어디로 가실 수 있을까요? 온 이스라엘이 부모님께 죽음과 같은 곳이라면, 어디서 안식처를 찾을 수 있을까요?"

나하시가 말했다.

"우리를 모압으로 보내다오."

"모압이라고요, 어머니? 모압은 이스라엘의 적이에요."

"아니, 사울의 적이지. 모압은 너의 혈통이다, 아들아."

"뭐라고요?"

"네 혈관엔 모압의 피가 흐르고 있다."

"어떻게 그럴 수가요?"

"모든 휴전 협정이 싸움을 통해서만 얻어지는 것은 아니지. 논의를 통해서도 얻어질 수가 있단다. 그리고 때로는 사랑을 통해서도 얻어질 수 있지. 우리를 모압으로 보내다오."

그리고 나서 늙은 몸을 꼼짝하지 않은 채, 나하시는 다윗에게 그의 혈통에 대한 이야기를 해주었다.

아주 오래 전에 이스라엘에 심하게 기근이 든 적이 있었다. 그때 베들레헴 태생의 엘리멜렉이라는 사람이 유다 지방에 다시 비가 내릴 때까지 목숨을 부지하고자 아내와 두 아들을 데리고 모압으로 갔다. 길을 떠난 직후 엘리멜렉은 죽었다. 그래서 그의 아내 나오미가 홀로 두 아들을 키웠다.

때가 되어 두 아들은 모압 여자를 아내로 맞았는데, 한 여자의 이름은 오르바였고, 또 한 여자는 룻이었다. 그러나 그 후 두 아들 또한 죽자 나오미는 희망을 잃어버렸다. 슬픔에 빠진 그녀는 자신의 민족이 있는 곳으로 돌아가기로 결심했다. 나오미가 두 며느리에게 말했다.

"너희들은 친정집으로 가거라. 그리고 너희가 죽은 자식들과 나에게 친절히 대한 것처럼 야훼께서도 너희들에게 그렇게 해주시기를 바란다."

그녀가 며느리들에게 입을 맞추자 그들은 울기 시작했다.

"저희도 어머니와 함께 어머니의 사람들이 있는 곳으로 가겠습니다."

"내 뱃속에서 자라 너희 남편이 돼줄 아들들이 더 있기라도 하단 말이냐? 얘들아, 나는 다시 결혼하기에는 너무 늙었지만 너희들은 재혼하는 것을 마다해서는 안 된다."

그래서 오르바는 나오미에게 입을 맞추고 떠났다. 그러나 룻은 그 곁에 남아 있었다.

"저더러 어머니를 떠나라거나 어머니를 따르지 말고 돌아가라는 말은 제발 하지 말아주세요. 어머니께서 가시는 곳에 저도 갈 것이고, 어머니께서 머무시는 곳에 제가 머물 테니까요. 어머니의 겨레가 저의 겨레고 어머니의 하나님이 저의 하나님입니다. 어머니께서 돌아가시는 곳에서 저도 죽을 것이고 그곳에 묻힐 것입니다."

나오미는 룻의 마음이 확고한 것을 알았다. 그녀는 더 이상 말하지 않았다.

다윗은 어머니가 이야기하시는 것을 지켜보았다. 나이들어 등이 굽고 주름이 졌지만 그녀가 회상하는 말 속에는 크나큰 기쁨이 넘쳐흘러 목소리에 힘이 들어갔다. 다윗이 말재주를 지녔다면 그것은 어머니의 젖 속에서 그 재능을 물려받았기 때문이리라.

그 두 여자가 베들레헴에 도착했을 때 사람들이 말했다.
"이게 정말 나오미인가?"
"아니, 아니, 저를 나오미라 부르지 마십시오. 저를 괴로움이라는 뜻의 '마라'라고 부르세요. 전능하신 분께서 저를 불행하게 하셨기 때문이죠."
그들이 고향으로 돌아온 때는 보리 추수가 막 시작될 무렵이었다. 나오미가 룻에게 말했다.
"네 시아버지의 사촌이 성읍 밖에 밭을 가지고 있다. 그의 이름은 보아스다. 애야, 빵을 만들어 먹어야겠으니 거기 가서 이삭을 좀 주워오너라."
그리하여 룻은 밭으로 나가 이삭 줍는 일꾼들을 따라다니며 이삭을 주웠다. 그날 보아스가 직접 밭으로 걸어왔다. 그가 룻을 발견하고는 감독자에게 물었다.
"저 사랑스러운 외톨이 아낙네는 누구인가?"
"그녀는 나오미를 따라온 모압 여인입니다. 쉬지도 않고 새벽부터 일을 하고 있습니다."
보아스가 그녀에게 가서 물었다.
"네 이름이 무엇이냐?"
그녀가 절을 하며 대답했다.
"룻입니다."
"룻이라……. 룻, 다른 사람들 밭에는 가지 마시오. 내 종들 옆에서 나의 이삭을 주우시오. 그들이 당신을 보호해 줄 것이오. 그리고 목이 마르거든 우리 물단지에서 물을 마시도록 하시오."

룻이 낮은 소리로 말했다.

"왜 한낱 이방 여인에게 호의를 베푸십니까?"

"당신이 시어머니께 해드린 일들에 대한 대가요."

"주인님께서는 참 고마우신 분입니다."

저녁 때 룻이 자기가 주운 이삭을 타작해 보니 한 말 남짓이나 되었다. 나오미가 말했다.

"야훼께서 보아스에게 축복을 내리시기를. 그는 죽은 자를 저버리지 않더니 산 사람도 저버리지 않는구나."

보리 추수가 모두 끝났을 때 나오미가 룻에게 말했다.

"네가 행복하게 살 만한 가정을 내가 찾아봐야 하지 않겠느냐? 애야, 오늘밤 보아스가 타작 마당에서 보리를 키질할 것이다. 목욕을 하고 향유를 바르거라. 가장 좋은 옷을 입고 타작 마당으로 가거라. 그리고 그가 잠자리에 눕거든 그의 발치로 가서 이불을 들고 거기 누워라. 그는 우리의 친족 가운데 한 사람이다. 그가 시키는 대로 하려무나."

그리하여 룻은 그날 밤에 타작 마당으로 갔다. 보아스는 실컷 먹고 마신 뒤 기쁜 마음으로 곡식 더미 옆에 누웠다. 그때 그녀가 조용히 와서 그의 발치에 누웠다. 한밤중에 그 남자는 소스라치게 놀랐다. 돌아눕다가 발밑에 웬 여인이 누워 있는 것을 발견한 것이다.

"당신은 누구시오?"

"저는 룻입니다. 오 주인님, 당신의 품에서 이 여종을 보호하여 주십시오. 당신께선 저의 가까운 친척이십니다."

보아스가 말했다.

"오, 여인이여. 축복이 있기를……. 당신이 지금 한 일은 이전에 시어머니께 보여준 효성보다도 더욱 값진 것이오. 부유하건 가난하건 다른 젊은 남자를 따라가지 않았으니 말이오. 좋소. 나는 모든 것을 당신

376

이 원하는 대로 하겠소. 그러나 당신에게는 나보다 더 가까운 친척이 있소. 만약 그가 당신과 결혼하겠다고 하면 나는 당신을 보내야만 하오. 그러나 아침까지 이곳에서 자고 가시오. 내가 어떻게 해야 할지를 생각해 보겠소."

그래서 그녀는 아침까지 그의 발치에서 뜬눈으로 누워 있다가 누가 그녀를 알아보기 전에 일어나 떠났다. 그날 보아스는 나오미의 더 가까운 친족에게로 갔다.

"내가 당신과 의논할 일이 있소. 당신과 내가 내릴 결정에 증인이 될 사람이 열 명 필요하오."

그 친족은 보아스의 제안이 중요한 것이라고 생각했다. 열 사람이 모였을 때 보아스가 말했다.

"나오미가 한 필지의 밭을 팔려고 하오. 만약 당신이 그것을 원한다면 사시오. 원하지 않는다면 내가 다음 순서이니 그것을 사겠소."

그 친족이 재빨리 말했다.

"내가 사고 싶소."

그처럼 보아스도 재빨리 말했다.

"한 가지가 더 있소. 그 밭을 사는 사람은 또한 모압 여인 룻과 결혼하여 죽은 그녀의 남편 이름으로 그 유산을 물려받을 자식을 낳게 해주어야 하오. 그래야 그의 후손이 이어질 수 있소."

"뭐라고?"

그 친족이 소리쳤다.

"그렇다면 그 땅은 그 아이에게로 갈 것이 아니오?"

"룻의 어느 아들이든 그 아이는 그녀의 죽은 남편 아들이 되어야 하오."

"그런 경우라면 그 땅을 당신이 사시오."

"당신은 모든 권리를 포기하겠소?"

보아스가 열 사람이 보는 앞에서 말했다.

"모압 여인 룻에 대한 권리도 함께?"

"그렇소, 물론이오."

보아스는 열 명의 사람들을 쳐다보며 선언했다.

"그렇다면 룻은 내 아내가 될 것이오."

장로들이 말했다.

"우리가 증인이오. 당신 가문이 베들레헴에서 번성하기를 빕니다."

그렇게 보아스는 아름다운 여인 룻과 결혼하게 되었고, 곧 그녀는 아들을 낳았다. 베들레헴 사람들이 나오미에게 말했다.

"하나님의 축복이 있기를! 일곱 아들보다 더 나은 당신의 며느리가 손주를 낳아 늘그막에 당신에게 생기를 불어넣어 주는군요."

나오미는 아이를 안고 미소지었다.

"이제 다시 나의 원래 이름을 불러주시오. 나오미라고. 나를 '기쁨'이라고 불러주시오."

그들은 그 아이를 오벳이라고 불렀다.

나하시가 말했다.

"다윗, 나는 룻을 기억한단다. 내가 네 아버지 이새와 결혼했을 때 그녀가 와서 우리를 축복해 주었지. 지금 내가 너에게 보이는 것만큼 그녀도 늙은 모습이었단다. 그녀가 네 아버지의 할머니시다. 네가 네 할아버지 오벳을 알지 않느냐, 다윗?"

다윗은 어머니가 하시는 이야기에 담긴 위로에 완전히 빠져들었다.

"다윗?"

그녀가 불렀다. 마치 그를 깨우기라도 하는 것처럼.

"네, 어머니?"

"우리를 모압으로 보내다오. 우리는 남은 여생을 모압에서 보낼 생각이다."

"그러니 저는 한낱 배반자 신세군요."

그가 속삭였다. 그는 어머니에게 다가가 그녀의 부서질 것 같은 몸을 가볍게 껴안았다.

"그러면 모압으로 가세요."

다윗은 어머니에게 입을 맞추었다. 그녀는 굽은 손가락으로 아들의 앞이마로 흘러내린 머리카락을 쓸어넘겨 주었다.

그 후로 다윗은 자신의 부모, 이새와 나하시를 영원히 볼 수 없었다.

애도의 노래

사울과 요나단 Saul & Jonathan

　말을 탄 한 명의 기수가 위험한 속도로 달려오고 있는 것이 보였다. 그는 몰래 숨어들려는 시도조차 하지 못했다. 그는 등 뒤에서 공격을 당할 수도 있는 상황이었다. 그 때문에 다윗은 그를 쏘아넘기지 않고 가까이 오도록 놔두었다.

　요압과 아비새의 막냇동생 아사헬이 멀리서 먼지가 이는 것을 보고 다윗을 성문 옆 요새로 불렀다. 다윗은 안쪽 계단으로 올라가 북쪽을 보았다. 말은 먼 길에 지쳐 땀에 흠뻑 젖은 채 감각을 잃고 달려오고 있었다. 말에 탄 남자 또한 완전히 기진맥진하여 몸을 좌우로 휘청거리며 오고 있었다. 그의 옷은 해어져 갈갈이 찢겨 있었다. 그는 아말렉 사람이었다. 아사헬이 말했다.

　"내가 저놈을 성문에서 창으로 찌르겠습니다!"

　그 젊은이의 복수심을 이해할 수 있었다. 낙타를 타는 남쪽의 유목민인 아말렉이 다윗과 그의 군대가 없는 동안에 이 성, 시글락을 불태웠던 것이다. 시글락은 지난 2년 동안 그들의 근거지였다.

　블레셋 왕 아기스가 시글락을 다윗에게 주었는데, 다윗은 유다의 적들에 대항해서 습격을 지휘하고 전리품들을 그 지파의 장로들과 나누었다. 이런 식으로 다윗은 남방 지파를 자기편으로 묶어두었다. 그는 유다 산간 지방과 서쪽 세벨라 그리고 남쪽 네겝에서 힘을 규합하고 있었다. 아기스는 다윗의 이런 움직임에 대해서는 아무것도 몰랐다.

사실 최근에 블레셋 다섯 영주와 그의 군대는 이스르엘 근처에 있는 사울과 싸우기 위해서 북으로 행군을 떠났다.

"저 자는 아말렉 사람입니다. 제가 달려나가 창으로 찔러 그를 땅에 꽂겠습니다!"

아사헬이 볼멘소리를 했다. 다윗이 말했다.

"기다려라. 그가 남쪽이 아니라 북쪽에서 오고 있다."

그 기병은 이미 요새 꼭대기 창에 서 있는 다윗의 모습을 찾아내고는 두 팔을 저으며 소리쳤다.

"주인님! 주인님! 전갈이 있습니다!"

다윗은 아사헬의 손등을 잡았다.

"우리 함께 내려가서 저자를 만나자, 창은 놔두고."

그래서 아사헬은 창은 놔두고 칼을 지닌 채 뒤를 따랐다. 그들은 문 안쪽에 가 섰다. 그러자 곧 그 아말렉 사람이 불쌍하게도 말등에 옆으로 매달린 채 절그렁거리는 소리를 내며 안으로 들어왔다. 그는 말에서 뛰어내려 다윗에게로 달려가 반복하여 절을 했다. 그 전령의 머리에는 더러운 것이 묻어 있었다. 아니, 그냥 더럽혀진 것이 아니었다. 그것은 불행과 애도의 표시로 묻힌 흙먼지였다.

"어디서 오는 길이냐?"

"바로 어제 이스라엘 진영에서 도망나왔습니다."

이스라엘! 다윗은 그 남자의 머리채를 잡아 얼굴을 들어올렸다.

"싸움이 어떻게 끝났느냐? 어서 말해라!"

아말렉 사람은 아첨하는 미소를 짓느라 애썼다.

"당신의 야훼 하나님께서 당신의 모든 적들에게 어젯밤 길보아 산에서 하신 것처럼 행하시기를."

"내 적들이라고? 누가 나의 적들이냐? 그리고 야훼께서 길보아 산에서 어떤 일을 하셨단 말이냐?"

그 전령은 싱긋 웃었다. 그의 머리는 매와 같았고, 입은 사나운 새의 부리처럼 보였으며, 숱 많은 눈썹을 가지고 있었다.

"이스라엘 사람들은 져서 도망쳤습니다. 많은 사람들이 쓰러져 죽었습니다. 사울 왕도 죽었습니다. 그리고 그의 아들 요나단⋯⋯."

그 유목민은 잠시 말을 끊었다가 작고 누런 이를 보이며 말했다.

"그 또한 죽었습니다."

다윗은 돌아섰다. 그의 오른쪽 무릎이 떨리기 시작했다. 그는 떨림을 막기 위해서 있는 힘을 다 주어야만 했다. 그는 낮은 소리로 말했다.

"사울과 요나단이 어떻게 죽었는지 아느냐?"

갑자기 그 아말렉 사람이 수다스러워졌다.

"우연히 제가 산 위에 있었습니다. 저는 블레셋 군사들이 전차를 몰고 몰려오는데, 왕이 창을 짚고 서 있는 것을 보았습니다. 그는 뒤돌아서 저를 보고 소리쳤지요, '너는 누구냐?' 제가 대답을 하니까 왕은 말했습니다. '내 옆에 서서 나를 칼로 쳐라. 몹시 괴롭구나!' 그리고 그는 눈을 위로 굴리며 돌이 떨어지듯 땅에 쓰러졌습니다. 저는 블레셋 사람들이 오는 것을 보았지요. 그들이 오기만 하면 그는 죽은 목숨이 아니겠습니까. 그래서 제가 그를 찔러죽였죠. 그리고 나서 그의 머리에서 왕관을 벗기고 팔에서 팔찌를 빼냈습니다. 보십시오. 주인님, 당신께 여기 가져왔습니다."

그 아말렉 사람은 다시 굽신굽신 절을 하기 시작했다. 그러나 다윗은 꼼짝하지 않고 서 있었다. 이제 그의 무릎은 떨리지 않았다. 그 옆에 있던 아사헬도 마찬가지로 아주 조용히 있었다. 침묵과 정적 때문에 아말렉 사람은 그 어리석은 절을 그만두었다.

"주인님?"

그가 중얼거리듯이 말하며 미소를 지었다. 다윗은 소름 끼치도록 조용하게 말 한 마디 한 마디를 분명히 했다.

"어떻게…… 네가 아무런 두려움 없이…… 너의 손을 들어 야훼께서 기름부어 세우신 왕을 찔러 죽일 수가 있었느냐?"

그 아말렉 사람은 가장 비굴한 태도로 머리를 조아렸다. 그는 다윗이 아사헬에게 고개를 끄덕이고 가버리는 것을 보지 못했다. 또한 아사헬의 칼집에서 번뜩이는 칼날이 빠져나오는 것도 보지 못했다. 그는 자신의 드러난 목 뒤로 죽음이 떨어지고 있는 것을 보지 못했다.

밤이 되자 다윗은 시글락의 남쪽 광야를 정처 없이, 자신이 어디로 가는지도 모르는 채 헤매고 다녔다. 공기는 차가웠다. 그는 달빛에 빛나는 하얀 돌 위로 한 발 한 발 걸었다. 그리고 나서 그는 땅 위에 갈라진 듯 길고 검게 패인 한 골짜기 끝에 멈추었다. 이곳은 곡식을 심을 수도 없고 씨 뿌리는 일도, 추수도 없는 곳이었다. 다윗이 크게 소리쳤다.

"요나단, 지금 어디에 누워 있어요? 나에게 검게 옻칠한 활, 당신의 마음처럼 굳센 그 활을 건네주던 그 손은 어디 있는 겁니까? 내 마음 속을 들여다보고 나를 사랑했던 그 검은 눈동자는 어느 별을 응시하고 있는 겁니까?"

갑자기 다윗이 소리쳤다.

"이스라엘!"

그는 고개를 뒤로 젖히며 울부짖었다.

"이스라엘이여, 너의 영광이 산 위에서 사라졌구나!"

다윗의 목소리가 닿는 곳에서 야생 염소들이 깨어 뛰어올랐다. 오소리들과 밤의 동물들이 긴장하며 거의 들리지 않게 부스럭거리면서 도망갔다. 다윗이 소리쳤다.

"방패가 잊혀진 채 바위 위에 놓여 있구나! 길보아 산의 잿빛 산비탈에 한때 사울 왕의 가슴을 지켜주었던 둥근 방패가 말라 갈라진 채 놓여 있구나!"

다윗은 웅크리고 앉아 손가락으로 머리카락을 휘감아 잡은 채 통곡했다.

"사울 그리고 요나단!"

그의 목소리가 한층 높아지더니 점점 부드러워지면서 이윽고 그는 노래를 불렀다.

사울과 요나단!
살아 있을 때에 아름답고 사랑스럽더니,
죽을 때에도 서로 떨어지지 않았구나!
독수리보다도 더 빠르고
사자보다도 더 강했네.
그러나 오늘밤, 이스라엘의 딸들아,
너희에게 주홍빛 옷을 입혀주었던
사울을 애도하며 울어라!
그리고 요나단을…….

다윗은 땅에 주저앉아 뺨을 돌에 대었다. 무릎을 위로 잡아당겨 세워 팔로 감싸안고, 점점 더 작게 웅크렸다. 아주 조용히 그는 흐느껴 울었다.

"요나단, 너무 슬퍼서 죽을 것만 같아요. 여기 어둠 속에서 나는 어디엔가 있을 당신의 손을 잡으며 누워 있습니다. 그리고 여기서 내가 당신을, 나의 형인 당신을 얼마나 사랑했는지 속삭이고 있습니다. 여인에 대한 사랑 이상으로 당신을 사랑했지요."

오, 어쩌다 두 용사들이 쓰러졌으며,

야훼의 옛 전쟁에서 쓰인 이 훌륭한 무기들이
쓸모없게 되었는가.

한 달이 지나 다윗은 시글락 밖의 한 언덕으로 가장 가까운 측근들을 소집했다. 그의 작은 군대의 능숙한 사령관 요압, 황소처럼 충성스러운 개인 경호원 브나야, 요압의 두 형제 중 마른 아비새와 가장 어리면서 재빠른 아사헬 그리고 그 용모가 언제나 태양빛으로 가득한 아비아달.

아비아달이 에봇(신탁을 받을 때 입는 옷)을 가져와서 다윗은 그들이 어떻게 해야 할지를 야훼께 여쭈어볼 수 있었다. 그들은 둥그렇게 둘러앉았다.

"요압, 무슨 할말이 있는가?"

그 사령관은 다윗을 한 번 응시하고 퉁명스럽게 보고했다.

"간단히 말하겠습니다. 아브넬이 사울의 상비군을 지휘하고 있고, 그는 이스보셋을 요단 동쪽 마하나임에서 이스라엘의 왕으로 세웠습니다. 이스보셋은 사울의 아들 중에서 살아남은 단 한 사람입니다. 아브넬은 유다에서의 우리 움직임을 알고 있어요. 그는 대화를 원합니다. 그는 내게 기브온의 한 연못에서 만나자고 했습니다."

"아비새, 유다는 어떠하냐? 그들의 장로들은 무어라 말하느냐?"

아비새가 일어서서 말했다.

"그들은 당신을 좋아합니다. 특히 이제는 사울이 죽었기 때문에 그들은 당신의 지도력에 의존하려고 합니다."

다윗은 그에게로 어깨를 기울였다.

"어떤 지도력을 말하는 것이냐?"

아비새는 어깨를 으쓱했다.

"당신이 그들에게 전리품들을 주고 안정을 주었습니다. 그들은 칭송과 충성심으로 답하고 있습니다. 그들은 이런 사실을 성읍이나 들판에서 공공연히 말합니다."

다윗은 아비아달에게로 향했다. 갑자기 조용해진 어조로 그가 말했다.

"나를 위해 야훼께 여쭈어라."

아비아달이 사제복을 들어올렸다. 다윗이 말했다.

"내가 어떻게 해야 하는지 여쭈어다오. 내가 시글락을 떠나 유다의 성읍으로 올라가야 하느냐?"

야훼께서 말씀하셨다.

'올라가거라.'

다윗이 말했다.

"어느 성읍으로 가야 합니까? 헤브론으로 가야 합니까?"

'그래, 헤브론으로 올라가거라.'

그리하여 다윗은 일어나서 다시 아비새에게 말했다.

"유다의 장로들에게 내가 군사들과 나의 모든 사람들을 이끌고 헤브론으로 이동하려 한다고 전해라. 그리고 그것이 야훼의 뜻임을 전해라."

그리고 요압에게 말했다.

"아브넬에게 자네가 직접 만나겠다는 전갈을 보내게. 그러나 그 만남은 헤브론에서 의식을 치른 후가 될 것일세. 아브넬에게 그 의식이 징표가 될 것이라고 말하게나. '의식이 끝나면 기브온의 연못으로 오라.'고."

다윗은 돌아서서 시글락이 아닌 광야로 다시 나갔다.

모의전투에서 시작된 비극

아브넬 Abner

【사무엘하 2:1~5:4】

　그리하여 다윗은 연못과 우물이 많아 물이 풍부하고 자연의 보호를 받는 곳, 헤브론의 높은 언덕으로 이동하게 되었다. 헤브론은 북쪽을 지나는 산등성이 길과 다윗 조상들의 역사를 걸치고 있는 곳이었다. 오래 전 아브라함이 이곳에 머물렀다. 그리고 이곳 마므레 상수리나무 옆에서 하나님께서 사라가 아들을 낳을 것이라고 말씀하셨고, 사라는 웃었지만 결국 아들을 낳아 이삭이라고 이름을 붙인 곳이었다.

　다윗은 천 년 전의 이 이야기가 불러일으키는 향수를 사랑했다. 그는 옛 유적지를 걸었다. 낮 동안 그는 요단 강 계곡을 바라보며 소돔이 어디에 있었는지 상상해 보려고 애썼다. 밤이면 그는 눈을 들어 예부터 전해오는 말들을 속삭여보았다.

> 눈을 들어 하늘을 보고 네가 셀 수 있다면,
> 별들의 수를 세어 보아라.
> 네 후손들이 그처럼 많아질 것이다.
> 그리고 아브라함은 야훼의 말씀을 믿었고,
> 그로써 하나님은 그를 의인으로 인정하셨다.

　그가 도착한 후 한 달이 지나 유다의 장로들이 다윗에게 왔다. 그들은 황소 뿔로 된 병 속에 기름을 담아왔다. 다윗이 아브넬에게 전한 바

있는 의식을 거행하기 위한 준비였다.

장로들은 장엄하게 다윗의 머리에 천을 둘러 감았다. 그들은 이 사람이 그들을 다스릴 것임을 상징하는 의미로 금띠 한 줄을 그의 머리에 둘렀다. 그리고 그들은 그에게 기름을 부어 다윗을 하나님이 선택하신 자로 규정하며 그에게 야훼의 권위를 부여했다.

아비아달은 숫염소 뿔을 들고 길게 나팔을 불기 시작했다. 군중 속에서 외침소리가 터져나왔다.

"다윗 왕이시여, 만수무강하시옵소서!"

그리고 모든 백성들이 다윗을 따라나와 피리를 불고 크게 기뻐하여 온 천지가 기쁨으로 터질 듯했다.

이제 요압은 왕을 대신하여 열두 명의 부하들과 함께 기브온 근처 연못으로 갔다. 그들은 가벼운 무장을 한 채였다. 아브넬도 마찬가지로 부하 열두 명을 데리고 편안하게 모임에 도착했다. 연못가에 비치는 태양빛 속에서 웃음소리와 인사가 오고갔다. 4년 이상이나 서로 보지 못했던 용사들이 이제 서로 만나 이야기꽃을 피웠다. 한때 나란히 블레셋 사람들과 맞서 싸웠던 사람들도 많았다. 그리고 나서 얼마 동안은 쫓고 쫓기는 처지가 되었다. 그러나 이제 사울은 죽었고 다윗은 강해졌다.

"이제 무엇을 하는 게 좋겠소?"

다시 합치게 된 것을 기뻐하며 다소 전사다운 호의로 그들이 말했다.

"겨루기를 해봅시다! 아브넬과 요압이 이야기하는 동안, 나무칼과 창머리로 우리의 힘을 겨뤄보세."

뽐내기도 하고 비아냥거리기도 하면서 이스라엘 사람과 유다 사람들은 겉옷을 벗어젖히고 두 줄로 섰다. 그리고 고함을 지르며 서로에게 달려들어 몸싸움도 하고, 무딘 창끝을 있는 힘을 다해 휘두르기도 했다. 이렇게 험한 겨루기 끝에 전사들은 서로 때리며 멍이 들기도 했다.

아브넬과 요압은 얼굴을 마주하고 앉았다. 잿빛 눈의 요압은 말없이 침묵을 지켰다. 아브넬은 블레셋에 관해 이야기하고 있었다. 그는 수없이 가드 왕 아기스에 대해 언급하며 요압이 그 왕에 대해 한두 마디 덧붙일 수 있는 부분에서 잠시 말을 멈추곤 했다.

아브넬이 말하고 있었다.

"길보아 전투 후에 더 강자가 되었단 말이오. 당신도 알다시피 아기스 왕은 이스르엘과 그 언저리 땅들 그리고 유다의 세벨라 또한 제압했다고 확신하며 가드로 돌아왔소. 안 그렇소? 그가 다윗의 우정에 대해 확신하듯이 말이오. 물론 우리가 다윗의 선택이 좋지 않다고 하는 건 아니오. 그 옛날 사울 왕이 다윗을 쫓고 있던 어려운 시절이었으니까."

아브넬은 깊은 숨을 내쉬며 한참 동안 침묵이 흘러가도록 내버려두었다. 요압은 앉아서 뱀처럼 흔들림 없고 반들거리는 눈빛으로 주의깊게 상대방을 바라보고 있었다. 아무 내색도 비치지 않았다.

"요압, 나는 당신과 솔직해지고 싶소. 한 마디 해주시오. 우리는 다윗이 늘 블레셋 편이었던 건 아닌 줄로 알고 있소. 최근 몇 년 동안 그가 행한 습격들은 가드나 가드 왕을 섬기기 위한 것이 아니었소. 그래서 다윗이 그와의 오랜 관계를 어느 정도 생각하고 있는지 알고 싶어 왔소."

요압은 아무 말도 하지 않았다. 그는 눈 한 번 깜빡이지도 않고 한순간 누그러지지도 않았다. 긴장감이 그를 힘들게 만들지 않는다는 것이 역력했고, 왕의 사절들 간의 어떤 의례에 신경쓰고 있지도 않았다.

"다윗은 블레셋의 친구요?"

요압은 대답하지 않았다.

"좀더 정확히 표현하자면, 다윗이 이스라엘 왕이며 사울의 아들인 이스보셋에게 반발하는 것이오?"

요압은 아브넬의 눈을 똑바로 쳐다보았다.

"만약 우리가 다섯 성읍의 영주들과 맞서 싸워야 한다면, 다윗이 전쟁에 가담하긴 할 것이오?"

별안간 그 모의전투 소리가 달라졌다. 힘 겨루기는 사라졌다. 전사들은 진정으로 조롱을 퍼부어댔다. 그들은 살인을 하려는 의도로 창을 날선 쪽으로 돌려잡았다. 누군가 심하게 규칙을 어겼음에 틀림없었다.

아브넬과 요압은 벌떡 일어나 유혈 난투가 벌어지는 곳으로 달려갔다. 아브넬은 창을 잡고 곤봉처럼 머리 위로 들어올려 서로 잡아뜯고 있는 사람들의 등을 두들겨팼다. 사실 그의 부하는 최악의 곤욕을 치렀다. 여섯 명이 죽었고 여섯 명은 살았으나 공포에 질려 있었다. 격분한 요압의 부하들은 힘을 합해 공격하기 위하여 모여들었다.

아브넬은 퇴각을 명령했고 자신과 부하들의 목숨을 건지기 위해 달려 도망갔다. 요압과 그의 형제들이 쫓아갔다. 마른 아비새도 잘 달렸지만, 제일 어린 아사헬이 가장 빨랐다. 한 마리 노루처럼 그는 다른 사람들을 앞질러 아브넬만을 쫓았다. 그는 처음으로 맞는 전투에서 그의 첫 번째 살인 대상을 향해 날아가고 있었다.

아브넬은 추격을 눈치채고 왼쪽으로 달아났다. 아사헬이 거리를 좁히면서 따라갔다. 아브넬은 오른손에 창을 쥐고 전속력으로 달려 빠르게 두 개의 들판을 잇따라 건넜다. 아사헬도 계속 그에게 접근했다. 아브넬이 뒤를 돌아보고 소리쳤다.

"아사헬, 너였구나?"

그 젊은이가 소리쳤다.

"그래, 나다."

아브넬이 고함질렀다.

"돌아가라. 내 전사들 중 한 명을 쫓아서 그의 전리품을 가지고 가라!"

그러나 아사헬은 믿기 어려울 정도로 속도를 높이더니 계속 그를 쫓아갔다. 갑자기 아브넬이 돌아서서 그 젊은이를 쳐다보았다.

"돌아가라! 내가 요압의 혈육을 쳐죽여야 하겠느냐?"

아사헬은 창을 꺼내들고 공중을 날아오는 것처럼 보였다. 아브넬은 상처를 덜 입히려는 의도로 창을 뒤로 돌렸으나 그 젊은이가 무서운 속도로 다가오는 바람에 창의 무딘 끝이 아사헬의 배를 뚫고 허리를 관통했다.

아브넬은 창을 내던졌다. 그러자 아사헬의 몸이 칼에 찔린 뱀처럼 창 주위를 감았다. 요압과 아비새가 도착하기 전에 아브넬은 도망쳐 달렸다. 창자루에 찔린 동생의 모습에 요압은 못 박힌 듯 꼼짝 않고 서 있었다. 그는 천천히 아사헬에게 접근했다. 그리고 나서 움직일 수도, 말도 할 수 없는 상태에서 완전히 그 자리에 멈춰 섰다. 아사헬이 올려다보고 힘겨운 소리로 말했다.

"형을 볼 수 있게 되어 기뻐요. 이 나무 창자루 좀 빼내서……."

그는 웃어 보이려고 했다.

"다시 숨 좀 쉴 수 있게 해주겠어요?"

그러나 그때 눈이 감기며 그 젊은이는 숨을 거두었다.

요압은 걷기 시작했다. 그는 뛰지 않았다. 아비새도 뛰지 않았다. 그들은 아브넬이 사라진 방향으로 걸었다. 꾸준히, 흐트러지지 않는 걸음으로 그들은 그날 내내 아브넬을 쫓았다. 저녁에 아브넬이 베냐민 지파 무리에 둘러싸여 언덕 꼭대기에 나타났다.

"끝끝내 칼이 우리들을 먹어치우게 하겠소?"

그가 소리쳤다.

"요압, 끝은 항상 비참하다는 것을 모르시오? 얼마나 더 시간이 지나야 부하들에게 동족을 추격하지 말라고 명령하겠소?"

요압과 아비새 그리고 나머지 다윗의 사람들은 잠시 언덕 위의 사람들을 쳐다보다가 조용히 철수하여 아사헬이 있는 곳으로 돌아왔다. 그들은 그의 시신을 들고 가서 베들레헴에 있는 그들 아버지 무덤에 묻었다.

그리하여 사울 집안과 다윗 집안 사이에 전쟁이 시작되었다. 그 후 5년 동안 이스라엘에서 동족 간의 전쟁이 계속되었다. 다윗의 힘은 점점 강해졌고 사울의 집안은 점점 약해졌다.

이스라엘의 이스보셋은 부하 지휘관들에게조차 겁을 내는 허약한 젊은이였다. 그는 왕의 기질을 타고나지 못했다. 그의 가족이라고는 여자들밖에 없었다. 이스보셋을 제외한 모든 남자들은 살해되었다.

아브넬이 결정을 내려야 할 문제를 가져오면 왕은 말없이 입을 쑥 내민 채 창밖만 바라보았다. 그는 무기력했으며 자기 연민에 빠져 있었다. 그는 아무것도 결정을 내리지 못했다. 그래서 아브넬은 자신에게만 충성하는 몇몇 사람들을 모아 헤브론에 있는 다윗에게 전갈을 보냈다.

"이 나라가 누구의 것이겠소? 만약 당신이 나와 언약을 세운다면, 내 손으로 온 이스라엘을 당신에게 바치겠소."

다윗이 응답했다.

"좋소. 나는 당신과 언약을 세우겠소. 그러나 한 가지 요구가 있소. 당신이 올 때 사울의 딸 미갈을 데려와 달라는 것이오. 내가 그녀의 아버지로부터 목숨을 구해 도망친 이래로 이제껏 만나지 못했던 그녀를 내게 돌려주시오."

아브넬은 동의했다. 그러나 그들이 헤어진 후 많은 세월이 흘렀고, 그 동안 미갈은 라이스의 아들 발디엘과 결혼했다. 아브넬은 그들의 집에 군대를 보내어 무력으로 미갈을 데려왔다. 스무 명의 군인들이 헤브론으로 원정을 떠나게 되었을 때, 미갈의 남편은 울면서 따라왔다. 바후림에서 아브넬이 그 남편에게로 가서 말했다.

"집으로 돌아가시오, 발디엘. 그래봐야 소용이 없소. 미갈은 이제 다윗의 아내요."

발디엘은 꼼짝 않고 서서 행렬이 사라져가는 것을 지켜보았다. 미갈은 감정을 드러내지 않았으나 그녀의 입술은 창백했다. 남쪽으로 길을 향하여 가면서, 아브넬은 이스라엘과 베냐민의 장로들과 협의했다.

"이제 다윗을 우리 모두의 왕으로 세울 때가 되었소. 우리를 블레셋에게서 구해줄 사람이 다윗이라고 야훼께서 약속하셨소. 나는 지금 다윗과 이야기하러 가는 길이오. 나와 함께하겠소?"

그가 헤브론에 왔을 때, 다윗은 정식으로 후한 잔치를 베풀었다. 미갈은 유다 왕 다윗 옆에 차가운 얼굴로 말없이 앉아 있었다. 그녀는 살이 많이 쪘고 입가에는 주름이 생겼다.

다윗은 비록 끊임없이 햇볕에 노출되어 피부가 못쓰게 되었으나 얼굴의 주근깨는 사라졌다. 햇볕에 타서 얼굴과 팔에 자국이 생겼다. 그러나 옷자락 안쪽의 가슴은 여전히 백합처럼 하얗고 부드러웠다. 머리카락은 전처럼 곱슬거렸고 그 붉던 빛깔이 짙어져 어두운 구릿빛으로 빛났다. 그의 금빛 눈동자에는 슬픔이 깃들어 있었다.

모든 사람이 식사를 끝냈을 때 아브넬이 일어서서 말했다.

"베냐민의 장로들은 당신과 언약을 맺기를 원하니 당신이 우리를 다스려주십시오. 그리고 마하나임과 이곳 사이의 모든 지파들도 그렇게 되기를 바라고 있습니다. 이미 그들과 이야기를 마쳤습니다. 그리고 허락하신다면, 저는 북쪽으로 길을 떠나 온 이스라엘을 왕께 데려오겠습니다."

다윗은 이스라엘의 사령관을 마치 심문이라도 하듯이 뚫어지게 쳐다보았다. 아브넬은 아직 자기 군대를 거느리고 있었다. 마침내 다윗이 말했다.

"가라. 내가 허락한다."

다음날 아침 아브넬이 성읍 문을 통과하여 떠나려고 하는데, 때마침 습격을 나갔다 부하들과 함께 헤브론으로 돌아오는 요압을 만나게되었다. 사절로서 옷을 깨끗하게 차려 입은 아브넬. 땀과 전쟁터의 모래 먼지로 뒤범벅이 된 요압. 그들은 멈추어 서로를 바라보았다. 요압이 말했다.

"이곳에서 무엇을 하고 있는 것이오?"

아브넬은 품위 있게 대답했다.

"당신의 주인, 다윗께 영광을 돌리고 나의 왕이 되어달라고 요청하러 왔소."

요압이 그의 넓은 어깨를 움츠렸다. 그리고 갑자기 말했다.

"나를 따라오시오. 내가 비밀리에 당신께 할 말이 있소."

요압은 아브넬을 이끌고 성문 한쪽의 작은 방으로 들어갔다. 그는 들어서자마자 돌아서서 아브넬의 배를 칼로 깊숙이 찔렀다. 그 칼이 그의 등을 관통해 옷을 찢었다. 요압은 아무 말 없이 방을 떠나 자기 몸을 씻었다.

다윗은 아브넬이 죽었다는 소식을 전해듣고는 옷을 찢고 삼베옷으로 갈아입은 뒤 그를 애도했다. 다음날 그는 아브넬의 묘지 뒤쪽으로 걸어가서 큰 소리로 통곡했다.

아브넬이 어리석은 자처럼 그렇게 놀라서 죽어야만 하는가?
당신의 손이 묶이지도 않았는데!
당신의 발에 쇠고랑이 차이지도 않았는데!
악한 자들의 칼에 죽듯이 그렇게 쓰러져 죽었는가.

요압은 길가에서 그 애도의 소리를 들었다. 그는 눈도 깜빡이지 않고 무관심하게 장례 행렬을 지켜보았다. 사람들은 아브넬이 죽은 것이 다윗의 뜻이 아니었다는 것을 알았다. 그러나 아무도 요압에게 비난의 말을 하지 않았다.

아브넬의 죽음은 이스라엘의 왕 이스보셋을 절망에 빠뜨렸다. 집밖에서도 그가 방을 왔다 갔다 하며 자신의 운명을 한탄하는 소리를 들을 수 있었다.

한창 더운 어느 날 오후, 사울의 옛 군대 대장 두 명이 젊은 왕의 집으로 왔다. 문지기가 자고 있었다. 그래서 아무런 제지도 받지 않고 들어가서 보니 이스보셋이 침상에서 고개를 숙인 채 졸고 있었다. 그들은 그를 깨우지도 않고 목을 베었다. 이들의 이름은 레갑과 바아나였다. 그들은 브에롯 사람 림몬의 아들로 형제들이었다.

다윗에게 가져다줄 이스보셋의 머리를 들고 그들은 밤새도록 걸어 헤브론으로 갔다. 그들이 다윗 앞에 나와 말했다.

"그는 당신의 목숨을 노렸습니다. 그러나 야훼께서 당신을 위해 오늘 사울과 그 자손에게 복수를 하셨습니다."

다윗은 레갑과 바아나가 서 있는 곳으로 걸어갔다. 그는 손가락을 내밀어 이스보셋의 살찐 얼굴을 만졌다. 조용히 그가 말했다.

"어제 오후 그리고 저녁, 어젯밤 내내 그리고 새벽, 날 밝을 때와 아침에……."

다윗이 눈을 들어 레갑과 바아나를 번갈아 보았다.

"마하나임에서 이곳으로 오는 걸음 내내, 내가 자기 집 침상에서 자고 있는 죄없는 사람을 죽이는 짓을 싫어할지도 모른다는 생각은 전혀 못해봤느냐?"

다윗은 돌아서서 경호원 브나야에게 말했다.

"저들을 처형해라!"

마찬가지로 하루 중 한창 더운 때에 레갑과 바아나를 죽여 그들의 팔다리를 자른 다음 그 시체를 헤브론의 연못가에 매달았다. 그러나 이스보셋의 머리는 가져가다 헤브론에 있는 아브넬의 무덤에 같이 묻었다.

당시 이스라엘 지파의 장로들이 헤브론의 다윗에게 찾아와 말했다. "보십시오, 우리는 당신과 한 골육입니다. 과거 사울이 우리의 왕이었을 때, 전쟁에서 우리를 이끈 분은 당신입니다. 그리고 야훼께서 당신에게 말씀하셨습니다. '네가 나의 백성 이스라엘의 목자가 될 것이다.'"

그리하여 다윗은 야훼 앞에서 이스라엘 사람과 언약을 맺었다. 이제 유다의 왕 다윗은 모든 지파의 왕으로 기름부음을 받아 이스라엘을 자신의 지배 아래 하나로 통합했다.

다윗이 그렇게 통치하게 되었을 때, 그의 나이 서른이었다.

내 집은 예루살렘에 세운다

예루살렘 Jerusalem

    누군가가 헤브론의 거리에서 노래를 부르고 있다. 이른 아침 작은 노점들이 문을 열기도 전에, 장사꾼들이 소리쳐 외치기 전에, 누군가 왕의 창문 아래에서 거지처럼 거친 목소리로 이런 노래들을 부르면서 지나가고 있었다.

> 야훼께서 나의 왕께 말씀하신다.
> '나의 오른쪽에 앉아라,
> 내가 너의 적을 네 발 아래
> 둘 때까지.'

    다윗이 깨어나 그 짧은 한 마디의 노래를 듣는다. 누가 노래를 하는 걸까? 남잔가 여잔가? 어떤 예언자인가? 아니면 너저분한 이방인들 중 한 사람? 빙빙 돌며 미친 듯한 눈매를 한, 사울의 관심을 끌곤 했던 춤꾼 중의 한 사람인가?

> 야훼께서 나의 왕께 말씀하신다.
> '권력의 자리에 앉아라!
> 너의 홀을 내밀어라!'

다윗이 담요를 걷어치우고 방에서 일어서는데, 그 목소리는 재빨리 사라져갔다.

날이면 날마다
아침이 이슬을 낳듯이
젊음이 너를 씻겨 다시 강하게 하리라.

목소리는 완전히 사라져버렸다. 왕이 창가로 가서 아래를 내려다볼 즈음에는 어스름한 헤브론의 거리는 텅 비어 있다. 더구나 눈이 오고 있다. 공중에 조용히 눈이 날리고, 세상은 쏟아지는 눈으로 가득 찬다. 건너편 낮은 돌벽은 새하얀 양모두건을 쓰고 있는 듯하다. 그때 갑자기 다윗의 머릿속에 그 노래를 부른 자의 발자국이 눈 위에 남아 있을 지도 모른다는 생각이 떠오른다.

그는 어깨에 옷을 걸치고 아래층으로 달려내려가 발가락 사이에 샌들을 밀어넣고 차가운 이른 아침 속으로 달려나간다. 그러나 그가 자신의 집 창문에서 내려다보이는 한 곳으로 가보니, 늙은 여종 로뎀만이 나뭇가지로 만든 빗자루 위로 등을 구부리고 길가의 눈을 쓸고 있다.

그녀는 그 노래 부른 자의 발자국을 없애고 있다. 그녀는 큰 코를 킁킁대며 제대로 맞지도 않는 가락의 콧노래를 부르고 있다. 그녀는 고개를 들어 왕을 보더니 늙은 얼굴을 씰룩거려 인사하는 표정을 짓는다. 그녀가 늙고 쉰 목소리로 말한다.

"주인님, 당신의 아름다운 발을 위해서 눈을 쓸고 있습니다. 왕의 발이 추위로 상해서는 안 되기 때문이죠."

다윗은 방으로 돌아가 다시 자리에 눕는다. 그러나 다시 잠들 수가 없다. 그는 지금까지 헤브론에서 7년째 살고 있는데, 그의 마음속에는 항상 집이 너무 작다는 생각이 떠나지 않았다.

그는 미갈을 포함하여 일곱 명의 아내를 데리고 있고 그들은 각각 자신들의 방과 종을 가지고 있다. 또 일곱 명의 아들이 있는데 미갈만이 아기를 갖지 못했다. 그러나 그녀는 마치 아기가 있는 것처럼 유모와 가정교사와 장난감 등을 가지고 있다.

다윗의 집에는 몇 개의 집무실과 연회실 그리고 야훼 앞에 서는 곳이 있다. 그러나 적을 습격하여 집으로 가져온 노획물들을 들여놓을 곳이 없고, 왕에게 필요한 장소들도 없다. 왕의 알현을 기다리는 대기실, 왕좌가 있는 공식 옥좌실, 재판을 거행해야 할 곳 등. 더욱이 왕국을 유지하며 왕을 섬기는 대신들을 위한 곳이 없다. 그의 집은 너무 작다.

2년 전 다윗은 여부스 또는 예루살렘으로 불리는 여부스 족의 성읍에서 그들의 통치 방식을 배우며 시간을 보낸 적이 있었다. 그는 이스라엘 지파들이 그를 왕으로 세우기 훨씬 전부터 성읍에 들어가, 왕에게 뽑혀와 그를 위해 수고하고 있었으나 계급적으로는 왕의 주목을 받지 못했던 평민 율법학자들과 이야기를 했다. 그들로부터 그는 왕국의 통치 방식을 배웠다.

최근에 다윗은 이러한 지식을 활용하여 왔다. 그는 이스라엘을 함께 다스릴 고관들과 자문관들을 임명했다. 이제 왕은 왕궁의 각료들을 가지게 된 것이다. 그러나 그들을 위한 공간이 없다!

왕의 서기 스라야는 일곱 나라의 언어를 알고 모든 공식 서신을 쓴다. 그는 또 왕의 모든 거동을 기록한다. 그러나 그 기록을 남길 방이 없다.

여호사밧은 왕의 전령관이다. 그는 나라의 모든 일을 다룬다. 그러나 그는 다윗의 집에서부터 멀리 떨어진 곳에서 산다. 그는 다윗의 집 안에 있어야 한다.

브나야는 이제 왕궁의 용맹한 군대를 총괄한다. 다윗의 개인 경호대이다. 이들이야말로 절대적으로 왕의 집 안에 머무를 공간이 필요한 자들이다.

그리고 총사령관으로서의 요압의 의무는 엄청나게 커졌다. 그는 군대를 여러 개의 뚜렷한 군단으로 개편했기 때문이다. 각각 천 명으로 된 연대들, 백 명으로 이루어진 중대들, 오십 명씩의 소대들 그리고 열 명의 분대들로. 블레셋과 싸우는 그는 그들의 효과적인 권력 분산에 감탄한다. 그러한 형태는 전투에서 싸움이 아무리 무질서하게 되더라도 놀라운 응집력을 만들어낸다.

다윗은 그의 냉정한 사령관을 기쁘게 만드는 것이 무엇인지 알고 있다. 그의 입에서 나오는 한 마디가 천 명의 입에 의해 증폭되어 만 명의 군대에 전해짐으로써 전 군대의 부하들이 하나가 되어 유연하게 치명적인 공격을 가하는 것이 바로 그것이었다. 요압은 책략가의 면모를 지니고 있다. 또한 폭군의 오만함과 군인의 참을성 없는 급한 기질도 지니고 있다.

그러나 그 역시 그의 무관들을 위한 공간, 그의 군대를 유지할 군사를 가지고 있지 못하다. 헤브론은 유다 영토 내에 있어서 그곳 장로들이 요압의 군대를 통제하려고 한다. 그리고 헤브론 시민들은 장군들의 그 거만한 태도와 무조건적인 명령에 거부감을 느끼고 있다.

헤브론은 왕을 사랑한다. 단지 그 이유 때문에 냉혹한 사령관을 참고 있는 것이다. 그러나 헤브론 사람들은 자기들 집에서 자고 자기들 음식을 먹어치우는 그 군대를 싫어한다. 그래서 다윗은 변화를 모색하고 있었다. 단지 자신의 집뿐만이 아니라 이 도시 전체가 그에게 너무 작았다.

저기! 저기에서 또다시 들려온다! 그 노랫소리. 다윗은 눈송이로 덮인 창문 밖에서 들려오는 그 거친 목소리의 노랫소리를 듣는다.

야훼께서 당신의 오른팔에 임하셔서

야훼께서 왕들을 흩어놓으실 것이오!
야훼께서 많은 국가들의 우두머리를 굴복시키시어
나의 주인님 당신이 그 길을 가실 때
작은 개울가에서 물을 마시기 위해 멈추실 것이오.
평화.

이번에는 다윗이 따뜻한 침상을 떠나지 않는다. 그는 고개를 들어 참나무 대들보와 그 사이에 흙손으로 바른 희끄무레한 진흙을 바라본다.
"내일은 백향목으로 된 천장을 갖게 될 것이다. 그리고 내 집은……."
다윗은 손을 머리 밑에 깍지 낀 채 위를 바라보며, 천장을 뚫고 더 멀리까지 바라보며 중얼거린다.
"내 집은 예루살렘에 마련할 것이다."

이스라엘의 왕 다윗이 여부스 족이 점령하고 있는 예루살렘으로 진군한다는 것은 비밀이 아니었다. 그의 군대는 북쪽 산등성이에 있는 모든 마을과 성읍들이 훤히 바라다보고 있는 가운데 헤브론에서부터 진군을 시작했다. 그의 군대는 너무도 잘 훈련되어 조용히 이동했으므로 길을 따라 서 있는 이스라엘 사람들도 그들이 지나가는 동안 조용히 있었다.
다윗은 협정에 대해 전혀 논의하지 않았고, 여부스 족 사절에게 응답하지도 않았다. 그는 공물을 원한 것이 아니었다. 그는 그 성읍을 원했다. 그는 그것을 무력으로 분명하게 빼앗아, 이후 어느 누구도 그 성읍이 자신의 소유임을 의심치 않게 되기를 바랐다. 그 성읍은 그의 소유가 될 것이고, 나중에는 그의 대를 이을 아들들의 소유가 될 것이었다.
그리고 이제부터 일어날 영광스러운 일들을 마땅히 온 세상이 지켜봐야 한다. 그래서 다윗은 그 과업을 남몰래 달성할 생각이 없었다. 그러나 예루살렘은 아주 튼튼하게 요새화되어 있었다. 그 성벽의 일부는 500년 이상 된 것이었다. 그리고 여호수아가 가나안을 침공한 이래로 300년 동안 이스라엘은 이 성읍을 함락시키지 못했다.

다윗이 그 성읍의 남쪽 언덕에 나타났을 때 예루살렘의 왕이 다윗에게 전령을 보냈다. 그 전령은 말을 타고 왔다. 다윗은 노새를 탔다. 탁트인 공간에서 서로 접근하자 다윗이 소리쳤다.

"예루살렘이 이 다윗에게 무슨 할말이 있느냐?"

"왕께서 이르시길 '우리의 성읍을 공격해 봐야 소용이 없다. 이러한 성을 가지고 있으면 장님이나 절름발이도 목동 다윗을 몰아낼 수 있다.'라고 말씀하셨소."

다윗은 마치 그 남자가 막 즐거운 노래를 마치기나 한 것처럼 그 전령에게 칭찬의 말과 환한 미소를 보내며 말 위에 앉아 있었다. 전령이 목소리를 가다듬었다.

"저…… 왕이여, 이스라엘의 응답은 없습니까?"

"물어주니 고맙군. 물론 응답이 있다."

다윗은 요압을 보며 대화하듯이 말했다.

"군사들에게 전하라. 누구든지 물을 길어올리는 수구(水口)에 제일 먼저 도달하여 그곳에서 절름발이나 장님으로 태어난 여부스 사람들을 쳐죽이는 자가 나의 대장, 사령관이 될 것이다."

요압이 고개를 끄덕이며 그 명령을 보좌관에게 반복했다. 다윗은 전령을 쳐다보며 말했다.

"머뭇거리지 않는 편이 좋을 걸."

그 불쌍한 자가 놀라 입을 딱 벌리며 다윗 앞을 지나가는데, 그곳에서 요압의 명령이 되풀이되며 이어져 점점 멀리 퍼져나갔다.

"누군가 너보다 먼저 너희 집에 도달할 수도 있으니."

그 전령은 자리에서 빙빙 돌더니 말에 채찍을 가하고 소리치며 예루살렘 쪽으로 고삐를 잡아채었다.

"물을 길어올리는 수구요! 그곳에 군대를 주둔시키시오."

다윗은 창백한 가면처럼 얼굴을 굳힌 채 그 전령이 달려가는 것을 지켜보았다. 조용히 그가 요압에게 말했다.

"가라."

요압은 더 사납게 명령을 외쳤다. 전쟁의 뿔나팔이 아래에 있는 모든 전사들의 종대를 깨우고, 군대는 이동하기 시작했다. 요압은 몸을 구부린 채 아주 위험천만한 속도로 질주했고, 즉시 그의 뒤로 부하 열 명이 뒤쫓아 달렸다. 그들은 백 명으로 이루어진 중대에서 달리는 보병들보다 훨씬 앞섰다.

예루살렘 바로 아래 기드론 골짜기에 있는 샘물인 기혼에 맨 처음 도달한 사람은 과연 총사령관이었다. 이곳이 다윗이 언급한 물을 길어올리는 수구였다. 포위당했을 때 물을 길러 내려올 수 있도록 바위를 뚫고 위쪽으로 수로가 나 있었다. 그곳을 여부스 수비대가 지키고 있었는데, 요압과 그의 부하들이 너무도 거세게 공격하는 바람에 모두 흩어져 달아났다.

적군들이 수구 입구에 나타나자 요압의 부하들이 화살로 그들을 쏘아 맞혔다. 적군들이 수구에서 쏟아져나오기 시작했다. 요압은 말에서 내려 이들을 막아서고 가까운 거리에서 두 자루의 단검을 휘둘러 적을 죽였다. 그리고 몸소 그 좁은 통로를 따라 올라가면서 여부스 군사들을 한 명씩 죽여 그들의 피 묻은 시체를 계단으로 삼았다.

열 명의 이스라엘 부하들도 즉시 뒤를 따랐다. 아무도 말을 하지 않았다. 그러나 그들 모두는 사령관이 품고 있는 계획을 정확히 알고 있었다.

그들은 성읍 안으로, 마치 밝은 은빛 분수처럼 수구에서 터져나왔다.

그들은 나란히 서쪽 성벽의 큰 문을 향하여 싸우며 나아갔다. 이스라엘 전사 두 명이 여부스의 화살에 맞아 죽었다. 또 한 명이 옆구리에 창을 맞아 쓰러졌다. 네 번째 전사가 앞으로 달리면서 예루살렘 군사들이 화살을 빗발치듯 쏘도록 유인해냈고, 그들의 활에 남은 화살이 다 떨어지자 요압은 안전하게 돌진하여 문 쪽으로 마지막 몇 발짝을 옮길 수 있었다.

거기서 가죽 갑옷을 입은 여섯 명의 부하들에게 둘러싸인 요압은 금속 버팀대에서 빗장을 들어올려 성읍 쪽으로 문을 활짝 열었다. 거대한 군대의 물결이 성읍 안으로 밀려들어와 잘 닦인 도로와 거리, 예루살렘의 집들을 홍수처럼 뒤덮고 적군을 마구 죽이며 시민들을 성벽 쪽으로 몰아갔다.

다윗은 아무런 방해도 받지 않고 노새를 타고 서쪽 문으로 들어왔다. 여부스 왕이 그 앞에 끌려나왔다. 다윗이 말했다.

"장님이나 절름발이로 사는 것이 낫겠느냐, 아니면 성한 상태로 죽는 것이 낫겠느냐? 이 목동이 알고 싶다."

그 왕은 악의에 찬 얼굴로 노려보았을 뿐 아무 말도 하지 않았다. 다윗이 한숨을 내쉬었다.

"그렇다면 내가 대신해서 너에게 명예로운 죽음을 내리겠다. 그러나 죽기 전에 이것을 알아두어라. 이 성읍은 이제 새로운 이름을 가지게 되었다. 나는 이곳을 '다윗 성'이라고 이름지었다."

그날 밤 늦게 다윗 왕은 새 성읍의 북쪽 산등성이를 따라 걸었다. 그는 수 세기 동안 예루살렘을 북쪽의 공격으로부터 막아주었던 좁은 골짜기에 멈춰 섰다. 차가운 밤바람 속에 서서 그는 그곳보다 훨씬 높은 언덕 저편을 응시했다. 그러나 다윗은 지금 성읍에 대해 생각하고 있는 것이 아니었다. 그는 이 언덕의 역사와 미래에 대해 생각하고 있었다.

"모리아."

그는 이 말을 천천히 중얼거렸다. 그것은 그의 앞에 덤불과 바위와 세월에 덮여 우뚝 솟아 있는 높은 구릉의 옛 이름이었다. 아브라함이 아들 이삭을 죽일 뻔했던 곳, 그때는 아직 그 이름을 알지 못하는 하나님께 그 아들을 바치려 했던 곳이 바로 저기였다. 그러나 하나님, 다윗의 신이기도 한 그 야훼께서 희생 제물로 숫양을 준비해 주심으로써 그 아들을 구하셨다.

"우리 조상의 자손을 구해주심으로 해서 그렇게 당신께서 우리 또한 구해주셨군요."

다윗은 겨울같이 추운 밤에 큰 소리로 말하고 있었다. 그의 입김이 차가운 공기 속에 희미하게 나타났다.

"바로 저기, 저 언덕에서 천 년 전에 한 노인이 부싯돌 칼로 자기 아들의 목을 자르지 않아도 되었습니다. 오, 이스라엘의 하나님. 이제 당신께서 다시 우리에게 그 언덕을 주셨으니 그 언덕 모리아, 구원의 장소에다 당신을 위한 집을 짓겠습니다!"

네 아들이 성전을 지으리라

언약궤 Ark

그로부터 한 달 후, 블레셋이 게셀에서 군대를 소집하여 지금 르바임 골짜기로 행군하고 있다는 소식이 다윗에게 전해졌다.

다윗은 놀라지 않았다. 그가 헤브론에 머물러 있는 동안, 블레셋 영주는 그를 유다의 쓸모 없는 언덕들을 습격하는 운 좋은 군인쯤으로 보고 있었다. 그러나 지금 그는 남쪽과 북쪽 영토의 왕이 되었고, 그 사이에 자신의 성읍을 가지게 되었다. 이제 오랜 명성을 가진 튼튼한 요새가 그의 이름을 지니고 그의 사람들을 지키고 있었다. 이스라엘에 사울보다 위대한 왕이 있었다!

다윗은 고문관들을 성읍의 서쪽 문으로 불러들였다. 아비아달은 제사장 옷을 가져와 왕이 야훼의 뜻을 구할 수 있도록 했다. 다윗이 여쭈었다.

"제가 블레셋을 향하여 달려가도 되겠습니까? 그들을 제 손에 넘겨주실 것입니까?"

야훼께서 다윗에게 말씀하셨다.

'앞으로 달려가라. 내가 틀림없이 블레셋을 너의 손에 넘겨주겠다.'

그리하여 다윗과 요압 그리고 힘센 부하들이 르바임 골짜기 동쪽 언덕에 모였다. 그들은 바위와 울퉁불퉁한 지형 사이사이에 분산해 숨었다. 블레셋이 그 언덕 멀리 끝쪽에 나타났을 때 다윗은 자신의 군대에게 조용히 말했다.

"기다려라."

블레셋은 긴 전투를 위해 진영을 세울 장소를 찾고 있었다. 그들이 점점 가까이 다가왔다. 그러나 다윗은 속삭였다.

"기다려라."

그들의 기마 부대 대부분이 르바임 골짜기의 동쪽 범위 안으로 들어서자 비로소 다윗이 크게 외쳤다.

"일어서라, 이스라엘!"

갑자기 이스라엘 군사들이 르바임 바위 골짜기에서 마치 큰 폭포에서 솟는 수많은 물줄기처럼 쏟아져나왔다. 이스라엘의 습격에 놀란 블레셋 군대는 공포에 질려 전차, 보급품, 기구, 음식 그리고 그들의 신마저도 버리고 달아났다. 그날 밤 다윗은 큰 횃불을 만들었다. 그는 부하들에게 그들이 노획한 신상들의 이름을 큰 소리로 외치게 했다. 특별히 브나야가 큰 목소리를 가지고 있어서 멀리 언덕 끝에 있는 블레셋 진영에서조차 그의 목소리를 들을 수 있었다.

"다곤!"

브나야가 우렁차게 소리쳤다.

"다곤!"

전 이스라엘 군이 따라 소리쳤다.

다윗은 다곤의 상을 들어올려 불 속으로 던졌고, 그러자 그 놀라운 목소리의 브나야가 고함을 질렀다.

"보라! 다곤이 불 속에 던져졌다! 어떻게 자신의 상을 재가 되게 놔두는 신이 자기 백성을 도와 싸울 수 있겠는가?"

한밤중에 다윗이 야훼께 블레셋과 싸우러 나아가야 하는지를 두 번째로 여쭈었다. 야훼께서 말씀하셨다.

'정면으로 나아가서는 안 된다. 어둠속에서 그들의 후방으로 돌아가 언덕을 가리는 백양목 숲 맞은편으로 습격하라. 나무 꼭대기에서 행군

하는 소리가 들리거든, 그때 돌격하라.'

다윗은 야훼께서 명한 대로 했다. 밤새도록 그는 군대를 블레셋 진영 뒤에 배치시켰다.

아침에 바람은 고요했다. 이스라엘은 움직이지 않았다. 적군이 쇠사슬 갑옷을 입고 말고삐를 단단히 죄며 칼집에 부딪히는 금속성 소리를 내면서 출전 준비를 갖추는 소리들을 온 군사들이 다 들을 수 있었다.

갑자기 백양목 숲의 수백만 나뭇잎들이 소리를 내면서 팔랑거리며 떨어지기 시작했다. 블레셋 군인들은 하늘에서 군대의 행군소리가 들려왔다고 생각하며 머뭇거렸다. 그러나 이스라엘은 야훼 군대의 행군소리를 듣는 즉시 숲에서 뛰어나와 방어가 약한 후미를 쳐서 블레셋 군사들을 도망가게 했다.

블레셋 군은 엄청난 혼란을 빚으며 진영으로부터 쫓겨나갔다. 이들이야말로 사울이 결코 완전히 패배시킬 수 없었던 적군이었다. 이들은, 삼손이 그들의 신전 기둥 사이에서 쓰러진 이래로 이스라엘의 어머니들을 비탄에 빠뜨려온 바로 그 민족이었다. 그날 다윗은 르바임 골짜기에서 게셀 성문까지 줄곧 그들을 쫓았다.

그리하여 이 전투는 다윗이 왕 중의 왕이 되었고 야훼께서 그의 왕국을 이스라엘의 왕국으로 높이셨다는 사실을 널리 알리는 계기가 되었다.

두로 왕 히람이 블레셋을 이긴 놀라운 승전 소식을 듣고 다윗에게 사절을 보내왔다. 더욱이 히람이 너무도 많은 훌륭하고 성대한 선물을 보내와서 모든 국가들은 두로가 이스라엘과 외교관계를 맺기 원한다는 것을 알게 되었다. 히람은 이렇게 말했다.

"당신이 백향목을 원한다면 당신이 원하는 만큼 많은 백향목을 보낼 것이오. 당신이 목수와 석공을 원한다면 내가 그들 또한 보낼 것이오."

그러자 다윗이 예루살렘에서 그에게 답했다.

"아무튼 우정은 전쟁보다 좋은 일이오. 그렇소, 나는 당신의 백향목으로 지을 것이 있소, 히람. 나의 집을 짓겠소."

그리하여 다윗은 예루살렘 북쪽 산등성이에 아주 장대하고 화려한 집을 높이 지었다. 그의 집은 도성의 장관이 되었다. 백향목 판자들이 벽을 덮었다. 백향목 대들보가 지붕을 지탱했다. 그리고 그 지붕 위에 정원을 가꾸어 왕이 그 정원 사이를 거닐 때면 성읍의 다른 모든 집 정원을 내려다볼 수 있었다.

다윗은 자신이 젊었던 때의 아내 미갈을 위해 방을 만들어주었다. 비록 자신의 크고 훌륭한 방보다는 조금 못했지만 다른 모든 집들보다는 훨씬 높게.

한때 사울이 다듬어지지 않은 요새의 2층에 그녀의 방을 마련해 준 적이 있었다. 아마도 다윗은 그녀가 이처럼 훌륭하고 더 높은 곳을 좋아하리라 생각했는지도 모른다. 그는 다시 미갈을 기쁘게 해주고 싶었다. 일 년 전에 헤브론으로 온 이래 그녀는 거의 말을 하지 않았다. 그는 연회 때면 항상 그녀 옆에 앉았지만 그녀는 움츠린 채 굳어 있었다. 다윗은 그녀에게 검은색에 흰색이 들어간 얼룩 마노 브로치를 주었다. 그러나 그녀는 그것을 한 번도 달지 않았다.

그의 다른 부인들은 모두 아이를 가졌기 때문에 그는 옆 건물 2층 전체에 열 개씩 세 줄, 모두 서른 개의 방을 지었다. 이미 그는 예루살렘에서 새 부인들을 얻었는데 그것은 하렘, 즉 규방 여자들의 수와 그 자녀 수에 따라 왕의 개인적인 힘을 증명하는 주변 국가의 관습에 따른 것이었다.

그것은 웅대한 왕의 집이었다. 돌로 된 요새에서 잠을 자던 왕이 이제 자신의 생각에 따라 지은 궁전에서 살게 되었고, 그 안에는 각료들을 위한 공간, 알현실, 왕의 알현을 기다리는 대기실, 고관들의 집무실,

문서 보관소, 왕의 재산 창고, 브나야와 그의 개인 경호대를 위한 작은 방들이 있었다. 방! 다윗은 기쁘게 생각했다. 이삭은 광야에 있었지만 다윗은 자기 성읍에 있다. 야훼께서 우리를 위해 공간을 마련해 주셨고, 나 또한 이 땅에 많은 열매를 맺을 것이다.

바로 이러한 감사의 마음속에서 다윗은 자신의 또 다른 의무를 느꼈다. 야훼의 언약궤를 지금까지 기럇여아림에 소홀히 둔 것이다. 야훼의 천사들 위에 앉아계시는, 만군의 주의 이름으로 불리는 그 야훼의 궤가!

이스라엘 왕 다윗은 고관들을 거느리고 열두 지파의 장로들과 함께 기럇여아림 근처 언덕에 있는 아비나답의 집으로 갔다. 그들은 새 수레를 가지고 갔다. 왕의 명령에 따라 아비나답의 아들인 웃사와 아효가 아버지의 집에서 그 궤를 들고 나와 성스러운 수레에 실었다. 그리고 아효는 수레 앞에서, 웃사는 뒤에서 걸으며 소를 몰았다.

다윗과 그와 함께 있던 이스라엘 사람들은 노래를 부르기 시작했다. 왕이 한 소절을 부르면 사람들이 그것을 한 마디씩 따라했다. 그때 왕은 야훼의 성물을 자기 성읍으로 옮겨가고 있다는 사실 때문에 흥분하기 시작했다.

그가 웃으며 목소리를 높여 벅차오르는 기쁨으로 노래를 부르자 백성들 또한 빠른 노래를 부르기 시작했다. 사람들은 하프를 연주했고, 소고와 꽹과리와 바라를 쳤다. 그리고 그들은 춤 속에 자신들을 내맡겼다. 웃사는 하늘을 향해 팔을 벌리고 수레 뒤에서 빙글빙글 돌았다. 그들이 막 나곤의 타작 마당에 이르렀을 때, 그가 소똥을 밟고 미끄러져 넘어졌다. 웃사는 넘어지면서 타작 마당의 돌에 두개골이 부서져 즉사했다.

그의 죽음에 대한 소식이 화살처럼 뒤쪽으로 날아가 춤추던 모든 자들에게 죽음의 공포를 일으켰다. 그들은 꼼짝 않고 그 자리에 서서 속삭였다.

"그가 야훼의 궤를 만지는 바람에 하나님께서 분노하셔서 그를 죽이신 것이 분명해!"

아무도 움직이지 않았다. 하나님께서 다음에 어떻게 하실지 누가 알 수 있겠는가? 왕이 사람들의 말을 듣고, 그 또한 두려워졌다.

"야훼께서 갑자기 웃사에게서 마음을 돌리셨다면, 어떻게 궤를 내가 있는 곳으로 옮길 수 있겠는가?"

다윗은 수레, 소 그리고 언약의 궤를 모두 가드 사람 오벧에돔의 집으로 옮기도록 명령했다. 그는 블레셋 출신으로, 근처에서 이스라엘 사람과 함께 살고 있었다. 장로들과 이스라엘의 모든 백성들은 당황하여 슬그머니 집으로 돌아갔다. 다윗은 하나님의 궤 없이 도성으로 돌아갔다. 그러나 석 달이 지나서 젊은 아비아달이 다윗 왕 앞에 나와 미소지으며 말했다.

"놀라운 일이 일어났습니다, 왕이여. 제가 성궤를 보러 갔다오는 길인데, 오벧에돔 집에 하나님의 궤를 보관했기 때문에 야훼께서 그를 축복하셨습니다."

"야훼의 분노가 지나갔다는 말이냐?"

아비아달이 고개를 끄덕였다. 밝은 빛이 왕의 황금빛 눈에서 되살아났고, 그 또한 미소짓기 시작했다.

"그렇다면 하나님의 궤를 도성으로 가져와라!"

그리고 왕은 흰 아마포로 된 앞가리개를 왕의 예복 아래 입었다. 이번에는 광야에서 궤가 옮겨진 것처럼 사제들의 어깨에 장대를 걸치고 그 위에 궤를 실었다. 그들이 오벧에돔의 집에서 여섯 걸음을 옮겼을 때, 다윗은 소와 살진 양을 잡아 영광스러운 감사를 올리며 제물을 바쳤다.

그리고 나서 행렬은 예루살렘을 향하여 구불거리는 길을 따라 올라갔고, 왕은 맨 앞에서 달리며 기쁨의 함성을 터뜨렸다. 야훼께서 그와 함께 계셨다! 다윗은 손뼉을 치며 전보다 더 크게 웃었다. 그는 춤을 추었다. 모든 사람들이 그와 함께 춤을 추었다. 그들은 아름답게 화음을 맞추며 나팔을 불었다.

다윗은 칭송과 시의 불길 속에서 타올랐다. 그는 더 자유롭게 움직이기 위해서 옷을 벗었다. 그는 허리에 두른 아마 앞가리개만을 남기고 모든 옷을 벗어버린 채 흰 다리를 드러내고 영양만큼 높이 뛰어올랐다.

궤가 성읍 안으로 들어서자 시민들은 창문에서 상체를 굽혀 내밀며 박수를 쳤다. 그들은 거리에 줄지어 서서 왕의 춤에 감동하여 기쁨의 환성을 질렀다. 그들의 우레와 같은 함성이 궤를 따라 왕이 준비한 성막에까지 따라왔고 그곳에서 왕은 야훼 앞에 번제와 화목제를 올렸다. 그는 야훼의 이름으로 백성들에게 축복을 내렸고, 모든 사람들에게 빵 한 덩어리와 고기 한 점과 건포도 과자 한 개씩을 나누어주었다.

그리고 모든 사람들은 집으로 돌아갔다.

다윗 또한 집으로 돌아가서 자기 가솔들에게 개인적으로 축복을 해주었다. 모든 아내와 아이들, 종과 일꾼들, 하녀와 빵 굽는 자들, 목자들 그리고 가시나무로 거리를 쓸던 늙은 하녀까지 다 모였다. 미갈만이 그곳에 없었다. 이것이 다윗의 마음을 불편하게 만들었다.

모든 사람들에게 축복의 말을 전한 후에 다윗은 계단을 올라가 첫째 부인의 방으로 갔다. 그는 그녀가 성읍 거리를 내려다보며 창가에 앉아 있는 것을 발견했다.

"미갈, 어디 아프오?"

그녀는 왕에게 옆얼굴만을 보인 채 창가에 앉아 있었다. 그녀는 움직이지 않았다. 그가 말했다.

"오늘은 야훼께서 다윗의 성으로 오신 날이오. 내려와서 내 옆에 있어줄 수 없겠소?"

미갈이 눈을 깜박거렸다. 눈물이 그녀의 눈밑 주름 사이에 그득했다. 좀더 엄하게 다윗이 말했다.

"왜 당신은 오늘을 그렇게 소홀히 하시오? 왜 방금 나의 축복을 거절했소?"

그녀가 천천히 그에게로 얼굴을 돌렸다. 그녀는 입술을 깨물고 있었고 그 입술은 떨고 있었다.

"수치심 때문입니다."

그녀가 감정이 복받쳐 분명치 않은 소리로 말했다.

"수치심 때문이라고? 수치심이라고 했소, 미갈? 수치심이 이 도성을 성스럽게 한 이날과 무슨 상관이 있단 말이오?"

눈물이 고인 눈으로 미갈이 그를 노려보았다.

"아아, 이스라엘 왕이 오늘 어떻게 영광을 드러내셨습니까?"

그녀가 울부짖었다.

"건달패들이 남자와 여자들이 함께 있는 자리에서 자신의 벗은 몸을 드러내듯이 하지 않으셨습니까?"

미갈의 창문으로 밖을 내다보면서 다윗이 말했다.

"아, 나의 아내가 마침내 판단자의 자리에 올라앉았단 말이군."

그는 그녀를 쳐다보았다. 그녀는 턱을 낮추고 눈을 위로 번뜩이며 그의 시선을 받았다. 다윗이 부드럽게 말했다.

"내가 오늘 야훼 앞에서 춤을 추었소. 이스라엘의 왕이었던 당신 아버지의 집안을 제치고 나를 왕으로 뽑으신 하나님 앞에서 기뻐했소. 나는 나 자신을 이보다 더 천하게 만들 것이오, 미갈. 틀림없이 당신 눈에는 내가 품위 없어 보일 것이오. 그러나 당신이 말하는 그 남자와 여자들은 나를 존경할 것이오."

다윗은 돌아서서 자리를 떠났다.

미갈은 끝까지 그 높은 방에서 살았다. 그러나 그녀는 죽는 날까지 자식을 갖지 못했다.

다윗 왕은 좀더 높은 언덕, 그 옛날의 바위 많은 모리아 산 위 어둠 속에 서서 자신의 큰 집이 있는 맞은편 좁은 협곡 쪽을 건너다보았다. 창문들은 밤하늘에 수많은 눈동자처럼 빛나고 있었고, 그 내부는 따뜻했으며, 그가 거하는 방에서는 밝은 빛이 흘러나오고 있었다. 그러나 이 잡목이 우거진 언덕은 어둡고 아무도 거들떠보지 않는 걷기 힘든 곳이었다.

다윗은 그날 밤 기도했다. 그는 바위를 오가며 말했다.

"오, 야훼 하나님. 저는 백향목 궁전에 거주합니다. 그러나 당신의 궤는 장막에 모셔져 있습니다. 제가 당신의 집을 짓도록 해주십시오. 여기, 이 산에. 시온에는 제 집이, 이 모리아에는 당신께서 계실 곳이……."

그러나 야훼께서 말씀하셨다.

'내가 이스라엘 민족을 이집트에서 데리고 나온 후로 나는 줄곧 장막을 나의 거처로 삼았다.

아니다, 다윗. 나를 위해 집을 짓지 말아라. 오히려 내가 너를 집으로 세우겠다! 내가 양 떼를 따라다니던 너를 이스라엘을 다스리는 왕으로 만들었다. 나는 지금까지 너와 함께 있었고 네 생애가 다할 때까지 너와 함께 있겠다. 그리고 네가 너의 조상과 함께 묻힐 때, 나는 네 자손을 일으켜 왕국을 세우게 하겠다. 나는 그의 왕위를 영원히 튼튼하게 하리라. 그에게 내 이름을 위하여 나의 성전을 짓게 할 것이고, 나는 그의 아버지가 되고 그는 내 아들이 될 것이다.'

다윗은 어두운 언덕 위에 엄숙하게 서 있었다. 그가 속삭였다.

"오, 나의 하나님. 야훼의 약속이십니까?"

야훼께서 말씀하셨다.

'나의 약속이다.'

다윗이 다시 한 번 나직이 말했다.

"야훼여, 이 약속은 야훼께서 아브라함에게 하신 말씀과 같은 것입니까? 시내 산에서 모세에게 주신 말씀과 같습니까? 하나님의 약속이십니까?"

야훼께서 응답하셨다.

'이것은 다윗의 집안과 나의 계약이다. 이것은 우주 만물 속에서 정해진 확고하고 영원한 약속이다.'

바람이 불어와 다윗의 곱슬머리를 날리고 느슨한 옷을 부풀리며 그의 몸을 차갑게 감쌌다. 그러나 그는 야훼의 말씀에 몰두해 있었다. 다윗은 희고 마른 몸을 곧추세우며 하늘을 향해 얼굴을 들어올렸다.

"이것은 야훼의 섭리이다. 오, 나의 하나님의 섭리를 찬양하리라!"

하나님께서 나에게 말씀하셨다.

'너는 나의 아들이다. 오늘 내가 너를 아들로 삼았다.'

'내가 여러 민족들을 너에게 유산으로 주겠다.

멀리 이 땅 끝에 있는 민족들까지도.'

신하의 여인을 범하다

밧세바 Bathsheba

그 무렵 이스라엘의 왕 다윗은 서쪽에 있는 블레셋을 쳐서 모두 정복했다. 그는 메덱암마를 그들의 손에서 빼앗았다. 그는 동쪽의 암몬 왕이 있는 곳으로 길을 떠나 전쟁 대신 우정을 제안했다. 매우 늙었지만 현명한 나하스는 제안을 받아들였다.

모압이 일어나 다윗과 싸웠다. 다윗은 그들을 물리쳤다. 그는 포로들을 땅바닥에 나란히 줄지어 눕힌 다음 줄로 세어 두 줄은 죽이고 한 줄은 살려주었다. 그리하여 모압 사람들은 그의 종이 되었고 그에게 공물을 가져왔다.

다윗은 '소금 골짜기'에서 1만 8천 명의 에돔 사람을 죽여 명성을 얻게 되었다. 그는 에돔 왕국의 전 지역에 주둔군을 두었고, 그들은 그의 종이 되어 조공을 보내왔다.

때가 되어 그는 직접 전쟁에 나서기를 그만두었다. 사령관들이 그의 이름으로 출정했고, 사절들이 그의 이름으로 왕의 창고를 풍성하게 할 공물들을 매년 거두어들였다.

암몬 왕 나하스가 나이가 들어 죽고 그의 아들 하눈이 그 대신 통치하게 되었다. 다윗은 그 젊은 왕의 슬픔을 위로하고 왕이 된 것을 축하하기 위하여 여러 명의 사자를 보냈다. 그러나 그들이 암몬의 수도 랍바에 도달하기도 전에, 하눈은 이스라엘 사절을 붙잡아 자신의 땅을 염탐하러 온 것이 아니냐고 추궁했다. 그는 사절들의 수염을 절반

416

만 깎고 허리에 두른 옷을 찢어 벗겨 그들의 하체를 드러나게 했다. 하눈이 말했다.

"너희의 뺨을 보니 여자인 듯했는데, 엉덩이를 보니 남자들이었군. 너희 집으로 돌아가라! 여기서 사라져라!"

다윗은 신하들이 당한 치욕스러운 일에 대하여 듣고 나서 그 어리석은 애송이 왕에게 암몬은 어떤 식으로든 이스라엘의 속국이 될 수밖에 없다는 교훈을 주려고 요압과 그의 연대를 랍바에 급파했다. 요압은 사해 동쪽 끝에 있는 얕은 개울로 요단 강을 건넜다. 이렇게 함으로써 그는 랍바로 가는 탁 트인 시골길을 통과할 수 있었다.

그가 성읍에 접근했을 때, 이미 암몬의 군대가 나와서 전열을 갖추고 있었다. 요압도 그들과 마주하여 전선을 갖추었다. 그러나 갑자기 요압의 군대 뒤에서 함성소리가 울려왔다. 요압이 돌아보니 3만 명의 거대한 보병들과 수레가 그의 뒤쪽에서 다가오고 있었다.

시리아인들이었다! 용병들이었다! 하눈은 그들의 도움을 얻어 이스라엘을 양쪽에서 치려는 속셈으로 그 넓은 시골길을 그들의 수레가 마음놓고 달릴 수 있게 했다. 요압이 그의 동생에게 소리쳤다.

"아비새! 군대를 둘로 나누어라! 당장! 시리아 군이 너무 가까이 오면 우리가 작전을 개시할 공간이 없어진다. 내가 이 매복병들과 정면으로 대결하는 동안, 네 개 중대를 가지고 하눈을 견제해라. 자, 어서!"

요압은 잠시 남쪽을 바라보며 거리와 속도 그리고 전투에서 가장 공략하기 쉬운 지점을 판단하는 시간을 가졌다. 그리고 나서 그는 명령을 내리고 군사를 재배치하여 그 공격자들을 기습공격했다.

요압 군대의 물매돌, 창, 빗발 같은 화살, 용맹스런 습격 그리고 수레 못지않게 빠른 보병들의 돌진, 갑자기 이 모든 것들의 속도가 배로 빨라졌다. 시리아인들은 갑작스런 전세의 역전에 놀랐다. 그들은 주춤거렸다. 요압은 주저하지 않았다. 시리아 군은 공격을 멈추었다. 그러나 요압은 더욱 힘차게 공격했다.

크게 패한 시리아 군은 가능한 한 모든 수단을 다 써서 도망치며 흩어졌다. 그리고 그의 동맹군들이 패하는 것을 지켜본 젊은 하눈은 성읍 안으로 퇴각했다. 요압은 랍바 근처에서 일어난 사건에 대해 정확히 다윗에게 보고했다.

"내가 지나치게 자신만만했습니다. 좋지 않은 상황입니다. 몇몇 시리아 군이 패하여 수치심에 차 있기 때문에, 많은 시리아 성읍들이 우리를 치려고 준비하고 있습니다. 소바의 하닷에셀이 다마스쿠스와 멀리 유프라테스에서 군대를 몰고 오고 있습니다."

다윗이 말했다.

"다음에는 우리도 지나치게 자만하지 않을 걸세. 이스라엘의 모든 시민군을 소집하게나. 내가 직접 지휘하겠네."

요단 강을 건널 수 있는 개울 세 개가 여리고 근처에 있었고, 가장 북쪽에 있는 세 번째 개울은 아다마에 있어서 그곳을 건너 숙곳 골짜기로 갈 수 있었다.

"우리는 아다마에서 건널 것일세. 서두르지 않을 것이네, 요압. 이 일이 끝나면 완전히 끝나는 것이고, 세 번째 싸움은 없을 걸세."

다윗의 어조는 아주 사실적이었다. 그의 목소리에는 어떤 비난이나 요압의 표정에 나타난 수치심 같은 것이 담겨 있지 않았다.

"그러니 숙곳과 마하나임에서 오는 우리 군사들을 위해서 군수 물자 보급선을 준비하게. 우리가 일단 그 계곡으로 들어서면, 랍바로 방향을 돌리지 않고 북쪽으로 향하여 헬람, 다마스쿠스, 소바로 갈 것이네. 먼저 하닷에셀에게 전념하고 그 다음에 암몬의 하눈을 생각할 걸세."

3주 후 이스라엘의 다윗 왕은 요단 강을 건너 헬람에서 하닷에셀의 군대와 만났다. 이스라엘과 시리아는 방패와 창으로 전열을 갖추고 서로 싸웠다. 이 싸움에서 다윗은 700명의 기마병과 4만 2천 명의 보병들을 죽였다. 다윗은 수레를 끄는 모든 말들을 포위하여 절름발이로 만들었고, 자신의 군대를 보강하기 위하여 100대의 수레를 떼어놓았다. 하닷에셀의 모든 대장들과 사령관들은 자신들이 패한 것을 알고 다윗과 화해한 후 이스라엘의 부하가 되었다.

이제 다윗은 요압과 이스라엘 군대를 남쪽으로 보내어 랍바의 요새화된 성읍을 포위하게 했다. 그가 요압에게 말했다.

"참을성을 가지게. 결코 서두를 일이 아니네. 젊은 하눈이 성 안에서 늙게 만드세. 그러면 암몬은 결코 다시는 이스라엘에 도전해 오지 못할 것일세."

다윗은 곧 집으로 돌아갔다. 이 전투에서 그는 브나야와 경호병들과 함께 많은 양의 청동을 가져왔으며, 뿐만 아니라 하닷에셀의 고관들에게서 빼앗은 금방패 30개도 가져왔다.

어느 여름날 정오, 농부들은 밀을 거두어들이고 올리브나무가 막 꽃을 피우기 시작했을 때 왕은 뒷짐을 지고 자신의 지붕 꼭대기에 있는 정원으로 산책을 하러 나갔다. 그는 박태기나무, 석류나무, 장미, 서양협죽도 사이를 거닐고 있었다. 그는 시원한 아마 겉옷을 걸치고 발끝 쪽이 올라간 이집트 샌들을 신고 있었다. 군살 하나 없고 발걸음은 가벼웠으며 대단히 만족해하는, 마흔이 다 된 모습이었다.

요압이 요단 강 동쪽 랍바에서 포위 공격을 감행한 지 두 달째로 들어섰다. 보고에 따르면 이스라엘은 하눈의 군대를 놀라게 하여 균형을 깨뜨리려고 성벽에서 매일 작은 접전을 치르고 있으나 요압은 아직 성읍으로 바로 쳐들어가지 않고 있다고 했다. 아직 시간이 있었다.

암몬과의 전쟁을 빼고는 이스라엘과 유다 왕국은 다른 나머지 나라들과 평화를 누리고 있었다. 조공은 예루살렘의 보고(寶庫)에 풍성하게 쌓였고, 다스리는 자는 다윗 혼자였다. 다윗 왕이 이집트에서 유프라테스에 이르는 전 지역을 지배했다. 총독을 시켜 아람, 시리아, 에돔 사람들을 다스렸고, 스스로는 모압의 대장이 되었으며, 두로와 하맛과는 협정을 맺었고, 랍바가 멸망하면 자신은 또한 암몬의 왕도 될 것이었다.

계속되는 성공에 다윗의 마음은 많이 들떠 있었다. 그는 정원 화단에 장식으로 심어놓은 밀의 마른 이삭을 뽑았다. 손바닥으로 이삭을 문질러 햇낟알을 입 안에 넣고 씹으면서 지붕 남쪽 난간을 왔다 갔다 했다. 그러다 아래 성읍 쪽을 바라보았다.

아래에 있는 어느 정원에서 한 줄기 태양빛을 받아 무엇인가 반짝이는 것이 눈에 들어왔다. 한 부유한 집에 있는 야외욕조의 물이었다. 다윗이 좀더 자세히 들여다보았더니 한 여인이 외딴 그곳에서 홀로 목욕을 하고 있었다. 그녀는 반짝이는 물속에 등을 대고 누워 있었다. 몸은 흰색에 가까운 상앗빛이었고, 검은 머리카락은 그녀의 머리 주위에 후광처럼 떠 있었다. 그녀가 고운 발로 물을 찼다. 바로 그것이 왕의 눈에 들어온 빛줄기였던 것이다.

조금 있더니 그녀는 몸을 둥글리며 일어서서 몸에서 물을 떨어뜨리며 포장된 땅 위로 발을 내디뎠다. 그녀는 푸른 가운으로 몸을 가리고 집 안으로 사라졌다. 다윗은 정신이 번쩍 들었다. 밀이 그의 혀 안에서 끈적해졌다. 그는 집 안으로 달려들어가 서기 스라야의 방이 있는 아래층으로 뛰어내려갔다. 그는 야외욕조가 있는 그 집에 관하여 묘사한 뒤 그 집과 접한 거리의 이름을 물었다.

"그곳에서 사는 자가 누구냐?"

스라야가 말했다.

"아, 거기는 우리아의 집입니다."

"우리아? 그 헷 사람? 그 집이 우리아의 집이란 말이지?"

"우리가 사울에게서 도망치고 있을 때부터 지금까지 그는 당신의 군인이지요. 바로 그자입니다."

"내가 그를 요압 다음의 자리에 임명했지. 그는 매우 충성스러운 자야."

"그리고 지금까지도 랍바에서 싸우고 있습니다."

"그런데 내가 전에 한 번도 본 적이 없는 한 여인이 욕조에 있는 것을 보았네."

스라야가 미소지었다.

"늙은 우리아가 젊은 여자와 결혼했습니다. 그녀는 당신의 또 다른 훌륭한 전사인 엘리암의 딸입니다. 그리고 그녀의 할아버지는 아히도벨입니다."

"그래, 그래, 나의 친구들이지. 그런데 나는 그녀를 전에 한 번도 본 적이 없네."

왕은 생각에 잠겨 같은 말을 반복했다. 그의 서기가 고개를 끄덕였다. 다윗은 갑자기 집요해졌다.

"그녀의 이름은 무엇인가?"

"밧세바입니다. 엘리암은 그녀를 '나의 풍요의 딸'이라고 불렀습니다."

"밧세바……."

그날 밤 다윗은 잠을 이룰 수가 없었다. 그는 목욕하던 그녀의 모습 외에 다른 생각은 할 수가 없었다. 그 광경은 평생에 처음으로 심한 불면증을 가져왔고, 어둠 속에서 홀로 생각하면 할수록 이 고통을 도저히 견딜 수 있을 것 같지 않았다.

"토비아스! 토비아스!"

다윗이 소리쳤다. 한 시종이 문 쪽에 나타났다. 다윗이 말했다.

"헷 사람 우리아의 집으로 가서 그의 아내에게 이스라엘의 왕이 당장 오란다고 전하여라."

토비아스는 다윗의 방에 등잔불 두 개를 켜고 나서 떠났다. 다윗은 더 이상 생각하지 않으려고 결심하며 잠자리에 꼼짝않고 누워 기다리고 있었다. 그는 무슨 일이 일어날지 자신도 모른다고 생각했다. 어쨌든 밤은 흘러갈 것이고 그 밤이 자신을 어디로 이끌지 그저 관망할 생각이었다.

그러나 태양빛을 받으며 목욕을 하고 있던 그녀가 실제로 자신의 침실로 들어와 등잔 불꽃 사이에 서서 자신을 바라보고 있었을 때, 그는 무슨 일이 일어날지 알았다.

"밧세바."

다윗이 약간 쉰 듯한 목소리로 숨가쁘게 속삭였다.

"이리로 오너라."

그녀가 하얀 구름처럼 자신을 향해 다가왔다. 그는 두 팔을 뻗쳐 냉담한 그녀를 끌어당겼다. 다윗은 그녀와 동침했다. 이제는 멈출 수도 없었고 그 어떤 생각도 할 수 없었다. 그러나 다윗은 누군가 흐느끼고 있는 소리를 들었고, 그는 그것이 자신이 내는 소리이기를 바랐다. 밧세바가 아니길 바랐다. 만약 자신이 밧세바를 울게 만들었다면 얼마나 두려운 일인가!

새벽이 오기 직전에 그녀는 왕의 궁전을 떠나 자신의 집으로 돌아갔다. 다윗은 그 후로 그녀를 보지 못했다. 다시 만날 기회가 결코 있을 것 같지 않았다. 그녀의 정원은, 그가 들여다볼 때마다 항상 비어 있었다. 그러나 두 달이 지난 그 주 첫날에, 밧세바는 여종을 시켜 왕께 전갈을 보내왔다.

'제가 아기를 가졌습니다.'

같은 주 셋째 날에 랍바에 있는 요압에게 간단한 전갈이 갔다.

헷 사람 우리아는 전선에서 매우 애를 썼으므로 쉴 자격이 있다.

422

조카, 그를 얼마 동안 집으로 보내게. 그에게 집의 침대는 부드럽
고 부인은 외로울 것이라고 말해주게.

다윗 왕에게 우리아만큼 훌륭한 부하는 다시 없었다. 그 어느 누구도
우리아만큼 고결하고 충성스러운 자는 없었다. 그런 자가 예루살렘으
로 돌아오자마자 왕께 인사를 드린다는 것은 당연히 생각할 수 있는 일
이었다. 그런데도 왕은 그 헷 사람의 방문을 받고 당황했다. 그는 투구
를 팔 아래에 끼고 아직 비늘 갑옷도 벗지 않은 모습이었다.

"아직 목욕도 하지 않은 모양이군."

우리아가 싱긋 웃자 그의 얼굴에서 잔 모래가 주름 사이로 흘렀다.

"아직 집에 다녀오지 않았습니다. 왕이시여."

그는 각이 진 얼굴에 관대한 눈을 가지고 있었다. 그의 머리카락은
반백이 되어가고 있었다.

"왕께 먼저 문안을 올리려고 왔습니다."

"아, 그렇군."

다윗이 말했다. 그날은 안식일 저녁이었다. 다윗은 머리와 수염에 향
유를 바르고 있었다. 그런 자신과는 정반대인 그 모습이 다윗을 자못
불편하게 했다. 그러나 다윗 또한 미소지으며 말했다.

"요압은 어떤가?"

"그 바싹 마른 자 말씀입니까? 오, 그는 웃고 농담하고 우리 모두를
사랑하고 있습니다."

다윗이 얼굴을 찡그렸다.

"요압에 대해서 묻고 있네."

"알고 있습니다."

우리아는 고개를 숙였다.

"제가 사령관님에 대해 살짝 농담을 한 것입니다."

"오, 물론 그랬을 테지. 그래, 군대는 어떻게 하고 있나?"

"우리는 서두르지 않고 있습니다."

우리아는 더 진지하게 말했다.

"희생자도 거의 없습니다. 제가 요압, 그분을 안 이래로 가장 참을성 있게 하고 있습니다."

"다행이군. 좋은 일이야."

다윗이 말했다. 그제서야 그는 태양빛처럼 환하게 웃고는 그의 팔을 장군의 어깨에 얹었다.

"소식을 전해줘서 고맙네. 자, 집으로 내려가 자네의 새 아내에게 가보게나. 발을 씻고 마음을 진정시키게나. 즐거운 시간 보내게. 가게."

우리아는 절을 하고 문밖으로 나갔다.

다윗 왕은 그날 밤 자신의 마음을 진정시켰다. 그는 지난 한 주 동안 잔 것보다 훨씬 더 잘 잤다. 그러나 그가 아침에 브나야에게 한 마디 하려고 밖으로 나갔을 때, 헷 사람 우리아가 왕의 경비병과 함께 문간에서 자고 있는 것을 발견했다.

"우리아!"

다윗은 자신이 의도한 것보다 훨씬 큰소리로 외쳤다. 우리아는 잠에서 깨어 벌떡 일어났다.

"왜 여기 있는 것인가? 어째서 자네 집으로 가지 않았는가?"

"나의 모든 형제들이 벌판에서 야영을 하고 있습니다. 그들이 그렇게 불편하게 있는데 제가 먹고 마시며 아내와 잠자리를 같이해야 하겠습니까?"

다윗은 얼굴을 찌푸렸다. 그는 브나야를 노려보았다.

"자네가 이 피곤한 전사를 이곳에서 자게 했나, 마치 경비를 세우듯이?"

불쌍한 브나야는 그런 질문에 어떻게 답을 해야 할지 몰랐다. 다윗은 우리아를 잠시 바라보며 말했다.

"오늘은 나와 함께 지내게. 나와 함께 먹고, 나와 함께 마시세."

그는 미소지으며 말했다.

"이것은 명령일세, 우리아. 내 말을 따르게."

우리아는 순종했다. 그 주 첫날은 다윗이 그에게 왕의 음식을 먹였고, 낮부터 밤까지 포도주를 넘치도록 마시게 했다. 바깥이 어둑어둑해졌을 때 우리아는 왕에게 가서 팔을 두르고 힘껏 껴안았다. 다윗이 웃었다.

"자네 취했군, 친구."

우리아는 건강한 잿빛 얼굴을 천장으로 향하며 크게 웃음을 터뜨렸다.

"집으로 가게. 군인 남편을 기쁘게 해주려고 기다리고 있는 여인에게로 가게. 어서."

우리아는 왕을 향해 한쪽 눈을 찡긋했다. 그는 조심하라는 듯이 집게손가락을 흔들고는 큰 소리를 치며 다윗의 방을 나가 계단 아래로 사라졌다.

다윗은 그날 밤 너무도 긴장이 되어 다시 잠들 수가 없었다. 동녘에 새벽이 밝아오자마자 그는 옷을 차려입고 아래로 내려갔다. 궁의 거대한 문을 열었을 때 그의 가슴은 철렁했다. 그곳에 우리아가 있었다. 왕의 경비병들 틈에서 코를 골며 잠들어 있었다. 씻지 않아 여전히 악취를 풍기면서. 왕은 방으로 돌아와 친필로 진흙 서판에 글을 썼다.

> 우리아를 가장 격렬한 전방에 세워라. 그리고 나서 뒤로 철수하여
> 그가 전사하게 하라.

다윗은 그 서판을 닫고 왕의 인장으로 봉한 후에 헷 사람 우리아에게

로 가져가서 그에게 건네주며 말했다.

"랍바로 돌아가라. 그곳에 도착하면 이것을 요압에게 전하라."

두 번째 주 안식일에, 한 전령이 왕이 있는 궁전으로 와서 알현을 청했다. 다윗은 경비병들이 있는 가운데 그를 만났다. 브나야도 자리에 있었다.

"이들 모두가 너의 소식을 들어도 좋다."

다윗이 말했다.

"요압 사령관께서 저에게 빨리 달려가 암몬 성읍에 대한 직접 공격을 시도했다고 왕께 말씀드리라 하셨습니다. 그러나 암몬의 궁사들이 성벽에서 활을 쏘아 우리 전사들을 맞혔고 네 명의 장군이 죽었는데 헷 사람 우리아도 죽었다고 전하라 하셨습니다."

다윗은 슬프게 고개를 끄덕였다.

"요압에게 이 일로 상심하지 말라고 전하라. 칼은 이편도 죽이고 저편도 죽일 수 있는 것이라고."

그러나 브나야가 밧세바에게 가서 그녀의 남편이자 자신의 친구인 우리아가 죽었다고 말했을 때, 그녀는 비탄에 싸여 소리높여 울부짖었다. 그녀는 정원으로 나가 흐느껴 울며 손을 비틀면서 끊임없이 왔다 갔다 했다. 다윗은 자신의 높은 정원에서 그녀를 지켜보았다. 마땅히 애도해야 하는 7일 동안 내내 그는 그렇게 지켜보았다.

셋째 주 첫날에 다윗 왕은 토비아스와 열 명의 남자 시종들을 진홍색 예복과 금목걸이, 흰색과 검정색의 줄무늬가 들어간 마노 브로치와 함께 우리아의 집으로 보냈다. 그들은 더없이 우아하고 아름다운 옷을 입은 창백한 밧세바와 함께 돌아왔고 그녀는 왕의 부인이 되었다.

아몬드나무 꽃이 예루살렘 거리에 하얗게 피어나는 늦은 겨울, 때늦은 비가 내리던 날에 밧세바는 사내아이를 낳았다. 그녀는 그 아이의 이름을 짓지 않았다. 다윗이 그 아이의 이름을 지으려고 생각했다.

그 아기는 눈송이처럼 희고 섬세하고 투명해서, 이 어린 아기의 창백한 아름다움과 작은 몸의 연약함에 아버지의 마음이 깊이 움직였기 때문이다.

그런데 방해자가 나타났다. 나단이라는 한 예언자가 그 아기가 할례를 받을 때까지 기다릴 수가 없다고 말하면서 알현을 청했다. 아주 다급한 재판을 요하는 문제였다.

"왕이시여, 두 남자 사이에 분쟁이 있습니다. 한 사람은 부유하고 많은 양 떼와 소 떼를 가지고 있습니다. 또 다른 사람은 너무 가난하여 자기의 아이들과 함께 키우던 어린 암양 한 마리가 있을 뿐이었습니다. 그 암양은 그의 식탁에서 음식을 먹을 만큼 그에게는 딸처럼 사랑스러운 양이었습니다. 그러던 중 한 나그네가 그 부유한 남자를 찾아왔습니다. 그러나 그는 자기가 소유한 양들 중 한 마리도 축내기 싫어서 그 가난한 자의 어린 양을 잡아 죽여서 나그네의 음식으로 요리했습니다."

다윗은 분쟁의 성격과 힘없는 자에게 가해진 그 부당함에 대하여 들은 후 크게 분노했다.

"야훼께서 살아 계시기 때문에, 그런 일을 한 자는 누구나 죽어야 마땅하오."

"그것이 왕의 판단이십니까?"

"그 부자는 반드시 자신이 빼앗은 것의 네 배를 가난한 자에게 돌려주어야 하오."

"어떻게 사람이 죽은 목숨을 살려낼 수가 있습니까?"

다윗은 격노한 얼굴로 그 예언자를 쳐다보았다.

"부자라도 죽은 것을 다시 살려낼 수는 없소."

"맞습니다."

나단이 말했다. 그는 왕 앞에 똑바로 서서 말했다.

"왕이시여, 당신이 바로 그 부자입니다. 그 불쌍한 사람을 위해 야훼께서 말씀하십니다. '내가 너를 사울의 손에서 구해냈다. 내가 이스라엘과 유다의 집도 너에게 주었다. 내가 너에게 많은 아내도 주었다. 그러고도 그것이 너무 모자란다면, 내가 훨씬 더 많은 것을 줄 것이었다. 그런데 왜 나 야훼의 뜻을 경멸했느냐? 왜 헷 사람 우리아를 암몬 족속의 손에 죽게 하고 그의 아내를 네 아내로 삼았느냐?'"

다윗은 자기 옷의 목줄기를 잡아 위에서부터 아래까지 천천히 찢기 시작했다. 그의 얼굴이 비탄으로 수척해졌다.

"내가 죄를 지었소."

그가 나단을 응시하며 낮게 말했다. 그의 마른 가슴이 드러났다.

"내가 이스라엘의 하나님께 죄를 지었소."

"네, 그랬습니다."

"나단! 내가 죄를 지었소!"

"네."

그 순간 유모 한 사람이 왕에게로 왔다. 그녀는 왕의 상태를 보고 돌아서려고 했으나 왕이 말했다.

"무슨 일이냐!"

그녀는 절하며 떨고 있었다.

"왕이시여, 죄송합니다."

그녀가 희미한 목소리로 말했다.

"당신의 아들이 아픕니다."

"내 아들 중 누가 아프단 말이냐? 어느 아들이?"

"갓난아기이옵니다."

다윗 왕은 궁전 복도를 달려내려갔다. 그는 자신의 아내들과 아이들을 위해 마련한 서른 개의 방이 있는 곳으로 달려갔다. 밧세바의 방으로 달려가 보니 그녀와 아기가 많은 여자들에게 둘러싸여 있었다.

"나가라!"

그가 소리치자 그들은 아주 조용히 그곳을 떠났다. 다윗은 태어난 지 일주일밖에 안 된 아기를 보았다. 그 상태로는 내일 할례를 베풀 수 없을 것이었다. 그 작은 몸은 열이 올라 바싹 말라 있었고, 숨소리는 빠르게 헐떡이고 있었다. 피부는 온통 오그라든 듯했으나 그 아이는 울고 있지 않았다. 다윗의 아들은 칭얼대지 않았다. 아이는 그 큰 눈을 아버지에게로 향했고, 그 눈빛 속에서 아버지에 대한 신뢰감을 얼핏 본 듯하여 다윗은 더욱더 견딜 수가 없었다.

다윗은 그 방을 뛰쳐나왔다. 그는 2층 자기 방으로 달려가 얼굴을 묻고 소리쳤다.

"야훼 하나님, 저에게 자비를 베푸소서! 저의 죄를 씻어주소서! 저의 죄를 압니다. 저의 죄를 보았습니다. 제가 지은 죄는 당신을 거스르는 일이며, 당신께서 저를 벌하시는 것은 마땅합니다. 저를 말입니다. 오, 야훼 하나님. 저를 벌하십시오. 그러나 제 불쌍한 아이는 살려주십시오."

하루 종일 다윗 왕은 기도를 올렸고, 그 소리가 너무 커서 토비아스와 모든 종들이 들을 수 있었다. 그는 먹지도 않았다. 그는 금식했다. 그리고 그의 어린 아들이 태어난 지 8일째가 되는 다음날에도 계속 기도를 올렸다.

"저를 씻겨주십시오. 그래야만 제가 눈보다 희게 될 것입니다. 오 야훼여, 제게 다시 기쁜 소리를 들려주십시오. 당신께서 쳐서 부러뜨리신 제 뼈를 회복시켜주십시오."

토비아스가 왕의 방으로 들어와 요압에게서 온 전갈을 읽어주었다.

랍바의 수로를 장악했습니다. 우리는 이제 성을 빼앗을 준비가 되었습니다. 왕이여, 와서 승리를 이끄십시오. 그 승리가 내 이름으로 불리지 않도록.

그러나 다윗은 답하지 않았다. 그는 바닥에서 일어나지도 않았다. 그는 계속하여 금식하고 기도를 올렸다.

이틀이 지나서 토비아스가 들어와 두 번째 전갈을 읽었다.

당신이 왕입니까, 아니면 나입니까? 우리 중 누가 야훼를 위해, 이스라엘을 위해 암몬 족을 패배시켜야 합니까?

다윗은 여전히 그 자리에 있었다. 토비아스는 왕이 자신의 말을 들었는지 알 수 없었다. 요압도 마찬가지였다.

아기가 태어난 지 14일이 지나서 요압이 서신을 보내왔다.

더 이상 사령관에게 답하지 않다니 이스라엘의 왕이 죽은 것 아닙니까?

태어난 지 15일째 되던 날에 그 이름 없는 아기는 죽었다. 토비아스는 다윗에게 그 아이가 죽었다고 말하는 것이 두려웠다. 그가 방 밖에 있는 종들에게 말했다.

"아기가 아직 살아 있을 때에도 왕은 아무 말도 들으려 하지 않았소. 그런데 내가 어떻게 그 아이가 죽었다고 말할 수 있단 말인가? 왕은 아마도 자신을 상하게 할 것이오."

그러나 다윗이 그 속삭이는 소리를 듣고 소리쳤다.

"내 아들이 죽었느냐?"

토비아스는 할말을 찾지 못하고 복도 쪽에서 입을 다문 채 서 있었다. 그런데 늙은 로뎀, 비질을 하던 그 여종이 대답했다.

"아기가 죽었습니다."

다윗은 아무 말도 하지 않았다. 곧 토비아스는 왕의 방에서 움직이는 소리를 들었다. 물병에서 물이 욕조로 쏟아지고, 옷이 부스럭거리는 소리를 들었다.

그날 저녁 왕이 궁전 아래층에 나타났다. 단정히 머리를 빗고, 붉은 턱수염은 잘 다듬어 기름을 발랐으며, 옷은 아주 깨끗했다. 그는 밖으로 나가 야훼의 궤가 있는 장막으로 가서 야훼께 경배를 드렸다. 그리고 나서 돌아와 음식을 가져오라고 해서 먹었다.

토비아스는 입을 딱 벌리고 왕을 쳐다보았다. 그는 충직한 종이었으나 나이가 많지는 않았다. 그래서 그가 이해하지 못하는 부분이 많았다. 다윗은 그가 당황해하는 것을 보고 말했다.

"내 아들이 살아있는 한 나는 야훼께서 자비를 베푸셔서 그 아이를 살려주실지도 모른다고 생각했다. 그러나 이제 아이는 죽었다. 아무리 금식을 한다 해도 그 아이의 생명을 소생시킬 수는 없지 않으냐. 내가 아들을 다시 살릴 수는 없다. 언젠가 내가 그에게로 가야지, 그가 내게로 돌아올 수는 없지 않으냐."

다음날 다윗 왕은 브나야와 함께 말을 타고 랍바로 가서 요압과 합류하여 암몬과 싸웠다. 랍바는 그들의 공격 앞에 쓰러졌고, 그 시민들은 해골처럼 밖으로 기어나왔다. 젊은 하눈 왕은 무릎을 꿇고 목숨을 살려달라고 간청했다. 다윗은 그의 오른발 뒤꿈치를 하눈의 목 뒤에 얹었다. 절대적인 정복의 표시였다. 그리고 나서 그 앞에 희귀한 보석이 박힌 묵직한 왕관이 놓였다. 다윗은 사람들이 모인 곳으로 나가 그의 왕관을 머리에 쓰고 자신이 암몬의 왕임을 선포했다.

이러한 모든 전쟁이 끝났을 때, 다윗은 어린 아들의 그 작은 몸이 꺼칠한 피부 속에 긴장하며 아파하던 모습을 지켜보았던 그날을 떠올렸다. 아이의 눈 속에서 보았던 아버지에 대한 믿음을 기억했고, 자신이 괴로워하며 그 방을 달려나왔던 순간을 회상했다. 이제 며칠이 지나고 보니 그 방에 자신과 그 아이만 있었던 게 아니라는 생각이 떠올랐다. 한 여인이 그 뒤에 앉아 조용히 울고 있었다. 그가 뛰쳐나왔을 때에도 그녀는 그 자리에 남아 있었다. 그 아기의 어미, 밧세바.

이제 왕국이 완전히 평화를 되찾자 다윗은 그의 아내에게 가서 부드러운 말과 노래로 위로해 주었다. 곧 그녀는 임신을 했고, 보리밭에 씨를 막 뿌리고 난 직후 한겨울에 밧세바는 두 번째 아이를 낳았다.

아기에게 할례를 베푼 날 사람들은 그 아기를 솔로몬이라고 불렀다. 그리고 예언자 나단이 다윗과 밧세바에게 나와 야훼께서 이 아이를 특별히 사랑하신다고 말했다. 그래서 그들은 아기의 이름에 두 번째 이름을 붙여주었다. '여디디야', 즉 야훼께서 사랑하신다는 뜻이었다.

형제간의 비정한 살인

암논 Amnon

다윗에게는 솔로몬보다 나이 많은 아들이 여럿 더 있었다. 마흔 살이 되었을 때 다윗의 밑으로는 장차 그를 이어 유다와 이스라엘을 다스릴 왕이 될 훌륭한 한 세대가 이루어져 있었던 것이다.

야훼께서 그렇게 약속하지 않으셨던가?

그가 이 세상 만물 속에서 확고하게 정해진 영원한 언약을 나와 맺었기 때문이다.

헤브론에서 태어난 다윗의 다섯 아들은 이제 다 자라서 튼튼하고 용맹스러워졌고, 벌써 부모로부터 물려받은 권력을 지니고 있었다. 맏형인 암논은 다윗과는 달리 갈망과 열정이 있는 자였다.

그의 동생 압살롬은 정말 아름다웠다. 그는 다윗이 사울과 요나단을 보고 반했던 그 풍성한 검은 머리카락을 가졌다. 단지 압살롬을 바라보기만 해도 아버지의 마음이 움직였다. 똑바르고 고른 이마, 빈틈없는 정신, 부드럽게 말을 할 줄 알고, 가장 분별력 있고 기품 있는 자. 그렇다, 그는 왕의 거동을 가지고 태어났다.

셋째 아도니야는 잘 토라지는 면이 있었다. 약간 의기소침하고 상처를 잘 입었다. 그러나 그는 훌륭한 학자였다. 그에게는 자신의 글을 옮겨 적게 할 서기가 필요 없었다. 다윗은 셋째 아들의 지식을 자랑스럽게 여겼다.

그러나 그는 넷째와 다섯째에게는 거의 주목하지 않았다. 아마도 그가 왕국 합병에 온 마음을 쏟고 있을 때 태어난 아이들이었기 때문일지도 몰랐다. 그래서 스바댜와 이드르암, 이 둘은 평생 동안 서로 가까이 지냈다. 그들은 다윗이 예루살렘으로 옮기기 직전에 태어난 마지막 아들들이었다.

그리하여 예루살렘 왕의 새 집은 10년 안에 태어난 열세 명의 아들들로 넘쳐나는 것 같았다. 그러니 그 두 아들이 조용히 결연을 맺은 것은 어쩌면 당연한 일이었다. 어느 쪽도 권력에 대한 열망이나 자기들의 신분을 이용해 뭔가를 손에 넣고자 하는 욕심을 갖고 있지 않았다.

그들이 각각 열세 살, 열네 살이 되었을 때 그들은 창백한 한 아이, 밧세바의 살아남은 아들인 솔로몬의 극적인 탄생을 다른 사람들과 함께 지켜보았다. 그들은 유념하여 보았다. 그 아이가 얼마나 조심스럽게 키워지는지, 그가 진정한 자유를 얼마나 갖지 못하는지, 홀로 지내는 때가 얼마나 없는지 그리고 그러한 면들이 그를 얼마나 조용히 가라앉은 성격으로 만드는지를 지켜보았다.

그들은 자신들이 평범하고 주목받지 못하는 것을 기뻐했다. 그러다가 자신들의 잘못은 아니었지만, 형제들 사이에 벌어진 너무도 비정한 살인을 목격하게 된 후에 그들은 그만 짐을 챙겨 영원히 다윗의 집에서 도망을 치고 말았다.

아히노암에게서 난 다윗의 맏아들 암논이 스물두 살이 되었을 때, 그는 너무도 열렬히 다말을 사랑하게 되었다. 그것은 금지된 사랑이었고, 그는 그로 인해 많이 괴로워했다. 왜냐하면 그녀는 다윗의 아내이며 압살롬의 어머니인 마아가가 낳은 아이였기 때문이다. 다말은 암논의 배다른 동생이었다.

그녀는 이제 막 소녀티를 벗은 처녀였다. 눈꼬리는 약간 올라갔고,

머리카락은 짙은 붉은색이었으며 피부는 까무잡잡했다. 성숙한 얼굴에 비해 마음은 아직 어렸다. 그녀는 자신이 남자에게 어떠한 정열을 불러일으키는지 전혀 이해하지 못했다.

이 여인을 차지하지 못해 괴로워하던 암논은 끝내 앓아 눕게 되었고, 곧 온 왕실이 걱정하기 시작했다. 다윗이 몸소 맏아들에게 와서 말했다.

"내가 너를 위해 도울 일이 없느냐?"

암논이 말했다.

"네, 있습니다. 여동생 다말이 이리로 와서 제가 지켜보는 가운데 과자를 구워 그녀가 손수 그 과자를 제게 먹여주도록 해주세요."

왕은 그의 요청을 들어주었다. 그는 다말을 암논에게 보내며 말했다.

"네 오라비를 위해 음식을 만들어주어라."

그녀는 시키는 대로 했다. 다말은 암논의 집에 와서 밀가루를 반죽하여 그가 보는 앞에서 과자를 만들었다. 그녀는 암논이 요청한 대로 손수 과자를 먹여주기 위해 그것을 그에게로 가져갔다. 그러나 그는 안 먹겠다고 버텼다. 그는 자신의 개인 시종에게 말했다.

"종들을 멀리 보내라. 그리고 너도 정원 밖에서 기다려라."

그들만이 남게 되자 그는 여동생에게 말했다.

"음식을 내 방으로 가져와라."

다말은 하라는 대로 했다. 그녀는 과자를 암논의 방으로 가져왔다. 그녀는 과자 하나를 집어들어 무릎을 꿇고 조심스럽게 그의 입으로 가져갔다. 갑자기 암논은 그녀의 손목을 잡았다. 그는 헐떡거리며 식은 땀을 흘렸고, 그 호소하는 눈빛은 젖어 있었다.

"나하고 자자!"

다말은 놀라서 외쳤다.

"안 돼요! 당신은 나의 오라버니예요! 안 돼요! 이런 수치를 당한 뒤에 제가 어디를 갈 수 있겠어요? 안 돼요."

그러나 암논은 화를 내며 그녀를 놓아주지 않았다. 그는 그녀의 옷을 찢어서 벗기고 침대로 끌고 가 겁탈했다. 그녀를 욕보이고 나자마자 그는 그녀에게서 떨어져나갔다.

다말은 울고 있었다. 얼굴은 얼룩져 있었다. 그녀는 담요에 피를 흘리면서 여전히 침대에 누워 있었다. 그녀는 무릎을 세워 마치 애벌레가 칼끝에서 몸을 말아올리듯 최대한 움츠렸다. 암논이 말했다.

"여기서 나가!"

그녀는 고개를 저으며 계속 울었다. 그는 좁은 방안을 왔다 갔다 했다.

"일어나! 내 침대에서 내려와!"

그녀는 몸을 죄어 단단한 공처럼 만들었다. 그녀의 붉은 머리카락이 얼굴에 달라붙어 이제는 음탕하게 보였다.

"이제 그만 징징대. 왜 그러는 거야? 이젠 네가 필요 없는 줄 몰라? 가버려, 내 방에서 꺼져."

"아뇨, 당신과 함께 있을 거예요."

그녀가 흐느껴 울었다. 그러자 증오심이 그가 예전에 느꼈던 사랑보다 더 커졌다.

"네 발로 나가지 않으면 내가 밖으로 던져버릴 테다!"

"오라버니, 이렇게 나를 쫓아내는 것은 방금 나를 욕보인 것보다 더 큰 죄예요."

분노가 끓어오른 암논은 정원에 있는 시종을 불러들였다.

"이 창녀를 끌어내 내 집에서 쫓아내라!"

어린 시종은 다말을 조심스럽게 방에서 데리고 나왔고, 그러는 동안 암논은 소리쳤다.

"나가거든 빗장을 질러라!"

다말은 시집가지 않은 왕의 딸들이 입는 소매 달린 긴 옷을 입고 암논에게 왔다. 이제 그녀는 찢어지고 지저분한 그 옷을 갈아입지도 않고, 오히려 갈기갈기 찢고 머리에는 재를 끼얹은 채 동복 오빠 압살롬에게로 갔다.

"무슨 일이냐? 다말, 무슨 일이 있었느냐?"

압살롬이 물었다. 그녀는 그의 가슴에 쓰러졌고, 그는 그녀가 울음을 참을 수 있을 때까지 그녀를 꼭 안아주었다. 그러자 그녀는 그의 귀에다 대고 작은 소리로 말했다.

"암논, 암논이……."

압살롬은 매우 침착했다.

"진정해라, 누이야. 이곳에서 지내라. 여기서 나와 함께 지내며, 기다려라. 기다려라."

그래서 그렇게 그녀는 버려진 여인처럼 압살롬과 살았다. 그리고 그들은 기다렸다. 그들은 다윗이 그 죄를 알게 되었다는 소식을 들었다. 그리고 아버지가 암논에게 매우 화가 났다는 말도 들었다. 그러나 왕은 암논을 처벌하지도 않았고 잘못을 바로잡기 위한 어떤 일도 하지 않았다. 그런 채로 해가 바뀌었다. 압살롬은 지독한 말을 했다.

"그 아버지에 그 아들이군. 아마도 죄를 지은 자는 또 다른 죄지은 자를 비난할 수 없는가 보군. 기다려라, 다말. 참아라. 그러면 내가 이 문제를 내 손으로 처리할 방법을 찾을 수 있을 것이다."

일 년이 더 지나갔다.

양털을 깎을 때가 되었을 때, 압살롬은 바알하솔에서 연회를 열어 이 계절을 축하할 것이라고 알렸다. 그는 함께 먹고 마시자고 모든 형제들, 즉 왕의 아들들 전부를 초대했다. 그들 모두 유쾌한 마음으로 왔다.

그리하여 이곳에서 다윗 왕국의 영광들이며 다음 세대를 이끌어갈 열여덟 명의 사나이와 소년들이 모두 모여 이야기하며 웃고 있었다. 그들은 맛있는 음식을 배불리 먹고 훌륭한 포도주를 실컷 마셨다. 저녁이 되어 분위기가 한창 즐거워졌을 때, 압살롬의 종들이 옷 밑에 칼을 숨기고 재빨리 연회장 안으로 걸어들어왔다. 암논이 낯선 사람들에게 에워싸였다는 것을 막 깨달았을 때 압살롬이 명령을 내렸고, 종들이 그의 형을 칼로 찔러 죽였다.

다른 왕자들은 공포에 떨며 자리에서 일어났다. 그들은 연회장을 뛰쳐나와 노새에 올라타고는 힘껏 달려 예루살렘으로 갔다. 그 피 묻은 장소에서 빨리 벗어나 자신들의 죄 없음을 증명하기 위해서였다.

스바댜와 이드르암은 예루살렘에서도 멈추지 않았다. 이 두 아들들은 유다의 산간 지방으로 계속 갔다. 그리고 왕족과 음모로부터 멀리 떨어진 그곳에 정착했다. 그들은 그들의 할아버지처럼, 왕위에 오르기 훨씬 이전의 아버지처럼 양치기 생활을 택했다.

압살롬은 반대 방향으로, 그의 외할아버지가 왕으로 다스렸던 이스라엘의 북동쪽 왕국 그술로 도망쳤다. 다윗왕은 즉시 포고령을 내려 맏아들을 죽인 살인자는 망명지 그술에 남아 있어야만 하고, 다시는 집으로 돌아올 수 없다고 선포했다. 그것은 적절한 벌이었다.

그러나 다윗은 아름다운 아들이 점점 보고 싶어졌다. 그 누가 압살롬만큼 우아함과 품위를 보여줄 수 있겠는가? 마음속 깊이 생각하는 가장 왕자다운 풍모를 풍기는 아들을 어디서 또 찾을 수 있단 말인가? 암논은 되돌아올 수 없다. 그리고 압살롬은 죽은 것이나 마찬가지였다.

수많은 나라의 통치자인 다윗 왕은 슬픔 속에 마음이 산만해져 옥상 정원을 천천히 걸었다. 그는 궁전 지붕 위에 비가 올 때나 한낮의 태양이 비출 때 머무를 수 있는 정자를 만들었다.

요압은 사람들이 무심코 숨은 진실을 드러낼 때를 제외하고는 그 누구의 외모에 대해서도 신경을 쓰지 않았다. 그런데 최근 몇 달간 그는 왕의 거동에서 나타나는 변화를 느끼지 않을 수 없었다. 다윗의 붉은 머리에는 흰머리가 섞여 있었다. 그의 재빠른 눈 속에 빛나던 그 금빛 광채는 사라지고 단지 갈색의 피곤한 기운만 남아 있었다. 그의 몸은 하얗게 병색이 돌고 야위었다. 그는 잘 먹지도 않았다. 그는 궁전 지붕에서 혼자만의 시간을 보냈다.

요압이 해석하는 왕의 마음속 진실은 그가 압살롬을 애타게 그리워하고 있다는 것이었다. 요압 자신이라면 깨끗이 묻어버렸을 터였다. 요압은 뭔가에 절실히 매달리는 일이 없었다. 더욱이 그는 압살롬에게 아무런 느낌도 없었다. 사실 그는 압살롬이 괜히 멋있는 척한다고 생각했다. 압살롬은 일 년에 한 번 머리를 깎고 마치 무슨 중대한 의식이나 치르는 것처럼 그 자른 머리의 무게를 재곤 했다. 그러나 한편 왕이 저렇게 외로움으로 괴로워한다면 왕국의 체면이 깎이게 된다.

순전히 실리적인 이유에서 요압은 다윗의 마음을 털어놓게 할 묘안을 생각해냈다. 그는 드고아에서 한 슬기로운 여인을 데려왔다. 그녀에게 상복을 입히고 조심스럽게 이야기를 짜맞춘 뒤 왕에게로 보냈다.

"오, 왕이시여. 도와주십시오!"

그녀가 말했다.

"너의 문제가 무엇이냐?"

"슬프게도 저는 과부입니다. 저에게는 남편의 이름을 계승할 두 아들이 있었습니다. 그러나 그들은 서로 싸우다가 한 아들이 다른 아들을 쳐서 죽였습니다. 그러자 온 집안이 남은 그 아들을 죽이겠다며 그를 넘기라고 요구하고 있습니다. 그러나 그는 나의 상속자입니다. 그들은 나의 불씨마저 꺼버려 남편의 이름도 후손도 남기지 못하게 할 것입니다."

다윗 왕은 재빨리 결론을 지었다.

"네 집으로 가라. 내가 명령을 내려 네 아들을 보호하겠다."

그녀는 한층 더 다그쳤다.

"왕께서 야훼께 간구하셔서 피의 복수자들이 더 이상 살인하지 않게 해주시고, 제 아들이 죽지 않게 해주십시오."

"야훼께서 살아 계시는 한, 네 아들의 머리털 하나도 땅에 떨어지지 않게 하겠다."

그러자 그녀는 즉시 자리에서 일어서서 솔직하게 사실을 말했다.

"왕께서는 이 결정에서 자신의 잘못을 깨닫지 못하십니까?"

다윗은 얼굴을 찡그리며 뒤로 물러섰다.

"나의 주인님이신 왕께서는 하나님의 천사와 같으시며 선과 악을 구별하실 줄 아는 분이십니다. 왕께도 두 아들이 있습니다. 한 아들이 다른 아들을 죽였고 당신은 살아 있는 아들을 추방했습니다. 그러나 그 결과가 무엇입니까? 당신뿐만 아니라 온 왕국이 상속자를 잃지 않았습니까? 왕이시여, 압살롬은 왕위를 이어갈 상속자입니다! 그분을 이곳으로 다시 데려오십시오. 그러지 않으면 우리 모두는 다 죽어야만 합니다. 우리는 다시 주워담을 수 없는, 땅에 쏟아진 물과 같습니다. 암논은 돌아올 수 없습니다. 그러나 압살롬은……."

다윗 왕은 그녀를 자세히 바라보았다.

"이 이야기는 요압의 생각에서 나온 것이냐?"

"왕께서는 하나님의 천사 같은 지혜를 가지고 계십니다. 맞습니다. 요압이 저에게 제가 말씀드린 그대로 말하도록 시켰습니다."

다윗은 고개를 끄덕이고 또 끄덕였다. 분노의 빛줄기 같기도 하고 기쁨의 빛줄기 같기도 한 것이 그의 눈 속에서 빛났다.

"그자에게는 투구가 필요 없다. 그의 두개골이 청동으로 되어 있으니."

그리하여 다윗은 자신의 포고령을 취소했다. 그는 요압이 압살롬을 다시 예루살렘으로 데려오는 것을 허락했다. 그러나 그는 팔짱을 낀 채 덧붙였다.

"그를 나에게서 멀리 떨어져 자기 집에서 살게 하라. 그는 여전히 왕의 면전에서는 추방된 것이다!"

압살롬이 서쪽 문을 통과하여 예루살렘에 들어올 때, 왕은 지붕 꼭대기에 서 있었다. 어느 아들보다도 군인답고 장려한 위풍을 지닌 아름다운 아들이 검은 머릿결을 늘어뜨리며 오는 모습을 위에서 지켜보았다. 그는 또한 압살롬이 위를 쳐다보며 오른손을 들어 인사하는 것도 보았다. 그러나 왕은 단지 쳐다보았을 뿐 인사에 답하지 않았다.

2년 동안 다윗은 압살롬을 멀리서 지켜보았다. 2년 동안 그는 그 매정한 징계를 거두어들일 수 없다고 다짐했다. 그는 아들이 말을 타고 지나갈 때마다 표정을 굳혔다. 그러나 그는 압살롬의 대담성에 매료되어 지켜보았다. 그 아들은 아버지의 눈을 똑바로 쳐다보았다. 흔들림 없이, 부끄럼 없이, 마치 무엇인가 찾듯이 보고 또 쳐다보았다. 얼마나 오랫동안 다윗은 그 재판하는 듯한 자세를 유지할 수 있을 것인가? 왕 노릇 하기란 종종 인내의 한계를 넘어서는 것이었다.

그러던 어느 날 요압이 짜증스럽게 투덜거리며 왕의 방으로 들어왔다. 그의 옷은 땀과 재로 얼룩졌고 매캐한 연기 냄새를 풍겼다. 들불 냄새였다.

"왕이여, 내가 아는 한 당신 아들들을 다스리는 건 당신 소관입니다. 왕자의 말은 나에게 아무런 힘도 갖지 못합니다. 나는 이 일을 공모하지도 않았습니다. 그런데도 그는 나로 하여금 당신께 전갈을 전해달라고 설득했습니다."

"압살롬 말이군."

왕이 말했다.

"그렇습니다, 마아가의 아들 압살롬입니다."

그가 조용히 물었다.

"어떤 전갈인가?"

"압살롬 왕자가 말했습니다. '왜 나를 그술에서 이리로 데려온 것이오? 차라리 거기에 그대로 있는 것이 나을 뻔했소. 왕 앞에 나아가게 해주시오. 그리고 나에게 죄가 있다면, 왕께 죽여달라고 전해주시오.'"

"그것이 왕자가 한 말인가? 그는 내가 그를 죽일 것이라 생각하나?"

요압은 어깨를 으쓱했다.

"주제넘게 해석하고 싶지 않습니다."

"그의 기세가 꺾였단 말인가? 자기를 죽이라니! 그밖에 무슨 말을 했는가?"

"나는 그의 말을 더 듣고자 기다리진 않았습니다."

요압이 자리를 뜨려고 돌아섰다. 그러다 다윗의 방문 옆에 잠깐 멈춰 서서 말했다.

"왕이여, 왕자는 마치 내가 자기 종이라도 되는 양 계속 나를 부르러 사람을 보냈습니다. 나는 그를 무시했습니다. 오늘 아침 누군가 내 보리밭에 불을 놓기 전까지는요. 불을 끄러 달려가보니 그가 거기에 횃불을 들고 서 있었습니다. 그리고 내가 전한 대로 말을 했습니다. 그리고, 아니, 그의 기세는 전혀 꺾이지 않았습니다."

요압은 넌더리를 내며 밖으로 나갔다. 다윗은 그 말에 전혀 주의를 기울이지 않았다.

"내가 저를 죽일지도 모른다고! 왕의 징계가 아들을 죽게까지 한다고 생각한단 말인가?"

그는 중얼거렸다. 그리하여 다윗은 엄한 태도를 누그러뜨렸다. 그는 압살롬을 불렀다. 그 잘생긴 아들이 자기 집의 중앙문으로 걸어들어 왔을 때, 그는 달려가 아들을 껴안고 그에게 입을 맞추었다.

"압살롬!"

그는 눈물을 흘렸다.

"오, 내 아들. 내가 너를 얼마나 보고싶어했는 줄 아느냐?"

반란의 막이 오르다

압살롬 Absalom

그 무렵 압살롬은 가는 곳마다 전차를 탔다. 그리고 말과 50명의 부하들을 호위병으로 삼아 앞서 달리게 했다. 그는 아침 일찍 일어나 하루 종일 성읍 문에 서 있기 시작했다. 누군가 어떤 문제에 대해서 왕의 판결을 구하러 예루살렘에 오면 압살롬은 그 사람을 불러 말하곤 했다.

"어느 성읍에 사시오? 어느 지파요? 당신의 아이들은 어떻소?"

탄원자에게 이런저런 질문을 하고 친근한 대화를 나눈 후 압살롬은 진지하게 선언하곤 했다.

"보시오, 당신의 주장은 매우 옳소. 그러나 지금 왕은 바쁘고 아무도 당신의 말을 들어줄 사람이 없소."

그는 깊은 동정심에 고개를 내저었다.

"내가 이 땅의 판단자라면 탄원할 것이 있는 자들에게 정의로운 판결을 내려줄 수 있을 텐데!"

그리고는 한숨을 쉬었다. 이제 사람들은 종종 압살롬 앞에 큰절을 하곤 했다. 이스라엘에서 그리고 특히 유다에서는 어디를 가든지 사람들이 그 앞에서 격식을 차린 큰절을 했다. 그러면 그는 항상 그들을 일으켜세우며 어깨를 잡고 입을 맞추었다. 그는 그런 식으로 사람들에게 훌륭한 마차를 탄 잘생긴 왕자에 대한 찬탄과 경모의 정을 가득 심어주었다.

다윗 왕의 자비에 힘입어 되돌아온 지 4년이 지났을 때, 압살롬은 비밀리에 이스라엘의 여러 지도자들과 협의를 하기 시작했다. 그는 밤에 이스라엘 밖에서 그의 사촌 아마사를 만났다. 아마사는 많은 전투 경험을 쌓은 전사였다. 더욱이 그는 요압의 조카로서 총사령관으로부터 군대 이끄는 법을 배웠다.

그들은 얘기를 끝낸 뒤 서로 다정하게 포옹하고 헤어졌다. 아마사는 북쪽으로 길을 떠나 이스라엘 전 지파를 다니며 각 지역의 시민군 지도자들과 이야기를 했다.

압살롬은 남쪽 유다 산간 지방으로 달렸다. 그는 헤브론에서 약 8킬로미터 정도 떨어진 마을, 길로에 있는 아히도벨의 집으로 갔다. 그는 나이든 백발의 근엄한 노인으로, 국가적인 존경을 받고 있는 사람이었다.

아히도벨은 오랫동안 다윗 왕의 가장 지혜로운 참모였다. 그의 말은 이스라엘 사람들에게 마치 하나님의 예언처럼 받아들여졌다. 8년 전까지 그는 예루살렘 왕 곁에서 그를 모셨다. 그러나 그 후 자리에서 물러나 길로에 있는 집으로 돌아가서 특별한 요청이 있을 때에만 다윗 왕을 위해 일했다.

압살롬은 아히도벨이 왕을 떠난 이유를 안다고 생각했다. 그는 말을 꺼내기 전에 오랫동안 노인을 바라보며 앉아 있었다. 그 침묵은 그가 논의하기 위해 가져온 문제의 심각성을 의미할 뿐만 아니라 한 개인에 대한 존경심을 전하는 의미도 있었다. 마침내 압살롬은 입을 열었다.

"저는 당신을 대신해 복수를 생각하고 있습니다."

아히도벨이 눈썹을 치켜올렸다.

"나를 대신한다고? 내가 어떠한 복수를 꾀하고 있다고 생각하나?"

"내 아버지, 다윗 왕에 대해서죠. 당신의 손녀 밧세바에게 지은 죄에 대한 복수 말입니다."

압살롬이 말을 멈추었다. 노인은 사실을 기억하는 듯 희미하게 얼굴을 찌푸렸다. 그렇다, 압살롬의 직감은 정확했다. 그래서 그는 확신을 가지고 이야기를 몰아갔다.

"말을 돌릴 것 없이 다윗 왕이 그녀를 겁탈한 것입니다. 더욱이 저는 우리아의 죽음도 그가 명령하지 않았을까 의심하고 있습니다."

아히도벨은 아무 말도 하지 않았다. 그러나 그의 창백한 눈빛 속에는 분노가 이글거리고 있었다.

"저는 왕위 계승자로서 제 정당한 자리를 차지하려고 계획 중입니다. 그러기 위해서는 아버지의 왕국을 뒤엎어야만 합니다. 그는 당신 집안의 여인 밧세바에 대한 그 큰 죄 때문만이 아니라 다른 많은 죄 때문에 어차피 무너지게 될 것입니다. 아히도벨, 지금 나에게 아무 말도 하지 마십시오. 단지 당신이 제가 믿을 수 있는 최고의 참모로서 기꺼이 저를 위해 애써주실 수 있는지 생각해 보십시오."

그는 눈을 내리깔았다. 압살롬은 그 노인의 마음을 읽을 수 없었다. 그래서 그는 준비해 둔 이야기의 결말을 지었다.

"몇 주 후에 저는 헤브론으로 갈 겁니다. 한때 왕이 살던 곳이라 지금까지도 그 성읍 사람들은 왕이 자신들을 떠나 위신이 깎였다는 데 유감을 갖고 있지요. 내 사촌 아마사가 지휘하는 이스라엘 군대가 그리로 올 것입니다. 그러니 당신께서는 나팔소리와 '압살롬이 헤브론의 왕이다.'라는 외침을 들었을 때, 제가 이 땅에 정의를 다시 세울 수 있도록 도와주실 것인지를 선택하시면 됩니다."

다윗이 그의 아들 압살롬에게서 정중한 전갈을 받았다. 왕자가 왕을 뵙기를 간청한다는 것이었다. 다윗은 아들이 이처럼 격식을 차리는 것에 큰 소리로 웃으며 말했다.

"오라고 해라! 우리가 함께 식사를 할 것이라고 전해라!"

다윗은 송아지를 잡게 했고 아들을 융숭히 대접하려고 준비했다. 그는 가장 맛이 좋은 포도주를 옥상으로 가져오라 했고, 정원 가운데 지은 정자에 식탁을 차리라고 명했다. 그는 아주 기분 좋게 아들이 보인 격식을 능가하려고 애썼다.

그는 자줏빛 제왕의 옷을 입고 머리에는 향유를 발랐다. 그의 머리카락은 이제 은회색이 되었으나 전과 다름없이 부드러웠고, 압살롬의 검은 머리처럼 웅장한 폭포수로 흘러내리지는 않았지만 느슨하게 굽이치고 있었다. 갑자기 생각이 나서 그는 이마에 제왕의 띠를 둘렀다.

그리하여 다윗과 그의 아들이 함께 식탁에 앉았다. 왕의 정자에서 잘생긴 압살롬이 말했다.

"왕이시여, 청컨대 제가 떠날 수 있게……."

"잠깐만!"

다윗이 소리쳤다.

"네가 무엇을 원하든지 너에게 줄 것이니, 간청과 허락 같은 것은 잠시 미루자꾸나, 아들아."

밝은 태양빛이 가득 넘쳐흐르는 마음으로 그가 말했다.

"그래, 어떻게 지내느냐?"

압살롬은 의외의 진지한 질문에 놀라 눈을 깜박거렸다.

"글쎄요, 잘 지내고 있습니다."

"아, 그렇다면 하나님께서 우리 두 사람을 잘 지켜주셨구나. 나도 괜찮다. 그래, 그래, 모든 게 좋구나."

사실이 그랬다. 몇 년 동안 전쟁이 소강 상태였다. 비도 때맞추어 풍부하게 내렸다. 왕 자신도 음악 속에서 옛 즐거움을 다시 찾을 수 있었다. 예전에는 부를 수 없었던 노래들, 불평이 아닌 찬양으로 가득 찬 노래들을 부를 수 있었다.

압살롬은 아버지를 물끄러미 바라보고 있었다.

"그러면 왕국에는 아무런 문제도 없습니까?"

"없다."

다윗이 말했다. 그러다 잠시 생각하더니 다시 말을 이었다.

"그런데 로뎀이 죽었다. 오랫동안 함께 있었던 하녀, 내가 어렸을 때부터 이미 나이가 많았던 비질하던 그 하녀, 헤브론에 있던 내 집 밖의 거리를 깨끗이 쓸던 그녀 말이다. 그 충직한 로뎀이 죽었다. 그것이 마음 아프다."

압살롬은 이맛살을 찌푸렸다.

"비질하는 여자라고요? 왕국의 문제를 떠올리는데, 한낱 비질하는 여인의 죽음이 생각난다는 말씀이세요?"

"그래, 왜? 내가 알아야 할 어떤 일이라도 있느냐?"

압살롬은 잠시 음식을 먹는 데만 열중했다. 태양이 아래로 기울고 있었다. 저녁때가 가까워오고 있었다. 다윗이 입을 떼었다.

"야훼의 궤가 머물 집이 없구나. 그것이 내가 바로잡을 수 없었던 한 가지 잘못된 일이지. 그러나 틀림없이 바로잡아질 것이다. 압살롬, 야훼께서……."

다윗은 뺨이 달아오르는 것을 느꼈다. 그러나 이미 말을 꺼냈기 때문에 그것을 담아둘 수가 없었다.

"야훼께서 나에게 말씀하시길 내 자손이 그분의 이름으로 집을 지을 것이라 하셨다. 내 아들이 왕이 되면 그가 그 잘못을 바로잡을 것이다."

너무나도 달콤한 마음의 동요가 다윗의 가슴에 일어나고 있었다! 마치 젊은 여인에게 말을 하고 있는 듯했다.

"어디에 야훼의 성전이 지어질까요?"

"저기. 저 너머."

다윗이 그들의 북쪽, 더 높은 언덕을 가리켰다. 그곳 동쪽으로 그림자가 짙게 드리우고 있었다.

"모리아 산 위에. 잘 들어라. 다음 왕은 이 협곡을 돌과 흙으로 메워 이곳에서 저곳까지, 언덕에서 언덕까지 길을 닦아야 한다. 그리하여 야훼께서 다윗의 성읍 안에 거주하실 수 있게 말이다!"

왕은 이를 드러내며 웃었다. 그는 그런 생각을 가슴에 품은 이래 처음으로 자신의 꿈을 소리내어 말한 것이었다.

"어떻게 생각하느냐?"

압살롬은 일어서서 지붕의 북쪽으로 걸어갔다. 그는 잠시 높은 언덕을 쳐다보았다. 그리고 나서 그는 서쪽으로 가서 성읍의 거리를 내려다보았다.

"왕의 전망이군요."

다윗이 일어나서 그 옆에 다가갔다.

"뭐라고 했느냐?"

"이것이 왕께서 시선을 내려 아래 백성들의 삶을 바라볼 때, 왕이 보시는 광경이군요."

"그렇지. 연민과 애정을 느끼게 되지. 그래서 기도를 하게 된단다."

"왕은 이곳에서 백성들의 외로움도 알아차릴 수 있나요? 자녀들의 마음을 꿰뚫어보고, 그들이 소외되어 고립감으로 괴로워할 때 그것을 알 수 있나요?"

다윗이 답을 하기도 전에 압살롬은 낮은 음조로 콧노래를 부르기 시작했다. 그러더니 노래에 가사를 붙였다.

"'오 하나님, 물이 제 목까지 차올랐습니다.' 기억하세요?"

그리고 그는 곡조를 붙여 힘 있는 목소리로 노래를 불렀다.

오 하나님, 물이 제 목까지 차올랐습니다.

저는 수렁 속으로 빠지고 있습니다. 발 디딜 곳이 없습니다.

우느라 지쳐 제 목소리는 갈라졌고,

저의 눈은 제 하나님을 기다리느라 침침해졌습니다.

"기억하세요, 그 노래?"

압살롬이 물었다.

"그 노래를 부르신 것을 기억하세요?"

다소 가라앉은 기분으로 다윗이 말했다.

"그래, 그때 나는 누군가가 내 노래를 듣고 있는 줄은 몰랐구나."

"저는 들었어요. 그리고 왕의 예리한 비난의 말도 기억하고 있습니다."

압살롬은 계속 노래를 불렀다.

　　이유도 없이 저를 미워하는 사람들이

　　제 머리카락보다도 많습니다.

　　그들은 거짓말로 저를 공격합니다. 제가 훔쳤다고 말하면서,

　　제가 훔쳤으니 돌려주어야 한다고 말하면서…….

압살롬은 궁전 지붕에서 도성의 서쪽 문을 내려다보며 말했다.

"혹시 왕께서는 다른 사람들도 그 시에 담긴 왕의 슬픔만큼이나 괴로워할 수 있다는 생각을 해보신 적이 있습니까?"

"물론, 자주 그런 생각이 들지."

태양의 한 부분이 이미 서쪽 지평선 아래에 닿았다. 아래 성읍이 어둠 속에 가라앉고 있었다. 두 사람은 그 어둠 속을 응시하고 있었다.

"한때 왕께서 지붕 꼭대기에 기대어 아래를 내려다보고 계실 때 제가 손을 흔든 적이 있었지요. 제가 왕께 손을 흔든 것을 기억하세요?"

다윗은 아들의 옆에 서서 아무 말도 하지 않았다.

"제 동생은 과부로 살고 있어요. 그애는 지금 과부의 상복을 십일 년

동안이나 입고 있지요."

다윗이 중얼거렸다.

"다말."

"네, 다말. 제 어머니 마아가의 유일한 딸이죠."

"그리고 나의 딸이기도 하다."

갑자기 압살롬은 몸을 똑바로 세워 어깨를 펴고 말했다.

"왕이시여, 제가 헤브론으로 떠날 수 있도록 허락해 주시기를 간청합니다. 제가 그술에 있을 때 야훼께 맹세를 했습니다. 만약 야훼께서 저를 예루살렘으로 돌아갈 수 있게 해주신다면, 제가 헤브론에서 야훼께 제사를 드리겠다고요."

"알았다, 가거라."

다윗이 말했다. 압살롬은 몸을 돌려 아버지를 쳐다보았다.

"제가 드리려는 제사를 위해 부하 이백 명을 데려가고 싶습니다."

다윗은 어두운 성읍을 계속 내려다보며 조용히 말했다.

"평안히 가거라."

압살롬은 오른손 손가락을 내밀어 아버지의 머리에 두른 금머리띠를 만졌다. 그리고 그는 격식을 갖추어 깊이 고개 숙이며 공손히 절을 했다. 그는 발길을 돌려 돌계단으로 걸어가 아래로 내려갔다.

다윗은 움직이지 않았다.

다음날 아침 일찍 다윗은 아들이 훌륭한 수레를 타고 50명의 부하를 앞세우고 200명은 뒤를 따르게 하고서 예루살렘을 빠져나가는 것을 지켜보았다.

어이없는 죽음

압살롬 Absalom

〔사무엘하 15:13~18:33.〕

그 후 몇 달이 지나 왕국의 여러 곳에서, 특히 유다에서의 소문들이 예루살렘으로 전해졌다.

"압살롬이 헤브론에서 왕으로 선포되었다."

"열두 지파 장로들이 전쟁의 뿔나팔을 불며 외치고 있다. '압살롬이 헤브론의 왕이다!'라고."

"길로 사람 아히도벨, 다윗 왕의 옛 참모가 헤브론에서 압살롬과 합세했다."

"반역이다! 압살롬의 사람들이 나날이 늘어나고 있다."

그리고 이런 소문도 있었다.

"이스라엘 사람들의 마음이 압살롬을 따라 떠났다!"

모든 지파들이 다윗 왕으로부터 독립을 선언하고 있었다. 그리고 마침내는 이런 소식이 왔다.

"오, 왕이시여. 아마사가 이스라엘의 시민군을 이끌고 북쪽에서 아래로 내려오고 있습니다! 압살롬은 아히도벨과 함께 남쪽에서 올라오고 있습니다!"

"일어나라."

다윗이 말했다. 그는 몸에 자신의 옷을 단단히 묶었다. 그리고 재빠른 전령들을 도성의 모든 고관들과 참모들에게 보냈다.

"지금 도망을 가자. 탈출로가 막히기 전에."

그렇게 왕은 모든 식솔들과 그에게 충직한 사람들 그리고 요압, 아비새, 브나야와 600명의 상비군과 함께 예루살렘을 떠났다. 그는 궁전을 돌볼 열 명의 후궁들만을 남기고 떠났다. 그들이 성읍 문을 지날 때 예루살렘 주민들은 눈물을 흘렸다.

　다윗 왕은 기드론 시내에서 멈추어 광야를 향해 서둘러 떠나는 부하들의 행렬을 지켜보고 있었다. 가장 마지막으로 온 사람은, 사울이 그들을 쫓던 당시부터 다윗의 제사장으로 있어온 아비아달이었다. 아비아달과 레위 사람들이 하나님의 언약궤를 지고 왔다. 다윗이 그들을 세웠다.

　"돌아가라. 궤를 지니고 도성으로 돌아가라. 내가 야훼의 은혜를 입게 되면 야훼께서 나로 하여금 집으로 돌아가 야훼의 궤를 다시 보게 해주실 것이다. 그러나 야훼께서 '내가 다윗에게서 기쁨을 찾을 수 없다.'고 말씀하시면, 야훼께서 내게 적합하다고 여기시는 일을 이루시게 빌 수밖에 없다."

　다윗은 제사장도 옆으로 밀어내며 말했다.

　"나의 친구, 그대 또한 마찬가지네. 이곳에 아들과 함께 머물게나. 압살롬이 예루살렘으로 들어오면, 그의 계획에 귀를 기울였다가 요단 강에 있는 나에게 전갈을 보내게."

　그리하여 아비아달은 하나님의 궤와 함께 예루살렘으로 돌아갔다. 그러나 다윗은 도성의 동쪽 높은 언덕으로 내내 울면서 올라갔다. 그는 머리를 가리고 맨발로 걸어갔다. 이 언덕은 올리브산(감람산)이었다.

　그가 정상에 도달했을 때, 후새라는 한 이방인이 슬픔에 겨워 머리에 흙을 뿌리고 옷을 찢은 채 그에게 달려왔다.

　"오, 나의 친구. 나도 당신과 함께 가게 해주시오."

　다윗은 잠시 그를 포옹한 뒤 말했다.

　"후새, 당신은 도성에 남아 나에게 도움을 줄 수 있을 것이오. 스스로 압살롬에게 참모가 되겠다고 말하시오. 당혹스러워하지 말고 그를 왕이라 부르시오. 그에게 아버지를 모신 것보다 그를 더 잘 모시겠다고 하시오. 그러면 아마 아히도벨이 그에게 해주는 이야기에 반대를 할 수 있는 기회가 올 것이오. 그리고 내 아들의 계략을 알게 되면, 사제 아비아달에게 전하시오. 그가 나에게 전해줄 것이오."

압살롬이 막 자줏빛 새 왕복을 입고 승리의 입성을 준비하고 있을 때, 아렉 사람 후새가 예루살렘에 도착했다. 도성 밖 산등성이 길을 따라 서 있는 사람들 가운데 후새만이 울고 있지 않았다. 그는 기쁨으로 위장하고 있었다. 그가 소리쳤다.

"임금님 만세! 만수무강하소서!"

압살롬이 그를 알아보았다.

"후새, 이 못된 사람아! 이것이 당신의 친구에 대한 충성심이오? 왜 다윗과 함께 떠나지 않았소?"

"오, 아닙니다! 저는 하나님과 이스라엘이 선택한 사람의 편입니다. 그런 사람이 아니라면 누가 힘을 가질 수 있겠습니까? 임금님, 제가 당신의 아버지를 잘 섬겼다면, 당신은 더 잘 섬길 수 있을 것입니다."

그래서 압살롬은 후새를 뒤따르게 하고 장대하게 입성했다. 그는 젊고 열렬한 갈망을 품고서 눈을 빛내며 수행원들과 함께 아버지의 궁으로 달렸다. 압살롬은 참모 아히도벨과 아마사 그리고 후새의 시중을 받으며 왕위에 올랐다. 그가 말했다.

"친구들, 당신들도 다윗의 시민들이 슬퍼하는 것을 보지 않았소? 어떻게 하면 이 도성을 나의 것으로 만들 수 있을지 조언을 좀 해주시오."

아히도벨이 눈을 내리깔자 그의 눈이 보이지 않게 되었다. 그가 부드럽게 말했다.

"임금님, 부왕의 후궁들과 동침하십시오. 모든 이스라엘 사람들이 당신께서 완전히 왕의 자리를 빼앗았고 부왕의 증오를 살 만한 일을 했다는 소식을 듣게 될 것입니다. 그러면 당신과 함께하는 모든 사람들이 더욱 힘을 얻을 것입니다."

"훌륭한 생각이오! 그리고 그 일을 할 만한 적절한 장소를 알고 있소."

압살롬이 말했다. 그리하여 그는 예루살렘에 머무는 동안, 모든 사람들이 그가 오가는 모습을 볼 수 있는 왕의 집 지붕의 정자로 규칙적으로 올라갔다. 그곳에서 부왕의 후궁들을 한 사람씩 데리고 정원을 지나 정자로 가서 그들과 동침을 했다. 그러나 아히도벨은 압살롬에게 매일 하나씩 새로운 조언을 받아들이도록 설득했다. 마치 필요 이상의 충성심으로 위로를 찾으려는 듯 보였다.

"더 이상 늦출 수 없습니다. 제가 일만 이천 명의 사람을 뽑아 즉시 다윗을 추격할 수 있게 허락해 주십시오. 제가 지치고 낙담한 모습의 다윗을 잡아와서 그를 공포에 질리게 만들면 그의 사람들이 도망갈 것입니다. 그러나 왕만을 치겠습니다. 그밖의 모든 사람들은 남편에게 돌아오는 신부처럼 당신께로 데려오겠습니다."

압살롬은 옥좌에 앉아 그의 조언에 대해 깊이 생각해 보았다. 아히도벨의 얼굴은 불안으로 긴장해 있었다. 그런데 압살롬은 아렉 사람 후새를 보며 그에게 물었다.

"당신은 어떻게 생각하시오?"

후새는 고개를 저었다.

"그 방법은 너무 약합니다."

그는 손을 등 뒤로 돌리고 발꿈치를 딛고 일어섰다.

"임금님께서도 아버지와 그 부하들의 힘이 강하다는 것을 알고 계십니다. 게다가 그들은 지금 새끼를 잃은 어미 곰처럼 무섭게 화가 나 있습니다. 왕께서는 다윗 같은 노련한 전사가 눈에 띄는 곳에서 우물쭈

물하고 있을 것 같습니까? 지금쯤이면 이미 땅 속 어딘가로 사라졌을 것입니다. 숨고도 남지요. 더군다나 이스라엘 전체가 다윗의 실력을 압니다. 누가 이기든 간에 첫 공격에서는 사람들이 '압살롬의 군대가 대학살을 당했다.'라고 말할 것입니다. 그러니 안 됩니다. 저는 기다리실 것을 권합니다. 먼저 단에서부터 브엘세바에 이르는 모든 이스라엘 사람들을 왕께로 모은 다음 바닷가의 모래알처럼 많은 사람들과 함께 왕께서 직접 전쟁터로 나가십시오. 우리는 다윗에게로 내려가 아침 이슬이 땅을 덮듯이 그를 덮칠 수 있을 것입니다. 그러면 다윗은 물론 그와 함께 있는 자들 가운데 단 한 사람도 남지 않을 것입니다. 그렇게 되면 왕이시여, 이 땅에 누가 왕인지 의심하는 자는 모두 없어질 것입니다."

아히도벨은 고개를 숙였다. 그는 후새가 길게 말하는 동안 숨을 죽이고 있었다. 얼굴을 가리고 깊은 생각까지도 숨기고 있었다. 압살롬은 아버지가 종종 쓰던 가는 금줄로 된 띠를 머리에 두르고 있었다. 미소가 그의 얼굴에 퍼져나갔다.

"후새, 당신 말이 옳소. 내가 싸워야 하오. 그러나 먼저 싸움에서 이길 수 있는 군대를 모아야 할 것이오."

그리하여 후새는 절을 한 뒤 압살롬의 면전에서 물러나와 이 소식을 아비아달 제사장에게 전했다. 아히도벨 또한 압살롬 앞에서 물러나왔다. 그리고 그 노인은 노새에 안장을 얹고 예루살렘을 완전히 떠났다. 더 이상 급한 일이 없는 것처럼 보였다. 그는 천천히 자신의 성읍이 있는 남쪽으로 갔다. 그리고 집을 정리한 후 그는 스스로 목을 매달았다.

그 무렵 다윗은 그의 상비군과 함께 마하나임에 이르렀다. 그는 불쌍한 이스보셋이 이스라엘의 왕이 되려고 애쓰고 있을 때 아브넬과 이스보셋이 점령했던 건물들이 있는 곳으로 갔다. 그리고 그는 자신의 아들 압살롬을 맞아 싸울 전략을 세우기 시작했다.

그는 아들을 잘 알았다. 압살롬은 아버지를 자비심 없고 통찰력도 부족한 사람으로 판단했을지라도, 다윗은 자신을 아는 것만큼이나 아들을 잘 알았다. 다윗은 압살롬이 권력을 이해하고 있는 것 이상으로 권력을 사랑한다는 것을 알았다. 결국 왕권이 그를 지배하게 될 것이었다. 왜냐하면 그는 자신을 다스릴 능력이 없기 때문이다.

말솜씨 좋은 압살롬. 자신의 손으로 가질 수 있는 것보다 훨씬 더 많은 것을 이 아버지가 줄 수도 있었는데.

다윗 왕은 자신의 군대를 점검해 본 뒤 백 명, 천 명 단위로 부대를 편성하여 각 부대의 지휘관을 임명했다. 그리고 군대를 세 개의 큰 군단으로 나누어 하나는 요압 아래, 또 하나는 아비새 아래 그리고 나머지 하나는 가드 사람 잇대 아래 두었다.

정찰병들이 돌아와 압살롬과 아마사가 요단 강을 건너 길르앗에서 야영을 하고 있다는 소식을 전했을 때, 다윗은 결전을 앞둔 최종 협의를 위해 사령관들을 모았다.

"예전처럼 나도 자네와 함께 출정하겠네."

"안 됩니다. 좋지 않아요. 그들이 우리의 절반을 쓸어버린다 해도 우리는 계속 싸울 것입니다. 그러나 그들이 당신 한 사람을 죽인다면, 전쟁은 끝이 납니다."

요압이 말했다. 다윗은 조카를 유심히 바라보았다. 냉정하고 자신감 있는 입, 딱딱한 잿빛 눈, 부드러움이나 연민이 담긴 표정이라고는 한 번도 지어본 적이 없는 사람.

"자네가 최선이라고 생각하는 것을 따르겠네."

다윗이 말했다. 왕은 성읍 문에 서 있었다. 그는 군대에게 행동 개시 명령을 외쳤고 그들이 백 명씩, 천 명씩 행진해 나갈 때 그들에게 손을 흔들었다.

"부드럽게 다루게!"

그가 소리쳤다.

"나를 위해서 그 어린 압살롬을 부드럽게 대해주게!"

그날 요압은 이전의 그 어떤 전투보다도 잘 해내었다. 세월도 그의 지적인 능력이나 육체의 힘을 쇠하게 만들지 못했다. 압살롬과 아마사의 지휘 아래에 있는 군대를 에브라임 숲으로 끌어들이도록 지시한 사람도 요압이었다.

그는 숲속에서 부대 간의 연락이 끊기기 쉽고 이동 속도가 늦어진다는 것을 잘 알고 있었다. 그는 노련한 부하들과 바람처럼 빨리 연락하면서, 어떻게 하면 적군들을 적은 무리로 갈라놓아 숲속에서 판단력을 흐리게 할 수 있는지를 훤히 알았다. 그는 속임수와 책략을 쓰고 복병을 두어 불시에 맹렬한 공격을 가했다. 아마사는 다윗이 예루살렘의 마구간에 넣어둔 수백 대의 전차들을 배치할 계획이었다. 그러나 그는 목숨을 잃었고, 그 숲이 칼보다 더 많은 인명을 삼켜버렸다.

압살롬도 마찬가지로 목숨을 건지려고 노새의 등에 타고 도망쳤다. 그는 덤불과 가시나무 사이로 정신없이 달리고 있었다. 그때 그의 머리카락이 상수리나무에 단단히 엉켜버렸다. 그는 공중에 매달렸고 노새만이 멀리 달아났다.

압살롬은 소리를 질러댔다. 그의 칼이 땅에 떨어졌다. 이제 나무를 베어서 스스로 빠져나올 수 없게 되었다. 그는 손가락을 긴 머리카락 사이에 넣어 휘감아 잡아서 머리가죽이 덜 당기게 애쓰며 빠져나가려고 버둥거렸다. 한 젊은 군인이 덤불에서 나와 놀란 듯이 입을 딱 벌린 채 그를 바라보았다.

"빨리! 그 칼을 건네다오!"

압살롬이 소리쳤다. 그러나 압살롬의 목소리를 듣자마자 그는 놀란 산토끼처럼 달아났다. 숲은 적막에 휩싸였다. 산들바람조차 없었다. 공기의 흐름마저 멎어 말할 수 없이 더웠다. 압살롬은 팔이 아파왔다. 손가락이 미끄러져 가느다란 머리카락이 손을 베었다. 그는 몸부림치는 것을 그만두었다. 그의 머리가죽이 두개골에서 들렸다.

그때 그는 재빨리 풀숲을 밟으며 다가오는 소리를 들었다. 그리고 목소리도 들렸다.

"그렇지만 왕께서 그의 목숨을 살리라고 명하셨습니다!"

"제발!"

질색하는 소리가 들렸다.

"이런 문제로 너와 시간을 낭비하고 싶지 않다!"

압살롬은 뒤에 말한 사람의 목소리를 알아차렸다. 요압은 수풀 속으로 들어가 압살롬을 훑어보며 계속 앞으로 걸어오더니 화살통에서 세 개의 화살을 꺼냈다. 압살롬은 움직이지 않았다. 그는 발을 앞뒤로 차지도 않았다. 요압의 얼굴에서는 침착하게 의무를 다하려는 결의 외에는 아무것도 볼 수 없었다.

압살롬은 그 첫 번째 화살이 놀랄 만한 힘으로 자신을 맞혀 몸이 뒤로 흔들리는 것을 느꼈다. 요압은 맨손으로 두 번째 화살을 그의 갈비뼈 사이에 깊숙이 찔러넣었다. 아무런 고통도 없이 단지 몸이 세게 밀리는 느낌이었다. 압살롬은 그것에 오히려 감사했다.

세 번째 화살이 그의 흉곽 아래로 들어오더니 심장을 뚫고 지나갔다.

그때 다윗은 성문 안쪽에 앉아 있었다. 순찰병이 성벽 옆 문 꼭대기에서 지켜보고 있었다. 그가 눈을 들어보니 한 사람이 이쪽 방향으로 들판을 가로지르며 달려오고 있었다. 순찰병이 소리쳤다.

"저기 한 사람이 오고 있습니다!"

"만일 혼자라면, 그는 전쟁 소식을 전하러 온 것이다."

그러나 달리던 그자가 가까이 오자, 또 다른 사람이 멀리 숲에서 역시 맹렬한 속도로 달려오고 있는 것이 보였다.

"보십시오."

그 순찰병이 소리쳤다.

"이쪽으로 두 번째 사람이 또 혼자서 달려옵니다!"

"그렇다면 그자 역시 소식을 가지고 오는 사람이다."

그 순찰병이 다시 소리쳤다.

"제 생각에는 앞서 오는 사람이 사제의 아들 아히마아스 같습니다! 그리고 뒤에 오는 자는 에티오피아 노예 같습니다."

다윗이 말했다.

"아히마아스는 좋은 사람이니 좋은 소식을 가져올 것이다."

그때 아히마아스가 성문으로 다가오며 소리쳤다.

"모든 일이 잘 되었습니다! 성공입니다!"

다윗이 일어나 그를 맞이했고, 옛 친구의 아들은 얼굴을 땅에 대고 절을 했다.

"당신의 야훼 하나님께 찬양을 드립니다."

아히마아스는 숨이 차서 벌개진 얼굴로 기쁘게 말했다.

"야훼께서 왕에게 반기를 든 자들을 치셨기 때문입니다."

"젊은 압살롬에게는 아무 일 없느냐?"

아히마아스가 일어섰다.

"요압 장군께서 저를 보냈을 때, 뭔가 소동이 일어난 것 같더군요. 그렇지만 무슨 일이었는지는 모릅니다."

왕이 말했다.

"옆으로 비켜 서라, 아히마아스."

그래서 그는 옆으로 비켜 조용히 서 있었다. 뒤이어 에티오피아인이 도착했다. 즉시 그는 왕께 이를 드러내고 웃으며 손뼉을 쳤다.

"좋은 소식입니다! 야훼께서 오늘 당신께 반기를 들고 일어난 모든 자들에게서 당신을 구해내셨습니다."

다윗이 물었다.

"내 아들 압살롬은 괜찮으냐?"

"모든 적들이 그 젊은이와 같이 되기를 빕니다!"

그는 다시 웃으며 손뼉을 치고 소리쳤다.

"죽었습니다!"

다윗은 아무 말도 하지 않았다. 그는 신음소리를 내며 옆으로 비틀거렸다. 마치 굉장한 무게가 그의 어깨를 짓누르는 것처럼. 그리고 그는 계단을 하나씩 하나씩 밟고 성문 위쪽의 방으로 올라갔다. 그는 울었다.

"오 내 아들, 압살롬. 내 아들, 내 아들, 압살롬! 오 하나님, 차라리 너 대신 내가 죽었더라면. 오 압살롬, 내 아들, 내 아들!"

새 왕국이 열리다

솔로몬 Solomon

이후로 왕은 결코 활기를 되찾지 못했다.

어느 해에 그가 세금을 거둬들이는 체계를 세우느라 전국적으로 인구 조사를 실시했다. 그러나 야훼 하나님께서 말씀하셨다.

'무엇이냐? 이제 너는 네 백성의 숫자와 너의 힘에 의지하고 싶어 나를 의지하는 것을 그만두려느냐? 이제 여느 다른 민족의 왕들과 같아지고 싶은 것이냐?'

그래서 야훼께서는 천사를 왕국으로 보내어 전염병으로 사람들을 치셨다. 천사가 너무도 끔찍할 정도로 예루살렘을 치고 올라가 죽음이 막 도성 북쪽 모리아 산 쪽으로 향하고 있을 때, 야훼께서 후회하시고 천사에게 말씀하셨다.

'이제 되었다. 너의 손을 거두거라.'

다윗이 보니 천사가 언덕의 한쪽, 여부스 사람 아라우나의 타작 마당에 있는 것이었다.

"오 하나님! 제가 죄를 지었습니다. 제가 사악한 죄를 지었습니다. 그러나 저의 양 떼와 백성들이 무슨 죄를 지었습니까? 제가 기도하건대, 야훼의 손이 저와 제 아버지의 집을 치소서."

바로 정확히 그곳에서 전염병이 멈추었다. 더 이상 한 사람도 죽지 않았다. 그래서 다윗은 아라우나에게 갔다.

"나에게 너의 타작 마당을 팔아라. 내가 그 땅에 야훼께 드릴 제단을 세우고 싶구나."

아라우나가 대답했다.

"왕께서 원하신다면 무엇이든지 취하셔서 야훼께 바치십시오. 여기에 번제를 위한 소가 있습니다. 그리고 장작으로 쓸 타작기의 판자와 소의 멍에도 있습니다. 오 왕이시여, 이 아라우나가 왕께 선물로 드리고 싶습니다."

그러나 다윗은 응하지 않았다.

"아니다. 내가 값을 치르고 살 것이다. 나는 아무런 대가도 치르지 않은 번제물을 야훼께 드리지 않을 것이다."

다윗 왕은 아라우나의 탈곡 마당과 소를 은 570그램에 샀다. 왕은 그곳에 제단을 쌓고 번제와 화목제를 드렸다.

다윗은 이제 노인이 되었다. 뼈에 근육도 붙어 있지 않았다. 그의 가슴살은 접혀 힘없이 아래로 처졌다. 왕은 젊은 여인 아비삭에게 말하곤 했다.

"어금니가 몇 개 남지 않아 잘 씹히지가 않는구나."

그는 아비삭에게 빠진 이를 보여주며 자신을 비하하는 듯한 웃음을 지어 보이곤 했다. 그리고 손가락 끝을 눈에 대고 이런 말도 했다.

"내 눈의 창으로 보이는 사물들이 희미하구나. 내 귓속의 문들도 닫히고 있다, 아비삭. 그리고 집안의 소리들도 잘 들리지 않고……. 가끔 새소리에 놀라기는 하지만."

다윗은 수넴 사람 아비삭을 좋아했다. 종종 그는 그녀의 손을 자신의 은발머리에 얹고 말했다.

"아몬드나무들이 하얀 꽃을 피우는구나. 메뚜기는 불쌍하게도 배를 질질 끌고 다니고. 서양풍조목의 열매도 귀뚜라미가 다시 노래를 부를 수 있게 하지는 못하지. 불쌍한 아비삭. 서양풍조목의 열매조차도 말이다."

다윗 왕은 깨어 있는 시간의 대부분을 궁전 지붕에서 보냈다. 그는 거의 성읍을 다니지 않았다. 그리고 결코 성벽을 넘어서 길을 떠나지도 않았다. 정원만이 위로가 되었다. 정자는 그의 침대가 되어주었다.

왕의 알현을 구하는 이들도 만나려 하지 않았다. 동맹을 원하는 이 방인들에게도 마찬가지였다. 분쟁을 겪고 있는 성읍 시민들도 만나지 않았다.

요압조차도 알현을 허락받지 못했다. 최근에 왕은 총사령관을 한 번도 만나지 않았다. 그의 매몰찬 잿빛 눈이 혐오스럽게 느껴졌다. 다윗은 압살롬의 반란 이후로 여러 해 동안 전과 다름없이 그 냉혈한으로 하여금 이스라엘의 군대를 이끌도록 하지 않을 수 없었다. 또 다른 반란들이 계속 뒤따랐기 때문이다. 적어도 일단은 다윗의 통치와 열두 지파의 통합이 한 군대의 힘으로 유지되었고, 요압 말고는 그 군대를 정확하고 효율적으로 통제할 수 있는 사람이 아무도 없었다.

그러나 왕국을 위해 사람들을 죽인 그 손이 또한 압살롬을 죽였다. 노년에 다윗은 더 이상 압살롬을 죽인 자를 보며 고통을 느낄 필요가 없다고 생각했다. 그래서 요압이 정기적으로 알현을 요청할 때마다 왕은 거절했다.

왕위, 권력, 나라 일의 결정, 복잡한 왕국의 행정. 이러한 것들이 다윗 왕의 관심에서 멀어져갔다. 그는 온몸을 담요로 덮은 채 흐려진 눈을 감고, 늙은 입술로 무언가 들리지 않는 소리를 중얼거리면서 정원에 앉아 있었다. 궁전 아래 거리에서 상인들의 외침이 위에까지 들려왔다. 그리고 50명의 남자들이 왕의 가장 나이 많은 아들 아도니야의 수레 앞에서 무엇인가 외치며 달리고 있었다. 아도니야, 잘생긴 그 사내는 멀리멀리 안개 속으로, 꿈속으로 달리고 있었다.

그런데 여기 미갈이 있다! 욕망을 지닌 정열적인 공주님이. 그녀는 작은 손으로 박수를 치며 웃고 있었다. 그녀가 웃을 때면 작은 콧구멍이 조금씩 벌어지곤 했다. 그리고 그녀의 웃음소리는 마치 제사장의 작은 종소리 같았다. 다윗은 미갈을 사랑했다. 다윗은 그 누구보다도 미갈을 사랑했다. 가녀린 아이! 작은 가슴을 가진…….

아, 그러나 미갈은 냉담하고 화가 난 채, 살찌고 실망스런 모습으로 죽었다. 다윗은 그녀가 떠났을 때 그 정도로 슬퍼하게 될 줄은 예상치 못했다. 그는 미갈을 그리워했다. 그가 그리워한 많은 사람들이 또 있었다.

요나단? 요나단, 나의 형. 내가 여기 있습니다. 이 구석에! 그리고 지금까지도 요나단은 하얀 이를 드러내고 웃으며 야자나무와 석류나무 사이로 다윗을 향해 걸어오고 있었다. 그리고 갑자기 그 두 사람은 젊은이가 되어 고리버들로 만든 전차를 타고 사냥을 하다가, 어느덧 웃으며 가볍게 푸른 잔디 위에 몸을 던지고 다윗은 아주 진지하게 무엇인가 말을 하고 있었다.

당신의 활은 어디에 있어요, 요나단? 다윗은 대답을 독촉하기 위해 친구의 손을 잡으려고 손을 내밀었다. 당신의 활을 어떻게 한 건가요, 요나단? 나는 당신한테서 그걸 받았다고 생각했는데, 어디에서도 그것을 찾을 수가 없어요.

안 돼! 다윗은 그 질문을 하지 말았어야 했다. 갑자기 요나단이 사라졌다. 요나단이 이곳에 없었다. 그의 아름다운 얼굴은 땅 아래 있다. 검은 흙 밑에 웃으면서. 그의 혀가 있었던 자리에는 흙이 있다.

다윗 왕은 지붕 꼭대기 정자 옆에서 담요 속에 들어가 중얼거리며 몇 시간씩이나 앉아 있곤 했다.

"은줄이 끊어지고, 금잔이 깨지는구나. 물동이가 샘가에서 깨지고, 두레박 바퀴가 우물 위에서 우지끈 부서져나가고 있다. 아비삭, 내 옆에 와 앉아라. 아비삭, 나와 함께 누워 나를 따뜻하게 해다오."

그러면 항상 아비삭은 순종했다. 그녀는 그에게 아름다운 육체와 친절을 바쳤다. 수넴 여인 아비삭은 이스라엘 온 나라를 다 뒤져서 조심스럽게 찾아온 결실이었다. 아비삭과 다윗은 정자로 가 덮개 이불 아래 함께 누웠다. 그녀는 따뜻한 살결을 그의 몸에 대었다. 왕이 추워했기 때문이다.

그는 일흔 살이 되었다. 그의 종들이 전국을 다 뒤져서 노년의 그를 시중들 여인을 찾아왔다. 그녀보다 더 사랑스러운 여인은 찾을 수 없었다. 다윗은 그녀의 알몸 옆에 누웠지만 따뜻해지지 않았다. 그의 뼛속을 파고드는 차가움은 임박한 죽음을 예고하는 운명의 얼음덩이였다.

누군가 왕의 방에서 노래를 부르고 있다. 마치 새의 날갯짓인 듯 아주 작은 목소리로.

당신은 여자가 낳은 아이들보다 더 아름답고
우아함이 당신의 입가에 흐르고
하나님께서 당신을 축복했네.

누군가 왕의 머리를 조심스럽게 빗겨주며 노래를 부르고 있다.

당신의 칼을 당신의 허벅지에 졸라매고
오 용사여, 오 왕이시여,
승리 속에 앞으로 달리소서.

갑자기 문이 열리더니, 밝은 태양빛이 방 안을 가르고 두 사람이 들어온다. 한 사람은 곧장 왕의 긴 의자로 걸어온다. 또 한 사람의 검은 그림자는 문 옆에 남아 있다.

빛 때문에 왕의 눈에서 눈물이 떨어지기 시작한다. 가까이에 있는 사람이 말한다.

"고맙구나, 아비삭. 이만 됐다."

밧세바의 목소리였다. 그 옆에 있는 것은 밧세바였다.

다윗이 말한다.

"제발, 누가 문 좀 닫아다오."

밧세바가 말한다.

"솔로몬, 문을 닫아라."

태양빛 옆에 있던 누군가가 돌아서서 문을 밀어 닫는다. 다윗이 눈을 깜박여서 눈물을 떨어뜨린다. 밧세바는 차가운 잿빛 머리카락과 진한 눈썹 그리고 두터운 눈두덩을 가지고 있었다. 그녀는 똑바로 아주 멋지게 서 있다. 아비삭은 구석으로 물러났다.

솔로몬은 문 옆에 그대로 있다.

"다윗, 이것은 중요한 일이에요. 이것은 공식적으로 긴급을 요하는 일이에요. 제발 일어나 앉아보세요."

아비삭은 앞으로 나간다. 그리고 손을 왕의 겨드랑이 아래로 밀어넣어 그가 앉을 수 있도록 돕는다. 밧세바가 말한다.

"왕이시여, 당신은 당신의 야훼 하나님의 이름으로 맹세했습니다. 솔로몬이 당신의 뒤를 이어 이 나라를 다스리게 될 것이라고요. 당신의 맹세를 기억하실 때가 되었습니다. 바로 오늘 아침, 왕께서는 모르실지 모르지만, 아도니야가 왕으로 선포되었습니다. 그는 예루살렘 밖에 있는 소헬렛 돌 옆에서 소와 양으로 번제를 드리고 있습니다. 그는 솔로몬만 제외하고 당신의 모든 아들을 초대했습니다. 오 왕이시여, 이스라엘은 누가 당신 다음으로 왕위에 앉게 될 것인지 당신께서 선택하시길 기다리고 있습니다. 그리고 당신께서 지금 아무 조치도 취하지 않으시면, 솔로몬과 저는 지금부터 영원히 고통을 당할 것입니다."

밧세바가 말을 하고 있는 동안, 문이 활짝 열리더니 빛이 칼처럼 다윗을 치고 세 번째 인물이 들어온다. 솔로몬이 재빨리 문을 닫는다. 예언자 나단이다.

"왕께서 아도니야의 왕위 계승을 명령하셨습니까? 그가 지금 이 시간에 대관식 연회 음식을 먹고 있습니다. 제사장 아비아달과 당신의 군대 총사령관 요압이 포도주 잔을 들고 소리치고 있습니다. '아도니야왕 만세!' 온 나라가 그 소리를 들을 수 있습니다. 오 왕이시여, 저는 초대받지 않았습니다. 당신의 경호대장 브나야, 또 여기 솔로몬도 초대받지 않았습니다. 당신의 자식 가운데 초대받지 못한 것은 솔로몬뿐입니다. 왕께서 그렇게 하라고 하셨습니까?"

잠시 동안 다윗은 손가락으로 두 눈을 누른다. 그는 손을 떼기 전에 말한다.

"나단, 가서 브나야를 이리로 데려오시오. 사제 사독도 함께 말이오."

문이 열렸다가 닫힌다. 그리고 나서 그의 시야가 트이더니 솔로몬이 보인다.

"이리 오너라, 내 아들아."

그가 말한다. 호리호리한 남자가 앞으로 걸어온다. 다윗은 손을 내밀어 아들의 손을 잡는다.

"네가 내 뒤를 이어 왕이 될 것이라고 야훼의 이름으로 내가 맹세한 것처럼, 오늘 내가 맹세를 지킬 것이다."

밧세바가 무릎을 꿇는다. 그녀는 머리를 땅에 대고 절을 한다. 다윗은 솔로몬이 똑같은 절을 하려고 하는 것을 막는다.

"강해져라. 내 말을 잘 들어라, 솔로몬. 너 자신이 장부임을 보여줘라. 야훼 하나님을 섬겨라. 그분의 길을 걷고, 그분의 명령을 따르면 너는 번성할 것이다."

솔로몬의 눈은 크고 검다. 그의 까마귀처럼 검은 머릿결은 부드럽게 물결치며 늘어뜨려져 있다. 그의 뺨은 창백한 흙빛이며, 걸음걸이는 조용했고, 손가락의 움직임은 갈대처럼 가벼웠다. 이 젊은이의 가슴은 얼마나 건장할까?

다윗이 말한다.

"무릎을 꿇어라."

솔로몬이 무릎을 꿇는다. 다윗은 마치 연꽃을 감싸듯이 자신의 두 손을 아들의 머리 뒤쪽에 갖다댄다. 그는 젊은이의 눈을 응시하며 조용히 속삭이기 시작한다.

> 하나님의 영이 내 속으로 불어오며,
> 이스라엘의 반석께서 나에게 말씀하신다.
> '하나님을 두려워하며 다스리는 왕은,
> 아침 햇살처럼, 구름 한 점 없는 하늘의 태양처럼
> 부드러운 밭에 살며시 내리는 비처럼 될 것이다!'
>
> 나의 집안이 하나님과 함께 그렇게 일어나지 않았느냐?
> 나의 아들아, 야훼께서 나와 영원한 언약,
> 세상 만물 속에 확고히 세워진 그런 언약을 세우셨다.
>
> 그분께서, 깊은 땅 속의 뿌리처럼, 내가 바라는 모든 것을
> 싹틔우고, 꽃피우게 하시지 않겠느냐?

이제 다윗은 굽은 손가락으로 아들의 턱을 받쳐들고 솔로몬만이 들을 수 있도록 속삭이듯 말한다.

"내가 왕이 되면, 요압이 다른 사람을 다루었던 방식과 똑같이 요압을 처리하여라. 이 잔인한 자가 살아온 일생에 어울리는 최후를 맞게 해주어라."

문이 열린다. 세 남자가 들어온다. 갑작스런 빛이 다윗 왕의 시야를 가리지만 그는 계속 말을 한다.

"여기, 나의 경호대장 브나야를 성실히 대해주어라. 그러면 그는 영원히 너에게 충성할 것이다."

"일어나라, 솔로몬."

왕이 말한다.

"밧세바, 일어나시오."

이제 다윗은 일련의 명령들을 포고하기 시작한다.

"브나야, 솔로몬을 나귀에 태워 우리가 오래 전 처음 이 도시를 빼앗기 위해 싸웠던, 물을 끌어올리는 수로와 샘이 있던 곳으로 데려가게.

사독, 당신의 충성에 감사하오. 솔로몬이 그 수로에 도착하거든 기름 뿔 병을 가져가 그에게 기름을 부어 이스라엘의 왕으로 세우시오.

나단, 나팔을 불고 소리치시오. '솔로몬 왕 만세!' 그곳에서 많은 이스라엘 군중들이 소리치고 춤을 추며 음악을 연주하고 즐거워하게 하시오. 그들로 하여금 이 땅이 갈라질 듯이 커다란 기쁨의 소리로 외치며 떠들게 하시오. 내가 누운 이 위에서도 그 소리들을 듣고 싶소. 그리고 나서 솔로몬을 왕의 궁전으로 데려가 왕좌에 앉히고, 그의 어머니를 옆에 있게 하여 여생을 왕모로서 살아가게 하시오."

그 거대한 몸집의 브나야, 노년에 움직임은 좀 느려졌지만 예전과 다름없이 강한 그가 마침내 입을 열어 나직이 울리는 소리로 말했다.

"아멘! 야훼께서도 그렇게 말씀하시기를!"

"가라!"

다윗이 낮은 소리로 말한다.

"가라, 어서. 아도니야가 열에 들떠 본 환상을 진짜로 믿기 전에."

한 사람씩 차례로 네 사람이 나가 태양빛 속에 사라진다. 다섯 번째로 나가는 밧세바, 그녀의 늘씬한 그림자가 잠시 문가에 서서 뒤를 돌아본다. 그리고 문을 잡아당겨 닫으니 그 방은 어둠 속에 잠긴다.

다윗은 떨리는 듯한 긴 한숨을 쉬더니 그의 긴 의자에 마련된 잠자리 속으로 미끄러지듯 들어간다. 그는 너무 춥다. 그는 다가온 죽음의 한기로 떨고 있다.

"나는 나의 하나님, 나의 임금님을 영원히 찬양할 것입니다. 저는 당신의 이름을 영원히 축복합니다."

이러한 그의 마지막 수고가 일주일간 계속된 육체와의 힘겨운 싸움보다 더 그를 지치게 한다. 그의 손이 힘없이 떨리고 있다. 그는 이불 가장자리를 붙들고 있을 수도 없다. 그리고 아직도 그의 머리 뒤로 들이비치는 태양빛이 계속 그를 고통스럽게 하고 있다.

은줄이 끊어지고 있다.

나는 '하나님께서 나의 주인이시다.'라고 말하면서 주님을 기려 한 아이의 이름을 지었다. '군주'라는 뜻으로 '아도니야'라고. 그리고 평화라는 뜻으로 다른 한 아이를 '샬롬'이라고 이름지었다. 그런데 이것이 무슨 일인가? 평화와 군주가 분쟁을 일으키다니?

자신도 모르게 다윗의 눈이 감긴다. 이제 방 안의 어두움이나 눈을 감아서 오는 어두움이나 그에게는 다르지가 않다. 한 차례의 심한 떨림이 그의 온몸을 사로잡는다.

또 다른 아들이 있었는데, 그의 이름이……. 아, 그의 이름을 기억할 수가 없구나! 내가 여러 명의 부인을 두어 많은 아이들을 낳았는데, 이 아이는? 밧세바, 우리 첫아기의 이름이 무엇이었소? 내 죄로 인해 죽은 그 아이 말이오. 우리가 무엇이라고 이름을 지었소?

다윗의 발이 너무 차가워져 마치 누군가가 발바닥을 때리는 것처럼 아파온다. 차가움과 예리한 통증이 그의 뼛속을 타고 살아난다. 그는 무릎을 굽힐 수가 없고 턱을 포함하여 그의 모든 사지가 심하게 흔들린다.

눈이 내리고 있는가? 내가 신발도 신지 않고 눈 속을 거닐었는가? 내 발의 감각이 사라졌다.

아주 많은 사람들이 무어라고 소리를 치고 있다. 어디선가 피리와 소고가 음악소리를 내고 있다. 그러나 그 소리가 너무도 멀어 사람의 말소리는 음악소리에 휩싸여 잘 들리지 않는다. 그것은 아주 낯설기도 하고 익숙하기도 한 소리다. 다윗은 전에도 그런 소리를 들은 적이 있다. 자주는 아니었지만.

아라우나의 타작 마당에 성전을 지어라! 내 말이 들리느냐? 내가 아주 큰 소리로 외치고 있다. 누군가 달려와서 내 아들에게 그가 궤를 위한 성전을 지어야 한다고, 모리아 산에다 성전을 지어야 한다고 말한다!

갑자기 떨림이 멈춘다. 다윗의 몸이 편안해진다. 몸이 녹는다. 녹아서 아침의 물처럼 흘러내린다. 이보게, 눈을 쓸어버렸나?

누군가 왕의 머리를 빗기고 있다. 이마 위에 얹힌 손에서 느껴지는 한없는 자애의 감정 때문에 그의 눈에서 저절로 따뜻한 눈물이 흘러나온다.

"너는 누구냐?"

그가 작은 소리로 속삭인다.

대답이 들린다.

"당신의 여종이옵니다, 주인님."

그러더니 그 깃털같이 가벼운 목소리가 노래를 부르고 있다.

왕이시여, 당신의 옷은 몰약과 용설란,

계수나무 향으로 짜여진 것이며,

상아로 이루어진 방울에서는 거문고가 울리어

당신을 기쁘게 합니다.

당신의 오른편에는 당신의 왕비가 오빌에서 난

금실로 짠 옷을 입고 서 있습니다.

"아비삭?"

다윗이 작은 소리로 말한다. 이 순간 왕의 정신이 맑아진다. 그의 눈이 밝아지고, 모든 소리와 시야가 분명해진다. 어떤 것도 멀게 느껴지지 않는다. 그 어떤 것도 그의 의식을 흐려놓지 못한다. 밤의 등잔불 아래에서 그 옆에 무릎을 꿇고 있는 한 여인이 너무도 아름다워 그는 울음을 멈출 수가 없다. 그의 코에 와닿는 그녀의 숨결이 너무도 엄숙하고 따뜻하다. 그녀의 피부는 흰 구름으로 짜여 있는 듯하다.

"아비삭, 너냐? 나에게 노래를 불러주고 있는 것이 너냐?"

수넴 여인 아비삭이 말한다.

"네, 접니다. 제가 당신께 노래를 불러드리고 있습니다."

"그래. 그래, 내가 넌 줄 알았다."

다윗은 진심어린 감사의 미소를 지으며 눈을 감고 죽는다.

그리하여 다윗은 자신의 조상과 함께 잠들었다. 그는 자신의 이름을 딴 도성에 묻혔다. 다윗은 40년 동안 이스라엘을 통치했는데 헤브론에서 7년, 예루살렘에서 33년을 다스렸다.

솔로몬이 그의 아버지 다윗의 왕좌에 앉았다. 그리고 그의 왕국은 굳건히 섰다.

나는 당신, 나의 하나님, 나의 임금님을 찬양하고,
당신의 이름을 영원토록 높입니다.
하나님은 위대하시고! 높이 찬양받으실 분이시다!
그분의 위대함은 헤아릴 길이 없도다.

한 세대가 당신을 찬양하여 그 다음 세대가
당신의 위대한 업적을 선포합니다.
그들이 당신의 선하신 명성을 끝없이 이야기하며
당신의 정의를 큰 소리로 찬양할 것입니다.

하나님은 은혜로우셔서 가득한 연민으로
노하기를 더디하시고 사랑이 풍부하십니다.
하나님은 선하시고, 부드러운 자비가
그가 창조하신 모든 만물에 미칩니다.

하나님은 모든 약속에 신실하시고,
모든 행동에 자비가 나타나며,
넘어지는 자를 붙잡으십니다.

잊혀진 한 여자

다말 Tamar

오늘 아침 나는 집을 나와 도성 문 가까이로 가서 예루살렘 거리를 지나 내 남동생이 새로 건축한 건물을 향해 올라가는 이스라엘 사람들의 물결에 합류했습니다. 그 건물은 높고도 아름답게 자리잡고 있었는데, 마치 하늘 아래 또 다른 하늘이 있는 것 같이 보였습니다. 새롭게 만들어진 하얀 돌벽, 자신의 창조물들을 내려다보시는 하나님의 눈과 같은 창문들, 태양빛을 반사해 비추며 하늘의 무게를 떠받칠 수 있을 만큼 튼튼해 보이는 현관 앞 두 개의 청동 기둥.

우리는 지금까지 바빴습니다. 내 말은 온 도성이 바빴다는 뜻입니다. 아직도 거리에서 돌먼지가 일어 땅을 뿌옇게 만들고 입안에 모래가 씹힙니다. 성전을 완성하는 데 일곱 해가 걸렸지요. 히람 왕이 두로에서 보내온 숙련공들은 말할 것도 없고 3만 명의 우리 사람들이 동원되었습니다.

예루살렘은 떠들썩했습니다. 누구나 해야 할 일이 있었습니다. 그들을 먹이는 일만도 전 국가적인 일이 되었으니까요. 나는 단숨에 보리빵을 빚을 수 있습니다. 몇 년 동안 하루 종일 계속 빵 반죽을 하느라고 내 손은 다 갈라졌습니다.

그러나 왕이 그것을 요구했습니다. 노동과 건물 짓는 일을 말하는 것입니다. 나는 빵을 굽는 일로 봉사할 것을 선택했습니다. 내 의지와는 상관없이 과부 생활을 하게 된 것만 빼고는 나는 항상 나 자신의 운명을 선택해 왔습니다. 과부 신세가 된 일과 때때로 마음속에 솟구치는 사랑만을 제외하고는 말입니다.

솔로몬 왕은 예루살렘 성 바깥이었던 북쪽 언덕에 성전을 세웠습니다. 그러나 솔로몬은 그 성전 부지의 흙을 깎아 언덕과 도성 사이에 패인 곳을 메우라고 명령했습니다. 그리고 외국에서 온 석공들이 성전 벽을 쌓을 커다란 돌벽돌에 아름다운 조각을 새겨넣을 때, 이스라엘 노동자들은 거기서 나온 파편 조각들을 그리로 날랐습니다. 이제 패인 골짜기는 메워져 없어졌습니다. 우리는 그것을 '밀로'라고 부릅니다. 모든 것이 굉장한 속도로 변화하고 있습니다.

이미 왕은 새로운 궁전을 짓기 시작했습니다. 그 궁전의 규모는 완성된 것을 보기 전에는 믿기 어려울 만큼 굉장하다고 합니다. 나는 땅 위에 그려진 그 건물의 윤곽을 보았습니다. 정말이지, 그 건물이 완성된다는 것을 상상할 수도 없습니다. 나는 앞으로도 오랜 기간 동안 보리빵을 구울 것입니다. 우리는 내 아버지 다윗의 집을 지나가게 되었습니다. 11년이라는 짧은 기간 사이에 그 집이 얼마나 간소해 보이게 되었는가 하는 생각이 들었습니다.

밀로가 새로워졌다는 생각도 미처 못하고 우리는 밀로를 건너 성전 언덕으로 올라갔습니다. 우리는 아직 지어지지 않은, 동생의 그 웅장한 궁전 윤곽을 표시해 놓은 곳을 통과했습니다. 그리고 나는 가장 일찍 온 대열에 속해 도착했으므로 성전의 안뜰로 들어갈 수가 있었습니다. 그곳의 담은 잘 다듬어진 돌을 세 층으로 쌓고 백향목 판자를 한 층 더 얹어 만들었습니다.

오, 솔로몬! 어디서 이런 상상력을 얻어낼 수 있었는지? 또 넌 얼마나 굉장한 부를 가졌는지!

나는 성전 밖의 시설물들을 보고 그 자리에 못박힌 듯 서 있었습니다. 현관 바로 앞에 있는 높은 제단은 폭 9미터, 길이 9미터 그리고 높이가 4.5미터나 되었고, 열두 개의 청동 황소상 등 위에 놋쇠를 녹여 만든 수반을 떠받치고 있는데 그것은 44킬로리터 정도의 물을 담을 수 있다고 했지요! 사람들이 성전 안뜰을 가득 메웠습니다.

정오가 되어 함성소리를 듣고서야 나는 많은 군중들이 예루살렘을 가득 채웠음을 알았습니다. 그들은 비록 야훼의 성전이 바쳐지는 소리를 듣지는 못하더라도 그 가까이에 있기 위해 언덕 아래로 줄지어 서 있었습니다.

그리고 조용해졌습니다. 만 명의 사람들이 믿을 수 없을 정도로 갑자기 조용해졌습니다. 나는 또 다른 발소리를 들었습니다. 행진하는 속도로 다가오며 부드럽게 걸음을 내딛는 소리. 사람들이 몸을 뒤로 밀치는 소리. 군중 사이로 길이 열리고 있었습니다. 밀로를 지나 사원의 안뜰까지. 나는 돌아서서 쳐다보았습니다. 물론 뒤로 물러섰고요. 그러자 제사장들이 긴 장대에 하나님의 언약궤를 싣고 나타났습니다.

그들 뒤로 모든 제사장들과 레위 사람들의 행렬이 이어졌습니다. 몇몇 사람들은 궤를 모시던 성막 안에 있던 거룩한 기구들을 받쳐들고, 다른 사람들은 나로서는 도저히 셀 수 없는 많은 양과 소들을 이끌며 오고 있었습니다.

그리고 나서 솔로몬 왕이 나타났습니다.

나의 남동생은 너무도 아름다워 마음이 아플 지경입니다. 그는 가장 뒤에서 걸었습니다. 그는 왼쪽으로도 오른쪽으로도 눈길을 주지 않고 나를 지나쳐 걸었습니다. 그의 눈은 새끼 사슴처럼 엷은 황갈색을 띠었고, 완벽한 검은 속눈썹은 빛나고 있었습니다. 그러한 눈은 마치 힘껏 던진 화살처럼 상처를 줍니다.

궤를 멘 사제들이 성전 현관에 높이 서 있고, 다른 이들이 아침 태양빛 아래 짐승을 죽이기 시작하는 동안, 솔로몬 왕 자신은 높은 제단의 단상에 올라 제사를 주관했습니다. 그 경이로움에 사람들은 여전히 침묵을 지키고 있었고, 나는 희생 제물들이 타오르는 소리를 들을 수 있었습니다. 또한 짙고 달콤한 냄새를 맡을 수 있었습니다. 내 가슴속에 감정의 동요가 일었습니다. 소와 양들이 하나님께 바쳐졌습니다. 솔로몬은 키가 크지도 않고 튼튼한 근육을 지닌 거대한 체구도 아니었지만, 말할 수 없는 권위와 제왕다운 침착함으로 무리들 가운데 서서 모든 제사를 주관하고 있었습니다.

갑자기 그가 성전을 향하여 찬양의 노래를 불렀습니다.

야훼께서는 하늘에 태양을 두셨습니다.
그러나 칠흑 같은 어둠 속에 계시겠다고 말씀하셨습니다!

그리고 나서 왕이 우리를 보며 모든 백성에게 외쳤습니다.

"야훼 하나님, 다윗 왕께 약속하신 바를 다 이루신 이스라엘의 하나님께 찬양하십시오. 내가 내 아버지의 집에서 일어서서 이스라엘 왕좌에 앉게 되었고, 이 성전을 이스라엘의 야훼 하나님의 이름을 위해 지었고, 그곳에 야훼께서 우리 조상들을 이집트에서 이끌어내실 때 이스라엘과 세우신 그 언약의 궤를 모실 장소를 만들었기 때문입니다. 성전 안에는 내실, 즉 구름과 성스러운 어둠이 있는 지성소가 있습니다. 그곳에 제사장들이 하나님의 궤를 그룹 천사 두 명의 펼쳐진 날개 아래 모실 것입니다."

나는 솔로몬 왕이 축복을 내리는 동안 내내 숨쉬기조차 어려웠습니다. 그리고 나서 그는 두 손을 하늘 높이 들어올렸습니다. 그의 목소리가 하늘로 치솟았습니다. 기도를 드렸지요.

"오, 이스라엘의 야훼 하나님. 하늘 위에도 땅 아래에도 종들과의 언약을 지키는 신은 당신밖에는 없습니다!"

나는 속으로 말했습니다.

'맞습니다.'

"하나님, 내 아버지 다윗에게 하신 그 말씀, '네 자손들이 나의 명령을 지키는 한 그 가운데서 이스라엘의 왕위에 앉을 자가 끊어지지 않을 것이다.'라고 하신 그 말씀을 지켜주시길 바랍니다."

나는 기도를 올리는 왕, 내 동생을 생각하며 마음속으로 '네, 꼭 지켜주십시오.'라고 말했습니다.

"그러나 하나님, 정말로 당신께서 이 땅 위에 머무실 수 있겠습니까?"

솔로몬이 외쳤습니다.

"저 하늘, 가장 높은 하늘이라도 당신께서 머무르기에 부족하다는 것을 잘 알고 있습니다! 하물며 제가 지은 이 집은 더없이 부족합니다. 그러나 당신의 종이 드리는 이 기도를 들으시고, 오 하나님, 밤낮으로 눈을 크게 뜨시고 이 성전을 향하여 주십시오. 당신의 백성들이 이 성전을 바라보며 기도드릴 때에 그들의 탄원에 귀기울여 주십시오. 하늘 위 당신께서 계시는 곳에서 기도를 들으시고 들으실 때마다 용서해 주십시오. 당신께서 그들을 이 땅의 다른 민족들과 구별해 야훼의 소유가 되도록 하셨기 때문입니다. 오 하나님, 오 야훼 하나님!"

동생은 그때 언약의 궤를 메고 있는 제사장들을 향해 고개를 끄덕였고, 그들은 천천히 두려울 정도로 장엄하게 성전으로 들어갔습니다. 어떠한 소리도 어떠한 움직임도 없었습니다. 마치 시간이 멈춘 듯했습니다. 굉장한 무게가 우리 모두에게 느껴졌습니다. 왕은 엄중한 태도로 지켜보며 서 있었습니다. 그의 위치에서 그는 안을 들여다볼 수 있었습니다만 우리는 볼 수 없었습니다. 나는 다만 그를 지켜볼 수 있을 따름이었습니다.

그는 머리에 가는 금띠를 둘렀습니다. 그의 볼은 홀쭉하게 들어갔고 턱은 약간 구부러져 튀어나와 마치 무엇을 씹고 있는 듯했습니다. 그가 검은 눈을 떴습니다. 그리고 희미한 웃음이 그의 입가에 퍼져 있었습니다.

문 하나가 성전 안에서 반항을 일으키며 닫혔습니다. 갑자기 동생이 얼굴을 돌리며 뒤로 물러섰습니다. 그리고 사제들이 성전 문밖으로 달려나와 현관을 지나 계단을 내려오는 것이 보였습니다. 그들 뒤로 검은 연기가 피어오르고 있었습니다. 그 구름이 하나님의 집을 채워 어느 제사장도 그 근처에 서 있을 수가 없었습니다.

나는 동생이 웃고 있는 것을 보았습니다. 그것은 소리 없는 절제된 웃음이었습니다. 그는 여전히 입은 다물고 눈을 크게 뜬 채 몸을 굽히고 있었는데, 비록 아무도 보는 것 같지 않았지만 그 안에는 넘치는 환희가 가득 차 있어서 나도 기쁨의 웃음을 웃었습니다. 당황스러울 정도로 크고도 높은 웃음소리가 내 입에서 튀어나왔습니다.

나는 웃으며 무릎을 꿇었습니다. 내 옆에 있는 사람들이 뒤로 물러섰습니다. 나는 태양빛이 쏟아지는 작은 원 안에서 무릎을 꿇어 내 주변 사람들을 놀라게 했습니다. 그러나 나는 어쩔 수 없었습니다. 멈출 수가 없었습니다. 나는 두 손으로 얼굴을 가리고 들뜬 소리를 높이 지르며 미친 여자처럼 몸을 흔들었습니다. 나는 말했습니다.

"이것은 솔로몬의 웃음입니다! 내가 솔로몬 왕을 대신하여 웃고 있습니다!"

몇몇 사람들이 나를 잡으려 했습니다. 그래도 나는 계속 웃었습니다.

"내 남동생으로 인해서 하나님의 영광이 연기처럼 그의 성전으로 들어가셨습니다!"

나는 나의 이 황홀경을 설명하려 했습니다. 그러나 그때 그 황소 같은 브나야가 와서 나를 집어들고 성전에서 멀리 데려가기 시작했습니다. 나는 소리쳤습니다.

"솔로몬! 솔로몬!"

나는 몸을 비틀며 높은 제단 위에 있는 왕을 쳐다보았습니다. 그는 나에게 전혀 눈길을 주지 않았습니다.

그때 나는 솔로몬 자신이 사령관에게 명령하여 나를 멀리 쫓으라고 시킨 것이 아닌가 하는 생각이 들었습니다. 그러자 웃음이 사라지고 기쁨이 빠져나갔습니다. 나는 브나야를 발로 찬 것도 같습니다. 나는 그를 물었습니다. 그러나 사실 아무런 확신도 없었습니다.

내가 최근 몇 년 동안 무엇을 기대할 수 있었겠습니까? 이 늙은 전사는 나를 미워하지 않습니다. 그는 나를 다치게 하려고 하지 않았습니다. 그런데도 불구하고 나는 그의 팔을 물면서 말했습니다.

"당신은 요압을 죽인 것처럼 나 역시 죽일 건가요?"

남동생의 모든 군대의 총사령관인, 여호야다의 아들 브나야. 과묵하고 덩치 큰 그는 한 마리의 황소였습니다. 그때 요압은 살려달라고 애걸하면서 야훼의 제단에 매달렸지요. 그러나 솔로몬 왕이 명령했기에 브나야는 야훼의 제단을 무시하고 그를 죽였습니다.

브나야는 충직한 사람이었습니다. 그는 내게도 친절하지 않은 것은 아니었습니다. 그는 나를 다치게 하지 않을 것입니다. 그러나 나를 좋아하지도 않습니다. 이제는 나를 좋아하는 사람이 이 예루살렘에 한 사람이라도 있을 것 같지 않습니다.

솔로몬조차 나를 좋아하지 않습니다. 그는 나의 기나긴 슬픔에 대해 아는 것이 하나도 없습니다. 내가 과부로 살아가는 것이 그에게는 아무렇지도 않습니다. 가난, 모든 예루살렘 사람들의 냉소, 다른 사람들의 죄로 인한 악취들, 이러한 것들에 대하여 왕이 무엇을 알겠습니까? 내 아버지 다윗이 그의 아들 솔로몬에게 내가 아버지의 다른 아들 암논에게 겁탈당했다는 이야기를 한 적이 있겠습니까?

분명히 아버지께서는 요압의 죄에 대해서는 솔로몬에게 귀띔을 해 주셨습니다. 그러지 않았다면 요압은 살해되지 않았을 것입니다. 하지

만 아버지께선 다말이 강간당했다고 귀띔이라도 해주셨겠습니까? 다
말이 겁탈을 당한 것에 신경이라도 쓰셨겠습니까? 다말에게 친절히 대
해주었던 유일한 사람도 죽임을 당했다는 말을 아버지께서 솔로몬에
게 하셨겠습니까? 그 압살롬은 다말을 과부 신세로, 친구도 없는 미친
여자로 남겨둔 채 죽음을 당했습니다.

　나는 솔로몬을 좋아하지 않습니다.

　나는 그의 부와 권력 또한 예우하지 않습니다. 그러나 나는 그를 사
랑합니다. 그를 사랑합니다. 하나님, 도와주십시오. 나는 그로 인한 괴
로움을 견딜 수 없고, 더 이상 통제할 수도 없습니다. 나는 내 남동생
의 꿈을 꿉니다. 나는 도성에서 그가 지나가는 것을 볼 때마다 숨이 가
빠집니다. 나는 얼굴이 온통 달아오릅니다. 나는 솔로몬을 사랑하게
되었습니다.

지혜와 유혹

스바의 여왕 The Queen of sheba

하나님의 성전을 짓는 데 7년이 걸렸다. 그 후 왕이 자신의 왕궁과 그 부속 건물들을 짓는 데 또 13년이 더 걸렸다.

20년 동안 왕모 밧세바는 조용히 만족해하며 아들의 영광스러운 건축물들을 지켜보았다. 그는 단지 야훼와 야훼께서 기름 부으신 왕을 위한 훌륭한 거처를 짓는 일을 했을 뿐만 아니라, 예루살렘 도성을 확장하고 인구를 늘려 그들을 새로운 성벽으로 에워쌌다.

그는 저 멀리 왕국의 방어에 중요한 역할을 하는 성읍들도 요새화했다. 기병대용 군마와 마차 끄는 말을 넣을 거대한 돌 마구간을 지었다. 또한 항구를 만들어 육지와 바다 양쪽에서 무역을 통제하고, 그 항구에 새로운 배들로 이루어진 함대를 띄워 자신의 건축물에 필요한 여러 가지 물건을 실어날랐다.

이러한 국가적인 사업들을 벌이는 중에도 왕은 어머니를 잊지 않았다. 그는 궁전에다 어머니를 위한 크고 훌륭한 방들을 마련해 드렸다. 그리고 모든 공식 연회에서 왕모는 왕과 가장 가까운 곳에 앉았다. 왕이 외국 고위 관직들을 맞으러 나설 때도 그 옆을 걷는 사람은 어머니였다. 이스라엘에 밧세바와 동등한 위치에 있는 여인은 없었다.

이스라엘에 왕비가 없었다는 말은 아니다. 솔로몬은 여러 번 결혼했다. 밧세바가 아들에게 아내를 골라줄 수는 없었다. 그러나 그녀는 모든 결혼에 자신이 참석하는 것을 관습으로 만들어, 새 부인들을 거처로 이끌어줌으로써 권위를 나타내었다. 왕의 아내들이 머무는 집은 성전보다 훨씬 크고 호화로운 건물이었고 수많은 백향목 기둥 때문에 레바논 숲 궁전이라고 불렸다. 건물 위층에만 방이 45개나 있었고, 대기실과 옥좌가 있는 방 등 여러 개의 공식적인 방들을 통하여 솔로몬 왕궁과 연결되어 있었다.

그러나 어느 때고 밧세바 자신이 아들을 보기 위해 공식 업무를 보는 방들을 지나칠 필요는 없었다. 그녀는 편백나무 바닥을 걸어 금과 상아로 장식된 윤기 나는 백향목 벽이 있는 방으로 내려갔다. 그곳에서 그녀가 그의 이름을 속삭이기만 하면 그는 어느 때나 재빠르게 그녀 앞에 나타났다.

그녀는 아들을 사랑했다. 그녀는 그의 권력과 업적을 자랑스럽게 여겼다. 그러나 그러한 사실에 놀라워하지는 않았다. 이러한 영광이 있도록 그녀가 그를 돌보지 않았던가? 어떤 때든지 밧세바는 솔로몬을 칭찬했다.

그러나 그녀는 또한 아들의 마음을 알았다.

온 세상이 왕의 지혜에 대해 알고 있었다. 사람들은 왕의 판단이 지혜롭고 정당하다는 것을 알기 때문에 경외심을 가지고 왕 앞에 섰다. 그는 국가 간의 일에도 매우 침착하고 탁월한 태도로 임했다.

그러나 어머니는 아들의 마음을 알았다. 그래서 그녀는 최대한의 사랑과 모성애로 아들과 가깝게 지냈다. 그녀가 그와 가까운 거리에 있는 것은 그녀의 위신 때문이 아니었다. 그것은 경계하기 위해서였다. 그녀는 이 눈부신 왕이 가지고 있는 결점, 그로 인해 왕국을 잃을 수도 있는 그 결점을 알고 있었다.

왕이 통치한 지 20년이 되어 그의 나이 40세가 되어갈 때에, 솔로몬 왕은 이집트 왕 시삭의 딸과 결혼함으로써 이집트 왕과의 맹약을 확고히 했다. 이집트는 최고의 사절을 보내어 이스라엘에게 이렇게 전했다.

"이제 당신은 나의 사위가 되었소."

그리고 이스라엘은 답했다.

"우리 사이에 평화가 서로의 출입구요, 무역이 서로의 대화가 될 것이오."

이제 이스라엘과 문호를 트고 동맹국이 되었다는 힘을 과시하기 위해, 파라오 시삭은 지중해를 따라 남북으로 나 있는 이집트의 대로에 위치한 성읍 게셀을 공격했다. 이스라엘 바로 서쪽에 있지만 아직 가나안의 지배를 받고 있는 성읍이었다. 그는 그곳을 쳐부수어 완전히 불살라버리고 그것을 솔로몬 왕에게 딸의 지참금으로 주었다.

분명히 이 결혼은 정치적 이득을 위해 이루어졌다. 그러니 왕이 왕궁의 화려한 정문 앞에 나타났을 때, 호위하는 뿔나팔 소리는 그 얼마나 웅장했겠는가? 왕이 돌길을 지나 시삭 왕의 딸을 맞이하게 될 도성 문이 있는 곳으로 내려갈 때, 얼마나 많은 소고와 피리소리가 높이 울려 퍼졌겠는가? 새하얀 아마옷을 입은 솔로몬은 태양빛 그 자체였다. 길을 따라 줄지어선 군중들 사이로 한 가닥 떨림이 지나갔다. 마치 말이 몸을 떠는 것처럼 경외심에서 나오는 신체적 반응이었다.

왕은 머리에 아무것도 쓰지 않았다. 그 뒤로 왕의 어머니가 두 개의 왕관을 들고 걷고 있었다. 그리고 그녀 뒤로 예루살렘의 처녀들이 궁으로 되돌아올 왕과 그 신부를 위해 춤을 출 준비를 하고 있었다.

왕은 군중들 사이에서 전해져오는 떨림을 일으켰지만, 신부는 기쁨과 갈채의 폭발을 불러일으켰다. 그녀는 남자 여덟 명이 어깨에 짊어진 가마를 타고 성문을 통과했다. 가마의 넓은 차양은 그늘을 만들어 우윳빛 피부와, 깨질 듯 고운 석고 같은 뺨과, 주홍빛 실과 같은 입술을 가진 그 어린 신부를 가려주었다. 사람들은 왕비를 맞아들인다는 기쁨에 환호성을 질렀다. 이집트의 예술과 아름다움이 그녀의 얼굴 하나에 완전히 응축되어 있었다.

그 가마는 솔로몬이 신부에게 준 선물이었다. 가마에는 은으로 된 기둥과 금으로 만든 의자가 있었으며, 앉는 자리는 보랏빛에다 깊숙하고 부드러웠고, 내부 전체는 가죽으로 딱 맞게 꾸며져 있었다. 그러나 그 화려한 가마도 주인의 아름다움에는 미치지 못했다. 가마는 왕 앞에 내려졌다. 그러자 시삭의 딸이 미소지으며 일어나 그 조개같이 투명한 발을 땅으로 내디뎠다.

이집트 공주가 손가락을 내밀어 그의 손을 잡은 순간부터, 이스라엘 왕의 숨이 멎었다. 그리고 그의 어머니는 그러한 변화를 알아차렸다.

이집트 여인은 대담한 시선으로 솔로몬의 검은 눈빛을 응시했다. 그것은 정말로 당찬 행동이었다. 그녀는 눈을 깜빡이지도 않았다. 밧세바가 그녀 앞으로 똑바로 걸어나가 머리에 결혼 왕관을 씌울 때조차 이집트 여인은 마치 공기처럼 왕모를 지나쳐 솔로몬을 바라보고 있었다. 그리고 솔로몬도 눈빛으로 그녀의 눈길에 응답하고 있었다. 어머니가 그에게 건넨 의례적인 말이나 입맞춤에도, 그의 머리에 얹어준 결혼용 왕관에도 눈짓 한 번 보내지 않았다. 그는 한낱 목동처럼 입을 벌리고 멍하게 바라보고 있었다.

그리고는 이집트의 아름다움과 이스라엘의 광채가 돌아서서 함께 궁전을 향해 걸었다. 이제 무희들이 축제의 몸놀림과 웃음으로 그 뒤를 따랐으며 온 예루살렘이 그 행렬에 함께했다. 그러나 밧세바는 그 잔치에서 한발 물러나 있었다. 그녀는 옆에 서서 아들이 새 여인과 함께 거리를 올라가고 있는 모습을 지켜보았다.

그녀는 서리처럼 사뿐했다. 우아하고 가늘고 눈부시도록 하얗게 반짝였다. 그리고 아마도 서리처럼 냉정하리라.

이미 도성은 강대국 간의 힘 있는 결합을 축하하며 술 마시고 떠드는 잔치 분위기로 접어들었다. 그러나 밧세바는 배가 고프지 않았다. 그녀는 긴장하고 있었다.

유다와 이스라엘 시민들이 솔로몬 왕의 지혜에 대해 나누는 말 중에 이런 이야기가 있었다.

두 매춘부가 지혜로운 왕 솔로몬에게로 나아왔다. 그들은 아무도 해결할 수 없는 문제를 가지고 왔다. 한 여자가 말했다.

"왕이시여, 이 여자와 저는 같은 집에서 따로따로 방을 사용하며 살고 있습니다. 같은 주에 우리는 둘 다 아이를 낳았습니다. 그러나 그 후 이 여자가 자기 아이를 깔고 자는 바람에 아이가 죽었습니다. 그녀는 한밤중에 일어나 내가 잠들어 있는 사이에 내 아들을 빼앗고는 죽은 자기 아이를 내 품에 뉘었답니다. 아침에 일어나 젖을 먹이려고 하니, 놀랍게도 아이가 죽어 있었지요. 그러나 제가 자세히 보니 그 아이는 제 아이가 아니었습니다. 이 여자의 아이였습니다."

다른 한 여인이 소리쳤다.

"아니! 살아 있는 아이가 내 아이야! 죽은 아이가 당신 아이란 말이야."

첫 번째 여자가 말했다.

"아니, 죽은 아이가 당신 아들이야!"

그러자 왕이 말했다.

"너희가 서로 동의할 수 없으니 내가 그 문제를 공정하게 해결해 주겠다. 그 아이를 내게 다오."

그들은 살아 있는 아이를 왕의 무릎에 놓았다. 왕이 말했다.

"칼을 가져와라! 그리고 살아 있는 아이를 반으로 정확히 잘라라. 그래서 반쪽은 이 여자에게 주고 다른 반쪽은 저 여자에게 주어라."

그 즉시 첫 번째 여자가 울부짖었다.

"오, 왕이시여. 그 아이를 죽이지 마십시오! 차라리 그 아이를 저 여자에게 주십시오!"

그러나 다른 여자는 말했다.

"내 아이도 아니고 당신의 아이도 안 되게 그 아이를 반으로 나누자."

"살아 있는 아이를 첫 번째 여자에게 주어라. 아이를 죽이지 말아라. 그녀가 그 아이의 엄마다."

이와 같은 이야기가 이스라엘의 국경을 넘어 멀리 전해졌다. 현명한 솔로몬 왕의 명성이 이집트를 지나 아프리카로 그리고 멀리 동쪽 인더스 강까지 퍼졌다. 사람들은 왕의 광대한 마음이 바닷가의 모래와 같다고들 이야기했다.

솔로몬 왕실의 영화가 아라비아의 스바 여왕이 있는 남쪽까지 소문이 퍼졌다. 솔로몬의 왕국이 아라비아 대상들이 다니는 교역 경로를 주관하고 있었다. 솔로몬이 4만 마리의 말과 1만 2천 명의 기병을 두고 있다는 소문이 스바 여왕에게 보고되었다.

또 하루치 식량으로 서른 섬의 잘 빻은 밀가루와 예순 섬의 거친 밀가루가 필요하고, 살진 소 열 마리와 풀 뜯는 송아지 스무 마리, 양 백 마리, 영양과 수사슴과 살진 새들이 쓰인다는 소문도 들었다. 그 많은 음식은 왕의 고관과 참모들, 많은 부인과 종들 그리고 그의 많은 식솔들을 먹이기 위한 것이었고 손님들을 위한 것이기도 했다.

스바의 여왕은 이 눈부시게 빛나는 왕의 손님이 되어 직접 그에 관한 이야기들을 확인해 보고, 어려운 문제들을 내서 직접 그의 지혜를 시험해 보기로 결심했다.

그녀가 온다는 소식은 비밀스러운 일이 아니었다. 여왕의 행차는 준비하는 데 오랜 시간이 걸렸고, 또 실행에 옮기는 데에도 많은 시간이 걸렸다. 그 소식이 아라비아 사막을 지나 아프리카 고원까지 퍼졌다. 홍해의 배들도 그 소식을 알았고 유목민들도 알았다.

그들은 스바의 대상 행렬들을 지켜보기 위해 큰길로 이동했다. 그 행렬은 향료와 금 그리고 값진 돌을 실은 낙타와 대규모의 수행원들로 이루어져 있었다. 행렬은 교역로를 따라 남쪽 끝에서 북쪽 끝까지 이를 정도로 멀리 뻗어 있었다. 그리고 그 행렬의 중앙에 금수레를 타고 여왕 빌키스가 왔다. 그녀는 마치 광채를 내는 불타는 보석 마노 같았다.

예루살렘은 손님을 맞을 준비가 되어 있었다. 예루살렘 또한 그 소식을 들었던 것이다. 도성 남쪽에서 스바의 대상들은 이스라엘 전차의 영접을 받았다. 가장 훌륭한 전차에는 세 사람이 서 있었다. 전차 몰이꾼과 당당하게 몸을 꼿꼿이 세운 만만치 않은 모습의 한 여인, 그리고 거무스름한 얼굴에 놀라운 아름다움을 지닌 남자.

이 남자는 머리에 가는 금띠를 두르고 있었다. 그가 바로 솔로몬이었다. 그는 화려한 나팔소리 속에 우아한 태도로 빌키스 여왕을 예루살렘으로 이끌었다.

이스라엘 왕은 하나님의 성전 거대한 정원 안에 대형 야외건물을 세웠는데, 그곳은 왕과 스바 여왕이 군중들 위에 마치 태양처럼 우뚝 솟아 앉아 있을 수 있는 곳이었다. 그 단 위로는 자줏빛 차양을 드리우게 했다. 그들이 그곳에 자리를 잡고 앉으면, 시종들이 사방에서 나타나 이집트에서 만들어진 부채를 흔들 것이었다.

네 명의 인물들이 만나 그 높은 야외 건물에 앉았다. 스바의 빌키스 여왕과 그녀의 장관, 이스라엘 왕 솔로몬과 격조 높은 침묵의 여인, 바로 왕의 어머니였다. 그녀는 다윗 왕의 부인이었다. 솔로몬은 그녀를 밧세바라고 소개했다. 빌키스 여왕은 격식을 갖춘 어려운 질문을 던졌다.

"위대한 건축가이신 솔로몬 왕이시여, 제가 질문을 한 가지 하겠습니다. 당신은 당신의 왕국 남쪽 네겝 저편에 있는 오십 개의 성읍을 흐트러뜨리셨습니다. 저는 이곳으로 오면서 그것들을 보았습니다. 이 도성의 모든 주변에 당신은 새롭게 성벽을 쌓았습니다. 이곳에 도착했을 때 저는 감탄을 금할 수 없었습니다. 당신은 전차, 군대, 방패, 창, 적에 대항할 수 있는 거대한 방어 체계를 갖추었습니다. 그러나 여기 이곳 도성 안, 그리 사납지 않은 군사들만 있는 이곳 요새 안에 제가 들어와 있습니다. 그러니 만약 제가 이 미소 뒤에 진짜 얼굴을 숨긴 적이라면 어쩌시겠습니까? 그렇다면 왕이시여, 무슨 소용이 있겠습니까? 모든 귀중한 돌과 금속 무기들이 어떠한 가치를 지니겠습니까?"

솔로몬이 고개를 끄덕였다. 검은 머리카락이 어깨 뒤로 물결치며 늘어뜨려져 있었다. 그의 갈색 눈은 생각으로 가득 찼지만 전혀 낭패한 빛은 없었고, 기름칠한 나무같이 조용했다. 그 외모만 보아도 여왕 자신의 주의력이 흩어지고, 그것이 곧 머리싸움에서 그를 유리한 위치에 놓는 거라고 여왕은 생각했다.

"여왕이시여, 당신 말이 맞습니다."

그는 그녀에게 빛나는 미소를 던지며 말했다.

"나의 성벽과 군수품 그 자체는 아무런 소용이 없습니다. 그러나 그것들의 힘은 한 연약한 것 안에 있습니다. 그들의 힘은 힘 있는 자들이 경멸하는 그 연약한 것 안에 있습니다."

스바의 여왕이 말했다.

"어떤 연약한 것이 한 민족을 구할 수 있단 말입니까?"

솔로몬 왕이 대답했다.

"얼마 안 되는 군인들이 경호하는 한 작은 성읍이 있습니다. 한 위대한 왕이 들어와 그 성읍을 포위했습니다. 그러나 그 성읍 안에는 가난하지만 현명한 한 사람이 있습니다. 그리고 그는 지혜를 이용해서 그 성읍을 구했습니다. 여왕께서는 아직 이스라엘의 마지막 방어선을 통과하지 못하셨습니다. 그자는 이 단 위, 여왕의 옆에 앉아 있습니다."

"당신 자신을 의미하는 것이군요. 그리고 당신 스스로를 가난하다고 암시하시는군요. 그러나 우리 뒤에 있는 건물과 당신 앞에 있는 건물은 당신의 말과 모순이 됩니다. 솔로몬 왕이시여, 어떻게 이러한 생활을 가난하다고 하실 수 있습니까?"

솔로몬이 말했다.

"그렇습니다. 여왕이 보신 모든 것들은 부유하다고 말할 수 있는 것들입니다. 그러나 제가 말하는 가난이란 '모든 삶의 가난함'을 의미하는 것입니다."

그는 그곳에 모인 모든 사람들이 그의 목소리를 들을 수 있을 정도로 목소리를 높였다.

"나는 많은 향락을 누렸습니다. 그러나 곧 그것의 공허함을 알았습니다. 맞습니다. 나는 많은 위대한 업적을 이루었습니다. 건물을 지었고, 포도밭을 일구었고, 정원을 만들었고, 물 구덩이를 파서 자라는 나무숲에 물을 대었습니다. 나는 이전에 이스라엘을 다스렸던 어느 왕보다도 더 많은 소 떼와 양 떼를 소유하고 있습니다. 가장 훌륭한 남녀의 노랫소리를 즐겨왔습니다. 그러나 내 손으로 이룬 것, 내가 그것들을 이루느라 낭비한 수고들을 생각해 볼 때, 나는 모든 것이 덧없음을 보았습니다. 그것들은 모두 바람을 좇는 것과 같았습니다. 태양 아래 그어떤 것도 새로운 것은 없습니다. 나는 당신께 이렇게 말할 수 있습니다. 단지 부자는 꿈으로 스스로를 속이려 하고, 가난한 자는 그렇지 않다는 것 말고는 부자와 가난한 자 사이에는 아무런 차이가 없다는 것입니다. 이러한 사실을 통해 지혜라는 것은 진정 자신이 가난하다는 것을 아는 것이라고 말할 수 있지요."

얼마나 훌륭한 설교자인가! 이 이스라엘인은 지혜로운 훈계자였다. 빌키스 여왕은 그의 언변에 활짝 미소를 지었다. 그는 그녀를 설득하고 있었다. 그런데도 그녀는 솔로몬 쪽으로 몸을 향하며 속삭였다.

"왕이시여, 조용히 듣는 현명한 자의 말이 어리석은 자에게 소리치는 통치자의 말보다 훨씬 낫습니다."

솔로몬 왕은 그녀의 재치에 싱긋 웃었다.

"맞습니다!"

그가 말을 받았다.

"죽은 파리 한 마리가 큰 통의 향수를 악취나게 만드는 것처럼, 어리석은 한 마디가 평생의 지혜를 망칠 수도 있습니다. 이제 내가 침묵을 지켜야겠지요?"

빌키스가 말했다.

"구덩이를 파는 자가 그 안에 빠지게 되어 있습니다."

솔로몬이 대답했다.

"뱀이 유혹당하기 전에 물어버린다면, 유혹하는 자가 무슨 소용이 있겠습니까?"

스바 여왕이 이스라엘 왕을 향해 마노 보석처럼 밝게 미소를 지어보이며 말했다.

"아, 그 유혹하는 자는 아주 훌륭했습니다. 정말로 아주 잘했습니다. 이곳에는 그를 물 뱀도 없고 공격할 적도 없습니다."

빌키스 여왕은 일어서서 백성들을 쳐다보았다.

"이스라엘, 당신들은 얼마나 행복한 사람들입니까? 당신들의 왕께서는 자유로운 민족의 아들입니다. 그는 적절한 시기에 연회를 베풉니다. 취하기 위해서가 아니라 힘을 얻기 위해서! 내가 내 나라에서 왕의 지혜와 번영에 관해 들은 이야기들은 모두 사실이었습니다. 다윗의 아들에게서 기쁨을 느끼는 당신들의 야훼 하나님께 찬양을 드립니다. 하나님께서 솔로몬을 여러분의 왕으로 세우신 것은 야훼께서 당신들을 사랑하셔서 온 땅에 공평과 정의를 실현시키기 위해서입니다!"

그녀가 방문해 있는 동안, 솔로몬은 스바의 여왕에게 그녀가 원하는 모든 것을 주었다. 마찬가지로, 그녀는 솔로몬에게 진귀한 보석과 이후로도 이스라엘에 들어온 적이 없는 아주 풍부한 양의 향신료와 함께 약 4톤의 금도 선물로 주었다.

그녀는 솔로몬의 도성에 한 계절이 다 지나도록 머물렀다. 그 동안 그녀는 왕의 궁전에서 멀지 않은 곳에 비교적 작지만 비할 바 없이 호화스러운 새 건물을 보았다. 그것은 마치 하나의 보석 같았다.

떠나기 직전에 그녀는 우연히 누가 그렇게 훌륭한 집을 선사받을 만큼 중요한 사람인지 물어보게 되었다. 왕은 얼굴을 붉히며 답하지 않았다. 그러자 그 어머니가 말했다. 빌키스 여왕이 그녀가 말하는 소리를 들은 것은 그때가 처음이었다. 그리고 다른 면에서는 참을성 있고 관대한 것처럼 보였던 그녀의 말투는 꽤 빈정대는 듯했다.

"이집트 여인이 자신의 집을 원한다면, 이스라엘 왕은 그저 순종할 수밖에 없지요."

왕모의 말이었다.

미친 사랑의 연가

다말 Tamar

[아가 1:1~8:14]

파라오의 딸, 솔로몬의 아내는 예루살렘에 자신의 존재를 드러냈다. 그녀는 다른 사람들과 어울리지 않는다. 그녀는 왕의 정원에서 떨어진 곳에 산다. 그러나 그녀는 새로 지은 자신의 거처 높은 창문에서 대담하게 노래 부르는 것을 부끄럽게 여기지 않는다.

사막에서 오고 있는 저 연기 기둥 같은 자가
누구인가,
상인들의 향품으로 만든 몰약과 유향의 향기를
날리며 오는 자는 누구인가?

보라, 그것은 솔로몬의 마차,
밤에도 왕을 경호하려고,
허리에 칼을 찬 예순 명의
힘센 남자들에게 둘러싸여 있다.

예루살렘의 딸들아!
나와서 솔로몬 왕을 보아라.
그의 어머니가 우리 결혼식 날에
씌워준 왕관을 머리에 두르고 있다.

보아라!

밧세바는 왕궁의 별실을 지나 아들을 찾으러 성큼성큼 걸어가고 있다. 아들에게 할 말이 있다. 더 이상 기다릴 수가 없다. 그녀는 지금 아들을 직접 대면해야 한다.

그러나 그는 자신의 방에 없다. 그는 어느 고관의 방에도, 글을 쓰는 방에도, 기도하는 장소에도 없다. 그가 성전에 가지 않았다면……. 그럴 리가 없다. 저녁이다. 아마 그는 성전에 있을 것이다.

밧세바는 어스름 속에서 넓은 정원을 지나 안뜰로 들어간다.

자신의 작은 오두막에서 다말은 광택 나는 청동 거울을 들고 있다. 그것은 그녀가 공주였던 시절부터 간직해 온 몇 안 되는 사치품 가운데 하나이다.

그녀는 네 개의 기름등잔을 켰다. 그것들은 거친 나무 탁자 위에 한 줄로 놓여 있다. 그녀는 탁자 옆에 무릎을 꿇고 거울 속의 자기 모습을 들여다보고 있다. 그녀는 상아로 된 빗을 꺼내 머리를 빗고 있다.

"옛날에는 붉은색이었지."

그녀가 거울에 대고 중얼거린다.

"내 아버지처럼 말이야."

그러나 이제 그녀의 머리는 윤기를 잃은 채 가늘고 짚빛이 도는 담황색이 되었다. 머리가죽 위로 지나는 머리빗에 걸리는 느낌이 거의 없다. 다말의 얼굴은 슬프고 피곤하다. 그녀는 잠잘 준비를 하느라 얼굴을 씻었다. 거울 속에서 자신을 바라보고 있는 눈빛, 누가 이런 서글픈 눈을 사랑할 수 있겠는가?

"어둡고 칙칙하군."

그녀가 낮은 소리로 말한다. 마치 광택나는 청동 거울 속의 자기 얼굴을 비난이라도 하듯이.

"오, 예루살렘의 딸들아. 나는 염소의 털처럼 새까맣구나. 검은색 장막천처럼 그을렸어도 솔로몬 궁전의 휘장처럼 아름답다면 얼마나 좋을까."

그녀가 말한다.

"솔로몬!"

그러자 거울 속의 두 눈이 금세 놀란다. 그 눈들이 놀라 크게 휘둥그레진다. 그러나 그녀는 그 눈들을 진정시키지 못한다.

"나를 바라보지 마라."

다말이 목소리를 낮춰 불만스럽게 내뱉는다. 그녀는 거울을 내려놓는다.

"내 얼굴은 거무칙칙해! 태양빛이 나를 그을리게 만들었어! 내 남자형제들이 나에게 화를 냈어. 형제들은 나한테 자기들 포도밭을 돌보게 만들었지. 그런데 내 포도밭은……."

다말은 두 손으로 얼굴을 가린다.

"내 포도밭은 내가 가꾸지 못했구나!"

이제 그녀는 오두막을 밝히던 네 개의 등잔불을 끈다. 가느다란 달빛 줄기가 벽의 작은 틈새를 통해 들어온다. 그녀는 일어나 문에서 멀리 떨어진 구석에 이미 펼쳐진 이부자리로 간다. 그녀는 누워서 어둠 속을 가만히 응시한다.

그녀는 오늘밤도 잠이 오지 않을 것 같다는 생각을 한다.

파라오의 딸은, 비록 그 노래 내용은 성숙한 여인의 정열이 담긴 것이었지만, 높고 떨리며 숨이 짧은 어린아이의 목소리를 가지고 있다.

그녀가 거처에서 노래를 부를 때조차 그 소리가 창문 밖으로 흘러나간다. 그녀는 예루살렘 사람들이 자신의 일을 알게 되는 것을 부끄러워하지 않는다. 그런 여인이라면 예루살렘 여인들의 생각에 대해서는 전혀 신경을 쓰지 않을 것이다. 아니면 그들이 생각하는 바에 지나치게 신경을 쓰거나.

그녀는 이제 막 어두워진 저녁을 향해 노래를 부른다. 그녀는 노래를 부를 때, 작은 울음소리를 낸다. 아마도 그 노래에 담긴 감정으로 마음이 벅차서 그러리라.

내 연인의 목소리가 들린다!
보라, 그가 산 위를 뛰어오르며
언덕을 기운차게 걸으며
이리로 오고 있다!

내 연인은
한 마리 영양!
큰 눈을 가진 수사슴처럼
춤을 춘다!

보라, 그는 내 집의
담 뒤에서 격자문을 통하여
창문 안을 들여다보며
서 있다.

"일어나시오!" 그가 부른다.
"내 사랑하는 여인이여, 나오시오!
겨울은 지났고,
비도 이제 그쳤소.

꽃들이 피어나며
새들의 노래가 막 터져나오고 있소.
일어나시오, 나의 여인이여,
그리고 어서 이리 나오시오.

바위의 갈라진 틈에 숨은
오, 나의 흰 비둘기여
당신의 얼굴을 보여주오.
당신의 얼굴은 너무도 아름답소!

오, 저 여우들을 잡아주시오,
포도원을 망치는
저 작은 여우들을.
우리의 포도나무는 꽃이 피었다오, 나오시오!"

왕의 어머니는 아들을 찾았다. 그는 거대한 상아 옥좌에 홀로 앉아 있다.

"저 소리를 듣고 있느냐?"

오늘밤 밧세바는 자신의 감정을 다스릴 수가 없다. 마침내 그녀의 인내는 사라지고 말들이 화살처럼 쏟아져나온다.

"그렇군, 저 소리를 듣고 있군! 여기서 저 소리에 귀를 기울이고 있구나. 그리고 방으로 돌아가기 전에 이집트 여인을 찾겠지. 그리고 그녀가 너를 위해 무엇인가 작은 일을 해주면, 너는 보답으로 어떤 커다란 일을 약속할 것이고. 그러나 이것은 사악한 일이다, 솔로몬. 네가 그녀에게 가기 때문도 아니요, 지나친 것을 약속하기 때문도 아니다. 그 여인에게 약속을 지킨다는 사실 때문이다! 지금 그녀의 소리를 들고 있구나, 그렇지?"

왕은 대답도 하지 않고 어머니를 쳐다보지도 않는다. 그의 옥좌는 여섯 계단 위의 단에 놓여 있고, 각 계단마다 사자 조각상이 지키고 있다. 그 옥좌는 넓은 팔걸이와 높은 등받이가 있는 의자 모양이다. 의자 등에는 황소 머리가 새겨져 있다. 권력을 상징하는 것이다! 양 옆 팔걸이에는 두 마리의 사나운 사자가 날개를 뒤로 젖힌 채 마치 날고 있는 듯이 서 있다. 섬세하게 세공한 금박 나뭇잎과 함께 상아를 박아 넣어 전체를 장식하고 있다.

그런 의자에 앉아 있는 왕의 모습은 찬란해 보이면서도 왜소해 보인다. 지금 왕은 어머니가 방에 있는 것을 알고 있다는 내색조차 하지 않는다. 그의 섬세한 얼굴에는 아무런 표정이 없다. 단지 음악을 들으며 생각을 비우고 있는 듯하다. 마치 어떤 사람들이 생각을 잊기 위해 음악을 이용하는 것처럼.

밧세바는 분노를 누그러뜨린다. 총명한 권고자의 말씨로 그녀는 입을 연다.

"내 아들아, 내가 너를 사랑하기 때문에 할 말을 해야겠구나. 어느 누구도 나처럼 솔직하게 말하지 않을 것이다. 사람들이 너를 두려워하는 것은 좋은 일이지만, 모든 사람들이 너를 두려워하는 것은 좋지 못하다. 나는 두려워하지 않는다.

그리고 네가 그녀에게 새 궁전을 지어주지 않았다면, 지금 이렇게 말하지도 않을 것이다. 그 건물이 너의 약점을 말해 주는구나, 솔로몬.

너의 약점. 그것은 네가 많은 여인과 사랑을 나누는 것이 아니라 그 여인들이 너에게 지시하도록 내버려두고 네가 그들의 말에 순종한다는 데에 있다. 야훼께서는 네가 이스라엘을 위한 결정을 내리도록 너를 선택하셨다. 너의 아내들이 아니라 너를. 아무리 그들의 아버지가 강한 힘을 가지고 있다 해도 말이다. 지금 그 여자들이 이스라엘을 지배하고 있다는 말이다!"

솔로몬 왕이 고개를 돌려 한 마디 한다.

"어머니, 당신도 여인입니다."

마치 활의 줄이 퉁겨진 것처럼 밧세바는 아들을 향해 크게 소리치기 시작한다.

"여인이라고! 네 어미가 한 여인이란 말이냐. 이 어미가 이집트 여인이냐? 아니면 암몬 여인? 아니면 에돔 여인이냐? 네 어미가 차가운 헷여인이냐, 솔로몬? 너에겐 수많은 부인이 있고, 모두들 우리의 하나님이 아닌 다른 신들을 섬기고 있다. 그리고 네가 이방 여신 아스다롯 앞에 꿇어 엎드려 있는 것을 볼 때, 내가 네 아버지 다윗의 하나님께 무어라 말할 수 있겠느냐? 이런, 이스라엘 왕이 암몬 족의 혐오스러운 우상 밀곰을 섬기다니……."

솔로몬이 옥좌에서 일어나 계단을 내려오기 시작한다. 밧세바는 멈출 수가 없다. 그녀는 자신이 거의 비명에 가까운 소리를 내고 있다는 것을 알고 있다. 그녀의 얼굴이 공포로 일그러지고 있다는 것도 알고 있다. 결코 왕이 두려워서가 아니라 그가 염려되어서. 그래도 그녀는 옥좌실 문 있는 곳까지 따라가며 외친다.

"왕이 예루살렘 동쪽 산 위에 모압의 혐오스러운 우상 그모스 그리고 암몬 족의 혐오스러운 우상 몰렉을 위한 사당을 지었다……."

그러나 그때는 이미 아들이 사라진 뒤였다. 그는 옆문으로 밖을 향해 나갔다. 밧세바는 턱을 꽉 다물었다. 그리고 여인들이 실을 씹듯이 자신의 말을 곱씹었다. 그녀는 어떤 기도를 올려야 할지 곰곰이 생각한다.

다말이 꿈을 꾸고 있다. 그녀의 연인이 문을 두드리는 것만 같다. 그가 부르고 있다.

"내게 문을 열어다오, 내 누이야. 나의 사랑, 나의 비둘기, 나의 완벽한 여인아, 문을 열어다오! 내 머리가 이슬로 젖었구나."

다말은 미소를 짓는다. 뺨이 아리도록 미소를 짓고 있다.

"내 머리카락이 밤이슬을 떨어뜨리고 있소."

그 연인이 부르고 있다. 그러나 옷은 이미 벗어서 한켠에 놓아두었고, 잠자기 위해 발을 씻었다. 그녀는 한순간 망설인다. 그의 손이 빗장 걸쇠에 닿는 소리를 들은 것 같다. 그녀의 가슴이 뛴다. 그래! 그녀는 나갈 것이다!

그녀는 문을 열려고 일어선다. 그녀의 사랑스런 손에서 몰약이 떨어진다. 그녀의 손가락은 몰약으로 젖어 있다. 손을 손잡이에 대고 문을 연다. 그러나 연인은 사라졌다! 그녀의 망설임 때문에 그는 가버렸다.

아마도 다말은 이제 꿈을 꾸고 있는 것이 아닐 게다. 그녀는 잠옷을 입고 차가운 예루살렘 거리를 맨발로 뛰어다니는 섬뜩한 여인이 되었다. 이 차가움은 꿈이 아니다. 그녀는 연인을 찾으며, 그를 부르며 집집마다 돌아다니고 있다. 그러나 그는 아무런 대답이 없다.

앞쪽 멀리서 그녀는 밤새 부르는 이집트 여인의 떨리는 노랫소리를 듣는다. 있는 힘을 다해 다말은 그 소리를 향해 달린다.

내 연인의 얼굴은 찬란히 빛나는 불그레한 빛이오.

그녀가 듣는 노랫소리. 그 소리는 높은 곳에서, 언덕에서, 그 언덕보다 훨씬 더 높은 곳에서 내려오고 있다. 다말은 그 소리에 귀를 기울이며 어두운 밤 속으로 달려간다.

그의 머리는 화려한 금이요,
곱슬거리는 그의 머리카락은

까마귀만큼이나 검구나.

그의 눈은 우유에 몸을 씻은
강가의 비둘기 같고
보석이 박힌 듯이 아름답구나.

갑자기 남자 세 명이 다말의 길을 막는다. 왕의 궁전을 지키는 야간
경비병은 왕궁과 파라오의 딸의 새 궁전 사이에서 소란한 소리를 들었
다. 그들은 한 여인이 그곳에서 춤추는 것을 본다. 그녀는 두 팔을 뻗
고 머리를 뒤로 젖혀서, 마치 얼굴에 비라도 맞는 것 같은 자세로 춤
을 추고 있다.

경비병들이 그녀에게 손을 대자, 그녀는 비명을 지르며 궁전 문쪽으
로 달려간다. 그래서 그들은 그녀를 때린다. 그러나 그녀는 고통도 느
끼지 못한 채 계속 달린다. 그들은 그녀를 때리며 그녀가 거리에 쓰러
져 머리를 감싸쥘 때까지 그녀를 쫓는다. 그들은 그녀의 잠옷까지도
벗긴다.

그리고 경비병들은 그녀를 집어들어 도성 문이 있는 아래로 데려간
다. 그녀는 가면서, 목청이 터지도록 큰 소리로 외친다.

"내가 이스라엘의 딸들에게 간청하나니, 너희들이 내 연인을 찾게
되면 그에게 전해다오. 내가 사랑 때문에 병이 났다고!"

그들은 도성 밖 어둠 속에 그녀를 내려놓는다. 그들은 성문을 닫는
다. 그러나 이집트 여인의 보석이 반짝이는 궁에는, 촛불과 등잔불이
반짝이며 노랫소리가 들린다. 자신감에 찬 어린아이 같은 콧소리가 들
린다.

그의 뺨은 달콤한 향기를 풍기는

향료의 온상이며,
그의 입술은 몰약이 스며나오게 하는
백합화 같구나.

그의 팔은 에메랄드로 장식한
금으로 둘러져 있고
그의 몸은 사파이어를 박은
밝은 빛의 상아 같구나.

그의 다리는 황금 토대 위에 세워진
대리석 기둥 같고,
그의 외모는 레바논 언덕의 백향목처럼
잘생겼구나.

그의 말은 달콤한 우유 같고
그의 모든 것이 사랑스럽기만 하다.
이분이 나의 연인이요, 나의 친구이다.
오, 이스라엘의 딸들아.

영광의 시대는 가고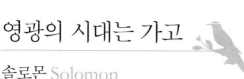

솔로몬 Solomon

이제 해마다 솔로몬에게 바쳐지는 금의 무게는 23톤이나 되었다. 이것은 여러 국가에서 오는 조공이었고, 그보다 더 많은 것이 상인들과 무역업자들로부터 들어왔다.

솔로몬 왕은 금을 두드려 펴서 금 방패를 200개나 만들었는데, 각각의 방패는 3.5킬로그램이나 나갔다. 그는 또한 300개의 작은 방패를 만들었으며, 그것들은 모두 의식을 치를 때마다 경비병들이 전시용으로 이용했다. 그는 이 의식용 무기들을 레바논 숲 궁전에 두었다.

그가 마시는 모든 잔들은 금으로 만들어졌고, 은으로 만들어진 것은 하나도 없었다. 왕은 바다에 무역 상선을 가지고 있었기 때문에 3년마다 한 번씩 금, 은, 상아, 원숭이와 공작새들을 가져오곤 했다. 솔로몬 덕분에 예루살렘에서 은은 다른 돌들처럼 흔한 것이 되었다. 백향목은 세벨라 평원지대의 돌무화과나무보다도 많았다.

그리고 그는 전차와 기병들을 모았다. 전차는 1,400대, 기병도 1만 2천 명이나 되었다. 그들은 예루살렘뿐만 아니라 다른 요새에도 주둔해 있었다. 말 또한 이집트에서 수입했다. 말 한 필에 은 2킬로그램을, 전차 한 대에 은 7킬로그램을 주고 들여왔다. 그리고 이것들을 이스라엘 북쪽과 동쪽의 왕들, 즉 헷 족과 시리아 왕들에게 되팔기도 했다. 그것은 이익이 많이 남는 거래였다.

그러나 이 모든 것이 이스라엘 사람들의 부담이 되었다. 왜냐하면 왕은 외국인들에게만 노역을 지게 한 것이 아니라 이스라엘 사람들에게도 노역을 부담케 했다. 자신의 지파인 유다만이 이 어려운 짐을 지지 않았다. 솔로몬 왕국의 남쪽 지역만이 왕의 혜택을 입었고 북쪽은 고통을 겪었던 것이다.

예루살렘에서 요새와 성전 세우는 일을 하는 사람들 대부분이 아모리, 헷, 브리스, 히위 그리고 여부스 사람들이었다. 그러나 이스라엘 사람들 3만 명도 징집되었고, 다른 노동자 무리 위에 감독자를 두듯이 그들 위에도 감독자를 세웠다.

다윗은 한 번도 그런 일을 한 적이 없었다!

그리고 사울도 여느 노동자의 집보다 그리 크지 않은 소박한 요새에서 살았다.

한 작업 감독자가 이스라엘 사람들이 불평하는 소리를 들었고, 결코 그것들을 잊을 수가 없었다. 그들의 얼굴은 왕을 위한 힘든 노동에 찌들어 험상궂게 되었고, 가족을 그리워하는 외로움이 배어 나왔으며, 밭을 경작하지 못하고 묵히는 데 대해 화가 나 있었다. 그리고 그 속에서 쉽게 사라지지 않을 분노를 읽을 수 있었다.

이들은 에브라임 지파 사람들이었다. 그 감독자 역시 에브라임 사람이었다. 그리고 자신이 감독자가 되어 다른 형제들처럼 이집트 공주의 궁을 짓는 돌 아래서 허리가 휘지 않게 된 것은 단지 운이 좋아 왕의 임명을 받았기 때문일 뿐이었다.

그 감독자는 느밧의 아들 여로보암이었다. 어느 날 여로보암이 예루살렘 밖에서 걷고 있었을 때, 예언자 아히야가 그를 발견하고는 그를 이끌고 한가한 시골로 데려갔다.

아히야는 새 옷을 입고 있었는데 그가 여로보암과 단둘이 있게 되자, 자신의 옷을 잡아 열두 조각으로 찢었다. 그리고 나서 여로보암에게 말했다.

"열 조각은 그대가 가지시오. 이스라엘의 야훼 하나님께서 말씀하셨소. '나는 솔로몬의 손에서 그 왕국을 찢어 너에게 열 개의 지파를 주겠다. 내 종 다윗을 위해서 그리고 예루살렘을 위해서 나는 한 족속만을 솔로몬의 자손에게 남겨줄 것이다. 그의 남은 나날 동안은 그가 이스라엘을 계속 통치하게 하겠지만, 그 뒤에는 내가 그의 자손의 손에서 왕국을 빼앗아 너에게 열 개의 지파를 줄 것이다.'"

그날 여로보암은 이집트로 도망을 갔다. 그는 솔로몬이 죽을 때까지 이집트에 머물렀다.

솔로몬이 이스라엘과 유다를 통치한 기간은 40년이었다. 살아서 화려했던 그가 죽을 때는 가장 소박하게 죽었다.

죽은 바로 그날에 솔로몬의 시신은 나무 관에 담겨 도성 밖에 있는 한 무덤으로 옮겨졌다. 작은 동굴 입구를 막아두었던 문이 돌 이음새를 따라 갈라졌고 돌들이 옆으로 치워졌다. 그러자 두 남자가 몸을 굽혀 절을 하고, 한 사람은 앞에서 한 사람은 뒤에서 왕의 시신을 메고 그 낮은 입구로 들어갔다.

그리하여 아무 장식도 하지 않고 하얀 아마옷만을 걸친 왕은 그의 아버지 다윗의 뼈가 묻힌 그 동굴 안의 큰 돌 위에 눕혀졌다. 즉시 그 돌들은 다시 반죽을 발라 제자리에 놓였고, 문이 닫힌 뒤 무덤이 완전히 봉해졌다.

사람들의 그림자가 점점 길어지기 시작했다. 낮에 불던 바람도 멈추었다. 아주 짧은 순간 저녁노을이 서쪽 하늘에 차가운 불꽃을 일게 했다. 그러나 동쪽에서 회색 어둠이 온 땅에 내려앉았다. 그러자 곧 밤이 찾아왔고 모든 사물은 어둠 속으로 삼켜졌다. 군중들은 돌아서서 도성으로 돌아갔다.

그러나 비정한 달이 모습을 드러내며 예루살렘 밖 언덕 위로 어슴푸레한 빛을 던졌을 때, 두 사람의 모습이 보이기 시작했다. 두 여인이 여전히 솔로몬의 무덤 옆에 서 있었다. 한 여인은 너무도 수척해서 움푹 들어간 눈과 뺨 속으로 어둠이 고여들어 그 모습이 마치 해골 같았다. 그녀의 몸은 굽었고 비참하고 가난해 보였다. 부유한 모습의 또 다른 여인은 똑바로 자신만만하게 서 있었으나 역시 늙어가고 있었다.

두 여인 모두 외로운 존재임이 역력했다. 그들은 서로 알은체하지 않았다. 아마도 자신의 옆에 누가 있는지조차 모르고 있는 듯했다.

밤바람이 동쪽에서 바다 쪽으로 불기 시작했다. 차가운 바람이었다. 그 바람 속에 솔로몬의 무덤 문에 새로 바른 회반죽이 말라가고 있는 냄새가 묻어났다. 두 여인 모두 옷을 여몄다. 그들은 얼굴을 가렸다. 오직 눈만이 가려진 베일 속에 나타났다. 어느 여인도 울지 않았다.

그렇게 솔로몬은 그의 조상들과 함께 잠들었고, 아들 르호보암이 그의 대를 이어 이스라엘을 다스리게 되었다.

5부
예언자들

유다에서 온 하나님의 사람

The Man of God from judah

유다 왕국과 이스라엘 왕국이 비통하게 둘로 갈라진 지 7년 후, 앙상하게 뼈만 남은 한 남자가 북쪽 산등성이 길을 걷고 있었다. 긴장하고 겁먹은 듯했으나 확고한 걸음이었다.

그는 젊었고 햇볕에 그을렸다. 그는 농부다운 큰걸음으로 성큼성큼 걸었으며, 유다 산간지방에서 오고 있는 길이었다. 그는 그곳에서 땅을 일구었다. 비록 작은 돌밭에 지나지 않았고, 심은 곡식이 보리뿐이기는 했지만 어쨌든 그는 지금 추수를 미뤄둔 채 이 여행을 하고 있는 것이었다. 왜냐하면 지금이 1년 중 여덟째 달, 산간 지방에서는 한창 보리를 벨 때였기 때문이다.

그 남자의 행동거지는 촌스러웠고 생김새는 무뚝뚝했다. 그러나 그의 눈은 똑바로 앞을 응시하며 무엇인가를 쫓고 있는 듯했다. 어떤 끔찍한 일에 몰두한 모습이었다. 그는 큰 소리로 중얼거렸다.

"제단아, 제단아, 인간의 뼈가 네 위에서 태워질 것이다……."

유다에서 온 그 남자는 머리에 아무것도 쓰지 않고 발도 맨발이었다. 그는 먹거나 마시거나 쉬기 위해 멈추지 않고 계속 걸었다. 정오가 되었을 때 그는 예루살렘을 지나 북쪽으로 가고 있었다. 한 무리의 군사들이 유다와 이스라엘 사이의 땅을 순찰하고 있었다.

"돌아서 서라!"

그들이 소리쳤다.

그 젊은이는 멈추지도 않았고 응답하지도 않았다. 군사 중 한 사람이 소리치며 그의 뒤를 쫓았다.

"형제여, 이스라엘에는 당신을 보호해 줄 사람이 한 명도 없소. 그들에게는 왕이 따로 있기 때문에 유다는 그들의 적이오!"

병사는 농부와 보조를 맞추어 걷기 시작했다. 그는 농부의 얼굴을 들여다보았고, 그 의 얼굴에서 공포에 질린 모습을 발견하고는 그를 불쌍히 여기게 되었다.

"왜 그렇게 사나운 모습을 하고 있소? 복수를 하려는 것이오?"

"아니오."

"화가 나 있소?"

"아니오."

"그러면 돌아가시오. 나와 함께 돌아갑시다."

"그럴 수 없소."

"왜 돌아갈 수 없다는 거요? 어디로 가는 길이오?"

"벧엘로 가는 길이오."

"오, 안 돼요! 벧엘은 안 돼요! 지금은 안 돼요!"

병사는 젊은이의 옷을 붙잡았다. 그러나 그 여행자는 마치 꼼짝도 안 하려는 노새처럼 힘이 세었다. 그래서 병사는 하마터면 그 자리에서 넘어질 뻔했다. 병사가 호소하듯 말했다.

"여로보암 왕은 오늘 벧엘에서 연회를 열고 있소. 그는 금송아지를 만들어놓고 그 앞에 제사를 드릴 것이오."

"나는 그 왕에게 할말이 있어서 가는 것이오."

농부가 말했다. 그의 목소리는 공포로 떨리고 있었고, 한편으로는 고뇌에 차 있었다. 그러나 그는 결코 걸음을 멈추지 않았다.

"하나님께서 여로보암에게 말을 전하라고 나를 보내셨소."

병사는 길 가운데 멈추어 서서, 그 농부가 북쪽 길을 애써 올라가며 이스라엘 땅으로 들어서는 것을 지켜보았다.

"그들이 저자를 죽일 거야."

※

솔로몬이 죽자 그의 아들 르호보암이 바로 유다의 왕이 되었다. 그러나 르호보암은 다윗이 한 번은 유다에서 또 한 번은 이스라엘의 북쪽 지파에서 왕관을 두 번 쓴 것처럼, 자신도 북쪽 왕국의 왕관을 얻으러 그곳으로 가야만 한다는 사실을 알고 있었다.

이스라엘은 다윗을 사랑했다. 다윗이 자신의 지파인 유다 족속을 사랑한 것만큼 이스라엘을 사랑했기 때문이다. 그러나 솔로몬은 이스라엘에게 유다 지파보다 더 무거운 짐, 고된 생활, 세금을 부과함으로써 이스라엘과 유다를 차별했다.

그리하여 르호보암이 갔을 때, 북쪽 지파들은 충성을 바치는 대가로 유다와 동등한 대우를 해달라고 요구하기로 결정했다. 르호보암을 왕으로 세우기 전에 그들은 느밧의 아들 여로보암을 내세워 그와 협상을 시작했다. 최대한 격식을 차린 위엄을 갖추고 여로보암이 말했다.

"어서 오십시오, 유다의 왕 르호보암이시여."

르호보암이 말했다.

"내 아버지의 왕국에서 노동자들을 감독하던 사람에게 나를 맞이하게 하다니, 이것이 이스라엘이 나에게 해줄 수 있는 최선의 예우인가?"

"그렇습니다. 유다의 왕이 기대할 수 있는 유일한 환영입니다."

여로보암이 말했다.

"당신은 최근 몇 년 동안 이집트에 숨어 지내지 않았나? 내가 이스라엘의 왕관을 쓰려고 온 이때에 왜 갑자기 나타났는가?"

이 두 사람은 큰 단상 위 양쪽의 고문관들 사이에 자리를 잡았다. 북쪽 지파 사람들은 그 단상을 에워싼 채 그들의 이야기에 진지하게 귀를 기울였다. 그들의 미래가 이 협상 결과에 따라 정해질 것이기 때문이었다. 여로보암이 자리에서 일어나 유다 왕에게서 다섯 걸음쯤 떨어져 걷다가 고개를 돌리며 말했다.

"솔로몬 왕은 우리의 멍에를 무겁게 했습니다. 그는 이스라엘을 유다처럼 관대하게 대하지 않았습니다. 그는 우리를 마치 정복당한 민족처럼 노동으로 짓눌렀습니다. 만약 르호보암께서 당신의 아버지가 우리에게 지운 무거운 노역의 짐을 가볍게 해주신다면 우리는 당신을 섬길 것입니다."

르호보암이 그의 고문관들을 쳐다보았다. 천천히, 원로들은 자신 없는 목소리로 이스라엘의 제안을 받아들일 것을 권하며 타협을 조언했다. 그러나 젊은 신하들은 완고했다.

"약한 자는 먹힐 수밖에 없으며 강한 자만이 존경 받습니다."

그리하여 르호보암은 단상에서 일어나 대답했다.

"내 새끼손가락이 내 아버지의 허리보다도 굵다. 그가 너희들을 가죽 채찍으로 매질했느냐? 그렇다면 나는 쇠사슬이 달린 채찍으로 너희를 매질할 것이다. 내가 너희 앞에서 약해질 거라고 기대하지 말아라."

여로보암은 망설이지 않았다. 그는 군중들 앞에 목소리를 높여 외쳤다.

"집으로 돌아가라! 집으로 돌아가라, 이스라엘이여. 이제 더 이상 우리는 다윗의 집안과 아무런 상관이 없다."

그리고 나서 그는 손가락으로 르호보암을 가리키며 말했다.

"그리고 당신은…… 이제 당신 집안이나 돌보는 것이 좋을 것이오!"

북쪽 지파는 르호보암을 그들의 왕으로 세우지 않았다. 르호보암은 이스라엘을 복종시키려고 애썼지만 그들은 그가 보낸 관리들을 살해했다.

이스라엘은 여로보암을 왕으로 세웠고, 북쪽 지파들은 남쪽 베냐민과 유다 지파로부터 분리되어 나갔다. 그리고 그들은 같은 역사에 뿌리를 두고 있었으나 이제 두 개의 왕국이 되었고, 곧 전쟁에 들어갔다.

벧엘 성읍은 순례자들로 가득했다. 그들은 8월 보름에 있는 왕의 절기 때문에 모여들었으며, 왕 자신도 이집트식으로 마름질한 사제의 옷을 입고서 영광스럽고 눈부신 모습으로 그곳에 있었다.

그날은 장엄한 의례의 날이었고 그 의식은 웅대했다. 여로보암은 이집트에서 절대 군주의 양식을 배울 기회가 있었다. 그는 단 지역에 사당과 경배할 금송아지를 세웠다. 마찬가지로 벧엘에도 사당과 모양이 어울리지 않는 제단을 세웠다. 이제 제단 위 계단으로 올라간 여로보암 왕이 직접 향을 담은 잔을 머리 위로 들어올려 타고 있는 분향단에 쏟을 준비를 하고 있었다. 군중들은 신의 하얀 연기가 피어오르기를 기다리며 숨을 죽이고 있었다. 벧엘에는 긴장감과 적막감이 돌았다.

그 잔이 기울어지기 시작했을 때, 갑자기 제단 아래에서 거칠고 순박한 목소리의 외침이 들려왔다.

"야훼께서 말씀하신다. '오 제단아, 제단아! 다윗 집안의 한 아들이 네게 분향하는 사제들을 네 위에 제물로 바칠 것이다!'"

군중들은 이 분노의 외침으로부터 물러섰다. 그 소리의 주인공은 양가죽을 입은 한 농부였다. 그는 미친 사람처럼 땀을 흘리며 맹렬히 제단을 향해 외쳐대고 있었다.

"그리하여 야훼께서 말씀하신다. '인간의 뼈가 네 위에서 태워질 것이다!'"

여로보암 왕은 이 고독한 한 인물을 찬찬히 내려다보며 조롱하듯이 말했다.

"그렇게 말씀하시는 당신은 누구신가? 말투를 보니 유다 사람이신 듯한데?"

그 젊은이가 소리쳤다.

"그리고 이것이 야훼께서 말씀하시는 징표다. '제단이 갈라지고 그 위의 재가 쏟아질 것이다.'"

"저 자를 잡아라."

왕이 단호하게 명령했다. 그는 유다에서 온 남자를 향해 오른손을 뻗으며 말했다.

"저 자를 잡아라, 잡아서……."

그러나 그 순간 왕의 손이 바싹 말라버렸다. 그리고 오그라들더니 해골의 뼈처럼 갈라졌다.

"하나님의 사람이여!"

왕이 소리쳤다. 왕은 뻗은 팔을 도로 끌어올 수가 없었다. 군중들은 점점 뒤로 물러났다. 그 젊은 농부조차도 방금 일어난 일에 놀라 입을 딱 벌리고 서 있었다.

"하나님의 사람이여, 날 위해 당신의 야훼 하나님께 간구하여 내 손을 원래대로 돌아오게 해주시오."

눈도 깜빡이지 않고, 조금도 움직이지 않은 채 그 젊은이는 중얼거렸다.

"야훼여, 왕이 말한 대로 손을 원래 모양으로 돌아가게 해주실 수 있겠습니까?"

모든 사람들이 지켜보는 가운데 피가 왕의 오른손으로 흘러 창백한 색깔이 다시 불그레해지더니 그 위에 살이 붙어 손가락이 다시 움직일 수 있게 되었다. 그는 손을 옷 아래에 넣고 혼자서 눌러보았다.

유다에서 온 그 남자는 안도의 한숨을 내쉬었다. 여로보암 왕은 그를 한순간 응시하더니 말했다.

"나와 함께 갑시다. 가서 피곤을 풀고 나면 당신께 보상을 해주리

516

다."

그 젊은 농부는 고개를 저었다. 그 순간부터 주욱, 그는 눈을 들어 왕의 얼굴을 다시 쳐다볼 수가 없었다. 그는 말했다.

"아닙니다. 야훼께서 제게 집으로 돌아갈 때까지 빵도 먹어서는 안 되고 물도 마시면 안 된다고 명하셨습니다. 안 됩니다."

그가 두려운 기색으로 주변을 두리번거리더니 서둘러서 군중을 뚫고 걸어가기 시작했다. 분명히 집으로 가는 것이었다. 그러나 바로 때를 같이하여 다섯 명의 남자가 자기들 아버지 집으로 달려가, 아버지에게 자신들이 본 것을 이야기했다. 그는 벧엘에서 상당히 명성이 있는 예언자였다. 그는 다른 예언자가 자신의 영역에서 이루었다는 일에 대해 듣고는 이렇게 말했다.

"나귀에 안장을 얹어라! 그 하나님의 사람을 만나보고 싶다!"

여로보암에게 북쪽 왕국을 빼앗긴 후 7년이 지나서 유다의 왕 르호보암이 죽었다. 그의 아들 아비야가 아버지의 옥좌에 올라 야훼께서 보시기에 악한 일들을 행했다. 그는 우상 신전의 남창들이 유다 땅에서 그들의 신에게 예배드리는 것을 허락했다.

그리하여 두 왕국 모두 그들의 야훼 하나님에게 등을 돌렸다. 여로보암은 높은 자리마다 이교도의 사당을 짓고 제사장들을 세웠다. 북쪽 국경선에 위치한 단 지역의 사당으로부터 예루살렘에서 16킬로미터 정도 떨어진 남쪽 국경선에 위치한 벧엘의 사당들까지 모두가 백성들이 솔로몬의 성전으로 경배하러 가는 것을 막기 위한 것이었다. 그 사당들에 있는 금송아지를 가리키며 그는 이렇게 말했다.

"이스라엘아, 너희의 신들을 보라……. 너희를 이집트에서 구해준 신들이 여기 있다."

여로보암 집안이 너무도 악하여 야훼께서는 그들의 집안을 완전히 쓸어버리기로 작정하셨다. 여로보암 왕은 늙어서 죽었으나 그의 아들은 두 해도 채 다스리지 못하고 대신 바아사에게 죽임을 당했다. 바아사는 스스로 이스라엘의 통치자임을 선포하고, 여로보암의 모든 자손들을 죽임으로써 자신의 왕권을 지키려 했다.

그러나 여로보암이 저지른 악한 행위는 바아사와 그의 아들 엘라에 의해 반복되었다. 같은 행태의 악한 일들이 북쪽 왕국 왕들 사이에서 계속되자, 이스라엘을 독수리의 날개로 이집트에서 이끌어내신 그 하나님께서는 자신과 맺은 언약을 기억하고자 신을 섬길 통치자를 끊임없이 찾고 계셨다.

바아사의 집안은 여로보암 집안이 망한 것과 똑같이 망했고, 이스라엘 군대의 총사령관이 왕좌에 올랐다. 그의 이름은 오므리였는데, 그는 깊은 통찰력과 현명한 통치로 북왕국의 어느 선대 왕보다도 잘 다스렸다.

오므리 왕은 자신의 도읍지를 만들기 위해 새 도시를 건설했다. 그는 그 도시를 사마리아라 명명하고, 그가 국경 근처의 다른 성읍들을 요새화한 것처럼 튼튼한 성벽과 군인들로 그곳을 요새화했다. 그의 명성은 주변국들 사이에 퍼져나갔고, 그가 죽자 그의 아들이 자리를 이어받아 통치했다. 그는 이스라엘의 위대한 왕 가운데 한 사람인 아합 왕이었다.

유다에서 온 그 젊은 농부는 완전히 지쳤다. 자신의 일을 끝마치고 야훼의 강력한 힘이 그에게서 떠나자마자 온몸의 뼈들이 바람 앞의 갈대처럼 흔들리는 것만 같았다.

벧엘의 약 4킬로미터 남쪽에서 그는 가던 길을 멈추고 상수리나무 아래에 쓰러졌다. 그는 졸음에 겨웠으나 귓가에서 태양이 웅웅대는 소리를 내는 것 같았다. 그때 누군가가 크게 외치는 소리가 들렸다.

"여보시오! 당신이 제단을 향해 외친 유다 사람이오?"

농부는 눈을 떴다. 그는 흰머리와 하얀 턱수염으로 덮인 한 노인이 나귀에서 내려오는 것을 보았다.

"맞습니다만."

그가 말했다.

"가십시다."

노인이 눈가에 주름이 잡히도록 미소를 지으며 말했다.

"나와 함께 가서 빵을 먹읍시다."

그 불쌍한 농부는 고개를 저었다.

"갈 수 없습니다. 야훼께서는 다시 집으로 돌아갈 때까지 빵을 먹지도, 물을 마시지도 말라고 명하셨습니다."

그 노인이 말했다.

"그렇소. 나도 그 명령을 들었소. 그러나 나도 당신과 같은 예언자요. 그리고 천사가 나에게 야훼의 말씀을 전했소. 그를 네 집으로 데려다가 먹고 마실 수 있게 하라고."

그 젊은이는 계속 고개를 저었다. 그러나 노인은 손을 내밀어 그의 어깨를 잡았다.

"당신은 어려운 일을 아주 잘 해냈소. 그러니 지금쯤은 매우 지쳐 있을 거요. 내가 어찌 예언자들에게 엄습하는 신성한 피곤함을 모르 겠소?"

농부는 턱이 떨리는 것을 느꼈다. 그는 거의 눈물이 나올 지경이었다. 그 흰머리의 노인이 말했다.

"그리고 이제 일이 다 끝나지 않았소? 자, 갑시다. 나와 함께 내 집으로 가십시다."

그는 노인의 팔꿈치 아래에서 손을 뺐다. 눈물을 흘리며 그는 자리에서 일어섰다. 그 늙은 예언자는 그를 달래 나귀에 태웠고, 그들은 함께 벧엘로 향하여 예언자의 집으로 갔다. 그들은 먹고 마셨다. 그리고 어두워지자 잠자리에 누웠다.

날이 밝자 유다에서 온 남자는 상쾌한 기분으로 일어났고, 다시 산등성이 길을 따라 집으로 떠날 준비를 했다. 노인은 나귀에 안장을 얹어 그에게 선물로 주었다. 그러나 그 젊은 농부는 결코 집에 도착할 수가 없었다. 보리추수도 할 수 없게 되었다.

유다 왕 아비야가 야훼 보시기에 악한 일을 했다. 그래서 그는 단지 3년 동안밖에 통치하지 못했다.

그가 죽자 그의 아들 아사가 왕위에 올랐다. 이 사람은 옳은 일을 행했다. 아사는 아비야가 허락한 이교도의 우상을 태워버렸다. 더욱이 그는 자신의 할아버지인 솔로몬 왕이 만든 우상들을 제거했다. 유다에서 오로지 야훼 하나님만을 섬기기 위해 그 위대한 왕이었던 솔로몬의 방침까지 뒤엎은 것이었다. 아사는 41년 동안 유다를 다스렸다.

그가 죽자 그의 아들 여호사밧이 아버지 뒤를 이어 통치했다. 그 또한 공평하고 신실한 왕이었다. 그는 아합이 북쪽 왕으로 있던 시기에 유다를 다스렸다. 북쪽 왕 아합의 아내인 이방 여인 이세벨은 바알 신을 섬기는 사제들을 이스라엘로 데려왔지만, 여호사밧이 남쪽을 다스리는 동안에는 그런 사제들이 유다에 들어온 적이 없었다.

여호사밧은 유다 왕국 도처에 있는 주요 성읍에 공평한 판관들을 두어 사법 개혁을 단행했다. 동시에 그는 예루살렘에 오늘날의 항소 법원 같은 것을 두어, 언제 일어날지 모르는 불의를 뽑아버리려 했다. 그는 24년 동안 유다를 다스렸다.

그러나 그가 죽자 그의 아들 여호람은 즉시 악한 일들을 행했다. 그는 자신의 모든 형제들, 아울러 그들의 부하 장수들과 병사들 모두를 암살하도록 명령했다. 그럼으로써 그 누구도 그의 통치권을 문제삼지 않게 하려는 것이었다. 솔로몬의 영광스러운 궁전에 유혈의 발자취가 남게 되었다. 곧 이방 관습들이 북에서부터 스며들어왔다. 바알의 사제들이 유다에 사당을 짓고, 유다 지도자들은 그들의 야훼 하나님을 소홀히 여겼다.

그러나 하나님께서는 당신의 백성을 결코 잊지 않으셨다. 하나님께서는 북이스라엘의 열 지파를 잊지 않으셨고, 남쪽의 베냐민과 유다도 잊지 않으셨다. 야훼께서는 열정적으로 끊임없이 그들을 참회하게 하시고 다시 신실한 백성이 되도록 부르셨다. 그들을 위해 야훼께서는 당신과 맺은 언약을 기억하고 그 율법에 순종할 것을 호소하셨다. 왜냐하면 그들은 자신을 떠나서는 살아갈 수 없기 때문이었다.

'그러지 않으면 그들은 땅을 잃을 것이다! 그들은 여러 민족 가운데 흩어져 죽게 될 것이다!'

시내 산에서 백성들을 만난 야훼께서 그렇게 말씀하셨다. 당신의 민족 가운데 머무시기를 선택하신 전능하신 야훼께서 그렇게 말씀하셨다.

해마다 야훼께서는 열성적이고 성스러운 인물들을 통해 당신의 사랑을 이스라엘 민족에게 전했다. 그들은 놀라운 언변을 가진 고독한 영혼, 예언자들이었다.

젊은이를 유다로 돌려보낸 그날, 벧엘에 사는 늙은 예언자에게 소식이 전해졌다. 그의 나귀가 산등성이 길 한편에 서 있는 것이 보였다. 다른 한편에는 사자가 서 있었다. 그들 사이에 복이 찢겨진 시체가 놓여 있었다. 의심할 여지없이 사자에 물린 것이었다.

노인은 이 광경을 보기 위해 달려나갔다. 정말로 자신의 나귀였다. 그리고 그 죽은 자는 유다에서 온 젊은이였다. 흰머리의 늙은 예언자는 말했다.

"정말로, 이자는 하나님의 사람이었다. 그가 말한 모든 것은 야훼의 말씀이었다. 순종하지 않고 빵을 먹었기에 그는 벌을 받은 것이다."

늙은 예언자는 사자의 턱 앞을 지나쳐 걸어가서 그 젊은이의 시신을 수습한 뒤 팔로 들어올렸다.

"아아, 내 형제여."

그가 말했다. 그는 당나귀의 등에 죽은 자를 올려놓고 탄식하며 벧엘로 돌아갔다.

"아아, 내 형제여!"

저녁에 그는 유다에서 온 남자를 안장하고 아들들에게 말했다.

"내가 죽으면 내 뼈를 이 예언자의 뼈 옆에 묻어라. 왜냐하면 그가 벧엘의 제단과 이스라엘 성읍의 모든 이방 사당에 대고 외친 말이 틀림없이 그대로 이루어질 것이기 때문이다."

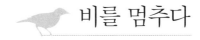

비를 멈추다

엘리야 Elijah

[열왕기상 17:1~18:19]

사마리아 도성에서 성대한 결혼식이 거행되었다. 아합 왕이 새 부인을 얻게 된 것이다. 그녀는 두로의 여인, 엣바알의 딸이었다. 이스라엘과 두로, 이 두 큰 왕국은 서로 동맹을 체결하고 있었다. 그 후 그들은 서로 물품들을 교환하는 한편, 다마스쿠스와 메소포타미아에 대항하기 위해 군대를 연합하기도 했다.

두로는 아프리카 북쪽 해안선을 따라 식민지를 확장하기 위해 이스라엘의 농토에서 식량을 거두어가곤 했다. 이스라엘의 부유한 영주들은 작은 농장들을 다 빼앗아 한층 더 부자가 되었다. 아합은 힘을 키워 남쪽 유다와 유사한 동맹을 맺을 수 있는 수단을 가지게 되었고, 그리하여 새로운 피가 오므리와 아합의 집안에 들어오게 되었다.

왕의 아내는 이세벨이었다. 그녀는 강하고 당당한 여인으로, 제왕의 가문에서 출생한 여인이었다. 아합의 조상들은 항상 왕이었던 것은 아니었다. 그래서 아합은 관습법이 계속 거북하게만 느껴졌다. 몇 개의 법들이 그의 욕구를 좌절시키자 그는 점점 까다로워지고 침울해하곤 했다. 그런데 사랑스런 이세벨은 그러한 법들을 아주 쉽게 깨뜨렸다. 법이란 왕족에게는 존재하지 않는 것이었다. 아합은 자신이 맞아들인 이 빛나는 왕비의 파격적인 행동에 기뻐했다.

사마리아에서 결혼식이 거행되었다.

두로의 신부는 안티몬으로 눈꺼풀 끝에 검은 선을 그려넣어 흘끗 쳐다보기만 해도 한 줄기 광채가 번득이게 만들었다. 머리는 복잡하게 말아 동양식으로 장식했다. 그녀의 옷은 자줏빛이었고 가슴 아래 금실로 짠 장식이 반짝거렸다. 그녀가 호화로운 긴 가마를 타고 도성을 달리는 모습을 보고, 백성들은 얼굴이 붉어져 절을 했다. 그녀 뒤를 바알 신의 사제 40명이 따랐다. 바알은 그녀가 자신의 나라에서 섬기던 신이었으며, 틀림없이 이 나라에서도 섬길 신이었다.

강력한 남편과 상아를 박아넣은 흑단으로 만든 호화스런 침상이 그녀 앞에서 기다리고 있었다. 부귀영화가 그녀 곁에 있었다. 그녀를 이끈 것은 바로 그것이었다. 만약 아합이 상아로 장식된 궁과 귀금속으로 치장한 방들을 가지고 있다는 말을 듣지 않았다면, 그녀는 이스라엘 왕과 결혼하지 않았을 것이다.

새로운 돌과 현대식으로 요새화된 도성에서 축하연이 열렸다. 거대한 요철식 성벽들은 솔로몬이 지었던 그 어떤 성벽보다 훌륭한 방어벽이었고, 넓은 도로와 새로운 집들은 이스라엘의 인구를 폭발적으로 증가시켰다. 이스라엘은 새 왕비의 행진에 환호를 보냈다. 왕이 말했다.

"미래를 보라!"

상인과 군인과 영주들, 포도주 상인과 석공과 목수와 대장장이와 아이들 모두가 왕의 선포에 흥분했다. 미래에 대한 환상에서 비롯된 열띤 함성과 기분 좋은 소란이 이 도시를 귀머거리로 만들어버렸다.

그러나 아합이 환영의 미소를 지으며 몸소 마중 나온 가운데 왕비의 대열이 궁전 현관에 막 도달했을 때, 이세벨은 군중 가운데에서 그녀의 빛나는 눈빛 앞에서도 절을 하지 않는 한 남자를 발견했다. 그는 마치 건조한 사막의 생물처럼 보였다. 그는 낙타털로 만든 외투를 걸치고 있었고, 머리나 얼굴도 전혀 다듬지 않은 초라한 몰골이었다. 그의 몸은 싸움터라도 나가는 듯 긴장해 있었다.

그는 그녀의 시선을 되받으며 꼿꼿이 서 있었다. 그의 눈빛은 너무도 대담하게 그녀를 정면으로 바라보고 있었다. 경멸의 눈초리였다! 왕비는 즉시 이 남자가 혐오스러워졌다.

아합과 이세벨의 결혼 후, 사마리아에는 새로운 공사가 진행되었다. 넓었던 길이 다시 좁아졌는데, 이는 이세벨이 경배하는 바알 신의 사제들이 거처할 집터를 만들기 위해서였다. 사제들은 40명이었지만 40가구의 집만 짓는 것이 아니었다. 40가구의 집을 세우고 다시 50가구의 집을 더 지었다.

이세벨의 아버지는 두로의 왕이었을 뿐만 아니라 바알 신의 사제이기도 했다. 그래서 아합은 아내와 장인의 신에게 신전을 지어 바치도록 명령했다. 도성 안 높은 곳에 땅을 파헤치고 기둥을 세워, 돌과 편백나무와 백향목으로 훌륭한 균형을 이룬 집을 지었다. 이제 하늘을 관장하고 비를 내려 땅과 다산을 축복한다고 믿는 두로인들의 신께 수많은 사람들이 제사를 지낼 수 있게 되었다. 하늘에서 활보하는 신! 구름에서 활보하는 신, 바알!

그러나 여자가 있어야 많이 생산할 수 있다. 열매를 맺기 위해서는 남신과 여신 모두 있어야 한다. 그리하여 바알의 배우자인 여신 아세라도 이스라엘과 사마리아로 들어오게 되었다. 그래서 그녀는 사제들이 더 필요하게 되었고, 그들 역시 집이 필요했다. 길은 점점 좁아졌다.

400명의 사제들을 위한 400가구의 집이 더 지어졌다. 그리고 이 모든 바알의 종들은 그들의 모든 가족 및 종들과 함께 거대한 식구를 이루어 왕비의 식탁에서 함께 식사했다. 850명에 달하는 두로의 사제들을 나라에서 부양했다.

이세벨은 단순히 모국의 신들을 경배하는 것 이상의 일을 할 작정이었다. 그녀는 이 뒤떨어진 국가의 미개한 백성들을 계몽시켜 그들도 그녀의 신들을 경배할 수 있게 하기를 원했다. 그래서 그 많은 수의 사제들을 그렇게 열성적으로 데려왔던 것이다.

이스라엘의 야훼는 율법을 요구하는 엄한 신이었다. 그는 돌판에 율법을 새긴 하나님, 바람과 지진과 놀라운 불꽃의 산(山) 신이었다. 그러한 신성함 속에는 달콤함이 없었다. 두려운 산과 초록빛 들판을 비교하게 하여 이스라엘로 하여금 선택하도록 만들자는 것이었다.

아합이 바알 신과 아세라 신을 위해 지은 신전은 그들의 종교만큼이나 사치스러웠다. 그 기둥 안에는 어둠이나 공포나 엄격함이 없었고, 반대로 밝음과 광휘, 부드럽고 잔잔한 샘물 그리고 육체의 모든 감각에 영합하는 것들만이 존재했다. 그러나 이 쾌적한 큰 건축물이 그녀의 신들께 바쳐지던 그날, 한 남자가 도성 거리에 서서 외쳤다.

"아합! 아합!"

아주 신경에 거슬리는 콧소리였다.

"아합 왕이여, 야훼 하나님께서 당신에게 말씀하시는 소리를 들으시오!"

아합은 이미 신전 안으로 들어갔다. 그에게서 열 발짝 정도 뒤에 있던 이세벨이 자기도 모르게 돌아섰다. 그녀는 전에 본 적이 있었던 한 얼굴을 알아보았다. 아마실처럼 가는 머리카락은 다듬어지지 않은 그대로였다. 그의 어깨에는 낙타털로 만든 외투가 늘어뜨려져 있었다. 그의 팔뚝은 근골이 단단한 힘센 유목민의 것이었다.

"아합! 아합!"

그는 왕이 신전 문 앞에 나타날 때까지 계속 소리쳤다. 그리고 왕을 대면하자 말했다.

"내 앞에 계신 이스라엘의 야훼 하나님이 살아 계시는 한, 앞으로 몇 해 동안 이 땅에 이슬도 비도 없을 것이오."

이세벨 왕비는 바알 신이 관장하는 일에 대해 호언장담하는 그자에게 심한 증오심을 느꼈다. 그는 소리쳤다.

"앞으로 비는커녕 이슬 한 방울 내리지 않을 것이오. 내 말이 있을 때까지!"

그리고 나서 그는 사라져버렸다.

"나는 저자를 경멸해요."

이세벨이 불만을 토로했다. 아합이 말했다.

"나도 마찬가지요. 왕의 견해 같은 것은 전혀 중요치 않게 생각하는 자요."

"저 자의 이름이 무엇인가요?"

"엘리야. 그는 길르앗의 디스베(디셉) 사람이오. 디스베 사람 엘리야라고 하지."

"저자는 씻지도 않는군요."

아합이 어깨를 으쓱했다.

"야훼께 특별히 서약한 사람들에게는 지켜야 할 법들이 있소. 그 서약이 끝날 때까지 그들은 술을 마시지 않고 머리도 자르지 않소. 그러나 그들도 몸은 씻소. 그도 씻기는 할 것이오."

"자신의 말이 있을 때까지라니!"

이세벨은 그 사막에 사는 자가 바알 신에게 보인 불경과 거만함에 치를 떨었다.

"바알이 비의 신인데 자신의 말이 없으면 비가 오지 않을 거라고 하다니. 정말 어이가 없군."

그러나 그 불경한 자의 말이 이루어졌다.

바알과 그의 배우자 여신 아세라의 신전 봉헌식을 치른 후 몇 달 동안, 이스라엘에는 비 한 방울 내리지 않았다. 이른 비도 늦은 비도 일 년 내내 오지 않았다. 추수도 없었다. 작은 묘목들도 마른 땅에서 죽어갔다. 농작물은 마치 나환자의 살에 난 털처럼 선 채로 죽었다.

아합 왕이 말했다.

"엘리야는 어디에 있느냐?"

그는 처음에는 은밀히, 그러다 나중에는 공개적으로 사람들에게 물었다.

"누구 디스베 사람 엘리야를 본 사람이 있느냐?"

사람들은 왕께 답할 수 없었다. 사람들이 말했다.

"그는 야훼의 바람을 타고 다닙니다. 그는 이곳에 있다가도 금세 보이지 않습니다. 그러니 엘리야가 어디에 있는지 어떻게 알 수가 있겠습니까?"

다음해도 비 한 방울 없이 지나갔다. 가뭄은 점점 널리 퍼져 북쪽 두로와 시돈까지 비가 오지 않았다. 왕은 이제 왕명을 내려 탐문하기 시작했다. 그 말에는 분노가 담겼으며 잘못하면 벌을 내릴 수도 있는 상황이었다.

"디스베 사람 엘리야가 어디에 있는지 어서 말해라!"

한 소년이 말했다.

"제가 그를 봤습니다."

그 소년이 왕 앞에 끌려나왔다.

"어디서? 어디서 엘리야를 보았느냐?"

"그 예언자는 요단 강 동편 그릿 시내 옆에 있는 한 동굴에서 살고 있습니다."

소년은 목소리를 낮추고 눈을 크게 뜨며 말했다.

"까마귀들, 매일 저녁 까마귀들이 그 예언자에게 빵과 고기를 물어다 줍니다. 그렇게 살아가고 있습니다."

아합은 군인들을 그릿으로 보냈다. 그들은 마른 강바닥 위아래를 샅샅이 뒤졌다. 그들은 꺼진 불꽃의 흔적을 발견했으나 엘리야를 찾지는 못했다.

"그가 어디 있단 말이냐?"

아합이 소리쳤다.

3년째 되는 해도 비 한 방울 내리지 않고 시작되었다. 이스라엘의 곳간과 창고는 텅 비었다. 부자들조차도 굶주려가고 있었다. 더욱이 아합 군대의 노새와 전차를 끄는 말들도 풀이 없어 굶어 죽어가고 있었다. 아합은 군대에 명령하여 이스라엘 전 지역을 뒤져 푸른 초원과 목초지를 찾도록 명령했다.

동시에 이세벨은 자신의 군대를 두로와 시돈까지 멀리 보내 엘리야를 찾으라고 시켰다. 그녀는 군인들에게 명령하여 사람들이 엘리야를 본 적이 없다고 하면 그 말이 거짓이 아님을 엄숙하게 맹세하도록 협박하라고 시켰다.

두로의 북쪽 사르밧 작은 마을에서 군인들은 디스베 사람 엘리야를 본 적이 있다고 말하는 한 과부를 발견했다. 사실 그녀는 그를 먹이고 자기 집에서 살도록 해준 사람이었다. 그러나 그들이 엘리야가 어디로 갔는지 묻자 그녀는 죽는 한이 있어도 엘리야에게 해가 될 말은 한 마디도 하지 않겠다고 말했다.

그 과부는 자신과 아들이 마지막 저녁을 먹고 죽을 준비를 하고 있었다고 이야기했다. 그들에게는 한줌도 안 되는 밀가루와 기름병에 약간의 기름만 남아 있을 뿐이었다. 그런데 엘리야가 말했다.

"두려워하지 마십시오. 이스라엘의 야훼 하나님이 말씀하십니다. '나 야훼가 이 땅에 비를 내릴 때까지 단지 속의 밀가루는 떨어지지 않을 것이고, 기름병의 기름도 마르지 않을 것이다.'"

"그는 예언자임에 틀림없었습니다. 그의 말대로 이루어졌으니까 말입니다. 우리는 끼니마다 배부르게 음식을 먹었습니다."

그녀가 말했다.

또 이런 일도 있었다고 했다. 과부의 아들이 병이 나서 숨이 끊어졌을 때 엘리야가 몸을 펴서 그 아이 위에 세 번 엎드리며 야훼께 그의 호흡이 되돌아오게 해달라고 간구하니, 야훼께서 들어주셨다는 것이다.

"그 소년이 살아 있습니다."

군인들이 사마리아에 있는 이세벨에게 보고했다.

"우리가 그를 보았습니다. 그리고 그 과부는 엘리야의 입을 통해 나오는 야훼의 말씀은 사실이며, 그는 야훼의 사람이라고 말할 뿐입니다."

이 이야기를 들은 그날, 이세벨은 자신의 군대에게 엘리야를 찾는 것을 중지하라고 명령했다. 그 대신 '이스라엘의 온 땅을 달리며 야훼의 예언자들을 보는 즉시 그들을 죽여야만 한다. 그들을 죽여라.'라고 말했다. 하나님의 예언자들은 숨기 시작했다. 그들은 동굴 속에서 살아갔다. 어떤 이스라엘 사람들은 그들을 보호해 주고 빵조각을 주기도 했다. 그러나 왕비의 군대가 그 지역을 알아내었고, 곧 어떤 동굴도 안전하지 않게 되었다.

그때 갑자기 엘리야가 사마리아 밖에 나타났다. 아합 왕이 혼자서 마른 밭을 걷고 있었다. 그가 얼굴을 드니 산의 바위처럼 거친 용모의 예언자가 눈에 들어왔다.

"그대인가? 이스라엘을 괴롭히는 자가?"

엘리야가 대답했다.

"나는 이스라엘을 괴롭히지 않았습니다. 당신께서 이스라엘을 괴롭히셨습니다. 왕과 부왕께서 야훼의 계명을 저버리고 바알을 섬김으로써 이 민족을 둘로 갈라놓으셨습니다."

"어떻게 그대는 내가 야훼를 저버렸다고 말할 수 있는가? 나는 그분의 이름을 따서 내 아들의 이름을 지었네. 나는 하늘에 계시는 야훼의 영광을 두려워하네. 나는 그분의 힘으로 이 비를 막은 것을 알고 있네."

"그렇게 야훼를 두려워하시는 분이 야훼를 증오하고 야훼의 예언자를 살해하는 여인과 결혼을 하셨습니까! 두 신을 섬길 수는 없습니다. 아합 왕이시여! 어느 누구도 야훼와 다른 신을 함께 섬길 수는 없습니다. 그런데 당신께서는 이스라엘 백성들을 두 절벽 사이에 한 다리씩 걸치게 만들고 있습니다. 야훼께서 하나님이시면 그분을 섬기십시오! 그러나 바알이면 바알을 따르십시오!"

아합 왕이 그 예언자에게서 등을 돌렸다. 엘리야가 소리쳤다.

"나만이, 오직 나만이 야훼의 예언자로 남아 있습니다!"

그때 그가 콧소리를 내며 소리를 지르자 사마리아 사람들이 그의 목소리를 들었다. 도성 밖에 있는 사람들이 멈추어 서서 보니, 왕이 하나님의 예언자와 이야기를 나누는 모습이 눈에 들어왔다.

"나만이 홀로 남았습니다."

엘리야가 큰 소리를 질렀다.

"그러나 바알의 예언자들은 사백오십 명입니다. 이제 제 말을 잘 들으십시오. 왕이시여, 가뭄의 끝과 비가 돌아오는 소리를 들어보십시오. 나는 저 바다 위에 있는 갈멜 산으로 갈 것입니다. 저곳으로 소 두 마리와 이세벨이 믿는 신의 사제들을 데려오십시오. 우리는 각각 자신의 하나님께 기도를 올릴 것이고, 그러면 모든 사람이 누가 진짜 하나님인지 보게 될 것입니다. 불과 비 모두를 보낼 수 있는 분이 진정한 하나님이 아니겠습니까?"

빗속에 흐른 피

엘리야 Elijah

갈멜 산은 이스라엘 북서쪽에서 바다로 들어가는 곳에 돌출해 있었고, 산의 남쪽으로 왕국의 어느 땅보다 기름진 좁고 길게 난 땅이 있었다. 갈멜, 즉 기름진 농경 지대라고 불리는 땅이었다. 산의 정상 바로 아래, 남쪽 언저리이기도 한 해발 약 500미터 위에는 자연적으로 생긴 단이 있었다. 적은 토양과 석회암으로 평평하게 펼쳐진 곳이었다.

바로 거기서 예언자 엘리야를 다시 발견할 수 있었다.

그곳으로 바알과 아세라 신의 모든 사제들이 왔다. 게다가 엘리야가 왕에게 도전했다는 이야기를 들은 이스라엘 사람들 대부분이 그 산으로 올라와서, 그곳은 호기심과 굶주림과 희망으로 가득 찬 거대한 군중들로 뒤덮였다.

왕비는 한 디스베 사람의 요청에 따라 자신을 낮추어 궁을 떠나는 일은 하지 않았다. 아합 왕도 마찬가지로 참석하지 않았다. 그러나 송아지는 희생 제물로 그곳에 있었다. 그리고 이곳 산의 단상에 이세벨이 무너뜨린 제단의 오래된 돌들이 흩어져 있었다. 이 돌들 가운데에 엘리야가 산바람을 몸으로 막으며 낙타털로 된 겉옷에 싸인 채 서 있었다.

"송아지 한 마리를 고르시오."

그가 바알의 사제들에게 소리쳤다. 그의 손질하지 않은 머리가 바람 속에 말려올라갔다.

"그 송아지를 베어 여러 조각을 내시오. 그것들을 장작 위에 놓고 그 위에 불을 지피지는 마시오. 그리고 당신의 신, 하늘을 활보하는 신, 구름 신의 이름을 외치며 그가 자신의 희생 제물에 불을 보내는지 보시오."

그들은 그대로 했다. 그들은 송아지를 도살했다. 피 묻은 고기를 마른 장작 위에 늘어놓고 그들은 기도하기 시작했다.

"바알 신이여! 바알 신이여, 응답하소서!"

아침 내내 엘리야는 야훼의 옛 제단의 돌을 굴려 다시 쌓았고, 이방 사제들은 그들의 신을 불렀다. 아무 일도 일어나지 않았다. 천 명의 사제들이 점점 더 큰 소리로 외쳤다. 한낮이 될 때까지 아무런 진척도 없었으나 그들은 신에게 모습을 나타내달라고 계속해서 간청하고 있었다. 그러나 아무런 소리가 없었다. 아무도 대답하지 않았다.

돌 하나를 들어 다른 돌 위에 얹고 있던 엘리야가 멈추며 외쳤다.

"더 크게! 더 크게! 아마 바알 신이 잠을 자고 있는 거겠지. 볼일을 보러 가셨을 수도 있겠고."

사제들이 자신들의 의식에 따라 칼을 꺼내어 스스로를 베니 피가 그들의 얼굴과 팔 다리로 흘러내렸다. 정오가 지나자 그들은 미친 사람들처럼 떠들고 소리를 지르며 원을 그려 돌기 시작했다. 그러나 어떤 소리도, 아무런 대답도 없었다. 갑자기 엘리야가 이스라엘 백성들에게 소리쳤다.

"내게로 오시오!"

그들이 가까이 와보니 열두 개의 돌로 야훼의 제단이 다시 세워진 것이 보였다. 엘리야는 그 제단 둘레를 빙 돌며 도랑을 팠다. 장작이 돌 위에 얹어졌고, 그 장작 위에는 제물이 올려져 있었다. 엘리야가 말했다.

"네 개의 항아리에 물을 가득 채워다가 제물과 장작 위에 부으시오."

그들이 그렇게 했다. 그가 말했다.

"한 번 더 하시오."

그들은 또다시 그대로 했다.

"한 번 더."

그가 말했다. 그러자 물이 온 제단을 적셨고 도랑을 채웠다. 디스베 사람 엘리야는 자신의 손을 들고 말했다.

"오 야훼여, 아브라함과 이삭과 이스라엘의 하나님, 오늘 당신께서 이스라엘의 하나님이시며 제가 당신의 종임을 알게 해주십시오. 저에게 응답하여 주십시오. 오 야훼여, 큰 비로 저의 물에 응답해 주십시오. 저에게 응답하셔서 이 백성에게 당신께서 하나님임을 알게 해주십시오."

그러자 구름 한 점 없는 오후에, 야훼의 불이 하늘로부터 떨어졌다. 불길이 땅에 떨어져 제물과 장작과 돌들과 흙을 다 태우고 도랑 속의 물을 다 말려버렸다. 이스라엘 사람들이 땅에 엎드려 크게 소리를 질렀다.

"야훼, 그분이 하나님이시다! 야훼, 그분이 하나님이시다!"

성스러운 분노로 가득 찬 엘리야는 행동을 원했다. 그는 명령했다.

"바알의 사제들을 잡아라! 지금 당장! 어느 누구도 도망치지 못하게 하여라!"

그의 목소리에 이스라엘 백성들은 한 무리의 전사가 되었다.

"옷을 벗겨 그것으로 저 이방인들을 묶어라. 그리고 나를 따르라!"

그가 소리쳤다. 이미 상처를 입고 놀란 터라 바알과 아세라의 사제들은 이스라엘 군중들에게 쉽게 굴복했고, 산 위에서 끌어내려져 아래 기손 계곡으로 끌려갔다.

"저들을 죽여라!"

엘리야가 말하자 이스라엘 백성들은 이세벨의 사제들을 죽였다. 군중심리의 흥분 상태에서 그들은 모든 사제들을 한 명도 빠짐없이 죽였다. 바알 사제들의 비명이 피범벅이 되어 완전히 사라지고 공허한 침묵이 저녁 공기를 채운 순간, 사람들은 자신들이 한 일을 보고 겁에 질렸다. 그들은 몸을 떨며 자신들이 저지른 학살의 증거를 응시하고 있었다.

"이제 왕비가 우리를 어떻게 할까?"

그들이 울부짖었다. 그리고 그들은 낮은 바위 위에 있는 엘리야를 보고 소리쳤다.

"이제 아합이 우리에게 무엇을 요구하겠소?"

엘리야는 열정이 사라진 눈으로 사람들을 휙 둘러보았다. 그리고는 어깨를 으쓱하더니 낮은 음성으로 말했다.

"집으로 가시오."

마치 거대한 낫으로 베어 쓸고 지나간 것처럼, 이스라엘 군중들은 사라졌다. 그들이 흩어진 그 짧은 시간 뒤, 갈멜 산 근처에 살아 있는 생명이라고는 하나도 남지 않았다. 단지 예언자와 그가 팔을 붙잡고 있는 한 소년만이 남아 있었다.

"나와 함께 가자, 얘야."

엘리야가 말을 마치고 그들은 다시 산으로 올랐다. 높은 고원에서 그 예언자는 겉옷으로 상체를 감싼 채 바다 쪽으로 뻗어 있는 산등성이를 따라 서쪽으로 걸었다. 그는 앉아서 다리를 끌어당기고 얼굴을 두 무릎 사이로 숙였다. 그리고는 말했다.

"얘야, 올라가서 바다 멀리 수평선을 내려다 보거라. 무엇이 보이느냐?"

소년은 올라가서 내려다보고는 다시 돌아왔다.

"아무것도 보이지 않습니다."

"다시 가라. 일곱 번 가보아라."

그 소년이 일곱 번째로 산 언저리에 걸어가서는 서쪽을 자세히 바라보았다. 일곱 번째로 갔다 와서 소년이 말했다.

"손바닥만한 조그만 구름이 바다에서 올라오는 것을 보았습니다."

그 예언자가 말했다.

"그러면 아합 왕에게 뛰어가라. 그리고 그에게 하늘에서 구름 사이를 지나 내려오는 말은 야훼의 말씀이요, 다른 어느 신의 것도 아니라고 전하라."

잠시 후에 하늘에서 검은 구름과 함께 우르릉거리는 소리가 났다. 바람이 일어 서쪽에서부터 불어왔다. 예언자는 계속하여 고개를 아래로 숙이고 있었다. 그리고 외투를 잡아당겨 어깨에 걸쳤다.

그러자 그곳에 큰 비가 쏟아졌다. 경사지에서 뿜어내려오는 물이 산을 세게 쳤다. 거센 비가 이스라엘의 계곡과 국경을 쓸어 사막으로 흘러들어갔다. 예언자는 갈멜 산에 앉아 있었고 사마리아의 지붕에는 빗물이 흘러내렸다.

사흘 후 한 이스라엘 사람이 디스베 근처의 골짜기에 숨어 있는 엘리야에게로 기어들어와서 이세벨 여왕이 그를 죽이기 위해 찾고 있다고 전했다. 그 전령이 말했다.

"그녀가 직접 저를 보내어 말씀하셨습니다. '내일 이맘 때까지 엘리야가 내 사제들을 죽인 것처럼 내가 그의 목숨을 끊어놓지 못한다면 나의 신들이 나에게 똑같은, 아니 그보다 더한 벌을 내리시도록 할 것이다.'"

그러자 엘리아는 두려웠다. 그는 디스베를 떠나 가능한 한 빨리 여리고, 예루살렘 그리고 헤브론을 지나 남쪽으로 향했다. 그는 밤을 타고 달렸으며, 새벽에 이르러 남쪽 유다 근처의 브엘세바로 오게 되었다. 여전히 그는 멈추지 않았다. 그는 하루 종일 태양빛 아래 광야를 지나 길을 걸었다. 어스름해지자 그는 싸리나무(로뎀나무) 아래 쓰러져 소리쳤다.

"이제 충분합니다! 오 야훼여, 제 생명을 거두어 주십시오. 저는 제 조상보다 조금도 나을 것이 없습니다."

밤이 찾아오자 공기가 점점 차가워졌다. 엘리야는 자신의 겉옷을 덮고 싸리나무 아래에서 잠이 들었다. 그 순간 갑자기 그의 옆에 하얀 빛의 기둥이 나타나더니 한 천사가 그를 만지며 말했다.

"일어나 먹어라."

엘리야는 머리맡의 뜨거운 돌 위에 구워진 빵과 물병이 놓여져 있는 것을 보았다. 그는 먹고 마신 후 다시 누웠다. 그러자 천사가 다시 나타나서 그를 깨우며 말했다.

"일어나 좀더 먹어라. 그러지 않으면 여정이 너무 힘들어질 것이다."

그래서 엘리야는 일어나 충분히 먹고 마신 뒤 그 음식의 힘으로 40일 낮과 밤 동안 계속해서 하나님의 산인 시내 산을 향해 갔다. 그는 산 아래서 동굴 하나를 발견하고는 그 어둠 속으로 들어갔다. 그러자 야훼의 말씀이 그를 찾아와 물으셨다.

'엘리야, 지금 여기서 무엇을 하고 있느냐?'

엘리야는 손가락으로 거친 머리카락을 감싸쥐었다.

"저는 야훼만을 열정적으로 섬겼습니다. 그러나 이스라엘 사람들은 당신을 저버렸습니다. 오, 만군의 하나님! 그들은 당신의 제단을 무너뜨리고 당신의 예언자들을 죽였습니다. 오직 저만이 남았습니다. 그리고 이제 그들은 제 목숨마저 노리고 있습니다."

야훼께서 말씀하셨다.

'가라, 엘리야. 가서 내 산 위로 올라서라.'

그는 동굴에서 기어나와 끝없는 광야 위의 거대한 바위산, 시내로 올라갔다. 그는 모세가 500년 전에 그랬던 것처럼 힘들게 위로 올라갔다. 그리고 솟아 있는 한 바위 위로 올라섰다.

갑자기 굉장한 바람이 산 정상을 휩쓸더니, 산허리를 쪼개고 작은 돌들을 날리며 큰 돌들을 옮겨놓은 후 그 예언자를 뒤로 밀어붙여 붉게 녹물이 든 바위 벼랑 아래로 몰았다. 그러나 야훼께서는 그 바람 가운데 계시지 않았다.

바람이 잠잠해진 후 온 산이 떨기 시작하더니 지진이 일었다. 갈라진 틈들이 균열이 생긴 얼굴을 열더니 산봉우리가 흔들리고 거대한 돌덩이들이 흔들거리며 자욱한 먼지 속에 생명이 말라붙은 평원으로 떨어졌다. 그러나 야훼께서는 그 지진 속에도 계시지 않았다.

지진이 지나간 후에 불길이 시내 산의 구멍으로부터 솟아올랐다. 새빨간 불길이 그 구멍 속에서 솟아오르더니 검은 구름이 끓어올랐고, 재가 하늘만큼 높이 치솟았다. 그 예언자는 공포 속에 소리쳤다. 그러나 야훼께서는 불꽃 속에도 계시지 않았다.

불길이 휩쓸고 간 뒤 고요한 정적의 소리가 들려왔다. 너무 거대하고 너무도 평온하여 엘리야는 그 소리를 들을 수 있었다. 그가 적막이 낳은 그 소리를 들었을 때, 그는 절을 하고 외투 속에 얼굴을 숨기며 울고 있었다.

야훼의 목소리가 말했다.

'엘리야, 여기서 무엇을 하고 있느냐?'

엘리야가 낮은 소리로 말했다.

"제가 말씀드렸지요, 야훼여. 저는 당신만을 열정적으로 섬겼습니다."

그러자 야훼께서 그에게 말씀하셨다.

'엘리야, 나는 이스라엘의 나머지, 바알에게 무릎을 꿇지 않은 칠천 명, 바알에게 입을 맞추지 않은 그 칠천 명을 언제까지나 지킬 것이다.'

머리부터 발끝까지 고통과 괴로움으로 가득 차 완전히 지치고 무기력해진 엘리야는 어린아이처럼 흐느꼈다. 그때 야훼께서 말씀하셨다.

'다마스쿠스로 가서 하사엘에게 기름을 부어 시리아의 왕으로 세워라. 그리고 예후에게 기름을 부어 아합의 뒤를 이을 이스라엘 왕으로 세워라. 그리고 엘리사를 찾아서 그에게 기름을 부어 네 뒤를 이을 예언자로 세워라. 하사엘의 칼을 피하는 자는 예후의 칼에 죽을 것이고, 예후의 칼을 피하는 자는 엘리사에게 죽을 것이다.'

하나님의 목소리로 이루어진 약속이 있었고, 부드러운 축복이 그의 눈물을 닦아주었다.

'그리고 모든 것이 끝나면, 집으로 오너라. 집으로 오너라.'

위대한 예언자의 승천

엘리사 Elisha

[열왕기상 19:19~21, 22:1~36, 열왕기하 2:1~22]

이스라엘에 가뭄이 끝난 후 여섯 달이 지나서 엘리사라는 한 젊은이가 아버지의 밭을 경작하러 밖으로 나갔다. 그는 길르앗의 디스베 근처 아벨므홀라 지역에 큰 땅을 가진 부유한 집안의 아들이었다.

이 특별한 날에 엘리사는 열두 쌍의 겨릿소(쟁기를 끌도록 쌍을 지은 두 마리 소)를 감독하고 있었다. 그 소들은 길게 옴폭 들어간 밭 이랑의 열을 따라 움직이고 있었는데, 각 겨릿소는 앞선 겨릿소들이 만든 이랑을 건드리며 나아갔다. 엘리사는 그 앞에서 쟁기질하는 사람들을 지켜보면서 열두 번째 겨릿소를 몰고 있었다.

그때 그는 한 사람이 자기 옆에서 걷고 있는 것을 보았다. 헝클어진 머리에 엄한 몸짓, 바위처럼 우락부락한 모습의 늙은 노인이었다. 노인이 자신의 어깨에 늘어뜨린 외투를 벗어 털더니 그것을 엘리사에게 던졌다. 엘리사는 즉시 그가 누군지 알아보았다. 디스베 사람 엘리야, 왕비가 두로에서 들여온 바알에 대항하여 바알 사제들을 죽음에 처하게 한 야훼의 선지자였다.

그리고 엘리사는 그 이상의 사실을 알았다. 그 낙타 외투가 예언자의 힘을 지니고 있다는 것 그리고 그것이 약속을 받은 사람에게 떨어진다는 것을. 그리고 엘리야는 아무 말도 하지 않았지만, 엘리사는 성스러운 명령을 들었다.

'나를 따르라.'

젊은이는 즉시 자신의 소들을 놔두고 그 노인을 뒤따랐다. 그가 물었다.

"선생님, 제가 아버지와 어머니에게 작별의 입맞춤을 하고 와도 될까요?"

노인이 말했다.

"나는 너를 방해한 일이 없다. 가거라."

매우 기쁜 마음으로 엘리사는 자신의 소가 있는 곳으로 달려갔다. 그는 소 두 마리를 이끌고 집으로 가서 그것들을 도살하고, 소들이 메고 있던 나무 멍에를 불살라서 고기를 삶아 어머니, 아버지 그리고 온 집안 식구들에게 나눠주었다. 엘리사는 작별 인사를 마치고 일어나서 예언자 엘리야를 따라가 그의 제자가 되었다.

아합이 이스라엘의 왕이고 여호사밧이 유다 왕이었던 당시에 이 두 왕국은 그들의 긴 전쟁을 끝내고 서로 협정을 맺었다. 아합과 이세벨은 그들의 딸인 아달랴를 여호사밧의 아들 여호람에게 주어 결혼시켰다. 그리하여 혈연 관계가 성립되었다. 그리고 아합은 곧 이 동맹을 이용했다. 그는 여호사밧에게 함께 출정하여 시리아 왕과 대항할 것을 청했다. 그가 설득했다.

"요단 동쪽 시리아 왕의 대로를 장악한다면 우리는 스바와 아라비아에서부터 내 장인의 성읍 두로와 시돈에 있는 항구까지 북으로 가는 모든 무역로를 장악할 수 있을 것입니다. 그러나 다마스쿠스의 대로로 가는 열쇠는 길르앗 라못입니다."

시리아 왕은 길르앗 라못을 소유하고 있었다. 아합이 그곳의 시리아 왕을 공격하자고 제안했을 때, 유다 경제를 강화시키고 있었던 여호사밧은 이에 동의했다.

그리하여 이스라엘과 유다 군대는 그들의 왕이 직접 지휘하는 가운데 요단 강을 건넜다. 그들은 디스베와 아벨므홀라 마을 사이를 둘로 가르는 좁은 계곡을 지나 전진했고, 막강한 군대를 내세우며 길르앗 라못의 서쪽 들판에 진영을 세웠다. 시리아 왕은 서른두 명의 장군들과 함께 도착하여 반대편에 전선을 세웠다.

한편 아합은 신경이 예민해졌다. 어떤 예언자가 예언을 했다.

"야훼께서 말씀하셨습니다. '나는 이스라엘이 목자 없이 산에 흩어져 있는 것을 보았다. 이들에게는 인도자가 없었다.'"

왕은 그 예언자를 감옥에 처넣으라고 명령했다. 그리고 결전의 날 새벽이 되기 전에 아합은 여호사밧의 장막으로 찾아가서, 여호사밧에게 이스라엘 왕의 기장을 달아달라고 부탁하고 자신은 전차를 끄는 자의 평범한 갑옷을 입었다.

그리하여 태양이 뜨자, 이스라엘과 유다에게 돌진을 명령한 사람은 여호사밧이었다. 용감히 공격하는 보병들 가운데서, 그들의 영혼을 이끌며 달린 사람은 여호사밧이었다. 그러나 시리아 왕은 대장들에게 정면 공격보다는 좀더 약은 전투를 준비시켰다. 그가 말했다.

"너희는 대장이든 졸병이든 상대해 싸우지 말고 왕만 찾아라."

전선에서의 교전이 전사들 사이에 이상한 혼란을 가져왔다. 시리아는 퇴각하는 것처럼 보였으나 그것은 단지 철수를 위장한 것이었을 뿐, 어느 순간 갑자기 뒤돌아서서 반대 방향으로 달려왔다. 계속 왕의 깃발만을 찾으면서. 좌절감 때문에 이스라엘과 유다 군사들의 근육이 쑤셔오기 시작했다. 그들은 집중력을 잃어버리고 점점 화만 내게 되었다.

그런데 그때 한 시리아 궁사가 활을 잡아당겨 맹목적으로 적의 무리를 향해 쏘았는데, 우연히도 그 화살이 사슬 갑옷과 갑옷 가슴막이 사이를 맞추며 아합 왕의 복부를 꿰뚫었다. 왕은 자신의 전차 앞판 위로 쓰러졌다.

"전차를 돌려라."

그가 신음소리를 내며 전차를 끄는 자에게 말했다.

"나를 이 싸움터에서 빠져나가게 하라. 내가 부상을 입었다."

여호사밧은 민첩하게 군사들을 격려하며 한곳에 머물지 않고 끊임없이 다른 곳을 향하여 그 혼전 상태를 뚫고 달렸다. 시리아 군사들은 결코 그에게 가까이 갈 수 없었다. 전투는 오후까지 계속되었고, 아합은 서쪽 언덕에서 전차에 기대어 지켜보고 있었다.

밤이 되어 부하 하나가 그에게 보고를 하러 왔을 때, 그가 이미 죽은 것을 발견했다. 그의 상처에서 흐른 피가 전차 바닥에 흥건히 고여 있었다. 그 즉시 커다란 외침이 울려퍼졌다.

"모든 사람들은 성읍으로! 모든 사람들은 고향으로 가라! 왕이 죽었다!"

이스라엘과 유다는 퇴각했다. 아합 왕의 시신은 사마리아로 옮겨졌고 그곳에 묻혔다. 군인들이 사마리아의 연못에서 그의 전차를 씻었는데, 밤에 개들이 와서 그 피를 핥았다.

비가 한창인 겨울 어느 날 밤, 젊은 엘리사는 그들이 자는 오두막에서 스승이 움직이는 소리를 들었다. 늙은 엘리야는 어둠 속에서 발을 질질 끌며 왔다 갔다 하고 있었다. 천천히, 앞뒤로 고통스럽게…… 마치 불구가 되어 우리에 갇힌 여우처럼.

새벽이 차갑고 어슴푸레하게 찾아왔다. 새벽이 잿빛 무게로 엘리사 위에 내려앉았다. 갑자기 그는 엘리야의 발소리가 멈춘 것을 깨달았다. 침묵이 너무도 무겁게 느껴졌다. 엘리사는 벌떡 일어나 밖으로 뛰어나갔다. 작은 마을 길갈은 아직 잠에서 깨어나지 않았다.

젊은이는 성문으로 달려가 마을 밖에서 스승이 거의 2킬로미터나 멀리서 에브라임 언덕을 힘겹게 올라가고 있는 것을 보았다. 엘리사는 급히 그를 따라잡았다.

엘리야의 머리카락은 그 어느 때 못지않게 도전적으로 뻗쳐 한줌의 흰 연기 같았고, 그의 수염은 하얀 히스(에리카라고도 하는 진달랫과의 상록 소관목)처럼 흰색이었다. 그의 몸 마디마디는 뼈만 앙상했으며, 그 얼굴의 거칠고 완고함은 마치 작은 시내 산 같았다. 그는 엘리사가 옆에 다가오자 그에게 눈길도 주지 않으며 말했다.

"길갈로 돌아가라. 야훼께서 나를 벧엘로 보내시는 거다."

"길을 떠나기에는 너무 춥습니다."

"내 외투가 있다."

"선생님은 너무 늙으셨습니다."

"나는 오래 전에 늙었다."

엘리사가 말했다.

"비가 올 것입니다."

그러나 엘리야는 아무런 대답도 하지 않았다. 그래서 그들은 침묵 속에서 세 시간 동안을 걸었다. 그들이 벧엘을 지나고 있을 때, 노인이 계속 걸어가고 있는 동안 한 무리의 예언자들이 엘리사를 한옆으로 데리고 갔다. 엘리사는 그냥 엘리야를 따라가고 싶었다. 그 예언자 무리가 말했다.

"야훼께서 오늘 당신의 선생을 당신에게서 멀리 떠나보내시려 하는 것을 알고 있소?"

"알고 있소."

엘리사는 그렇게만 말하고 엘리야를 쫓아 뛰어갔다. 엘리야가 말했다.

"이곳에 있어라. 야훼께서 나를 여리고로 보내셨다."

엘리사가 말했다.

"나는 선생님을 떠나지 않겠습니다."

그래서 그들은 침묵 속에 여리고로 가는 아래쪽 비탈길을 걸었다. 벧엘에서 온 예언자들이 멀리서 따라왔다. 비가 오기 시작했다. 더 많은 예언자들을 여리고에서 만났다. 그들이 엘리사에게 속삭였다.

"모르시오……?"

그러나 엘리사는 선생 곁을 떠나려 하지 않았고, 이 예언자들도 다른 이들과 합류했다. 그들은 소심한 자세로 무리를 지어 저 뒤에서 슬금슬금 쫓아왔다. 늙은 엘리야의 머리에서 빗방울이 떨어졌다. 얼굴에 빗물이 흘러내려도 그는 낙타털 겉옷으로 머리를 가리려고 하지 않았다. *그*는 말했다.

"엘리사, 여리고에 머물러 있어라!"

"싫습니다."

그들은 침묵 속에 요단 강 쪽으로 내려갔다. 이제 차가운 저녁 바람이 불고 있었고 빗방울은 우박처럼 땅 위에 몰아쳤다. 강물이 소용돌이치며 수로를 따라 급하게 흘러내려 강을 건너는 것은 도저히 불가능한 일처럼 보였다.

그러나 엘리야가 겉옷을 말아 질긴 밧줄처럼 만들어 그것으로 강물을 치니, 요단 강이 양쪽으로 갈라져 선생과 제자는 강바닥 위를 걸어서 건넜고, 강은 그들의 뒤를 따라 다시 성난 물결을 이루었다. 그들 뒤를 따라오던 예언자들은 길이 막혀서 어찌할 수 없었다. 요단 강 계곡에서부터 위쪽으로 애써 올라가면서 엘리야는 사나운 날씨를 뚫고 소리쳤다.

"내가 너에게서 멀어져가기 전에 너를 위해 무엇을 해주기를 바라느냐!"

엘리사가 답하며 소리쳤다.

"선생님, 선생님의 영적 능력을 두 배로 물려받고 싶습니다!"

한순간 엘리야가 멈추어 서서 그 젊은이를 향했다. 그들은 더욱 캄캄
해진 폭풍 속에 서 있는 두 개의 검은 형체였다. 그 늙은 예언자는 엘리
사의 어깨에 손을 얹고 말했다.

"마치 내 큰아들 같은 소리를 하는구나. 내 아들아, 네가 하늘의 천군
천사들을 볼 수 있게 되면, 네 소원대로 이루어질 것이다."

엘리야는 멀어져갔다. 엘리사는 움직이지 않았다. 그는 자신의 스승
이 떠나가는 것을 지켜보았다. 갑작스레 친 번개의 하얀 불빛 속에 그
의 모습이 번쩍였고, 바람이 스승의 겉옷을 홱 잡아채었다. 우르릉거
리는 천둥소리가 요단 강 아래로 퍼져나갔다.

그리고 그때, 그것은 번개가 아니었다. 그것은 하늘의 주홍빛 불길
이었다. 불타오르고 있는 한 무리가 아래로 내려오고 있었다. 엘리사
가 쳐다보니 그것은 불말들이 끄는 불수레였다. 그것은 땅으로 달려
내려와 엘리야와 그를 갈라놓더니 노인을 들어올렸다. 엘리사는 그가
회오리바람을 타고 산 채로 하늘로 올라가고 있는 것을 보았다. 그가
소리쳤다.

"나의 아버지! 나의 아버지! 이스라엘의 전차이시며 기마병이시여!"

불길은 사라졌다. 울부짖는 폭풍의 밤은 다시 캄캄해졌다. 엘리사는
자신의 옷을 잡아 둘로 찢었다. 그때 그는 스승의 겉옷이 하늘에서 땅
으로 둥실 떠내려오는 것을 보았다. 그는 그것을 잡고 그 거친 낙타털
에 얼굴을 묻었다.

그가 다시 요단 강 동편에 다다랐을 때, 엘리사는 그 겉옷을 말아서
엘리야가 하던 것과 똑같이 물 위를 쳤다. 그러나 물은 계속 사납게 흘
렀고, 줄어들지 않았다. 엘리사가 목청을 돋우어 소리쳤다.

"엘리야의 하나님, 지금 어디에 계십니까?"

그리고 그는 다시 한 번 물을 쳤다. 이번에는 요단 강물이 갈라져, 그
젊은 예언자는 단단한 강바닥을 밟으며 건너갔다.

예언은 이루어지고

이세벨 Jezebel

남편이 죽자 이세벨 왕비가 이스라엘 왕국을 지배했다. 그녀의 큰아들은 대관식 후 일 년도 못 되어 죽었다. 그리고 둘째 아들 요람은 사치와 향락만을 추구하는 그런 자였다. 왕좌에 오른 그는 기꺼이 어머니의 조언을 받아들였고, 그녀는 그 권력에 기뻐했다.

그녀는 친정 아버지의 도시 두로와 깊은 관계를 유지했고, 세계 무역에서 가장 좋은 것들을 들여왔다. 유다가 더 가난하고 더 격리된 모습으로 옛날 방식을 고수하고 있는 동안, 이스라엘은 모든 국가들과 교역을 즐기며 변화했다. 이세벨의 자매 디도가 아프리카 북쪽 해안선에 있는 카르타고의 여왕이 된 때가 이 무렵이었다. 마찬가지로 그녀의 딸인 아달랴는 유다에서 왕모로 있었다. 그리하여 그들은 강력한 여성 가족을 형성했다. 이세벨은 매우 흡족한 인생을 즐겼다. 그리고 자신이 왕국들 간의 경쟁을 감당할 능력을 갖추었다고 느꼈다.

왕모 이세벨이 말했다.

"요람, 나는 다윗 왕이 이집트에서 유프라테스까지 다스렸을 때 그가 했던 것처럼 너도 그렇게 해야 한다고 생각한다."

아들이 말했다.

"백 년도 더 전의 일인데…… 다윗 왕이 어떻게 했나요?"

그들은 사마리아 궁전에 있는 여왕의 호화로운 내실에 앉아 있었다. 다마스쿠스에는 아합의 생명을 앗아간 성읍, 길르앗 라못을 다시 소유하기 위해 행군하고 있는 새 왕이 있었다. 그는 바로 하사엘이었다. 옛 왕의 경호대장이었던 그는 왕이 잠들어 있을 때 질식시켜 죽이고 교묘한 상황을 재빨리 이용하여 스스로 왕위에 올랐다.

'다마스쿠스로 가서 하사엘에게 기름을 부어 그를 시리아의 왕으로 세워라.'

이세벨이 말했다.

"다윗은 다른 자들을 전쟁에 내보내 싸우게 했지. 그는 아주 오래 살았다. 요람, 나는 네가 너의 군대를 총괄할 강하고 끈질긴, 그러나 상상력은 좀 부족한 총사령관을 임명해야 한다고 생각한다. 그리고 승리가 확실해질 때까지 안전하게 뒤에 서 있다가 마지막 교전에 왕으로서 승리를 향해 달려가라."

"열네 살 때부터 병사였고 점차 계급이 높아진, 전혀 두려움을 모르는 장군이 있습니다."

"그가 명령을 내릴 수 있을까?"

"그는 완고한 군인들도 따를 수 있는 그런 사람입니다."

"그런데 그자가 너에게 복종할 수 있겠느냐, 요람? 이자가 과연 너를 따르겠느냐?"

"그는 사람들이 밭을 경작하듯이 의무를 다하며 기계적으로 싸움을 합니다. 그가 어떤 독창적인 생각으로 고민한 적이 있다고 생각되지는 않습니다."

"내가 아는 자냐?"

이세벨이 묻자 요람이 말했다.

"님시 집안의 예후를 아세요?"

이세벨은 이스라엘의 모든 지위에 있는 자들을 다 알고 있었다. 그녀가 말했다.

"진실한 이스라엘 사람이지. 아주 엄격하고 냉정한 사람이야, 안 그러냐? 마음이 좁고 학문은 없는 그런 사람."

요람이 미소를 지었다.

"맞습니다."

그리하여 님시의 아들 예후가 이스라엘 군대의 총사령관으로 임명되었고, 이세벨은 그를 길르앗 라못에서 시리아 군과 맞서 싸우도록 시켰다.

'하사엘의 칼을 피하는 자는 예후가 죽이게 하겠다.'

이세벨과 요람은 왕비의 내실에서 맛좋은 아프리카산 원숭이 구이에 곁들여 헬본과 우살에서 온 과피로 만든 유명한 시리아산 포도주를 마시고 있었다. 한가로이 식사를 하고 있는 중에 한 파수병이 요람 왕과 이야기할 것을 청했다. 그는 방으로 들어오도록 허락을 받았다.

"왕이시여."

그가 말했다. 그러나 그의 눈은 진짜 권력의 실체인 이세벨 쪽으로 향하고 있었다.

"제가 성문 탑에서 보초를 서고 있었는데, 한 무리의 군사들이 동쪽에서 빠른 속도로 달려오고 있는 것을 보았습니다. 그들은 무장을 하고 있었습니다. 전령은 아닌 것 같습니다."

요람이 말했다.

"기마병을 보내어 그들을 맞이하도록 해라. 그리고 평화의 소식이냐고 물어봐라."

그 파수병은 절을 하고 떠났다. 그러나 한 시간 안에 근심에 찬 얼굴로 당황해하며 돌아왔다.

"제가 왕께서 명령하신 대로 기마병을 보냈습니다. 그러나 기마병이

그들 앞에 이르러 함께 이야기를 하더니 그들에게 가담했습니다! 그는
칼을 빼들고 그들과 함께 달려오고 있습니다!"

이세벨이 말했다.

"두 번째 사람을 보내라. 대장과 같은 수의 기마병을 보내라. 그리고
그들도 무장을 시켜라."

"알겠습니다."

파수병은 서둘러 방을 나갔다. 왕비도 왕도 이제는 아무것도 먹지 않
았다. 이세벨은 벌떡 일어나 초조하게 서성거렸다.

"동쪽이라……."

그녀가 중얼거렸다.

"동쪽으로는 가까이에 적이 없는데. 그런데……."

파수병은 허락을 구하지도 않고 뛰어들어왔다.

"여왕 폐하! 그 대장과 그의 군사들 또한 그들에게 가담했습니다! 그
들이 굳은 결심을 하고 다가오고 있습니다. 그들은 말을 타고 오고 있
습니다!"

이세벨이 말했다.

"그들을 알아볼 수 있겠느냐? 그들이 어느 지파나 민족인지 알겠느
냐?"

파수병은 눈길을 떨구었다.

"네."

"그렇다면 그들이 누구냐?"

이세벨의 눈이 번쩍였다. 그녀의 아름다운 얼굴에는 살기가 어렸다.

"이스라엘입니다."

파수병의 말에 여왕은 벌떡 일어났다.

"뭐라고? 우리 군대라고? 대답해 보아라, 파수병. 그들을 이끄는 자
가 누군지 알 수 있겠느냐?"

파수병이 낮은 소리로 말했다.

"님시의 아들, 예후 총사령관입니다."

이세벨은 안심하여 낮고도 달콤한 목소리로 말했다.

"요람, 네가 직접 나가보아라. 그는 너의 부하가 아니냐?"

왕은 전투복을 입고 있지 않았다. 그러나 그는 그대로 나갔다. 그리고 이세벨은 그를 따라서 궁전 밖으로 나갔다. 요람이 도성 문을 빠져나가 달려가고 있을 때, 그녀는 도성 벽으로 올라가 그가 가는 모습을 지켜보았다. 그와 세 명의 경호병들을.

오고 있던 무리들은 요람 왕이 도성에서부터 접근하여 오는 것을 보고 반원을 그리며 정지했는데, 예후가 맨 앞에 서 있었다. 요람이 소리쳤다.

"예후! 님시의 아들 예후, 평화의 소식인가?"

그 완강한 사령관이 말했다.

"평화는 무슨 평화, 이세벨의 창녀들이 온 나라를 가득 채우고 있는 이때에?"

그는 소리쳐 말하지 않았으나 이세벨은 그들의 이야기를 들을 수 있었다. 그것은 광야의 도마뱀 같은 엘리야의 말 그대로였다. 멀리서 보이는 그 광경은 마치 꿈속의 한 장면 같았다. 모든 것이 천천히 움직여서, 이제 이세벨의 눈앞으로부터 멀어졌다. 비록 그녀는 무슨 일이 일어나고 있는지 정확히 알고 있다고 느꼈지만.

이스라엘 사람 예후는 화살통에서 활 한 자루를 꺼냈다. 요람은 말을 돌려 사마리아를 향해 채찍질하며 소리쳤다.

"반역이다! 모반이다!"

예후가 화살을 꺼내어 그의 활을 팽팽히 당기는 데 오랜 시간이 흘렀다. 그리고 마침내 그 화살은 무지개처럼 아름다운 포물선을 그리며 천천히 공중으로 떠올랐다. 그리고 그것이 아들의 어깨뼈 사이 등으로 떨어졌다. 그는 팔을 벌린 채 자신의 말에서 높이높이 치솟아 올랐다. 이세벨이 눈을 감자 그 모든 장면은 사라졌다.

그녀는 자신의 궁으로 돌아가서 중심 입구에 있는 내실로 들어갔다. 자신만의 방에서 이세벨은 연고와 분가루가 놓여 있는 탁자에 앉아 단장을 하기 시작했다. 먼저 몸에 기름을 발랐다. 긴 머리는 동양식으로 꼬아서 머리에 얹었다. 그리고 눈꺼풀 끝을 따라 검은 선의 눈화장을 하니 눈의 흰자위가 아름다운 빛을 발했다.

그녀는 자줏빛 제왕의 옷을 걸치고 가슴에 금자수를 단 채 창가로 걸어가 격자문을 활짝 열고 그 앞에 섰다. 예후, 아들 군대의 총사령관이 사마리아로 달려오고 있었다. 이세벨은 백향목처럼 장엄한 자세로 움직이지 않고 서 있었다.

"평화의 소식이냐?"

예후는 그 질문이 어디서 오는 것인지 살피며 땅으로 뛰어내렸다. 높은 곳에서 그에게 떨어지는 소리였다.

"평화의 소식이냐?"

이세벨이 반복했다. 예후가 그녀를 보았다. 그러자 그녀는 진한 꿀이 흐르는 듯한 목소리로 말했다.

"나의 도성에 평화의 소식을 주러 왔느냐, 주인을 살해한 자야?"

예후는 그 말에 답하지 않았다. 그는 예의 없고 배운 것도 없는, 죽이는 것 외에는 잘하는 것이 없는 촌사람이었다. 왕모는 그 무례한 촌뜨기를 당황스럽게 만들었다. 고귀한 인물 앞에서 그런 사람들은 무자비해지게 마련이다. 예후는 입을 열고 호령했다.

"누가 내 편이냐?"

이세벨은 그녀의 방에 환관 네 명이 있음을 느꼈다. 그녀는 그들의 냄새를 알았다. 그들은 부드러운 창포 향수를 뿌리고 있었다.

"누가 내 편이냐?"

예후가 소리치자 그 환관들이 이스라엘의 왕비 뒤로 다가와서 두 사람은 왼편에, 두 사람은 오른편에 섰다.

"그 여인을 아래 개들에게 던져라!"

그가 명령했다. 그녀는 종들의 부드러운 손길을 느꼈다. 그들은 그녀를 번쩍 들어올리더니 창문에서 기울여 떨어뜨렸다. 그녀는 한 마디 소리도 없이 공중에서 한 번 돌더니, 포장된 바닥에 두개골을 부딪혀 그 자리에서 죽었다.

권력을 손에 쥐자, 예후는 아합 집안의 모든 것을 없앴다.

그는 사마리아 사람들을 시켜 아합의 자식들을 죽이도록 명령했다. 그들은 순종하여 70명의 목을 70개의 광주리에 담아 전리품처럼 가져왔다. 모두 아합의 아들들이었다. 다음으로 예후는 죽은 왕의 종들, 고문관, 관리들, 그의 정책, 내각 구조, 그의 지도력 등 그 모든 것들을 근절시켰다.

님시의 아들 예후가 이스라엘의 왕으로 세워지자 왕국 자체가 보복의 결과로 거의 죽어갔다. 시리아의 하사엘이 그 약점을 이용했다. 그는 요단 강 동편 이스라엘을 공격하여 왕의 대로인 길르앗 라못을 빼앗고, 멀리 남쪽 모압까지의 전 영토를 차지했다. 마찬가지로 그는 요단 강 서쪽을 공격하여, 에스드렐론 평야를 건너 지중해 해안선 아래까지 이스라엘을 에워싸 시리아의 손에 넣었다.

예후 왕이 죽을 당시, 그 아들의 군대는 전차 10대와 마병 50명 그리고 국내를 지키는 만 명의 보병만이 남은 상황에 처하게 되었다. 이스라엘은 역대 왕들이 다스린 이래로 그 어느 때보다 심한 가난을 겪었다.

그런데 그 다음 세대에 와서 온 세상이 변화하기 시작했고 이스라엘과 시리아의 운명은 역전되었다. 새롭고 더 거대한 적국이 동쪽에서 부상했다. 그들은 말할 수 없이 잔인하게 싸워서, 어떤 성읍들은 그들의 공격을 당하기 전에 미리 항복하기까지 했다.

유프라테스 강 동쪽에 있는 티그리스 강에서 앗시리아가 하나의 제국을 이루고 있었다. 앗시리아인들은 아무렇지도 않게 임신한 여자의 자궁을 칼로 베어 열었다. 그리고 살아 있는 아기를 공중에 던져 뾰족한 창끝으로 받아 꿰었다.

앗시리아는 그때 하사엘의 아들 벤하닷 2세가 다스리던 다마스쿠스를 포위했다. 탁 트인 들판에서 이 군대들은 사방으로 움직이는 거대한 전차 위에서 싸웠는데, 이 전차에는 여덟 개의 바퀴살을 가진, 사람 키만한 바퀴가 달려 있었다. 그들의 병사는 말을 탔다. 바로 이것이 앗시리아만의 독특한 강점이 되었다. 그들은 말을 타고 달리면서 찌르거나 쏠 수 있는 창기병의 기마 부대와 궁사들을 처음으로 전선에 배치한 사람들이었다.

앗시리아의 지도자들은 머리카락을 땋아 머리에 얹고 수염은 땋아 얼굴에 붙여, 마치 막 내리치려는 뇌운 같은 모습을 하고 있었다. 그들은 황소였다. 앗시리아는 성난 황소처럼 뿔로 상대편을 찔러 누더기처럼 갈기갈기 찢으며 들판을 짓밟고 다녔다.

또한 그들은 완벽한 방법으로 포위 공격을 했다. 다마스쿠스 북쪽과 동쪽 언덕에서 그들은 거대한 나무들을 쓰러뜨려 세 가지의 거대한 전쟁 병기를 만들었다.

하나는 성벽과 같은 높이의, 여덟 개 바퀴 위에 세운 받침대였다. 이 위에 올라서면 바로 앞의 적들을 쏘아 죽일 수가 있었다.

두 번째 병기는 여섯 개 바퀴 위에 설치된 공성추였다. 그것 한가운데에는 성벽을 부술 거대한 통나무가 흔들거리고 있고, 양옆으로는 앗시리아의 궁사들이 방패로 몸을 가린 채 달라붙어 웅크리고 있었다. 그들은 다마스쿠스로 향하는 완만한 새 포장도로를 따라 천천히 그 병기들을 굴려갔다. 동시에 다른 군사들은 성을 약화시키기 위해 땅 밑으로 굴을 파고 있었다.

석 달이 지나고 이제야말로 그 성을 함락시킬 수 있겠다고 판단을 내리자, 그들은 받침대 위의 병사들이 맹렬히 빗발치듯 화살을 쏟아붓는 동안 그 공성추를 성문을 향하여 곧바로 굴려갔다. 그리고 세 번째 병기로 성 안에 돌덩이를 쏘아보냈다. 앗시리아인들은 그것을 님갈리, 즉 '거대한 것을 날리는 도구'라고 불렀는데, 일종의 투석기였다.

사령관들의 외침에 따라 모든 병기는 쿠르릉거리며 살아움직였다. 둥근 돌들이 성벽을 때렸다. 공성추에 달린 거대한 통나무가 성문을 몇 번이고 거세게 쳤다. 그리고 방패로 머리 위를 가린 무장한 군사들이 가벼운 사다리를 들고 앞으로 돌진했다. 그들은 사방에서 성벽으로 떼지어 올라갔고, 밤이 되자 다마스쿠스는 앗시리아에 함락되었다.

앗시리아 왕은 그 이후로 시리아에 조공을 요구했다.

타락에 대한 경고

아모스 Amos

두로와 시돈 그리고 에돔과 이스라엘 또한 매년 조공을 바쳤으나 그들은 약탈당하거나 공격당한 적은 없었다. 그리하여 이스라엘은 군대를 강화하고 요새를 새로 짓고, 멀리 북쪽 하맛까지의 영토와 요단 강 동편 아래로 왕의 대로인 길르앗 라못까지의 땅을 되찾았다. 경제도 부흥되었다.

예후가 죽은 지 30년, 새로운 왕이 이스라엘을 통치했다. 여로보암 2세는 영리하고 학식이 있었으며, 세계적인 강국들 간의 거대하고 미묘한 균형에 민첩하게 대응한 왕이었다. 구리가 왕국으로 들어왔고 앗시리아의 동편 땅에서 주석이 들어왔다. 향신료와 향유, 자줏빛 아마포, 머리빗과 브로치, 보석들과 사치품들도 대상들을 통해 들어왔다.

여로보암의 궁전 벽은 판벽 널로 장식되었고, 가구는 상아로 아로새겼으며 그는 상아 침상에서 잠을 잤다. 그러한 행운은 사람들로 하여금 하나님께서 다시 그들을 인정하셨다는 생각이 들게 했다. 벧엘 성지의 제사장들은 이스라엘 백성에게 부가 성스러운 은혜의 표시라고 가르쳤다. 그리하여 그들 스스로도 그런 관습 속에서 점점 부유하게 되었다.

감사하는 사람들은 끊임없이 희생제물을 가져왔다. 150년도 훨씬 전에 여로보암 1세가 모셔놓은 금송아지는 이제 영광스럽게 군림한 여로보암 2세 치하의 이스라엘에서 그 힘을 증명해 보이고 있었다.

이스라엘의 인구가 증가했다. 벧엘로 길을 떠나는 순례자의 수가 점점 불어났다. 이들은 확신에 찬 사람들이었다. 그들의 희생제물은 기쁜 자기 만족에서 나온 것이었다. 벧엘의 제단은 매일 맛있는 연기를 뿜어내었다. 하나님의 코에도 달콤한 냄새이리라 확신하면서. 황소가 있는 뜰에서 크고 아름다운 음악이 울려퍼졌다. 류트, 하프, 현악기, 파이프, 크게 울리는 바라.

제사장 아마샤는 호화로운 색깔의 옷을 입고 서서 타고난 예술적인 재능으로 정중하게 제사를 관장하고 있었다. 그는 이 사람들의 사랑을 받고 있었다. 그는 또한 왕의 사랑을 받고 있었다. 모든 것이 좋았다!

아마샤가 제단에서 구워지고 있는 고기를 뒤집으러 가까이 갔다. 그가 고기즙을 뜨거운 화덕에 쏟자 지글거리며 거대한 하얀 증기 구름이 피어올랐다. 그는 백성들 머리 위에 축복의 말을 읊조리려고 두 팔을 높이 들어올렸다. 그때 마치 도끼날처럼 날카로운 외침이 허공을 갈랐다.

'나는 싫다. 나는 너희들의 절기 행사들이 역겹다! 너희들의 성스러운 집회는 나를 전혀 기쁘게 하지 못한다! 너희들이 내게 번제물을 바친다 해도 나는 그것들을 받지 않을 것이다!'

베들레헴에서 남쪽으로 10킬로미터 그리고 예루살렘에서 16킬로미터 떨어진 드고아 지역에 한 목자가 있었다. 그는 그곳에서 세상의 근본적인 권력 변동을 관찰하고 있었다. 그러나 그가 보기에 이스라엘의 앞날은 밝지 못했다.

아모스는 평범한 사람이었다. 그는 유다의 높은 언덕에 양 떼를 놓아 먹였고, 골짜기 밑에다가는 가난한 자들이 먹는 돌무화과 과수원을 하고 있었다. 돌무화과는 아직 작고 푸른색일 때 열매마다 손을 보아야 했다. 아모스가 겉껍질을 깨어서 태양빛을 향해 벌려 안에 있는 벌레들을 죽게 하면 열매가 성숙하여 먹을 수 있을 정도로 부드러워졌다. 그렇게 하더라도 단맛은 거의 나지 않았지만, 그래도 그것은 농부들의 배를 채워주고 영양을 공급해 주는 값싼 음식이었다.

아모스는 잘 못 먹어도 체질적으로 비대한 몸을 갖고 있는 사나이였지만 가난을 체험으로 알고 있었다. 그는 뚱뚱했다. 일을 할 때면 숨을 크게 헐떡였고 얼굴이 붉어졌다.

아모스는 아버지 나이보다도 오래된 짧은 가죽 조끼를 입고 있었다. 그가 사는 곳은 돌과 풀로 지은 오두막이었다. 그의 친구들은 부자들에게 고용되어 일생 동안 누군가의 이익을 위해서 일해야만 했고, 그들의 아이들 또한 똑같이 볼품없는 삶을 시작하는 것을 지켜보아야 했다. 아모스 역시 가난했다. 그러나 가난한 사람이라고 해서 총명하지 말라는 법은 없다. 그리고 가난한 자의 하나님 또한 가난하다는 법도 없는 것이다.

아모스의 눈에는 앗시리아가 전능하신 하나님의 계획 아래 움직이고 있는 것이 보였다. 그리고 앗시리아는 이스라엘의 구원 수단이 아니었다. 태도를 바꾸어 다시 신실하게 야훼를 섬기지 않는 한, 앗시리아는 이제 곧 이스라엘이 저지른 죄에 합당한 벌이 될 것이었다!

하나님의 백성들이 하나님에 대해 그렇게 무지할 수 있다는 사실이 아모스를 마음 아프게 했다. 그러나 야훼께서 그를 대중들 앞에 서도록 이끄시지 않았더라면 그는 홀로 그 고통을 겪고 있었을 것이다. 아모스는 결코 예언자가 되기를 원하지 않았다. 그는 예언자들을 경멸해 왔다. 너무도 많은 예언자들이 신탁을 전하고는 그 대가로 사례금을 원했기 때문이었다.

그러나 여로보암 2세가 왕으로 세워진 후 20년이 지난 그해 봄, 아모스가 땅을 내려다보니 메뚜기들이 부화하는 것이 보였다. 이제 막 부드러운 새싹들이 돋아날 때였다. 그는 막 태어난 분홍빛 메뚜기들을 보았다. 그것들이 막을 가르고 나와 뛰어오르려고 하고 있었다.

그때 야훼 하나님께서 이 새끼들을 갑자기 성숙하게 만드셨다. 아모스가 지켜보는 가운데 메뚜기들이 다섯 번 껍질을 벗더니 열 배로 부풀어 올라 날개를 퍼덕였다. 그리고 위로 떼지어 날았다. 날개는 완전히 말라 윙윙거리는 소리를 냈다. 메뚜기들은 푸른 초원, 그 땅의 모든 초원을 완전히 먹어치우기 위해 날아갔고, 아모스는 그 계시를 이해하고는 공포를 견딜 수 없었다. 그가 소리쳤다.

"오, 야훼 하나님. 이스라엘을 용서해 주십시오! 야훼께서 용서하지 않으신다면 어떻게 이스라엘이 그 고통을 견딜 수 있겠습니까?"

야훼께서 당신이 보이신 계시를 철회하고 말씀하셨다.

'이것이 이루어지지 않게 하겠다.'

그해 여름, 태양이 아모스의 어깨 위로 뜨겁게 내리쬐고 있었다. 그 맹렬한 열기 가운데에서 아모스는 야훼께서 부르시는 소리를 들었다. 그리고 불길이 하늘과 이 땅 모든 물의 근원인 깊이 흐르는 심연의 물을 완전히 말리는 것을 보았다. 그 불길은 또한 온 땅을 살라버리기 시작했다. 그는 소리쳤다.

"그쳐주십시오, 야훼 하나님! 제발 그쳐주십시오! 야훼께서 멈추시지 않는다면 어떻게 이스라엘이 견딜 수 있겠습니까?"

다시 한 번 야훼께서 계시를 거두고 말씀하셨다.

'이러한 일 또한 일어나지 않을 것이다.'

그러나 세 번째로 계시가 왔다. 그가 인부들이 짓고 있는 건물의 한쪽 벽을 쳐다보고 있는데, 모서리를 똑바로 하기 위해 매달려 있는 다림줄이 눈에 보였다. 그때 야훼의 목소리가 들렸다.

'아모스야, 무엇이 보이느냐?'

"다림줄이 보입니다."

그리고 야훼께서 다림줄을 손에 쥐고 계시는 분이 바로 야훼이심을 알게 하시고 말씀하셨다.

'보아라, 내가 내 백성 이스라엘 한가운데에 이 다림줄을 쳐놓았다. 그리고 나는 다시는 그들을 그냥 지나치지 않을 것이다.'

이번에는 아모스도 야훼께 아무 응답을 할 수 없었다. 더 이상 자비를 구할 수가 없었다. 더 이상 이스라엘을 위해 기도할 수가 없었다. 야훼께서 계속 말씀하셨다.

'그들의 사당은 황폐하게 될 것이다. 그들의 성지는 무너져 돌쓰레기가 될 것이다. 나는 칼로 그들의 왕을 칠 것이다.'

이러한 환상을 본 후에 아모스는 집에 머물러 있을 수가 없었다. 그 환상들은 그에게 성스러운 불안감을 심어주었다. 그는 알았다. 야훼께서 그에게 무엇을 요구하시는지. 그는 내키지 않았으나 거부할 수가 없었다.

그리하여 그는 뚱뚱한 몸에 가죽 조끼를 걸쳐 입고, 양 떼와 돌무화과 과수원을 내버려둔 채 북쪽 벧엘로 길을 떠났다. 도성은 그를 놀라게 했다. 한편으로 그 사치스러움이 여름 과일이 썩어가는 것처럼 죽음을 부르고 있었고, 다른 한편으로 이 백성들은 자신들의 성공에 만족하여 기뻐하며 자축하고 있었다. 야훼께서 말씀하셨다.

'궁궐에서 부르는 노랫소리가 통곡소리가 될 것이고, 조용한 거리에 파리가 들끓는 시체가 쌓이게 될 것이다.'

아모스는 주변을 돌아보며 이 끔찍한 선포의 말씀을 듣는 자가 또 있는지 보았다. 그러나 아무도 듣지 못했다. 힘이 들어 숨을 헐떡이며, 아모스는 성읍을 지나 벧엘의 가장 높은 곳에 솟아 있는 사당으로 걸어갔다. 그는 가장 높은 곳에 있는 제사장을 보기 위해 사람들을 밀치며 갔다. 그러나 그는 키가 작았다. 그래서 사당 기둥을 받치고 있는 단으로 올라가 왼팔로 기둥을 잡고 몸을 바깥쪽으로 해서 매달렸다.

제사장이 막 하얀 깃털 같은 연기를 그 앞에서 뿜어내고 있었다. 그때 야훼께서 그곳 벧엘에서 소리치셨다.

'나는 싫다. 나는 너희들의 절기 행사가 역겹다! 너희들의 성회는 나를 조금도 기쁘게 하지 못한다!'

그 말씀은 아모스 자신의 입에서 선포되고 있었다. 그의 심장이 늑골 사이에서 망치로 두드리는 것처럼 너무도 쿵쾅거려서 꼭 죽을 것만 같았다. 야훼께서 말씀하셨다.

'너희가 나에게 번제물을 바치더라도 나는 그것들을 받지 않을 것이다! 내 앞에서 너희의 시끄러운 노랫소리를 집어치워라.'

제사장이 아모스를 보았다.

"선생님!"

그가 불렀다. 정중한 목소리로 그가 말했다.

"선생님, 당신과 내가 따로 나가서 이야기하는 것이 어떻겠습니까?"

그러나 야훼께서 소리치셨다.

'정의가 물처럼 흐르게 하고 공의가 마르지 않는 강물이 되게 하여라! 너희는 너희의 혐오스러운 것들, 자신들을 위해 만든 너희의 신들, 우상들을 짊어지고 가라. 그러지 않으면 나는 너희를 다마스쿠스 저 너머로 추방하겠다. 만군의 주, 나 야훼가 말한다!'

제사장의 얼굴이 창백해졌다.

"경비병!"

그가 소리쳤다. 제단 앞에 모인 이스라엘 사람들은 겁이 나기 시작하자 자신들을 질책하는 말을 듣지 않으려고 귀를 막았다.

아모스는 진한 연민을 느꼈다. 그는 예언되는 내용이 주는 고통을 너무도 잘 이해할 수 있었다. 땀이 흘렀고 발작이 일어나는 것처럼 가슴이 아파왔다. 그는 집으로 가고 싶었다. 그러나 야훼께서 아직 당신의 외침을 끝마치지 않으셨다.

'이스라엘의 서너 가지 큰 죄 때문에 내가 징벌을 거두지 않겠다. 너희들은 정의로운 사람들을 은을 받고 팔았고, 어려운 처지에 빠진 궁한 여인을 한 켤레 신발값으로 사들였다! 너희는 가난한 자들의 머리를 먼지 속으로 짓밟았고, 고통받는 사람들에게서 고개를 돌렸기 때문이다……'

갑자기 아래서 누군가가 아모스를 잡아당겼다. 군인들이 기둥에서 그를 떼어내 제사장을 따라 작은 방으로 끌고 갔다. 그곳의 문이 닫히고 아모스와 제사장만이 남았다. 제사장은 사나운 눈초리로 그 목자를 노려보았다. 그가 말했다.

"내 이름은 아마샤요. 벧엘의 제사장이오."

그는 자신의 옷에 매단 성스러운 장식들을 떼어내기 시작했다.

"당신은 당신이 고함치는 소리가 하나님의 말씀이라고 믿을지 모르지만 나는 그렇게 생각하지 않소. 우리는 하나님께서 모세에게 지키라고 하신 모든 절기들을 절대적으로 지키고 있소. 제사, 번제, 연회, 기념일, 축제, 그 모든 절기들을 하나도 빠짐없이 말이오. 부끄러운 줄 아시오. 유다인, 당신은 부끄러운 줄 알아야 하오. 내 앞에서 거짓 예언을 하다니……."

"아마샤, 벧엘의 제사장이여."

아모스가 말을 끊었다.

"당신이 내뱉은 불 붙은 비난의 말들을 주워삼켜 당신 뱃속을 지지게 하시오. 나는 오고 싶지 않았소. 나를 양 떼 가운데에서 불러내시어 이곳으로 이끄신 분은 바로 야훼이시오! 그리고 당신, 모든 절기를 지키는 자여. 야훼 앞에서 당신이 지키지 않는 것이 바로 야훼와의 언약이라는 것을 아시오!"

아모스는 땀을 쏟고 숨을 헐떡거리며, 야훼를 대신하여 애쓰는 일에 합당한 모습으로 생기지 않은 자신을 혐오스럽고 비참하게 생각하고 있었다. 작은 키에 뚱뚱한 몸집, 어린애 같은 목소리.

아마샤는 말했다.

"모든 첫열매를 야훼께 드리고 있소. 하나님의 은혜에 감사하며 계속해서 번제를 드리고 있소……."

"입에 발린 옳은 말들이 무슨 의미가 있는가, 사람들이 그들의 이웃에게 잘못하고 있는데? 중요한 것은 당신이 어떻게 제사를 드리느냐가 아니라, 당신이 정의를 따라 행동하느냐 하는 것이오."

"이 땅은 야훼의 은혜에 흠뻑 젖어 있소! 이리저리 둘러보시오. 어떻게 당신이, 하나님께서 우리를 사랑하지 않으시고 우리에게 은혜를 내리지 않으신다고 말할 수 있소?"

"오, 하나님께서는 당신들을 사랑하셨소. 그러나 당신들이 그 사랑에 보답하지 않았소. 야훼께도, 그분의 백성들에게도. 이 모든 축복들이 당신들 안에서 썩어가고 있소. 그 축복들은 나라를 둘로 갈라버렸고, 계속 부를 쌓아가는 자들이 그렇지 못한 자들에게 고통을 주고 있소! 아마샤, 벧엘의 제사장이여. 당신의 부유한 영주들이 농부들에게 돈을 빌려주고는 저당물을 빼앗고 있소! 내가 그것을 보았소. 그들은 돈을 지불할 때 저울눈금을 속이오. 한 켤레의 샌들값으로 가난한 자들을 팔아서 잘 다듬어진 돌로 여름 별장을 짓고 있소. 그들은 상아 침상에서 잠을 자면서 하나님께 감사하고 있소!"

아모스가 말을 퍼붓고 있는 동안 아마샤는 조용해졌다. 그는 작은 탁자에 앉아 책장에서 서판을 꺼내어 그 위에 무엇인가 적고 있었다.

"그리하여 이스라엘이 추방당하는 첫 번째 사람들이 될 것이다. 안락의자에서 기지개 켜는 사람들의 환락은 끝장나고 말 것이다……."

아마샤는 서판을 딱 소리나게 닫으며 일어서서, 문을 열고 그것을 밖에 서 있는 경비병에게 주었다.

"이것을 왕에게 가져가라. 답을 가지고 즉시 돌아오라."

문이 닫히자 그는 아모스를 정면으로 바라보며 매끈하고 틀에 박힌 어조로 말했다.

"예언자여, 유다 땅으로 도망가는 것이 좋을 것이오. 유다에서 먹고 사시오. 유다에서나 예언하시오. 이곳은 왕의 성역이자 왕국의 성지요. 키 작고 뚱뚱한 자여, 진정 당신을 위해 도망갈 것을 권하오. 내가 왕에게 보낸 전갈은 이런 내용이오. '음모를 꾸미는 자가 있습니다. 그는 이스라엘이 틀림없이 자기 땅에서 쫓겨나고 여로보암은 칼에 맞아 죽을 것이라고 말하고 있습니다.'"

아마샤는 자신이 그 드고아 사람에게 얼마나 커다란 안도감을 주었는지 깨닫지 못했다. 야훼께서 그 순간 침묵을 지키고 계셔서 아모스는 정말로 자유롭게 다시 집으로 돌아갈 수 있었기 때문이다.

용서하고, 용서하고, 또 사랑하라

호세아 Hosea

〔 호세아 1:1~14:9, 열왕기하 13:1~13, 14:23~29, 15:8~31 〕

내가 어떻게 해야 하느냐, 오 이스라엘아?
나는 제물이 아니라, 끊임없는 사랑을 원한다!
그러나 너희의 사랑은 이른 아침의 안개,
덧없이 사라져버리는 이슬 같구나.

한 번 더 야훼께서 사랑으로 당신의 백성을 야훼께로 되돌리려 하셨다. 이스라엘에는 고멜이라는 여인과 결혼한 호세아라는 한 예언자가 있었다. 결혼 초기에 그녀는 남편에게 세 아이들을 낳아주었다. 첫아이는 아들이었고 이스르엘이라고 불렀다. 둘째 아이인 딸이 태어났을 때, 야훼께서 이렇게 말씀하셨다.

'그 아이를 로루하마, '불쌍히 여김을 받지 못한 자'라고 불러라. 내가 더 이상 이스라엘 집안을 불쌍히 여겨서 용서하지 않을 것이기 때문이다.'

그리고 셋째 아들이 태어났을 때 야훼께서 이렇게 말씀하셨다.

'그의 이름을 로암미, '내 백성이 아니다'라고 불러라. 이스라엘은 이제 더 이상 내 백성이 아니기 때문이다.'

고멜은 여러 해 동안 얌전히 아이들을 키웠다. 그러나 아이들이 장성하게 되자 그녀는 짐을 챙겨 집에서, 남편에게서, 가족들에게서 도망갔다.

그녀에게 애인이 생겼다. 그녀는 매춘부로 전락했다. 곧 그녀는 노예가 주인의 소유가 되는 것처럼 다른 남자의 소유가 되었다.

그때 야훼께서 이스라엘에게 말씀하셨다.

네가 어린아이일 때 나는 너를 사랑했다. 그래서 나는 이스라엘, 내 아이를 이집트에서 불러내었다. 그러나 내가 부르면 부를수록 너는 점점 나에게서 멀리 도망갔다. 너는 바알에게 번제를 드렸다. 우상에게 향을 피웠다.

그러나 너에게 걸음마를 가르친 것은 나다. 네가 지쳤을 때, 나는 너를 내 팔에 안았다. 그리고 너의 지친 마음을 치유해 주었다. 나는 연민의 끈으로 너를 이끌었다. 사랑의 띠로 너를 광야에서 나에게로 이끌었다. 네가 멍에로 몸이 쓸려 아파할 때, 그 멍에를 덜어주었다. 네가 배고파할 때, 나는 무릎을 꿇고 젖을 물렸다.

너희가 나에게로 돌아오기를 거절하니, 이제 내가 어떻게 해야 하느냐, 나의 백성아?

너희를 다시 이집트로 보낼 것이다!

앗시리아가 너희를 지배하도록 할 것이다!

칼을 보내 너희 도성 문의 빗장을 부수고 도성에서 제멋대로 맹위를 떨치게 할 것이다!

너희 요새에서 전쟁을 일으키고 그 전쟁이 너희를 삼켜버리게 할 것이다!

오, 이스라엘!

오, 나의 아이야!

어떻게 내가 너를 포기할 수 있겠느냐? 어떻게 내가 너를 파멸 속으로 이끌 수 있겠느냐? 내 마음이 다시 돌아오는구나. 나의 마음이 점점 따뜻하고 부드러워지는구나.

아니, 나는 나의 분노를 실행에 옮기지 않겠다. 나는 이스라엘을 멸망시키지 않겠다. 나는 인간이 아니라 하나님이기 때문이다. 나는 너희 가운데 있는 거룩한 하나님이다. 나는 파괴시키러 오지 않았다.

그리고 호세아에게 야훼 하나님께서 말씀하셨다.

'다시 가라. 다른 남자와 관계한 음녀가 된 여인을 사랑하여라. 이스라엘 백성이 다른 신에게로 돌아갔더라도 나 야훼가 그들을 사랑한 것처럼, 그녀를 사랑해라, 호세아야.'

그래서 호세아는 약 170그램의 은과 보리 열여덟 말을 주고 자기 부인을 다시 사왔다. 그리고 그녀에게 말했다.

"당신은 나에게 신실하게 살아야만 하오. 이제 더 이상 다른 남자의 소유가 되지 마시오. 그러면 나도 당신에게 신실하게 대할 것이오."

그는 그녀를 다시 데려와 사랑했다. 그리하여 야훼께서 그들의 아이들 이름을 바꾸어주셨다. '네 딸을 로루하마(불쌍히 여김을 받지 못한 자)라고 부르지 말고 루하마(불쌍히 여김을 받은 자)라고 불러라. 그리고 네 아들을 암미(나의 백성)라고 불러라.'

다시 야훼께서 이스라엘에 사는 신실한 소수의 사람들에게 말씀하셨다.

네 어머니에게 간청하여라. 그녀의 얼굴에서 색욕을 없애고 그녀의 가슴에서 음행의 자취를 없애라고 간청해라!

그녀가 말했다. "나는 나에게 빵을 주는 애인을 쫓아갈 것이다."

그녀는 모른다. 그녀에게 곡식을 주고, 포도주를 주고, 은을 아낌

없이 준 사람이 나라는 것을 모른다.

이제 내가 그녀를 유혹할 것이다. 내가 다시 그녀를 광야로 처음
처럼 데려가서 부드럽게 이야기할 것이다. 그리고 그 사막에서조
차 나는 그녀에게 포도밭을 줄 것이다. 그 어느 애인도 이렇게 할
수는 없다. 바알도 이렇게 할 수는 없다. 그러면 그녀도 젊었을 때
처럼 다시 내게 응답할 것이다.

그녀는 다시 나를 남편이라 부를 것이다.

오, 이스라엘! 나는 정의와 공평 속에서, 끊임없는 사랑과 자비 속
에서 너를 나의 아내로 맞이할 것이다.

나는 '불쌍히 여김을 받지 못한 자'를 불쌍히 여기기 때문이다.

그리고 '내 백성이 아닌 자들'에게, '아니! 너희는 나의 백성이다!'
라고 말할 것이다.

제발 지금 나에게 대답해라. 제발 나에게 말해 다오.

'당신은 나의 하나님입니다.'라고.

그러나 이스라엘은 결코 야훼께 돌아오지 않았다.

여로보암 2세는 마음을 바꾸지 않았다. 그는 자신의 왕국이 풍성한
과일 바구니라고 믿으며 죽었다. 그러나 그가 죽자마자, 썩은 속부분
이 표면으로 올라와 달콤한 껍질마저 썩어 터졌다.

여로보암이 죽은 후 겨우 25년밖에 안 되어 왕국은 몰락했다. 왕은
계속 바뀌어 여섯 명의 왕이 번갈아가며 통치했다. 그리고 그 왕들 중
에 자신의 칼과 국가 간의 쉬운 약속을 믿는 것보다 야훼를 더 믿고 따
른 왕은 한 명도 없었다.

여로보암의 아들 스가랴는 살룸이라는 남자에게 살해당했고, 살룸
자신도 한 달 동안 통치하다가 가디의 아들 므나헴에게 죽임을 당했다.

므나헴은 앗시리아에게서 평화를 사기 위해 자기 백성들을 죽이고, 이스라엘의 모든 가구로부터 일 년에 은 570그램을 갈취하면서 7년 동안 통치했다.

므나헴이 죽었을 때, 그의 아들이 왕권을 잡았으나 얼마 되지 않아 장군 중 한 사람인 르말랴의 아들 베가에게 살해당했다. 베가는 앗시리아의 멍에를 벗으려고 애썼다. 시리아 왕과 함께 그는 그 동방 제국에 대하여 반란을 일으켰다.

앗시리아 왕은 이스라엘을 향하여 서쪽으로 행군하면서 그 길에서 여러 민족들을 멸망시키고, 그 식민들을 자신의 왕국으로부터 멀리 추방하여 다른 문화 속에 삼켜지도록 만들었다. 이것이 반역하는 민족들을 그들의 모국에서 추방하고 대신 그곳에 다른 민족들을 정착시킴으로써 그 반역한 민족들을 약화시키는 앗시리아식 방법이었다.

유다가 남쪽 언덕에 고립되어 지켜보는 동안, 예루살렘이 야훼께 그러한 만국 공통의 재앙으로부터 보호해 달라고 간청하는 동안, 앗시리아 왕은 군대를 보내 이스라엘과 다마스쿠스 동맹을 쳤고, 그 동맹군은 삭정이처럼 허약하게 무너졌다.

베가 왕은 같은 민족 사람인 엘라의 아들 호세아에게 살해당했다. 호세아는 앗시리아에 굴복하고 조공을 바쳤으며, 사마리아 도성 주변의 작은 땅에서 살도록 허락받았다. 그 땅의 면적은 가로 48킬로미터, 세로 64킬로미터였다.

호세아는 6년 동안 조공을 바쳤으나, 앗시리아의 왕이 죽자 이집트 군의 도움을 받아 반란에 성공할 수 있으리라 생각했다. 그러나 앗시리아의 새 왕이 이스라엘을 완전히 멸망시키려고 서쪽으로 행군해 올 때, 이집트는 나타나지 않았다.

호세아는 도성에 갇혔다. 앗시리아는 도성을 포위한 채 강력한 병기들을 만들어 도성 문으로 굴려왔고, 성벽을 약화시키기 위해 성벽 아래로 굴을 팠다. 그래서 결국 어느 여름날에 사마리아로 돌격하여, 마침내 이스라엘의 마지막 왕을 죽였다. 영원히 이스라엘의 마지막 왕으로 기록될 호세아를.

2만 7,290명의 사람들이 사마리아에서 추방당했다. 지도자들, 마지막까지 최선을 다한 이스라엘 사람들이 앗시리아로 이송되어 할라에서 하볼 강 위의 고산까지 흩어졌다. 몇몇 사람들은 메디아의 도시로 갔다. 그러나 다시는 그 누구로부터도 소식이 들려오지 않았다.

예루살렘에서 한 예언자가 연민과 두려움으로 아파하며 북쪽 지파의 오랜 망명을 지켜보았다. 그는 이스라엘의 일로 가슴 아파했다. 그러나 그는 자신의 지파, 유다에 대한 걱정으로 인해 두려워했다.

"왕이 이러한 야훼의 말씀에 귀를 귀울일 것인가?"

그 예언자는 아모스의 아들 이사야였다. 그때 왕은 아하스로, 그는 야훼의 신전 뜰에 앗시리아의 제단을 세웠다. 그에 대해 이런 소문이 들려왔다.

"그가 자신의 아들을 제물로 바쳤다."

이사야가 말했다.

"만군의 주께서 교만한 자와 거만한 자를 꺾으시는 날이다. 저들이 어떻게 자신의 우상들을 두더쥐와 박쥐에게 내던지고 야훼가 두려워 바위와 동굴 속에 자신들을 숨겼는지 보아라! 그러나 야훼께서 말씀하신다. '오라, 함께 생각해 보자. 비록 너희의 죄가 주홍빛같다 할지라도 눈처럼 회게 될 것이며, 진홍빛같이 붉다 해도 양털과 같이 되리라. 너희가 기꺼이 순종하고자 한다면, 너희 땅에서 난 좋은 것을 먹게 될 것이다. 그러나 거절하고 반역한다면……'"

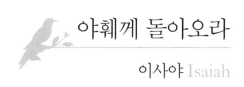

야훼께 돌아오라

이사야 Isaiah

　호화로운 옷을 입고 고귀한 풍모를 지닌 한 젊은이가 제사장 일곱 명과 함께 엄숙하게 성전의 정원을 가로질러 걷고 있다. 그의 눈은 맑았고 부드러운 수염은 잘 다듬어져 있었다. 그들은 번제물을 바친 제단으로부터 동쪽 문을 향하여 이동하고 있었다.

　새벽녘 태양이 뜨기 직전이다. 그리고 가을이다. 이른 아침의 공기는 신선하고 차갑다. 사람들이 정원 뜰을 가득 메웠다. 숭배자들이다. 예루살렘과 유다의 시민들이다. 몇몇 사람들이 초토화된 이스라엘에서 내려왔다. 이제, 제사장들이 성전 현관에서 군중들을 지나 동쪽 문으로 향하자 사람들이 노래를 부르기 시작한다. 그것은 훈련받지 않은 사람들의 합창이지만 그들은 전에도 종종 이 노래를 부른 적이 있다. 그들은 이 노래를 잘 알뿐더러 매우 좋아한다. 그들은 노래한다.

　"이 땅은 야훼의 것. 풍요가 넘치도다. 야훼께서 그 땅을 바다 위에 세우셨으니……."

　동쪽 문에서 행렬이 멈춘다. 한 제사장이 앞으로 나오며 거의 일 년 동안 이 성문에 매어둔 밧줄의 매듭을 잡는다. 그 매듭은 딱딱한 진흙으로 싸여 있다. 제사장이 그것을 눈높이까지 들어올린다. 젊은 귀족 역시 앞으로 나오더니 옷에서 망치를 꺼내어 진흙으로 봉한 매듭을 세게 내리쳐 한 번에 부순다. 그 자리에 있던 밧줄이 당겨진다.

　여섯 명의 제사장들이 각각 세 명으로 나뉘어 문 한쪽씩 밀치니 정원의 성전 문이 활짝 열리고 도성 바로 밖에 있는 올리브 산이 보인다.

저기! 저기 바로 올리브 산 위로 몇 분 뒤면 태양이 떠오를 것이다. 이미 하늘은 진홍빛으로 물들어 있다. 오늘은 로슈 하사나, 새해 첫날이다.

이제 재빨리 그 행렬이 정원을 가로질러 되돌아간다. 성전의 큰 문들이 이미 열려 있고 솔로몬이 세운 놋쇠로 만든 두 개의 기둥, 야긴과 보아스가 그 양옆을 지키고 서 있다. 사람들 사이에서 강한 목소리 하나가 소리친다.

"누가 야훼의 언덕으로 올라갈 것인가? 누가 성스러운 곳에 서 있게 될 것인가?"

그러자 사람들은 우렁찬 소리로 답한다.

"손이 깨끗하고 마음이 정결한 자들, 그들이 야훼의 축복을 받을 것이오!"

거대한 제단에서 그 행렬이 둘로 갈라져 제사장들이 좌우로 나뉘고, 망치를 든 젊은이가 뒤따른다. 젊은이는 사방을 둘러본다. 그는 시선을 뒤로 돌리고는 문을 통하여 산과 그 위의 장밋빛 하늘을 바라본다. 그리고 다시 앞으로 시선을 돌려 성전 안을 깊숙이 들여다본다.

사람들이 계단에 오르기 전에, 그의 시선은 성전 내부 바닥에 머문다. 그의 코가 벌름거린다. 그의 눈이 기대감으로 커진다. 제사장들이 제단과 현관 사이에 멈춘다. 갑자기, 태양빛이 비친다! 숫양 뿔나팔 소리가 울려퍼진다. 길고 긴 나팔소리가 하늘을 갈라놓는다. 사람들이 우레와 같은 소리로 노래를 부른다.

"머리를 들라, 오 성문들아! 들려라, 영원한 문들이여. 야훼의 영광이 들어오시도록!"

산 위에 여명이 밝아온다. 한 줄기 태양빛이 동쪽 문을 통해, 제단 위를 지나 성전 안으로, 분향단에서 나온 짙은 연기로 가득 찬 긴 본당 안으로 그리고 가장 성스러운 곳, 가장 성스러운 공간, 야훼께서 앉으시는 어둡고 깊숙한 곳까지 들어온다! 저기! 지성소에! 저기!

연기 속으로 햇살이 타오르고 있다. 그 빛이 점점 밝아지고 커져가자 한 목소리가 노래를 부른다.

"누가 영광의 왕인가?"

그러자 사람들이 답한다.

"야훼, 강하고 전능하신……."

일곱 명의 제사장들이 현관 앞에 움직이지 않고 서 있는 가운데, 그 젊은 귀족은 조금씩 앞으로 나간다. 마치 보이지 않는 손에 이끌리는 것처럼. 태양빛이 뚫고 간 성전 안을 응시하며 한 발, 한 발 현관 계단을 오른다. 그리고 바로 그 거대한 문기둥 사이에 그는 무릎을 꿇는다. 그의 뒤에서 한 목소리가 외친다.

"누가 영광의 왕인가?"

사람들이 답한다.

"만군의 주! 그분이 영광의 왕이시다."

그 소리가, 노래와 나팔소리가, 소고의 울림이, 여인들이 울부짖는 소리가 너무도 커서 거대한 문기둥들이 축받이 속에서 흔들리는 가운데 그 젊은이가 중얼거린다.

"아, 슬프도다! 내가 죽겠구나."

그는 무릎을 꿇은 그곳에서 꼼짝 못하고 있다. 그의 눈은 두려움으로 번들거리고 그의 말이 번뇌 속에서 흘러나온다.

"나는 깨끗하지 못한 입술을 가졌다."

그가 속삭인다.

"그러나 내 눈이 만군의 주이신 왕을 보았다!"

아모스의 아들 이사야가 자신이 본 환상을 말한다

웃시야 왕이 죽던 해에 나는 높이 들린 보좌에 앉아 계시는 야훼를 보았다. 그분의 왕복 자락이 성전 안에 소용돌이쳤다. 그분의 주위에는 불타오르는 스랍 천사들이 있었다.

스랍 천사들은 여섯 개의 날개를 가지고 있다. 두 개의 날개로 얼굴을 가리고, 또 다른 둘로는 발을 가리고, 나머지 둘로는 날고 있었다. 그리고 하나가 다른 하나에게 외치고 있었다.

"거룩하시다! 거룩하시다! 만군의 주는 거룩하시다! 온 땅이 야훼의 영광으로 가득하다!"

그 소리에 거대한 성전 터가 흔들렸고, 하나님의 성전에 연기가 가득 찼다. 나는 말했다.

"슬프도다! 나는 죽을 것이다. 내 입술은 깨끗하지 못하고, 나는 부정한 입술을 가진 백성들 가운데 살고 있기 때문이다! 그러나 내 눈으로 만군의 주이신 왕을 보았다!"

그때에 한 스랍 천사가 제단에서 타고 있는 숯을 부집게로 잡아서 한 손에 들고 나에게로 날아왔다. 그가 말했다.

"보라, 이것이 네 입술에 닿았다. 네 악이 사라지고, 네 죄가 용서받았다."

그리고 그때 나는 하늘에서 말씀하시는 하나님의 소리를 들었다.

'내가 누구를 보낼까? 누가 우리를 대신하여 갈까?'

즉시 나는 소리쳤다.

"제가 여기 있습니다! 저를 보내주십시오!"

그러자 야훼께서 말씀하셨다.

'가라. 이 백성들에게 말해라. 그들이 이해하지 못한다 할지라도. 비록 우둔한 마음과 들리지 않는 귀와 보이지 않는 눈이 그 뜻을 꿰뚫지 못하게 할지라도, 그들에게 반복하여 보여주어라.'

"언제까지 그렇게 해야 합니까?"
야훼께서 말씀하셨다.

성읍이 황폐해져서,
집안에 주민들이 없어질 때까지,
그리고 들판과 언덕이 버려질 때까지,
야훼께서 그 백성을 멀리 보낼 때까지!
마치 상수리나무가 베어져도
그 그루터기가 남아 있듯이,
비록 십분의 일이 살아남을지라도,
몇 번이고 되풀이하여 불에 타리라.

이스라엘이 존재해 온 200년 동안, 열한 명의 왕들이 남쪽 유다 왕국을 통치했다. 그들 모두는 다윗 집안이나 다윗 혈통의 사람들이었다. 그의 혈통이 이 기간 동안 끊어지지 않았다.

그러나 모든 왕들이 하나님과의 언약에 충실했던 것은 아니었다. 현재의 왕 아하스는 하나님이 아니라 자신이 유다를 북 이스라엘 열 지파들이 겪었던 파멸에서 구해냈다고 믿었다. 앗시리아가 황소처럼 들이닥쳐 이 민족들을 뿔로 들이받고 거침없이 죽였을 때에, 아하스는 그들에게 보호를 청하고 속국이 될 것을 자청하며 성전과 자신의 궁에서 보물들을 꺼내어 앗시리아 왕에게 선물로 보냈기 때문이었다.

예언자 이사야는 그에게 야훼께 의탁할 것을 촉구했다. 그는 아하스에게 야훼의 징표를 구하라고 말했다.

"저 깊은 곳 스올(지하 세계)에 있는 것이든, 하늘처럼 높은 곳에 있는 것이든, 보여달라고 하시오."

아하스가 말했다.

"나는 야훼를 시험하지 않을 것이오."

이사야가 답했다.

"그렇다면 야훼께서 간청하지 않아도 징조를 보여주실 것이오. '처녀가 아이를 배어 아들을 낳을 것이고 그의 이름을 임마누엘(하나님이 우리와 함께 계심)이라 할 것이다. 그리고 그 아이가 선과 악을 구별할 수 있기도 전에, 지금 너희가 두려워하는 왕들의 땅은 황폐해질 것이다!'"

그러나 아하스는 앗시리아 왕에게 계속 진귀한 선물들을 보냈고, 이스라엘이 멸망할 때에도 유다는 파괴되지 않았다.

사실 200년 동안 유다는 특별한 보호를 누렸다. 유다는 항상 북쪽 왕국보다 가난했고 그 생활이 궁핍했다. 그러나 유다는 가난했기 때문에 나라를 지킬 수 있었다. 유다의 언덕들은 협상할 만한 물건이 되지 못했다. 그 땅을 가로지르는 무역로조차 없었다. 거기엔 다른 민족들이 탐낼 만한 것이 전혀 없었다. 그래서 유다는 다른 민족들로부터 비교적 외따로 떨어져 있었다. 이방인들이 드나들지 않는 곳이었기에 사치스런 이방의 영향이 훨씬 적었다.

유다는 경제적으로 시골에 불과했다. 땅은 남아돌았다. 사람들은 주로 목축업을 했고, 변화를 꺼렸으며, 열심히 독립을 지켰다. 그리고 예루살렘은 수도이긴 했지만 국제적인 도시가 아니었다. 오히려 가기 어렵고 문화적으로 고립되어 있었으며, 성스럽게 야훼께 바쳐진 완전히 유다만의 도시였다. 유다는, 하늘과 땅의 야훼께서 거처하시기로 선택한 성전이 있는 곳이기 때문이었다. 유다에는 엄격한 예배의식이 있었다. 야훼께서 영원한 언약을 세우신 다윗의 아들들이 유다의 왕이 되었다.

그러나 야훼께서 아모스의 아들 이사야를 통해 오셨다.

'내가 기른 아들들이, 내가 기른 딸들이, 나를 잊었구나. 소도 그 주인을 알고 나귀도 꼴을 먹여준 주인을 기억하는데, 내 아이들은 알지 못하고 내 백성들은 깨닫지 못하는구나.'

유다 왕의 아내가 아들을 낳아서 그 이름을 히스기야, 즉 '하나님은 나의 힘이시다'라고 지었다.

그 소년은 어머니의 자궁 속에서부터 맑은 정신을 가지고 있었다. 그는 자라서 자신을 둘러싸고 있는 국가와 땅의 근본적인 변화를 잘 알게 되었다. 마치 산이 갈라져 바다 속으로 무너지고 있는 것 같았다. 안정된 것은 하나도 없었다. 왕국들 중에서 유다는 특히 작아 보였다. 에돔이 남쪽에서 유다를 공격했다. 옛 블레셋도 힘과 무기를 되찾아서 서쪽에서 공격해 왔다. 사막과 강만큼이나 오래된 이집트조차도 무력하게 흩어져 나뉘었고, 왕조가 사라져가고 있었다.

히스기야는 설명을 구하면서 아버지의 고문관들에게 질문을 했다. 그는 성전에서 제사장들과 함께 앉았다. 그리고 그때 앗시리아가 북왕국을 향해 행군했다.

앗시리아가 사마리아를 포위 공격했을 때 히스기야는 열여덟 살이었다. 그는 북쪽에서 들려오는 소문들에 열심히 귀를 기울였다. 그는 끔찍한 일들이 일어났다는 이야기를 들었다. 그는 직접 성 밖에 나가서 그 슬픈 추방을 지켜보았다. 수천 명의 동포들이 지금 젊은이나 노인 할 것 없이 밧줄에 매여 터벅터벅 걸어가고 있었고, 그들의 소 떼와 양 떼도 동쪽으로 몰아지고 있었으며, 마차는 앗시리아의 저장고로 들어갈 물품들로 가득 채워져 있었다.

히스기야의 아버지 아하스가 죽었을 때 그의 나이는 스물다섯이었고, 그는 유다 왕으로 기름부음을 받았다. 그러나 대관식을 하면서 그는 거의 기뻐할 수가 없었다. 그 침착한 왕은 마음속으로 이런 질문을 하고 있었다. 내가 어떻게 다스려야 하는가? 유다의 왕에게 어떤 길이 남아 있는가?

이스라엘이 멸망한 지 7년이 지난 뒤, 에브라임 언덕에는 들짐승들만이 살았다. 옛날 그 명랑했던 주민들도, 그들의 생업도 그 땅에서 사라졌다. 지금 그곳에 살고 있는 얼마 안 되는 사람들은 외국 피가 섞인 사람들이었다. 그들은 이해할 수 없는 행동을 했고, 앗시리아가 멸망시킨 바빌론, 구다, 하맛, 아바 등으로부터 들여온 이상한 옷들을 입고 있었다.

이스라엘 왕국이 그러한 패배를 견딜 수 있었을까? 히스기야는 그것을 궁금하게 여겼다. 이스라엘의 하나님은 약해지셨나? 야훼께서는 앗시리아의 신, 아스훌보다 약하신 분인가?

어떻게 그가 그러한 질문들을 예루살렘 거리에서 큰 소리로 할 수 있는가? 어떻게, 하나님과 다윗이 맺은 언약에 의지하고 있는 바로 그 다윗 자손이 야훼의 손이 약해지신 건 아닌가 하는 질문을 할 수 있단 말인가? 유다는 사냥감이 바위나 동굴에 숨듯이 이 옛 약속 안에 숨어 있었다. 그런데 어느 신이 다른 신의 신인가? 아스훌인가 아니면 야훼이신가?

앗시리아 사람들은 자기들 신의 모습을 그렸다. 유다 사람들은 그리지 않았다. 앗시리아인들이 그린 신들은 나무에 금을 입혀 만들었는데, 귀금속으로 만든 하얀 눈이 노려보고 있었다. 과연 앗시리아 신의 얼굴은 어떠했을까? 마치 앗시리아 왕의 얼굴과 같았다! 하늘에도 그들의 지도자가 있었고, 이곳 땅 위에는 그들 눈앞에 보이는 신이 있었다. 이스라엘을 멸망시키고, 유다로 하여금 눈부신 선물과 조공을 바치며 고개 숙이도록 만든.

그러나 유다의 하나님은 보이지 않았다. 또한 가까이 갈 수도 없는 신이 아닌가? 그분은 입에 담을 수 없는 이름을 가졌다. 그분은 짙은 어둠에 싸여 있는 신성이며, 형상이 아닌 말로서만 존재하는 하나님,

바람과 연기 같은 하나님이었다. 만일 그분이 응답하지 않으신다면, 그분은 그곳에 존재하지 않는 분이 아니신가? 그렇다면 어느 신이 다른 신 위에 존재하는 신인가?

궁전 은밀한 곳에서 히스기야 왕은 창틀 옆에 무릎을 꿇고 그러한 질문을 속삭였다. 그는 기도를 하려는 것은 아니었다. 그런 질문을 기도로 하기에는 너무 두려웠다. 그는 풀 수도 없지만, 억누를 수도 없는 수수께끼를 단지 말로 나타내고 있는 것뿐이었다.

왕이 속삭였다.

"이제 우리는 주님, 이스라엘의 하나님에 대해 어떻게 말할 수 있겠는가?"

즉시 한 목소리가 창가에서 들려왔다.

'태초부터 그분은 모든 창조물의 하나님이셨다!'

나의 피난처요, 나의 힘이라

히스기야 Hezekiah

아하스 왕이 하나님의 명령에 순종하기를 거절하자 이사야는 예언을 그쳤다. 그는 젊었을 때 했던 예언들을 모두 두루마리 책자에 적어놓고 대중 앞에서 물러나 17년 동안 다시 나타나지 않았다.

이사야는 부유한 집안 출신이었기에 왕궁에 드나들 수가 있었다. 그는 귀족의 피를 이어받았다. 그가 부자들이 모이는 곳이나 왕에게 상소를 하는 자문 모임에 참석하더라도 어느 누구도 의아해하지 않았다. 그는 높은 제사장의 초대로 성전의 가장 신성한 행렬에도 함께했다.

비록 그의 예언이 왕국의 불의를 비난하는 내용이긴 했으나 이사야 자신은 본래 시름에 잠기는 사람이 아니었다. 그는 교육받고 세련되며 명쾌한, 다른 사람들과 자리를 함께할 때 기분 좋은 그런 사람이었다. 그러므로 그가 갑자기 사라진 것을 사람들은 이해할 수가 없었다. 그들이 미처 몰랐던 감정 상하는 일이라도 있었는가?

그러나 아하스가 죽자 갑자기 야훼께서 설레는 작은 희망으로 이사야를 눈뜨게 하셨다. 야훼께서 잔잔한 기쁨 속에 다시 그 예언자를 보내셨다. 그의 나이 오십이었다. 그러나 그의 머리는 아직 세지 않았다. 몸도 아직 건강했고 생각도 담대했다.

그러던 어느 날 아침 야훼의 급한 부름에 이사야는 자리에서 일찍 일어나 수염을 다듬고, 몸을 씻고, 기름을 바르고, 가장 훌륭한 옷을 입고는 하나님의 명령을 완수하기 위해 예루살렘 거리로 나갔다.

왼손에 숫양 뿔을 들고 오른손에는 소고를 들었다. 그는 신속하게 성전 언덕을 올랐고 야훼의 정원과 솔로몬 궁전, 왕의 개인 숙소 사이에 있는 남쪽 문에 자리를 잡고 섰다. 그가 소리쳤다.

"히스기야! 나오시오! 당신의 대관식을 전보다 더 즐겁게 합시다. 그러면 당신의 치세가 지금보다 더 축복받은 것이 될 것이오!"

그 예언자는 숫양 뿔을 입으로 가져가서 불었다. 그는 온 예루살렘에 사람들을 가슴 떨리게 하는 나팔소리를 보냈다. 사람들이 성전과 궁전 사이를 가득 채울 때까지 나팔을 불었다. 그리고 젊은 왕이 창문에서 몸을 내밀었을 때, 이사야는 노래를 부르기 시작했다. 그는 소고를 치고 왼손을 들어 춤을 추었다. 마치 결혼식에 참석한 사람처럼.

어둠 속에 헤매던 사람들이
큰 빛을 보았다!
깊은 어둠의 땅에 살던 사람들에게
빛이 비추었다!

한 아이가 태어났으니,
우리에게 주신 아들이다.
그는 우리의 통치자가 될 것이요,
그의 이름은 이렇게 불릴 것이다.

훌륭하신 지도자요,
전능하신 하나님,
영존하시는 아버지,
평화의 왕.

그의 왕국은 점점 커지고,

평화와 공평과,

정의가 끝없이 이어질 것이며,

만군의 주의 열정이 이 모든 것을 이루실 것이다!

이제 히스기야 왕이 궁전에서 내려와 잘 닦인 길을 가로질러 이사야에게로 걸어왔다. 예언자와 왕은 얼굴과 얼굴을 마주하고 섰다. 둘 중 어느 누구도 시선을 거두지 않았다. 나이 많은 자가 젊은이를 향해 미소지었으나 젊은이는 심각한 의문에 휩싸인 엄숙한 표정이었다. 이사야보다 큰 키에 무언가를 생각하느라 몸을 구부린 히스기야 왕은 미간에 깊은 주름이 패여 있었다. 그래서 그는 항상 얼굴을 찌푸리고 있는 것처럼 보였다. 마침내 그가 말을 꺼냈다.

"그러나 만군의 주께서는 앗시리아의 아스홀에게 패하셨습니다. 어떻게 야훼께서 약속한다고 하신 그런 일들을 이루실 수 있겠습니까?"

왕보다 키는 작았지만 나무 그루터기처럼 똑바른 이사야가 웃었다. 그가 소리쳤다.

"아니오! 아니오! 내 아들이여, 야훼께서는 패하지 않으셨소. 야훼가 패하신 것이 아니라 그의 백성이 그를 의지하지 않았기 때문에 그들이 패한 것이요. 젊고도 심각한 히스기야여, 내 말을 잘 들으시오. 앗시리아조차도 우리 하나님의 종이오! 야훼께서 그 민족을 가리켜 '내 분노의 몽둥이요, 내 진노의 매다.'라고 외치지 않으셨소? 이스라엘을 노략질하도록 앗시리아를 보내신 분은 바로 야훼이셨소. 그리고 이제 야훼께서 오만하고 자만심에 찬 앗시리아 왕을 벌하겠다고 선포하셨소."

이스라엘의 빛은 불이 되며

이스라엘의 거룩한 분은 불길이 되어,

582

앗시리아의 가시나무와 찔레나무, 그 모든 것을
단 하루만에 태우고 삼켜버리실 것이다!

"그날에는 이스라엘의 남은 자와 야곱 집안의 생존자들이 야훼, 이스라엘의 거룩한 분만을 의지할 것이다!"

이사야는 앞으로 걸음을 내디디며 왕의 여윈 어깨에 손을 얹고 부드럽게 말했다.

"야훼를 믿으시오. 비록 당신의 아버지는 그러지 않았지만 당신은 야훼를 섬기시오. 진실하게 그분을 섬기시오. 그러면 어떠한 적들도 당신을 괴롭히지 못할 것이오."

그리고 나서 예언자는 뒤로 휙 돌아서서 소리쳤다.

"어쨌든 오늘은 대관식 날이다! 유다야, 너에게서 새로운 왕이 나왔다!"

마치 기둥처럼 버티고 서서 이사야는 숫양 뿔을 빠르게 일곱 번 불었다. 그리고 그때 예루살렘에서 말씀하시는 야훼의 음성이 있었다.

'오 나의 백성아, 앗시리아인들이 채찍으로 세게 때릴지라도 그들을 두려워하지 말아라. 곧 나의 분노가 그들을 멸망으로 이끌 것이다. 내가 이집트에서 그랬듯이 내 몽둥이를 들 것이다! 그날에는 너희의 목에서 앗시리아의 멍에가 부러질 것이다!'

그리고 이새의 줄기에서
싹이 틀 것이고,
그 뿌리에서
푸른 가지가 자라나리라.

그리고 야훼의 영이 그에게 내리실 것이다.

그는 눈에 보이는 대로만 재판하지 않을 것이며,

가난한 자들을 정의로 재판하고,

이 땅의 불쌍한 자들을 위해 공의를 찾을 것이다.

이리가 어린 양과 함께 살며,

표범이 새끼 염소와 함께 눕고,

사자와 송아지 그리고 모든 살진 어린 짐승들이 함께……

그리고 어린아이가 그들을 이끌 것이다.

나의 거룩한 산 모든 곳에서

그들은 다치지 않고 서로 해치지 않을 것이다.

바다에 물이 가득하듯,

온 땅에 야훼를 아는 지식이 충만할 것이기 때문이다.

그 예언자가 마지막으로 기뻐 웃으며 춤춘 게 언제였는지 누가 기억할 수 있는가? 오, 야훼께서 얼마나 오랜만에 이처럼 부드럽게 당신의 백성에게 말씀하신 것인가?

유다에는 야훼께 순종하는 왕이 있었다. 그것은 충분히 축하할 이유가 되었다.

대관식 이후로 히스기야 왕은 성전 어두운 구석에 앉아 그 예언자를 통해 하나님께서 말씀하신 것을 묵상하고 있었다. 그 말씀은 이스라엘의 야훼를 전혀 새로운 시각으로 보라는 말씀이었다. 그러니 오, 지금 자신 앞에 얼마나 영광스런 장면이 펼쳐져 있는가! 마치 산 위에 서서 앞에 펼쳐진 세상을 내려다보는 것 같았다.

야훼께서는 작지 않으실 뿐더러 오히려 왕이 품었던 생각보다 훨씬 위대한 분이 아니신가! 한 민족이 멸망한다면 그것은 하나님께서 그들을 잊으셨기 때문이 아니라 그들이 하나님을 잊었기 때문인 것이었다.

"야훼께서 우리의 힘이시다."

히스기야는 자기 이름의 의미를 되내이며 중얼거렸다. 그런데 어떻게 이스라엘이 야훼를 잊었는가? 그들은 유다보다 훨씬 공들여 제사를 지냈다. 그들의 절기행사는 풍성하고 화려했으며 눈부신 볼거리로 가득했다. 그러나 그들은 그 언약을 기억하지 못했다. 그들은 겸손과 순종을 잃어버렸다. 선한 일 하는 것을 잊었다.

"야훼께서 나의 피난처요, 나의 힘이시다."

왕이 말했다. 그의 목소리는 텅빈 성전 안에서 메아리쳤다. 작은 빛하나가 그 공간 위쪽의 먼지 속을 떠다녔다. 정말로 잔인한 빛이었다. 그 성스러운 공간에 쓰레기, 나무 조각상, 조상의 죄들이 어지럽게 흩어져 있는 것을 비추었기 때문이다. 우상들. 혐오스러운 것들. 왕은 일어서서 우렁찬 목소리로 말했다.

"하나님은 나의 피난처요, 나의 힘이시다! 그러므로 국가들이 변화하고 산들이 바다 깊숙한 곳에서부터 흔들려도, 성난 물결이 거품을 일으키며 흘러간다 할지라도 우리는 두려워하지 않을 것이다!"

그는 솔로몬이 200년 전에 만든 등잔대 쪽으로 걸어갔다. 그것들은 모두 한쪽으로 몰려 있었고, 불은 완전히 꺼져 있었다.

"이곳은 가장 존귀하신 하나님께서 거처하시는 곳이 되어야 한다."

이렇게 말한 뒤 그는 태양빛이 비추는 곳으로 걸어나가 솔로몬의 성전 현관 위에 섰다. 한 제사장이 정원에 있는 것이 보였고, 왕은 그를 불렀다. 그 키 크고 우울한 얼굴을 한 왕이 말했다.

"하나님께서 우리 가운데 계시오. 우리는 흔들려서는 안 되오."

"맞습니다, 왕이시여. 우리는 흔들려서는 안 됩니다."

제사장이 말했다. 왕이 앞이마에 깊은 골을 만들면서 얼굴을 찌푸렸다. 왕은 그 제사장을 잠깐 동안 신중히 쳐다보고 말했다.

"당신은 그 사실을 진실로 믿고 있소?"

"만군의 주께서 저희와 함께 계심을 믿고 있습니다. 네, 왕이시여. 저는 믿고 있습니다."

"그리고 당신께 한 가지 더 말하겠소. 이 땅을 황폐케 하시는 분도 야훼이시오! 그러니 야훼께서 전쟁 또한 멈추게 하실 수 있을 것이오."

"그분은 창을 산산이 부수고 전차들을 불로 태우실 것입니다."

"놀라운 일이오!"

왕이 자기 앞에 있는 제사장의 잿빛 눈을 응시하며 나직이 말했다.

"제사장, 당신의 이름이 무엇이오?"

"아사랴입니다."

"아사랴, 나와 함께 일합시다. 당신을 하나님 성전의 대제사장으로 임명하오. 제사장들과 레위인들을 모으시오. 그들에게 자신들을 성결케 하라고 하시오. 성전을 깨끗이 하고 다시 성스럽게 해야 할 때요!"

그리고 곧 굉장한 개혁이 예루살렘과 유다 전역에서 단행되었다. 성전 안에 쌓여 있던 신성을 모독하는 것들을 모두 다 도성 밖, 기드론 개울에 던져 불살라버렸다. 성전 문들은 수리되어 활짝 열렸다. 제단과 그에 딸린 성전 기구들, 등잔대 그리고 언약의 궤가 거처하는 방, 지성소까지 모두 깨끗이 했다.

그리고 나서 히스기야는 유다 백성들에게 감사의 제사를 올리게 했다. 황소 600마리와 3,000마리의 양들이 도축되어 그 거대한 제단에 올려졌다. 그런 뒤에 왕은 모든 유다와 아직도 북쪽 황폐한 땅에서 살고 있는 이스라엘의 나머지 사람들에게까지 포고령을 내렸다.

'모두 모여라! 예루살렘에서 야훼의 유월절을 지키자.'

모세가 그 명령을 내린 이후로 가족마다 자신들의 장막에서, 각자의 집에서 유월절 절기를 지켜왔다. 그러나 모든 백성이 한곳에 모여 절기를 지키는 것은 완전히 새로운 일이었다! 그리하여 이스라엘의 모든 가족과 지파들이 하나님 앞에서 한 가족을 이루었다.

히스기야는 모든 사당을 무너뜨렸다. 그 땅의 이방 우상을 깨뜨려버렸다. 그는 다른 신들을 위해 세워진 기둥들을 산산이 부숴버렸다. 그는 야훼께서 모세에게 명하신 모든 계율을 지켰다.

그리고 그는 쉬었다.

야훼께서 그의 피난처가 되셨기 때문이다.

구원하는 손

이사야와 히스기야 Isaiah & Hezekiah

그러나 세월이 흘러 권력의 수레바퀴는 앞으로 굴러갔고, 세상이 다시 변화하기 시작했다.

이집트에서 새 파라오와 새 왕조가 일어섰다. 그는 옛 민족을 통합하고 군대를 강화했으며 동편의 작은 왕국들과 외교적 관계를 모색하기 시작했다. 이것은 작은 왕국들을 벽돌삼아 이집트와 앗시리아 사이에 쌓을 거대한 성벽을 만들고자 하는 책략이었다.

이집트의 외교사절들이 예루살렘에 도착하기 시작했고, 유다 왕에게 은밀한 상담을 청했다. 히스기야 왕은 한두 번 그들을 접견실로 맞아들였다. 그리고 예언자 이사야는 조심스러워지기 시작했다. 왕은 이들의 방문 여부에 그의 조언을 구하지 않았고, 참석해 달라고 청하지도 않았다.

모든 사람들이 늙은 앗시리아 왕이 죽은 것을 알고 있었고, 반역이 제국 곳곳에서 일어나리라는 것도 알고 있었다. 프리기아의 미다스 왕, 시리아의 갈그미스, 강력한 바빌로니아, 엘람의 왕…… 이들 모두 새 앗시리아 제국의 힘과 재력을 시험하고 있었다. 이 국가들은 다시 날뛰고 있었다. 그리고 이사야가 환상을 본 것처럼, 권력이나 이익을 구하기 위해 소용돌이로 뛰어드는 작은 왕국들은 점점 더 그 속으로 침몰할 것이었다.

히스기야는 사람들 앞에 나타나지 않았다. 이사야는 그에게 조언을 하기 위해 찾아다녔으나 찾을 수 없었다.

그러나 왕이 어떤 생각을 하고 있는지는 왕국 전역에서 드러났다. 새 성벽이 예루살렘 주변에 세워졌고, 그것은 한때 옛 성벽 밖에 있던 건물들을 둘러싸 보호했다. 새 마구간과 저장고도 만들어졌다. 단단한 바위 양쪽에서 터널을 뚫어나갔다. 그 터널의 길이는 기드론 계곡의 샘에서부터 위 성벽까지 200미터에 이르렀는데, 예루살렘이 포위 공격을 당하더라도 물을 지속적으로 공급해 줄 수 있었다. 군대와 전차들이 전략적 요충지가 되는 요새로 보내졌고, 망대가 도성 경계선 주변을 마치 목걸이처럼 둘러쌌다.

이사야의 나이 예순여섯이 되던 해에 야훼께서 그를 다시 깨워 예루살렘 도성으로 보내 예언을 하게 하셨다. 이집트 칙사가 도성에 두 번째로 도착한 때에, 한 성난 사람이 그들에게 달려가 외쳤다.

"하나님의 계시요!"

그는 거친 삼베옷을 입고 있었다. 그가 그들의 말 고삐를 잡자 말들이 뒤로 물러서며 울음소리를 내었다. 그때 야훼께서 말씀하셨다.

> 내가 너희 계획을 혼란시키려고
> 빠른 구름을 타고 이집트로 갈 것이다!
> 너희의 나일 강은 바싹 마를 것이고,
> 고기 잡는 이들은 통곡할 것이다.
> 너희의 왕들이 속임을 당하고
> 현자들이 바보짓을 했기 때문이다.
> 지도자들은 이집트를 잘못된 길로 이끌었다!
> 이집트는 토한 것 위에 뒹구는 주정꾼처럼 될 것이다……

그러나 이집트의 전차꾼들이 말에게 채찍을 휘둘렀고, 그 큰 동물들이 앞으로 튀어나가 질주하며 이사야를 옆으로 쓰러뜨렸다. 머리가 난간에 부딪히는 바람에 이사야는 한동안 기절해 거리에 누워 있었다. 정신이 돌아오자 그는 몸을 추스려 몇 발짝 불안한 걸음을 내딛고는 왕의 궁전을 향하여 걷기 시작했다.

걸으면 걸을수록 그의 몸은 점점 곧게 펴졌다. 그의 표정은 확고했고 냉정했다. 그의 당당한 거동에 삼베옷조차 귀족의 옷처럼 보였다. 그의 태도에 너무도 귀족다운 품위가 넘쳐서 접견실 밖 경비병도 뒷걸음질을 쳤으므로 노인은 아무런 제지도 받지 않고 안으로 들어갈 수 있었다.

히스기야 왕은 여섯 계단 위 자신의 상아의자에 앉아 있었는데, 그의 우울한 얼굴에는 주름이 졌고 슬퍼보였다. 이집트 칙사들은 분명히 공식적인 환영을 받고 있었다. 모든 사람들이 이사야의 갑작스런 침입에 고개를 들어 쳐다보았으나 아무도 말을 하는 사람은 없었다. 이사야는 이집트인들을 무시하고 곧장 옥좌로 걸어갔다.

"언제부터 왕께서는 야훼의 말씀에 귀기울이는 것을 그만두셨습니까?"

그가 말했다. 왕은 단지 입술을 오므리며 이사야를 쳐다보았다. 그는 아무말도 하지 않았다. 그때 이사야는 삼베옷을 머리 위로 잡아당겨 벗어 올렸다. 사람들이 놀라 웅성거렸다. 왕궁의 내신들은 불쾌해했다. 그러나 예언자는 멈추지 않았다. 그는 샌들을 벗어던졌다. 그는 허리에 두른 간단한 옷만을 남기고 늙은 몸에 걸쳤던 모든 것을 벗었다. 그리고는 왕의 접견실에서 마르고 하얗게 빛나는 엉덩이를 드러내 보이며 서서, 이사야가 말했다.

"이것이 이집트에 대한 하나님의 징조입니다. 히스기야 왕이여, 이것이 저 이집트가 왕께 보여주게 될 모습의 전부입니다. 당신의 야훼 하나님께서 그렇게 말씀하십니다!"

조언과 옷을 뒤에 남기고 노인은 왕의 면전에서 물러났다. 그는 그날 이후 허리에 두른 간단한 옷 위에 아무것도 걸치지 않았다. 히스기야 왕이 야훼의 말씀을 다시 믿기 시작할 때까지.

3년 동안 이사야는 벌거벗은 채 맨발로 예루살렘을 돌아다녔다. 그의 피부는 햇볕에 그을렸고, 추위에 갈라졌으며, 앙상하게 변했다. 그러는 동안 사람들은 그를 피해 얼굴을 가렸다. 몸을 드러내는 것은 굉장히 수치스러운 일이기 때문이었다.

그러나 히스기야는 세상의 왕국들과 동맹을 맺기 시작했다. 가까이로는 모압과 에돔과 아스돗 그리고 블레셋 성읍들도 그와 합세하여, 각 나라는 앗시리아와 맞서는 성벽의 작은 돌들이 되었다. 아주 먼 곳, 바빌로니아 왕 므로닥발라단이 보낸 칙사들도 맞아들였다. 국제적인 조약, 국제적인 음모 그리고 권력의 책략이었다.

국내에서 왕은 군인들을 위한 무기와 말이 끄는 전차를 만들고 있었다. 그리고 거대한 진흙 항아리에다 곡식을 담아 요새화된 도성으로 보냈다.

유다 시민들은 다시 독립을 얻을 수 있을 것이라는 희망에 기뻐하기 시작했다. 히스기야의 부왕은 앗시리아의 멍에로 그들을 짓눌렀다. 그가 앗시리아에 매년 조공을 바치기 시작하는 바람에, 그것이 그 후로 계속 그들에게 짐이 되었다. 그러나 이제 선하고 영리한 왕 히스기야가 쓰라린 고통으로 마음 상한 다른 왕국들과 연합하여, 그 냉혹한 제국에게 바쳐야 할 조공을 그만두게 하겠다고 결심했다. 그러한 도전에 약간 마음을 졸이면서도 예루살렘은 미소지으며 자신들의 놀라운 배짱을 점점 자랑스러워하기 시작했다. 예루살렘은 자유로웠다!

그러나 야훼 하나님께서 말씀하셨다.

'나의 종 이사야가 벌거벗은 몸과 맨발로 걸어다니고 있는 것처럼, 그렇게 앗시리아가 이집트를 벌거벗겨 끌고 갈 것이다. 그리고 이집트에 희망을 걸었던 사람들은 놀라서 당황할 것이다! 그날 너희는 이렇게 말할 것이다. 그러면 우리는? 우리는 어디로 피해야 할 것인가?'

히스기야 왕은 치명적인 병으로 거의 죽게 되었다. 그는 병을 잘 견뎌내 다시 건강해질 생각으로 자신만의 은밀한 방에 들어가 누웠다. 그러나 그는 나아지지 않았다. 히스기야는 항상 내면적으로 명상을 하는 사려 깊고 조용한 왕이었다. 그러나 이제 그 왕은 비통하게 울었다. 갑자기 예언자의 목소리가 들려왔다.

"내가 왕의 정원을 떠나기도 전에 야훼께서 내 걸음을 멈추게 하시고 당신께 다시 보내셨습니다."

히스기야 왕은 고개를 들었다. 정말로 발치에 이사야가 다시 서 있었다. 그리고 야훼께서 말씀하셨다.

'히스기야야, 내가 너의 눈물을 보았다. 내가 너를 치유해 주겠다. 삼일째 되는 날에 네가 성전으로 올라갈 수 있으리라. 그리고 내가 너의 목숨을 열다섯 해 더 늘려주겠다. 그리고 너와 네 도성을 앗시리아의 손에서 구해주겠다. 나를 위해서 그리고 내 종 다윗을 위해서 이 도성을 보호할 것이다.'

그리고 그때 그 늙은 흰 수염의 예언자가 방 밖에 있는 치료자에게 직접 말하고 있었다.

"무화과 찜질약을 만들어서 그것을 왕의 종기에 붙이시오."

히스기야 왕이 집권한 지 25년째 되던 해 앗시리아가 강력한 군대를 이끌고 멀리 지중해까지 서쪽으로 행군해 왔다. 그는 두로 왕국과 그들의 항구, 그 수지맞는 무역 거래를 완전히 파괴했다. 그 이후로 두로는 이 땅에 더 이상 존재하지 않게 되었다.

그리고 나서 앗시리아 왕은 거대한 연맹에 동참했던 왕국들, 이집트와 자기 나라 사이에 세워진 그 강력한 장벽으로 눈을 돌리기 시작했다. 그는 그들을 하나씩 공격해 갔고 그 돌 하나하나가 처참하고 불가항력적인 공격 앞에 쓰러져갔다. 비블로스, 아르왓, 아스돗, 모압, 에돔, 암몬이.

세 국가만 남았다. 아스글론, 에글론 그리고 유다.

앗시리아가 지중해를 따라 남쪽으로 행진해 왔을 때 한 이집트 군대가 나타나 에글론을 방어해 주기 위해 전선을 형성했다. 그러나 그들은 하루아침에 패하여 물러갔고, 에글론은 그날 오후에 패했다. 그 지도자는 처형당했으며 백성들은 추방당했다.

이제 앗시리아 왕은 대대적인 활 모양의 원을 그리며 유다를 향해 움직이기 시작했다. 마치 낫이 예루살렘을 향해 밭을 베며 다가오는 듯했다. 딤나 성읍이 그의 수중에 들어가 성읍의 보급선을 완전히 끊었다. 앗시리아 왕은 엘라 계곡에서 아세가와 가드를 점령한 후 더 멀리 남쪽으로, 라기스에 있는 히스기야의 요새를 향해 출정했다. 그리고 그 성읍을 완전히 불살라버렸다. 그의 군대가 시체들을 파묻을 구덩이를 팠다. 1,500명의 시체가 돼지뼈와 불어온 먼지로 덮였다.

앗시리아 왕은 유다의 요새화된 도시 성 46곳을 공격하여 완전히 패배시켰다. 그의 잔인한 공격에 히스기야와 얼마 남지 않은 군대는 예루살렘 도성으로 몰려갔다.

마침내 앗시리아 왕 자신이 립나에 진영을 세우고 남아 있으면서 제국의 최고 사령관을 예루살렘으로 보내 항복할 것을 요구했다. 그 사령관이 도성 문밖에 서서 유다 말로 소리쳤다.

"어느 민족의 어느 신이 그들의 땅을 앗시리아 손에서 구해낸 적이 있느냐? 하맛과 아르밧의 신들은 어디 있느냐? 두로, 아스글론, 에글론의 신들은 어디 있느냐? 히스기야야! 히스기야 왕아! 이스라엘의 하나님이 그 왕국을 구해냈느냐? 앗시리아가 한 세대 전에 멸한 그들은 지금 어디에 있느냐?"

히스기야는 그의 말을 들었다. 그는 그 협박과 조롱의 소리를 다 들었다. 그것은 마치 황소 같은 아스홀이 도성 밖의 땅을 짓밟으며 콧구멍으로 하늘을 향해 거대한 콧바람을 불어대는 것 같았다.

그러나 왕은 자신이 나아갈 바를 선택했다. 그리고 이제는 그 길에서 벗어나지 않았다. 그는 참회의 삼베옷을 걸치고 야훼의 성전으로 가서 늙은 선지자 이사야와 함께 조용히 이야기했다. 이 두 사람은 열 개의 희미한 등잔불 아래에 있었다. 왕이 자문을 구한 사람은 이사야 말고는 없었다.

"아, 예언자여. 앗시리아는 살아계신 하나님을 조롱했습니다."

키 큰 왕은 이제 나이 탓에, 또한 깊은 생각 탓에 등이 굽어 있었다.

"그러나 당신은 오래 전에 하나님께서 저 백성의 오만함을 멸하실 것이라고 말씀하셨지요. 옛 친구여, 우리를 위해 지금 기도드려주십시오."

그리고 나서 왕 자신도 드빌, 성소 안의 짙은 어둠을 향하여 팔을 들고 야훼께 기도를 올렸다.

"그룹 천사 위에 왕으로 계신 오, 이스라엘의 야훼 하나님. 당신만이 이 땅 모든 왕국의 하나님이십니다. 당신을 조롱하는 앗시리아의 말을 들어보십시오. 참으로 앗시리아 왕은 많은 민족을 멸하고 그들의 신들을 불 속에 던져버렸습니다. 그러나 그 가운데 참 신은 없었습니다. 그들은 인간이 만든 나무와 돌에 지나지 않습니다. 그러니 우리의 야훼 하나님, 지금 오셔서 저희를 구해주십시오. 그리하여 이 땅의 모든 왕국이 당신, 야훼 한 분만이 진정한 하나님임을 알게 해주십시오!"

이사야는 왕보다 작았지만 그 옆에 꼿꼿이 서서 말문을 열었다. 그는 왕을 만지지 않았다. 움직이지도 않았다. 두 사람은 하나님의 보좌를 계속 쳐다보며 목소리를 낮추고 속삭이듯 말했다. 이사야가 말했다.

"야훼께서 당신의 기도를 들었습니다. 그리고 야훼께서 앗시리아에게 이렇게 말씀하십니다. '네가 누구에게 오만한 목소리를 높였느냐? 이스라엘의 거룩한 자에게 그렇게 말했느냐? 오래 전에 너의 승리를 계획한 신이 나였음을 듣지 못했느냐? 나는 네가 앉고 서는 것, 네가 나가고 들어오는 것 모두 다 알고 있다. 네가 나에게 분노를 품었기 때문에 이제 나는 너의 코를 갈고리로 꿰고, 너의 입에 재갈을 물려 네가 왔던 길로 너를 다시 돌려보낼 것이다.'"

그날 밤 히스기야와 늙은 예언자가 하나님의 성전에서 기도를 하고 있는 동안 앗시리아 왕이 갑자기 라기스의 진영을 거두고 빠른 속도로 철수해 갔다. 궁전으로부터 반란이 일어났다는 소문이 전해지 엄청난 불안감이 밀려들었기 때문이다. 그는 심지어 최고 사령관에게 출발한다고 알릴 여유도 가질 수 없었다.

다음날 이른 아침 히스기야의 종들이 성전으로 찾아와 소리치며 떠들기 시작했다. 그들은 자신들이 본 것에 대해 놀라워했다. 그들은 눈을 껌뻑거렸다.

"임금님! 십팔만 오천 명의 군사가, 예루살렘을 둘러싸고 있던 군대들이 밤새 아무런 소리도 내지 않았습니다! 태양이 떠올랐는데도 그들이 여전히 자고 있었습니다. 한 명의 군사도 깨어나지 않았습니다. 그래서 아이 하나가 성문을 빠져나가 그들 중 한 병사의 얼굴을 만져보고 달려와 우리에게 얼굴이 차가웠다고 말했습니다. 그들은 자고 있었던 것이 아닙니다! 그들은 죽어 있었습니다!"

"왕이시여, 십팔만 오천 명의 군사가 도성 문에 누워 죽어 있습니다!"

골칫거리 예언자

예레미야 Jeremiah

히스기야 왕이 죽은 후에 그의 아들 므낫세가 왕위에 올라서 55년이라는 오랜 기간 동안 유다를 다스렸고, 그 기간 동안 왕국은 평화를 누렸다. 그러나 이 왕은 아버지와 같지 않았다.

정략적이고 사리에 밝은 므낫세는 결코 조공을 그치지 않았다. 그의 일생 내내 그는 순종적인 종 노릇을 하며 앗시리아의 수도인 니느웨 성읍을 건축하는 데 많은 물자들을 보냈고, 이집트와 싸우는 앗시리아 군대를 돕기까지 했다. 그의 통치 아래서 유다는 앗시리아 황소의 보호를 누렸다. 유다는 평화스럽게 자신들의 언덕을 지켰다.

그러나 므낫세의 복종은 돈을 낭비해 버리는 것 이상의 의미를 가졌다. 비록 앗시리아의 칼이 예루살렘을 친 적은 없었지만 그들의 정신이 예루살렘을 쳤다. 이방 국가를 섬기고 그들의 신과 제단을 만들었던 것이다.

므낫세는 별의 신들을 자신의 군주로 섬기며 성전에 제단을 세웠다. 그는 온 나라에 이방 예식을 장려함으로써 아버지의 개혁을 거부했다. 바알의 성전 창녀들이 다시 나타났다. 농부들은 다시 다산을 기원하는 의식을 통해 풍성한 수확을 보장받으려 했다. 그리고 심지어는 그런 의식이 300년 전 솔로몬이 야훼께 바친 그 성전 안에서까지 이루어졌다. 앗시리아의 점쟁이와 마술사들이 이제 예루살렘에서 일하고 있었고, 예루살렘 귀족들의 사랑을 받았다.

그리고 그 땅에서 야훼의 목소리가 무시된 것처럼 야훼의 언약도, 야훼의 법률도 잊혀졌다.

'비통하다.'

야훼께서 말씀하셨으나 아무도 듣는 자가 없었다.

> 비통하다. 반역을 꾀하는 불경스러운 민족이여,
> 너희의 관리들이 사자처럼 으르렁대고,
> 너희의 판사들은 아침까지 아무것도 남겨놓지 않는
> 저녁 늑대들 같구나.
> 너희의 예언자들은 부정하고
> 너희의 제사장들은 신을 모독하는구나……

예언하는 일이 억압을 받았기 때문에 아무도 야훼의 말씀을 듣지 못했고, 그에 항거하는 자들은 처벌을 당했다. 그들의 피가 온 땅에 흘러넘쳤다. 유다에서는 왕이 이사야를 나무톱으로 베어 죽였다는 소문이 나돌았다.

한편 므낫세는 앗시리아 왕 앗슈르바니팔과 함께 출정했다. 그는 맹렬하고 고집 센 사나운 황소가 이집트의 방어벽을 산산이 부수고 군대를 남쪽 멤피스로 몰아가는 것을 보았으며, 그 황소는 마침내 그곳을 정복했다. 앗슈르바니팔은 이집트의 북쪽 줄기, 나일 강의 풍요로운 삼각주에 앗시리아의 절대적인 지배권을 세웠다.

그것으로 그치지 않았다. 소국(小國) 유다의 왕은 다음으로 그 잔인한 제국의 왕이 훨씬 더 남쪽에 있는 테베까지 휩쓸어버리는 것을 지켜보았다. 2천 년도 더 된 나일 강 상류의 금자탑, 고대 이집트의 그 찬란한 도시를 앗슈르바니팔이 불태워버렸다. 그는 그 나라의 왕자들을 사로잡아서 니느웨로 보내어 처형했다.

므낫세 왕은 현실적이고 정치적인 사람이었다. 그는 자신의 왕국을 파괴에서 구했다. 그러나 영혼은 구해내지 못했다.

앗슈르바니팔은 자신의 경계선을 동쪽, 북쪽 그리고 서쪽으로 거대하게 확장시켜나갔다. 그러나 그는 앗시리아의 마지막 위대한 왕이었다. 그 이후로 앗시리아는 더 이상 힘을 가지지 못했다.

앗슈르바니팔이 죽은 해에 유다의 한 젊은이가 야훼께서 하시는 말씀을 직접 들었다.

> 네 어미의 모태 안에 만들기도 전에,
> 내가 너를 알았다.
> 네 어미가 너를 낳기도 전에,
> 내가 너를 거룩하게 구별하여
> 여러 민족에게 보낼 예언자로 세웠다!

그 젊은이는 겨우 스무 살이었다. 그는 예루살렘에서 북쪽으로 3킬로미터 떨어진 아나돗이라는 작은 마을에서 살았다. 그의 아버지 힐기야는 제사장이었다. 그의 집안은 200년 이상 아나돗의 제사장으로 있었다.

어느 날 저녁 어스름 무렵에 힐기야는 아들을 내실로 불러 예루살렘 성전에서 의무를 수행하는 동안 입었던 하얀 아마옷을 그에게 건네주었다.

"이것을 네 어머니에게 가져가라."

그 옷은 피에 젖어 있었다. 한 무리의 헤브론 목자들이 짐승 40마리를 높은 제단에 바쳐서 힐기야가 의식을 주관했다. 이제 그는 몸에 열이 달아오르고 지쳤다.

"네 어머니에게 내일 또 그 옷이 필요하다고 말해라. 오늘 그것을 빨아야 한다고."

젊은이는 돌아서서 집 뜰로 나갔다. 해가 졌다. 머리 위 하늘 한편이 자수정처럼 투명한 짙은 보랏빛으로 빛났다. 힐기야가 뒤에서 그를 불렀다.

"잠깐 기다려라! 옷단 뜯어진 곳을 가르쳐주는 것을 잊었구나."

젊은이는 꼼짝않고 멈추어 서서 눈을 크게 뜨고 듣고 있었다.

"예레미야, 이리 오너라! 황소 한 마리가 발로 차서 내 옷 가장자리가 찢어졌단다. 네 어머니더러 그곳을 기워달라고 해라."

그러나 아들은 움직이지 않았다. 그가 듣고 있었던 것은 인간의 목소리가 아니었다. 아마옷이 그의 손에서 미끄러졌다. 그는 손바닥을 위로 한 채 오른손을 허공에 쳐들고 있었다.

"예레미야!"

젊은이의 앞이마 아래로 굵은 정맥이 터질 정도로 불거져나왔다. 갑자기 그가 하늘을 향해 외쳤다.

"아, 야훼 하나님! 저는 아직 어린아이일 뿐입니다! 저는 말하는 법도 모릅니다!"

"뭐라고? 뭐라고 그랬느냐?"

힐기야가 소리쳤다. 아직 젊은 나이였지만 예레미야는 마르고 쇠약한 몸에 어깨가 너무 앙상하여 머리와 눈이 상대적으로 커 보였다. 이제 그는 손마디로 눈을 가리고 피 묻은 아마옷 위로 무릎을 꿇었다. 그의 가녀린 가슴이 조용한 경련으로 헐떡였다. 그는 공기를 들이마시려고 애쓰고 있었다. 그는 열띤 호소의 눈빛을 하늘로 향했다. 그는 숨을 쉴 수가 없었다.

"무슨 일이냐?"

힐기야가 문 쪽에 서 있었다.

"예레미야, 무슨 일이냐?"

노인이 앞으로 몇 발짝 나섰다. 그때 갑자기 아들이 급하게 큰 숨을 내쉬더니 아마옷 위로 등을 대고 쓰러지며 거칠게 숨을 쉬었다. 힐기야가 그 옆에 무릎을 꿇고 앉았다. 잠시 후에 예레미야가 얼굴을 힐기야에게로 돌리고는 당혹스럽고 미안한 듯 미소를 지었다. 그가 속삭이듯 말했다.

"아버지, 야훼께서 손을 제 입에 대셨어요. 제 입을 막았다가 다시 떼셨어요."

힐기야가 눈살을 찌푸렸다. 그리고 아들의 젖은 앞이마에서 머리카락을 뒤로 넘기며 쓸어주었다.

"너도 나만큼 지쳤나 보구나. 나보다 더 힘이 없어 보인다."

예레미야는 커다란 눈을 깜빡이며 속삭였다.

"하나님께서 저에게 말씀하셨어요. 저를 예언자로 선택하셨다고요. 그리고 그분이 명령하시는 것은 무엇이든지 말해야만 한다고 하셨어요."

힐기야는 얼굴을 찡그리며 눈을 내리깔았다. 그는 아마옷이 땅에 떨어진 것을 보고 손을 뻗어 잡아당겼으나 예레미야가 그 위에 누워 있었다.

"제가 야훼의 말씀을 아버지께 들려드릴게요."

예레미야가 아버지의 눈길을 찾으며 말했다. 그러나 힐기야는 이렇게 말했다.

"일어나라. 네가 내 예복을 흙 속에 뭉개고 있구나."

"아버지, 야훼께서 이렇게 말씀하셨어요."

예레미야는 일어나 앉았다.

> 보라, 내가 내 말을 네 입에 맡긴다,
> 장작 같은 사람들에게 불길과 같은 말을.
> 오늘 내가 뭇 민족 위에 너를 세워
> 네가 그것들을 세우고 심게 하기 위해서.
> 네가 그것들을 뽑고, 허물며,
> 멸망시키고, 파괴하게 하겠다……

"그만해라! 그만해! 일어나라!"

힐기야 제사장은 아들의 몸 아래 깔려 있는 아마옷을 잡아당겼다.

"네가 지금 무슨 짓을 하고 있는지 모르느냐? 그만해라!"

그가 양손으로 옷 가장자리를 잡고 너무 세게 잡아당기는 바람에 그 작게 찢어진 부분이 벌어져 옷이 둘로 찢겼다.

"이것 좀 봐라! 이것 좀!"

힐기야가 소리쳤다. 그는 피 묻은 옷을 예레미야에게 내던지고 발을 세게 구르며 자신의 방으로 돌아갔다. 이제 날이 완전히 어두워졌다. 그러나 아직 아무도 집안의 불을 밝히지 않았다.

✻

예레미야가 아직 다섯 살 난 어린 소년이었을 때 힐기야는 그를 예루살렘으로 데려갔다. 낮에 그들은 우연히 도성의 남동쪽에 있는 '하시드 문(질그릇 조각의 문)'에 서 있었는데, 그때 한 노인이 와서 므낫세 왕이 막 죽었다고 말했다. 예레미야는 그 순간을 잊을 수 없었다. 그 노인은 침을 뱉고 도성 문을 지나 도성 밖 깊은 골짜기를 가리켰다.

"저기."

그가 쉰 목소리를 냈다. 그는 분노로 떨고 있었다.

"바로 저 아래, '힌놈의 아들 골짜기'에서 왕이 자기 자식들을 장작 위에서 태워 죽였다오. 아이들을 바친 것이지. 그는 그것이 제물이라고 말했소. 그것은 썩은 과일을 태울 때 나는 연기처럼 고약한 단내를 풍겼지."

갑자기 그 노인이 힐기야의 어깨를 잡았다. 그리고 간청하듯 말했다.

"제사장, 내가 그를 애도해야 하오? 므낫세가 죽었다고! 우리가 어떻게 그런 왕의 죽음을 애도할 수 있단 말이오?"

야훼께서 예레미야를 부르신 그 다음날, 예레미야는 어머니가 도기 솥에다 물을 끓이고 있는 뜰로 나갔다.

"예레미야?"

"왜요, 어머니?"

"석탄 위의 가마솥을 들어다가 화덕 옆에 놓아주겠니?"

그런 뒤 그녀는 일어서서 길로 나갔다. 그 도제솥은 무겁고 뜨거웠지만 양쪽에 손잡이가 있어 들 수 있게 되어 있었다. 예레미야가 막 그 손잡이에 손을 대려고 했을 때, 야훼의 말씀이 찾아와 물었다.

'예레미야야, 무엇이 보이느냐?'

"북쪽으로부터 기울어진 끓는 솥이 보입니다."

'북에서부터 재앙이 이 나라를 치러 들어올 것이다. 내가 북쪽 왕국들을 불러 예루살렘과 유다의 모든 성읍에다 왕좌를 세우게 할 것이다. 나는 나를 저버린 유다의 모든 사악함을 심판할 것이다. 그러나 예레미야야. 너는 허리에 띠를 두르고 내 명령대로 그들에게 전해라. 그들을 무서워하지 말아라. 보라, 내가 너를 무쇠 기둥으로 만들어 온 나라에 대항할 수 있게 할 것이다. 그들이 너와 맞서 싸우려 할 것이나,

내가 너와 함께 있어 너를 구할 것이기 때문에 그들이 결코 이기지 못할 것이다!'

"예레미야!"

그의 어머니가 소리치고 있었다.

"예레미야! 나는 항상 그 솥을 정결하게 지켜왔다! 그런데 왜 그것을 더럽히고 있느냐?"

젊은이가 아래를 쳐다보니 그 커다란 솥을 기울이는 바람에 물이 흘러 석탄을 적시고 바닥돌 사이가 온통 진흙탕이 되어 있었다.

므낫세가 죽은 후 그의 아들 아몬이 옥좌에 올랐다. 그러나 그 새 왕은 왕국 안으로나 밖으로나 아버지의 정책을 하나도 바꾸지 않았다. 그는 계속하여 앗시리아에 조공을 바쳤고 그들의 신을 섬겼다. 정말로 가나안의 모든 신들과 그 강 너머의 신들은 유다에서 환영받았고 예배되었다.

그리하여 불과 2년이 지난 후에 아몬 왕은 살해되었다. 한 노인이 왕의 궁전 창가에 나타나서 소리쳤다.

"그가 죽었다! 사악한 왕의 사악한 아들이 죽었다! 이제 성전을 깨끗이 하라!"

그러나 그 노인이 위층 창가에서 쉰 목소리로 승리를 외치고 있는 동안에 세 명의 영주가 궁전으로 달려들어가 뒤에서 그에게 다가갔다. 그들은 그의 목을 베고 시체를 궁전과 성전 문 사이의 잘 닦인 길로 던졌다. 일주일도 안 되어서 이 영주들 그리고 그들과 뜻을 같이하는 사람들이 아몬의 여덟 살 난 아들을 유다 왕으로 세웠다. 그 소년의 이름은 요시야였다. 그는 온순하고 주의 깊은 아이였다. 다른 사람들이 그를 대신하여 결정을 내렸다.

그러나 집권 12년째에 접어들자 요시야는 이제 더 이상 자신을 어린 소년으로 생각하지 않았다. 그는 그들이 자기 대신 결정하는 상황들을 충분히 지켜보았다. 마침내 그는 왕처럼 행동하기 시작했다. 그해에 요시야는 한때 옛 이스라엘에 속해 있던 사마리아와 므깃도 성읍이 있는 북쪽으로 진군했다. 그는 성읍으로 들어가 지배를 선포하고, 지중해 해변을 따라 남쪽으로 진군하여 여러 영토들을 합병하며, 예루살렘의 서쪽 욥바 남쪽에 요새를 세웠다.

그리고 집권 13년이 되는 해, 즉 요시야가 스물한 살이 되던 해에 두 가지 징조가 나타났다. 앗슈르바니팔이 니느웨에서 죽었고, 60년의 성스러운 침묵 끝에 예루살렘에 야훼의 예언자가 나타났다.

그의 몸은 시체 같았고 두개골이 불룩하니 솟아 딱해 보였지만, 그는 아직 젊은이였다. 그의 머리는 거친 덤불 같았고, 목소리는 아무도 막을 수 없는 흐느끼는 갈대소리 같았다. 갑자기 이 젊은이가 예루살렘을 향하고 있는 '하시드 문'에 서서 울부짖는 듯한 콧소리로 야훼의 계시를 전하고 있었다.

> 너희 조상들이 나에게서 어떤 허물을 발견했기에
> 그렇게 나에게서 멀리 떠나갔느냐?
> 나는 너희를 비옥한 땅으로 이끌어서
> 거기서 나는 열매들을 즐기게 했다.
> 그러나 너희들이 내 땅을 더럽히고,
> 내가 준 유산을 부정하게 만들고 있구나!

예루살렘 사람들이 말했다.
"이 자가 누구냐? 그가 유산과 생존과 역사와 현실에 대해서 무엇을 아는가?"

604

그러나 그들은 비방의 소리를 중얼거리면서도 성문에 모여 예언자의 이야기를 들었다. 그는 정열적이었다. 그는 극적이기까지 해서 사람들을 다소 놀라게도 했다. 그는 말을 전하는 동안 껑충껑충 뛰기도 했고, 때로는 점잖게 활보하기도 했으며, 때로는 고통으로 몸을 구부렸다. 그는 성읍을 질주하면서 아래 계곡을 가리키며 소리쳤다.

"유다의 자녀들이 내 보기에 악한 일을 저질렀기 때문이다. 그들이 내 성전에 역겨운 우상들을 세웠다. 그들은 '힌놈의 아들 골짜기'에, 바로 거기에 높은 사당을 지었다! 저곳에! 저곳에서 그들은 아들과 딸들을 불로 태워 제물로 바쳤다. 그리하여 더 이상 힌놈의 아들 골짜기라 불리지 않고 '살육의 골짜기'로 불릴 때가 올 것이다! 그때에는 더 이상 시체를 매장할 자리가 없어서 사람들이 그 계곡에 시체를 묻을 것이기 때문이다! 이 백성의 죽은 시체들은 새와 짐승들의 먹이가 될 것이다. 그때에는 내가 유다 성읍에서 기쁨의 소리, 즐거워하는 신랑 신부의 소리를 없앨 것이다. 왜냐하면 그 땅이 황무지로 변할 것이기 때문이다."

그 예언자는 말을 멈췄다. 그리고 돌아서서 도성 문에 있는 청중들을 돌아보았다. 어떤 사람들은 그의 목소리를 안 들으려고 귀를 막고 있었고, 어떤 이들은 진짜로 떨고 있는 것 같았다. 또 어떤 이들은 어깨만 으쓱할 뿐이었다.

"이 고함치는 자는 누구인가?"

왕궁의 내신 중 한 고관이 말했다. 그는 왕국의 서기관 사반이었다.

"그의 가족은 누구인가?"

아나돗에서 온 어떤 남자들이 그 소리를 듣고 대답했다.

"그의 이름은 예레미야, 제사장 힐기야의 아들입니다."

사반이 말했다.

"나도 힐기야를 알지. 믿을 수 있는 사람이지. 그가 자신의 집안을 잘 다스리지 못할 것이라는 생각은 한 번도 해본 적이 없네!"

"아닙니다. 그의 잘못이 아닙니다."

"그렇지만 이 자가 그의 아들이라고 하지 않았느냐?"

"네, 그의 막내아들입니다. 이상한 아이지요. 아무도 말을 듣도록 가르칠 수가 없었습니다."

"예레미야라…… 그런데 그가 항상 이러했느냐?"

"그는 어렸을 때부터 골똘히 생각에 잠기곤 했습니다. 여러 날 동안한 마디도 말을 안 한 적도 있지요. 그리고 나서 그는 일어나 정원으로 나가더니 아몬드나무가 자기에게 비밀스런 이야기를 했다고 소리쳤습니다. 지금까지 그는 그저 사람들을 당혹스럽게 할 뿐이었습니다. 그런데 이제는 화를 내고 있군요. 이제 그는 예루살렘 거리에서 외치고 다닙니다."

"그리고 그런 사실들이 당신들을 괴롭히고 있고."

"네, 저희를 괴롭히고 있습니다! 그는 자신이 예언자라고 말합니다! 누가 그를 예언자로 만들었단 말입니까?"

궁정 서기관 사반은 아나돗에서 온 사람들을 자세히 보며 물었다.

"당신들은 왜 이 예레미야에 대해서 그렇게들 관심이 많소?"

"그가 이렇게 계속 예언을 한다면 우리 손으로 죽여버릴 겁니다."

"물론 자네들이 진정으로 하는 말은 아닐 테지?"

사반이 물었다.

"힐기야는 또한 저희 아버지이기도 하십니다."

그 남자들이 비통하게 말했다.

"이 자, 예레미야. 이 예언자가 바로 저희 동생입니다."

사랑으로 저주하는 목소리

요시야, 여호야김 Josiah, Jehoiakim

(예레미야 4:5~6:30, 열왕기하 22:8~23:30)

예레미야가 스물한 살이 되었을 때 그는 아나돗을 떠나 예루살렘에 머물 곳을 찾았다. 요시야 왕 재위 14년에 그는 북으로부터 오게 될 무서운 적에 관해 예언하기 시작했다. 예레미야는 여러 성읍 문에 서서 가는 곳마다 그곳의 주민들을 괴롭혔다.

"그때가 되면 이 민족과 예루살렘에 '뜨거운 바람이 불어온다.'고 말씀하신다."

예레미야는 높은 목소리로 공기를 가르며 외쳤다. 그는 멀리 도성에서 온 전령이나 왕의 사절단들처럼 '다마스쿠스 문'에 섰다. 그는 상인들에게 눈을 고정시키고 소리쳤다.

보라, 그가 구름처럼 나오는데,

그의 전차는 회오리바람 같고,

그의 말은 독수리보다도 빠르다……

'애통스럽다! 슬프다! 우리는 멸망당했네!'

오, 예루살렘아. 너희 마음에서 사악함을 씻어버려라.

그러면 구원받으리라!

얼마나 더 오래 그 악한 마음이

너희 안에 벌레처럼 꿈틀거리게 할 것이냐?

그 예언자는 뒤로 비틀거리며 돌벽에 기대어 소리쳤다.

"내 마음! 내 마음이! 내 마음의 벽이! 너무도 심하게 뛰어 억제할 수가 없구나! 전쟁의 나팔소리가 들린다! 재난 뒤에 또 재난이 오는구나! 온 땅이 황폐해지겠구나! 오, 야훼여. 얼마 동안, 얼마나 더 오래 제가 이 공포를 바라보고 전쟁의 나팔소리를 들어야 합니까?"

이제 예언자 주위에는 더 이상 사람들이 모이지 않았다. 그는 사람들을 겁주기 시작했다. 그는 극단적인 감정을 토로했다. 누가 이토록 급격하게 바뀌는 감정을 이해할 수가 있겠는가? 누가 이 최후의 발작 같은 절망이 예루살렘에 대한 사랑 때문이라는 것을 이해할 수 있겠는가? 예레미야는 자기 민족, 유다를 절실히 사랑했다. 때로는 마음속의 무엇인가가 동포를 괴롭게 만드는 예언을 거부하기도 했다.

하지만 곧 새파랗게 질린 이 예언자는 다시 똑바로 서서, 고독한 모습으로 부드럽게 그러나 너무도 또렷하게 이야기했다.

"나는 땅을 바라보았다. 그것이 완전히 텅 비어 있었다. 그리고 하늘은 아무런 빛도 비추지 않았다. 산을 바라보니 그것들은 흔들리고 있었다. 나는 바라보았다. 그리고 오, 그 어느 곳에도 남자와 여자가 보이지 않았다. 그리고 모든 새들마저 도망가버렸다. 열매가 풍성했던 땅은 사막이 되었고 모든 성읍이 야훼 앞에 폐허가 되었다."

예레미야는 걸어나갔다. 그는 도성 문 밖으로 나가 기드론 아래로 걸어가서 그곳의 마른 땅 위에 누워 잠이 들었다. 아무도 그를 방해하지 않았다.

3년 동안 예레미야는 유다 성읍들과 예루살렘 거리에서 예언을 했다. 5년 동안 그는 사람들의 귀를 괴롭혔다. 그러나 그리고 나서 그는 침묵했다. 요시야 왕 집권 18년째 되는 해에 예레미야는 사람들이 모이는 곳에 나타나지 않았다.

그는 도성에 있었으나 남들 앞에 나오지 않았다. 그에게 통렬히 공격 당했던 사람들이 다시 편안함과 평화스러운 모습을 되찾은 것을 보니 틀림없이 그는 더 이상 외치고 있지 않았다.

그해에 율법책이 성전에서 발견되었다. 요시야 왕은 이미 유다에서 우상 숭배를 뿌리뽑기 시작했다. 그는 예레미야의 예언을 들었고 그에 게 주목해 왔다. 동시에 왕의 사촌 또한 예언을 하기 시작했다. 그리고 그의 입에서 나오는 야훼의 말씀은 예레미야와 같았다. 바로 궁전 안 에서 그 예언자 스바냐를 통해 야훼께서 말씀하셨다.

'나는 이 땅 위에서 모든 것을 쓸어버릴 것이다! 그날에 나는 고관들 과 왕의 아들들, 이방인의 옷을 걸친 모든 자들을 벌할 것이다. 나는 주 인의 집을 모독과 사기로 가득 채운 자들을 벌할 것이다.'

선대 왕 히스기야처럼, 요시야는 앗시리아의 신상들을 다 파괴시켜 버렸다. 그는 아세라와 바알 사당을 무너뜨렸다. 그는 이방 관습과 사 제들, 창녀들을 몰아내었다. 무당과 점과 마술도 금했다. 유다에서뿐만 아니라 갈릴리같이 먼 북쪽까지 그 지역의 성지를 폐쇄하고 온 백성이 예루살렘을 향해서만 경배하도록 만들었다. 이런 일을 하는 가운데 그 는 할아버지인 므낫세 왕이 더럽힌 성전을 다시 깨끗이 하도록 명했다.

요시야 재위 18년에 사제들이 성전을 보수하고 정화하던 중 긴 두루 마리에 쓰여진 율법책을 발견했다. 그들은 그것을 요시야의 서기관 사 반에게 주었고, 그는 일부분을 읽어본 후에 왕의 개인 방으로 가서 건 네며 말했다.

"보십시오. 제사장들이 옛 책을 발견했습니다!"

요시야가 말했다.

"나에게 읽어다오."

그리하여 사반은 앉아서 그것을 처음부터 끝까지 큰 소리로 읽었다.

율법책. 하나님과의 언약의 옛 법규. 다윗과 예루살렘보다도 오래된, 이스라엘의 왕들보다도 오래된, 이집트 탈출과 시내 산만큼이나 오래된 성스러운 법전이었다. 요시야가 그 말씀들을 듣고 옷을 찢으며 비통해했다.

"야훼의 분노가 크다. 우리 조상들이 이 책의 말씀을 따르지 않았기 때문이다!"

그리하여 왕은 유다와 이스라엘의 장로들을 부르고, 제사장들과 모든 백성들도 불렀다. 그는 그들을 야훼의 성전 뜰로 모이게 하고, 자신이 몸소 기둥 옆에 서서 그들에게 그 책을 읽어주었다. 그들이 보고 듣는 가운데 왕은 야훼의 길을 따르고 야훼의 명령과 법률을 따르며 온 마음과 정신을 다하여 이 책에 쓰여진 언약의 말씀들을 수행해 나갈 것을 야훼 앞에 맹세했다.

그리고 나서 3년 된 암소 한 마리를 가져오게 했다. 그것을 앞에 대령하자 그는 그 암소를 둘로 갈라 반은 북쪽에, 나머지는 남쪽에 놓고 그 사이에 통로를 만들라 명했다. 암소가 둘로 쪼개져 끌려간 길 가장자리에 피가 얼룩졌다. 마찬가지로 3년 된 암염소도 둘로 쪼개어 암소 옆에 놓여졌고 3년 된 숫양, 산비둘기와 어린 집비둘기도 마찬가지로 놓여졌다.

그런 뒤 요시야 왕은 사람들에게 자신과 함께 짐승들의 반쪽 사이를 걸어서 야훼와의 언약에 함께할 것을 명했다. 그날 유다의 젊은이나 노인 할 것 없이 모든 사람들이 제물의 피 사이를 지나갔고, 야훼의 법률을 지키겠다고 야훼 앞에서 서로에게 약속했다.

순종하는 의미로 옛 방법에 따라 걸었던 사람들 가운데 스물다섯 살 된 한 남자가 있었다. 그의 몸은 지쳐 있었고 머리는 이상할 정도로 컸으며, 머리카락은 심하게 헝클어져 있었으나 그의 표정만은 태양빛처럼 밝게 기쁨으로 충만해 있었다.

그는 미소지으며 침묵을 지켰다. 이제 가혹한 말들은 필요 없었다. 왕이 백성들을 은혜의 길로 돌려놓았기 때문이었다.

요시야 왕 27년에 메디아와 바빌로니아가 강력한 동맹을 맺었다. 집권 28년이 되는 해에 그들이 니느웨를 포위 공격하여 3개월만에 앗시리아의 수도가 함락되었다. 메디아 사람들은 우라투 산들과 옛 앗시리아 제국의 북쪽과 동쪽 모든 땅을 삼키기 위해 계속 진군해 갔다.

바빌로니아 왕은 대 군대 앗시리아의 보잘것없는 잔당을 추격하여 동쪽 하란까지 가서 그해와 다음해에 걸쳐 공격했다. 마침내 옛 앗시리아의 살아남은 자들은 유프라테스 강을 건너 갈그미스로 도망가서 이집트의 파라오 느고에게 필사적인 전갈을 보냈다.

"우리를 도와주시오! 우리는 죽어가고 있소!"

그들의 전갈은 그 당시 온 세계의 울부짖음을 상징했다.

'신이시여, 우리를 도와주소서!'

모든 곳에서 사람들이 근심스럽고 불안한 삶을 살았다. 농부들과 상인들, 제사장들과 왕들, 그 누구도 위협받지 않은 자가 없었다. 민족들은 맹위를 떨치다가 스러져갔고, 한때 온 우주의 꺼지지 않는 별들 같았던 고대 제국들의 붕괴로 온 땅은 오로지 불안한 운명에 맡겨진 듯했다. 아무것도 확실한 것은 없었다.

20년 전 앗시리아는 이집트를 침입했고, 그 불변의 도시들을 영원히 파괴해 버렸다. 그러나 이제 새 이집트가 떠오르고 있었고, 그 새로운 왕인 파라오 느고는 옛날과는 다른 방법을 쓰고 있었다. 앗시리아가 망해가며 파라오 느고의 도움을 청했을 때 느고는 그들에게 도움을 주었다. 파라오 느고는 거대한 군대를 소집하여 이집트 국경을 넘어 북동쪽 지중해의 해변길을 따라 올라가고 있었다.

집권 31년째가 된 요시야 왕은 이집트의 진군을 유다에 위협을 주기 위한 것으로 여겼다. 그리하여 그는 군대를 이끌고 므깃도로 가서 느고의 진격을 저지하기 위하여 전선을 세웠다. 느고가 요시야에게 전령을 보내어 말했다.

"유다의 왕이여, 나는 유다를 대적하기 위하여 행군하는 것이 아니라 바빌로니아를 치려는 것이오. 통과하도록 허락해 주시오."

그러나 요시야는 철수하려 하지 않았다. 오히려 느고가 므깃도 골짜기에 나타났을 때 직접 전투에 참가했다. 그리고 전차 부대와 함께 선봉에 서서 양날 칼을 힘 있게 휘두르며 달렸다.

그러나 한 궁수가 활을 쏘아 왕의 목을 관통시켰다. 그는 전차에서 떨어졌다. 즉시 그의 전차병이 전차를 몰아 전장에서 도망쳤다. 그는 말에 채찍을 휘둘러 맹렬한 속도로 있는 힘을 다해 예루살렘을 향하여 몰고 갔다. 그 전차병은 '양의 문'을 지나며 목놓아 울더니 아래를 쳐다보고 지친 말의 고삐를 늦추었다. 서두를 필요가 없었다. 요시야 왕이 죽었던 것이다.

여호야김이 유다의 왕관을 썼으나 그에게는 자유도 자치권도 없었다. 요시야가 자유를 되찾아 민족을 정화시키고 그의 북쪽 경계선을 확장시킨 지 얼마 안 되어 그의 아들은 너무도 빨리 이집트의 속국인 유다 왕이 되었다. 그는 매년 은 3.4톤과 금 34킬로그램을 조공으로 바쳐야만 했다. 여호야김은 유다 백성에게 무거운 세금을 지웠다. 어느 누구도 자유로울 수 없었다. 그리고 왕 자신은 거기서 이득을 보았다.

갑자기 야훼의 말씀이 예레미야를 찾아오셔서 말씀하셨다.

'야훼의 성전 문에 서서 이렇게 말하여라. 야훼의 말씀을 들어라. 야훼께 경배하러 이 성문을 들어서는 온 유다 백성들아……'

여호야김은 강한 향기와 사치스러운 생활을 좋아했다. 대관식 날에 그는 알렉산드리아에서 온 대상에게서 구한 커다란 나무상자를 열었다. 그 안에는 작은 주머니와 향낭, 설화 석고 단지와 유리병들이 들어 있었다. 이것들 가운데서 여호야김은 부드럽고 달콤한 창포 기름을 선택했다. 그는 턱수염에 그 기름을 발라 물기를 머금어 반짝이는 조각품처럼 빳빳하게 만들었다. 그리고 나서 곧 왕이 될 여호야김은 일어서서 침소를 떠나 시종들을 거느리고 위엄 있게 궁전 문을 나섰다.

그가 성전 바깥뜰로 들어선 때는 이른 아침이었다. 양 뜰은 유다 전 지역에서 온 사람들로 가득했다. 왕이 될 인물이 지나가자 사람들은 갑자기 함성을 질렀다.

성전 안쪽에서는 제사장들이 기다리고 있었다. 새해 첫날이었다. 이미 성전 문들이 동쪽에서 밝게 떠오를 해를 향해 열려 있었다. 여호야김이 성전으로 들어서자 웃음이 오갔다. 그리고 모든 제사장들은 그에게서 풍기는 향기와 위풍당당한 예복에 대해 수군거렸다.

엄숙한 예식에서 제사장들은 여호야김에게 왕위의 상징들, 이후로 그의 새로운 신분을 입증해 줄 왕관과 왕의 호칭을 부여했다. 왕에게 올리브기름이 부어졌으며 그 기름이 긴 머리와 뺨 그리고 수염을 따라 흘렀다. 그의 어깨와 가슴에서도 기름이 흘렀다. 그때 대제사장이 현관 앞으로 나와 외쳤다.

"여호야김 왕 만세!"

백성들은 즉시 우레와 같은 환호를 올리며 손뼉을 쳤고, 쇠나팔과 뿔나팔소리가 울려퍼졌다. 이제 대관식의 마지막 순서인 행진을 위해 왕이 막 문 앞에 나타났을 때 높이 흐느끼는 소리가 무기처럼 하늘을 갈랐다. 음악을 누르고 그날의 기쁨을 망치면서.

"야훼의 말씀에 귀기울여라!"

울부짖는 목소리였다.

"야훼를 경배하기 위해 이 성전으로 들어서는 너희 모두에게 만군의 주께서 말씀하신다. '너희의 악한 행실을 고쳐라. 그러면 내가 너희를 이곳에 살게 하겠다. 너희는, '이곳은 야훼의 성전, 야훼의 성전, 야훼의 성전이다!' 라는 속임수 말을 믿지 말아라!'"

제사장들이 현관으로 달려나왔다. 그들은 왕과 사람들 사이에 서서 이 신성모독의 소리가 어디서부터 오는지 찾고 있었다. 저기다! 저기에 있다! 막대처럼 빼빼 마른 몸집에 헝클어진 머리카락과 유난히 커다란 머리를 가진 한 남자가 있었다. 정맥 한 줄기가 그의 앞이마 한가운데 불거져 있었다.

"너희가 진정으로 악한 행실을 고치고 서로에게 정의를 행한다면, 너희가 외국인과 고아와 과부들을 억압하지 않고 이 땅에서 무고한 피를 흘리지 않는다면 그리고 너희들이 다른 신을 섬기지 않는다면, 내가 너희를 이곳, 내가 너희 조상들에게 영원히 준 이 땅에서 살게 하겠다. 그러나 너희! 너희는 현혹시키는 말들만 믿는구나……."

"저 자를 잡아라!"

제사장들이 비명에 가까운 소리를 질렀다.

"저 자를 잡아서 입을 막아라! 오늘은 왕의 날이다!"

그러나 '새(新) 문'에 가장 가까이 있던 사람들은 그 남자의 말에, 그 힘과 대담함과 성스러운 공격에 사로잡혀 있었다. 사람들이 말했다.

"그는 예언자다."

그리고 그들은 그 자리에서 움직일 수가 없었다. 사제들이 부르짖었다.

"그는 성전을 욕되게 하고 있다!"

예언자는 성전 문기둥의 한 초석에 기대 서서 제사장들을 가리키며 외쳤다.

"너희들은 도둑질하고 살인하고 음행하고 거짓 맹세를 하고 바알에게 분향하고 그리고 내 앞에 나와 이 성전에서 '우리는 구원받았다!'라고 말하면서 계속 똑같은 역겨운 일들만을 할 것이냐? 너희 눈에는 내집이 도둑들의 소굴로 보이느냐? 나의 분노가 이곳, 이 백성, 짐승들, 들의 나무 그리고 땅의 열매 위에 떨어질 것이다. 그 분노에 불이 붙어 꺼지지 않을 것이다! 그리고 이 도성이 이 땅의 모든 민족들에게 저주거리가 되게 하겠다!"

갑자기 이상한 변화가 그 예언자에게 일어났다. 그는 말을 멈추고 기이한 침묵 속에서 바로 옆에 있는 사람들의 눈을 응시하기 시작했다. 그러더니 눈물이 쇠약한 뺨으로 넘쳐흘렀다.

"아, 나의 마음이 아프오."

그가 속삭이듯 말했다. 그리고 그 돌에서 내려왔다.

"나의 백성, 내 딸의 상처 때문에 내 가슴이 상처를 입었소. 길르앗에는 유향이 없는가? 의사가 한 명도 없는가?"

그의 저주로 공포 속에 꼼짝 못하고 있던 사람들은 이 부드러운 호소에 서서히 깨어났다. 몇몇 사람들이 앞으로 나와 그를 부축했다. 그랬더니 그는 갑자기 마르고 연약한 본래 모습으로 돌아왔다. 성전 뜰은 혼란과 슬픔으로 술렁댔다. 성난 제사장들이 성전 경비병과 함께 달려왔다.

"당신!"

그들은 질색을 하며 호통쳤다.

"힐기야의 아들 예레미야, 우리는 당신과는 더 이상 볼일이 없다고 생각했소!"

그들은 왕의 대관식이 관례에 따라 진행되는 동안 예레미야를 이곳에 붙잡아두라고 경비병에게 명령했다. 그리하여 여호야김 왕은 차가운 시선으로 예레미야라는 예언자를 쳐다보며 '새 문'을 지나갔다. 제사장들과 주요 인사들, 고관들, 부자들, 새 왕의 궁전에서 요직을 꿈꾸는 자들이 궁전 안으로 사라졌다. 그러나 많은 사람들이 그들을 저주할 수도 있고 동시에 사랑할 수도 있는 그 죄수에게 매료되어 성전 뜰에 그대로 남아 있었다.

저녁이 되기 전에 제사장들이 돌아와서 예레미야에게 말을 걸었다.

"당신은 자신이 누구라고 생각하시오? 당신이 요시야 왕보다 높다고 생각하시오? 요시야 왕이 이 성전을 온 유다에서 경배할 수 있는 유일한 곳으로 만들었소. 유다 전체에서 말이오! 그런데 어떻게 당신이 이 성전을 불경스럽게 말할 수 있소?"

그리고 나서 궁전에서부터 그들을 따라온 유다의 고관들을 향해 제사장들이 선언했다.

"이 자가 예루살렘이 세상 만민의 저주거리가 될 것이라고 예언을 했으니 그는 죽어야 마땅합니다!"

"아니오, 내가 아니오! 야훼의 말씀이오!"

"뭐라고?"

예레미야의 말에 제사장들은 분개했다.

"뭐라고 말했소?"

"나를 이 성전에 보내어 재앙을 예언하도록 시키신 분은 바로 하나님이시오."

그는 말했다. 그의 목소리는 흔들림이 없었다. 그는 고관들을 향하여 자신의 생각을 설명했다.

"그렇소. 요시야 왕께서는 야훼를 향한 경배를 이곳에서만 드렸소. 그러나 우리를 지켜주는 것은 성전이 아니라 바로 야훼이신 것을 성전 제사장들은 잊고 있소. 오 백성들이여, 야훼께서 사랑하시는 것은 당신들의 제사가 아니오. 당신들의 순종이오!"

아히감이라는 한 남자가 그 예언자를 잘 살펴볼 수 있는 곳으로 조용히 다가왔다. 갈대 같은 사람, 앙상한 머리는 둥글었고 큰 눈에 견딜 수 없는 슬픔을 담고 있는 예레미야는 육십이 다 된 노인처럼 보였다. 그러나 아히감의 아버지는 예레미야가 처음 예언을 하기 시작한 때부터 그를 알았기에 아히감은 그가 사십이 넘지 않은 나이라는 것을 알았다.

"당신들의 행실을 바르게 고치시오."

그 예언자가 아히감을 똑바로 바라보며 말하고 있었다.

"야훼께 순종하시오. 그러면 여러분의 야훼 하나님께서 말씀하신 재앙들을 거두어주실 것이오. 나는 당신들의 손 안에 있소. 그러나 한 가지, 당신들이 나를 죽음에 처한다 할지라도 야훼의 말씀은 지속될 것이라는 점을 명심하시오."

예레미야는 입을 다물고 기다렸다. 몇몇 고관들이 제사장들에게 말했다.

"한 사람이 야훼의 이름으로 진실되게 이야기한다면, 그 누가 그를 사형에 처해야 마땅하다고 말할 수 있겠습니까?"

그때 아히감이 말했다.

"내 아버지는 사반입니다. 요시야 왕이 죽기 전에 왕실의 학식 있는 서기관이었습니다. 아버지께서는 히스기야 시대에 미가라는 예언자가 이런 예언을 했다고 말씀해 주신 적이 있습니다. '예루살렘은 폐허더미가 될 것이고 성전이 서 있는 이 산은 수풀만이 무성한 언덕이 되고 말 것이다.' 이런 예언을 했다고 해서 히스기야 왕이 그 예언자를 죽였습니까? 아닙니다. 그분은 야훼를 두려워했기 때문입니다! 오히려 그분이 자비를 간구하니 야훼께서 선포하신 재앙을 거두셨습니다. 제사장 여러분, 당신들이 이 예언자를 죽인다면 그 재앙을 우리에게 불러들이는 결과가 될 것입니다!"

아히감의 이야기는 설득력이 있었다. 고관들은 그를 믿었고, 예레미야는 죽임을 당하지 않았다.

불태워진 예언, 잡혀가는 사람들

느부갓네살 Nebuchadnezzar

여호야김 집권 4년에 바빌로니아 왕의 아들인 느부갓네살이 유프라테스 강 유역 갈그미스에 있는 이집트의 파라오 느고를 공격했다. 그는 힘차게 진격하여 이집트 군을 도망가게 했다. 그는 남쪽 하맛까지 느고를 추격하여 그곳에서 두 번째로 그를 짓밟는 공격을 가했고, 이집트는 시내 동쪽 영역에서 통치권을 완전히 잃게 되었다. 느고는 고향으로 돌아갔다. 느부갓네살도 고향으로 돌아갔다. 바로 그때 그의 아버지가 세상을 떠났다. 그는 늙은 왕을 묻고 스스로 바빌로니아의 왕이 되었다.

유다의 여호야김은 미소를 지었다. 그는 더 이상 이집트 군주에게 조공을 바칠 필요가 없는데도 같은 세금을 거두고 있었다. 왕은 건축 계획을 발표했다. 그는 세금으로 거둔 돈을 물자를 구하는 데 썼고, 아무런 대가도 지불하지 않은 채 노동을 강요했다. 그는 왕국의 모든 시민들에게 자신을 위해 일할 것을 명령했다. 백성들은 솔로몬의 옛 궁전을 다시 짓기 시작했다. 그들은 왕의 방들을 새롭게 단장했다.

그때 예언자 예레미야 역시 백분처럼 하얗게 다듬어진 돌들을 쌓아 올리면서 궁전 밖에서 일하고 있었다. 그리고 그는 자신이 쌓은 작은 돌더미 위로 올라가 그 꼭대기에서 소리쳤다.

죄로 집을 짓고,

불의로 누각을 쌓으며,

동족을 고용하고도

임금을 지불하지 않는 자에게

화가 미칠 것이다!

네 아버지는 먹고 마시면서 정의를 실천했다!

그는 가난한 자와 곤궁한 자를 헤아리면서

잘 살지 않았느냐!

그러나 너는 탐욕으로 가득 찬 눈과,

이익을 노리는 이와,

폭력의 주먹과,

고통스런 억압을 주는 손을 가지고 있다!

　궁전에 있던 여호야김은 시종들에게 창문을 닫으라고 명령했으나 불
가능했다. 아직 창문을 달지 않은 창문자리가 이제 막 새 궁전 벽에 만
들어졌기 때문이다. 예언자는 계속해서 소리쳤다.

"그리하여 야훼께서 여호야김에게 말씀하신다."

　사람들은 왕의 죽음을 애도하지 않을 것이며,

그를 질질 끌어다가 예루살렘 성전 문밖으로 내던지고,

마치 나귀를 묻는 것처럼 그를 묻어버릴 것이다!

　그 후로 예레미야는 성전 뜰에 들어가거나 왕궁 근처에 접근하는 것
이 금지되었다.

여호야김 왕 재위 5년에 느부갓네살이 거대한 병력을 이끌고 지중해 연안으로 들어왔다. 그는 블레셋 성읍 아스글론을 멸하고 선대 왕이 앗 시리아에게 한 것처럼 그 시민들을 추방했다.

그해 겨울 예루살렘과 유다 사람들은 금식을 선포하고 가장 추운 날 에 야훼의 성전에 모였다. 그들이 기도를 준비하는 동안 작은 사람 하 나가 안뜰 저장실 지붕 위로 올라갔다. 신중하고 성실한 사람이었다. 그는 눈앞에 펼친 두루마리를 들고 읽기 시작했다. 그가 읽어나가자 왕 의 한 고관이 그 내용을 알아차렸다. 그는 전에 그 말들을 들은 적이 있 었고, 누가 그것들을 말했는지 알았다. 그는 왕궁을 향해 달려가서 서 기관의 방으로 들어가 말했다.

"네리야의 아들 바룩이 백성들에게 두루마리를 읽어주고 있습니다. 그 말들은 예레미야 예언자의 말입니다!"

왕의 서기관은 그 작은 사람을 즉시 데려오라고 명령했다. 그리하여 바룩은 부끄러움과 두려움 속에서 서기관의 방으로 들어왔다.

"누가 이 글들을 썼느냐?"

서기관이 물었다.

"제가 썼습니다."

"어떻게 그런 글들을 쓰게 되었느냐?"

"예레미야 예언자께서 쓰라고 하셨습니다."

"왜?"

"예레미야 선지자께서 야훼의 성전으로 들어오실 수 없기 때문입니 다. 그러나 야훼께서는 여전히 그 예언자의 말을 이 성전에 들려주고 싶어하십니다. 그래서 그가 나를 보냈습니다."

서기관이 말했다.

"말해보아라. 어떻게 이 모든 말들을 썼느냐?"

"예레미야 선지자께서 말씀을 하시면 제가 먹으로 두루마리 위에 썼습니다.”

서기관은 친절한 눈빛으로 그 수줍어하는 작은 사람을 보며 말했다.

“그 두루마리는 두고 가거라. 왕께서도 그 이야기를 들어야만 할 것이다. 그러나 너와 예레미야 예언자 두 사람 모두 당장 여기를 떠나서 숨을 것이며, 아무도 너희가 어디에 있는지 알지 못하게 하라.”

바룩은 황급히 사라졌다. 서기관은 그 두루마리를 여후디에게 주어서 왕이 불을 쬐며 앉아 있는 궁전의 한 방으로 보냈다. 향내가 방 안 가득했다. 왕 앞에 놓인 화덕에는 불꽃이 타오르고 있었다. 여후디가 말했다.

“왕께 이 두루마리를 읽어드리라 해서 왔습니다.”

왕은 얼굴을 찌푸렸지만 허락했다.

“어서 읽어보아라.”

여후디가 읽었다.

“야훼께서 말씀하신다…….”

> 온 민족들에게 경고하라.
> 그들이 오고 있다고!
> 북에서 온 포위자들이 유다를 치러 달려온다.
> 유다가 나를 배신했기 때문이다.
> 너희의 잘못된 길과 행동 때문에
> 이런 일이 너희에게 찾아왔다!
> 이것이 너희의 운명이다! 너희의 쓰라린 고통이다!
> 이것이 너희의 심장을 꿰뚫을 것이다…….

여후디가 서너 줄도 채 읽기 전에 여호야김 왕은 자리에서 벌떡 일어나 그 두루마리를 쥐고서 그가 막 읽은 부분을 칼로 잘라 화덕에 던져버렸다. 왕은 너무 놀라 입을 다물지도 못한 채 서 있는 여후디에게 나머지 부분을 다시 건네며 말했다.

"계속해라! 계속! 그 시끄럽고 어리석은 자가 그밖에 또 무슨 말을 한다더냐?"

이제 여후디는 부들부들 떨면서 읽어나갔다.

"너희 행실을 고쳐라. 그러면 내가 너희를 이곳에 살게 하겠다. '이 곳이 야훼의 성전이다. 야훼의 성전, 야훼의 성전이다!'라고 외치는 속임수를 믿지 말아라!"

다시 여호야김은 앞으로 나와 읽은 구절을 잘라서 불에 던져버리고는 계속 읽으라고 명했다. 이렇게 모두 불에 던져져 재가 될 때까지, 한 사람은 예레미야의 말을 읽고 한 사람은 불에 던져버렸다.

왕이 말했다.

"자, 그 예언자의 말이 나를 따뜻하게 해주었다. 이제야 다 타버렸구나. 그들이 더 이상 어떤 해를 나에게 입히겠느냐?"

그러나 야훼의 말씀이 예레미야와 바룩이 숨어 있는 곳으로 찾아오셨다.

'다른 두루마리를 가져와라. 그 위에 앞의 모든 말들을 다시 기록해라. 그리고 그것들을 태운 왕에 관한 말들을 덧붙여라. 그의 시체가 무더운 낮에도 밤의 서리에도 바깥에 버려져 나뒹굴 것이다. 그리고 그의 자손에게, 내가 경고했으나 그들이 들으려 하지 않았던 그 재앙들을 내리겠다.'

4년 동안 여호야김은 바빌로니아에 조공을 바쳤다. 그러나 속국이 된 지 4년이 지나자 이집트의 파라오 느고가 유다 남쪽 사막에서 바빌로니아의 진출에 대적할 수 있을 만큼 군사력을 회복했다. 두 제국 사이에 무서운 전투가 벌어졌다. 그 싸움은 잿빛 사막을 피로 적셔 진흙 땅으로, 시체의 들판으로 만들어버렸다. 양측 모두 심한 손실을 입었으나 느고가 느부갓네살을 막았다. 그리고 바빌로니아가 약간이나마 약점을 보였다는 이야기를 듣자 여호야김은 반역을 꾀하기로 결심했다. 그는 느부갓네살에게 바치는 조공을 끊고 느고에게 미소를 보내며 동맹을 맺자는 편지를 썼다.

예레미야는 이제 그 생김새처럼 실제로도 늙어갔다. 그의 위는 계속 아팠다. 그래서 보리를 끓여 만든 죽보다 거칠거나 자극적인 음식은 먹지 않았다. 그 때문에 그는 먹는 즐거움을 잃어버렸고 그의 뼈에는 살이 붙지 못했다. 그는 해골 같은 모습으로 신경이 예민해졌고 잠을 이룰 수 없었다. 그는 이런 상태가 싫었다.

그 이상으로 예레미야는 자신의 직분이 싫었다. 그는 자신이 아버지처럼 제사장이거나 오래 전에 의절한 형들처럼 가게 주인이었으면 하고 바랐다.

그러나 야훼께서 그에게 타오르는 불길 같은 예언을 불어넣으셨다. 그 불이 타는 용광로는 그의 뱃속이었다. 그 도관은 눈과 모든 감각기관이었다. 그는 옷을 벗듯이 자신의 직분을 벗어던질 수 없었다. 예언은 밤이나 낮이나 그에게 찾아들었다. 그리고 그 예언이 불의를 경멸하게 하고 그 경멸을 큰 소리로 외치게 했다. 그러나 그는 자신이 비난하는 백성들을 사랑했다. 그래서 그 예언은 그들을 괴롭히는 것이 아니라 그 자신에게 고뇌를 가져다주었다. 예언이 그를 분열시켰고 그는 그것이 싫었다.

마흔일곱 살의 예레미야는 마치 예순일곱 살이 된 것처럼 지쳐 있었다. 그러나 그가 받은 예언자라는 직분을 이루는 현(絃)들은 너무나도 꽉 조여져 있어 느부갓네살이 바빌로니아에서 웃고 있을 때 그 예언자는 예루살렘에서 멍들어 있었다. 야훼께서 예레미야에게 말씀하셨다.

'옹기장이한테 가서 목이 아주 가늘어서 한 번 깨지면 고칠 수 없는 값비싼 병을 하나 사라.'

예레미야가 말했다.

"저는 피곤합니다. 오 야훼여, 저는 아는 것과 모르는 것 때문에 너무 지쳤습니다. 제 백성의 위험에 대해 너무 많이 알고 있지만, 결코 충분히 알고 있지는 않습니다. 왜 제가 옹기장이의 병을 사야 합니까?"

야훼께서 말씀하셨다.

'그것을 사라. 그리고 장로들 몇 명과 사제들을 모아서, 그들을 데리고 '힌놈의 아들 계곡' 위에 있는 '하시드 문'으로 가라.'

몸을 움직이기만 해도 관절이 아파왔다. 그는 불안한 걸음걸이로 옹기장이의 집에 가서 녹로를 돌리고 있는 도예 장인을 멈추게 했다. 그리고 섬세한 그릇을 하나 산 뒤 사반의 아들 아히감을 찾으러 나갔다. 그는 예레미야가 성전 문에서 체포된 이후로 그에게 친절을 보여준 사람이었다.

친절함. 아히감은 끊임없이 예레미야에게 친절과 존경과 경의를 표했다. 그러나 사랑을 보여주지는 않았다. 위로도 주지 않았다. 그 예언자는 인간의 부드러운 위로도 받을 수 없는 처지였다. 야훼께서 그에게 결혼을 금하셨고, 아들과 딸들을 갖지도 못하게 하셨기 때문이었다.

아히감과 함께 이제 예레미야는 제사장들과 장로들을 모아 그들을 도성의 남동쪽 지역 '하시드 문'으로 이끌고 갔다. 그곳에서 야훼께서는 예레미야의 가슴속 도가니에 불을 지피시고 그를 한숨짓게 하시며 말씀하셨다. 그러나 아무도 그 한숨소리를 듣지 못했다. 야훼께서 예레미야의 목소리를 통해 말씀하셨다.

'나는 이곳에 재앙을 내릴 것인데, 듣는 사람들의 귀가 멍멍해질 만큼 무서운 재앙이 될 것이다. 백성들이 나를 저버린 까닭에 이곳은 살육의 골짜기로 불릴 것이다. 그들이 적들의 칼에 의해 이곳에서 쓰러질 것이기 때문이다. 나는 도성을 공포의 도가니로 만들 것이며 비웃음거리로 만들 것이다…….'

예레미야가 손을 뒤로 젖혀 옹기장이의 도자기를 골짜기 아래로 힘껏 내던졌더니 그것이 산산이 부서졌다. 그리고 야훼께서 말씀하셨다.

'내가 이와 똑같이 이 백성과 이 도성을 깨뜨려 다시는 원상태로 되돌려놓지 않을 것이다!'

바스훌이라는 한 제사장이 예레미야의 발밑에 침을 뱉었다.

"이깟 일 때문에 우리가 우리의 성스러운 의무를 버리고 왔단 말인가?"

그가 비꼬듯 말했다.

"당신이 예루살렘을 저주하는 소리를 듣기 위해서? 네 저주가 이루어질 것이다, 예레미야. 네 저주대로 될 것이다. 모든 좋은 것들을 파괴하는 비열한 파괴자야. 왜 너 자신은 힌놈의 골짜기로 떨어져 죽지 않느냐?"

제사장이면서 성전 총감독인 바스훌은 못마땅한 얼굴로 성큼성큼 사라졌다. 다른 제사장들도 그와 함께 가버렸다. 아히감조차도 그의 예언에 괴로워했다.

"나는 이 도성을 사랑합니다."

예레미야가 말했다.

"나도 사랑하오, 아히감. 나도 내 온 마음을 다해 예루살렘을 사랑하오. 바로 그것이 이 예언이 주는 공포요."

그러나 아히감은 슬픔과 혼란스러움에 고개만 흔들며 예레미야를 홀로 '하시드 문'에 남겨놓고 떠나버렸다.

야훼께서 말씀하셨다.

'제사장들을 따라가라. 성전 바로 위까지 저들을 따라가라.'

예레미야가 말했다.

"오 야훼여, 그냥 두십시오. 저는 돈을 빌려준 적도 빌린 적도 없고, 채무를 이행하지 않았거나 애걸한 적도 없는데, 이 땅의 모든 사람들이 저를 저주합니다. 그냥 두십시오, 오 야훼여."

야훼께서 말씀하셨다.

'내 성전 정원에 서서 예언을 하여라!'

예레미야는 결국 천천히 다리를 절며 성전 언덕으로 올라갔다. 그는 순례자들이 번제를 드리려고 짐승을 도살하고, 제사장들은 그 제물을 제단으로 옮기고, 구워지고 있는 고기에서 나는 연기가 하늘로 올라가고 있는, 그 성전 안뜰로 들어갔다. 그리고 울음소리 같은 예언자의 목소리를 통해 이스라엘의 야훼 하나님께서 선포하셨다.

"보라, 내가 이미 선포한 재앙을 이 도성에 내리겠다. 너희가 목을 뻣뻣하게 세우고 내 말에 귀기울이지 않기 때문이다……."

"그만하면 충분하오! 당신의 야비한 저주는 이제 충분하오, 이 무자비한 사람아!"

누군가 소리쳤다. 예레미야가 고개를 돌려 보니 분노로 새파래진 바스홀 제사장이 그를 향해 달려오고 있었다. 예레미야는 도망가지 않았다. 그는 정원에 말없이 슬픈 표정으로 서서, 바스홀이 거리를 좁혀와 자신의 가슴에 거센 일격을 가할 때까지 그 자리에 꼼짝않고 있었다. 너무도 세게 쳐서 그의 심장이 멎을 것 같았고, 눈앞이 캄캄해지면서 귀에서 웅웅거리는 소리가 났다.

몽롱함 속에서 그는 바스홀이 주먹을 뒤로 당겼다가 자기 이마로 내뻗는 것을 보았다. 그 순간 머리가 뒤로 홱 젖혀졌다. 그는 입을 크게 벌려 가슴으로 공기를 빨아들이려고 애썼으나 이미 쓰러지고 있었다. 그의 무릎이 무너졌다. 그는 쓰러지면서도 자신이 받은 주먹 세례를 하나씩 또렷하게 의식했다. 목, 어깨, 등허리, 등허리……. 그리고 그는 의식을 잃었다.

예레미야는 땅거미가 질 무렵 깨어났다. 그러나 몸을 움직일 수가 없었다. 그는 기대앉은 자세로 묶여 있었다. 마치 눕다 만 것처럼. 팔은 앞으로 끌어내려져 있었고 다리는 넓게 벌려져 있었다. 바람이 그의 머리 사이로 지나갔다. 많은 사람들의 목소리가 주변에서 들려왔다. 그리고 비웃음 소리도.

천천히 그는 자신이 만인이 보는 앞에서 족쇄 틀에 채워져 있음을 깨달았다. 그는 손목이 아프지 않게 하려고 앞을 향해 앉았고, 앞이마를 주먹 사이의 거친 나무에 대었다.

어둠. 밤이 찾아왔다. 사람들이 집을 향해 떠났다. 예레미야는 홀로 몸을 구부린 채 성전 북쪽 문에 앉아 있었다. 별들이 온 하늘에 흩어져 있었다. 그는 그것을 증오했다. 누군가 즐거운 노래를 부르며 그 뒤로 지나갔다. 그는 그것을 증오했다. 그의 몸은 멍투성이었다. 뼈가 부러진 것 같았다.

"내가 태어난 날이 저주를 받았어야 했는데."

예레미야가 머리를 흔들어 족쇄의 나무판에 부딪치며 말했다.

"나의 탄생을 전한 그 사람도 저주를 받았어야 했는데. 내가 모태에서 죽지 않기에 그를 저주하노라."

분노와 흥분으로 위가 쓰려오는 가운데 연약한 예레미야는 이제 하늘을 향해 얼굴을 들고 외쳤다.

"오 야훼여, 당신께서 저를 속이셨으므로 제가 속았습니다!"

그의 목소리가 성전의 텅빈 뜰에서 메아리쳐 울렸다.

"당신은 저보다 강하십니다! 당신은 저를 이기셨습니다. 저는 한 번도 흥겹게 떠드는 사람들과 함께 앉은 적이 없습니다. 당신의 손이 저에게 임하셨기에 저는 항상 홀로 앉아 있었습니다. 그러나 저의 고통은 멈추지 않습니다. 오, 야훼 하나님! 왜 저를 태어나게 하셨습니까? 고난과 슬픔과 죽는 날까지 끝나지 않을 수치심을 주기 위해서입니까?"

예레미야가 족쇄를 너무도 심하게 흔드는 바람에 그의 손목이 찢겨 피가 흐르기 시작했다.

"오, 야훼여."

그가 비명에 가까운 소리를 질렀다. 그는 제정신이 아니었다.

"당신은 제게, 제가 물을 찾아 죽어갈 때 모두 말라버린 사막의 신기루와 같습니다!"

그러나 야훼께서 말씀하셨다.

'네가 돌아오면, 네가 가치 없는 것이 아닌 귀한 말을 선포한다면, 내가 너를 다시 내 앞에 서게 하리라.'

다음날 바스훌이 예레미야를 족쇄에서 풀어주려고 왔을 때 예언자가 말했다.

"야훼께서 당신을 더 이상 바스훌이라고 부르지 않고 '사방의 두려움'이라고 부를 것이오. 야훼께서 당신을 당신의 친구들에게 두려움이 되게 할 것이오. 그리고 이것이 야훼께서 하신 말씀이오. '내가 온 유다를 바빌로니아 왕의 손에 넘길 것이다. 그가 백성들을 사로잡아 바빌론으로 끌고 가게 하거나 칼로 죽이게 할 것이다. 그리고 너, 바스훌은 사로잡혀 가서 그곳에서 죽어 묻힐 것이고, 너와 네 거짓 예언을 들은 모두가 그렇게 될 것이다.' 야훼께서 그렇게 말씀하셨소."

자신의 예언에도, 그 어느 것에 의해서도 위(胃)가 조금도 나아지지 않아 여전히 위가 쓰린 47세의 늙은 예언자가 그렇게 말했다.

여호야김이 바빌로니아에 조공을 바치지 않은 지 2년이 지나자 느부갓네살이 메뚜기 떼처럼 셀 수 없는 군대와 전차를 이끌고 북쪽에 나타났다.

그는 오는 길에 많은 성읍들을 소멸시키며 예루살렘을 향하여 남쪽으로 진군해 왔다. 때는 겨울이었다. 예루살렘에는 눈이 왔다. 어느 날 아침 사람들이 깨어보니 눈부시게 새하얀 세상에 차가운 공기와 완전한 고요함이 가득 차 있었고, 마치 기념비처럼 움직이지 않는 왕이 보였다. 누군가 왕을 죽여서 성문 밖에 눕혀놓고 떠난 것이다. 왕의 시체는 얼굴을 위로 향한 채 창백하게 얼어서 눈으로 덮여 있었다. 아름다운 수염에 바른 향유도 얼어 있었다.

이집트는 자신들의 국경을 떠나지 않았고 유다 왕국을 도와주려고 하지도 않았다. 느부갓네살이 행군하여 오면서 하얀 눈 위에 검은 길을 남겼다. 곧 바빌로니아 군대는 예루살렘 주변을 올가미처럼 에워싼 뒤 그 자리에 앉아 음식을 먹으면서 기다렸다.

절망 속에서 사람들은 유다 왕 여호야김의 아들, 여호야긴을 왕으로 세웠다. 그러나 어느 누구도 나가서 온 나라에 새 왕이 탄생했다고 말할 수 없었다. 도성이 둘러싸여 포위되었기 때문이었다.

그리고 예언자 예레미야는 백성들을 위하여 노래를 불렀다. 그의 목소리는 거칠지도 않았고 우는 소리도 아니었다. 그는 추위 속에 '양의 문'에 서서 마치 자장가처럼 노래를 부르고 있었다.

야훼께서 말씀하셨다.
들어라. 그리고 귀기울여라.
교만하지 말아라.

야훼께서 어둠을 내리시기 전에,
그 땅거미 지는 산에서
발을 헛딛기 전에,

야훼께 영광을 돌려라.

너희가 이 말을 듣지 않으면
너희의 교만 때문에 내 마음이 슬퍼서 울고,
내 눈이 비통의 눈물을 흘릴 것이며,
그 눈물은 하염없이 흐를 것이다.
야훼의 양 떼가 포로로 끌려갈 것이기 때문이다.

석 달 후에 봄이 찾아왔고, 비가 내려 땅은 곡식 심을 준비가 되어 있었다. 그러나 그해에는 곡식을 심을 일이 없었다.

예루살렘이 느부갓네살에게 굴복했다. 어린 왕 여호야긴은 바빌론으로 끌려갔다. 그리고 또한 많은 고관들과 왕국의 지도적 위치에 있던 사람들이 끌려갔다. 사반의 아들 아히감은 예레미야가 '물고기의 문'에 있는 것을 발견했다. 뼈만 보였다. 그 예언자는 처참할 정도로 앙상한 모습이었다. 아히감이 그 앞에 무릎을 꿇고 말했다.

"작별 인사를 하러 왔습니다."

"잘 가시오."

"우리가 곧 다시 만날 수 있을까요?"

"아니오. 우리는 서로 다시는 볼 수 없을 것이오."

아히감은 슬퍼 보였다.

"결코 볼 수 없습니까?"

"결코. 내가 죽어가는 도성에 남아 있는 것은 야훼의 뜻입니다. 그러나 당신에게 편지를 쓰겠소."

느부갓네살의 군대는 성전 안에 있는 모든 보물과 왕의 재산을 가져갔다. 그들은 금으로 된 그릇들을 조각내었다. 그리고 만 명의 사람들이 포로로 끌려갔는데 그 중에는 장인들, 대장장이, 군인들, 제사장들,

고관들이 포함되어 있었다. 오직 땅을 일구는 사람들만이 예루살렘에 남았다. 그들은 길 옆에 서서 긴 행렬을 지켜보았다.

느부갓네살은 제국의 새로운 일부가 된 이 지역을 감독할 총독을 임명했다. 훌륭했던 요시야 왕의 막내아들이며 여호야긴의 삼촌인 스물한 살의 시드기야였다. 다윗의 도성은 이제 비어 있었다. 그러나 그 벽은 여전히 서 있었다. 예루살렘에는 다만 성벽, 거리, 지붕, 건물 그리고 야훼의 성전…… 야훼의 성전이 남아 있었다.

무너진 예루살렘을 향한 애가 🕊

예레미야 Jeremiah

4년이 흘렀고 그 동안 느부갓네살은 서쪽으로 오지 않았다. 4년이 지나자 옛적 작은 왕국들은 자신들이 다시 강력해졌다고 확신했고, 반역을 모의하기 위해 시드기야와 이야기를 나누러 예루살렘에 모였다.

에돔, 모압, 암몬, 두로 그리고 시돈 왕의 특사들이 이제 텅 비어 울리는 소리만 나는 레바논 숲 궁전의 커다란 방에서 만났다.

그때 갑자기 문이 활짝 열렸다. 태양빛이 방 안으로 들어왔고, 그 빛 가운데 예레미야 선지자가 몸에 무거운 장비를 지고 서 있었다. 예언자가 가는 곳에 야훼께서 함께하셨다. 그리고 이제, 야훼께서 여러 민족들에게 말씀하셨다.

'이 땅과 사람과 짐승을 만든 것도 나이고, 내가 좋아하는 자에게 그것들을 주는 것도 내 마음이다. 내가 이 땅들을 내 종 느부갓네살에게 주었다…….'

예언자의 목과 어깨에 늘어진 그것들은 무엇이었는가? 그것은 바로 나무 멍에였다! 그것은 소의 멍에 가로대였다! 그리고 예레미야가 거대한 소의 굵은 목을 가진 것처럼 가죽끈들이 그 앞에 낮게 걸메어져 있었다. 그러나 그 예언자는 앙상한 뼈에 처진 살이 조금 붙어 있었고, 야윈 목과 크고 둥근 두개골을 가지고 있었다. 그는 그 가로대를 어깨에 간신히 지고 있었다.

야훼께서 말씀하셨다.

'모든 민족들은 느부갓네살을 섬겨야 한다! 어느 민족이든지 그 목에 바빌로니아 왕의 멍에를 지지 않으면 내가 그들을 칼과 기근과 질병으로 벌할 것이다!'

그는 갑자기 왔던 것처럼 그렇게 떠났다. 그가 자기 뒤로 문을 닫고 나가자 여러 국가에서 온 특사들은 앉아서 시드기야를 응시했다.

"저 자는 예언자입니까?"

"그렇소. 그러나 다르게 말하는 예언자들도 있소. 하나는 야훼께서 다윗과 하신 약속을 결코 잊지 않을 것이고, 야훼께서 다윗의 도성을 구해주실 것이라고 말하고 있소."

"어느 예언자의 말이 진실입니까?"

"모르겠소. 나도 모르겠소."

예레미야는 아히감을 비롯해 바빌로니아에 끌려간 모든 포로들에게 편지를 썼다.

"바빌론에서 집을 지어라. 과수원도 지어라. 아내를 맞이하여 아들과 딸을 낳고 그들 또한 결혼을 시켜라. 너희가 머물고 있는 성읍에서 번성하도록 해라. 그리고 그 성읍을 위하여 야훼께 기도하여라. 그 성읍이 번성하는 것이 곧 너희의 평안이 될 것이기 때문이다.

그리하여 야훼께서 이렇게 말씀하신다.

'너희 가운데에 있는 예언자들에게도 점쟁이들에게도 속지 말아라. 바빌론에서 70년이 지나면, 내가 너희를 다시 찾아 나의 약속을 이루고 너희를 다시 이곳으로 데려올 것이다.

너희를 위해 계획한 일들은 나만 알고 있고, 그 계획들은 번영을 위한 것이지 재앙을 위한 것이 아니며, 너희에게 미래와 희망을 주는 것이다.'"

시드기야 왕 집권 9년에 암몬과 유다는 연합하여 바빌로니아에 바치던 조공을 중지했다. 그들의 많은 선대 왕들처럼 그들 역시 이집트의 도움을 희망했다. 느부갓네살이 군대를 이끌고 유다로 행군해 왔다. 그들은 와서 예루살렘을 포위했다. 그 포위 공격은 그해 10월 10일에 시작되었다. 겨울이어서 날씨가 매우 추웠다.

예레미야는 58세가 되었다. 갈비뼈가 모조리 앙상하게 드러나서 셀 수 있을 정도였다. 그때 바빌로니아 사람들은 이집트인들이 정말로 진군해 오고 있다는 소식을 들었다. 그래서 그들은 포위를 거두고 새로운 적을 맞으러 행군했다.

그 당시에 예레미야는 그의 고향 아나돗으로 길을 떠나려 했다. 그러나 그가 '베냐민 문'으로 지나가려 했을 때 한 경비병이 그를 막고 때리더니 유다의 고관에게로 데려와 말했다.

"여기에 도망자가 있습니다."

예레미야가 말했다.

"아니오! 나는 단지 아나돗으로 가려 했을 뿐이오."

"왜 가려고 했소?"

고관들이 물었다.

"유산을 상속받기 위해서였소."

"재앙의 시대에 유산이라니? 당신 자신의 말이 당신을 비난하고 있소, 예언자. 당신은 애국자도 아니고 예루살렘을 사랑하지도 않소."

예레미야는 심하게 맞고 난 뒤 투옥되었다.

이집트인들은 적수가 못 되었다. 바빌로니아가 군대를 이끌고 그들 앞에 집결하자 그들은 흩어져 도망갔다. 그리하여 2주가 지나서 바빌로니아 군대가 예루살렘으로 돌아왔고, 그 도성은 다시 포위되었다. 비밀리에 시드기야는 예레미야를 부르러 보냈다. 예레미야가 추위에 떨며 맞아서 상처투성이가 된 몸을 이끌고 그의 은밀한 방으로 불려갔다.

"야훼께서 전하시는 말씀이 없소?"

"있습니다."

시드기야는 머리를 숙이고 말했다.

"나는 당신의 말을 듣고 싶지 않소. 그러나 이것은 선택할 수 있는 일이 아니오. 결정된 사항이오."

그리고 그는 부드럽게 속삭였다.

"하나님께서 무어라고 말씀하시오?"

"당신은 바빌로니아의 손아귀에 들어갈 것이오. 야훼께서 그렇게 말씀하시오."

"아니, 나는 이런 말을 듣기 원하지 않았소."

예레미야가 말했다.

"왕이시여, 당신께서 나를 다시 감옥으로 보내면 나는 죽을 것입니다."

시드기야는 잠시 그 예언자를 응시하더니 말했다.

"경비병의 뜰에 거하시오. 내가 하루에 빵 한 덩이씩을 보내겠소."

시드기야 재위 11년 넷째 달 9일에 예루살렘 성벽이 무너져 내려앉았고, 바빌로니아 군대가 승리의 환호 속에 도성으로 들어왔다. 그날 밤 시드기야는 도망쳤고 몇몇 병사들이 필사적인 속도로 요단 강 북동쪽으로 달렸다. 다음날 아침 일찍 바빌로니아 왕자들은 빠른 전차를 급파하여 시드기야를 쫓았고, 그 동안 그들은 고관 및 종들과 함께 도성의 중앙 문에서 기다리며 앉아 있었다. 오후에 시드기야는 경호대에 이끌려 도성으로 걸어왔다. 그는 묶여 있었으며 맨발이었다.

바빌로니아 왕자들은 유다의 마지막 통치자의 존재를 무시했다. 이제 그는 그저 한 명의 범죄자에 지나지 않았고, 그들에게 주어진 임무의 대상일 뿐이었다. 그들은 일어서서 훌륭한 전차에 올라탔고, 긴 행렬 속에 그 패배한 유다인은 끌려가고 있었다.

시드기야는 걷고 있었다. 유다의 모든 고관들도 걷고 있었다. 시드기야의 모든 자식들도 바빌로니아의 장엄한 행렬 뒤에서 맨발로 걸어가고 있었다.

> 나의 눈이 눈물을 흘리느라 약해졌다.
> 내 영혼이 떨고 있다.
> 나의 마음이 슬픔 속에 다 쏟아졌다.
> 나의 백성, 나의 딸들이 멸망했기 때문이다.

이 불쌍한 행렬은 느부갓네살의 서쪽 본부인 시리아의 리블라로 끌려갔다. 거기서 그들은 풍족한 식사를 했다. 그들은 백향목으로 만들어진 침대에서 잤다. 다음날 아침 바빌로니아의 종들이 그들의 몸을 씻겼고, 기름을 발라주었으며, 향수도 뿌려주었고, 머리도 빗겨주었으며, 다마스쿠스에서 가져온 아마옷을 입혀주었다. 그리고 나서 그들은 바빌로니아 왕에게로 끌려갔다. 아무런 감정도 없이 느부갓네살은 유다의 시드기야에게 형을 선고했다. 그리고 처벌을 즉시 거행하라는 뜻으로 칼끝으로 탁자를 쳤다.

시드기야의 손은 뒤로 묶여 있었다. 그는 1.5미터 높이의 돌계단 위에 세워져 작은 뜰을 내려다보게 되었다. 군인들이 잘생긴 그의 큰아들을 몸단장시키고 왕자에게 어울리는 자색 옷을 입혀 뜰로 데려왔다. 그들은 그 소년에게 무릎을 꿇고 앞이마를 땅에 숙이라고 명령했다. 그리고 거대한 도끼로 그의 목을 베었다.

시드기야는 고통으로 신음했다. 그러나 양쪽에 선 경비병들이 그로 하여금 자신의 둘째, 셋째, 모든 자식들의 목이 잘리는 것을 조용히 지켜보게 했다.

마지막 아이가 죽은 채 누워 있을 때, 시드기야 옆에 있던 경비병들이 그의 머리채를 잡아 뒤로 젖히고 울고 있는 그의 두 눈을 단검으로 찔렀다. 이것 또한 형의 일부였다. 자식들의 죽는 모습이 시드기야가 자기 눈으로 본 마지막 장면이었다.

여호야긴이 10년 전 망명지로 떠났을 때 바빌로니아는 그를 패배한 민족의 왕으로 받아들였다. 그가 살아 있는 동안에는 왕으로 대우해 주었다. 그러나 이제 남아 있는 민족은 없다. 유다는 더 이상 존재하지 않았다. 그리고 바로 이날에 예루살렘은 불길에 휩싸였다.

눈먼 시드기야는 죄수로서 바빌론으로 끌려갔다. 그는 처형당하지 않았다. 그는 유다인 망명지의 작은 집단에서 자신에게 주어진 목숨을 다 살았다. 그러나 여생 내내 그는 자신이 자식들과 함께 죽지 못한 것을 원통해했다.

느부사라단이 예루살렘에 있다. 느부갓네살의 경호대장은 한 무리의 병사들과 함께 예루살렘에 불을 지르라는 명령을 받고 리블라에서 왔다.

그리 중요치 않은 또 다른 명령은 힐기야의 아들 예레미야에게 특별한 처우를 해주라는 것이었다. 그리하여 파괴가 시작되기 전에 예레미야는 감금에서 풀려났다. 그는 자유로워졌다. 그러나 지금 하나님의 예언자는 투옥되어 있는 것보다 더 괴로운 고통을 겪고 있다.

온 마음을 다해 사랑하는 도성, 그 도성이 불길 속에 타오르고 있다. 솔로몬의 궁전이 높고 검은 불길에 휩싸여 매운 연기를 뿜고 있다. 단단하고 잘 마른 레바논 숲 궁전의 오래된 나무기둥들이 촛불처럼 타오르고 있다. 천장이 휘어지고 대들보가 갈라져 무너진다. 거대한 바람이 휘몰아치는 소리 속에 지붕이 가라앉는다. 불꽃과 역겨운 냄새들이 예레미야에게 덮쳐온다.

그는 머리를 숙이고 울면서 예루살렘 거리를 걷는다. 독좌가 놓인 방이 벌거숭이가 되어 하늘에 드러난다. 바빌로니아 병사들이 솔로몬의 웅장한 옥좌를 산산조각내어 금과 상아를 자루에 담고 있다. 한때 왕의 옥좌로 올라서는 계단에 서 있던 사자들을 날라다 수레에 싣는다.

예레미야는 도성의 북쪽에서 방황하며 함메아 망대의 옛 돌계단을 오른다. 그는 담담하게 예루살렘을 내려다본다. 이렇게 될 것이라고 그가 말하지 않았던가.

야훼의 성전이 불타고 있다. 백향목이 불길에 싸여 있다. 판자와 들보와 아름다운 지붕들이 모두 타고 있다. 성스러운 기구들이 모두 함께 현관 앞에 쌓여 있다. 그것들이 성스러운 분노와 함께 타고 있다. 거대한 불길들이, 예언자가 서 있는 탑보다도 더 높이, 몸을 비틀고 하늘을 향해 손을 뻗으며 바람에 펄럭이는 침대보처럼 솟아오른다. 예레미야는 얼굴에 와 닿는 열기를 느낀다.

나의 눈이 눈물을 흘리느라 약해졌다.
내 영혼이 떨고 있다.
나의 마음이 슬픔 속에 다 쏟아졌다.
나의 백성, 나의 딸들이 다 멸망했기 때문이다.

예루살렘 도처에서 바빌로니아 군대들이 아무런 표정 없이 할일을 하고 있다. 여기에는 복수도 분노도 기쁨도 없다. 단지 의무일 뿐이다. 귀중한 것들은 가져와라. 가져올 수 없는 것은 불태워라. 태울 수 없는 것들은 파괴해라. 뿌리째 뽑아버리든지 아니면 무너뜨려라.

예레미야는 '양의 문'에서 북쪽으로 나 있는 길을 바라본다. 그의 눈
길이 닿는 멀리까지 약탈물을 가득 실은 수레들이 출발하려고 기다리
며 줄지어 있다. 그는 그들이 무엇을 가져가는지 알고 있다. 365년 동
안 성전 문 양쪽에 서 있던 청동기둥인 야긴과 보아스.

오늘 아침 그는 군인들이 그것들을 잘게 동강내는 것을 보았다. 그리
고 등잔대와 성전 뜰에 있던 놋대야도 함께. 가장 좋은 품질의 금속들
이 바빌로니아의 수레에 실렸다. 또한 분향에 쓰이는 잔과 부삽과 심
지 다듬는 가위와 그릇들, 향로와 대접들, 성전 보물들, 성스러운 것
들, 귀하고 경건한 물건들, 그 모든 것들이 바빌론으로 향하는 긴 대상
의 행렬 속에 실려 있다.

"거기, 당신! 죽고 싶소? 거기서 내려오시오!"

보라. 시온의 부유한 집들이 불타고 있다. 느린 바람이 파괴의 구름
을 도성 동쪽으로 몰아가고 있다. 들어보아라. 여기저기서 둔탁하게
빠개지는 소리와 천둥이 땅에 떨어지는 소리를 내며 건물이 무너진다.

"당신! 당장 내려오시오. 그러지 않으면 돌들과 함께 떨어질 것이
오!"

예레미야의 의식이 천천히 되돌아온다. 갑자기 두개골이 아파오고
얼굴이 달아올라 두 팔로 아픈 배를 움켜쥔다. 노인이, 노인이, 도성과
함께 죽으려 한다.

아래에 있던 한 병사가 자갈을 예언자에게 던진다. 돌 하나가 그의
머리에 맞는다. 예레미야가 내려다보니 그 병사가 서쪽 '물고기의 문'
을 가리켜 보인다.

"무엇이 다가오고 있는지 안 보이시오?"

'물고기의 문' 양쪽 기둥이 막대처럼 우지끈 꺾어졌다. 그리고 앞으
로 고꾸라지며 먼지나는 파편 조각이 되었다. 바빌로니아 사람들이 성

벽을 부수는 해머와 밧줄로 예루살렘 성벽을 허물고 있다. 알았소. 예레미야는 '함메아 망대' 속에서 진동을 느낀다. 알았소. 그는 아래의 군인에게 고개를 끄덕여 보인다. 그래, 그는 이제 밑으로 내려온다. 됐다.

예언자가 내려와서 예루살렘 밖으로 방황하며 나간다. 그는 도성 동쪽 올리브 산으로 간다. 그는 한낮의 어둠 속에 앉는다. 소용돌이치는 연기가 그의 머리 위 하늘을 검게 만들었기 때문이다. 태양이 없다. 다윗의 도성이 없다.

> 지나가는 사람들아, 아무렇지도 않은가?
> 걸음을 멈추고, 보라.
> 야훼께서 노하신 날에
> 나에게 덮친 이 슬픔, 이보다 더한 슬픔이
> 어디에 있을까?

비록 유다의 중요한 시민들이 모조리 바빌론 남쪽 마을로 추방되었지만 예레미야는 유다에, 자기 민족이 사라진 죽은 땅에라도 그대로 머물고 싶었다. 그는 60세였다. 몸은 병들어 죽음이 지척에 있었다. 그러나 그는 남아 있는 가난한 농부들에게 도움이 되는 말을 해줄 수 있을 것이라 생각했다.

그의 의도와는 달리 한 무리의 완강한 유다인들이 예언자에게 자신들을 위해 기도해 달라고 요구했다. 즉, 그들은 예레미야에게 함께 이집트로 갈 것을 강요했다. 그의 서기인 바룩도 함께 끌려갔다. 예언자의 머리는 눈처럼 새하얗게 되었다. 그의 눈은 여전히 컸고, 이제까지 본 모든 것들이 그 눈빛 속에 담겨 있었다. 피부 아래 그의 몸은 힘줄, 뼈 그리고 연골뿐이었다. 이집트인들은 어떻게 저토록 마른 사람이 가슴 안에 생명을 유지하고 있는지 이해할 수가 없었다.

그러나 한 번 더 야훼의 말씀이 예레미야에게 찾아와서 그는 바룩을 곁으로 불렀다. 그가 속삭였다.

"새로운 말씀을 들었다. 먹을 섞고 깨끗한 두루마리를 찾아라. 갈대 줄기로 펜을 만들어라, 바룩. 그리고 이렇게 써라. 야훼께서 써야 한다고 말씀하시기 때문이다."

바룩은 필기구들을 갖추고 다시 스승 옆에 앉았다. 예레미야는 이집트에서 바빌론에 남아 있는 사람들을 위해 다음과 같은 말을 받아적게 했다.

'그날이 올 것이다. 내가 내 백성, 이스라엘과 유다의 유산을 되돌려줄 때가 올 것이다. 내가 그들의 조상들에게 준 땅을 되돌려줄 것이다.

보라, 내가 내 백성과 새로운 언약을 맺을 그날이 올 것이다. 내가 그들의 조상을 이집트에서 데려올 때 맺은 언약과는 다른, 그들이 남편인 나를 저버리고 깨버린 언약과는 다른 새로운 언약이다.

이 언약은 내가 그들 안에 심어줄 것이다. 나는 그 계명들을 그들의 가슴속에 새겨넣어서, 나는 그들의 하나님이 되고 그들은 나의 백성이 될 것이다. 더 이상 각자 다른 사람들에게 '야훼를 알라.'라고 가르치지 않게 할 것이다. 왜냐하면 그들 모두가, 보잘것없는 자나 위대한 자나 할 것 없이, 나를 알게 될 것이기 때문이다. 내가 그들의 불의를 용서하고 그들의 죄를 더 이상 기억하지 않을 것이다.'

야훼께서 예레미야에게 그렇게 말씀하셨다. 예레미야는 그 말씀을 바룩에게 받아쓰게 했고, 바룩은 그 말씀을 두루마리에 기록했다. 그 두루마리는 잘 보존되었다.

예레미야는 이집트에서 죽었다.

그러나 야훼의 약속은 살아 있었다.

6부

유배지에서
온 편지들

BLACK SEA
Sinope
Phrygians
Trapezus
Halys R.
Cyrus R.
Araxes R.
Mushki
Milid
Nairi
Pamphylians
Tarsus
Carchemish
Nisibis
Dur-Sharukin
(Khorsabad)
Arpad
Haran
Euphrates R.
Nineveh
Khalman
(Aleppo)
Calchu
Assur
Soli
Salamis
CYPRUS
Paphos
Citium
Arvad
Hamath
ASSYRIAN
MESOPOTAMIA
Tadmor
Upi
Halwan
PHOENICIA
Gebal (Byblus)
SEA
Sidon
Damascus
EMPIRE
Tigris R.
Babylon
Nippur
Borsippa
Megiddo
PALESTINE
Samaria
Joppa
Larsam
Gaza
Ur
MOAB
EDOM
Selah
Tanis
Heliopolis
Ezion
Geber
Elath
Nile R.
Arab
RED SEA
Thebes
First Cataract
Syene

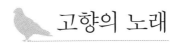

고향의 노래

아히감 Ahikam

[예레미야 26:20~24, 시편 137편]

사반의 아들인 아히감이 하나님의 예언자이신 힐기야의 아들 예레미야에게

평안하시기를 빕니다!

나의 아버지, 당신께서 이집트에 계시다고들 합니다. 내일 한 무역대상이 그 나라로 향할 것입니다. 그래서 이 편지가 당신께 갈 수 있기를 희망하면서 그리고 당신의 건강을 빌면서 오늘 밤 편지를 씁니다. 너무도 오랜 비탄의 세월이 지난 후에도 여전히 건강하시길!

저는 이 편지를 타바네로 보낼 것입니다. 그곳에 유다인의 작은 식민지가 있다고 들었습니다. 아마 당신께서도 그곳에 계시리라 생각됩니다.

제가 얼마나 화가 나고 얼마나 슬픈지 이야기하고 싶습니다.

매일 저는 자그마한 텔아비브에서부터 평평한 푸른 시골길을 걷습니다. 고향을 떠난 지 10년이 되었는데 아직도 매일 아침 유다 언덕을 보리라는 희망으로 눈을 뜹니다! 제 두 눈은 결코 유다 언덕을 다시 볼 수 없으리라는 것을 믿지 못합니다. 제 눈은 단단하고 높은 갈색 바위가 많은 땅을 찾습니다. 제 귀는 비오는 계절에 노호하는 골짜기의 물소리를 찾습니다. 그러나 제가 보는 것은 바람이 잘 통하는 푸른 하늘과 평평한 땅을 뒤덮고 있는 초록빛뿐입니다.

어제 홀로 밖을 걷고 있었을 때, 멀리서 들려오는 슬픈 목소리를 들었습니다. 천천히 '아아아! 아아아아아!'라고 노래를 부르는 남자들의 깊은 목소리였습니다. 참으로 지친 곡조였습니다! 그들은 유다인이었습니다. 그들은 형제들이었습니다. 저는 그 소리를 향해 걸었습니다. 그들이 버드나무 숲에 모여 있는 것이 보일 때까지 말입니다. 그리고 저 또한 노래를 부르고 있었습니다. 그리고 그들에게 가까이 다가갔을 즈음에 저는 울고 있었습니다.

그때 남자들 열 명이 작은 그발 운하의 강둑에 서서 모두 고개를 떨군 채 낮은 소리로 노래를 부르고 있는 모습이 보였습니다. '아아! 아아아!' 한 남자가 가볍게 하프를 연주했습니다. 우리는 모두 울고 있었습니다.

오 하나님, 시온을 기억하십시오! 당신께서 머무시던 그 산을 기억하십시오…….

그러나 예루살렘에는 오직 폐허만이 남았습니다! 저는 성전을 생각하며 울었습니다. 야훼의 거룩한 언덕에서 너무 멀리 떨어져 있음을 생각하며 울었습니다. 그때 뒤편 나무 사이로 한 무리의 바빌론 경비병이 나타나는 바람에 우리는 모두 놀랐습니다.

"즐거운 노래를 불러라!"

그들이 자기네 말로 소리쳤습니다. 하프를 타던 남자가 곧바로 연주를 멈추더니 그 외국 군인들을 쳐다보지도 않은 채 하프를 버드나무 가지에 매달고선 조용히 앉았습니다. 우리도 모두 앉았습니다.

"일어나라!"

우리를 잡아온 자들이 즐기는 듯한 표정으로, 그러나 사납게 소리쳤습니다.

"일어서서 명랑한 노래를 불러라. 너희 어머니들이 행복했을 때 부르던 노래들 말이야!"

한 남자가 손을 제 어깨에 얹고 말했습니다.

"너 아히감, 네가 좋은 목소리를 가지고 있으니 네 하나님께 노래를 불러라."

그들의 언어로 제가 말했습니다.

"내가 어찌 이방 땅에서 야훼의 노래를 부를 수 있겠소?"

그는 제 어깨에서 손을 치우지 않은 채로 살모사처럼 바싹 다가와 작은 단검을 꺼냈습니다. 그리고 제 코끝에 들이댔습니다.

그래서 저는 노래를 불렀습니다. 헤브루 말로 노래를 불러서 오직 제 형제들만이 이해할 수 있었습니다. 저는 부드러운 곡조를 택했습니다. 어리석은 노예들이 다시 행복해지기 위해서는 별것 아닌 노래만 부르면 된다고 바빌론 사람들이 생각하도록 말입니다.

저는 이런 노래를 불렀습니다.

바빌론의 딸들, 너희 파괴자들아!
너희의 아이들, 웃고 있는 아기들, 소년과 소녀들을
하나씩 하나씩 데려가서 그들의 머리를 돌에 메어치는
그 사람은 복을 받을 것이다!

그 노래를 불렀을 때 저는 더 이상 울고 있지 않았습니다.

오 나의 아버지, 예레미야, 당신께서 이 편지를 받으시면 꼭 당신의 건강에 관해서 한 말씀 적어 보내주십시오. 당신에게서 소식을 듣고 싶습니다. 당신께서 마지막 편지를 보내신 곳, 그발 근처 텔아비브로 편지를 보내주십시오.

틀림없이 하나님께서 당신과 함께하십니다. 예언자님!

어떤 길을 선택할 것인가

아히감 Ahikam

사반의 아들 아히감이 힐기야의 아들 예레미야에게

하나님의 사람이시여, 저를 용서해 주십시오. 저는 지금 당신의 지혜가 필요합니다. 저는 두 가지 삶의 방식 사이에서 선택을 할 수가 없습니다. 그리고 당신이 아니면 제가 어느 누구에게 편지를 쓸 수 있겠습니까?

당신께서는 이제 늙으셔서 제 계산으로는 여든다섯이 되셨을 겁니다. 그 연세에 맞게 매우 지치셨겠지요. 바룩이 이집트에서 보내온 당신의 예언, 그 위로의 작은 책자, 새 언약의 예언 이후로 당신께서는 통 말씀이 없으셨습니다. 그때가 15년 전이었습니다.

그러나 그 누구도 당신께서 돌아가셨다고 우리에게 전한 바가 없습니다. 그리고 제가 당혹스러워하는 한 가지는 이곳, 이 나라에 새로운 예언자가 나타났고 그의 말이 매우 희망적이라는 것입니다. 그는 전쟁이 끝이 났고 우리가 용서를 받았다고 말합니다.

"위로를 받으라."

그가 소리칩니다.

"내 백성아, 위로받을지어다. 네 하나님의 말씀이다!"

이 예언자는 하나님께서 우리를 구하여 고향으로 다시 데려갈 것이라고 선포합니다.

"야훼의 길을 준비하라. 우리 하나님을 위하여 사막에 똑바른 큰 길을 만들어라."

이런 예언에 대해 어떻게 생각하십니까? 제가 그 말을 믿어야 합니까? 제가 이곳에서의 생활을 포기하고 다시 고향으로 돌아갈 준비를 해야 합니까? 그러나 지금 제 아들이 아주 훌륭한 자리를 제안받았습니다. 가난하던 지난날에 비하면 훨씬 좋은 생계가 될 일이지요. 우리가 완전히 이곳에 뿌리를 내리든지 아니면 그 예언자를 믿고 서쪽으로 얼굴을 돌리든지 해야 합니다. 둘다 택할 수는 없지요. 그러나 그 예언이 거짓이라면 제 가족은 파멸하고 말 것입니다.

설명을 드리지요.

처음 텔아비브에 왔을 때 저는 무라슈라는 남자의 땅 옆에 작은 땅을 경작했지요. 15년 동안이나 우리 가족은 밭을 갈고, 씨를 뿌리고, 추수하는 모든 수고를 함께 나누었습니다.

그리고 나서 무라슈는 유프라테스 강 유역의 닙불이라는 곳으로 이사를 했지요. 바빌론에서 80킬로미터 남쪽에 있는 곳입니다. 한 바빌론 고관이 무라슈의 딸이 홀로 밭에 서 있는 것을 우연히 보았지요. 무라슈의 딸은 매우 아름다웠습니다. 그 고관은 그녀를 간절히 원했습니다. 그래서 그는 무라슈에게 가서 말했습니다.

"당신의 딸을 나에게 노예로 파시오."

무라슈는 매우 영리한 사람입니다. 저라면 그런 요청에 분노를 터뜨렸을 것입니다만, 그는 턱을 쓸면서 말했습니다.

"그 아이는 매우 섬세한 아이입니다. 그 아이는 노예 생활을 견디지 못할 것입니다."

사랑에 빠진 그 고관은 말했습니다.

"그렇다면 그녀를 내 아내로 맞게 해주시오!"

무라슈는 울기 시작했습니다.

"나리의 소원을 들어드리고 싶지만 저는 그 아이를 너무나 사랑하기에 도저히 헤어질 수 없습니다."

그 고관은 달려가서 낙타 한 마리를 끌고 돌아왔습니다.

"이것을 지참금으로 받아주시겠소?"

무라슈는 점점 더 크게 울기만 했습니다. 바빌론 고관은 달려가 서너 마리의 낙타를 끌고 왔습니다. 무라슈는 고뇌에 차서 울부짖었습니다.

"나리, 제 딸은 저에게 생명보다 더 소중한 아이입니다."

그러나 그 바빌론 고관이 스물다섯 마리의 낙타 떼를 이끌고 왔을 때, 무라슈는 눈물을 거두고 그의 장인이 되었지요. 그리하여 이제 저의 옛 친구는 매우 부유한 자가 되었습니다.

그는 일곱 대상과 창고 다섯 채, 헛간 세 채를 가지고 있습니다.

무라슈는 더 이상 이스라엘의 하나님께 기도하지 않습니다. 그는 마르둑 신을 경배하지요. 야훼가 영광의 신으로 보였던 것은 우리가 온 세상을 본 적이 없던 시절의 이야기라고 그는 말합니다. 어느 날 그가 바빌론 도시에 갔을 때 한 사제가 그에게 마르둑이 거하는 신전인 '이사길라'를 보여주겠다고 했답니다. 그들은 정원을 지나고 또 지나, 점점 더 넓어지는 정원을 보며 마침내 가장 안쪽 방에 도달하게 되었다는군요.

그 사제가 말했습니다.

"이곳이 '이쿠아'입니다."

제 친구는 놀라서 말도 못 하고 서 있었답니다.

단 위에 거대한 마르둑 상이 앉아 있었습니다. 그 위 지붕의 들보는 금과 은으로 덮여 있었고요. 벽들은 반짝이는 금으로 씌워져 있었지요. 그리고 그 거대한 마르둑 상, 그가 앉는 옥좌, 단상 그리고 그 앞에 놓여 있는 제단 모두 순금으로 주조한 것들이었습니다. 무라슈가 어림잡기로는 이쿠아라 불리는 방 안에 2만 7천 킬로그램 이상의 귀금속이 있을 거라더군요.

제 가족들은 가난 속에서 비참하게 지냅니다. 아내는 피를 쏟는 기침을 하고요.

어제 무라슈가 텔아비브에 와서 제 큰아들로 하여금 자기 대상 중 하나를 감독하게 하고 싶은데 승낙하겠느냐고 물었습니다. 옛 친구 사이의 거래라고 하면서 말입니다. 4개 국어에 능통한 아들은 제게 그 제안을 받아들이라고 간청합니다. 우리 모두 닙불로 이사를 가서 큰 집에서 살자고 말입니다.

제가 어떻게 해야 할까요? 당신께서는 한때 지금 우리가 있는 이 성읍에서 평화를 누리며 살라고 하지 않으셨습니까? 하나님께서 우리를 쫓아내신 이 도시의 번영을 추구하며 살라고, 그것이 곧 우리의 번영이 될 것이라고 말씀하셨지요. 그 충고가 오늘날까지도 유효한 것입니까?

글쎄요, 이집트에 계시는 당신께서도 바빌론 제국이 점점 약해지고 있다는 소식을 틀림없이 들으셨을 것입니다. 느부갓네살이 10년 전에 죽었습니다. 현재의 왕은 부하들에게 경멸을 당하고 있지요.

우리가 이 땅에서, 제 아들이 틀림없이 호화로운 생활을 할 수 있을 이 땅에서 그리고 그런 생활을 베풀어주는 제 친구로부터 마르둑을 섬기라는 설득을 받을지도 모르는 이 땅에서 우리 삶을 맡기며 살아야 합니까? 아니면 우리가 그 새 예언자를 믿어야 합니까?

그러나 그 예언자의 말을 받아들이기는 어렵습니다. 우리 백성을 구하기 위해 야훼께서 페르시아인인 안산 왕국의 고레스를 왕으로 세우실 것이라고 합니다. 이방인을 말입니다!

나는 하나님께서 왕으로 세우시는 자는 다윗의 아들이어야 한다고 항상 믿어왔습니다. 야훼 하나님께서 변하고 계신 것입니까? 이 예언자의 말이 진실일 수도 있습니까? 바빌론이 고레스에게 망할까요?

오 나의 아버지, 제가 누구에게 의지해야 합니까?

혼란스럽습니다. 이것은 가난보다도 더 비참합니다. 제 아내는 기침을 할 때마다 피를 쏟습니다. 저는, 저는, 제 영혼이 피를 쏟습니다.

예레미야 당신은 살아 계십니까? 답장을 주실 것입니까?

무라슈의 대상은 일주일 후면 이집트로 떠납니다. 저는 이 편지와 제 아들, 둘 다 그 대상과 함께 보낼 것입니다. 아마도 그는 타바네에서 당신의 얼굴을 직접 뵐 수 있을 것입니다. 아마도 당신께서 한때 저에게 그러셨던 것처럼 그에게 야훼의 뜻을 나타내실지 모르겠군요.

어쩌면 당신께서 그 사람 편에 저를 위해 답장 한 마디를 보내주실지도 모르겠고요.

하나님의 예언자께 항상 평화가 있기를!

다시 돌아온 예루살렘에서

아히감 Ahikam

집으로 돌아왔는데도 별로 기쁘지 않습니다.

우리가 아무런 느낌도 없이 지쳐서 도착하자마자, 요사닥의 아들 예수아 제사장이 모세의 법률에 따라 제단을 짓고 우리는 감사의 제물을 바쳤습니다. 우리 모두는 다시 아침저녁으로 번제물을 드렸습니다. 우리는 야훼께서 정하신 절기들을 지키기 시작했습니다.

그러나 예루살렘은 황량하고 사람도 많지 않습니다. 잡초들이 아름답게 포장된 길을 갈라놓았습니다. 그리고 성전이 있던 자리에는 바람만이 횅하니 자유롭게 지나갑니다. 사람들은 자신들이 쓰기 위해 그 오래된 돌들을 끌고 가버렸습니다.

그래서 우리는 새 성전의 기초를 세우기 위한 돌을 한층 많이 캐내기 시작했습니다. 석수들은 커다란 거친 석재를 잘 다듬고 성전터에서 그것들을 잘 조각하여 제자리에 맞추었습니다.

우리는 노동자들에게 음식과 마실 것과 기름을 제외하고는 아무것도 지불하지 못했습니다. 2년 동안 비는 조금밖에 내리지 않았습니다. 수확은 좋지 않았습니다.

그리고 그때 기초가 완공되었습니다. 사제복을 입은 제사장들이 봉헌의식에 우리를 불러모았습니다. 그들이 지나갈 때 나팔을 불었습니다. 레위 사람들이 바라를 들고 야훼를 찬양하며 뒤따랐습니다. 그들은 노래를 불렀습니다.

"야훼는 선하시고, 당신의 끊임없는 사랑 때문에 이스라엘을 향해 영원히 인내하십니다."

그리고 나서 우리가 그 성전 토대가 있는 곳으로 갔을 때, 거대한 함성이 들렸습니다. 모든 젊은이들이 감사와 기쁨으로 소리쳤습니다. 제 아들도 그 또래의 젊은이들 사이에서 손을 들었습니다. 뻗은 팔들은 숲을 이루었습니다.

그러나 저는 울었습니다. 우리는 울었습니다. 저희 세대의 사람들은 이 성전 기초를 보았을 때 울었습니다. 우리는 옛 성전의 영광을 기억했기 때문입니다. 그것에 비하면 이것은 장난감에 불과합니다. 우리의 슬픔이 너무 커서, 먼 거리에 있는 사람들은 우리가 기뻐서 외치는 것인지 슬퍼서 그러는 것인지 잘 구별할 수가 없을 것입니다.

나의 아버지, 하나님의 예언자 예레미야여. 당신은 이 편지를 받지 못할 것입니다. 제가 보내지 않을 것이기 때문입니다. 그러나 단지 편지를 쓰는 것만으로도 저에겐 위로가 됩니다. 당신께 편지를 쓸 때면 당신이 보입니다.

그러나 당신은 아무것도 보지 못하시겠지요.

당신은 오랫동안 제 편지를 받지도 보지도 못했습니다. 제 아들이 대상에 끼어 이집트로 길을 떠났을 때, 그는 타바네에서 당신의 종 바룩만 보고 당신은 찾지 못했습니다. 당신의 뼈는 이미 이집트 모래 속에 묻혀 있었지요. 우리 조상 요셉이 야훼께서 우리를 노예생활에서 불러내시기 전에 수백 년 동안 누워 있던 그곳에 말입니다.

그리고 이제 야훼께서 우리를 다시 고향으로 불러주셨습니다. 그 예언자의 말이 맞았습니다. 페르시아의 고레스 왕이 동서의 모든 왕국들을 멸망시키고 그 이전의 어느 제국보다도 더 큰 제국을 이루었습니다. 그리고 나서 그는 유다인들이 유다로 자유롭게 돌아가도 된다고 포고령을 내렸지요. 그 포고령이 텔아비브에 내리던 날, 아들이 저의 작은 방으로 들어와 제 옆에 무릎을 꿇고 앉아 울었습니다. 우리는 기쁨에 떨었습니다. 우리가 오래 살아남아서 예루살렘을 볼 수 있게 되었기 때문입니다.

아들은 제 옛 친구인 무라슈의 제의를 받아들이지 않았어요. 그의 어미, 그러니까 제 아내가 갑자기 끔찍한 출혈로 세상을 떠났고 그 슬픔이 우리를 서로 가까워지도록 만들었습니다. 사실 슬픔과 고통이 우리를 야훼께로 가까이 이끌었습니다. 위로에 대해 말하던 그 예언자 또한 슬픔을 이해했기 때문입니다.

야훼께서 말씀하셨습니다.

'두려워하지 말아라. 내가 너희를 구했기 때문이다. 내가 너희 이름을 불렀다. 너희는 나의 것이다. 너희가 물을 건널 때 내가 너희와 함께할 것이다. 너희가 불길 속을 걷게 되더라도 너희는 불에 타지 않을 것이다. 내가 너희의 야훼 하나님, 이스라엘의 거룩한 이, 너희의 구원자이기 때문이다. 너희가 내 눈에 귀하고 자랑스럽고, 내가 너희를 사랑하기 때문이다.'

우리는 그 예언자를 믿었습니다. 우리는 야훼를 믿었습니다.

이제 우리는 고향으로 돌아왔습니다.

저는 제 아들에게 그의 할아버지가 묻혀 있는 무덤을 보여주었습니다. 그곳은 또한 제가 묻히기를 바라는 곳입니다. 이제 곧 예레미야, 야훼의 예언자여. 기껏해야 이삼 일, 길어야 사흘 안에 저는 당신을 따라 어둠으로 내려갈 것입니다.

야훼께서 지금 성전과 도성과 생명을 다시 세우고 있는 유다인들에게 자비를 베푸시기를!

7부

갈망

BLACK SEA
Sinope
Phrygians
Halys R.
Trapezus
Cyrus R.
Araxes R.
Mushki
Milid
Nairi
Pamphylians
Tarsus
Carchemish
Nisibis
Dur Sharrukin
(Khorsabad)
Arpad
Haran
Arbela
Euphrates R.
Nineveh
Khalman
(Aleppo)
Calchu
Assur
Soli
Salamis
Hamath
CYPRUS
Paphos
Citium
Arvad
ASSYRIAN
MESOPOTAMIA
Tadmor
Upi
Halwan
PHOENICIA
Gebal (Byblus)
SEA
Sidon
Damascus
EMPIRE
Tigris R.
Zor (Tyre)
Babylon
Nippur
Megiddo
Borsippa
Lagash
PALESTINE
Samaria
Joppa
Jerusalem
Larsam
Gaza
MOAB
Tanis
EDOM
Selah
Heliopolis
(On)
Ezion
Gebar
Elath
Arab
Nile R.
GYPT
RED SEA
Thebes
First Cataract
Syene
Tropic of Cance

야훼는 변하지 않는다

말라기 Malachi

야훼께서 말씀하신다.

'내가 너희를 사랑했다.'

사람들이 묻는다.

"야훼께서 어떻게 저희를 사랑하셨습니까?"

'야곱은 에서의 동생이 아니냐? 그런데 내가 야곱을 택했다. 내가 야곱을 사랑했다. 그러나 너희, 제사장들아! 너희는 내 이름을 멸시했다!'

예루살렘에서 야훼를 섬기는 제사장들이 묻는다.

"저희가 어떻게 당신의 이름을 멸시했습니까?"

'내 제단에 더러운 빵을 바쳤다.'

"저희가 어떻게 빵을 더럽혔습니까?"

'너희의 마음으로 그렇게 했다! 너희는 눈먼 짐승을 바쳤다. 너희는 병들고 절룩거리는 짐승을 제물로 바쳤다. 오, 너희 가운데 한 사람이라도 성전 문을 닫고 내 제단에 헛되이 불을 피우지 말도록 막아줬으면 좋겠구나.'

예루살렘에는 다시 성전이 세워졌다. 또한 성직자들이 있었고 몇 번인가 제사도 치러졌다. 그러나 성스러움은 찾아보기 어려웠다.

성전 기초가 기쁨과 슬픔의 외침 속에 바쳐진 후, 기근과 가난이 사람들의 힘을 고갈시켰다. 그들은 비참했고 수도 적었다. 그리고 생활이 너무 어려워 성전에서 무슨 일을 진행시킬 수가 없었다. 20년 동안 유다 사람들은 목숨만 부지하기에도 힘들었다.

다윗의 옛 왕국은 거대한 페르시아 왕국 안의 한 틈바구니 속에 비집고 들어서 있었다. 예루살렘은 사마리아가 다른 사마리아 사람을 시켜 다스리는 하찮은 성읍에 지나지 않았다. 유다인들은 그들을 사랑하지 않는 사람들에게 지배당하며 고통을 겪었다.

그때 페르시아 왕 다리우스가 성전을 다시 짓도록 허락하였다. 5년이 흘러 성전이 완성되었을 때, 그 성스러운 건물은 작았고 아름답지는 않았으나 기능적이었다.

세월이 흘렀다. 망명지에서 모국으로 돌아온 사람들은 얼마 되지 않았다. 사람들이 드고아에서 오랜 석조 건물의 파편들을 치우고 그곳에 다시 살기 시작했다. 소수의 사람들은 벧엘 주변에 있는 땅뿐만 아니라 여리고에도 작은 집을 지었다. 예루살렘은 번성하지 않았다. 인구도 적었다. 그 도시는 성벽도 없었고 성전을 제외하면 새 건물이라고는 없었다. 70년 동안 예루살렘 사람들은 누추한 곳에서 낙담하며 살았다.

그러나 그때 시민들이 일어서서 성벽을 다시 짓기 시작했다. 사마리아 총독은 그만두라고 명령했다. 그러나 그들은 그만두지 않았다. 오히려 두 배로 노력을 기울였다. 그래서 총독은 페르시아 제국의 고관들에게 그 사실을 알렸고, 그들은 왕의 칙령을 받은 무장 군대를 도성에 보냈다. 시민들은 성벽 짓기를 그만두었다. 성벽은 힘없이 무너져버렸고 쓸모없게 되었다. 마치 유다인들의 떨어진 사기를 나타내는 듯했다.

10년 전 에돔 사람들은 아랍 사람들에 의해 조상의 땅에서 쫓겨났다. 이제 그들은 예루살렘의 바로 남쪽 헤브론 주변에 좋은 땅을 차지하고 있다. 야곱의 형 에서의 자손들은 이제 야곱 자손들에게 끊임없이 골칫거리가 되고 있다. 야곱의 자손들에게는 그들을 보호해줄 성벽도 없었다. 사람들은 기도를 했다.

"에돔의 현명한 자들을 없애주소서!"

그러나 이 기도가 전부였다. 그들에게 하나님은 사라져버린 것처럼 보였다.

야훼께서 말씀하신다.

'나는 변하지 않는다. 야곱의 자손들아, 나는 너희의 조상을 사랑했다. 나는 아직도 너희를 사랑한다. 내게로 돌아오라. 그러면 내가 너희에게로 돌아갈 것이다.'

사람들이 말한다.

"어떻게 하면 저희가 돌아갈 수 있습니까?"

'내 것을 훔치지 말아라.'

"저희가 어떻게 야훼의 것을 훔쳤습니까?"

'너희는 십일조를 바치지 않았다.'

"아닙니다. 오 하나님! 저희가 십일조를 바치지 못한 것은 비가 오지 않았기 때문입니다! 적들이 남과 북에서 저희를 괴롭히고 있습니다. 저희는 피곤합니다. 너무나 어려운 때입니다. 그리고 칠십 년 동안 예언자들의 약속은 하나도 이루어지지 않았습니다."

'유다의 자손들아, 너희는 내가 언제 내 언약을 이룰지 궁금해하고 있느냐?'

"저희는 악한 일을 하는 자들이 번성하는 것을 보았습니다. 이 땅에 정의는 어디에 있습니까? 그리고 정의의 하나님은 어디에 있습니까?"

야훼께서 말씀하신다.

'정의가 없다면, 너희의 손과 마음에 그것이 없는 것이다.'

만군의 주께서 말씀하신다.

'보라, 나는 내 앞의 길을 준비하기 위해 나의 사자를 보내겠다. 그러나 누가 그 사자가 오는 날에 견뎌낼 수 있겠는가? 그는 용광로의 불과 같고 표백하는 잿물같기 때문이다. 그는 레위 자손을 정화시켜 그들이 나에게 의로운 제물을 바칠 때까지 그들을 금이나 은처럼 깨끗하게 할 것이다. 그때에야 비로소 유다와 이스라엘에서 드려지는 제사가 옛날처럼 나를 기쁘게 할 것이다.'

오늘 아침 한 남자가 집을 떠나 예루살렘의 구불구불한 길을 따라 내려가서 한 여인의 집으로 갔다. 거기서 그는 엄숙하게 그녀와 언약을 맺었다. 그녀의 아버지와 모든 만물의 아버지인 창조자 앞에서 그 남자는 평생 동안 그녀의 남편이 되겠다고 약속했다.

이제 그들은 성읍 길로 돌아가고 있다. 신랑 신부의 들러리들과 함께. 소고소리와 춤이 있다. 기쁨과 작은 희망을 가지고 그들은 그 젊은이의 집으로 돌아가고 있다.

오늘 저녁 그들은 축하할 것이다. 사람들은 잠시 동안 가난을 잊을 것이다. 약간의 포도주와 많은 음식이 있다. 춤을 추고 은밀한 이야기를 나누면서 공공연하게 농담을 할 것이고, 오늘밤 남편과 아내는 어두운 신방에 함께 누울 것이다.

그러나 내일 무슨 일이 일어날지 누가 말할 수 있겠는가? 어쩌면 그녀가 만찬을 망칠지도 모른다. 그러면 젊은이는 어떻게 할 것인가? 요즘 같으면 그가 다음날 일어나서 그녀와 이혼하는 것도 있을 수 있는 일이다. 그렇게 쉽게 결혼 서약을 깨뜨리는 것도 흔한 일이다.

그리고 나서 그는 또 다른 여인과 결혼할지도 모른다. 어쩌면 이방 여인을 택할지도 모른다. 어쩌면 사마리아인을. 요즘에는 사마리아 사람들이 더 부자고 더 힘이 있다. 사마리아 여인 단 한 명의 지참금으로 한 세대의 가난을 극복할 수 있고, 사마리아인 장인은 자비를 베푸는 하나님만큼이나 좋은 존재로 받아들여졌다.

야훼께서 말씀하신다.

'그러나 나는 야훼이다. 나는 변하지 않는다. 그러므로 야곱의 자손들아, 너희는 소멸되지 않는다.'

예루살렘의 성전은 작고, 솔로몬이 500년 전에 지은 집만큼 영광스럽지는 않다. 그러나 야훼께서 그 평범한 성전을 기억하시고 여전히 그곳에서 말씀하신다. 제사장을 통해서가 아니라 그들에게 말씀하신다.

도성에 또한 하나님의 사자가 있기 때문이다. 한 명의 예언자가.

그러나 이 시대는 예언자들을 존경하지도, 알아주지도 않을 뿐더러 예언자 자체가 거의 남아 있지 않다.

그리하여 현재의 예언자는 그 이름을 밝히지 않는다. 지금부터는 아무도 그의 이름을 부르지 않을 것이다. 그는 단지 그의 직분, 야훼께서 그를 사랑하시는 이유인 그의 일로써만 알려질 것이다. 그를 부르시면서 야훼 하나님께서 또한 그의 이름을 지어주셨다. 헤브루어로 '나의 특사'라는 뜻의 말라기가 그 이름이었다.

만군의 주께서 말씀하신다.

'용광로의 불길같이 그날이 온다. 그날에는 교만한 자와 악한 행실을 하는 자들 모두가 지푸라기처럼 탈 것이다. 그날, 그들을 불살라버려 뿌리도 가지도 남김없이 태워버릴 것이다. 그러나 내 이름을 두려워하는 자들에게는 정의의 태양이 떠올라 치료의 광선을 내뿜을 것이

다. 너희를 송아지처럼 뛰어다니게 할 것이다. 그리고 사악한 자들을
짓밟게 할 것이다. 그들은 너희의 발바닥 아래서 재가 될 것이다. 내가
그 일을 이루는 날에.'

다시 세워진 성벽

느헤미야 Nehemiah

페르시아의 왕 아르타크세르크세스(아닥사스다) 1세의 술 따르는 자이름은 하가랴의 아들 느헤미야이다. 느헤미야는 바빌론에서 동쪽으로 322킬로미터 떨어진 수사(수산)에 있는 왕의 궁전에서 왕을 모신다. 그는 왕과 가까운 사이이고, 왕궁 내실을 지키며 관리한다. 그는 그릇된 오만이나 아첨으로 고관의 직위에 오른 것이 아니라 실용적인 재능과 확신 있는 자세로 그렇게 될 수 있었다.

느헤미야는 환관이다. 술을 따르는 자로서 그는 완벽하게 왕에게 헌신하는 믿을 만한 사람이다. 그는 또한 유다인으로 위대하고 무서운 신을 숭배하는 자이다. 느헤미야는 일생 동안 페르시아의 수도에서 살 수도 있다. 그는 다른 어느 시민 못지않게 떳떳이 페르시아 정부를 섬길 수 있다. 틀림없이 그는 페르시아 왕에게서 인정받고 있다. 그러나 느헤미야는 페르시아인이 아니다.

이것이 왕에게 점점 분명한 사실이 되었다. 이 술 시종관이 점점 단정치 못하게 되었기 때문이다.

봄이다. 우기가 끝났다. 아르타크세르크세스 왕이 바빌론에 있는 겨울 별궁에서 막 돌아왔다. 특히 수사에서 아침이면 부드럽게, 푸른 저녁에는 기쁘고 화려하게 피어나는 꽃들을 즐기기 위해서였다. 그리고 지금 막 왕이 만족스러운 식사를 마쳤다.

"포도주!"

그가 부른다. 아르타크세르크세스 왕이 왕비 다마스피아와 함께 정원 테라스에 앉아 있다. 그가 포도주를 가져온 술 따르는 시종과 인사를 나누려고 고개를 들었을 때, 덥수룩한 머리에 산만한 모습을 한 자가 눈에 들어온다. 그런데 왕이 알기로 느헤미야는 항상 자신의 몸을 단장하는 데 까다로운 사람이었다.

"느헤미야, 무슨 일이냐? 어디 아프냐?"

다마스피아 또한 고개를 들고 쳐다본다.

"아닙니다."

"씻지도 않은 모양이로구나! 다마스피아, 우리의 좋은 친구가 불결하오! 당신은 이 자가 몸을 단장하지 않거나 직분을 소홀히 하는 것을 본 적이 있소?"

그러나 왕비는 왕의 손목을 잡는다.

"부드럽게 이야기하세요. 우리에게 폐를 끼치려는 것이 아닙니다. 마음이 아파서 그렇지요."

그녀가 느헤미야를 응시하며 말한다. 아르타크세르크세스 왕은 술 시종장을 향해 눈살을 찌푸린다.

"마음이 아픈 것이냐, 느헤미야?"

"네."

"왜 그러느냐? 다마스피아, 당신은 그가 왜 슬픈지 알고 있소?"

왕비는 침묵을 지켰다. 느헤미야는 잠시 가만히 서 있더니 이윽고 입을 연다.

"왕이시여, 만수무강하소서! 도성이, 제 아버지의 무덤이 있는 곳이 폐허가 되어 그 성벽은 무너졌고 문들이 불에 타버렸는데 제가 어찌 슬프지 않겠습니까?"

"예루살렘을 말하는 것이냐?"

"예루살렘, 다윗의 도성……. 맞습니다."

"그러나 그것은 전혀 새로운 소식이 아니지 않으냐? 예루살렘은 백삼십 년 전에 파괴되었다. 왜 그 사실이 지금에 와서 너를 괴롭히느냐?"

갑자기 느헤미야에게서 말이 쏟아져나온다. 그는 몸을 똑바로 세운 채 떨지도 않고 포도주를 흘리지도 않는다. 그러나 열정이 그의 혀를 칼처럼 날카롭게 만든다.

"석 달 전에 제 형제 하나니가 유다에서 수사로 왔습니다. 저는 예루살렘에서 아직 생존하고 있는 유다인들에 관해 물었습니다. 그는 고개를 저었습니다. 제 형제는 거의 쓰러질 것 같았습니다. '고생스럽습니다.' 그가 말했습니다. '굉장히 고생스럽고 수치스럽습니다.' 저는 모든 이야기를 들을 때까지 밤새도록 그에게 물었고, 제 친족들이 예루살렘 도성을 다시 지으려고 했다는 사실을 알았습니다. 그들은 에돔과 사마리아, 유목민과 아라비아 사람들에게 괴롭힘을 당하고 있습니다. 그들은 성벽으로 자신들을 보호하려고 했습니다. 성벽 말입니다. 왕이시여! 얼마나 하찮은 도성이기에 성벽조차 없단 말입니까? 그러나 사마리아의 총독이 자신의 상전인 페르시아 총독에게 이 사실을 알렸고, 그 자는 이곳 수사에 있는 당신의 종들로부터 유다인들이 성벽 세우는 것을 금하여야 한다는, 당신의 이름으로 내린 명령을 받았습니다. 그리하여 사마리아의 고관들이 와서 제 형제, 제 동포들이 해놓은 일들을 무너뜨렸습니다. 다듬어놓은 돌들을 깨뜨려버렸습니다. 예루살렘에 살고 있는 유다인들의 희망을 꺾었습니다. 그들을 파멸시켰습니다."

느헤미야는 입을 다물고 잠시 엄숙하게 있다가 앞으로 나와서 포도주를 따르기 시작한다. 아르타크세르크세스 왕이 부드럽게 말한다.

"술 시종장아, 나에게 요청을 해라."

느헤미야는 똑바로 왕비를 응시한다. 그리고 왕비가 고개를 끄덕이자 얼굴을 돌리더니 속삭이기 시작한다. 점점 크게 속삭이고 있다. 그러나 헤브루 말이다. 그는 몸을 약간 앞뒤로 흔들고 있다. 그는 기도를 올리고 있다. 그리고 나서 그는 사나운 매처럼 왕에게 돌아서서 말한다.

"왕께서 괜찮으시다면 그리고 당신의 종인 제가 총애를 받고 있다면, 저를 유다, 제 아버지의 무덤이 있는 도시로 보내주십시오. 그리하여 제가 도성을 다시 짓도록 해주십시오."

아르타크세르크세스 왕이 말한다.

"너를 유다로 보내달라고? 그러면 내가 어디서 너만큼 훌륭한 시종장을 구할 수 있겠느냐?"

그러나 다마스피아 왕비가 다시 왕의 손목을 잡자 왕은 말을 끊는다. 마침내 그가 말한다.

"얼마나 오래 가 있을 것이냐? 언제 돌아올 것이냐?"

느헤미야는 이제 아주 실용적인 계산을 하며 말한다.

"제가 필요한 자재를 구하고 그곳에 가는 데 사 년이 걸립니다. 왕께서 강 너머 페르시아 총독에게 저를 안전하게 보내라는 친서를 써주시겠습니까? 그리고 왕실 숲을 맡아보는 아삽에게도 성전 문과 요새의 대들보와 성벽 그리고 제가 머무를 집에 쓰일 목재들을 가져가도록 허락하라는 편지를 써주시겠습니까?"

왕이 고개를 끄덕이며 머리를 왕비 쪽으로 기울인다.

"다마스피아, 분명히 우리의 좋은 친구가 이 문제에 대해 깊이 생각했나보구려. 내가 말하기도 전에 내가 할 말을 다 알고 있지 않소?"

왕비도 시종장도 아무 말 하지 않는다. 왕이 눈을 가늘게 뜨고 말한다.

"그리고 그는 물론 자신이 페르시아 왕에게 왕의 칙령을 번복해 달라고 요청하고 있다는 것을 알고 있소."

느헤미야의 얼굴이 창백해진다. 아르타크세르크세스 왕은 거기서 그

668

의 두려움을 본다. 그러나 그는 떨지 않고 당당하고 꼿꼿한 모습을 유지하는 유다인의 품위 있는 예절과 용기를 존중한다. 갑자기 왕이 미소를 지으며 의자 뒤로 기댄다.

"그곳에 가는 데 사 년이 걸린다고, 느헤미야? 그렇다면 얼마나 오랫동안 가 있을 것인가? 언제 돌아올 것인가?"

두려움 속에 얼굴이 아직 굳어 있기는 하지만 느헤미야는 침을 삼키고 계속 말을 이어나간다.

"청이 한 가지 더 있습니다. 왕께서 유다를 자치구역으로 정해주시어 사마리아로부터 분리시켜주시고 저를 첫 총독으로 임명해 주십시오. 그렇게 해주신다면, 왕이시여, 제가 십이 년을 더하여 다녀오겠습니다. 모두 십육 년이 될 것입니다."

페르시아 왕, 아르타크세르크세스는 거의 웃을 뻔했다.

"유다인이여, 그대는 정말로 놀라운 사람이네!"

그는 포도주 잔으로 손을 가져가 그것을 입에 대고는 눈을 감고 한 잔을 다 마신다.

"달콤한 봄이오. 그렇지 않소, 다마스피아?"

그는 왕비의 손을 잡고 그 손을 자신의 뺨에 대고서 술 시종장에게 말한다.

"얼굴을 닦아라, 느헤미야. 가라, 가서 나의 축복 속에 너의 도성을 구하고 네 지역을 다스려라."

느헤미야가 예루살렘에 온 지 사흘이 되었다. 첫날 그는 그의 형제 하나니를 찾았다. 둘째 날은 조상들의 무덤에 참배를 드렸다. 비록 분명한 명령권을 가진 페르시아의 수행원과 함께 도착했지만, 그는 예루살렘을 위해 계획하고 있는 바를 누구에게도 말하지 않았다. 그가 은밀하게 서두르는 데에는 충분한 이유가 있다.

이제 셋째 날 밤이다. 보름달이 떴고 공기는 차갑다. 양모 옷으로 몸을 감싼 느헤미야는 예루살렘 남서쪽 '골짜기 문'의 폐허가 있는 곳으로 노새를 타고 갔다. 그는 '힌놈의 아들 골짜기' 위에 있는 문 밖에 앉아서 부서진 돌과 까맣게 탄 숯을 바라보며 조용히 혼자서 중얼거린다. 자신이 앞으로 해야 할 일들을 계획하고 있는 중이었다. 두 남자가 무너진 문을 지나 그와 자리를 같이한다. 느헤미야가 말한다.

"도착했을 때 나는 북쪽을 쳐다보았소. 우리는 그곳 '양의 문' 서쪽으로 함메아 망대 그리고 하나넬 망대가 있는 곳에서부터 공사를 시작할 것이오. 그리고 나서 우리는 태양을 등지고 원을 그리며 일을 시작할 것이오. 그러나 이곳."

느헤미야가 차가운 밤바람 속으로 한숨을 내쉰다.

"이곳."

그는 도성 밖 거친 땅이 있는 동쪽으로 노새를 재촉한다. 갈라지고 잡초로 엉켜 있는 돌들…… 느슨하게 박혀 있던 돌들이 갑자기 그의 오른쪽 골짜기 아래로 떨어진다. 마침내 또 다른 옛 문의 기둥이 달빛 속에 나타난다. 느헤미야는 멈춘다.

"하시드 문."

그가 나직이 말한다.

"백칠십오 년 전에 그 예언자가 이곳에 서서 말했지. '오, 유다의 왕들이여. 나는 이곳에 재앙을 내리리라. 듣는 자들의 귀가 얼얼할 정도로 무서운 재앙이 되리라.' 아, 예레미야!"

느헤미야는 말에서 내려 다시 한 번 자재와 중량, 노동자들과 기간을 계산하고 나서 천천히 앞으로 향한다.

한밤중이다. 느헤미야는 불타버린 두 문, '하시드 문'에서 '샘의 문'까지 부서진 벽들을 조사했고, 이제 기혼을 바라본다. 기드론 골짜기 아래 샘물과 긴 수로가 있다. 다윗 왕이 장군 요압을 이 성으로 보내 그곳을 통해 공격하여 거주자들을 놀래키며 단 한 번의 작전으로 적의 사기를 꺾은 곳이다. 느헤미야는 더 깊은 한숨을 쉰다. 그 젊고 즐거웠던 다윗 시대와 예언자 예레미야의 탄식 사이에 너무도 많은 일들이 일어났다.

그러나 느헤미야는 계속 회상에 잠겨 있을 수 없었다. 그는 할 일이 있다. 이제 그들은 기드론 골짜기가 급하게 아래로 깊어지는 지점에 도달했다. 길이 사라진 것이다. 느헤미야는 뒤에 있는 시종에게 나직이 말한다.

"이제 충분하다."

그리고 노새를 돌려 넓은 길로 나와 온 길로 되돌아간다.

사마리아 지역의 총독 산발랏은 크게 분노한다. 그는 두 팔을 번쩍 쳐들고 소리지르며 집무실들 사이를 왔다 갔다 하고 있다.

"유다가 내 손에서 빠져나가다니 있을 수 없는 일이야. 메디아와 페르시아 법을 반박할 수는 없지. 그러나 나는 예루살렘에서 갑자기 출세한 이 혀 짧은 바보를 다룰 수 있어야 해! 그 자가 유다인들에게 무슨 일을 시켰다고?"

유서 깊은 명문가 출신의 부자인 암몬인 도비야가 살찐 몸을 뒤뚱이고 숨을 헐떡이며 이 방 저 방으로 총독을 따라다니고 있다.

"그들은 도성의 벽을 세우려고 합니다."

"그 일들을 얼마 동안 했느냐?"

"삼 주 되었습니다."

"잘 되고 있느냐?"

"글쎄요, 대제사장 엘리아십 집안이 '양의 문'을 재건하였습니다. 이미 바쳐졌습니다만……."

"오오오!"

산발랏이 소리친다.

"그리고 하스나아의 자손들이 '물고기의 문'에 문틀을 세우고 문짝을 달고, 빗장과 빗장둔태(빗장을 끼도록 구멍을 뚫은 긴 나무 토막) 등을 만들었습니다."

"이런 괘씸한!"

"문들 사이에 성전의 북쪽을 보호하는 요새를 지금 공사……."

"그 자의 이름이 무엇이냐?"

"느헤미야입니다."

산발랏이 복도를 걸어서 집을 나선다. 그는 대장들이 기다리고 있는 바깥뜰로 나간다. 유다를 둘러싸고 있는 지역에서 온 다른 동맹자들도 있다.

"이 아무 힘도 없는 유다인들이 무엇을 하고 있느냐!"

산발랏이 분개한다.

"너희 중 그들이 모든 것을 재건할 수 있을 것이라 생각하는 자가 있느냐? 그들은 단지 제사만을 올리겠다는 것이냐? 이러한 꿈들을 하루 만에 끝낼 수 있을 것 같으냐? 쓰레기더미에서 돌을 꺼내어 쓰겠다는 말이냐? 불타버린 자재들로 성벽을 만들 수 있다는 것이냐?"

도비야가 킬킬 웃으며 산발랏을 따라 뜰로 나간다.

"걱정 마십시오! 그들이 짓고 있는 성벽은 여우 한 마리가 들이받아도 무너질 정도일 것입니다."

대장들이 웃는다. 산발랏은 굳은 얼굴로 도비야를 향한다.

"자네는 그 자 느헤미야와 실제로 이야기해 본 적이 있느냐?"

"있습니다. 저와 아랍 사람 게셈이 함께 예루살렘에 갔었습니다. 우리는 어느 더러운 시장에서 느헤미야를 만났습니다. 수염도 없는 사람이었습니다. 조정의 간신처럼 향수 냄새를 풍기고 두건을 쓰고 있었습

672

니다. 우리가 말했습니다. '당신은 지금 무엇을 하고 있는 거요? 왕께 반역이라도 하는 것이오?' 그가 종교적인 오만한 태도로 답했습니다. '하나님께서 우리를 번성하게 하실 것이오. 그러나 예루살렘에서 당신들의 몫은 없소.' 나는 웃기 시작했습니다. 그 냄새 나는 시장에서, 나라도 없는 우울한 시민들에 둘러싸인 이 멋부리는 페르시아 유다인 환관을 보고 있자니 웃지 않을 수 없었지요. 그런 상황에서 제 몸이 근질거리지 않을 수 없었습니다. 그런데 그 자가 얼굴이 하얗게 되어서는 목소리를 높여 저에게 저주를 했습니다. 그가 소리쳤습니다. '오 하나님, 저들의 조소가 그들 머리 위에 떨어지게 하소서.'"

"그래! 그렇지!"

산발랏이 소리친다.

"그 환관을 있던 곳으로 보내자!"

갑자기 사마리아 총독은 동맹자들에게 빗발치듯 명령을 내린다.

"게셈과 아라비아인들은 남쪽에서부터 공격하시오. 아스돗 사람들은 서쪽에서 똑바로 끼어드시오. 나는 북쪽에서 그 도시를 칠 것이오. 나는 반드시 '양의 문'과 '물고기의 문'을 태워 새 재목이 타는 연기를 피워낼 것임을 맹세하오. 자, 움직이시오! 우리를 막을 성벽이 없는 동안에 움직이시오!"

예루살렘의 짐꾼들은 약해지기 시작했다. 52일 동안 그들은 다듬어진 돌들을 성벽에서 일하고 있는 사람들에게 날랐고, 이제는 힘에 부쳐 비틀거린다. 성벽은 겨우 반밖에 완성되지 않았다. 도성 주변을 따라 낮게 띠 모양으로 돌을 둘러 세운 정도였다. 이제 그들은 멈출 수도 쉴 수도 없다.

그러나 단 하루 사이에 사마리아 성읍 근처에 있는 마을로부터 예루살렘의 적들이 군사행동을 취할 준비를 하고 있다는 보고가 일곱 번이나 연달아 들어왔다. 저녁이다. 유다인들은 작은 움직임이라도 있나 하고 언덕을 지켜보고 있다.

"그들이 우리를 죽이러 오고 있는 것이다."

지친 사람들이 말한다.

"그리고 우리에겐 그들을 막을 방법이 없다. 아무것도."

갑자기 나팔소리가 도성 위에서 하늘을 가르며 울린다. 그리고 함메아 망대 꼭대기에 수사에서 온 작은 총독이 오른손에 횃불을 들고 서 있다. 그의 얼굴이 불빛을 받아 환하다.

"그들을 두려워하지 마시오."

느헤미야가 예루살렘에게 소리친다.

"위대하시고 두려운 야훼를 기억하시오. 그리고 당신들의 형제, 아들, 딸, 부인과 가정을 위해 싸우시오!"

시민들은 설득당하지 않는다.

"우리는 한 번도 싸워본 적이 없소! 그리고 당신은 대장도 아니잖소!"

"그러나 야훼께서 대장이시오! 그리고 나는 그분의 종이오. 들어보시오."

적들을 평가해 보고 동포의 잠재력을 계산해 본 느헤미야가 외친다.

"이것이 우리의 전략이오. 첫째, 가까이에 있는 모든 유다 마을 사람들은 밤이나 낮이나 도성 안에서 지내시오. 우리는 예루살렘을 가득 채울 것이오. 둘째, 성벽 뒤에 구덩이를 파시오. 그리고 집안별로 칼과 창과 활을 가지고 그 참호 속에 머무시오. 셋째, 여러분들이 서로 멀리 퍼져 있을 때 나팔소리가 나면 소리 나는 곳으로 모이시오. 그곳이 적들이 쳐들어온 곳이오. 넷째, 이 점을 알고, 믿고, 당신들의 마음을 무장하시오. 우리의 하나님께서 우리를 위해 싸우실 것이오!"

사람들이 느헤미야를 믿든 안 믿든, 적어도 그들은 그날 저녁 할 일이 있고 내일을 위한 계획이 있다. 이것이 새로워진 모습이다. 유다 사람들에게 일을 하는 목적이 생겼고 그 일에 대한 독려가 샘솟았다. 그렇다. 그리고 희망이 있다.

밤새도록 유다인들은 훌륭한 참호를 판다. 아침에 느헤미야는 일하는 사람들을 두 조로 나누었다. 성벽 공사가 계속되는 동안 한 조는 일을 하고 다른 한 조는 망을 보는 것이다. 그리하여 낮이나 밤이나 그들은 자신들의 힘을 보여주고 있다. 도성에서 날카로운 창들이 왔다 갔다 움직이고, 사람들은 명령을 외치며 서로에게 경례한다.

사마리아 총독 산발랏이 편지를 쓰고 있다. 이것은 예루살렘에 있는 느헤미야에게 쓰는 다섯 번째 편지이다. 그의 첫 편지는 이러했다.
'오시오. 오노 평야에 있는 마을에서 만납시다.'
그가 자신을 낮추고 먼저 초청을 하는 데에는 충분한 이유가 있다. 그도 그의 동맹국들도 예루살렘을 공격할 수가 없었다. 페르시아가 평화로운 시기에 실제 전투를 한 번도 경험한 적이 없는 그들의 군대가 보기에 성 안에 있는 군대는 자기들보다 강해 보였기 때문이다. 그 군대는 시종 기민하게 움직였고 많은 병기가 높은 성벽 위로 뻗쳐올라 있는 것이 보였다. 그래서 산발랏의 연합군은 공격하기를 거부했다.
산발랏과 도비야는 이 잘 단장한 작은 총독을 그 성에서 끌어내 죽일 방법을 모색하고 있었다. 그러나 느헤미야는 첫 편지에 다음과 같이 답을 했다.
'나는 지금 큰 공사를 하고 있소. 당신을 방문하느라 그 일을 중단할 수는 없소.'
산발랏은 두 번째, 세 번째, 네 번째 편지를 썼다. 그러나 그 환관은 매번 첫 번째 것과 똑같은 답장을 보냈다. 그래서 산발랏이 다섯 번째 편지를 쓰고 있는 것이다. 그는 느헤미야가 언급하는 '큰 공사'가 무엇인지 알고 있다. 그는 또한 예루살렘 성벽의 오래된 갈라진 틈들이 다 고쳐졌다는 것도 알고 있다. 또한 도성의 동쪽 언덕에 있는 정탐꾼들을 통해 도성 문이 아직 완성되지 않았다는 것, 적어도 아직 문틀에 달지는 못하고 있다는 것을 알고 있다.

그래서 그의 다섯 번째 편지에는 불필요한 공손함이 없다.

'여러 민족들 사이에서 당신과 유다인들이 역모를 꾸미기 위하여 도성을 짓고 있다는 보고가 들어와 있소. 당신이 유다의 왕이 되려고 한다는 것이오. 당신이 와서 나와 이야기하지 않으면 내가 페르시아 왕 아르타크세르크세스께 당신에 대해서 보고하겠소.'

산발랏은 두루마리를 잘 말아서 인장으로 봉한다. 그는 방에서 기다리고 있는 한 사람에게 그것을 건넨다. 유다인이다. 그는 그 유다인에게 한 눈을 찡긋하며 열심히 고개를 끄덕인다.

"스마야, 이 일을 먼저 처리해라. 그리고 두 번째 일을 그 다음에 해라. 알겠느냐? 네가 무슨 일을 해야 하는지 이해하고 있느냐?"

스마야가 말한다.

"네."

산발랏은 미소를 지으며 스마야의 손에 페르시아 금화가 든 주머니를 슬쩍 밀어넣는다. 그 동전에는 아르타크세르크세스 왕이 무릎을 꿇은 채 오른손에는 창을, 왼손에는 활을 들고 있는 형상이 새겨져 있다.

"하나님의 예언자 스마야, 너는 충성이란 것이 무엇인지 아는 현명한 자다. 이제 주머니에 왕을 모시고 다니게 되었구나!"

스마야는 예루살렘에 산다. 이제 그의 고집에 못 이긴 느헤미야가 스마야의 집 작은 뒷방으로 함께 들어간다. 일단 어둡고 은밀한 곳에 들어서자 스마야는 총독의 팔을 잡고 말한다.

"우리는 성전에서 만나야만 합니다. 당신과 나, 두 사람 말입니다."

"왜 그래야 하오?"

느헤미야가 말한다.

"은신처를 찾기 위해서입니다."

"날 위해서요, 아니면 당신을 위해서요?"

"당신을 위해서입니다, 총독님. 당신을 위해서. 예루살렘에서조차 당신을 좋아하지 않는 사람들이 있습니다. 그들이 당신을 죽이러 올 것입니다."

느헤미야는 어두운 방에 불을 붙이고 스마야를 자세히 들여다보며 묻는다.

"어떻게 이 사실을 아시오?"

"저는 야훼의 예언자가 아닙니까?"

"그렇다면 하나님께서 당신에게 말씀하셨소?"

"저에게 말씀하셨습니다. 총독님, 보십시오. 여기에 사마리아의 총독이 당신께 건네라고 준 편지가 있습니다. 읽어보시고, 우리가 도피처를 찾기 위해 성전에 가야 할지 말아야 할지 판단하십시오."

느헤미야가 두루마리를 받아들고는 인장을 깨고 천천히 읽는다.

"거짓말이오."

그가 코웃음을 친다.

"그렇다 할지라도 그가 얼마나 당신을 미워하는지는 알 수 있지요."

느헤미야는 등불을 끄고 스마야의 방을 떠난다. 스마야가 서둘러 그를 쫓아간다. 그들은 성전이 있는 언덕으로 올라간다.

"그래야지요."

점점 땀에 젖으며 스마야가 말한다.

"그래야지요, 성전으로 곧바로 들어가 문을 닫읍시다. 그들이 바로 오늘밤 당신을 죽이러 올……."

느헤미야가 발을 멈춘다. 스마야는 세 발짝 더 가서야 자신이 혼자 걷고 있다는 것을 깨닫는다. 그가 돌아서자 차가운 눈빛이 느껴진다. 뱀처럼 반짝이는 차가운 시선으로 자신을 노려보고 있는 눈초리.

낮고 분명한 분노의 소리로, 느헤미야가 말한다.

"이것은 분명 속임수요, 스마야! 하나님께서는 당신을 나에게 보내지 않았소. 당신은 뇌물을 받고 이 예언을 하고 있소."

"아닙니다. 총독님! 오, 아닙니다. 저는 단지 무한한 존경심을……."

느헤미야는 그를 후려친다.

"그런 말을 하고도 두렵지 않소?"

그는 스마야를 두 번, 세 번 때린다.

"예언자여, 예언자여, 당신은 하나님이 두렵지 않소? 도비야와 산발랏이 당신을 고용한 것이 분명하오! 나는 알고 있소. 하나님께서 나와 같은 사람에게 성전 안으로 들어가라고 하시지 않을 것이라는 사실을 말이오. 제사장들만이 안으로 들어갈 수 있소. 나는 환관이오, 스마야! 내가 하나님의 성전을 모독할 뻔했소!"

느헤미야의 분노에 찬 말을 듣고 사람들이 거리에 모여들고 있다. 스마야는 도망갈 방법을 궁리해 보지만 사람들이 그를 둘러싼다.

"산발랏이 나로 하여금 죄를 짓게 만들려 하고 있소!"

느헤미야가 소리친다.

"암몬 사람 도비야는 내가 두려워 도망가기를 원하고 있소. 그들은 내 이름을 더럽혀서 내 권위를 떨어뜨리고 나를 조롱하려고 계획하고 있소."

갑자기 느헤미야가 그 예언자의 턱수염을 잡고 얼굴을 휙 잡아당겨 그를 무릎꿇게 만든다.

"스마야, 하나님의 예언자여. 이 저주를 당신을 보낸 자에게 전하시오. 그들의 귓가에 대고 속삭이시오. 이렇게 말하시오. 이것은 유다의 총독, 성벽을 짓는 자, 느헤미야가 전하는 말이다. '오 하나님, 도비야와 산발랏이 저지른 죄악을 모두 기억해 주십시오. 당신이 보시는 앞에서 범한 그들의 죄와 잘못을 덮어두지 마십시오!'"

이제 구름 한 점 없이 푸르고 아름다운 새 날이 밝아오고 있다. 200년 이상 유다에 이런 날이 없었다. 예루살렘은 시골에서 올라온 사람들과 멀리 요단 평야에서 온 사람들로 가득 차 있다. 그들 모두 신경써서 옷을 입었지만 몇몇 사람들은 어두운 들판에 핀 백합처럼 환히 두드러져 보인다. 그들은 깨끗한 아마옷을 입고 기쁨과 감사와 노래를 드릴 악기를 가지고 있다.

레위 사람들이 이곳에서 유다인들과 섞여 있다. 유다의 자손이다. 그들은 바라와 하프를 가지고 왔다. 그리고 노래하는 자들의 자손들이 왔다.

도시는 감동과 웃음으로 살아 있다. 아직도 도착하고 있는 사람들이 그들의 적들에게서 시온을 확실히 보호해줄 빛나는 나무들, 고요하고 영광스런 예루살렘을 둘러싸고 있는 왕관의 보석과도 같은 새 성문들을 만져보느라 멈추어 선다. 그 누가 이 도성 문의 완성이 유다인들 마음속에 가져다준 위로를 말로 표현할 수 있겠는가?

나팔소리가 하늘을 가로지르며 맑은 음색을 펼친다. 사람들이 그 소리의 발원지를 향해 이리저리 방향을 바꾸고, 제사장들이 문 앞 정원에서 그들을 기다리고 있는 남동쪽 '골짜기 문'을 향하여 몰려가고 있고, 총독은 그 위 누벽에 서 있다.

군중들이 모두 한곳으로 몰려오자 제사장들은 그들 위로 피안개를 퍼뜨린다. 희생 제물의 피가 사람들의 머리에 마치 붉은 입김처럼 내려앉는다. 제사장들과 레위 사람들은 몸을 정결하게 하기 위하여 3일 동안 금식을 하며 보냈다. 동시에 그들은 성벽과 도성 문과 사람들의 정결을 위해 제물을 바쳤다. 이제 그들은 이 새 것을 야훼께 바치려 하고 있다.

"노래를 불러라!"

아름다운 영광으로 빛나는 옷을 입고 느헤미야가 소리친다. 왕에게 술을 따르던 작고 민첩한 시종장 느헤미야가 믿음과 맹렬함을 가지고 성벽을 세운 것이다.

"노래를 불러라! 이곳 이 성벽 문에서 우리는 거대한 두 무리로 나뉠 것이다. 각 무리는 서로 맞은편에서 성벽을 걸어가라. 너희 찬양하는 합창 무리들이 먼저 둘로 갈라져서 가라. 반은 오른쪽 '하시드 문'을 향하여 가고, 나머지 절반은 나와 함께 왼쪽으로 간다. 각 절반 무리의 뒤에는 지도자들이 뒤따르고, 그 뒤로 제사장들과 여덟 명의 레위인들이 따르게 해라. 그리고 노래를 불러라! 야훼께 보살핌을 구하고 우리의 하나님께 감사를 드리면서 성벽을 돌아 걷는 동안, 양쪽에서 음악 소리가 나도록 해라!"

그리하여 유다 사람들이 일어나 새로 지은 예루살렘 성벽을 걷는다. 마치 하나의 불꽃이 '골짜기 문'에서 점화된 것 같다. 그곳에서부터 불길이 두 갈래로 번진다. 각각의 불길을 따라 울리는 바라소리, 현악기의 긴장된 줄이 퉁겨지는 선명한 소리, 우렁찬 인간의 노랫소리와 개개인의 찬양의 외침이 함께 어우러진다. 사람들은 밝은 불꽃처럼 도성 벽 꼭대기로 행진한다. 마침내 도성이 완전히 둘러싸이고 모든 여자들과 아이들이 박수를 치며 따라 웃고 있다.

이렇게 하여 야훼께 헌납이 이루어졌다.

그리고 나서 두 무리가 한 쪽은 성전 남쪽 '말의 문'에서, 다른 쪽은 성전 북쪽 '양의 문'에서 성벽을 내려온다. 그리고 다시 그들은 야훼의 정원에서 만나 그곳에서 제사를 드리고 화합을 다지는 식사로 축하를 한다. 야훼 하나님께서 그들에게 매우 큰 기쁨을 내려주셨기 때문이다.

밤까지도 그 축하가 계속되어 그들의 목소리가 북쪽과 남쪽, 사마리아와 에돔까지 들린다. 하나님께서 유다의 자손과 함께하신다. 하나님께서 다시 야곱과 함께하신다.

창조의 역사

아담과 이브 Adam & Eve

느헤미야는 예루살렘에서 자신이 이루어야 할 일들, 그가 할 수 있는 일과 할 수 없는 일에 대해 환상을 갖고 있지 않았다.

성벽은 좋은 것이며 필요한 것이고, 무기는 외부의 적들로부터 도성을 보호해 준다. 성벽은 시민들에게 용기를 주고, 전사들에게 힘을 주고, 상인들과 제사장들과 학자들에게 평화를 준다. 그러나 그것이 사람들을 올바르게 만들어주지는 못한다. 그것이 내부의 적들로부터 그들을 보호해 주지는 못한다.

느헤미야는 안다. 믿음을 잃고 순종하지 않으면 그 나라가 뿌리째 뽑혀버린다는 것을. 그리고 총독이 성벽을 짓고 행정부를 조직하고 잘못된 행동을 벌줄 수는 있지만 그 마음까지 다스릴 수는 없다는 것을. 그가 사람들로 하여금 회개하도록 설득할 수는 없다. 야훼의 율법이 그 일을 해야 한다.

그러나 예루살렘에는 야훼의 율법을 충분히 사랑하는 학자들이 없다. 그리고 제사장들은 도덕적인 권위가 부족하다. 그들은 보통 사람들과 똑같이 부패해 있다. 그들은 아무런 벌도 안 받고 안식일을 소홀히 한다. 이 같은 사람들에게 성벽은 오만과 잘못된 만족만을 낳을 것이다.

그리하여 느헤미야는 그의 후원자, 페르시아의 아르타크세르크세스 왕께 한 번 더 긴급한 요청의 편지를 썼다.

'유다와 예루살렘을 위하여 바빌론의 제사장이며 하나님의 율법학자인 에스라를 보내주십시오. 이곳 성전은 힘을 잃었습니다. 유다인들은 자신들의 유산과 하나님에 대해 거의 아는 바가 없습니다.'

그가 에스라를 보내달라는 요청을 한 후 여덟 달, 왕이 동의를 하고 그 제사장이 바빌론에서 가장 존경받는 유다인들로 이루어진 거대한 대상을 조직한 후 다섯 달 그리고 그들의 여정이 끝난 후 3일이 지나서 그 대상이 예루살렘 밖 시골에서 해산했을 때, 바로 그날 아침에, 느헤미야는 새로 지은 도성 문 앞에서 에스라가 다가오는 것을 지켜보고 있다.

눈밑이 불거져나온 호리호리한 체격의 에스라가 천천히 신중한 움직임으로 짐을 실은 낙타 행렬 앞에서 걸어온다. 그 제사장은 매우 키가 커서 한 마리 낙타처럼 앞을 바라보며 온다. 그가 가까이 오면 올수록 느헤미야는 에스라의 얼굴을 자세히 들여다보기 위해 점점 더 길게 목을 뽑는다.

"당신이 스라야의 아들, 에스라요?"

"그렇습니다."

그 큰 제사장이 멈추어 서서 말한다.

"이스라엘의 야훼 하나님께서 모세에게 주신 율법에 능통한 그 에스라가 맞소?"

에스라가 멈추자 그 뒤의 낙타 행렬도 멈춘다.

"그런데 당신은 누구십니까?"

그가 말한다.

"아르타크세르크세스의 종이며 유다 총독인 느헤미야요."

느헤미야는 손을 내민다.

"나는 당신이 오기를 기도한 사람이오. 환영합니다."

에스라는 천천히, 시선은 느헤미야의 화려한 옷에 둔 채 그 작은 사람의 손을 잡는다.

"짐을 내려야 합니다. 성전이 어디입니까?"

느헤미야는 서두르지 않는 제사장과 열두 마리의 낙타를 이끌고 예루살렘을 통과하여 성전 언덕으로 올라간다. 거기에서 에스라는 아르타크세르크세스의 명으로 바빌론에서 가져온 모든 보물들을 내려놓는다. 그는 무게를 달고 그 무게를 기록한다. 은 22톤, 은그릇 3,400킬로그램, 금 3,400킬로그램, 8킬로그램에 해당하는 금 대접 스무 개 그리고 금만큼이나 값진 반짝이는 놋그릇이 두 개였다.

시간이 지나면서 에스라는 제사를 감독한다. 모두 한 달이 걸렸다. 느헤미야라면 일주일 안에 끝냈을 것이다. 그러나 그는 제사장이 아니다. 에스라는 모든 사항을 침착하게 살피는 한편 자신이 관찰한 것을 검토해 보고 기록한다. 그렇게 하여 그와 함께 망명지에서 온 유다인들이 하나님께 수송아지 열두 마리, 숫양 아흔여섯 마리, 어린 양 일흔일곱 마리 그리고 속죄 제물로 숫염소 열두 마리를 바친다.

느헤미야는 제사를 드릴 수는 없으나 사람들에게 명령을 내릴 수는 있다. 에스라가 제사를 끝마쳤을 때, 유다의 총독은 그 지역의 모든 시민들이 남녀노소 할 것 없이 말을 알아들을 수 있는 자는 모두 그해 일곱째 달 첫날에 예루살렘에 모여야 한다고 칙령을 발표한다.

동시에 그는 일꾼들에게 '물의 문' 앞 광장에 새 재목들로 단을 세우라고 명령한다. 수많은 사람들이 그곳에 서 있는 단 한 사람을 볼 수 있을 만큼 충분히 높은 연단을 세우라 한다. 그리고 나서 느헤미야는 은밀한 방에서 에스라를 만나 열정적으로 말한다.

"당신은 율법책을 이 백성들에게 읽어주어야만 하오."

그는 자신의 목소리에 실린 다급함을 통제할 수가 없다. 그는 번쩍이는 눈으로 눈밑살이 늘어진 제사장의 눈을 응시한다.

"한 자 한 자 읽어주시오. 분명하게 설명을 하면서 읽어주어 백성들이 이해할 수 있게 해주시오. 그들은 이집트를, 광야를, 시내 산을 그리고 모세가 율법 속에 적은 하나님의 말씀을 잊어버렸소. 제사장이며 학자인 에스라여, 저들이 언약을 잊었소!"

7월 첫째 날, 새벽이다. 군중들이 예루살렘에 모여 있지만 무겁고 조용한 분위기다. 아무도 말을 하지 않는다. 거대한 군중들이 '물의 문' 앞 광장에 새로 짠 나무로 임시로 세운 높은 단을 마주하고 앉아 있다.

느헤미야는 단 위에 앉아 있다. 그는 모두 앉아서 조용히 할 것을 명령한다. 그는 조바심 내지 않고 기다릴 것이다. 그는 백성들에게 평온한 모습을 보일 것이다. 그러나 곧 느헤미야는 에스라 제사장이 옛 궁전 언덕에서 두 손에 두루마리들을 들고 오는 것을 본다.

에스라가 군중들을 지나서 앞으로 오는 동안에 느헤미야는 단을 내려가 그를 맞이한다. 한 여자가 다가가 두루마리 하나에 손을 대더니 얼른 그 손을 거둬들여 입에 댄다. 한 노인이 일어나 가볍게 그 책에 입을 맞추고 다시 앉는다. 느헤미야는 에스라와 얼굴을 마주하게 되자 자신을 억제할 수가 없다. 그 또한 무릎을 꿇고 율법책에 입을 맞추더니 울기 시작한다. 그는 물러선다. 그는 멀리서 얼굴을 가리고 감정을 숨기며 지켜보면서 들을 것이다.

에스라 뒤로 열두 명의 중요한 유다인들이 따른다. 그가 단에 오르자 여섯 명은 그의 오른쪽에, 나머지 여섯 명은 왼쪽에 선다. 몹시 여위고 분필처럼 흰 그는 중앙에 가장 크게 우뚝 서서 천천히 모든 사람들을 훑어본다.

이제 그는 그 책의 첫장을 편다. 갑자기 사람들이 부스럭거리며 일어서기 시작한다. 에스라는 광장에 모인 모든 사람들이 일어설 때까지 기다리더니 두 팔을 들고 읊조린다.

"오, 우리의 구원자이신 하나님. 우리를 구해 주소서! 당신이 많은 민족들 가운데 우리를 구하시니, 우리가 당신의 거룩한 이름에 감사를 드리고 당신을 찬양하며 영광을 돌리나이다."

제사장은 천천히 운율을 담아 외친다.

"영원 전부터 영원까지, 우리 이스라엘의 하나님은 찬양을 받아 마땅하나이다!"

사람들이 '아멘!'이라 답한다. 느헤미야에게는 그 소리가 백향목에서 산들거리며 불어오는 바람소리같이 들린다. 사람들은 손을 들며 '아멘!' 하고 낮은 소리로 말한다. 그리고 나서 고개를 숙이고 야훼께 경배한다. 에스라는 지켜보며 기다린다.

온 군중이 다시 땅 위에 앉아 광장이 조용해졌을 때, 에스라는 눈을 앞에 놓인 말씀으로 향하고 읽기 시작한다. 그가 성스러운 말들을 읊는다.

"태초에 하나님께서 하늘과 땅을 창조하셨도다."

"아아아."

느헤미야가 한숨짓는다. 성스러운 말씀이다. 에스라는 천천히 또렷한 발음으로 읽는다. 그는 말의 곡조를 타고, 천천히 천천히 몸을 흔들며 읽어간다.

> 태초에 하나님께서 우주를 창조하셨다. 땅이 혼돈스럽고 모든 것이 공허하며 어둠이 깊었다. 그러나 야훼께서 폭풍처럼, 당신의 영을 끔찍한 깊음 위에 보내셨다.
> 그리고 하나님께서 말씀하셨다.
> '빛이 있으라.'

그러자 공허 속에 빛이 생겨났고 하나님께서는 그 빛을 좋게 여기셨다. 그리고 하나님께서 빛과 어둠을 나누서서 그 빛을 '낮'이라 하셨고 어둠을 '밤'이라 하셨다. 저녁이 지나고 아침이 되자 첫 날이 되었다.

그리고 하나님께서 말씀하셨다.

'물 가운데 창공이 생겨 창공 위에 있는 물과 아래 있는 물로 나뉘어라.'

그대로 되었다. 하나님께서 그 창공을 '하늘'이라고 부르시니 그것이 둘째 날의 끝이 되었다.

하나님께서 말씀하셨다.

'하늘 아래 있는 물아, 내가 뭍을 드러내라고 명하는 대로 흘러가라.'

그리하여 물이 시내로 흘렀고, 다시 강으로, 다시 바다로 흘렀다. 물들은 그 경계선을 지켰고, 하나님께서는 뭍이라 하신 곳을 '땅' 그리고 물들이 거대하게 모인 곳을 '바다'라고 부르시고 이렇게 말씀하셨다.

'보기에 좋구나.'

그리고 나서 하나님이 말씀하시기를, '땅은 푸른 움을 돋아나게 하여라. 씨를 맺는 식물과 열매를 맺는 나무가 그 종류대로 때에 따라 생산을 하게 하여라.' 그리고 그대로 되니 하나님 보시기에 좋았다. 그렇게 세상의 사흘째가 갔다.

하나님이 말씀하셨다.

'창공에 두 개의 빛나는 것이 생겨서 낮과 밤을 구별하여라. 그것들이 그 빛으로 날과 계절과 해를 나타내는 표시가 되어라.'

그렇게 하나님이 하늘에 두 개의 큰 빛을 만드시고는, 그 중 더 큰 빛으로 낮을 다스리게 하시고 작은 빛으로 밤을 다스리게 하셨다.

그리고 별들도 만드셨다. 그리하니 하나님이 보시기에 좋았다.

그렇게 저녁이 지나고 아침이 오니 넷째 날이 지났다.

하나님이 말씀하시기를, '물이 생물들로 번성하게 하라!' 또 말씀하시기를, '새들은 하늘 높이 날아라!' 그리고 이런 식으로 하나님께서 커다란 바다 짐승들과 물고기와 모든 종류의 날개 달린 짐승들을 그 종류대로 만드셨다. 그리고 하나님께서 그들을 축복하셨다.

'생육하고 번성하여라. 바닷물과 땅과 나뭇가지와 하늘의 맑은 공기 속에 충만하라!'

그것이 다섯째 날이었다.

그리고 하나님께서 말씀하셨다.

'땅은 생물들을, 집짐승과 기어다니는 것들과 들짐승을 만들어 내어라.'

그대로 되니, 각 생물들은 그 종류대로 만들어졌고 하나님께서 보시기에 좋았다.

야훼 하나님께서 말씀하셨다.

'이제 나의 형상대로, 나의 모양을 따라 사람을 만들자……'

그리하여 야훼 하나님께서 붉은 진흙으로 사람의 형상을 만들고 그 코에 생기를 불어넣으니 그 흙이 살아났다. 그것이 두 발로 일어나서 걸었다.

같은 날에 야훼께서 동쪽에 있는 에덴에 동산을 일구셨다. 야훼께서 그 동산을 보기에 아름답고 먹기에 좋은 나무들로 채우셨다. 동산 가운데에 야훼께서 생명나무와 선과 악을 알게 하는 나무를 심으셨다. 그리고 야훼께서 그 인간을 에덴 동산으로 데려와 말씀하셨다.

'보라, 내가 너에게 식물과 동물, 물고기와 새들, 즉 푸른 것과 생명 있는 것 모두를 너에게 준다. 그것들을 다스려라. 내 이름으로 그것들을 돌보아라. 그리고 너는 에덴의 모든 열매를 따먹어도 좋다. 가운데에 있는 한 가지만을 제외하고. 너는 선과 악을 알게 하는 나무만은 절대로 먹어서는 안 된다. 네가 먹는 날에는 틀림없이 죽게 될 것이기 때문이다.'

그러나 그를 열매가 가득한 그 넓은 동산에 홀로 두셨을 때, 하나님께서는 '보기가 좋구나.'라는 말씀을 하지 않으셨다. 하나님께서 그 외로운 사람을 생각하시며 말씀하셨다.

'혼자 있는 것이 좋지 않구나. 그에게 알맞은 도움이 될 짝을 만들어야겠다.'

그래서 하나님께서 그에게 동물들을 데려와 그가 그들을 어떻게 부르나 보셨고, 그가 각 생물들을 부르는 대로 그 이름이 되게 하셨다. 그러나 이것들 가운데 그에게 완벽하게 맞는 도움이 되는 짝을 발견하지 못하셨다.

그리하여 하나님께서 그를 푸른 언덕에 누이시고 깊은 잠에 빠지게 하셨다. 그리고 그가 잠든 동안 야훼께서 그의 갈비뼈 하나를 뽑아 그 자리를 살로 메우고 그 뽑은 갈비뼈로 여자를 만드셨다. 그리고 나서 남자를 깨워, 그에게 당신이 만드신 여자를 보여주셨다. 그 남자가 기쁘게 웃으며 외쳤다.

"마침내 나타났구나! 내 뼈 중의 뼈요, 살 중의 살이로구나!"

그리고 그는 이 두 번째 사람에게 가서 부드럽게 말했다.

"당신은 남자에게서 나왔소. 그러니 여자라고 부를 것이오."

그렇게 남자와 여자가 에덴에서 살았고, 벌거벗었으나 부끄럽지 않았다. 그리고 하나님께서 당신이 만드신 모든 것을 보시니, 보시기에 좋았다.

이것으로 여섯째 날이 끝났다.

그리고 당신의 모든 일, 하늘과 땅과 그 사이 모든 것들을 다 이루
셨을 때, 야훼 하나님께서는 쉬셨다. 야훼께서 일곱째 날에 쉬시
고, 그날을 영원히 축복하셨다. 제7일은 거룩하게 야훼께 바쳐지
는 날이 되게 하셨다.

에스라 제사장은 읽기를 멈춘다. 그는 무거운 눈을 들어 옆으로 향한
다. 그러나 그의 눈에는 아무것도 들어오지 않는다. 그가 방금 읽은 말
씀들은 너무도 멋지고 온 세상을 다 깨닫게 하는 말씀이었으나, 느헤
미야가 보기에 제사장은 그의 낙타가 지금까지 진 짐들보다 더 무거운
짐을 지고 있는 것처럼 생각된다.

하나님의 학자들 마음속은 얼마나 동굴처럼 깊은가! 그들의 기억 속
에는 얼마나 많은 것들이 담겨 있는가!

갑자기 느헤미야는 에스라가 그 말씀들을 알기 위해 두루마리를 읽
을 필요가 없음을 깨닫는다. 모세의 율법이 그 안에 온전히 살아 있다.
그는 모든 말씀들을, 모든 계명들을 마치 높은 산에서 내려다보는 것
처럼 한눈에 알 수 있다. 그리고 비록 회중들은 한 문장, 한 문장의 이
야기를 받아들이고 있지만, 에스라 제사장에게는 문장 하나하나가 처
음부터 끝까지의 모든 이야기를 담고 있는 것을 안다.

그러나 그는 읽는다. 그가 그 말씀 자체를 사랑하기 때문에 읽고 있
다. 그리고 그 말씀을 읽는다는 것은 말씀을 공경하는 것이다.

에스라는 다시 두루마리로 고개를 돌리고 천천히 숨을 들이마시며
계속 읽어나간다.

그때 뱀은 야훼 하나님께서 만드신 어느 생물보다도 더 교활하였
다. 그가 여자에게 말했다.

"하나님께서, '동산 안에 있는 어느 열매도 먹어서는 안 된다.'라

고 말씀하셨니?"

여자가 말했다.

"우리는 동산 안에 있는 나무 열매를 먹을 수 있어. 그러나 하나님께서 이렇게 말씀하셨지. '너희는 동산 한 가운데에 있는 나무 열매는 절대로 먹으면 안 된다. 그것을 만져서도 안 된다. 그러면 죽게 될 것이다.'"

그러자 뱀이 말했다.

"너희는 절대로 죽지 않는다. 너희가 그 열매를 먹으면 너희의 눈이 밝아진다는 것을 알고 계시기 때문이지. 너희는 선과 악을 아시는 하나님처럼 될 수 있을 것이다."

그리하여 여자가 그 열매를 가만히 쳐다보니, 보기에도 아름답고 음식으로도 맛이 있을 것 같아 따서 먹었다. 그리고 남편에게도 조금 갖다주었더니 그가 먹었다. 즉시 그들의 눈이 밝아졌다. 그들은 자신들이 벌거벗고 있음을 깨닫고는 황급히 달려가 무화과 나무 잎으로 몸을 가렸다.

날이 저물었을 때 그 남자와 아내는 야훼 하나님께서 정원으로 걸어오시는 소리가 들리자 몸을 숨겼다. 야훼 하나님께서 남자를 부르셨다.

'아담아, 네가 어디에 있느냐?'

"당신께서 걸어오시는 소리를 듣고 제가 벗은 몸이라는 것이 두려워 숨었습니다."

'네가 벗은 몸이라는 것을 누가 말해 주었느냐? 내가 먹지 말라고 명한 그 나무의 열매를 먹었느냐?'

"당신께서 만들어주신 여자가 그 열매를 주어 제가 먹었습니다."

그러자 야훼께서 여인에게 말했다.

'네가 무슨 일을 저질렀느냐?'

여자가 말했다.

"제가 아닙니다. 뱀이 저를 유혹하여 제가 먹었습니다."

그리고 나서 밤의 어둠이 찾아오자 야훼 하나님께서 창조물들에게 그들이 저지른 죄의 결과를 선포하셨다. 뱀에게 말씀하셨다.

'이 이후로 너는 배를 땅에 대고 기어다니며 평생 동안 흙을 먹어야 한다. 그리고 너의 자손이 여자의 자손과 원수가 되어, 네가 여자의 자손의 발꿈치를 물면 여자의 자손이 네 머리를 상하게 할 것이다.'

야훼께서 여자에게 말씀하셨다.

'아이를 갖고 낳는 일이 네게 어려움과 심한 고통을 줄 것이다. 또한 너는 남편을 사모하고, 남편은 너를 다스릴 것이다.'

남자에게 말씀하셨다.

'네가 나의 말에 순종하지 않았기 때문에, 이 땅이 저주를 받았다. 그 땅은 가시덤불과 엉겅퀴를 내어 너에게 고통을 줄 것이다. 일생동안 고생하며 땀을 흘려야 빵을 먹을 수 있을 것이고, 결국 너는 네가 온 흙으로 돌아갈 것이다. 너는 흙이니 흙으로 돌아가리라.'

그리고 하나님께서 그 남자와 여자를 에덴에서 쫓아내셨다. 하나님께서 동산 동쪽에 천사들의 무리를 세우시고, 불칼을 사방으로 빙빙 돌게 하고 번개처럼 빛나게 하시어 그 동산 문을 지키셨다.

그 남자는 땅의 이름을 따라 아담이라 이름지어졌고 그 여자는 이브라고 불렸는데, 그녀가 모든 생명 있는 것의 어머니였기 때문이었다.

에덴 동산 밖에서 아담과 이브가 함께 잤고 그녀가 임신을 하여 아들을 낳았다. 그녀는 그 아이의 이름을 가인이라 지었다. 곧 그녀는 또 다른 아이를 낳아 이름을 아벨이라 지었다.

가인은 자라서 농부가 되었다.

아벨은 목자가 되었다.

때가 되어 형제들은 야훼께 각자 거둬들인 것으로 제사를 드렸다. 가인은 곡식을 태워 바쳤고 아벨은 양을 드렸다. 야훼께서 아벨의 제물은 반기셨으나 가인의 것은 반기지 않으셨다. 그것을 알고 가인은 화가 났다. 분노로 그의 얼굴색이 변했다.

야훼께서 말씀하셨다.

'가인아, 왜 화를 내느냐? 이제 잘 해라. 그러면 네 제사가 받아들여질 것이다. 그러나 그러지 않으면, 죄가 네 문 앞에 도사리게 될 것이다. 가인아, 너는 그 죄를 잘 다스려야 한다!'

그런데도 달이 지나면서 가인은 계속 아우를 지켜보고 있다가 마침내 그에게 말했다.

"함께 들로 나가자."

그들은 들로 나갔고, 그곳에 있는 동안 가인이 일어서서 아우 아벨을 죽였다. 그때 야훼께서 가인에게 말씀하셨다.

'네 아우 아벨이 어디 있느냐?'

그가 말했다.

"제가 어떻게 압니까? 제가 동생을 지키는 자입니까?"

그러자 야훼께서 말씀하셨다.

'네가 무슨 짓을 저질렀느냐? 네 동생의 피가 땅에서부터 나에게 울부짖고 있다. 그러므로 가인아, 이제 땅은 네게 영원히 닫힐 것이다. 더 이상 너를 위해 열매를 생산하지 않을 것이다. 그리하여 너는 이 땅, 네가 헤매는 곳에서 방랑자 신세가 될 것이다.'

가인이 소리쳤다.

"오 하나님, 죄가 너무 무겁습니다. 야훼께서 저를 오늘 이 땅에서 쫓아내시니, 이제 누구든지 저를 죽이려고 할 것입니다!"

그러나 야훼께서 말씀하셨다.

'그렇지 않다! 누군가 가인을 죽이면, 일곱 갑절의 복수가 그에게 미칠 것이다.'

그래서 야훼께서 누구도 가인을 죽이지 않게 하기 위하여 그에게 표를 찍어주셨다. 그리고 가인은 야훼 앞에서 떠나 에덴의 동쪽, 놋이라는 곳에 살았다.

약속을 기억하라

노아 Noah

[느헤미야 8:1~9:38, 창세기 15:1~15:14, 느헤미야 9:1~38]

에스라 제사장은 읽는 것을 멈추고 광장을 메우고 있는 사람들을 내려다본다. 사람들은 그의 시선을 마주할 수 없다. 그들은 차츰 눈을 아래로 향한다. 에스라가 천천히 말한다.

"창조주께서 일곱째 날에 쉬심으로 그날을 축복하시고 그날을 영원히 안식일로 신성하게 하셨는데, 어떻게 당신들은 그날을 더럽힐 수가 있소?"

아무도 그에게 대답하지 못한다. 에스라가 말한다.

"나는 당신들이 안식일에 포도즙 짜는 틀을 밟는 것을 보았소. 안식일에 당신들이 곡식더미를 가져와 당나귀에 싣는 것을 보았소. 당신들은 안식일에 포도주와 포도와 무화과 열매를 팔고 있소. 왜 이런 악한 일을 하시오?"

침묵이 드리운다. 유다는 조용해진다. 예루살렘은 제사장의 말씀에 압도당한다. 더 이상 그가 하는 말은 두루마리에 적힌 이야기가 아니라 아주 개인적인 설교이다.

"나는 방금 당신들에게, 하나님께서 이 땅 모든 사람들의 부모와 맺은 첫 번째 언약 그리고 하나님의 단 한 가지 명령을 순종하지 않음으로써 깨진 그 언약을 읽어준 것이오. 그 언약을 깨버림으로써 어떤 일이 일어났소? 삶이 어려워졌소. 일이 힘들어졌소. 하나님께 죄를 지은 사람들은 이제 서로에게 죄를 짓는 것을 알게 되었소. 사람이 손으로 그 형제의 피를 흘렸소. 그 다음 세대에 아담과 이브의 자손들은 새로운 방식으로 살기 시작했소."

에스라는 지금 글을 읽고 있지 않다. 그는 가르치고 있는 것이었다. 그의 밑이 늘어진 눈은 재판을 하고 있는 것이 아니다. 그 눈은 요점을 찾고 있는 것이다.

"어떤 사람들은 도시를 세웠소. 어떤 이들은 농사를 지었소. 또 어떤 이들은 장막 속에 거하며 양 떼와 소 떼를 이끌고 광야를 헤맸소. 사람들은 미술과 음악을 배웠소. 그들은 구리와 청동을 녹여서 악기를 만들었소.

소수의 사람들은 야훼의 이름을 찾았소. 에녹은 하나님의 뜻에 아주 가깝게 살아서, 그가 삶을 다 채웠을 때 하나님께서 그를 데려가시어 그는 이 땅에서 사라졌소.

그러나 에녹은 매우 드문 경우였소. 언약이 깨졌을 때 죄악이 세상에 생겨났소. 땅, 그 자체가 저주를 받은 것이오. 사람들은 점점 죽이는 일에 악랄하게 되었소. 라멕이라는 자는 사람을 죽이는 것을 너무도 자랑스럽게 여긴 나머지 그것을 자랑하는 노래를 만들어 불렀고, 사람들 또한 그 노래를 배워 따라 불렀소.

오만이 세상에 만연했소.

사람들이 자신들에게 속하지 않은 힘을 하늘로부터 훔쳤소.

그 옛날 당시에는 모든 사람들의 마음이 사악했고, 그 악이 너무도 오래 계속되자 하나님께서 인간을 만든 것을 마음 아프게 생각하시고 말씀하셨소. '내가 만든 것들, 사람이나 짐승이나 기어다니는 것이나 공중의 새들까지 모두 이 땅에서 멸하겠다. 내가 그것들을 만들어낸 것을 후회하기 때문이다.'"

다시 '물의 문' 앞 광장에 침묵이 무겁게 가라앉았다. 느헤미야는 이 순간을 위해 기도했다. 그는 제사장들이 사람들의 마음을 아프게 하는 것을 유감스럽게 생각지 않았다. 그러나 그는 자신이 살덩어리라는, 결국 한 인간에 지나지 않는다는 사실에 마음이 아팠다. 이제 에스라는 좀더 부드러운 목소리로 말한다.

"그러나 야훼께서 두 번째 언약을 맺기로 결심하셨소. 다시 시작하시기 위해서. 들어보시오. 유다, 예루살렘 사람들이여, 들어보시오."

이제 제사장은 눈을 내려 두루마리로 향하고 읽기 시작한다.

그 당시에 한 남자가 하나님의 총애를 받았다. 노아는 600년 동안 하나님과 함께 죄 없는 길을 걸었다. 노아에게 야훼께서 말씀하셨다.

'이 땅이 온통 폭력으로 물들었으니 나는 모든 생물들을 파괴할 것이다. 그러나 너, 노아야, 잣나무로 큰 배를 만들어라. 길이 135미터, 너비 22.5미터, 높이는 13.5미터로 해라. 방주 옆면에는 문을 만들고 역청을 발라 물이 새지 않게 해라. 내가 너와 두 번째 언약을 세우기 위해서다.'

노아는 야훼께서 명령하신 대로 했다. 마른 땅 위에 그는 3층으로 된 방주를 짓고 지붕과 문을 달았다.

그러자 야훼께서 말씀하셨다.

'노아야, 방주로 들어가라. 너와 네 아내, 네 아들들과 며느리들과 함께 가라. 정결한 짐승은 암수 일곱 쌍씩 그리고 부정한 짐승은 한 쌍씩 데리고 가라. 내가 어떤 일을 하든지 그들 모두가 이 땅에서 계속 살아갈 수 있게끔 식량도 실어라. 일주일이 지나면 내가 비를 보내어 내가 만든 모든 생물들을 없앨 것이다.'

다시, 노아는 순종했다. 암수 둘씩, 발 달린 짐승과 기는 짐승 그리고 날개 달린 짐승들을 방주로 몰아넣었다. 다음으로 그의 아들들인 셈, 함, 야벳과 며느리들, 노아의 아내 그리고 마지막으로 자신이 들어갔다. 그리고 야훼께서 그 문을 닫으셨다.

노아가 600살 되는 해의 2월 17일에, 땅속 깊은 곳의 샘물이 터지며 물을 쏟아내었고, 창공 위의 거센 물이 하늘을 열고 땅으로 쏟아졌다. 40일 동안 밤낮으로 물이 땅 위에서 포효하였고, 폭포 같은 물과 파도가 바다에 일었다.

모든 생물들, 새, 가축, 들짐승들 그리고 떼지어 다니는 것들이 그 당시에 모두 다 죽었다. 그리고 사람들까지도. 숨을 쉬는 모든 것들이 다 물에 빠졌다. 오직 노아와 그와 함께 있던 사람들만이 살아남았다.

40일 지나서 비가 그쳤다. 물이 계속 땅을 덮고 있었다. 그러나 하나님께서 노아를 기억하셨다.

하나님께서 땅 위에 바람을 일으키시어 물이 줄어들기 시작했다. 일곱 달이 지나서 배가 아라랏 산 꼭대기에 닿았다. 노아는 창문을 열고 산들바람을 느꼈다.

그는 비둘기를 내보냈으나 그 비둘기가 방주로 돌아와 그 창문에 내려앉았다. 그 비둘기는 발붙일 편한 곳을 찾지 못한 것이었다. 노아는 이레를 더 기다리다가 그 비둘기를 다시 보냈다.

비둘기가 다시 돌아왔는데, 이번에는 부리에 올리브 잎새를 물어왔다. 방주가 아라랏 산 두 봉우리 사이의 요람으로 내려앉기 시작한 것이다. 다시 이레 후에 노아는 비둘기를 세 번째로 날려보냈다. 그것은 남쪽 태양을 향해 날아가서 다시는 돌아오지 않았다.

그때 야훼 하나님께서 노아에게 말씀하셨다.

'방주를 열어라. 생물들을 내보내어 생육하고 번성하여 세상을 다시 가득 채우게 하여라. 그리고 노아야, 너 또한 나가거라. 가서 자녀를 많이 낳고 번성하여라.'

그래서 노아가 일어섰다. 그와 가족들이 나가서 제단을 쌓고 야훼께 번제물을 드렸다.

야훼께서 그 제물의 향기를 맡으셨을 때, 말씀하셨다.

'결코 다시는 땅을 저주하지 않을 것이다. 결코 다시는 모든 생물들을 멸하지 않을 것이다. 땅이 남아 있는 한 뿌리는 때와 거두는 때, 추위와 더위, 낮과 밤이 결코 그치지 않을 것이다.'

그리고 하나님께서 노아와 그의 자녀들을 축복하셨다.

'살아 움직이는 모든 것은 너희의 먹을 것이 될 것이다. 단지, 살아 있는 채로, 피가 있는 채로 먹지는 말아라. 생명은 나에게 속한 것이다. 그러므로 누구든 사람의 피를 흘리는 자는 마찬가지로 그의 피 또한 흐르게 될 것이다. 내가 사람을 내 형상대로 지었기 때문이다!'

그리고 하나님께서 노아에게 말씀하셨다.

'보라, 내가 너와 너의 자손들과 언약을 세울 것인데, 결코 다시는 홍수로 모든 생물을 없애지 않을 것이다. 그리고 이것은 나와 너, 모든 후손들 사이의 약속의 증거이다. 내가 구름 속에 나의 무지개를 세우겠다. 내가 구름을 몰고 와서 땅 위에 덮어 그 속에 무지개가 보일 때, 나는 내 약속, 나 하나님과 모든 생물 사이의 약속을 기억할 것이다.'

노아 다음 세대에는 다시 사람들이 불어나기 시작했다. 그들은 한 가지 언어를 사용했다. 가족들이 줄지어서 동쪽으로 퍼지더니, 마침내 바빌로니아(시날) 땅에서 좋은 평지를 발견하여 그곳에 정착했다.

"오시오."

그들이 말했다.

"벽돌을 만듭시다."

그들은 벽돌을 구웠고 역청으로 그것들을 쌓았다. 그리고 그들은 말했다.

"자, 도시를 세우고 그 중심부에 하늘에 닿을 정도로 높은 탑을 세웁시다. 우리의 이름을 떨치고 다시는 땅 위의 먼지처럼 흩어지지 맙시다."

그리하여 평지에서부터 하늘까지 높은 기념비를 세우기 위해 사람들은 일하러 갔다. 그때 야훼 하나님께서 사람들이 하고 있는 일을 보려고 내려오셨다.

야훼께서 말씀하셨다.

'보라, 저들이 같은 말을 쓰는 한 민족이고, 이것은 그들이 장차 할 일의 시작에 불과하다. 곧 어떤 것도 그들에게 불가능한 것처럼 보이지 않을 것이다!'

야훼께서 말씀하셨다.

'자, 저들의 언어를 뒤섞어 그들이 서로 이해할 수 없도록 하자.'

그리하여 그 도시의 이름이 바벨이 되었다. 야훼께서 저들의 언어를 뒤섞었기 때문이다. 저들은 함께 일하는 것, 건물을 짓고 함께 사는 것을 그만두었다. 사람들은 먼지처럼 온 땅 위에 흩어졌다.

에스라가 읽는다.

"온 땅 위에 흩으셨다."

그리고 즉시 광장에 있는 유다인들에게 소리친다.

"두 번째로!"

그는 깊은 숨을 들이마신다.

"두 번째로 창조주께서 세상 사람들과 언약을 맺으려고 애쓰셨소. 그분의 두 번째 언약은 노아와 그의 모든 자손들과의 영원한 언약이었소. 그러나 첫 번째 언약처럼, 사람들은 이 두 번째 언약 또한 깨뜨렸소."

"그 다음은 무엇이오?"

"다음에는 어떤 언약이었소?"

"그 다음으로 야훼 하나님께서 당신이 창조한 사람들과 어떤 언약을 세울 수 있었소? 그들이 이제 여러 부족으로, 여러 언어로, 여러 민족으로, 여러 국가로 나뉘었는데 말이오."

"오 유다여, 모르겠소? 야훼께서 하신 일을 정말 모르겠소? 이스라엘이여, 당신들이 누구인지 모른단 말이오? 다음으로 하나님께서는 자신과 언약을 맺을 한 사람을 택했소. 그리고 그 사람에게서 나온 한 민족을 선택했단 말이오!"

느헤미야는 숨을 쉴 수가 없다. 저 키 큰 제사장의 갑작스런 열정 때문이다. 에스라의 설교는 목표점에 가까이 왔다. 그는 이제 피곤해하지도 않고 냉담하지도 않다. 그는 눈을 내리깔고 계속 읽는다.

아브람이 아흔아홉 살이 되었을 때, 야훼께서 그에게 나타나셔서 말씀하셨다.

'나는 전능한 하나님이다! 내 길을 걸으며 흠 없이 살아라. 그러면 나와 너 사이에 언약을 세워 네가 크게 번성하도록 하겠다.'

그러자 아브람이 얼굴을 땅에 대고 엎드리니 하나님께서 그에게 말씀하셨다.

'보라, 내 언약이 너와 함께한다. 너는 이제부터 아브람이 아니고 아브라함이다. 내가 너를 여러 민족의 아버지로 만들 것이기 때문이다. 그리고 나와 네 자손 대대로 영원한 언약을 세워 내가 너의 하나님이 되고 또한 네 자손의 하나님이 될 것이다. 그리고 내가 너에게 그리고 네 자손들에게 머물 땅, 가나안의 모든 땅을 영원한 유산으로 줄 것이다. 나는 그들의 하나님이 될 것이다.'

에스라는 위를 쳐다본다. *그*가 소리친다.

"그러면 누가 아브라함에게서 나온 민족이오? 말해볼 수 있겠소? 어느 민족이 아직도 그 영원한 언약을 가지고 있는지 말할 수 있겠소? 모압은 아브라함의 조카 롯의 자손들이오. 암몬 사람들도 마찬가지요. 그들이 아브라함의 그 언약을 기억하겠소? 아니오.

이스마엘 자손들도 아브라함의 자손들이오. 그들이 그 언약을 기억하겠소? 이 땅의 그 누가 이스마엘 자손들을 기억하고 있소?

그리고 에서 또한 아브라함의 손자였소. 그의 자손들은 아브라함이 장막을 세운 헤브론, 우리가 사는 곳 남쪽에서 아직도 살고 있는 에돔인들이오. 그들 또한 그 언약을 기억하겠소? 유다여! 그 언약이 누구와 함께 있소?

아브라함의 또 다른 손자는 하나님께서 이스라엘이라고 이름 지으신 야곱이었소. 이스라엘! 그 야곱과 함께 하나님께서 언약을 새롭게 하셨소. 하나님께서 당신에게로 이끄신 것은 한사람으로서의 이스라엘이 아니라 한 민족, 한 국가로서의 이스라엘이었소. 그리고 그때 그분은 그들을 이집트의 손에서, 그들이 노예로 있었던 곳에서 그들을 해방시키셨소. 당신들, 이스라엘! 유다, 당신들이었소!"

지금은 에스라가 모세의 율법을 외워 인용하고 있는 것이다. 그의 소리에는 굉장한 설득력이 있었다.

"이제 하나님께서 이 땅에 사람을 창조하신 이래로 지나간 날들을 물어보시오. 하늘 아래 이곳저곳을 다 둘러보아도 이와 같은 위대한 이야기를 들어본 적이 있는지 물어보시오. 어느 신이, 여러분이 보는 가운데 이집트에서 여러분을 위해 야훼 하나님께서 하신 모든 것처럼 시련을 통하여, 증표로, 기적으로, 전쟁으로, 강한 손과, 팔을 뻗으셔서, 자신을 위해 여러 민족 가운데 한 민족을 택한 적이 있소? 그리하여 여러분에게 야훼만이 하나님이시고 그분 외에 다른 신은 없다는 사실을 알

702

려주셨소. 그러니 여러분은 야훼의 계명과 율법을 잘 지키고 그 말씀
이 여러분과 여러분의 자손들과 항상 함께하도록 하여 야훼 하나님께
서 여러분에게 영원히 주신 그 땅에 오랫동안 머무를 수 있게 하시오."

에스라가 작은 소리로 말한다. 그는 몸을 앞으로 숙이고 속삭이듯
목소리를 낮춘다.

"그런데 그 이후로 그 계명이 여러분, 유다와 함께하시오? 여러분은
야훼께서 여러분에게 주신 땅을 소유하고 있소? 아니질 않소? 왜 그
렇게 되었소?"

에스라가 계속 말씀을 인용한다.

> 우리의 야훼 하나님께서 우리와 시내 산에서 언약을 맺으셨다. 그
> 분은 불 가운데에서 우리와 얼굴을 마주하고 말씀하셨다.
> '나는 이집트 땅에서, 너희가 종살이하던 집에서 너희를 이끌어
> 낸 너희의 야훼 하나님이다. 너희는 나 외에 다른 신을 섬겨서는
> 안 된다.
> 너희를 거룩하게 만들어라. 나, 너희 야훼 하나님이 거룩하기 때
> 문이다! 너희는 저마다 어머니 아버지를 공경하여라. 내 안식일을
> 지켜라. 나는 너희의 야훼 하나님이다.
> 너희는 우상에게 의지하지 말고 너희를 위하여 우상을 만들지 말
> 아라. 나는 너희의 야훼 하나님이다.
> 너희가 땅에서 추수를 할 때, 너희는 그 땅의 경계선에 있는 것까
> 지 거두어들이지 말아라. 포도를 거둘 때에도 모조리 남김없이 따
> 서는 안 되고 떨어진 포도를 거두어서도 안 된다. 이것들은 가난
> 한 자와 떠돌아다니는 자들을 위해 남겨놓아라. 나는 너희의 야
> 훼 하나님이다.
> 훔치지 말아라. 속이지도 말아라. 서로서로 속이지 말아라. 나의

이름으로 거짓 맹세를 하여 내 이름을 더럽혀서는 안 된다. 나는 하나님이다.

네 이웃을 억누르거나 그들에게서 빼앗지 말아라. 듣지 못하는 사람을 저주하거나 보지 못하는 사람 앞에 넘어질 만한 장애물을 놓지 말아라. 너희 야훼 하나님을 두려워해라. 나는 하나님이다.

네 민족 사이에서 이 사람 저 사람을 중상모략해서는 안 된다. 나는 하나님이다.

너희는 마음속에 네 형제자매를 미워하지 말고 네 이웃의 잘못을 잘 타일러라. 그래야만 너는 그 잘못 때문에 질 짐을 벗을 수 있다.

너희는 네 민족의 아들과 딸들에게 앙심을 품거나 앙갚음을 하지 말고 네 이웃을 네 몸처럼 사랑해라. 나는 하나님이다.'

갑자기 에스라가 읽기를 멈춘다. 광장에서 매우 부드럽게 흐르는 물소리 같은 것이 들린다. 잠시 동안 제사장은 어리둥절해진다. 그러나 사람들 가까이에 있던 느헤미야는 그것이 무슨 소리인지 알고 있다. 그것은 울음소리이다.

유다 백성들이 울고 있다. 아무도 통곡하지 않는다. 아무도 소리쳐 울지 않는다. 군중들 사이에 흐르는 슬픔은 비가 떨어지듯 조용하다. 에스라가 중얼거린다.

"그렇소, 맞소. 이제야 당신들이 깨달은 것 같소. 그 언약이 처음에 있었듯이 지금도 당신들과 함께 있소. 아브라함과 이삭과 야곱과 함께 있었듯이, 시내 산에서 모세와 함께 있었던 것처럼, 다윗이 실제로 그 땅을 소유했을 때처럼, 오늘도 우리와 함께 있소. 그 언약이 당신들과 함께 있기에 당신들은 올바르게, 순수한 마음으로 다시 그 언약을 지켜야 하오."

그런데도 모든 사람들은 계속 울고 있다. 옛 슬픔, 수 세기동안 내려온 슬픔을 쏟아내면서.

"너희는 거룩해야 한다. 너희는 거룩해야 한다. 너희는 거룩해야 한다. 나, 너희의 야훼 하나님이 거룩하기 때문이다."

이제 에스라는 단상에서 내려온다. 그는 사람들 사이를 걷기 시작한다. 그는 그들의 목 뒤를 어루만진다.

"쉿……. 슬퍼하지 마시오, 울지 마시오. 오늘은 야훼 하나님께 드리는 거룩한 날이오."

제사장들이 천천히 움직인다. 곧 그의 측근들, 즉 그와 함께 온 유다인들, 레위인들 그리고 느헤미야 자신까지 사람들 가운데 무릎을 꿇고 그들을 위로하고 있다. 에스라가 말한다.

"돌아들 가시오. 살진 짐승들을 먹고 달콤한 포도주를 마시며 가난한 자들에게 나누어주시오. 오늘은 야훼의 거룩한 날이오. 슬퍼하지 마시오. 야훼와 함께 기뻐하는 것이 당신들의 힘이 될 것이오."

이른 오후이다. 사람들이 자리에서 일어나 에스라가 말한 대로 한다. 그들은 먹고 마시고 아무것도 가지지 못한 자들에게 먹을 몫을 나누어준다. 그리하여 곧 예루살렘에 위로가 시작된다. 사람들이 그들에게 선포된 말씀들을 이해했기 때문이다. 그렇게 그날의 율법 읽기는 끝이 났다.

참회의 증거

에스라 Ezra

사람들의 참회는 얼마나 오래 가는가? 어떤 죄들이 백 년 동안 계속 되었다면 그리고 그렇게 오랫동안 그 상태를 알지 못하고 있었다면, 갑자기 죄짓기를 그만둘 수 있겠는가? 백 년이나 더 된 옳은 일들을 뒤따를 수 있는 것인가? 또 슬픔이란 바로 그 다음날 새벽 즈음에는 사라지는 것인가?

느헤미야는 사람들의 눈물에 힘을 얻는다. 그러나 그는 실용적이고 현실적인 사람이므로 그 다음달 동안 정부 차원의 권위를 가지고 유다의 참회를 실제의 순종으로 변화시킬 방법을 고안해낸다.

레위인들이 성전에서의 의무를 소홀히 하고 있는가? 그렇다. 그들의 창고가 비어 있기 때문이다. 그들은 생계를 유지할 충분한 몫을 받지 못하여 다른 곳에서 일거리를 찾고 있고, 그러다보니 성전 손질이 부족하게 되었다.

느헤미야는 명령을 내려 그 문제를 해결한다. 그는 지역 사람들에게서 십일조를 거두어들인다. 그는 정직한 창고 책임자를 임명하여 그것들을 관리하게 한다. 그리고 레위인들에게 그들의 성스러운 임무로 돌아올 것을 명한다.

사람들이 안식일을 지키지 않는다고 에스라가 꾸짖었는가? 좋다. 느헤미야는 정확히 한 달, 네 번의 안식일을 기다리며 에스라의 도덕적인 설교가 눈에 띄는 효과를 냈는지 지켜본다. 그 효과가 나타나지 않자, 그는 명령을 내려 예루살렘 성문을 닫고 안식일 내내 걸어 잠가서 상인들의 매매를 막으며 거룩한 휴식을 강요한다.

그러나 다음 안식일에 상인들은 도성 밖에 간단히 시장을 세운다. 느헤미야는 화를 버럭 낸다. 그는 성문을 열고 무장한 군인들의 호위 아래 금수레를 타고 달리면서 모든 상인들을 체포하겠다고 위협을 하여 그들을 수치스럽게 몰아낸다.

그리고 그때 느헤미야는 어떤 고관의 손자가 다른 여인과 결혼하기 위하여 아내와 이혼한 것을 알게 된다. 결혼한 지 겨우 2년밖에 지나지 않았는데! 이 두 번째 결혼은 하나님의 율법을 읽은 지 석 달도 안 되어서 거행되었다. 그녀는 굉장한 지참금을 가지고 온 사마리아 여인이다. 게다가 그녀는 다름 아닌 사마리아 총독 산발랏의 딸이다. 이러한 불미스런 행위 앞에서 느헤미야가 어떤 명령을 내려야만 하는가?

그는 에스라 제사장에게 간다.

그들은 비밀리에 매우 오랫동안 이야기를 나눈다.

그해 겨울 저녁이다. 차가운 진눈깨비가 공중에 날리기 시작한다. 그런 날에 한 남자가 성전 밖 차가운 길가에 괴로워하며 앉아 있다. 그의 옷은 찢어져 있고 머리는 단정치 못하게 헝클어져 흘러내려 있으며, 얼굴은 고통으로 상해 보인다. 그의 눈 밑에는 살이 축 늘어져 있다.

그 주변에 모여든 사람들은 연민과 걱정으로 가득 차 있다. 사람들이 그를 사랑하기 때문이다. 그들은 그를 존경한다. 사람들은 그가 율법을 가르쳤을 때 자신들이 회개했기 때문에 그가 진정으로 만족했을 거라고 생각했다. 그들은 회개했고 그는 그들을 위로했다.

그러나 여기 에스라가 이렇게 비참한 상태로 있고, 어느 누구도 그를 일으켜 안으로 들어가도록 설득할 수 없다. 그는 아무것도 먹지 않았다. 아무것도 마시지 않았다. 그의 고통은 말할 수 없이 깊다. 그가 이처럼 자신을 비참하게 만들수록 사람들은 점점 기분이 언짢아지면서 어찌할 바를 몰라 혼란스러워하며 슬퍼한다.

한 아이가 말을 건넨다.

"왜 이러고 계세요?"

그러자 그가 대답한다.

"유다 사람들의 부정함을 슬퍼하고 있단다."

이 말에 사람들은 충격을 받는다.

"뭐라고요? 우리의 부정함 때문이라고요?"

"너희의 부정함 때문이다. 누가 야훼의 언약을 약속받은 사람들이라고 한 말을 들었느냐? 너희가 그 말씀을 이해했느냐? 그런데도 너희는 역겨운 관습을 가진 사람들에게서 벗어나지 못했다. 너희는 암몬 사람, 모압 사람, 이집트 사람, 사마리아 사람들과 결혼을 한다."

에스라가 고개를 떨군다. 바람이 성전 뜰을 지나 더 심하게 불어온다. 사람들은 겉옷을 머리에 푹 덮어쓴다. 이제는 어쩔 줄 몰라 하는 정도가 아니라 두려움에 떨면서.

마침내 여히엘의 아들 스가냐가 말한다.

"우리가 야훼와의 언약을 깨뜨렸습니다. 그러나 아직도 이스라엘에 희망은 남아 있지 않습니까? 에스라 제사장님, 우리를 도우셔서 우리가 하나님께 이방 아내들을 되돌려보내겠다는 약속을 드릴 수 있도록 해주십시오. 제발 그 일을 맡아주십시오. 일어나셔서 힘을 얻으시고 모든 것이 율법대로 이루어지게 해주십시오."

군중들 뒤에 서서 느헤미야는 스가냐의 호소를 듣는다. 즉시 그 호소는 명령처럼 바뀐다.

그날 밤 유다 전역에 명령이 내린다. 사흘 안에 모든 백성은 예루살렘으로 모여야만 한다. 그러지 않으면 재산을 박탈당하고 유다의 모임에서 추방당할 것이라는 내용이었다.

그해 9월 20일에, 아침부터 저녁까지 우박이 섞인 큰 비가 내려 짐승들의 눈을 멀게 하고 사람들을 뼛속까지 떨리게 만든다. 그러나 성전 뜰은 사람들로 가득하다. 도성 거리는 사람들로 꽉 차서 움직일 수 없을 정도가 된다. 추위와 두려움에 떨면서 유다는 두 번째로 에스라의 말을 듣기 위해 모였다.

제사장이 말한다.

"여러분이 이방 여인들과 결혼하는 죄를 범하여 이스라엘의 죄가 커졌습니다. 이제 야훼께 회개하고 그분의 뜻을 따르시오. 이 땅의 다른 민족들과 관계를 끊고, 여러분의 이방 아내들과도 인연을 끊으시오."

하늘이 어두워진다. 비는 점점 심하게 내린다. 빗물이 사람들의 옷을 적신다. 젖지 않은 사람이 아무도 없다. 모든 사람이 추위에 떤다. 서로의 입김을 볼 수 있을 정도이다. 사람들이 말할 때 생기는 입김이 잿빛 구름처럼 그들 얼굴 앞에서 둥둥 떠다닌다.

"그렇습니다."

그들이 말한다. 그들 모두의 목소리는 마치 예루살렘 자체가 괴로워하고 있는 소리 같다.

"우리는 당신께서 말씀하시는 대로 해야 합니다. 이방인 아내를 맞아들인 사람들을 장로들과 재판장들 앞에 나오게 하여 그들을 쫓아버리도록 합시다. 그리하여 우리 야훼의 진노가 우리에게 미치지 않도록 합시다."

차가운 비는 번개와 함께 오는 법이 거의 없다.

그러나 느헤미야가 얼굴을 들었을 때 짙은 구름이 보인다. 하늘에서 우르릉거리는 천둥소리가 들리자 그는 그것을 하나님의 성스러운 승인으로 받아들인다.

그날을 기다리며

하나님의 계시가 내린다.

기뻐하라, 시온 사람들아!
크게 외쳐라, 예루살렘 사람들아!
보라, 너희의 왕이 승리를 거두어
의기양양한 모습으로 오신다.
그는 겸손하여,
나귀를 탔으니,
어린 나귀, 곧 나귀 새끼이다.
그 왕은 모든 민족에게 평화를 선포할 것이며,
그의 다스림이 이 바다에서 저 바다까지,
강에서 땅끝까지 이를 것이다.
너희에게는 특별히, 나와 너희 사이에 언약이 있으니,
내가 너희를 속박에서 자유롭게 할 것이다.
내가 유다를 내 활처럼 구부리고,
에브라임을 내 화살처럼 당길 것이며,
시온의 자손들을 무기로 삼아,
너희를 전사의 칼처럼 휘두를 것이다.
야훼께서 그들 위에 나타나시어,

당신의 화살을 번개처럼 쏘실 것이다.

야훼 하나님께서 나팔을 부시며,

남쪽에서 회오리바람을 일으키며 진군하신다.

그날에는 그들의 야훼 하나님께서

당신의 백성을 양 떼처럼 구원하시고,

왕관에 박힌 보석처럼

당신의 땅에서 빛날 것이다.

아, 얼마나 좋고 얼마나 아름다울 것인가!

총각들은 햇곡식으로 튼튼해지고

처녀들은 새 포도주로 기뻐할 것이다.

하나님의 계시

하늘을 펴신 분, 땅의 기초를 높이신 분, 사람 안에 영을 불어넣어주신 분께서 말씀하신다.

이제 내가 예루살렘을 잔으로 만들어 주변 모든 민족들이 취하여 비틀거리게 할 것이다.

그날에, 모든 민족들이 예루살렘에 대항하여 집결할 때에, 내가 예루살렘을 세상의 모든 민족들에 대항할 무거운 바위로 만들 것이다. 그것을 들어올리려는 모든 자는 심하게 상처를 입을 것이다.

그날에, 내가 모든 말들을 쳐서 놀라게 하고 말탄 자를 쳐서 미치게 할 것이다. 그러나 내가 유다 집안은 지켜 돌보겠다. 그때 유다 족속들은 속으로 말할 것이다.

'예루살렘에 사는 사람들은 그들의 하나님, 만군의 주의 힘을 입어 강하게 되었다.'

그날에, 내가 유다 족속들을 장작 사이에 놓인 타오르는 화로처럼,

곡식단 사이에서 타오르는 횃불처럼 만들 것이다. 그리하여 그들 주변의 모든 민족들을 좌우로 닥치는 대로 삼켜버리게 할 것이다. 그러나 예루살렘은 여전히 그 자리에서 살게 할 것이다.

그날에, 내가 예루살렘 주민들을 위해 방패막을 세워서 그들 가운데 가장 연약한 자들도 다윗처럼 강하게 만들 것이고, 다윗 집안은 하나님처럼, 그들을 인도하는 천사처럼 되게 할 것이다.

그리고 나는 다윗 집안과 예루살렘에 사는 사람들에게 '은혜와 기도의 영'을 부어줄 것이다. 그리하여 그들은 자기들이 찔러 죽인 자를 바라볼 때나 외아들을 잃었을 때처럼 애도하며 슬피 울 것이고, 맏아들을 잃었을 때처럼 통곡할 것이다.

그날에 샘 하나가 터져 다윗의 후손과 예루살렘에 사는 사람들의 죄와 더러움을 깨끗이 씻어주게 될 것이다.

그날에는 추위도 서리도 없을 것이다. 오직 대낮만이 이어질 것이다.

그날에는 예루살렘에서 생수가 솟아나 절반은 동쪽 바다로, 절반은 서쪽 바다로 흐를 것이고 여름 내내, 겨울 내내 그렇게 흐를 것이다.

그리고 야훼께서 온 세상의 왕이 되실 것이다. 그날에는 오직 야훼 한 분만이 계시고 그분의 이름만이 남을 것이다.

그리고 시편 작가가 모든 백성을 위해 노래부른다.

제가 야훼를 기다립니다. 제 영혼이 당신을 기다리며,
당신의 말씀을 희망합니다.
사람들이 아침을 기다리는 것보다 더 애타게
제 영혼이 당신을 기다립니다.
아침을 기다리는 자들보다 더 애타게 기다립니다, 제가.

성경을 돕는 성경
희(喜)스토리성경

The Book of God

[신약]

새로운 약속
모든 사람을 위한 한 사람

[신약]

새로운 약속

모든 사람을 위한 한 사람

1부

그리스도

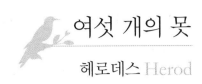

여섯 개의 못

헤로데스 Herod

완강한 팔뚝을 가진 한 노인이 작은 집을 돌아, 집 뒤로 다섯 걸음쯤 떨어져 있는 대장간으로 걸어갔다. 돌로 된 낮은 오두막 내부는 검게 그을려 있었다. 오두막은 삼면이 벽으로 둘러져 있고, 남쪽은 벽 없이 트여 있었다. 안쪽 선반에는 망치, 불집게, 낙인, 작은 도가니, 국자와 함께 못을 담아둔 흙 단지가 여러 개 놓여 있었다.

작업장은 온갖 종류의 못으로 가득 차 있었다. 작업장의 한가운데에는 주춧돌 위에 견고한 금속 모루가 고정되어 있었는데 한쪽 모서리를 따라 크고 작은 홈이 패여 있었다. 그러나 모루의 표면은 평평하고 반질반질했다. 이것은 3세대에 걸쳐 못 대장장이가 사용해 온 모루였다. 또한 그것은 50년쯤 전 그에게 기술을 가르친 스승이 남겨준 유품이기도 했다.

뒷벽에 기대 있는 벽돌 아궁이 안에는 벌써 불꽃이 이글거리고 있었다. 노인은 가죽 풀무를 밟아 불이 하얗게 피어오르도록 했다. 그리고는 가느다란 쇠막대를 불집게로 집어 불 속에 넣었다. 막대는 이제부터 못이 될 것이다. 한 뼘 정도의 길이였다. 노인은 쇠막대의 한쪽이 속까지 빨갛게 달아오르자 꺼내서 모루 위에 놓았다. 망치를 들고 아주 힘껏 내리치자 그의 얼굴과 온몸에 그리고 대장간 사방으로 불티가 튀었다.

그의 턱수염이 계속 그을려 없어지는 것은 이 불티 때문이었다. 못 대장장이인 사가랴의 얼굴은 거칠고 완고했다. 뺨은 온통 상처 자국으로 덮였고 눈썹도 없어졌다. 팔뚝의 털도 남아 있지 않았다. 굵은 손마디는 영영 굽어버렸다. 그러나 그의 상체는 50년 전 그의 나이 열아홉 살 때, 즉 스승이 죽고 그가 대장간을 이어받았을 때와 다름없이 강인했다.

망치를 규칙적으로 세게 내리치며, 사가랴는 쇠막대를 점점 가늘게 다듬어 한쪽 끝을 뾰족하게 만들었다. 그는 전에 여섯 개의 쇠막대를 만들어두었다. 오늘은 그것들을 두들겨서 굵은 대못으로 만들고 있는 것이다.

최근 예루살렘에는 반역의 기운이 감돌고 있었다. 왕의 자식들과 손자들은 늙은 헤로데스(헤롯) 왕이 죽을 때를 대비해 각자의 입지를 강화하기 위해서 폭동을 조장하고 있었다. 그리하여 카이사르 아우구스투스는 헤로데스의 아들들 중 몇 명을 왕궁 법정에서 재판에 처하겠노라고 명했다. 로마에서는 범죄자들을 십자가에서 처형하기 때문에 헤로데스 또한 못 대장장이 사가랴에게 대못 여섯 개를 새로 주문했다. 그가 주문한 대못은 한 뼘, 그러니까 어른이 최대한으로 손을 벌렸을 때 엄지손가락 끝에서 새끼손가락 끝까지의 길이였다.

헤로데스는 에돔 족속 중에서 수세기 전에 유다로 이주해 와서 헤브론 근처에 모여 살아온 이두마에 혈족의 사람이었다. 지난 수백 년을 거치면서 이두마에인들은 유대의 전통에 따라 개종했다. 그러나 유대인들은 그들을 동족으로나 자기 집단의 구성원으로 완전히 받아들일 수가 없었다. 유대인들은 이들이 개종한 것, 특히 헤로데스 왕이 개종한 것이 책략이 아니라는 말을 도저히 믿을 수 없었다.

실제로 헤로데스는 예루살렘 시를 포위 공격해서 무력으로 장악했다. 따라서 그는 유대인들의 사랑이나 충성을 불러일으키지 못했다. 게다가 그는 로마의 호의와 권력에 힘입어 쳐들어왔다. 아시아에서 로마의 통치를 주관하는 마르쿠스 안토니우스, 머지않아 카이사르 아우구스투스가 될 옥타비우스, 이 두 사람이 로마 원로원에서 헤로데스를 유대와 사마리아와 이두마에의 왕으로 책봉하게끔 원로들을 설득했다. 그는 평화로운 방법으로 유대인들 속에 들어온 것이 아니었다. 그 반대로 예루살렘을 정복하며 들어왔다.

예루살렘의 포위 공격이 진행되고 있는 동안, 헤로데스는 혼인을 통해 유대 사람들을 달래려고 했다. 지난 100년간 유대의 제사장들과 통치자들을 배출해 온 하스모니아 가문 여인과의 결혼이 그 방법이었다. 신부의 이름은 마리암네였다. 그녀는 순수한 유대 혈통이었고 대제사장의 딸이었다.

사치스러움을 과시하기 위해 헤로데스는 신부를 위해 아름다운 진주 목걸이를 구입했다. 그것은 인도에서부터 코끼리 등에 실려 운반되어 왔다. 그는 그것을 이집트 북부에서 가져온 빛나는 흑단 상자에 담았다. 그러나 그 상자에는 경첩과 못이 박혀 있지 않았다. 포위 공격을 하는 동안 헤로데스는 유대 들판의 언덕에 진을 치고 야영을 해야 했기 때문에, 그 지방의 기능공을 찾아 상자를 완성하는 일을 시킬 수밖에 없었다.

헤로데스 왕은 서른여섯 살 먹은, 이름 없고 가난한 못 대장장이를 찾아냈다. 그는 왕에게 열두 개의 작은 청동 못을 만들어주었다. 그가 그 정교한 못에 금박까지 입혀 너무도 매끄럽고 아름답게 만들었기에 마리암네는 그것을 보고 탄성을 올렸고, 헤로데스 또한 사가랴를 잊지 못했다.

포위 공격으로부터 몇 년이 지나고, 헤로데스는 무력과 교묘한 속임수로 통치를 강화했다. 그 지역을 냉혹한 평화로 지배하게 되자 그는 곧 거대한 규모로 예루살렘을 중건하기 시작했다. 이런 일들은 대부분의 유대인에게는 불쾌한 것이었다. 그는 도성에 이교도의 극장을 세우고 근교에 원형 극장을 만들었다. 또 헤로데스는 카이사르 아우구스투스를 기념하기 위해 체육 대회를 열었는데, 여기서 젊은 남자들이 알몸으로 경기를 했다.

그는 또 웅장한 궁전을 짓기 시작했다. 그리고 마리암네와의 사이에서 낳은 두 아들이 카이사르와 잘 사귀기를 바라는 마음으로 로마에 보냈다. 그곳에서 그의 아들들은 유대인이라기보다는 로마인으로서의 지위에 걸맞게 양육되었다.

그러나 헤로데스 왕은 그 어떤 유대인도 비난할 수 없는 한 가지 훌륭한 일을 했다. 그는 500하고도 10년 동안, 포로 생활이 끝난 뒤로 줄곧 그대로였던 기능 위주의 초라한 성전을 허물고 언덕 위의 성전터를 두 배로 넓혔다. 그는 기둥을 세워 거대한 새 부지의 네 면을 으리으리한 주랑(柱廊)으로 둘렀다.

동쪽에는 솔로몬의 현관이 있었다. 남쪽 면 전체에 걸쳐 기둥을 네 줄로 세워 왕실의 현관을 만들었다. 그 기둥들을 따라 30미터 높이의 천장 아래로 세 개의 통로가 생기게 되었다.

헤로데스는 이처럼 야훼의 성전을 다시 지었다. 이렇게 세워진 눈부신 백색의 대건축물은 솔로몬이 생각해냈던 것보다 더 찬란하게 빛났다. 이 놀라운 일을 진행시키는 데 참여한 유대의 선생들은 그가 속죄하고 있는 거라고 말했다.

새 성전이 헌납되던 날(비록 몇 년 안에 완공될 일은 아니었지만), 예루살렘은 선생들과 순례자들과 제사장들로 가득 넘쳤다. 기쁨이 가득 찼다! 헤로데스 자신은 희생 제물로 황소 300마리를 바쳤다. 그는 따로 마련된 왕의 별채에 높이 서서 화려한 종교적 소동을 만족스럽게 지켜보고 있었다.

레위 지파 사람들은 양 뿔나팔을 불면서 노래했다. 악기들이 부딪쳐 그 소리가 하늘을 가르며 울려퍼졌다. 거대한 제단은 제물의 지방을 태우며 사방에 기름방울을 튀겼고, 하얀 연기와 고기 구워지는 고소한 냄새를 하늘로 올려보냈다. 제사장들은 하루 종일 제단 앞의 포장된 도로에서 짐승을 잡았다.

한 제사장이 유난히 왕의 주목을 끌었다. 나이가 들었으나 힘이 세어 보였다. 그는 왼손으로 황소의 뿔을 잡고 그 큰 대가리를 뒤로 젖혀 목이 드러나게 한 다음 오른손에 든 칼로 솜씨 좋게 동맥을 끊었다. 그리고 나서 맨 처음 솟구쳐나오는 피를 아주 정확하게 대접에 담았다. 나머지 피는 포장 도로 위를 따라 도랑으로 흘러들어, 하수도를 따라 기드론 골짜기 아래로 흘러내려갔다.

헤로데스는 이 제사장이 울고 있는 것을 보았다. 제물용 짐승을 한마리 한마리 계속해서 도살하고 있었으나 결코 지쳐 보이지는 않았다. 하지만 그러는 동안 눈물은 그의 얼굴을 따라 끊임없이 흘러내렸다. 참담한 그 얼굴에는 깊은 흉터와 상처가 있었다. 턱수염은 덥수룩하고 팔뚝은 강인했다. 그런데 그렇게 연약한 모습으로 눈물을 흘리다니!

"저 사람이 누구냐?"

헤로데스 옆에 서 있던 제사장들은 그를 보더니 대답했다.

"아비야 지역의 제사장 사가랴입니다."

왕은 울고 있는 제사장을 더욱 자세히 쳐다보았다. 어쩐지 낯익어 보였다.

"사가랴? 유대 언덕의 못 대장장이 말이냐?"

"예, 바로 그 사람입니다."

헤로데스 왕은 그의 아내 마리암네를 죽였다. 그녀의 남동생이 왕의 허락 없이 예루살렘 대제사장으로 임명된 것이 화근이었다. 하스모니아 가문의 이 소년은 겨우 열여섯 살밖에 되지 않았다. 그가 대제사장이 된 것은 분명히 정치적인 조치이며 헤로데스의 개인적 권위를 손상시키는 일이었다. 그리고 그 젊은이가 처음으로 오순절 집회를 주재했을 때 민중들이 너무도 열렬하게 찬양의 함성을 올렸기 때문에 헤로데스는 그의 인기와 생명을 둘다 끝장내기로 결심하게 되었다.

헤로데스는 여리고 연못에 가는 데 동행하자며 어린 처남을 초청했다. 그해 여름은 무더웠다. 그리고 물은 시원했다. 마리암네의 동생은 초대를 수락했다. 어느 날 오후 물놀이를 겸한 연회가 열렸다. 많은 사람들이 연못을 가득 메우고 게임을 하며 즐겼다. 헤로데스 왕은 젊은 대제사장에게로 헤엄쳐 가서 장난스럽게 그를 물속으로 밀어넣었다. 그 소년은 다시는 살아서 떠오르지 못했다.

이 일이 있은 지 몇 달이 지났지만, 마리암네의 어머니는 얌전히 아들의 죽음을 받아들일 수 없었다. 그녀는 헤로데스를 살인자로 고발했다. 그리고 이집트에 있는 클레오파트라와 마르쿠스 안토니우스에게 고소장을 보냈다. 헤로데스는 소환되어 사건의 전말을 보고해야 했지만 능변과 뇌물로 로마의 신임을 유지하는 데 성공할 수 있었다. 하지만 하스모니아 가문에 대해서는 지독한 분노를 품게 되었다. 그는 장모를 혐오했고, 아내에 대해 들려오는 모든 소문을 그대로 믿으려 했다.

아주 사소한 일로 그는 사람을 시켜 장모를 죽였다. 그런 뒤에도 그의 질투심은 갈수록 격렬해졌다. 마리암네는 아름다운 여인이었다. 유대인이나 로마인이나 모두 그녀에게 끌렸다.

어느 날 누이 살로메가 와서 마리암네가 간통을 했다고 그에게 속삭였다. 그 다음날로 그는 명령을 내려 아내를 죽였다. 그러나 아내의 죽음으로도 그의 마음은 쉽게 진정되지 않았다. 그를 괴롭힌 것은 죄가 아니었다. 그녀가 곁에 없다는 사실이었다. 아내에 대한 사랑을 멈출 수 없기 때문이었다.

마리암네가 낳은 아들들의 이름은 알렉산드로스와 아리스토불루스
였다. 사실 헤로데스에게는 그들 위로 또 다른 아들들이 있었다. 그러
나 마리암네의 아들들은 하스모니아 가문의 피를 이어받았다. 그래서
그들은 자신들이야말로 아버지의 왕좌를 계승할 권리가 있다고 믿었
고, 그 기득권을 챙기려고 로마에서 돌아왔다.

헤로데스의 새 성전이 봉헌되던 그 해에, 알렉산드로스와 아리스토
불루스는 공개적으로 예루살렘의 권력을 얻으려고 나섰다. 그들은 헤
로데스의 다른 아들들을 두고 음모를 꾸몄다. 거짓말을 하고 반역적인
행동을 했다. 권력을 지닌 자들과 내통하고 온갖 술수를 다하는 동안
그들은 점점 야망이 성취되어오는 것 같은 느낌이 들었다.

헤로데스는 그들이 후계권 이상의 것을 원한다는, 즉 자기 생전에 왕
위 찬탈을 꾀할 거라는 사실에 두려움을 느꼈다. 그래서 카이사르 아우
구스투스의 지시에 따라 헤로데스는 마리암네의 아들이자 자신의 아
들인 두 사람을 체포했다. 그는 그들을 감옥에 가둬 로마 법정에서 재
판을 받게 했다. 재판은 1년 이상을 끌었다.

그 재판이 끝날 즈음 헤로데스 왕은 못을 주문했다. 아마도 그는 그
아들들의 어머니와 자신이 금슬 좋았던 옛 시절, 인도와 이집트에서 가
져온 선물을 그녀에게 주던 그 시절을 회상하고 있었을지도 모른다. 어
쩌면 예상치 못했던 이 운명의 장난에 마음이 어두웠을 수도 있다. 아
니면 그냥 우연히 기억을 떠올린 것일지도 모른다.

동기야 어찌 되었든, 헤로데스는 못 대장장이 사가랴에게 한 뼘 길
이의 새 못 여섯 개를 주문했다. 그 못은 자기 아들들을 십자가에 처형
하는 데 쓸 것이었다.

구혼자

목수 요셉 Joseph the Carpenter

늦은 아침, 예루살렘에서 북쪽으로 사흘길 되는 나사렛 마을의 갈릴리 지방에서 한 중년 남자가 작은 돌집 문 앞에 웅크리고 앉아 있었다. 그는 오른쪽 문설주에 손을 올렸다 내렸다 하면서 신음과도 비슷한 소리를 내며 끙끙거렸다.

"으음……."

문설주는 오래된 것이었다. 경첩이 뜯겨나간 자리의 나무는 부서져 있었다. 오랫동안 짐승들이 물어뜯고 발로 차고, 잦은 날씨 변화로 늘었다 줄었다 하면서 틀어져 버려서 문과 문틀은 아귀가 잘 맞지 않았다. 창문 틈새마다 모두 검게 변해 있었는데 격자창문이 열릴 때면 집 안의 먼지가 창을 통해서만이 아니라 문 틈새를 통해서도 풀풀 새어 나왔다.

초라한 작은 집이었다. 문 하나에 방 세 개가 다였다. 문 안에 들어서면 바로 가운뎃방이 나왔다. 거기 있는 낮은 화로에서 요리를 하고 가족들이 몸을 따뜻하게 하기도 했다. 왼쪽에 있는 방에서는 양과 염소들이 잠을 잤고, 뒤쪽 방은 침실로 썼다. 남자가 웅크리고 앉아 있는 문 밖에는 작은 담으로 두른 마당과 채소를 재배하는 뜰이 있었다.

"음……."

그는 중얼거리면서 몸을 일으켜 나무로 된 문틀 위쪽, 상인방을 만졌다. 그의 엄지손톱은 비틀려 까맣게 죽어 있었다. 손바닥은 오래된 연

726

장의 손잡이만큼이나 딱딱했다. 그때 갑자기 문이 안으로 잡아채이듯
이 열리며 또 다른 남자가 걸어나왔다. 문 앞의 남자와 비슷한 나이였
지만 키가 더 작고 머리가 더 벗겨졌으며 작은 눈을 깜빡거리고 있었
다. 그는 다짜고짜 말했다.

"요셉, 설명 좀 해보게!"

요셉이라고 불린 남자는 뒤로 물러서서 고개를 떨구었다. 이제 넓적
다리께에 축 늘어뜨린 그의 손은 더욱 커 보였다. 눈 밑으로는 덥수룩
한 수염이 얼굴을 가리고 있었다.

"지난주에 자네는 창가를 어슬렁거렸네. 그 전 주에 나는 자네가 지
붕 위를 슬금슬금 기어가는 소리를 들었어. 나는 기다렸네, 왜 안 그랬
겠나? 나는 문 두드리는 소리를 기다렸지. 점잖은 집주인답게 나는 자
네가 인사를 하고 얘기를 꺼내길 기다렸단 말일세. 그러나 자네는 이
도 저도 안했네."

작은 남자는 고개 숙인 사람으로부터 아무런 대답도 듣지 못하자, 이
제 격렬한 몸짓을 해가며 허공에 대고 말했다.

"요셉이 왔다가 요셉이 간다. 나사렛 사람들은 그를 이상한 사람이
라고 부르지! 나는 공정한 사람이야. 난 기꺼이 설명을 들어줄 수 있다
고. 하지만 자넨 아무 말도 안 해! 요셉, 왜 자네는 내 집에 그렇게 관
심이 많은가?"

요셉이 천천히 입을 벌려 이를 조금 드러내고 웃었다.

"으음, 저어."

갑자기 집안에서 빠른 발걸음 소리가 스쳤다. 요셉은 순간 눈을 치켜
떴다. 그의 콧날이 붉어졌다. 집주인은 요셉의 빨개진 얼굴을 보고 돌
아서서 자기 집안을 들여다보았다. 그러고는 다시 실눈을 뜨고 날카롭
게 요셉을 돌아보았다.

"그랬군."

요셉은 고개를 끄덕이고 또 끄덕였다. 턱수염 사이로 그는 딱 한 마디를 중얼거렸다.

"신부값."

"아하, 신부값이라. 이제 보니 나와 뭔가 타협하러 왔구먼, 요셉?"

요셉이 고개를 끄덕였다.

"내 딸을 위해서 신부값을 내겠다고?"

요셉은 또 다시 고개를 끄덕였다.

"이거야 원, 너무 놀라 말을 못하겠군. 숨을 쉴 수가 없어."

작은 남자가 여전히 덩치 큰 남자를 노려보면서 말했다.

"그렇군, 그래. 너무도 갑작스러워서. 신부값이라, 그래 자네가 이미 마리아와 이야기를 했고 나만 그것을 모르고 있었나?"

요셉이 고개를 저었다.

"그럼 함께 얘기된 게 아니란 말인가?"

요셉이 이번에는 고개를 젓지 않았다. 한 마디 꺼내놓고 나서 그는 다시 말문을 열 수가 없었다. 그의 눈길은 이미 다른 곳으로 향해 있었다. 그의 시선은 집주인의 머리 위쪽에 있는 문틀 상인방에 완전히 못 박혀 있었다. 마치 세상의 그 어떤 상인방도 이보다 더 매력적일 수 없다는 듯이.

아, 그러나 상인방, 문, 집 전체 그리고 나사렛의 반짝이는 햇살, 이 모든 것은 단지 그 집안에 있는 한 얼굴을 위한 배경에 지나지 않았다. 어두운 실내에서 어슴푸레하게, 거의 보일 듯 말 듯 모습을 나타낸 사람. 그 웃음이 마치 겨울 찬 공기 속의 입김 같은 그녀, 집주인의 딸인 마리아였다. 그녀는 짙은 눈썹과 넓고 고른 앞이마, 검은 눈에 확신에 찬 입술을 가지고 있었다.

"아니에요, 아버지. 미리 이야기한 적은 없어요."

그녀가 단언했다.

"그렇지만 아버지가 모르고 계셨던 건 맞아요."

그녀의 아버지는 뒤를 돌아보지 않고 계속해서 요셉을 쳐다보고 있었고, 요셉은 그를 넘어 마리아를 똑바로 응시하고 있었다.

"우린 만나고 있어요. 그러나 우리 사이에 말은 별로 필요 없었어요."

"그래서 자네가 우리 집 주변을 얼쩡거렸나, 야곱의 아들 요셉? 내 딸을 만나려고? 그애를 엿보려고? 이런, 자네는 나이도 나와 비슷하지 않은가!"

"아버지! 요셉은 정직한 사람이에요. 아버지도 아시잖아요. 그가 경솔하거나 옳지 않은 일은 결코 하지 않는 사람이란 것을. 그는 내게 무례하게 대한 적이 없어요. 아버지도 잘 알고 계시잖아요! 얼쩡거리며 엿보았다니요? 우리가 만날 때마다 가까이에 숨어서 보고 계셨던 분은 바로 아버지였어요."

"그래!"

마리아의 아버지가 힘주어 말했다.

"최근에는 둘이 귀엣말로 속삭여서 대체 뭔 얘기를 하는지도 알 수가 없었지. 도대체 무슨 얘기였느냐? 아버지로서 그걸 물어볼 권리도 없단 말이냐?"

"아버지."

"뭐냐?"

"야곱의 아들 요셉이 내게 신부값에 대해 물어본 적은 있었어요."

"오, 그래. 신부값."

"네. 그는 나와 결혼하고 싶어해요."

대머리 남자는 얼굴을 찌푸렸다. 그는 목청을 가다듬었는데, 너무 급하고 격하게 헛기침을 해서 목이 아플 정도였다. 그런 다음 그는 입술을 가늘게 오므리면서 선언하듯 말했다.

"신부값은, 요셉. 오래되고 자랑스러운 우리 풍습에 따라 생각해 볼 때, 대략 은 오십 세겔 정도면 되겠다고 생각하네. 자네는 그 돈을 내게 줄 준비가 되어 있나? 내 딸을 데려가는 대가로 은 오십 세겔 전부를 낼 수 있는가 말일세!"

한동안 침묵이 흘렀다. 요셉이 눈을 내리깔았다. 그는 크고 힘센 사내였다. 그 훌륭한 턱수염만으로도 다른 사람들을 위협할 만했다. 그러나 그는 너무 유순해서 다른 사람들을 위협하기는커녕 오히려 상대적인 우월감을 맛보게 했다. 또 습관처럼 침묵해서 사람들은 별안간 성질을 내고 펄펄 뛰곤 했다.

마침내 마리아가 문간으로 다가왔다. 그녀의 목소리는 흥분해 갈라졌고 검은 눈썹은 치켜올라갔다.

"나사렛 사람이라면 다 알아요. 아내가 죽었을 때 요셉은 장례 지내는 데 가진 돈을 전부 썼어요. 이건 모두 다 아는 얘기예요, 아버지. 그는 마을 공유지의 동굴 안에 작은 자리 하나, 그녀의 묏자리로 쓸 돌선반을 사기 위해 연장을 팔았어요. 그리고 아마포 수의를 아주 값비싼 알로에와 몰약으로 적셔주었고요……."

그녀가 말하는 동안 요셉은 감탄스러운 기분으로 자신의 변론자를 바라보았다. 무슨 말이 필요한가! 마리아는 너무도 젊었다. 그녀의 부드럽고도 긴 머리카락은 순결하게 두 갈래로 나뉘어 드리워져 있었다. 그러나 그녀의 턱은 완강했고 마음은 확신에 차 있었다. 사실 신부값에 대한 좋은 계획을 생각해낸 것도 그녀였다.

"요셉은 조문객들에게 식사를 대접했어요. 아버지도 아시다시피 대부분이 나사렛 사람들이었지요. 이제 와서 그를 이상한 사람이라고 불러댄 바로 그 사람들에게 밥을 사준 거라고요. 자기는 이레 동안 내내 금식하면서 말이에요. 그는 다른 사람들에게 베푸느라고 가난해진 거라고요."

"그래서, 요셉."

마리아의 아버지가 분홍빛 아랫입술을 내밀며 말했다.

"아버지!"

요셉이 손을 쳐들어 마리아를 만류했다.

"사실입니다, 요아킴. 저는 가난합니다."

그는 고개를 계속 끄덕이며 말했다.

"하지만 신부값을 낼 수는 있어요."

그는 돌아서서 마리아와 그녀의 아버지를 잠시 내버려둔 채 쿵쿵거리며 뜰에서 걸어나갔다.

"저 친구 어디 가는 거냐?"

요아킴은 질금거리는 작은 눈을 애써 깜박거리며 말했다. 마리아가 살며시 요셉의 뒤를 따라갔다. 그녀의 눈에도 열망이 가득 차 있었다. 요셉이 오른쪽 어깨에 길고 무거운 궤짝 하나를 밧줄로 걸머지고 곧 돌아왔다. 그는 상자를 요아킴의 발 아래 내려놓고 무릎을 꿇더니 번뜩이는 까뀌를 한 손으로 쥐고 나무를 깎거나 찍거나 하는 연장을 끄집어냈다. 그리고는 요아킴을 올려다보며 말했다.

"보세요."

요아킴은 눈을 더 빨리 깜빡이며 눈살을 더 찌푸렸다. 요셉은 계속해서 꺼낸 여러 개의 쇠톱이 하나같이 새것이어서 마리아는 더 이상 잠자코 있을 수가 없었다. 그녀는 기뻐서 쿡쿡 웃으며 말했다.

"보세요, 아버지. 보이시죠?"

계속해서 여러 개의 끌과 송곳과 줄, 다양한 크기의 나무망치, 컴퍼스, 가는 분필 조각, 측량하는 데 쓰는 직자 그리고 끝으로 나무로 짜여진 날이 잘 선 대패가 나왔다. 요셉은 마지막으로 꺼낸 연장을 부드럽게 어루만지고는 일어서서 집주인인 마리아의 아버지 요아킴을 마주 보았다.

"내가 두 개의 문설주를 만들지요. 상인방을 올리고 문도 달겠습니다. 그것이 내가 낼 수 있는 신부값입니다. 그리고 격자도 두 개 짜드리죠. 만일 집에 새로운 들보가 필요하다면 그것 또한 베어다 만들겠습니다. 시간이 많이 걸리더라도 꼭 좋은 나무를 찾아다 드리겠습니다."

마리아는 너무도 기뻐서 이를 드러내며 웃었다. 그녀의 뺨이 석류처럼 붉어졌다.

"요셉은 자랑스런 사람이에요, 아버지. 그는 항상 훌륭한 솜씨로 일해왔어요. 아버지도 아실 거예요. 그런데 어제 그는 연장 일체를 완전히 새것으로 마련했어요. 이제 다시 결혼할 준비가 된 거지요."

요아킴의 손을 잡고 그 손에 입을 맞추며 그녀가 말했다.

"글쎄다. 너도 알다시피 이 일이 너무 갑작스러워서 아버지는 어지럽구나. 놀라서 헐떡거리느라 숨이 막힐 지경이야……."

요아킴은 마당에 늘어놓은 연장들을 쳐다보며 힘없이 말했다.

"그래요, 그래요, 아버지. 숨이 막히실 거예요. 하지만 기절하시기 전에 대답을 해주세요. 요셉의 제안을 받아들이시겠어요?"

"마리아!"

요아킴은 마음이 상했다. 그는 손을 겨드랑이 밑에 끼었다.

"사람이 자기 딸과 사위, 앞으로 생길 손자의 앞날 전체에 대해 숙고하려면 얼마간이라도 시간이 필요한 것 아니겠느냐?"

마리아가 외쳤다.

"사위라고요? 사위라고 하셨어요?"

아버지는 둥근 얼굴에 애처로운 표정으로 말을 이었다.

"아비가 외동딸을 여의게 됐는데 슬퍼할 수도 없단 말인가? 요셉, 자네는 인내와 신중의 미덕을 알고 있을 걸세."

요셉은 고개를 끄덕였고 그의 눈 가장자리는 장인을 이해하는 마음으로 떨리고 있었다. 그러나 마리아는 손뼉을 치면서 외쳤다.

"됐어요, 아버지! 오, 이제는 끝났어요! 약혼식 날짜를 잡아요. 그래야 내 사랑이 아버지를 위해 아름다운 집을 짓기 시작하죠. 그리고 들보가 올라가는 날에."

그녀는 겨울 찬 공기에 서리는 숨결처럼 사뿐히 요셉에게 다가가 그의 손등을 어루만지며 속삭였다.

"들보가 올라가는 바로 그날에 우리는 결혼할 거예요."

천사 가브리엘이 전한 말

사가랴 Zechariah

가을 추수가 끝난 직후, 아침은 서늘하고 저녁은 건조한 때에 300명 가량 되는 제사장들이 예루살렘에 속속 도착했다. 그날은 안식일을 앞둔 금요일이었다. 그들은 이번 안식일에 신성한 의무를 다하기 위해 오는 길이었고, 한편으로 다른 300명은 책임을 끝내고 다시 고향으로 떠나가고 있었다.

매주 이러한 교대는 엄격하고 품위 있는 형식에 따라 이루어졌다. 제사장들은 가문에 따라 24조로 나뉘는데, 각 조는 일 년에 두 번씩 일주일 동안 성전에서 봉사했다. 봉사가 끝나면 다음 조에게 성전 열쇠와 신성한 의식에만 사용되는 93개의 거룩한 제기들을 넘겨주었다.

이번 주 금요일은 순서상 여덟 번째 봉사조인 아비야 가문이 예루살렘 부근의 마을과 시내에서 모여들고 있었다. 내일 그들의 신성한 노동이 시작될 것이다. 사가랴 노인은 아비야 가문에 속해 있었다. 그는 천천히 걸어왔다. 그의 큰 가방 하나에는 옷이 있었고, 또 다른 가방에는 새로 만든 못 여섯 개가 들어 있었다.

보통 때 그는 도시의 북쪽 입구에서 가장 가까운 '양의 문'을 통과하곤 했다. 그 길은 성전까지 곧게 나 있었다. 그러나 오늘 그는 북쪽 벽을 따라 서쪽으로 걷다가 성벽 모퉁이를 돌아 남쪽으로 향했다. 아직 성 밖이었다.

그는 오래된 채석장의 부서진 돌더미를 지나쳤다. 오른쪽에는 석회암 언덕에 굴을 파서 만든 유대인들의 무덤이 있었다. 왼쪽 성벽 부근에는 잘 가꾸어져 서늘하게 우거진 푸른 정원들이 있었다. 그 모든 것들에 담긴 쾌적한 평화를 그는 사랑했다. 올리브나무, 백향목, 은매화, 곱향나무, 우슬초. 무화과, 뽕나무, 버드나무. 이런 땅을 소유한 사람들은 부자들이었다. 아리마대에서 온 한 젊은이가 갓 일궈진 모퉁이 땅을 샀다는 소문이 있었다. 하지만 그 부자들은 자기들이 가진 것을 즐기기 위해 여기 이곳에 와서 앉아보는 일이 거의 없었다.

종종 이곳에 앉아서 즐기는 사람은 사가랴였다. 그는 늙었고 인생 역정을 거쳐오면서 침울해져 있었다. 그는 곧잘 이 푸르른 장소를 찾아와 생각에 잠기곤 했다. 그와 그의 아내는 쓸쓸하게 죽음을 향해 가고 있었다. 그들은 아이를 낳지 못했다. 스스로를 돌보지 못할 만큼 늙은 뒤에 그들을 돌봐줄 세대가 없었다. 손자도 없었다. 이것이 그 두 사람 인생의 슬픔이었다.

사가랴는 계속 걸었다. 도성벽은 서쪽으로 가파르게 꺾어졌지만 그가 가려는 곳은 두 성벽이 만나는 곳에 나 있는 문 쪽이었다. 그는 '정원의 문'을 통과해 예루살렘으로 들어갔고 들어서자마자 급하게 밀려드는 수많은 사람들 속에 휩쓸렸다.

도시로 들어가는 길 내내 거리 양쪽으로는 상점과 장사꾼들, 제품을 만들기도 하고 팔기도 하는 상인들과 기술자들이 줄지어 있었다. 그들은 모직 제품과 양탄자, 담요 등을 팔았다. 보석 세공인들은 석회칠을 한 지붕 아래에 앉아 있었다. 아마포 상인들은 짜낸 천을 매끄러운 나무 난간에 걸쳐놓았다. 빵장수들은 가게 뒤에서 빵이 구워져 나오는 대로 곧장 손님에게 팔았다. 등 없는 의자에 앉은 신발 장수들이 마찬가지로 걸상에 걸터앉은 재단사들에게 소리를 지르고 있었다. 이곳이 바로 예루살렘에 있는 두 개의 시장 거리 중 하나였다.

예루살렘은 번성하고 있었다. 포도주, 기름, 과일, 빻은 보릿가루, 치즈, 달걀, 생닭. 사람들은 거대한 돌로 포장된 길 위를 이리저리 몰려 다녔다. 푸줏간 주인들은 거리 한쪽을 다 차지하고 있었다. 천을 짜는 사람들은 도시의 남동쪽 지역에서 일했다. 무두질하는 사람과 가죽공 들은 그 냄새가 순례자나 제사장들의 비위를 상하게 하지 않을 위치에 일터를 두어야 했다.

호화롭고 왕성한 성전 사업이 예루살렘을 지탱하고 있었다. 제물과 십일조는 성전의 창고를 채웠고, 거기서 성전 일꾼들의 임금이 지불되 었다. 석수, 조각사, 태피스트리 직공, 분수 설계자, 의사, 이발사, 배 수와 우물과 수조 전문가들이 있었다. 성전은 설화석고와 안티몬, 대 리석으로 만들어졌다. 1.6미터쯤 되는 높이의 섬세한 돌 격자문이 안 뜰과 이방인들의 바깥뜰을 갈라놓았다. 이러한 일들은 모두 숙련된 사 람들의 손길을 필요로 했다. 그리고 일꾼들은 임금을 받으면 예루살렘 시장에 나와서 돈을 썼다.

성전의 휘장을 유지하는 비용만으로도 작은 마을 하나를 먹여 살릴 수 있을 정도였다. 숙련된 직조공과 편물공은 해마다 새 휘장 두 폭을 제작해야 했는데, 폭이 6미터에 길이가 20미터도 넘는 커다란 것이었 다. 성전에는 그와 같은 휘장이 26개 달려 있고, 각각의 휘장은 여섯 가지 색으로 된 72줄로 엮여 있었으며, 각각의 줄은 24가닥의 실로 꼬 여 있었다. 1년에 두 폭의 휘장을 만들기 위해서는 처녀들 82명이 쉬 지 않고 일해야 했다.

사가랴는 어렵게 군중들을 뚫고 마침내 교차로에 닿았다. 그는 오른 쪽으로 돌아서서 눈을 들어 헤로데스 왕의 마지막 위세를 올려다보고 는 한숨을 쉬었다.

이곳 시온 산의 서쪽 고지에 궁전이 있었다. 그곳에는 마주보는 양쪽 끝에 웅장한 연회장과 200명의 손님을 충분히 수용할 수 있는 방이 있 었다. 그밖에 왕의 부인 열 명과 그 아이들 그리고 그들의 하인이 거하는 내실이 있었다. 군인들이 세 개의 튼튼한 탑 밑을 지키고 있는 북쪽 끝에는 궁전 뜰과 정원, 산책로가 조성되어 있고 운하와 아름다운 연못, 샘과 정교한 분수도 그 둘레에 접해 있었다.

사가랴는 예순아홉 살이었고, 그의 아내 엘리사벳은 예순다섯 살이었다. 그들은 결혼한 지 50년이 되었다. 헤로데스 왕은 말년에 열다섯 명의 자녀를 두는 복을 누렸다.

그는 하나님께 감사할 줄 알까? 그는 아이 하나하나가 궁전보다 더 소중하며, 그 아이들이 가져다줄 영예가 금보다 더 오래간다는 것을 알까? 늙은 제사장은 다시 한 번 한숨을 쉬며 궁전 가까이로 사라져갔다. 그가 만든 못을 왕에게 전달해야 했다.

하지만 왕은 궁전에 없었다. 헤로데스는 오랫동안 속병을 앓고 있었는데, 때때로 그 고통이 참을 수 없을 만큼 커졌다. 팔, 다리, 손가락 하나까지 아파서 꼼짝달싹하지 못할 때가 있었다. 그럴 때면 그는 사해 동쪽 해안에 있는 칼릴호라는 마을로 여행을 떠났다. 그곳에는 극심한 고통을 누그러뜨릴 천연 온천이 있었다.

이번에 헤로데스는 가는 내내 여섯 명의 하인들이 어깨에 메는 가마에 실려가야만 했다. 그 여행은 6주가 걸렸다. 그리고 이제 그는 속옷만 하나 허리에 두른 채 김이 오르는 물속에 누워, 비서 하나와 가까운 자문관 두 명의 시중을 받으며 시간을 보냈다.

헤로데스 왕은 지금의 고통이 어서 끝나고 병이 낫기를 진심으로 바랐다. 그러나 육체의 고통은 후계자에 대한 불안을 끊임없이 일깨웠다. 그리하여 그는 칼릴호의 연못에 누워서 이전에 썼던 유언장을 수정하고 있었다.

그는 자기가 세상을 떠나면서 물려주게 될 옥좌에 누구를 앉힐 것인지를 고민하고, 이 아들이나 저 아들의 이름을 갑작스레 소리치는가 하면 격한 결정을 내려가며 새 유언을 받아쓰게 했다. 헤로데스가 강박감에 사로잡혀 물을 휘저었다.

그는 예전에 마리암네의 아들 알렉산드로스를 후계자로 지명하여 유언을 써서 봉했었다. 그 다음에는 그녀의 또 다른 아들 아리스토불루스를 지목해 두었다. 그러나 이 두 아들은 곧 죽게 될 것이었다. 두 왕자와 두 개의 유언장이 파기되고, 헤로데스는 세 번째 유언을 써야 했다.

"안티파테르다!"

헤로데스는 칼릴호의 황금색 온천물을 튀기면서 소리쳤다.

"내 첫 번째 아내, 사랑하는 도리스의 아들. 그의 이름을 서판에 기록해라, '안티파테르님'이라고. 그에게 내가 왕위를 물려줄 것이고 그가 유대를 통치할 것이다!"

꽃

금요일 아침, 제사장들이 그날그날 어떤 의무를 맡을지를 결정하는 제비뽑기를 한 결과 사가랴는 저녁 제사인 타미드가 진행되는 동안 성소에서 향을 올리는 일을 맡게 되었다. 노인은 말할 수 없이 기뻤다. 엘리사벳 역시 기뻐할 일이었다. 그가 향을 올리도록 뽑힌 것은 제사장이 된 이래 이번이 처음이었다. 나이로 보아 어쩌면 이번이 마지막이 될지도 모를 일이었다.

그날 오후 사가랴는 성전의 남쪽 구역에 있는 어느 방으로 들어갔다. 격자창을 통해 가는 빛줄기가 안을 밝혀주고 있는 작은 탈의실이었다. 거기서 그는 정결 의식에 따라 거친 얼굴과 몸을 씻고 옷을 입었다.

늙은 허리에 깨끗한 아마포 바지를 입고, 발목까지 늘어지는 정결한 튜닉(위에서부터 걸쳐 입는 통옷)을 뒤집어썼다. 그는 굽은 손으로 역시 흰 아마포에 자주색 실로 수를 놓은 멋진 허리띠를 둘렀다. 마지막으로 튜닉만큼이나 흰 머리수건을 두르고 나서, 사가랴는 제사장들의 뜰로 나가 성전 정면으로 걸어가서 번제단에 다다랐다.

두 제사장이 와서 상제단의 숯 위에 새 나무를 가지런히 올리면서 타미드가 시작되었다. 향긋한 연기가 피어올랐고, 레위 지파의 찬양대가 목소리를 높여 노래했다. 제단 발치에서는 한 레위인이 몸을 구부려 단번에 양새끼를 잡았다. 다른 제사장이 그 피를 대접에 받아서 제단 계단으로 가져가 하늘을 향해 들어올렸다가 제단의 돌 위에 뿌렸다. 레위인들은 악기를 울리면서 계속해서 노래를 불렀다. 사가랴는 한쪽에 서서 순서를 기다리고 있었고 옆에는 다른 제사장이 은 화로를 들고 서 있었다.

이제 제사를 주관하는 제사장이 죽은 양 쪽으로 돌아와서 조각으로 갈랐다. 그리고는 그 고깃덩어리들을 씻어서 번제단으로 가지고 올라가 모두 불 위에 올려놓았다. 고기가 소리를 내면서 아마포처럼 흰 연기를 하늘로 올려보내는 동안, 제사장은 저녁 기도를 읊조리기 시작했다. 또 다른 제사장은 곡식 가루를 가져와 제단에 바쳤다. 기름에 적신 고운 가루였다. 고기 구워지는 냄새가 가득하자 레위인들은 노래를 부르고 또 불렀다.

사가랴 옆에 서 있던 제사장이 사가랴의 어깨를 가볍게 치고 앞으로 나아갔다. 마침내 그들 차례가 되었다. 사가랴는 기뻐 어쩔 줄 몰랐다. 그는 성전 문의 계단까지 둥둥 떠가는 것 같았다.

입구에 멈춰 서서 돌아섰을 때, 그의 무릎뼈는 옷자락 아래에서 떨리고 있었다. 보조 제사장은 이미 번제단 앞으로 나아갔다. 그는 부젓가락으로 이글이글 핀 숯을 불에서 꺼내 은 화로에 담았다. 그리고 그 또한 계단 위로 올라갔다. 동시에 또 다른 보조자가 향 접시와 은 숟가락을 들고 따랐다.

한 제사장은 왼편에, 또 다른 제사장은 오른편에 거느린 채 사가랴는 돌아서서 문을 지나 성소로 들어갔다. 그의 가슴은 방망이질치고 있었다. 14년 전에 성전을 봉헌할 때도 그랬다.

사가랴는 울기 시작했다. 소리를 내거나 한 것은 아니었다. 단지 눈물이 저절로 그의 뺨을 따라 흘러내리기 시작했다. 성전 안으로 들어갈 수 있고 들어가며 울 수도 있는 것, 이 모든 것이 하나님의 선물이라고 그는 생각했다.

저녁 햇살이 높은 창문을 비추고 있었다. 가지가 일곱 달린 장엄한 등잔대가 한쪽에서 노란빛을 발하며 서 있었다. 사가랴와 보조자들은 작은 분향단 앞으로 곧장 나아갔다. 화로를 가진 제사장은 그것을 기울여 안에 담긴 숯을 분향단 격자 속으로 쏟아넣었다. 짧은 순간 불꽃이 화르륵 일었다. 다른 제사장이 향 접시를 분향단 한쪽에 놓았다. 그런 다음 그들은 둘 다 물러갔다.

사가랴는 홀로 남았다. 물방울이 숯 위로 떨어지자 숯은 지글지글 소리를 내며 불똥을 튀겨 그를 그슬렸다. 그때서야 그는 그 물방울이 자신의 눈물인 줄 알았다. 아, 그때 그 늙은 사제는 기쁨으로 빛났다. 그는 대장간의 열기를 몹시 사랑했다. 그것은 안정된 생활이 주는 위로였다. 하지만 이 열기, 대장간에서와 같이 손과 살과 얼굴을 어루만지는 이 작은 거룩한 불. 이 열기는 그의 영혼을 곧바로 쏘아올려 하늘에 닿게 했다.

사가랴는 작은 은 숟가락에 손을 뻗었다. 두툼한 손아귀 안에서 무게도 느껴지지 않는 숟가락으로 그는 향 가루를 가득 펐다. 그런 다음 숟가락을 불타고 있는 숯 위로 들어올려 가루를 뿌렸다. 가루는 하늘의 붉은 별처럼 숯불 위에서 반짝였다.

그는 계속해서 향 가루를 퍼올렸다. 그리하여 마침내 거대한 연기 구름이 성전 가득히 소용돌이치며 피어올랐고, 천장 가까이에서 태양빛을 받으며 문 밖으로 넘쳐흘러 나갔다. 밖에 있던 무리들이 연기를 보았다. 그들이 기도소리를 높였다. 사가랴는 멀리서 들려오는 소리를 들었다.

"서두르소서! 서둘러 우리의 기도를 들어주소서, 오 하나님!"

그런데 갑자기 제단 오른쪽의 공기가 마치 커튼처럼 갈라지고 불길이 방 안으로 밀려들어왔다. 그 불은 순전한 흰색 불꽃으로, 마룻바닥에서 시작되어 꼭대기는 천장의 높은 들보까지 닿았다. 열기가 사가랴의 옷을 태워버리고 그의 살에 화상을 입힐 것만 같았다! 그는 입을 열었지만 소리칠 수가 없었다. 그 흰 불꽃이 말했다.

"두려워하지 마시오, 사가랴. 당신의 기도를 하나님이 들으셨소. 당신의 아내 엘리사벳이 아들을 낳을 것이오. 이름을 요한이라고 하시오."

사가랴의 눈에 지금 서 있는 불꽃 속에 사람의 형상이 나타난 것처럼 보였다. 그러나 그것은 그가 본 빛 속에 있는 빛의 그림자였다. 번뜩이는 불꽃이 눈으로, 약간 어두운 곳이 입으로 보였으며 광채가 흘러내리는 것이 내려뜨린 두 팔과 몸과 이어진 다리로 보였던 것이다.

"기도? 무슨 기도 말입니까?"

그가 반사적으로 속삭이듯 물었다. 그는 겁에 질려 있었다.

"당신은 기쁨을 알고 감사를 알게 될 것이오. 당신 아들이 하나님 앞에서 큰 인물이 될 것이기 때문이오. 그는 이스라엘 가운데에서 많은 사람들을 왕이신 하나님께로 돌아오게 할 것이오."

"아들이라고요?"

빛나는 불꽃은 계속 말했다.

"그는 포도주도 독한 술도 마셔서는 안 되오. 그는 어머니의 자궁 속에서부터 성령으로 충만하게 될 것이오. 엘리야의 권세로 그리스도보다 앞서가게 될 것이오. 부모의 마음을 자식에게로 돌아오게 하고, 순종하지 않는 자들을 다시 정의의 길로 향하게 할 것이오. 그는 야훼의 백성들을 준비시킬 것이오!"

사가랴는 그 두터운 손으로 얼굴을 가렸다. 화가 났다.

"보십시오, 저를 놀리지 마십시오. 저는 늙은이입니다. 내 아내 또한 늙은 여인입니다. 당신이 말한 것과 같은 일은 일어날 수 없습니다."

불꽃이 말했다.

"나를 보시오."

사가랴는 등을 더 구부려 불꽃을 바라보지 않았다. 그러자 빛이 소리쳤다.

"나는 가브리엘이오. 나를 보시오! 나, 하나님 앞에 서는 자가 당신에게 이 좋은 소식을 전하도록 보냄을 받았소."

하나님의 천사 가브리엘이 여기 이 거대한 불 속에 나타나 계시다고! 노인은 놀라 멍하니 바라보았다. 그렇다! 정말로 불길 속에 사람의 형상이 있었다. 천사 가브리엘은 말했다.

"노인이여, 나를 의심했기 때문에, 이 일이 다 이루어질 때까지 당신은 귀가 먹고 말을 못하게 될 것이오."

성전 밖에서 레위 지파의 찬양대가 조용해졌다. 그들은 부를 노래를 다 불렀다. 더 이상 준비된 음악이 없었다. 그러나 향 바치는 일을 맡은 제사장은 아직 안에서 시간을 끌고 있었다.

마침내 '니카노어 문'에 있던 제사장이 은 나팔을 들어 입술에 대고 길게 끝을 알리는 나팔을 불었다. 사가랴는 어디에 있는가? 이제 술을 바치는 것으로 저녁 제사를 끝마칠 시간이었다.

저기! 어리석은 노인이 성전 현관에 있었다. 그는 팔을 들고, 입을 열어 혀를 움직여보려 하고 있었다. 무슨 말이 나와야 하는지 모든 사람들이 알고 있었다.

'하나님께서 당신들을 축복하고 지켜주시기를!'

그러나 그 제사장은 전혀 아무 말도 할 수 없었다. 축복도, 어떠한 설명도. 그는 어찌할 도리 없이 현관 계단을 비틀거리면서 내려왔다. 주름진 얼굴은 눈물로 젖어 있었고, 눈은 멍청한 빛을 띠고 있었다. 그는 옷을 둔 방으로 달려가더니 곧 사라져버렸다. 그 노제사장은 그날 밤 때를 봐서 들키지 않게 성전을 빠져나갔을 게 틀림없었다.

머지않아 그는 남몰래 집으로 되돌아갔다.

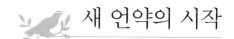

새 언약의 시작

아브라함의 자손 The Descendents of Abraham

약혼식 날, 야곱의 아들 요셉은 정확히 정오에 요아킴의 집에 모습을 나타냈다. 그는 거친 양털로 짠 깨끗한 튜닉을 입고 있었다. 소매 없이 끈으로 허리를 동여맸고, 푸른색 줄무늬가 오른쪽 어깨에서 옷단까지 내려왔다. 튜닉 위로 모서리마다 성긴 파란 술이 달린 망토를 걸치고 있었다. 머리에는 기름을 발랐다. 눈 밑으로는 여전히 덥수룩하게 턱수염이 덮인 채였지만, 그 끝자락은 말끔하게 다듬어져 있었다.

요셉의 부모는 7년 전에 세상을 떠났다. 그래서 그는 혼자 왔다. 그러나 그의 커다란 손에는 둘둘 말린 양피지 문서가 동반자나 친구인 것처럼 너무도 소중하게 들려 있었다. 그것은 오래되어 부드러웠다. 보이는 쪽으로 읽기 어려운 글들이 드러나 있었다. 그 글씨는 아람어가 아닌 헤브루어였다. 이것은 뉴스거리였다. 요아킴은 요셉이 헤브루어를 읽을 수 있을 줄은 몰랐다.

요아킴은 자기 측 손님으로 약혼의 증인이 되고, 끝난 후 피로연에 참석해 즐길 사람들을 많이 초대했다. 마리아는 외동딸이었다. 사실 마리아는 그의 하나밖에 없는 자식이었다. 그에게는 아들이 없었다. 그런데 요아킴 자신과 나이가 거의 같은 요셉이라는 이 남자가 이제 막 그의 사위가 되려 하고 있었다.

이날은 충분한 가치가 있는 날이었다. 잔치를 열 만한 이유가 있었다. 그리하여 사람들은 요아킴과 그의 아내 안네의 집 앞 작은 마당에서 잔치 준비를 하고 있었다. 하객들은 벽을 등지고 양쪽으로 서서 작은 길을 이루었다.

검은 머리의 마리아는 현관 바로 안쪽에 자리를 잡고 새하얀 장미처럼 웃고 있었다. 그녀의 어머니는 그녀 옆에 서서 눈을 내리깔고 아마포 수건을 콧등까지 끌어올렸다. 그녀는 정숙함을 드러내려고 애썼다. 하지만 마리아는 그렇지 않았다. 그녀는 이날을 기다려왔다. 열망이 눈 속에서 타올랐고 하얀 이는 마치 햇빛처럼 기쁨으로 반짝였다.

요아킴과 요셉은 서로 마주섰다. 신부의 아버지는 자기 집 현관문 앞에 멀리 떨어져 섰고, 구혼자는 문 바로 안쪽에 자리잡았다. 이제 요아킴은 엄격한 형식을 갖추면서, 벗겨진 머리를 뒤로 젖히고 아랫입술을 내밀고는 헤브루어로 말을 시작했다.

"신부값이 합의되었으므로, 이제 그대는 내 사위가 되었노라."

다시 한 번 그가 말했다.

"야곱의 아들 요셉, 자네는 이제 내 사위가 되었네."

그러자 요셉이 말했다. 사실, 그것은 거의 고함소리에 가까웠다. 그는 입을 벌려 예식의 말을 하는 데 지나치게 힘을 주고 있다는 것도 전혀 의식하지 못한 채 외쳤다.

"나는 당신의 딸…… 마리아를 내 아내로 주십사 하고…… 찾아왔습니다! 오늘부터 영원히 그녀는 내 아내이고 나는 그녀의 남편입니다!"

갑자기 마리아가 그날에 음악을 더했다. 그녀가 웃음을 터뜨렸던 것이다. 안네는 돌아서서 딸의 예복을 잡아당겼지만 웃음을 멈추게 할 수는 없었다. 수많은 감정이 마리아의 얼굴에 교차했고, 그 눈은 사랑으로 가득 차 찬란하게 빛났다. 그녀의 웃음은 자기 남편이 그저 황소 같다고 공표하는 것 같았다. 하지만 그녀의 미소짓는 얼굴은 '그러나 얼마나 잘생긴 황소입니까? 안 그래요?' 하고 말하는 듯했다.

마리아의 이러한 기분이 전해졌다. 손님들도 엉겁결에 웃음이 나기 시작하자, 손으로 그 입을 가렸다. 그러나 마리아에게로부터 퍼져나가는 즐거움을 억누를 수 없었다. 곧 장인 요아킴의 뜰은 환희의 물결로 넘쳐흘렀다. 사람들은 너무 웃어서 눈물이 날 지경이었다. 누군가 웃음을 멈추려 해도, 마리아의 활짝 핀 표정을 얼핏만 보아도 또 다시 웃음이 터졌으므로 옆구리가 아플 때까지 웃을 수밖에 없었다.

그러나 요셉은 아직 약혼식 절차를 다 마치지 못했다. 소란스러운 사람들 속을 뚫고 그는 요아킴을 향해 너무도 엄숙하게 걸어가 그 귀중한 양피지 문서를 내밀었다. 요아킴은 손을 들어 그것을 받았다. 이 마지막 일, 즉 귀중한 양피지 문서와 그것을 전달하는 의무로부터 놓여나자 요셉은 큰 안도의 숨을 내쉬고 집안으로 들어가 마리아 옆에 서서 손님들이 있는 바깥을 바라보았다.

그의 손은 허벅지까지 축 늘어졌고, 어깨는 작은 방에 비해 너무 커서 움츠린 채였다. 턱수염은 그의 입과 표정을 완전히 감추었다. 아마도 마리아가 없었다면 요셉은 약혼식 날을 뒤덮은 그 떠들썩한 분위기를 힘들어했을지도 모를 일이었다.

마리아가 옆으로 돌아서서 그의 어깨를 만지고 자기 얼굴을 가렸던 얇게 비치는 베일을 끌어내리자, 그는 귀가 새빨개지도록 흥분해서 쩔쩔매며 계속해서 코를 풀어야 했다.

요아킴은 마리아의 약혼식 날에 요셉이 건네준 문서를 모두 읽고, 뿌듯하고 자랑스러운 기분으로 감사하며 사위에게 되돌려주었다. 그는 그것을 다시 보지 못했다. 하지만 거기서 그가 본 이름들을 결코 잊지 않았다. 그 이름들은 장차 그가 어떤 손자를 갖게 될 것인지를 명백히 보여주었기 때문이다.

집안의 계보

아브라함은 이삭의 아버지이다.

이삭은 야곱의 아버지이다.

야곱은 유다와 다른 열한 명 형제들의 아버지이다.

유다는 다말이 낳은 베레스와 세라의 아버지이다. 오만한 시동생들이 과부가 된 다말을 거부했지만, 그녀는 용감하게 행동해 자기 자신을 지키고 이 두 아들을 낳을 수 있었다. 베레스는 아버지 유다와 야곱의 모든 아들들과 함께 요셉이 파라오의 총리로 있는 이집트로 갔다. 거기서 헤스론을 낳았다.

이집트에서 헤스론은 람을 낳았다.

람은 아미나답의 아버지이다.

아미나답은 나손의 아버지이다.

나손은 모세가 이스라엘 자손들을 이끌고 이집트에서 나와 바다를 건너 하나님의 산, 시내 산을 향해 갈 때 살았다. 그는 광야에서 살몬을 낳았다.

살몬은 라합이 낳은 보아스의 아버지이다. 라합은 창녀였다. 그러나 그녀는 하나님을 믿어 여리고를 염탐하러 온 사람들의 생명을 구해주었다. 그리하여 여호수아가 그 도성을 무너뜨렸을 때 그녀는 살아남았다. 그리고 이스라엘은 약속받은 땅으로 들어갔다.

보아스는 룻이 낳은 오벳의 아버지이다. 룻은 모압 여인이었는데, 깊은 효심에서 시어머니 나오미와 함께 이스라엘에서 살려고 자기가 태어난 땅을 떠났다.

오벳은 이새의 아버지이다.

이새는 이스라엘의 왕, 다윗의 아버지이다.

이와 같이 아브라함에서부터 다윗까지는 14대이다.

다윗은 밧세바가 낳은 솔로몬의 아버지이다. 다윗 왕은 남의 아내인 그녀와 동침해 죄를 지었지만, 하나님은 그녀를 왕의 어머니가 되도록 높여주셨다.

솔로몬은 르호보암의 아버지이다. 르호보암이 왕이 되었을 때 이스라엘의 나머지 지방이 그에게서 갈라져 나갔다.

르호보암은 아비야의 아버지이다.

아비야는 아사의 아버지이다.

아사는 오랫동안 선정을 펼쳤는데, 여호사밧의 아버지이다.

여호사밧은 요람의 아버지이다.

요람은 웃시야의 아버지이다.

웃시야는 요담의 아버지이다.

요담은 아하스의 아버지이다.

아하스는 이사야가 예언할 당시에 통치했다. 그는 예언자의 말을 귀담아 듣지 않았다. 그는 히스기야의 아버지이다.

히스기야는 이사야가 아꼈던 왕이고 야훼가 자비를 베푸신 자인데, 므낫세의 아버지이다.

므낫세는 아몬의 아버지이다.

아몬은 요시야의 아버지이다.

요시야는 선하고 신실한 왕이었다. 그는 율법책을 발견해서 온 유다 왕국으로 하여금 그에 복종하도록 했다. 그는 바빌론 유대 시절에 여호야김과 그의 형제들을 낳았다.

이렇게 해서 다윗으로부터 바빌론 유배 때까지 14대이다. 이들은 모두 이스라엘과 유다 왕들의 이름이다. 두 번째 족보는 왕실의 족보이다.

바빌론으로 유배된 후에, 여호야김은 스알디엘을 낳았다.
스알디엘은 스룹바벨의 아버지이다. 그의 치하에 예루살렘에 두 번째 성전이 세워졌다.
스룹바벨은 아비훗의 아버지이다.
아비훗은 엘리아김의 아버지인데, 그는 느헤미야가 예루살렘 성벽을 다시 세울 무렵 예루살렘에 살았다.
엘리아김은 아소르의 아버지이다.
아소르는 그리스 알렉산더 대왕이 전 세계를 그의 제국으로 만들면서 예루살렘을 거쳐 진군할 당시에 살았다. 아소르는 사독의 아버지이다.
사독은 아킴의 아버지이다.
아킴은 엘리웃의 아버지이다.
엘리웃은 외국이 유대를 통치하는 데 저항해서 유다 마카베우스와 그의 형제들이 반란을 일으켰을 당시 살았다. 엘리웃은 그들의 승리를 기뻐했다. 왜냐하면 유대가 다시 독립하고 성전이 정화되어 이스라엘의 하나님이신 야훼께 봉헌되었기 때문이다. 엘리웃은 엘르아살의 아버지이다.
엘르아살은 맛단의 아버지이다.
맛단은 갈릴리가 예루살렘의 대제사장인 유대 왕에 의해 통치되는 영토로 편입된 후에 예루살렘 북쪽에서 갈릴리로 이주했다. 그는 나사렛이라는 마을에 정착해서 야곱의 아버지가 되었다.

야곱은 나의 아버지이다. 그는 나에게 예루살렘에 있는 성전을 장악하기 위해 유대인들과 싸워 1만 2천 명의 유대인들을 학살한 로마 장군에 대하여 이야기해 주었다. 또한 내게 폼페이를 격파하고 헤로데스 왕의 아버지인 안티파테르에게 권력을 준 율리우스 카이사르에 대하여 이야기해 주었다.

나는 요셉이다.

여기 기록된 증거들에 근거하여,

혈통을 존중하는 사람들에게 알게 할지어다.

나의 아들은

다윗의 자손이요

아브라함의 자손으로

훌륭하고 믿음이 깊은 전통을 가지게 될 것이라고.

결혼한 지 50년이 지난 지금 그녀는 늙은 남편에 대해서라면 속속들이 다 알고 있다고 믿었다. 그녀는 종종 남편을 생각하지만 그건 거의 무의식적인 생각이었다. 마치 지루한 오후에 걸터앉아 졸곤 하는 오래된 작은 걸상을 생각하는 것처럼(낮잠을 잘 때 그녀는 팔을 옆으로 늘어뜨리고 손에 청동 숟가락을 쥐고 잔다. 고개를 끄덕끄덕하다가 그 숟가락을 돌바닥에 떨어뜨리면, 그 소리에 깜짝 놀라 잠이 깨게 된다. 충분히 잔 것이다! 다시 일을 시작한다).

50년을 함께 산 남편, 내세울 건 없지만 믿을 만하고 하나님의 법에 복종하고 주름살 가득한 늙은 아내에게 친절한 사람……. 그는 그녀에게 축복받은 가구가 되었고 어느 집 못지않은 따뜻한 보금자리가 되었다. 50년이 지나니 그의 습관에 일어나는 변화는 아무리 작더라도 금방 눈에 들어왔다.

사가랴가 예루살렘에서 돌아왔다. 그는 성전에서 봉사하는 일주일 동안의 의무를 다 채우지 않고, 하루하고도 반나절이나 일찍 돌아왔다. 지금까지 그는 안식일에는 절대로 길을 떠나지 않았다. 언제나 월요일에 집으로 걸어오곤 했다.

그러나 이번에는, 안식일 해가 뜨기 훨씬 전 으스스한 가을밤의 어둠 속에서 엘리사벳은 단단한 쇠 위에서 쇠가 부딪쳐 울리는 망치질 소리에 잠에서 깼다. 그녀는 촛불을 밝히고 사가랴의 대장간으로 나갔다.

그곳에 그가 있었다. 그의 엄숙한 얼굴은 아궁이에서 나오는 빛을 받아 주황색으로 빛났고, 모루를 향해 몸을 구부리고 있었다. 그의 팔뚝은 망치질을 하고 부젓가락을 가지고 일하느라 팽팽해진 근육이 솟아올라 근육 사이로 골이 져 있었다. 그가 붉게 달아오른 못의 끄트머리를 내리치자 불꽃이 사방으로 튀었다.

그가 일을 하고 있었다. 안식일에! 그녀가 알기로 전에는 안식일에 일은 물론이거니와 오래 걷지도 않던 그였다. 갑자기 그가 고개를 들어 어둠 속에 그녀가 서 있는 것을 보았다. 그는 그녀를 응시했다. 그의 눈은 깊은 웅덩이처럼 그림자에 숨겨져 있었다. 그러나 그녀는 그가 자기 몸을 뜯어보고 있는 걸 느꼈다. 이것 역시 이 노인에게 없던 일이었다.

엘리사벳은 걸쳐 입은 겉옷이 얇다는 것을 의식하기 시작했다. 차가운 땅을 디딘 크고 넓적한 발, 길게 땋은 머리, 목의 부드러운 살결이 남편 앞에 다 드러난 것처럼 느껴졌다. 기이한 일이었다. 그들이 그렇게 서 있는 동안, 엘리사벳은 얼굴이 붉어졌다.

사가랴는 한마디도 하지 않았다. 그는 연장을 내려놓고 목탄과 주황색 불 위의 아궁이 뚜껑을 닫은 다음, 어둠 속에서 걸어나와 그녀의 손을 잡았다. 그리곤 자신의 집 작은 뜰로 그녀를 부드럽게 이끌었다. 거기서 그는 손가락을 입술에 대고 고개를 끄덕거렸다. 조용히 해달라는 듯이, 혹은 참아달라고, 이해해 달라고 부탁하듯이. 그러나 그녀는 이해할 수가 없었다. 엘리사벳은 무슨 일이 벌어지려고 하는지 몰랐다. 그녀는 숨을 고를 수가 없었다. 가슴이 두근거리고 있었다.

늙은 남편은 물웅덩이에서 몸을 웅크리고 물병 가득히 물을 퍼올렸다. 다시 한 번 한마디 설명도 없이 그는 아내에게 따라오라고 손짓하고는 물병을 집안으로, 그들의 잠자리로 가져갔다. 초라한 침상은 그녀가 자다 일어난 다음이라 어지럽혀져 있었다. 그것을 정돈해야겠다는 생각에 그녀는 촛불을 촛대에 꽂고 무릎을 굽혀 담요자락을 잡으려고 손을 뻗었다. 그런데 동시에 사가랴도 그녀 옆에 가볍게 무릎을 꿇었다.

"쉬잇."

그가 그녀의 눈을 응시하며 말했다. 노인의 거친 얼굴이 경이로움으로 가득 차 갑자기 빛나는 존재처럼 보였다. 그러자 그녀의 온몸에 전율이 일었다. 전에는 그의 존재를, 이 소중한 사람이 이렇게 가까이 있음을 의식해 본 적이 없었다.

그는 물을 대야에 부었다. 그런 다음 깨끗한 천에 물을 적셔가지고 무릎을 꿇은 채 그녀의 얼굴을 닦기 시작했다. 천천히, 서두르지 않고. 그리고 자기 몸도 닦은 후 그는 아내의 겉옷을 어깨에서부터 미끄러뜨리듯 벗기고는 그녀의 목과 팔 그리고 가슴을 닦았다.

아, 그녀는 늙어 있었다! 그녀의 갈빗대는 양옆구리를 받치는 널빤지 같았다. 주름이 가득했고 가슴은 텅 빈 옷소매처럼 납작했다. 그러나 사가랴는 그녀의 늙은 몸을 천천히 감탄하듯이, 너무도 사랑스럽게, 관대한 마음으로 어루만졌다. 그래서 그녀 또한 굉장히 사랑스러운 여인인 것처럼 그리고 기꺼이 당신을 받아들이겠다는 듯이 그의 눈길을 마주 응시하며 미소지을 수밖에 없었다.

그러자 노인은 촛불을 불어 껐다. 그는 엘리사벳의 땋은 머리카락을 한쪽으로 넘기고 그녀의 어깨와 아름다운 머리를 침상에 뉘었다. 그리곤 그녀에게 입맞추고, 놀랍게도, 그녀와 한몸을 이루었다.

엘리사벳은 흐느꼈다. 사가랴는 아무 말도 하지 않았다. 이른 아침의 어둠 속에서도, 다음날 환한 빛 속에서도.

은혜를 입은 여인들

마리아 Maria

나사렛 마을의 집들은 동쪽과 남동쪽을 마주한 언덕의 가파른 경사면에 자리잡고 있었다. 아침 태양빛이 그곳을 비추었고, 토양 또한 포도나무와 채소를 가꾸기에 적당했다. 언덕으로 보호를 받아 날씨는 순했고 비도 넉넉히 왔다. 그러나 마을 전체에 샘물이 하나밖에 없었기 때문에 나사렛은 여전히 작은 마을로 남아 있었다. 그곳 사람들은 서로를 매우 잘 알고 있었다.

요셉과 약혼한 후 6개월이 지나고 우기가 끝나 대지가 푸르게 변한 그해 봄에, 마리아는 혼자만의 은밀한 시간을 가지려 마을 위 비탈길을 올랐다. 언덕 꼭대기에서 그녀는 백악의 하얀 길을 발견하고 그 길을 따라 처음에는 서쪽으로 다음은 남쪽으로 정처 없이 걸었다.

그녀는 약혼한 여인이 사람들 앞에 나설 때 쓰게 되어 있는 베일을 벗었다. 그리고는 머리를 자유롭게 풀어헤쳤다. 꼭대기의 바람이 얼굴을 감싸도록, 길고 검은 날개 같은 머리카락이 휘날리며 느슨해진 옷 사이로 바람이 지나도록 내버려두었다.

갑자기 그녀 앞에 남쪽 산등성이의 깎아지른 낭떠러지가 나타났다. 그녀는 거기 멈춰 거대하고 푸른 에스드렐론 평야를 응시했다. 그러다간 갑자기 울음을 터뜨렸다. 마리아는 앉아서 큰 소리로 흐느끼고 어깨를 흔들면서 정신없이 울었다. 우니까 아주 후련한 느낌이 들었다. 혼자 있다는 이유를 빼면 별 이유도 없었다.

약혼식 이후로 사실 그녀는 혼자 있어보지를 못했다. 그날 모든 나사 렛 사람들이 그녀를 한 여인으로 선포했다. 그리고 그때부터 사람들은 그녀가 다시 소녀가 된 것처럼 그녀를 지켜보기 시작한 것이다.

발아래 평야는 사랑스럽게도 녹색과 노란색이 부분부분 어우러져 있었다. 그 땅은 작은 밭뙤기들로 나뉘어 있었다. 밀과 보리가 이제 막 싹트기 시작할 무렵이었다.

오, 그녀는 너무 슬펐다. 그렇다. 그리고 동시에 행복했다. 흥분되기도 했다. 사실 만족스러운 상태는 아니었다. 두려움도 있었다. 마리아는 고개를 숙여 두 팔에 얼굴을 묻고 울었다. 갑자기 웬 손이 매우 강하게 어깨를 움켜잡았다. 그와 동시에 천둥이 귓가에서 터졌다. 그녀는 기겁했다. 놀라 흠칫하는 바람에 낭떠러지 아래로 떨어질 뻔했다. 그 손이 그녀를 잡고 있지 않았더라면.

천둥 같은 목소리.

"영광!"

마리아는 두려움에 눈을 떴다. 그곳에는 아무도 없었다. 사람도, 손도. 그러나 바위에서 터져나온 것 같은 눈부신 빛의 기둥이 있었고 그 꼭대기는 끝없이 하늘을 찌르고 있었다. 빛이 말했다.

"영광, 은혜를 입은 사람이여. 주께서 당신과 함께 계십니다."

마리아는 눈이 부셔 뒤로 물러나며 멍청히 바라보았다.

"두려워하지 마시오, 마리아."

빛이 '마리아'라고 말했다. 빛이 그녀의 이름을 불렀다! 그녀는 잠시 숨을 돌렸다. 그리고는 앞으로 몸을 숙여 마치 유리창을 들여다보듯이, 마치 그 빛에 깊이가 있는 듯이 안을 들여다보았다. 인간의 모습을 본 듯했다. 굉장히 크지만 균형이 잡힌 상냥한 얼굴이 그녀를 돌아보고 있는 것 같았다. 그 얼굴이 그녀를 불렀다, '마리아' 하고.

'오, 하나님! 당신의 천사로군요!'

천사가 말했다.

"마리아, 당신은 하나님의 은혜를 입었소. 보시오, 당신이 임신해서 아들을 낳게 될 것이오. 아이의 이름을 예수라고 하시오. 그는 위대하게 되고, 가장 높으신 분의 아들이라고 불릴 것이오. 왕이신 하나님께서 그에게 그의 조상 다윗의 왕위를 물려주실 것이고, 그는 영원히 야곱의 집을 다스릴 것이오!"

자신을 잊고 손과 무릎을 땅에 대고 엎드린 채, 마리아는 그 빛의 근본을 올려다보았다. 그녀의 얼굴은 빛의 열기로 달아올랐다. 그런데도 그 빛은 그녀 몸의 그림자를 만들어내지 않았다.

"오, 아닙니다. 아니예요! 그런 일은 일어날 수 없습니다. 저는 처녀인 걸요. 저는 남자를 알지 못합니다."

그러나 천사가 말했다.

"성령이 당신에게 임하시고, 가장 높으신 분의 능력이 당신을 감쌀 것이오. 그러므로 태어날 아기는 거룩한 분이라고, 하나님의 아들이라고 불릴 것이오!"

그리고 그 하늘의 기둥은 하얀 구름으로 풀려버릴 것처럼 희미해졌다. 그러나 천사는 여전히 말하고 있었다.

"마리아, 직접 가서 보시오. 하나님께는 불가능한 일이 없습니다. 당신 친척 엘리사벳을 찾아가보시오. 그녀는 매우 늙었지만 아들을 임신했지요. 다들 그녀를 임신하지 못하는 여자라고 불렀지만 그녀는 임신한 지 여섯 달이나 되었소."

마리아는 속삭였다.

"저는 하나님의 여종입니다. 저에 관해 말씀하신 일이 이루어지게 하십시오."

그러자 천사가 완전히 사라졌다. 구름이 에스드렐론 평야 위로 밀려가더니 점점 퍼지면서 모양이 바뀌어 두 날개로 날갯짓하는 독수리처림 되었다. 노랗고 푸른 들판을 덮고도 남을 만큼 널따란 그림자를 드리우면서.

요아킴의 집은 매우 오래되었다. 그의 집안은 적어도 다섯 세대에 걸쳐 그곳에서 살아왔다. 들보를 바꾸기 위해서 요셉은 지붕 전체를 들어내야 했다.

그는 먼저 지붕 위에 쌓인 흙을 걷어냈는데, 그 위에는 봄풀이 수북이 돋아나 있었다. 그렇게 풀이 자라도록 내버려두는 이유는 풀뿌리가 서로 얽혀 지붕을 지탱해주고, 풀이 지붕을 보호해 주기 때문이다. 뗏장을 들어낸 뒤에는 몹시 낡은 지붕 뼈대를 덮고 있던, 햇빛에 그을고 둥글게 말린 진흙을 깨뜨리고 들보가 받치고 있던 지붕의 긴 널빤지를 부쉈다. 들보는 수세대를 거쳐오면서 두 번이나 화재를 겪었다. 그 손상은 진흙 벽토 내장으로 가려져 있었다.

그러나 지붕 위에 작은 방을 짓고 싶다는 것이 장인의 생각이었으므로 요셉은 현재의 구조로는 요아킴과 안네의 두 몸무게, 하나님의 사랑을 받고 있는 몸임에는 틀림없다 하더라도 어쨌든 매우 살이 찐 그들 두 사람의 무게와 걸음을 지탱해 줄 수 없다는 판단을 내렸다.

약혼 예식 뒤에 곧바로 찾아온 겨울 우기 동안 요셉은 대문 작업과 격자 창문 그리고 내장(內粧) 준비에 마음을 쏟아왔다. 그는 벽토에 흠집을 내어 그것을 벗겨내었다. 이제 우기가 끝났으므로 지붕 작업을 시작한 것이다.

그는 매일 마리아를 보았다. 그는 언제나 장래의 처가에 도착해서는 싱긋 웃으며 수염을 잡아당기곤 마리아를 향해 한 손을 흔들었다. 마리아 앞에만 서면 그는 말을 잃고 자신이 둔감한 바보인 것처럼 느끼곤 했다. 반면에 마리아는 밝은 웃음과 거침없는 말들로 총명함을 드러내었다.

요즘 마리아는 베일을 쓰고 있고 적어도 겉으로는 얌전한 듯이 보였다! 그저 외양만이 그렇다 할지라도 그 모습이 요셉의 마음을 편안하게 했다. 그러나 마리아는 베일 속에서도 자주 장난스럽게 웃곤 했다. 그 짙은 눈썹은 사랑스러운 표정으로 치켜올라가 마치 참새의 날개 같이 보였다.

그러나 요셉의 수줍어하는 성격이 편안함을 느낀 진짜 이유는 약혼이 주는 신뢰 속에 마음이 안정을 찾았고 그 가운데서 위로를 받을 수 있기 때문이었다. 요셉의 나이 마흔, 열정보다는 안정감이 찾아오는 나이였다. 그리고 이제 다시 일을 시작하고 있다. 매일의 삶에 목적이 있고 계획이 있었다. 그리고 마리아의 사랑에 대한 확신이 점점 깊어갔다. 너무나도 젊고 총명한 아름다운 여인, 그 모습은 변치 않을 것이다. 그들은 여름에 결혼할 계획이었다. 그때쯤이면 요아킴의 집이 모두 완성될 것이다.

그러나 봄에, 정확히 말하면 요셉이 지붕 일을 시작한 지 3주 후에 마리아의 모습이 갑자기 사라졌다. 3주 동안 요셉은 이 집에 와서 손을 흔들어 인사를 보내려고 그녀가 나타나길 기다렸다. 그러나 그녀는 나타나지 않았고, 그녀의 모습이 보이지 않자 요셉은 매우 불안해졌다. 일에 집중할 수가 없었다. 그러나 그는 요아킴이나 안네에게 한 마디도 하지 않고 커지는 불안감을 숨기고 있었다.

그의 본성이 그랬다. 그처럼 몸집이 거대한 사람이 자신의 감정이나 두려움을 나타낸다는 것은 참으로 어려운 일이었다. 특히 혼란스럽거나 죄책감 같은 것이 들 때는 더욱 그러했다. 영문을 모른다는 사실 때문에 그는 더 말을 잃었다.

마리아가 그를 피하고 있는 것일까? 자신이 그녀의 마음을 조금이라도 상하게 한 것일까? 그녀의 아버지 또한 요즈음 그에게 아무 말도 하지 않았다. 그러나 요아킴 쪽은 적어도 모습을 볼 수는 있었다. 때때로 그는 집 밖으로 고개를 내밀고 말없이 험악한 분노의 표정으로 얼굴을 찌푸리며 사위를 쳐다보곤 했다.

요셉이 무슨 잘못을 저질렀을까? 이 불쌍한 사람은 혼자 집에 틀어박혀 절망 속에 빠져들기 시작했다.

그리고 나서 나흘째 되는 저녁에 안네가 미리 알리지도 않고 요셉의 집을 찾아왔다. 그는 나가서 장모를 맞이했다. 그녀의 손에 렌즈콩과 양파, 쌀을 담은 냄비가 들려 있었다.

그녀가 그의 작은 뜰로 들어왔다. 요셉은 삭정이와 연료로 쓰는 마른 똥에 불을 지피기 시작하는 그녀의 모습을 지켜보았다. 마른 똥이 천천히 타기 시작하면서 연기가 뭉게뭉게 피어올랐다. 분명히 얼마 동안 머물러 있다가 갈 셈이었다. 불길이 뜨거워지자 그녀는 냄비에 든 야채와 쌀 위로 올리브기름을 끼얹고 천천히 젓기 시작했다. 요셉은 렌즈콩 스튜를 좋아했다. 음식을 저으면서 안네가 말했다.

"요아킴은 내가 여기에 온 것을 모른다네. 그에게 말할 필요도 없고 또 내가 그에게 말할까 걱정할 필요도 없네. 이것은 우리만 아는 일로 해두세."

그녀는 잠시 말을 멈추고 스튜를 들여다보았다. 안네는 남편과 키와 몸집이 똑같았다. 그녀는 생각에 잠긴 모습으로 계속해서 입을 오물거렸다. 입술을 따라 주름이 잡혔다. 갑자기 그녀가 말했다.

"그래, 얘기도 못하게 할 건가?"

스튜에서 맛있는 냄새가 풍겨나기 시작했다. 요셉은 안네가 찾아와 준 것을 기쁘게 생각하고 있었다. 그러나 질문은 즉시 그의 마음을 괴롭게 만들었다. 그녀가 무슨 말을 하고 있는 것인지 그는 알 수가 없었다.

"무슨 말씀이신지……?"

"그 아이를 우리한테서 아주 떼어놓을 셈인가? 나에게서마저도?"

요셉은 장모의 얼굴을 들여다보았다. 무슨 말을 하고 있는지 이해하려고 애쓰면서.

"누구를요? 누구를 장모님에게서 떼어놓는다는 말씀이세요?"

안네는 문을 향해 돌아서서 큰 소리로 불렀다.

"마리아! 이리 좀 나와보거라. 우리 함께 얘기 좀 하자꾸나."

요셉은 이제야 무서운 상황을 이해하고는 눈을 크게 떴다.

"마리아가 어디에 있는지 모르신단 말입니까?"

안네가 스튜 젓는 것을 멈추었다. 그리고 속삭이듯 말했다.

"모르네. 그럼 자네도 모른단 말인가?"

요셉은 벌떡 일어나 자신의 턱수염을 꽉 쥐었다. 이제 죄책감은 없었다. 다만 두려움만이 남아 있었다. 당장이라도 마리아를 찾아 들로 뛰어나가고 싶은 격렬한 충동이 일었다.

"그런데 그 아이가 옷을 가지고 갔단 말일세!"

안네의 눈에도 공포가 가득 찼다.

"지난 안식일에 요아킴과 나는 자비아에 있는 회당에 갔네. 마리아는 혼자 있고 싶다고 했지. 저녁 늦게서야 집으로 돌아왔네. 집안은 어두웠고 그 아이는 사라졌네. 옷을 가지고 말이야. 요셉, 그 아이가 여기에 없다면 어디에 있단 말인가? 자네에게 아무 말도 없었단 말인가?"

임신한 지 여섯 달이 되자 사가랴의 아내 엘리사벳은 예순다섯의 나이에 활짝 피어나기 시작했다.

"하나님께서 내 주름살을 펴주셨어. 그분이 나의 가슴에 다시 생명을 불어넣어주셨고 내 앙상했던 몸을 묵직하게 해주셨지. 당분간만이라도."

그녀는 스스로를 조롱박이라고 불렀다. 배가 너무도 빨리 불룩해져서 마치 바가지 같다고도 했다. 자궁 속은 그득했다. 아기가 자리잡고 있는 것이다! 석 달이 지나면 엘리사벳은 예순여섯이 되고, 또 몸을 구부려 아기를 세상에 내보낼 수 있을 것이다. 정말, 그녀는 다시 젊어진 것처럼 집안일을 돌보며 나날을 보냈다. 등 없는 의자에 앉아 조는 듯이 낮잠을 잠깐 자는 오후를 빼고는 낮시간을 콧노래와 휘파람, 노래를 부르면서 보냈다.

그러던 어느 이른 저녁 누군가 문을 두드렸다. 그녀는 손을 훔치고 누가 왔는지 보러 나갔다. 사가라는 문소리를 듣지 못했다. 모루 위에 내리치는 망치소리나 하늘의 천둥소리였다 해도 그는 못 들었을 것이다. 천사의 모습을 본 그날 밤 이후로 그 불쌍한 늙은 대장장이는 완전히 귀가 멀었고 말도 할 수 없게 되었다(그는 아내에게 그 사실을 글로 써서 설명했다). 그래서 엘리사벳이 직접 문을 열었다. 그런데 거기에 조카의 아이, 요아킴의 어린 딸이 서 있었다. 엘리사벳은 수년 동안 그녀를 보지 못했다. 엘리사벳이 외쳤다.

"마리아! 사랑스러운 마리아, 너로구나! 그런데 혼자가 아니냐?"

이것은 으레 있는 방문이 아니었다. 그리고 마리아도 더 이상 어린아이가 아니었다. 그녀의 검은 눈썹은 강렬히 호소하듯 치켜올려져 있었고, 두 눈은 애원의 빛으로 가득 차 있었다. 무슨 문제를 안고 찾아왔음이 분명했다. 그리곤 몇 가지 일이 너무도 빨리 일어나서, 그 모두가 한가지로 보였다. 그것은 야훼의 계시였다.

마리아의 눈길이 엘리사벳의 가슴으로 그리고 다음은 배로 향했다. 아주 부드럽게 낮은 목소리로 그녀가 말했다.

"하나님의 영광이에요, 엘리사벳."

그 순간 엘리사벳의 자궁 속 아이가 가슴 위까지 뛰어오르겠다는 듯 심하게 놀았고 엘리사벳은 거의 비명에 가까운 소리를 질렀다. 갑작스럽게 모든 사실을 깨달았기 때문이었다. 자기 뱃속의 아이, 마리아가 찾아온 이유, 그녀와 자기가 보내고 있는 영광스러운 나날들, 하나님께서 하려고 하시는 놀라운 일!

"오, 마리아!"

엘리사벳이 외쳤다. 그녀는 어린 조카손녀를 양팔로 붙들고 집안으로 이끌었다.

"마리아, 너는 여자들 가운데서 축복을 받았고 너의 자궁 속 열매도 축복을 받았구나!"

마리아가 속으로 말을 되뇌었다.

'나의 자궁이라고?'

엘리사벳은 조카손녀를 힘껏 껴안고 외쳤다.

"우리 임금님의 어머니가 나를 찾아오다니, 얼마나 큰 선물인가!"

"제게 무슨 일이 일어났는지 아세요?"

엘리사벳은 포옹했던 팔을 풀고 얼굴을 감싸더니 큰 소리로 외쳤다.

"마리아, 나는 안단다! 지금 네 뱃속의 아이가 어떤 아이라는 것을 알아. 네가 나에게 말을 건네자마자 내 자궁 속 아이가 기뻐 뛰었단다. 그것은 계시였다. 오, 예쁜 것아. 하나님께서 너에게 하신 말씀을 이루시리라는 것을 믿었으니 너는 축복을 받았다!"

"주께서 내게 아이를 가질 것이라고 말씀하셨어요. 그 아이는 거룩한 하나님의 아들이 될 것이라고요! 내 아이가 하나님의 아들로 불릴 것이라고요!"

엘리사벳은 마리아 앞을 지나쳐 방문을 닫았다. 그녀는 돌아서서 조카손녀의 손을 잡고 작은 세발 의자가 있는 곳으로 이끌었다. 엘리사벳은 천천히 마리아를 앉히고 자신은 그 앞에 무릎을 꿇었다. 그리고 두 여인은 서로를 응시했다. 한 여인은 거의 백발이 다 된 머리를 하나로 모아 땋고 있었고, 또 한 여인의 머리카락은 검은 망토를 걸친 것처럼 모두 어깨에 늘어뜨려져 있었다.

마리아가 속삭였다.

"모든 것이 변하고 있어요, 엘리사벳! 하나님께서 온 세상을 완전히 뒤집어놓고 계시다는 생각이 들어요. 어떻게 생각하세요?"

늙은 여인은 고개를 끄덕였다. 그러나 이제 모든 말들이 마리아에게서 쏟아져나왔다.

"하나님께서 비천한 사람들, 저처럼 보잘것없는 여종을 높이려고 하세요, 엘리사벳. 주께서 저를 축복하고 계세요! 다음에는 제왕들을 왕좌에서 끌어내리실 거예요! 그리고 굶주린 사람들이 배불리 먹게 되고 부유한 자들을 배고프게 하실 거예요! 모든 것이 달라지고 있어요! 나는 알아요. 내일의 세상은 지금과는 완연히 다르리라는 것을요. 이러한 사실을 또 누가 알고 있을까요?"

엘리사벳은 마리아의 손을 가져다가 자기 태의 단단한 둥근 부분에 얹으며 말했다.

"이 아이는 알고 있단다. 그리고 아마 내 늙은 남편 또한 무엇인가 알고 있을 것이다."

"주께서 권능을 행하려고 하세요. 이집트에서 이스라엘을 위해 그러셨던 것처럼요."

마리아의 눈은 흥분으로 밝게 빛나고 있었다. 모든 시간의 흐름 그 자체가 그녀의 마음속에 모이고 있었다. 엘리사벳은 이 젊은 여인의 지혜가 폭발적으로 커지는 것을 지켜보았다.

"하나님께서 그분의 백성을 기억하고 계세요! 그분이 우리 조상들에게, 아브라함과 아브라함의 자손 대대를 두고 맺으신 약속을 기억하고 계시다고요. 오, 엘리사벳. 내 마음이 하나님께 찬미를 드려요. 어찌할 바를 모르겠어요. 내 영혼이 구원자이신 하나님 안에서 기뻐하고 있어요!"

관대한 영혼

목수 요셉 Joseph the Carpenter

[누가복음 1:57~80, 마태복음 1:18~25]

마리아는 그 후 석 달 동안 엘리사벳과 사가랴의 집에 머물렀다. 두 여인은 자주 함께 속삭이며 재잘거렸다. 마치 동갑 나이처럼, 반백년의 세월 차이를 전혀 느끼지 못하는 듯이. 그리고 그들의 속살거림이 사가랴의 시야에 들어올 때면 그도 또한 그들을 쳐다보며 웃음짓곤 했다. 그러나 그가 끼어들 여지는 많지 않았다.

한편 이제 그는 아내에게 더없이 다정다감했다. 그는 손등으로 아내의 뺨을 쓰다듬었다. 그의 두 눈은 수많은 느낌을 표현하고 있었고, 엘리사벳의 눈은 그가 표정으로 하는 말들을 알아듣는 훌륭한 귀가 되어 모든 것을 이해했다.

요아킴과 안네 그리고 요셉을 기억한 사람은 엘리사벳이었다. 그녀는 전갈을 보내어 마리아가 자기 집에 와 있으며, 지금은 말동무 역할을 해주고 있고 곧 산파가 되어줄 것이라고 전했다.

그 후 엘리사벳은 분만을 시작했다. 그녀는 비명을 지르면서도 대단히 만족해했다. 엄청난 고통과 나이 든 몸에서 나오는 그 놀라운 힘을 스스로 조절하면서, 순간순간 더해지는 새로운 고통의 정도에 따라 소리를 드높였다. 마을의 모든 사람들이 그녀가 출산을 하고 있다는 것을 알 정도로 그녀는 마치 열여섯의 나이처럼 소리를 쳤다. 마을사람들은 그들 대부분이 지금까지 살아온 날보다 훨씬 더 긴 세월 동안 아이를 갖지 못하던 여인이 정말로 아기를 낳고 있다는 것을 알았다.

764

아기는 아들이었다. 엘리사벳은 아들이라는 것을 이미 알고 있었다. 전에 사가랴가 서판에 이렇게 써서 보여주었다.

'아들이오. 성령으로 충만한 아들이 이미 당신의 자궁에 있소. 그리고 그 아이의 이름은 요한이라고 부를 것이오.'

기쁨에 넘치는 비명이 끝나고 실낱같은 아기 울음소리가 터지자 이웃들이 알고 곧 찾아왔다. 그들은 새로 태어난 아기를 축복하며 아기 어머니와 함께 기뻐했고, 아기의 늙은 아버지를 향해 히죽이 웃어대며 머리를 위아래로 까딱까딱 흔들어 보였다. 마치 사가랴가 귀만 먹었을 뿐 아니라 그 머리도 바보가 된 것처럼.

아이가 태어난 지 여드레가 된 날에, 아기 부모의 친구들과 친척들이 할례를 행하러 왔다. 의식 중간에 랍비가 아기를 '사가랴'라고 부르기 시작했다. 사람들은 아버지 사가랴의 이름을 따라 아기 이름을 지으려고 했던 것이다. 그러자 엘리사벳이 일어서서 외쳤다.

"안 돼요!"

그녀는 아들이 있는 곳으로 나아갔다.

"요한이라고 지을 겁니다."

"요한이라고? 당신 집안에는 요한이라는 이름을 가진 사람이 없어요."

랍비는 사가랴를 쳐다보았다. 그는 세발 달린 등 없는 의자에 앉아 있었다. 그는 의식이 중단된 것을 전혀 눈치채지 못한 것 같았다. 랍비는 대장장이 바로 앞에 서서 그를 가리키며 입모양을 크게 해서 말했다.

"사, 가, 리, 야아!"

그리고 나서 아기를 가리키며 똑같이 이름의 네 음절을 반복했다. 그리고 동의를 구하듯이 고개를 위아래로 끄떡였다. 늙은 사가랴도 이 모든 상황을 지켜보았으나 그에게서는 아무런 표정변화도 읽을 수 없었다. 그리고 랍비가 과장된 몸짓으로 그에게 전달하고자 한 질문을 알아차리지도 못한 듯했다. 그는 도리어 자리에서 일어서서 다른 방으로 들어가 서판을 들고 나왔다. 그리곤 그곳에 있는 모든 이들이 볼 수 있는 곳에 서서 아람어로 서판에 글을 썼다.

'그 아이의 이름은 요한이오.'

그 글을 본 사람들은 모두 어안이 벙벙했다.

그때 갑자기 사가랴의 혀가 풀리더니 조용히 부드럽게 야훼를 찬양하며 말문을 열었다. 엘리사벳은 감정을 억누르려고 입을 가렸다. 그는 함께 사랑을 나눈 그날 밤 이후로 말을 한 적이 없었다.

새로 찾은 목소리로 살며시 부르는 사가랴의 노랫소리뿐, 방은 순간 조용해졌다. 이젠 랍비의 말문이 막혔다. 그 누가 이 모든 일을 하나님의 능력이 아니라 의심할 수 있겠는가? 수백 년 동안 예언자의 소리를 듣지 못했던 이 땅에, 못 대장장이이자 예언자인 사가랴, 험한 얼굴의 노인이 성령으로 충만하여 하나님의 예언을 노래하고 있었다.

"이스라엘의 왕이신 하나님은 찬양받으실 분이오. 그분은 당신의 백성을 찾아오실 것이오! 우리를 구원하실 권능 있으신 분을 당신의 종 다윗 집에서 일으키셨소. 그분께서 약속하신 대로요! 우리를 미워하는 자들로부터 우리를 구해주실 것이오. 하나님께서 거룩한 언약을 기억하고 계시오! 우리를 원수들의 손에서 건져, 두려움 없이 평생 동안 거룩하고 의롭게 하나님을 섬기게 하시려고 하오! 하나님께서 우리의 조상 아브라함에게 하신 맹세를 기억하고 계십니다."

그리고 노인은 아기에게 다가갔다.

"아가야, 내 아들아."

그는 속삭였다.

"내 아들, 요한아!"

아기를 강한 두 팔로 안으며 그는 벅찬 목소리로 노래를 불렀다.

아가야, 너는 가장 높으신 분의 예언자라 불릴 것이니

그분이 오시기 전에 앞서 길을 닦을 것이고,

용서를 받고 구원되는 지식을

그분의 백성에게 줄 것이다.

이것은 우리 하나님의 자비에서 오는구나.

그날이 밝아오면

그분은 죽음의 그늘 아래에 사는 사람들에게 빛을 비추시고

그 빛이 우리 발길을 평화의 길로 이끌 것이다.

봄이 지나고 여름이 되었다. 하늘은 여전히 환한 푸른빛이었고 하루 종일 구름 한 점 없었다. 이렇게 건조한 계절에 지붕이 없다는 것은 그리 큰 문제가 아니었다. 그래서 요셉은 신중하게 일을 해나갈 수 있었다. 그 누구도 지참금을 대신한 이 일을 헐뜯을 수 없도록 온 마음을 기울여 정확하고 훌륭하게 작업을 마치는 것밖에 다른 일은 전혀 생각하려 하지 않았다.

그런데 갑작스럽게 아름다운 마리아가 집에 왔다. 그녀는 그에게 미소를 지었고 귀, 앞이마, 목, 겉으로 드러난 몸 구석구석에 키스를 했다. 수줍음 많은 요셉은 또다시 집중력을 잃고 말았다. 그는 화도 나고 두렵기도 했다. 마리아가 누구에게도 한마디 말 없이 여행을 떠나는 위험한 짓을 했기 때문이었다.

그러나 그녀를 꾸짖을 수는 없었다. 여행에 대해 미리 한마디 말도 해주지 않을 만큼 자신을 못 믿나 싶어 마음 아파했을 뿐이었다. 그러나 그녀는 지금도 아무런 해명을 하지 않는다. 요셉은 한편으론 그녀만의 무슨 말 못할 사정이 있는 걸 거라고 여기면서도, 또 다른 마음 한 구석에선 그녀가 무엇인가 중요한 일을 자신에게 숨기고 있는 것 같아

쓸쓸했다. 그리고 바로 이런 마음 때문에 더욱더 그녀에게 이유를 물어볼 수가 없었다.

누군가를 다그치는 것은 그의 성격상 있을 수 없는 일이었다. 게다가 어떤 식으로든 그가 이 문제를 화제에 올리려 했다 할지라도, 첫마디가 다 끝나기도 전에 마리아가 먼저 능숙한 언변으로 그의 말을 막았을 테고, 결국 그는 자신이 무슨 말을 하려고 했는지조차 잊어버렸을 것이 틀림없었다. 그래서 요셉은 그 의문을 자기 가슴에만 묻어두었다.

그러나 곧 요셉은 마리아가 약혼 당시의 모습과 달라졌음을 깨달았고 혼란스러움은 더욱 커져갔다. 마리아는 말수가 적어졌고, 그녀의 눈동자는 마치 세상으로부터 동떨어져 내면세계를 바라보고 있는 듯 기묘한 빛을 띠었다. 얼굴은 아주 선명한 홍조를 띠었고 점점 둥그스름해졌다. 요셉에게 그녀의 그런 모습은 눈부시게 사랑스러워 보였다.

그녀는 변했다. 그녀의 몸매에 소녀티를 벗은 여인의 부드러운 사랑스러움이 점점 더해졌다. 그렇지만 그녀는 아직도 자주 지붕 위로 올라가 그가 일하는 것을 지켜보았다. 그러다가 달려와 아주 강하게 힘을 주어 그를 꼭 끌어안곤 했다. 그의 몸에 흙이 묻었건 땀이 찼건 문제가 되지 않았다.

마리아의 그런 행동은 요셉으로 하여금 그간의 서운함과 의혹을 모두 사그라들게 만들었다. 마음의 상처도 치유되었다. 그러나 두려움만은 여전히 남아 있었다. 그건 아마도 그녀가 예전처럼 재잘거리며 이야기하지 않기 때문이었을 것이다. 대신 마리아는 변함없이 영원히 비추는 달빛같은 미소를 지을 뿐이었다.

그러던 어느 날 유난히 긴 포옹을 하면서 마리아가 흐느껴 울기 시작했을 때, 요셉은 지금껏 가려져 있던 그녀의 여러 가지 육체적인 변화를 감지했다. 그녀의 젖가슴이 커지고 불룩해져 있었다. 몸이 전반적으로 둥글었다. 그리고 마리아의 허리 아래쪽, 좌우편 한가운데에 굳은

덩어리가 생겼다. 그것이 그녀를 끌어안는 사람을 밀쳐냈다.

요셉은 뒤로 물러서서 마리아의 얼굴을 살펴보았다. 그녀의 눈물은 태양빛 속에서 떨어지는 빗물 같았다. 그녀는 빛나고 있었다. 검은 눈썹은 높이 치켜올라갔고, 이는 눈부시도록 하얗게 빛났으며, 신비스러운 눈빛으로 자신을 쳐다보고 있었다. 얼굴은 더 둥글어졌고, 입술은 더 두터워졌다.

요셉은 전에 없던 용기를 내서 손을 뻗었다. 그가 손을 마리아의 배에 얹자 그녀의 얼굴에서 미소가 사라졌다. 그녀는 이제 두려움이 가득한 표정으로 그를 쳐다보았다. 그렇다. 마리아의 태 속에 아기가 있었다!

요셉은 손을 거두었다. 그는 조용히 지붕 끝으로 걸어간 후 사다리를 내려가 그의 집 쪽으로 사라졌다. 그는 집안으로 들어가 마루에 엎드린 후 팔을 구부려 얼굴을 가리고는 울기 시작했다. 첫 부인이 죽은 뒤로 그는 한 번도 운 적이 없었다.

저녁 때 문 밖에서 두드리는 소리가 났다. 마리아라 생각하며 그는 일어나 문을 열었다. 그러나 키 작고 뚱뚱한, 중년의 슬픈 얼굴을 한 안네였다. 그녀는 화롯가로 가서 삭정이와 마른 똥에 불을 붙였다. 요셉은 뒤로 물러나 어둠 속에서 그녀를 지켜보았다.

안네는 작은 스튜 냄비를 불 위에 매달아 걸고 부글부글 끓을 때까지 저었다. 그리고 접시 하나에 스튜를 조금 담아 놋스푼과 함께 그에게 건넸다. 그리고 발끝으로 서서 그의 수염에 키스하고, 돌아서서 자리를 떠났다.

요셉의 마음속엔 이제 오직 한 가지 생각뿐이었다. 그날 밤 잠자리에 들기 전 요셉은 필기도구와 귀중한 양피지 한 장을 꺼내왔다. 손톱이 비틀어진 커다란 손으로 그는 조심스럽고 정확하게 한 자 한 자 고통스런 글자 획을 그어 양피지 위에 형식을 갖춘 글을 써나갔다. 내용은 마리아에게 약혼의 계약을 면하게 해준다는 것이었다. 그리고 의식에 따라 지켜야 할 바를 지키지 못해서라고, 그리 중대한 사안은 아니지만 그럼에도 율법에 어긋나는 일이기 때문이라고 그 이유를 달았다. 그러나 간통이라는 언급은 없었다. 요셉은 그렇게 쓸 수 없었다. 마리아에게, 그가 사랑했고 지금도 그 사랑을 멈출 수 없는 그녀에게 공개적으로 간통이라는 죄를 씌울 수는 없었다.

그날 밤 그의 정신은 아주 맑았다. 내일은 두 명의 증인을 찾아 그들이 보는 가운데 이 문서를 마리아에게 직접 전할 것이다. 이제 그는 잠자리를 폈다. 그리고 다행스럽게도 잠들 수가 있었다.

그 당시 헤로데스 왕은 가장 나이 많은 아들이며, 왕위를 계승할 안티파테르가 삼촌 페로라스를 암살한 혐의가 있다는 것을 알아냈다. 페로라스는 헤로데스의 동생이자 군대의 유능한 사령관이었다. 30년 전 페로라스는 예루살렘을 포위 공격해 승리로 이끌고 헤로데스가 입성하여 그곳을 다스릴 수 있게 하는 데 공을 세웠다.

그런데 이 페로라스가 독살을 당했다. 그는 헤로데스 방에서 비명을 지르고 고통의 신음소리를 내며 죽어갔다. 그리고 그 모습이 늙은 헤로데스 왕에게 자신의 죽음을 생각하게 만들었다. 그리하여 헤로데스 왕은 자신의 세 번째 유언과 그것을 입증하는 유서를 파기했다. 그는 아들 안티파테르를 법정에 회부하도록 명령했고 어느 아들이 믿을 만하고 진실한지 다시 생각하기 시작했다.

요셉이 마리아와 파혼하기로 결정하고 잠자리에 들었을 때, 꿈속에서 천사의 목소리가 그를 불렀다.

"다윗의 자손, 요셉이여. 두려워하지 말고 마리아를 당신 아내로 맞아들이시오. 마리아의 몸속에 있는 아기는 성령으로 잉태된 것이오. 때가 되면 마리아가 아들을 낳을 텐데, 그러면 아기 이름을 예수라고 지으시오. 그 아기는 장차 백성을 죄에서 구원할 분이시오. 하나님께서 예언을 이루려고 하시는 것이오, 요셉!

보라, 처녀가 아이를 배어 아들을 낳을 것이니,
그의 이름을 임마누엘이라고 할 것이다.

임마누엘, 곧 '하나님께서 우리와 함께하신다.'는 뜻이오."
야곱의 자손 요셉은 다음날 잠에서 깬 후 지금까지 살아온 그 어느때보다 더 빨리 더 가볍게 움직이기 시작했다. 그는 몸을 씻고 수염을 손질했다. 머리에 기름도 발랐다. 그리고 깨끗한 튜닉과 안식일에 입는 겉옷을 걸치고 부리나케 요아킴의 집으로 달려가 문을 두드렸다.
그런데 집안에서 울부짖는 소리가 들렸다. 분노와 고통에 찬 목소리였다. 아무도 요셉이 문 두드리는 소리를 듣지 못했다. 거의 악을 쓰는 소리에 가까운 외침소리만 울려퍼졌다.
"어떻게 네가 이렇게 치욕스러운 일을 우리에게……."
그 소리를 듣고 요셉은 주먹을 쥐고 있는 힘을 다해 문을 두드리며 고함을 질렀다.
"요아킴! 요아킴, 문을 열고 나를 들여보내 주십시오!"
집안이 갑자기 쥐죽은 듯 조용해졌다. 인기척도 없었다.
"요아킴, 이 문 좀 열어요."
요셉이 크게 외쳤다.
"돌아가게."
애처롭게 흐느끼는 요아킴의 목소리였다.

"지붕 일은 끝낼 필요 없네. 그만 돌아가고 우리를 그냥 내버려두게."

그러나 요셉은 더욱 큰 소리로 외칠 뿐이었다.

"아니오, 당신 딸과 결혼 날짜를 잡기 전에는 절대로 이곳을 떠나지 않겠습니다. 네, 당신 말이 맞습니다. 지금 지붕을 끝낼 필요는 없습니다. 그러나 분명 끝낼 것입니다. 우리가 결혼한 후에 말입니다."

요셉의 말에 그 작은 집은 마치 아무도 살지 않는 것처럼 오랫동안 정적이 감돌았다. 잠시 후에 요아킴이 외쳤다.

"요셉, 자네는 마리아가 아기를 가진 것을 알고 있나?"

"네, 알고 있습니다."

"마리아가 말하기를 자네가 아기 아버지가 아니라고 하던데."

"맞습니다. 제가 아닙니다."

요아킴의 새로 짠 문이 조금 열렸다. 작은 눈이 바깥을 내다보았다.

"그런데도 내 딸과 결혼하기를 원하는가?"

"네, 그렇습니다."

요아킴이 문을 활짝 젖히고 울음을 터뜨렸다.

"이렇게 고마울 수가 있나! 자네는 우리의 은인이네!"

그가 소리쳤다. 그는 팔을 뻗어 사위에게로 다가갔다. 그러나 요셉은 한 사람만을 보고 있었다.

안쪽 어둠 속에서 창백하게, 한겨울 공기 중에 서린 입김처럼 거의 보일 듯 말 듯 마리아가 머뭇거리며 요셉을 향해 오고 있었다. 저 얼굴에 서린 근심! 요셉은 마음이 아팠다. 요셉은 참을 수가 없었다. 그는 요아킴을 지나쳐 달려가 마리아를 팔에 꼭 껴안고 그녀의 여린 귀에 속삭이듯 말했다.

"사랑하오. 울지 말아요, 울지 말아요. 나는 당신을 사랑하오, 마리아. 그리고 당신 안에 잠자고 있는 아기가 누구인지도 알고 있소. 나는 그 아이 또한 사랑할 거요. 아기도 괜찮고 모든 일이 다 잘 될 것이오. 하나님께서 무슨 일을 계획하시는지 알고 있어요. 그리고 당신을 정말 사랑하오."

신이 태어나셨다 🐦

카이사르 아우구스투스 Caesar Augustus

율리우스 카이사르가 암살되기 전 해에 그는 조카 옥타비우스를 아들로 삼는다는 유언장을 작성했다. 늙은 독재자가 죽자, 젊은 옥타비우스는 이름을 가이우스 카이사르 옥타비아누스라고 바꾸고 아버지의 영광의 자리에 올랐다.

그 후 17년간 로마에서는 권력 투쟁이 이어졌다. 로마 제국은 브리튼에서 소아시아와 시리아, 아프리카와 스페인에 이르기까지 뻗어나갔다. 이 시기는 로마에 있어서 유혈의 기간이었으나 옥타비아누스로서는 천천히 지능적으로 권력의 자리에 오르기 위한 체계적인 시간이었다. 궁극적으로 그는 온 로마제국에서 최고의 지위에 오르려는 것이었다.

그는 결코 왕의 위엄이라는 장식으로 자기 자신을 치장하려 하지 않았다. 그는 충실히 공화국의 전통적 규칙과 관례를 따랐다. 그리고 '프린켑스', 즉 '일등 시민' 이상의 칭호를 가지려 하지 않았다. 그러나 로마 원로원과 백성들은 그에게 아우구스투스라는 칭호를 바쳤다. 신과 인간의 천거를 받았으며 신성을 소유한 거룩한 사람이라는 뜻이었다.

동시에 그는 공식적으로 출생시의 이름을 버리고 양아버지 카이사르의 이름을 취했다. 그리하여 서른여섯 살이 되던 해에 가이우스 옥타비아누스는 명실공히 로마의 첫 번째 황제 카이사르 아우구스투스가 되었다. 몇몇 지역의 거주자들이 그를 신의 사랑받는 아들로서 숭배하기도 하는 놀라운 인물이 된 것이다. 그들은 그를 '소테르', 즉 구원자라고 불렀다. 그 이유는 그가 이제 뿌리 깊은 대대적인 평화시대를 열어 이 세상의 오래된 전쟁들이 사라지고, 상인들은 두려움 없이 어디나 여행할 수 있게 되었으며, 무역은 안정 속에 발전하기 시작해 번영의 기운이 나타났기 때문이었다. 번영이 전쟁으로 지친 땅 위에 내려 미소짓기 시작한 것이다.

통치 14년 만에 카이사르 아우구스투스는 세계평화를 위해 로마의 신들에게 드리는 거대한 제사를 집전했다. 그와 동시에 이 놀라운 인간의 일을 기리기 위해 대리석 제단을 세울 것을 명했다. 그리하여 통치 18년에 대리석 조각 제단을 바칠 수 있게 되었다. 그리고 그 주변을 두른 벽에는 로마의 전설이 새겨졌다.

쌍둥이 형제 로물루스와 레무스가 이리의 젖을 빨고 있는 모습, 무릎을 꿇고 아이들과 함께 있는 대지의 어머니, 공기와 물을 묘사하는 형상들. 이 기념비는 '아우구스투스의 평화의 제단'이라고 불렸다. 통치 20년, 그의 나이 쉰여섯 살 되던 해에 황제 탄신일을 경축하며 이런 말들이 기념비에 보태어 새겨졌다.

'세상에 좋은 소식을 가져다주실 신이 태어나셨도다.'

재위 23년에 카이사르 아우구스투스는 칙령을 내려 제국 내 모든 지역 주민들로 하여금 호적 등록을 하도록 했다. 이 등록을 전반적인 인구조사의 자료로 삼아 수집된 정보를 통해 로마제국 모든 영토의 가구에 용이하게 세금을 부과하기 위한 것이었다. 가구 수를 정확히 검토하고 지속적이고 효과적인 기록을 얻기 위해 카이사르 아우구스투스는 가족 구성원 모두가 부모들이 사는 곳, 즉 조상 대대로 살아온 고향에 돌아가서 문서 작성을 대기하라고 명령을 내렸다.

그리하여 야곱의 아들 요셉은 갈릴리의 나사렛 동네를 떠나 칙령에 따라 유대로 떠났다. 그의 아내 마리아도 함께 갔다. 그들은 베들레헴이라는 곳으로 향했는데, 그곳은 천 년 전에 다윗 왕이 태어난 곳이었다. 요셉이 다윗 집안의 자손이기 때문이었다.

마리아는 나귀를 탔다. 요셉은 둥글게 말아올려진 작은 안장을 만들어 마리아의 등을 받쳐주었다. 해산날이 가까웠다. 뱃속의 아이는 매우 컸다. 그녀는 숨쉬기도 힘들었고 몸은 지치고 손과 손목, 발목 모두 부어 있었다. 그녀의 긴 머리는 제멋대로 흩어져 아름다움을 찾아볼 수 없었다. 그러나 천사가 태어날 아들에 대해서 이런 말을 하지 않았던가!

하나님이 그에게 그의 조상 다윗의 왕위를 물려주실 것이다.

'조상 다윗의' 왕위를. 그 때문에 마리아는 고집을 부렸고 그 누구도, 친정어머니도 남편도 그녀를 말릴 수 없었다. 마리아는 태어날 아기의 조상 다윗의 도성에서 아기를 낳으려고 요셉과 함께 떠날 것을 결심했던 것이다. 그 위대하고 냉혹한 카이사르 아우구스투스조차도 존귀하신 하나님의 손에 쓰이는 하나의 도구밖에 안 된다고 마리아는 확신했다. 황제의 칙령은 자신의 고귀한 아들이 베들레헴에서 태어날 수 있게 하기 위한 것이며 그것 말고는 타당한 이유가 없다고 그녀는 생각했다.

한 목동이 작은 무리의 짐승들을 이끌고 언덕을 내려가 풀 많은 계곡으로 향하고 있었다. 땅거미가 질 무렵이었으므로 그림자 속으로 내려갈 수밖에 없었다. 그러나 그는 그 계곡을 외우다시피 훤히 알고 있었다. 낮은 돌벽이 여러 개의 보호막이 되어 짐승들의 우리 역할을 했다.

그는 두 개의 문 사이에 섰는데, 짐승들은 그 문을 통해 각각 제 우리로 들어가게 되어 있었다. 그는 짐승들을 불러모았다. 그것들이 가까이

오자 살찐 꼬리를 가진 양들은 오른쪽 문으로 몰고 염소들은 왼쪽으로 몰아넣었다. 그리고 숫자를 세면서 낮에 목초지에서 상처를 입지나 않았는지, 또 혹시 질병의 징후가 없는지 조심스럽게 살폈다.

그는 생각이 깊은 얼굴에 진지한 표정을 가진 젊은이였다. 입술은 얇았고 그 입술 또한 심각한 생각으로 굳게 다물어져 있었다. 그는 또한 가죽 신발을 신고 몸에는 낙타털로 된 망토를 걸치고 있었다. 허리에 두른 띠에는 두 개의 가죽 주머니를 달았는데 하나는 커다랗게 불룩 나와 있었고, 다른 하나에는 물마개가 있었다.

짐승의 수를 세는 일을 마친 후 그는 성긴 나무문을 닫고 오른쪽 문에 등을 기대고 앉았다. 그리고 큰 주머니에서 빵과 치즈를 꺼내어 먹기 시작했다. 그리곤 하늘 바닷가에 모래알처럼 밝게 반짝이는 별들을 쳐다보았다. 그러다가 무심코 오른손을 들어 만 개의 별들을 지웠다.

"시몬!"

그는 손을 다시 내리고 뒤를 돌아보았다. 다른 두 명의 목동이 짐승 떼를 몰고 서쪽 산등성이에서 내려오고 있었다. 이 짐승 떼는 훨씬 큰 무리였고, 별빛 아래 희미하게 보이는 그 모습은 마치 수많은 하얀 그림자들이 둥둥 떠서 비탈길 아래로 다가오는 것 같았다.

"시몬, 거기에 있나? 잡목은 아직 모으지 않았나? 불은 어디다 지폈지? 우리를 위해 불을 피우지도 않았단 말이야? 오늘밤은 추울 것 같은데."

마리아는 천천히 베들레헴으로 향하고 있었다. 요셉이 나귀를 이끌었으나 마리아의 상태에 따라 속도를 줄였다. 나귀는 끊임없이 머리를 끄덕끄덕 흔들면서 걸었다.

호적 등록은 이 단출한 가족이 도착하기도 전에 이미 시작되어 있었다. 베들레헴의 일반 업무는 무리지어 밀려드는 유대인들 때문에 중단되었다. 다윗 자손들이 마을과 주변의 언덕을 가득 메웠다. 로마 관리들은 헤브론에서 예루살렘으로 향하는 산등성이 길과 베들레헴으로 직접 통하는 언덕길에 임시막사를 세웠다.

등록을 기다리는 사람들이 아침부터 오후 늦게까지 긴 행렬을 이루었다. 등록을 마친 사람들은 먹고 쉬었다. 그러나 대부분의 사람들은 다음날 다시 인구조사를 하는 관리 앞에 나와야 했다. 일은 터무니없을 정도로 느릿느릿 진행되었다. 여관마다 사람들로 만원이었다. 그래서 생전 처음 보는 사람끼리 흙마루나 다락방에 나란히 누워 함께 잠을 자야 했다. 여관 주인들은 건물 지붕 위에 지어진 더 작은 개인 방으로 밀려났다.

해질 무렵 요셉은 아내를 태운 나귀를 끌고 도성문을 지나 마을로 들어섰다. 거리에 돌아다니는 사람들은 거의 없었는데도 베들레헴이 얼마나 많은 사람들로 그득한지 쉽게 알 수 있었다. 공기 중에 만여 명의 사람들 숨소리, 낮은 중얼거림, 말소리가 진동하며 퍼져 있었다. 마치 벌통 속 꿀벌들의 웅웅거림 같았다.

한편 마리아의 모습은 달빛 아래 번질거리며 빛이 났다. 얼굴을 찌푸린 채 나무 안장 등에 기댄 몸이 점점 처지기 시작했다. 그녀의 이가 하얗게 빛났다. 그들이 도성문에 도착했을 때 그녀는 단 한 번 속삭이듯 말했다.

"때가 됐어요, 요셉. 아기가 나올 것 같아요."

그녀는 반복할 필요가 없었다. 그 말은 계속 요셉의 뇌리에 메아리쳤다.

'때가 됐어요, 요셉.'

그녀의 이마에서 번들거리는 것은 땀방울이었다. 그 순간 목수는 심한 무력감을 느꼈다. 길거리 어두운 구석에서 마리아가 아이를 낳게 할

778

수는 없었다. 하지만 묵을 곳을 찾아낼 수가 없었다. 사람이 있을 만한 장소는 어디 할 것 없이 다 꽉 차 있었다. 어둠이 드리워진 마을은 사람들로 짓눌려 있었다.

그때 나귀가 머리를 흔들며 제멋대로 움직이기 시작했다. 나귀는 발을 끌며 터벅터벅 속도를 냈다. 요셉은 멈추라고 두 번이나 날카롭게 소리를 쳤다. 하지만 그 짐승이 점점 빨리 뛰었으므로, 요셉은 한 손으로 마리아의 손목을 잡고 또 다른 한 손으로 그녀의 등을 떠받치며 나귀 옆을 달릴 수밖에 없었다.

"요셉, 아기가 나오려고 해요."

나귀는 좁은 골목 내리막길로 향했다. 구불구불 이어진 길이 커다란 여인숙의 뒤쪽에 닿았다. 그곳에는 석회암에 지하실 같은 동굴이 파져 있었다. 요셉은 그곳에서 마음을 달래주는 듯한 많은 짐승들의 온기 어린 냄새와 깨끗하게 잘 말린 건초더미의 소박한 냄새를 맡을 수 있었다. 동굴은 거친 나무 울타리로 닫혀 있었다. 나귀는 문에 서서 기다렸다.

마리아는 숨을 헐떡였다. 요셉은 그녀가 이를 악물면서 내는 소리와 가슴 속에서부터 나오는 깊은 신음소리를 들을 수 있었다.

"때가 되었어요, 때가 되었어요!"

그는 문의 나무 빗장을 들어올렸다. 나귀는 즉시 안으로 들어가 동굴 뒤쪽으로 걸어갔다. 거기에는 한 번도 사용하지 않은 돌구유가 여러 개 있었다. 주변의 다른 짐승들은 밀짚 위에 누워 무거운 머리를 흔들며 이 새로운 침입자들을 지켜보고 있었다.

마리아가 소리를 지르며 나귀 위에서 떨어졌다. 요셉이 그녀를 잡았다. 그녀의 몸은 너무도 놀라웠다. 마치 쇠로 만들어진 궤짝처럼 무겁고 단단했다. 모든 근육이 굽어 수축되어 있었다.

"아아아!"

요셉은 깨끗한 건초 더미를 모아서 마리아를 그 자리에 눕혔다. 그렇게 눕히자 그녀의 옷이 침대보처럼 건초를 덮었다. 갑자기 마리아가 고개를 뒤로 젖히고 상체를 앞으로 구부린 채 울부짖었다.

"오, 요셉!"

그날 밤 다시 한 번 요셉은 완전한 무력감을 느꼈다. 그의 얼굴은 두려움과 쓸모없는 자책감으로 달아올랐다. 그는 산파가 아니었다! 하지만 마리아는 손을 뻗어 요셉의 큰 손을 붙잡고 그 손바닥으로 그녀의 외음부를 눌렀다. 그리고 소리를 쳤다.

"아직! 잠깐만요! 잠깐만 밀어넣어주세요, 요셉. 준비될 때까지 잠깐만 멈추게 해줘요……. 하아, 하아!"

아기가 느껴졌다! 매끈매끈하고 따뜻한 아기 머리의 둥근 정수리 부분이 만져졌다. 그리고 거기서 뛰는 아기의 맥박! 아기가 마리아의 몸속에서 밀치고 나오고 있었다! 요셉에게 그것은 마치 높은 절벽에서 떨어져 땅 위 돌에 막 부딪치려는 그 순간처럼 아찔했다. 그러나 그 떨어짐은 희열이었다! 그는 부드럽게 손을 밀어넣었다. 아기가 이 세상으로 나오는 것을 거부라도 하듯이.

마리아는 몸을 뒤틀었다. 우선 왼쪽으로 누웠다가 두 손과 무릎을 바닥에 짚었다. 요셉은 손을 늘어뜨리고 서서 아내의 비상한 힘과 슬기에 놀라워하고 있었다.

"나를 잡아줘요."

그녀가 소리쳤다.

"내 뒤로 가요, 요셉. 내가 엎어지지 않게 해줘요!"

그녀는 팔꿈치를 바닥에 짚고 몸을 흔들며 일어났다. 그리고는 다시 뒤로 몸을 젖혀 남편의 거대한 가슴팍에 기댔다. 요셉은 그녀의 다리 가랑이 사이에 있는 아기 머리에서 손을 떼고 아내의 허리를 잡았다.

이제 마리아는 웅크리고 앉아 무릎에 힘을 주어 벌리고 몸을 아래로 굽혔다. 그녀는 소리치기 시작했다. 그러나 그 소리는 필사적으로 힘을 쓰느라고 나오다가 끊어져 잠잠해졌다. 요셉은 떨고 있었다. 목이 칼칼해졌다. 마리아가 흘리는 땀에서 이끼 같은 냄새가 났다. 그녀의 머리는 그의 얼굴 밑에서 먼지와 지푸라기로 뒤엉켜 있었다.

그때 외마디 비명소리가 하프소리처럼 가냘프게 한없이 길게 굴속에, 아니 마구간 속에 울려퍼졌다. 아아아아아…… 요셉은 그 소리가 자신의 팔 사이에서 나는 것임을 느낄 수 있었다. 그것은 마리아의 작은 외침이었다. 점점 강하게, 점점 크게, 숨 쉬기 위해 멈추지 않고, 몸속에서 세찬 힘을 모아서 아기를 아래로, 이 세상 밖으로 몰아내는 외마디소리였다. 지금이다!

재빠르게 숨을 들이마시는 소리가 들리더니, 어느 샌가 아기가 엄마 아래 깔린 짚풀 위로 나와 등을 대고 누워 있었다. 얼굴은 마리아와 똑바로 마주보고 있었다. 그녀는 울음을 터뜨렸다. 그녀는 기쁨과 안도감, 고통과 큰 슬픔 속에 울부짖으며 요셉에게 쓰러졌다. 아기는 발을 차면서 얼굴에 주름을 만들고 울기 시작했다. 마리아는 손을 위로 뻗어 남편의 수염을 거머쥐고 힘주어 잡아당겼다.

"아기를, 아기를 씻겨줘요. 내 아기를 씻겨줘요. 피도 닦아주고 아주 깨끗이 씻겨주세요. 그리고 소금도 주고요. 그런 다음 내 칼을 갖다줘요."

요셉은 일어섰다. 몸의 근육들이 굳어져 펴지지 않았다. 그는 마치 술 취한 사람처럼 어그적어그적 짐꾸러미가 있는 곳으로 걸어갔다. 그리고 마리아가 아이를 위해 미리 꾸려놓은 아마포를 찾아냈다. 소금과 등과 칼도 찾았다.

그가 무릎을 꿇고 등에 불을 붙이자 마리아가 보였다. 그녀는 또 다른 일에 애쓰고 있었다. 몸을 앞으로 구부리고 몸속에서 또 다른 어떤 것을 밀어내려 하고 있었다. 마치 나오려고 하는 아기가 또 하나 있는 것처럼. 굉장한 양의 피와 물이 그녀 다리 사이의 짚을 완전히 적시고 있었다. 요셉은 아내를 애처롭게 생각했다.

그리고 점액과 피로 얼룩진 아기도 보였다. 그는 아기를 닦으면서 그 작은 몸이 푸른빛에서 밝은 핑크빛으로, 다시 장밋빛으로 변하는 것을 보았다. 마치 작은 불길이 아기의 몸속에서 타오르는 것 같았다.

요셉이 아이의 몸을 깨끗이 닦아내자 아기의 숨소리가 들렸다. 요셉은 그 영광스러운 순간에 어찌할 바를 몰랐다. 아기가 숨을 내쉬고 있었다. 마리아가 마지막으로 한 번 더 소리치자 태반이 왈칵 쏟아져나왔다. 이제 그녀는 비 온 뒤의 묘비처럼 푹 젖어 완전히 지쳐 있었다. 그녀가 나지막이 말했다.

"요셉, 아기를 이리로 좀 데려오세요."

요셉은 아기를 마리아의 가슴 위에 놓았다. 마리아는 아마포 끝을 입으로 물어 가늘고 길게 찢었다. 그 천으로 성스러운 아기와 그녀의 몸을 연결하고 있던 탯줄을 묶었다. 그리고 칼을 들고 그 연결을 영원히 끊어버렸다. 엄마와 아기 모두 울음을 터뜨렸다.

"예수."

그녀가 속삭이듯 말하며 아기를 가슴에 안고 흔들었다.

"예수, 예수. 작은 예수. 네가 여기에 있다니. 너를 사랑한다, 아가야."

마리아는 아마천을 펼쳤다. 그리고 천천히 아기를 감아 싸기 시작했다. 아기가 여전히 엄마의 태 속에 싸여 있다는 생각이 들 만큼 단단히, 엄마와의 연결 고리가 끊어졌음에도 여전히 엄마의 사랑이 함께 있다는 생각이 들 만큼 단단히, 그러나 이제 혼자 힘으로 숨쉬며 살 수 있을 정도로 느슨하게.

등불에서 흘러나온 빛 속에서 이제 그들 주변에 있는 거대한 짐승들이 요셉의 눈에 들어왔다. 짐승들은 고개를 들고 공기 중의 냄새를 맡고 있었다. 아마도 그곳의 공기가 짐승들에게조차 무언가 중요한 일이 일어났다는 사실을 말해주었는지도 몰랐다.

"요셉?"

"왜 그러오?"

"우리 아길 안아보고 싶지 않으세요?"

그 거대한 남자는 정말 있는 그대로 한 마리 황소였다. 팔다리 모든 부분이 너무 굵고 터무니없이 육중한 짐승과도 같았다. 반면에 그의 팔에 안긴 아기는 너무도 가볍고 누르기라도 하면 부러질 것 같은 나뭇가지였다.

예수는 눈을 뜨고 머리 위에 보이는 거대한 얼굴과 수염을 쳐다보았다. 어린 예수는 털 많은 황소를 응시하면서도 조금도 두려워하지 않았다. 그러자 요셉은 왠지 모르게 주눅이 들어 흐느끼며 아이를 재빨리 구유 위에 뉘였다. 마리아가 속삭였다.

"알겠요? 당신도 나와 함께 아기를 낳은 거예요."

아, 마리아는 너무 관대했다! 너무 아름다웠다! 그녀는 부어오른 손가락을 이마에 가져가 끈적하게 달라붙은 검은 머리카락을 훔쳐내고 있었다. 그녀가 나지막이 말했다.

"요셉, 당신의 깨끗한 옷을 가지고 이리 오시겠어요? 불을 어둡게 하고 이리 와서 나도 좀 씻겨주겠어요? 이번엔 내 몸을 좀 구석구석 깨끗이 닦아주세요."

자정이 되자 세 목자들이 피워놓은 장작불이 무너져내려 불똥을 튀기는 깜부기불로 변했다. 짐승들과 함께하며 긴 밤을 지키고 있던 시몬과 두 명의 목자들 또한 침묵 속으로 가라앉아 있었다.

한 목자가 하늘을 향해 작고 축축한 소리로 코를 골았다. 강인해 보이는 노인은 만족스러운 듯했다. 또 한 사람은 돌벽 위에 앉아 이따금씩 지팡이의 평평한 쪽으로 돌벽을 내리치며 들짐승들을 쫓아내기 위한 경고의 소리를 내곤 했다.

시몬은 몸을 따뜻하게 하기 위해 양들 사이에 누우러 갔다. 그러나 자고 있지는 않았다. 생각에 잠겨 하늘을 응시하며 덩치 큰 암양이 규칙적으로 내는 푸륵거리는 소리와 긴 숨소리를 즐기고 있었다.

그때 갑자기 별들이 폭발하기 시작했다. 시몬은 벌떡 일어났다. 양들이 비틀거리며 일어나 매매 울면서 돌벽 쪽으로 뒷걸음질쳐 달렸다. 별들이, 몇십 개의 그리고 곧 몇만 개의 별들이 어두운 하늘에 하얀 불꽃처럼 번쩍거리고 있었다! 그리고 이동하기 시작했다. 불타오르는 별들처럼, 거대한 벌 떼 무리가 소용돌이치는 것처럼, 별들이 동쪽 하늘을 가로질러 서쪽으로 건너고 있었다.

시몬은 꼼짝할 수 없었다. 양들조차 그 경이로움에 두려워하는 듯 그 자리에서 움직이지 않았다. 하늘의 장려한 움직임과 그 아래 어두운 땅 사이에 끝이 보이지 않는 순백의 불기둥이 하나 나타났다. 그리고 그 불길이 말을 하자 시몬은 그 말을 알아들을 수 있었다.

"겁내지 마시오!"

불길이 외쳤다. 아니, 이제 보니 불길이 아니었다. 불길 속에 윤곽이 있었다! 찬란한 인간의 형상, 매끄럽고 거대한, 매우 아름다운 형상이 두 발을 산 위에 올려놓고 있었다. 야훼의 천사였다! 천사가 말했다.

"나는 온 백성에게 큰 기쁨이 될 소식을 가져왔소. 오늘 다윗의 동네에 당신들을 구하실 왕이 나셨는데, 그가 바로 그리스도이시오! 당신들은 포대기에 싸여 구유에 뉘어 있는 갓난아기를 만날 거요. 이것이 표적이 될 거요."

갑자기 타오르는 듯한 하늘의 군대가 무리를 지어 내려오더니 낮은 하늘을 뒤덮고 하나님을 찬양하는 노래를 불렀다.

가장 높은 곳에서는 하나님께 영광이며

땅에서는 그분이 좋아하시는 사람들에게 평화로다.

얼마나 오랫동안 그 웅장한 합창소리가 계속되었는지 시몬은 알 수 없었다. 주변 공기 그 자체가 천사들의 음악소리였다. 천사들이 하늘로 올라가자 다시 캄캄한 밤이 되었다. 시몬은 자신이 좀 전에 들은 소리, 여전히 귓가에 맴돌고 있는 영광이라는 소리 말고는 아무 소리도 들을 수 없게 되었다고 생각했다. 그리고 자기 주변의 평범한 것들 즉 돌, 양, 동료, 자신의 손조차 보이지 않게 되었다고 생각했다. 그때 코고는 소리를 내고 있던 노인이 속삭였다.

"시몬?"

그 소리가 시몬에게 아주 잘 들렸다.

"시몬, 자네도 봤나?"

시몬은 엄숙하게 노인을 바라보며 여느 때의 별빛 아래에서 고개를 끄덕였다. 나머지 목자 또한 합세했다. 노인은 두 사람을 멍하니 바라보며 속삭였다.

"그리고 천사들이 우리에게 말한 것도 들었지?"

시몬이 끄덕였다.

"하나님이셨어. 하나님께서 이 모든 일들을 우리에게 알려주신 거야."

시몬은 양 우리에서 걸어나와 조심스럽게 문을 닫았다. 그리고 염소 우리의 문을 밀어보았다. 그는 빗장이 걸려 있음을 확인하고는 골짜기의 북서쪽 비탈이 있는 곳을 향해 걷기 시작했다. 나머지 목자들도 함께했다. 언덕 꼭대기에서 시몬은 갑자기 뛰기 시작했다. 빨리, 점점 빨리 달리자 거의 나는 듯했다. 그의 가슴은 매우 가벼웠다. 다리는 지칠 줄 몰랐다. 눈은 곧장 베들레헴의 불빛을 향했다.

그는 계속 그곳을 향해 뛰었고 점점 그곳에 가까워졌다. 마을 모퉁이에 다다랐지만 시몬은 멈춰 서지 않았다. 그는 어딘지도 모르면서 그 좁은 길을 계속 질주했다. 단지 그의 발이 정확한 장소로 안내할 것이라고 믿으면서. 그리고 정말로 그랬다.

그곳에, 커다란 여인숙 아래에 석회암으로 된 동굴이 있었다. 동굴 안은 기름등의 부드러운 불빛이 빛나고 있었다. 시몬은 앞으로 기어들어갔다. 세 사람 중 제일 먼저 도착한 것이다. 그는 몸을 기울여 천사의 말에 힘입어 안으로 들어갔다.

불빛에 비춰져 생긴 그림자 속에서 시몬은 한 남자, 굉장히 거대하고 얼굴에 온통 거친 수염이 난 사람이 앉아 있는 것을 보았다. 그 남자는 고개를 끄덕였을 뿐 시몬을 조금도 경계하지 않았다. 젊은 목동은 머뭇머뭇하며 살펴보았다. 한 여인이 그 남자의 무릎에서 쉬고 있는 것이 눈에 들어왔다. 그녀는 지쳐 보였으나 깨어 있었다. 옆에는 돌구유가 있었다. 그 구유 안에 아주 깨끗한 황갈색 짚이 보였다. 짚풀 위에 아마천에 둘둘 싸인 아기가 깨어서 그를 지켜보고 있었다.

시몬은 숨을 내쉬었다. 그에게서 나온 공기가 길고 분명히 알 수 없는 소리를 내었다. 구원자! 메시아! 나머지 두 목자가 기어들어와 시몬 옆에 무릎을 꿇자 여인이 쳐다보며 미소를 지었다.

"어머니여."

시몬이 말했다.

"당신의 아기는 제가 지금껏 본 아기 가운데 가장 아름답습니다. 어린 양의 코만큼이나 보드랍습니다."

나이든 목자가 시몬을 거칠게 쿡 찔렀다.

"한낮의 뭉게구름만큼이나 부드럽습니다."

시몬이 다시 고쳐 말했다. 아기가 눈을 감고 잠이 들었다. 목자들은 모두 손으로 얼굴을 가렸다. 잠시 후 그들은 뒤돌아서 떠났다.

왕을 찾는 사람들

동방의 현자 Magi from the East

[마태복음 2:1~23, 누가복음 2:21~39]

아기가 태어난 지 여드레째 되던 날, 요셉은 자기의 작은 가족이 머물 곳을 찾아 나섰다. 방이 하나 있었다. 은신처가 될 수 있었고 물도 있었다. 또 아기에게 할례를 베풀기에 적당할 만큼 조용하고 방해도 없는 곳이었다.

마리아는 아기를 알몸으로 무릎에 뉘었다. 요셉은 그 앞에 무릎을 꿇고, 한 손으로 살갗을 잡아당기고 다른 한 손으로는 칼로 그 주변을 베어 아기의 포피(包皮)를 제거했다. 아기의 눈이 놀라 크게 떠졌다. 잠시 아기는 세상의 고약스러운 무례에 대해 생각하는 듯했다. 그리고 나서는 입을 크게 벌리고 숨을 들이쉰 다음 길고 우렁차게 큰 소리로 악을 쓰며 울기 시작했다.

마리아는 어린 아기가 놀란 모습을 보고 재미있다는 듯이 웃어댔다. 웃는 바람에 무릎 위에 누워 있던 아기가 이쪽저쪽으로 흔들렸다. 작은 상처를 씻어내려고 했던 요셉은 아기를 잡을 수가 없었다.

"마리아."

그가 말했다. 그러나 그는 목소리가 항상 조용한 사람이었다. 누가 그 목소리를 알아들을 수 있겠는가? 그가 다시 큰 소리로 불렀다.

"마리아!"

그녀의 웃음소리는 천사의 영광송이었다. 눈물이 그녀의 검은 속눈썹을 적셨다. 그 눈물 때문에 눈 주위가 밝게 빛나고 있었다. 아기는 단지 화가 나서 눈물을 흘리는 것이었다.

"마리아!"

"알아요."

그녀가 웃음을 참느라 헐떡이며 말했다.

"네, 알아요. 알고 있어요. '이제 아기의 이름은 예수라 할 것이다.'"

아기를 예수라고 부르면서 그녀의 웃음은 잦아들었다. 그녀가 어린 아기를 가슴에 안자 아기의 버둥거림 또한 잠잠해졌다. 이제 방은 조용해졌다. 요셉이 낮은 소리로 말했다.

"그래. 아기의 이름은 여호수아, 예수아요. 곧 예수라고 부를 것이오."

모세의 법대로 정결 예식을 행할 때가 되었으므로 요셉과 마리아는 아기를 예루살렘의 성전으로 데려갔다가 다시 베들레헴으로 돌아왔다. 단 하루 동안의 일이었다.

정오에 그들은 남쪽에서부터 성전 언덕에 다다랐다. 그들은 앞에 길게 뻗어 있는 순백색의 성전 현관을 보며 경이로움에 잠겼다. 목수와 그 아내는 침묵 속에서 겸손한 태도로 으리으리한 주랑에 들어섰다. 그리고 드높은 천장을 떠받치고 있는, 네 줄로 늘어선 기둥들 사이로 발길을 옮겼다. 천장은 어디나 풍요로운 천국처럼 조각들이 아로새겨져 있었다. 두 사람은 상인들이 장사를 하고 있는 탁자를 이리저리 피하며 조심스럽게 들어갔다.

마침내 그들은 희생제물로 드릴 두 마리의 산비둘기를 사가지고 탁 트인 '이방인의 뜰'로 들어갔다. 그리고 안뜰과 성전을 둘러싸고 있는 돌난간의 동쪽으로 걸어갔다. 이방인들은 그 벽을 넘어서 안으로 들어갈 수 없었다. 이를 어길 경우 사형을 당했다.

두 사람은 '아름답다'라는 뜻의 이름을 가진 문을 통과해서 '여인의 뜰'로 들어갔다. 그곳에 다다르자 요셉은 왼쪽 팔을 구부려 아기 예수를 받아 안았다. 그리고 오른손으로 산비둘기를 들고 혼자서 제일 안쪽 뜰인 제사장들과 이스라엘 남자들의 뜰, 번제단이 있는 곳으로 들어가려고 했다. 그때 한 남자가 소리쳤다.

"잠깐 기다리시오!"

노인이었다. 아주 연로해 거동이 불편해 보였다. 그러나 그의 태도는 확신에 차 있었다. 요셉은 그 말에 우뚝 멈춰 서서 노인이 가까이 올 때까지 기다렸다.

"바로 이 아기요! 이 아기가 바로 성령께서, 내가 보게 되리라고 약속하신 아기요!"

그가 목소리를 높여 흐느끼듯 말을 하자 주위 사람들의 시선이 모아졌다.

"오, 시므온 영감님!"

사람들이 수군거렸다. 그들에게 시므온의 존재는 익숙하고도 당연한 것이었다. 그는 매일 이곳에 와서 자신이 죽기 전에 메시아를 보게 될 것이라고 말하곤 했다.

"제발, 시므온 영감님!"

사람들이 말했다. 그러나 노인은 조금도 부끄러워하는 기색이 없었다. 그는 오직 한 가지 생각으로 가득 차서 그 어떤 다른 생각도 할 여유가 없었다.

"아기를 내게 한번 주시겠소?"

노인은 요셉에게 다가오며 숨을 헐떡였다.

"이 뼈만 앙상한 두 팔에 하나님의 그리스도를 안아 얼러보게 해주시오. 틀림없소! 바로……."

요셉은 노인의 말을 따랐다. 아기는 깨어 있었으나 놀라지 않았다. 그는 시므온이라 불리는 거칠고 늙은 얼굴을 가만히 올려다보았다.

"됐습니다, 네. 하나님! 이제 준비가 됐습니다. 이제야 평화롭게 죽음을 맞이할 수 있게 되었습니다. 당신께서 약속하신 대로 이 불쌍한 노인의 흐린 눈이 당신께서 온 세상을 위해 준비하신 구원을 바라보고 있습니다. 이방인과 당신의 백성, 이스라엘을 위한 계시입니다!"

요셉도 마리아도 아무 말 하지 않았다. 단지 아기를 안고 있는 낯선 사람, 등이 구부러지고 뼈만 앙상히 남은 수척한 노인을 그저 물끄러미 바라볼 따름이었다. 갑자기 노인이 얼굴을 들어 마리아의 눈을 뚫어지게 바라보았다.

"당신의 아기는 계획에 따라 놓인 주춧돌 같은 아이요. 이스라엘 가운데 많은 사람들이 이 아이로 인해 넘어지기도 하고 일어나기도 할 것이오. 그러나 여인이여, 대부분의 사람들이 이 아이를 배척할 것이오."

시므온은 눈을 가늘게 뜨고 목소리를 낮추어 은밀히 속삭였다.

"그리고 칼이 당신의 영혼까지도 찔러 꿰뚫을 것이오. 많은 사람들의 속생각들이 드러나게 될 것이오."

시므온은 마리아에게 아기를 건넸다. 마리아는 아기를 받아 안았으나 여전히 아무런 답을 하지 않았다. 그러나 결코 그 말들을 잊지 않았다. 예수의 어린 시절, 듣고 본 모든 일들을 그 어머니는 마음속 깊이 간직했다. 모든 것들을, 끊임없이 생각하며 이해하려 애쓰면서.

헤로데스 왕은 중요한 절기마다 권력가에게 경의를 표하는 동방 관습에 대해 잘 알고 있었다. 6년 전 그가 바다 위에 카이사르의 기념물을 완공한 뒤 체육경기를 열었을 때, 몇몇 사절들이 멀리 여러 나라에서 진귀한 선물을 가지고 찾아왔다. 그들은 헤로데스에게 경의를 표했다. 그들은 선물을 가득 실은 낙타와 당나귀와 마차를 줄줄이 이끌고 찾아왔고, 그에 걸맞은 융숭한 대접을 받았다. 이것은 왕이 아주 좋아하는 관례였다.

헤로데스 자신도 가이우스 율리우스 카이사르 옥타비아누스가 '아우구스투스'가 되었을 때 서방의 그에게 선물을 보냈다. 그리고 또 어느 때에는 직접 찾아가서 경의를 표하기도 했다. 그리고 자기 아들들을 로마에 보낼 때도 동방의 수많은 보물들을 딸려 보냈다. 그리고 그 보답으로 카이사르는 헤로데스를 '친구이며 동지'라고 불렀다.

그러므로 근래에 들어 동방에서 한 대상(隊商)이 찾아왔다는 것은 조금도 이상한 일이 아니었다. 동방의 현자들이 예루살렘에 경의를 표하러 온 것이었다. 사절을 맞이할 준비를 할 수 있도록 미리 전갈을 받지는 못했지만, 헤로데스 왕은 그들을 정중하게 맞이할 마음으로 알현 요청을 기다렸다.

그런데 알현 요청은 오지 않았다. 그 대신 동방의 현자들이 막 유대의 왕으로 태어난 어떤 아기에 대해 묻고 다닌다는 소문이 헤로데스에게 들어갔다.

"동방에서 우리는 그의 별을 보았소. 그리고 우리는 그분을 찾아뵈러 왔소."

그분이라니? 누구 말인가?

그 당시 헤로데스는 병들어 있었다. 걸을 수가 없었다. 관절을 구부릴 때마다 고통이 따랐다. 다리와 발은 피가 돌지 않아 계속 차가워졌고, 정강이뼈는 돌같이 굳어 아파왔다. 발가락은 검게 멍들어갔다.

그러나 그는 자기 쪽에서 먼저 동방의 현자들에게 훌륭한 통치자가 손님들에게 방문을 허락한다는 전갈을 보냈다. 그리고 그들이 필요한 것이 있다면 기꺼이 제공해 주겠다고 덧붙였다. 비록 자신이 직접 그들을 맞이하러 나갈 수는 없지만, 그들은 분명히 궁전 안에서 환대를 받을 것이었다.

그러던 중 헤로데스는 극단적인 생각을 하기 시작했다. 외국 사절이 어떤 혈통에 대해 알고 있는 것일까? 그 누가 왕위에 오를 수 있는 보다 큰 권력을 가지고 있다는 말인가? 틀림없이 유대인이겠지. 그렇다면 다윗 자손의 유대인! 망명 전까지는 항상 다윗의 후손이 왕위에 올랐다. 그리고 그 이후에도 다윗의 자손이 또 다시 기름부음을 받을 것이라는 예언이 있었다.

헤브루 말로 '기름부음을 받은 자'라는 말은 '메시아'였다.

갑자기 헤로데스는 궁전의 큰 방들을 돌아다니며 대제사장들과 율법학자들에게 이러한 정보에 대해 찾아보라고 명령했다. 하나님으로부터 기름부음을 받은 자에 대한 예언이 있는지, 메시아에 관한 이야기가 있는지, 그가 어디에서 태어날 것이라고 하는지.

있었다! 끔찍스럽게도, 예언이 있었다. 그들은 헤로데스에게 예언자 미가의 두루마리 책을 가져와 그가 들을 수 있도록 큰 소리로 읽었다.

너 유다 땅에 있는 베들레헴아,

너는 유다 통치자들 중에서 가장 작지 않다.

네게서 통치자가 나올 것이니

그가 내 백성 이스라엘을 다스릴 것이다.

"아아아!"

진저리치는 소리가 늙은 왕의 입에서 나왔다.

"베들레헴이라고!"

동방에서 온 자들은 헤로데스의 초대를 감사히 생각했다. 그들은 초대를 수락하고 형식을 갖추어 왕궁으로 들어간 후 왕의 내실로 인도되었다. 헤로데스는 억지로 웃음을 띠었다. 동방의 현자들, 단지 별을 읽는 사람들, 왕족도 아니고 특별히 고귀한 신분도 아닌 사람들을 쳐다보고 미소를 지었다.

"그 탄생을 알리는 별이 나타난 지는 얼마나 되었소?"

연신 머리를 굽실대고 손을 비비면서(알랑거리는 바보놈들!), 그들은 왕에게 사실을 고했다.

"아아, 그렇군."

헤로데스가 말했다.

"그럼, 당신들이 찾고 있는 그 어린 왕은 베들레헴에서 태어났을 것이오. 이곳에서 남쪽으로 조금만 가면 되는 곳이지. 베들레헴으로 가시오. 가서 부지런히 그 아기를 찾아보시오. 그리고 당신들이 아기를 찾으면 나에게도 연락해 주시오. 그러면 나도 또한 가서 그에게 경배하고 싶소."

동방 현자들은 왕과 헤어졌다. 밤이 되었을 무렵 그들은 예루살렘에서도 떠났다. 헤로데스가 생각했던 것보다도 훨씬 더 빨리.

이른 아침 마리아는 묵고 있는 집 밖에서 들려오는 어떤 소리에 잠이 깨었다. 좁은 콧구멍 사이로 숨을 뿜어대는 낙타들의 콧소리였다. 낙타가? 그녀는 격자문을 열고 밖을 내다보았다. 거기에 정말로 낙타가 있었다. 낙타들이 길가에 배를 깔고 오만한 머리를 높이 쳐들고는 이곳 베들레헴이 마치 자기 집인 양 쉬고 있었다.

그로부터 얼마쯤 떨어진 곳에 몇몇 사람들이 모여 있었다. 하인들처럼 보였다. 그리고 낙타 가까이에 서서 요셉과 이야기하고 있는 사람들이 있었는데, 그 세 남자는 대단히 위엄이 있고 왠지 묘한 신비감마저 느껴졌다. 초라한 남편은 어딘가 불편해 보였다. 커다란 손은 허벅지께에 힘없이 늘어뜨리고, 무언가 고민스럽다는 듯 눈에 띄지 않게 콧수염을 씰룩거리며 서 있었다. 그러나 그 세 명의 외국인은 요셉의 친절하지 못한 퉁명스러운 태도에도 여전히 공손함을 잃지 않았다.

그 중 한 사람이 요셉의 어깨를 치며 집 쪽을 가리켰다. 그러자 요셉도 고개를 끄덕인뒤 돌아서서 문 쪽을 향해 걸어왔다. 세 남자는 몸을 굽혀 여러 가지 크기의 상자를 집어들고 요셉을 따랐다.

마리아는 재빨리 창문 곁에서 물러났다. 그리고 느슨해진 푸른색 겉옷을 고쳐 입고, 아기에게로 달려가 팔에 안고 문쪽을 바라보며 방 한가운데 섰다.

문이 열렸다. 요셉은 아무 말 없이 들어왔다. 어깨를 으쓱하면서, 눈썹을 움직여가며 무언가 필사적으로 마리아에게 무언의 뜻을 전하려고 애쓰면서. 그 뒤로 외국인의 복장과 용모를 갖춘 남자들이 요셉을 따라 한 사람씩 방으로 들어왔다.

그들은 마리아를 흘긋 보고 고개를 끄덕였다. 그리고 아주 오랫동안 예수를 바라보았다. 그러더니 세 남자는 땅에 엎드려 절했다. 몸을 앞으로 내밀고 앞이마를 바닥에 댄 채. 아기는 그들의 움직임과 옷 스치는 소리, 방안에 풍기는 처음 맡는 향기에 기뻐하며 두 팔을 들어 공중에 휘저었다. 입을 한껏 벌려 싱긋이 웃으며 엄마의 팔에서 뛰어오르며 까르륵거렸다.

세 남자는 무릎을 꿇어 뒤꿈치에 몸을 싣고 앉아 저마다 자기가 가져온 상자를 마리아의 발 앞에 놓았다. 첫 번째 남자가 상자를 열어 진한 누런빛의 메달을 꺼냈다. 황금이었다. 두 번째 남자는 몇 개의 작은 유향을 꺼냈다. 세 번째 남자는 아기에게 작고 흰 석고병을 내보였는데, 그가 마개를 따자 온 방에 신비한 향내가 가득 찼다. 그가 낮게 말했다.

"몰약입니다. 유대의 왕에게 드리는 선물입니다."

아기 예수의 얼굴이 엄숙해졌다. 눈망울은 움직이지 않았고 근엄한 빛을 내었다. 금빛이었다. 몰약이 아기에게 강한 영향을 끼쳤음에 틀림없었다.

밖에서 낙타들은 진하고 더운 콧김을 공중에 내뿜고 있었다. 마리아는 석고병을 집어 마개를 닫았다. 그녀 또한 마음이 가라앉고 불편스러워졌다. 그녀는 우아하게 머리를 숙이며 동방의 현자들에게 경배를 받았다. 그러나 은밀히 요셉에게 말했다.

"이것들을 치우고 숨기세요. 우리 아기에게 위험한 물건들이라는 생각이 들어요."

헤로데스는 동방의 현자들을 다시 보지 못했고 그들로부터 아무런 소식도 듣지 못했다. 사흘이 지나서 그는 신하들을 베들레헴에 보내 왜 그들이 그곳에 그토록 오랫동안 머무는지 알아보도록 했다. 신하들은 돌아와 그들이 그곳에 오랫동안 머물지 않았음을 알렸다. 그들은 이미 사라진 것이다.

이제 왕의 얼굴에서 웃음기가 사라졌다. 모욕감과 두려움 그리고 풀 길 없이 쌓인 분노가 무겁게 그의 눈꺼풀을 짓눌렀다. 얼굴은 백지장처럼 하얗게 되었다. 잠이 오지 않았다.

나흘째 되는 날 아침에 왕은 세 가지 결정을 내렸다. 정오의 태양이 높이 뜨기 전에 세 가지 결정이 공포되었고, 오후에 그 결정이 집행되어 밤까지는 모든 것이 실행될 예정이었다.

첫 번째 결정은 이러했다. 헤로데스 왕은 아들 안티파테르를 지키는 책임을 지고 있는 감옥 관리에게 명령을 보냈다.

"안티파테르는 내 동생 페로라스의 죽음에 공모한 죄가 있음이 인정되고, 또한 나 헤로데스가 어떠한 관용도 베풀 이유를 발견하지 못했으므로 사형에 처하노라."

두 번째 결정은 이러했다. 헤로데스 왕의 전 군대를 베들레헴에 보내어 각 가정에서 두 살 이하의 남자아이를 모두 찾아내어 신분을 밝힌 후 만인이 보는 곳에 모아놓고 그들을 죽이라는 것이었다. 한 명도 빠짐없이.

셋째로 헤로데스 왕은 친위대에 명령을 내려 긴 여행을 떠날 테니 가마는 물론이고 대상 행렬을 준비하라고 시켰다. 다리의 고통은 거의 참을 수 없을 지경이었다. 손가락은 차디차게 굽어버렸다. 그는 무엇보다도 휴식이 필요했다. 그가 생각해낼 수 있었던 것은 오직 그 고통스러운 몸을 칼릴호의 온천수에 담그는 일뿐이었다.

이틀 후 늙은 왕은 가마 속에 여러 겹 깔린 부드러운 담요 위에 누워 몸을 감쌌다. 젊고 힘센 종들이 어깨에 가마를 졌다. 그러나 작은 움직임도 그에게는 굉장한 고통을 주었으므로 종들은 자주 멈춰 섰고 예루살렘에서 여리고로 가는 거친 길을 아주 천천히 내려갔다. 정말로 얼마 안 되는 여행길, 칼릴호까지 반도 안 되는 거리를 가는 데 그들은 왕의 생애에서 사흘이나 되는 날을 소비해 버렸다.

그리고 그가 마지막으로 저지른 살생, 즉 자기 자식과 수많은 남자아이를 죽인 살생의 날로부터 닷새가 지난 그날에 왕 자신도 숨을 거두었다. 여리고에서 침상에 누워, 눈은 크게 떴으나 아무것도 보지 못한 채 그는 죽어갔다.

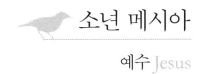

소년 메시아

예수 Jesus

군대가 아이들을 죽이러 베들레헴에 도착했을 무렵 요셉은 이미 그곳에 없었다. 꿈속에서 하나님의 경고를 받은 그는 가족을 이끌고 남쪽 이집트로 도망을 갔던 것이다. 후에 헤로데스가 죽었다는 소식을 듣고 요셉 일가는 유대 지방을 피해 조금 돌아서 나사렛으로 돌아왔다.

그때 유대 지방은 헤로데스의 아들 아켈라우스가 다스리고 있었는데, 그는 아버지보다 더 잔인한 자였다.

마리아와 요셉은 기쁜 마음으로 그들의 작은 집으로 다시 돌아왔고, 아기 예수는 평범한 아기들과 마찬가지로 천진난만한 시간을 보냈다. 예수는 날 때부터 건강했고 주변 세계에 민첩하게 반응했으며, 배우고 만지고 판단하는 능력이 빨랐다. 그의 앞이마는 어머니를 닮았고 어머니처럼 완만하게 균형잡힌 눈썹을 가지고 있었다.

마리아는 내내 기쁜 나날을 보냈다. 예수는 그녀에게 너무도 소중한 보배였다. 예수는 날마다 그녀에게 웃을 수 있는 구실을 주었다.

"예수."

그녀는 어쩔 수 없다는 듯이 두 손을 하늘 높이 쳐들고 외치곤 했다.

"오 예수, 소금은 조금 넣으면 맛이 있지만 너무 많이 넣으면 얼굴이 비뚤어진다!"

그렇게 마리아가 웃으면 예수는 작은 얼굴에 주름을 지으며 웃을까 말까 망설였다.

그는 나사렛 뒤쪽 언덕에 올라갔다. 그리고 고지를 돌아다니면서 에스드렐론 평야가 내려다보이는 산 정상까지 탐색했다. 그곳에서 그를 발견한 어머니는 웃지 않았다. 소리치지도 않았다. 자칫 떨어져 죽을 수도 있기 때문이었다. 그녀는 조용히 다가가 그 옆에 앉으며 강한 팔로 그를 감싸안고 옆구리로 끌어당겼다. 그 속에서 어머니의 심장은 여전히 두려움으로 쿵쾅거리고 있었다.

어머니는 계곡 바닥에 펼쳐져 있는 조각맞추기 놀이판 같은 농지를 가리켰다. 그리고 속삭였다.

"바로 저기를 보아라, 예수. 아주 수백 년 전에 바로 저곳에, 가나안의 왕 야빈을 물리친 드보라라는 여자 예언자가 있었단다. 야빈의 군대가 전차를 타고 왔는데 하나님께서 폭풍우를 보내셔서 계곡 전체가 진흙 바닥이 되었고, 전차들이 진흙 속에 옴짝달싹 못하게 되었기 때문에 그들을 물리칠 수 있었던 거지."

마리아는 몸을 앞뒤로 흔들며 몇 가락의 음절을 흥얼대더니 노래를 부르기 시작했다.

왕들이 쳐들어왔네.
므깃도를 지나 흐르는 강가에
힘센 가나안 사람들이 싸우러 왔지.
그러나 은제 전리품을 빼앗아가지 못했네.
행진하라! 행진하라!

하늘의 별들이 함께 싸웠기에.
별들은 가던 길을 멈추고 내려와서 싸웠고,

기손 강도 둑을 허물어 급류를 흘려보내며
왕들을 휩쓸어 쫓아냈다네.
행진하라, 내 영혼이 힘을 얻었다!

마리아가 그렇게 노래를 부르는 동안 예수는 농지를 내려다보며 오래 전의 그 고대전쟁을 지켜보는 듯했다. 그렇다, 마리아는 그날 웃지 않았다. 대신 그녀는 예수에게 다른 노래들도 가르쳤다. 백합을 비롯해 여러 꽃들, 풀과 모든 자라나는 것들, 씨앗과 흙 그리고 기도하는 법을 가르쳤다. 그녀는 스스로 기도를 해보이면서 가르쳤고, 예수는 빠르게 이해하며 그 모습을 지켜보았다.

그녀는 또한 절약을 가르쳤다. 엄하고 무섭게 가르친 것이 아니라 재치 있게 그리고 기뻐하고 만족스러워하며 가르쳤다. 바느질하는 법도 가르쳤다. 그리고 요리하는 것도.

무딘 듯하면서 부지런한 요셉은 예수에게 아람어와 헤브루어로 읽고 쓰는 법을 가르쳤다. 요셉은 예수를 회당에 데려갔다. 요셉은 결코 웃는 사람이 아니었다. 예수가 아버지는 왜 웃지 않느냐고 물었을 때, 그는 아이에게 웃기에는 너무 나이가 들어서라고 대답했다. 벌써 오래 전에 웃는 법을 잊어버렸다고. 하지만 마리아가 웃으면 자신이 웃는 거나 마찬가지라고 했다.

"그것으로 충분하지. 안 그러냐?"

그 당시 요셉의 덥수룩한 수염은 하얗게 세어 있었다. 그리고 눈썹이 길어지기 시작했다. 그것들이 얼굴을 온통 가려서 보이는 것이라곤 코밖에 없었다.

예수가 열두 살이 되던 그해 봄에, 예수의 부모는 그를 예루살렘에 데려가 그곳에서 유월절을 기념하기로 결정했다. 그 길은 나사렛의 많은 가족들과 함께하는 사흘에 걸친 고된 여행길이었다. 몇몇 사람들은 나귀를 타기도 했지만 거의 모든 사람들이 걸어갔다. 갈릴리에서 유대 지방으로 가는 길은 쉽지 않았다. 사마리아와 예루살렘 사이의 언덕에는 급하게 깎아지른 듯한 계곡이 가로질러 있기 때문이었다. 그리고 길을 따라 수많은 동굴이 있고 그곳에는 도둑들이 숨어 있었다.

에루살렘에서 나사렛 사람들은 흩어져 가족들끼리 따로 머물 곳을 찾았다. 바로 이 지점이 마리아와 요셉이 항상 사가랴를 찾던 곳이었다. 그들은 도착하자마자 시온의 높은 언덕과 성전 언덕 사이 계곡에 있는 2층짜리 집으로 가서 그를 만나곤 했다. 모든 지역의 모든 제사장들이 다 직무를 맡기 때문에, 사가랴는 일찍 와서 친척들을 위해 준비를 하고 있다가 그들이 도착하면 기쁘게 맞이했다.

그러나 오늘은 사가랴가 집에서 나오지 않았다. 제사장의 모습으로도, 못 대장장이의 모습으로도 나타나지 않았다. 대신 엘리사벳이 문간에 나와 손을 흔들었다. 그녀는 웃으려 애썼다. 그러나 마리아가 가까이 다가가자 그녀의 웃음이 일그러졌다. 그 작고 늙은 여인은 고개를 숙인 채 팔을 들었고, 그리고 마리아는 알았다. 마리아는 알았다.

그녀는 대고모의 품으로 걸어가 안겼다. 두 여인은 서로 껴안고 사가랴를 위해 함께 울었다.

"그이는 잠자다가 돌아가셨단다. 올해는 요한과 둘이 유월절을 지키러 왔다. 오, 마리아. 너를 보게 되어 정말 기쁘구나."

양을 제물로 바치는 날에, 요셉은 예수를 도성 밖 동쪽 올리브산으로 데려갔다. 그곳에는 거대한 삼나무 두 그루가 있었다. 한 나무 아래에서 남자가 어린 비둘기만을 팔고 있었다. 또다른 나무 아래에는 네 개의 상점이 있었는데, 희생제물에 필요한 모든 것을 다 팔고 있었다. 새끼 양, 다 자란 양, 기름 그리고 거친 곡물가루.

요셉은 얼룩이나 흠이 없는 한 살 된 양 한 마리를 샀다. 그 양을 기드론 골짜기로 끌고 내려가 도성으로 돌아가면서 요셉이 말했다.

"매년 유월절마다 랍비 바바 벤 부타는 삼천 마리의 가축을 성전에 있는 '이방인의 뜰'로 가져온단다. 그곳에서 그는 순례자들에게 제물거리를 팔지. 하지만 난 우리 것은 이곳에서 사는 게 낫다고 생각했다."

요셉은 예수에게 제물로 바치기 위한 준비로 양을 씻기는 법을 가르쳐주었다. 그들은 함께 순백색으로 빛나는 광대하고 떠들썩한 성전의 뜰로 들어갔다. 아름다운 하늘 위로 연기가 피어오르고 있었고 레위 지파 사람들은 성전 계단에서 노래를 부르고 있었다.

나팔소리가 주기적으로 성전 현관의 남동쪽 꼭대기로부터 울려퍼져 나왔다. 한쪽 문으로 수백 명의 사람들이 양을 이끌고 끊임없이 밀려오고 있었고, 또 다른 문 쪽으로는 역시 수백 명의 사람들이 피 흐르는 고깃덩어리와 솜씨 좋게 온전히 벗긴 짐승 몸통의 가죽을 들고 끊임없이 빠져나가고 있었다.

제사장과 이스라엘 사람들의 안쪽 뜰에서 요셉은 무릎을 꿇고 한 팔로 양의 가슴을 끌어안고 차례를 기다리고 있었다. 예수는 옆에 서서 지켜보고 있었다. 곧 제사장 한 사람이 다가왔고 레위인 한 사람도 그 곁에 섰다. 제사장은 짐승을 아주 세세히 살펴보았다. 입과 귀, 배와 털뿌리. 그리고 나서 그는 요셉에게 작은 진흙사발을 건네주고 뒤로 물러섰다.

요셉은 여전히 무릎을 꿇은 채 한 손을 양의 머리 위에 놓았다. 갑자기 레위 사람이 왼손으로 양의 주둥이 전체를 잡더니 소리 없이 단번에 칼날을 휘둘러 짐승의 목을 베었다. 그러자 짐승의 숨이 빠져나왔고 처참한 상처가 벌어졌다. 두 군데에서 피가 쏟아져나오기 시작했다.

레위인이 짐승의 앞쪽을 낮추어 요셉이 들고 있는 사발로 피가 향하게 했다. 사발이 가득 차자 제사장이 털 많은 짐승의 늘어진 몸을 잡고 사발도 받았다. 그는 피를 제단을 향해 뿌렸다. 그리고 짐승의 가죽을 벗기고 그 살을 놀라운 속도로 조각조각 갈랐다. 고깃덩어리는 씻어서 들어올려 야훼께 바친 후 요셉에게 되돌려주었고, 요셉은 흔들림 없이 눈 한 번 깜빡이지 않고 그 모든 것을 지켜본 예수에게 그 일부를 건네주었다.

이것이 그날 밤 요셉과 마리아 그리고 예수가 의례를 지키며 먹은 음식이었다. 그들뿐만 아니라 엘리사벳과 요한 또한 먹었다. 사가랴의 가족들은 그날 밤을 요셉 가족과 함께 지냈다. 찬송을 부르며 과거를 기억하면서.

이날은 유월절이었기에 옛날이야기들이 또 한 번 되풀이되었다. 기적을 통한 이집트 탈출, 하나님이 독수리 날개에 실어 자신에게로 이끄신 이스라엘 민족의 방황과 구원의 이야기. 그리고 그 하나님은 늙은 못 대장장이를 사랑했고, 그가 죽기 전에 새로운 것을 보게 했던 바로 그 하나님이었다. 사가랴는 모세처럼 산 위에 서서 약속의 땅을 바라보았던 것이다.

다음날 아침 엘리사벳과 요한은 집으로 갔다. 그러나 마리아와 요셉은 절기행사의 마지막 날까지 머물러 있었다. 아침 일찍 그들은 나사렛에서 온 친지들과 모여 전체가 함께 북쪽을 향해 출발했다. 그들은 저녁 때까지 걸었고, 어두워지자 사람들은 장막을 세우며 그날 밤을 보낼 준비를 했다. 마리아는 불 위에 스튜를 앉히고 식사 때가 되었음을 알리러 예수에게로 갔다.

그러나 어디에서도 예수를 찾을 수가 없었다. 그녀는 장막마다 뛰어다니기 시작했다. 사람들은 어깨를 으쓱하며 고개를 내저었다. 친척들은 동정의 말을 건넸으나 그녀를 도울 수는 없었다. 누구도 그날 내내 예수를 어디에서도 보지 못했다.

"그앤 아직 어린아이예요."

그녀는 거듭거듭 말했다.

"이제 겨우 열두 살이에요!"

이제 땅에 어둠이 내렸다. 멀리 언덕들은 완전히 검은 윤곽으로 바뀌었다. 불빛이라고는 식사를 위해 둘러앉은 가족들이 피워놓은 불이 전부였다. 마리아는 돌아서서 요셉에게 달려가 소리쳤다.

"가요! 우리는 돌아가야 해요! 오는 길에 길을 잃었거나, 아니면 예루살렘에 혼자 있을 거예요!"

그리하여 두 사람은 밤새도록 예루살렘으로 되짚어 갔다. 그들은 그 험한 길을 단둘이서 아주 조용히 올라갔다. 강도나 도둑을 만날까봐 두려웠기 때문이었다.

도성에서 그들은 하루 내내 계속 찾아다녔다. 낯선 사람들에게 물어도 보고 이집 저집 문을 두드리기도 했다. 마리아는 아무것도 먹을 수 없었다. 죄책감으로 너무도 괴로워한 나머지 그녀의 모습은 더러워지고 헝클어졌다. 그녀의 검은 머리는 엉키고 지저분해졌다. 얼굴은 창백했고 검은 눈은 움푹 들어가 있었다.

"내 잘못이야, 내 잘못."

그녀는 끊임없이 중얼거렸다.

"그 아이는 아직 열세 살도 안 됐어. 내가 그 아이를 잘 지켰어야 했어. 그앨 돌보는 것이 내 일인데."

그들은 성전에 들러 안뜰과 바깥뜰을 샅샅이 살폈다. 없었다. 마리아는 사람들 가운데서 몇 번이나 아들의 넓은 앞이마를 본 것 같은 생각이 들었으나 없었다. 그녀가 두 번째로 성전에 다시 들른 것은 아이를 찾아보기 위해서가 아니라 기도를 하기 위해서였다. 사흘이 지나서였다.

마리아는 군중들에게서 멀어졌다. '솔로몬의 현관' 한 기둥 뒤에 조용히 떨어져 있으리라 생각했다. 그녀가 그곳으로 들어섰을 때 왼쪽에서 여러 사람들의 나지막한 목소리가 들렸다. 그래서 그녀는 오른쪽으로 향했다. 그런데 갑자기 새소리처럼 높은 목소리가 말하기 시작했다. 그녀는 그 목소리를 알아차렸다. 예수였다! 아들의 목소리였다!

마리아가 기둥 둘레를 돌아 황급히 달려가 보니 남자 열 명이 원을 그리고 앉아 있었다. 노인도 있었고, 젊은이도 있었다. 그리고 한 소년이 있었다. 그들은 랍비였다. 선생들과 학생들과 그리고……

"예수!"

그녀가 비명에 가까운 소리를 질렀다. 모든 이야기가 중단되었다.

"예수, 여기서 도대체 무엇을 하고 있는 거냐?"

모든 사람들이 돌아서서 그녀를 쳐다보고 있었다. 예수 또한 뒤돌아보았으나 아무렇지도 않은 눈빛에 화가 날 정도로 침착한 모습이었다. 한 랍비가 말했다.

"이 소년은 율법을 공부하고 있었소. 아주 놀라운 이해력을 가지고 있는 소년이오."

마리아의 귀에 그 소리는 거의 들리지 않았다. 그녀는 예수에게 달려가 양손으로 그의 얼굴을 잡았다.

"이게 도대체 무슨 짓이냐?"

그녀가 꾸짖었다. 그녀는 거의 울음이 나올 것 같았다. 눈물이 곧 쏟아질 것 같았다. 하지만 울고 싶지 않았다. 그래서 그녀는 있는 힘을 다해 소리쳤다.

"네 아버지와 나는 여러 날 동안 도성을 샅샅이 찾아다녔다! 나는 한 번도 부모님한테 이런 짓을 한 적이 없었다. 예수, 걱정이 되어 거의 죽을 지경이었어!"

"어머니, 왜 저를 찾아다니셨어요?"

"뭐라고? 지금 무슨 말을 하고 있는 거냐?"

"제가 어디에 있을지 모르셨어요? 제가 아버지의 집에 있어야 할 줄을 모르셨어요?"

마리아는 소리지르는 것을 멈췄다. 그리고 아들의 얼굴을 잡고 있던 손을 놓았다. 아들의 얼굴에 손가락 자국이 붉게 얼룩져 있었다.

그녀는 결코 아들이 한 이 말을 이해하지 못했다. 그리고 그 아들도 이해하지 못했다. 전엔 결코 몰랐지만 이제 알게 된 사실은, 자신이 아들을 이해하지 못한다는 것이었다. 그리고 이것 또한 알게 되었다. 울 수밖에 없다는 것을. 장소도 주변에 누가 있는지도 개의치 않고 그녀는 고개를 숙여 얼굴을 가리고 울기 시작했다.

그러자 예수가 자리에서 일어나 어머니의 팔을 잡고 사람이 없는 현관으로 이끌고 가서 어깨를 가볍게 두드리며 위로했다. 그는 어머니를 토닥거리며 손을 잡고 어머니가 진정될 때까지 한참 동안 곁에 앉아 있었다.

회개를 외치는 목소리

세례자 요한 John the Baptizer

그 당시 사해 해변가 광야에 에세네파라고 불리는 집단이 살고 있었다. 그들은 하나님의 절대적인 통치를 기다리는 사람들이었다. '그분의 왕국이 임하길' 여러 모로 간구하고 있었던 것이다.

그들은 세속의 경제와 통치권의 부패로부터 동떨어진 생활을 했고 자신들을 하나님의 '새 언약'이라고 선포했다. 에세네파들은 그들 집단이야말로 눈에 보이는 하나님의 왕국이며, 그 왕국에서 야훼의 성전은 돌로 지어지는 것이 아니라 야훼께 절대적으로 순종하는 사람들로 이루어지는 것이라 믿었다.

그들은 사치와 모든 불순한 것들을 피했다. 모세의 율법을 공부하며 그것들을 세세한 데까지 지키려고 애썼다. 특별히 정결함과 관련된 일들을 더욱 잘 지켰는데, 미래의 영원한 왕국을 현 시대에 목격하는 것이야말로 그들의 목표였기 때문이었다.

현 시대는 끝나가고 있었다! 그리고 현 시대의 신실한 사람들이 어떤 준비를 해야 할지 알려주기 위해 에세네파 사람들은 자신들의 가르침을 두루마리에 기록했다.

시대의 종말을 나타내는 표시로서, 그들은 두 사람의 메시아가 나타날 것이라고 거기에 썼다. 제사장 신분과 평민 신분의 두 사람. 정당하게 기름부음을 받은 대제사장과 정당하게 기름부음을 받은 왕이 나타날 때(아론에게서 기름부음을 받은 자와 이스라엘에게서 기름부음을 받은 자), 그때에는 흩어진 모든 이스라엘 사람들이 한자리에 모이게 되고, '온 땅이, 바다를 뒤덮은 물처럼, 하나님의 지식으로 가득 찰 것이다.'

매우 격식을 갖춘 언어로 그들은 이렇게 썼다. 세속인 메시아, 즉 왕은 다윗의 자손으로 '마지막 시대'에 시온에서 통치하게 될 것이며, 지금은 쓰러진 다윗의 막사를 회복시킬 것이다. 그들이 말하는 '쓰러진 막사'란 율법이었다. 그들은 오래 전부터 모세의 율법이 소홀히 여겨져왔고 정의와 예식의 순수성 또한 마찬가지라고 느꼈다. 또한 '기름부음을 받은 왕, 그는 이스라엘에게 구원을 가져다주기 위해 세워질 것이다.'라고 기록했다.

기름부음을 받은 제사장에 관해서 그들은 그가 '율법의 해설가'가 될 것이라고 기록했다. 이것은 시작과 끝을 상징하는 것이었다. 불의의 시대가 끝나고 하나님이 직접 통치하시는 시대가 시작된다는 것을 의미했다. 옛날 이스라엘이 광야에서 방황할 때 하나님께서 이스라엘을 다스렸던 것처럼.

그래서 요한이라 하는 자가 '회개하라, 하늘나라가 가까이 왔다!' 라고 외쳤을 때, 에세네파의 모든 사람들은 흥분된 마음으로 온몸에 전율을 느꼈다. 왜냐하면 요한은 제사장이었던 사가랴의 아들이고, 그의 어머니는 아론 집안 사람이기 때문이었다!

틀림없이 그가 바로 그 제사장이었다! 그는 맹렬하고 두려움 없이 율법을 설명하며 설교했다. 분명 예언자들이 예언했던 종말이 마침내 가까이 다가온 것이었다! 이사야가 이렇게 예언하지 않았던가?

'광야에서 외치는 이의 소리가 있다. '주님의 길을 예비하라! 그의 길을 곧게 하라!''

그렇다. 이 사람 요한은 편파적인 사람이 아니었다. 그는 진실을 말했다. 그는 누구한테 대접받거나 기부를 받아 살지 않았다. 그리고 에세네파 사람들 못지않게 그 또한 정결에 관한 율법에 큰 관심을 가졌다. 그는 유대인들에게 물로 씻는 의식을 베풀었다. 죄를 용서받기 위해 회개의 세례를 받아야 한다고 가르쳤다.

사해 근처 광야로부터, 시온 산의 마을로부터 에세네파 사람들이 사가랴의 아들 요한이 전도하는 곳으로 떼지어 모여들었다. 그 외에도 많은 사람들이 그의 가르침을 들으려고 나왔다. 수많은 군중들이 예루살렘과 유대 전역에서 요한에게 세례를 받기 위해 요단 강가로 나아와 죄를 고백했다.

사가랴의 아들 요한은 자기 아버지처럼 커다란 손을 가졌는데, 마치 손목에 삽이 하나씩 달린 것 같았다. 아버지를 닮아 그의 손목 또한 단단하고 검게 그을었다. 비록 못 대장장이는 아니었지만 말이다.

사실 그에게는 돈을 버는 재주가 없었다. 그는 광야에서 형편없는 음식을 먹으며 지냈다. 곤충과 메뚜기 그리고 바위틈이나 나무 둥치 속에서 발견한 야생꿀 등을 먹었다. 그는 맹물을 마셨고, 때때로 그에게서 세례를 받은 사람들이 선물로 가져온 염소젖을 마셨다. 잠은 딱딱한 바닥에 나뭇가지를 모아 쌓은 후 그 위에서 잤다.

그의 손이 단단하게 된 것은 바로 이러한 거친 생활 때문이었다. 그는 2천 년 전의 조상들, 광야의 유목민이었던 아브라함과 이삭과 야곱과 같은 생활을 했다. 그리고 그는 유목민처럼 낙타의 거친 털로 된 소매 없는 외투를 입었고, 예언자 엘리야처럼 허리에 가죽띠를 둘렀다(그것이 에세네파의 주의를 끌었다).

요한의 이 모든 것이 유대 시민들에게 영향을 끼치기 시작하고 있었다. 많은 사람들이 하늘나라의 징조를 보기 원했고, 신성한 언약이 이루어지기를 갈망했다. 그들은 굴종하는 것이 끔찍하게 싫었고 로마가 미웠다. 로마라는 존재는 끊임없는 혐오감을 일으켰다. 이방인들이 땅에 침을 뱉기라도 하면, 유대인들은 종교적인 정결함을 잃지 않기 위해 길 반대쪽으로 건너가서 걸어야 했다. 이방인들은 불결한 숨을 내뿜었고, 정결하지 못한 음식을 먹었다. 그들은 많은 사람들이 보는 데서 벌거벗은 채 경기를 했고, 동전을 사용함으로써 하나님의 법을 어겼다. 땅을 더럽혔고, 유대인들에게 수입보다 더 많은 세금을 부과했으며 마구잡이로 유대인들을 살해했다.

유대의 총독, 로마인 폰티우스 필라투스는 유대인들을 잔인하게 다스렸고 형을 집행하는 데 냉정했다. 헤로데스의 아들들 또한 나을 바가 없었다. 그들은 왕이 아니었다. 로마의 명령을 받고 유대를 다스릴 뿐이었다. 그들 모두 참된 유대인이 아니었다. 왜냐하면 그들은 마땅히 드려야 할 예배를 드리는 흉내조차 내지 않았기 때문이다. 그들은 자신들보다 훨씬 신실한 시민들의 노동력을 쥐어짜 사치스러운 궁전을 지었다.

참으로 이 땅에는 깊은 갈망이 있었다. 이스라엘의 왕이신 하나님 왕국이 부활하기를 기다리는, 가슴속 깊은 곳에서 스며나오는 갈망이었다. 그래서 어떤 사람들은 칩거하며 모세 율법을 지키는 데 힘을 쏟았고, 또 어떤 이들은 힘 있는 군대를 조직해 무력으로 이스라엘의 자유를 되찾으려고 반란을 꾀했다. 그들은 질투심 강한 주인이신 하나님의 이름으로 사악한 이방인 세력과 우상 숭배, 유대인들의 배교를 공공연히 비난했다. 이런 것들은 열심당의 정치적인 정의(定意)이면서 또 본질적인 것이기도 했다.

온 예루살렘에 요한에 대한 소문이 퍼진 무렵, 그러한 갈망은 너무도 간절해져 있었다. 그는 엘리야처럼 가죽옷을 입었다! 그는 하나님 외에 어느 누구에게도 절하지 않는다! 죄인들과 함께 식사하지 않으며, 조금의 타협도 없이 율법을 가르친다! 그래서 수많은 군중들이 사가랴의 아들 요한의 이야기를 들으러 몰려나왔고 그의 거대한 손 아래에서 세례를 받았다. 그들은 요한이 거침없는 말로 심판을 내려도 얼굴을 돌리지 않았다. 시대가 냉혹한 설교를 원했던 것이다.

"나는 들불이 마른 땅에 번져나가는 것을 보았소!"

요한이 소리쳤다. 그는 평평한 돌 위에 서 있었고 머리와 어깨만이 사람들 위로 드러나 보였다. 그의 머리카락은 심하게 헝클어져 등 뒤로 늘어져 있었다. 그의 목소리는 호되게 꾸짖는 소리였는데 사람들은 오히려 그 소리에 위로를 받았다.

"나는 보았소. 어린 짐승들이 불길을 피해 달아나며 공포 속에 낑낑대며 우는 것을 보았소. 그리고 밝은 불길이 들판 구석구석까지 불살라버리자 잠잠히 있던 것들, 조용히 숨어 있던 매끈매끈한 뱀들이 기어나오는 것을 보았소. 그것들이 정강이와 발뒤꿈치를 물 때까지 당신들은 알지 못할 것이오!"

요한은 팔을 뻗어 모든 군중을 향해 가리켰다. 그리고 호통을 쳤다.

"이 독사의 자식들! 누가 너희에게 닥쳐올 타오르는 징벌을 피하라고 알려주던가? 여기는 무엇하러 왔는가? 이 작은 물보라로 너희를 정결케 할 수 있다고 생각하는가? 아니면 이 세상이 끝나고 하나님의 심판이 영원한 언약을 내치실 때, 조상들이 너희를 보호해 주리라고 믿는 건가? 아브라함의 자식들이여! 옛 언약의 자식들이여, 이제 새 언약이 주어질 것이니, 이제는 각 사람마다 새로이 언약을 맺어야 하오. 저마다 자신이 진정 정결하다는 것을 증명해 보여야 하오. 새로운 정결함을 보여야 하오."

요한이 말을 멈추었다. 그는 몸을 곧추세우고 잠시 움직이지 않고 서 있었다. 마치 사람들 위로 가는 기둥이 서 있는 것처럼. 그는 사람들과 함께 있으면서, 동시에 그들로부터 떨어져 무관심하게 멀어질 수 있는 능력이 있었다. 그러나 그것은 곤란한 습관이었다. 집중을 깨뜨리고 전체의 중심을 잃게 만들기 때문이었다.

이제 요한이 보다 나직이 말했다.

"사람들이여, 사람들이여. 스스로의 정결함을 증명해 보이시오. 당신들의 손으로 직접 당신들의 마음을 드러내시오. 겉모습과 속모습이 일치하도록 하시오. 회개를 했으면 거기 어울리는 열매를 맺으시오. 똑똑히 들으시오. 지금 이미 도끼가 나무뿌리에 놓였으니, 좋은 열매를 맺지 않는 나무는 다 찍혀서 마른 들판에 버려져 불길에 타버릴 것이오."

요한은 돌단에서 내려와 군중들 틈을 지나 요단 강 쪽으로 내려가기 시작했다. 그는 골격은 컸지만 근육이 없는 여윈 몸이었고, 가늘고 긴 턱에 옴폭하게 들어간 눈을 가지고 있었다. 아마도 그의 팔뚝이 바싹 말라 뼈에 달라붙어 있기 때문에 손이 더욱 커 보이는 듯싶었다. 그는 사막의 유랑민 특유의 느슨한 큰 걸음으로 걸었다.

다섯 명의 남자가 그의 뒤를 밟았다. 분명 그를 잘 아는 그의 제자들이었다. 나머지 사람들은 머뭇거렸다. 이 모임에 전례 같은 것은 없었다. 그의 뒤를 따라가야 하는가? 아니면 그가 미소를 지으며 허락하는 의미로 고개를 끄덕여줄 때까지 기다려야 하는가? 그러나 요한은 미소를 짓는 그런 사람이 아니었다. 광야조차도 자신의 일부로 만들어버리는 이 사람에게 도대체 어떻게 예의를 갖출 수 있겠는가?

열심당원 중 한 사람이 그의 뒤를 따라 달려내려와서 외쳤다.

"선생님! 선생님! 그러면 우리는 무엇을 해야 합니까?"

요한이 걸음을 멈추고 돌아서서 그를 쳐다보았다. 그 열심당원은 어깨를 으쓱하며 미소지으려 했다. 그는 조잡한 무기로 무장한 병사였다. 유대 동굴에 숨어서 농부들이 일군 곡식을 먹고사는 반란군 무리 중 한 사람이었다.

"어떤 일들이 우리가 해야 하는 옳은 일입니까?"

"일반 백성들의 것을 강탈하지 마시오. 무력을 쓰거나 거짓고발을 해서 남의 것을 빼앗지 마시오."

요한이 갑자기 소리를 높이며 말했다.

"이곳의 모든 군인들은 들으시오. 성전 경비원이든, 헤로데스 안티파스 수하에 있는 군인이든, 당신들은 자기 봉급으로 만족하시오! 그리고 이곳의 모든 사람들이여, 아량을 베푸시오. 옷을 두 벌 가진 사람은 안 가진 사람에게 한 벌을 주고, 먹을 것이 넉넉한 사람들은 나누어 먹으시오!"

요한은 다시 돌아서서 강 쪽으로 계속 내려갔다. 분명 이러한 대화는 사람들의 주저함을 없애기에 충분했다. 군중들은 그의 뒤를 따라 물밀듯이 내려왔다. 세리 두 명이 그의 곁에 살금살금 다가와 속삭이듯 말했다.

"선생님, 저희들은 어떻게 해야 합니까?"

요한은 힘찬 목소리로, 그러나 걸음을 멈추지 않고 말했다.

"당신들 구역의 사람들에게 부과된 세금 이상의 돈을 거두지 마시오. 그러면 수입이 줄어서 가난해질 것이 걱정되오? 그렇소. 수입이 줄어 당신네 가족이 어려움을 겪게 될 것 같소? 맞소, 그럴 거요. 그렇다면, 평판이 좋지 않은 그 직업을 포기하는 게 옳겠소? 그렇소. 그리고 그 결심은 당신들 마음속 깊은 곳에서 이루어진 것이어야 하오. 그러나 적법하게 지정된 것 이상의 세금을 할당하는 것은 하나님 왕국의 시민이 할 일이 못 되오."

"선생님, 제발."

한 늙은 여인이 요단 강둑에 서서 요한이 내려오자 그를 불렀다.

"선생님!"

그녀는 과부의 상복을 입고 있었다.

"저는 유대인입니다. 그러나 심판의 날 앞에 저는 그저 개심자일 뿐입니다. 저는 회개합니다. 저를 깨끗하게 해주십시오. 제발, 선생님. 저에게 세례를 베풀어주십시오."

사가랴의 아들 요한은 여인에게 다가가 그녀의 눈을 똑바로 들여다보았다.

"당신은 죄를 뉘우칠 필요가 있는 사람이오?"

그녀가 끄덕였다.

"그리고 이렇게 씻는 의식이 상징하는 하나님의 용서를 믿고 있소?"

그녀가 끄덕였다. 이제는 몸을 떨고 있었다. 요한은 큰 손으로 그녀의 팔꿈치를 잡고 이끌어 물속으로 데려갔다. 그들은 함께 열 걸음, 열다섯 걸음 정도 물속으로 걸어들어갔다. 그는 그녀가 중심을 잡을 수 있도록 팔꿈치를 잡아주고 있었다. 허리까지 물이 차올랐다.

요한이 그녀의 귀에 한 마디 말을 했다. 그러자 갑자기 그녀가 몸을 웅크려 앞으로 구르려는 듯 물속으로 잠겨들었다. 거품만 남았다. 요한은 강 표면이 잔잔해질 때까지 기다렸다. 그리고는 손바닥으로 물 표면을 철썩 치면서 외쳤다.

"여인이여, 당신은 회개하여 깨끗해졌소! 빛의 자녀여, 하늘나라의 시민이여, 일어나시오!"

그는 손을 강 속으로 뻗어 그녀의 어깨를 잡아 끌어올렸다. 그녀는 거의 폭발적으로 숨을 내쉬었다. 그녀가 머리를 뒤로 젖히자 머리카락이 공중을 휘저었고 그 물방울이 원을 그리며 퍼져나가 태양빛에 닿았다. 그녀는 웃기 시작했다. 과부의 상복은 몸에 찰싹 들러붙어 있었고, 눈썹에 맺힌 물방울이 반짝거렸다.

요한의 외투에 물방울이 튀어 검게 얼룩졌고 머리카락과 수염에서도 물방울이 떨어졌다. 그는 강변을 향해 몸을 돌렸다. 그 몸짓은 모든 사람들을 움직여 물길을 따라 기다란 줄을 잇게 하는 신호 같았다. 목마른 짐승들의 무리처럼, 그들은 모두 얕은 물을 건너 요한이 있는 곳으로 향했다. 세리, 군인, 바리새파 사람, 사두개인, 목자, 상인, 도자기

공, 도살업자, 서기관, 경건한 에세네파 사람들. 마음속에 끓어오르는 갈망이 가득 찬 사람들이었다. 유대인들이었다. 그들은 요단 강으로 달려들어갔다. 회개하고, 굉장한 소리를 내며 죄를 고백하고, 저마다 요한에게 세례를 받았다. 하늘나라에 들어가기 위해서였다.

요한이 외쳤다.

"물론 나는 당신들에게 세례를 베푸오. 그러나 내 뒤에 오시는 분은 나보다 훨씬 능력이 뛰어나신 분으로 나는 몸을 구부려 그의 신발끈을 풀 자격조차 없는 사람이오! 나는 당신들에게 물로 세례를 주지만 그분은 당신들을 성령과 불로 씻으실 것이오."

세례를 받기 위해 매일 요단 강으로 나오는 수많은 무리 가운데 나머지 사람들과는 구별되는 한 인물이 있었다. 요한은 강 상류 쪽 갈대 사이에 서서 차례를 기다리는 한 사람을 바라보았다. 물에 부딪쳐 위로 반사된 태양빛이 그의 얼굴을 비춰 눈썹과 광대뼈 아래, 코와 턱 밑으로 물결치고 있었다.

그는 호박색 눈으로 똑바로 요한을 응시했다. 그는 로마인처럼 깨끗하게 면도를 하고 있었다. 그 모습이 요한에게는 미래를 탄식했던 수많은 예언자 중 한 사람처럼 보였다. 예언자들은 턱수염을 깎곤 했다.

호박색의 눈! 요한은 그 금빛 눈동자를 알아보았다. 반짝이면서도 조용히 가라앉아 있는, 거의 투명한 그 눈빛, 그 깊이를 알 수 없는 눈빛을 가진 사람은 그밖에 없었다. 아버지가 돌아가신 그 유월절 이후로 요한이 한 번도 만나보지 못했던 친척 동생이 분명했다. 18년 전의 일이었다! 18년이 지난 지금에도 그는 여전히 내려뜬 깊이 있는 그 눈빛을 지니고 있었다. 어머니가 '나의 임금님'이라고 부른 적이 있었던 바로 그였다.

814

갈대숲 속에 서서 그가 손을 들어 인사했다. 요한이 인사를 받았다. 예수, 그렇다! 예수였다! 예수는 강 하류 쪽, 요한이 서 있는 좀더 깊은 곳으로 건너오기 시작했다. 서로 얼굴을 마주하자 요한은 친척 동생의 눈동자에 구릿빛이 작은 티끌처럼 빛나는 것을 볼 수 있었다.

"요한, 나에게 세례를 베풀어주세요."

예수는 그렇게 말하곤 요한의 동의도 기다리지 않고 눈을 감고 물속으로 미끄러지듯 가라앉았다. 긴 머리가 수면에 퍼져 잠시 떠 있더니 이내 어둠 속으로 들어가 사라졌다.

순식간에 일어난 이 일이 요한을 숨막히게 했다. 너무도 많은 생각들이 마음속을 질주하듯 스쳐갔다. 가족, 과거, 굳센 확신, 자기 민족 이스라엘의 미래. 그날, 그 계절 그리고 그 모든 사건들이 단단히 묶여 이제 단 하나의 작은 초점으로 응축되었다. 지금의 공기, 강 가운데의 이 작은 공간, 정지한 듯 가라앉은 태양빛 그리고 이 갑작스럽고 불가사의한 침묵.

시간이 끊어진 듯했다. 그리고 정신을 차렸을 때 요한은 얼마나 오랫동안 예수가 강바닥에 누워 있었는지 기억할 수 없었다. 그는 너무 놀라 손바닥으로 물을 튀기며 소리쳤다.

"빛의 자녀, 다가올 하늘나라의 자녀여, 일어나시오!"

놀라운 침묵이 계속되었다. 그러더니 예수가 거대한 물고기처럼 물속에서 솟아올랐다. 그리고 머리 위의 하늘이 둘로 갈라져 한 마리의 비둘기가, 하얀 비둘기가, 눈부시게 하얀 비둘기가 예수의 어깨 위로 내려앉았다. 하얀 불꽃이 그의 얼굴 가까이에 날개를 접었다. 그리고 그 순간 하늘로부터 목소리가 들렸다.

'이는 내가 사랑하는 아들이며, 나를 몹시 기쁘게 하는 자다.'

예수는 즉시 요한에게서 떠나 동쪽 강변으로 향했다. 그의 표정은 긴장되어 무슨 생각을 담고 있는지 알 수 없었다. 그의 태도는 거의 늑대처럼, 보이지 않는 냄새를 쫓는 맹수처럼 보였고, 강가에 있던 사람들은 뒤로 물러서서 길을 열어주었다.

예수는 어떤 뚜렷한 목적을 향하여 무리에게서 멀어져가고 있었다. 그리고 그때 요한은 하얀 비둘기가 예수의 머리 위로 빙빙 선회하면서 그를 이끌고 있음을 보았다. 오, 그것은 보통 비둘기가 아니었다! 그것은 창조의 거센 물결을 만들었고, 그 후 다시 홍수의 물결을 만들었던 바로 그 성령이었다!

요한은 커다란 두 손을 자기 목에 겹쳐 대고 속삭이듯 말했다.

"예수, 나보다 훨씬 위대한 분이여……. 당신 삶은 나의 삶보다 훨씬 더 평탄치 못할 거요. 성령이 당신을 어디로 이끄시든 하나님께서 당신을 도와주시기를! 하나님께서 도와주시기를……. 내 아우여."

시험을 이긴 예수

루시퍼 Lucifer

[마태복음 3:7~4:22, 누가복음 3:15~17, 4:1~13]

예수는 광대한 메마른 광야 가운데 있었다. 예수가 가는 곳엔 그의 흔적을 뒤쫓는 포악한 짐승 말고는 아무도 없었다.

세례를 받을 때 그를 휘감은 성령이 그를 문명으로부터 떨어진, 사람과 안락함과 안식처와 음식으로부터 완전히 동떨어진 사막 한가운데로 보낸 것이다. 40일 동안 예수는 아무것도 먹지 않았다. 복부는 푹 꺼지고 전신에 뼈만 앙상히 불거졌다.

밤에는 추위로 몸을 떤다. 아침이면 입술은 온통 갈라져 있다. 혀는 부어올라 침도 삼킬 수 없다. 정오가 되자 그의 양어깨 위로 마치 놋쇠가 짓누르듯이 태양열이 견딜 수 없이 내리쬔다.

예수는 지석묘의 한쪽 돌에 기대앉는다. 서 있는 사람의 키보다 더 높은 여러 개의 둥근 돌기둥 위에 탁자처럼 네모나고 평평한 갓돌이 괴어져 있다. 그 갓돌이 앉아 있는 예수 위로 그림자를 드리운다. 그의 머리는 무릎 사이로 축 처지고, 두 팔뚝이 배를 누른다.

갑자기 그는 한기를 느낀다. 바람이 아니다. 얼음 가까이에서 느끼는 차가운 기운 같은 것이다.

예수는 고개를 들어 머리 위 지석묘 위에 나타난 빛을 보았다. 하얀 빛의 기둥이 그 고대의 돌무덤으로부터 일어나 하늘까지 뻗쳐 있는데, 그 차가운 광채는 불가항력의 힘을 지닌 듯했다.

이 광채 속에 아름다운 사람의 모습이 있다. 정말로 그 빛이 눈부신 형상을 이루어, 이젠 배고픔의 고통마저 무너져 힘없이 웅크린 예수 옆에 있다. 그 빛은 자못 연민에 가득 찬 투로 말을 한다.

"예수, 네가 하나님께 그렇게 기쁨을 드리는 아들이라면, 고통을 덜고 무엇인가 먹는 것이 어떻겠니?"

예수는 자리에서 일어서지도 않고 아무런 대답도 않는다. 그는 그 차가운 빛을, 아주 가까이에서 코를 킁킁대는 들짐승처럼 여긴다. 빛이 미소지으며 말한다.

"이 돌들에게 빵이 되라고 명령하렴. 너에겐 그런 능력이 있어. 넌 해낼 수 있다."

예수는 고개를 숙이며 눈을 감고 쉰 목소리로 낮게 말한다.

"기록되어 있다. '아무도 빵만으로는 살 수 없고, 하나님의 입에서 나오는 모든 말씀으로 살 것이다.'라고."

"오, 물론, 성서의 말씀을 인용할 수 있는 건 너만이 아냐."

빛이 말한다.

"네가 그 안에 숨는다면, 내가 너를 끌어내서 지식과 명성과 온 우주에 어울리는 이름을 주겠다!"

갑자기 그 차가운 기운은 삼킬 듯이 죄는 힘으로 예수의 발목부터 얼굴까지 휘감는다. 바람이 일더니 윙윙 소리를 내기 시작한다. 예수가 눈을 떠보니 빛이 자신을 완전히 에워싸고 있고 사막은 희뿌연 안개 속에 사라져 보이지 않는다. 그러더니 발밑이 느껴진다.

그가 일어서자 빛이 그를 놓아주고는 한쪽으로 약간 물러서며 미소짓는다. 그러자 예수는 전 예루살렘이 발밑의 조약돌처럼 흩어져 보이는 성전 벽 가장 높은 구석으로 자신이 옮겨졌음을 알 수 있다. 이곳은 새해에 제사장들이 나팔을 부는 곳이다. 공기가 옅다. 현기증이 느껴질 만큼 아찔한 높이다.

차가운 빛이 말한다.

"예수, 네가 하나님이 사랑하는 아들이라면, 뛰어내려라. 시편에 약속된 대로 '하나님이 너를 위해 천사들에게 명령을 내리실 것이다. 그들이 너를 떠받쳐 네 발이 돌에 부딪히지 않게 할 것이다.' 이 정도로 사람들이 모이는 곳에서 그런 일을 한다면 그 누가 너를 전능하신 하나님이 사랑하는 자라는 걸 부인할 수 있겠느냐?"

그러나 예수는 드높은 그곳에 서서 낮은 소리로 말한다.

"성서에 기록되어 있다. '너의 주인이신 하나님을 시험하지 말라.'"

눈 깜짝할 사이에 예루살렘은 사라지고 예수가 있는 곳은 성전 벽 위가 아니다. 그는 인간의 손으로 만들어진 그 어떤 것보다 무한히 높은 곳에 와 있다. 그리고 차가운 빛은 이제, 예수가 딛고 서 있는 광대한 산자락을 덮은 하얀 눈이 되어 있다. 이곳은 하나님이 분노의 홍수로 노아와 그 가족을 제외한 지구상의 모든 것을 물로 씻어냈을 때 그 물 위로 가장 처음 솟아난 산꼭대기다. 이곳은 이 바다에서 저 바다 끝까지 온 세상이 내려다보이는 가장 높은 곳이다.

이제 말하고 있는 것은 움직이는 지석묘의 갓돌 같은 거대한 빙하의 얼음덩어리였다.

"나사렛 예수, 보아라!"

우렁차게 소리친다.

"저 왕국들, 저 창조의 보석들을 하나하나 보아라. 그 권력과 그 영광에 주목해 보아라. 그 역사를 되짚어보아라. 태초부터 지금까지, 지금부터 영원까지의 그 역사를. 이 모든 것들을, 이 모든 경이로운 것들을 내가 네 손에 넘겨줘 네가 지배할 수 있도록 해주겠다. 네가 내 앞에 엎드려 나를 섬기기만 한다면 말이다."

그러나 예수는 세상의 왕국들을 쳐다보지 않는다. 그 무시무시한 산 위에 앉아 눈을 감고 낮은 소리로 말한다.

"나는 너를 안다. 나는 네가 어떤 천사인지 안다. 사탄, 유혹자, 배신

자여…… 물러가라! 성경에 기록되어 있다. '너의 주인이신 하나님께 경배하고, 그분만을 섬겨라.'"

그 순간, 예수는 가혹한 태양빛 아래 사막의 어느 지석묘 한쪽 돌기둥에 기대앉아 있다. 태양이 하늘을 한 바퀴 돌아 예수의 그림자를 지워버렸기 때문이다. 그는 흙 위에 손가락으로 선을 긋는다. 헤브루어로 글을 쓰고 있다.

'악마가 떠난다. 잠시 동안.'

"당신은 누구시오?"

"왜 그런 질문을 하시오? 무슨 비밀이라도 된단 말이오? 나는 사가라의 아들 요한이잖소."

"물론 알고 있소. 당신의 이름이 요한이라는 것은 누구나 알고 있는 사실이오. 우리가 모르고 있는 사실은 당신의 권위에 대한 것이오. 하나님 앞에서 당신은 어떤 지위를 가지고 있다고 생각하시오? 왜 당신이 세례를 베푸시오?"

선선한 저녁이었다. 하늘은 포도주처럼 붉게 물들어 아름다웠다. 하루가 지나 다음 하루로 넘어가는 이때가, 요한의 제자들이 알고 있듯이 언제나 요한이 휴식을 취하는 시간이었다. 오늘밤은 요한이 눈에 띄게 피곤해 보였다. 지금은 제자들 중 누구도 그에게 말을 시키지 않을 때였다. 그러나 낯선 사람들이 그 사실을 알 리 없었다.

군중들이 저녁을 먹으러 집으로 돌아간 후, 요한은 요단 강 건너의 베다니라고 불리는 작은 마을 밖에 있는 푸른 언덕에 몸을 쭉 뻗고 누워 있었다. 그는 염소가죽을 포개어 머리맡의 베개로 삼았다. 네 명의 제자들이 좀 떨어진 곳에서 대화를 나누며 앉아 있었다. 요한에게 좀 더 가까이에서는 다섯 번째 제자가 뜨거운 숯더미 옆에 쪼그리고 앉아 물고기를 굽고 있었다.

그리고 조금 후에 성전과 산헤드린을 대표하는 제사장들과 레위인들이 예루살렘에서 파견되어 그를 찾아왔다. 그들의 훌륭한 옷 가장자리는 조금도 젖지 않고 깨끗했다. 나귀를 타고 요단 강을 건넜기 때문이었다. 그들은 나귀에서 내려 언덕 위의 요한에게 가까이 가며 그를 깨우기에 충분할 정도의 큰 소리로 그에게 인사했다. 요한은 실눈으로 그들을 올려다보며, 한쪽 발꿈치에 몸을 의지한 채 고개를 끄덕여 그들의 인사에 답했다. 그리고 이러한 이상한 상황에서 그들은 취조라도 하듯 질문하기 시작했다.

"사가랴의 아들 요한, 당신은 스스로를 누구라고 생각하시오? 그 누구도 당신 설교의 힘을 부정할 수는 없소. 당신은 유대 전역을 불사르는 화염과도 같소. 그러나 누구도 당신이 어떠한 권한을 갖고 이러한 일을 하는지 아는 사람이 없소. 당신이…… 메시아요?"

누구도 웃지 않았다. 요한도, 그를 심문하던 자들도, 가까이에서 조용히 물고기를 굽고 있던 제자도. 하나님의 기름부음을 받은 자가 나타나기를 기다리는 사람들의 열망이 너무도 컸기에, 카리스마를 지닌 인물이 나타날 때마다 이 질문이 건드려지곤 했다. 유대인들은 번번이 이 물음을 되풀이했다.

'이 자가 바로 그분인가? 메시아가 마침내 나타난 것인가?'

또 다른 한편으론, 이 같은 열망 때문에 가짜 메시아가 나와서 이 나라에 해로운 일들을 할 수도 있었다.

"당신이 메시아요?"

요한은 고개를 저었다.

"아니오."

낙타털 옷을 입고 있는 요한은 강인해 보이나 여윈 모습이었다.

"나는 메시아가 아니오."

"그러면 누구요?"

제사장들이 물었다.

"야훼의 놀랍고도 두려운 때가 오기 전에 하나님께서 보내시기로 약속한 엘리야요?"

"아니오."

"그렇다면 예언자인가?"

그들은 요한의 발치에 반원을 그리며 서 있었고, 요한은 여전히 그들 앞에 누워 있었다.

"모세가 기록하기를 하나님께서 자신과 같은 예언자를 세우실 것이라고 했소. 또한 하나님께서 예언자의 입에 당신의 말씀을 담아 전할 것이니, 그 말씀을 듣지 않는 자들에게 하나님께서 친히 벌을 주실 것이라고……."

"'그러나 하나님의 이름으로 말할 때 하나님이 명하지 않은 말을 감히 말하는 예언자는…….'"

모세의 말을 인용하던 요한은 잠시 말을 멈추고 한숨을 내쉬었다.

"'그러한 예언자는 죽음 당할 것이다.'"

"그렇소. 모세가 그 말 또한 남겼소. 그렇다면 당신이 그 예언자요?"

"아니오."

"그렇다면 당신은 누구요? 선생, 우리는 우리를 보낸 사람들에게 답을 가져가야만 하오. 당신은 자기가 뭐라고 생각하시오?"

요한은 그들을 잠시 바라보더니 말했다.

"외치는 소리요."

요한은 다시 등을 땅에 대고 누워 머리를 염소가죽 베개에 뉘었다. 그리고 눈을 감았다.

"윗사람들에게 그렇게 말하시오. 광야로 나갔더니 한 목소리를 만났다고. 그 이상도 그 이하도 아니라고. 그리고 당신들이 가는 곳마다, 산

위나 계곡이나 거친 들이나 물가에서 그 목소리가 이렇게 외치고 있었다고. '주의 길을 곧게 하라!'"

요한은 커다란 손을 가슴에 포갰다. 그러더니 잠시 후 규칙적으로 깊은 숨을 내쉬었다. 제사장들과 레위인들은 당황하며 서로를 바라보았다. 그들은 물고기를 굽고 있던 제자를 불렀다.

"이보게. 거기 자네, 자네 이름이 뭔가?"

"안드레인데요."

"안드레, 자네 선생이 지금 뭘 하는 거지?"

"주무시고 있군요."

"그렇다면 깨우시오! 그는 자신을 누구라고 생각하고 있는 거요? 그는 우리를 모욕하고 있을 뿐 아니라, 우리를 보낸 예루살렘의 모든 제사장들을 모욕하고 있는 것이오. 그를 깨우시오, 아니면 우리가 깨워야겠소?"

안드레는 웃으며 일어섰다.

"그분은 피곤하십니다. 죄송합니다만 나리들, 저는 그분을 깨울 수 없습니다. 그리고 당신들이 그분을 깨우게 할 수도 없습니다. 여기 생선이 좀 있는데요. 원하신다면 함께 식사나 하시죠."

물론 그들은 원치 않았다. 별다른 말 없이 그들은 나귀 등에 오른 후 베다니 쪽을 향해 어둠 속을 달려갔다.

다음날 일찍 안드레는 기쁨에 찬 우렁찬 외침소리에 잠에서 깨었다. 그것은 요한의 목소리였다. 요한은 풀로 덮인 언덕에 서서 해가 떠오르는 동쪽을 응시하고 있었다. 그는 왼손으로 눈가에 그늘을 만들어 빛을 가렸다.

"저기다!"

그는 안드레를 깨어나게 만든 그 큰 소리를 또 한 번 질렀다. 요한은 오른손을 들어 빛 쪽을 가리켰다.

"저기, 저기 그가 온다!"

안드레와 다른 제자들이 언덕에 올라 요한에게로 다가가 그가 가리키고 있는 곳을 보려고 애썼다.

"저기! 그가 보이지 않느냐? 세상의 죄악을 벗겨 가져가는 하나님의 어린 양이다!"

안드레는 그들을 향해 걸어오는 사람을 보았다. 헝클어진 머리. 쇠약한 모습에 홀쭉 들어간 뺨. 그는 조심스럽게 천천히 걷고 있었다. 까딱하면 뼈가 다 부스러질 것처럼. 요한이 말했다.

"사십 일 전 그에게 내가 세례를 주었고, 성령이 하늘에서 비둘기처럼 내려와 그 어깨 위에 머무는 것을 봤지. 그리고 물로 세례를 주라고 나를 보내신 주 하나님께서 내게 말씀하셨다. '성령이 내려와 앉는 자, 바로 그가 성령으로 세례를 베풀 자다!' 그래, 나는 하늘로부터 그가 하나님의 아들이라고 선포하는 소리를 들었다. 그의 이름은 예수. 나사렛 출신이다."

그 외로워 보이는 인물이 충분히 가까이 오자 안드레는 그의 이목구비를 잘 볼 수 있었다. 평온한 담갈색 눈, 그 눈이 요한을 친근하게 알아보았다. 그리고 나서 그 눈은 안드레 자신과 다른 제자들을 똑바로 바라보고 있었다. 하나님의 어린 양. 이 예수의 턱에 턱수염이 약간 나 있었는데, 아마도 한 달쯤 자란 것 같았다. 기름도 바르지 않았고 잘 다듬지도 않아 깔끔하지 못했다. 그가 요한에게 말했다.

"잘 되었소."

요한이 고개를 끄덕이며 답했다.

"그래, 아우여. 잘 됐소. 그리고 앞으로도 잘 될 것이오. 배가 고프시오?"

"빵조각이 있으면."

예수가 말했다. 그리고 안드레를 보았다.

"물고기가 좀 있소? 오늘 아침에 벌써 물고기를 잡았소?"

안드레는 침을 꿀꺽 삼켰다. 즉시 답할 수가 없었다. 사실 그의 직업은 어부였다. 그러나……. 예수가 말했다.

"생선을 좀 먹고 금식을 마칠까 하는데."

안드레는 즉시 부리나케 뛰어나가 생선을 구하러 마을로 달려갔다. 그가 되돌아왔을 때 그 새로 온 사람은 몸을 씻고 머리를 단정히 하고는 수염을 깨끗이 깎은 채 기다리고 있었다. 그는 구불거리는 검은 머릿결과 독특한 색조의 눈빛을 하고 있었다. 눈부신 갈색으로, 마치 광채 나는 금으로 된 원판 같았다. 그의 시선은 흔들림이 없었고 얼굴에는 화색이 돌았다. 전체적으로 잘생긴 외모였다.

"서두를 필요는 없어요."

그가 안드레에게 말했다.

"어디서 내 아침 식사를 구해왔소?"

안드레가 숨을 헐떡이며 대답했다.

"우리 형, 시몬에게서요. 그는 잠이 많지 않습니다. 벌써 강에 그물질을 해서 작은 물고기들을 끌어올렸지요."

아침 내내 안드레는 이 방문객에게서 시선을 뗄 수가 없었다. 그가 음식을 축복하고, 먹고, 그 눈으로 똑바로 응시하면서 부드럽고 흔들림 없는 어조로 요한과 이야기를 나누는 것을, 그가 조심스럽게 입을 모으고 한마디 한마디를 이끌어내는 것을, 그가 일어서고 움직이는 일거일동을. 그리고 예의를 갖추며 떠날 준비를 하는 모습을…….

그리고 그가 떠나려는 순간, 안드레는 그를 따르고 싶은 격렬한 갈망을 느껴 고통스러웠다. 마치 가슴속에서 비단 찢는 소리를 듣는 것 같았다.

예수는 홀로 강을 따라 여리고로 가는 개울을 바라보며 걸어가기 시작했다. 안드레는 그가 가는 모습을 지켜보며 입술을 앙다물고 한숨을 누르고 있었다. 갑자기 커다란 손이 그의 어깨를 어루만졌다. 헌신하기로 맹세한 스승, 요한이 옆에 있었다. 젊은 안드레! 그의 마음은 두 갈래의 욕망으로 갈라져 있었다. 그런데 요한이 말했다.

"가라, 얘야. 따라가라. 저 사람이 바로 내가 나보다 훨씬 더 위대하고 나는 그의 신발끈조차 풀 자격도 없다고 말한 그다. 그 때문에 내가 물로 세례를 주는 것이다. 이제 그는 이스라엘에 모습을 드러내야 할 것이다. 내 제자들이 그 일을 시작해서 안 될 까닭이 있겠느냐?"

요한은 근심하는 어린 제자에게 입을 맞추며 나지막이 말했다.

"안드레, 옳은 일이다. 이제 그가 일어서야 하고 나는 물러나야 한다. 가거라."

박해

안드레 Andre

[마태복음 3:13~17, 4:12~17, 마가복음 1:1~15, 누가복음 4:14~30]

한 세대 전 헤로데스 왕이 죽으면서 합당한 계승의 꿈도 그와 함께 끝나버렸다. 그의 마지막 유언, 마지막 보충서에는 그의 아들 아켈라우스를 후계자로 삼도록 되어 있었다. 그리고 다른 두 아들에게는 각각 제한된 영역을 주어서 '분봉왕'으로 삼았다. 빌립은 갈릴리 바다의 북쪽과 동쪽 땅을 받았다. 안티파스가 받은 땅은 갈릴리 바다 서쪽과 요단강과 사해 동편으로 멀리 남쪽 마케루스 요새에서 북쪽 끝 펠라에 이르는 페레아 지역이었다.

그러나 아켈라우스는 형제들과 분쟁을 빚는가 하면 자기 영토에서 불평 세력의 도전을 받는 등 제대로 다스리지 못했다. 로마는 그에게서 왕의 자격을 박탈하고 먼저 그가 스스로 통치자의 자격을 증명해 보이기를 요구했다. 그런데 이후 10년 동안 그는 오히려 어떠한 권력도 받을 만한 자격이 없음을 드러냈다. 유대인이나 사마리아인 모두를 너무도 잔인하고 포악하게 다스렸으므로, 카이사르 아우구스투스는 그를 갈리아로 추방하고 유대와 사마리아를 로마 행정관의 통치 아래 두었다.

그 후 로마는 헤로데스 대왕이 한때 통치했던 땅에 어떠한 '왕'도 허락하지 않았다. 분봉왕 빌립은 38년 동안 조용히 통치했고, 그의 땅을 물려받을 자식을 남기지 못한 채 죽었다. 한편, 안티파스는 그의 아버지를 따라했다. 그는 갈릴리 바다 서쪽 해변가에 도시를 건설하고 그리스 양식에 따른 건축물을 지었다. 그리고 그 도시를 로마 황제 티베리우스의 이름을 따서 불렀다. 그런데 그도 아버지와 마찬가지로 유대의 법과 정서에는 신경을 쓰지 않았기 때문에, 별 생각 없이 매우 오래된 무덤터를 새 도시의 부지로 선택했다.

유대인들은 훌륭하나 불결한 그곳을 철저히 피해 다녔다. 안티파스는 자신이 세운 도시에 인구수를 늘리기 위해 이방인들을 끌어들이는 것으로 응수했다. 그리하여 이 통치자의 자만심이 유대인 지역에 로마인이 침입하는 빌미가 되었다. 성스러운 것을 전혀 알지 못하는 새로운 집단이 생겼다.

그러나 그 누가 이러한 행위를 공개적으로 비난할 수 있었겠는가? 안티파스는 경계심 많고 난폭한 무장 상비군을 두고 있었고, 아버지와 마찬가지로 자신의 권력을 위협하는 입놀림을 하는 사람들을 쉽게 죽였다. 그는 아버지의 이름을 따라 스스로를 헤로데스 안티파스라고 부르기까지 했다.

헤로데스 안티파스가 마흔 살 되던 해에, 그는 동생의 부인과 사랑에 빠졌다. 그녀의 이름은 헤로디아였고 살로메라는 딸이 있었다. 그런데 안티파스는 이미 결혼한 몸이었다. 그리하여 그는 아내와 이혼하고(본부인의 아버지인 사막 왕국 나바티아의 왕은 이 일에 분노했다) 헤로디아와 결혼했다.

분봉왕의 권력은 그토록 대단했다. 그의 뜻이 곧 법이었다. 그 때문에 백성들이 그에게서 멀어진다거나, 이웃 국가의 감정을 상하게 한다거나, 하나님의 성스러운 명령을 깨뜨린다거나 하는 것은 전혀 아랑곳하지 않았다.

요한이 설교를 하면 할수록, 사람들은 그의 아버지 사가랴와 연관짓지 않고도 그를 알아주게 되었다. 유대와 사마리아, 갈릴리와 페레아, 요단 강 양쪽 전역을 오르내리며 그는 '세례자 요한'으로 알려지게 되었다. 그리고 '회개하시오, 하늘나라가 가까이 왔소!'라는 그칠 줄 모르는 그의 외침소리는 그가 가는 곳마다 하나의 경종으로 울려퍼졌다.

도시에서 그리고 시골에서 요한은 사람들을 괴롭혀댔다. 어떤 이들은 진정으로 하늘나라를 맞이할 준비를 하려 애쓰며 영적으로 괴로워했고, 반면 또 다른 이들은 하늘 왕국이 세속 왕국과 그 질서를 바꾸어 놓지 않을까 두려워했다. 더욱이 특정 권력을 쥔 자들은 하늘나라의 도래를 바라는 사람들의 갈망에 힘입어 열심당들이 더 극성스럽게 세속 권력을 파괴하게 될 것을 겁냈다.

경종의 소리 그리고 요한의 모습은 물이 있는 곳마다 나타나는 듯이 보였다. 사해 근처의 저지대에서 샘물이 펑펑 솟아나는 먼 북쪽 살림까지, 요단 강 도처에서 그는 수많은 군중들에게 세례를 베풀었다.

그리고 세례를 베풀 때마다 그는 매섭게 꾸짖으며 율법을 설교했다. 그는 사람마다 하나님 앞에서 순결해져야 한다고 외쳤다. 그리고 그 변화는 마음속 깊은 곳에서 일어나야 한다고 북돋웠다. 또한 세속의 통치와 하나님의 통치 사이에는 건널 수 없는 장벽이 있음을 선포했고, 그 신랄한 예로써 그는 자신과 이 거대한 군중이 현재 딛고 서 있는 바로 그 땅의 분봉왕이 저지른 범죄를 들었다. 그가 하나님의 언약을 완전히 무시했다고.

"헤로데스 안티파스, 내 말이 들리는가?"

세례자 요한이 소리쳤다. 왕의 이름이 거론되자 군중들의 귓불이 달아올랐고, 고개가 수그러들었다. 그러나 요한이 한 말들은 수백 명의 사람들 마음속에 기억되었다. 그는 당당하게 말했다.

"나는 낮은 골짜기에 서 있고 당신은 권력의 꼭대기에 앉아 있소. 그러나 나의 목소리는 당신에게까지 가닿을 것이오!"

요한은 독수리의 날카로운 울음소리처럼 목소리를 높여 외치고 있었다.

"잘 들으시오, 안티파스! 동생의 아내를 취하는 것은 옳지 않소! 왜 당신만은 다른 이들과 다르다고 생각하시오? 당신들이 아무리 두 사람의 결합을 속인다 할지라도 당신과 헤로디아, 이미 당신들은 죄의 사슬에 묶여 있소! 하나님께서 기름 부으신 분을 이미 이곳에, 바로 이곳에 보내셨소. 그분은 추수 때에 타작마당으로 나오는 농부같이 오실 것이오. 벌써 그분의 손엔 키가 들려 있소. 그는 타작마당을 치울 준비가 되어 있소, 안티파스. 알곡은 곡간에 모아두지만, 쭉정이는 꺼지지 않는 불에 태우실 것이오!"

나사렛 예수에게 세례를 베푼 뒤 석 달이 지나서, 요한과 제자들은 사해 동부의 마른 언덕을 걷고 있었다. 마침 황혼 무렵이었는데, 한 무리의 병사들이 힘센 이집트 산 암말을 타고 언덕으로 달려올라왔다. 스무 명의 기병이었다. 그들이 너무도 힘찬 기세로 천둥처럼 달려와서 땅이 울렸다. 요한은 멈춰 서서 그쪽을 쳐다보았다. 핏빛 저녁노을이 그들이 쓰고 있는 투구를 물들였다. 한 사람도 빠짐없이 전투 복장을 갖추고 있었다.

그들은 길을 따라 올라오는 것이 아니었다. 점점 커지며 몰려드는 낮은 구름처럼 무리를 지어 언덕을 올라왔다. 이렇게 전속력으로 달려오는 파견대가 쫓는 대상이 바로 세례자라는 것이 곧 분명해졌다. 요한은 제자들에게 즉시 자기를 떠나라고 말했다. 그들은 뒤로 몇 걸음 물러났으나 떠날 수는 없었다. 그들은 그저 아무 말도 못하고 속수무책으로 쳐다보고만 있었다.

질주하며 달려오는 말들 가운데 수레 한 대가 가벼운 바퀴로 튀며 굴러오고 있었다. 순식간에 먼지와 소란 속에 군인들이 요한을 에워쌌다. 그리고 그들 중 두 명이 땅 위로 뛰어내렸다. 한 병사는 세례자의 머리를 잡아챘고 또 한 병사는 밧줄로 고리를 지어 요한의 다리와 몸통 그리고 마지막으로 목을 감았다. 비록 손은 두드러지게 컸지만, 그렇게 결박을 당한 요한의 몸은 비참할 정도로 야윈 모습이었다. 그렇게 이 비쩍 마른 사람을 들어올려 수레에 내던지고 나서 그들은 한 마디 말없이 말에 올라탄 후 고삐를 돌려 왔던 길로 언덕을 질주하며 달려내려갔다.

요한의 제자들은 잠시 아무 말 없이 서 있었다. 그러더니 전체가 한 사람처럼 걷기 시작했다. 그들은 밤새도록 남쪽 방향을 향해 어둠 속을 걸어갔다. 선생을 데려간 군대의 기장(記章)을 보았기 때문이었다. 그들은 마케루스에 있는 요새를 향해 걸어가고 있었다. 거대하고 물샐틈없는 요새, 분봉왕의 거주지 중 한 곳이었다. 헤로데스 안티파스가 세례자 요한을 자신의 지하 감옥에 투옥시켰을 것이라는 사실에 의심의 여지가 없었다.

안드레와 시몬, 이 두 형제는 근본적으로는 똑같은 사람이었을 것이다. 두 사람 모두 주위 사람들과 사건에 매우 민감했다. 그들은 말하자면 귓속의 고막 같은 감수성을 소유한 것처럼 보였다. 그러나 그러한 인식의 결과는 서로 달랐고, 감정을 처리하는 방법도 달랐으며, 외모가 그 무엇보다도 달랐다.

안드레의 감정은 주변 사람들이 일으키는 바람에 이리저리 흔들리는 경향이 있었다. 기뻐하는 동료들과 함께 있으면 자신 또한 기뻐했다. 아니, 그 누구보다 가장 기뻐하며 주위 사람들에게 축복의 웃음을 보냈다. 그러나 논쟁이라도 일어나면 그는 풀이 죽어 뒤로 물러섰다. 알 수 없는 침묵이 흐르는 상황에서는 혼자만 고립된 듯한 느낌을 받으며 미래에 대한 두려움으로 괴로워했다.

그의 손가락은 유난히 길었다. 그는 예민하고 초조해하며 주위를 경계하는 그런 성격이었다. 그러면서도 너무도 부끄러움을 타서 주위 사람들의 시선을 받을 만한 일은 최대한 피했다. 반면 마음의 움직임이나 머리가 돌아가는 속도는 놀랍게 빨랐다. 그러나 사람들 앞에만 서면 혀가 굳어지고 무슨 말을 하기에는 자신의 생각이 너무도 보잘것없다고 생각하는 그런 사람이었다.

반대로 시몬은 무뚝뚝한 사람이었다. 외모부터가 무뚝뚝했다. 짧은 손가락에 넓은 가슴, 그 위로 로마인들처럼 둥근 두개골이 힘 있게 균형 잡혀 갖추어져 있었다. 숱이 많고 짙은 턱수염에다 머리 전체가 마치 전투용 곤봉같이 보였다. 그가 말을 하면 청산유수였다. 그 무엇도 그의 혀를 묶어둘 수가 없었다. 그의 인상은 자신감 그 자체였다.

시몬은 어느 자리에서도 끊임없이 떠들썩한 즐거움이나 논쟁으로 동생에게 불어제치는 바람이었다. 하지만 시몬이 사실은 상처 입기 쉬운 마음을 가졌다는 증거를, 그가 중대한 문제나 인간의 감정을 퉁명스럽고 냉소적인 태도로 바라본다는 사실에서 찾을 수도 있을 것이다.

'아하! 네가 나를 속일 수는 없지. 나는 누구한테도 얕잡히지 않을 거야.'

어쩌면 자기 보호의 한 방법으로 오히려 의심하는 태도를 취하는지도 몰랐다. 왜냐하면 그는 갑작스럽고도 위험스러운, 깊은 충성심을 보일 수 있는 인물이었기 때문이다. 너무도 절대적이기에 위험한 충성심. 시몬은 젊은 호기로 가득 차 있었고, 어떠한 상황에도 대처할 준비가 되어 있었으며, 자기 마음대로 어디든지 갈 수 있는 사람이었다.

안드레에게는 오직 한 길이 있을 뿐이었다. 예수를 따르는 것.

"그분이 멈춰 섰어. 그리고 돌아서서 나를 보았지. 그러나 나는 아무 말도 할 수 없었어. 나는 살금살금 따라가고 있었거든. 형도 알잖아, 말하자면 숨어서 가는 거지. 그분이 말씀하셨어. '무엇을 찾고 있소?' 그래서 나는 내 머릿속에 제일 먼저 떠오르는 말을 했지. '어디에 묵고 계십니까?'라고. 아니, 시몬. 사실은 이렇게 말했어. '랍비, 어디에 묵고 계십니까?' 내가 그분을 랍비('선생님'이라는 뜻으로 유대 율법학자를 부르는 경칭)라고 불렀어. 그리고 그때 내 얼굴은 빨개져서, 거의 요한에게로 도망치고 싶을 지경이었다고. 그분을 선생님이라고 불러도 된다고 허락해 준 사람이 아무도 없었기 때문이지. 그런데 그분이 말씀하셨어. '와서 보게.' 그분은 날 꾸짖지 않으셨어. 질문도 없으셨고, 주저하지도 않으셨지. 함께 가자고 말씀하셔서 나는 말씀대로 했어. 우리는 요단 강을 함께 건넜던 거야. 어떻게 생각해? 그리고 함께 여리고 근처의 작은 집으로 갔고, 그분이 들어오라고 초대하셔서 나는 그날 밤을 그분과 함께 보냈어. 이 모든 일에 대해 어떻게 생각해?"

"어떻게 생각해야 되는데?"

시몬이 말했다.

"글쎄, 그분은 예수라고!"

안드레가 말했다.

"네가 이미 말했잖아. 나는 예수라는 이름을 가진 사람을 여섯 명 알아. 그중 다섯 명은 미친 사람이지."

"그렇지만 요한은 그분을 하나님의 어린 양이라고 하셨지."

"뭐라고?"

"하나님의 어린 양, 세상 죄악을 지고 가는 양."

"그게 무슨 뜻이야?"

"나도 잘 몰라. 희생물이라는 뜻이 아닐까, 혹시?"

"속죄하기 위해 바치는 제물은 염소야. 사람들의 죄를 지고 있는 양에 관한 얘기는 들어본 적이 없어."

"유월절 양이 있잖아. 요한에게 물어봐."

"안드레, 나는 요한을 좋아해. 그와 함께 일 년 내내 길을 떠나기도 했잖아. 너도 마찬가지고. 그런데도 내가 그분의 말씀을 항상 다 이해한 것은 아니라고. 네 번이나 가서 질문을 했지만 그래도 잘 모르겠어. 게다가 그분은 지금 감옥에 계셔."

안드레는 잠시 생각하더니 똑바로 일어서서 간절한 시선으로 형을 바라보았다. 그의 목소리가 긴장하며 작아졌다.

"그러나 나는 감옥에 있지 않아. 그리고 내 눈으로 보고 내 손으로 만졌어. 그분이 나에게 어떤 일을 하셨는지 난 알고 있어. 시몬. 이 예수는 미친 사람이 아니야. 예수, 그분은 땅속 깊이 박힌 뿌리 같은 분이라고. 내 가슴속에도 그분은 뿌리처럼 들이박혔어. 지금, 그를 떠나 있는 지금도 내 가슴은 그분에게 다시 돌아가고 싶은 열망으로 가득 차 있어."

안드레의 눈은 감정에 복받쳐 반짝이고 있었다. 시몬도 이제는 일어섰다. 비록 그의 눈길은 호수의 잔잔한 물 위를 떠도는 안개로 향해 있었지만 말이다. 두 형제는 그물의 찢어진 부분을 새 아마줄로 수선하고 있던 중이었다. 땅거미가 내리고 있었다. 하루해가 얼마 남지 않은 때였다. 시몬이 말했다.

"안드레, 미안해. 싸우고 싶어서 그러는 게 아니야. 네가 보았던 것을 말해줘 봐."

"나도 요한 선생님의 말씀을 항상 이해한 것은 아니었어. 하지만 너무 수줍어서 물어볼 수가 없었지."

"그분은 항상 불처럼 말씀하셨지. 너무나 격렬해서 불꽃이 일어나지 않을까 싶어 기다려질 정도였으니까."

시몬이 말했다. 안드레와 시몬은 이제 손으로 던지는 작은 그물 둘을 풀밭 위에 펼쳐놓았다. 깔대기 모양의 그 그물들은 삼줄로 짠 것인데

물 아래로 가라앉게 하기 위해 넓은쪽 아가리에 추가 달려 있었다. 시몬은 좁은쪽 아가리의 고리에다 새 줄을 꿰기 시작했다.

"그들이 그분을 죽이려고 했어."

"요한을?"

"아니, 예수를. 그들이 그분을 낭떠러지로 밀어뜨리려 했어. 고향에서 함께 자란 사람들이 함께 집회를 가졌던 회당에서 말이야. 헤로데스 안티파스가 요한을 체포했을 때, 예수는 갈릴리로 돌아가겠다고 결심하셨지. 우리는 사마리아로 가는 똑바른 길을 택했어.

시몬 형, 그분이 하시는 일에는 언제나 알 수 없는 조용한 힘이 깃들여 있어. 수가라는 동네 밖에서 어떤 여자를 만났는데 단지 말 몇 마디로, 정말로 몇 마디 말씀만으로 그녀의 마음속에 경외심을 불러일으켰어. 그 여자는 마을로 뛰어가 사람들에게 말했지. '그분이 메시아가 아닐까요?' 하고 말이야.

우리는 이틀을 그곳에 머물렀어. 그래서 안식일 바로 전날에야 나사렛에 도착할 수 있었지. 그런데 우리가 도착하자마자 예수의 어머님이 집회의 어른에게 가서 예수가 왔다는 이야기를 했고 그 어른이 예수에게 다음날 예언서를 읽고 설교를 해달라고 청하신 거야. 나는 그 어머니가 좋아. 마리아가 마음에 들어. 어머니와 예수는 매우 닮았지. 그들은 둘 다 넓은 앞이마를 가졌고 이마에 브이자 모양의 머리털 끝선이나 있는 것까지 똑같아. 그런데 그분은 예수를 매우 자랑스러워하고, 그에게 무엇이 가장 좋은지 잘 알고 있다고 확신해. 그래서 때로 예수를 당황스럽게 만들더군.

우리가 안식일날에 회당에 들어갔을 때 노인들이 그의 머리를 어루만지며 말했지. '예수, 예수, 오늘 잘해라.' 어린아이들이 외치며 그에게 달려왔어. '나에게 해보세요! 나에게!' 그래도 예수는 기분 상해하지 않으셨어. '내가 아픈 걸 아시죠?' 아이들이 그의 주위에서 원을 그리며 뛰면서 외쳤던 거야. '두 다리가 부러졌어요. 죽어가요. 나를 고쳐주세요. 기적을 베푸시잖아요.' 소문이 우리가 가는 것보다 빨리 퍼졌던 거지. 모든 사람들이 예수가 무엇을 할 수 있는지 알고 있었어. 그분은 무릎을 꿇고 단숨에 두 아이를 양팔에 안았어. 그리고 아이들의 목에 입맞춤을 해주자 아이들은 그분의 콧수염이 간지러워 낄낄 소리를 내면서 기뻐 웃었지. 그분은 아이들의 놀이에 기분 상해하지 않으셨어, 절대로.

예배가 시작되었어. 기도가 끝나고 율법 한 구절을 읽은 뒤에 보조하던 사람이 예수에게 예언자 이사야의 두루마리를 건네주었지. 그분은 그것을 펼쳐 읽으셨어. 그리고 앉아서 설교를 시작하셨는데, 그것이 문제의 발단이 되었지."

이제 두 형제는 그물을 말아 폭이 넓은 노 젓는 배에 가득히 실었다. 배의 한가운데보다 좀 앞으로 치우쳐서 짧은 돛대가 있었고, 물고기들을 가려 담을 나무 상자 여러 개가 있었다. 미늘 달린 작살 몇 개가 배 가장자리를 따라 꽂혀 있었고, 어부들이 일어서서 그물을 던지고 무릎을 꿇어 그것을 다시 끌어당길 때 유용하도록 바닥은 미끄러지지 않는 거친 나무로 되어 있었다.

두 사람은 함께 뱃머리를 호수 쪽으로 밀었다. 안드레가 배 안으로 뛰어오르며 앞쪽으로 나갔고, 시몬은 허리를 숙여 풀 많은 강둑으로부터 배를 밀어낸 다음 뛰어올라 노를 잡았다. 물 위는 어두웠다. 마지막 남은 빛이 서쪽으로 사라져가고 있었고, 두 형제는 그 방향으로 노를 저어 육지에서 멀어져갔다. 안드레가 계속 이야기했다.

"예수가 이사야의 이 대목을 읽으셨어. '주의 영이 내게 내리셨다. 하나님께서 내게 기름을 부으셨기 때문이다.' 그분은 '내게'라고 말씀하셨어. '기쁜 소식을 전하게 하시려고, 눈먼 사람들을 다시 보게 하고, 하나님의 은혜의 해를 선포하게 하시려고 누군가에게 기름을 부으셨다.'라고 하면 문제가 없었어. 그런데 설교를 하시면서, 예수께서 그 '누군가'를 그분 자신으로 바꾸어 말씀하셨던 거야.

그분이 말씀하셨어. '오늘 이 성경 말씀이 당신들이 듣는 가운데 이루어졌소.' 즉시 누군가 투덜거리는 소리가 들렸지. '도대체 자기가 누구라고 생각하는 거야?'

'예언자들이 예견했던 때가 왔소. 하나님의 왕국이 가까이 왔소. 회개하시오.' 그분은 요한처럼 말씀을 하셨어. 하지만 그 다음에 하신 말씀은 요한조차 감히 할 수 없는 말씀이었지. '회개하시오. 그리고 여러분이 듣고 보는 대로 나를 믿으시오.'

바로 그 말씀 때문이었어. 회당에 모인 모든 사람들이 반감을 갖게 되었지. 사람들이 소리쳤어. 그는 단지 목수의 아들일 뿐이고 그런 거만한 말을 할 권리가 없다고. 하지만 예수는 뒤로 물러서지 않으셨지. 그리고 말씀하셨어. '어떤 예언자도 자기 고향에서는 환영을 받지 못하지요.'라고.

사람들이 더욱 큰 소리로 고함을 쳤어. '예언자라고? 그래, 예수. 네가 이제는 예언자라고? 네가 하나님의 기름부음을 받은 자이며 게다가 예언자라고 하는 거냐?' 그들은 참을 수가 없었어. 시몬, 그들의 분노의 외침이 어떻게 행동으로 옮겨졌는지 나도 모르겠어. 그러나 순식간에 사람들이 회당 밖으로 예수를 끌고 나가 나사렛 뒷산으로 몰고 가고 있었어. 나도 그분과 함께하려고 뛸 수밖에 없었어. 폭도나 다름없었지. 사람들은 격분하여 예수를 벼랑으로 끌고 가고 있었어. 시몬, 그들이 그분을 벼랑 밑으로 떨어뜨리려고 했던 거야!

그런데 그때 그분이 내 팔을 잡으시더니 나를 옆으로 잡아당겼어. 눈깜짝할 사이에 우리는 덤불 속에 숨게 된 거야. 그분은 씽긋 웃으며 내게 한쪽 눈을 깜박이셨어. '난 어린 시절 내내 이 언덕에서 놀았지.' 하더니 나를 또 다른 길로 이끌어가셨지. 그 순간조차 그분은 평온하셨어. 그 점이 바로 내가 얘기하고 싶은 거야, 시몬 형. 그분이 얼마나 신념에 차 있는 분인가 하는 것. 그분은 뭔가 알고 있어. 그분은 그 누구도 가지지 못한 무엇인가를 갖고 있어. 그것이 도대체 무엇일까? 그래, 나는 그분을 믿기 시작했어. '주의 영이 내게 내리셨다.'라고 그분이 말하셨을 때, 나는 그분이 진실을 말하고 있다고 생각했어."

안드레는 뱃머리 쪽으로 가서 기름 등잔에 불을 켰다. 그러자 뱃머리 쪽은 노란 불빛의 섬이 되었다. 반면에 그들 주변의 바다는 칠흑같이 어두웠다.

"그렇게 우리는 나사렛을 떠났어. 그리고 엿새가 지나 이곳 가버나움에 오게 된 거지."

안드레는 자기 그물을 느슨하게 풀어서 바닥에 내려놓았다. 시몬 또한 고물에서 똑같이 했다. 그리고 형제는 차례대로 그물의 무거운 가장자리를 잡고 들어올려 공중에서 빙빙 휘두르다가 배 밖 어둠을 향해 던졌다. 그물은 넓게 펴져 물 위를 철썩 때리더니 곧 가라앉았다.

그들은 각기 그물에 연결되어 있는 줄을 잡고 수백만의 별들이 바삐 움직이는 밤하늘을 올려다보며 잠시 동안 말없이 묵상하듯 서 있었다. 그리고 나서 그들은 무릎을 꿇고 그물을 다시 잡아당겼다. 사실 무릎을 꿇을 필요도 없었다. 두 그물 모두 비어 있기 때문이었다. 밤새 그물을 던졌지만 형제는 아무것도 잡지 못했다.

하늘나라가 가까이 온다

안드레 Andre

[마태복음 4:18~25, 9:1~13, 마가복음 1:14~2:12, 4:1~34, 누가복음 8:1~18]

가버나움에 도착한 다음날 아침, 예수와 안드레는 그날 하루 떨어져 있었다. 안드레는 형을 찾아보고 싶어 몸이 달았다. 시몬이 가버나움의 처가에 머물고 있다는 소식을 들었기 때문이었다.

예수는 회당으로 갔다. 회당은 훌륭하게 균형이 잡힌 아름다운 건물이었다. 이 건물은 한 이방인, 정의로운 백부장(100명으로 조직된 로마 군대 단위 부대의 장)이 세운 것이었다. 그는 이 귀한 선물을 바침으로써 유대인에게 경의를 표했다.

이날은 안식일이었고, 예수는 그날을 지키고 예배드리며 기꺼이 듣고자 하는 사람들 누구에게든지 가르침을 베풀기 위해서 온 것이었다. 오후쯤 예수는 이 새로운 선생이 가르치는 성서 이야기를 듣고 싶어하는 경건한 유대인 무리에 둘러싸였다. 그런데 말씀을 들으면 들을수록 사람들의 호기심은 점점 커져갔다. 이분은 결코 성서를 설명하고 있지 않았기 때문이었다.

율법학자나 선생들은 누구나 성서의 글귀에 기초해 가르침을 폈다. 하지만 나사렛 예수는 그렇지 않았다! 그는 모세가 기록한 책이나 예언서를 인용해서 자기의 가르침을 뒷받침하는 게 아니었다. 대신 그는 자기가 권위를 가진 것처럼 말했다. 자기가 입밖에 냈다는 이유만으로도 자신의 가르침은 진실된 것이라고 여기는 것만 같았다!

그것은 놀라운 행동이었다. 유대인들 중 일부는 그를 불쾌하게 생각했고, 또 일부 사람들은 그가 대담하고 탄복할 만한 사람이라고 여겼다. 아주 새로운 일이 갈릴리에서 벌어지고 있었던 것이다!

그때 갑자기 안식일의 정경이 깨졌다. 회당 한쪽 구석에서 울부짖는 소리가 일었다.

"으아아아! 내게서 물러가시오!"

그것은 전혀 억제하지 않고 무섭게 울부짖는 소리였다. 한 사람이 자기 멱살을 움켜쥔 채 공포에 휩싸여 눈을 굴리면서 어둠속에서 뛰쳐나왔다. 그의 머리는 지저분하게 헝클어져 있었다. 그는 비틀거리며 우는 소리를 했다.

"도대체, 도대체, 도대체! 도대체 당신이 우리와 무슨 상관이 있습니까?"

경건한 사람들이 불쾌해하고 당황해하며 그 남자로부터 떨어져 뒤로 물러났다.

"오, 쇼발."

그들이 말했다.

"쇼발."

그들은 그를 알고 있었다. 그는 불쌍한 사람이었다. 그는 수년 동안 가버나움 뒷거리를 전전하면서, 알 수 없는 소리를 중얼거리며 고뇌하고 있었다. 사람들은 그를 두려워하기도 했다. 좀더 정확히 말하자면, 그 안에 들어 있는 악한 귀신을 두려워했다. 그는 분별력이 약간 떨어지는 온순한 사람이었으나 그 속의 것은 냉담하고 치명적인 더러운 귀신이었다.

이제 쇼발은 비틀비틀 앞으로 나오면서 분명치 않게 입을 벌리고 왼쪽 손바닥을 펴 그 새로 온 선생을 향해 들어올리며 울부짖었다.

"나사렛 예에에에수여, 우리를 없애려고 오셨소? 나는 당신을 알고 있소! 당신을 안단 말야! 으아아아……, 나는 당신이 누구인지 알고 있소. 하나님께서 보내신 거룩한 분이여!"

예수는 자리에서 일어서지 않았다. 반쯤 눈꺼풀이 내리덮인 눈으로 다가오는 출현물, 귀신에게 사로잡힌 사람을 향해 고개를 저었다.

"사람들이 자넬 쇼발이라고 부르나?"

예수가 낮은 소리로 말했다.

"그래, 자네를 '바구니'라고 부르는군. 자네가 속에 담고 있는 그것은 자네가 아니야."

그러더니 예수가 망치로 내리치듯 공중을 가르는 날카로운 소리를 질렀다.

"조용히 해라!"

온 회당에 예수의 명령이 울려퍼졌다. 아무도 꼼짝하지 않았다. 조금 누그러진 목소리로 예수가 말했다.

"그 사람에게서 나가라."

쇼발은 통나무처럼 쓰러졌다. 사지를 떨며 바닥에 나동그라졌다. 그의 입에서 나오는 울부짖음이 점점 커지더니 마침내 그에게서 떨어져 나와 아름다운 건물로부터 달려나가서 땅 속으로 들어가는 듯했다. 이제 방안에는 침묵만이 있었다. 손으로 만져질 듯한 새하얀 양털이 모든 살아 있는 영혼 위로 내려앉은 듯한 침묵이었다.

예수는 쇼발에게 다가가 앉으며 그의 헝클어진 머리를 다듬듯이 쓸어주고 나서 그 지친 사람이 일어서도록 도와주었다. 그리고 두 사람이 함께 햇살 속으로 걸어나갔다.

"이게 무슨 일인가?"

사람들이 웅성거렸다.

"새로운 가르침인가? 정말 놀라운 권위로군! 세상에, 그가 명령을 하니 더러운 귀신조차 복종하지 않았어?"

사람들은 회당을 나와 예수의 뒤를 따랐다. 저녁 무렵이 되자 그 도시의 모든 사람들이 그의 주변으로 모여들고 있었다. 질병으로 아파하는 친구를, 귀신에 사로잡힌 친척들을 데리고 나왔다. 그러자 예수는 그들을 고쳐주었다. 예수는 그들에게 손을 대어 손가락 끝으로 그들의 이마와 얼굴과 입술과 다리를 문질러주었다. 황금빛 시선으로 그들의 눈을 응시했다. 그리고 은밀한 목소리로 속삭였다.

"여기, 여기에, 여기에 하나님의 자비가 있기를. 여기에. 여기에."

다음날 매우 일찍 해가 뜨기도 전에 예수는 도성 밖 조용한 곳, 기도할 수 있는 한적한 곳을 찾아 떠나려고 숙소에서 빠져나왔다. 그런데 쇼발이 문 바로 앞에서 졸고 있었다. 이제 그의 입에서는 놀라운 웃음소리가 누를 수 없이 터져나왔다. 그는 벌떡 일어나 크게 웃으며 물가를 따라 남쪽으로, 예수의 뒤를 쫓아갔다. 쇼발이 악마에게서 풀려나니 예수가 잡히는 꼴이 되었다. 곧 수많은 군중들이 조금 모자란 쇼발과 그에게 기적을 베푼 친구를 따라잡으려고 가버나움에서 쏟아져나왔다.

예수는 몸을 돌려 강물처럼 밀려오는 사람들을 잠시 바라본 뒤 곧 결정을 내렸다. 그는 재빨리 왼쪽으로 걸음을 돌려 갈릴리 바다로 내려갔다. 배 두 척이 바닷가에 대어져 있었다. 배 옆에는 어부들이 짝을 이루어 그물을 씻고 있었다. 네 사람이었다. 이들 가운데 안드레가 있었다.

"안드레."

예수가 불렀다.

"선생님! 안녕히 주무셨어요!"

"저기 오는 사람들이 보이나?"

"네……. 오, 이런! 네, 보입니다!"

"자네 형제가 그 배에 날 좀 태워줄 수 있을까? 저만큼 가서 배를 세

위췄으면 좋겠는데. 저 사람들에게 가르침을 주고 싶은데 적당히 떨어져야 되겠고, 단상도 필요하네."

안드레는 싱긋 웃었다.

"물론입니다. 시몬?"

시몬은 두말없이 배를 물 위로 밀어냈다. 예수와 안드레가 배에 올랐다.

"그물을 잡게!"

예수가 말했다. 군중들이 호숫가의 비탈을 막 뛰어내려왔을 때 시몬은 배를 물 위로 완전히 밀어낸 뒤 뛰어올라 노를 잡았다. 이른 아침 잔잔한 물 위로 한 사람의 목소리가 마치 독수리가 미끄러져 날듯이 해변 위로 퍼져나갔다.

예수는 사람들을 마주하고 고물 쪽에 앉았다. 시몬은 닻을 내리지 않았다. 그는 예수 뒤에 앉아 두 짝의 노를 물속에 그냥 늘어뜨려놓고 자기 몸무게를 적당한 위치에 실어 설교자가 완전히 뭍을 향할 수 있게 배를 가누어주었다.

예수가 말했다.

"하늘나라가 가까이 왔소."

흔들리지 않는 불꽃같은 태양이 멀리서 막 떠오르고 있었다. 말씀을 듣는 사람들의 형체가 갑자기 분명하게 드러났다. 그러나 그들에게는 배와 돛대와 그 안에 있는 선생의 모습이 역광을 받아 그림자로 보일 뿐이었다.

한편 시몬과 안드레 형제는 타는 듯한 태양빛이 어려 있는 예수의 등을 바라보았다. 그의 머리카락은 짙은 검은색이었으나 태양빛 아래에서 진한 붉은빛이 되었다. 선생의 검은 머리카락이 선홍색으로 타오르고 있었다.

예수가 말했다.

"하늘나라를 무엇에 비유할 수 있겠소? 어떤 비유를 들어 말할 수 있겠소? 하늘나라는 겨자씨와 같소. 겨자씨는 땅에 심을 때에는 그 어떤 씨보다도 작지요. 그러나 그것이 긴 가지를 뻗고 크게 자라면 하늘을 나는 새들이 그 그늘에 깃들일 수 있게 되오. 그렇게 그 어떤 나무보다도 크게 자라게 되지요!"

갑자기 예수가 고개를 돌려 시몬에게 속삭였다.

"생각해 보게. 자네의 얌전한 동생 안드레가 나의 첫 겨자씨인 거야."

시몬이 입을 열어 말하려 했으나 예수는 이미 해변을 향해 고개를 돌린 뒤였다.

"들어보시오!"

예수가 소리쳤다.

"다른 이야기를 하겠소! 옛날에 씨 뿌리는 사람이 밭에 씨를 뿌리러 나갔소. 그는 손에 씨앗을 쥐고 단번에 휙 흩어 뿌렸소. 그런데 어떤 씨는 사람들이 밟고 지나다니는 딱딱한 길가에 떨어져 밤이 되기도 전에 새들이 와서 쪼아먹었소. 그리고 더러는 흙이 많지 않은 자갈밭에 떨어졌고, 어린 새싹이 돋아나긴 했지만 볕이 뜨겁게 내리쬐니 곧 시들어 죽어버렸소. 뿌리를 박을 수가 없었기 때문이오. 또 더러는 가시덤불 속에 떨어졌소. 억센 가시풀이 연약한 새싹과 함께 자라면서 여린 싹을 마르게 하고 눌러버려 열매를 맺지 못하게 되었소. 그러나 많은 씨들이 좋은 토양에 떨어졌소! 그 씨들은 싹이 터서 무성하게 자라고 풍부한 열매를 맺어 삼십 배, 육십 배, 백 배로 불어났소!"

목청을 높여 예수가 소리쳤다.

"들을 귀가 있는 사람은 들으시오!"

그리고 그는 일어서서 육지와 사람들로부터 완전히 몸을 돌렸다. 예수는 뱃머리에 앉아 있는 안드레를 쳐다보며 인사했다.

"잠은 잘 잤나, 어부 안드레?"

그는 눈부신 웃음으로 분위기를 바꾸었다.

"안드레, 일을 했더니 배가 고파졌네. 생선으로 아침식사를 좀 할까?"

안드레는 고개를 저었다.

"죄송하지만 물고기가 한 마리도 없어요."

"아니, 여기 보게."

예수가 여전히 웃으며 말했다.

"여기에 그물이 있잖은가? 깊은 물에 그물을 던져 고기를 잡게. 먹을 것이 준비될 때까지 기다리겠네."

"선생님!"

시몬이 우렁찬 소리로 말했다. 덥수룩한 턱수염이 그의 입을 가렸지만 목소리만은 동굴 속 사자만큼이나 크게 울려퍼졌다.

"무슨 말씀이십니까? 우리가 밤새도록 애를 썼지만 한 마리도 못 잡았는데요."

"밤새도록?"

예수는 짐짓 동정 어린 투로 말했다.

"네."

"그런데도 한 마리도 잡지 못했단 말인가?"

"네, 한 마리도."

"어부가 자네 직업인데도? 고기 잡는 것으로 생활을 꾸려나가면서도? 이 일이 자네의 제일가는 재주 아닌가? 오, 참 안됐구나!"

예수는 눈을 반짝이며 얼굴에 가득 웃음기를 담고 시몬을 향해 싱글싱글 웃었다.

"어쨌든 던져보게. 내 부탁이니 한번 해봐주게."

시몬은 못마땅한 듯 예수를 노려보며 말했다.

"말씀대로 그물을 던져보죠."

그 말은 '못 잡으면 당신 책임입니다.'라는 식이었다. 그렇게 되어서 얕은 곳을 지나자 그들은 노를 거두어들여 배가 떠가는 대로 두고 뱃바닥에 그물을 펼친 후 두 형제가 이물과 고물에서 동시에 그물을 던졌다. 그물이 물 위를 때리자 돌연 배 주위의 수면이 끓어오르듯 움직이기 시작했다. 그물이 물고기 떼 위에 떠 있다가 밑으로 가라앉으며 터질 듯 가득 찼다. 너무 무거워 배 안으로 끌어올릴 수가 없었다.

"요한!"

시몬이 소리를 질렀다. 그는 일어서서 육지 쪽을 향해 고함쳤다.

"요한, 야고보, 이쪽으로 와봐!"

해변가에서 쉬고 있던 다른 배가 서둘러 물 위로 뜨더니 놀라운 속도로 긴 노를 저으며 다가왔다.

"그물이 찢어지겠다!"

시몬이 소리쳤다. 두 번째 배가 도착하자 네 사람 모두가 두 그물에 달라붙어 끌어당기며 물고기들을 뱃바닥에 쏟아놓기 시작했다. 마침내 미끄러운 물고기가 그들의 발목까지 찼다. 배는 거의 뱃전까지 물속에 가라앉아 있었다.

세 사람은 환호성을 올리며 기쁘게 일하고 있었으나 마지막 사람, 시몬은 혼란스러운 기색이 역력했다. 그는 다소 겁을 먹은 듯한 눈으로 고물 속에 앉아 있는 예수를 힐끔힐끔 쳐다보았다. 마침내 시몬은 그물에서 떨어져 물고기들을 헤집고 간신히 배 뒤쪽으로 건너가 예수의 무릎에 엎드렸다.

"오 주님, 저는 죄 많은 사람입니다! 저는 지금 깨달았습니다. 제게서 떠나십시오!"

그의 고백으로 고기 잡는 일은 끝이 났다. 안드레와 요한 그리고 야고보가 일어서서 그 광경을 보았다. 거대한 몸집의 시몬이 축축한 물고기 속에 묻혀 예수에게 절을 하고 있었던 것이다. 그들 또한 그물에서 손을 놓았다. 즉시 호수가 잠잠해지면서 물의 출렁임이 잦아들었다. 그리하여 아침은 다시 청명한 침묵으로 되돌아왔다. 그리고 예수의 다음 말은 부드러운 소리였으나 분명했으며, 그 후로 오랫동안 기억되었다.

"시몬, 두려워하지 말게."

예수는 말하며 두 척의 배에 탄 사람들을 하나하나 바라보았다.

"나를 따라오게. 그러면 내가 자네들을 사람의 영혼을 낚는 어부로 만들겠네."

배가 뭍에 닿았을 때 이미 그들은 예수를 따르기로 했다. 요나의 아들 시몬 그리고 세베대의 아들 야고보와 요한은, 안드레가 그들보다 먼저 그랬던 것처럼 직업, 배, 재산, 집, 가족을 모두 버리고 예수와 한 식구가 되었다.

다음날 아침 시몬이 턱수염을 깎고 나타났다. 태양빛에 그을은 번쩍이는 앞이마 아래 새하얀 뺨이 드러나 있었다. 그의 달라진 모습을 본 예수가 웃음을 터뜨렸다. 앞이마가 튀어나온 무뚝뚝한 시몬은 아랫입술을 쑥 내밀고 얼굴을 찌푸렸다. 그것을 본 예수는 더욱 웃으며 큰 소리로 말했다.

"자네 입술 한번 부루퉁하군."

예수는 시몬에게 다가가 수염 깎은 허연 뺨을 잡아당겼다. 꼬집히고 보니 이 덩치 큰 사나이의 긴장도 풀렸다. 그는 두툼한 가슴을 들썩이면서 크게 웃어대고는 스스로도 놀라워하고 있었다. 기뻐하는 사람과 함께하면 자신도 덩달아 기쁨으로 가득 차곤 하는 안드레 또한 따라 웃었다. 야고보와 요한도 웃었다.

"어린애처럼 매끈해진 시몬 바요나! 수염은 왜 깎았나?"

시몬은 다시 심각해졌다.

"선생님을 닮으려고요. 나의 선생님처럼 되고 싶어서요."

그날 오후 예수와 안드레 그리고 세베대의 두 아들은 시몬에게 이끌려 함께 그의 집으로 갔다. 시몬이 고집했기 때문이었다. 그는 자신을 낮추어 모두를 시중들어주고 싶은 열망으로 가득 차 있었다. 발을 씻겨주고 차가운 마실 것과 음식 그리고 휴식을 주고 싶었다. 그러나 집에 도착했을 때, 그들은 시몬의 장모가 오한과 심한 열로 자리에 누워버린 것을 알게 되었다.

대접을 하고 싶었던 시몬은 맥없이 물러났다. 오히려 예수가 자기 방식으로 병자를 대접했다. 그는 여인의 방으로 들어가 그녀가 떨며 누워 있는 침상에 무릎을 꿇었다. 그리고 땀으로 축축한 여인의 얼굴을 응시하며 이마에 달라붙은 백발의 머리카락을 뒤로 쓸어넘겨 주었다.

그는 가볍게 그녀를 들어올려 앉혔다. 그녀는 눈을 뜨고 시선을 예수에게로 고정시켰다. 그리고는 눈을 깜빡이더니 침을 꿀꺽 삼켰다. 예수가 천천히 자리에서 일어섰다. 그녀 역시 천천히 몸을 일으켜세웠다. 덮고 있던 침구가 미끄러져 내리면서 열도 사라졌다. 그녀는 다시 한 번 침을 꿀꺽 삼키고 입술을 핥으며, 마치 불가사의한 향내를 들이마시듯 큰 숨을 들이쉬었다. 그러고 나자 바로 혈색이 돌아왔다. 그녀는 어느새 기운을 차리고 다섯 사나이들을 대접했다.

식사를 하는 내내 시몬은 선생이 일으킨 기적을 음미하고 있었다. 그는 장모에게 치유되는 느낌이 어떠했는지 계속 물어보며 낮은 목소리로 탄복하면서 예수에게 완전히 매료당해 있었다.

안드레는 침묵을 지켰다. 한두 사람과 있었다면 아마 대화에 끼었을지도 모른다. 그러나 다섯 사람은 너무 많았다. 다섯 사람은 부끄러움을 타는 사람에게 말할 틈을 주지 않았다. 그는 듣는 것으로 만족했다. 그래서 저녁식사를 마치고 모두가 대화를 즐기고 있었을 때, 안드레만이 창문가에서 속삭이는 쉰 목소리를 들었다. 나지막하고 끈기 있게 부르는 소리였다.

"선생님? 선생님?"

안드레는 일어나 밖으로 나갔다. 날은 이미 어두웠으나 달빛으로 두 집 사이 골목에 있는 사람의 형상을 알아볼 수 있었다. 누군가 어둠 속에 숨어 창가에 대고 겁먹은 듯 애처로운 목소리로 부르고 있었다.

"선생님? 선생님……."

안드레가 말을 걸었다.

"무슨 일입니까?"

애처롭게 외치던 사람은 황급히 돌아서서 벽 쪽에 웅크렸다. 그러나 그는 물러나지 않았다. 안드레가 다가갔을 때도 도망가지 않았다. 오히려 멈칫거리며 앞으로 한 발짝 떼고는 쉰 목소리로 물었다.

"당신이……?"

그가 움직이자 한조각 달빛 속에 그 모습이 드러났고, 안드레는 순간적으로 비석처럼 창백한 피부의 번들거림을, 문둥병자의 살을 보았다. 외롭게 살아가는 사람의 머리카락 한 오라기 없는 머리와 목에 달빛이 비쳐 도자기처럼 기괴한 윤기가 흘렀다. 문둥병자! 안드레는 얼어붙었다. 문둥병자는 사람들을 더럽혔다. 그들은 사람들과 접촉하는 것이 법으로 금지되어 있었다. 도성 안으로 들어오는 것만으로도 극악한 죄가 되었다. 그 남자는 몸을 쓰러뜨려 얼굴을 땅에 대고 낮은 소리로 말했다.

"선생님."

"아니오!"

안드레가 소리쳤다.

"아니오. 내가 아니오!"

그는 겁에 질려 비틀거리며 뒤로 물러서다가 헛발을 디뎌 거의 넘어질 뻔했다. 그러나 뒤에서 힘 있는 두 손이 그를 붙잡아주었다.

"선생님."

그 남자가 쉰 목소리로 말했다.

"하고자 하신다면 당신은 저를 깨끗하게 해주실 수 있습니다."

안드레를 잡고 있던 손이 풀렸고, 예수가 앞으로 나와 달빛 아래 있는 문둥병자를 바라보고 있었다.

"그렇게 해주겠소."

예수가 말했다. 그는 번질거리는 허연 머리가죽 위에 축복하듯이 양손을 얹었다.

"깨끗하게 되어라."

갑자기 문둥병에 걸린 피부가 가루로 변하는 듯했다. 예수가 남자의 머리와 목을 치자, 그 하얀 질병의 먼지가 쓸려 날아가버렸다. 그 밑에서 나온 새 피부는 보들보들하고 화색이 돌았다. 남자는 깨끗해졌다.

"이제 가시오. 제사장에게 당신 몸을 보이고 모세가 명한 대로 예물을 드리시오. 그러나 이 사건에 대해 아무에게도 말하지 마시오. 내가 해준 일을 누구에게도 말하지 마시오!"

안드레는 너무도 엄격한 예수의 말에 놀랐다. 거의 화를 내는 듯한 목소리였다. 그러나 다음날 안드레는 그 문둥병자가 어떻게 행동할지 예수는 그때 이미 알고 있었다고 결론을 내렸다.

분명히 그 남자는 치료해 준 사람의 말을 따르지 않았다. 가버나움 전체에 소문이 퍼져 있었던 것이다.

하루하루 예수에게로 몰려드는 군중의 수가 늘었다. 바로 그날, 그 다음날, 그 주일 내내 그리고 그 다음주 내내 거대한 군중이 몰려왔다. 너무도 빨리, 너무도 멀리까지 예수에 관한 이야기가 퍼져나갔기 때문에 그 지역 전체 도시로부터 사람들이 모여들기 시작했다. 호수 북쪽 해변 마을 벳세다에서, 현무암 언덕 위에 세워진 도시 고라신에서, 어업과 조선(造船)의 중심지이며 부유하지만 악명 높은 도시 막달라로 부터 사람들이 모여들었다. 사람들은 갈릴리의 서쪽과 북쪽 부분인 옛 스불론과 납달리 모든 지역에서 몰려왔다.

어느 날 예수는 시몬의 장모 집에서 설교를 하고 있었다. 그날 군중들이 너무나 많이 몰려와서 안드레는 그곳을 피해야만 했다. 방마다 사람들로 가득 차 있었다. 집 주변의 거리뿐만 아니라 현관 출입구까지 사람들로 붐볐고, 무리의 뒤쪽에 선 사람들은 발끝을 세우고 긴장하며 예수가 하는 말을 듣고 있었다.

안드레는 저녁이 되어 사람들이 돌아갈 때까지 거기서 떨어져 있을 생각이었다. 그러나 그때 네 명의 젊은 남자가 가벼운 침상을 들고 거리를 내려오고 있는 것이 보였다. 침상에는 척추가 뒤로 꺾인 한 젊은이가 누워 있었다. 굽은 척추는 위로 그의 가슴을 찔러 목구멍 속이 드러났고, 목이 완전히 꺾여 있어 그 불쌍한 젊은이는 들것에 누운 채로 길바닥을 쳐다보고 있어야만 했다. 모퉁이를 돌자 네 명의 젊은이는 앞을 가로막은 수많은 사람들의 바다에 놀라 멈추어 섰다.

"오, 이런! 도저히 저 속을 뚫고 들어갈 수 없겠는데."

침상의 젊은이가 울부짖는 소리를 냈다. 분명 그것은 친구들에게 무엇인가 물어보는 소리였다. 친구들이 말했다.

"안 돼. 집으로 돌아가야겠어."

비통한 그 소리는 목구멍 속에서부터 나오는 더욱 격렬한 부르짖음으로 변했다. 몸이 굽은 젊은이는 소리를 지르고 날뛰며 거의 숨이 넘어갈 듯 보였다. 친구들이 그를 달랬다.

"짐멜, 천 명의 사람들이 그분을 둘러싸고 있어. 아무도 그 벽을 뚫을 수 없다고."

이제 짐멜은 입을 크게 벌리고 울기 시작했다. 그의 분명치 않은 흐느낌이 너무도 절망스럽게 느껴져 안드레는 자신도 모르게 앞으로 나가 말을 걸었다.

"예수 선생님을 보러 왔나?"

네 명의 젊은이는 어깨를 추어올리며 고개를 절레절레 흔들었다.

"불쌍한 짐멜은 삼 년 동안 마비된 채 살아왔어요. 만약 나사렛 예수께서 그를 도울 수 없다면, 아마 그는 죽을 때까지 마비된 채 살아가게 될 겁니다."

"아아아아!"

짐멜이 흐느껴 울었다. 안드레는 눈물이 솟아나는 것을 느꼈다. 그래서 그는 행동에 들어갔다.

"저기 저 곡괭이가 보이지? 저것을 가지고 날 따라오게."

그는 네 명의 젊은이와 그들의 친구를 데리고 사람이 없는 골목길로 내려갔다. 그러자 시몬의 집 뒤쪽이 나타났다. 그곳에는 지붕으로 올라가는 계단이 있었다. 안드레는 집안에서 들려오는 많은 사람들의 웅성거리는 소리를 들을 수 있었다. 그리고 그 소리 위로 예수의 목소리 또한 들려왔다. 그는 계단으로 지붕 꼭대기까지 올라가서 소리쳤다.

"올라와요, 짐멜도 데리고."

그들은 조심조심 진흙으로 만든 지붕 위로 올라왔다. 안드레는 가까운 지붕 한 부분을 가리켰다.

"깨뜨려요. 예수는 여기쯤에서 설교하고 계실 거요. 바로 이곳을 뚫으면 돼."

"지붕을 뚫으라고요?"

한 사람이 물었다. 안드레는 빙그레 웃었다.

"좌우간 예수께 닿을 수 있는 문이 필요한 거 아닌가? 지금 그 문으로 안내하는 거요."

그러자 그 젊은이는 힘껏 곡괭이를 들어올려 보기좋게 지붕을 내리쳤다. 안드레는 천장의 흙덩어리가 안으로 떨어지는 소리를 들었다. 그러자 집안은 삽시간에 쥐죽은 듯 조용해졌다. 안드레는 자신의 무분별한 행동에 순간 아찔함을 느꼈다. 예수조차 가르침을 멈추고 있었다.

한 사람이 곡괭이를 휘두르는 동안 나머지 친구들은 태양에 그을린 진흙덩어리를 걷어내고 있었다. 그리고 진흙을 지탱하기 위해 넣은 속가지들을 뜯어냈다. 그렇게 하여 지붕 위에 길쭉한 구멍을 뚫었다.

안쪽 어두운 곳에서 수많은 얼굴들이 입을 딱 벌린 채 위를 쳐다보고 있었다. 모두 뚫린 지붕 바로 아래 공간은 비워둔 채 뒤로 물러서 있었다. 짐멜의 친구들은 침구를 길게 찢어 침상의 모서리에 동여매었다. 그리고 나서 구멍 쪽으로 몸을 기울이고 힘을 합쳐, 등이 굽고 앙상하게 마른 친구를 아래로 달아내렸다. 침상은 나사렛 예수의 바로 앞에 내려졌다. 그들은 천으로 만든 줄을 떨어뜨리고 무슨 일이 일어날지 지켜보기 위해 배를 깔고 엎드렸다. 안드레 또한 그들 옆에 엎드렸다.

예수는 고개를 들어 안드레를 똑바로 쳐다본 후 다시 발 아래 놓인 마비된 청년을 주목했다.

"용기를 내라, 젊은이. 네 죄가 용서받았다."

신성 모독! 안드레는 집안에서 즉각적인 반응으로 터져나온 야유소리를 들었다. 그건 끔찍한 죄목이었다.

"신성 모독이다."

그가 쳐다보니 유명한 율법학자들 여러 명이 서로 쳐다보며 중얼거리고 있었다. 이들은 모세의 율법을 경건한 자세로 상세히 연구하고 가르치는 사람들이었다. 율법의 심오한 뜻을 알고 율법을 보존하는 데 열심인 그들은 신성이 모독되는 상황 앞에 가만히 있을 수가 없었다. 그래서 그들은 다른 사람들이 들을 수 있을 만큼 충분히 큰 소리로 중얼거리고 있었다.

"도대체 자기가 뭐람? 하나님 한 분밖에는 그 누구도 죄를 용서할 수 없다!"

"뭐라고 하셨소?"

예수가 말했다.

"무슨 문제라도 있습니까, 선생님들?"

안드레는 예수의 목소리에서 혹독한 신랄함을 느낄 수 있었다. 그의 선생님은 율법학자들이 한구석에 몰려선 자칼 떼라도 되는 것처럼 그들을 노려보고 있었다.

"당신들의 문제는 이것이오."

예수는 단언했다.

"당신들은 지금 '말하기는 쉽지만 증명해 보이기 어려운 게 어느 쪽인가.'라는 문제를 풀지 못하고 있을 뿐이오. 내가 '너의 죄가 용서받았다.'라고 말하는 것이 쉽겠소, 아니면 '일어나 걸어라.' 하고 말하는 것이 쉽겠소? 그러나 학자들이여, 사람의 아들이 진정 죄를 용서하는 권세를 가지고 있다는 것을 보여주기 위해서, 이제 보다 쉬운 일을 확실한 증거로 증명해 보이겠소. 보시오! 들으시오!"

예수는 무릎을 꿇고 평온한 목소리로 말했다.

"일어나게. 짐멜, 일어나 이부자리를 접어가지고 집으로 가게."

순간 젊은이의 몸이 풀렸다. 잠시 동안 그는 침상에 똑바로 누워 있었다. 그리고 나서 앞으로 굴러 환희에 겨워 몸을 떨며 쭉 뻗어보더니 자리에서 일어섰다. 즉시 네 명의 친구들이 소란을 떨며 천장에서 내려왔다.

안드레는 그들의 모습을 보며 기뻐했다. 그러나 안드레는 율법학자들이 예수의 비난을 얼마나 사무치게 받아들였는가를 알 수 있었다. 예수가 마비된 사람을 고쳐주었다는 사실조차 그들에게는 소용이 없었다.

지붕 위에 있었던 덕택으로 안드레는 이제 짐멜이 군중들을 헤치고 유연한 몸놀림으로 기쁘게 손을 흔들며 친구들에게로 달려가는 것을 볼 수 있었다. 그리고 몇몇 사람들이 부루퉁한 얼굴로 작은 무리를 지어, 서로 비밀스러운 이야기를 나누느라 고개를 숙인 채 군중으로부터 멀어져가는 것도 지켜볼 수 있었다.

다음날 정오에 예수는 가버나움의 중앙로를 따라 걸어가고 있었다. 가게와 상점들이 거리 양쪽으로 늘어서 있고, 팔려고 내놓은 다양한 음식과 마른 식품들이 전시되어 있었다. 기술자들, 구리 세공인, 이발사, 도살업자, 기름 상인, 재단사, 옹기장이들이 자신들의 기술을 팔려고 모여 있었다.

시장 한가운데에서 한 세리가 탁자 뒤에 앉아 다른 상점으로부터 헤로데스 안티파스가 요구하는 세금을 거두고 있었다. 예수가 멈춰 선 곳은 바로 이 세금 징수소였다. 그는 세리를 뚫어지게 바라보았다. 세리는 완고한 얼굴에 음울한 표정을 짓고 있었다. 그의 코는 뼈대가 굵고 눈은 움푹 들어가 있었다. 그 세리가 시선을 알아차리고 돌아보았을 때 예수가 물었다.

"당신 이름이 마태요?"

"그렇소."

"나를 따라오시오."

세리 마태는 즉시 일어서서 자기 일을 내팽개쳐두고 예수를 따라갔다. 왕을 대신하여 세금을 거두는 세리들은 수입의 상당 부분을 자기가 차지했다. 따라서 그들은 사람들로부터 환영받지 못했다. 마태는 수입이 넉넉했는데도 매우 인색한 삶을 살아가고 있었던 듯했다. 그런데 이 특별한 날 밤, 그는 지갑을 털어 나사렛 예수를 위해 잔치를 베풀었다.

좋은 음식에 감사하며 온 사람은 예수 혼자만이 아니었다. 손님은 그의 제자인 안드레, 시몬, 요한 그리고 야고보로 그치지 않았다. 마태가 알고 지내던 사람들도 많이 왔다. 다른 세리들과 모세의 율법을 무시하는 사람들, 두드러지게 부도덕한 삶을 살던 사람들이 함께했다. 그들은 모두 같은 식탁에 자리잡고 앉아 다함께 떠들썩한 대화를 나누었다.

그리고 예수가 좋지 못한 평판을 듣는 장소에 들어가는 것을 보았다는 소문이 곧 도성 전체로 퍼져나갔다. 나머지 사람들과 작별의 밤인사를 하고 마태의 집을 나왔을 때, 예수와 제자들은 율법학자들이 잘 보이지 않는 곳에서 자신들이 들은 얘기가 정말인지 확인하기 위해 웅숭그리고 있는 것을 보았다. 그들은 기막혀했다.

"도대체 어떤 랍비가 세리와 죄인들과 함께 먹고 마신단 말이오?"

예수가 잠시 멈춰섰다.

"건강한 사람에게는 의사가 필요없지만 병든 사람에게는 필요하지요. 이 말을 적어두시오, 의로운 학자들이여. 그리고 기억해 두고 노래처럼 부르시오. 나는 의인을 부르러 온 것이 아니라 죄인을 불러서 회개시키러 왔소."

예수는 도성의 어두운 밤거리를 계속 걸어내려갔다. 얼마간 걷다가 그는 이번에는 제자들을 향해 다시 말을 시작했다.

"자네들은 하늘나라의 비밀을 알도록 하겠지만 하늘나라 밖의 사람에게는 항상 비유로 말할 걸세. 보고도 무엇인지 모르고 들어도 이해하지 못하게."

안드레가 숨을 들이키고 걸음을 멈추었다.

"아, 예수님!"

"안드레? 왜 그러나?"

"그러면 저는 하늘나라 밖에 있습니다. 선생님께서 방금 제가 하늘

856

나라 밖에 있다고 말씀하셨습니다!"

예수 또한 걸음을 멈추었다.

"내가 언제 그런 말을 했지?"

"왜냐하면 전 이해를 못했거든요."

안드레는 울려고 했다. 그것은 참다운 번민이었다. 안드레는 외로움에 잠겨 거의 눈물이 쏟아질 것 같았다.

"배에서 선생님이 사람들에게 씨 뿌리는 농부 이야기를 들려주셨잖아요. 저도 그 말씀을 들었습니다. 정말 열심히 들었습니다, 예수님. 그러나 이해하지 못하고 있습니다."

"시몬, 자넨 어떤가?"

"말씀이야 기억하고 있죠."

큰 몸집의 그가 대답했다.

"딱딱한 땅이랑 자갈밭이랑 가시덤불 등……. 기억이 납니다."

"하지만 그 말뜻을 이해하지 못한단 말이지."

"예."

"요한은? 야고보는? 이 비유를 이해하고 있는 사람이 하나도 없나? 아, 어떻게 해야 자네들이 모든 비유를 알게 해줄 수 있을까?"

예수는 다시 걷기 시작했다. 제자들 또한 그저 따라갈 수밖에 없었다. 불어오는 바람은 그리 강하지 않았으나 호수의 찬 공기가 실려왔다. 예수와 제자들은 옷을 단단히 여몄다.

"씨 뿌리는 자란 말을 뿌리는 자를 말하는 걸세. 그가 뿌리는 씨앗은 모든 사람들에게 전하는 하나님의 말씀을 가리키는 거야. 딱딱하게 다져진 길가에 뿌려졌다는 건 말씀을 귀로만 듣는 사람을 뜻하네. 그러면 곧 사탄(방해자)이 와서 그들 속에 뿌려진 말씀을 빼앗아가지. 자갈밭 흙이 깊지 않은 곳에 뿌려지는 것과 같은 사람이란, 말씀을 들으면 곧 기쁘게 받아들이는 사람들이야. 그들은 햇볕이 나면 당장 싹을 틔우지. 하지만 그들에게는 뿌리가 없네. 그리하여 고난이나 유혹이 닥치면 땡볕에 나온 어린 순처럼 금세 시들어 죽게 된다네.

그리고 가시덤불 속에 뿌려졌다는 건 이런 사람이야. 그들은 말씀을 듣고 가슴에 뿌리를 내리지만, 살아가면서 세상살이의 근심과 재물과 향락과 욕망이 가득 차 결국 아무런 열매를 맺지 못하는 사람이지.

그러나 안드레, 좋은 땅에 떨어지는 것과 같은 사람이란 말씀을 정직하고 선한 마음으로 받아들이고 단단히 담아두어 인내하며 살아가는 사람이라네. 그래서 삼십 배, 육십 배 그리고 백 배로 열매를 맺는 사람이지."

예수가 길에서 멈추어섰다.

"안드레, 이제 이해가 되나?"

"예. 고맙습니다, 선생님."

안드레가 아주 작은 목소리로 말했다. 예수가 모두에게 말했다.

"하늘나라는 밭에 묻혀 있는 보물과 같네. 그 보물을 발견한 사람은 그것을 다시 잘 덮어두고, 아주 기뻐하며 돌아가서 자기의 모든 재산을 팔아가지고 보물이 숨겨져 있는 밭을 통째로 살 거야. 또한 하늘나라는 이렇게도 표현할 수 있지. 상인이 한평생을 훌륭한 진주를 구하며 보내는 것과 같다고. 그러다 완벽하게 순수한 진주 하나를 발견하면 그 상인은 가진 것을 몽땅 팔아 그 진주 하나를 사고 만족해하는 걸세. 말해보게, 시몬. 이 이야기들을 다 이해하겠나? 야고보와 요한은?"

"네."

그들이 답했다.

"됐네. 돌아가게. 이제 돌아가서 잠을 자야지. 자네들은 내 제자들이야. 그러니 걱정할 필요 없네. 나는 산에 올라가 기도를 하고 싶네. 잘들 자게."

영혼을 살리는 가르침

안드레 Andre

아침에 제자들은 예수가 밤새 돌아오지 않았다는 사실을 알았다. 그는 시몬의 집에 없었다. 밖에 나가 찾아봤지만 도성 안 어디에서도 예수를 찾을 수가 없었다. 이 건물 저 건물, 이 거리 저 거리를 돌아다니느라고 제자들은 발이 부르텄다. 짐멜도 그들과 함께 다녔다.

짐멜은 푸른 들판의 가젤처럼 껑충껑충 뛰면서 그들보다 앞서 갔다. 짐멜의 친구들 네 명도 안드레와 마주치자 그 자리에서 합류했다. 쇼발도 침 발린 입술을 벌리고 웃으며 함께 있었다. 마태도 있었다. 그리고 시몬과 안드레와 같은 도시에서 자란 빌립도 있었다. 열심당원과 바리새파 사람, 에세네파 사람도 있었다. 세례자 요한의 추종자였던 사람들도 있었다. 남자와 여자, 부자와 가난한 자, 크고 작은 도시의 시민들.

지위와 재산이 있어 보이는 두 여인도 나란히 걸어갔다. 그녀들의 이름은 요안나와 수산나였는데, 요안나의 남편은 헤로데스 안티파스의 사집관이었다. 그들의 엷은 보랏빛 옷은 고급스러워보였다. 또 다른 여인도 뒤따랐는데, 창백한 젊은 여자였다. 그녀는 예수가 조용히 아무도 모르게 일곱 귀신을 쫓아주기 전까지 막달라에 살았다. 이름은 마리아였다. 그녀 또한 많은 사람들과 함께 자기가 '랍오니', 즉 '나의 선생님'이라고 부르는 예수를 찾으러 시골길을 가고 있었다.

시몬이 힘 있는 걸음으로 맨앞에서 걸어갔다. 무언가 단단히 확신하고 있는 듯했다.

"어젯밤 선생님께서 하신 말씀을 기억해?"

그와 보조를 맞추고 있던 안드레는 수심에 잠겨 있었다. 안드레에게는 형과 같은 활력은 없었다. 그의 좁은 이마에는 걱정이 나타나 있었다. 안드레가 중얼거리듯 말했다.

"우리가 선생님의 제자라고 말씀하셨지."

"아니, 아니! 산으로 올라가겠다고 하신 것 말이야. 기억 안나? 나는 기억해! 기도하러 산으로 간다고 하셨어. 그분을 찾을 수 있을 거야."

그렇게 목적지가 정해졌다. 시몬은 큰 무리를 이끌고 오전 내내 북쪽과 서쪽, 각각 8킬로미터에서 16킬로미터까지 떨어진 언덕들로 다녔다. 더 높이, 더 높이 올라갔다. 안드레에게 언덕 지역은 미로 같고 박정해 보였다. 언덕은 숨겨진 곳을 좀처럼 드러내지 않았다. 사람들은 동굴과 절벽, 골짜기, 깎아지른 돌산 고원을 헤매다가 다시는 못 돌아올 수도 있었다.

그러나 시몬에게는 순진하게 허세를 부려보는 낙천가적인 면이 있었다. 안드레는 단지 형의 으쓱대는 자기 과신만을 믿고 그를 따라갔다. 그리고 결국에는 시몬이 자기도 모르는 사이에 하나님의 영을 따라가고 있었던 게 아닐까 생각하게 되었다. 왜냐하면 우연히도 시몬을 따르던 사람들이 모두 한꺼번에 한마음, 한몸인 양 동시에 눈을 들었고 위에 보이는 바위에서 홀로 서 있는 사람의 형체를 찾아냈기 때문이었다.

서쪽에서 불어오는 한낮의 바람 속에 머리를 검은 깃발처럼 펄럭이고 있는 한 남자. 그의 흰 튜닉은 바람 때문에 착 달라붙어 몸 윤곽을 드러냈고, 눈빛은 그 먼 거리에서조차 그들을 알아보고 그들의 이름까지 알고 있는 것처럼 보였다.

예수. 그가 뒤로 물러나 시야에서 사라졌다. 사람들이 허둥지둥 그가 서 있던 바위 위로 달려가 보니 반대편 고산에 자리잡은 작은 산골짜기가 보였다. 골짜기 밑은 푸른 풀로 덮였고 작은 백합, 용담풀, 노루발풀, 흰색 석회암 등이 흩어져 있었다. 그리고 골짜기 양옆은 물잔처럼 둥글면서 가장자리가 울퉁불퉁한 바위로 둘러져 있었는데, 골짜기 저편으로는 바위가 우묵한 경사를 이루고 있어 덮개 역할을 했다.

그리고 사람들이 예수를 발견한 곳은 바로 그 덮개 아래였다. 그는 촛대 모양의 석회암 위에 촛불처럼 앉아 있었다.

"평화가 함께하기를!"

그는 평상시처럼 인사를 했으나 그 말이 너무도 가깝게 들려와 사람들은 놀랐다. 이 계곡에서는 소리가 마치 각 사람의 귀에 대고 말하는 것처럼 친밀하게 들려왔다.

"평화가 함께하기를!"

예수가 인사하자 사람들은 계곡의 완만한 경사를 덮은 두터운 풀 위에 자리잡고 앉았다. 더러는 예수 가까이에, 더러는 조금 멀리 앉아 그 작은 원형극장의 계단을 색채와 생기로 채워나갔다. 예수는 거기 모인 사람들을 두루 바라보며 황금빛 시선을 보내어 한 사람 한 사람의 시선을 끌어당겼다. 빌립, 마태, 쇼발, 막달라 마리아, 짐멜, 안드레, 시몬. 독수리 한 마리가 예수의 머리 위 푸른 창공을 맴돌고 있었다. 참새들은 키 작은 나무들 사이를 파드득거리며 날아다녔다.

예수가 말했다.

"마음이 가난한 사람은 복이 있다. 하늘나라가 그들의 것이다."

안드레는 고개를 숙인 채 귀를 기울였다. 왜 걱정을 했을까? 어떻게 예수가 산에서 길을 잃을 수가 있단 말인가. 이 세상의 보이는 것이나 보이지 않는 영혼까지 확신을 가지고 상세하게 알고 있는 그분인데. 안드레는 부끄러움과 동시에 깊은 안도감을 느꼈다. 겸허한 마음이 그가 가진 축복이었다.

"슬퍼하는 사람은 축복받았다. 그들이 위로를 받을 것이다. 온유한 사람은 복이 있다. 그들이 땅을 물려받을 것이다. 의에 주리고 목마른 사람은 복이 있다. 그들이 배부르게 될 것이다."

안드레는 첫 스승이자 친구였던 세례자 요한을 생각했다. 그분이 마케루스의 지하 감옥에 갇혀 배부를 수 있을까?

"자비로운 사람은 복이 있다. 그들이 자비로운 대접을 받을 것이다. 마음이 깨끗한 사람은 복이 있다. 그들이 하나님을 볼 것이다. 평화를 이루는 사람은 복이 있다. 그들이 하나님의 자녀라고 불릴 것이다."

예수는 잠시 말을 멈췄다. 그리고 절박한 어조로 말했다.

"의로운 일을 하다가 박해를 받는 사람은 복이 있다. 하늘나라가 그들의 것이다."

아, 그렇다면 요한 선생은 만족하실 수 있겠다고 안드레는 생각했다. 마케루스의 감옥이 바로 그의 의를 이루는 장소니까!

"그리고 그대들이 축복을 받았네."

예수가 말하고 있었다.

"나 때문에 모욕을 당하고, 박해를 받고, 터무니없는 말로 온갖 비난을 당한다면 그대들에게 복이 있으니, 기뻐하고 즐거워하게! 하늘에서 받을 상이 크기 때문이지. 오, 나의 자녀들이여. 그대들은 성스러운 무리에 함께하고 있네. 앞서 왔던 예언자들도 그처럼 박해를 받았지."

예수는 갑자기 침묵하며 계곡 곳곳에 앉아 있는 각양각색의 제자들을 죽 훑어보았다. 안드레는 갑자기 깨달았다. 예수의 눈빛! 그것은 추수 때가 된 황금 들녘의 그 빛이었다. 그 눈은 밀이삭이 미풍에 고개를 숙이며 부드럽게 출렁일 때처럼 잔잔히 움직였고, 그 바닥에는 너그러움이 있었다. 앞에 모인 사람들에게 예수가 말했다.

"그대들은 세상의 소금이네. 소금이 짠맛을 잃으면 무엇으로 짠맛을 내겠나? 아무데도 쓸 데가 없으니 길가에 버려져 땅을 망치고 짓밟힐 뿐일세.

그대들은 세상의 빛이네. 누가 등불을 켜서 됫박 아래에 두겠나? 등경 위에 두어야 집안 전체를 비출 수 있겠지. 그대들도 빛을 사람들에게 비추어서, 그들이 그대들의 착한 행실을 보고 하늘에 계신 하나님께 영광을 돌리게 하게.

이제 내가 율법이나 예언자들의 말을 폐하러 온 줄로 생각하지 말게. 내 제자들이여, 나는 그 말을 완성하러 왔네! 옛 조상들이 '살인하지 말아라. 누구든지 살인하는 사람은 재판을 받을 것이다.'라고 한 말을 모두 들었겠지. 그러나 나는 이렇게 말하겠네. 누구든지 자기 형제에게 성내는 사람은 심판을 받을 것이라고. 그래, 자기 자매를 모욕하는 사람은 재판소에 불려갈 것이고 바보라고 하는 자는 지옥불에 던져질 걸세. 또 '간음하지 말아라.' 하고 이른 것을 들었을 테지. 그러나 내 말을 명심하게. 여자를 보고 음욕을 품은 사람은 누구나 마음으로 그 여자와 간음한 것일세.

또 이런 말도 들었겠지, '눈에는 눈, 이에는 이로 갚아라.' 그러나 내가 말해두겠네. 악한 사람에게 맞서지 말게. 누가 오른쪽 뺨을 치거든, 왼쪽 뺨마저 돌려 대게. 누가 그대들을 고소해 속옷을 빼앗으려 한다면, 겉옷까지 내주게. 누가 억지로 일 킬로미터를 가자고 하면, 이 킬로미터를 가주게. '네 이웃을 사랑하고, 네 원수를 미워하라.'고 이른 것을 다들 들었겠지. 하지만 내 말은 이것일세. 원수를 사랑하게. 그대들을 박해하는 사람을 위해 기도하게. 그러면 그대들은 하늘에 계신 아버지의 자녀가 될 걸세.

하나님께서는 악한 사람에게나 선한 사람에게나 똑같이 해가 떠오르게 하시고, 의로운 사람에게나 불의한 사람에게나 똑같이 비를 내려주시기 때문이지. 하늘 아버지께서 완전하신 것과 같이 그대들도 완전해지게."

예수는 고개를 숙여 손으로 눈길을 보냈다. 그러나 그의 목소리는 계곡의 낮은 곳에서부터 높은 곳까지 울려퍼졌다.

"기도할 때, 이방인들처럼 빈말을 되풀이하지 말게. 그들은 말을 많이 해야만 들어주시는 줄로 생각하지. 아버지께서는, 그대들이 구하기 전부터 그대들에게 무엇이 필요한지 알고 계신다네.

하늘에 계신 우리 아버지,
아버지의 이름이 거룩히 높임을 받으시며
하늘나라가 임하게 하소서.
뜻이 하늘에서 이루어진 것 같이,
땅에서도 이루어지게 하소서.
우리에게 날마다 필요한 양식을 주소서.
우리가 우리에게 죄 지은 사람들을 용서했습니다.
우리의 죄를 용서해 주소서.
우리를 유혹에 빠지지 않게 하시고
악에서 구해 주소서.

그러니 기도할 때 이렇게 기도하게."
예수가 다시 고개를 들고 소리쳤다.
"사람들이여, 나중에 쓰려고 이 세상에 재물을 쌓아두지 말게. 땅에서는 좀먹고 녹슬어서 망가지며, 도둑들이 들어와 훔쳐가 버리네. 그러니 하늘에 재물을 쌓아두게! 거기서는 벌레먹거나 녹스는 법이 없고 도둑맞을 염려도 없네. 재물이 있는 곳에 마음도 있는 법.

그러니 생계를 유지하기 위해 먹고 마실 것이나 먹을것을 걱정하지 말게. 저길 보게! 공중의 새들을 보게. 씨를 뿌리지도 않고 거두지도 않지만, 하늘에 계신 아버지께서 그것들을 먹이시네. 그대들이 수많은 새보다 귀하지 않은가? 걱정한다고 해서 수명을 한 순간인들 늘릴 수 있는 자가 있나? 또 왜 옷 걱정을 하나?

864

주변에 핀 백합꽃을 보게. 그 꽃이 어떻게 자라는지. 그들은 고생스럽게 길쌈하는 게 아니야. 그러나 내가 장담하지. 온갖 영화를 누린 솔로몬도 이 꽃 하나만큼 차려입지 못했네.

민음이 적은 사람들, 오늘 있다가 내일 아궁이에 들어갈 들풀도 하나님께서 이토록 아름답게 입히시는데 그대들이야 어련히 더 잘 입히시겠나? 그러니 더 이상 노심초사하며 염려하지 말게. 그 대신 먼저 하나님의 나라와 그 의로우심을 찾고 바라게. 그러면 이 모든 것을 그대들에게 주실 테니."

예수는 자리에서 일어섰다. 바람이 강하게 불기 시작하자 작은 구름들이 바람에 몰려 날려갔다. 예수의 검은 머리카락도 부드러운 흙처럼 바람에 날렸다.

"심판을 내리지 말게."

예수가 소리쳤다.

"그러면 그대들도 심판받지 않을 걸세. 어째서 형제의 눈 속에 있는 티는 보면서 자기 눈 속에 있는 들보는 보지 못하나? 그건 위선이야. 먼저 자기 눈에서 들보를 빼내게. 그래야 그대 자신의 눈이 잘 보여서 형제 눈에 든 티끌을 빼줄 수 있을 테니까!

달라고 하게, 그러면 주실 걸세! 찾게, 그러면 찾아낼 수 있네! 두드려보게, 그러면 열릴 것이네! 그대들 중에 아들이 빵을 달라고 하는데 돌을 줄 사람이 있겠나? 설사 그대들이 뼛속까지 악하다 해도 자녀에게는 좋은 것을 주는데 하물며 하늘에 계신 아버지께서 구하는 사람에게 좋은 것을 주시지 않겠는가? 무엇이든지, 남에게 대접받고 싶은 대로 남을 대접하게!

오, 나의 자녀들. 그대들은 좁은 문으로 들어가게. 멸망으로 이끄는 문은 넓고 가기 쉬운 길이지. 그러나 생명으로 이끄는 문은 좁고 길이 험하다네. 내 말을 듣고 그대로 실천하는 사람은 반석 위에다 집을 짓는 슬기로운 사람과 같네. 비가 내리고 홍수가 나고 바람이 불어 그 집에 들이쳐도 무너지지 않지. 반석 위에 집을 세웠기 때문이네.

그러나 내 말을 듣고도 실천하지 않는 사람은 모래 위에 집을 짓는 어리석은 사람과 같네. 비가 오고 홍수가 나고 바람이 불어 그 집에 들이치면 그 집은 무너질 걸세. 무너져도 엄청나게 무너질 것이네!"

갑자기 예수가 돌아서더니 계곡 벽 갈라진 틈으로 들어가 사라졌다. 아무도 그를 따라가려 하지 않았다, 시몬조차도. 떠나는 모습이 너무나 단호했고 예수 스스로 마음먹고 떠났기 때문이었다.

시몬은 조용히 왔던 길로 돌아가기 시작했다. 나머지 사람들도 마찬가지였다. 안드레는 더 이상 예수를 걱정하지 않았다. 수줍어하는 그의 마음이 둔감하고 떠들썩하며 자신감에 찬 사람들 속에서 괴로웠던 탓인지, 그는 선생님이 군중에게서 물러나 떠나시는 것을 이해할 수 있을 것 같았다. 가장 중요한 결정은 은밀히 내려져야 한다. 가장 단단한 매듭은 고독한 기도 속에서 풀어져야 하는 것이다.

안드레는 산을 내려오며 생각했다.

'예수는 기도하고 계시다. 아무도 없는 산골짜기 후미진 곳을 찾아서 기도를 하고 계시다.'

다음날 아침, 예수는 가버나움 남쪽 갈릴리 해변에 나타났다. 전날 그의 설교를 들은 제자들이 대부분 다 주변에 다시 모였다.

예수의 태도에서 오늘은 설교를 할 생각이 없음을 분명히 알 수 있었다. 그는 앉지도 않았고 높은 단상도 찾지 않았다. 대신 사람들 사이를 지나다니기 시작했다. 때로 한 사람 어깨에 손을 대기도 하고, 때로 한 사람 한 사람 눈을 응시하기도 하면서. 그러나 그는 사람들에게 즐거운 인사를 건네지 않았다. 웃고 있지도 않았다. 예수는 생각에 잠긴 듯 엄숙했다.

그가 시몬 앞에 멈추어섰다. 한참을 그렇게 서 있자 그 덩치 큰 시몬의 뺨이 붉어졌다. 예수가 말했다.

"시몬, 자네."

그리고 나서 나란히 서 있던 야고보와 세베대의 아들 요한에게로 걸어갔다.

"자네. 그리고 자네."

안드레는 예수가 무엇을 하고 있는지 알았다. 지금 일어나고 있는 일의 중요성을 알았으므로 그의 가슴은 쿵쾅거리고 뛰었다. 예수는 앞으로 내내 자신과 함께할 사람들을 고르고 있었다. 앞으로의 삶이 이 사람, 나사렛 예수의 삶에 의해 정해질 사람들이었다. 소금, 빛, 가난한 마음, 온유한 사람, 평화를 이루는 사람……. 그리고 박해를 받을 사람! 선택된 자는 그 누구도 다시는 이전과 같은 모습이 될 수 없다. 그리고 더 이상 자기 자신의 길을 택할 수 없다.

안드레는 떨고 있었다. 자신이 무엇을 내다보고 있는지 알았다. 바로 죽음.

예수는 빌립과 바돌로매와 마태 그리고 도마와 알패오의 아들 야고보와 다대오 그리고 열심당원 시몬과 가룟 출신의 유다를 선택했다. 그리고 마지막으로 선택한 사람은 예수가 맨 처음 택했던 사람이었다. 안드레는 그에게 선택받자 무리와 해변에서 도망쳐나와 가버나움의 작은 방에 몸을 숨기고 울음을 터뜨렸다.

막달라에서 온 아가씨

막달라 마리아 Mary Magdalene

[마태복음 11:1~19, 12:1~50, 마가복음 4:35~43, 누가복음 13:10~14:24]

그 당시 예수는 갈릴리와 그 주변 도시를 여행하며 하늘나라의 좋은 소식을 전하기 시작했다. 그의 곁에는 제자들 열두 명과 예수가 치유해준 여인들이 따라다녔다. 그녀들은 시몬이나 안드레 못지않게 자신의 삶을 예수에게 바친 사람들이었다.

그 가운데 막달라에서 온 마리아가 있었다. 제자들은 그녀를 '막달라 아가씨'라고 불렀다. 구사의 아내인 요안나처럼 부자인 여인은 돈을 대는 등 여러 가지로 그 일행을 지원했다.

마리아, 가난하고 창백하며 눈가에 상처가 있는 그녀는 다른 방식으로 예수를 섬겼다. 말없이 예수의 개인적인 것들을 위해 애썼다. 그녀는 예수의 음식과 청결, 의복 세탁을 도맡아했고 음악으로 예수에게 휴식을 주었다.

그녀는 결코 주의를 끌려 하지 않았다. 막달라에는 두고 온 식구들이 없었다. 이들이 그녀의 가족이었다. 딸의 위치는 아니더라도 좋은 될 수 있었다. 어머니가 될 수 없다면 하녀라도 될 수 있었다. 그것으로 충분했다. 그것은 그녀에게 매우 귀중한 일이었고, 귀중한 것을 갖고 있으면 그것을 잃거나 빼앗기지 않기 위해 마음이 괴롭다는 것을 이미 그녀는 깨닫고 있었다.

막달라 마리아는 작고 여윈 몸으로 말없이 지냈다. 결코 다른 사람의 주의를 끌지 않을 것이었다. 이토록 귀중한 선물을 위태롭게 하기를 원치 않기 때문이었다.

두 달여 동안 갈릴리 북부와 중부 지역을 여행한 후 예수는 남쪽으로 이동하기 시작했다. 그는 나사렛을 우회해 8킬로미터 남동쪽, 에스드렐론 골짜기를 따라 나인이라는 마을로 들어갔다.

그와 제자들이 도성 문에 막 다다랐을 때였다. 곡소리가 들려왔다. 천천히 다가오는 장례 행렬이 보였다. 여섯 명의 젊은 남자들이 하얀 아마포로 싼 평평한 나무 판대 위에 같은 나이 또래 청년의 시신을 눕혀 날랐다. 그들 바로 뒤에 한 여인이 흐느껴 울고 시신을 어루만지면서 걸어오고 있었다.

구경하며 서 있던 사람들 중에 큰 눈을 가진 소녀가 있었다. 예수는 그 옆에 무릎을 꿇고 작은 소리로 말했다.

"저 여인이 누구지?"

그 아이도 작은 소리로 대답했다.

"그의 엄마예요. 죽은 사람은 아들이고요. 외아들이지요. 그리고 엄마는 과부예요."

"너도 그녀 때문에 슬프냐?"

예수가 물었다. 아이가 고개를 끄덕였다.

"좋은 사람이었어요. 엄마를 사랑했고요."

소녀가 입술을 쑥 내밀었다.

"나는 아주아주 슬퍼요."

"나도 슬프구나."

여인의 머리카락이 얼굴과 뺨에 늘어뜨려져 있었다. 옷은 찢어져 너풀거렸다. 여인의 울음은 너무도 절망적이라 힘이 다 빠진 채 그저 신음소리만 낼 뿐이었다. 예수는 어린 소녀의 어깨를 가볍게 치고 일어서서 슬퍼하고 있는 과부에게 걸어갔다.

"울지 마시오."

예수는 다가가 상여에 손을 대어 상여 멘 사람들을 세우려 했다.

"잠깐, 단단히 붙잡고 움직이지 마시오."

예수가 가로막고 나서자 장례 행렬을 따라오던 사람들은 당황했다. 그들은 무슨 일이 일어났는지 보려고 오른쪽 왼쪽으로 몸을 빼고 쳐다보았다. 하지만 누구도 불평하지 않았다. 상여 옆에 서 있는 남자의 행동에는 분명 권위가 있었다. 그들은 지켜보았다.

예수는 시신의 얼굴을 들여다보며 잠시 살펴보다가 말했다.

"젊은이여, 내가 너에게 말한다. 일어나라."

답답한 재채기 소리가 들렸다. 죽었던 청년은 가슴 깊이 공기를 들이마시고 다시 한 번 재채기를 하며 앉으려고 몸을 앞으로 굽혔다. 여섯 청년들의 손에서 상여가 들먹이며 흔들렸다. 다시 한 번 청년은 두 손을 코에 대고 시원스럽게 재채기를 했다.

사람들은 입을 딱 벌리고 멍하니 바라보았다. 상여꾼들은 너무 몸을 떨어 거의 손을 놓칠 뻔했다. 하지만 죽었던 청년은 주위를 두리번거리며 아무렇지도 않게 물었다.

"어머니는? 어머니, 어디 계세요?"

예수는 청년의 손을 잡고 한쪽을 가리켰다.

"저기에 계시다."

청년의 어머니는 슬픔과 놀라움으로 머리와 옷이 헝클어져 거의 딴 사람 같았다. 예수는 여인의 손도 함께 잡고 말했다.

"여인이여, 당신 아들입니다."

한동안 그 누구도 얼싸안은 이 두 사람에게 접근하지 않았다. 사람들은 서로 보며 중얼거렸다.

"하나님께서 자기 백성에게 나타나셨다!"

그리고 막달라 마리아는 예수의 제자들 속에 숨어서 혼자 생각했다.

'그녀는 자식을 두 번 갖게 된 거야.'

마리아의 얼굴은 기쁨과 탄복으로 달아올랐다.

'한 번은 그녀 자신이 아이를 낳은 것이고, 또 한 번은 나의 랍비가 아이를 낳아 그녀에게 돌려준 것이지.'

아, 두 번 엄마가 되다니! 마리아의 온 몸과 마음이 모성을 경험하고 있었다.

예수는 여러 날 나인에 머무른 후 가던 길을 계속해 예루살렘으로 향했다. 그는 거기서 유월절 절기를 지키고 싶어했다. 하지만 사람 걸음보다 소문이 훨씬 빨랐다. 나인에서 그가 일으킨 기적의 소식은 남쪽 유대와 페레아를 지나 멀리 세례자 요한이 있는 마케루스 요새까지 퍼져갔다. 요한은 그 소식을 듣고 제자 두 명을 불러 말했다.

"하지만 그는 불로 세례를 줘야 한다! 내가 알기로 그는 알곡은 곳간에 두고 쭉정이는 꺼지지 않는 불에 태우러 왔다. 그런데 그가 병을 고치고 사람들을 달래주고, 또 뭐라고? 죄인들과 함께 식사하고 있다니!"

요한은 쇠약해져 뼈만 남았다. 그는 좁은 감옥에 갇혀 물만 조금씩 마시며 태양빛을 전혀 받지 못한 채 연명하고 있었다. 그러므로 하늘나라에 대한 환상이 그의 음식이자 빛이 되었다. 절대적으로 정의로운 하늘나라가 오리라는 굳은 기대감으로 살아가고 있었다.

"예수에게로 가라."

요한이 두 제자에게 말했다.

"가서 그가 오신다는 그분인지, 아니면 다른 분을 찾아야 하는지 물어보라."

요한의 두 제자는 아빌라에서 아마투스로 이어지는 요단 길을 따라 최대한 빨리 북으로 달렸다. 바로 다음날 그들은 군중이 얍복 어귀 근처의 요단 강 동쪽 강둑에 모여 있는 것을 찾았다. 사람이 살지 않는 장소에 그 많은 사람들이 있는 것을 보고 그들은 예수가 그곳에 있을 것이라고 확신했다. 그래서 두 사람은 그 길에서 돌아 요단 강 계곡 아래로 내려갔고, 웅성거리는 인파 한가운데에 마치 거대한 바퀴의 굴대처럼 서 있는 예수를 발견했다. 남녀 노소 모든 이들이 갈망하는 얼굴로 그를 바라보고 있었다. 그리고 그는 잠시도 가만히 있지 않았다. 계속 입을 움직였다.

길고 검은 머리카락은 그가 키 작은 사람들에게 손을 얹을 때마다 앞으로 쏟아졌다. 불구자, 어린아이, 꼼짝 못하고 가만히 누워 있는 병자들……. 그들은 치유받았다. 그의 미소는 바다를 비추는 햇살처럼 반짝였다. 때때로 검은 구름이 그의 이마를 스쳐가면, 군중들은 폭풍 직전의 들판처럼 잠잠해졌다. 그는 갑작스런 외침과 불같은 명령을 뿜어내어 악마를 쫓았다. 장님의 눈을 가렸다가 손바닥을 떼면서 암흑도 함께 떼어냈다. 무표정하게 껌뻑거리던 눈이 갑자기 햇빛 속에 허물을 벗고 세상을 보았다.

요한의 제자들은 북적대는 군중 속을 뚫고, 마침내 소리치면 들릴 수 있을 만큼 예수에게 가까이 갔다.

"예수여! 나사렛 예수여! 세례자 요한께서 물어보실 것이 있어 우리를 보내셨습니다!"

예수가 하던 일을 멈추고 군중들을 살펴 목소리가 난 곳을 알아내었다.

"요한이 보내서 왔단 말이오?"

"그렇습니다."

"내 사촌을 보고 왔소?"

예수가 밝고 간절한 표정으로 그들 쪽으로 건너가기 시작했다.

"그는 좀 어떤가요?"

"걱정하고 계십니다."

두 남자가 말했다. 예수가 가까이 왔을 때 그들은 예수를 포옹하지 않았다. 오히려 무뚝뚝하게 말했다.

"당신이 오신다고 약속된 그분입니까? 아니면 우리가 다른 사람을 찾아야 합니까?"

"세례자 요한이 알고 싶어했소?"

"그렇습니다."

"하지만 잠깐만. 요한은 무사히 잘 있소?"

둘 중 한 사람이 말했다.

"선생님, 그분은 정의만으로 버티고 계십니다. 그분은 하늘나라에 대한 기대를 먹고 연명하십니다. 요한 선생의 건강은 이것들이 있는 한 괜찮으십니다. 때문에 그분이 선생님을 믿을 수 없다면, 그분의 건강은 나빠질 것입니다. 당신이 오실 그분입니까?"

예수의 얼굴에서 간절함이 가셨다. 조용히, 엄숙한 표정으로 권위를 가지고 그가 말했다.

"직접 보고 들은 것을 요한에게 알리시오. 눈먼 사람이 보고, 다리 절던 사람이 걷고, 죽은 사람이 살아나고, 가난한 사람이 기쁜 소식을 듣는다고. 분명 요한은 예언자들에게서 이러한 징표를 읽을 수 있을 것이오. 분명 그는 그 일들을 이해할 것이오."

예수의 어조에는 어느 정도의 단호함이 있었다. 이것은 가벼운 환담이 아니었다. 요한의 제자들은 아무 대답을 할 수 없었다.

"이제 가보시오. 그리고 내 친척에게 나 대신 말해주시오. 나에게 의심을 품지 않는 사람이 복이 있다고."

두 제자들이 떠나자마자 예수는 온 무리를 향해 외쳤다.

"조심하시오! 내가 말하는 것을 비난하려 하지 마시오! 그보다 당신들이 요한에게서 세례를 받기 위해 광야로 나갔을 때 보았던 것을 기억해 보시오. 바람에 흔들리는 갈대를 보러 나간 것이 아니오. 비단 옷 입은 사람을 보러 나간 것도 아니오. 당신들은 예언자를 보았소. 아니, 예언자보다 더 위대한 인물이오. 이 사람에 대해 성경에 기록되어 있소. '보라, 내가 내 심부름꾼을 너보다 먼저 보낸다. 그가 네 앞에 가며 길을 닦을 것이다.'"

그리고 자기 옆 가장 가까이에 있는 사람들에게만 들릴 정도의 아주 작은 소리로 예수가 중얼거리듯 말했다.

"여자가 낳은 사람 가운데서 세례자 요한보다 더 큰 인물은 없네. 그러나 하나님의 나라에서는 아무리 작은 자라도 요한보다 더 크다네."

막달라 마리아는 그 어려운 말씀을 들었다.

'아무리 작은 자라도 요한보다 크다.'

그녀는 그 말씀을 여러 번 마음속에 되풀이했다.

나흘 후, 막달라의 마리아는 순수한 기쁨을 참고 기다리느라 애쓰고 있었다. 그녀는 자기도 모르게 제자들보다 더 앞서 달려나갔다가 황급히 뒤로 물러서며 헛되이 기쁨을 억누르려고 애썼다.

길목을 돌 때마다 그리고 새로운 오르막이나 지평선이 나타날 때마다 마리아는 예루살렘이 혹시나 보이지 않을까 달려나가 보았다. 그 성벽이며 탑 그리고 그곳의 성전에 대해 시몬이 들려준 적이 있었다. 그녀는 그 높은 돌벽, 너무도 회어서 순례자들을 눈부시게 하는 그 돌벽이 보고 싶었다!

광기가 치유되기 전까지 그녀는 로마적인 분위기가 마음에 들었던 티베리아(디베랴) 말고는 막달라보다 더 먼 곳엔 가본 적이 없었다. 그 당시엔 종교적인 것들이 그녀의 마음을 쓰리도록 아프게 하고 고통을 주었다. 이제는 그것들이 그녀를 기쁘고도 즐겁게 만들었다. 막달라 마리아는 생애 처음으로 어린아이처럼 두려움 없이 기뻐했고 주위 사람들에게 기쁘게 보이는 걸 꺼려하지 않았다. 오늘 그녀의 발걸음은 무척 빨랐다. 그녀의 다리는 빠른 날개였고 가벼운 깃털이었다.

그들은 주로 언덕길로 걸었다. 너무도 아름다운 오르막길이었다! 펼쳐지는 경치마다 봄기운으로 인해 온통 부드러운 초록색으로 가득 차 있었다. 거대한 초록빛 옷을 펼쳐 온 땅에 주름을 잡아놓은 것 같았다.

하나님의 옷! 보라, 때 이른 푸른 무화과나무! 그리고 저기, 도성의 그늘 아래 살면서도 아무렇지도 않게 자기 일에만 분주한 사람들. 오, 예루살렘! 예루살렘! 마침내 그곳에 있었다! 마리아는 거의 숨이 막힐 지경이었다.

그들은 북동쪽에서 예루살렘으로 다가가고 있었다. 도성 벽은 좌우로 육중했다. 순수하게 새하얀 빛은 아니었으나 그 규모는 엄청났다! 거기 성벽 한가운데에 구멍 있는 흉벽을 갖춘 채 굽어보고 있는 것은 안토니아 요새였다.

그리고 그 너머로, 아직 보이지는 않지만 성전이 있었다. 그들은 '양의 문'을 향해 가고 있었다. 예수와 제자들은 이미 물밀듯이 밀려오는 사람들 가운데 휩쓸렸다. 그들 중 많은 사람들이 도성 바로 안쪽 시장에서 유월절에 순례자들이 쓸 양을 팔려고 온 양치기들이었다.

그런데 그들이 도성 문을 들어서기 전, 예수는 방향을 돌리더니 커다란 돌 울타리가 있는 쪽으로 걸어갔다. 마리아는 영문을 알 수가 없었다.

그것은 돌기둥들로 이루어진, 똑바르지 않은 네모 모양의 구조물이었다. 허리 높이의 아름다운 난간이 둘려 있었는데 밖에서 보기에는 트이게 지은 넓은 별관 건물 같았다. 네 귀퉁이에 각각 지붕 씌운 입구가 있었고, 가장 긴 측면의 한가운데에도 똑같이 입구가 있었다. 예수는 가운데 입구로 들어갔다. 제자들도 뒤를 따랐다. 마리아는 맨 마지막으로 천천히 소리를 죽이고 주변을 살피며 걸어갔다.

그 입구들은 저수지로 들어가는 문이었다. 거기에 호수만큼이나 커다란 인공 연못이 있었다! 계단은 물 쪽으로 내려갔다. 마리아가 상체를 구부리고 보니 계단 끝은 침침한 어둠 속으로 사라지고 있었다.

그때 마리아는 사방에서 나는 신음소리를 깨닫고 몸을 곧추세웠다. 계단 주변에는 온통 누더기 천을 깔고 누운 병자들로 가득했다. 눈먼 사람, 다리 저는 사람, 중풍병자 등. 이 아름다운 건물 안에 이토록 비참한 광경이 숨어 있었다.

예수는 이 사람들 사이를 걸어갔다. 돌아보는 사람도 있었고 손을 내밀어 구걸하는 사람도 있었다. 예수를 소리쳐 부르는 사람도 있었다. 그러나 예수는 한 노인 옆에 섰다. 그 노인의 꼬챙이처럼 여윈 정강이는 뒤로 꼬여 있었다. 노인은 무관심하게 예수를 한 번 힐끗 보고 고개를 돌렸다.

"낫고 싶으시오?"

"하!"

노인의 웃음은 날카롭고 냉소적이었다. 그는 코웃음을 쳤다.

"당신은 우리가 뭣 때문에 여기 죽치고 있다고 생각하오?"

예수가 다시 말했다.

"낫고 싶으시오?"

"삼십팔 년 동안 나는 이 못가에 누워 있었소."

노인이 내뱉듯이 말했다. 노인의 뺨은 움푹 패여 주름이 잡혀 있었다.

"삼십팔 년 동안, 나는 혼자 있었고 아무도 날 도와줄 사람이 없었소. 때때로 하나님의 천사가 병을 고치기 위해 물을 휘저어놓을 때 나도 기어가곤 했소. 하지만 다른 사람이 항상 나보다 먼저 내려갔지. 나보고 병이 낫고 싶냐고? 하!"

예수는 무릎을 꿇지 않았고, 그에게 손을 대지도 않았으며, 작은 몸짓조차 하지 않았다.

"일어나시오. 그리고 자리를 걷어가지고 걸어가시오."

마리아는, 예수가 한 사람을 고쳐줄 때마다 그녀 마음속에 넘쳐흐르는 모성적 자비심으로 그 광경을 지켜보았다. 노인이 두 다리를 끌고 일어섰을 때 마리아는 두 손을 꼭 쥐었다. 그녀 얼굴은 환하게 빛났다. 그리고 치유가 있은 후 항상 이어지는 기쁨의 외침을 기다렸다.

그러나 기쁨의 외침소리는 없었다. 노인은 아래를 내려다보고 발을 굴러보고 이 없는 잇몸을 질겅이며 뼈를 시험해 보았다. 그리고는 투덜댔다. 왼쪽 다리가 여전히 뻣뻣하다고. 예수는 이미 입구 쪽으로 걸어가고 있었다. 마리아는 병이 나은 노인의 반응에 얼떨떨한 채 뒤를 따랐다.

"잠깐! 잠깐!"

뒤에서 외침소리가 있었다.

"무슨 짓을 하고 있는 것이오?"

분노의 소리였다! 마리아는 죄책감과 두려움으로 온몸이 움츠러들었다.

"이보시오, 그렇게 할 수 없소. 오늘은 안식일이오!"

마리아가 기둥으로 살그머니 다가가서 뒤를 돌아보니, 목에 큰 성구함을 걸고 있는 바리새인들 다섯 명이 보였다. 그들은 예수가 막 병을 고쳐준 불구자를 에워싸고 있었다. 그들은 노인이 둘둘 말아 두 팔에 안은 자리를 잡아 끌어당기고, 노인은 뼈마다 힘을 다해 안 빼앗기려고 매달리고 있었다.

"죄인이여!"

바리새인들이 날카롭게 외쳤다.

"미슈나(유대교의 구전 율법)에 따르면 안식일 날에 자리를 들고 가는 건 금지되어 있소."

화가 난 노인이 말했다.

"글쎄, 저 사람에게 말하시오! 저 사람이 나더러 자리를 걷어가지고 가라 했소."

'저 사람'이란 물론 예수를 가리켰다. 예수는 막 기둥 입구를 떠나고 있었다. 마리아의 마음은 고통으로 일그러졌다. 선생님의 자비는 그녀에게 너무도 귀중한 것이기에 온 세상 사람들도 마찬가지로 그를 존경하고 칭송하리라고 단순하게 생각했다. 그러나 이 바리새인들은 입을 오무리며 예수에 대해 분명한 증오를 보이고 있었다. 그들은 불만스레 소리쳤다.

"나사렛 예수! 지금까지 몇 번이나 안식일 법을 모욕했나? 누군가 저 송아지를 죽여야 한다. 소가 되기 전에."

죽인다고? 송아지를 죽인다고 했나? 마리아는 떨기 시작했다. 그녀가 잘못 알아들었는지도 모른다. 그 누가 예수를 증오할 수 있단 말인가? 세상에 온갖 나쁜 사람이 있는데, 왜 하필 예수를 증오한단 말인가? 그리고 어찌 그들이 살인을 입에 담을 수 있는가? 위험하다! 말할 수 있다면 행동도 할 수 있겠지! 말이란 행동의 시작이니까. 오, 정말 위험한 일이다!

마리아는 살인을 생각만 해도 느낄 수 있는 그 무시무시한 전율감을 알고 있었다. 그런 느낌 속에서는 어떠한 일이라도 저지를 수가 있다! 그 끔찍한 기억이 마리아 속에 되살아나고 있었다.

마리아는 못에서 도망쳤다. 그녀는 가능한 한 빨리 예수에게로 달려갔다. 예수가 막 '양의 문'을 통과해 예루살렘으로 들어가고 있을 때 그를 따라잡았다. 그녀는 그의 왼편 바로 뒤에 섰다. 그를 붙잡지는 않았다. 그녀로선 감히 그럴 수 없었다. 그렇지만 그녀는 곧 자기 앞이마가 그의 어깨 뒤쪽에 닿아 있음을 알았다. 너무 바짝 그를 따랐기 때문이었다. 그의 머릿결 향기를 맡을 수 있었다.

그녀는 울고 있지 않았다. 정말, 울지 않았다. 그러나 예루살렘에 생전 처음 들어서면서도 그녀는 이 도성을 보고 있지 않았다. 그 새하얀 돌벽, 장식 돌, 야훼의 성전을 이룬 금빛 돌들을 쳐다보지 않았다.

예수가 거기 계시다

막달라 마리아 Mary Magdalene

〔마태복음 12:46~50, 마가복음 3:35~41, 요한복음 4:1~26〕

유월절을 지낸 뒤에 예수와 제자들은 다시 북쪽으로, 사마리아를 지나는 길을 통해 이동했다. 그는 사마리아인에게도 유대인에게 대하는 것과 똑같은 열정을 가지고 말씀하곤 했다. 그들은 수가라는 동네에서 하룻밤을 보냈는데, 그곳 사람들은 예수의 일행을 기쁨과 요란스런 믿음으로 환대했다.

그들은 그날 밤 고기를 먹었다. 이는 보통 사람들이나 순례자에게는 흔치 않은 음식이었다. 양은 너무도 비싸서 잡아먹기보다는 길러서 털을 깎는 편이 더 나았기 때문이다. 하지만 거의 일 년 전에 예수를 만났던 이곳 사마리아 사람들은 그 이후로도 계속 예수에게 신성한 믿음을 가지고 있었다. 그가 다시 돌아온 일은 잔치를 열 만한 이유가 되었다.

더욱이 이곳에는 예수에게 지나치게 극적인 애정을 보이는 한 여인이 있었는데, 그녀의 기쁨에 휩쓸려 환호하고 웃고 춤추지 않을 수 있는 사람은 아무도 없었다.

"당신!"

그녀는 예수가 도성을 향해 걸어오는 것을 알아보자마자 크게 외쳤다.

"당신이시군요!"

그녀가 소리치며 달려오기 시작했다. 그녀는 굉장한 몸집을 가진 여인이었다. 예수는 어찌할 바를 모르고 두 팔을 반쯤 쳐든 채 멈추어 섰다. 제자들은 뒷걸음쳤다. 마치 두 세계가 한데 모이는 듯한 광경이었다. 여인은 온통 색색으로 물들인 채 다가왔다. 눈가는 초록색이고 뺨은 붉었다. 그리고 적갈색 머리카락에 오렌지빛 손바닥.

"우-우-후! 선생님! 주님!"

그녀는 거대한 팔을 머리 위로 힘껏 흔들며 뛰어왔다. 예수는 완전히 홀로 서 있었다. 그의 두 눈이 점점 커지고, 턱은 아래로 처졌다.

"선생님! 어쩜 이렇게 오랜만에 오셨나요!"

바로 일 년 전, 이 여인은 남자를 잡아먹는 여인으로 알려져 있었다. 그녀와 결혼한 남자들이 모두 죽었기 때문이다. 다섯 명의 남자가 다 그랬다. 때문에 그 누구도 감히 여섯 번째 남자가 되려 하지 않았다. 그녀가 함께 살고 있던 남자도 그녀와 결혼은 하지 않으려 했고, 수가 사람들은 그녀와 말도 하지 않으려 했다.

그러던 어느 날 나사렛 예수가 그곳 우물에 나타났다. 그녀의 모든 것, 인종, 소문, 큰 몸집, 옷맵시, 행동거지 등등에 아무 아랑곳없이 예수는 그녀 또한 천국의 딸인 양 그녀에게 말을 걸었다. 그 후 이 사람의 경이로움을 온 도성에 나팔 불고 다닌 사람이 바로 그녀였다. 현란한 목격담을 늘어놓으며 열렬한 설득으로 추종자들을 예수께 데려온 사람도 바로 그녀였다.

'와서 보라구요. 내 과거를 전부 알아맞히신 분이 계세요. 그분이 그리스도가 아닐까요?'

그런데 그날 오후 돌아온 예수를 맞이하려는 기쁨 속에 앞으로 나아가다 그랬는지, 그녀는 돌부리에 걸렸다. 이유야 어찌되었건 그녀의 얼굴에서 기쁨이 사라지고 공포가 떠올랐다. 그녀는 초록빛 눈꺼풀을 홉떴다. 그 거대한 여인이 비명을 질렀다

"선생님!"

그녀의 몸이 송두리째 땅에서 들리는 듯했다.

"선생님! 잡아주세요!"

바로 앞에 있던 예수는 놀라 외마디 소리를 질렀다.

"허!"

그 후로 오랫동안 제자들은 그의 다음 행동에 대해 논쟁을 하곤 했다. 그게 기적이었는지, 아니면 생명의 위기에서 솟아난 필사적인 힘이었는지. 그는 그녀를 붙잡았다. 아니, 넘어지는 것을 몸으로 막았다고 해야 정확할지도 몰랐다. 그 마지막 순간 공중에 뜬 여인이 배부터 떨어질 때, 예수는 빙글 뒤돌아 허리를 굽히고 등으로 엎어지는 여인을 받았다. 그는 휘청거리며 세 걸음 정도 나아가다 얼굴을 땅에 박고 쓰러졌다.

수가 시와 그 시민들 그리고 예수의 모든 추종자들이 오랜 침묵의 순간을 지켜보았다. 분명 여인은 선생의 위엄을 손상시켰다. 그의 뼈도 부러뜨린 게 아닌가 싶었다. 아무도 알 수 없었다. 그는 산더미 같은 살집 아래 땅에 코를 박고 묻혀 있었다.

어린 소녀 같은 목소리로 그녀가 말했다.

"선생님, 괜찮으⋯⋯?"

예수의 입 근처에서 작은 먼지 구름이 일었다. 그러더니 컥컥대는 콧소리가 났고 더 빠른 센 숨결에 아까보다 많은 먼지가 피었다. 소리는 숨이 막혀 내는 소리에 가까웠다.

그때 그 거대한 인간의 살집이 통째로 흔들거리며 들리기 시작했다. 예수는 얼굴을 찌푸린 채 숨을 다 뱉어내곤 몸을 돌리려 애썼다. 여인도 내려오려고 애쓰기 시작했다. 그런데 그때 예수가 큰 숨을 들이마시더니 입을 열고 웃음을 터뜨렸다. 그가 웃고 있었다! 눈은 감은 채로, 검은 눈썹에는 눈물이 반짝이면서, 입은 귀언저리까지 크게 벌린 채 유쾌한 웃음을 터뜨리고 있었다.

예수는 완전히 몸을 뒤집고는 두 팔을 거대한 추종자에게 둘러 그녀를 끌어안았다. 여인이 두 눈을 깜빡이며 키득거리기 시작하자 그가 소리쳤다.

"여인이여, 나를 그렇게까지 사랑하진 마시오! 당신의 사랑이 나를 완전히 깔아뭉갤 뻔했소!"

그는 샘처럼 끊임없이 웃음을 쏟아내었다. 제자들 전부와 수가 사람들도 앞에 있는 산만한 사랑을 바라보며 왁자지껄하게 웃음을 터뜨렸다. 그렇게 잔치는 이미 시작되었다. 웃음과 춤, 고기를 나누면서. 비록 예수는 아버지의 뜻을 따르고, 그분의 일을 이루는 것이야말로 더 좋은 음식이라고 말했지만.

그 여인은 예수와 처음 만났을 때 이렇게 말했다.

"제가 보니 선생님은 예언자십니다."

그리고 나서 그녀는 유대인과 사마리아인을 갈라놓는 가장 큰 문제를 예수에게 물어보았다.

"우리 조상들은 그리심 산에서 예배를 드렸습니다. 그러나 선생님네 사람들은 예루살렘으로 가서 예배를 드려야만 한다고 그러더군요."

누가 종교적으로 더 옳은가? 사람들은 이 문제로 서로 죽이고 죽었다. 하지만 이제 이 순례자 선생이 촌스럽게 차려입은 여인에게 결론적인 해답을 주었다.

"여인이여, 사람들이 이 산도 예루살렘도 아닌 곳에서 아버지께 예배를 드릴 때가 올 것이오. 하나님은 영이시오. 하나님께 예배를 드리는 사람은 영과 진정으로 예배해야 하오."

그때 여자는 잠잠해졌다. 그녀의 온갖 치장은 이제 쓸데없는 것이 되었다. 솔직함이 그녀를 눈뜨게 했고 그 두 눈을 아름답게 만들었다. 생명을 갈구하는 인간의 영혼이 거기 비쳤다.

"전 메시아가 오실 줄 알아요. 그분이 오시면 모든 걸 다 보여주시겠지요."

그러자 예수는 똑바로 그녀의 시선을 받으며 말했다.

"당신에게 말하고 있는 내가 바로 그요."

가버나움으로 돌아와 처음 맞는 안식일에, 예수는 회당으로 들어가 기꺼이 귀기울이는 사람들에게 설교를 하려고 자리에 앉았다.

막달라의 마리아는 여자들 가운데 자리를 잡았다. 하지만 그녀는 예수가 자주 입는 외투와 거기 달린 푸른 술 장식을 쳐다보고 있었다. 전날 그녀가 새로 배합한 물비누를 써서 빤 것이었다. 그 물비누는 보다 순한 잿물에다 다른 종류의 비누풀을 태운 재로 만든 잿물을 섞은 것이다. 예수의 긴 외투 섬유는 아주 섬세하고 고왔다. 그것은 너무 자주 세게 빨아서 닳아지기 시작했다. 천을 상하게 만들고 싶진 않았지만 깨끗하게 빨지 않을 수도 없는 일이었다.

그녀가 큰방 쪽을 주목하고 있을 때, 한 남자가 예수에게로 가고 있는 것이 보였다. 동시에 삼삼오오 모여 있던 모든 선생들과 학생들이 동시에 조용해졌다. 그들 또한 지켜보고 있었다. 마리아는 성구함에 달린 장식술의 길이와 넓이로 보아 많은 선생들이 모세의 율법에 맹목적인 바리새인들임을 알았다.

예수 또한 가르침을 멈췄다. 그는 금빛 눈을 들어 다가오고 있는 사람을 맞았다. 그 남자가 말했다.

"저는 채석공이었습니다, 선생님. 제 손으로 먹고 살았습니다."

채석공은 옷 안쪽에서 오른손을 꺼냈다. 그 손은 오그라들어 있었다. 뼈까지 쪼그라들어 거무죽죽한 잿빛으로 말라 있었다. 모든 사람들이 예수를 똑바로 지켜보고 있는 가운데 예수는 그의 오그라든 손을 바라보았다.

무슨 일인가 지금 이 회당에서 일어나고 있었다. 마리아로서는 이해할 수 없는 어떤 일. 그녀의 얼굴이 화끈거렸다. 곁눈질하며 비판적인 시선으로 지켜보는 침묵에 찬 사람들을 그녀는 증오했다. 이 모든 사람들은 도대체 무엇을 기다리고 있는 것인가? 왜 그들은 그처럼 화난 듯 보이는가?

"예수여, 부탁입니다. 저를 고쳐주십시오. 더 이상 수치스럽게 구걸하지 않게 해주십시오."

갑자기 예수가 자리에서 일어서서 몸을 쭉 폈다.

"이리 나오시오. 걱정 말고 모든 사람들의 한가운데로 나와 서시오."

그 남자는 예수에게로 나오면서 주위 사람들에게 사과의 말을 중얼거렸다. 그는 고개를 숙였다. 수줍어했다. 그러나 예수의 말을 따랐다. 그렇게 그는 앞으로 나왔다. 예수는 남자의 어깨에 손을 얹고 환한 금빛 눈을 크게 부릅뜨고 방 주변의 모든 사람들을 쏘아보았다.

"나는 여러분이 무엇을 생각하고 있는지 분명히 알고 있소. 안식일에 사람 고치는 일이 율법에 어긋난다고 생각하지요. 당신들은 내가 율법을 깰 것인지 아닌지 지켜보고 있는 거요. 율법학자들, 바리새인, 모세의 학생들이여. 내가 묻겠소. 안식일에 선한 일을 하는 게 옳겠소, 아니면 악한 일을 하는 게 옳겠소? 생명을 살리는 것이 옳겠소, 아니면 죽이는 것이 옳겠소?"

아무 대답이 없었다. 예수가 한 번 세게 손뼉을 쳤다. 회당의 모든 사람들이 놀랐다. 마리아의 심장이 멈추는 듯했다.

"그렇다면 말해보시오! 당신들 중 누군가의 양이 안식일에 구덩이에 떨어졌다면 그것을 잡아 꺼내주지 않겠는가?"

여전히 아무도 대답하지 않았다. 두 눈을 번쩍이며 예수가 소리쳤다.

"그렇다면 여러분은 율법을 인용해서라도 사람이 양보다 귀하지 않다고 말할 테요? 못하겠지! 그렇다면 안식일에 선한 일을 하는 것은 율법을 어기는 일이 아니오."

예수의 표정이 바뀌었다. 슬픈 마음에 예수의 입꼬리가 내려갔다. 그는 고개를 옆으로 천천히 흔들었다.

"저토록 닫힌 마음을 가졌다니……. 아버지가 안식일에 일을 하시므로 나도 안식일에 일하오. 진정으로, 진정으로 아들이 제멋대로 하는 일은 하나도 없소. 오로지 아버지가 하시는 일을 보고 따라할 뿐이오. 아버지는 아들을 사랑하기에 하시는 일을 모두 아들에게 보여주시는 거요. 이보다 더 큰일들도 보여주실 것이오. 당신들은 놀랄 것이오."

그리고 나서 예수는 옆에 있는 채석공의 어깨를 더욱 단단히 붙잡았다.

"채석공, 손을 내밀어 펴시오."

남자는 오른손을 들어 쭉 뻗었다. 손이 펴졌다. 장미꽃처럼 온전하게 손이 펴졌다.

예수는 다시 자리에 앉지 않았다. 그는 큰 걸음으로 회당을 나갔다. 그러나 마리아는 조용히 숨죽이고 있었다. 그녀는 두려움으로 가득 찼다. 선생님은 잔인한 사람들을 화나게 만들어서 위험을 자초하고 있는 것처럼 보였기 때문이다.

바리새인들. 아직까지도 속닥거리는 소리가 들렸다. 그녀는 눈을 감고 얼굴을 가렸으나 소용이 없었다. 분노에 찬 비난의 소리는 여전히 들려왔다.

"안식일 법을 범하는 것에서 한술 더 뜨는군. 그가 이젠 하나님과 맞먹으려 들지 않는가!"

그리고 이런 소리도 들렸다.

"야훼의 이름으로 병을 고치는 것이 아니다. 나사렛 예수는 바알세불에 속한 사람이다. 악마두목의 힘을 빌어 악마들을 내쫓고 있는 거다!"

덧붙여 이런 소리도 들렸다.

"어떻게 예수를 없앨까?"

그러나 그날 오후, 예수로부터 너무도 거룩하고 위안이 되는 말을 들었기에 마리아의 두려움은 은밀하게 밀려오는 감사의 마음속에 녹아 없어졌다.

예수의 많은 제자들이 시몬의 장모 집에 모여 있었다. 몇몇 율법학자들과 바리새인들이 찾아와 예수의 권위 있는 말을 증명할 증거를 보여 달라고 요구했다. 예수가 말하고 있었다.

"이 악하고 음란한 세대가 증거를 내놓으라고 하지만, 요나의 증표 밖에는 다른 증거를 얻지 못할 것이오."

그 순간 안드레가 방으로 들어와 예수의 주의를 끌려고 신호를 보냈다. 예수가 알아보고 고개를 끄덕이면서도 말을 계속했다.

"요나가 사흘 낮과 사흘 밤 동안 고래 뱃속에 있었던 것과 같이 사람의 아들도 사흘 낮과 사흘 밤 동안을 땅 속에 있을 것이오."

이제 예수는 안드레를 바라보았다.

"무슨 일인가?"

안드레가 사람들을 뚫고 다가오려고 했으나 예수는 말했다.

"거기서 할 얘기를 하게."

안드레는 곤란한 표정을 했지만 어쨌든 말을 했다.

"선생님의 어머님이 밖에 와 계십니다. 나와서 함께 이야기를 좀 했으면 하시는데요. 선생님의 동생분들도 같이 와 계십니다."

예수는 움직이지 않았다. 천천히 주변 한 사람 한 사람을 모두 둘러보았다. 그리고 안드레에게 질문이라도 하는 것처럼 말했다.

"누가 나의 어머니인가?"

이 말에 안드레는 침을 꿀꺽 삼키며 이마를 찌푸렸다. 다시 예수가 말했다.

"내 동생들이 어디에 있는가?"

안드레는 고개를 으쓱했다. 갑자기 마리아가 몸을 꼿꼿이하고 그 말에 온 신경을 기울였다. 그때 예수가 부드러운 밀이삭과 같은 눈빛을 곧바로 자신에게 보내고 있는 것처럼 느꼈다.

"여기에 내 어머니가 있고, 내 형제들이 있고, 내 가족이 있네. 이곳에. 내 아버지의 뜻을 따르고자 하는 사람이 내 자매요, 형제요, 내 어머니일세."

오, 넘쳐흐르는 영광이 이제 마리아에게 가득 찼다. 광휘와 감사. 여왕이 따로 있는가? 그녀는 선생님과 자신만을 의식하고 있었다. 그리고 자신은 여왕이었다! 두려움도 지나쳐가는 너무도 높은 지위! 외로움도 이겨내는 높은 지위. 그녀는 예수의 가족으로 승격된 것이었다!

정말이지 이제 막달라 마리아에게는 가족이 있었다. 그리고 예수가 어디에 계시든 그곳이 영원히 그녀의 집일 것이었다.

예수가 채석공의 손을 고쳐준 후 안식일마다 너무나 많은 군중이 몰려왔고, 율법학자들과 바리새인들의 논쟁과 비난이 너무도 집요했기에 밤 무렵에 예수는 완전히 지쳐버리고 말았다. 예수는 가장 가까운 제자들을 따로 불러내어 말했다.

"배가 있는 곳으로 가세."

마리아는 예수의 어깨가 앞으로 처져 가슴이 움푹 들어간 모습을 바라보았다.

"호수 반대편으로 건너가세."

그래서 밤을 틈타 스무 명 정도의 제자들이 갈라져 해변으로 내려갔다. 그들은 모두 함께 배 세 척을 갈릴리 바다를 향해 밀었다. 마리아는 예수가 어느 배에 오르는가 보고 가까스로 같은 배에 올라탔다. 비록 뱃바닥 한가운데에 웅크리고 있어야 했지만. 그녀는 또 예수가 고물 쪽으로 내려가는 것을 보았다.

그는 바닥에 누워 작은 베개를 베고 잠이 들었다. 그녀도 따라했다. 그녀는 옆으로 웅크려 누웠다. 그리고 규칙적으로 덜커덕거리는 노받이 소리와 머리 위에서 돛이 가볍게 펄럭이는 소리에 귀기울였다. 그러면서 졸기 시작했다. 한밤의 어둠이 이불처럼 그녀를 덮었다.

갑자기 누군가가 그녀를 밟았다. 사과의 말도 없었다. 커다란 발이 그녀의 어깨를 짓눌렀다. 그녀는 배가 흔들거리는 것을 느끼고 잠에서 깼다. 뱃바닥이 철렁 떨어졌다간 구르듯 튀어오르고 찢는 듯한 바람이 마른 소금 같은 물거품을 배 안으로 뿌렸다. 돛에 불어닥치는 바람이 날카로운 소리를 냈다. 번개가 번뜩였다. 그녀의 어깨를 밟은 사람은 돛을 내리려 애쓰고 있었으나 허사였다.

바로 옆에서 천둥소리가 갈라졌다. 노를 젓고 있던 사람들은 몸을 뒤로 젖히며 사력을 다해 배를 가누려고 애썼다. 배 앞머리가 위로 솟았다. 배는 고물 쪽을 밑으로 하여 곤두섰다. 그때 배 뒷부분이 거대한 파도에 부딪쳐 공중으로 치받더니 다시 거꾸로 깊숙이 곤두박질쳤다. 물이 온통 배 위로 흘러들어 마리아를 덮쳤다. 배에 탄 채 익사할 지경이었다. 파도는 산처럼 밀려왔다. 그녀는 두 손으로 뱃전을 꼭 붙들고 숨을 내쉬었지만 거의 배 밖으로 내던져질 것 같았다.

번개가 낮은 구름을 때렸다. 남자들은 목이 쉬도록 소리치고 있었다. 배 안의 물을 퍼내는 것도 쓸데없는 일이었다. 이제 돛은 완전히 갈기갈기 찢어져 긴 손가락처럼 공기를 할퀴고 있었다. 누군가 우렁찬 목소리로 외쳤다.

"선생님! 선생님! 선생님은 우리가 죽게 되었는데 신경도 안 쓰십니까?"

시몬이었다! 돛을 아래로 끌어내리려 애썼던 사람이 시몬이었다. 그는 이제 돛대를 끌어안고 매달린 채 고물 쪽으로 이리저리 밀리며 공포와 분노 속에 외치고 있었다.

"우리가 여기서 죽을 판인데 아무렇지도 않으세요?"

내리치는 번갯불 아래에서, 마리아는 고물 쪽에 예수가 일어나 앉는 것을 보았다. 예수는 배가 두 개의 파도를 타넘는 동안 양손으로 뱃전을 잡고 버텼다. 그리고 배가 심하게 요동치는데도 노젓는 뒷자리를 딛고 서서 양팔을 벌리고 바람소리보다 더 우렁차게, 밀어닥치는 파도보다 더 큰 소리로 외쳤다.

"잠잠해라!"

예수의 몸은 번갯빛과 거센 밤하늘 아래 작아 보였다. 그러나 그의 목소리는 천둥소리 바로 그것이었다. 그가 명령했다.

"잠잠해라! 고요해라!"

그러자 배가 살랑거리며 잔잔해진 물 위에 자리잡았다. 찢어진 돛자락이 시몬의 어깨 바로 위로 떨어졌다. 아무도 말이 없었다. 고요함이 모든 사물을 덮어버렸다. 그 고요함이, 정적에 익숙지 않은 제자들의 귓가에서 윙윙거리는 소리로 맴돌고 있었다. 잔물결만이 선체를 때리고 있었다. 시몬은 입을 딱 벌린 채 바닷물을 내뿜으며 중얼거렸다.

"이분이 누구시지? 도대체 어떤 분이신가?"

예수가 말했다.

"왜들 두려워하나? 아직도 믿음이 없는가?"

하지만 마리아는 두려워하지 않았다. 마리아의 마음은 흔들림없이 굳건했다. 파도조차도 그녀에게는 집이 될 수 있었다. 예수가 그곳에 계셨기 때문이다.

생명을 살리는 이

막달라 마리아 Mary Magdalene

갈릴리 호수 동편에는 거라사인이라 불리는 이방인들이 살고 있었다. 그러나 다음날 아침, 제자들이 배를 뭍에 끌어올렸을 때에는 이 이방인들이 하나도 보이지 않았다. 그들은 도시에서 어느 정도 떨어진 외딴 지역에 닿은 것이었다. 사실 그들의 배가 닿은 해변은 표면이 거칠게 깨져나간 석회암 절벽 가까이였다. 절벽 위아래로 좁은 길이 패여 있었고 무덤 구멍들이 셀 수 없이 많았다.

이 얼마 안 되는 유대인 무리가 아침식사를 하기 위해 절벽 아래 앉아 있는 동안 애처로운 울음소리가 들려왔다. 슬픔으로 가득 찬 아름다운 피리소리처럼 감미롭고도 가느다란 고뇌의 울음소리였다.

마리아는 머리 위로 벌집처럼 구멍이 뚫린 절벽을 살펴보았으나 아무것도 보이지 않았다. 말없는 비탄의 소리가 어디에서 나는지 찾을 수 없었다. 단지 듣는 것만으로도 그녀는 슬퍼졌다. 죽음의 큰 슬픔이 느껴졌다. 빵이 목 안에서 메어와 삼킬 수가 없었다.

울음소리는 그치지 않았다. 다른 제자들은 그 소리를 들었는지 안 들었는지 아무런 내색이 없었다. 마리아는 일어서서 절벽을 따라 남쪽으로 걸어갔다. 울음소리의 음조는 때로 높아졌다가 때로 신음소리처럼 낮아지곤 했다. 하지만 끊임없이 계속되었다. 마치 무덤이 숨을 쉬며 노래하는 것 같았다.

남쪽으로 치우친 산비탈, 풀이 나 있는 곳에서 마리아는 꽤 큰 무리의 돼지 떼가 낮은 산등성이를 넘어 다가오는 것을 보았다. 그리고 그 뒤에 돼지치기들이 따라오는 것이 보였다. 그녀는 그들에게 뛰어가 소리쳤다.

"이보세요! 이보세요. 누군가 저기 절벽 뒤에서 울고 있잖아요?"

언덕 높은 곳에서 한 사람이 지팡이 위에 손을 포개 얹고 그녀를 노려보았다.

"그 사람, 아픈 거예요!"

마리아가 소리쳤다.

"아픈 게 틀림없어요. 나도 그렇게 울어본 적이 있어요. 물론 아주 끔찍하게 아팠을 때에 그랬죠. 저 소리가 들리나요? 저 사람을 알고 있나요?"

"내버려두시오."

돼지치기는 돼지에게로 고개를 돌려버렸다.

"뭐라고요? 그냥 두라고요?"

그 돼지치기는 여자의 말을 무시했다.

"당신은 그를 알고 있군요?"

갑자기 돼지치기가 지팡이를 들더니 그녀를 가리켰다. 그는 다그치듯 물었다.

"당신은 누구요?"

"내 이름은 마리아입니다. 막달라 출신이지요."

"갈릴리 사람이군."

"네."

"유대인이겠군."

"그래요."

"당신 민족! 당신들과 그 잘난 율법은 우리가 돼지고기를 먹는다고 경멸하며 우리 삶을 참견하고 있소. 고향으로 가시오. 당신들은 자기가 무슨 말을 하고 있는지조차 모르고 있소. 돌아가시오."

이이이익! 이이이…… 소름 끼치도록 높이 울려퍼지는 울음소리가 무덤가의 아침 공기를 갈라놓았다. 저 죽음의 고통! 그 소리는 마리아의 심장을 꿰뚫었다.

"어떻게 저 소릴 못 들은 체할 수 있죠!"

그녀가 소리쳤다.

"바보 같은 소리 마시오."

돼지치기는 코웃음을 쳤다. 그는 지팡이 한쪽으로 돼지들을 찰싹 때렸다.

"그 자는 무덤가를 좋아하오. 그 자는 귀신 들렸소. 돌로 자기 머리를 치고 자기 살을 찢소. 족쇄를 채우면 부숴버리고 쇠사슬로 묶어도 끊고 도망친다오……."

"귀신 들린 자에게 그런 식으로 한단 말이에요?"

마리아는 눈물이 쏟아질 것 같았다.

"쇠사슬로 묶는다고요?"

"가시오! 여기서 사라지시오. 독선적이고 하잘것없는 유대인!"

돼지치기가 소리질렀다. 그리고는 쉰 목소리로 웃어댔다. 그는 손가락질하며 외쳤다.

"저기! 저기, 당신이 사랑하는 귀신들린 자가 있소!"

마리아가 고개를 돌려 보니 한 남자가 거의 벌거벗은 채 이 바위 저 바위를 뛰어다니며 비명을 지르고 있었다. 이이이이! 이이이이…… 그는 소리를 지르며 아래 해변가에 있는 제자들에게 돌을 던졌다.

"예에에에에수!"

그가 비명처럼 외쳤다.

"당신이 나와 무슨 상관이 있습니까? 예수! 예수, 예수, 가장 높으신 하나님의 아들!"

갑자기 그 미친 사람이 사라졌다. 그리고는 너무도 순식간에 훨씬 아래쪽에서 나타났다.

"예에에에에수, 때가 되기도 전에 나를 괴롭히기 위해 오셨소?"

이제 그는 고개를 숙이고 전속력으로 바위를 뛰어내려와 예수에게로 달려가며 소리쳤다.

"나를 괴롭히지 마십시오! 나를 괴롭히지 마십시오! 제발 괴롭히지 마십시오!"

마리아도 힘껏 빨리 달려내려갔다. 예수는 제자들과 떨어져 앞으로 걸어나오고 있었다. 그 남자가 평지로 뛰어내렸다. 울부짖고 모래를 차면서 단숨에 예수 앞에 섰다. 예수가 목소리를 돋구었다.

"네 이름이 무엇이냐?"

갑자기 그 벌거벗은 남자는 목 언저리를 한 대 얻어맞은 것처럼 보였다. 다리가 앞으로 들리더니 벌렁 나자빠졌다. 하지만 그는 몸을 구부리고 일어나 손과 무릎을 웅크린 채 예수에게 대답했다. 여러 명의 목소리가 한꺼번에 으르렁거리면서 그의 목을 뚫고 나왔다.

"내 이름은 군대입니다. 우리의 수가 많기 때문입니다!"

"아, 군대!"

예수가 앞으로 성큼성큼 걸어나왔다.

"전사의 귀신들아! 군대 귀신들아! 오천 명의 비겁한 귀신들아. 너희는 내 이름을 알겠지!"

예수가 소리쳤다.

"내가 너희에게 명령한다. 그 남자에게서 나와라!"

"기다려주십시오."

피리소리처럼 슬프고 아름다운 합창의 목소리가 벌거벗은 남자의 입에서 울음소리로 흘러나왔다.

"예에에수, 간청합니다. 우리를 지옥으로 떨어뜨리지 마십시오! 우리를 언덕의 돼지에게로 보내주십시오."

선생의 뒤로 살금살금 다가가고 있던 마리아는 예수가 작게 중얼거리는 소리를 들었다.

"가라."

그러자 벌거벗은 남자는 쿵 하고 땅에 쓰러졌다. 그때 갑자기 푸른 산비탈에 있던 돼지들이 짧은 다리를 벌리고 끔찍하게 꽥꽥 소리를 높이며 비탈 아래로 우루루 내리달렸다. 돼지치기들이 이리저리 뛰며 저주하고 욕설을 퍼부었지만 돼지 떼를 통제할 방법이 없었다.

2천 마리의 돼지들은 마치 진흙사태처럼 허둥지둥 달려내려가고 있었다. 꽥꽥 소리를 지르며 물가로, 호수로 달려가고 있었다. 그리고 물을 헤치며 가다 꼬르륵꼬르륵 푸푸 소리를 내뱉으며 죽어갔다. 마침내 호수는 둥둥 떠다니는 죽은 돼지들로 가득 찼다. 언덕 위엔 아무도 없었다. 돼지치기들도 도망쳐버린 것이다.

막달라 마리아는 어느새 시몬의 배로 가고 없었다. 그녀는 너덜너덜 찢어진 채 매달려 있는 돛을 끊어냈다. 그리고 가죽통에 담긴 깨끗한 물 한 통을 찾고 자기 옷 한 벌을 집어들어 울부짖고 있던 남자에게로 돌아갔다. 그는 의식을 잃고 땅에 누워 있었다.

조심스럽게 천천히 어루만지며 마리아는 그 남자를 씻겼다. 그의 가는 머리카락도 감겨주었다. 그리고 붕대처럼 길게 잘라온 돛자락으로 새로 난 상처를 싸매주었다. 그러면서 내내 이렇게 중얼거렸다.

"나는 알아요, 알고 있어요. 당신이 어떤 고통을 겪었는지. 아주 잘 알고 있어요."

그녀는 손가락 끝으로 그의 팔 근육을 가볍게 누르며 살펴보았다. 쇠사슬과 족쇄를 끊었다던 힘은 찾아볼 수가 없었다. 그의 빈약하고 여윈 목은 연한 뼈와 힘줄만이 남았고, 움푹 들어간 쇄골은 그 속으로 그녀의 손 하나를 전부 숨길 수 있을 정도였다. 마지막으로 마리아는 자신의 옷으로 그의 몸을 감싸주었다.

예수가 그 귀신 들린 자의 내부를 깨끗하게 해주었다면 마리아는 외부를 깨끗하게 해준 것이다. 마리아는 깨끗하게 하는 일에 참여한 것이 기뻤다. 제자들도 그녀가 혼자 힘으로 처음 이루어낸 일을 인정해 주는 것 같았다. 안드레가 속삭이듯 말했다.

"고마워요."

그때 남쪽 낮은 산등성이 위로 사람들의 모습이 나타났다. 그곳 주민들인 거라사 사람들이 의심쩍은 눈초리로 언제라도 도망칠 준비를 하면서 슬금슬금 나타났다. 그들은 입을 딱 벌리고 호수 가득 익사한 돼지들을 바라보았다.

"봤소?"

돼지치기들이 사람들 앞에 서서 말했다.

"이제 우리 말을 믿소?"

가만가만 언덕을 내려와 해변가에 이른 거라사 사람들은 소스라치게 놀라 한 무리로 단단히 뭉쳐 멈춰 섰다. 귀신에 사로잡혀 있던 남자가 깨끗하게 옷을 차려입고 제정신이 되어 예수 옆에 앉아 있었던 것이다.

"돌아가시오!"

돼지치기들이 멀리서 소리쳤다.

"유대인이여, 이곳에서 떠나시오. 가시오, 돌아가시오. 이젠 우리를 내버려둬 주시오."

예수는 천천히 자리에서 일어나 그들의 간청을 들어줄 준비를 했다. 그리고 귀신에게서 자유롭게 된 남자에게 이렇게 말했다.

"이곳에서 이들과 함께 있으시오. 그들에게는 살아 있는 본보기로서 당신의 말과 당신이 필요하오. 집으로 돌아가서 하나님께서 당신에게 베푸신 일을 선포하시오."

예수와 제자들이 호수를 건널 때 하늘은 새파랬다. 전날 밤 그들을 거의 휩쓸 뻔했던 폭풍우가 하늘을 말끔히 닦아놓았던 것이다.

또다시 예수는 시몬의 배 고물께에 자리를 잡았다. 그리고 뱃머리를 마주하고 뒤 노젓는 자리에 앉아 맨발을 갑판에 넓게 벌리고, 팔꿈치를 무릎 위에 대고 얼굴을 손에 묻었다. 머리카락이 베일처럼 흘러내려 머리, 팔, 다리에서 정강이까지를 검은색으로 뒤덮었다.

마리아는 예수의 발 옆 바닥에 앉아 선생의 숨소리를 들으려 애쓰고 있었다. 고른 숨소리가 나왔으면 싶었다. 선생이 혼자만의 격리된 어둠 속에서 잠이 들기를 기다리고 있었다. 움직이지 않고 예수가 말했다.

"그대는 병 고치는 자요, 막달라 아가씨. 그댄 아픔을 알고 있소. 그러니 그대도 병을 고치는 자요. 샬롬."

마리아가 그 검게 드리워진 휘장을 흘긋 바라보았다. 그녀의 가슴이 예수의 말에 방망이질쳤다. 그녀가 말했다.

"주님, 제 손가락이 항상 차갑다는 것을 알고 계십니까? 제 몸이 따뜻하다고 느낄 때조차 손가락은 백지장처럼 하얗고 차가워서 저의 손이 닿는 사람마다 차가운 흔적을 남기지 않을까 걱정입니다. 한기는 씻어버릴 수가 없는 것이니까요."

예수는 어깨 사이로 고개를 떨어뜨린 채 아무 대답이 없었다. 그러자 몸이 흔들릴 정도의 깊은 숨소리가 들렸다. 그녀는 예수가 잠들었다고 믿었다. 그녀는 기뻤다.

사람들은 배 세 척이 오는 것을 보았다. 배가 육지에 닿았을 때에는 이미 사람들이 가버나움 해변을 따라 모이기 시작했다.

예수는 머리를 뒤로 묶고 몸을 숙여 시몬과 안드레가 배를 육지로 끌어올리는 것을 도왔다. 그들은 노와 장구들을 치웠다. 시몬이 막 자기 배의 돛대에서 늘어진 돛 조각들을 잘라내고, 제자들이 배 내부를 닦기 시작했을 때 붉은 얼굴의 작은 남자가 군중들을 헤치고 나아와 예수의 발아래 엎드렸다.

"선생님!"

그가 헐떡이며 불렀다.

"야이로! 무슨 일이오?"

예수는 그 남자를 알고 있었다. 가버나움 회당에서 종종 그가 예배를 준비하는 것을 본 적이 있었다.

"선생님, 제 아이가 죽어갑니다!"

"당신 딸이?"

"숨소리가 점점 더 약해집니다! 죽어가고 있는 겁니다! 제발 오셔서 그 아이에게 손을 얹어주십시오. 제발!"

"나를 그 아이에게 안내하시오."

야이로가 벌떡 일어서서 사람들에게 비켜달라고 부탁했다. 그리하여 그와 예수 그리고 제자들과 군중 대다수가 거리를 지나 회당 근처 높은 마당으로 줄지어 갔다.

"서둘러주세요, 서둘러주세요."

야이로가 좁은 어깨를 들썩이며 우는 소리를 냈다.

"길을 비키시오! 서둘러주세요!"

갑자기 예수가 멈춰 섰다. 야이로는 그런 줄 모르고 앞으로 힘들여 나아갔다. 하지만 예수는 바로 뒤에 쫓아오던 사람들을 바라보고 있었다.

"누가 나를 만졌소?"

예수가 물었다.

"선생님을 만졌냐고요?"

시몬이 거친 웃음소리를 냈다. 그가 소리쳤다.

"당연히 선생님께 닿지요! 사람들이 떼지어 있지 않습니까? 어떻게 선생님께 닿지 않을 수 있겠습니까?"

예수는 시몬의 빈정거림을 무시하고 소리쳤다.

"누가 방금 내 옷을 만졌소? 내게서 능력이 빠져나가는 걸 느꼈소."

사람들은 완전히 멈춰 서버렸고, 야이로는 그 많은 인간 벽 앞에서 무력감으로 발버둥치고 있었다. 그러다가 그는 선생이 자기 뒤에 없다는 것, 저 뒤에서 다른 이야기를 나누고 있고 군중이 그를 지켜보고 있다는 것을 알았다.

사람들이 예수에게서 물러서서 그 앞에 둥근 공간을 만들어주었다. 여윈 여자가 두려워하며 그곳에 웅크리고 앉아 있었다. 영양 상태가 좋지 못해 몸은 쇠약한 데다 상처투성이었다.

"예수님!"

야이로가 소리쳤다.

"시간이 없습니다! 내 딸에게는 시간이 없습니다!"

하지만 예수는 등을 돌리고 있었다. 그는 이 일에 목숨이 달려 있는 것처럼 쏟아내는 여인의 말에 귀기울이고 있었다.

"저는 열두 해 동안 피를 흘리고 있습니다만, 어떻게 해도 그치게 할 수가 없었습니다. 의사들조차도 아무것도 할 수 없었지요. 저는 모든 재산을 의사에게 탕진했지만 전보다 더 악화되었을 뿐입니다. 그러다가 오늘 아침 당신이 호수를 건너오시는 것을 보고 생각했습니다. '저분의 옷술에 손만 대어도 내 병이 나을 텐데.' 하고 말입니다."

갑자기 그녀가 말을 멈췄다. 그녀는 놀라 뒤로 움츠렸다. 예수가 한 걸음 다가서서 한쪽 무릎을 꿇었기 때문이었다.

"그래서 저는 당신의 옷을 만졌습니다. 아시다시피⋯⋯."

그녀는 숨을 몰아쉬었고, 두 눈에는 두려움이 가득했다. 예수가 그녀의 얼굴에 손을 뻗었다.

"제 병이 나았습니다. 이제 건강해졌어요. 피를 흘리지 않습니다."

예수는 여인의 잿빛 얼굴을 자신의 어깨로 끌어당겼다. 그리고 그녀의 등을 어루만져 주었다. 예수가 낮은 소리로 말했다.

"딸이여, 당신 믿음이 당신을 낫게 했소. 평안히 가시오."

예수가 자리에서 일어나 다시 야이로에게 걸어갔을 때 그 작은 남자는 예수를 쳐다보지 못하고 말뚝처럼 서 있었다. 그는 이제 군중을 뚫고 집으로 가려고 하지도 않았다. 그의 얼굴은 표정 없이 창백했고 눈은 초점을 잃었다.

누군가 잘난 체하며 예수에게 말했다.

"갈 필요 없소."

그는 고개를 끄덕이면서, 자신과 예수는 분별력 있는 사람이고 야이로는 보살펴줘야 할 어린아이인 것처럼 말했다.

"당신은 당신 갈 곳으로 가도 되겠소. 야이로의 딸은 죽었으니까."

야이로는 멍하니 이곳저곳을 둘러보았다. 무엇인가 찾는 듯이 보였다. 예수는 야이로의 어깨를 붙잡고 소식 전한 사람을 노려보며 말했다.

"야이로, 걱정 마시오. 내 말을 듣고 있소? 믿으시오. 믿음이 필요한 때요!"

예수는 야이로의 팔꿈치를 잡아 이끌며 그의 집을 향해 성큼성큼 걸었다. 선생의 눈은 태양빛 아래 번쩍이는 병기처럼 번뜩이고 있었다. 그리고 야이로의 집에 도착해 안에서 많은 사람들이 몹시 슬퍼하는 소리를 들었을 때도 눈은 매섭게 번뜩이고 있었다. 여자들이 뜰에 앉아 애도의 나무피리를 불며 큰 소리로 통곡하고 있었다.

야이로는 창백한 얼굴로 이끌려 갔다. 예수는 그를 집안까지 끌고 갔다. 그리고 소리쳤다.

"통곡을 멈추시오! 아이는 죽은 것이 아니라 자고 있는 것이오!"

이들은 직업적으로 대신 곡을 해주는 사람들이었다. 돈을 받고 슬퍼해주는 사람들이었고, 때문에 이 일에 정통하다고 자신하고 있었다. 그들은 잠깐 동안 예수가 한 말을 생각해 보더니 곧 비웃음을 터뜨렸다. 그러자 예수의 눈빛이 더욱 무시무시하게 이글거렸다. 그는 야이로를 잡았던 손을 놓고, 머리에서 머리끈을 풀어 펼쳐 가죽띠로 만들어 그것을 채찍 삼아 대곡꾼들을 모조리 집 밖으로 몰아냈다. 그리고 시몬과 요한과 야고보를 부른 후 문을 닫았다. 선생의 얼굴빛은 금세 달라졌다.

"아이는 어디에 있소?"

"이쪽으로 오십시오."

아이의 엄마는 그들을 촛불 하나만이 타고 있는 뒷방으로 인도했다. 아이는 깨끗한 아마포를 입고 있었다. 큰 눈은 감겨 있었고, 눈꺼풀 끝에 짙은 속눈썹이 보였다. 솟은 이마는 매우 반듯했지만 뺨은 석고처럼 창백했고 손끝은 백합처럼 희었다.

예수가 침상으로 걸어가 아이의 손을 잡았다. 그가 말했다.

"달리다, 쿰."

'소녀야, 내가 네게 말하니, 일어나거라.'

아이는 잠에서 깨어나듯이 눈을 떴다. 그리고 주변의 얼굴을 바라보며 미소지었다. 야이로는 아이 옆에 무릎을 꿇고 앉아 울었다.

"아빠, 왜 그러세요?"

아이는 일어나 앉아 아버지의 등을 가볍게 토닥거렸다. 아이의 엄마는 두 손을 모으고 속삭이듯 말했다.

"이제 겨우 열두 살이에요! 아주 영특하답니다."

시몬이 목을 가다듬고 말했다.

"얘야, 이분이 누구인지 아니? 방금 누가 너를 고쳐주셨는지 알겠니?"

예수가 아이의 어머니에게 말했다.

"그래요, 아이가 영특한 것을 한눈에 알아볼 수 있겠소. 그런데 아이가 배가 고픈 것 같군요. 먹기 좋은 음식을 좀 갖다주는 것이 좋겠소."

⁂

그 계절에 예수는 가장 가까운 제자들을 데리고 가버나움을 떠났다. 몇 주 동안 그들은 이 마을 저 마을을 다니면서 그 지역의 중심부, 나사렛을 향해 나아갔다.

가는 길에 선생은 점점 말이 없어졌다. 설교도 줄었다. 그의 눈빛에 기민함이나 유머가 줄어들었다. 자주 주위 사람들의 대화를 듣고 있지 않은 것 같았다. 그리고 마을 사람들과 작별인사를 할 때마다 이전보다 마음이 무거워 보였고, 입술을 꼭 다물고 생각에 잠기곤 했다.

마침내 예수는 사람들 눈에 띄지 않는 올리브나무 숲으로 제자들을 불러앉히고, 자신의 생각을 그들에게 드러냈다.

"이 사람들이 나를 슬프게 만드네. 이 사람들은 괴로움에 차 저마다 뿔뿔이 흩어져 있어. 마치 목자 잃은 양처럼 말일세. 그들에게는 함께 있어줄 목자가 필요해. 그들의 영혼은 곡식처럼 추수되어 하나님께 바쳐질 준비가 되어 있네."

예수는 자기가 고른 열두 명의 제자들을 자세히 바라보았다. 그들 모두는 땅에 앉아 예수의 시선을 되받고 있었다.

"내가 자네들에게 능력과 권능을 주겠네. 그것은 질병을 치유하고 더러운 귀신을 쫓기 위해서일세. 추수를 하라고 주인이 자네들을 내보내는 것일세. 내가 자네들을 보내는 거야. 둘씩 짝지어 가게. 이스라엘 집안의 길 잃은 양에게 가게. 병자를 치유하고 문둥병자를 깨끗하게 하며, 귀신을 내쫓게. 지팡이를 제외하고는 아무것도 가져가지 말고 떠나게. 빵이나 자루도, 전대에 동전도 넣고 가지 말게. 입은 옷 그대로만 가고 샌들을 신게. 어느 집에 들어가든지, 그 마을을 떠날 때까지 그곳에 머물러 지내게. 그러나 어느 마을에서든지 사람들이 자네들 이야기에 귀를 기울이지 않거든, 그곳을 떠나게. 그리고 떠날 때 증거 삼아 발에서 먼지를 털어버리게."

"시몬?"

덩치 큰 시몬이 일어섰다. 예수도 자리에서 일어나 그를 포옹했다. 서로 떨어지자 예수가 재빨리 그의 맨 뺨을 꼬집으며 빙그레 웃었다.

"안드레? 야고보? 유다? 마태?"

예수는 한 사람 한 사람과 포옹을 하며 제자들의 임무를 굳게 했다.

"기다릴 필요 없네. 물건 살 것도 없고. 자네들 이야기를 듣는 사람들이 자네들을 대접하게 하게. 하늘에 계신 아버지께 기도하게. 가게."

신속하게 명령이 떨어졌다. 순종 또한 빨라야 했다. 그래서 그 즉시 제자들은 둘씩 짝을 지어 세상 속으로 떠났다.

그들은 걱정스럽지 않을 수 없었다. 너무 갑작스럽게 제자에서 설교자로 변신해야 했던 것이다. 어떻게 그들이 자신의 지식과 설교솜씨를 확신할 수 있단 말인가? 그들이 자신의 목소리를 찾기까지는 시간이 걸렸다.

처음에 그들은 예수가 하던 말을 되풀이했다. 사람들에게 회개하라고 외쳤다. 곧 그들은 반짝거리는 올리브 기름을 아픈 사람들에게 발라주었고 병자들이 고쳐지자 아찔한 흥분을 느끼게 되었다.

치유와 위로 🕊

막달라 마리아 Mary Magdalene

그들은 나사렛에, 예수의 어머니 집에 있었다. 막달라 아가씨 마리아는 선생이 어렸을 때부터 살아온 바로 그 집에서 꿀을 바른 아주 달콤한 건포도빵을 바구니 가득 구웠다. 그녀는 가지고 다닐 수 있는 병에 진한 크림을 담고, 주머니에는 잘 익은 무화과 열매와 석류를 넣었다. 그리고 자기 물건을 함께 챙겨서 구불구불한 길을 따라 도성 뒤에 있는 언덕 꼭대기로 올라갔다.

그녀가 떠난 시간은 오후였다. 높은 언덕을 오르는 길에 고맙게도 산들바람이 불어왔다. 대해에서 시작되어 동쪽으로 가는 바람이었다. 여전히 소금냄새를 간직하고 있는 그 바람에 가슴이 탁 트이는 듯했다. 그녀 앞쪽으로 언덕 끝에 있는 바위 위에 앉아 이쪽에 등을 돌리고 푸른 에스드렐론 골짜기를 내려다보고 있는 예수가 보였다. 그녀는 멈추어 섰다.

마리아는 예수에게 전할 소식이 있었다. 전하기 매우 어려운, 하지만 듣기는 더욱 힘든 소식이었다. 갑자기 그녀는 타고난 얼굴 표정을 한탄했다. 항상 찡그려 있고 냉정하게 보이는 그 표정. 그녀는 가볍게 웃으며 명랑하게 별뜻없는 이야기를 잘 할 수 있는 성격이었더라면 하고 생각했다. 하지만 지금 그녀에겐 크림과 석류가 있었다.

예수가 시선을 옮겼다. 그리고 머리를 왼쪽으로 돌렸다. 갑자기 태양빛 아래 선생의 검은 머리가 진홍색으로 반짝였다. 그러한 모습이 마리

904

아의 가슴에 동요를 일으켰고 그녀는 자기도 모르게 불쑥 말을 꺼냈다.

"랍오니, 건포도빵이에요! 여기서 드실 수 있게 가벼운 점심을 좀 가져왔어요!"

예수는 돌아보며 미소지었다. 마리아에게 예수의 눈은 커다란 메달처럼 확고해 보였다. 그의 얼굴은 혈색 좋게 빛나고 이는 완벽하게 희었다. 그녀는 얼굴이 상기되어 바보처럼 부산스레 예수 쪽으로 다가갔다. 그러다가 눈을 돌려 보니 절벽이, 그들 앞에 펼쳐진 까마득히 깊은 계곡이 눈에 들어왔다. 그녀는 너무나 놀라 숨이 막히며 무릎이 떨려 주저앉으려 했다.

그때 예수가 음식과 함께 그녀의 팔꿈치를 잡았다. 석류 한 알이 굴러 바위 끝에 떨어져 튀어오르더니 푸른 대기 속으로 빠져들어갔다.

"오, 이런!"

마리아는 입속으로 말하며 뒤로 물러났다. 하지만 눈은 계속 계곡을 내려다보고 있었다.

"앉아요."

예수가 말했다. 짧은 숨을 뱉으며 마리아가 작게 말했다.

"랍오니, 방해가 되고 싶진 않아요."

"앉아요, 앉아."

예수가 말했다. 그는 마리아의 팔꿈치를 아직 놓지 않고 있었다. 그는 천천히 그녀를 땅에 앉혔다.

"등을 돌에 기대고 앉아요. 그러면 깊은 나락으로 미끄러질 것 같은 느낌이 덜할 것이오. 음식은 둘이 먹을 만큼은 되겠지요? 아, 그래. 딱 맞군."

예수는 바구니에 손을 넣어 건포도빵을 집어 그녀에게 건넸다.

"막달라에서 온 마리아."

머리를 언제나처럼 근엄하게 약간 기울이고, 그러나 뺨에는 향신초

묘판과 같은 산산한 웃음을 띠우고 그가 말했다.

"나와 함께 식사해 주겠소?"

마리아는 자기가 둥글고 쉽게 행복함이 드러나는 얼굴을 가졌으면 얼마나 좋을까 생각하며, 빵을 들고 조금씩 오물거렸다. 하지만 그녀의 얼굴은 창백하고 굶주린 듯한 얼굴이었다. 예수는 드넓은 골짜기를 내려다보며 빵 하나를 더 꺼내더니 감탄하며 한입 크게 베어물었다.

"아, 꿀을 넣어 구웠군. 정말 맛있어요. 정말 기분 좋은 오후가 되었소."

그는 마리아를 한 번 쳐다보며 말했다.

"오랫동안 이곳은 내가 숨는 장소였소. 내가 소년이었을 때 나는 이곳에 숨었소. 평야 쪽을 바라보며 세상을 향해 발을 흔들면서. 마리아, 저것은 정말로 우리 민족의 지도요. 저기를 보시오."

예수는 왼손을 들어 계곡의 동쪽 지역, 칸칸이 나뉜 농부들의 거대한 밭과 과수원, 포도원을 가리켰다.

"천이백 년 전 하나님의 사사였던 여자 예언자 드보라는 저곳에서 야빈 왕과 가나안 사람들을 맞아 싸웠소. 야빈은 강한 철 전차부대를 몰고 이 계곡을 달려내려갔지. 하지만 땅이 흔들렸고, 하늘이 무너졌소! 구름이 물방울을 떨어뜨렸고 기손 강이 급류로 넘쳐흘렀소. 하나님께서 야빈의 전차들을 수렁에 빠뜨렸고 드보라의 가벼운 발을 가진 군대가 승리를 향해 돌진했지."

예수가 얼굴을 돌리며 미소지었다.

"우리 어머니가 좋아하는 이야기요. 어머니는 몇 번이나 이 이야기를 해주셨소. 지금 당신이 앉아 있는 바로 그 자리에 앉아서."

마리아가 속삭였다.

"고맙습니다."

예수가 눈썹을 치켜올렸다. 그러자 그녀는 그의 앞이마가 어머니와 똑같이 넓고 품위 있다는 것을 알아볼 수 있었다. 두 사람 모두 이마에 V자 머리털 끝선이 있었다. 물론 어머니의 머리털은 희끗희끗했고 좀 더 벗겨져 있었지만.

"뭐가 고맙다는 말이오?"

"여긴 선생님이 숨는 장소인데 저도 앉아 있게 해주셨잖아요."

"아, 정말 그렇군. 창백한 마리아! 막달라에서 온 석고같이 하얀 처녀가 온 세상 아래로 발을 흔들고 있다니."

그는 다시 한 번 미소지으며 남동쪽 맨끝을 가리켰다.

"저기, 계곡 끝 산등성이 언덕이 보이오?"

그녀가 보인다고 고개를 끄덕이자 그는 말을 이었다.

"그곳은 길보아 산이라 불렸소. 천 년 전 사울 왕과 그 아들 요나단이 전투중에 저 산에서 죽었소. 그리고 그 후 다윗 왕이 그들의 죽음을 슬퍼하며 울었지. 두 사람 모두의 죽음을, 자기 형제의 죽음과 자기 적의 죽음."

예수는 마리아 옆에 있는 주머니에서 무화과 열매를 꺼내어 바로 입술 앞에 들고 중얼거렸다.

"'사울과 요나단! 아름답고 사랑스러웠네. 독수리보다도 더 빠르고 사자보다도 더 강했네.' 다윗이 슬픔 속에서 불렀던 노래요."

예수가 무화과 열매를 깨물어 씹었다.

"랍오니?"

"음?"

"당신은 참 좋은 분이에요."

"그래요? 하지만 하나님만큼 좋으신 분은 없소."

"당신은 선한 일을 하세요. 당신을 찾아오는 사람들 모두에게 선한 일을 하시죠."

마리아는 말을 끊었다가 침울한 질문을 던졌다.

"그런데 왜 그렇게 많은 사람들이 당신께 화를 내죠?"

"열매가 아주 맛있소."

예수가 말했다.

"하지만 나는 당신이 구운 건포도빵이 더 좋소. 내가 좋아하는 꿀이 들어 있으니까."

그는 천천히 턱 근육을 움직이며 씹었다. 마리아는 그의 이 사이에서 작은 무화과 씨가 씹히는 소리를 들을 수 있었다.

"하나님께서 새로운 일을 하고 계시오. 그 일은 어떤 사람들에게는 괴로운 변화지. 옛 약속은 지나가고 있소. 새 약속이 오고 있는 중이오. 하지만 새 포도주는 새 부대에 담아야 하오. 새 술이 발효되면 낡은 부대는 터져버려 술이 다 쏟아지게 되지. 옛 전통으로는 하나님께서 나를 통해 이루시려는 일을 담아낼 수 없소. 안식일 법조차 바뀌어야 하오."

"사람들이 당신께 화를 낼 때 슬퍼지나요?"

"슬퍼요, 정말로."

마리아의 마음이 뭉클했다.

"하지만 나는 아버지 하시는 일을 보고 그대로 해야만 하오. 아버지는 아들을 사랑해 모든 일을 아들에게 보여주시지. 이보다 더 큰 일들을, 모든 사람들이 놀랄 일들을 아들에게 보이실 것이오."

"더 큰 일이라고요, 랍오니? 오, 당신께 건포도빵을 구워드려서 한입 두 입 드시는 걸 볼 수 있다면 이보다 더 큰 일은 제겐 필요 없어요."

예수는 여전히 계곡 아래를 응시하고 있었다. 그의 눈은 꿈꾸는 듯했고, 말투는 진지하고 딱딱했다. 경종을 울리는 소리 같았다.

"때가 올 것이오. 이미 때가 왔소. 죽은 자가 하나님 아들의 목소리를 들을 것이고, 그 목소리를 듣는 자는 살아날 것이오. 무덤에 있는 자들이 일어나서 걸어나올 것이오."

마리아는 시선을 떨구고 자기 손바닥을 바라보았다. 너무 창백해서 푸른 핏줄까지 보였다.

"왜였죠?"

마리아가 부드럽지만 초조한 듯한 목소리로 말했다.

"왜 저를 고쳐주셨나요? 제가 청하지도 않았는데 선생님은 절 고쳐주셨어요."

예수는 시선을 돌리지 않았고, 한 마디 말도 하지 않았다. 그 모습이 마리아를 겁나게 했다. 3주 전이었더라면 그 상황에 마리아는 입을 다물고 말았을 것이다. 하지만 그녀는 점점 강해지고 있었다. 그리고 예상치 못하게 예수와 친근해진 이 순간이 그녀에게 용기를 주어 입을 열 수가 있었다.

"거라사 사람들이 귀신에 사로잡힌 사람들을 어떻게 다루는지 말해주었어요. 그 사람들은 그런 사람들을 쇠줄로 묶는대요. 랍오니, 그들을 족쇄와 사슬로 묶습니다. 그런데 전 그 남자의 소리를 들었어요. 그 미친 사람이 무덤가에서 울부짖는 소리를요. 저는 그가 어떤 느낌이었는지 정확히 알아요. 그는 자신을 혐오하고 있었던 거예요! 속에 살고 있는 귀신 때문에, 모든 사람들을 미워하고 증오에 뒤덮여 자기 자신까지도 경멸하고 있었어요. 그건 정말 끔찍한 외로움이에요! 나는 알아요. 잘 알고 있다고요! 그리고 이 땅의 모든 사람들 중에, 이렇게 증오심을 가진 사람이 가장 미워하는 사람은 예수 당신이죠. 하지만 당신은 그를 치유해 주셨습니다. 왜 그를 낫게 했나요?"

여전히 예수는 먼곳을 응시하고 있었다. 그의 뺨에는 하얀 벌레 같은 상처자국이 있었다. 얼굴이 태양빛에 그을어 있었지만 그 상처 위에 새롭게 난 살은 아직도 하얗게 남아 있었다.

"불쌍해서 치유해 주셨나요?"

그녀는 다시 물었다.

"해야 하는 일이기에 그를 낫게 한 것인가요?"

가여운 마리아! 그녀가 용감해졌든 아니든, 그런 질문을 하는 그녀의 가슴은 쿵쿵 뛰고 있었다.

"그를 사랑했기에 그에게서 귀신을 쫓아주었나요?"

그녀는 간곡하게 물었다.

"그를 사랑했나요, 랍오니? 그를 사랑하다니 그게 있을 수 있는 일인가요?"

부드럽게 예수가 말했다.

"내가 하는 모든 일은 이러한 모든 기적, 병 고침, 경이로운 일들은 아버지께서 나를 이 땅에 보내셔서 이루려 하시는 한 가지 영광스러운 일의 표적들이오. 그래요, 사랑이 있어요, 마리아. 하나님은 세상을 사랑해요."

마리아가 속삭였다.

"나는 당신을 죽이려고 했어요."

예수는 고개를 돌려 그녀를 쳐다보지도 않았다. 어깨부터 발끝까지 마리아는 떨고 있었다. 그녀의 손가락은 얼음처럼 차가웠다.

"당신이 거리 끝에 서서 나를 응시하고 있는 것을 본 순간, 나는 당신을 죽이고 싶은 강한 충동을 느꼈죠. 그건 정말 기분 좋은 느낌이었어요. 그리고 그 때문에 나 자신을 증오했고요. 아, 랍오니, 나는 일곱 가지 증오의 얼굴과 일곱 가지 슬픈 목소리로 채워져 있었습니다. 우리 어머니가 돌아가셨을 때, 나는 웃었습니다! 그 웃음은 끔찍했지만 그칠 수가 없었어요! 아버지가 돌아가셨을 때, 나는 비명 같은 웃음소리를 내며 막달라 시를 도망쳐 나왔습니다. 그리고 곧장 티베리아로 향했지요. 나는 로마 사람들을 웃겨줬어요. 나는 까불며 날뛰고 실없이 굴고 바보 같은 짓을 하며 밤낮을 정신 나간 듯 웃으며 보냈습니다. 그리고 그때 나는 당신이 침착한 눈빛을 하고 거리 끝에 서 있는 것을 봤죠. 당신은 웃지 않았지요. 당신은 눈 하나 깜빡이지 않는 냉정한 재판관이었습니다. 내 안의 귀신들을 류트 현처럼 떨게 했습니다. 뱃속까지 메스껍게 만들었어요. 나는 당신에게 달려갔지요! 날듯이 달려갔죠. 내 손가락은 칼이었습니다. 수염 하나 없는 얼굴! 하얀 목! 나는 당신의 목을 베어 죽이려고 했던 거예요. 나는 내 칼들을 번쩍이며 당신에게 달려갔는데……."

마리아는 이렇게 장황하게 이야기를 늘어놓을 생각은 없었다. 너무 끔찍한 얘기였다! 그녀는 이런 이야기를 그 누구에게도 한 적이 없었다. 절대로! 혼자 생각으로 되새겨본 적조차 없었다.

"저예요."

그녀가 속삭이듯 말했다.

"제가 선생님 얼굴에 상처를 남겼죠. 그 누구도 아니고 바로 제가. 너무 슬픈 일이에요. 하지만 그 순간에는 선생님 입에서 불이 나와서 내 속에 있는 귀신들을 태워죽이려고 했죠. 귀신들이 나한테서 뛰쳐나갈 때까지. 모든 증오심, 웃음과 살인과 혐오심, 그 모든 것들이 내 안에서 빠져나가서 나는 점점 작아졌고 걸을 수도 없을 만큼 약해졌어요. 그런데 당신께서 내 얼굴을 어루만지셨어요. 나는 일어나 선생님을 따랐습니다. 선생님은 나를 거절하지 않았어요. 그 사실이 그때부터 줄곧 절 위로해줬지요. 그것으로 충분했습니다. 정말 그 정도면 충분합니다. 하지만 때로 나는 선생님이 왜 그렇게 하셨는지 궁금합니다. 티베리아 여인을 고쳐주신 데는 어떤 이유가 있습니까? 동정 때문이었습니까? 아니면 해야 하는 일이었기 때문입니까? 아니면…… 그 여인을 사랑해서입니까, 랍오니?"

순간 긴 침묵이 흘렀다. 선생이 질문에 어떻게 답할지 전혀 모르는 상태에서 마리아는 숨을 죽이고 있었다. 마침내 예수가 말했다.

"그 병의 크림 좀 건네주겠소? 크림을 좀 마셔서 건포도빵을 삼켜내리고 싶군."

하지만 마리아는 움직이지 않았다. 움직일 수 없었다. 그가 크림을 달라고 청했다. 하지만 부끄러움이 팔다리까지 흘러내려 완전히 마비가 되었다. 오, 마리아. 잠자코 있었으면 좋았을 것을!

예수가 스스로 병에 손을 뻗었다. 마리아의 고개가 숙여들었고 어깨가 굽었다. 마리아는 자신 속으로 빠져들어가고 있었다.

"왜 빵에 꿀을 넣어 구웠소? 무슨 축하할 일이라도 있소?"

'하지만 나는 그의 가족이야.'

마리아가 생각했다.

'내가 그의 형제 자매라고 그분이 말했지. 그 말을 하고 나서 나를 쳐다보셨어.'

예수가 그녀의 팔꿈치를 쳤다.

"마리아도 크림 좀 마시겠소?"

그녀는 고개를 저었다.

"꿀은 비싼데. 그리고 나는 당신을 알아요, 막달라 마리아. 당신은 검소한 사람이오. 그런데 왜 이 높은 언덕 꼭대기까지 꿀을 들고 왔소?"

오 주인님! 오 나의 하나님! 그 나쁜 소식을! 마리아는 이곳에 온 진짜 이유를 완전히 잊고 있었다. 용서하세요! 용서하세요! 하지만 그녀는 고개를 들어 그를 바라볼 수가 없었다. 자신이 지금 그런 소식을 전해야 하는 사람이라는 것이 얼마나 어울리지 않는 일인가. 부끄러움과 전하는 말의 중요함 때문에 거의 끊어질 것 같은 작은 소리로 그녀는 말했다.

"요한……, 요한 선생의 제자들이 오늘 아침 나사렛에 와서 소식을 전했습니다. 세례자 요한께서 돌아가셨다고요."

그것이 소식이었다. 그리고 이제 말씀을 드렸다. 하지만 예수는 아무 말 하지 않았다. 마리아는 부질없이 더 많은 말로 침묵을 채웠다.

"헤로데스 안티파스가 연회를 열었습니다. 그 아내의 딸이 춤을 추고 있었고요. 딸이 너무도 춤을 잘 추자 그는 한 가지 약속을 했지요. 그녀가 원하는 것이라면 무엇이든지 들어주겠다고요. 그녀는 어머니에게로 갔습니다. 그 어머니가 말했지요. '쟁반에 요한의 목을 담아달라고 청해라.' 그녀의 어머니는, 요한이 그녀와 왕의 결혼을 죄라고 비난했기 때문에 그를 증오하고 있었습니다."

마리아는 감정이 복받쳐 자리에서 일어났고 그 감정이 눈으로 흘러나왔다. 어쩔 수가 없었다. 그녀는 울기 시작했다.

"그 소녀는 어머니가 시킨 대로 말했지요. 쟁반에 요한의 목을 담아서 갖다달라고 했습니다. 헤로데스 안티파스는 유감스럽게 생각했습니다. 하지만 많은 사람들 앞에서 한 맹세였습니다. 그래서 거절할 수가 없었지요. 그리하여 그는 호위병 한 사람을 감옥에 보냈고, 그 병사가 그의 목을 베었습니다."

"아아아!"

예수가 너무도 괴롭게 울부짖었기에 마리아는 그를 쳐다보았다. 그는 팔로 배를 감싸고 천천히 몸을 앞뒤로 흔들었다. 마리아의 눈물이 비처럼 쏟아졌다. 그녀가 낮은 소리로 계속 말했다.

"그 호위병은 쟁반에 요한의 머리를 담아 연회 자리로 돌아왔습니다. 그리고 그것을 헤로데스에게 주었고, 헤로데스는 그것을 딸에게 주었지요. 그리고 딸은 그것을 어머니에게 주었습니다."

"오, 요한. 요한!"

예수가 울부짖었다. 그의 가슴이 위로 들렸다. 머리를 뒤로 젖혔기 때문이다. 마리아는 그의 흰 아랫니를 볼 수 있었다.

"오, 요한! 나의 소중한 세례자!"

예수가 몸을 웅크려 아래로 비스듬히 구부리고 머리를 마리아의 무릎에 눕혔다. 그리곤 중얼거리듯 말했다.

"잠시 안아줄 수 있겠소?"

마리아는 선생의 얼굴 위로 두 손을 들었다. 그러나 손을 대지는 않고 마치 축복을 하듯이 손바닥을 폈다. 그리고 속삭였다.

"네."

그녀는 손을 내려 관자놀이에서 어깨까지 늘어진 그의 검은 머리카락을 쓰다듬기 시작했다.

"랍오니, 랍오니."

그녀는 계속 속삭였다. 그렇게 낮이 지나 밤이 되었고 선생은 잠들어 있는 것처럼 보였다. 그리고 여전히 그녀는 속삭이고 있었다. '랍오니'라고.

2부

메시아

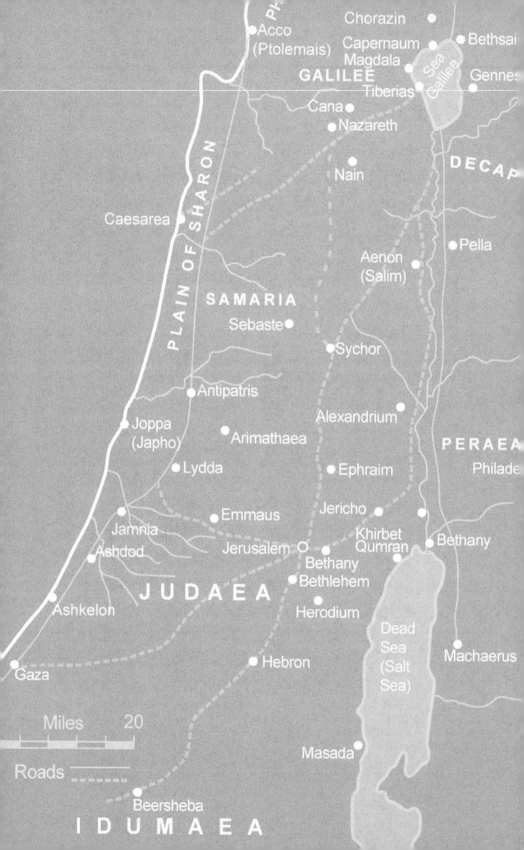

어부 시몬의 이야기

시몬 베드로 Simon Peter

[마태복음 14:13, 15:39, 마가복음 6:30~56]

나는 몰랐다. 어찌 알 수 있었겠는가? 하루하루가 희망으로 빛나고 자유로웠으며, 미래는 밝아 보였다. 우리는 즐거운 일행이었고 게다가 정말로 성공적이었다. 예수는 우리 열두 제자들을 둘씩 짝지어 보내며 마을로 가서 설교하고 병을 고쳐주라 했다. 우리를 믿어주신다는 것과 그가 부여해 주신 권위에 우리는 흥분되었다. 우리는 기뻐하며 돌아와 손뼉을 치며 소리쳤다.

"주님! 주님, 당신의 이름으로 말하니 귀신조차도 우리에게 순종합니다!"

우리는 그를 '주님'이라고 불렀다. 그런 그 주님은 우리보다 열 배나 날카롭게 관찰하여 나를 경악하게 했다. 우리가 귀신이라고 한 것을 그는 '사탄'이라고 했다. 그가 말했다.

"사탄이 하늘로부터 번개같이 떨어지는 것을 보았다."

얼마나 놀라운 능력인가? 얼마나 놀라운 분인가! 힘 있고 확고하고 현명하며 그리고 강하고. 그 당시 나는 선행과 행복에 취해 있었다. 무슨 일이 일어날지 나는 몰랐다. 그가 우리에게 말했다. 그 말을 했다. 그 말을 여러 번, 상세히 했다.

"이런 일을 그들이 나에게 할 것이다."

그리고 저기서 그곳을 가리키며 말했다. '사흘 동안'이라고. 그는 그 일이 사흘 동안 계속될 것이라 했다. 그렇게 말했어도 나는 이해하지 못했다. 돌처럼 무지하게 지냈다. 아마 일부러 그랬는지도 모른다. 어쩌면 알고 싶지 않았는지도 모른다.

✻

예수는 하룻밤 사이에 달라진 것처럼 보였다. 그는 잘 웃고 편안한 태도로 지내는 사람이었다. 그는 느긋하게 천천히 걸었다. 말하는 것 못지않게 들으려고 했다. 아니, 듣는 것을 더 좋아했다. 저녁식사 후 우리는 대화를 하면서 껄껄대고 웃을 수 있었고, 그는 뒤로 기대어 눈길을 이곳저곳으로 재빨리 돌리며 우리 말에 귀기울였다. 관심의 표현이었다.

그러나 우리 열두 제자들이 전도 여행에서 돌아왔을 때, 그의 얼굴은 매우 굳어 있었다. 그는 떠나고 싶은 욕구로 가득 차 있었다. 이곳에서 몸을 피하길 원했다. 너무도 많은 사람들이 오고 가서 우리는 식사할 시간도 없었다. 예수는 전도 여행으로 우리가 피곤해 보이기 때문이라고 말했다. 그것이 그가 댄 이유였다.

"좀 떨어진 은밀하고 조용한 곳으로 배를 타고 나가세. 자네들은 좀 쉬어야겠어."

그러나 그의 마음속에 전에는 없던 다급함이 있었다. 그는 입술을 깨물고 무엇인가 생각하고 있었다.

우리는 배에 올랐고, 나는 내 배를 저어 선두에 나섰다. 우리는 갈릴리 바다 북쪽 해변을 따라 동쪽으로 가기 시작했다. 예수는 주무시지 않았다. 처음 한 시간 동안 그는 고개를 숙이고 앉아 있었다.

그때 나는 뭍 쪽에서 굉장한 수의 군중들이 해변을 따라 우리를 쫓고 있는 것을 보았다. 마을의 다른 사람들도 합류하기 위해 달려오고 있었다. 나는 돛의 마룻줄을 홱 잡아당기며 몇 마디 했고, 그는 고개를 들어 그 모든 것을 보았다. 선생님의 안녕은 생각지도 않고 그를 완전히 먹어치우려는 저 메뚜기 떼 같은 사람들, 저 독수리들.

또 한 시간이 지나서 예수는 뒤쪽이 푸른 들판으로 탁 트인 한 후미진 곳을 가리켰다.

"저기에 대게."

사실 그곳에는 벌써부터 사람들이 모여들고 있었다. 우리를 쫓아오던 사람들이 그 들판 쪽으로 쏟아져나오고 있었고, 서로 밀며 물가로 밀려와 있었다.

"저기 말씀입니까? 저곳이 조용한 장소라고 생각하세요?"

사람들이 해변가에 좍 늘어선 모습이 참나무 한 그루에 빽빽히 달라붙어 그것을 갉아 넘어뜨릴 듯한 메뚜기 떼로 보였다.

"그래, 저기."

그가 그렇게 말했고 나는 그에 맞서지 않았다. 나는 입을 다물고 육지를 향해 갔다. 나는 그가 중얼거리는 소리를 들었다.

"하나님, 자비를 베푸소서."

그리고 나는 그의 기분을 느낄 수 있었다.

"저 사람들을 불쌍히 여겨주십시오. 꼭 목자 없는 양 같습니다."

이 모든 것이 이전과 달라져 있었다. 예수는 더 이상 즐거운 모습이 아니었다. 그가 저 모든 사람들에게 말씀을 시작하려 했을 때에도 이마에 생긴 근심스런 주름은 사라지지 않았다. 긴장감이었다. 나는 그가 사람들에게 항상 기도하며 그 마음을 잃지 말라고 당부한 이야기를 기억한다. 그는 사람들에게 이야기를 해주었다.

"하나님을 두려워하지도 않고 사람도 존중하지 않는 재판관이 있었소. 그런데 어떤 과부 하나가 그 재판관을 끊임없이 찾아와 졸라댔소. '나에게 나쁜 짓을 한 사람이 있습니다. 내 억울함을 풀어주세요! 내 권리를 찾아주세요.' 재판관은 계속 거절했지만 과부가 너무나도 귀찮게 찾아와 붙들고 늘어지자 결국에는 이렇게 말했소. '그 여자의 한을 풀어줘야겠다. 도저히 못 배기겠군.'"

그리고 나서 그분은 사람들이 이야기를 이해했는지 확인했다.

"하나님께서도 그처럼 밤낮으로 기도하며 부르짖는 사람들의 권리를 찾아주실 것이오!"

그는 스스로 의롭다고 확신하며 남을 멸시하는 사람들에 관한 이야기도 해주었다.

"두 남자가 기도하러 성전에 들어갔소. 하나는 바리새파 사람이고, 다른 하나는 세리였지요. 바리새파 사람은 서서 혼자말로 이렇게 기도했소. '하나님, 내가 남을 갈취하는 자나 불의한 자나 간음하는 자나 저 세리와도 같지 않음을 감사드립니다. 나는 이레에 두 번씩 금식하고, 내가 버는 모든 소득의 십일조를 바칩니다.' 그러나 세리는 뒤에 서서 하늘을 우러러볼 엄두도 못 내고 가슴을 치며 말했소. '하나님, 이 죄인에게 자비를 베풀어주십시오.'"

그리고 그 모든 양 떼들이 그를 지켜보며 고개를 끄덕이고 있었지만, 주님은 얼굴을 찌푸린 채 그 의미를 확신시켜주었다.

"내 말을 들으시오. 바리새파 사람이 아니라 세리가 의롭게 인정받고 집으로 돌아갔소. 누구든지 자기를 높이는 사람은 낮아지고, 자기를 낮추는 사람은 높아질 것이오."

계속해서 오후 내내 주님은 그렇게 가르쳤다. 맑은 정신으로 애원하듯이. 그의 눈빛은 마치 손을 뻗어 모여 있는 군중 속 한 사람 한 사람을 붙드는 듯 간곡했다. 그렇게 시간이 점점 늦어지고 있었다. 그러나 예수는 말씀을 그만두려는 기색을 보이지 않았다. 그는 일상적인 일들을 완전히 잊고 있었다. 나는 군중을 향해 등을 돌리고 웅크리고 앉아 속삭였다.

"선생님, 지금 얼마나 늦었는지 아십니까? 사람들은 배고파합니다. 곧 추위를 느낄 것이고 피곤해질 겁니다. 저들을 주변 마을로 돌려보내 음식과 잠자리를 찾게 하십시오."

상식적인 일이고 기본적인 욕구다. 하루 해가 저문 것이다. 그러나 주님은 그 팽팽하게 긴장된 눈초리를 나에게 돌렸다.

"아니, 보낼 필요 없다."

저녁 시간이 되었다. 황혼이 진다. 그런데 그는 사람들을 보내지 않아도 된다고 한다. 그리고 나에게 말했다.

"자네가 먹을것을 주게."

내가? 내가 저들을 먹여야 한다고? 예수는 눈을 깜빡이지 않았다. 웃고 있지도 않았다. 그 말에 내가 농담을 했다.

"저더러 제 거대한 금고를 털어서 이백인 분 식량을 사오라는 말씀이신 것 같은데……."

"시몬."

그는 전혀 웃음기 없는 얼굴로 내 말을 끊었다.

"먹을것이 얼마나 있나?"

내가 어떻게 알겠는가? 그리고 안들 무슨 도움이 되겠는가? 그런데 내 착실한 동생이 우리 사이에 얼굴을 들이밀었다.

"보리빵 다섯 덩이와 생선 두 마리를 가진 아이가 여기 있습니다."

예수는 여전히 나를 바라보며 마치 나에게 그 책임이 있다는 듯이 말했다.

"사람들을 풀밭 위에 앉히고 그 음식을 내게 가져오게."

그래서 나는 그들에게 앉으라고 했고 그들은 자리에 앉았다. 양들. 푸른 풀밭 위아래에서 음매음매 울어대고 있는 저 큰 양 떼. 남자만 해도 5천 명이었다. 거기에 여자도 있다. 게다가 아이들까지!

그러나 예수는 호수 가장자리에 혼자 서 있었다. 빵덩어리와 생선을 두 손에 들고 하늘을 우러러보며 축복하고는 빵덩어리를 떼어서 우리 제자들에게 주면서 사람들에게 나누어주라고 했다. 우리는 그렇게 했다.

그런데 무슨 일이 일어났는지 이야기하지 않을 수 없다. 우리가 모자란다고 하며 다시 올 때마다 예수는 음식을 더 주었다. 우리는 빵과 생선을 모든 남자와 여자와 아이들이 배부르게 먹을 때까지 나누어주었다.

해질녘에 나는 싱글벙글 웃고 있었다. 뱃속이 너무도 간지러워서, 모든 사람들이 그렇게 심각하지 않았더라면 나는 크게 웃음을 터뜨릴 뻔했다. 그가 옳았다! 내가 틀렸다! 모든 상식, 이성, 사실, 현실을 뛰어넘어 그는 모든 사람들을 음식으로 채워주었다. 그러고도 여전히 그의 가깝고 사랑스런 친구들을 위한 음식이 충분히 남아 있었다. 자신감에 가득 차서 나는 사람들 사이를 다시 다니며 먹지 않고 남은 음식 조각을 모으기 시작했다. 우리 제자들이 열두 광주리를 모았다!

그래서 나는 해변에 예수가 서 있는 곳으로 갔다. 나는 내 커다란 어리석음을 인정할 준비가 되어 있었고 이번 기적에 대해서도 그의 등을 두드리며 축하하려고 했다. 그러나 그렇게 하지 못했다. 황혼 속에서도 그의 얼굴에 승리감이나 기쁨, 고요함이 나타나 있지 않은 것을 알아볼 수 있었다. 입은 꼭 다물어져 있었고 그는 생각에 빠져들어 있었다. 그러나 그는 내가 다가오는 것을 보았다.

"시몬, 제자들을 모으게. 그리고 배에 올라 온 길로 되돌아가게. 이제 이 사람들을 떠나야겠네."

아주 한순간 표정을 누그러뜨리며 예수는 내 뺨을 잡았다.

"산에 올라가 기도를 하고 싶네. 나 혼자서."

주님이 내 뺨을 그렇게 잡을 때, 정말은 꼬집힐 때 나는 어찌할 바를 모르게 된다. 허둥거리며 얼굴이 붉어지고 말을 할 수 없게 된다.

그래서 우리는 그를 해변가에 남겨두고 어두운 물 위로 배를 끌었다. 막달라 아가씨 마리아는 항상 내 배 중앙에 앉는다. 그녀는 내가 돛을 세우거나 줄일 때 항상 내 발밑에 걸리적거린다. 노젓는 자리에 앉질 않고, 뱃바닥에 앉는다. 내가 천 번도 더 앉은 자리에서 비키라고 했지만 내 말에 대꾸도 하지 않고 움직이지도 않는다.

병약한 여인이다! 뼈에 살이라고는 없다. 그렇게 조용하고 가여운 눈을 가진 사람과 어떻게 언쟁을 할 수 있겠는가? 포기하고 만다. 그러나 때때로 나는 그녀를 밟곤 하는데 그녀가 다치지나 않는지 모르겠다. 그녀는 아무 소리가 없다.

그날 밤 나는 돛을 모두 내려야 했다. 바람이 반대로 불었고 파도가 너무 높아 맞바람을 맞으며 배를 몰 수는 없었다. 노를 저어야 했는데 그건 지독한 고역이다. 그 일이 더 힘들었던 것은 마리아가 우리 발 아래 불평 한 마디 없이, 쥐새끼처럼 불쌍하게 웅크리고 있었기 때문이기도 했다.

낮이라면 두 시간 걸렸을 일이 밤시간을 다 잡아먹었다. 근육은 거의 쓸 수 없을 정도가 되었다. 배가 높이 들리면 노의 깃이 물에서 미끄러질 뿐이었다. 힘써 봐야 소용이 없었다. 홱 도는 노 때문에 등뼈만 부러질 뻔했다. 그때 안드레가 바람 너머로 소리쳤다.

"저것 봐요!"

나는 키에서 떨어져 비명을 질렀다. 시커먼 물 위에 무엇인가, 무엇인가 다가오고 있었다. 사람 같은 형체, 유령 같은 것이. 머리카락이 쭈뼛해졌다. 그런데 그것이 말을 했다. 유령 같은 것이 말을 했다.

"두려워하지 말게! 날세!"

예수였다! 굽이치는 파도 위로 우리에게 걸어오고 있었다!

그때, 나는 정말 웃음을 터뜨렸다. 커다란 웃음의 함성. 결국 이분이 우리에게 오셨구나, 하는 생각에서뿐 아니라 그 방법이 너무 근사했기 때문에 참을 수가 없었다. 나는 소리쳤다.

"오 주님, 당신입니까? 저도 그렇게 할 수 있을까요? 선생님, 저더러 당신께 오라고 말씀하십시오!"

"오게."

그래서 나는 나무처럼 우뚝 일어섰다. 왼발로 배 가장자리를 밟고, 오른발을 위로 들어올려 물 위에 놓았다. 그런데 물이 내 무게를 견뎠다. 기름같이 미끈하고 길게 펼쳐진 수면. 하지만 단단했다! 내 두 발은 빠져들지 않았다. 내가 해내고 있었다! 고개를 뒤로 젖히고 온몸으로 큰 웃음을 터뜨리고 싶었다. 그런데 그때 예수가 3미터는 될 정도로 거대한 파도 위로 올라섰고 내 몸은 바다와 물과 전부 다 한꺼번에 물길 속으로 푹 꺼졌다. 혼비백산 놀란 나는 발이 물속으로 쑥 가라앉는다고 느끼는 순간 비명을 질렀다.

"주님, 구해 주십시오!"

예수가 바로 그곳에 있었다. 그는 손을 뻗어 내 팔을 잡고 말했다.

"오 시몬, 믿음이 적은 사람아! 왜 의심을 하나?"

예수가 나를 도와 배에 타게 하고 자신도 배에 올라 고물로 가자 바람이 완전히 잠잠해졌다. 나는 온몸과 뼛속까지 떨며 앉아 있었다. 골수까지 추위를 느꼈다. 몸을 가눌 수가 없었다.

그때 나는 작은 손이 내 무릎을 어루만지고 있는 것을 느꼈다. 그래서 내려다보았다. 마리아의 손이었다. 내 자리 밑에 웅크리고 있는 작은 쥐의 하얀 얼굴이, 물에 젖은 채 근심스러운 모습으로 내 무릎을 토닥거리며 나를 올려다보고 있었다.

그는 하나님의 아들

시몬 베드로 Simon Peter

가버나움 남쪽에 도착했을 때, 예수는 곧바로 유다와 마태를 시장으로 보내서 두 주 동안 먹을 양식을 사오게 했다.

이번에는 마을에 들르지 않겠다. 설교하지 않겠다. 순례자나 손님처럼 빵을 간청할 것도 없다. 우리는 갈릴리를 떠날 것이다. 우리끼리만 간다. 나는 자네들에게 이야기하고 싶다. 예수는 그렇게 말했다. 그리고 우리는 떠났다.

예수는 함께 담소를 나누지 않았다. 우리 모두보다 앞서 큰걸음으로 갔다. 우리 제자들은 드문드문 흩어져 그의 뒤를 따랐다. 남자 여자 합해서 대략 스무 명 정도였다. 나는 그와 어깨를 나란히하고 걸으려고 애썼다. 그러나 길이 평탄할 때 예수의 걸음은 아주 민첩했다. 검은 머리는 이마 뒤로 물결쳤다. 바람 때문에 그는 눈꺼풀을 반쯤 감고 있었다. 솔직히 고백하자면 나는 숨이 차 조금 헐떡였다.

예수는 옆을 바라보지 않았다. 그의 입술은 창백했고 아무 말도 없이 생각하고 또 생각하느라 움직이지 않았다. 우리에게 해야만 하는 말씀이 무엇인지는 모르지만, 그 입술 안에 할 말을 모아두고 있는 것 같았다. 너무도 중요한 이야기라서 그 말씀을 하실 적당한 장소를 찾으려는 것 같았다.

우리는 가버나움에서 남서쪽 다볼 산으로 가는 구불구불한 언덕길을 택했다. 그리고 그 산 북쪽에서 8킬로미터 더 가서 예수는 서쪽으로 똑바로 16킬로미터 더 세포리 쪽으로 향했다. 그러나 그 도시로 들어가지 않았다. 우리는 그곳의 북쪽을 지나 서쪽으로 계속 갔다. 서쪽! 내 일생에서 한 번도 대해(大海,지중해)를 본 적이 없었다.

세포리를 지나 우리는 아주 풍요로운 평원으로 내려갔다. 추수할 때가 되어 이제 막 마르기 시작하는 과일나무, 야자수 그리고 과일이 여기저기에서 자라고 있는 과수원이며 푸른 곡식밭 등이 있었다. 바다 가까이, 소금기 있는 공기 가까이 다가가자 서편 땅은 축축히 젖어 있었다. 그리고 오른편으로는 바위로 가득한 길이 나타났다. 양쪽 모두 아주 작은 과수원이 있을 뿐이었다.

그리고 그때 우리는 모래 언덕을 보았다. 아! 수염 없는 맨얼굴에 닿는 바람은 찌르는 듯 아파서 나는 이를 악물었다. 얼굴을 온통 소금으로 세수하게 되었다. 내 콧구멍은 크게 열렸고, 머리가 가벼워지는 것처럼 느껴졌다. 대해! 새하얀 파도가 남쪽으로 긴 해변가에서 부서지는 소리를 들을 수 있었다.

우리는 모래 언덕이 불룩 솟은 곳으로 올라갔다. 북쪽, 남쪽, 서쪽, 온통 바다만이 있었다. 하늘처럼 끝없이 펼쳐진 청록색 바닷물이 너무도 깨끗해 마치 공기가 무거워 내려앉은 것이라는 생각이 들려 했다. 하하! 그리고 태양빛 아래 눈부시게 새하얀 프톨레마이스 시가 있었다! 항구 도시였다. 저곳에서 거대한 배에 올라탈 수도 있다고 들었다! 이집트나 로마로 향하는 항해사가 될 수도 있는 곳이다!

그러나 주님은 프톨레마이스 쪽으로 내려가지 않았다. 우리는 해변을 따라 북쪽으로 방향을 돌려 두로를 향해 40킬로미터를 갔다. 고국을 떠나 계속 점점 멀리. 이제 우리를 스쳐지나치는 사람들은 이방인들이었다. 이 지역에서 우리는 대열을 가다듬었다. 우리는 작은 무리를 이룬 채 서둘러 앞으로 걸었다. 예수는 속도를 늦추지 않았다.

우리가 떠난 이후로 예수가 하신 말씀은 지나가는 말을 포함해서 쉰 마디도 채 되지 않았다. 이제 떠나온 지 닷새가 되었다. 그가 깊은 생각에 빠져 있는 것이 걱정되었다. 우리가 전도하러 떠난 동안 무슨 일이 있었던 걸까?

예수는 아직 젊다. 서른둘이다. 랍비들은 오래 산다. 그들은 점점 마르고 주름살이 늘고 머리가 세어간다. 나는 내 선생의 눈이 희미해지고 이가 다 빠질 때에 그를 돌봐드리기를 진심으로 바랐다. 그의 늙은 몸을 내 등에 업어드리길 원했다. 그러나 예수는 모든 지혜와 힘을 이 순간 지나친 생각에 다 소비하고 있는 것만 같았다. 마치 그의 뇌 속에서 용광로가 타고 있는 듯했다.

세례자 요한, 내 동생의 첫 선생은 목이 잘렸다. 그런 일이 있었다. 그러나 내가 예수에게 요한 생각을 하고 있는지를 물었을 때 그는 더 이상 그 생각을 할 필요가 없다고 말했는데.

그때 한 여인이 우리를 따르기 시작했다. 유대인이 아니었다. 이방인 여자다. 그 여자는 깩깩거리며 소리를 질렀다. 그녀는 처음에는 예수를 응시하며 한쪽 길을 따라 달렸다. 그러더니 갑자기 심한 사투리로 공기를 찢는 듯한 소리를 지르기 시작한 것이다.

"선생님! 선생님! 다윗의 자손이여, 자비를 베풀어주십시오."

나는 그녀를 가로막고 물러나라고 했다. 이방 지역에서조차 예수에게 호소하며 들어달라고 조르는 자들이 있었다! 예수는 지금 혼자 있고 싶어하고, 생각에 잠기기를 원하고 있는데. 그러나 그녀는 점점 큰 소리로 부르짖었다.

"내 딸이 귀신에 사로잡혀 있습니다!"

예수는 계속 걸어가고 있었다. 나는 그녀의 앞길을 막았다.

"당신은 시리아인이오. 당신의 딸 또한 시리아인이고. 우리는 유대인이오! 사실을 받아들이고 우리를 귀찮게 하지 마시오!"

그러나 여인은 기어서 내 앞을 빠져나가 예수의 뒤를 쫓아갔다. 그녀는 울부짖으며 소동을 부렸다. 아주 애걸을 했다!

"선생님, 죄송합니다!"

내가 소리쳤다.

"저 이방인을 설득할 수 없습니다. 선생님께서 돌아가라고 한말씀 해주세요."

이번만은 그가 내 말에 귀를 기울였다. 예수는 걸음을 멈추고 눈살을 찌푸리며 험악한 얼굴로 쳐다보았다. 그것만으로도 그녀를 오싹하게 만들 수 있었다. 게다가 그의 말은 더욱 심했다.

"나는 오직 이스라엘 집의 길 잃은 양들에게 보내심을 받았을 따름이오."

내가 말했던 것처럼 유대인들에게만 온 것이란 말이다. 그가 그렇게 말했다. 그러나 이 시리아 여인은 수치심에 뒤로 물러나지 않았다. 그녀는 예수에게 가까이 와서 무릎을 꿇었다.

"주님, 저를 도와주십시오."

"아이들이 먹을 빵을 집어서 개에게 던져주는 것은 옳지 않소."

지금 그 말은 너무도 잔인한 말이었다. 나조차 그가 두려워졌다. 나 같으면 여인에게 그렇게 심하게는 못했을 것이다. 그러나 예수의 힐책이 그녀를 꺾을 수는 없었다. 그녀는 말했다.

"옳습니다, 주인님. 하지만 개라도 주인의 상에서 떨어지는 부스러기는 얻어먹습니다."

그 계절 처음으로 나는 주님의 표정이 부드러워지는 것을 보았다. 그는 미소지었다. 눈 밑의 뺨에 주름이 잡힐 정도로 크게 미소지으며 그는 말했다.

"여인이여, 당신의 믿음이 참으로 크군요!"

그리고 그는 손을 뻗어 팔꿈치를 잡고 그녀를 일으켜 세웠다.

"집으로 돌아가시오. 귀신이 당신 딸에게서 떠났소. 아이는 건강해졌고, 배고파하며 엄마가 돌아오길 기다리고 있소."

그녀의 모습이 일변했다. 그녀는 부리나케 우리가 왔던 길로 되돌아 달려갔다. 나는 예수가 미소를 지어준 것이 기뻤다. 그러나 힐끗 보니 그는 다시 냉엄한 눈초리를 하고 큰 소리로 내게 외쳤다.

"그래, 시몬. 내가 이방 여인의 병든 자식을 고쳐준 것이 잘한 일인가 아닌가? 이제 자네가 아까 받아들이라고 한 그 '사실'에 대해 무어라 말하겠나?"

나는 대답했다.

"선생님이 하시는 일은 항상 정확히 옳고 완벽한 일뿐입니다."

그런데 그때 간청하는 듯 멍한 눈빛을 한 젊은이가 다가왔다. 나는 이제 우리가 여기서 빠져나갈 수 있을지 의심스러웠다. 지난 스무 달 동안 너무도 자주 이런 일을 보았다. 한 사람을 치료해 주면 한 무리를 치료해 줘야 했다.

이 남자는 귀머거리였다. 게다가 말을 더듬었다. 그래서 그의 친구들이 대신 말을 해주러 왔다. 그들은 예수에게 그를 고쳐달라고, 그에게 손을 얹어달라고 요청했다. 사실 예수는 그에게 손을 대는 것 이상의 일을 했다. 예수는 그를 따로 데려가서 손가락을 그의 귀에 넣었다. 그리고 침을 뱉어 그의 혀에 손을 대었다. 그리고 하늘을 우러러보며 예수는 탄식했다. 그것은 내가 결코 잊을 수 없는 깊은 탄식이었다. 예수는 미소짓지 않았다. 그는 말없이 기도를 올리고 있었을 것이다. 하늘에 간청을 드리고 있었을 것이다. 그리고 그가 귀먹은 남자에게 말했다.

"에바다."

'열려라.'

그러자 그 젊은 남자의 귀가 열리고 혀가 풀렸다. 그는 랍비처럼 분명한 소리로 말을 했다. 예수가 일렀다.

"내 말을 잘 들으시오! 내가 해준 일을 아무에게도 말하지 말고…….”

그러나 그 남자는 단지 큰 소리로 무례한 웃음을 웃기만 했다. 그리고 모든 친구들에게로 달려가 새로 얻은 말을 사용해 이 소리 저 소리 떠들어댔다.

"너희들도 보았지?”

그는 소리쳤다. 그리고 그의 친구들이 되받아 소리쳤다.

"저 유대인은 못하는 것이 없구나! 귀먹은 자의 귀를 듣게 하고, 말 못하는 자를 말하게 하잖아!”

갑자기 예수는 거의 날아가고 있는 듯했다. 얼굴은 완전히 굳어져 있었다. 그가 너무도 빨리 너무도 성큼성큼 앞으로 나아가는 바람에 나는 따라가기 위해 뛰어야만 했고, 조금 걷다가는 또 뛰어야만 했다.

우리는 두로 시로도 들어가지 않았다. 다음 이레 동안 예수는 다시 동쪽으로 방향을 바꾸었고 우리는 카이사리아 필리포(가이사랴 빌립보) 근방으로 들어갔다. 그렇게 우리는 여러 지방, 여러 땅, 여러 지형을 지나 반원을 그리며 나아갔다.

그러던 어느 날 아침, 갑자기, 예수가 다시 말을 했다.

우리는 요단 강의 수원이 되는 어느 지역의 동굴이 보이는 곳에 앉아 있었다. 그 동굴에는 이방인들이 자신들의 신에게 끊임없이 예배를 드리는 사당이 있었다. 그런데 그 물, 그 물은 요단 계곡의 북쪽 끝으로 흘러갔다가 다시 갈릴리 바다로 흘러 우리 모든 지파와 가족을 통과하며, 펠라와 사마리아와 여리고를 지나 사해로 영원토록 흘러들어가는 물이었다. 우리 뒤에는 헤르몬 산이 있었는데 그곳의 눈과 이슬이 또한 요단 강으로 흘러들어갔다. 그 산이 바로 요단 강이 시작되는 곳이었다.

우리는 아침식사를 이미 마치고 낮고 검은 표석 사이로 풀이 돋아난 작은 땅에 앉아 쉬고 있었다. 그 검은 돌은 현무암이었다. 예수는 어느 바위 위 푹 꺼진 곳에, 마치 그곳이 옥좌인 양 앉아 있었다. 사실 나는 이곳의 주위 환경을 기억하지 못했을 것이다. 적어도 이토록 자세히 회상해낼 수는 없었을 것이다. 그날 예수가 나에게 한 말이 없었다면. 마침내 부드럽게 그가 말했다.

　"내가 없을 때, 사람들이 나를 누구라고 하던가?"

　갑자기 우리 모두 입을 다물고 그를 지켜보기만 했다. 그의 목소리는 푸른 하늘에서 갑자기 내리는 비처럼 시작되었다. 그는 자신의 손등을 쳐다보고 있었다. 손가락을 쫙 편 손을. 그는 머리띠를 두르고 머리카락은 귀 뒤로 넘겨져 있었다. 이 모든 것이 내 기억 속에 얼마나 잘 새겨져 있는지! 그것들은 너무나도 상세하게 남아 있다. 그가 말했다.

　"사람들이 사람의 아들을 누구라 하나?"

　놀랍게도 내 동생이 제일 먼저 대답을 했다. 그는 사람들이 모여 있는 곳에서는 결코 말을 하지 않는다. 그런데 그 말이 튀어나왔고, 헐떡거리며 말을 하고는 다시 입을 다물고 그날 하루 더 이상 아무 말도 하지 않았다. 그가 말했다.

　"세례자 요한입니다! 어떤 사람들은…… 당신을…… 요한이라고 합니다."

　예수는 안드레를 올려다보며 고개를 끄덕였다. 그리고 나서 두 번째로 우리를 놀라게 한 사람이 있었다. 막달라 아가씨 마리아가 말을 한 것이다. 그 부끄럼 많은 창백한 여인이 내 동생 말에 동의했다.

　"헤로데스 안티파스가 그렇게 생각합니다. 그는 당신이 자신을 비난하기 위해 돌아온 요한이라고 생각합니다."

　그러자 여러 생각과 대답이 우리에게서 쏟아져나왔다.

　빌립이 말했다.

"어떤 이들은 당신이, 용광로의 불길같이 모든 것을 살라버릴 두려운 주의 날이 되었기 때문에 돌아온 엘리야라고 합니다."

유다가 고함을 질렀다.

"또는 예레미야라고들 합니다!"

야고보가 말했다.

"네! 맞아요! 예언자 가운데 한 분이 다시 살아났다고 하는 사람도 있습니다!"

예수가 태양빛에 번쩍이는 새 동전처럼 눈을 빛내며 두 손을 들었다. 떠들어대는 제자들의 소리를 막으며 예수가 말했다.

"그러면 자네들은 나를 누구라 생각하나?"

내가 그때 대답했다. 나는 가장 자연스럽고 당연한 말을 했다. 하지만 안드레와 막달라 마리아가 나를 놀라게 했다면, 아마 나는 모든 제자들의 말문을 막히게 했음에 틀림없었다.

"당신은 살아계신 하나님의 아들, 그리스도십니다."

모두가 입을 닫았다. 모두가 고개를 돌리며 예수를 쳐다보았다. 그의 반응을 보려고 했던 것 같다. 주님은 자랑스러워하는 미소를 보여주었다. 나에게 환한 미소를 보이며 탄복하듯 고개를 저었다. 나는 너무도 부끄러운 나머지 사방이 붉게 보일 지경이었다.

"요나의 아들 시몬, 자네는 복받은 사람일세. 이것을 알게 해준 이는 사람이 아니라 하늘에 계신 내 아버지시지! 이제부터 자네 이름은 베드로라고 하겠네. '반석'이라고. 그리고 이 반석 위에 내 교회를 세울 것이니, 죽음의 세력이 그것을 이기지 못할 것일세."

예수를 바라보던 모든 제자들의 시선이 나에게로 향했다. 아마도 나의 반응을 보려고 했을 것이다. 그는 나를 '베드로'라 불렀다. 반석. 주께서 나에게 새로운 이름을 주셨다. 그에 대해 생각하면 할수록 내 가슴은 점점 부풀어올라 헤르몬 산만큼 커졌다. 그리고 예수는 이렇게도 말해주었다.

"내가 자네에게 하늘나라의 열쇠를 주겠네. 자네가 무엇이든지 땅에서 매면 하늘에서도 매일 것이고, 땅에서 풀면 하늘에서도 풀릴 것이네."

나는 열쇠를 준다는 말의 의미를 안다. 때때로 집주인은 하인 중에서 가장 뛰어난 자에게 재산을 지키는 열쇠를 준다. 그것은 그가 하인에게 안심하고 자신의 권위를 맡긴다는 것을 의미하는 것이다! 그런데 예수가 나에게 말했다. 내가 자네에게 하늘나라의 열쇠를 준다고!

오, 이런! 그날은 영원히 내 마음속에 새겨져 있다. 동굴과 사당, 물과 검은 표석 그리고 헤르몬 산. 나는 예수가 한 말의 의미를 거의 알수 없었다. 나는 어린아이처럼 무지했다. 그러나 나는 선택된 아이였다. 알겠는가? 나는 그의 총아였다.

이제 예수는 그의 바위 옥좌에서 일어서서 옛 이교도의 동굴로 걸어내려가기 시작했다. 그는 목이 마르다고 했다. 내려가면서 생각에 잠긴 표정이 다시 얼굴에 나타났다. 마치 관자놀이에 어떤 끔찍한 압력을 받는 것처럼. 그렇게 밝은 웃음 뒤에 우울함을 다시 보게 된다는 것은 오, 정말 나를 괴롭히는 일이었다.

"모든 것이 이제 달라지고 있어."

그는 괴로운 탄식의 소리를 냈다. 우리는 모두 그와 함께 이제 작은 샘터를 향해 가고 있었다.

"나는 예루살렘으로 가야 해. 그곳에 도착하면 나는 장로들과 대제사장들과 율법학자들에게 많은 고난을 받을 걸세. 내가 자네들에게 말해두겠는데, 그런 일이 일어난다 하더라도 놀랄 필요 없네. 일어나야만 하는 일이니까."

예수는 샘물가에 무릎을 꿇었다. 땅 속에서 막 솟아난 물이라 차가웠다. 그는 두 손으로 잔 모양을 만들어 물을 떠올렸다. 그리고 마시기 전에 말했다.

"나는 예루살렘에서 죽음을 당할 것이고, 사흘째 되는 날에 살아날 걸세."

내가 다시 말했다. 나는 입에서 나오는 가장 당연한 말을 했다. 그랬다. 예수의 말에 나는 너무 마음이 아팠다. 죽음을 당한다고? 그가 줄곧 생각하고 있던 것이 이 우울한 일이었는가? 나는 그의 손목을 잡고 소리쳤다.

"안 됩니다!"

물이 그의 손에서 튀었다.

"안 됩니다. 하나님께서 허락하시지 않을 것입니다!"

감정에 사로잡혀, 나는 온힘을 다해 그의 손목을 잡고 있었다. 그러나 그는 손목에서 내 손가락을 풀어내기 시작했다. 그의 손에는 굉장한 힘이 있었다. 나는 계속 고함을 쳤다. 분명 내가 그에 대한 사랑으로 설득하고 있음을 그는 알고 있었다!

"오, 주님. 그런 일이 결코 당신께 일어날 수 없습니다!"

그는 내 팔을 붙잡고 서 있었다. 그의 눈은 새하얀 망치 같았다. 웃음도 자랑스러워하는 마음도 더 이상 찾아볼 수 없었다. 분노! 그가 내게 말했다.

"사탄아, 내 뒤로 물러가라."

아, 나의 마음이 무너졌다. 또 다른 이름! 수치스럽고 증오에 찬 이름! 그는 내게 말한 대로 했다. 면전에서 나를 송두리째 끌어내어 자기 뒤로 밀쳐버렸다.

"너는 나에게 걸림돌이다. 너는 하나님의 일을 생각하기보다 세상의 일을 더 생각하는구나!"

그는 나를 놓아주었다. 나는 갑자기 힘이 빠져 땅에 쿵 쓰러졌다. 아닙니다. 나는 하나님의 일을 참으로 생각합니다! 그리고 당신, 주인이

신 예수를 사랑합니다! 정말 혼란스럽습니다. 방금 베드로였다가 이제는 사탄이라니요? 하지만 나는 변한 것이 없습니다! 어떻게 이토록 분명한 사랑이 당신의 그런 분노를 일으킬 수 있습니까?

나는 땅에 웅크리고 앉았다. 한 마디도 더 할 수가 없었다. 그때 나는 예수가 두려웠다. 그는 머리띠를 벗고 머리카락을 흔들며 나머지 제자들에게 말했다.

"자네들이 나를 따라오려거든, 자기 자신을 부인하고 저마다 십자가를 지고 따라오게. 목숨을 구하고자 하는 사람은 잃을 것이고 나를 위해 목숨을 잃는 사람은 찾을 것이네."

예수가 힘주어 말했다.

"누구든지 나와 내 말을 부끄럽게 여기면, 사람의 아들도 아버지의 영광에 싸여 거룩한 천사들을 거느리고 올 때에 그를 부끄럽게 여길 걸세."

내 기분은 더욱 더 악화되었다. 나는 몸을 앞으로 굽히고 얼굴을 가렸다. 눈물이 나올 것 같았기 때문이다. 예수는 내가 그를 부끄럽게 여긴다고 생각하는가? 그리고 그는 큰 소리로 외쳤다.

"사람의 아들은 사람의 권위의 손에 맡겨질 걸세. 그들은 사람의 아들을 죽일 것이고, 사흘째 날에 살아나게 될 것이네."

두 번째로 그가 같은 말을 했다!

오, 주 예수여, 내가 당신의 말을 부끄럽게 여긴다고 생각합니까? 내가 부끄럽게 여긴다고 생각하는 말씀이 이 말들입니까?

"진정으로 말하겠네."

예수가 말했다.

"자네들 중에 몇 사람은 죽음을 맛보지 않고 사람의 아들이 왕권을 차지하고 오는 것을 볼 수 있을 것이라고."

그는 다시 무릎을 꿇고 손으로 잔 모양을 만들어 물을 마셨다. 아주 오래, 오래 마셨다. 매우 목이 말랐음에 틀림없었다. 그의 평범한 몸짓에 나는 죄책감을 느꼈고, 외로움을 느꼈다.

※

닷새 동안 예수는 내게 말을 걸지 않았다. 나도 또한 다른 사람들에게 말을 하지 않았다. 나는 거리를 두고 있었다. 그러나 엿새째 되는 날 아침, 그는 내가 혼자 아침을 먹고 있는 것을 보았다. 야고보와 요한이 그의 뒤를 배회하고 있었다. 마치 나를 두려워하고 있는 것처럼. 이 무슨 이상야릇한 생각인가! 그럴 리가 없다.

"나를 따라오게."

예수가 말했다.

"자네들 세 사람에게 보여줄 것이 있네."

나는 일어서서 그를 따라갔다. 우리는 헤르몬 산으로 걸어갔다. 정오가 되어서야 우리는 산길을 오르기 시작했다. 마침내 예수가 어느 바위의 갈라진 틈을 가리키며 그가 혼자 있는 동안 그곳에서 기다리라고 했다.

"나는 기도하러 가겠네."

그가 말했다. 우리는 기다렸다. 우리는 갈라진 바위 틈에 앉아 예수가 멀리 헤르몬 산의 한쪽을 오르는 것을 지켜보았다. 그는 가파르고 좁은 바위 턱을 찾아내었다. 왼편엔 깎아지른 듯한 바위가 있고, 오른편은 완전히 트여 아래로 평원이 펼쳐진 곳이었다. 요한이 내 귀에 속삭였다.

"시몬, 왜 우리에게 화를 내요? 우리가 형을 모욕하기라도 했소?"

이 말은 충격이었다.

"나는 너희에게 화를 내지 않았어."

"매일 형은 혼자 따로 놀고, 성난 얼굴로 노려보잖아."

"나는 노려보지 않았어!"

요한은 어깨를 으쓱했다.

"내가 인사를 할 때 나를 칠 것처럼 주먹을 움직였잖아."

"아니, 아니야. 나 자신에게 화를 낸 거야. 문제는 바로 내 기분이야."

"예수를 떠날 생각을 하고 있는 건 아니야? 세례자 요한을 떠난 것처럼?"

"오, 요한. 아니야!"

나는 너무도 큰 충격을 받았다. 내가 최근에 그처럼 적대적인 모습이었던가? 나는 모든 사람들이 나에게 화를 내고 있다고 생각했는데!

"내가 어디를 갈 수 있겠나? 예수 말고 그 누구도 영생의 말을 할 수는 없어."

예수. 그는 공중에 돌출해 있는 바위 위로 올라가 있었다. 오 주님, 당신 또한 내가 당신을 떠날 것이라고 생각했습니까? 그는 눈과 손을 들어 하늘을 올려다보고 기도를 하고 있었다. 그는 마치 벽감의 밀랍 초처럼 보였다. 산의 바위벽 우묵하게 들어간 곳에 서 있는 하얀 조각상. 우리 위 저 멀리!

예수, 나를 믿으세요! 무슨 일이 있어도, 나는 결코, 결코 당신을 떠나지 않을 겁니다!

별안간 그의 머리에 불이 붙은 것처럼 보였다! 아니, 불이 아니라 영광의 빛이었다! 깨끗하고 새하얀 광휘가 주님 머리 주변에서 빛나고 있었다. 그의 얼굴은 태양처럼 빛났고, 그의 옷은 점점 밝아졌다. 이 세상에 그 어떤 빨래꾼도 그렇게 희게는 못 빨 흰빛으로 빛났다!

나는 자리에서 뛰어올랐다. 내 온 몸은 환희로 폭발할 듯했다! 오, 얼마나 굉장한 광경을 주님이 우리에게 보여주고 계신가. 나는 그것을 보자마자 알았다. 이것이 진정한 장엄함이라는 것을!

요한이 소리쳤다.

"저 사람은 누구지? 주님과 함께 있는 저 사람은?"

야고보가 고함치듯 말했다.

"모세다! 오, 요한. 그는 늙은 모세잖아! 그의 얼굴 위로 타는 듯한 베일이 안 보여?"

그런데 예수 양옆에는 두 사람이 있었다. 이야기를 나누며 고개를 끄덕이면서. 마치 그 세 사람이 평생 동안 서로 알아왔던 것처럼.

예수! 예수, 또 누가 당신을 영광스럽게 하기 위해 오신 겁니까?

그리고 나는 소리를 들었다.

'엘리야.'

나는 야고보와 요한에게 소리를 쳤다.

"또 한 사람은 예언자 엘리야다!"

그리고 나는 우리가 있던 갈라진 돌 틈에서 뛰어나와 힘껏 큰 소리로 외쳤다.

"선생님! 선생님! 이대로 여기에서 지내는 것이 좋겠습니다! 저희가 오두막 셋을 지어서 하나에는 선생님을, 하나에는 모세를, 하나에는 엘리야를 모시게 해주십시오."

갑자기 청천벽력이 나를 뒤로 쓰러뜨렸다. 나는 땅에 어깨를 부딪쳤다. 그리고 눈부신 구름이 온 산을 뒤덮었고, 그 구름으로부터 마치 천둥소리처럼 엄청난 목소리가 떨어졌다.

'이는 나를 기쁘게 하는 자, 내가 사랑하는 아들이다. 그의 말을 들어라.'

나는 어리벙벙했다. 사방이 어두워졌다. 천둥이 울려 지나가더니 조용해졌다. 마치 바다 속 심연의 고요함 가운데 있는 듯 숨쉬기도 힘들었다. 그런데 그때 깃털 같은 무엇인가가 내 뺨에 느껴졌다. 눈을 뜨자 예수가 서 있었다. 예수 혼자.

"자, 두려워하지 말게."

그가 말했다. 그는 미소짓고 있었다. 그의 두 눈에는 평소와 같은 친절함이 있었다. 그는 내 손을 잡아 일으켜세워 주었다.

"이제 다시 산을 내려갈 시간이야."

그리고 야고보와 요한 또한 우리 곁에 왔을 때, 그가 말했다.

"사람의 아들이 죽은 사람들 가운데서 살아날 때까지는, 지금 본 광경을 아무에게도 말하지 말게."

제자들의 예수

시몬 베드로 Simon Peter

우리가 가버나움으로 돌아와서 얼마 지난 후, 성전세를 거두어 들이는 자들이 시장 가운데에 탁자를 차려놓았다. 모든 남자는 매년 반 세겔의 세금을 내서 성전 예배에 들어가는 비용을 지원해야 했다. 유다와 내가 근처 상점에서 오이를 사고 있을 때, 이 보잘것없는 관리들 중 한 사람이 내게 소리쳤다.

"시몬, 당신의 선생은 세금을 안 내는가?"

"물론 그분도 냅니다."

"그러면 그의 돈을 보여주게."

나와 함께 있는 유다가 돈주머니를 가지고 있었다. 우리는 지불할 돈을 가지고 있었다. 그런데 그 보기 싫은 놈이 탁자를 세게 치면서 나를 화나게 했다.

"여기에 딱 놔. 여기에 놓으라고. 그러면 끝나는 일이다."

생각에 앞서 내 손바닥이 먼저 그 탁자를 세게 쳤다. 그러자 그의 눈이 휘둥그레졌다.

"자, 당신 눈에 보이는 것이나 잘 간직하시오!"

내가 말했다. 유다가 깔깔대며 웃음을 터뜨렸고 우리는 떠났다. 내 장모의 집 뒤에서 우리는 예수에게 세금 거두는 그 도마뱀 같은 놈에 대해 이야기를 했다. 예수가 말했다.

"어떻게 생각하나, 시몬? 세상 임금들이 누구한테서 세금을 받지?

자기 자녀한테서인가, 남들한테서인가?"

"남들한테서입니다."

"그렇다면 자녀들은 세금을 면제받는 걸세. 왕의 자녀들은 그렇게 영원히 면제받을 거야. 그렇지만…….'

그가 양팔로 나와 유다의 어깨를 감싸면서 말했다.

"이 세상 관리들의 비위를 건드리지 말기로 하세. 바다로 나가 낚시를 잘 던져 잡은 첫 번째 물고기의 입 안을 들여다보게."

우리는 그렇게 했다. 그날 오후 나는 꽤나 커다란 잉어를 잡아올렸다. 내가 그 입을 죄듯이 벌려 열어보니 깨끗한 동전 한 닢이 있었다. 한 세겔의 돈. 한 세겔은, 물론 두 개의 반 세겔과 같다. 성전세를 두 번 낼 수 있는 것이다. 그래서 물고기에서 나온 동전으로 우리는 세금 거두는 자의 탁자로 가서 그 뱀 같은 자에게 두 사람분의 세금을 냈다. 그리고 이자로 그에게 잉어를 주었다. 나는 그에게 당신 눈이 잉어눈과 닮았다고 했다.

유다는 내 농담을 재미있어했다. 그는 나보다 더 관리들을 증오했다. 우리가 집으로 돌아오는 길에 그는 물고기 눈을 가진 관리들을 생각하며 계속 킥킥거리며 웃어댔다. 그러다 갑자기 내가 예수와 내 세금은 내고 유다의 세금은 내지 않았다는 생각을 떠올렸다. 갑자기 그의 기분이 바뀌었다.

"돌아가세!"

거리 한가운데 버티고 서서 그가 말했다.

"그 남자에게 가서 자네 이름 대신에 내 이름을 적으라고 말하게."

유다는 몸집이 작고 항상 변덕이 심한 제자였다. 최근 들어 그는 걸핏하면 싸움을 걸 듯한 태세였다. 내가 말했다.

"안 돼. 이미 끝난 일이야. 거래는 끝났네."

그러나 유다는 막무가내였다.

"그에게 가서 그 세금은 내가 낸 것이라고 하게."

"왜?"

"내 세금이 아직 지불되지 않았으니까."

"그러면 자네가 가서 세금을 내게."

"자네는 이 드라크마의 돈을 손해보는 게 아니야. 더욱이 반 세겔의 돈도 자네가 번 것은 아니지. 단지 발견한 것뿐이라고."

"내가 일해서 번 것이야. 내가 물고기를 잡았으니까."

"예수는 우리 두 사람 모두에게 그 돈 찾는 법을 가르쳐줬어."

"유다, 가서 세금을 내게. 자네는 돈이 있지 않은가. 나는 자네가 금고의 나머지 돈을 자네 것으로 할당하는 것을 본 적이 있네."

그가 눈을 부릅뜨고 나를 보았다. 그는 아주 짙은 눈썹에 작은 머리를 가지고 있었다. 그는 거리 한가운데에 서서 나를 노려보았다. 나는 어깨를 한 번 으쓱하고 돌아서서 갔다. 그가 악을 쓰듯 소리를 질렀다.

"요나의 아들, 시몬. 너는 내게 빚을 졌다."

"나는 자네에게 빚진 일이 없네."

말하면서 나는 계속 길을 걸었다.

"아니, 자네는 빚을 졌네! 모든 사람에게 빚을 졌지! 베드로, 자네는 선생님의 총아지. 선생님이 주신 새 이름을 자랑스러워하는 높고 대단한 사람이지!"

이제 유다는 나를 쫓아 달려오고 있었다. 그가 외쳤다.

"모든 것이 자네 맘대로 아닌가? 그리고 자네는 그럴 자격이 있다고 생각하지. 안 그런가? 자네가 얼마나 거들먹거리며 허세를 부리는지 아는가? 자네는 우리 모두를 경멸하지! 움푹 꺼진 가슴을 부풀리며 우리 등을 두드리지. 모든 사람들이 자네 옆에만 있으면 기뻐한다고 생각하면서 말이야. 자네는 자네가 하늘나라에서 가장 큰 사람이라고 생각하고 있지 않나?"

"알았네. 이야기를 해보세."

내가 말했다. 나는 장모의 뒤뜰에 있었다. 나는 돌아서서 현관을 등지고 유다의 얼굴에 손가락을 들이댔다.

"누가 진짜로 자신이 가장 큰 자라고 생각하는가? 말해주지. 주님과 함께 걷게 된 사람이지. 이미 그 누구보다 더 많이 갖고 있는 사람. 그러고도 아직 만족해하지 못하는 사람! 그리고 그는 자신이 더 받을 만한 사람이라고 생각하지. 자만심이야, 유다! 그것은 정말 자만이라고. 그리고 거기에 자기 연민을 더한다면, 그것은 추악함일 뿐이네! 유다! 자네 자신이 예수에게 선택된다면, 자네는 돈 반 세겔때문에 우는 소리만 내겠지!"

내가 뜰 쪽으로 돌아섰을 때 야고보와 요한이 그곳에 서 있었다. 야고보가 말했다.

"유다의 말에 일리가 있네."

뭐라고? 일리가 있다고?

"이제 자네들이 한패가 되어 지금 나를 공격하는 것인가?"

"자네는 정말 우리가 이제 더 이상 자네와 동등하지 않은 것처럼 행동하네. 자네는 대부분의 시간을 예수와 보내지."

"내가 나를 선택한 것은 아니야!"

내가 소리쳤다.

"예수가 나를 선택하셨지. 내 이름을 지은 것은 내가 아니야. 예수가 지어주셨지. 자네들은 도대체 누구를 비난하려고 하는 건가?"

요한에 대해 말하자면 이렇다. 그는 결코 소리치지 않는다. 항상 부드러운 목소리로, 어떠한 논쟁에서도 자기만이 유일하게 합리적인 목소리를 내는 체한다. 자제심이다. 역겨운 자식! 잘난 체하며 거룩한 체하는 역겨운 자식!

"그것은 결코 선물이 아니었네."

그가 생각에 잠기며 말했다.

"그리고 또한 우리가 문제삼고 있는 것은 준 사람이 아니라 받는 자의 태도를 말하는 걸세. 겸손!"

그는 눈을 가늘게 뜨고 미소지으며 말했다.

"겸손을 배우게, 시몬 베드로."

유머 있는 야고보가 돌을 갈아 윤기를 내는 일이 어떻다느니 하고 빗대어 이야기하기 시작했다. 유다는 키득키득 웃으며 그 시커먼 눈썹을 썰룩거리기 시작했다. 그것을 보자 야고보는 더 유치한 우스갯소리를 늘어놓았다. 돌의 본성이니 뭐니 하고 늘어놓기 시작한 것이다. 맷돌은 어떻고 숫돌은 어떻고 묘석은 어떻다느니 해가며.

나는 노여움으로 몸을 떨었다. 그리고 그의 농담이 속으로 쑥 들어가도록 한 대 칠 태세를 했다. 그런데 요한이 말했다.

"자, 자, 시몬의 말에도 일리가 있네. 우리가 그의 이름을 비웃는다면 예수의 결정 또한 비웃게 되는 것이 아닌가."

"하지만 그는 그 이름으로 우리 위에 군림하고 있네!"

유다가 말했다. 야고보도 말했다.

"그리고 자신이 하늘나라에서 가장 큰 자라고 생각하고 있고."

그 말은 유다가 조금 전에 했던 말이 아닌가! 그렇다. 그들은 내 등뒤에서 나를 놓고 이야기했던 것이다. 요한이 말했다.

"그럼 그 점이 바로 문제가 되는 부분인가, 야고보? 하늘나라에서의 지위가? 지금은 시몬더러 기꺼이 그렇게 보상받으라고 하세. 진정일세, 받게 하라고. 우리는 하늘나라가 마침내 임할 때, 그때 상을 받도록 하세."

야고보의 얼굴에 환한 미소가 번졌다. 그러나 유다는 억센 눈썹으로 험상궂은 표정을 지어보였다. 야고보가 말했다.

"그래, 그래, 시몬. 오, 그래! 우리는 선생님이 영광스런 모습으로 나타나실 때 상을 주십사 청해놓자고."

"아, 천둥의 아들들이 하는 소리 좀 들어보게!"

갑자기 나타난 목소리! 야고보가 몸을 빙글 돌려 보니 예수가 현관
에 서 있었다.

"천둥소리로군."

예수가 말했다. 그는 야고보와 요한 형제를 '보아너게'라고 불렀다.
'천둥의 아들들'이라고.

갑자기 모든 제자들의 행동이 달라졌다. 우리 모두 조용해졌다. 나는
전에 느꼈던 것과 같은 죄책감으로 다시 한 번 뺨이 달아올랐다. 나는
얼굴이 붉어지는 것이 정말 싫었다! 내 감정을 그렇게 자주, 그렇게 분
명히 남들에게 들키는 것이 싫었다. 예수는 뜰 안으로 들어와 야고보
와 요한을 마주하며 앉았다.

"자네들에게 어떠한 상을 주기를 원하나? 마침 요구하기 딱 좋은 때
로군."

두 형제는 서로 마주보았다. 그리고 나와 유다를 초조하게 힐끔 쳐다
보았다. 야고보가 말했다.

"주님이 영광 받으시는 날에 우리를 당신의 오른편과 왼편에 앉게
해주십시오."

그는 침을 꿀꺽 삼키며 히죽 웃었다. 나는 완전히 말문이 막혔다. 지
금껏 누가 잘났냐로 싸우고 있었다니! 우리가 자만심에 대해 비난하고
있었다니! 정말이지 이 '상'은 완전히 바벨탑과 같았다! 하지만 예수
는 고개를 끄덕이고 있었다. 마치 그것에 대해 진지하게 생각하고 있
는 것처럼.

"자네들이 요구하는 게 어떤 것인지 자네들은 모르고 있네."

아주 비장한 목소리로 예수가 물었다.

"내가 마시는 잔을 마실 수 있겠나?"

야고보와 요한이 말했다.

"네!"

예수는 언짢은 얼굴을 하고 다시 물었다.

"내가 받는 세례를 받을 수 있다고?"

두 형제는 바보처럼 히죽히죽 웃으며 실없이 말을 뱉고 있었다.

"네, 네. 우리는 할 수 있습니다!"

예수는 너무도 큰 한숨을 내쉬었다. 나는 그 한숨소리를 들었다. 나는 천둥 형제들을 빤히 바라보았다.

"그러면 내가 마시는 잔을 마시고 내가 받는 세례도 받도록 하게. 마시고 고통을 당하게. 그러나 내 옆자리에 앉는 것은 내가 허락할 수 있는 일이 아니네."

예수가 나에게 말했다.

"시몬 베드로, 가서 나머지 제자들을 이리로 불러오게."

나는 심각하게 고개를 끄덕였다. 나는 복종의 의미로 깊이 고개를 숙였다. 그리고 갔다. 우리 모두가 뜰에 모이자 예수가 말했다.

"자네들은 이방인의 지배자들이 사람들을 마구 내리누르는 것을 알고 있겠지. 그러나 자네들끼리는 그렇게 하면 안 되네. 내 말을 잘 듣게. 자네들 가운데 누구든지 위대하게 되고자 하는 사람은 먼저 종이 되어야 하네. 사람의 아들은 섬김을 받으러 온 것이 아니라 섬기러 왔으며, 많은 사람을 위해 자기 목숨을 대속물로 내주러 왔기 때문일세."

갑자기 예수가 목소리를 높여 소리쳤다.

"버니스!"

어린아이가 거리에서 뜰 안을 엿보고 있었다.

"이리 오렴."

예수가 어린 소녀에게 말하자 그 아이는 살살 걸어왔다. 예수는 긴 머리를 모아 어깨 뒤로 넘기고 팔을 벌렸다. 그러자 어린 소녀가 기운차게 달려오더니 예수의 무릎에 올라앉았다. 예수의 얼굴에서 답답함이 사라졌다.

나는 그의 하얀 이를 보았다. 그는 무릎 위에 있는 하찮은 작은 생명에게 미소짓고 있었다. 그 소녀는 이제 예수의 두 팔과 가슴과 옷을 자신을 보호해 주는 동굴로 삼고 앉아서 평화스럽게 우리를 바라보고 있었다. 그리고 예수의 황금빛 두 눈은 애정 어린 빛으로 반짝이고 있었다. 그리고 예수가 말했다.

"하늘나라에서 가장 위대한 사람이 누군지 이야기하겠네. 자네들이 어린아이처럼 되지 않으면 그 누구도 하늘나라에 들어갈 수 없네. 이 아이같이 자신을 낮추는 사람이 하늘나라에서 가장 위대한 사람이야. 또 이 땅에서 가장 위대한 일이 무엇인가 말하지. 누구든지 내 이름으로 어린이 하나를 맞아들이면 그건 곧 나를 맞아들이는 것일세. 그러나 나를 믿는 이 작은 사람 중 하나라도 죄 짓게 하는 사람은 차라리 목에 연자맷돌을 달고 바다 깊숙이 잠기는 편이 낫네! 이 작은 아이들 하나라도 경멸하지 말게. 하늘나라에서 그들의 천사들이 항상 내 아버지의 얼굴을 뵙고 있으니까."

예수가 고개를 숙여 어린 버니스에게 속삭였다. 아이는 그 큰 눈을 이리저리 굴리면서 애기를 듣고 있었다. 그리곤 두 손으로 입을 가리고 무엇인가 물었다. 그러자 예수가 땅에 앉아 벽에 등을 기대고 있는 유다를 가리켰다. 버니스는 키득키득 웃었다. 그리고 예수의 무릎에서 미끄러져 내려와 발끝을 들고, 눈썹이 얼굴에서 날뛰기 시작한 유다에게로 다가가서 그의 코에 입을 맞추었다. 그의 얼굴이 붉어지더니 천둥치는 하늘처럼 험악한 표정을 지었다. 버니스는 즐겁게 웃으면서 거리로 빠져나갔다. 그때 예수가 말했다.

"형제가 죄를 짓거든 단둘이 있는 자리에서 충고를 하게. 그가 충고를 귀기울여 들으면, 그때는 그 형제를 다시 얻은 것이 되지."

"맞습니다. 그런데 형제가 나한테 잘못하는 걸 몇 번이나 용서해 줘야 합니까? 일곱 번씩 용서해야 하나요?"

나하고 얘기를 매듭지어야 할 제자들이 한 떼나 있었기 때문에 나는 이렇게 물어보았다. 예수가 고개를 저었다.

"일곱 번이 아니라 일곱 번씩 일흔 번까지도 용서해야 하네. 잘 들게. 하늘나라는 하인들에게 준 빚을 받으려고 하는 왕에 비유할 수 있네. 왕이 셈을 가리기 시작했을 때, 만 달란트 빚진 사람 하나가 왕 앞에 끌려왔지. 물론 그 사람은 빚을 갚을 길이 없었지. 그래서 왕은 그 사람을 노예로 팔고 아내와 자녀들까지 팔아서 그 빚을 갚으라고 명령했네. 그 불쌍한 하인은 무릎을 꿇고 조금만 참아달라고 애원을 했네. '시간을 주시면 모든 것을 갚겠습니다.' 왕은 그 사람을 가엾게 여겨서 빚을 없애주고 석방해 주었네.

그런데 그 사람은 풀려나 돌아가는 길에 자기에게 백 데나리온 빚진 동료 하나를 만났네. 그는 그 사람 멱살을 잡고 빚을 갚으라고 으름장을 놓았지. 그 불쌍한 사람은 무릎을 꿇고 참아달라고 간청을 하고, 때가 되면 전부 갚겠다고 약속했네. 그러나 빚쟁이는 그 말을 들어주지 않고 빚진 사람을 감옥에 집어넣어버렸네.

왕이 그 얘기를 전해듣고는 그 첫 번째 하인을 불러들였네. '이 못된 자야! 나는 너의 빚을 전부 탕감해 주었다. 내가 너를 불쌍하게 여긴 것처럼 너도 네 동료를 동정했어야 하지 않느냐?' 왕은 노해서 그를 형리에게 넘겨 만 달란트를 다 갚을 때까지 가두어두라고 명령했지.

내 하늘 아버지께서도 형제를 진심으로 용서하지 않는 사람에게 그렇게 하실 걸세."

예수는 발 아래 깔려 있는 돌들을 바라보며 말했다. 그리고 그때, 너무도 작은 소리여서 거의 알아들을 수 없는 말로 예수가 중얼거렸다.

"시몬? 유다? 야고보? 요한? 내가 자네들을 몇 번이나 용서했다고 생각하는가?"

　그리고 나서 우리는 떠났다.

　예수는 가버나움과 갈릴리 지방을 아주 떠나 예루살렘으로 향했다. 우리는 더 이상 떠돌아다니는 게 아니고 분명한 목적지가 있었다. 그리고 도착하기까지 어느 정도의 시간이 걸릴 것이라는 생각을 할 수 있었다.

　가버나움을 떠나 하루쯤 길을 갔을 때, 율법학자 한 사람이 예수에게 달려왔다. 그는 소리쳤다.

　"선생님! 선생님, 당신이 어디를 가시든지 당신을 따르고 싶습니다!"

　그 바람을 충분히 이해한다. 두 해 전, 나는 처음으로 그런 느낌을 가졌다. 그때 내 배 안에서의 일이 기억났다. 그런데 예수가 그에게 말했다.

　"여우도 굴이 있고 새들도 둥지가 있지요. 하지만 사람의 아들은 어디에도 머리 둘 곳이 없소."

　우리는 계속 걸었다. 예수의 가장 충직한 추종자들은 남녀 할 것 없이 작은 무리로 똘똘 뭉쳐 있었다. 물론 지나는 마을마다 수많은 사람들이 쏟아져나오는 건 여전했다. 항상 수많은 사람들이 있었다, 항상. 그런데 제자들 중 한 사람이 우리 일행이 다시는 갈릴리로 돌아가지 않을 것을 알고는 예수를 찾았다.

　"선생님, 먼저 집에 가서 아버지 장례를 치르고 오겠습니다. 허락해 주십시오."

　예수가 그에게 말했다.

　"나를 따라오게. 죽은 사람의 장례는 죽은 사람들에게 맡기고."

알겠는가? 그의 태도는 확고했다. 그는 이미 변했다. 벌써 결심이 섰던 것이다.

어느 마을에서 온 한 여인이 멀리서 여러 날 동안 우리를 지켜보았다. 그러더니 그녀가 가까이 와서 말했다.

"예수님, 당신을 따르겠습니다. 하지만 먼저 집안 식구들에게 작별인사를 하고 오겠습니다."

"손에 쟁기를 잡고 뒤돌아보는 사람은 하나님 나라에 어울리지 않소."

이제 그의 말에는 무게가 실려 있었다. 그의 동작 또한 무거워 보였다. 사실, 지난해부터 그는 점점 여위어갔다. 그러나 뼈가 꽉 차기라도 한 듯 납덩이처럼 무겁게 움직였다.

막 사마리아 지방으로 들어섰을 때 예수는 야고보와 요한을 마을로 먼저 보내 도착할 준비를 시켰다. 한 시간이 지나 두 형제가 돌아왔다. 야고보는 몹시 분개해 있었다.

"그 사람들은 주님이 들르시는 것을 거절하고 있습니다. 우리가 예루살렘으로 가는 도중이기 때문이라나요. 그들은 당신이 두렵고 위험한 인물이라고 합니다. 선생님, 불이 하늘에서 내려와 그들을 태워버리게 만들까요. 엘리야가 그랬던 것처럼?"

이것은 예수의 행동이 무거워진 한 좋은 예이다. 그가 어찌나 오랫동안 야고보를 쳐다보고만 있었던지 야고보는 몸둘 바를 몰랐다. 그는 예수의 시선을 마주 바라볼 수가 없었다. 마침내 예수는 탄식했다.

"사람의 아들은 생명을 멸하러 온 것이 아니라 생명을 구하러 왔네. 한 마을이 우리를 영접하지 않으면 다른 마을이 우리를 영접하겠지. 자, 그 다른 마을을 찾아보세."

우리가 들에서 자고 있던 어느 날 밤, 나는 하얀 형체가 귀신처럼 미끄러지듯이 움직여 예수가 누워 있는 곳으로 가는 것을 보았다. 그리고 그 곁에 멈추더니 거기에 머물러 있었다. 머리끝이 쭈뼛해졌다. 끔찍한 느낌이 들었다.

그래서 나는 자리에서 일어나 어떤 밤의 유령이 내 선생님 앞에 앉았나 보러 살금살금 가까이 다가갔다. 그러나 그것은 유령이 아니었다. 막달라의 마리아였다. 그녀가 그의 머리카락을 어루만지며 그 곁에 누워 있었다.

"여기서 무엇을 하고 있소?"

내가 숨죽여 말했다.

"그렇지 않아도 상황이 안 좋은데. 적들이 선생님을 더 심하게 공격할 빌미를 만들고 있는 것이오?"

그녀는 아무런 답을 하지 않았다. 그 창백한 얼굴에 검은 눈동자로 나를 올려다보고 있었다. 그녀의 턱이 떨리기 시작했다. 손가락 하나 움직이지 않고 예수가 말했다.

"시몬, 자네가 무슨 일을 했는지 알겠나? 그녀를 울렸네. 그럴 이유라도 있었나? 다른 누구도 나를 위로해 주러 오지 않았지. 다른 누구도 그 위로에 내가 고마워할 것이라고 생각하지 않았네. 물러가게, 시몬 베드로. 가게. 난 지금 피곤하네. 가게."

그래서 나는 내 잠자리로 돌아와 누우면서 울었다. 나는 단순하다. 나는 단지 옳은 일을 하려고 할 뿐이다. 그게 전부다. 있는 힘을 다해 단순히 옳은 일을 하려는 것. 그러나 때때로 주님은 너무도 알 수 없는 분이어서 나는 자꾸 옳지 않은 일만 하는 것 같다.

나는 이해하지 못했다. 나는 그분을 이해할 수가 없었다. 그리고 그분이 자신만의 완전한 어둠 속으로 사라질 때면 나는 항상 슬프고 외로워졌다. 마치 온 우주가 한 척 배의 뱃머리 위에 켜진 등불 하나로 밝혀지고 있고 그 위는 어두운 밤, 그 아래는 새까만 바다가 있을 때 초가다 녹아 등불이 꺼지기라도 하는 것 같다.

마리아, 미안해요. 당신은 내가 알 수 없는 것을 알고 있어요. 나는 정말 어리석은 사람입니다! 미안해요. 정말로, 미안해요. 내가 당신을 울게 만들었군요.

혁명가

바라바 Barabbas

[마태복음 27:1~16, 마가복음 15:6~7, 누가복음 23:19]

그 당시 유대인들은 세상에 열 단계의 거룩함이 있다고 가르쳤다. 열 개의 동심원이 있는데 덜 거룩한 것이 더 거룩한 것, 더 응축된 거룩함을 싸고 있어 마침내 모든 것이 가장 완벽한 입방체의 어둠, 즉 성전의 지성소를 둘러싸고 있다고 했다.

바퀴 속의 바퀴처럼 원 속에 원이 있는 것이다. 이스라엘 땅 자체가 첫 번째 원이요, 첫 단계의 성스러움이었다.

예루살렘 도시가 두 번째 단계였다. 유대인이든 사마리아인이든 아니면 이방인이든, 그 누가 자유롭게 또는 강제로 이 두 영역 안으로 들어온다 해도 그들 존재가 큰 원들의 성스러움을 감소시키지는 않았다. 그리고 그들이 독실한 마음으로 들어왔다면 그들 자신도 그 성스러움에 참여할 수 있었다.

세 번째 원은 성전 언덕이었다. 이곳으로 매일 수많은 사람들이 들어오고 나가고 했다. 이곳에서 사람들은 물건을 사고팔 수 있었는데, 특히 제사 의식과 성전을 지원하는 일이 이곳에서 이루어졌다.

그러나 네 번째 단계의 원 안에는 유대인이 아닌 사람들에게는 절대적으로 금지된 벽이 있었다. 성전 주변의 주랑(柱廊) 현관 바로 안에는 '이방인의 뜰'이 있었는데 그곳은 개종자들이 들어갈 수 있고 순례자들이 제사를 드릴 짐승을 살 수 있으며, 로마인조차 성스러운 곳을 더럽히거나 하나님의 분노를 사는 일 없이 돌아다닐 수 있는 곳이었다.

그러나 그 뜰 안으로는 난간이 있었는데 거대한 돌격자로 된 테라스에 유대인 외에는 어느 누구도 지날 수 없는 단 하나의 문이 있었다. 이 벽 둘레에는 라틴어와 그리스어로 '죽음의 벌로써 이방인의 출입을 금한다.'는 글이 누구나 볼 수 있도록 돌에 새겨져 있었다. 이 벽은 헤브루말로 '헬'이라고 불렸는데, 여기까지가 네 번째 단계의 거룩한 곳이었다.

'이방인의 뜰'을 지나 '아름다움'이라고 불리는 그 유일한 문을 통과하면 다섯 번째로 '여인의 뜰'이 있었다.

그리고 여섯 번째는 '이스라엘의 뜰'이었는데, 그곳은 여자에게는 금지된 곳으로 제사장과 유대인 남자만이 들어갈 수 있었다. 이곳에서 평민들은 번제물을 죽여 그 사체를 조각냈다. 제사장들은 그 피와 잘린 짐승 토막을 번제단으로 옮겨가 신 앞에 번제를 드렸다.

제단과 성전 본관을 가까이 둘러싸고 있는 지역은 제사장과 레위인에게만 허락된 곳이었다. 이곳이 일곱 번째 원이며 지구상에서 일곱 번째로 성스러운 곳이었다.

여덟 번째로 성스러운 곳은 제단과 성전 현관 사이에 좁게 자리잡은 포장된 땅이었다.

그리고 아홉 번째는 성전 안의 성소였다. 그곳은 분향단과 빵을 올릴 상과 금촛대로 장식되어 있었다.

그리고 열 번째, 지성소. 그곳은 푸른색과 보라색 그리고 주홍색으로 아주 훌륭하게 짜인 아마로 된 두 겹 휘장에 의해 성전의 나머지 장소로부터 완전히 차단된 곳이었다. 그곳은 하나의 방으로, 말로 표현할 수 없는 하나님의 성스러움이 인간 사이에 거주하는 곳, '드빌'이었다. 그곳은 무섭도록 완전히 어두운 곳으로 가로 세로 높이가 각각 9미터인 정방형 방이었다. 이곳에는 유일하게 단 한 사람, 대제사장만이 들어갈 수 있었는데 그것도 일 년에 단 한 번뿐이었다.

농부들이 대추와 포도 수확을 마친 선선한 9월의 몇 주, 그들이 보리와 밀밭에 씨를 뿌리기 직전의 그 짧은 휴식기간 동안 초막절을 열흘 앞두고 갈릴리의 작은 마을 야비아로부터 남자들 일곱 명이 가족을 이끌고 절기를 지키러 예루살렘으로 떠났다.

　그들이 떠난다는 것이 이상할 것은 없었다. 모든 지역에서, 정말 하늘 아래 온갖 곳에서 온 유대인들이 가을 추수 끝에 즐거운 축제를 즐기기 위해 성스러운 도시로 몰려들고 있었다. 그러나 이 특별한 무리의 갈릴리 사람들은 이상하게도 남쪽 경로를 택했다. 더욱이 그들은 가는 도중 이상하게도 여러 곳에서 발걸음을 멈추었다. 그리하여 그들은 로마 당국의 주목을 끌었고 미행을 당하게 되었다.

　대부분의 갈릴리 순례자들처럼 요단 강으로 향해 가다가 다시 아래쪽으로 내려가는 남동쪽 길을 택하는 대신에, 그들은 정남쪽 헤로데스 안티파스의 왕궁 소유지가 있는 곳으로 가더니 그곳 장막에 머물러 이틀을 보냈다. 그리고 남서쪽을 향해 사마리아를 지나서 곧장 바닷가 카이사리아(가이사랴) 쪽으로 길을 떠났다.

　그들은 도성 밖에서 이틀을 더 장막을 쳤다. 이곳이 바로 사마리아와 유대를 다스리는 로마 총독이 거주하던 곳이었다. 그때 총독은 그곳에 없었다. 그는 예루살렘의 헤로데스 대왕 궁전에서 재판을 주재하고 있었다. 그것은 유대인 최고 명절 기간 동안의 관습이었다. 그런데도 갈릴리 무리 중 세 사람이 이틀 동안 아침저녁으로 그의 거주지 앞을 왔다 갔다 하며 그곳을 관찰하는 듯한 모습을 보였다.

　로마인들이 의심을 하기 시작한 것은 바로 그 때문이었다. 갈릴리인들이 장막을 거두고 해변길을 따라 남쪽으로 떠난 후에, 로마 제국의 신하 한 사람이 크리스탈 잔 열 개를 들고 카이사리아를 떠나 통치자가 있는 그곳으로 향했다. 뚱뚱하게 살이 찌고 미소가 가득한 그 사람은 로마인이나 유대의 광신자를 개의치 않고 누구에게나 선의를 보이는 궁정신하였다. 그는 말을 모는 부하와 시중을 드는 두 명의 무장 군인과 함께 전차에 탔다.

카이사리아에서 해변대로로 여행을 하던 갈릴리 사람들이 욥바 시에서 내륙으로 가는 길을 택하는 것이 관찰되었다. 로마 제국의 신하 또한 마찬가지로 곧 택하게 될 합리적인 여정이었다. 갈릴리 사람들이 욥바와 룻다 사이의 해변평야, 샤론에서 잠깐 우회한 것 또한 이치에 맞는 일이었다. 그들은 그곳의 목동에게서 송아지 일곱 마리를 구입했다. 로마 궁정신하는 유대인들이 바치는 짐승을 알아볼 수 있을 만큼은 유대인의 의식에 대해 알고 있었다.

그런데도 더욱 의심이 간 것은, 그들이 룻다에서 동쪽으로 19킬로미터밖에 안 가서 멈춘 것이었다. 그곳은 벧호론으로, 해변평야에서 예루살렘 서쪽의 거친 언덕지역으로 가는 오르막길을 지키는 두 마을 중 하나였다. 오전중에 갈릴리 무리들이 가던 길을 멈추었다. 여자들은 시끄럽게 떠들고 있었다. 분명히 잡담이었다. 그리고 그들은 아이들과 물품과 짐승들을 돌보았다. 그러는 동안 남편들은 그들만을 남겨두고 떠나갔다.

일곱 명의 남자들은 벧호론 산등성이를 오르고 있었다. 그 자체는 힘든 산행이 아니었다. 그러나 그들은 가파른 바위와 가시덤불을 뚫고 갔다. 덤불은 아주 무성해서 허리둘레가 제법 있는 로마인이 뒤를 따른다는 것은 아주 힘든 일이었다. 그러나 뒤를 밟지 않았더라면 그는 갈릴리 사람들이 가고 있는 장소를 결코 발견하지 못했을 것이다. 그 좁은 협곡에는 자연스럽게 이루어진 석회암 축대와 동굴이 있었는데, 모두 외부로부터 완전히 가려진 곳이었다.

궁정신하는 울퉁불퉁한 협곡 벽을 내려가지 않았다. 그는 이미 군사한 명과 전차 몰이꾼을 전차에 두고 왔다. 그래서 나머지 한 명의 군사를 거느리고 벽 가장자리에 기대어 열네 명이나 되는 유대인이 동굴에서 나와 갈릴리 사람들과 인사하며 앉아서 이야기를 나누는 것을 지켜보았다. 아마도 산적들일 것이다. 동굴을 은신처로 삼는 강도들이거나. 아니면 혁명당원들일지도 모른다. 그 방문은 한 시간 정도 계속되었다. 아마도 이미 오후로 접어들었을 것이다. 하지만 이곳은 시간이 단절된 곳이었다.

산적 중 한 사람이 대화를 이끌었는데, 그는 호리호리하고 우아한 사람이었다. 또한 민첩해 보였다. 말하면서 많이 움직이는 것으로 보아 아주 정열적인 사람으로 로마인의 귀에도 똑똑히 들릴 정도로 분명하게 발음하며 말했다. 그렇다, 반란 선동자였다! 그의 목소리가 높아지자 이방인의 모든 것에 대해 욕을 퍼붓는 그의 말소리가 들렸다.

"용서하면 안 돼."

그가 말하고 있었다.

"이방인의 동전과 그들이 매기는 세금을 혐오해야 한다. 하나님의 법을 지키지 않고 다른 신을 숭배하는 그들의 돈을……."

제국의 부하는 갑자기 터져나오려는 재채기에 당황했다. 그러면서 땀을 흘리기 시작했다. 살이 접힌 곳마다 땀으로 축축해졌고 비처럼 쏟아지는 땀이 눈으로 들어갔다. 그는 방금 그 연설가가 누구인지 깨달았던 것이다. 그리고 이 운좋은 발견에 그는 지나치게 흥분해 버렸다.

이 사람은 예루살렘의 유명한 랍비의 아들이었다. 그 랍비는 로마에 대한 증오가 너무도 강하고 당당했고, 그처럼 로마를 증오하는 무리 가운데에서도 그의 로마 혐오증을 따라갈 만한 사람은 그의 아들, 바로 지금 그들 앞에 있는 그 연설가뿐이었다. 그 아버지는 고래고래 소리치는 사람이었다. 아, 그러나 그 아들은 흉폭하고 위험한 사람으로, 자신보다 그 열성이 덜한 사람이면 유대인마저도 죽일 수 있는 그런 사람이었다. 너무도 악명 높아 사람들에게 익명으로 알려져 있었다. 그는 사람들에게 '랍비의 아들' 또는 '아버지의 아들'이라고 불렸다.

오, 여기는 독사굴이었다! 일곱 명의 갈릴리 사람과 열네 명의 열심당원과 지도자! 바로 그 지도자! 뚱뚱한 로마 궁정신하는 그의 부하를 쳐다보며 속삭였다.

"너는 저 자가 누구인지 아느냐? 바로 바라바다!"

그때 그가 재채기를 했다. 한 번, 두 번, 세 번. 거의 발작적으로 재채기가 나왔다. 마침내 재채기가 잦아들었을 때, 그가 고개를 들어 올려다보니 바라바라 불리는 혁명당원이 태양빛 속에 단검을 꺼내들고 머리 위에서 자기를 내려다보고 있었다.

그 로마인은 자신을 노려보고 있는 이 냉정한 유대인에게 웃어 보이려 애썼다. 평화, 선의, 호의의 뜻을 나타내려고 했다. 하지만 코와 눈이 재채기로 젖어 있었다. 웃음은 성공하지 못했다. 그는 칼끝이 살과 목뼈까지도 파고드는 것을 느꼈다.

그 당시 로마 제국의 통치자는 티베리우스 클라우디우스였다. 카이사르 아우구스투스는 죽기 전에 자신의 계승자를 직접 정하고 싶어 그를 양자로 삼았다. 왕위에 올랐을 때 티베리우스의 나이는 이미 쉰여섯이었다. 그는 아우구스투스 제국을 더 확장하기보다는 그 규모대로 보전하는 일에 힘쓰기로 결심했다. 집권 초부터 그는 모든 로마 영토를 하나의 통치권 아래 통합시킬 뿐만 아니라 한마음, 한정신 아래 통합시킬 방법을 도모했다.

그래서 그는 그 목적을 위해 왕국 내의 모든 민족이 죽은 아우구스투스를 신의 아들로서, 그 백성들이 받드는 신이 누구든 그 신과 연관되는 존재로서 예배드리도록 장려했다. 티베리우스는 아우구스투스라는 인물을 제국 내 모든 부족과 각국 국민들의 충성심을 이끌어내는 하나의 상징, 하나의 힘, 하나의 초점으로 만들려 했다. 모든 국민이 아우구스투스를 신처럼 섬기게 되면 국가는 자연히 그들의 영혼을 지배하게 될 것이었다.

그리하여 현 황제는 이런 방침에 어긋나는 다른 제식을 받아들이지 않았다. 이러한 사실을 유대인들 또한 잘 알고 있었다. 율법에 따라 유일한 하나님 외에 그 어느 신도 인정할 수 없는 사람들에게 티베리우스의 정책은 임박한 재난을 경고했다. 예루살렘의 지도자들은 예리한 주의를 기울여 로마에서 포고되는 모든 법령을 면밀히 살펴보고 있었다. 그리하여 군단, 백부장, 사절, 총독 할 것 없이 새로 오는 모든 로마인들은 신분 높은 제사장들과 좁은 범위 내에서나마 유대인을 다스렸던 산헤르린에게 굉장한 불안을 불러일으켰다.

이미 티베리우스는 온 제국 안에서 드루이드교의 의식과 관습을 금했다. 또한 10년 전 그곳에서 있었던 사건을 핑계삼아 이집트의 어머니 여신인 이시스 신전을 파괴했다. 그리고 여신의 사제들을 공개적으로 십자가에 처형함으로써 전 주민들에게 종교 지도자들이 서서히 죽음을 맞이하는 광경을 지켜보게 했다.

그리고 또 어떤 것이 유대인 지도자들을 무기력하게 만들었는가? 로마 시에서 네 명의 유대 남자가 한 여인의 금고를 훔치려는 음모를 꾸몄다는 소문을 듣고 티베리우스 황제는 온 유대공동체를 그 도시에서 추방한다는 명령을 내렸다. 그러한 책략으로부터 안전한 곳은 아무 데도 없었다. 그에 대항할 만한 중재나 호소도 있을 수 없었다. 더욱이 티베리우스의 올가미는 거룩한 중심부를 향하여 차츰차츰 죄어들고 있었다.

이런 상황에서 몇 년 사이에 로마 황실은 사마리아와 유대를 다스리는 새로운 총독으로 무례하고 신앙심 없는 폰티우스 필라투스(본디오

빌라도)를 임명했다. 그는 즉시 자신의 통치구역에서 사용할 동전을 주조했는데 거기엔 이교도의 상이 새겨져 있었다. 유대인들은 그것을 만지고, 받고, 쓸 수밖에 없었다. 총독의 의도는 명백했다. 그는 그런 비꼬인 방법으로 헤로데스 왕 때부터 유대인들이 지켜왔던 얼마 안 되는 특권조차 줄여나가고자 했다. 이 총독은 유대인들이 타 민족과 구별되는 특징을 갖게 하는 율법이 폐지되기를 매우 바랐다.

폰티우스 필라투스는 바닷가 카이사리아 지역을 통치의 중심지로 삼고 있었다. 그러나 그의 지대한 관심을 끈 곳은 예루살렘이었다. 그는 도착하자마자 군대에 명령을 내려 두 번째로 성스러운 원인 예루살렘 도성 안에 진을 치도록 했다.

"군기를 높이 들어라. 모든 유대인들이 군기에 찍힌 황제의 상을 잘 볼 수 있도록!"

유대인들은 그것을 보았다. 그리고 맹렬히 그에 저항했다. 바리새인, 열심당원, 율법학자, 오로지 하나님의 법만을 지키려고 몹시 애쓰던 사람들이 총독이 머물러 있는 곳으로 갔다. 그리고 길거리에서 저항의 함성을 높였다. 필라투스는 그 자리에서 베어버리겠다고 사람들을 협박했다. 그러나 사람들은 약해지지 않았다. 그들은 점점 더 크게 외칠 뿐이었다.

늙은 랍비가 한 젊은 병사의 얼굴을 똑바로 쳐다보며 다가섰다. 그 병사는 주춤하며 단검을 꺼내들었다. 랍비는 단번에 자기의 튜닉을 찢어 젖히고 병사의 손목을 잡고는 놀란 병사가 미처 칼을 도로 빼기도 전에 재빨리 칼끝으로 자신의 앙상한 가슴을 그었다.

랍비는 피를 흘리며 눈 하나 깜박이지 않고 믿음을 지키려는 사나운 눈빛으로 서 있었다. 그것은 유대인 항거자들 모두에게서 볼 수 있었던 맹렬한 모습이었다. 새 총독은 그들이 기꺼이 살해당하고 죽을 준비가 되어 있음을 알아차리고 한발 물러났다. 그리고 그 감정을 해치는 상징

물을 그들의 성스러운 도성으로부터 없애도록 명령했다.

그 이후로 폰티우스 필라투스가 지방민들을 짓밟는 발은 좀 가벼워졌다. 그러나 자신의 발을 집안에 가두어놓은 것은 아니었다. 좀더 신중하게, 그러나 결국은 잔인하게 그는 어떤 경우에는 유대인들의 발끝을 밟고 어떤 경우에는 그들의 두개골을 밟았다.

티베리우스 카이사르 집권 17년, 유대인의 축제 초막절에 헤로데스 대왕 궁에 머물고 있던 폰티우스 필라투스는 일곱 명의 갈릴리 남자를 처형하라는 명령을 내렸다.

"보복이다. 제국의 신하이자 로마 시민인 사람을 살해한 데 대하여 처벌하지 않고 지나칠 수는 없다."

열 명의 병사로 이루어진 한 분대가 단검과 창, 장검과 방패, 투구와 정강이받이, 갑옷을 갖춰입고 밀착 대형으로 행진하며 궁전 밖으로 나갔다. 스스로 강철부대라 일컫는 그들은 도성 중심을 지나 아래쪽 두로포에온 골짜기로 그리고 다시 위쪽 반대편 성전 남쪽에 위치한 '훌다 문'으로 올라갔다.

그들은 주저하지 않고 성전의 주랑 현관을 통과해 '이방인의 뜰'로 행진했다. 그곳은 순례자들로 가득했다. 사람들은 뒤로 물러났다. 사람들은 병사들이 무섭게 전진하는 길에서 급히 비켜났다. 어떤 이들은 성전 수비대에게 소리를 쳤다. 그리고 어떤 이들은 로마인들에게 욕설과 저주를 퍼부었다. 그러나 무장한 병사들은 좌우를 돌아보지 않았다.

누군가 그들이 온다는 것을 미처 경고할 새도 없이 그들은 신속하게 네 번째 성스러운 곳, 즉 '헬'이라는 난간을 지나 '아름다움'이라 불리는 문을 통과해 다섯 번째 성스러운 곳으로 들어갔다. 그리고 여섯 번째 성스러운 곳 '이스라엘의 뜰'로 행진했다.

그곳에서 일곱 명의 갈릴리 사람들이 번제물로 바치려고 송아지 일곱 마리를 죽이고 있었다. 한 마리를 제외하고 나머지는 다 죽은 채 누워 있었고, 그 한 마리도 목에 이미 칼이 들어가 있었다. 짐승 중 세 마리는 이미 여러 토막으로 잘라져 그 신선한 고깃덩어리에서 나오는 피가 성전 포장도로의 홈을 따라 흘러내리고 있었다.

검은 피의 강이 이 홈을 통해 제단 동편에서부터 땅 밑 배수관을 통해 기드론 골짜기로 흘러들어갔다. 기드론 골짜기가 유난히 비옥하게 된 것은 그 때문이었다.

필라투스 병사들의 대장이 단 하나의 명령을 내렸다. 이곳에 이방인이 존재한다는 일은 생각할 수도 없었기에 그순간 완벽한 침묵의 공간이 만들어졌다. 마치 온 우주가 어떤 놀라운 일을 주시하기 위해 멈춘 것처럼. 그러나 이것은 공포로 인한 마비였다. 진정 그 어느 누구도, 제사장도 이스라엘 사람도 한 마디 말조차 내뱉을 수 없었다. 아무도 꼼짝하지 않았다. 그리고 그 괴상한 침묵의 공간에서 병사들은 대장의 명령을 따랐다. 그들은 재빨리, 효율적으로 갈릴리 사람들 사이로 다가가 여섯 명의 목을 베었다. 그들의 피가 번제물의 피와 섞였다.

대장이 일곱 번째 남자에게로 다가갔다. 그는 아마포처럼 하얗게 질린 얼굴로 넋을 잃고 그를 바라보고 있었다. 대장은 그가 유대혁명당원 가운데서는 보기 드물게 순진한 어린 사람임을 알았다. 조금의 감정도 드러내지 않고 대장이 물었다.

"벤호론에 누구를 만나기 위해서 갔느냐?"

"모릅니다."

목소리가 갈라졌다. 소년이었다. 대장이 소년의 뺨을 쳤다.

"누가 총독의 부하를 살해했느냐? 누가 열 개의 크리스탈 잔을 훔쳤느냐 말이다!"

갈릴리 소년은 손을 펴서 들어올렸다.

"정말, 그 사람이 누구인지 모릅니다."

대장이 그를 다시 한 번 때렸다.

"저는 그의 이름을 모릅니다!"

그가 소리쳤다.

"나는 그의 이름을 들어본 적이 없습니다! 그곳에서 무엇을 하고 있었는지 우리는 거의 아는 것이 없습니다!"

"하지만 너는 그를 보았지?"

"네! 네!"

"그렇다면 그 살인자에 대해 말해줄 수 있겠구나?"

그 갈릴리 젊은이의 발은 굉장히 컸으나 다리는 거의 살이 없었다. 마른 장작처럼 부러질 것 같았다.

"그들은 그를, 누구라도 부를 수 있는 이름으로 불렀습니다."

그가 울먹이며 말했다.

"'아버지의 아들'이라고요."

"그들이 헤브루말로 불렀느냐?"

"바라바라고 했느냐?"

"네."

"고맙군."

대장은 자신의 왼손 손가락으로 그 놀란 혁명가의 머리카락을 감아올렸다.

"그런데 사람들이 널 보고는 뭐라 부르느냐?"

"짐멜."

젊은이가 작은 소리로 말했다.

"제가 한때 몸이 굽어 있었기 때문입니다. 헤브루말 짐멜과 같습니다."

"그렇다면, 짐멜. 바라바와 같은 살인자들 때문에 유대인들도 죽는다는 게 그리 놀랄 만한 일은 아니겠지."

그 로마인은 오른손에 단검을 빼들고 이 젊은이의 목 또한 베었다. 그리고 그 일곱 번째 갈릴리인의 피는 동지들의 피와 섞여 기드론 골짜기 땅으로 흘러내려갔다.

음모가 시작되다

바라바 Barabbas

(마태복음 27:1~26, 마가복음 15:1~15, 요한복음 18:12~14)

두 주 동안 세 번, 최고 대제사장이 로마와 예루살렘의 악화된 관계에 대하여 협의하기 위해 유대통치위원회를 소집했다. 그들은 성전 안뜰 포장도로 아래 '쪼갠 돌의 방'에 모였다. 거대한 기둥이 있는 이 방은 대낮에도 어두컴컴해서 등잔으로 불을 밝혀야 했고, 항상 한기가 돌았다.

위원회의 첫 모임은 일곱 명의 갈릴리인이 처형된 직후 이루어졌다. 한낮에 사람들이 서둘러 모였다. 겨우 마흔 명 정도가 도착했다. 서른 명이나 되는 많은 위원들이 어딘가에서 길을 가고 있는 중이었고, 이 방인들이 유대의 성스러운 곳에 침입한 사실을 모르고 있는 위원들도 있었다.

최고 대제사장 가야바는 한 시간 동안 아무 말 없이 앉아 있으면서 열을 올려 이야기하는 사람들을 내버려두었다. 제사장들과 바리새파 사람들은 그 돌방을 왔다 갔다 하면서 울기도 하다가, 벌받을 일을 비난하기도 하다가, 하나님께 거룩한 하나님의 이름을 지킬 수 있게 해달라고 애원하기도 했다. 이 사람들을 더 분노케 한 것은 갈릴리 사람들의 죽음보다 성전에 대한 모독이었다.

마침내 가야바가 말을 했다. 조용한 능변과 항거하기 어려운 정연한 논리로, 단 한 번의 연설을 통해 그는 먼저 위원회가 흥분해 기운을 소비한 신성모독 문제를 인정했다. 그리고 나서 한 적에게서 다른 적에게로 그들의 주의를 돌렸다.

"이스라엘의 뜰에서 로마 군사 열 명이 일곱 명의 갈릴리사람을 죽였소. 그리고 그 때문에 여러분들은 로마인들에게 분노하고 있소. 물론 그것은 당연한 일이오. 하지만 그 일에 대해 여러분이 무엇을 할 수 있겠소?

산헤드린 여러분, 우리는 현실적이 되지 않을 수 없소. 우리가 지금 누구의 특별한 허락 아래 살고 있는 것이오? 분명 대부분의 종교적 문제는 하나님의 허락 아래 다스리고 있소. 그렇소. 그리고 이 문제 또한 종교적인 것이오. 그러나 또한 우리의 종교적 관습이나 성전의 모든 의식들은 로마가 주는 자유의 한도 내에서만 자유롭게 행할 수 있소. 시민법이나 유대 민족을 다스리는 문제에 있어서 우리는 황제와 이 지역 총독 필라투스의 특별한 허락 아래 다스리고 있는 것이오. 그리고 그 총독이 군인들을 시켜 우리의 성역을 침입하게 했소.

이제, 죄송하지만 내가 여러분에게 몇 가지 질문을 하겠소. 첫째, 만약 로마가 그 어떤 민족도 제국 안에서 갖지 못한 그 특별 허락을 철회하기로 결정한다면 우리의 권위는 어떻게 되겠소? 둘째, 혁명이라는 말보다 더 로마를 불쾌하게 만드는 것이 무엇이오? 그리고 반란행위보다 더 그들을 격분케 하는 것이 무엇이오? 셋째, 군사적 구상을 가지고 메시아를 구하고 있는 열심당원들보다 더 조심성 없이 큰 소리로 반란을 꾀하는 사람이 누구요?

오, 산헤드린 여러분. 그들이야말로 위험한 인물들이오. 그래도 아직은 우리가 어떤 식으로든 통제를 가할 수 있는 이 사람들을 지금 견제하지 않는다면 우리의 통치와 권위 그리고 성전과 모든 성스러운 의식을 잃게 될 것이오. 우리는 전에도 그러한 것들을 잃은 적이 있소.

네 번째 질문을 하겠소. 우리들 권력의 자리를 위협하는 열심당원들의 맹렬함은 어디로부터 오는 것이오? 갈릴리로부터요! 항상 갈릴리로부터! 우리 형제, 일곱 명의 갈릴리인들에게 조금도 잘못이 없다고 할 수는 없소. 또 로마인들이 우리의 친구가 될 수는 없을지 모르오. 분명 그들은 우리와 피를 나누지 않았소. 그러나 우리는 그들을 달래야만 하오. 우리가 우리 동포, 우리 자녀들인 급진세력의 불을 끄고 있는 이 상황에서 말이오. 이것은, 여러분, 하나의 편법이오."

그는 자리에서 일어났다.

"가시오. 지금 당장 성전 뜰에 있는 제사장들과 사람들에게 가시오. 그들의 마음을 진정시키시오. 그리고 예루살렘의 모든 사람들, 시민들이건 이곳에 순례자로서 온 사람들이건 그들에게 가서 그들도 가라앉히시오. 침착을 잃지 말고 사람들을 따뜻하게 위무해 눌러주시오. 나는 가서 필라투스가 갈릴리인들을 처형한 데 대한 타당한 이유가 있을 수 있는지 찾아보겠소. 순례자들의 질문에 답할 만한 이유가 있을지 말이오. 그러니 여러분은 축제를 계속하도록 그들의 마음을 돌려주셔야겠소. 그들에게 이 축제가 우리의 모든 축제 중에서도 가장 즐거운 것임을 상기시키시오. 가시오."

다음 몇 시간 동안 위원회 위원들은 각자 도성에 흩어져 자비심이 깊은 친절한 얼굴을 하고 위로의 말을 건네며 모든 것이 안정될 거라고 약속했다.

'아니, 아니, 모든 것이 잘되고 있소.'

그들은 그렇게 말했다. 성전이 정결케 되었고 제사는 계속되었다. 누구도 주춤할 필요가 없었다. 더 이상 누구에게도 협박이나 위험은 없었다. 그것은 단 한 번 일어난 불상사였다고 위원들은 주장했다. 사실 그 갈릴리인들이 그런 벌을 자초한 것이었다고.

그들이 무슨 짓을 저질렀는가? 그들은 극악한 범죄를 저질렀다. 무슨 범죄인가? 제사장들과 원로들은 사람들에게 진지하게 약속했다. 갈릴리인들의 죄가 무엇인지 밝힐 수 있을 때 사람들에게 말해주겠노라고. 분명 그들이 밝혀주겠노라고.

다음날 일찍 최고 대제사장은 다시 위원회를 소집했다. 이번에는 일흔 명의 위원들이 다 참석했다. 가야바가 말했다.

"폰티우스 필라투스는 갈릴리인들이 카이사리아 총독 관저에서 일하던 제국의 관리이며 죄 없는 궁정신하인 로마 시민 한 사람을 죽였다는 증거를 갖고 있다고 말을 하오."

"어떤 증거? 어떻게 그가 이 일을 알고 있소?"

"전차 몰이꾼과 병사가 관리의 시신을 발견했소. 그는 갈릴리 사람들을 미행해 벧호론 위 언덕으로 갔던 거요. 그러나 날이 어두워졌는데도 돌아오지 않아서 그들이 그를 찾아나섰소. 그리고 그의 목이 베어진 것을 발견했소. 험한 산길에 무거운 시체가 되어 누워 있었다고 그들이 말하고 있소. 그를 다시 끌고 오는 데 상당한 시간이 걸렸다고 했소."

가야바는 천천히 신중하게, 침착하고 음울하게 말했다. 그는 하얀 아마포로 지은 관복을 입고 얼굴 앞쪽으로 좌우 손가락들을 새장의 창살처럼 맞댄 채 돌의자에 앉아 있었다. 그는 개인적인 열정에 빠지는 사람이 아니었다. 오히려 공공조직의 효율성을 더 염려하는 사람이었다. 어느 바리새파 사람이 반대 의견을 내놓았다.

"하지만 전차병이 살인을 목격한 건 아니잖소? 그렇다면 누가 그 살인을 저질렀는지 필라투스가 어떻게 알 수 있단 말이오?"

"훌륭한 질문이오. 그렇지만 군인들은 죽은 일곱 갈릴리인 중 하나로부터 자백을 받아냈소. 필라투스는 그들이 '아버지의 아들'이라고 불리는 사람을 만나기 위해 언덕에 갔다는 고백을 증거로 가지고 있소."

"바라바? 그 격렬한 선동가?"

"맞소."

968

"뻔뻔스런 강도! 교활한 도둑! 상인들과 로마인들의 재앙이지. 그러나 어떤 사람들은 그를 숭배하고 있소."

"그래요. 하지만 그래서는 안 되오."

"그러나 그는 가난한 유대인에게 희망을 주고 있소. 그는 노인들의 동맥에 끓는 피를 넣어주고 그들을 젊게 만들어주고 있소."

"그는 유대인들을 열심당원으로 만들고 있소."

가야바가 단언했다.

"그는 로마인들을 초조하게 만들고 그리고 그 사실이 우리를 정말 불안하게 만들고 있소."

"그러나 사람들은 그를 동경합니다!"

"맞아요. 그렇지만 사람들이 동경하면 할수록 그는 더욱더 우리에게 위험한 인물이 되는 거요."

"그렇다면 당신은 바라바를 어떻게 처리할 계획이오? 까딱하면 폭동이 일어날 텐데?"

"형제들. 나는 우리 적들 중 하나를 내세워 다른 적과 싸우게 하자는 의견을 내놓는 바요. 우리 손을 대지 말고, 우리 생각과는 관련 없다는 듯이 말이오."

'쪼갠 돌의 방' 전체에 침묵이 흘렀다. 대제사장 본인만큼이나 이 사건의 심각성을 인식하고 있던 산헤드린 모두는 아직 그의 제안에 대해서는 아니더라도 의도 그 자체에 대해서는 암묵적인 동의를 보내고 있었다. 가야바가 말했다.

"무슨 약속을 하거나 언질을 준 건 아니오. 하지만 나는 간접적으로 총독에게 열심당이 숨어 있는 장소를 알려줄 수도 있다고……. 그리고 우리가 그 장소들과 연락을 할 수도 있을 거라고 아주 애매하게, 그런 뜻을 은연중에 나타내보였소."

"로마인에게 충성하는 겁니까!"

"나는 성전을 구하려고 하는 것이오! 나는 성전을 거룩하게 지키기 위해서는 어떠한 편법이라도 쓸 것이오!"

"그래서! 그렇게 훌륭한 아마포 옷을 입은 당신이 굴 속의 쥐 같은 바라바를 어떻게 찾을지 알고 있다는 거요?"

"내 생각은 이렇소."

가야바가 말했다.

"그의 아버지 랍비에게 묻는 것이오. 그리고 그 랍비가 아들이 숨은 장소를 우리에게 누설하지 않으면 우리는 그 랍비를 견책할 것이오. 그렇게 그가 로마인에게 알려지게 된다면 로마인들은 그들 식으로 그를 다룰 것이오."

두 주 후 그 위원회는 '쪼갠 돌의 방'에 다시 모였다. 초막절은 반란이나 사건 없이 끝났다. 10만 명 이상의 순례자들은 고양된 기분으로 집을 향해 떠났다. 예루살렘은 다시 5만 명 정도의 평온한 인구로 되돌아왔다. 그들은 흰색 돌로 된 거리를 문질러 예배자들이 떨군 먼지를 깨끗하게 닦아냈고 일상적인 상거래가 재개되었으며 모든 것이 보다 쉬운 일상으로 돌아왔다. 폰티우스 필라투스 또한 벧호론의 길을 경유해 상당히 많은 군대를 이끌고 카이사리아로 돌아갔다.

산헤드린은 정기적으로 모여 죽음과 생포를 놓고 토론하고 있었다. 사람들이 '아버지의 아들'이라고 부르던 사람이 헤로데스 대왕 궁 아래에 있는 감옥에 투옥되어 있었다. 생포된 것이다.

그러나 예루살렘에 오랫동안 알려져 있던 늙은 랍비, 그 아버지는 사그라들지 않는 증오를 극도의 평정으로 다스리며 죽어갔다. 그는 아들이 드나드는 장소에 대해 완전히 침묵을 지켰던 것이다. 로마인들은 그를 사형에 처하고 그들 통례의 잔인한 방식으로 직접 바라바를 찾아낼 수밖에 없었다.

태양에 말린 진흙으로 된 작은 집 앞에 한 백부장이 서 있었다. 창가와 상인방, 현관 주변이 검게 그을려 있었다. 문짝은 떨어져 숯이 된 채 길거리 쪽으로 산산조각이 나 있었다. 아직도 안쪽에서 연기가 푸른 하늘을 향해 똑바로 올라가고 있었다. 지붕이 없었다. 들보를 비롯해 나뭇가지로 엮어 만든 것들은 이미 다 타버렸고, 진흙만 모두 집안으로 내려앉았다. 고약한 냄새가 났다. 고통의 재.

백부장이 소리쳤다.

"보이든지 안 보이든지 지금 우리 군대는 완전히 당신 주위를 에워쌌소. 일어서서 밖으로 나오시오. 그렇지 않으면 우리가 들어갈 것이고, 그렇게 되면 당신은 죽을 것이오."

백부장은 기다렸다. 그리고 고개를 숙이고 한숨을 쉬었다. 그의 이름은 롱기누스였다. 그는 이 보병대에서 저 보병대로 옮기면서 작은 폭의 승진을 하며 19년 동안 보병 부대 장교로 있었다. 이제 퇴역을 일 년도 안 되게 남겨놓고 그는 매우 지쳐 있었다.

그의 부하들은 갈리아 출신이었다. 롱기누스 자신은 로마 시민이었다. 갈리아 병사들은 서로를 잘 알았다. 부하들은 그에게서 훈련을 쌓았다. 그들은 등줄기로 떨어지는 포도나무 곤봉의 갈라지는 소리와 절대적인 명령과 순종을 알고 있었다. 그러나 그들은 그에 대해 알지 못했다. 물론 알아서도 안 되었다. 하지만 그 또한 외로움에 지쳐 있었다.

갑자기 길 쪽으로 쓰러져 있던 문이 들썩했다. 문짝이 약간 옆으로 비끼면서 내쉬는 숨처럼 먼지가 풍겨나왔다. 롱기누스가 말했다.

"뭐지? 병사, 문이 움직였다. 들어올려 봐라. 조심해라. 문이 아직 연기를 내며 타고 있다."

불탄 집 주변의 고약한 냄새를 맡으며 백 명의 갈리아 병사들은 태양빛 아래 갑옷과 투구를 번쩍이고 있었다. 몸을 구부린 사람이나 경계 태세를 한 사람, 그들 모두 부서진 나무 울타리처럼 보였다. 롱기누스 바로 옆에 있던 병사가 문 쪽으로 걸어가 아주 신중하게 문 끝에 손을 대고 천천히 길거리 쪽에서부터 들어올리기 시작했다. 문은 무거운 널빤지 세 개의 맨 위, 중간, 아래를 가로대로 연결해 만든 것이었다.

"이런 세상에! 문을 떨어뜨리지 말아라!"

백부장이 놀란 숨소리를 내고는 소리치면서 앞으로 달려가 무릎을 꿇고 문 아래쪽으로 들어갔다. 문 아래에 아이가 있었다. 여자아이였다. 머리는 피에 젖어 있었다. 피와 검은 먼지가 아이의 하반신, 다리와 발바닥을 더럽히고 있었다. 소녀의 귓바퀴에는 피가 고여 있었다.

설화 석고처럼 흰 아이의 어깨는 깨끗했다. 그러나 양손은 찢기고 화상을 입은 채였다. 손바닥은 속살이 벗겨져 있었다. 숨은 쉬고 있었으나 의식이 없었다. 이상하게도 백부장이 아이를 팔에 안았을 때 그의 마음을 찢어지도록 아프게 한 것은 드러난 아이의 새하얀 어깨였다. 그는 집 쪽을 노려보며 쉰 목소리로 고함을 쳤다.

"당신은 당신을 위해 고통을 겪는 사람 수를 계속 세고 있는 것이오? 그게 중요하오? 여기에 아이가 죽어가고 있소. 당신이 이 아이의 집에 숨어들었기 때문이오! 나오시오, 이 악당! 나와서 이 아이가 당신의 동생인지 아니면 단지 또 다른 유대인 희생자인지 보시오!"

롱기누스는 눈에서 눈물이 치솟는 것을 느꼈다. 아, 그는 이런 일을 계속 하기에는 너무 늙었다. 한 목소리가 집 밖으로 울려나왔다.

"누가 아이를 죽인단 말이오?"

말소리는 크고 쩌렁쩌렁 울렸다.

"누가 벧호론 주변의 모든 마을 사람들을 죽였소? 유대인이었소, 이방인이었소?"

목소리는 둥글게 깊이 패인 회벽 때문에 크게 울렸다. 그래서 롱기누스는 피신자의 위치를 확인했다.

"그것은 한 유대인이었소."

그가 되받아 소리쳤다.

"우리가 정당하고 필요한 대응을 하도록 자극한 사람 말이오!"

"오, 로마인들! 한 사람을 잡기 위해 보병대 하나를 보내는 사람들! 백부장 열 명과 천 명의 병사들이 온 지방을 기어다니며 거리의 사람들을 몽둥이로 치고 집을 불태운다! 로마인! 로마인! 그것이 정당한 대응이란 말이오?"

롱기누스는 한 손으로 아이를 가슴에 움켜잡고, 다른 한 손으로 부하들에게 집의 작은 뜰로 들어가라고 신호를 보내며 입 모양으로 '가라'고 말을 했다. 그들 중 네 명은 창을 쥐고 네 명은 칼을 쥔 채 문이 달려 있었던 틈을 향해 기어가기 시작했다. 롱기누스가 소리쳤다.

"하지만 그 보병대를 막기 위해서 그 한 사람의 유대인이 굴복하기만 하면 되는 것이오. 사람들의 영웅인 바라바, 당신은 저들의 안전 대신에 당신의 목을 지켰소. 그런데 지금은 어떻게 됐소? 이제 나는 손뼉 한 번으로 그 목을 부러뜨릴 것이오. 그러면 당신은 결국 아무것도 얻지 못하게 되는 것이오."

그는 진심이었다. 사람의 생명보다 자신들의 명분을 더 소중히 여기는 이 열심당원들이 지긋지긋했다. 파괴적이고 광적인 사람들. 종교인들! 로마의 질서와 로마의 길 그리고 아우구스투스가 후세에 남긴 평화의 혜택을 누릴 줄 모르는 사람들.

여덟 번째 병사가 냄새 나는 벽돌 사이로 막 기어들어갔다. 백부장은 아이를 옮겨 안고 이 반란 선동자를 죽이라는 신호로 손뼉을 칠 준비를 했다. 그런데 아이가 갑자기 기침을 했다. 그 어린아이가 눈을 뜨고 올려다보았다. 아이는 자기를 안고 있는 군인의 모습을 보자 날카로운 소리를 질렀다. 힘 있는, 찌를 듯한 놀란 울음소리.

"엄마! 엄마! 엄마!"

즉시 아이의 질린 소리보다 더 크고 거친 고함소리가 집안에서 들려왔다.

"늑대 같은 로마인들아! 무슨 짓을 하고 있는 거냐?"

그리고 열심당원 바라바는 여윈 운동선수처럼 분노에 차서 검게 그을은 벽을 뛰어넘었다. 그는 땅에 뛰어내려 백부장과 얼굴을 마주하고 섰다. 그러나 그가 숨을 내쉬기도 전에 열 명의 갈리아 병사들이 그를 붙잡아 무릎을 차꼬로 채우고 두 손을 뒤로 묶었다.

아이는 그 난폭함에 놀라 조용해졌다. 숨을 몰아쉬었다. 아이는 백부장의 팔에서 덜덜 떨기 시작했다.

"아무것도 하지 않았소."

롱기누스가 말했다.

"나는 단지 나를 두려워하는 아이를 얼르고 있었을 뿐이오. 그 외에는 아무 짓도 하지 않았소. 당신이 하고 있는 일만큼 의미 있는 일은 아니지만 말이오."

바라바는 공기를 찢는 채찍 같은 목소리로 증오를 내뱉어댔다.

"아이는 문을 열려고 했소. 당신네 사람들이 지른 불로부터 나를 구하려고 한 거요. 그런데 문 안쪽에 불이 붙어 나는 문에 가까이 갈 수 없었소. 그리고 문이 바깥쪽으로 쓰러진 것이오."

"아이를 아시오?"

"그애는 유대인이오."

"알아요. 그런데 당신이 아는 아이오?"

"모든 유대인이 내게 소중하오."

"알아요, 알고 있어요. 당신은 매우 위대한 사람이오. 그리고 이 아이는 한 명의 유대인일 뿐이오. 어린 유대인. 여자애요. 전체 유대 민족

말고 유대인 한 사람 한 사람도 당신에게 소중한 존재요?"

바라바는 잠시 멈추고 아이를 똑바로 바라보았다.

"그 아이는 내 여동생의 딸이오."

롱기누스가 말했다.

"말해주니 고맙소. 내가 아이를 당신 누이동생에게 데려가겠소. 누이가 어디에 살고 있소?"

"내 누이는 죽었소. 내 남동생들도 죽었소. 아버지도 이틀 전에 죽었소. 오직 우리 어머니만 살아 있소. 예루살렘에. 어머니가 기를 아이를 갖게 된다면 아마 당신이 그녀의 목숨을 살려주게 되는 거겠지. 아니면 당신이 두 사람 모두를 죽일 수도 있고."

"바라바."

말싸움하기에도 너무 지쳤고, 반란을 꾀하는 이 지방민들의 메마른 증오심을 감당하기에도 이젠 너무 늙고 쓸쓸해진 롱기누스가 말했다.

"기록하기 위해서 그러니 당신의 법적 이름이 무엇인지 말하시오. 내가 보고를 해야만 우리 서로의 일이 깨끗이 끝날 수 있소."

바라바는 땅에 침을 뱉었다. 백부장은 한숨을 내쉬었다.

"그렇다면 조카를 위해서라도. 그래야 내가 옳게 가족을 찾아 이 애를 맡길 수 있지 않겠소. 당신의 이름이 무엇이오?"

묶인 무릎을 꿇고 땅에 엎드린 바라바의 얼굴이 진짜 고통 속에 일그러졌다.

"여호수아."

그는 이름을 헤브루말로 끝까지 말했다.

'야훼는 구원이시다.'

그 어린아이가 피부가 벗겨져 너덜너덜해진 손을 내밀었다.

"예수, 예수."

아이가 작은 소리로 말했다.

"예수아 삼촌."

롱기누스는 서판에 기록을 적고 있는 병사를 향했다. 그는 공식적인 시간과 날짜, 잡은 장소를 받아적게 했다. 그리고 잡은 포로의 이름을 자기 나라 말로 반복했다.

"예수 바라바, 죄수의 이름은 예수다."

바라바가 생포되었다는 소식을 듣는 순간, 가룟 사람 유다는 숨을 헐떡이며 외쳤다.

"사람들! 사람들이야!"

갑자기 그는 깨달았다! 유다는 알 수 있었다! 마치 번개를 맞은 것처럼 알아차렸다. 그는 그 깨달음에 거의 울 뻔했다. 왜 전에는 그 사실을 분명히 볼 수 없었을까? 유대 지방에서 온 열심당원인 친구가 페레아에서 유다를 만나 그 소식을 전했다.

10월 중순경 예수는 제자들과 펠라 북쪽에서 요단 강을 건넜다. 그들은 페레아 북쪽 지역을 천천히 순회하고 있었다. 그리고 그때 그 젊은 열심당원이 예루살렘으로부터 와서 유다를 한쪽에 불러놓고 끔찍한 소식들을 전했다.

첫째, 폰티우스 필라투스가 성전 내에서 몇 명의 갈릴리 사람을 급습해 그들의 피와 그들이 가져온 희생 제물의 피를 섞어놓았다는 것. 둘째, 총독이 벧호론 주변의 마을로 바라바를 찾으러 가서 그가 항복하고 나오게 만들기 위해 사람들을 해치고 아이들까지 죽였으며, 바라바 자신은 수치스러울 만큼이나 작은 장소에서 붙잡혔다는 것.

"작은 장소였소."

열심당원이 말했다.

"외딴 집, 불에 타 무너진 집이었소."

그러자 유다가 소리쳤다.

"사람들이다!"

갑자기 완벽한 하나의 전략이 그의 머릿속에 펼쳐졌다. 마치 하나님의 계시가 예언자들에게 내리듯이.

"예루살렘이었어야 했어."

자신의 통찰력에 압도되어 유다가 말했다.

"유대인들 십만 명이 주변에 있어야 했어. 그들이 지켜봤다면! 들고 일어날 준비를 하고서! 그런데 그 갈릴리 사람들은 준비가 되어 있지 않았어. 그리고 바라바도 일주일 정도 뜸을 들였어야 했는데……. 초막절에 일어났어야 했어. 성스러운 시간, 성스러운 장소, 성스러운 민족, 민족의 모든 사람, 세상 온갖 곳에서 온 동포들, 로마의 숨겨진 모습에 분노하며 싸울 준비를 한 사람들! 맞아!"

그렇게 유다는 계획을 생각해냈다. 그러나 바로 다음날의 사건만 없었다면 아마도 그것은 한낱 꿈, 또 하나의 구상으로만 남아 있었을 것이다.

페레아 지방 남쪽 지역에서 온 몇몇의 바리새파 사람들이 예수가 제자들과 함께 길에 서 있는 것을 보았다. 그들은 예수를 알아보고 그에게 말을 하려고 멈추어 섰다. 이번만은 그들도 순수하게 도움이 되고자 했던 것처럼 보였다.

세 사람이었다. 사실 유다는 그 중 한 사람이 세례자 요한이 투옥된 후까지도 그를 지지해 주었던 사람이라는 것을 알아보았다. 유다 자신도 요한을 따를까 생각한 적이 있었다. 요한의 대담함과 그 채찍같이 신랄한 웅변술이 좋았다.

그러나 요한은 사실대로 말하자면 차가운 사람이었다. 그는 다른 사람들의 공헌, 유다 자신과 같은 사람이 집단에 기여하는 개인적인 자질이 있음을 인정하지 못하는 것처럼 보였다. 예수가 바리새파 사람들을 보고 인사하자 그들이 정색을 하고 말했다.

"선생님, 이곳에서 떠나십시오. 데카폴리스(데가볼리)나 서쪽 사마리아로 가십시오. 헤로데스 안티파스의 영내에는 머물지 마십시오. 그가 당신을 죽이려고 합니다. 그가 직접 말했습니다. 그리고 그 어느 때보다도 지금 왕들은 초조해하고 있고 통치자들은 협의를 하고 있습니다. 대중에게 칭송을 받는 사람들은 위험한 때입니다."

예수는 미소지었다. 유다는 생각했다. 선생의 황금빛 눈이 고양이 눈처럼 흔들리지 않고 그들을 응시하고 있다고. 그의 대답은 얼마나 근사한지! 위험에 직면해서도 거의 풍자적이지 않은가! 예수가 말했다.

"그렇다면 당신들은 헤로데스에게 이야기할 기회가 있는가 보오?"

바리새파 사람들이 고개를 끄덕였다.

"때로는 있습니다."

예수가 여전히 미소를 띠고 함께 고개를 끄덕이며 말했다.

"가서 그 교활한 사람에게 이 말을 정확히 전하시오. '보시오, 내가 오늘도 내일도 귀신을 쫓고 병을 고칠 것이오. 모레가 되면 가던 길은 끝이 나겠지만, 나는 그 후로도 계속해서 내 길을 가야만 하오. 예언자는 예루살렘에서 멀리 떨어져 사라질 수 없기 때문이오.' 이 말을 정확히 전하시오."

바리새파 사람들은 미소짓지 않았다. 이야기를 계속하기도 원하지 않았다. 그들은 그 말을 헤로데스에게 전할 것을 약속하고 무거운 인사의 말을 하고 떠났다. 계속 북쪽으로.

한편 유다는 가슴속 동요를 억제하기가 힘들었다. 예루살렘이라, 물론이다! 예수는 예루살렘으로 갈 것이다. 분명히 천천히 가고 있긴 하지만 과감히 드러내놓고 가지 않는가! 그의 목적지를 모르는 사람은 한 사람도 없을 것이다. 그리고 그의 위협적인 명성 때문에 통치자들도 그를 두려워하고 있다. 하! 정말로 그의 계획이 실속 있는 것인지도 모를 일이었다.

가룟의 유다는 넘치는 자부심의 눈물을 억제하려고 계속 두 눈을 깜빡이며 예수를 뚫어지게 바라보았다. 제자 중 누구도 자신들이 따르고 있는 선생의 진정한 모습, 그 섬세한 얼굴에 숨어 있는 폭발적인 잠재력을 깨닫지 못하고 있는 것처럼 보였다. 그 잠재력이란 물론 메시아로서의 힘이다!

바리새파 사람들이 떠났기 때문에 예수는 다시 말을 하고 있었다. 많은 사람들이 이미 그를 둘러싸고 있었다. 그러나 아마도 선생님 말씀의 깊은 의미를 이해하고 있는 사람은 유다뿐일 것이다. 그는 그 말들을 외웠다. 자만에 차서 열정을 가지고 주목했으므로 그 말들은 그의 마음속에서 미래에 대한 하나의 선언으로 간직될 수밖에 없었다. 그에게 눈물이 나게 하고 그의 꿈을 확고한 약속으로 변하게 한 예수의 말씀은 이것이었다.

"나는 세상에 불을 지르러 왔소. 오! 이미 불이 붙었다면 내가 더 바랄 것이 무엇이겠소!"

예수의 얼굴은 미래에 대한 환상으로 도취되어 있었다. 분명 유다가 보고 있는 것과 같은 환상일 것이다.

"당신들은 내가 세상에 평화를 주러 왔다고 생각하시오? 아니오. 나는 오히려 분열을 일으키러 왔소! 이제부터 한 집안에서 다섯 식구가 서로 갈라져 셋이 둘에게 맞서고, 둘이 셋에 맞설 것이오. 아버지가 아들과 맞서고, 아들이 아버지와 맞서고, 어머니가 딸과, 딸이 어머니와 맞설 것이오."

유다는 이러한 말들이 연상시키는 옛말들을 속으로 속삭였다.

'용광로의 불길같이 그날이 온다. 그때에는 모든 악인이 그루터기처럼 될 것이다. 그날이 오면, 그것들을 남김없이 태워버릴 것이다. 모든 왕의 왕이 말씀하신다.'

유다의 가슴이 방망이질치고 있었다. 그 말을 소리로 내보았다.

"메시아."

그가 속삭였다. 이제 예수는 어느 누구도 놓칠 수 없도록 목소리를 높였다.

"사람들은 구름이 서쪽에서 이는 것을 보면 비가 오겠다고 말하오. 그리고 예상대로 비가 오지요. 또 남풍이 불면 날이 아주 뜨겁겠다고 말하오. 실제로 그대로 되지 않소? 당신들, 위선자들이여!"

누군가 낄낄 웃었다. 유다였다. 참을 수 없었다. 예수가 날카로운 소리로 위선자라는 말을 했다.

"위선자들이여!"

예수가 소리쳤다.

"당신들은 날씨의 조짐은 분간할 줄 아오. 그런데 왜 이 시대는 분간하지 못하시오?"

유다는 고마운 마음에 취해버렸다. 그는 절을 하며 얼굴을 가렸다. 왜냐하면 그러한 재능을 가진 사람이 바로 자신이었기 때문이다. 그리고 예수는 그들 두 사람만의 비밀을 알고 있는 것처럼 보였다.

그렇다, 그렇다. 그는 예수의 지위가 의미하는 바를 시몬보다 더 깊이 알고 있었기 때문에, 그 둥근 머리의 시몬 베드로보다도 더 분명하게 마음속으로 개인적인 고백을 했다.

당신은 그리스도입니다! 그리고 우리는 사악한 자들을 제압할 것입니다! 당신이 행동하시는 날에, 그들은 우리 발밑의 재가 될 것입니다. 오 주님, 오 메시아, 예수, 다윗의 자손, 장차 오실 분, 당신!

지금은 준비할 시간

베다니의 마리아 Mary Bethany

【 누가복음 10:38~42, 11:2~4 , 요한복음 10:1~39 】

예수는 곧잘 우리와 함께 묵으려고 찾아옵니다. 그는 미리 알리지도 않고 한밤중에 옵니다. 우리는 아침에 일어나 그가 우리 안마당 포도 덩굴 우거진 정자 아래 앉아 쉬고 있는 것을 봅니다. 그는 자지 않고 일어나 앉아 있는 것이 가장 잘 쉬는 거라고 말합니다.

우리 언니는 그를 보고 금세 기뻐합니다. 언니는 손뼉을 치고, 몸의 모든 부드러운 부분을 흔들어가며 말합니다.

"어머, 어머! 그렇다면! 빵을 구워야겠네!"

지난 3년 동안 그는 종종 제자들을 이끌고 찾아왔습니다. 그는 먼저 그들 모두에게 먹을 음식이 있고 베다니에서 잠잘 곳이 있는지 확인합니다. 그리고 혼자서 조용히 우리 안마당으로 찾아옵니다.

그러나 제자들이 있기 전부터 그리고 사실 제자들이 생긴 이후로도 여러 번 그는 혼자 찾아왔습니다. 나는 예수가 우리 정자 아래서 잠시 한가한 밤을 보내고 태양이 뜨기 전, 우리가 아직 자고 있는 동안에 조용히 나가는 것이라고 확신합니다.

마르다는 나와 생각이 다릅니다. 그녀는 예수같이 예의 바른 사람은 손님으로서의 예절, 즉 인사하고 함께 식사하는 것, 칭찬하는 것, 주인에게 주인 노릇할 기회를 주는 것 등을 소홀히 할 사람이 아니라고 말합니다. 하지만 내 생각엔 그가 이곳에서 기도를 하는 것 같습니다. 그리고 그가 사라진 뒤에는 그의 영혼의 뭔가가 남아 있습니다. 나는 그 냄새를 맡는 듯합니다. 마치 이른 아침 공기에서 나는 향내와 같습니다.

우리 작은 마을은 예루살렘에서 3킬로미터 정도 떨어져 있습니다. 올리브 산의 도성 반대쪽이지요. 그러나 도성에서 가깝습니다. 예수는 예루살렘으로 가야 하니까요. 그는 피할 수 없습니다.

유월절이 그를 붙잡습니다. 항상 유월절이 그를 이곳으로 이끌어왔습니다. 그리고 보리 추수가 끝날 무렵의 맥추 감사절. 그리고 초막절. 작년 초막절 마지막 날에 마르다 언니와 나는 예루살렘에 있었고, 예수가 솔로몬 현관에서 갑자기 일어서며 소리치는 것을 보았습니다.

"목마른 사람들은 나에게 오시오! 나를 믿는 사람들이여, 모두 와서 마시시오! 성서에서 이른 것처럼 '그의 가슴에서 생명수가 강처럼 흘러나올 것이니까!'"

그 말은 사람들 사이에 심한 분열을 일으켰습니다. 그리스도라도 예수가 지금 하고 있는 것보다 더 큰 표적을 보일 수 있을지 반문하는 사람도 있었습니다. 그것은 너무도 경탄할 말이었기에 내 발바닥이 흥분으로 들먹일 정도였습니다. 동시에 고위 제사장들이 예수를 체포하러 성전 안으로 병사들을 보냈다는 소문이 있었습니다.

그러나 오지 않았습니다. 절기 행사는 평화롭게 끝났습니다. 그러나 그는 끝나는 날까지 매일 바빴습니다. 그리고 그것이 내 생각의 핵심입니다. 예수는 예루살렘에서 항상 바쁘고 저녁이 되면 완전히 지쳐서 조용히 떨어진 장소가 필요한 것입니다. 잠자는 듯한 마을, 막혀 있는 안마당, 포도나무 정자 같은 것 말이지요.

그는 올해 초막절에는 오지 않았습니다. 아마 폭력이 행사될지도 모른다는 것을 알았던 것 같습니다. 물어봐야겠습니다. 그러나 '하누카', 그러니까 성전 헌당절에는 왔습니다. 쓸쓸하게 비가 내리는 12월, 겨울이었습니다. 그러나 결국 좋은 날들이었습니다. 나는 잠자고 있는 중에 문득 그가 왔다는 걸 알았습니다.

"마르다."

내가 자다가 말했습니다.

"마르다 언니, 예수가 여기 계셔."

그녀는 즉시 잠에서 깨었습니다.

"어떻게 알아?"

"그분의 향기를 맡을 수 있어."

"뭘 할 수 있다고?"

"어떻게 아느냐 하는 것은 중요하지 않아. 중요한 건 어떻게 우리가 그를 맞이하느냐 하는 거지. 마르다 언니."

"왜?"

"제발 그분을 쉬게 해드리자. 그분이 가장 좋아하시는 방법대로 하루를 준비하도록 해드리자. 응, 언니?"

그녀는 대답이 없었습니다. 언니는 담요를 거칠게 젖히고 일어나서 난로에 불을 붙이러 갔습니다.

물론, 예수가 그곳에 있었습니다. 정자 아래 등을 구부린 채 가슴에 팔짱을 끼고 머리는 한쪽에 기대고 있었습니다. 넓은 이마는 찌푸려져 있었고 두 눈은 감고 있었습니다. 자고 있는 것이라 생각했습니다. 그리고 추위로 떨고 있었습니다. 내가 곧바로 담요를 가지러 뒷방으로 들어갔을 때 언니가 암탉처럼 꼬꼬댁거리기 시작하는 소리가 들렸습니다.

"예수님, 예수님. 이곳에 나와 있으면 병에 걸려 돌아가실 거예요. 안으로 들어가세요. 비가 올 거예요. 불을 잘 지펴놓았으니 우리는 이제 빵을 만들어야죠."

그리고 그때 나는 두 사람이 집안으로 들어오는 것을 보았습니다. 먼저 예수가 낮은 상인방에 고개를 약간 숙이고 들어오면서 나에게 미소를 지었지요. 다음으로 마르다가 돕는다고 부산을 떨면서 들어왔습니다.

나는 선생님이 면도를 한다는 사실이 항상 좋았습니다. 그가 웃을 때면 그 얼굴에 잡히는 주름을 다 볼 수 있지요. 광대뼈에서 턱까지 웃음이 소용돌이치지요. 넉넉한 미소지요. 그의 눈빛이 심각할 때(최근에 그런 모습을 볼 수 있는데)조차도 말입니다. 그렇게 예수는 나에게 미소지으며 들어왔습니다. 나도 미소를 지으며 어깨를 으쓱해 보입니다. 그리고 우리 두 사람은 언니 마르다에 대한 사랑을 음미합니다.

그녀는 그러한 대화는 완전히 잊고 이미 아궁이 쪽에서 부산하게 움직이고 있습니다. 열기가 느껴지는지 알아보기 위해서죠. 마르다만큼 보리 반죽의 농도와 아궁이 온도를 딱 맞게 잘 아는 사람은 없습니다.

올리브가 잘 익었습니다. 그때까지도 겟세마네에서는 올리브를 짜고 있었습니다. 마르다는 신선한 기름을 얻으러 나갔습니다. 그녀가 나간 사이에 예수는 등 없는 낮은 의자에 앉아 있었습니다. 나는 그 앞의 바닥에 앉았습니다. 그리고 우리는 이야기하기 시작했습니다. 나는 기도에 대해 물었습니다. 그가 혼자 있을 때 어떻게 기도를 하는지. 포도나무 정자를 생각하면서 말입니다.

"선생님, 기도하는 법을 가르쳐주세요."

그는 가을 저녁의 태양 같은 눈을 가지고 있습니다. 그가 쳐다보는 눈길에서는 아득한 지평선 같은 무엇인가가 느껴집니다.

"기도할 때, '아버지'하고 부르시오."

"아버지라고요?"

내가 말했습니다. 그리고 생각했지요. 왕이신 하나님을 아버지라고 부르라고? 예수는 손목을 턱에 대고 말을 이었습니다.

"아버지, 아버지의 이름이 거룩히 높임받으소서. 아버지의 나라가 임하게 하소서. 우리에게 날마다 먹을 양식을 주소서."

그가 갑자기 뺨을 온통 주름으로 장식하며 미소를 짓자 두 눈이 가까이 모였습니다. 마르다와 그녀가 매일 만드는 빵을 생각한 것 같았습니다.

"우리가 우리에게 빚진 자들을 용서해 준 것같이 우리 죄를 용서해 주십시오. 그리고 우리가 유혹에 빠지지 않도록 인도해 주십시오."

예수가 앞으로 약간 몸을 숙이며 말했습니다.

"마리아, 당신이 달라고 하면 하나님은 당신에게 주실 거요. 찾으시오, 그러면 찾게 되지요. 문을 두드리시오. 그러면 문이 열릴 것이오. 어떤 아버지가 생선을 달라는 아이에게 뱀을 주겠소? 인간 아버지도 자기 아이들에게 좋은 선물을 줄 줄 아는데, 하늘 아버지께서 구하는 자에게 더 많은 성령을 내려주시지 않겠소?"

나는 예수가 말하고 있는 동안 내내 고개를 끄덕였습니다. 무엇인가에 깊은 감동을 받으면 나는 내 겉모습, 내 육체를 잊어버립니다. 내가 말씀 안에 사는 듯합니다. 마치 그 말씀이 커다란 방이나 따뜻한 대저택인 것처럼 말입니다. 아, 주님 예수. 한없이 너그러운 분!

마르다가 법석을 떨며 집으로 들어왔습니다. 양팔에 하나 가득 물건을 들고, 서둘러 기쁘게 일하느라 두 뺨이 흔들리고 있었습니다.

"선생님께서 이곳에 계시다고 나사로에게 말했지요. 함께 빵을 나누러 올 거예요. 할 일이 너무너무 많네!"

정말 그녀는 많이 일했습니다. 언니가 바빠지면 공기마저도 달라집니다. 작은 번개가 흩어지듯이 공기가 번쩍번쩍 갈라집니다. 나는 숨이 막힙니다. 곧바로 신선한 기름 튀는 소리가 들리고 생선 냄새가 나기 시작합니다. 이렇게 이른 아침에 어디서 생선을 구했을까요? 내가 크게 외쳤습니다.

"언니는 신기하게 일을 잘 해내요!"

갑자기 쿵 소리가 났습니다. 밀가루 반죽을 나무판에 던지는 소리였습니다. 뒤돌아보니 마르다가 내 뒤에 서 있었습니다. 두 손을 엉덩이에 대고 딱딱하고 험악한 표정으로 말입니다.

"주님. 내 동생이 나 혼자 일하도록 두는 것을 아무렇지도 않게 생각하십니까? 오늘 아침 애는 나한테 선생님이 생각하시는 걸 방해하지 말라고 명령했답니다. 당신께 휴식이 필요하다고요. 그런데 지금 보세요. 애가 여기 앉아서 이야기도 하고 듣기도 하고 있네요. 완벽한 당신의 제자가 되어서 당신을 독차지하고 있잖아요. 그렇다면 결국 우리 중 누가 선생님을 방해하고 있는 건가요!"

순간 나는 내가 잘못했음을 깨달았습니다. 마르다는 선생님과 나 사이에 오고 가는 미묘한 대화 내용을 알아차리지 못하고 있었던 것이 아니었습니다. 그녀 또한 그를 사랑합니다. 나는 그것을 압니다. 그러나 나는 항상 그것이 좀더 강인한 사랑, 더 튼튼하고 덜 부드러운 사랑이라고 생각했습니다. 아, 이제 생각해보니 내가 그녀에게 죄를 지었습니다. 마르다가 말했습니다.

"마리아에게 혼자 있게 해달라고 말씀해 주세요. 일어나서 저를 도와주라고 해주세요."

그러나 예수는 그녀에게서 시선을 떼지 않았습니다.

"마르다, 마르다. 당신은 많은 일로 근심하며 애쓰고 있군요. 그러나 필요한 일은 오직 하나뿐이오. 마리아는 좋은 몫을 택했소. 그러니 그녀는 그것을 빼앗기지 않을 거요."

그 후 우리는 무거운 침묵 속에서 언니가 만든 음식을 먹었습니다. 나사로 오빠가 집으로 들어왔을 때 그는 즉시 우리들에게 말을 걸어서는 안 된다는 것을 알았습니다. 마르다 언니의 턱이 흔들리고 있었고 목 부분이 붉게 얼룩져 있었지요. 우리는 오래전부터 마르다의 기분 상태를 알리는 그 표시에 주의해야 한다는 것을 알고 있었습니다.

그런데 아침을 마치고 얼마 안 되어서 예수가 그녀에게로 가서 어깨에 손을 얹고 말했습니다.

"마르다, 나와 함께 갑시다."

그는 나사로와 나에게도 같은 식으로 이름을 부르며 권했습니다.

"성전 헌당절이오. 따뜻한 옷을 입고 나와 함께 예루살렘으로 걸어 갑시다."

우리는 함께 갔습니다. 우리는 올리브 산 언덕을 올라갔고 나는 기분이 매우 좋아졌습니다. 그곳에서 보는 성전의 현관, 거대한 높은 성전 벽, 그 위로 보이는 뾰족탑, 거대한 성전 문은 항상 나에게 위로와 확신을 주었습니다.

이제 이 방문이 예수의 사적인 방문이며 개인적인 은둔이라는 것이 분명해졌습니다. 그는 제자들을 요단 강 저편 페레아에 두고 왔을 것입니다. 그가 우리 세 사람을 이곳에 데려옴으로써 개인적인 시간을 포기하려고 한 것인지 아닌지, 그건 또 다른 문제입니다. 그에게 그런 생각이 들게 한 것은 아침 기분이 아니었을까 싶습니다.

그러나 관대한 주님은 우리가 걷고 있을 때에도 말을 했습니다.

"마르다, 시편에 나오는 '여호와는 나의 목자시니'라는 노래를 얼마나 자주 암송하시오? 나를 선한 목자로 생각해 주시오. 선한 목자는 양들을 위해 자기 목숨을 버리지요. 품삯 받고 일하는 사람은 양이 자기 소유가 아니기 때문에 늑대가 오는 것을 보면 도망가 버리오. 그는 늑대가 양들을 물어가고 흩어놓도록 그냥 내버려두지요. 그는 양들을 생각하지 않기 때문에 도망가는 거요. 나는 절대로 당신들을 그렇게 내버려두지 않겠소."

예수는 긴 보폭으로 천천히 걸었습니다. 나는 그가 마르다를 위해 속도를 조절하고 있음을 압니다. 비록 건강한 여인이긴 하지만 언니의 다리는 짧고, 언덕이라 결국 숨을 헐떡일 수밖에 없었던 거지요.

예수의 검은 머리에 고운 안개가 살짝 내려앉아 있었습니다. 그때 그가 나지막이, 아주 친근한 어조로 말을 했는데 그 말들은 몹시 무겁게 느껴졌습니다.

"나는 선한 목자요. 내가 내 양을 알고, 내 양들이 나를 알지요. 그것은 마치 아버지께서 나를 아시고, 내가 아버지를 아는 것과 같소. 마르다, 나는 내 양을 위해 목숨을 버릴 거요. 이 때문에 내 아버지가 나를 사랑하십니다. 내가 목숨을 다시 얻으려고 내 목숨을 버리기 때문에요. 아무도 내 목숨을 빼앗지 못한다오. 내 스스로 목숨을 버리는 거죠. 나는 목숨을 버릴 권능도 있고, 다시 얻을 권능도 있소. 이것이 아버지로부터 내가 받은 명령이오."

예수가 침묵했습니다. 그리고 우리 또한 그 이후로 각각 생각을 하느라 매우 조용히 있었습니다. 나는 두려웠습니다.

그는 북동쪽으로 해서 우리를 성전으로 인도했는데, 제사장들이 올리브 산에서 번제로 드릴 붉은 암소를 끌고 들어가는 문이 그곳에 있었습니다.

차가운 바람이 동쪽에서 불어오고 있었습니다. 걷는 동안 우리 등으로 불어오던 바람이 이제 옷 속으로 파고들고 있습니다. 나사로의 얼굴이 창백해지는 것을 보았습니다. 마르다의 이가 딱딱 맞부딪히기 시작했습니다. 언니의 눈이 부어올라 있었습니다. 예수가 한 말 때문이었을 것이라고 생각합니다. 그는 우리를 솔로몬의 주랑 현관으로 이끌었습니다. 그곳의 동쪽은 벽으로 막혀 있어서 사나운 날씨를 막아주는 보호막이 되었습니다.

우리가 거대한 기둥들 사이로 걷고 있을 때 사람들이 우리를 따르기 시작했습니다. 많은 사람들이 예수를 알아보았지요. 곧 군중이 모였고 우리는 거의 걸을 수가 없게 되었습니다. 그때 한 사람이 소리쳤습니다.

"얼마나 오랫동안 우리를 마음 졸이게 할 거요? 당신이 메시아라면,

우리에게 분명히 그렇다고 이야기해 주시오!"

나는 마르다가 내 옆에서 긴장하고 있음을 알았습니다. 그녀가 코로 내쉬는 숨소리가 들렸습니다. 예수는 도전해 온 그 남자를 쳐다보고 많은 사람들 머리 너머로 소리쳤습니다.

"내가 이미 말을 했는데도 당신들은 믿지 않고 있소!"

그의 어조는 단호했습니다. 그는 논쟁을 하고 있는 것이 아니었습니다. 이것은 토론이 아니었습니다. 예수는 산이 존재하듯이 절대적으로 선언을 하고 있었습니다.

"내 아버지의 이름으로 하는 일들이 곧 나를 증거하고 있소. 그런데도 당신은 나를 믿지 않고 있소. 그것은 당신이 내 양이 아니기 때문이오."

예수는 손을 내밀어 마르다의 손을 잡았습니다. 그러나 나 말고 그 모습을 본 사람은 없었을 것입니다. 그녀의 얼굴이 달아올랐습니다. 이제 예수는 긴 머리를 흔들어 뒤로 넘기고 온 군중들이 들을 수 있도록 소리를 질렀습니다.

"내 양들은 내 음성을 듣소. 나는 내 양들을 알고, 내 양들은 나를 따르오. 그리고 나는 그들에게 영원한 생명을 주지요. 그들은 영원토록 멸망하지 않을 것이오. 또 어느 누구도 그들을 내 손에서 빼앗아가지 못할 것이오! 그들을 나에게 주신 내 아버지께서는 누구보다도 위대하시고, 아무도 아버지의 손에서 그들을 빼앗을 수 없소. 나와 아버지는 하나요!"

어떤 사람들은 그 소리를 듣고 마치 고통스럽다는 듯이 울부짖으며 외쳤습니다. 또 다른 사람들은 이를 드러내며 돌을 집어들고 예수를 향해 던지려고 팔을 뒤로 젖혔습니다.

예수의 눈이 번쩍였습니다. 그가 소리쳤습니다.

"내가 당신들에게 선한 일을 많이 보여주었는데 그 가운데 무엇 때문에 나에게 돌을 던지려고 하시오?"

그들이 맞받아 소리쳤지요.

"당신의 선한 일 때문이 아니오. 당신이 하나님을 모욕했기 때문이
오. 당신은 사람인데, 자신을 하나님이라고 했소!"

"내가 아버지의 일을 하고 있지 않거든, 나를 믿지 마시오. 그러나
내가 그 일을 한다면 나를 믿지는 않더라도 그 일은 믿으시오. 그러면
아버지께서 내 안에 있고 내가 아버지 안에 있음을 알게 될 것이오."

바로 그때 성전 경비병 세 명이 군중을 헤치고 왼팔에 죄수를 묶는 줄
을 감은 채 달려왔습니다. 많은 사람들이 경비병들이 하려는 일에 찬성
하는 듯 고함을 치며 그들에게 길을 내주었습니다. 그렇지만 그들이 다
가오는 것을 막으려고 하는 사람들도 있었습니다.

경비병 중 한 사람이 나머지 두 사람을 앞질렀습니다. 그는 혼자 사
람들을 헤치고 예수에게 달려들었습니다. 그것은 마침내 사랑하는 언
니 마르다의 꼭 쥔 두 주먹을 향해 똑바로 달려든 셈이 되었습니다. 마
르다는 그의 아래턱을 굉장한 힘으로 올려쳤고 그의 혀끝을 깨물어버
렸습니다. 그는 침과 피를 흘리며, 당황해하며 서 있었습니다. 마르다
의 키가 너무 작았기 때문에 주먹이 어디서 날아왔는지 알 수가 없었
던 거죠.

그 순간 예수는 사라졌습니다. 누구도 예수가 떠나는 것을 보지 못
했습니다. 그리고 아무도 그를 다시 보지 못했습니다. 그래서 우리끼
리만 집으로 돌아왔습니다. 그 끔찍한 바람을 피해 얼굴을 숙이고 서
로 가까이 붙은 채 생각에 잠겨서 말입니다. 마르다는 추위를 잊은 듯
보였지만 말입니다.

이 모든 일은 두 달 전에 일어난 일입니다. 그 이후로 우리는 예수를
보지 못했습니다. 그러나 우리는 예수와 제자들이 막 요단 강을 건넜
다는 소식을 들었습니다. 요한이 일을 시작했던, 맨 처음에 세례를 베

풀던 바로 그 장소지요.

　그리고 어제부터 우리 오빠 나사로가 자리에 누워 일어나지 못하고 있습니다. 오빠는 심하게 괴로워합니다. 마르다 언니는 예수께 당장 알려야 한다고 생각합니다. 나는 그를 잠시 혼자 있게 두어야 한다고 생각합니다. 그가 가장 좋다고 생각하는 그날을 준비할 수 있도록 말입니다.

예수가 싸우기 시작했다

도마 Thomas

〔마태복음 23:1~39, 누가복음 12:1~34, 요한복음 11:1~16〕

도마는 자기 주변의 변화를 또렷이 이해하려고 애쓰고 있었다. 예수가 가기로 선택한 장소만을 말하는 것이 아니었다. 상황이 달라졌다. 이는 바람, 공기의 맛조차 달라졌다.

분명 제자들 자신도 달라지고 있었다. 도마가 아는 한 안드레는 조용하고 남들 앞에서 움츠르드는 그런 부류의 사람이었다. 그러나 최근 몇 달 동안 도마는 안드레의 조용함이 전과는 달라졌다는 것을 느꼈다. 부끄러움을 탄다기보다는 공포에 질려 눈을 크게 뜬 채 침묵을 지키는 것이었다.

"무슨 일인가?"

안드레는 눈길을 피하며 침을 한 번 꿀꺽 삼킨 후 말했다.

"모르겠어."

한번은 마태가 도마를 '제자 중의 에서'라고 부른 적이 있었다. 학자다운 농담이었다. 그게 무슨 뜻이냐고 도마가 묻자 마태는 무덤처럼 음울하게 고개를 끄덕이며 말했다. 에서는 질문이 많은 무뚝뚝한 사냥꾼이었다고. 도마는 그것을 칭찬으로 받아들이기로 했다.

"모르다니?"

무뚝뚝한 사냥꾼이 안드레에게 말했다.

"자네는 이레 동안 한잠도 자지 않았네. 누가 재채기만 해도 벌떡 일어나지 않았나. 무슨 일인가?"

안드레는 천천히 자기의 생각을 드러내보였다.

"이곳, 이 돌들. 저 강둑. 이곳은 우리가 처음 예수를 보았던 곳이지. 요한 선생이 이곳에서 설교를 하고 있었어."

안드레는 조용한 목소리로 말했다. 그는 요단 강을 가리켰다.

"저기가 바로 요한 선생이 예수께 세례를 베풀었던 곳이지."

"그래서? 그게 어쨌다는 건가?"

안드레는 그를 처다보았다. 두 눈이 축축했고 불그스레해져 있었다. 일종의 공포 같은 것이 느껴졌다. 그러더니 그는 몸서리를 치고 가버렸다. 무언가 달라지고 있다.

한편 유다는 너무도 즐거워 보였다. 특별히 예수가 그를 보러 나온 사람들에게 열변을 토할 때면 마치 하프의 현처럼 설레며 몸을 떨었고, 새까만 덤불 같은 그의 눈썹은 기쁨으로 올라갔다 내려갔다 했다. 사실 이것이 가장 문제가 되는 변화였다. 도마는 그것을 '새로운 열변'이라고 불렀다. 선생님 자신의 변화.

성전헌당 기념절 축제에서 돌아온 이래 예수는 필요 이상으로 과민해진 것처럼 보였다. 아니면 무엇이라고 할까? 비판적이 되었다고 할까? 화가 나 있다고 할까? 하여튼 어떤 열기가 그 안에 있었다. 고통스러운, 아니면 성스러운 열망이 그의 눈 뒤에 불붙어 있었다.

도마는 죄와 죄인들이 대중의 심판을 받을 필요가 있다는 것에는 동의했다. 모든 시대마다 그렇게 말하는 예언자가 필요하다. 그리고 예언자들은 대담해야 한다. 그러나 때때로 예수는 분별력과 조심성을 완전히 잃은 것처럼 보였다. 이미 예루살렘의 권력 있는 사람들이 그를 미워하고 있었다. 그리고 지금 이와 같은 '새로운 열변'으로 예수는 적들을 격분시키고 있었다. 이들이 정말 분노하면 당신을 죽일 텐데.

제자들은 요단 강 동편에 있었고, 예수는 편편한 돌 위에 서서 늘 모여 있는 군중들보다 머리와 어깨를 높이고 처음에 가르쳤던 것과 같은 설교를 하고 있었다.

"그 어떤 하인도 두 주인을 섬길 수는 없소. 한 사람은 싫어하고 다른 한 사람은 사랑하든지, 한 사람에게는 헌신하고 다른 한 사람은 경멸할 것이기 때문이오. 여러분은 하나님과 재물을 동시에 섬길 수 없소."

그런데 그때 무리 가운데 항상 섞여 있던 바리새파 사람들이 서로를 보며 중얼거렸다.

"두 주인이라고? 하나님과 악마를 동시에 섬기는 사람은 뭔가?"

갑자기 예수가 그들을 향했다.

"당신들! 사람들 앞에서 스스로 의롭다 하는 자들이여!"

예수가 성벽을 부수는 쇠메처럼 소리를 쳤다.

"그러나 하나님은 당신들이 누구를 섬기는지 알고 계시오. 위선자들이여! 인간 권력의 전당에서 올리는 당신들의 찬양은 하나님이 보시기에 혐오스럽소!"

한 바리새파 사람이 소리쳤다.

"당신은 귀신 들렸소! 당신은 미쳤소!"

예수의 머리카락이 망토처럼 어깨로 흘러내렸다. 전 군중을 향해 예수가 소리쳤다.

"위선자 바리새파 사람들의 누룩을 경계하시오!"

"무슨 소리요, 나사렛 예수?"

바리새파 사람들이 소리쳤다.

"'누룩'이 의미하는 바가 뭐요?"

"누룩은 사악함을 의미하는 거요!"

도마는 돌 위로 올라가 누가 예수에게 도전하고 있는지 보았다. 그는 바리새파 사람들 중에 몸집이 가장 컸고, 분노로 목이 붉어져 있었다.

"당신이 우리를 비난하는 거요? 우리는 모세와 예언자들을 알고 있소! 우리는 율법에 대해 예수 당신보다 더 잘 알고 있소! 아니, 당신이 율법을 알고 있다면 더 나쁜 일이오, 당신은 율법을 지키지 않기 때문이오!"

"율법을 지키는 사람들이라."

얼굴에 부드럽게 경멸을 담은 표정으로 예수가 말했다. 도마는 고개를 들어 예수의 얼굴에 떠오른 미소를 보았다. 서글프고, 불쾌하고, 쇠처럼 냉혹한 미소.

"율법을 지키는 사람들, 당신들이?"

그가 후렴구처럼 말을 반복했다.

"눈에 보이는 모든 율법을 매우 훌륭히 지키는 사람들이지. 맞소. 잔과 접시의 겉은 깨끗이 닦고, 자기 몸은 완벽하게 깨끗이 닦지. 손가락과 턱까지도."

갑자기 예수가 오른손을 들어올렸다. 그리고 두 눈을 번쩍이며 소리쳤다.

"어리석은 자들이여, 당신들 속은 더러움으로 가득 찼소! 겉을 만드신 분이 속도 만들지 않으셨소?"

드디어 왔다. 도마는 조짐을 알았고 그 결과를 두려워했다. 그러나 이제 그 어떤 것으로도 예수를 말릴 수는 없을 것이다.

"계율을 지키는 율법주의자들! 위선자들이여! 당신들에게 화가 있을 것이오!"

그가 소리쳤다.

"당신들은 박하와 회향과 온갖 채소의 십일조는 바치면서 정의와 자비와 신의와 같은 율법의 더 중요한 요소들은 소홀히 하오. 눈먼 인도자들이여! 하루살이는 걸러내면서 낙타는 삼키지 않는가!

위선자들이여, 화가 있으리라! 성구함을 크게 만들어 차고 옷술을 길게 늘어뜨리는 당신들! 그리고 잔치에서 윗자리에, 회당에서는 가장 좋은 자리에 앉기를 좋아하는 당신들. 장터에서는 인사받기를 좋아하고, 랍비라고 불리는 것을 즐기지. 당신들은 하얗게 회칠한 무덤과 같소. 겉으로는 아름답게 보이지만 안은 죽은 사람의 뼈와 온갖 위선과 불법으로 가득하지 않소! 화가 있을 거요! 당신들은 지기 힘든 무거운 짐을 남들에게 지워놓고 자기는 그 짐에 손가락 하나 대지 않는 자들이오.

당신들에게 화가 있을 것이오! 당신들은 조상들이 죽인 예언자들을 위해 무덤을 만들고 있소. 그러나 당신들은 조상들이 했던 짓을 다시 한 번 하고 있소. 뱀들이여! 독사의 자식들이여! 당신들이 어찌 지옥의 맹렬한 불길을 피할 수 있겠는가?

그러므로 하나님의 지혜가 말씀하셨소. '내가 예언자들과 사도들을 보내겠는데, 그들이 그 중에서 몇 사람은 죽이고, 더러는 박해할 것이다.' 그러므로 창세 이후로 흘린 모든 예언자들의 피에 대해 이 세대가 책임을 져야 할 것이오! 그러므로 아벨의 피에서부터 스가랴의 피까지, 이 세대가 그 모든 피를 책임져야 할 것이오!"

갑자기 예수가 침묵했다. 온 군중이 숨을 죽이고 있는 듯했다. 그날은 마침 고요하고 바람 한 점 없었다.

도마는 선생의 얼굴을 쳐다보고, 그 또한 무거운 침묵에 빠져들었다. 불길이 꺼졌다. 갑자기 예수의 얼굴이 창백해졌다. 슬프고 매우 피곤해 보였다. 예수는 천천히 돌 단상에서 내려왔다. 그리곤 언덕을 내려와 요단 강을 향해 걸어가기 시작했다. 다시 한 번 멀리 서쪽을 응시하면서. 사람들이 뒤로 물러서서 길을 내주었다.

예수가 다시 말을 시작했다. 거의 중얼거림에 가까웠다. 그러나 신비스럽게도 모든 사람들이 그의 말을 알아들었다. 회중의 맨 앞에서 제일 뒤까지, 모든 사람들이 가슴으로 그의 말을 알아들었고 머릿속에 그 말들을 기억했다.

"예루살렘, 예루살렘이여."

그가 한탄했다.

"예언자들을 죽이고, 하나님이 보내신 사람들을 돌로 치는구나! 암 탉이 병아리를 날개 아래 품듯이 내가 몇 번이나 너의 자녀를 모아 품 으려 했던가? 그러나 너희들은 원하지 않았다! 오 나의 백성들이여, 당 신들의 거룩한 집은 이제 버림받았소. 내가 말하겠소. 당신들이 '주님 의 이름으로 오시는 분은 복되도다.' 하고 말할 때까지 다시 나를 보 지 못할 것이오."

예수는 요단 강 아래로 내려가 물속으로 들어갔다. 몸을 허리까지 강 물에 담그고 군중들에게 등을 돌린 채 말없이, 돌아서지 않고 서 있었 다. 마치 태양이 어두워지는 것 같았다.

사람들은 흩어졌다. 그들은 각자 온 도시로 돌아갔다. 페레아, 유대, 사마리아. 베다바라, 쿰란, 여리고, 예루살렘, 베들레헴, 엠마오, 룻다, 욥바, 수가. 그들은 집으로 돌아가서 돌아오지 않았다.

제자들만이 저녁까지 남아 있었다. 막달라 마리아는 석류 열매를 반 으로 잘라 들고 물속으로 걸어들어가서 예수 옆에 잠시 서 있었다. 안 드레가 도마에게 말했다.

"저기가 정확히 요한 선생이 예수께 세례를 주던 곳이네. 그리고 사 람들이 요한 선생을 죽였지. 어떻게 생각하나? 그들이 예수께도 같은 짓을 할 것 같은가?"

유다는 사실 그 상황을 즐기느라 제정신이 아니었다. 언젠가 그가 도 마에게 물은 적이 있었다.

"유월절에 얼마나 많은 사람들이 예루살렘으로 올라가는지 아는 가?"

"무슨 소린가? 왜 그것을 알아야 되지?"

"나는 아네! 얼마나 많은 사람이 가는지 나는 이미 알고 있네."

도마가 말을 끊었다.

"그렇다면 왜 내게 그것을 묻나?"

유다는 참을 수 없었다.

"십이만 오천 명이네! 거기에 도성의 인구를 더하면 얼마인지 아는가? 십팔만이라고!"

"그래, 요점이 뭔가, 유다?"

"요점은 이거야, 도마. 로마 군단이 백 개쯤 있어도 그 힘에는 살아남을 수 없다는 거지."

도마는 강가에서 들려오는 노랫소리를 들었다. 그는 유다에게서 돌아서서 요단 강둑으로 천천히 걸어내려갔다. 마리아가 가늘고 불확실한 목소리로 오래된 춤 노래를 부르고 있었다. 잘 알려진 흔한 노래였다.

> 저 여우들을 잡아주세요,
> 포도밭을 망쳐놓는
> 저 작은 여우들을.
> 이제 포도꽃이 만발했으니…… 서두르세요!

그녀가 조용해졌다. 그리고 잠시 후 그녀는 제자들의 작은 장막에 있는 다른 여인들에게로 돌아갔다.

요단 강은 사해 쪽으로 가까이 갈수록 물고기가 살지 않는다. 그래서 시몬 베드로와 야고보와 마태는 저녁으로 먹을 작은 새들을 잡느라 오후를 다 보냈다. 요안나와 수산나, 막달라 아가씨 마리아는 새들을 잡아 다듬어서 쇠꼬챙이에 꽂아 불에 굽기 시작했다. 고기가 지글지글 타며 맛있는 냄새를 피웠다. 제자들의 기분이 누그러졌다.

비록 변하고 있는 사태에 대해 도마가 전보다 더 알게 된 바는 없었지만, 불을 보고 고기 굽는 냄새를 맡으니 위로가 되었다. 저녁을 준비하는 소박한 일들이 그를 편안하게 해주었다.

황혼 무렵 마케루스에 갔던 빌립과 안드레가 돌아왔다. 그들은 새로 만든 칼을 몇 자루 사가지고 왔다. 그것은 칼집이 있는 60센티미터 길이의 칼로 옷 속에 숨길 수 있었다. 유다가 공동의 금고에서 돈을 꺼내주어 그것들을 살 수 있었다.

밤이 되어 예수는 다시 무리와 함께했다. 모두가 모여 있었다. 땅 위에 자리를 준비했다. 예수가 어두운 밤하늘을 올려다보며 감사를 드린 후 음식을 나누었다. 식사를 하고 있는 동안, 예수가 말하기 시작했다.

"나는 자네들이 어떻게 느끼는지 알고 있네. 자네들 생각이 맞아. 상황이 예전과 같지 않을 걸세. 그러나 내 말을 잘 듣게, 친구들. 육신만을 죽일 수 있는 사람들을 두려워하지 말게. 오히려 죽인 후에 지옥의 불에까지 던질 권세를 가지신 분을 두려워하게.

참새 다섯 마리가 이 데나리온에 팔리지 않나? 그 중 어느 한 마리도 하나님께서는 잊지 않으신다네. 자네들의 머리카락까지도 하나님께서는 다 세고 계시지. 그러니 두려워하지 말게. 자네들 하나하나는 많은 참새들보다도 더 귀하니까.

사람들이 자네들을 회당 앞에, 통치자와 권력가들 앞에 불러세운다 해도 어떻게 말할까 무슨 말을 할까 걱정하지 말게. 성령이 바로 그 시간에 어떻게 말해야 할지 가르쳐주실 걸세. 두려워 말게, 작은 무리여. 자네들에게 하늘나라를 주는 것이 아버지의 가장 큰 기쁨이니까."

그 말을 하고 예수는 다시 조용해졌다. 그리고 나서 식사가 끝나자 그는 홀로 자리에서 떠났다. 도마는 예수의 말을 듣고 막달라 마리아가 우는 것을 보았다.

"무슨 일이오?"

그녀는 붉게 물든 눈으로 그를 바라보았다.

"도마, 지금 무슨 일이 벌어지고 있는 건가요? 선생님은 마치 폭풍

속에 계신 것 같아요. 그러나 그 누구도 그 비바람을 볼 수 없잖아요. 도마, 선생님이 어디 가셨죠? 우리에게 무슨 일이 일어나고 있는 거예요?"

"선생님은 요즈음 너무 화가 나 계시오. 그리고 그 때문에 우리가 위험에 빠질 거요."

"아니, 전 그분이 화를 내고 있다고 생각하진 않아요."

"그가 방금 바리새파 사람들에게 분노하지 않았소?"

"그는 걱정을 하고 있을 뿐이에요, 도마. 나는 그가 바리새파 사람들을 미워한다고 생각지 않아요. 아마 너무도 슬퍼서 분노하는 것처럼 들리는 거죠."

"그럴 수도 있소."

도마가 말했다.

"그러나 그가 우리에게 두려워하지 말라고 할 때마다 염려가 되오."

다음날 한 남자가 제자들에게 와서 예수가 어디에 있는지 물었다. 그에게 전할 말이 있다고 했다.

"우리에게 말하시오. 우리가 전해드리리다."

시몬 베드로가 말했다.

"나는 베다니에 사는 마르다와 마리아의 친구요. 그들이 말을 전했소. 주님께서 사랑하는 자가 아프다고요."

그 말이 끝난 후 두 사람은 한 시간 정도 대화를 나누었다. 도마가 듣고 있었다. 유다 또한 슬그머니 와서 귀를 기울였다. 시몬은 마르다의 친구에게 예루살렘에서의 긴장감과 군대의 움직임이 어떠하고 권력가의 기분상태가 어떤지, 또 각 지역에서 떠도는 소문 등에 관해 물어보았다.

비록 그 남자는 도시에 사는 평범한 시민일 뿐이었지만 소문이 워낙 무성했기에 시몬에게 사람들이 하는 말들을 들려줄 수 있었다. 그는 그곳의 모든 사람들이 예수의 이름을 알고 있고, 대부분의 사람들이 나름대로 견해를 갖고 있다고 했다.

"사람들이 그를 좋아하는 것이 틀림없죠?"

유다가 묻고 나서 손뼉을 치며 스스로 대답했다.

"그래, 그래. 예수는 보통 사람들의 연인이지. 그들은 그를 흠모하고 있어!"

예수가 그날 오후에 돌아왔을 때 시몬이 그 소식을 전했다.

"사랑하시는 자가 병에 걸렸답니다."

예수는 한숨을 짓고 더욱 비통해졌다. 그러나 아무 말도 하지 않았다. 그는 강가로 가서 아무 말 않고 앉아 있었다.

그날이 그렇게 지났고, 그 다음날 또한 지나갔다. 예수는 제자들 사이에서 유령처럼 보였다. 한번은 그가 앉아서 서쪽을 응시하고 있고, 마리아가 그런 그의 긴 머리를 천천히 빗기는 모습을 보기도 했다.

'저 여우들을 잡아주세요, 작은 여우들을……'

느닷없이 그녀가 예수의 옷을 빨기 시작했다. 그것이 계기가 되어 모든 제자들이 옷을 빨았다. 그리하여 셋째날 아침, 요단 강을 따라 수풀마다 널려 있는 새하얀 빨래들이 수를 놓았다. 정오에 예수가 제자들에게 말했다.

"유대로 다시 들어가세."

시몬의 눈이 제자들 얼굴을 재빠르게 훑었다. 누군가 무슨 말이라도 해주길 기다리며. 하지만 아무도 말하지 않았다. 그러자 그가 머릿속의 생각을 불쑥 꺼냈다.

"랍비여, 그곳 사람들이 당신을 죽이려고 합니다. 그것을 모르십니까? 재난을 향해 곧장 걸어가는 것이나 마찬가지입니다."

"낮은 열두 시간이나 되지 않나? 낮에 다니는 사람은 걸려 넘어지지 않네. 빛이 있기 때문이지. 그러나 밤에 다니는 사람은 걸려 넘어진다 네. 빛이 함께하지 않기 때문이야."

시몬 베드로는 눈만 깜빡일 뿐이었다. 도마 또한 그 말이 유대로 가는 것에 어떻게 적용이 되는지 이해하지 못했다. 그때 예수가 말했다.

"내 친구 나사로가 잠들었네. 내가 그를 깨우러 가야겠네."

시몬이 거의 화를 내며 말했다.

"그가 잠들었으면 잠자게 두십시오! 알아서 일어나지 않겠습니까?"

"베드로, 그는 죽었네. 자네들을 위해선 내가 그곳에 없었던 것이 오히려 잘된 일이로군. 그 일로 자네들이 믿음을 갖게 될 테니. 자, 그에 게로 가세."

죽었단다! 나사로가 죽었다. 물론 그 죽음에 대해 약간의 조의를 표하는 것이 마땅하다. 그러나 예수는 증오와 위험이 기다리고 있는 유대에 대해 이야기하고 있는 것이다. 우정과 두려움의 갈림길에서 그 누구도 말 한 마디 할 수 없었다. 마침내 말을 꺼낸 사람은 무뚝뚝한 사냥꾼, 단순한 에서, 도마였다.

"나는 이해가 안 가니, 설명할 길도 없네."

도마가 제자들에게 말했다.

"나도 결과가 두렵네. 그러나 나는 우리가 선생님과 함께 가야 한다고 생각하네. 우리가 그와 함께 죽을 준비가 되어 있어야 한다고 생각해."

죽음도 이겨내는 믿음

마르다 Martha

우기가 거의 끝나갈 무렵, 봄이었다. 두 주 있으면 여리고 주변의 모든 밭에서 보리 수확 준비가 이루어질 것이다. 그리고 그 후로 두 주가 더 지나면 저지대 땅에서, 한 달 있으면 높은 지대와 산에서도.

쓸쓸한 날씨는 거의 끝났다. 태양이 지배하는 계절이 왔다. 땅은 기름지고 풍요로웠으며 농작물은 풍성했고 때 이른 푸른 무화과 열매는 가지마다 가득했다.

목동들은 한 살 먹은 짐승 떼를 이끌고 예루살렘으로 떠날 준비를 하고 있었다. 곧 수십만 마리의 양들이 매매되고 유월절에 희생될 것이다. 그리고 발디아, 메소포타미아, 아시아, 그레데, 키레네, 이집트, 아라비아 등 이국땅에 사는 유대인들이 이미 유대와 예루살렘을 향해 절기를 지키려고 떠났다. 힘이 넘쳐흐르는 계절이었고, 사람들 사이에 흥분이 고조되는 때였다.

그러나 나사로의 여동생인 베다니의 마르다에게는 그 계절의 즐거움도, 세상의 그 어떤 호의도 쓸모가 없었다. 그녀는 침실 구석에 앉아 있었다. 잠자리는 헝클어져 있었고 더러웠다. 그녀는 상관하지 않았다. 그녀의 빈약한 머릿결은 손질되어 있지 않았다. 몸도 씻지 않은 상태였다. 오랫동안 앉아 있었기 때문에 육중하게 접힌 살의 주름은 땀으로 축축했다.

주기적으로 사람들이 문을 통해 안을 들여다보았다. 그녀는 그들이 들여다봐도 상관하지 않았다. 사람들은 도와줄 일이 있는지, 먹을 것을 좀 갖다주길 원하는지, 함께 울어주기를 원하는지 물었다. 마르다는 대꾸조차 하지 않았다. 상관이 없었다.

열에서 열다섯 명 정도의 친구들이 동생 마리아와 함께 큰 방에 앉아 있었다. 때때로 그들은 목소리를 높여 울부짖었다. 그것이 마르다를 신경 쓰이게 했다. 마르다는 계속 팔짱을 낀 채 아무 소리도 내지 않았다. 나사로가 이 방에서 죽은 것이다. 그녀의 침상에서.

그는 이레 동안 아파 누워 있었다. 이레 동안에 그의 힘이 다 빠져나간 것이다. 점점 누렇게 변하더니 무시무시하게 말라갔다. 얼굴의 살이 입, 콧구멍, 눈구멍 속으로 빨려들어가는 것 같았다. 누군가 그 살을 잡아당기기라도 하는 것처럼. 그렇게 그는 죽었다. 사흘 전에 죽었다.

그는 저녁 늦게 죽었고 그 시간에는 그들 가족만이 남아 있었다. 마르다가 원해서 나사로는 그날 밤 내내 그녀의 침상에 눕혀져 있었다. 그 동안 그녀와 마리아는 그 방에 함께 있으면서 좋은 향내 나는 기름을 나사로 몸에 발라주면서, 울고 함께 속삭이고 모든 것을 기억하려고 애썼다.

새벽에 그들은 사람들에게 죽음을 알렸고 조문객들이 모였다. 너무도 많은 사람들이 애통해했고, 슬피 울었다. 때때로 사람들이 너무 날카로운 비명을 질러 마르다는 입을 앙다물곤 했다. 그날 밤 그녀가 오빠와 동생하고만 있기를 원했던 것은 이 때문이었다. 조용하게, 그저 조용하게 있을 수 있었으면.

몇몇 여인들이 긴 아마천으로 나사로를 감쌌다. 남자들은 새 관대를 가져왔다. 집 앞에서 장례 행렬이 만들어졌다. 좋은 친구들이 관대를 들고 하얗게 싼 시체를 어깨에 높이 메었다. 그리고 마리아와 마르다가 이 슬픈 행렬의 맨 앞에 서서 베다니를 나가 그들이 살고 있는 곳에서 약간 떨어진 묘지로 걸어갔다. 사흘 전에 나사로는 그렇게 묻혔다.

그리고 모든 조문객들이 집으로 돌아갔다. 그리고 마르다는 자기 방으로 들어갔다. 어제도, 오늘도 그리고 내일 또한 그럴 것이다. 그것이 그녀가 생각하는 전부였다. 그녀는 그 밖의 일에는 신경을 끊었다.

그의 얼굴. 사람들은 오빠의 얼굴까지도 흰 천으로 감았다. 마을을 지나 지하동굴로 가는 내내 그는 얼굴 없이 갔다. 그리고 이제 얼굴도, 그 어느 특징도 없이 돌 뒤에 누워 있다. 거칠게 짜여진 석판과 영원히 닫힌 문.

한 나이 많은 여인이 마르다의 방을 들여다보았다. 그녀가 무엇인가 속삭이고 돌아서서 가려고 하는데 마르다가 갑자기 반응을 보였다.

"기다려요! 뭐라고 말씀하셨지요?"

"예수가 오고 있다고 말했네. 여리고에서 오고 있는 길이라던데."

"하!"

그것은 아주 단호하고 냉소적인 웃음이었다. 나사로가 죽기 전에 그로부터 단 한 마디의 소식도 듣지 못했다. 전갈을 가지고 갔던 사람조차 예수를 모셔오라는 임무에서 돌아왔을 때 아무런 답도 가지고 오지 않았다. 마르다는 빠른 동작으로 바닥에서 몸을 일으키고는 고개를 떨군 채 뛰다시피 달려 큰 방을 지나 집 밖으로 나갔다. 그녀가 크게 소리쳤다.

"여리고에서 오는 길이라고! 그래, 우리가 친구들을 그 길로 보낸 지가 얼마나 오래됐는데, 간절히 도움을 바라면서! 하!"

마르다는 걸음이 짧았다. 그러나 그녀는 강했다. 그녀는 꾸준한 걸음으로 움직여 나갔다. 그리고 마침내 예수가 자기 앞에 보이자 갑자기 숨이 차도록 뛰었다.

예수는 멈춰 서서 기다렸다. 그녀가 그 앞에 섰을 때 그녀는 두 주먹을 쥐고 그의 가슴을 때리기 시작했다. 그를 때리고, 또 때렸다. 그리고 나사로가 죽은 후 처음으로 울음을 터뜨렸다.

"왜 오지 않으셨어요?"

예수는 황금빛 두 눈으로 그녀를 지켜보았다.

"당신이 이곳에 있었더라면, 오빠는 죽지 않았을 거예요!"

예수는 그녀의 주먹을 잡았다. 마르다는 몸부림을 멈췄다. 그리고 이마를 예수의 가슴에 대고 흐느꼈다.

"지금도 나는 알아요. 선생님이 구하기만 하시면 하나님께서 무엇이든지 주신다는 것을."

예수가 부드럽게 말했다.

"당신 오빠는 다시 살아날 거요."

"알아요."

마르다가 울며 말했다.

"알아요, 알아요. 마지막 날에, 부활 때에."

"내가 부활이고 생명이라오. 나를 믿는 사람은 죽었다 할지라도 살 것이오. 그리고 살아서 나를 믿는 사람은 결코 죽지 않을 것이오. 마르다?"

그녀가 예수의 얼굴을 봐야 했기에 예수가 뒤로 물러섰다.

"마르다, 이 말을 믿소?"

그녀가 고개를 끄덕였다. 그리고 얼굴을 들었다. 예수의 눈동자 속 끝없는 공간으로 그녀의 눈길은 빠져들어갔다. 그리고 속삭였다.

"네, 주님. 나는 당신이 그리스도시고, 하나님의 아들이며, 장차 세상에 오실 분임을 믿어요."

예수는 마르다의 손목을 놓아주고 두 손을 그녀의 머리에 얹었다. 그리고 여러 번 그녀의 헝클어진 머리를 다듬어주며 말했다.

"마리아에게 가서 내가 그녀를 보고 싶어한다고 전해주시오."

그래서 마르다는 다시 집으로 서둘러 갔다. 예수가 옳았다. 그녀의 머리는 쑥대밭이었다. 옷은 더러웠다. 입에서 냄새까지 났다. 그녀는

1006

요리를 해야 한다. 깨끗이 씻고 빵을 구워야 한다. 그녀는 안마당을 지나 여전히 사람들로 꽉 차 있는 집으로 들어가 마리아 옆에 무릎을 꿇고 속삭였다.

"선생님께서 오셨어. 너를 부르셔."

마리아는 즉시 일어섰고 두 여인은 함께 나갔다. 마르다는 마리아를 여리고 길, 예수가 있는 곳으로 이끌었고 모든 조문객들도 뒤를 따랐다. 마리아는 예수를 보자마자 얼굴을 일그러뜨리 다시 울기 시작했다. 그녀는 가까이 가서 그의 발 아래 쓰러졌다.

"주님, 당신이 이곳에 계셨다면 오빠는 죽지 않았을 거예요."

예수는 긴 숨을 내쉬었다. 그는 눈을 들어 슬퍼하고 있는 모든 사람들을 보았다.

"어디에 그를 눕혀뒀소?"

마리아가 낮은 소리로 말했다.

"오셔서 보십시오."

갑자기 예수의 눈에서 눈물이 흘러내리기 시작했다. 그가 울고 있었다.

"보았어요?"

한 여인이 마르다에게 말했다.

"그가 얼마나 당신 오빠를 아끼셨는지 알겠어요?"

이제 모든 행렬이 마리아와 마르다, 예수를 따라 구불구불한 길을 지나 마을 동쪽 무덤이 있는 곳으로 가고 있었다.

"저기입니다."

새 돌로 만든 석판으로 입구를 가린 작은 동굴을 가리키며 마르다가 말했다.

"저곳에 오빠가 묻혀 있습니다."

예수는 사람들보다 앞서 무덤에 가까이 갔다. 그리고 돌에 새로 새겨진 표시를 손가락으로 쭉 만졌다. 그리고 조문객들을 향해 바라보며 세 남자를 가리켰다. 그가 말했다.

"부탁이니 와서 돌을 좀 치워주시오."

마르다가 놀랐다.

"주님, 오빠가 죽은 지 나흘이에요! 끔찍한 냄새가 날 거예요."

예수가 그녀를 똑바로 보며 말했다.

"믿음을 가지면 하나님의 영광을 보게 될 것이라고, 내가 말하지 않았소?"

마르다가 아무 말 못했다. 예수는 몸을 돌려 돌이 무덤에서 옮겨지는 것을 지켜보았다. 그리고 눈을 치켜뜨며 말했다.

"아버지, 내 말을 들어주신 것을 감사드립니다. 나는 아버지께서 언제나 내 말을 들어주시는 것을 압니다. 그런데도 이렇게 말하는 것은 이 사람들을 위해서입니다. 나를 이곳에 보내신 분이 아버지임을 믿게 하려는 것입니다."

갑자기 주 예수가 우렁찬 목소리로 소리쳤다.

"나사로! 이리 나오시오!"

마르다가 숨이 막힐 듯 헐떡이기 시작했다. 그의 외침소리에 그녀의 심장이 놀라 뛰어올랐다.

무덤의 컴컴한 안쪽에 이제 희미한 하얀 그림자가 가득 찼다. 그림자가 점점 짙어지더니 움직였다. 그러더니 죽은 사람이 나타났다. 두 손과 발은 여전히 하얀 천으로 묶여 있었고, 그 얼굴은 흰 천으로 가려진 채였다.

예수가 마르다에게 걸어가 어깨에 손을 얹었다. 그리곤 말했다.

"그를 풀어줘야지. 마음대로 움직일 수 있게."

모든 사람을 위한 한 사람

아리마대 요셉 Joseph of Arimathea

'쪼갠 돌의 방'에 모인 사람들이 조용해지자, 최고 대제사장이 이 범상치 않은 상황에서 위원회를 다시 소집하게 된 이유를 알렸다.

"나사렛 예수, 이 나사렛 예수가 사람들의 상상력을 붙잡고 있소. 사람들 수만 명이 그와 어울리고 있소. 그리고 실제로 그들은 그를 믿는다고 얘기하오. 그들은 그가 보여주는 표적을 사랑하고 기적들에 감탄하고 있소. 그리고 이제는 그가 죽은 자를 살려냈다는 보고가 있소. 그 추종자들이 말하기를, 죽은 지 나흘이 되었고 영혼이 분명히 빠져나간 죽은 사람에게 나사렛 예수가 생명을 다시 불어넣었다고 했소. 여러분, 그는 이곳에 있소. 죽었던 자가 지금 베다니 거리를 걸어다니고 있단 말이오. 사람들은 직접 가서 그 증거를 볼 수 있소."

한 위원이 말했다.

"그렇다면 우리는 어떻게 해야 하겠소?"

또 다른 사람, 바리새인이 말했다.

"이러한 표적만이 문제가 아니오. 그의 웅변술 또한 문제요. 나사렛 예수는 가는 곳마다 우리를 비방하고 있소. 로마인들이 아니라 자기 민족인 우리를 말이오."

"그는 갈릴리 사람이오, 안 그렇소?"

세 번째 사람이 말했다.

"지난 몇 년 동안 얼마나 많은 메시아가 갈릴리에서 나왔소? 그곳은 혁명의 산실이오."

"그런데 이 자는 많은 사람들 앞에서 우리를 저주하고 있소. 그리고 사람들은 그것을 좋아하고 있소!"

"그를 어떻게 할까요?"

"그를 이대로 두면 곧 온 나라가 그를 따를 것이오."

"그리고 이번 유월절에 그가 나타나면 그는 온 나라를 폭동으로 교란시킬 것이오."

"그렇소, 그렇다면 어떻게 되겠소? 로마 사람들이 와서 우리의 성스러운 곳과 우리 민족 모두를 말살시킬 것이오."

"우리가 어떻게 하는 것이 좋겠소?"

"내 생각엔 그가 죽었던 걸 살렸다는 그 사람을 도로 죽여버리는 게 좋겠소."

"예수는 지금 어디 있소? 그가 아직 베다니에 있소?"

"아니오. 우리가 알아봤는데, 죽은 사람이 살아났다는 이 소문이 예루살렘에 도달하기도 전에 그와 그의 추종자들은 사라졌소."

"그러면 우리는 그가 어디 있는지 모르지 않소?"

"아마도 유월절에 그를 수배하면 찾을 수 있을 거요."

"그래요. 분명히 명령을 내려 그가 어디에 있는지 아는 사람은 즉시 우리에게 알리도록 해야 하오."

"이미 그렇게 해놨소. 이미 지시를 내렸단 말이오."

"유월절 순례자들이 벌써 예루살렘에 도착하고 있다는 것을 알고 있소? 사람들이 이 나사렛 예수를 보기 위해 다른 때보다 일찍 오는 것이오."

"그를 어떻게 하는 것이 좋겠소?"

가야바 최고 대제사장이 이제 말하기 위해 일어섰다. 그는 충분히 오랫동안 이야기들이 오고가도록 내버려두었던 것이다.

"잘 들으시오. 그리고 내 말의 의미를 잘 파악하시오. 한 사람이 민족을 위해 죽어 전민족이 멸망하지 않게 하는 것이 우리에게 한 가지 방편이 될 수 있을 것이오."

모든 사람이 침묵했다. 누군가 속삭였다.

"바라바처럼!"

위원회가 모인 커다란 방은 현관 쪽에 높이가 9미터나 되는 둥근 천장이 있는 회랑으로, 88개의 거대한 돌기둥에 의존하고 있었다. 그리고 그 위는 성전의 안마당이었다.

하나의 기둥 옆에 비싼 옷을 걸친 사람 하나가 검은 수염을 단정히 하고 앉아 있었다. 모인 사람들이 다양한 견해를 내놓고 있는 동안 이 남자는 뒤로 기대어 침묵을 지키고 있었다.

그는 갑작스런 판단을 내리는 사람이 아니었고 또 한 번 내린 판단을 바꾸는 법도 없었다. 그래서 위원들 사이에서 상당한 존경을 받고 있었다. 그는 사업적 통찰력과 많은 사람들로부터의 존경과 개인적 정직함을 바탕으로 부를 쌓았다.

그는 진정으로 하나님 나라를 찾던 사람이었다. 그의 이름은 아리마대 요셉이었는데, 그는 마음속에서 이 나사렛 예수에 대한 깊은 경애의 마음이 우러나옴을 느끼고 있었다.

가야바가 민족을 위해 한 사람을 죽게 하는 것이 하나의 '방편'이라고 선언했을 때, 요셉은 그 의미를 아주 잘 알았다. 아마도 가야바 자신이 그 말에서 의미하려고 했던 것보다 더 정확히 알았을 것이다. 거대한 돌기둥에 등을 기댄 채 요셉은 예언자의 말을 믿고 있었다.

'한 사람이 민족을 위해 죽을 것이다. 단지 그 민족만을 위해서가 아니라 세계 곳곳에 흩어져 있는 하나님의 자녀를 위해서.'

그 순간 나머지 위원들이 자리에서 일어나 열광적인 만장일치로 선언했다.

"그렇다면 그는 죽어야 한다! 폭동으로부터, 로마인들로부터 우리를 구하기 위해, 나사렛 예수는 죽음에 처해야 한다!"

고난을 향한 첫걸음

유다 Judas

[마태복음 20:1~21:22, 23:37~24:14, 26:1~16 마가복음 13:1~14:11, 누가복음 19:1~48]

여러 주 동안 예수는 제자들과 함께 사막 가장자리에 접한, 요단 강 동편의 작은 마을에서 숨어 지냈다. 그리고 나서 어느 안식일 이른 시간에 그가 말했다.

"가세."

시몬 베드로가 말했다.

"어디로 말입니까, 주님?"

"예루살렘으로. 유월절기를 지키러."

가룟의 유다는 기쁨에 차 헉, 하는 소리를 냈다. 복부에 경련이 일어났다. 때가 왔다! 예수와 자신, 이 두 사람은 같은 계획을 갖고 있다. 그리고 이제 그 계획을 실행하려는 순간이 왔다.

모든 제자들은 예수의 선언에 저마다 다른 반응으로 괴로워했다. 여인들은 여인들끼리 가까이했다. 그들은 서로 함께 단단히 뭉쳐 걸었다. 유다를 제외하고는 그 누구도 기쁘지 않았다. 그러나 그 순간에 유다의 생각을 아는 사람은 아무도 없었다.

그들이 여리고에 가까이 가자 다시 군중 속으로 들어서게 되었다. 눈먼 사람 하나가 길 옆에 앉아 구걸하고 있었다. 갑자기 그가 손을 뻗어 안드레의 옷자락을 붙잡았다.

"누가 지나가는 거요? 아주 중요한 사람이 지나가고 있는 것 같소."

불쌍한 안드레는 깜짝 놀랐다. 그는 말을 더듬으며 대답했다.

"예수인데요. 그분은, 음, 나사렛 예수라고……."

그러자 눈먼 사람이 팔을 흔들며 외쳤다.

"예수여! 예수여! 다윗의 자손이여! 자비를 베풀어주십시오!"

사람들이 고개를 돌렸다.

"예수? 예수가 이곳에 있다고?"

분명히 긴장해 있던 시몬이 거지에게 고함을 쳤다.

"조용히 하시오!"

그러나 그는 더 크게 외칠 뿐이었다.

"예수! 예수!"

시몬이 그에게 주먹을 들이대 보였다. 유다가 웃음을 터뜨렸다.

"그를 위협해 봐야 소용없네, 시몬. 그 자는 장님이지 않은가!"

시몬은 얼굴을 찡그렸다. 유다는 발작적으로 낄낄거렸고 거지는 계속 소리쳤다.

"다윗의 자손이여!"

"안드레."

예수가 불렀다.

"그 사람을 나에게 데려오게."

안드레가 그렇게 했다. 그 눈먼 사람이 앞에 오자 예수가 말했다.

"내가 무엇을 해주길 바라시오?"

"주님, 내가 다시 볼 수 있게 해주십시오."

"다시 볼 수 있을 거요. 당신의 믿음이 당신 눈을 고쳤소."

즉시 광명이 그의 눈에, 얼굴에, 그가 서 있는 곳에 비추었다. 그는 기쁨으로 가득 차서 조금 전 예수에게 애원을 하고 있었을 때와 같은 큰 목소리로 지금 받은 축복에 감사하며 하나님을 찬양하기 시작했다. 그리고 그 또한 예수를 따르는 큰 무리 속에 끼어들었다.

사람들은 여리고 아랫길로 갔다. 연못을 지나고 정원을 지나고 거대한 저택을 지나 이동했다. 여리고는 헤로데스 왕이 건설한 도시였다. 그는 이곳에서 겨울을 보냈고 이곳에서 죽음을 맞이했다. 그는 부유한 지방자치 도시를 남기고 떠났다. 이곳에서 세금을 거두는 사람들은 특히 더 부자가 되었다.

예수는 품위 있어 보이는 어느 정원 옆에 멈추어 섰다. 뒤따르던 군중도 걸음을 멈추었다. 그때 예수는 머리를 뒤로 젖히고 소리쳤다.

"삭개오! 삭개오, 내려오시오!"

예수 머리 위 나무에 한 남자가 있었다. 그가 가지에서 뛰어내려 수줍어하면서 예수 앞에 섰을 때, 모든 사람들은 그가 키 작은 부자임을 알고 놀라워했다. 세금 징수원! 그는 여리고에서 가장 사치스러운 저택을 가지고 있었다. 예수가 말했다.

"오늘 밤 당신 집에 묵어야 되겠소."

그 작은 삭개오의 얼굴이 기쁨으로 빛났다.

"오 주님, 제자들도 다 함께 오십시오!"

유다는 선생님에게 감탄해 탄성을 연발했다. 보라, 선생님의 손길이 닿지 않고 그의 포로가 되지 않는 계층은 없었다. 거지도 부자도 하루 사이에 사로잡지 않는가! 그리고 그 부자는 목적에 가장 큰 도움이 될 것이다!

다음날 그들은 예루살렘에서 3킬로미터밖에 안 되는 올리브 산 베다니 가까이에 왔다. 예수는 세베대의 두 아들을 불러 맞은편 작은 마을 벳바게를 가리켰다. 이것이 유다에게 유일하게 실망스러운 일이었다. 그 일만 없었다면 완벽한 날이 될 수 있었는데, 예수가 그를 선택하지 않으셨던 것이다.

"저 마을로 가게."

예수가 야고보와 요한에게 말했다.

"거기 아직 아무도 타본 적이 없는 새끼 나귀 한 마리가 매여 있을 걸세. 그것을 풀어서 끌고 오게. 누가 왜 끌고 가냐고 물으면, '주께서 쓰시려고 합니다.'라고만 말하게."

유다는 그들이 마을로 가는 것을 지켜보았다. 멀리서도 그들이 새끼 나귀를 푸는 것이 보였다. 사람들이 와서 그들을 막고 질문을 했을 때, 두 형제가 언덕 위 예수를 가리키자 그들은 두 형제가 나귀를 가져가도록 내버려두었다. 그렇게 그들은 새끼 나귀를 끌고 왔다.

유다는 무슨 일이 일어날지 정확히 알고 있었다. 그러므로 제자들에게, 아니 온 군중에게 어떠한 시위가 선생님 주변에서 돌발하게 될지 알려야 하는 사람은 바로 그였다! 그는 옷을 찢어 나귀 등에 펼쳤다. 시몬이 그것을 보았다. 그는 싱긋 웃으며 똑같이 했다. 마태도 막달라 마리아도 그렇게 했다.

그들은 옷을 쌓아 소박한 안장을 만들었다. 그러자 야고보와 요한이 예수를 들어 나귀 위에 앉혔고, 예수는 올라타고 갔다. 왕이시다! 그는 걷는 대신 짐승을 타고 예루살렘으로 가고 있었다.

그가 앞으로 나아가자 점점 많은 사람들이 옷을 벗어 그가 가는 길에 펼쳐놓았다. 옷으로 만든 융단이었으며 칭송의 표시였다. 사람들이 수풀로 달려가 가지를 꺾어서는 앞으로 달려와 길에 깔았다. 기쁨에 찬 거대한 무리가 앞서 달리고 뒤에서 따르면서 이제 그를 에워쌌다. 흥분이 마른 초원의 불길처럼 마음에서 마음으로 전해졌다. 사람들이 소리치며 찬양했다.

그리하여 그들이 언덕을 내려가 예루살렘 성문으로 향했을 때, 수천의 목소리가 하나가 되어 거대한 음악을 이루며 노래했다.

'호산나, 다윗의 자손이여! 복되도다, 주의 이름으로 오시는 왕이여! 호산나! 가장 높은 곳에서 호산나!'

유다는 기뻐 어쩔 줄을 몰랐다. 도성 문 안쪽에서 또 다른 거대한 군중이 먼저 군중 못지않게 쏟아져나왔다. 그들은 안으로 들어오려는 무리와 하나가 되었고, 노랫소리는 배가 되었으며, 그들의 함성은 창공을 갈라놓았다. 모든 유대인들이 소용돌이치며 나사렛 예수를 찬양하기 위해 이 한곳으로 몰려들고 있는 듯했다. 오, 얼마나 힘센 군대인가! 이제 로마군단도 갑옷을 벗어던지고 자비를 구해야 할 것이다.

몇몇 종교 지도자들 또한 붉게 상기된 얼굴을 하고 도성에서 나왔다. 그들은 길을 헤치며 나귀를 탄 예수에게로 갔다.

"선생!"

그들은 부르짖었다.

"제자들을 진정시키시오! 입을 다물게 하시오!"

그러나 예수가 소리쳤다.

"뭐라고! 이들이 잠잠하면 돌들이 소리칠 것이오!"

유다는 멋진 환희의 웃음을 웃었다. 유다는 스스로를 억제할 수가 없었다. 그는 분명 승리의 바다에서 항해하고 있었다! 물은 사람들이었고 배는 주님이었으며 바람은 분명 그들 뒤에서 불어오고 있었다.

한바탕 웃음으로 몸을 흔들며 같은 감정을 나누려고 유다는 예수를 올려다보았다. 그런데 갑자기 거기 끔찍한 침묵이 내려앉았다! 아니, 그런 느낌이 내려앉았다. 자신과 예수만이, 예수의 목소리 말고는 그 어떠한 소리도 없는 초록빛 바다 밑에 가라앉는 것처럼 느껴졌다.

예수가 울고 있었던 것이다! 그의 왕국이 임했고 군중들이 갈채를 보내는데, 그는 그 영광을 기뻐하고 있지 않았다. 그는 울고 있었다! 그는 도성의 돌들을 바라보고 있었고 눈물이 얼굴을 타고 흘러내리고 있었다. 유다만이 선생의 비극적인 흐느낌 소리를 들을 수 있었을까? 그는 예수를 붙잡아 흔들고 싶었다. 지금 그러시면 어떡합니까! 유다는 가슴속으로 울부짖고 있었다.

"예루살렘아."

예수의 목소리가 들렸다.

"오 예루살렘아, 오늘이라도 평화를 만드는 그 길을 네가 안다면 얼마나 좋을까! 그러나 너는 그 길을 보지 못하는구나. 너의 적들이 너를 에워싸고, 너와 네 품속의 자녀들을 땅에 내칠 날들이 닥칠 것이다. 그리하여 네 건물들의 돌 하나도 다른 돌 위에 얹혀 있지 못하게 될 것이다. 하나님께서 너를 구원하러 오신 때를 네가 깨닫지 못했기 때문이다."

한순간 몸이 굳어지며 유다는 돌연한 공포에 사로잡혔다. 그 말의 내용은 메시아의 도전적인 말로 볼 수도 있지만, 그 어조는 완전 패배조였다. 그 어조는 우울했다. 유다는 크게 외쳤다.

"세상의 왕국입니다, 선생님! 창조의 보석입니다! 그 권력과 영광은 모두 당신의 것입니다. 당신께서 그것을 위해 싸우기만 하신다면 말입니다!"

외치면서 그는 갑자기 마법에서 풀려났다. 사람들의 천둥 같은 노랫소리가 다시 밀려왔고, 사방에서 외침소리가 들렸다. 그와 예수는 다시 한 번 왕의 권력의 파도를 타고 도성을 통과하고 있었다! 그들은 성전 문 앞에 도착해 있었다.

예수는 나귀에서 내렸다. 주님은 이제 위엄 있고 노기등등한 걸음으로 성전 남쪽 벽의 훌다 문을 통과하고 있었다. 그의 황금빛 시선은 흔들림 없이 불타오르고 있었다. 제자들은 그를 따라가기가 힘들 정도였다.

그때 유다는 예수가 어디로 가는지 알고 있었다. 상점들이 있는 곳이었다. 남쪽 주랑 현관에 있는 수백 개의 상점들. 사람들은 성전 내에 좌판을 늘어놓고 제물을 팔고 환전을 했다. 그 바쁜 시장통에 접근한 예수는 세 가닥 밧줄을 하나의 채찍으로 꼬았다. 그리고 찌를 듯한 목소리로 외쳤다.

"집어치워라! 치워!"

그리고 상인들의 머리 위로 사나운 채찍을 휘두르기 시작했다. 유다는 기쁨의 전율을 느꼈다. 이제 시작되고 있었다. 이분이 메시아였다! 예수, 이 땅에 불을 지르는 사람! 예수, 쇠막대기처럼 때리는 하나님의 외침. 심판의 날이 왔다, 오 백성들이여! 선생님께서 환전꾼의 동전을 어떻게 길바닥에 내던지는지 보면 알지 않겠소! 그가 좌판을 뒤집어엎는 것을 보시오! 그는 양과 소와 비둘기를 파는 사람들을 성전에서 몰아내며 열심당원처럼 소리쳐 비난했다.

"이것들을 가지고 사라져라! 사라져! 기록된 바, '내 집은 기도하는 집이 될 것이다.'라고 했다. 그런데 너희가 강도들의 소굴로 만들어버렸다! 집어치워라!"

이 모든 일들은 그 주의 첫날, 유월절 바로 전 안식일에 일어난 일이었다. 그날 유다는 자신에게 말했다. 이것이 다가올 심판자의 불길이다. 그리고 이제 그 누가 그것을 견뎌낼 수 있겠는가? 이 주가 끝나면 누가 제대로 서 있을 수 있겠는가?

베다니로 돌아가는 길 내내, 유다는 흘러내리는 눈물을 훔치며 흥분된 숨을 내쉬었다. 그러나 이것이 그가 느낀 마지막 기쁨이었다. 그것이 가룟 사람 유다의 생애에서 기뻐할 수 있었던 마지막 순간이었다.

다음날 새벽이 오기도 전, 그 누구도 일어나지 않은 시간에 예수는 요한을 깨워 베다니를 떠나 '질그릇 문(하시드 문)'을 지나 예루살렘의 옛 지역으로 슬쩍 들어갔다. 오늘의 영광에 대한 높은 기대감으로 가득 찬 유다가 그 뒤를 뒤따라갔다.

'질그릇 문'을 지나면 두로포에온 골짜기로 가는 길인데, 그 골짜기는 예루살렘을 남북으로 가로지르고 있었다. 예수와 요한은 고개를 숙이고 북쪽으로 얼마를 걸어가다가 골짜기 서쪽 경사면에서 윗성으로 이어지는 옛 계단을 올랐다. 이곳에는 부유한 사람들의 집이 있었고 그 사이로 좁은 거리가 있었다.

유다는 그들을 계속 관찰하기 위해서 좀더 가까이 가야 했다. 염탐꾼 노릇을 하고 있다는 게 마음이 편하지는 않았다. 하지만 누구도 자신만큼 메시아의 마음을 알고 있는 사람은 없었다. 자신은 언제든지 쓸모 있는 사람이 되어야 했다.

예수와 요한은 도성의 남서쪽 에세네파 사람들이 목욕 의식을 하는 곳을 지나 북쪽으로 방향을 바꾸어, 헤로데스 궁으로 가는 방향에 있는 시온 산을 올랐다. 유월절이 끝날 때까지 필라투스가 군대를 거느리고 머물고 있는 곳이었다. 유다가 알겠다는 듯이 고개를 끄덕였다. 선생은 봉기해 거대한 반란의 무리를 이끌려 하고 있다. 그렇게 하려면 물론 로마 권력자의 안식처인 총독 관저를 먼저 정찰해야만 할 것이다.

그러나 예수는 그렇게 멀리 가지 않았다. 시온 산의 남서쪽 구석에는 에세네파 사람들이 살고 있었다. 이들은 사막에 살고 있는 사람들과 같은 공동체의 구성원들로, 모세의 법을 따르며 하나님 나라가 오기를 구하고 있었다. 이들은 세례자 요한을 종말 시대의 제사장으로 생각했던 사람들이었다. 그것은 다른 사람들이 예수를 또 다른 인물, 종말 시대의 왕으로 생각하는 것과 같았다.

이제 예수와 요한은 에세네파 사람들의 어느 집 앞에 섰다. 정교한 하얀 돌의 구조물로서 철제 격자문이 달려 있었다. 예수가 서쪽으로 산을 마주보고 있는 문을 가볍게 두드렸다. 한 남자가 걸어나왔다. 현관의 포장된 길에는 화려한 모자이크 문양이 있었고, 높은 집의 첫 건물 뒤에는 경내의 다른 건물로 보호된 다락방이 있었다.

세 사람이 고개를 숙여 함께 짧은 몇 마디 말을 교환하고 헤어졌다. 여기에서 유다는 두 번째로 화가 났다. 그 짧은 만남은 바로 밀회의 약속처럼 보였다. 전략을 짠 것이다. 그 모종의 계획에 자기 자신, 유다가 참여하지 못한 것이다!

이제 예수는 신속하게 왔던 길로 되돌아 걸어나오고 있었다. 모퉁이를 돌았을 때 예수는 갑자기 유다와 정면으로 얼굴이 마주쳤고 두 사람 모두 깜짝 놀랐다.

"여기서 뭘 하고 있었나?"

한순간 유다는 말문이 막혔다. 눈썹이 경련을 일으키는 것을 느낄 수 있었다.

"누군가가 선생님의 뒤를 지켜야만 했습니다."

"왜?"

예수가 물었다. 왜라니? 너무도 답이 분명한 질문을 받고 유다는 놀라지 않을 수 없었다. 예수가 자기를 시험하는 것이 아니고서야, 또는 두 사람 사이의 비밀을 요한에게 숨기기 위해 일부러 그렇게 말하는 것이 아니고서야. 유다는 미소지으며 속삭이듯 말했다.

"주님, 아시지 않습니까?"

예수는 웃지 않았다. 눈살을 찌푸렸다.

"자네가 검을 샀다는 걸 알고 있네. 유다, 나에게 칼이 필요 없다는 사실을 알아두게."

메시아가 칼이 필요 없다니! 그 말은 예전에 유다를 흥분시켰었다. 그러나 전에 흥분했던 만큼 그날, 월요일에 맛본 실망도 컸다. 모든 힘과 목적과 반란의 암시가 바로 이곳에서 끝이 났다. 예수는 한숨을 내쉬었다. 표정이 가라앉았다. 다시 우울한 기분이 되었다. 그리고 유다는 혼란스러웠다.

"선생님? 선생님, 어떻게 하실 겁니까?"

그러나 예수와 요한은 이미 두로포에온 골짜기를 따라 되돌아가고 있었다. 아랫성 옛 계단 바로 아래에서 그들은 빌립과 안드레를 만났고, 아침 군중들의 모임이 시작되었다. 빌립이 말했다.

"그리스 사람 몇 명이 특별히 선생님을 뵙겠다고 이 절기에 찾아왔습니다."

예수는 다시 한 번 땅이 꺼질 듯한 한숨을 내쉬었다. 그리고 나서 유다로서는 아무리 생각해도 왜 그런 이야기를 하는지 이해가 안 되는 죽음에 대한 작은 교훈 이야기를 했다.

"사람의 아들이 영광을 받을 때가 왔네. 진정으로 하는 말일세. 밀알 한 톨이 땅에 떨어져 죽지 않으면, 그것은 밀알로 그대로 남아 있게 되지. 그러나 죽으면 많은 열매를 맺을 수 있네."

예수는 유다를 똑바로 바라보며 말했다.

"자기 목숨을 아끼는 사람은 목숨을 잃네. 그러나 이 세상에서 목숨을 내던지려는 사람은, 이후로 그 목숨을 영원히 간직하게 될 걸세."

갑자기 선생이 신음하며 무릎을 꿇었다. 그리고 팔짱을 끼어 배에 대며 몸을 앞으로 숙였다. 사람들이 무덤처럼 침묵했다. 그리고 유다는 자신의 얼굴이 비통함으로 달아오르는 것을 느꼈다. 갑자기 주님이 저토록 고통스러워하는 모습을 보이니 유다는 당황스러웠다! 저토록 나약한 모습을 보이다니.

"오, 나의 마음이!"

예수가 외쳤다.

"나의 마음이 너무도 괴롭네! 내가 지금 무슨 말을 해야 할까? '아버지, 이때를 벗어나게 해주십시오.'라고 말해야 할까? 아니야."

천천히 그는 고개를 들고 다시 일어섰다.

"아니지. 내가 바로 이 일을 위해 이때에 온 걸세. 그러니 나는 이렇게 말하겠네. '아버지의 이름이 영광되게 하소서.'"

마치 대답이라도 하듯이 하늘이 진동했다.

"천둥이다!"

사람들이 소리쳤다. 그러나 요한이 나지막이 말했다.

"천사가 그에게 말한 거야."

"그래, 맞네."

예수가 조용히 말했다.

"자네들을 위해 하늘에서 온 소리일세. 이제 이 세상의 심판이 시작되네. 이제는 이 세상의 왕이 쫓겨날 거야. 그리고 내가 땅에서 들어올려질 때, 나는 모든 사람들을 나에게로 끌어모을 걸세."

유다가 말했다.

"주님, 들어올려진다는 말이 무슨 뜻입니까?"

높임을 받는다는 말처럼 들렸다. 유다는 높아지기를 바랐다. 그러나 예수는 마음이 무겁고 괴로워 보였다.

"그것이 바로 내게 칼이 필요치 않은 이유일세, 유다. 들을 귀 있는 사람들에게 내가 당할 죽음이 어떠한 것인지 가르쳐주는 말이라네."

죽음과 죽는다는 것. 음울하고 끊어지는 대화. 그것이 모두 월요일에 일어난 일이었다. 사람들의 열정은 가시기 시작했다. 놀라움도 사라졌다. 분명 고위층 사람들은 예수의 힘과 그의 영향력을 봉쇄할 방법을 연구하고 있었다.

그리고 유다는 두려워하기 시작했다.

화요일에 예수는 제자들과 함께 예루살렘 성전 뜰에 들어섰다. 비가 약하게 내리고 있었으므로 그들은 솔로몬의 주랑 현관 지붕 아래 모였다. 그곳에서 예수는 설교를 계속했다. 그러나 어떤 행동을 취하지는 않았다, 전혀.

예수는 포도원을 소작인들에게 세주었던 포도원 주인에 대한 이야기를 했다. 수확물을 거두어들일 때가 되어 주인은 종을 시켜 소작인들에게 소출을 받아오라고 보냈다. 그러나 소작인들은 그를 때렸다. 두 번째 종을 보냈으나 마찬가지로 때렸다. 세 번째 종은 죽여버렸다. 그래서 주인은 아들을 보내기로 결심했다. 예수가 말했다.

"그의 사랑하는 아들은 분명 존중해 주겠지 생각한 것이오."

그러나 소작인들이 그가 아들임을 알고, 주인의 유일한 상속자를 죽이면 그 포도원을 자기들 것으로 만들 수 있다고 생각했다.

"주인이 어떻게 할 것 같소?"

예수가 이야기 끝에 말했다.

"소작인들이 아들을 죽였다는 것을 알았을 때 말이오. 사랑하는 아들을 죽음에 처하게 했을 때, 그가 와서 소작인들 또한 죽이지 않겠소?"

유다는 통치위원회 사람들 몇 명이 솔로몬 현관에서 다른 사람들 사이에 있는 것을 보았다. 예수가 처형에 관해 이야기했을 때 그들 얼굴이 굳어지고 사람들의 눈치를 보기 시작하는 것을 알아보았다. 그들은 재빨리 그곳을 떠났다. 그러나 예수는 그들을 그대로 가게 두었다. 이제 그들을 그렇게 많이 대화에 끌어들이지 않았다. 어떤 행동도 취하지 않았다. 그냥 얘기만 할 뿐이었다.

한 율법학자가 그에게 물었다.

"모든 계명 가운데 가장 중요한 것은 무엇이라고 생각하시오?"

이것은 나이 많은 랍비가 예수를 시험하기 위해 던진 평범한 질문이었다. 그러나 예수는 대답했다.

"'마음을 다하고, 목숨을 다하고, 뜻을 다해 왕이신 하나님을 사랑하라.' 이것이 첫 번째 가장 큰 계명이오. 그리고 두 번째 계명은 이것이오. '이웃을 자기 몸처럼 사랑하라.'"

유다는 믿을 수 없었다. 이것은 화해의 소리처럼 들렸다. 그리고 랍비들이 학생들에게 두서없이 점잔빼며 하는 말이었다. 그러한 말에는 예언도 힘도 없었다! 메시아와 같은 외침은 어디로 갔는가? 이 땅 군대의 대장은, 혁명의 촉매자는 어디로 갔는가?

유월절이 이제 며칠 안 남았다. 군중들이 힘과 기대감으로 벌집처럼 예루살렘을 채우고 있었다. 그런데 예수는 랍비들이나 하는 사랑 얘기를 중얼거리고 있었다.

얼마 후 성전을 빠져나올 때 그 우둔한 멍청이 제자 도마가 성벽의 아름다움에 감탄하며 멈추어 섰다.

"보십시오, 선생님. 저 돌들이 얼마나 거대합니까. 벽 쌓은 기술이 굉장하지요!"

예수는 기묘하게 빗나간 어조로 응답했다.

"돌 위에 돌 하나도 얹혀 있지 못할 때가 올 걸세. 돌들이 완전히 무너져내릴 거야."

또다시 유다는 혼란스러웠다. 메시아는 성전과 예루살렘을 소생시키기 위해 와야 했다. 이제 예수는 두 번째로 도성의 파괴에 대해 이야기한 셈이었다.

올리브 산에서 예수는 몸을 돌려 예루살렘을 쳐다보았다. 비는 이미 멈추었다. 구름도 걷혀 있었다. 밝은 태양은 온 도시를 언덕 위에서 찬란히 빛나게 했다. 열 단계의 성스러움을. 하나님의 왕관을!

그러나 예수는 다시 한 번, 끝없는 한숨을 내쉬어 유다를 몹시 화나게 만들었다. 예수를 자극하기 위해 유다가 말했다.

"언제입니까, 주님? 언제 저 아름다운 성전 돌이 무너져 내립니까? 이러한 일들이 다 이루어지려고 할 때 우리가 어떠한 징조를 볼 수 있는지 알려주십시오."

"전쟁 소식과 전쟁이 있을 것이라는 소문을 듣게 되더라도 걱정하지 말게. 아직 끝이 아니니까. 이 민족이 저 민족과 맞서 일어나고, 지진과 기근이 들겠지만 이것은 단지 고통의 시작일 뿐일세. 잘 듣게. 먼저 복음이 모든 민족에게 전파되어야 해. 그리고 그 복음을 전하는 사람은 내 이름 때문에 미움을 받겠지."

예수가 유다를 쳐다보았다.

"그런데 자넨 징조를 물었지. 유다, 자네 꿈들은 자네 생각보다 크기
도 하고 작기도 하네. 징조를 주지. 황폐케 하는 죄받을 물건이 있어서
는 안될 곳에 서 있는 것을 보게 될 때, 그때에는 유대의 모든 사람들이
산으로 도망쳐야 할 거야. 그때에는 지금까지 한 번도 없었던 환란, 아
니 태초 이래 없었던 환란이 일어날 테니까.

징조를 바라나? 환란 후에는 태양이 어두워지고 달빛이 희미해지며
별들이 하늘에서 떨어질 걸세! 그리고 그때에 사람의 아들이 큰 권능과
영광에 싸여 구름을 타고 올 것이며, 천사들이 그를 에워쌀 걸세. 그는
영광스런 보좌에 앉을 것이며, 온 민족이 그 앞에 모일 것이고, 목자가
양과 염소를 가려내듯이 사람들을 나누게 되겠지. 양은 오른쪽에, 염
소는 왼쪽에 세울 걸세. 유다, 자넨 어느 쪽이 구원받을 것이라 생각하
나? 왜지? 전쟁 때문에? 업적과 승리, 적들을 크게 물리쳤기 때문에?

내 비유를 끝까지 듣게. 왕은 오른쪽에 있는 사람들에게 말할 걸세.
'내 아버지의 복을 받을 사람들이여, 와서 창세 때부터 당신들을 위해
준비된 이 왕국을 받아 누리시오. 내가 굶주릴 때 당신들이 나에게 음
식을 줬소. 내가 목마를 때 마실 것을 주었소. 내가 나그네가 되었을 때
환대해 주었고 헐벗었을 때 옷을 주었으며, 병들었을 때 도와주러 왔
고, 감옥에 있을 때 면회를 왔기 때문이오.'

그러면 의인들이 말할 걸세. '주님, 언제 당신이 굶주렸을 때 우리가
음식을 드렸습니까? 언제 목마를 때 마실 것을 드렸고, 환영해 드리고
옷을 드리고 당신을 찾아갔습니까?' 그러면 왕이 답할 걸세. '진정 당
신들이 내 형제 자매 중에서 지극히 보잘것없는 사람들에게 해준 행동
이 곧 나에게 해준 것이오.'"

유다는 고개를 숙이고 떠나가려 했다.

"기다리게! 더 중요한 얘기가 남았네. 왕이 왼편에 선 사람들에게 말하네. '저주받은 자들아, 내게서 떠나 악마와 그 부하들을 위해 준비한 영원한 불 속으로 들어가라. 내가 굶주릴 때 내게 먹을 것을 주지 않았고, 목마를 때에 마실 것을 주지 않았고, 떠돌아다닐 때 헐벗었을 때 병들었을 때 감옥에 있었을 때 너희는 나에게 아무것도 해주지 않았다.' 그러면 그들이 또 물어보겠지. '언제 우리가 당신이 굶주리고, 목마르고, 나그네가 되고, 곤란에 빠진 것을 보고 돌보아드리지 않았습니까?' 그러면 왕이 답할 거야. '진정으로 말한다. 이 사람들 가운데 가장 보잘것없는 사람에게 하지 않았기에, 곧 나에게도 하지 않은 것이다.'

이제 유다 자네는 자네 길을 가게. 귀로 직접 듣고 눈으로 직접 보게. 진정 하나님의 나라가 오는지 지켜보게. 내 말을 명심하게. 하늘나라는 갑자기 찾아올 걸세!"

그날 저녁 제자들과 예수는 나사로와 함께 식사를 하려고 베다니로 갔다. 그들은 나사로의 여동생 마르다가 음식을 차리는 동안 탁자 둘레에 기대고 있었다.

그때 나사로의 작은 누이 마리아가 순수한 나드 향유가 든 석고병을 들고 방에 들어와 예수에게로 걸어갔다. 굉장히 비싼 것이었다. 그녀는 예수의 뒤로 가서 그가 발을 뻗고 있는 바닥에 무릎을 꿇었다. 그녀는 병을 깨뜨려서 천천히 흘러내리는 기름을 예수의 발에 발랐다. 그리고 자신의 긴 머리카락으로 문질렀다. 그러자 방 안은 귀한 향으로 가득 찼다. 숨막히는 목소리로 유다가 말했다.

"가난한 사람들은 어찌합니까, 주님? 세상에서 가장 보잘것없는 사람들 생각은 안 합니까? 이 향유를 삼백 데나리온에 팔아 그 돈을 그들에게 줘야 하지 않겠습니까?"

감정이 격해 그의 얼굴이 붉어졌다. 예수 또한 흥분해 답했다.

"왜 그러는 건가? 자네가 누구기에 이 여인을 비난하지?"

유다의 눈썹이 이마로 치켜올라갔다. 그는 한 마디도 할 수 없었다.

"그녀를 놔두게."

예수가 말을 이었다.

"자네들 누구도 생각 못한 선한 일을 해줬으니. 그녀는 내 장례를 대비해 내 몸에 기름을 부었네. 가난한 사람들은 항상 자네들 옆에 있겠지만 나는 언제나 함께 있지는 않을 걸세. 마리아는 그걸 이해하고 있지. 자네들은 어떤가? 이해하고 있나? 그래, 지금 내 말의 의미를 알아듣겠나?"

유다는 고개조차 끄덕이지 않았다. 그는 모욕감으로 질식할 것만 같았다.

수요일 태양이 떴을 때 유다는 이미 마음을 정하고 있었다. 그는 더 이상 혼란을 받아들이지 않기로 결심했다. 그는 예수를 이해하지 못했다. 그는 선생이 최근에 하는 이야기들을 간파할 수가 없었다. 그러나 자신의 손으로 문제를 해결하고, 자신과 시대가 요구하는 어떤 분명한 사건을 만들어낼 수는 있었다.

유다가 예견했던 모든 일이 일어나려 하고 있었다. 이미 군중들이 성스러운 도시에 모여 있고 기대감으로 긴장해 있다. 그들은 불길을 기다리는 마른 불쏘시개 같았다. 선생이 그 불길을 당겨야만 한다. 예수는 움직이려 하지 않고 있다. 그러나 아마도 유다 자신이 그 행동을 유발시킬 수 있을 것이다.

분명, 나사렛 예수에게는 혁명의 힘이 있었다. 불과 사흘 전에 사람들은 예수를 메시아로 찬양했다. 그리고 그때 예수는 성전에서 거룩한 분노를 보여주었다. 과감하게 권력자들에게 대항하며, 놀라운 힘으로 기적을 일으키고 화려한 언변으로 완벽하게 의사를 전달하는 그는 메시아가 아닐 리 없다. 최근에는 마음 내키지 않는 메시아처럼 보이긴 하지만. 그러나 어느 누구도 그만큼 예언에 들어맞지는 못했다.

그리하여 유다는 그 내키지 않는 모습을 따지기보다는 오히려 예수를 움직이게 하는 데 초점을 맞추기로 결심했다. 그는 예수가 메시아적인 힘을 공개적으로 보여주지 않고는 뒤로 물러설 수 없는 상황에 직면하도록 만들어놓을 것이다. 예수의 적들을 그 앞에 데려오는 것이다. 그래, 그와 그의 제자들 앞에. 적들이 그와 그가 사랑하는 사람들을 공격하려고 한다면 주님은 왕의 권력을 받아들이고 기름부음을 받은 자, 곧 왕으로서의 모습을 드러내지 않을 수 없을 것이다!

수요일 아침, 유다가 대제사장들과 성전 수비대장들 앞에 찾아와 말했다.

"나사렛 예수가 어디에 있는지 아는 사람은 반드시 와서 알리라고 명령을 내리셨지요."

"그랬지."

대제사장들이 말했다.

"나리들은 군중들로부터 어느 정도 떨어진 곳에서 그를 체포하길 원한다고 생각되는데요."

"계속해 보게."

"그렇다면 그가 은밀한 곳, 보호받지 않는 곳에 있을 때 제가 나리들을 그곳으로 안내할 수 있습니다."

"그러나 우린 당신을 본 적이 있소. 당신도 그의 제자가 아닌가? 왜 선생을 배반해 우리에게 넘겨주려 하는 것이오?"

유다가 즉시 대답했다.

"돈 때문이죠. 돈을 주신다면 그 일을 하겠습니다. 나리들이 충분한 보상을 해주시면 바로 그렇게 하겠습니다."

대제사장들은 유다가 생각한 그대로 행동했다. 계획했던 부분은 순조롭게 진행되었다. 그들은 유다와의 거래를 확고히 하기 위해 바로 그 자리에서 은화 서른 닢을 달아서 유다가 가져온 자루에 쏟아부어 주었다.

그의 마지막 하루

예수 Jesus

시몬 베드로가 방안에 고개를 들이밀고 물었다.

"유월절 준비를 위해 어디로 가야 합니까? 생각해 두신 곳이라도 있습니까?"

예수는 읽고 있던 두루마리에서 눈을 들었다.

"있네."

그는 일어서서 격자문으로 걸어가 요한을 불렀다. 그리고는 다시 마루에 앉아 등을 기대고 손목은 무릎 위에 얹어 손을 늘어뜨렸다.

"무엇을 읽고 계십니까?"

"위로의 노래일세, 베드로. 위로와 힘을 주는 노래들이지."

요한이 들어와 시몬 옆에 섰다. 저절로 웃음이 나왔다. 예수는 그 어울리지 않는 짝을 보며 미소지을 수밖에 없었다. 시몬은 강인하며 매끄럽게 수염을 깎았다. 머리는 로마인들의 무기 같고 불룩한 뺨에 숨소리는 씩씩댔다. 그의 팔은 언제라도 움직일 태세로 굽어 있었다.

그리고 커다란 눈과 치켜올라간 눈썹의 사랑스러운 요한. 그는 형 야고보와 함께 있으면 거들먹거리며 고함을 치기도 하지만, 예수를 볼 때면 천상의 미소를 보내어 예수의 가슴에 따뜻한 사랑의 숨결을 일게 했다. 유순한 요한.

모든 제자들 가운데 시몬 베드로가 가장 요란하고 박력 있게 예수를 사랑했다. 요한은 그러한 열정에는 거의 무관심한 것처럼 보였다. 그러나 그러한 열정을 가장 많이 일어나게 하는 사람은 바로 요한이었다. 미소지으며 예수가 말했다.

"예루살렘으로 가게. 잘 듣게. 기드론 계곡을 돌아서 남서쪽에 있는 '에세네파의 문'으로 들어가게. 어떤 사람이 물동이를 들고 자네들 옆을 지나 시온 산으로 올라가기 시작하면 그를 따라가게. 요한이 길을 알고 있으니까. 요한은 그 사람이 들어설 집도 알고 있지. 그러나 그곳이 오늘도 안전할지는 알 수 없네. 집주인에게 우리가 유월절 식사를 할 수 있는 객실을 보여달라고 하게. 모든 것이 괜찮다면 그는 이미 모든 것이 갖추어진 커다란 다락방으로 자네들을 안내할 걸세. 그곳에서 식사를 준비해 두게."

그들은 떠났다. 예수는 눈을 감고 그들이 가는 것을 그려보았다. 앞장서서 걷고 있는 시몬. 헐떡거리며 부산스럽게 움직이면서 사명감으로 가득해 용감하게 순종하는 시몬. 어디로 가야 하는지는 더 잘 알고 있지만 차분해서 좀처럼 스스로 앞장설 생각을 하지 못할 요한.

곧 시몬과 요한의 모습이 예수의 마음속에서 사라졌다. 미소도 사라졌다. 그가 느꼈던 작은 사랑의 꽃이 속에서 축 늘어졌다. 그의 입에서는 끝없는 한숨이 새어나왔다. 가슴이 무너져내렸다.

예수는 두루마리를 다시 들고 읽었다.

하나님이 나의 탄원을 들으셨으므로 내가 그분을 사랑합니다.
죽음의 덫이 나를 에워싸고 있습니다.
나는 비탄과 고뇌로 고통스러워하고 있습니다.
그래서 내가 하나님의 이름을 불렀습니다.
하나님, 제가 빕니다. 제 생명을 구해주소서!

그가 읽기를 멈췄다. 그리고는 고개를 숙여 이 베다니의 자기 방으로 들어올지 모르는 누군가의 눈으로부터 얼굴을 가려줄 수 있도록 머리카락을 늘어뜨렸다.

"아바."

그가 속삭였다.

'아버지.'

목요일이었다.

그의 서른세 번째 해, 유월절 주간의 목요일이었다.

"아바, 아바."

그가 속삭였다.

목요일, 그가 죽어야만 하는 그 주간의 다섯 번째 날이었다.

저녁 때 예수가 열 명의 제자들과 함께 다락방으로 들어갔다. 시몬과 요한이 그곳에서 그들을 마중했다. 식탁이 깔끔하게 차려져 있었다. 이미 규정된 음식들이 다 놓여 있었고, 온 방에 진한 향기가 가득했다. 양고기, 누룩을 넣지 않은 빵, 쓴 나물소스, 포도주.

나지막한 식탁은 ㄷ자 모양으로 되어 있어서, 시중드는 사람이 가운데로 들어와 각 사람의 자리에 다가갈 수 있게끔 되어 있었다. 사람들이 별로 좋아하지 않을 공식적인 식사였다. 식탁의 세 측면에는 낮은 등받이가 갖추어져 있어 몸을 기댈 수 있었다.

방은 검소했다. 에세네파의 집에는 장식물이 거의 없었다. 벽을 따라 놓인 또 하나의 좁은 식탁 위에는 물과 수건이 있었다. 사람들이 들어오며 바닥에 놓인 작은 깔개 위에 신발을 벗어놓았다. 이미 촛불이 켜져 있었다. 밖은 땅거미가 지고 있었다. 산들바람이 촛불을 뉘었다. 그림자가 높은 천장으로 모이고 있었다.

이미 신발을 벗은 예수가 식탁의 중앙으로 갔다. 제자들은 예수의 왼

쪽 오른쪽으로 자리를 잡았다. 예수는 그들에게 편히 앉으라는 몸짓을
했다. 그래서 웅성웅성 움직이느라 부스럭거리며 열두 제자들이 비스
듬히 기대 누워 왼쪽 팔꿈치를 굽혀 손으로 머리를 받쳤다. 예수는 그
대로 선 채, 식탁의 양쪽을 내려다보았다.

"나는 진심으로, 자네들과 이 유월절 식사를 함께하기를 간절히 바
랐네. 내가 고통을 당하기 전에."

웅성거리던 소리가 뚝 그쳤다. 모두의 시선이 그에게로 쏠렸다. 제
자들이 얼굴을 찡그리고, 미심쩍어하며, 놀라움과 갑작스런 동정의 빛
을 보이고 있었다. 그가 벌써부터 얘기했는데도 아직 무슨 일이 일어
날지 모르고 있는 어리석은 제자들. 예수는 이미 그들에게 말했다! 그
것도 분명히 여러 번. 불쌍한 양 같은 사람들, 우적우적 먹기만 하는 추
종자들, 그의 제자들.

"잘 들어두게. 유월절이 하나님의 나라에서 완성될 때까지 나는 다
시는 유월절 음식을 먹지 않을 걸세."

그리고 그들이 지켜보는 가운데 예수는 겉옷을 벗고 보조 식탁으로
갔다. 깨끗한 수건을 집어 하인처럼 허리에 묶었다. 그리고 또 다른 수
건으로 머리를 감싸 머리카락을 모았다.

그는 물동이에 물을 쏟아가지고 가장 가까이에 있는 제자, 식탁에
둘러앉은 순서로 보면 맨 끝자리에 앉은 제자 앞으로 가져갔다. 그리
고 완전히 조용해진 방안에서 무릎을 꿇고 그 제자의 발을 씻기기 시
작했다. 그리고 다음 제자에게로 가서 그의 발도 씻겼다. 그리고 그 다
음. 방안이 너무도 조용해 물 튀기는 작은 소리 하나하나까지 들을 수
있었다.

안드레가 조용히 울기 시작했다. 유다의 크게 뜬 두 눈엔 알 수 없는
분노의 불길이 이글거리고 있었지만, 그 또한 울었다. 유다의 발에 손
을 대자 예수는 그 발에 경련이 일고 있음을 느꼈다. 그리고 알았다. 우

주의 빛과 어둠이 이 가련한 제자의 몸 속에서 싸우고 있는 것을.

그는 계속 움직여 빌립과 마태와 야고보 그리고 무뚝뚝하게 찌푸리고 있는 도마에게로 옮겨갔다. 마지막으로 예수는 시몬에게 왔다. 자신의 겸손함을 한없이 자랑스럽게 여기는 시몬 베드로! 그는 두툼한 발을 겉옷 밑으로 홱 빼며 말했다.

"아니! 제 발을 씻기시겠다구요?"

예수는 한숨을 내쉬었다.

"자네가 지금은 내가 하는 일을 이해할 수 없겠지만 나중에는 알게 될 걸세."

"아닙니다!"

시몬의 수염 없는 뺨이 흔들리고 있었다.

"절대로 제 발은 씻기지 못하십니다."

예수의 목이 메이려고 했다. 그는 부드러운 목소리를 내려고 애쓰며 말했다.

"내가 자넬 씻겨주지 않으면, 내가 시중을 들도록 허락하지 않으면, 자네는 나와 상관없는 사람이 된다네."

시몬이 다시 발을 쭉 내밀고 간청했다.

"손도 부탁합니다, 주님! 제 손과 머리도 씻겨주십시오!"

예수는 시몬 베드로의 딱딱한 발바닥을 문질러 닦고 다시 수건으로 닦아주며 말했다.

"이미 목욕한 사람은 발밖에 씻을 필요가 없네. 온몸이 깨끗하기 때문이지."

이제 격자창 밖의 일광은 흐려져 짙푸른 빛이 되어 있었다. 초의 노란 불꽃을 따라 방이 흔들거리며 이리저리 움직였다. 예수는 수건을 벗어 다시 보조 탁자 위에 놓았다. 그리고 두 팔에 짧은 옷소매를 꿰어 입고 머리카락을 흔들어 자연스럽게 풀며 제자들 가운데 자리를 잡고 기대었다.

"방금 내가 한 일을 이해하겠나? 자네들은 나를 선생님, 주님이라고 부르는데 그건 옳아. 왜냐하면 그게 나이기 때문이지. 이제 자네들 주인이며 선생인 내가 자네들의 발을 씻겼으니, 자네들도 서로의 발을 씻겨줘야 하네. 이것이 하나의 본보기일세. 친구들, 그렇게 한다면 자네들이 축복받을 걸세!"

그는 잠시 말을 멈췄다. 그리고 말했다.

"자, 들게."

그들은 예수의 말대로 했다. 열두 제자들은 먹기 시작했다. 그러나 이 식사는 더 이상 평범한 식사가 아니었다. 옛날부터 내려오던 관습 때문에 단지 전통적으로 하는 형식적인 식사가 전혀 아니었다. 이들은 신중하게 음식을 집었다. 마치 모든 몸짓 하나하나에 의식적인 결단이 요구되는 것처럼.

예수는 먹지 않았다. 그는 옆에 있는 제자들의 얼굴을 자세히 응시했다. 어쩌면 자신의 몸을 사랑하는 친구들의 모습으로 채우려는 듯이. 그러나 그 눈빛을 누그러뜨려야만 했다. 힐끗 쳐다보기만 해도 안드레는 음식을 씹지 못한 채 눈물이 나는 것을 막으려고 눈을 깜박였다.

얼굴 하나하나, 제자 한 사람 한 사람을 본다. 음식에 집중하며 턱 근육으로 힘껏 씹고 있는 도마. 우울한 학자처럼 음식을 아주 잘게 씹고 있는 마태. 투쟁하고 있는 유다의 두 눈, 죽어가는 벌레의 날개처럼 팔딱팔딱 경골을 일으키며 폭발하는 그의 검은 눈썹.

어찌할 수 없는 한숨이 예수의 입에서 터져나왔다. 갑자기 슬픔이, 마치 갈고랑쇠로 할퀴듯 그의 영혼을 쥐어뜯고 있었다. 얼굴로 열이 확 치솟아오르자 예수가 큰 소리로 신음했다. 제자들은 흘긋 쳐다보고 즉시 먹던 것을 그쳤다. 죄 지은 사람처럼. 거의 알아들을 수 없을 정도의 작은 소리로 예수가 말했다.

"자네들 중 한 사람이 나를 배신하려 하고 있네."

자리에 있던 모든 제자들은 놀라 숨이 막혔다. 마치 예수가 도끼로 식탁을 쪼개기라도 한 것 같았다.

"뭐라고요?"

도마가 말했다.

"뭐라고 말씀하셨나?"

안드레는 극심한 고뇌로 목이 메었다.

"그게 접니까, 주님?"

예수는 시몬이 요한에게 어떤 신호를 보내는 것을 알았다. 요한이 끄덕였다. 그리고 예수의 바로 오른쪽, 영광스러운 자리에 앉아 있던 요한이 머리를 예수의 가슴에 기대고 말했다.

"누구입니까, 주님? 그가 누구입니까?"

바로 그 순간, 유다가 빵을 쓴 나물소스에 적시려고 뻗고 있었다. 그가 말했다.

"랍비여, 접니까?"

예수는 빵 한 조각을 집어 유다와 함께 소스 접시에 적셨다. 그리고 말했다.

"바로 나와 함께 소스를 나누고 있는 사람이지."

유다는 얼어붙었다. 그는 눈을 들어 예수를 뚫어지게 쳐다보았다. 그의 얼굴 전체가 뒤틀렸다. 간청하는 듯, 도전하는 듯.

예수가 평온한 표정으로 시선을 거두고 속삭였다.

"사람의 아들은 그에 관해 기록된 대로 반드시 가야 하네. 그러나 배신한 사람에게는 화가 있을 것이네! 그가 태어나지 않았더라면 더 좋았을 것을."

"뭐라고?"

도마가 말했다.

"선생님이 뭐라고 말씀하셨나? 그가 하는 말을 알아들을 수 없네!"

땅에서 뿌리를 뽑듯이, 유다는 예수에게서 겨우 시선을 돌리고 눈을 가렸다. 그도 예수만큼 부드러운 소리로 속삭였다.

"선생님, 제게 뭘 원하십니까?"

유다의 얼굴에 시선을 두고 있던 예수는 낮은 소리로 말했다.

"더 이상 시간을 낭비할 것 없네. 무엇이든 자네가 선택한 대로 빨리 행동에 옮기게."

유다는 짧게 세 번 숨을 나눠 쉬고, 가느다란 팔 힘에 의지해 몸을 일으켜세우고 식탁에서 벗어났다. 그는 문 쪽으로 걸어가 문을 열고 어둠 속으로 사라져갔다.

밤공기가 방안으로 흘러들어왔다. 축축하고 차가웠다. 시몬이 일어나 문을 닫고 다시 자리로 돌아왔다. 그 후로 먹는 소리도 말하는 소리도 없었다. 곧 촛불이 병정처럼 곧게 섰고, 벽을 따라 드리워진 모든 그림자도 굳어버린 것 같았다. 예수는 빛 자체가 죽어가고 있는 것처럼 느꼈다. 작은 빛만이 살아서 자신의 제자들을 사랑하기 위해 남겨진 것 같았다.

"내 아이들……. 지금 잠시 동안은 내가 자네들과 함께 있지만, 그 후론 나를 보지 못할 걸세. 내가 가려는 곳에 자네들은 올 수 없기 때문이지."

그는 이 말들을 훼손되지 않는 말씀으로, 그가 절대적으로 남겨야 하는 기념비처럼, 마치 돌에 새기듯이 입으로 단단히 다졌다.

"서로 사랑하게. 내가 자네들을 사랑한 것같이 자네들 서로도 사랑해야 하네. 자네들이 서로 사랑하면 그것으로 온 세상이 자네들이 내 제자인 것을 알게 될 것이네. 나를 사랑하나? 그렇다면 내가 여기 없을 때에도 나의 계명을 지키게. 그리고 나는 아버지께 기도하겠네. 그분이 자네들에게 영원히 함께 계셔주실 상담자, 위로자, 진리의 영 곧 성령을 보내시도록 말일세. 그러나 내가 자네들을 그대로 버려두지는 않을 거야. 나는 다시 돌아오겠네. 그리고 세상은 나를 더 이상 보지 못하겠지만, 자네들은 한동안 나를 볼 수 있을 걸세. 내가 살기 때문에 자네들도 살 것이네. 내 제자들, 자네들은 그 동안 울며 슬퍼하겠지. 이렇게 말할 수밖에 없으니 유감이군. 게다가 이미 오늘 밤, 자네들은 나를 버릴 테지. 모두가 기록된 대로 행동할 걸세. '내가 목자를 치겠다. 그러면 양들은 뿔뿔이 흩어질 것이다.'"

"아닙니다!"

예수는 그 외침소리를 바로 알아들었다. 시몬 베드로였다. 그는 할 말을 찾아냈고 무릎으로 서서 말했다.

"아닙니다, 주님! 다른 사람들은 그럴지 몰라도 나는 결코 당신을 버리지 않을 겁니다."

예수는 이 떠들썩한 제자가 얼마나 자주 자신의 목소리가 넋두리로 들리는지 알까 궁금했다.

"시몬, 시몬. 사탄이 자네를 차지하겠다고 청했네. 밀알을 까불어내듯 사탄이 자넬 골랐지. 그러나 내가 자넬 위해 기도했네. 자네의 믿음만은 무너지지 않도록."

시몬이 탁자를 꽝 쳤다.

"주님, 나는 당신과 함께 감옥에 갈 준비가 되어 있습니다."

"감옥에 간다고?"

예수가 말했다.

"오, 베드로. 바로 오늘 밤 첫닭이 두 번 울기 전에 자넨 나를 세 번 부인할 걸세."

예수는 이미 시몬의 고함소리를 듣고 있지 않았다. 그는 의례적인 자세로 자신을 추스려 탁자 앞에 다리를 포개고 앉았다. 그는 양손에 누룩을 넣지 않은 빵을 집어서는 너무도 위엄 있고 고귀하고 성스러운 움직임으로 그것을 들어올렸다. 그러자 시몬과 방안의 모든 제자들은 경외심에 조용해졌다. 예수가 큰 소리로 빵을 축복했다. 그리고 빵을 내려 쪼갠 후에 제자들에게 나누어주며 말했다.

"받아먹게."

그들이 말씀대로 했고, 예수는 지켜보았다. 그리고 그들 모두 빵을 먹고 있을 때 예수가 선포했다.

"이것은 자네들을 위해 내놓은 내 몸일세. 먹을 때 나를 기억하게."

그들의 씹는 속도가 굉장히 느려졌다.

예수는 유월절 포도주잔을 집어 들어올리고 감사를 드린 후 빵을 나누어주었던 것과 똑같이 제자들에게 나누어주었다. 그들이 마시고 있는 동안 예수가 말했다.

"이것은 많은 사람의 죄를 씻기 위해 흘리는 내 언약의 피일세. 마실 때마다 나를 기념하면서 마시게."

그리고 제자들이 잔을 한 사람씩 옆으로 건네는 동안 예수는 노래를 부르기 시작했다. 그는 마치 회당에서 기도하는 노인처럼 몸을 앞뒤로 흔들었다. 눈을 감고, 몸을 흔들면서, 강한 목소리로 노래했다.

> 모든 나라들이여, 하나님을 찬양하라.
> 찬양하라, 모든 민족들이여!
> 그분의 사랑은 위대하고,
> 그 변함없는 사랑과
> 신실하심은 영원히 계속될 것이다.

포도주를 다 마신 제자들은 조용한 목소리로 함께 노래를 불렀다. 노래가 끝나자 예수가 머리를 숙이고 눈을 감은 채 요한의 손을 잡았다.

"자, 떠날 시간이다."

그래서 그들 모두 일어나 다락방에서 아래층까지 계단을 내려가 어두운 밤 속으로 줄지어 나갔다. 그들은 앞뜰을 지나 시온 산 밑으로 나가는 서쪽 문 밖으로 나갔다. 그러나 예수는 제자들을 시온 산 동쪽 경사면 아래로 인도해 갔다. 내려갈 때 예수는 조용히 '아바, 아바, 아바.' 부르며 기도했다.

바람은 죽었다. 집들은 밤안개를 막으려 닫혀 있었다. 예수는 작은 무리를 이끌고 아래 도시로 가는 긴 계단, 옛 계단을 내려갔다.

'아버지, 내게 주신 말씀을 내가 그들에게 주었습니다. 그들은 내가 당신에게서 온 줄을 압니다. 그들은 당신이 나를 보내신 것을 믿습니다.'

그들은 다윗 성을 지나 걸어갔다. 천 년의 역사를 지닌 오래된 길, 어둡고 불빛 하나 없는 길로. 별들은 침침한 빛을 내고 있었다. 제자들은 초롱불도 횃불도 없었다. 예수는 기도를 계속했다.

'거룩하신 아버지, 당신의 이름으로 저들을 지켜주십시오. 그리하여 저들이 하나 되게 하소서. 아버지와 내가 하나인 것처럼 말입니다.'

그들은 '질그릇 문'으로 도성을 나가 다시 기드론 골짜기로 내려갔다. 예루살렘 성벽이 그들의 왼편에 높이 솟아 있었다. 오른편에서는 부자들의 회칠한 무덤이 말없이 바라보는 것 같았다. 그리고 예수는 여전히 기도하고 있었다.

'아버지가 주신 영광을 내가 저들에게도 주었습니다. 그래서 우리가 하나인 것처럼 저들도 하나가 될 것입니다. 내가 저들 안에 있고 아버지가 내 안에 있어서 저들이 완전한 하나가 될 것이고, 그리하여 세상이 당신이 나를 보내신 것과 당신이 나를 사랑한 것처럼 저들도 사랑하시는 줄을 알게 될 것입니다.'

그리고 그렇게, 그가 예루살렘에 머물 때 하던 습관처럼, 그들은 밤의 어두운 그림자 속에 올리브 산으로 갔고 그곳에 멈추었다.

"여기 있게."

예수의 말은 짧고 단호했다. 그는 여덟 제자에게 말했다.

"내가 기도하는 동안 여기 있게."

그는 시몬과 야고보의 어깨를 어루만진 후 요한의 손을 잡고 겟세마네라고 부르는 개인 소유의 올리브 숲으로 들어갔다. 이 오래된 나무 아래에는 아무런 등불도 없었다. 나무 줄기들은 거대한 그림자의 뒤틀림처럼 보였다. 예수는 기억을 더듬어 이동했다. 걸어가면서 예수는 점점 숨쉬기가 어려워졌다. 다리는 마비된 것 같이 무거웠다. 그가 신음했다.

"내 마음이, 내 마음이 괴로워 죽을 것 같구나."

그가 멈춰 섰다. 목이 메었다. 더 이상 억제할 수 없었다.

"여기서 기다리게."

요한의 손을 놓으면서 그가 말했다. 목소리가 거칠게 나왔다. 그는 목소리가 더 나빠지리라는 것을 알았다.

"나와 함께 깨어 있어주게!"

그는 큰 소리로 외친 후 작은 숲을 가로질러 짧은 거리를 뛰어가다가 비틀거리며 넘어져 얼굴을 땅에 박았다. 그는 마비된 중풍병자처럼 무릎을 몸 아래로 당겨 세웠다. 그리고 손가락으로 땅을 파며 울부짖었다.

"아바! 아바!"

그때 폭풍우가 몰아쳤다. 예수는 땅에서 하늘까지 들리도록 크게 울부짖었다.

"아바, 아버지. 이 잔을 내게서 거두어주십시오!

이 잔을 내게서 거두어주십시오.

치워주십시오, 오 나의 하나님.

나는 그러한 고통의 잔을 마시고 싶지 않습니다.

아바, 아바, 원하지 않습니다."

침묵이 흘렀다. 예수는 코로 숨을 쉬었고 그의 뺨은 흙 속에 묻혀 있었다. 바람도 없었다. 빛도 없었다. 아무 소리도 없었다. 나뭇잎 스치는 소리도 벌레소리도. 아무것도.

예수는 고개를 들지 않고 애를 쓰며, 좀더 분별 있는 말을 했다.

"아버지, 당신에게는 모든 일이 가능합니다. 당신은 이 잔을 없앨 수 있습니다. 당신은 이 시간이 내게서 지나쳐가게 할 수 있습니다."

땀이 콧마루에 고였다. 땀이 눈을 찌르며 흘렀고, 피처럼 짙게 땅에 떨어졌다. 예수는 심한 갈등으로 고통을 겪고 있었다. 그는 자신의 기도가 진실하면서도 동시에 순종하는 기도가 되기를 원했다. 그러나 이 두 가지는 가슴속에서 격투를 벌이며 각각 그의 영혼을 빼앗으려 하는 것 같았다.

예수는 입술을 깨물고 이를 악물었다. 그리고 오랫동안 아무 말도 하지 못했다. 그러나 곧 그는 자신의 마음과 호흡과 공포감을 좀더 큰 힘으로 통제할 수 있게 되었다. 그리고 온유하고 분명한 발음으로 기도의 마지막 부분을 맺었다.

"하지만 내 뜻대로 하진 마십시오. 아버지, 당신의 뜻이 이루어지게 하십시오."

그는 완전한 고요 속에 나약하고 텅 비고 지친 모습으로 잠시 누워 있었다. 마침내 그가 일어섰다. 다리가 몸무게를 견디느라 떨렸지만, 그는 야고보와 시몬과 요한에게로 돌아갈 수 있었다.

그들에게 왔을 때 그의 마음은 깊고 깊은 외로움 속으로 가라앉았다. 그들은 두 그루의 나무 아래 부대자루처럼 누워 있었던 것이다. 천천히 편안한 숨을 내쉬고 있는 것으로 보아 그들 세 사람은 모두 자고 있었다.

"그래, 시몬?"

그가 쉽게 잊어버리는 제자에게 말했다.

"나와 함께하는 시간만이라도 깨어 있을 수 없었나? 마음은 간절한데 몸이 너무 나약하구나."

예수는 마음을 가라앉혔다. 그리고 의식적으로 똑바로 서서 위엄을 드러냈다. 그때 아래쪽, 올리브 산 기슭에서 다가오는 작은 불빛이 보였다. 그래서 그는 제자들에게 몸을 숙이고 한 사람씩 흔들어 깨웠다.

"일어나게, 산 아래를 내려다보게. 보이나? 때가 왔네. 나를 배반한 자가 가까이 왔어."

시몬은 콧바람을 몰아쉬며 망을 보는 과장된 몸짓을 하며 일어났다. 그리곤 기드론 골짜기에서부터 길을 감아돌며 오는 횃불들, 깜박이는 불빛의 긴 행렬을 바라보았다. 예수는 겟세마네를 나가 나머지 제자들을 깨우기 시작했다. 그들 또한 깊은 피로에 빠져 잠들어 있었다. 그들은 깨어서 목을 가다듬으며 어린아이처럼 투덜대고, 자신들이 어디에 있는지 어떤 일이 일어나려고 하는지 제대로 알지 못하고 있었다.

그런데 그때 연기 나는 횃불이 도착했다. 그리고 갑옷과 칼집과 칼이 가볍게 부딪치는 소리도 났다. 그리고 별안간 동시에 세 방향에서 병사들이 나타났다. 헤로데스 안티파스의 군대와 장교들 그리고 성전 경비대의 지휘관들이었다.

그리고 그들 모두의 맨 앞에는 초조해 보이는 몸집 작은 사나이가 있었다. 다른 사람들보다 더 밝게, 더 검게 타오르는 횃불을 가지고 긴장해 있는 그를 예수는 알아보았다. 미소를 짓고 있는 유다, 그의 짙은 눈썹은 과장되게 공손한 척하느라 상당히 치솟아 있었다. 유다는 횃불을 제자 한 사람 한 사람 위로 들어올리고 그들의 얼굴을 자세히 들여다보면서 지나갔다.

"그래, 그래. 잘 있었나, 그래."

예수는 이 작은 열심당원이 전진해 오는 것을 지켜보면서 엄청난 슬픔으로 괴로워했다. 마침내 유다는 예수가 서 있는 곳을 찾아냈다. 그의 입이 미소짓느라 더 좁혀졌지만 눈에는 간청하는 빛이 역력했다. 그리고 예수와 어떤 비밀을 나누고 있는 듯이 머리를 까딱거리기 시작했다. 유다가 선생에게로 바짝 다가왔기 때문에 예수는 그의 피부의 땀구멍까지 볼 수 있었다. 큰 소리로 유다가 외쳤다.

"안녕하십니까, 선생님!"

그는 발끝을 세우고 예수에게 입을 맞추었다. 대제사장의 하인 하나가 소리쳤다.

"그 사람이 우리가 찾는 자인가?"

유다는 예수를 응시하면서 아무 말 없이 천천히 물러섰다. 그 하인은 검과 밧줄을 들고 성큼성큼 앞으로 나왔다. 갑자기 어떤 거인이 예수를 획 지나쳐 호통을 치면서 검으로 허공을 갈랐다. 유다가 소리를 질렀다.

"시몬, 시몬! 메시아 앞에서 무슨 짓인가!"

시몬 베드로는 그 하인의 손에서 밧줄과 칼을 쳐서 떨구고 단칼에 그의 귀를 베었다. 그런데 예수가 앞으로 튀어나가 뒤에서 시몬을 붙잡았다. 예수는 왼팔로 덩치 큰 시몬의 목을 잡고 오른손으로 그의 손에서 무기를 빼앗았다.

"칼을 칼집에 넣게!"

예수가 화를 내며 시몬의 귀에 대고 말했다.

"칼을 쓰는 자는 칼로 망한다네."

시몬의 힘이 빠졌다. 예수는 그를 놓아주었다.

"모르겠나? 내가 내 아버지께 열두 군단의 천사들을 보내달라고 요청할 수도 있고, 그러면 나를 위해 보내주시리라는 것을?"

예수는 손을 내려 그 하인의 잘린 귀를 집어들고 원래의 자리에 다시 붙여주었다. 동시에 예수는 군중 속에서 유다를 발견하고 그를 노려보았다. 특별한 심판을 내리듯이 예수가 또박또박 선언했다.

"그러나 나는 내 아버지에게 그런 일을 요청하지 않겠네. 내가 그런 요청을 해서 성경이 이루어지지 않게 하는 일은 결코 없을 걸세."

작은 유다는 횃불을 떨어뜨렸다. 일부러 떨어뜨린 것 같지는 않다. 그는 그것을 줍지 않고 땅 위에 버려두었다. 그는 어깨를 한 번 으쓱하더니 지체없이 사라졌다. 예수는 이제 성전 지도자들 앞에 똑바로 서서 말했다.

"당신들은 나를 강도처럼 잡으려고 칼과 곤봉을 가지고 왔소? 날마다 성전에 앉아 가르치고 있었는데, 그때는 나를 잡지 않았소."

예수가 그들에게 성큼 다가가며 말했다.

"그러나 지금이 당신들의 때요, 어둠의 세력이 지배하는."

예수의 말이 명령인 것처럼 병사들 또한 앞으로 나왔다. 횃불빛 아래에서 그들은 예수의 팔을 묶기 시작했다.

제자 중 하나가 겁에 질려 우는 소리를 냈다. 파견된 병사들이 적지 않다는 것이 드러나고 있었다. 그들이 예수 주변을 둘러쌀수록 제자들은 뒤로 움츠러들었다.

예수는 제자들이 공포에 사로잡혀 달아나는 것을 지켜보았다. 어떤 제자들은 기어서 빠져나갔다. 어떤 제자들은 재빨리 몸을 피해 달려 도망갔다. 어쨌든 모두가 흩어졌고, 결국 아무도 남지 않았다.

예수는 완전히 혼자였다.

그날 밤에 있었던 일

요한, 유다 그리고 베드로 John, Judas & Peter

[마태복음 26:57~68, 마가복음 14:53~65]

요한과 유다 이야기

"요한!"

쉰 목소리에 목이 그르렁거리는 소리. 식별할 수 없는 속삭임이었다.

"요한! 자넨가?"

요한은 아래 도성의 좁은 길을 서둘러 지나가고 있었다. 그는 놀라서 꼼짝 못한 채 몸을 벽에 바짝 붙였다. 한치 앞도 안 보이는 밤이었다.

"세베대의 아들! 어디 있나?"

젊은이는 몸을 숨기기 위해 웅크리고 앉으려다 말고 엉겁결에 소리쳤다.

"당신 누구요? 거기 누구 있소?"

그러나 그는 오히려 자신의 소리에 소스라쳤다. 속삭임이 멈췄다. 멀리서 달리는 발소리 말고는 도시는 돌처럼 고요했다. 순간 공포가 요한을 엄습했다. 그때 어떤 손이 어깨를 움켜잡았다. 그는 홱 돌아서서 그 누군가의 머리에 주먹을 날렸다. 그 사람은 그 주먹을 잡아 비틀었고 요한은 비명을 질렀다. 그 목소리가 말했다.

"안심하게. 나야, 시몬."

"시몬!"

그가 짧게 말했다.

"무슨 일인가?"

"미안하네. 미안해. 어디로 가고 있었지?"

요한이 손을 문지르며 빠른 걸음으로 걷기 시작했다. 시몬은 뒤를 따랐다.

"나는 자네에게 무슨 계획이 있을 줄 알았네."

시몬이 말했다. 요한은 팔꿈치를 굽히고 종종걸음으로 빨리 걷기 시작했다. 시몬 또한 더욱 헐떡이며 뛰었다.

"처음에 자네는 다른 제자들처럼 베다니로 갔지. 그런데 조금 있다가 멈춰서더군. 자네는 돌아서서 도성으로 돌아왔지. 나는 자네 뒤를 따랐네. 자네는 누군가의 집 문을 두드렸지. 누구였나? 나는 그 사람이 나오면서 급하게 옷을 걸치고 자네보다 앞서 달려나가는 것을 보았네. 자네는 지금 그를 따라가고 있는 것이 아닌가, 그렇지?"

"맞네, 시몬. 그리고 그가 도착할 때 내가 그곳에 닿지 못하면 나는 기회를 놓치고 말아. 자네는 이미 내 시간을 너무 많이 빼앗았네."

요한이 갑자기 뛰기 시작했다.

"어디에 도착한다고? 어떤 기회 말인가?"

덩치 큰 시몬은 따라가기가 점점 힘들어졌다.

"그와 함께 있으려고!"

"그라니? 누구?"

"예수! 예수와 함께 있으려고!"

"예수? 어디에 계신데?"

"대제사장의 궁에!"

"예수!"

시몬이 외쳤다.

"내가 생각했던 것이 맞아!"

그러나 요한은 더 이상 아무 말 하지 않았다. 그는 시온 산으로 가는 옛 계단 위로 재빨리 달려올라가고 있었다. 시몬은 숨을 쉬느라 헐떡거리며 저만큼 뒤로 처졌다.

시온 산 정상의 다른 사람들 또한 어두운 거리를 서둘러 지나가고 있었는데, 모두가 북동쪽 에세네 지역으로 모이고 있었다. 요한은 그들과 적당한 거리를 두기 위해 속도를 늦추었다. 그들의 주목을 끌고 싶지 않았다. 이들은 산헤드린 위원들로, 가야바가 급히 자신의 궁으로 소집한 것이다. 요한은 그 모임에 대해 알고 있었다. 그것은 재판이었다. 아리마대 요셉이 그에게 이미 말했다.

그는 모퉁이를 돌아 낮은 담을 따라 달리다가 대제사장의 정원 문 앞에 섰다. 닫혀 있었다. 그러나 거기, 바로 안쪽에서 요셉이 그 밤을 근심스럽게 내다보고 있었다.

그는 요한을 알아보자마자 문을 지키고 있던 하녀에게, 요한을 가리키는 몸짓을 하며 뭔가 말을 한 후 정원을 통해 위층으로 가는 계단으로 달려갔다. 그 하녀는 다가와서 요한에게 문을 열어주었다. 안에는 너무 많은 등불이 있었다.

관원들은 가운데 등불 옆에 서서 몸을 녹이고 있었다. 등이 벽을 따라 원을 그리며 달려 있었다. 요한은 불안했다. 고개를 숙이며 계단을 향해 걷기 시작했을 때 우렁찬 목소리가 들렸다.

"요한! 요한, 여기! 여기 밖에!"

시몬이 땀에 흠뻑 젖은 채 숨을 헐떡이며 문 앞에 서 있었다.

재빨리 요한이 자기를 들여보내준 하녀에게 가서 미소를 지었다.

"저 사람도 대제사장의 친구요."

하녀는 두 사람을 이리저리 미심쩍은 듯 살펴보았다. 그러다 마침내 문을 열어주었다. 시몬이 안으로 들어와보니 요한이 없었다. 그는 이미 계단을 올라 불 켜진 창문 쪽으로 가고 있었다. 가까이 갈수록 목소리가 크게 들렸다. 많은 남자들이 웅성대는 소리였다.

요한은 들어가려고 하지 않았다. 요한은 방 밖을 둘러싸고 있는 돌로 된 통로를 따라 정원 아래쪽에서 보이지 않는 위치까지 기어갔다. 그리고 얼굴을 창살 가까이에 대고 안을 들여다보았다. 사람들의 머리가 시야를 가렸다. 그들은 벽 쪽으로 등을 돌리고 서 있었다. 그러나 그들은 고개를 끄덕거리기도 하고, 뭐라고 중얼거리면서 뭔가 보려고 고개를 빼기도 했다. 때문에 요한은 안에서 진행되고 있는 것을 언뜻언뜻 볼 수 있었다.

예수다! 머리 하나가 움직이자 예수가 보였다! 가슴이 뛰었다. 거기 예수가 서 있었다. 방 한가운데 외롭게, 하얀 촛불처럼 침착하게 서 있었다. 그러나 옷과 몸에는 흙이 묻어 있었고 등 뒤로 늘어진 머리카락은 엉키고 헝클어져 있었다.

안에서 증언하는 소리가 들렸다. 머리들이 움직여 모두 한쪽을 바라보았으므로 요한의 시선이 가로막혔다.

"증언을 하시오!"

지배적이고 자신에 찬 목소리가 말했다.

더 작은 소리가 멀리 안쪽에서 소리쳤다.

"그는 내 아들의 얼굴에 침을 뱉었소."

새로운 발언자를 향해 사람들이 고개를 돌리자 요한은 예수를 다시 볼 수 있었다. 방 앞쪽을 향한 옆얼굴이 창틀에 약간 가려져 있었다. 팔은 여전히 등뒤로 묶여 있었다! 그러나 그는 일부러 움직이지 않는 것 같았다. 입술은 한 글자 한 소리만을 영원히 낼 것같이 오므려져 있었다.

"당신 아들의 얼굴에 침을 뱉었다고?"

윤기 흐르는 권위자의 목소리가 들리자 예수의 얼굴이 다시 가려졌다.

"그것은 무엇을 고발하는 것이오?"

"부정함이오! 신체 배설물에 의한 부정함 말이오. 그 침이 내 자식을 부정하게 만들었소."

누군가 소리쳤다.

"아니오, 그 침으로 당신 아들은 눈을 떴소!"

"그렇지만 동시에 회당 밖으로 쫓겨났지!"

"충분치 않소!"

방 앞쪽의 목소리가 선언했다. 대제사장 가야바임에 틀림없었다.

"좀더 결정적인 증거를 원하오!"

그 어조에는 협박이 들어 있었다. 그러자 사람들이 소리질러 죄목들을 늘어놓기 시작했다.

"그는 모든 안식일 법을 어겼소. 안식일에 일하고, 걷고, 요리했소!"

"기록되어 있소."

대제사장이 말했다.

"죄인들과 식사를 했소."

"기록이 있소!"

"우리 조상 아브라함을 모욕했소!"

"그는 귀신의 힘으로 귀신을 쫓아냈소."

"그는 자기가 죄를 용서해 줄 수 있다고 말했소."

"기록이 있소. 이미 기록되어 있단 말이오!"

대제사장이 점차 노여움 섞인 경멸을 보이며 목소리를 높였다.

"모두가 전에 들었던 것이오. 그 어떤 것도 처형할 수 있는 정당한 근거는 될 수 없소."

방 전체가 흠칫하며 침묵했다. 바로 앞의 머리가 고개를 숙이자 요한은 창틀에 맞춰진 예수의 모습을 볼 수가 있었다. 여전히 꼿꼿이 선 자세에, 아름다운 이마는 생각으로 가득 차 있었다. 가야바가 매끄러운 어조로 말했다.

"누가 이 죄인이 중대한 범죄를 저질렀다는, 죽음이 당연한 죄목을 입증할 만한 불리한 증거를 가지고 있는가?"

갑자기 창가에 있던 사람 중 하나가 그 물음에 머리를 번쩍 쳐들더니 소리쳤다. 요한으로부터 얼마 떨어지지 않은 곳이었다.

"나요!"

요한이 힘들여 침을 꿀꺽 삼켰다. 그 소리가 너무나 가까워서 떨렸다. 그 남자가 창가에서 방 안쪽으로 걸어가 예수 옆에 섰다.

"하나님을 찬양합시다."

보이지 않는 재판관이 읊조렸다.

"당신이 할 말이 뭐요?"

턱을 문지르며 그 목격자가 말했다.

"나는 저 죄인이 성전을 허물겠다고 말하는 것을 들었소."

"좋소, 선생! 파괴 행위와 신성 모독은 사형에 해당하는 죄요. 아주 좋소!"

"맞소."

또 다른 남자가 앞 사람의 옆으로 달려나오며 소리쳤다.

"맞소. 그가 손으로 만든 성전을 허물고, 사흘 만에 손으로 짓지 않은 다른 성전을 세우겠다고 했소."

"잠깐!"

가야바가 소리쳤다. 그러나 이미 세 번째 사람이 주의를 끌기 위해 손뼉을 치면서 소리쳤다.

"나도 그 말을 들었소! 바로 이번 주에!"

"아니, 아니, 아니오."

첫 번째 남자가 소리쳤다.

"아니오, 죄인은 그 말을 정확히 삼 년 전에 했소."

"닥치시오!"

대제사장의 목소리가 방안을 위압했다.

"변변치 못한 증인들 같으니. 당신들은 스스로 증언을 망쳐놓고 있소."

세 남자가 슬금슬금 벽 쪽으로 가고 예수만이 방 한가운데에 남아 있었다. 그때 가야바의 모습이 보였다. 요한은 대제사장이 예수에게 다가가는 것을 보았다. 쭈글쭈글하고 어깨에 군살이 붙은 그 간사한 남자는 소리없이 움직였다.

그는 하얀 아마포 위에 파란색 천으로 짠 겉옷을 입고 있었는데 옷단 가장자리에는 금으로 만든 종과 석류 장식이 있었고 머리에는 커다란 머릿수건을 두르고 있었다. 가야바는 호리호리한 예수 바로 앞의 표시를 밟고 섰다. 그리고 얼굴을 들고 입을 벌려 미소지었다. 예수는 마주보았지만 웃지는 않았다.

"어떻소? 이런 고발에 대해 아무 할말이 없소? 당신은 말하기를 두려워한 적이 없지 않소. 해보시오."

가야바는 고개를 숙여 듣는 시늉을 했다.

"당신 자신을 변호해 보시오."

그러나 예수는 침묵하고 있었다. 그 두 사람을 그렇게 가까이 보면서 요한의 심장은 방망이질쳤다. 예수는 야위었지만 왕다운 자세를 하고 있었다. 그러나 그는 더러웠고, 가야바는 아론의 영광으로 장식한 옷을 차려입고 있었다.

"말하지 않겠다는 것인가? 그렇다면 내가 말하도록 만들지. 당신은 말하지 않을 수 없을 것이오!"

대제사장은 몸을 쭉 펴고 말했다.

"내가 살아계신 하나님의 권위로 엄명한다. 당신이 메시아, 그리스도, 곧 하나님의 아들인지 우리에게 말하라."

예수가 부드럽게 말했다.

"그렇소."

요한은 기겁을 하고 입을 가렸다. 예수가 계속 말했다.

"그리고 당신들은 사람의 아들이 전능하신 분 오른편에 앉아 하늘의 구름을 타고 오는 것을 볼 것이오."

"이 자는 위험하다."

가야바가 중얼거렸다. 그리고 그는 말했다.

"신성 모독이다."

더욱 큰 소리로 가야바는 외쳤다.

"신성 모독이다!"

그는 목 앞쪽의 옷을 잡아 찢었다.

"증인이 무슨 필요가 있겠소. 이 자가 의회 한복판에서 하나님을 모독하고 있지 않은가?"

가야바가 예수에게서 물러서자 요한의 시야에서도 사라졌다. 그러나 그의 암시적인 목소리는 방을 가득 채웠다.

"존경하는 여러분, 뭐라 하시겠소? 이 나사렛 사람에게 어떤 형량이 마땅하겠소?"

"사형이오."

첫 사람이 말하자, 다음 사람도 말했다.

"사형이오."

그러자 증인들과 위원들 모두가 한목소리의 즐거운 합창으로 예수에게 형을 내리고 있었다. 사형! 어떤 금지가 풀린 듯 방안 사람들이 예수를 향해 밀려갔다. 요한은 그 광경에 괴로워서 창살을 움켜쥐었다. 사람들이 예수의 얼굴에 침을 뱉고 머리를 쳤다. 그의 눈을 가리며 외쳤다.

"알아맞춰 보시오, 그리스도 선생. 당신을 친 게 누군가?"

요한은 창에서 물러섰다. 슬픔으로 가슴이 아파 고개를 돌렸다. 바로 그때, 그는 제사장의 집 뒤로 난 좁은 길에서 발자국 소리를 들었

다. 한 남자가 뛰어가고 있었다. 요한은 쳐다보았고, 창가의 등불에서
흘러나온 빛 속에서 그 작은 형체가 미친 듯이 달려가는 가룟 유다임
을 알 수 있었다.

이것이 제자들이 본 유다의 마지막 모습이었다.

시몬 베드로 이야기

요한이 나를 홀로 남겨두었다. 그는 사라졌다. 나는 그가 어디로 갔
는지 몰랐고 그곳에는 아는 사람이 하나도 없었다. 그는 있었지만 나
는 없었다.

하녀는 문을 열어주면서도 계속 내 얼굴을 쳐다보았다. 그것만으로
도 용기를 잃기에 충분했다. 그때 그녀가 말을 걸어 나는 그녀를 흘긋
내려다보았다. 그 때문에 나는 정원에 있던 요한을 놓쳤다. 그녀가 한
말은 이랬다.

"당신, 그 사람의 제자 아니에요?"

숨이 멎을 것 같았다!

"누구 말이오?"

"왜 있잖아요, 그들이 잡아온 사람."

"아니오."

나는 말했다.

"아니오, 난 몰라요."

나는 그녀를 스쳐 지나갔다. 그리고 요한이 보이지 않았기 때문에 정
원 가운데 피워진 불 옆으로 갔다. 마치 무슨 볼일이 있고 내가 가야 할
곳을 잘 알고 있는 것처럼.

그 불은 추운 밤에 여러 사람을 위해 피워놓는 것이었다. 성전 경비
병들이 몸을 녹이고 있었다. 하인들도 있었다. 나는 손을 내밀고 고개
를 아래로 푹 숙였다. 예수가 그 궁전 어딘가에 있다. 나는 나가지 않

고 버텨볼 작정이었다. 그런데 그 하녀가 나를 그냥 내버려두려 하지 않았다! 곧 사람들이 나를 쳐다보고 있다는 것을 느꼈다. 피부에 벌레가 기어가는 것 같았다. 흘긋 올려다보자 그녀가 관원들에게 이야기하고 있었다.

"이 사람도 그들 가운데 한 사람이에요. 나사렛 사람의 제자라고요."

"보시오."

내가 말했다.

"나는 당신이 무슨 말을 하는지 알지도 못하고 이해하지도 못하겠소."

하지만 나는 정원 앞마당 쪽으로 갔다. 더 추운 곳이었지만 더 어둡기도 했다. 나는 예수를 사랑한다. 그때 나는 지나칠 만큼 예수를 사랑했다. 그날 밤 나는 숨쉬기조차 어려웠다. 그가 묶여 있는 것을 지켜보아야 했기 때문이다. 그는 제사장의 집 어딘가에, 그를 죽이려는 사람들과 함께 있었다. 내가 어찌 떠날 수 있었겠는가?

나는 손을 꼭 쥐고 있었다. 무력하게! 나는 문으로 몸을 던져 안으로 들어가 그들 모두를 곤봉으로 두들겨패고 싶었다! 내가 얼마 동안이나 어둠 속에서 왔다 갔다 했는지 모른다. 아마 한 시간쯤이었겠지.

그런데 그때……. 이 부분에서 나는 가능한 한 진실되게 말하려고 한다. 그때 네 가지 일이 하나씩 잇달아 일어났다.

첫 번째는 고함소리였다. 갑자기 위층 방에서 여러 사람들이 분명치 않은 소리로 외쳐대는 소리가 들려왔다. 그들은 마치 술에 취한 듯 웃고 있었다. 나는 무슨 일이 일어나고 있는가 보려고 다시 정원으로 돌아갔다. 그런데 한 병사가 내 길을 가로막더니 말했다.

"당신도 그들 패거리지?"

"아니오."

"거짓말하지 마. 당신은 갈릴리 사람이야."

나는 아니라고 말하며 그를 밀치고 지나가려 했다. 그런데 그가 내 가슴을 치며 말했다.

"내가 누군지 모르겠나?"

그는 다시 한 번 나를 쳤다.

"네가 내 사촌의 귀를 베었을 때 나도 거기에 있었다."

"젠장!"

내가 소리쳤다.

"제기랄!"

사람들이 모여들기 시작했다. 정원과 윗방에 있던 사람들이었다. 경비병 두 명이 무기를 집어들었다. 나는 미칠 것 같았다. 나는 오른손을 들고 소리쳤다.

"예루살렘 성을 걸고 맹세하는데, 나는 그 사람을 전혀 모릅니다! 모른다고요."

이것이 두 번째로 일어난 일이다.

곧이어 세 번째 일이 일어났다. 예수가 윗방에서 손이 뒤로 묶인 채 나타난 것이다. 그가 나를 내려다보았다. 그는 내 오른손이 공중에 들려 있는 것을 보았다.

그리고 네 번째 일이 일어났다. 그 밤의 어딘가에서 수탉이 울기 시작한 것이다. 나는 손을 내려 입을 가리고 예수를 피해 정원을 달려나왔다. 도성 안으로 들어갔다. 어두운 골목길을 달려내려가서 땅에 엎드려 두 손으로 얼굴을 가리고 울음을 터뜨렸다. 울고 또 울었다. 멈출 수가 없었다.

이것이 그날 밤에 있었던 모든 사실이다.

십자가에 못 박힌 예수 🕊

폰티우스 필라투스 Pontius Pilate

금요일 새벽은 흐릿했다. 우기가 다 끝나갈 무렵이었다. 구름이 바다로부터 슬며시 밀려와 예루살렘 하늘을 덮고, 구름인지 바다인지 구별할 수 없을 만큼 잿빛으로 무겁게 압박하고 있었다. 새벽은 줄어든 그림자로, 습한 냄새와 흐린 빛으로 찾아왔다. 때때로 가는 부슬비가 내렸다.

헤로데스 왕이 50년 전에 세운 궁전은 13미터 높이의 육중한 돌담으로 둘러싸여 있었다. 담 안에는 운하와 아름다운 연못과 기이한 분수들 사이로 산책로가 이리저리 나 있는 화려한 푸른 정원이 있었다. 그 궁전에는 100개가 넘는 크고 훌륭한 방들과 두 개의 웅장한 연회장이 있었고, 지붕은 화려한 장식으로 조각된 긴 들보로 떠받쳐져 있었다.

원래는 이곳에 여러 군단 병사들의 막사와 마구간이 줄지어 있었다. 그러나 헤로데스 왕은 33년 전 죽음의 세계로 내려갔고, 영광 속에 자기 이름을 지키고 왕권을 아들에게 물려주려던 그의 야심은 깡그리 실패로 돌아갔다. 지금 그 궁은 유대인의 가장 큰 축제 기간 동안 여기서 재판을 하는 로마 총독이 사용하고 있었으므로 총독 관저로 불렸다. 폰티우스 필라투스가 그 산책로를 걸었다. 그의 병사들이 막사를 차지했다. 로마가 통치했다.

총독 관저 담에 있는 가장 큰 문은 윗성의 넓은 광장을 향해 동쪽으로 열려 있었다. 문 양쪽의 망루에 경비병이 서 있긴 했지만 최근엔 그 거대한 문을 닫지 않았다. 유월절을 지내러 오는 유대인들이 부정해지려고 일부러 이방인 거주 지역으로 들어가지는 않을 것이기 때문이었다. 그러나 로마법은 기소와 판결을 공공장소에서 하도록 되어 있었다. 그래서 합법적인 재판을 하기 위해 필라투스는 왕궁 동쪽 광장에서 유대 백성들과 만났다.

집정관석이라고 불리는 높은 단상이 그곳에 세워져 있었다. 재판이 진행중일 때는 커다란 나무 의자를 하나 가져와서 이 단상 위에 놓고 총독의 자리로 썼다. 폰티우스 필라투스가 거기에 앉았을 때에는 그가 곧 로마였다.

금요일 흐린 새벽, 최고 대제사장 가야바는 총독부로 들어가는 진입로 바로 끝에 서서 단단한 지팡이 끝으로 길 위에 깔린 돌을 딱딱 두들겼다.

"접견과 재판을 원하오!"

그가 외쳤다. 그의 뒤로 초라한 무리들이 광장에 모여 있었다. 성전 경비병과 몇몇 산헤드린 지도자 그리고 그들 가운데 손목을 앞으로 묶인 채 피곤해 보이는 더러워진 얼굴, 그러나 그것만 빼면 별다른 특징이 없는 나사렛 예수가 있었다.

"폰티우스 필라투스 총독이시여!"

최고 대제사장이 분명하게, 그러나 비굴함은 없는 큰 목소리로 소리쳤다.

"여기 일반 대중에게 너무도 큰 위협이 되는 죄인이 있습니다. 로마는 고발을 듣고 판결을 내리고 그의 형을 집행해야 합니다. 오늘, 바로 지금 해가 지고 안식일이 되기 전에 말입니다!"

공식적인 탄원을 하고 나서 대제사장은 공개된 광장에서 잿빛 부슬비를 맞고 서 있는 사람들에게로 돌아갔다. 산헤드린의 다른 위원들은 제기할 죄목에 대해 자기들끼리 수군거리며 그보다 더 근심스러워하고 있었다.

예수는 넓은 보도 위 이리저리로 시선을 두고 있었다. 멀리 남동쪽 모퉁이에 눈길이 멈추자 그는 돌연 입술을 꼭 다물고 이를 악물었다. 몇 명의 여자와 한 남자가 그 모퉁이에 숨어 있었다. 날씨 때문에 쓴 두건으로 얼굴이 거의 가려져 있었지만 예수는 그들을 알아볼 수 있었다. 그의 첫 제자 안드레였다.

그가 여자들을 이곳에 데려왔음에 틀림없었다. 수척하고 창백한 막달라 마리아, 요안나, 수산나, 베다니의 마리아 그리고 키가 작고 다부진 그녀의 언니 마르다. 예수는 말할 수 없는 슬픔에 눈을 감았다.

갑자기 두 로마 군인이 그의 팔꿈치와 등 사이에 나무 창자루를 밀어넣었다. 그들은 창의 양쪽 끝을 잡고 그를 단상 앞 계단으로 끌어갔다. 필라투스의 의자가 갖추어져 있었다. 필라투스 자신은 단상 뒤쪽에서 계단을 올라오고 있었다. 판사와 죄인이 동시에 도착한 것이다. 필라투스가 비를 맞지 않도록 부하 하나가 의자 위로 방패를 들어올렸다. 필라투스가 자리에 앉으면서 앞으로 나오라고 대제사장에게 손짓했다.

"자, 그러면 고발 내용이 뭐요?"

그 로마인은 머리가 짧았다. 그의 손가락 관절은 움푹 들어갔고 손가락은 살이 쪘으며, 윗입술 가운데는 처지고 양끝이 올라가 있었다. 마치 나팔을 많이 불어 뒤틀린 것 같이 보이는 그 입술 때문에 그는 항상 비웃는 듯한 표정이었다. 가야바가 말했다.

"우리는 이 자, 나사렛 예수가 우리 민족을 어지럽히는 것을 발견했습니다."

"그런가?"

필라투스가 말했다.

"그리고?"

"그리고."

가야바가 말을 이었다.

"선동죄입니다. 그는 자신이 메시아, 왕이라고 말합니다."

필라투스가 눈살을 찌푸렸다.

"당신은 왜 내게 왔소? 당신네 '메시아'는 당신네 종교 문제요. 당신들 법대로 심판하시오."

총독은 일어나 가려고 했다. 가야바가 황급히 주의를 끌었다.

"아닙니다! 우리는 당신에게 와야만 했습니다! 우리에게는 사람을 사형시킬 권한이 없습니다."

그때 필라투스는 완전히 일어서 있었다.

"사형? 당신은 저 사람이 죽을죄를 지었다고 생각하는 거요?"

그는 앞으로 걸어나와 예수의 얼굴을 힐끗 쳐다보았다.

"그 자를 안으로 데려와라. 안에서 심문하겠다."

군인들이 예수의 등에 가로지른 창자루로 예수를 질질 끌고 총독을 따라서 문을 지나 총독 관저로 들어갔다.

넓은 현관에 다다라 필라투스는 다시 자리에 앉았다. 예수는 그의 정면에 위치해 있었다. 필라투스 왼편에는 넓은 잔 모양의 그릇에 과일이 담겨 있었다.

"나는 이 일로 허비할 시간이 없다. 짧게 대답해라. 나사렛 예수, 네가 유대인의 왕이냐?"

예수는 팔꿈치 안쪽에 꽂힌 막대기 때문에 몸이 앞으로 숙여져 있었지만 머리를 세우고 필라투스의 눈을 들여다보았다.

"당신 스스로 그렇게 말하는 것이오? 아니면 다른 사람들이 나에 대해 그렇게 말했소?"

"뭐라고? 내가 유대인이냐?"

필라투스가 경멸하듯이 말했다.

"너희 제사장들이 너를 내게 넘겼다. 무슨 짓을 저질렀나?"

"내 왕국은 이 세상의 것이 아니오. 그랬다면 내 부하들이 나를 위해 싸우겠지요. 그러나 내 왕국은 이 세상에 속한 것이 결코 아니오."

"그래서. 그렇다면 네가 왕이냐?"

"당신이 나를 왕이라고 말했소. 내가 이 세상에 태어난 이유는 진리를 증언하기 위해서요. 진리에 속한 사람은 다 내 목소리를 듣소."

"진리?"

필라투스가 의자에서 반쯤 일어나며 갑자기 말했다.

"진리가 무엇인가?"

고개를 흔들면서 필라투스는 아침의 습기 속으로 걸어나갔다. 그리고 죄인은 그의 뒤에서 비틀거리며 끌려갔다. 이제 예수는 단상의 계단으로 올라가야만 했다. 그가 단상 높은 곳에 올라서자 예수는 필라투스의 등을 바라보며 그의 확신에 찬 포고령을 들을 수 있었다.

"나는 이 사람에게서 잘못을 발견할 수 없다."

광장에서는 즉시 소란이 일어났다. 군중들이 모여들고 있었다. 산헤드린 위원들 몇몇이 앞으로 나와서 더 많은 고발거리를 내놓았다.

"그는 갈릴리에서 이곳까지 와서 민중들이 봉기하도록 선동했소!"

"그는 이미 알려진 혁명가요!"

필라투스는 고개를 끄덕였으나 예수는 아무 말도 하지 않았다.

"그는 자신의 추종자들에게 로마 황제에게 세금을 내지 말라고 했소!"

사람들이 고발을 할 때마다 필라투스는 예수의 대답을 들으려 했으나 예수는 침묵만을 지키고 있었다. 그는 입술을 다물고 있었다. 그는 모든 고발자의 얼굴을 거리낌 없이 바라보았으나 아무 말도 하지 않았다. 마침내 필라투스는 손을 들어 조용히 하도록 했다. 그는 단상 앞쪽으로 걸어가 판결을 내릴 준비를 했다.

"나는 이 사람을 조사해 보았지만 고발한 것에 대한 증거를 하나도 찾지 못했다. 그러나 당신들의 분노는 사실이고 그 분노는 풀려야 할 것이다. 그러므로 이 죄인을 매듭진 끈과 쇠로 된 추가 달린 채찍으로 채찍질하기를 명한다. 채찍형이다. 그리고 나서 나는 유월절에 죄수 하나를 풀어주는 너희 풍습을 존중해 주겠다. 이 사람, 나사렛 예수를 풀어줄 것이다."

순간 완벽히 조용해졌다. 대제사장은 함정에 빠진 것처럼 보였고 굳어버린 채 아무런 반응을 보이지 못했다. 갑자기 군중들 뒤에서 외치는 소리가 있었다.

"예수? 예수 누구?"

쉰 살쯤 된 여자였다. 그녀는 사람들을 밀치고 나오면서 소리쳤다.

"나사렛 예수라고? 나사렛 예수가 아니오!"

비록 옷은 흠뻑 젖어 있었고, 그 무게 때문에 앞으로 나가는 데 방해를 받았지만 그녀는 랍비의 아내처럼 단정한 옷차림이었다. 예수는 그녀가 오는 것을 지켜보았다. 폰티우스 필라투스와 대제사장 가야바도 지켜보았다. 그녀는 두려움과 함께 전혀 뜻밖의 희망으로 흥분된 표정이었다.

"아니오!"

그녀가 소리치고 있었다.

"나사렛 예수가 아니라 바라바 예수! 내 아들! 내 아들! 내 아들을 풀어주십시오!"

예수는 그 여인의 모성애적 열망에 탄복했다. 그녀가 가까이 올수록 가야바는 달아오르는 것 같았다. 손을 내밀어 그녀의 팔꿈치를 잡아 단상 바로 앞까지 안내한 그는 동정심에 떨며 필라투스에게 외쳤다.

"그렇습니다! 이 여인의 아들이오. 우리의 풍습을 존중하신다면 각하, 예수 바라바를 우리에게 풀어주십시오!"

열심당원들 몇 명이 손뼉을 치면서 소리쳤다.

"바라바! 바라바!"

총독은 어안이 벙벙했다.

"그는 살인자요. 당신 스스로 그를 체포할 것을 요구해서 내가 승낙 했소!"

가야바가 말했다.

"나는 우리 양측에게 누가 더 위험한 존재인지 알고 있습니다."

필라투스가 말을 잘랐다.

"둘 중 한 사람만이 로마인을 죽였어."

그러나 가야바와 제사장들은 이미 군중들, 평범한 충성심을 가진 보통 사람들을 자극하고 있었다. 그들이 반복하는 외침 속에 가야바의 말이 묻혀버렸다.

"바라바요! 아버지의 아들! 바라바를 풀어주시오!"

광장에서 이 소리는 천둥소리로 변했다. 도성 곳곳에서 사람들이 달려나왔다. 점점 많은 사람들이 외침에 합세했다. 군중들은 폭도로 변해가고 있었다.

"바라바! 바라바!"

단상 위에 있는 사람들만이 총독이 백부장에게 명령하는 것을 들을 수 있었다.

"그 자를 막사로 데려가라. 그리고 피투성이가 되도록 만들어라, 병사!"

네 명의 병사들이 예수를 잡아서 총독 관저의 문을 지나 그를 끌고 나갔다. 조심성이라곤 없었다. 잔인하게 서두를 뿐이었다! 이제 군중들은 모든 로마인들이 두려워하는, 점점 고조되어가는 규칙적인 외침소리를 만들어내고 있었다. 로마인들은 그 중심에 폭동의 조짐이 있는 것을 알고 있었다.

'피투성이가 되도록 만들어라!'

막사에서 군인들은 예수의 옷을 벗겨내었다. 그의 손을 가죽끈으로 기둥에 묶었다. 느닷없이 채찍이 바람 가르는 소리를 냈다. 그것은 예리하게 어깨를 찌르고 등 뒤로 흘렀고 그의 살에 불이 붙었다.

다시 한 번 바람 가르는 소리, 채찍, 찌르는 아픔. 또다시 피부가 찢기는 소리가 나고, 그때 누군가 처절하게 흐느끼는 소리가 들렸다. 바람 가르는 소리, 예수도 어쩔 수 없이 움찔했다. 또 바람 가르는 소리, 한쪽 무릎을 배까지 끌어올렸다.

바람 가르는 소리, 예수는 누가 울고 있는지 깨달았다. 바람 가르는 소리, 자신의 울음소리였다. 바람 가르는 소리, 바람 가르는 소리. 숨을 쉴 때마다 입과 코에서 피맛을 느꼈다. 그의 신음소리가 그쳤다. 어둠이 생각의 끝자락을 막았다. 바람 가르는 소리, 그가 축 늘어졌다. 그는 두 손목에 무겁게 매달렸다. 바람 가르는 소리.

멀리서처럼 희미하게, 예수는 병사들 몇 사람이 한 남자의 이마에 찔레 가시로 만든 관을 씌우는 것을 보았다. 그리고 그들은 그 남자의 등 위로 하늘처럼 거대하게 펄럭이는 자줏빛 겉옷을 던졌다.

"만세, 유대인의 왕! 하하! 만세, 피옷 입은 피투성이 왕이여!"

그런데 그때 예수 자신이 자기 발로 서 있었다. 걷고 있었다. 거친 천 밑에서 피부는 끈적거리고 축축했다. 진한 액체가 다리 아래로 흐르고 있었다. 흥건한 그 액체에 발이 계속 미끄러졌다. 등이 구부려지지 않았다. 곧 아파올 것이다. 이것이 아버지의 뜻이었다.

그리고 나서 그는 군중들을 마주보고 집정관석 한쪽에 서 있었다. 폰티우스 필라투스가 그를 향해 몸짓하며 소리쳤다.

"이 사람을 보라!"

집정관석의 다른 편에는 또 다른 사람이 서 있었다. 근육질의 검은 눈을 가진 다혈질로 보이는 남자. 그는 매우 깨끗했다. 얼마나 말쑥하게 빗질을 했는지! 예수는 똑바로 서려고 애썼지만 헛수고였다. 옷이 쇠와 돌로 짜여 있는 듯했다.

"이제 어떻게 하겠느냐? 어떤 자를 너희에게 풀어줄까? 바라바 예수냐, 나사렛 예수냐?"

군중들은 한목소리로 고함을 질렀다.

"바라바!"

필라투스는 난처해 보였다.

"그러면 이 자는 어떻게 하면 좋겠느냐?"

"십자가 처형이오!"

굵은 목소리의 합창이었다. 제사장, 평민들, 열심당원, 순례자들, 모두의 목소리였으나 이제 그들 사이에는 아무런 차이가 없었다. 단지 생각 없는 폭도일 뿐이었다.

"십자가 처형이오!"

예수가 눈을 들어 광장의 남동쪽 구석을 바라보았다. 희미한 새벽에 제자들이 몇 명 숨어 있던 곳이었다. 그는 갑자기 숨이 막혀 쓰러질 뻔했다.

"왜 내가 이 자를 십자가에 처형해야 하는가?"

필라투스가 소리치고 있었다.

"이 자가 무슨 악한 일을 했는가?"

가야바가 단으로 뛰어올라가 목청껏 외쳤다.

"우리에게는 법이 있습니다. 그리고 그 법에 따라 그는 죽어야 합니다. 왜냐하면 그는 자신을 하나님의 아들로 만들었기 때문입니다!"

예수는 어머니를 알아보았다. 그녀는 요한 옆에 바짝 붙어 있었다. 아무런 재물도 없는 여인, 자기를 낳아준 여인, 아침에 내린 비로 옷이 더러워진 여인. 그녀가 공포 속에 입을 크게 떨면서 그를 응시하고 있었다. 아버지의 뜻이다! 아버지의 뜻이다!

필라투스가 예수를 보고 소리치고 있었다.

"어떻게 된 거냐? 할 말이 하나도 없단 말이냐?"

가야바 또한 소리치고 있었다.

"그를 십자가에서 죽이시오, 총독. 그렇지 않으면 당신은 황제의 친구가 아닙니다. 이 자는 카이사르와 같은 왕을 사칭하고 있습니다."

"뭐라고? 그렇다면 나더러 너희의 왕을 죽이라고?"

폰티우스 필라투스가 고함쳤다. 대제사장은 분노로 파랗게 질렸다.

"우리에게는 황제 말고는 왕이 없소!"

곧이어 군중들의 음성은 육중한 고함소리로 변해 끝없이 계속되고 있었다.

"십자가에 못박아라!"

그리하여 필라투스는 재판장 의자에 깊숙이 앉아 팔걸이를 잡고 평결을 내렸다. 그는 폭동과 살인으로 체포된 자를 풀어주었다. 그러나 나사렛 예수는 백성들의 뜻에 넘겼다. 그는 백부장과 작은 군단의 병사들에게 그를 도성 밖으로 끌고 가서 십자가에 못박으라고 명령했다.

죽음

예수 Jesus

예수는 거리 한복판에서 무겁고 긴 나무 가로목을 끌고 올라가고 있다. 사실 병사 두 명이 그것을 예수의 어깨에 올려놓으려고 애썼다. 그러나 그 거친 나무의 무게가 등의 상처를 자극했고, 그 고통이 너무도 심해 빛과 같은 것이 예수 머릿속에서 작열하자 예수는 한순간 땅바닥에 쓰러져 실신했다.

그래서 이제 그는 십자가의 한쪽 끝은 왼쪽 팔 밑에 안고 다른쪽 끝은 땅 위의 돌에 부딪치며 가고 있다. 돌들은 하나하나가 시내 산 같다. 들보의 양쪽 끝엔 대못을 박았던 구멍이 있다. 전에 사용한 적이 있었던 것이다.

예수는 북쪽으로 천천히 '정원 문'을 향해 가고 있다. 그는 다시 자신의 긴 겉옷과 튜닉을 입고 있다. 비록 사람들이 뱉어놓은 오물로 거칠어지고 더럽혀져 제 모양을 잃고는 있지만. 예수는 몸을 너무 앞으로 숙이고 있어 머리카락이 거의 땅에까지 늘어져 있다.

백부장의 샌들 신은 발이 그의 앞, 바로 그의 시야 안에서 걷고 있다. 그는 그 발을 따라가고 있다. 그의 뒤로 통곡하는 소리가 난다. 전에도 그런 애통해하는 소리, 때로는 진실되고 때로는 습관적인 소리를 들은 적이 있다. 나사로를 위해서, 야이로의 딸을 위해서, 나인의 한 과부의 아들을 위해서.

나무가 두 개의 돌 사이에 끼인다. 예수가 신음소리를 내고 무릎을

〔 마태복음 27:27~66, 마가복음 15:16~47, 누가복음 23:8~56, 요한복음 19:17~42 〕

굽히자 나무는 땅에 부딪힌다. 그는 목재를 탓하지 않는다. 그것은 그가 못박힐 십자가의 가로목이다. 그것을 더 이상 질 수가 없을 뿐이다. 움직일 때마다 피부가 아파서 비명을 지른다. 그 아래 뼈 마디마디는 약해지고 지쳐 있다.

누군가 그의 머리카락을 갈라 이마에서 뒤로 쓸어주고 있다. 그는 이제 눈으로 볼 수가 있다. 눈에 눈물이 가득한 어느 나이 든 여인이 귀중한 아마천으로 그의 이마를 닦아주고 그것을 손에 꼭 쥐어준다.

그리고 백부장은 상당히 친절해 보이는 탁한 목소리의 중년 남자다. 그가 갈리아 사람들인 듯한 자신의 병사들에게 뭐라고 말을 하자 그들은 가로목을 다른 남자의 등에 올려놓는다.

예수의 가슴이 고마움으로 가득 찬다. 가슴이 흐느낌으로 들썩인다. 일어서 보니 몸이 가볍다. 그는 앞으로 걸어간다. 즉시 그 행렬 속에서 애통해하는 소리가 높아진다. 예수가 돌아보며 고개를 흔든다.

"예루살렘의 딸들이여, 나를 위해 눈물을 흘리지 마시오. 당신들 자신을 위해 우시오. 그날이 오면 사람들이 '아기를 낳아보지 못한 태와 젖을 먹여본 적 없는 가슴이 복 있다.'라고 말할 거요. 그날에 사람들은 산이 무너져 머리 위에 떨어지라고, 언덕이 자신들을 덮어버리라고 애원할 것이오."

예수가 얼굴을 닦아준 여인에게 아마천을 돌려준다.

"나무가 푸른 계절에도 이렇게 말하는데, 나무가 마르는 계절에야 어떻겠소?"

천에 피가 묻었다. 그는 미안해했지만 어쩔 수 없다. 그는 돌아서서 걷는다.

아침에 부슬부슬 내리던 것이 비로 변했다. 모든 사람들이 젖어 있다. 그리고 하늘은 이제 단순한 잿빛이 아니다. 검은 구름이 서쪽에서 물려오고 있다. 산들바람이 분다. 금요일 아침 아홉시다.

'정원 문' 밖으로 나가 북쪽으로 더 간다. 그의 오른편에 돌로 된 도성벽이 남북으로 이어져 있다. 왼편으로 유대인들이 바위를 파서 만들어놓은 무덤이 있다. 여기 길 옆으로 낮은 언덕이 하나 있는데, 그 바위언덕에 네 개의 견고한 기둥이 땅에 박혀 언제라도 십자가와 십자가 처형을 당할 죄수의 몸을 받아들일 준비가 되어 있다. 그 언덕은 일반 사람들에게 보이는 곳으로 골고다라고 불린다.

백부장은 이곳에 멈추어 예수에게 마실 것이 들어 있는 병을 건넨다. 그는 그것을 입술로 가져가 맛을 보더니, 마시지 않고 거절한다. 그것은 마치 성분이 있는 몰약이 섞인 포도주였다. 그것은 아버지의 뜻이 아니다. 네 명의 병사가 예수의 옷을 허리까지 벗겼다.

그때 또 다른 병사의 무리가 도착한다. 그들은 등에 십자가 가로목을 진 두 사람을 더 데리고 왔다. 이들은 그 술을 마신다. 병이 완전히 비도록 다 마신다. 세 사람 모두 각각 기둥 옆 땅에 몸을 뻗고 있다. 예수는 검은 구름이 내리덮칠 듯 험악해지는 것을 본다. 등은 불붙은 것처럼 아파온다. 침조차 삼킬 수 없다. 그는 침을 삼키고 싶다. 그러나 혀가 굳어서 입천장에 달라붙어 있다.

누군가 그의 머리카락을 잡고 머리를 들어 나무 위에 올려놓는다. 그의 양팔이 왼쪽 오른쪽으로 벌릴 수 있는 한 한껏 잡아당겨지고, 손바닥이 위로 펼쳐진다. 차갑고 뾰족한 끝이 그의 손목에 닿는다. 예수는 큰 나무망치가 쇠붙이를 쿵쿵 내리치는 소리를 듣는다. 한 번, 두 번. 대못이 오른팔 뼈 속에 꽂히는 것을 느낀다. 한 번, 두 번, 세 번. 뼈가 갈라지고 못이 단단한 나무에 박힐 때 무딘 고통이 겨드랑이와 목으로 밀려온다. 이것이 아버지의 뜻이다.

그의 왼팔도 마찬가지로 십자가에 못박힌다. 그리고 창과 인간의 힘으로 예수가 몸째 땅에서 들린다. 병사들이 견고한 기둥 위로 사다리를 타고 올라가 그를 위로 끌어올리고, 가로목이 기둥에 묶여 십자가 틀이 갖추어질 때까지 그가 팔만으로 매달려 있도록 놔둔다.

군인들이 내려온다. 그 앞에서 무릎을 꿇고 발목에 세 번째 대못을 때려 박는다. 근육이 경련을 일으킨다. 몹시 추운 것처럼 떨리기 시작한다. 이가 서로 부딪친다. 혀를 깨물지만 감각이 없다. 입 안에 피맛만 느낄 뿐이다.

"아버지!"

예수는 로마 병사 하나가 그의 뒤에 있는 기둥으로 올라오고 있는 동안에도 피 거품을 물고 떨면서 말한다.

"아버지, 이 사람들을 용서해 주십시오. 이들은 자기가 무엇을 하는지 모릅니다."

병사는 십자가의 맨 꼭대기에 죄목을 쓴 패를 단다. 거기에는 필라투스의 명에 따라 헤브루어와 그리스어와 라틴어로 이렇게 새겨져 있다.

'나사렛 예수, 유대인의 왕.'

십자가 처형의 책임을 맡은 병사들은 땅에 자리를 잡고 앉아 자기들끼리 죄수의 옷을 나눠갖기 시작한다. 그들은 다양한 품목들을 놓고 제비를 뽑는다.

이제 비는 끊임없이 내리고, 산들바람이 강풍으로 바뀌고 있다. 그런 날씨에도 순례자들은 여전히 길을 오르며 도성으로 가고 있다. 그들은 그의 머리 위 죄패를 보고 이를 드러내며 웃는다. 바리새파 사람들 몇몇이 옆에 서서 서로 옆구리를 찌른다. 그들은 웃는다.

"그가 다른 사람들은 구원했는데, 어떻게 생각하나? 자신은 구원할 수 있을까? 하하!"

십자가 처형 때 죄수를 조롱하는 것은 흔한 일이다. 죄수가 죽을 때까지 많은 시간이 걸리기 때문이다. 시민들이 처형에 참여하는 것이다. 그러나 예수의 어깨는 빠개지고 있다. 그는 고통 너머로 들려오는 사람들의 소리를 거의 알아들을 수 없다.

"네가 하나님의 아들이면, 자유로워짐으로써 증명해 봐라."

"이봐, 왕! 유대인의 왕, 그 십자가에서 뛰어내리면 너를 믿겠다."

그의 왼편에 달린 죄수가 비웃는다. 그는 진짜로 웃느라고 숨을 헐떡이고 있다.

"메시아! 메시아! 하하, 이제 내가 메시아를 만나는구나! 평생을 기다려 왔는데, 하하! 다니엘 때부터 기다려온 메시아를, 히히! 그런데 봐라! 그는 죽어가는 꼴을 자랑하고 있다! 음, 메시아!"

그가 예수에게 야유를 퍼붓는다.

"너 자신을 구원하고 나도 구원해 줘보지!"

"어떻게 그런 말을 하나?"

다른 죄수는 웃고 있지 않다.

"하나님이 두렵지도 않아? 우리는 그럴 만한 죄를 저질러 사형선고를 받았지만 저 분은 잘못한 게 없다."

예수가 그 말 속의 믿음으로 눈이 뜨여 고개를 들고 바라본다. 그 남자의 힘줄이 목에서부터 어깨까지 파열되어가고 있다.

"나사렛 예수, 우리 어머니가 피 흘리는 것을 고쳐주셨지요."

그 죄수가 속삭였다.

"의사들은 어머니를 거의 망가뜨렸습니다. 나는 그들을 증오합니다. 권력을 가진 놈들은 전부 밉습니다. 그런데 당신은 어머니의 믿음이 어머니를 구했다고 했습니다. 지금 나는 당신을 만나고 있습니다, 예수님. 어머니가 그랬던 것처럼. 당신의 왕국에 들어가실 때 나를 기억해 주시길 부탁드립니다."

불쌍한 사람! 죽어가는 것을 두려워하며 옆의 십자가에서 처형당하는 사람에게 생명을 맡기다니. 예수가 가까스로 숨을 쉬며 대답한다.

"진정으로, 오늘 자네가 나와 함께 낙원에 있게 될 걸세."

별안간 바람이 잔다. 검은 구름이 불끈 쥔 주먹처럼 하늘에 몰려든다. 짐승들까지도 잠잠하고, 여행자들은 서둘러 도성으로 들어간다. 폭풍이 다가오고 있다.

예수가 시선을 떨구니 낯익은 여인이 발 아래 보인다. 그는 자신도 모르게 외치고 만다. 이것이 슬픔이다! 이것이 채찍보다, 대못과 모든 사람들의 조롱보다 더 큰 고통이다.

어머니였다. 마리아. 그녀는 여전히 요한의 팔을 잡고 버티며 애원하듯 예수를 똑바로 쳐다보고 있다. 그녀의 얼굴은 예수의 허리께에 있다. 그녀는 울고 있다. 쉰 살의 머리가 센 연약한 여인으로, 두 눈이 그에게 간청하고 있다. 왜? 왜 네가 죽어가고 있느냐?

예수는 검은 하늘에 대고 비탄을 외쳐 내지르고 싶다. 이제 더 이상 어머니를 만질 수 없고, 더 이상 어머니의 사랑을 받을 수 없다. 오, 하나님! 이 상황에서 누구로부터도 사랑받을 수 없는 것이다. 그리고 이것이! 아버지의…… 뜻이다!

"여인이여, 여인이여, 여인이여."

예수는 어머니에게 중얼거린다. 그는 요한을 향해 머리를 흔든다.

"그가 이제 당신의 아들입니다."

요한에게 예수가 속삭인다.

"그리고 이분이 자네 어머니일세. 제발 어머니를 모시고 가주게. 잘 돌봐드리게."

그는 눈을 감는다. 삶과 죽음이라는 기본적인 것이 그를 지배하고 있다. 그의 몸은 늘어진 팔과 팔 끝의 쇠못에 무겁게 매달려 있다. 움직일 때마다 뼈가 갈라지는 소리가 나면서 고통이 골반까지 전해지고, 그는 몸의 모든 기능을 조절할 능력을 상실한다. 그는 인간의 추악함 속에 신음한다. 예수가 다시 눈을 뜬다. 어머니와 요한이 가고 없다.

짙은 어둠에 쌓인 음울한 날이다. 하늘 깊은 곳에서 천둥소리가 울린다. 잠깐 초자연적인 고요가 있다. 그러더니 번개가 구름의 복부를 할

퀸다. 우르릉 소리가 곧 뒤따르고, 갑자기 바람이 날카로운 소리를 내며 유대인의 무덤으로 몰아친다. 나무가 고개를 굽혔다 일어서기를 반복하고, 나뭇잎이 여인의 머리카락처럼 앞으로 흩날린다. 예루살렘으로 가는 길에 어느샌가 사람들의 모습이 사라져버렸다. 언덕 바람을 피하는 쪽에 군인들이 몰려 웅크린다.

정오가 되었다. 그리고 이제 번갯불이 꺼지자 땅은 완전히 암흑이다. 어둠 속의 한 시간, 사나운 바람으로 비가 모래처럼 피부를 찌르는 그 한 시간 동안, 예수와 그의 비참한 몸뚱이밖에는 이 세상에 그 누구도, 단 한 사람도 존재하지 않는다. 예수가 소리친다고 한들 그 누가 듣겠는가?

바람이 그의 머리카락을 깃발처럼 당기고 잡아챈다. 그의 모든 상처가 말을 한다. 들을 수 있는 소리보다 더 높은 음조로 비명을 지른다. 어둠 속의 또 한 시간. 어둠이 또아리를 틀고 짙게 깔려, 어둠 그 자체가 하나의 힘이 되어 예수를 죄고, 그의 가슴과 심장과 마음을 묶어놓는다. 예수는 생각할 수도, 숨쉴 수도 없다. 그는 나락, 죽은 자를 삼키는 거대한 물결, 창조 세계 아래서 들끓고 있는 심연으로 가라앉고 있다. 혼돈이 그를 삼켜버렸다. 이곳이 그곳이다. 이곳에서 그가 죽어간다.

어둠의 세 번째 한 시간. 그리고 이제 그는 소멸되어가는 것을 안다. 예수의 이름이 생명책에서 지워졌다. 거기엔 하나님조차 없었다.

"엘리(하나님)?"

없다, 그의 아버지도. 그가 지금 순종하고 따르는 그 아버지, 태초부터 그를 사랑했고, 그가 사랑했던 그 아버지, 그가 '아바'라고 부르는 그 아버지.

"엘리? 엘리?"

지금 그의 아버지는 어디에 있는가? 그 아들이 너무 추해져서 하나님조차 그를 돌아볼 수 없는 것인가?

지옥에서 부르짖는 이는 나사렛 예수다. 다름 아닌 바로 예수. 그는 말소리를 들을 수 있다. 그 말소리는 자신의 소리다. 그는 하늘을 향해 울부짖는다.

"나의 하나님!"

그가 비명을 지른다.

"나의 하나님, 왜 나를 버리셨습니까?"

　침묵. 온 우주는 그의 울부짖음에 침묵한다. 예수는 십자가에 달린 채 몸부림친다. 몸이 당겨지자 그의 갈비뼈가 뿔뿔이 빠져나간다. 어깨는 목덜미에서 속 빈 구멍이 된다. 그의 입은 텅빈 골짜기다.

　누군가 말을 한다.

"그가 엘리야를 부르고 있었나?"

"모르겠네."

　또 다른 사람이 말한다.

"기다려보세."

　세 번째 사람이 어둠 속으로 십자가를 향해 달려가고 있다. 예수는 몸이 처지도록 그냥 둔다. 그 무게로 팔이 빠지고, 폐 주변 흉곽이 닫히며 숨을 조인다. 단지 희미하게 숨을 헐떡일 뿐이다. 그런데 그가 작은 소리로 속삭인다.

"목이 말라……."

"여기요! 여기!"

　그를 향해 달려온 사람이 외친다.

"이걸 마시시오."

　이 가장 호의적인 사람이 긴 나뭇가지에 스펀지를 달아 예수의 입가로 올린다. 빨아보니 보통의 포도주 맛이 난다. 마신다. 예수 생전에 이처럼 달콤한 포도주를 마셔본 적이 없다.

　비는 이미 그쳤다. 바람도 없다. 구름 속에서 작은 빛이, 밀가루가 체에 처지듯 새어나온다.

"다 됐다."

예수가 헐떡인다.

"아버지, 당신의 손에 내 영혼을 맡깁니다."

그의 몸이 완전히 앞으로 숙여진다. 날개처럼 솟아오른 두 팔 사이로 머리가 가라앉는다. 무거운 검은 머리카락, 그의 길고 젖은 머리카락이 커튼처럼 앞으로 늘어진다. 끝없는 한숨이 그의 입에서 흘러나오고, 그것으로 끝이다. 그는 죽는다.

유월절 주간의 금요일에 자신의 감독하에 예루살렘 밖에서 세 사람을 처형시킨 그 백부장은 그 후 곧 군에서 은퇴했다. 그의 20년 세월이 끝났다. 물론 군대에 계속 남아 승진을 기대할 수도 있었다. 그러나 그의 영혼이 더 이상 군대에 헌신할 수 없게 되었다. 로마에게도 헌신할 수 없게 되었다. 그는 사실 자기 인생을 이뤄온 모든 뒤엉킨 의무로부터 해방된 느낌이었다.

그의 이름은 롱기누스였다. 그는 자주 그 이야기를 했다. 가운데 십자가에 달렸던 사람이 얼마나 빨리 죽었는지. 그것은 의지의 행동이고 그가 원한 선택 같았다고. 나사렛 예수, 유대인의 왕.

롱기누스가 이전에 경험했던 어떤 것보다 더 두려운 봄 폭풍이 있었다. 그리고 세상이 어둠에서부터 모습을 드러내기 시작했을 때, 예수가 물을 달라고 했다. 그 요청을 기대하고 있었던 롱기누스는 이미 스펀지에 묽은 포도주를 묻혀 가져가고 있었다. 그리고 예수는 그것을 마시고 로마인인 자신에게 너무도 관대하고 친근한 감사의 미소를 보냈다. 롱기누스는 숨이 막혔다. 그 정도로 나를 알고 있는가! 그가 속으로 생각했다. 어떻게 이 사람이 나를 알고 있을까?

그런데 그 사람은 '이제 다 끝났다.'였던가 그런 비슷한 말을 하고 고개를 떨어뜨리며 죽었다. 죽음을 선택한 것처럼. 마지막 숨이 첫 숨만큼이나 쉬운 것처럼. 마실 것을 가져다준 사람에게 놀라운 순간을 선물하는 것처럼. 롱기누스에게, '자 받으시오. 당신을 위한 것이오.' 하듯이. 그래서 롱기누스는 이런 말을 했다.

"분명, 그는 하나님의 아들이었다."

비록 무의식중에 한 말이었지만 그는 그 말을 뒤집지 않았다. 그는 그것을 믿었다. 그 혼자가 아니었다. 여인들 몇 명이 그 사람의 죽음을 처음부터 지켜보고 있었다. 그들은 폭풍 속에 내내 머물러 있었다.

그가 죽는 순간, 그들은 그가 죽었다는 것을 알고 가까이 다가갔다. 그들은 애정 이상의 태도로 그의 몸을 들여다보았다. 그들은 너무도 깊이 사모하는 마음으로 말없이 그 시신을 바라보느라 울 수도 없었다.

사모하는 마음에 고통이 따르더라도 롱기누스는 그의 삶에도 그만큼 의미 있는 어떤 것이 있었으면 하고 바랐다. 그날 늦게, 그런 깊이를 알 수 없는 사모의 표정을 그는 다시 한 번 보았다. 이번에는 한 남자의 눈에서였다. 부유하고 권력 있는 남자에게서. 오후 다섯 시경 필라투스는 롱기누스를 불러 나사렛 예수가 정말로 벌써 죽었는지 물었다.

"예."

백부장이 말했다.

"뭐라고, 반나절도 안 지나서? 다른 사람들은 죽기까지 며칠씩 걸리는데."

"흔치 않은 일이기는 하지만 그가 죽는 것을 보았습니다. 그는 죽었습니다."

"그러면 그 증거도 보았겠지?"

"유대인들이 저녁이 되기 전에 세 사람 모두 십자가에서 내리기를 원하지 않았다면 못 보았을 것입니다. 그들의 안식일이니까요."

"나도 알아, 안다고."

필라투스가 말했다.

"여기 나사렛 예수의 시체를 원하는 친구가 있네. 산헤드린 위원이지. 요셉이라는 자야. 그는 예수를 자기 소유의 무덤에 묻기를 원하네. 그런데 확실하지, 그가 죽었다는 것이?"

"각하, 우리는 죄인들을 빨리 죽게 하려고 그들의 다리를 부러뜨리러 갔습니다. 그런데 예수는 이미 죽어 있었습니다. 한 병사가 그의 옆구리를 창으로 찌르며 확인했습니다. 흘러내리는 피가 물과 섞여 있었습니다."

폰티우스 필라투스는 살찐 손을 얼굴 앞에 내저었다.

"나는 이 민족을 도무지 이해하지 못하겠어. 요셉이라는 그 자에게 가서 내 허락이 떨어졌다고 말해라. 그는 문 그늘에서 기다리고 있다. 가라."

롱기누스가 두 번째로 예수를 사모하는 마음을 보았던 것은 바로 아리마대 요셉의 눈에서였다. 그래서 그는 그 유대인을 따르기로 했다. 그들은 함께 골고다로 돌아갔다. 몸가짐이 단정하고 훌륭한 옷을 입은 요셉은 땅바닥에 무릎을 꿇고 아마포를 펼쳤다. 촘촘히 짜여진 널찍한 흰 천이었다. 그리고 그는 예수의 십자가 뒤쪽에 사다리를 걸쳤다. 밧줄과 쇠로 된 못뽑이를 집어들고 시체 뒤로 올라갔다.

시체는 기둥에서 떨어져 팔에 매달려 있었다. 요셉은 시체의 가슴 둘레에 밧줄로 고리를 걸었다. 밧줄 양끝을 겨드랑이 밑으로 해서 십자가 위로 당겨 롱기누스에게 던졌다. 요셉은 못뽑이를 세게 확 비틀어서 예수의 왼쪽 손목에서 대못을 뽑아냈다. 몸이 휘청거리며 오른팔에 매달렸다. 롱기누스가 밧줄을 세게 당겨 예수를 겨우 지탱했다.

요셉은 오른쪽 대못을 빼려 애쓰고 있었다. 못이 나무 속에서 삐걱거렸고, 예수는 앞으로 푹 쓰러지며 밧줄 고리 안으로 들어갔다. 롱기누스는 밧줄의 양끝으로 무게를 느꼈다.

"붙잡고 있으세요, 나리."

요셉이 속삭였다.

"붙잡고 있으세요."

그는 종종걸음으로 사다리를 내려와 수그린 시체 밑에, 죽은 자의 얼굴과 검은 비 같은 머리카락 아래 섰다. 그는 예수의 발목을 관통한 대못에 못뽑이를 갖다댔다. 롱기누스는 그가 못을 뽑으며 우는 소리를 들었다. 요셉은 팔을 벌려 시체를 잡으려고 하며 백부장에게 눈길을 던졌다.

"자아."

그러자 롱기누스가 밧줄을 늦추었고, 예수는 요셉의 팔 안으로 내려졌다. 그는 한 팔로 무릎 안쪽을, 다른 한 팔로 예수의 어깨를 감았다. 머리가 요셉의 왼쪽 팔 위로 떨어졌다. 요셉이 가까이에서 바라보는 예수의 입이 벌어졌다. 그리고 롱기누스는 거룩한 사모의 마음을 다시 한 번 요셉의 눈에서 보았다. 아리마대 요셉은 이 세상의 모든 보물을 안고 있었다. 이 세상과 또 다음 세상의. 그는 그의 주님을 흰 수의 위에 눕혔다. 그리고 그것으로 그를 감았다.

그리고 여인들이 다시 왔다. 그들은 조심스럽게 수의를 감고 있는 요셉 주변에 꽃처럼 무릎을 꿇고 있었다. 예수의 이마가 천으로 가려지기 전에, 그들은 한 사람씩 죽은 사람의 핏기 없는 넓은 이마를 만졌다. 그리고 요셉이 어깨를 잡고 롱기누스가 발을 잡아서 유대 풍속대로 바위를 파내어 만든 요셉의 무덤으로 예수의 시체를 가져가는 것을, 그들은 따라오며 지켜보았다.

무덤에 다다르자 요셉은 무릎을 꿇고 뒷걸음쳐 들어갔고, 롱기누스는 무릎 걸음으로 앞으로 들어갔다. 그들은 무덤 오른쪽 돌로 깎아 만든 낮은 암반에 시체를 올려놓았다. 그들은 다시 나와 바퀴처럼 둥글고 무거운 돌을 무덤 바로 밖에 패인 홈으로 굴려 입구를 완전히 막았다.

그렇게, 일이 끝났다.

나사렛 예수는 묻혔다.

저녁이 찾아왔다. 안식일이 된 것이다.

그러나 롱기누스는 안식일을 지키지 않았다. 그는 유대인이 아니었다. 또한 그 전처럼 로마인도 아니었다. 그날의 사건으로 그는 혼란에 빠졌다. 그 후로 그는 두 가지 일을 했다.

먼저 군대를 완전히 떠났다. 그는 은퇴에 대하여 아무런 보상도, 은퇴해서 살 저택이나 마지막 표창도 구하지 않았다. 그의 상관 입장에서 본다면 롱기누스는 지구상에서 완전히 사라진 것이었다.

그리고 나서 그는 한 아이를 찾아 예루살렘을 돌아다녔다. 그 아이는 반 년 전에 화상을 입어 양손이 크게 망가졌고, 머리에 큰 충격을 받아 거의 죽을 뻔했다. 이 어린 소녀에게는 부모가 없었다. 아이의 할머니는 늙은 과부였다. 삼촌이 있지만, 그가 그녀를 돌보아야 할 의무를 느끼는지 롱기누스로서는 알 수 없었다.

그래서 그는 그 아이가 버려졌다면 자기 아이로 기르리라 결심했다. 자기에게 그 아이의 고통과 상처의 책임이 있기 때문이었다. 만약 그 삼촌이 소녀를 사랑하고 그녀를 전적으로 돌보고 있다면, 조카의 둘째 삼촌으로 도움을 주겠다고 제안을 할 것이다. 그리고 그것이 허락되지 않는다면 그는 그 두 사람의 하인이 될 작정이었다.

애도의 저녁과 부활의 새벽

막달라 마리아 Mary Magdalene

[마가복음 16:1~11, 요한복음 20:1~18]

그 토요일에는 직업적인 대곡꾼이 모이지 않았다. 공식적인 애도 소리도 전혀 들리지 않았다. 안식일이었다. 종교법은 이날에 39가지 다양한 형태의 일에 참여하는 것을 금하고 있었다. 친구나 친척으로서 유족을 위로할 수는 있지만 직업적으로 그렇게 할 수는 없었다. 게다가 또 범죄자의 죽음을 애도한다는 것은 어느 날에든 할 만한 일이 못되었다.

나사렛 예수는 처형당했다. 그의 죽음은 완전히 합법적인 것이었다. 그것은 상실이 아니었다. 질서와 공공 이익의 회복이었다. 사람들이 회복을 애도하지는 않는다. 그러면 그를 사랑했던 사람들은?

그들은 숨어 있었다. 그들은 슬픔을 소리내지 않았다. 예루살렘에서 누구도, 권력자들이나 유월절을 지키려고 떼지어 밀려오는 수많은 순례자들도 그들의 울음소리를 듣지 못했다. 누군가 그 주에 희생된 양의 수를 세어보았더니 25만 5천 6백 마리나 되었다. 그 거대한 피의 바다 속에 한 유대인의 죽음의 피는 튀는 소리도 없이 떨어졌다. 수십만 마리의 양들이 도살에 앞서 그렇게 울어대는데, 그 누가 두 인간의 흐느끼는 소리를 들을 수 있었겠는가?

그것이 좋았다. 예수를 사랑했던 사람들은 남들이 울음소리를 듣지 못하기를 바랐다. 그들은 두려웠다. 시몬 베드로, 요한, 마태, 야고보, 안드레, 도마, 빌립을 비롯해 유다를 제외한 제자들 모두가 한 사람씩

한 사람씩 스스로 에세네파의 집으로, 선생과 함께 마지막 저녁을 먹었던 다락방으로 돌아왔다. 그들은 토요일 하루 종일 문을 잠근 채 방에 웅크리고 모여 있었다.

여인들은 베다니로 갔다. 여러 명의 마리아들은 시든 꽃처럼 보였다. 그들은 마르다와 나사로의 집에 앉아 있었다. 그들의 누이 마리아는 일어서서 사람들을 돌보았다. 그녀는 찬물에 적신 수건을 가져왔다. 마르다는 나무통 같은 몸을 앞뒤로 흔들며 노랫소리를 듣고 있었다.

주님의 어머니 마리아는 고개를 숙인 채 잠시 동안 가만히 있었다. 그러다가 폭풍 같은 슬픔이 이마를 친 듯, 두 손으로 관자놀이를 움켜잡고 뒤로 넘어지며 울부짖었다. 그녀의 머리는 한때 아들의 머리카락처럼 검은색이었다. 이제는 이마의 V자 모양 끝선조차도 희끗희끗해졌고, 그녀의 영혼에는 비수가 꽂혔다.

요안나와 수산나는 비탄에 잠겨 예수의 어머니 양쪽에 앉아 그녀가 울 때 부채질을 해주었다. 고개를 끄덕이거나 위로의 말을 속삭이며 그녀의 울음이 멈출 때까지 있는 힘을 다해 차가운 바람을 그녀의 얼굴에 부쳐주었다. 그리고 울음이 그치면 그들 또한 돌아앉아 노랫소리를 들었다.

세베대의 아내이고 요한과 야고보의 어머니인 마리아 살로메 또한 그 집에 있었지만, 마르다의 커다란 진흙 아궁이 뒤에 보이지 않게 앉아 있었다. 그녀는 그들이 예수를 묻을 때 무덤에 있었다. 거기서도 어둠 속에 숨어 있었다.

마리아 살로메는 예수가 십자가에서 말하는 모든 소리를 들었다. 그의(예수의) 어머니를 그녀의(살로메의) 아들과 결합시키는 그 무서운 언급까지 포함해서. 그가 사형틀 위에서 말하고 있었기 때문에 그 새로운 관계는 결혼만큼이나 엄숙하게 들렸다. 그 때문에 그녀는 혼란스러웠다. 그녀 또한 아들을 잃은 것인가? 그래서 그녀는 잠시 동안 어둠 속으로 물러나 있었다.

막달라 마리아의 입술엔 핏기가 없었다. 그녀의 눈가는 시퍼렇게 멍들어 상처입었고 손가락은 거미 다리처럼 경련을 일으켰으며 여윈 뼈들은 떨고 있었다. 그녀는 울지 않았다. 그녀는 노래하고 있었다. 그녀의 목소리는 어린아이처럼, 솟아나는 물방울처럼 작았다. 하지만 노래는 아주 정확했고 선율은 아름다웠다.

그래서 여인들이 그 노래를 듣고 있었다. 멜로디는 감미로웠고 노랫말은 행복했다. 그 노래에는 슬픔이 없었다. 그 노래는 사랑과 춤을 위한 곡조였다.

"여우를 잡아주오."

그녀가 노래했다.

"포도밭을 망쳐놓는 작은 여우들을."

그리고 부드럽게, 부드럽게.

"이제 포도꽃이 만발했으니, 자, 어서요!"

그녀는 계속해서 불렀다.

> 내 사랑하는 여인이 내게 말하네.
> 일어나오, 나의 사랑, 나의 영리한 사람, 자 어서!
> 겨울이 지나고 비가 그치니,
> 꽃들이 소리 높여
> 온갖 노래를 부르네.
> 산비둘기들은 땅에서 기쁘게 웃고…….

막달라의 마리아가 도중에 노래를 멈췄다. 그녀는 잠시 회상에 잠겼다. 그리고 말했다.

"그의 머릿결은 굽이쳤고, 까마귀처럼 검었어요. 그의 눈은 샘가의 비둘기 같았고, 우유에 목욕한 듯 아름다웠어요."

여인들이 그 소리를 듣고 모두 고개를 끄덕였다. 그의 눈은 비둘기 같았다. 마리아의 이야기를 그들은 진정으로 알고 있었다.

일요일 이른 아침, 안식일 제약이 풀려 떳떳하게 길을 떠날 수 있게 되자마자 세 여인이 베다니를 떠나 예루살렘으로 향했다. 막달라 마리아, 마리아 살로메 그리고 요안나. 올리브 산 북쪽 오르막길 중간쯤에서 막달라 아가씨 마리아가 멈춰 서서 다른 사람들을 쳐다보았다.

"느꼈어요? 땅이 흔들린 것 말이에요."

여인들은 각기 천 조각과 항아리 하나씩을 들고 가고 있었다. 항아리마다 각각 몰약, 유향, 나드 향유가 들어 있었다. 사랑하는 사람에게 마지막으로 표하는 경의로 주님의 시체에 향유를 바를 생각이었다. 그가 묻힌 지 사흘째 되는 날이었다.

"땅이 내 발밑에서 움직이는 것 같았어요."

"확실히 움직였어요."

요안나가 말했다.

"하지만 소리는 나지 않았어요."

마리아 살로메가 덧붙여 말했다.

아직 빛은 없었지만 칠흑 같은 밤하늘의 별들이 희미해지고 있었다. 그 뒤로 새벽이 오고 있었다.

"가지요."

"서둘러요. 자, 서둘러요."

그들은 예루살렘 북쪽 언저리를 지나서, 남쪽으로 방향을 바꾸어 바위를 새로 파서 만든 요셉의 무덤이 있는 정원으로 갔다. 막달라 마리아가 앞쪽을 주의 깊게 살피면서 중얼거렸다.

"그런데 누가 바위를 굴려주려나?"

그녀는 어떤 것이 요셉의 무덤인지 분간할 수 없었다. 도성 벽이 그들의 왼편에 있어서 동편에서 오는 빛을 완전히 가로막고 있었다. 무덤들은 모두 어둠 속에 있었다.

갑자기 요안나가 비명을 지르면서 항아리를 떨어뜨렸다. 마리아 살로메 또한 자기 항아리를 떨어뜨렸다. 항아리는 산산조각이 났다. 칼날처럼 빛나는 하얀 빛이 하늘에서 기둥처럼 쏟아져 요셉의 무덤 입구 돌 위에 서 있었다. 그 돌은 쓰러뜨려져 땅바닥에 납작하게 눕혀져 있었다. 막달라 마리아는 숨이 막혔다. 새벽 공기에서 몰약 냄새가 났다.

목소리가 말했다.

"두려워하지 마시오."

마리아가 보니 그 빛 속에 남자의 모습이 담겨 있는 것 같았다. 그 모습은 모든 면에서 영광스럽고 너무나 눈부셨고, 그 빛은 그의 옷이었다.

"여러분은 십자가에 돌아가신 나사렛 예수를 찾고 있지요. 그분은 이곳에 없소. 사람들이 그를 눕혔던 곳을 보시오. 그리고 제자들에게 달려가서 그분이 먼저 갈릴리로 가실 거라고 알리시오. 그분 말씀대로, 거기서 여러분이 그분을 만날 거요."

그 빛은 하늘로 다시 올라갔고, 여인들은 앞이 안 보인 채 겁에 질려 있었다. 그 목소리는 위로하는 소리가 아니었다. 마리아 살로메는 겉옷을 걷어잡고 왔던 길로 되돌아 달려가기 시작했다. 막달라 마리아는 아무 표정 없는 얼굴로 무덤을 향해 움직이기 시작했다.

"마리아, 안 돼요!"

요안나가 앞으로 달려가 마리아의 소맷자락을 붙잡았다. 그러나 열린 무덤 구멍에 다가가게 되자 뒷걸음쳐 물러나면서 울부짖었다.

"마리아, 제발. 지진이었어요! 로마인들 짓이었거나 하나님의 진노였어요. 무슨 일이 일어났든지 간에 이제 다 끝났어요. 마리아, 제발 가자고요!"

마리아는 대답하지 않았다. 그 작고 엄숙한, 창백한 여인이 돌 앞, 검은 구멍 바로 앞에 무릎을 꿇었다. 요안나는 더 이상 견딜 수 없었다.

"아무한테라도 말할 수밖에 없네."

요안나는 그렇게 외치며 마리아 살로메의 뒤를 따라 달려갔다.

막달라 마리아는 몸을 앞으로 구부리고 무덤의 어둠 속으로 손을 뻗었다. 차가운 공기. 죽음의 공기. 그러나 냄새는 없었다. 어둠의 오른쪽에서 깎아 만든 돌의 옆면이 만져졌다. 손가락 끝으로 재어 팔뚝 길이만큼 위로 손을 올려보니 윗 표면이 만져졌다. 이것은 그들이 예수의 시신을 올려놓았던 암반이었다.

그녀는 어둠 속으로 더 깊이 손을 뻗었다. 단단한 시체가 닿길 기대하면서. 그러나 아무것도 없었다. 아무것도 만져지지 않았다. 거기에는 아무것도 없었다. 마리아의 속이 뒤틀렸다. 그가 사라졌다. 눈부시게 하얀 형상이 말한 것처럼 그는 가버렸다. 마리아는 벌떡 일어났다.

새벽. 예루살렘 위로 불붙는 듯한 황금빛 햇살조각이 돌벽과 십자가 언덕 사이 남쪽에 반짝이고 있었다. 그녀는 '정원 문'을 지나 도성 안으로 뛰어들어 시온으로 가는 길로 올랐다. 그리곤 에세네파의 집으로 달려가 문을 두드렸다. 누군가 나와서 문을 열 때까지 두드리고 또 두드렸다. 그리고 달려서 현관을 지나 뒤로 나가서 첫 건물보다 더 높은 두 번째 건물로 가서, 또 다른 문으로 가는 계단을 올라갔다. 그 문은 잠겨 있었다.

"시몬!"

그녀가 외쳤다.

"시몬! 시몬, 문 열어요."

예수가 그녀에게서 귀신을 쫓아낸 이후로 그녀가 그렇게 힘차고 사납게 행동한 적은 한 번도 없었다. 만약 시몬이 바로 문을 열지 않았다면 그녀는 그 문을 머리로 받아 물통처럼 와지끈 부숴버렸을지도 모른다. 세상에, 마리아! 그녀가 다시 미쳤다!

시몬이 문을 열었다. 마리아는 즉시 쏟아놓듯 말했다.

"그들이 그분 몸을 무덤 밖으로 가져갔어요. 무덤 밖으로, 시몬, 요셉의 무덤, 바로 그 무덤 밖으로. 그들이 그를 어디에 두었는지 모르겠어요."

시몬이 마리아를 부여잡고 물었다.

"확실해요?"

마리아가 말했다.

"어두웠지만 내가 손을 안으로……."

시몬 베드로는 벌써 계단을 내려가 거리로 달려가고 있었다.

"시몬, 나도 가세."

요한은 소리치며 날듯이 마리아를 스쳐갔다. 그는 너무 빨리 달려서 시몬마저도 앞질렀다. 마리아는 두 남자를 따라갔다. 그녀는 '정원 문'에서 시몬을 따라잡았다. 무덤에 도착하자 요한이 무덤 입구에 무릎을 꿇고 앉아서 안을 자세히 들여다보고 있는 것이 보였다. 시몬이 요한을 제치고 안으로 들어갔다.

아침 햇살이 강렬했다. 마리아는 시몬이 안에서 무엇을 보고 있는지 볼 수 있었다. 수의였다. 그것은 돌 위에 접힌 채 남아 있었지만, 납작했다. 예수의 머리를 덮고 있던 천도 그것만 말려 있었다. 이제 요한도 안으로 기어들어갔다. 두 남자가 그 작은 공간을 꽉 채우자 마리아는 이 발에서 저 발로 무게를 옮겨 실으면서 뒤로 물러 비켜섰다.

두 남자는 밖으로 나와서 머리를 흔들며 아무 말도 하지 않았다.

"시몬?"

마리아가 애걸하듯 말했다.

"요한?"

그러나 그들은 걸어가기 시작했고 각자의 생각에 몰두해 버렸다. 마리아는 앞으로 달려가 시몬 베드로 바로 앞에 섰다.

"이 일을 어떻게 할 거죠? 어떻게 우리가 그분의 시신을 찾을 수 있을까요?"

시몬은 그 큰 얼굴을 그녀 코앞에 들이댔다. 그녀는 그의 아래턱이 떨리는 것을 보았다.

"내버려둬요! 당신은 우리가 이미 충분히 위험한 상태에 있다고 생각지 않소?"

그리고 그는 걸어갔다. 요한이 뒤따랐다. 마리아는 그들이 도성으로 사라질 때까지 지켜보고는, 마침내 울기 시작했다. 아니, 막달라의 마리아는 다시 강해진 것이 아니었다. 그녀는 약하고 무력했으며 슬프고 처량했다. 눈물이 한 번 터지고 나니 감당할 수가 없었다.

그녀는 마리아 살로메가 몰약 항아리를 깨뜨렸던 곳으로 갔다. 무릎을 꿇고 조각들을 모아 다시 맞춰보려고 했다. 그러나 할 수 없었다. 눈물이 슬픔의 비처럼 그녀의 시야를 가득 메워서 온 세상이 흐릿하게 보였다. 그녀는 항아리 조각들을 떨어뜨리고 길 잃은 어린아이처럼 악쓰며 울었다. 그래, 마리아는 다시 미쳤다. 그리고 그래도 상관없었다. 아무래도 상관없었다.

"여보시오."

누군가 그녀를 부르고 있었다.

"여보시오!"

그것은 아침을 깨뜨리며 오는 맑은 목소리였고 우렁차게 머릿속을 울렸다.

"여보시오, 아가씨. 왜 울고 있소?"

우느라 헐떡이면서 마리아는 고개를 들었다. 묘지기가 왔나보다고 생각했다.

"그들이 우리 주님을 옮겨가버렸어요."

그녀가 흐느꼈다.

"그리고 그분을 어디 갖다두었는지 모르겠어요."

"당신이 찾는 사람이 누구요?"

"오, 선생님!"

마리아는 자리에서 일어섰다.

"당신이 그를 옮기셨다면, 어디 두셨는지 말해주세요. 내가 직접 가서 그분 시신을 모셔오겠어요."

이제 그 남자는 그녀 바로 앞에 섰다. 흐르는 눈물 사이로 길고 검은 머리카락이 보였다. 하얀 튜닉, 말끔히 면도한 얼굴. 부드럽고 낯익은 목소리로 그 남자가 말했다.

"오. 마리아."

그녀는 숨이 막혔다. 그녀는 보았다. 그녀가 사랑하는 예수의 아름다운 이마와 검은 머리 그리고 흔들리지 않는 황금빛 시선을!

"랍오니!"

그녀가 소리쳤다.

"쉬. 쉬. 조용히."

예수는 그녀의 입술에 손가락을 댔다.

"당신이 지금은 나에게 매달릴 수 없어요. 나는 아직 내 아버지께 올라가지 않았소. 그러나 내 친구들에게 가서, 내가 내 아버지이며 그들의 아버지, 내 하나님이며 그들의 하나님인 분께로 올라간다고 전해주시오."

오, 그렇다. 마리아는 정말로 매우 강해졌고, 예루살렘으로 불어오는 폭풍보다도 더 빨랐다. 그녀는 지금 아름답고 사랑스럽다. 입술은 진홍색 실 같고, 뺨은 반으로 쪼갠 석류 같다.

그녀가 두 번째로 다락방 문 앞에 서서 우울한 제자들이 모여 있는 침침한 소굴을 향해 웃음을 터뜨린 것은 아직 이른 아침이었다. 마리아는 웃음을 참을 수가 없었다. 그리고 그녀를 그렇게 만든 것은 시몬의 크고 무섭게 다문 입이었다. 그녀는 팔을 뻗어 시몬 베드로에게 달려가 외쳤다.

"시몬, 나와 춤을 춰요! 나를 안고 빙글빙글 돌려줘요. 내가 방금 주님을 보았거든요. 그는 살아 있어요. 시몬, 시몬. 그는 죽은 자들 가운데서 살아났어요!"

평화의 선물

엠마오로 가는 두 제자 Tow Disciples to Emmaus

같은 날 아침, 그들이 우울하게 처박혀 있던 세 번째 날. 제자 가운데 한 사람은 집으로 돌아가 아주 그곳에 눌러앉기로 작정한 듯했다.

글로바는 다른 제자들에게 자기 딸을 위험한 지역 밖으로 데려가고 싶다고 말했다. 그것은 예루살렘 밖으로, 그들의 선생을 죽이려고 계획을 꾸민 당국으로부터 멀리 가겠다는 것을 뜻했다. 게다가 그는 이렇게 주장했다.

"내가 왜 여기에 더 있어야 하지? 바퀴는 수레에서 빠져나갔고, 축이 이미 부러져 더 이상 움직일 수 없는데. 예수는 죽었고 이제 그 생명은 재가 되었소."

타버린 숯 조각을 헛되이 맛보고 있을 뿐이라고 글로바는 말했다. 그가 하지 않은 말은 자신이 화가 났다는 말이었다. 더 머물러 있다가는 조만간 다른 제자들을 공격하게 되리라는 것을 그는 알고 있었다. 분명히 말을 퍼붓게 될 것이다. 이 형편없는 바보들에게 어처구니없는 경멸의 말을. 까딱하면 그들을 정말 치게 될지도 모른다. 손에 몽둥이가 있다면 그들의 두개골을 깨뜨릴지도 알 수 없다.

그래서 그는 딸을 데리고 떠났다. 그들의 집은 도성 서쪽으로 11킬로미터쯤 되는 곳, 엠마오에 있었다. 그곳은 필라투스가 바라바를 잡기 위해 폐허로 만든 마을 가운데 하나였다. 오, 그렇다. 글로바의 마음속에서는 분노의 소리가 울리고 있었다. 딸과 함께 걸으면서 글로바는 그들이 예루살렘에 온 후로 일어난 모든 일들을 되짚어 보았다. 한 가지 한 가지 사소한 일들이 새로운 불씨가 되었다.

열여덟 살인 그의 딸은 그 옆에서 조용히 걷다가 때때로 그에게 질문을 했고 그는 대답을 하느라 이야기는 끊어지지 않았다. 그녀 또한 예수의 제자였다. 스스로 결정한 바였다. 그러나 그 이유 중 하나가 아버지인 자신을 돌보려는 생각에서였다는 것을 글로바는 알고 있었다. 그녀는 남의 이야기를 잘 들어주었다.

"아바? 아버지는 슬프신 것만이 아니죠? 뭔가 다른 게 있죠?"

그는 아랫입술을 쑥 내밀었다.

"너무 화가 나서 숨도 못 쉬겠다."

"왜요? 누구한테 화가 나셨어요?"

그 질문에 답하려면 수백 명의 이름을 대야만 할 것이다. 그러나 바로 그때 그는 낯선 사람 하나가 그들과 보조를 맞추며 같은 방향으로 걷고 있는 것을 알아차렸다. 글로바가 그를 흘긋 보자마자 그 나그네가 말했다.

"친구들, 무슨 얘기를 하고 있소?"

갑자기 글로바의 딸이 멈춰 서더니 고개를 숙이고 울기 시작했다. 그 순간까지 글로바는 그녀가 자기만큼 슬플 거라고는 생각지도 못했다. 글로바는 주먹을 쥐고 으르렁거리듯 말했다.

"우리가 무슨 이야기를 하고 있었을 것 같소?"

나그네는 어깨를 으쓱했다.

"모르겠는데요."

"어떻게 된 거요? 요즘 예루살렘에서 일어났던 일을 당신 혼자만 모른단 말이오?"

"무슨 일 말이오?"

그러나 글로바가 대답하기 전에 딸이 대답했다.

"나사렛 예수에 관한 일 말이에요. 그분은 하나님과 모든 백성 앞에서 행동과 말씀에 권위 있는 예언자셨습니다. 그런데 우리 대제사장들과 지도자들이 그를 사형에 처했지요. 그를 십자가에 못박았답니다."

그녀가 속삭이듯 말했다.

"그는 죽었어요. 그러나 우리는 그분이 이스라엘을 구원할 분이라고 믿고 있었지요."

글로바는 어린 딸이 저토록 절망하는 것을 듣자 갑자기 자신이 누구에게 화가 나 있는지 깨달았다.

"오늘 아침에 어떤 바보 같은 여자가 우리에게 무덤이 비어 있고 예수가 살아 있다고 말했소. 시몬이 가서 보았소. 그들의 말이 맞았소. 무덤은 비어 있었소. 그러나 그것은 전혀 아무 의미가 없소. 우리에게 희망을 가지게 했던 사람은 희망을 죽인 죽음이 되었소! 예수, 선생, 메시아, 쳇! 그 죽은 자가 내게 가르쳐준 것은 이것이오. 생명을 미워하라. 모든 것이 헛되고, 바람을 쫓으려고 애쓰는 것보다 나을 바 없다!"

글로바는 예수에게 성을 내고 있었던 것이다.

"아, 어리석은 친구. 당신은 예언자들이 말한 것을 못 믿는 게로군."

딸이 팔로 아버지를 껴안아 꽉 붙잡지 않았더라면, 글로바는 그를 쳤을 것이다. 부드럽고 진지하게 그녀가 물었다.

"예언자들이 무어라 말했나요?"

"그리스도가 영광스럽게 되기 전에 이런 일들을 당해야만 한다고 되어 있소."

"아바?"

그녀가 속삭였다.

"아바, 걸어요."

글로바는 그 말을 따랐다. 그리고 나서 엠마오로 가는 동안 그 나그네의 이야기는 그들의 주의를 끌었다. 그의 깊은 지식은 두 사람을 매료시켰으며 마음속으로부터 새로운 경이감을 불러일으켰다. 그는 모세와 예언자들의 이야기에서 시작해서 메시아와 관련된 성서의 모든 이야기들을 해석해 주었다. 예언된 모든 일들이 예수에게서 어떻게 이루어졌는가를. 글로바는 생각했다.

'정말로 메시아가 있다면 결코 우리만을 내버려두고 가지 않았을 텐데.'

저녁이 다 되어서 엠마오에 도착했다. 그들이 자기 집에 가까이 왔을 때 글로바의 똑똑한 딸이 나그네의 손을 잡고 말했다.

"날이 거의 저물었습니다. 선생님, 우리와 함께 머무시지요. 우리가 선생님께 식사를 대접하게 해주세요."

그 사람의 눈빛은 흔들림이 없고 전혀 위협적이지 않았으며, 쭈뼛거리지도 않았다. 그는 수락의 뜻으로 미소를 지었다. 글로바는 그 나그네가 수락하자 기뻐하는 스스로에게 놀라고 있었다.

그런데 모두가 식사를 하기 위해 앉았을 때, 그 손님은 마치 여기가 자기 집이고 자기가 집주인인 것처럼 행동하기 시작했다. 그는 빵을 들어 축복하고 떼어서 그들에게 주었다. 그들이 빵을 만지는 순간, 그들의 눈이 뜨였다. 마치 막 깨어난 듯 글로바는 주님의 모습을 알아보았다. 그의 광채 나는 호박 같은 두 눈빛을. 그 나그네는 예수였던 것이다!

그러나 바로 그 순간 예수는 사라졌다. 글로바와 그의 딸만이 식탁에 앉아 있었다.

"이제 알겠어요."

그녀가 경이감에 빛나며 너무도 신실하게 속삭이듯 말해서 아버지는 눈물이 날 것 같았다.

"오는 길에 그분이 우리에게 말하는 동안 왜 내 마음에 불이 붙었는지 이제 알 것 같아요!"

그들은 일어섰다. 아버지와 딸, 둘 다 기쁨으로 새로워졌다. 그리고 길에서 겪은 일과 빵을 뜯을 때 그분을 알아보게 된 일을 제자들에게 말하려고 서둘러 예루살렘으로 돌아갔다.

같은 날 저녁, 열 명의 제자들이 다락방에 웅숭그리고 모여 있었다. 문은 사흘이 지나도록 잠겨 있었고, 창문은 엿보는 눈을 피해 닫혀 있었다. 방안에서는 악취가 났다. 다른 제자들의 게으름에 화가 난 도마는 먹을 것을 구하러 밖으로 나가고 없었다. 몇몇 제자들은 마루에 등을 대고 졸고 있었다. 어떤 이들은 대화하는 것처럼 앉아 있었지만, 아무도 말을 하지 않았다.

그들이 지난 목요일에 유월절 식사를 했던 식탁은 치워져 있었다. 보조 식탁은 남아 있었다. 두 개의 초가 식탁 양쪽 끝에서 불안정한 불꽃을 내며 타고 있었다. 방은 그림자 속에 흔들리고 있었다.

시몬 베드로는 창살에 갇힌 사자처럼 앞뒤로 왔다 갔다 하고 있었다. 촛불이 팔락거리며 촛농이 흘러내린 것은 그가 안절부절 못한 때문이었다. 마태가 말했다.

"세다가 잊어버렸네."

야고보가 말했다.

"뭘 세다가?"

"저 바위라는 자가 이 작은 공간에서 동서로 왔다 갔다 하면서 몸을 내던진 게 몇 번인지."

"저 사람은 골칫거리야. 만약 그가 누군가를 덮치고 쓰러지면 그 사람은 뭉개질 거야. 그러면 우린 열 명으로 줄겠지."

"기분 나쁜 얘기군, 야고보."

"기분 나쁜 때야, 마태. 지도자들이 우리를 완전히 없애버리려 하고 있으 지금 우리가 여기 숨어 있는 게 아닌가. 자네도 알다시피 시몬은 차분한 사람이 아니었잖은가. 게다가 지금 저 사람을 보게. 제정신이 아니네. 무슨 일을 저지를지 누가 알겠나? 그래, 누군가를 죽게 만들 수도 있어."

안드레가 말했다.

"뭔가가 형을 괴롭히고 있는 거야."

"오, 가엾은 베드로!"

야고보가 소리쳤다.

"다른 사람들은 아무런 걱정도 없다는 말 같군. 예수가 죽었어. 자네의 마음 약한 형이 우리 모두보다 더 그를 애도하고 있단 말인가?"

안드레는 고개를 숙였다. 거의 눈물을 떨굴 것 같았다. 마태가 분필처럼 메마른 어조로 중얼거렸다.

"조롱할 필요 없네, 야고보."

요한이 말했다.

"예수는 돌아가시지 않았을지도 몰라."

야고보가 그를 바라보고 웃었다.

"여자들 얘기야! 정신 나간 여자들의 이야기!"

"내가 무덤에 갔었잖아, 야고보. 시신이 거기 없었어."

마태가 침착하게 말했다.

"없다는 것만으론 증거가 안 돼."

"시체를 도둑맞은 거야!"

야고보가 단언했다. 요한이 말했다.

"그러나 그를 감았던 천들은 그대로 있었다고. 그리고 그의 얼굴을 덮었던 천은 한곳에 따로 말려져 있었고. 그렇다면 뭐겠어, 형? 솜씨 좋은 도둑? 깔끔한 도둑?"

야고보가 소리칠 듯 말했다.

"놀리지 말게, 요한! 나는 지금 증거를 요구하고 있다고. 나는 아무런 증거도 보지 못했어."

안드레가 눈을 치켜뜨고 속삭였다.

"성전의 지성소를 가리는 휘장 말이야. 예수가 죽었을 때, 그것이 둘로 찢어졌대. 위에서 아래로."

"자네가 그걸 어떻게 아나?"

야고보가 코웃음을 쳤다.

"자네가 거기 있었어?"

"아니."

안드레가 중얼거리듯 말하곤 다시 자신 속으로 움츠러들었다.

"시몬이 그랬어. 형이 거기 있었다고."

세베데의 아들 야고보가 소리치며 벌떡 일어섰다.

"어떻게 된 건가, 이 멍청이 같으니. 자넨 생각이 없나?"

시몬이 왔다 갔다 하던 것을 멈추고 야고보를 쳐다봤다.

"뭐라고?"

"자네는 일부러 우리를 위험에 빠뜨리려는 건가, 아니면 그저 멍청한 건가?"

"무슨 얘기를 하는 건가?"

"아아!"

야고보도 으르렁대고 돌아서며 말했다.

"유다가 한 명 더 생겼군."

안드레는 숨이 막혔다. 시몬의 몸이 재빨리 싸우려는 자세를 취했다.

"야고보!"

그가 고함을 질렀다.

"설명을 해봐!"

야고보가 빙 돌며 맞서 고함쳤다.

"아니 자네나 변명해 보게, 이 망신거리야! 예수가 죽어가고 있을 때 성전에서 뭘 하고 있었나?"

"기도하고 있었다!"

시몬이 소리쳤다. 그는 야고보를 향해 다가가기 시작했다. 무릎을 굽히고, 팔꿈치는 구부리고, 손가락은 갈고리처럼 만든 채.

"용서를 구하고 있었다."

야고보 또한 공격하기 위해 몸을 낮추고 팔을 벌렸다. 마태가 말하면서 일어나려 했다.

"형제들, 적은 따로 있네."

그 순간 안드레는 시몬에게 달려갔고, 요한은 야고보 앞에 섰다. 그러나 야고보는 몸을 부딪치는 대신 시몬을 쏘아보면서 악의를 가지고 속삭였다.

"사탄아, 내 뒤로 물러가라!"

시몬이 들짐승처럼 울부짖었다. 얼굴은 격한 감정으로 일그러졌다. 그는 한순간 비틀거리며 뒤로 물러서더니 몸을 움츠려 튀어나갈 자세를 하고 야고보에게 돌진하려 했다. 그의 눈이 미친 듯이 사나워지자 제자들은 본능적으로 몸을 피했다.

갑자기 눈부시게 흰 광선이 방 한가운데를 둘로 갈라놓았다. 그리고 그것은 더 이상 빛이 아닌 환한 사람의 모습으로 그들 가운데, 시몬 베드로와 야고보 한가운데 서 있었다. 그 모습은 예수였다.

"평화가 있기를!"

시몬은 두 다리를 앞으로 뻗은 채 바닥에 털썩 주저앉았다. 야고보는 놀라 입을 딱 벌리고 있었다. 아무도 말하지 못했다. 안드레는 무릎을 꿇고 얼굴을 가렸다.

예수는 방안의 제자 한 사람 한 사람에게 눈길을 주었다. 그는 너무나 깨끗했다! 옷은 빛나고 두 팔은 황금으로 만든 것 같았으며 몸은 새

하얀 석고기둥 같았다. 그가 흰 옷을 벌려서 제자들이 옆구리의 상처를 볼 수 있도록 했다. 그리고 팔 끝의 대못자국 또한 보여주었다. 요한이 속삭이듯 말했다.

"당신이군요, 주님."

눈앞의 광경에 제자들의 눈이 두려워하면서도 반짝이기 시작했다.

"주님, 당신이군요!"

다시 한 번 예수가 말했다.

"평화가 있기를!"

그리고 제자들 한 사람 한 사람에게 고개를 끄덕여서 그 말이 개인적 인사임을 알려주었다. 그리고 나서 그가 말했다.

"내 제자들, 자네들은 아버지가 나를 세상에 보내신 것을 알지. 마찬가지로 이제 내가 자네들을 보내겠네. 이제 자네들은 단순한 제자가 아니야. 내가 자네들을 사도로 만들겠네."

예수가 안드레 머리 위에 서서 이 수줍어하는 사람의 머리에 두 손을 얹었다. 예수의 코에서 나오는 숨결에서 몰약 향내가 나는 것 같았다. 안드레는 예수가 그를 만지면서 '성령을 받게.' 하고 말했을 때 몰약 향내를 맡았다. 마찬가지로 예수는 요한의 머리에 손을 얹고 그 위에 숨을 내쉬었다.

"성령을 받게."

그리고 야고보, 마태, 빌립, 나다나엘과 모든 제자들에게도. 마지막으로 그는 시몬 베드로에게 갔다. 이 차분한 예식 내내 예수가 말했다.

"자네들이 남의 죄를 용서하면 그들의 죄는 용서될 걸세. 만약 자네들이 그들의 죄를 용서하지 않으면 그 죄는 그대로 있을 걸세."

그리고 나서 예수는 떠났고, 그 태도가 너무나 정중해 떠나는 것이 옳고 적절한 일로 보였다. 누구도 그를 막으려고 하지 못했다. 열 사람의 제자들은 제각각 경이감에 싸여 꼼짝도 하지 않고 서 있었다. 야고보가 속삭였다.

"막달라 마리아 말이 맞았어."

안드레가 혼잣말로 말했다.

"유다도 기다렸어야 했는데."

시몬은 구석에 홀로 앉아 중얼거렸다.

"내가 무엇을 해야 하나? 오 하나님, 내가 무엇을 해야 합니까?"

갑자기 문이 쾅 하고 열렸고, 모든 제자들은 벌떡 일어나 자신들을 보호할 자세를 취했다. 누가 문을 잠그지 않았지? 그런데 들어온 사람은 글로바였다. 그리고 그는 오른쪽 주먹으로 왼손을 치면서 외쳤다.

"우리가 주님을 보았소!"

그의 딸이 그 뒤에 서서 빛나는 눈으로 고개를 끄덕였다.

"네, 사실이에요. 우리가 주님을 보았어요."

한 주가 지나갔다. 주님이 나타났다는 이야기는 그를 따르는 사람들 사이에서 은밀히 퍼져나갔다. 나사로와 마리아, 마르다도 그 이야기를 들었다. 아리마대 요셉도 들었다. 무덤은 그의 소유였다. 그가 생각한 대로 도둑맞은 게 아니라는 얘기를 누군가가 그에게 해줘야만 했다.

니고데모라는 사람이 제자들을 찾았다. 그는 산헤드린의 위원이었다. 그래서 야고보는 비밀리에 아주 조심스럽게 그를 만났다. 그런데 그가 예수에게 점점 매혹되고 있다고 고백했다. 그리고 그의 부활에 대한 이야기 때문에 니고데모는 더 이상 가만히 있을 수가 없다고 했다.

"그게 사실이오?"

그가 야고보에게 간청했다.

"왜 알고 싶어합니까?"

"삼 년 전 그가 나에게 천국에 들어가려면 다시 태어나야 한다고 말했소. '물과 성령으로 다시 태어나시오.'라고 그가 말했소. 만약 그가 다시 살아났다면 그의 말이 사실인 거요. 그는 또 말했소. '사람의 아들을 믿는 사람은 누구나 영원한 생명을 가질 수 있소.' 하고."

세베대의 아들 야고보가 니고데모에게 말했다.

"맞습니다. 사실이에요. 예수는 죽은 자들 속에서 살아났습니다."

"아!"

유대 의회의 위원은 스스로를 억제할 수가 없었다. 겉옷을 잡아당겼다가, 턱을 문지르며 웃었다가, 찡그렸다가, 기쁜 것처럼 보였다가, 당황해하다가 거의 어쩔 줄 몰라했다.

"알아요? 오, 선생, 아시겠소? 이것이 내가 아는 것이오. 이것이 내가 들은 이야기요. '하나님이 세상을 너무나 사랑하셔서 외아들을 주셨으니, 그를 믿는 사람은 결코 멸망하지 않을 것이다. 그들은 영원한 생명을 가질 것이다.'라고."

예수가 나타나신 이야기가 퍼지면서 그의 가르침에 대한 기억도 되살아났다. 그리고 기쁨도 퍼져갔다. 바구니라는 뜻의 이름을 가진 쇼발이라는 괴짜가 다락방으로 들어와서 웃기 시작했다. 예수가 악령을 쫓아내준 적이 있는 사람이었다. 그는 침을 흘리며 길고 부드럽게 웃었다. 멈추려고 했지만 그럴 수 없었다. 웃고 또 웃었다. 그리고 그를 맨 먼저 따라 웃은 사람은 몇 년 동안 웃지 않고 지냈던 예수의 어머니 마리아였다.

마리아와 쇼발은 어린아이처럼 손을 잡고 돌면서 같이 웃었다. 그리고 대부분의 제자들이 이 어쩔 줄 모르는 기쁨에 감염되었다. 호통치고 고함치다가 낄낄 웃다가 와자지껄하게 웃었다.

"쇼발!"

빌립이 외쳤다.

"가버나움에서 어떻게 이곳에 왔소?"

그러나 쇼발은 단지 눈을 깜빡이고 고개를 끄덕이며 웃을 뿐이었다.

시몬 베드로는 그 옆에서 미소만 지을 뿐 웃지는 않았다. 웃을 수가 없었다. 최근 그의 마음은 웃을 기분이 아니었다. 도마는 그런 근거 없는 기쁨의 한가운데서 솔직히 기분이 언짢았다.

"당신들은 환상 속에 살고 있군!"

그가 성내며 말했다. 시몬이 대답했다.

"아니야, 우리는 정말로 주님을 보았네."

"막달라 마리아가 그를 보았던 것처럼 말이지. 안 그런가?"

"그녀는 정말로 보았네."

"사람들은 그가 살아 있다고 믿고 싶어할 뿐이야."

도마가 말했다.

"나는 그것을 비난하는 게 아니야. 자연스러운 일이지. 하지만 원하는 것을 현실로 바꾸는 건 자연스러운 일이 아니야. 오히려 위험한 일이지."

시몬은 논쟁할 마음이 없었다. 그러나 야고보는 달랐다. 힘 있게 선포하듯이 말했다.

"그분은 이곳에 계셨어. 도마. 바로 이 방에. 자네가 음식을 구하러 나가 있는 사이에. 문이 잠겨 있었는데도 예수가 나타나셔서 상처를 보여주시고 우리를 축복하셨지. 우리 한 사람 한 사람을!"

무뚝뚝한 사냥꾼 도마는 이제 아주 구체적으로 말하고 있었다.

"보지 못하면 믿을 수 없어. 그러니 야고보, 못으로 난 상처를 만져보고 그 옆구리에 내 손을 넣어보게 해주게. 그러면 믿겠네."

일요일 밤 제자들은 다시 다락방에 모였다. 다시 탁자의 양쪽 모퉁이에서 촛불이 타고 있었다. 거의가 침묵한 채 잠자기 전의 휴식을 취하고 있었다. 시몬 베드로가 조용히 기도문을 중얼거렸다. 그 소리로 보아 시편이었다. 그의 모습은 어둡고 험상궂어 보였다. 그는 열흘 동안 수염을 깎지 않았다.

　그런데 도마는 자신만이 이곳에서 소외되고 있음을 느꼈다. 나머지 사람들은 모두 자기만 모르는 어떤 영묘한 경험을 통해 서로 묶여 있는 것 같았다. 그는 불쾌했다. 이 사람들과 이 장소를 떠날 계획을 세웠다. 그러나 아직 어디로 갈지 결정하지 못했다. 분명 지금은 자고 싶은 기분도 아니었다. 그때 누군가 그의 바로 뒤에서 말했다.

　"평화가 있기를!"

　그 목소리는 낮게 말 건네는 소리, 자기에게만 하는 소리였다. 도마는 돌아보았다. 그리고 벌떡 일어났다. 온 신경이 살아났다.

　예수였다! 탁자 위의 두 촛불 사이로 예수가 엄숙하게 똑바로 서 있었다. 촛불의 오렌짓빛 온기와 그림자가 그의 얼굴 옆쪽에 스쳤다. 그는 도마를 쳐다보고 있었다. 다른 제자들 또한 일어나서 반원을 그리고 있었다.

　"가까이 오게."

　예수가 말했다. 아무도 움직이지 않았다. 도마는 슬쩍 좌우를 쳐다보았다. 모두가 그를 기다리고 있었다. 예수가 바로 그에게 말하고 있었다.

　"도마, 이리 오게."

　천천히 도마가 다가갔다. 도마가 가까이 오자 예수는 손바닥을 펴며 말했다.

　"손을 내밀어 내 상처를 살펴보게."

　도마는 말하고 싶었다. 그럴 필요 없습니다. 필요 없어요, 주님. 그러나 그는 완전히 압도되어 한 마디도 할 수 없었다. 예수는 옷을 벌려서 갈비뼈에서 허리까지 살을 내보였다.

　"자네 손을 뻗어서 내 옆구리에 넣어보게."

　그러나 도마는 두 팔로 가슴을 감싸고는 무릎을 꿇어 앉으려고 했다.

그럴 필요 없습니다, 주님.

"도마, 마지막으로 분명히 말해두겠네. 믿음 없는 사람이 되지 말고 믿는 사람이 되게!"

이 가련한 제자는 이제 예수 앞에 완전히 몸을 숙이고 속삭였다.

"나의 주, 나의 하나님!"

예수가 손을 도마의 머리에 얹었다. 몰약 향내가 방안에 퍼졌다.

"나를 보았기 때문에 믿는가? 내 마지막 축복의 말을 듣게. 보지 않고서도 믿는 사람에게 복이 있네."

네가 나를 사랑하느냐

시몬 베드로 Simon Peter

〔 마태복음 28 : 16~20, 요한복음 21 : 1~25 〕

나는 턱수염을 다시 길렀다. 처음 며칠은 너무 슬퍼 면도도 할 수 없었다. 아니 면도할 생각도 못했다. 그러나 그 후, 말 그대로 분명히, 예수가 죽은 자들로부터 살아났다. 정확히, 그가 말했던 대로.

그런데 그것은 문제의 일부인 것이다. 내가 그 말에 크게 신경을 쓰지 않았기 때문이다. 그가 죽으리라는 것을 믿지 않았는데, 어떻게 그가 다시 살아 돌아오리라는 것을 생각이나 할 수 있었겠는가? 그러나 그는 자기 말대로 정확히 죽은 자들 가운데서 살아나 우리에게 나타났고, 나는 깜짝 놀라 할 말을 잃었다.

나는 그를 보아 너무 기뻤고 온 세상을 위해서도 정신없이 기뻤다. 그러나 동시에 마음이 아팠다. 이것을 설명할 수는 없다. 불가능하다. 이보다 더 큰 일은 없다.

하나님이 이곳에 계신다. 하나님은 예수 안에 계신다. 하나님의 왕국은 예수 안에서 시작된다! 내가 그 사실을 아는 만큼, 내가 그를 사랑하고 믿는 만큼, 나는 나 자신이 지긋지긋해진다. 그것이 끔찍한 것이다. 왜냐하면 나는 그 왕국에 결코 들어가지 못할 것이기 때문이다.

나는 그럴 자격이 없다. 나는 내 권리를 포기했다. 나는 주님을 부인했다. 나 자신을 구하기 위해 그를 거부했다. 이것을 이해할 수 있는가? 위기의 순간에 진실이 드러나는 것인데, 나는…… 나는 예수를 모른다고 맹세한 사람이다. 그래서 그 이후로 나는 일부러 수염을 길렀다. 내가 주님의 모습을 닮으려고 하는 것은 위선이라고 생각했다.

막달라 마리아는 갈릴리로 가야 한다고 말했다. 마리아 살로메와 요안나도 동의했다. 예수가 거기서 우리를 만날 거라고 천사가 그들에게 말했다고 한다. 그래서 우리는 갔다. 모두. 모든 제자들이. 매우 행복한 무리였다. 많은 이야기를 나누고 많은 노래를 불렀다. 날씨도 아름다웠으며 맑고 건조했다. 보리밭은 추수할 때가 되어 희어졌다. 나는 그 모든 것을 감사하는 마음으로 보았다. 그리고 슬픈 마음으로.

예수의 어머니는 요한과 나란히 걸었다. 그녀의 모습이 너무도 아름다워 눈물이 날 것 같았다. 도마와 마태는 좋은 친구가 되어가고 있었다. 내 동생은 대부분의 시간을 막달라 마리아와 함께 보냈다. 쇼발은 강아지처럼 이를 드러내고 웃으며 우리와 함께 갔다.

가버나움에 도착했을 즈음에, 더 이상 견딜 수가 없었다. 무언가 해야만 했다. 익숙한 일, 내 몸을 몰두시켜 더 이상 생각을 하지 않을 수 있는 일!

"고기를 잡으러 가야겠어."

나는 그렇게 말하고는 그 무리에서 도망쳤다. 고향을 떠날 때 나는 내 배를 매형에게 주었다. 그는 꼼꼼한 어부였다. 그물, 줄, 작살, 돛대, 돛, 노, 모두 상태가 좋았다. 그가 그곳에 없었지만 물어볼 생각은 안했다. 나는 장비들을 점검하고 배를 준비했다. 해질녘에 막 배를 밀어내는데 제자들 몇 명이 왔다. 그들은 아무 생각 없이 나를 따랐다. 내 동생이 나와 함께 탔다. 막달라 마리아도 배 가운데로 몸을 밀어넣었다.

우리가 노를 저어 가는 동안 야고보와 요한, 나다나엘도 자기들의 배를 준비하기 시작했다. 그들은 우리가 어디에 그물을 던질지 알고 있다. 우리를 찾을 수 있을 것이다.

그날 밤 별들은 바닷가 모래알 같았다. 검은 하늘이 별들로 부풀어 있었다. 마리아는 졸고 있었다. 안드레와 나는 아무 말도 하지 않았다.

나는 어둠과 침묵에 감사했다. 우리는 물고기를 한 마리도 잡지 못했지만 아무래도 좋았다.

아침 미명 속에 나는 야고보가 부르는 소리를 들었다.

"시몬? 시몬?"

나는 안개 속 좀 떨어진 곳에서 세베대의 배를 찾아냈다. 그 배는 물 위에 높이 떠 있었다. 그들 역시 아무것도 잡지 못했다.

"시몬, 그만 들어가세."

그래서 우리는 자리를 바꾸었다. 마리아가 뱃머리 쪽으로 갔다. 동생과 나는 노를 잡고 물가로 노를 젓기 시작했다. 그와 나는 수평선을 깨고 호수를 불붙게 하면서 붉게 올라오는 태양과 마주했다. 갑자기 마리아가 말했다.

"저기 누구예요?"

우리는 어깨 너머로 쳐다보았다. 호숫가에 한 남자가 서 있었다. 그의 옷이 솟아오른 태양빛 속에 불꽃 같았다.

"오! 여보게들!"

그가 우리에게 소리쳤다.

"뭐라도 잡았나?"

야고보가 마주 소리쳤다.

"못 잡았소!"

그들의 배는 바로 우리 배 뒤쪽에 떠 있었다. 해변의 남자가 우리를 향해 다시 소리쳤다.

"그물을 오른쪽에 던지고 잡히나 보게!"

즉시 요한이 배에서 일어서서 그물을 펼쳐 오른쪽으로 던졌다. 그물이 가라앉는가 싶더니 살아 움직이는 것 같았다. 물고기 때문에 물이 부글거리며 거품이 일어났다. 야고보는 제정신이 아니었다. 그는 그물을 던지면서 겨릿줄을 거의 놓칠 뻔했다. 그 그물도 물고기로 가득 차

꿈틀거렸다.

안드레도 같은 방향으로 그물을 던졌다. 그리고 나도 그물을 던졌다. 그리고 나서야 우리는 그물 하나만 해도 너무 무거워 두 명은 붙어야 끌어올릴 수 있겠다는 것을 알아차렸다.

"시몬!"

요한이 소리치고 있었다. 우리 네 사람은 각자 그물을 뱃전으로 잡아당기기만 하고 있었다.

"시몬, 예수시다! 호숫가에 있는 분!"

그 말은 칼날처럼, 좋으면서도 끔찍한 고통으로 나를 찔렀다. 나는 태양빛으로 불붙고 있는 바다 너머를 응시했다. 그리고 신비롭게도 그의 얼굴의 모든 특징을 충분히 볼 수가 있었다.

나는 가만히 있을 수가 없었다. 그물을 뱃전에 매었다. 그리고 작업복을 허리에 동여매고 물속으로 몸을 던져 최대한 빠르게 물가로 헤엄쳐 갔다. 멍청하게! 멍청하게! 물 밖으로 나왔을 때, 나는 아무 말도 떠오르지 않았다. 단지 비참한 심정으로 거기 서 있었다.

예수는 숯불을 피워놓고 있었다. 한 사람 몫의 빵과 물고기가 이미 그 위에 놓여 있었다. 그는 나를 쳐다보지 않았다. 그는 물가 쪽으로 오려고 아직도 애쓰고 있는 배들을 바라보았다. 거기에는 그에게 속한, 일 잘하고 가치 있는 사람들이 있었고 여기에는 나, 게으르고 가치 없는 자가 있었다.

안드레도 그물을 뱃전에 묶었다. 그리고 혼자 배를 젓고 있었다. 야고보가 그들이 잡은 엄청난 것을 배 옆에 붙들고 있는 동안 나다나엘과 요한도 노를 저었다. 그들이 가까이 왔을 때 나는 물속으로 조금 걸어 들어가 그물을 뭍으로 끌어내는 것을 도와주었다. 우리는 반짝이는 물고기들을 넓은 깔개처럼 펼쳐놓았다.

예수가 말했다.

"물고기 좀 가져오게. 와서 나와 함께 아침을 먹자고."

우리는 앉았다. 예수는 우리 사이에 있었다. 그는 우리 한 사람 한 사람에게 음식을 나누어주었다. 마지막으로 나에게 음식을 주었다. 나는 먹을 수가 없었다. 그 역시 먹고 있지 않았다. 계속 나를 쳐다보고 있었다.

오, 저 눈. 움직이지 않고 눈꺼풀이 반쯤 내리덮인 눈. 그는 계속해서 나를 바라보았다. 나는 기어서 도망쳐버리고 싶었다. 그리고 실제로 그러려고 했는데, 그가 나에게 말을 걸었다.

"요나의 아들 시몬, 자네가 이 사람들보다 나를 더 사랑하나?"

"네, 주님!"

내가 고함치듯 대답했던 것 같다. 즉시, 저절로 말이 나왔다.

"네, 주님. 내가 주님을 사랑하는 줄을 아십니다."

그는 웃지도 않고 눈도 깜빡이지 않았다. 진지하게 그가 말했다.

"내 어린 양들을 먹이게."

그가 진정으로 하는 말인가? 나에게 그와 함께 있을 곳을 주겠다는 말인가? 나는 그 뜻을 아주 조심스럽게, 아주 불확실하게 받아들이고 있었다. 그러나 그는 여전히 계속해서 나를 바라보았다. 그리고 다시 말했다.

"요나의 아들 시몬, 나를 사랑하나?"

두 번째 같은 말을 했다. 내 말은 진정이었고 내 진심을 그가 믿어주길 원했기 때문에 나는 말했다.

"네, 주님. 내가 당신을 사랑한다는 것을 당신이 아십니다."

그가 말했다.

"내 양을 치게."

그때까지도 끝난 것이 아니었다. 그는 계속 나를 쳐다보았다. 그리고 이제 나는 다음에 무슨 말이 나올지 알았고, 곧 그 말이 나왔다. 세 번째로 그가 말했다.

"요나의 아들 시몬, 자네가 나를 사랑하나?"

나는 고개를 숙이고 어린아이처럼 울기 시작했다. 그는 물으면서 또 한 말하고 있는 것이었다. 그는 알았다. 그는 알았다. 내가 몇 번이나 그를 모른다고 했는지, 그는 알고 있었다. 그는 알고 있었다. 나는 그에게 얼굴을 들 수 없었다. 나는 말했다.

"주님, 당신은 모든 것을 알고 계십니다. 내가 당신을 사랑하는 것을 당신은 아십니다."

그 후로 오랜 침묵이 있었다. 누군가 움직이고 있었지만 아무도 말은 하지 않았다. 그리고 그때, 나는 내 어깨 위에 손이 놓인 것을 느꼈다. 예수가 내 앞에 무릎을 굽히고 있었다. 그리고 손가락 하나를 구부려서 내 턱 밑에 대고 내 얼굴을 들어올렸다. 그래서 나는 눈물을 통해 그의 애정으로 가득한 눈빛을 보았고, 더 크게 소리내어 엉엉 울었다. 그가 말했다.

"내 양을 보살펴주게."

그렇다! 예수는 나에게 하늘나라의 한 곳을 주려고 하는 것이었다. 내 양 떼의 목자가 되어라. 네, 주님! 나의 주인님!

"베드로. 젊을 때에는 자네 마음대로 허리띠를 조이고 어디든지 가고 싶은 곳으로 갔네. 그러나 나이 들면 남들이 자네 손을 벌리게 하고 자네 허리를 조이고 가고 싶지 않은 곳으로 자넬 데려갈 걸세. 무슨 말인지 알아듣겠나?"

그의 표현은 예스러웠고 진지했으며 의미로 가득했다.

베드로, 무슨 말인지 알겠나? 나는 자네가 어떻게 죽어서 그 죽음으로 하나님께 영광을 돌릴 것인가 하는 것을 말하고 있는 거야.

나는 고개를 끄덕였다. 나는 이해했다. 그리고 나서 그는 일어섰다. 그리고 맨 처음 만났을 때 그가 나에게 했던 말을 다시 한 번 했다.

"나를 따라오게."

　그 당시 예루살렘의 제사장들은 세 개의 계곡 즉 두로포에온, 힌놈, 기드론 골짜기가 합류하는 도성 남쪽에 위치한 밭을 사들였다. 그 밭의 원주인은 옹기장이였다. 그들은 땅값으로 은을 주었고, 그곳을 예루살렘에서 죽은 나그네들을 위한 매장지로 지정했다. 그들은 이 돈이 다른 데 쓰이기에는 적당하지 않다고 결정했다. 그 돈이 성전의 보물창고로 되돌아갈 수 없는 것은 확실했다. 그들은 그 돈을 피묻은 돈이라고 말했다. 그 돈은 두 죽음으로 얼룩진 것이었다.

　가룟 유다는 예수께 입을 맞추었다. '안녕하십니까, 선생님!'하고 외치면서. 예수는 그 제자를 칭찬하지 않았다. 그 순간을 장악하려고 하지 않았고, 권력을 잡으려고 하지 않았다. 그는 배신이라고 말했다. 그는 그 행위를 배신이라고 불렀다.

　시몬은 선생님을 대신해 싸우려고 했다. 유다는 그의 지위를 소리쳐 외쳤다. '메시아!' 하고. 그러나 예수는 한 사람에게서는 무기를 빼앗았고, 또 다른 사람은 꾸짖었다. 그렇게 모든 꿈은 끝이 났고 그 후로 모든 세상은 암흑이었다.

　'이곳에 천사의 군대는 오지 않을 것이다. 너는 나를 오해했다, 유다! 모든 제자 중에서 네가 나를 가장 실망시켰다.'

　유다는 횃불을 떨어뜨렸다. 그리고 어둠 속으로 물러갔다. 병사들의 행렬이 예수를 끌고 예루살렘을 지나 대제사장 집으로 갔을 때, 유다도 뒤따랐다. 그리고 그는 뒤쪽 담 밖에 서서 기다렸다.

　그가 기대한 것은 오직 선생이 권력과 영광을 쥐는 것이었다. 그는 예수의 통치만을 갈망했다. 그가 체포된다거나 포로가 되길 바란 건 결코 아니었다. 죽음, 그것은 더욱 아니었다. 예수는 설득력 있는 사람이다. 그는 그들을 설득해서 결백을 입증할 수 있을 것이다. 그러나 그때 위 창문을 통해 말소리가 들려왔다.

'신성 모독이다!'

그리고 질문의 소리.

'그에게 어떤 형벌이 타당한가?'

의회가 '사형, 사형!'하며 소리치기 시작하자 유다는 대제사장의 집에서 뛰어나갔다. 그는 두로포에온 계곡으로 달려가서 성전 언덕으로 올라갔다. 일곱 번째 성스러운 곳으로 돌진해 들어갔다. 여인의 뜰을 지나고 이스라엘의 뜰을 지나, 제사장의 뜰로 들어가, 최고 제단과 성전 현관 사이에 몸을 들이밀었다. 제사장들이 달려와 그를 막았다. 이곳에 그가 있는 것은 신성 모독이었다.

"나는 죄를 지었습니다!"

유다가 통곡했다.

"나는 죄 없는 피를 흘리게 만든 죄를 지었습니다!"

"그것은 당신 일이오, 우리와는 상관없소."

사제들이 호통쳤다.

"이곳에서 나가시오!"

유다는 어깨에 멘 자루를 내렸다. 그리고 자루의 긴 가죽끈을 잡고 돌팔매질하듯 머리 위에서 빙빙 돌렸다. 제사장들은 흩어졌다. 그 자루는 무기가 될 만큼 무거웠다. 그때 주머니가 터지면서 은동전들이 소리를 내며 성전 현관 돌바닥 위를 굴러 아홉 번째로 성스러운 성역으로 날아갔다.

그리고 그는 걸어나왔다. 가룟 유다는 성전 뜰을 가로질러 남동쪽 맨 끝의 모퉁이로 갔다. 그곳은 헤로데스의 벽 중 가장 큰 부분이었는데,

그 크기와 구상이 어마어마했다. 장식된 돌은 길이가 10미터가 넘었고 무게는 100톤이나 나갔다. 이 거대한 건축물 안에서 유다는 낡은 창고로 가는 돌계단을 올랐다. 거기에는 동쪽으로 난 작은 창문이 있었다. 밖은 성전 첨탑에서 기드론 계곡으로 똑바로 떨어지는 벽이었다. 창문은 약간의 새벽빛을 안으로 받아들이고 있었다.

유다는 이 어둑한 방안을 둘러보았다. 차갑게 불이 꺼진 등잔 하나가 천장에서부터 질긴 마로 된 밧줄에 매달려 늘어뜨려져 있었다. 유다는 등 없는 의자 위에 올라서서 등잔 밧줄을 끌렀다. 그 한쪽 끝을 단단히 의자 다리에 묶고 나서, 그는 의자를 동쪽 창문 아래 놓고 그 위에 올라섰다.

그는 잿빛 여명 앞에 어둡게 보이는 올리브 산을 내다보았다. 하늘에는 짙은 구름이 끼어 있었다. 폭풍이 올 것 같은 날이었다. 유다는 밧줄의 또 다른 끝을 목에 감고 창문 밖 돌선반으로 기어나갔다. 그는 방 쪽으로 돌아서서 무릎을 꿇고 기다렸다. 그리고 균형을 잃을 때까지 천천히 뒤로 물러섰다. 그는 힘을 뺐다. 밧줄이 의자를 마루에서 홱 잡아 올렸다. 그리고 창문틀에 걸려 움직이지 않았다.

가롯 사람 유다가 성전 안으로 날린 은화 30세겔에 대해 제사장들은 말했다.

"이것을 성전 금고에 다시 넣는 것은 정당하지 않다. 이것은 피묻은 돈이다."

그래서 그 은으로 구입한 밭을 그들은 '아겔다마'라고 불렀다. '피의 밭'이라는 뜻이었다.

땅끝까지 복음을 전파하라

증인들 Witnesses

[마태복음 28:16~20, 누가복음 24:44~49, 요한복음 10:1~5, 21:24~25]

어느 날 아침 베다니의 마리아는 잠이 깼다. 주님이 바깥 정원 포도 덩굴 아래서 기도하고 있다는 익숙한 느낌 때문이었다. 한동안 그녀는 그가 정말 왔다는 생각에 만족해하며 누워 있었다. 그러나 그때 지난날의 여러 사건들이 의식 속으로 밀려왔다. 그래서 그녀는 뛰어 일어났다.

"마르다, 마르다!"

그녀는 외치며 옷을 입고, 그가 정말로 거기에 있는지 보려고 뛰어나갔다. 그는 없었다. 그러나 그녀는 집안으로 다시 들어갈 수가 없었다. 그녀는 안절부절못하며 뭔가 중요한 것을 찾는 것처럼 좌우를 살피며 베다니 거리를 걸어다녔다.

마르다가 나사로를 깨웠음에 틀림없었다. 두 사람은 마을 끝에서 그녀를 따라잡았다.

"어디로 가는 거니?"

마르다가 숨을 헐떡이며 다그쳤다.

"모르겠어. 나도 모르겠다고."

그러나 그녀의 진지한 태도에 이끌려 이웃집 사람들도 나와 그녀를 따랐다.

"마리아가 어디로 가고 있는 거요?"

그들이 묻자 마르다가 말했다.

"애가 뭘 하고 있는지는 얘만 알아요."

마리아는 여리고로 가는 작은 길로 가다가 옆으로 비껴 좁은 돌길을 지나 자기도 모르게 무덤 쪽으로 가고 있었다. 저기가 그녀가 가는 곳이었다. 묘지로! 그리고 다른 사람들도 마찬가지로 가고 있었다! 그 지역 전체 마을에서 사람들이 하나씩 둘씩, 또는 무리지어 나왔다. 그들은 친족이 매장되어 있는, 흰 바위에 벌집 모양으로 만들어진 묘지를 향해 줄줄이 가고 있었다.

이 모든 사람들이 갈망하고 있는 것이 무엇인가? 그들은 모두 그날 아침에 죽은 친척들을 생각하면서 잠에서 깨었다고 서로들 말했다. 그들은 죽은 이들의 영을 기리러 가는 것이라고 했다.

마리아는 처음에 100명쯤 되는 사람들이 들판을 가로질러 여러 방향에서 오는 것을 보았다. 그러나 무덤 가까이에 갈수록 더 많은 사람들이 왔다. 바퀴 살처럼 무리는 한곳으로 모여 점점 빽빽해지더니 마침내 그 수가 사오백 명이나 되었다! 전체적으로 고양된 분위기였다. 마리아는 가슴속에서 뭔가가 끌어당기는 것을 느끼고는 나머지 사람들보다 앞서서 맹렬히 뛰어갔다.

그래서 그녀가 제일 먼저 나사로의 빈 무덤 앞에 서서 황금빛 눈과 미소로 그녀를 바라보고 있는 주님을 보았다. 그녀의 뒤에 도착한 사람들도 그를 보고는 소란이 가라앉았다. 그리고 온 무리가 경외심으로 살아 있는 돌처럼 침묵에 빠졌을 때 예수가 말했다.

"내가 진정으로 말하겠소. 이곳에 누워 있는 당신들의 친척, 그들뿐 아니라 모든 곳에 죽어 있는 사람들이 하나님 아들의 음성을 들을 때가 오고 있소. 그리고 그 음성을 듣는 사람은 살아날 것이오."

예수는 흰 옷을 입고 삼나무처럼 똑바로 서 있었다. 그의 검은 머리는 어깨에서 폭포처럼 흘러내렸고, 그의 자태는 조용하고 위엄이 있었다.

"아버지가 내게 보내신 모든 사람들이 나에게 옵니다. 그리고 오는 사람들을 내가 결코 버리지 않을 것이오. 나는 아버지의 뜻을 이루기 위해 하늘에서 왔기 때문이오. 이것이 그분의 뜻이니, 그분이 내게 주신 사람을 그 누구도 잃을 수 없소. 그리고 이것 또한 그의 뜻이니, 아들을 본 사람과 그를 믿는 모든 사람들은 영원한 생명을 얻을 것이며, 나는 마지막날에 그들을 일으켜세울 거요!"

예수는 말을 이었다.

"나는 생명의 빵이오. 나에게 오는 사람은 결코 배고프지 않을 것이오. 또 나는 세상의 빛이오. 나를 따라오는 사람은 어둠 속에서 걷지 않고 생명의 빛을 갖게 될 것이오."

그는 그날 아침에 많은 것을 이야기했다. 그리고 신비스럽게도 마리아는 모든 것을 기억했다.

'나는 길, 나는 진리 그리고 생명이다.'

그의 아름다운 목소리는 결코 커지지 않았다. 대신 그 목소리는 그녀의 마음속으로 음악처럼, 마치 자장가처럼 낮고 개인적인 속삭임으로 흘러들어왔다.

'그 목자를 기억하시오, 마리아?'

그녀는 머리를 숙이고 들었다.

'양을 위해 죽은 목자, 선하다고 한 그 목자를? 그리고 전에 내가 바로 그라고 말한 것을 기억하시오? 내가 바로 그 목자요.'

곧 그의 목소리만이 그녀의 주의를 사로잡았다. 그것은 마치 조약돌 위를 끊임없이 다양하게, 그러면서도 변함없이 흘러가는 부드러운 물결 같았다. 잠시 후 그녀가 눈을 들었을 때 더 이상 그가 그곳에 없는 것을 알았다. 그러나 주님의 목소리는 여전히 그녀의 마음속에 속삭이고 있었다.

'내가 바로……, 내가 바로…….'

예수가 죽음에서 살아난 지 38일이 지난 화요일, 제자들은 마리아와 마르다와 나사로로부터 짧지만 긴급한 전갈을 받았다.

'우리가 베다니에서 주님을 보았습니다!'

시몬 베드로는 주저하지 않았다. 그는 곧바로 유대로 출발했다. 다른 제자들도 따랐다. 안드레는 여행 내내 침묵을 지키며, 다른 사람들이 즐겁게 재잘거리는 소리를 들으며 기뻐했다. 또한 막달라 마리아가 종종 자기 옆에 있는 것을 발견하고 기뻐했다. 조용함은 둘의 공통점이었고, 그것이 기분 좋았다.

남쪽으로 가는 여행 첫날 밤에 제자들은 수가에 머물면서 그들이 보고 들은 것을 사마리아 사람들에게 말해주었다. 예수가 살아 있다는 것, 예루살렘과 갈릴리에서 그들에게 나타난 것과 최근에 한 곳에서 500명이 넘는 사람들에게 모습을 보이신 것 그리고 그들이 다시 그를 만나러 가는 길이라는 것을.

머리를 적갈색으로 물들이고 양팔에 팔찌를 한 몸집이 큰 어떤 여자가 주먹으로 탁자를 치며 외쳤다.

"그럴 줄 알았어요!"

두 번째 밤에 그들은 여리고에서 삭개오와 함께 잘 먹었고, 크고 훌륭한 그의 집에서 잤다. 여리고에서 예루살렘까지 가는 길은 24킬로미터쯤 되는 오르막 바윗길이었다. 서두른다면 여섯 시간 정도면 도착할 수 있을 것이다. 그러나 날은 맑고 구름 한 점 없었으며, 제자들의 마음은 여유로워서 느긋한 발걸음으로 아침 늦게 출발했다.

그들이 걸어가고 있을 때 안드레가 형에게 가까이 다가가 아무도 듣지 못하게 조용히 말했다.

"시몬, 내가 형을 의심하는 것이라면 용서해줘. 그런데 성전 휘장이 정말로 둘로 찢어졌어?"

형의 뺨은 다시 깨끗하게 수염이 깎여 있었고, 많이 문질러서 붉어져 있었다. 머리도 잘라 감은 후 어린 양의 털처럼 부풀어오를 때까지 빗질했다. 시몬은 자신이 주목받아야 하는 놀라운 사람이라도 되는 것처럼 앞으로 가슴을 내밀고 성큼성큼 걸었다. 이것이 예전의 시몬이었다. 돌아온 그의 옛 모습에 안드레가 위험을 무릅쓰고 질문을 할 수 있었다.

"그래 내가 직접 본 것은 아니야. 하지만 나는 그것이 위에서 아래로 찢어졌다고 믿고 있어."

시몬은 잠시 생각하면서 걷다가 말했다.

"제사장들이 겁이 나 죽을 것 같은 표정으로 성전 밖으로 달려나왔어. 그리고 휘장이 찢어졌다고 말했지. 나는 그들에게서 공포를 보았어. 뚜렷이 드러난 공포. 그리고 그것이 증명해. 그들은 꼭 드빌을 들여다보다 들킨 사람들처럼 보였거든. 너도 알지, 지성소 말이야. 그들은 하나님의 어둠을 보았고 자기들이 곧 죽을 거라고 생각했어."

시몬은 안드레를 힐끗 보고 말을 더 해야 할지 말아야 할지 생각하는 것 같았다.

"내가 그것을 믿는 데에는 또 다른 이유가 있어."

그는 생각하며 진지하게 말했다. 그는 자기 앞의 길을 내려다보았다.

"나도 그 암흑을 보았어. 나도 그 공포를 알아. 제사장들과 나는 같은 일을 경험한 거야. 안드레. 예수가 말씀하셨던 것, 내가 그를 부인할 거라고 하셨던 것 기억나니?"

안드레는 기억하고 있었다. 그는 속삭였다.

"그래."

"그가 옳았어. 나는 내 생명을 구하려고 그를 세 번 부인했어. 그리고 내가 세 번째 그를 부인하고 있을 때 그가 갑자기 나와서 나를 쳐다보았어. 나를 똑바로 쳐다보았어! 너무도 고통스럽고 고통스러운 표정으로! 아, 안드레. 나는 내가 그를 잃었다고 생각했어. 나는 그때 암흑속에 있었지. 그리고 그것은 하나님의 암흑이었어! 나는 죽을 것이라 생각했어. 아니, 죽었으면 싶었지. 제사장들은 성전에서 휘장이 찢어져서 죽게 되었지만, 나는 죄 때문에 죽게 되었지."

제자들은 막 올리브 산의 동쪽 비탈을 오르기 시작했다. 그러나 안드레는 그 풍경을 느끼지 못하고 있었다. 형에 대한 연민으로 눈물이 고이기 시작했다. 시몬이 그것을 보고 소리치듯 말했다.

"아니야! 기다려! 모든 것이 잘 됐어! 안드레, 우리가 그렇게 많은 물고기를 잡았던 그날 아침 해변에서 예수가 무엇을 하셨는지 알아? 그분은 날 용서하셨어."

시몬이 안드레의 어깨를 주먹으로 쳤다.

"웃게, 동생! 나는 그 휘장을 이제 이해하게 되었어. 그것이 찢어지면서 하나님께서 나오신 거야. 내 말은, 아무것도 우리를 그분에게서 갈라놓을 수 없다는 거지. 그리고 그것이 예수님이 하신 일이라는 거야. 바로 용서라는 거지."

시몬이 자기의 가슴을 치기 시작했다.

"하나님의 자비가 바로 이곳에, 바로 이 순간!"

갑자기 도마가 소리쳤다.

"저기!"

그가 손뼉을 치면서 그곳을 가리키며 외쳤다.

"저기 그분이 계시다!"

제자들은 팔을 들고 소리를 높이면서 언덕 위로 달려가기 시작했다. 안드레의 가슴이 뛰었다. 예수는 올리브 산 정상에 있는 돌 언덕 위에 서서 기다리고 있었다. 그런데 안드레는 다른 제자들보다 천천히 갔다. 바람이 주님의 흰 옷을 끌어당기고 있었다. 푸른 창공 아래 서 있는 대리석 기둥처럼 보였다. 안드레가 그에게로 뛰어가지 않은 이유는 무슨 일이 일어날까 두려워서였다. 햇빛 속의 주님 모습은 너무도 찬란해서 안드레는 오히려 불안했다. 고귀한 주님 예수! 오른손에 홀이나 칼, 아니면 불타는 일곱 별을 잡고 계실지도 몰랐다. 도마 역시 예수의 풍채와 위엄에 감명을 받았다. 그는 산 정상에 가까이 가면서 소리쳤다.

"주님, 이스라엘 왕국을 지금 회복하실 겁니까?"

"아버지께서 정하신 시기와 때는 자네들이 알 바가 아니야."

예수의 목소리에는 나팔소리 같은 금속의 울림이 있었다. 제자들은 예수 아래 나란히 섰다. 아무도 그가 있는 높이로 올라가지 않았다. 안드레는 맨 뒤에 섰다.

"자네들은 이제 나의 증인일세. 회개를 설교하게. 내 이름으로 죄의 용서를 설교하게. 사람들에게 성경을 열어주게. 그들에게, 그리스도가 고난을 당해 죽어야만 했고, 사흘째 되는 날에 죽은 자들로부터 일어나야만 했던 것을 가르쳐주게."

안드레가 울기 시작했다. 그분의 말씀은 운율 있고 장중하며 성스러운 고별사였다. 모든 제자들은 조용했다. 아무도 움직이지 않았다. 조금이라도 움직이면 그 순간이 깨질 것만 같았다. 작은 구름이 서쪽에서 예루살렘 위로 흘러오고 있었다.

"자네들은 나의 증인일세. 도성으로 가서 높은 곳으로부터 오는 권능을 입을 때까지 기다리게. 성령이 임하거든 나가서 가르치게! 먼저 예루살렘에서 설교하고 그리고 온 유대와 사마리아와 그리고 땅끝까지 가서 사람들에게 가르쳐주게."

이러한 말을 하고 있는 사이, 예수는 땅에서 들어올려졌다. 그는 점점 더 높이 올라가서 검은 머리카락이 먼 바람에 나부꼈고 마침내 작은 구름이 그 아래를 지나가자, 그는 제자들의 시야에서 사라졌다.

안드레는 그 구름을 지켜보았다. 구름이 계속 동쪽으로 지나가고 푸른 하늘만이 남았을 때까지도, 안드레와 제자들은 마치 무슨 일이 더 일어날 것처럼 그곳을 뚫어지게 바라보았다.

깃털처럼 가볍게, 하얀 옷을 입은 두 남자가 그들 곁에 나타났다.

"아, 갈릴리 사람들이여."

그들이 말했다. 그러자 세상이 다시 크고 귀에 거슬리는 거칠고 맹렬한 빛으로 안드레에게 다가왔다. 제자들이 모두 움직였다. 거룩함이 깨졌다. 하늘은 뚜껑처럼 닫혔다. 그런데 그 두 사람이 말했다.

"왜 당신들은 하늘을 올려다보고 있소? 당신들은, 당신들을 떠나신 예수가, 지금 본 것과 똑같은 모습으로 다시 오시리라는 것을 모르오?"

마지막으로 산에 오른 안드레가 가장 먼저 떠났다. 그는 다른 제자들을 기다리지 않았다. 혼자서 올리브 산 서쪽 기슭으로 내려가 기드론 골짜기로 해서 도성으로 들어갔다. 그가 아는 한 모든 제자들은 흩어져서 각자 자기의 길로, 예루살렘으로 들어갔을 것이다.

그러나 그의 몸과 영혼이 모두 공허했다. 다른 사람에게 할 수 있는 말 한 마디, 떠올려야 할 생각 하나도 남아 있지 않았다. 그의 마음은 완전히 말라 있었다. 얼굴은 멍하고 얼빠진 모습이었다. 그가 예수를 못 보게 되었을 때 이미 울음도 멈춰 있었다.

새로운 약속의 완성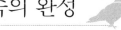

성령 Holy Spirit

한 주일 이상이 더 지난 후 안드레는 시온 산에 있는 에세네파의 다락방에 앉아 있었다. 그는 혼자 있다고 생각했다. 자기가 얼마나 이곳에 있었는지, 왜 이곳을 택했는지 모르고 있었으나 밖에서 일어나고 있는 소음이 들리자 때가 언제인지를 깨닫기 시작했다.

도시는 다시 순례자로 가득 찼다. 축제 주간이었다. 사람들은 비와 성장과 선한 것의 원천이신 하나님께 바치려고 첫 열매를 가져왔다. 그리스어로 이날을 '펜트커스트(오순절)'라고 불렀다. 유월절이 지나고 50일째 되는 날. 유월절 이후 7주 동안 보리를 전부 거둬들이고 그 후에 밀을 베었다.

일요일이었다. 안드레가 들은 것이 바로 그 소란이었다. 수만 명의 사람들이 성전을 향해 쿵쿵 걷는 소리. 오늘은 제사장들이 두 덩어리의 빵을 백성을 대신해서 하나님께 바치게 될 것이다. 빵은 햇밀가루로 만들어 누룩을 넣어 구운 것이었다. 하늘 아래 독실한 유대인들이 온갖 곳에서부터 도착했다. 왜냐하면 이날은 거룩한 기쁨의 잔치였기 때문이다. 잔치! 그날이 끝나기 전, 가난한 사람들이나 이방인들이나 레위인들이 모두 음식을 먹을 것이다.

안드레는 그 잔치를 알고 있었다. 시기를 알고 있었다. 안드레는 어려서부터 모든 제사와 모세의 모든 의식들을 지켜온 의로운 사람이었다. 이런 순종심으로 그는 세례자 요한의 사랑을 받았다. 아마 오늘이 그가 의로움을 소홀히 하기 시작한 날일 것이다. 안드레는 아주 많이 지쳐 있었다. 그때 바로 밖에서 바람이 살랑거리는 소리, 낮은 신음 같은 소리가 들렸다.

"저게 무슨 소리지?"

그가 혼잣말로 속삭였다. 놀랍게도 누군가 대답했다.

"바람."

빌립이 그와 함께 방에 있었다.

"격자창에 부는 바람이야."

그 소리는 그치지 않았다. 갑자기 돌풍을 일으키는 식으로 변하거나 하지도 않았다. 그러나 점점 꾸준히 커져서 처음에는 피리에서 나는 휘파람 소리였다가 윙윙거리는 소리로 높아졌다. 안드레의 몸이 들먹들먹했다. 그는 손가락으로 턱 끝을 잡아당겼다. 여러 사람들이 일어서서 창가로 갔다. 아니, 이곳에 여섯, 일곱 명의 제자들이 있었던 것이다!

"사나운 바람소리 같은데."

마태가 말했다.

"그런데 나뭇잎이 흔들리지 않네! 순례자들의 머리카락도 흐트러지지 않아."

"그리고 사람들이 여기를 바라보고 있어."

거리를 응시하며 도마가 말했다.

"그들이 이쪽을 바라보고 있어. 마치 우리가 바람이기라도 한 것처럼."

갑자기 시몬 베드로가 방안으로 뛰어들어왔다. 그의 뒤로 햇빛이 폭발하듯 밀려들어왔다.

"느껴져? 오고 있어! 오고 있단 말이야!"

곧바로 그는 다시 밖으로 뛰어나갔다. 막달라 마리아가 들어왔다. 안드레는 뭔가 하지 않으면 안될 것 같아서 벌떡 일어났다.

"무슨 소리를 하는 거야?"

시몬 베드로가 거리 아래쪽을 향해 고함을 지르고 있었다.

"이 위요! 우리가 이 위에 있어요!"

야고보가 말했다.

"시몬이 누구에게 소리치고 있는 거야?"

창가에 있는 요한의 얼굴이 기쁨으로 빛나고 있었다.

"저 군중들을 부르는 것 같은데. 사람들이 성전으로부터 돌아왔어. 이쪽으로 올라오기 시작한다고."

요한의 어머니 마리아 살로메가 당황해 눈을 깜빡이며 들어왔다. 요한이 그녀를 보고 달려가 껴안았다.

"어머니, 시몬이 옳아요. 바로 지금 그것이 오고 있어요."

그때 베드로가 다시 방으로 들어왔고, 사람들이 그의 뒤를 따라 쏟아져들어왔다. 그리고 안드레는 형의 머리에서 불의 혀 같은 것을 보았다. 시몬은 힘이 넘쳐흐르듯 말하고 또 말했다. 그런데 그 말은 안드레가 한 번도 들어보지 못한 말이었다.

바람의 으르렁거리는 소리는 더 이상 소리가 아니었다. 그것은 그의 영혼 속에 이는 폭풍이었다. 안드레는 터질 듯이 충만해졌다. 그래서 입을 열어 시몬처럼 열정적으로 말하기 시작했다. 그러나 그것은 전혀 다른 언어였다. 열 사람이 그 말을 이해하고 그를 향해 돌아섰다.

모든 제자들이 그들 위에 머무는 불꽃 같은 혀를 가졌다. 그리고 모든 제자들이 다양한 언어로 말하고 있었다. 그래서 외국인들이 그들의 말을 이해했다. 이것이 성령이었다! 그렇다, 이것이 높은 곳으로부터 온 능력이었고, 예수님의 약속이었고, 시몬이 온다고 소리질렀던 그것이다.

안드레는 나팔이 되었다. 그의 전존재가 하나님의 호흡으로 노래했다. 오, 그는 건장한 사람이었다! 아, 그는 나누어줄 지혜를 가졌다. 그것은 밖으로 쏟아내어도 조금도 줄지 않았다. 오히려 많아질 뿐이었다. 그는 결코 다시 메마르지 않을 것이다.

계단 밖에 서 있던 사람들이 말했다.

"저 사람들은 취했어! 저들은 잔치를 위해 포도주를 보관해 두지 않은 거야. 저들은 새벽에 술을 마셔버렸어."

"아니오!"

시몬 베드로가 방문으로 달려가서 호통쳤다.

"아니오, 우리는 취하지 않았소!"

이 제자에게서 힘이 솟아났다. 그의 연설이 방안과 밖의 군중들과 도성의 여러 거리를 조용하게 만들었다.

"당신들은 오래 전 요엘이 예언했던 말씀을 목격하고 있는 거요. 하나님께서 그의 영을 쏟아붓고 계십니다. 요엘이 말한 대로요. '마지막 때에 너희 아들들과 딸들이 예언할 것이다. 하나님이 말씀하셨다, 내가 하늘과 땅에서 놀라운 일을 보이겠다. 비와 불과 자욱한 연기를. 해는 어두워지고, 달은 피로 변할 것이다. 그러나 하나님의 이름을 부르는 자는 구원을 얻을 것이다.'"

베드로는 오른쪽 왼쪽으로 돌면서 그의 음성으로 모든 사람들, 방안에 있는 사람들과 거리에 있는 사람들을 감쌌다.

"내 말을 들으시오!"

그가 외쳤다.

"당신들은 나사렛 예수를 십자가에 달아 죽였소. 그는 전능한 일과 기적을 행했소. 그가 하신 일은 의로운 것뿐이었는데 당신들은 무법자의 손을 빌어서 그를 죽였소. 그러나 이것은 하나님의 계획이오! 그리고 하나님은 그를 죽은 자 가운데서 살리셨소. 우리가 이 사건의 증인이오. 그는 여기 땅 위에서 들려 올라가셨을 뿐 아니라 하나님의 오른편 능력과 권세의 자리에 오르셨소. 오늘 여러분이 보고 들은 것, 이것이 예수께서 하시는 일이오!

아, 이스라엘의 모든 집에 알리시오! 하나님께서 우리를 위해 예수를 우리 주님으로, 우리 그리스도로 주셨다는 사실을! 회개하시오! 여러분, 회개하고 죄를 씻기 위해 예수 그리스도의 이름으로 세례를 받으시오. 그러면 여러분도 성령을 받게 될 거요. 이것은 당신들에게 주시는 하나님의 약속이오. 또 당신들의 자녀에게 주시는 것이고 모든 사람들을 위한 약속이오!"

안드레는 베드로가 설교하고 있는 동안 침묵했다. 다른 제자들도 침묵했다. 그런데 지금 베드로를 통해 불어왔던 성령이 온 백성들 위로 불었다. 전에 안드레의 말을 이해했던 사람들이 이제 가까이 와서 그의 옷을 잡았다. 그들은 자기 나라 말로 말했다.

"부디 우리에게 세례를 주십시오."

안드레는 그날로 수줍음이 없어졌다. 그리고 세상이 너무도 위험하고 불확실한 것처럼 보이던 그 불안 역시 사라졌다. 그 후로도 그가 결코 큰 소리 내는 사람이 된 것은 아니다. 항상 묻기보다 답하는 사람이었다. 그러나 그는 이제 말씀을 쉽게 입으로 전할 수 있게 되었다. 적절한 몸짓도 언제나 따라나오게 되었다. 그리고 반복하고 또 반복해서, 주님께서 그에게 전하라고 하신 말씀들을 언제까지나 전했다.

안드레는 어린아이를 물속으로 기울여 적셨다.

"딸아, 내가 너에게 아버지와 아들과 성령의 이름으로 세례를 준다."

그리고 이것은 선하고, 참되고, 바르고, 거룩한 일이었다. 그가 떠나기 전에 주님께서 이렇게 말씀하셨기 때문이다.

'보라, 세상이 끝날 때까지 내가 언제나 너희와 함께 있겠다.'

에필로그

[사도행전 5:12~42, 9:1~31, 16:11~28:31]

이 이야기는 그 후로 몇 년이고 몇백 년이고, 이제 몇천 년에 걸쳐 전해진 이야기이다. 제자들은 이 이야기를 예루살렘에서 널리 전했고, 그들의 모임에 점점 더 많은 사람들이 가담해서 세례를 받는 사람들의 수는 수천 명으로 늘어났다.

동시에 예루살렘의 의회와 지도자들은 그들을 침묵시키려고 애썼다. 그들은 예수에게서 위협을 느꼈던 것처럼 그 제자들에게서도 위협을 느꼈다. 왜냐하면 제자들 주위에 모인 사람들이 크고 강한 모임을 이루고 자라났으며, 살아 있고 능력 있는 사람에게 하는 것처럼 예수에게 헌신했기 때문이다. 이것은 회당과는 구별되는 모임이었다. '에클레시아', 즉 '교회'라는 것이었다.

베드로와 야고보, 요한은 예루살렘의 핵심 지도력을 형성했다. 그래서 제사장들과 성전 수비대는 그들을 감옥에 가두고 설교를 금지했다. 제자들이 불복하고 백성들을 더 크게 선동하자, 대제사장은 그들을 다시 체포하고 매질하며 침묵하지 않으면 목숨을 잃게 될 거라고 협박했다. 그러나 풀려나면 그들은 어떻게 해서든지 그 이야기를 계속 전했다.

갈등이 심화된 지 12년 후, 헤로데스 아그리파 왕은 커가는 교회에 대해 유혈 정책을 취했다. 그는 세베대의 아들 야고보를 처형할 것을 명령했다. 야고보는 이 이야기를 전한 이유로 죽은 첫 번째 제자로, 참수당했다.

그러나 그 이야기는 계속 전해졌다. 시몬 베드로는 유대와 대해(지중해) 연안까지 여행했다. 약간의 주저함이 있었지만, 그는 유대인뿐만 아니라 이방인들에게도 말씀을 전했다. 특별히 로마 총독의 영지이며 활기 있는 항구 도시 카이사리아에서는 더욱 열심히 말씀을 전했다. 로마 군대의 백부장 고넬료가 그 이야기를 들었을 때, 그는 오순절에 제자들이 받았던 것 못지않게 성령에 감동되었다. 베드로는 경탄했다.

"이방인들조차 예수를 믿으니 그 죄를 용서받는구나!"

그리고 그는 고넬료의 온 가족에게 예수 그리스도의 이름으로 세례를 주었다. 거기서부터 그 이야기는 해안을 따라 북쪽으로 전해졌다.

예수를 따르는 사람들을 박해한 자들 가운데 지중해 북동쪽 완만한 곡선 연안에 있는 다소라는 곳에서 태어난 어떤 바리새인이 있었다. 그는 무모한 지식을 갖고 정열적으로 율법을 지키는 유대인이었다. 그는 하나님의 법을 무시하는 사람들을 증오했다. 그리고 교회를 파괴적이고 위험한 것으로 보았다. 그러나 그가 없애려고 애썼던 그 이야기가 살아나서 그를 압도하자, 그것은 그의 유일한 실체가 되고 말았다. 그의 이름은 사울이었다.

다마스커스(다메섹)에 있는 제자들을 체포하라는 최고 제사장의 명령을 받아 그곳으로 가고 있는 도중에 사울은 하늘의 빛으로 눈이 멀었고, 꾸짖는 목소리를 들었다.

'사울, 사울, 왜 나를 박해하느냐?'

빛이 그를 땅바닥으로 내던졌다.

"당신은 누구십니까, 주님?"

그가 소리쳤다. 그 음성이 말했다.

'나는 네가 박해하고 있는 예수다. 일어나서 도성으로 들어가라. 그러면 무슨 일을 해야 할지 가르쳐주는 사람이 있을 것이다.'

그의 나머지 인생 동안 그는 주 예수께서 그의 마지막 부활 모습을 뒤

늦게 태어난 그, 사울에게 보이셨다는 것을 결코 의심하지 않았다. 그 래서 그 이야기는 진실이었다. 그 사람은 자기가 박해한 것을 회개하고 사흘 후에 세례를 받았다. 자신이 근본적으로 변화되었다는 것을 나타 내기 위해서 그는 이름을 바울이라고 고쳤고, 일정 기간의 준비와 기도 후에 그 또한 그 이야기를 전하기 시작했다. 그리스인에게 그리스어로.

예수가 십자가에 처형당한 지 25년이 지난 후에야 바울은 로마제국 을 두루 다니기 시작했다. 그는 구브로와 소아시아의 아래쪽 도시에 말 씀을 전했다. 그리고 북쪽 도시에도 설교를 하고, 마케도니아로 건너가 그리스 남쪽을 여행했다. 빌립보, 데살로니가, 베레아, 아테네, 코린트.

바울은 이 여러 곳에 세운 교회들과 서신 왕래를 계속하면서 거듭거 듭 그 이야기를 되풀이했다. 코린트에 있는 교회로 그는 이렇게 편지 를 썼다.

> 나 또한 전해 받은 중요한 것을 여러분에게 전해 드리겠습니다.
> 그것은, 그리스도께서 성경대로 우리 죄를 위해 죽으셨다는 것과
> 무덤에 묻히셨다는 것과 성경대로 사흘째 되는 날에 살아나셨다
> 는 것입니다.

20년 동안 바울은 정열과 지성으로 그 이야기를 전했다. 그는 말로 군중들을 꿰뚫을 수가 있었다. 때문에 그는 여느 제자들 못지않게 당 국에 위협적인 존재가 되었다. 한번은 그가 예루살렘 성전에 있었는데, 어떤 사람들이 소리쳤다.

"이 사람은 여러 곳에서 율법을 거스르고 성전에 반대해 사람들을 가 르치고 있는 사람이오! 그는 성전을 모독했소!"

이 비난은 군중들을 자극했다. 그들은 바울을 성전 밖으로 끌고 나가 거리에서 죽도록 때리기 시작했다. 소요의 시작이었다. 로마의 호민관

(군단 사령관)은 백부장과 군인들을 내보내 강제로 소요를 진정시켰다. 그리고 바울을 체포했다. 그들이 바울을 두 줄 사슬로 묶어서 감옥으로 데려가는 동안 격렬해진 폭도들이 소리지르며 따라왔다.

"없애버려라! 죽여버려라! 그는 살 권리가 없다!"

바울이 감옥에 있는 동안 적들이 그를 죽일 계획을 세우고 있는 것이 알려졌다. 그래서 예루살렘의 호민관은 그를 카이사리아로 이송했다. 그리고 그곳에서 로마 총독하에 재판을 받게 되었다.

바울은 다른 제자들보다 유리한 점이 있었다. 부모가 로마 시민권을 가지고 있었던 것이다. 그는 로마인으로 태어났다. 카이사리아에서 최종 판결 없이 투옥 생활이 2년 넘도록 지속되자 그는 로마인으로서의 권리를 행사해 카이사르에게 직접 재판해 달라고 청원했다. 그러기 위해선 그가 로마에 있어야 했다. 그래서 이 죄수는 배에 실려 폭풍우와 변덕스러운 바다를 지나 제국의 수도로 갔다. 바울은 그곳에서 가택 연금되어 2년을 더 살았다.

로마에서 감금되어 있는 중에도 그는 빌립보에 있는 교회로 편지를 보내며 다음과 같이 말했다.

주님 안에서 항상 기뻐하십시오. 다시 말합니다, 기뻐하십시오! 여러분의 관용을 모든 사람들에게 알리십시오. 주께서 가까이 오셨습니다. 아무것도 염려하지 말고 모든 일을 오직 기도와 간구로 하고, 감사하는 마음으로 여러분이 바라는 것을 하나님께 아뢰십시오. 그러면 사람의 헤아림을 뛰어넘는 하나님의 평화가 여러분의 마음과 생각을 그리스도 예수 안에서 지켜줄 것입니다.

성경은 여기서 침묵한다. 그러나 교회는 계속되었다. 그리고 그 이야기는 2천 년 동안 전해졌다.

바울은 오스티아로 가는 길을 따라 있는 로마의 성벽 밖에서 사형당했다고 전해진다.

시몬 베드로 역시 로마에서 교회의 으뜸가는 수호자인 첫 번째 주교가 되었다. 그리고 끔찍한 최후를 맞았는데, 바티칸 언덕 기슭에서 양 손이 십자가에 달렸다고 전해진다.

시몬의 동생이며 예수의 첫 제자인 안드레는 스키티아와 그리스에서 주님의 이야기를 전했고, X자 모양의 십자가에서 처형되었다고 전해진다.

세베대와 살로메의 아들인 요한은 순교를 당하지 않은 유일한 제자로 알려져 있다. 오늘날까지도 사람들은 예수의 어머니 마리아가 마지막으로 누워 죽었을 때에 요한이 거기 함께 있었다고 확신한다.

그리고 확실한 것은 지구상의 모든 대륙이 그 이야기를 듣고 다양한 영향을 받았다는 것이다. 셀 수 없이 많은 언어로 그 이야기가 아직도 전해지고 있다. 수많은 마음들이 그 이야기로 인해 틀을 잡았다.

1995년 10월 24일
월터 웽거린